Nerven, Krieg und militärische Führung

Krieg und Konflikt

Herausgegeben von Martin Clauss, Marian Füssel, Oliver Janz, Sönke Neitzel und Oliver Stoll

Band 17

Gundula Gahlen, Dr. phil., PD für Neuere und Neueste Geschichte, ist wissenschaftliche Mitarbeiterin am Historischen Seminar der Ludwig-Maximilians-Universität München.

Gundula Gahlen

Nerven, Krieg und militärische Führung

Psychisch erkrankte Offiziere in Deutschland
(1890–1939)

Campus Verlag
Frankfurt/New York

Gedruckt mit freundlicher Unterstützung der Deutschen Forschungsgemeinschaft und der Geschwister Boehringer Ingelheim Stiftung für Geisteswissenschaften.

Dieses Werk ist lizenziert unter einer Creative Commons Namensnennung 4.0 International Lizenz. Den vollständigen Lizenztext finden Sie unter: https://creativecommons.org/licenses/by/4.0/deed.de

Die in diesem Werk enthaltenen Bilder und sonstiges Drittmaterial unterliegen ebenfalls der genannten Creative Commons Lizenz, sofern sich aus der Quellenangabe/Abbildungslegende nichts anderes ergibt. Sofern das betreffende Material nicht unter der genannten Creative Commons Lizenz steht und die betreffende Handlung nicht nach gesetzlichen Vorschriften erlaubt ist, ist für die oben aufgeführten Weiterverwendungen des Materials die Einwilligung des jeweiligen Rechteinhabers einzuholen.

ISBN 978-3-593-51495-6 Print
ISBN 978-3-593-44973-9 E-Book (PDF)
DOI 10.12907/978-3-593-44973-9

Erschienen bei Campus Verlag GmbH, Frankfurt am Main.
Copyright © 2022 Gundula Gahlen
Umschlaggestaltung: Campus Verlag GmbH, Frankfurt am Main
Umschlagmotiv: Szene mit Offizier, der einen Nervenzusammenbruch erleidet, aus dem Spielfilm »Westfront 1918: Vier von der Infanterie« (1930) © Deutsche Kinemathek
Gesetzt aus der Garamond
Druck und Bindung: CPI books Leck, GmbH
Gedruckt auf Papier aus zertifizierten Rohstoffen (FSC/PEFC).
Printed in Germany

www.campus.de

Inhalt

Vorwort 11

Einleitung 13

I. Der Umgang mit psychischen Leiden bei Offizieren im Kaiserreich bis 1914

1. Soziale Stellung der Offiziere in der Wilhelminischen Ära 43

2. Psychische Voraussetzungen für die Offizierslaufbahn 57

   a. Psychische Rekrutierungskriterien bei Militärangehörigen allgemein 61

   b. Militärische Maßstäbe in Bezug auf die psychische Konstitution eines Offiziers 68

3. Erklärungsversuche von psychischen Erkrankungen bei Offizieren und Konsequenzen 79

   a. Die psychische Belastung durch Militärdienst und Kriegsdienst 80

   b. Die Moderne als Ursache psychischen Leidens: Neurasthenie und Degenerationsvorstellungen 87

   c. Die dienstlichen Konsequenzen für Offiziere mit psychischen Erkrankungen 98

4. Zusammenfassung 103

II. Die Nerven der Offiziere als militärisches Problem: Diskurse und Handlungsstrategien im Ersten Weltkrieg

1. Die Behandlung des Problems der »Kriegsneurotiker« in der deutschen Armee 106

2. Die Nerven der Offiziere im militärischen Diskurs 115

   a. Willensstärke, Kampfentschlossenheit und Todesbereitschaft als traditionelle Standespflichten der Offiziere........................115

   b. Die gesteigerte Bedeutung von Willens- und Nervenstärke der Offiziere im Krieg...124

   c. Der Idealtyp des »Frontkämpfers«......................................127

   d. Nervenkraft und Wille als kriegsentscheidende Mittel...................130

   e. Drill und Willensgymnastik zur Steigerung der Spannkraft der Nerven..136

   f. Zusammenfassung..145

3. Psychische Voraussetzungen für die Offizierslaufbahn 146

   a. Psychische Rekrutierungsbedingungen der Militärangehörigen im Ersten Weltkrieg allgemein 146

   b. Die Prüfung der psychischen Belastbarkeit der Offiziersanwärter.151

4. Die psychische Vorbereitung der Offiziere auf den Kriegsdienst.........166

5. Psychisches Betreuungssystem für Offiziere im Krieg und Strategien zum Umgang mit den psychischen Belastungen 168

   a. Kohäsionskräfte in den Kampfverbänden, Kameradschaft und »Korsettstangenprinzip« 169

   b. Kameradschaftlicher Zusammenhalt im Offizierskorps...................174

   c. Der Truppenarzt als psychischer Betreuer...............................178

   d. Individuelle Strategien zum Umgang mit der Todesgefahr an der Front..181

6. Die Vorschriften zur Überprüfung der psychischen Konstitution 187

7. Die Haltung im Militär gegenüber psychisch versehrten Offizieren 191

   a. Spezifika des militärischen Schriftverkehrs über psychisch versehrte Offiziere 191

   b. Die Haltung der Vorgesetzten 198

   c. Die Haltung der Offizierskameraden 210

   d. Die Haltung der Untergebenen 227

8. Konsequenzen für psychisch versehrte Offiziere 232

   a. Sanktionen 232

   b. Verabschiedungen 245

   c. Urlaubsbewilligungen und Versetzungen nach Wunsch 249

   d. Die militärische Karriere nach der psychischen Versehrung 263

9. Zusammenfassung 276

III. Offiziere in psychiatrischer Behandlung im Ersten Weltkrieg

1. Das prozentuale Verhältnis von psychisch versehrten Offizieren und Mannschaften 289

2. Diagnosen bei Offizieren mit psychischen Leiden 304

   a. Der psychiatrische Diskurs über die Diagnosen und Ursachen von psychischen Leiden bei Offizieren 304

   b. Psychiatrische Praxis: Diagnosen in den Krankenakten 334

3. Anstaltsalltag: Unterbringung, Verpflegung und Arzt-Patienten-Verhältnis 367

   a. Unterbringung und Verpflegung 368

   b. Arzt-Patienten-Verhältnis 389

4. Therapien bei psychisch versehrten Offizieren 409

  a. Neue Behandlungsmethoden und ihre Verbreitung bei
     Offizieren 410

  b. Vorkriegsmethoden bei Offizieren 444

  c. Urlaub, Badekuren und Privatpflege 451

  d. Neurasthenische Erschöpfungserkrankungen: Das Leiden
     bestimmte die Behandlungsmethode 462

5. Die Dauer des Lazarettaufenthalts und der Status der Entlassung 465

  a. Entlassungsstatus und Aufenthaltsdauer im
     Offiziersgenesungsheim Joeuf 466

  b. Aufenthaltsdauer im Offiziersheim Taunus 472

  c. Gesamtlazarettzeiten der Offiziere: Tendenzen 475

  d. Unterschiede hinsichtlich Entlassungsstatus und
     Behandlungsdauer zwischen Offizieren und Mannschaftssoldaten 481

6. Zusammenfassung 495

IV. Leidenserfahrungen und Selbstbild psychisch versehrter Offiziere im Ersten Weltkrieg

1. Krankheit Krieg. Die Erfahrung des Krankwerdens und die
   Präsenz belastender Kriegserfahrungen in der Krankheit 504

  a. Krankheitsauslöser 504

  b. Kriegserlebnisse, psychische Symptome und Verhalten bei der
     Erkrankung 512

  c. Die Präsenz belastender Kriegserfahrungen in der Krankheit 520

2. Die Haltung der Betroffenen zur Psychiatrie, zur Diagnose und zur
   krankheitsbedingten Auszeit von der Front 529

  a. Die Haltung der Betroffenen zur Psychiatrie und zur Diagnose 529

b. Der Umgang mit der krankheitsbedingten Auszeit von der
   Front 546

3. Die Auswirkung der psychischen Versehrung auf das Verhältnis
   zum Krieg und das Selbstbild als Offizier 557

4. Zusammenfassung 573

V. Psychisch versehrte Offiziere a. D. und der Umgang mit psychischen Leiden bei militärischen Führern in der Zwischenkriegszeit

1. Der militärische Umgang mit psychischen Leiden bei Offizieren
   (1918–1945) 577

   a. Der Umgang mit psychisch versehrten Offizieren des Ersten
      Weltkriegs bei der Übernahme in die Reichswehr 577

   b. Die Einführung psychologischer Testverfahren 1927 und die
      Rekrutierung von Offiziersanwärtern in der Reichswehr 584

   c. Wehrmachtpsychologie und die Rekrutierung von
      Offiziersanwärtern in der NS-Zeit 592

2. Psychisch versehrte Offiziere a. D. in der Weimarer Republik 607

   a. Das Ende des Ersten Weltkriegs als Zäsur für das
      Offizierskorps als soziale Gruppe 609

   b. Die Stellung psychisch versehrter Offiziere im
      Versorgungssystem und die Pensions- und Rentenverfahren
      in der Weimarer Republik 618

   c. Die medizinische Versorgung psychisch versehrter Offiziere
      in der Weimarer Republik 650

   d. Die Eingliederung ins zivile Leben 656

   e. Zivile Lebensläufe psychisch versehrter Offiziere a. D. 668

   f. Das Selbstbild psychisch versehrter Offiziere in der Weimarer
      Republik 676

3. Psychisch versehrte Offiziere a. D. im Nationalsozialismus 695

   a. Die Sicht psychisch versehrter Offiziere a. D. auf die
      Machtübernahme der Nationalsozialisten 695

   b. Die Haltung der Nationalsozialisten zur Gruppe der
      psychisch Versehrten 699

   c. Die Versorgungsgesetzgebung von 1934 701

   d. Die Überprüfung der Versorgung von psychisch versehrten
      Offizieren a. D. aufgrund des Gesetzes von 1934 705

   e. Die Haltung der Offiziere zum nationalsozialistischen
      Regime nach dem Entzug ihrer Versorgung 732

   f. Psychisch versehrte Offiziere als Opfer der national-
      sozialistischen Zwangssterilisationen und des Krankenmords 734

4. Zusammenfassung 751

VI. Resümee 754

Anhang

Archivalische Quellen 769

Gedruckte Quellen und zeitgenössische Literatur 772

Forschungsliteratur 787

Grafiken 832

Tabellen 833

Abbildungen 834

Personenregister 835

Ortsregister 837

Sachregister 839

Vorwort

Die vorliegende Studie ist die überarbeitete Fassung meiner Habilitationsschrift, die ich im Rahmen eines DFG-Projekts (eigene Stelle) von 2013 bis 2020 am Arbeitsbereich Neuere Geschichte an der Freien Universität Berlin erstellte. Für die großzügige finanzielle Unterstützung danke ich der Deutschen Forschungsgemeinschaft. Die Geschwister Boehringer Ingelheim Stiftung für Geisteswissenschaften gewährte eine Druckbeihilfe. Vom Preisgeld für den Förderpreis für Militärgeschichte und Militärtechnikgeschichte 2021, den mir das BAAINBw für diese Studie verlieh, beglich ich die restlichen Druckkosten. Der Publikationsfonds der Freien Universität Berlin erlaubte eine gleichzeitige Open Access Publikation. Ganz herzlichen Dank für die Förderungen!

Prof. Dr. Oliver Janz (Freie Universität Berlin), der meine Arbeit betreute und das Erstgutachten anfertigte, bin ich für seine kontinuierliche Unterstützung, seine sorgfältige Durchsicht des Manuskripts und für die vielfachen hilfreichen Anmerkungen zu großem Dank verpflichtet. Daneben danke ich Prof. Dr. Volker Hess (Charité Berlin), der das Zweitgutachten anfertigte, für seine zahlreichen Hinweise und Prof. Dr. Oliver Stoll (Universität Passau) für sein positives Votum, die Studie in die Schriftenreihe »Krieg und Konflikt« aufzunehmen.

Den DFG-Antrag kommentierten Prof. Dr. Jürgen Angelow, Prof. Dr. Oliver Janz, Prof. Dr. Bernhard Kroener, Prof. Dr. Ulrike Ludwig, Prof. Dr. Livia Prüll, Philipp Rauh und Dr. Oliver Stein. Daneben profitierte ich bei der Anfertigung dieser Studie in hohem Maße von der engen Zusammenarbeit mit Dr. Nikolas Funke, Dr. Björn Hofmeister, Prof. Dr. Oliver Janz, Prof. Dr. Ulrike Ludwig, Dr. Wencke Meteling, Dr. Christoph Nübel und Deniza Petrova im Rahmen von gemeinsamen Buch- und Tagungsprojekten zum Thema.

Zur besseren Lesbarkeit des Textes haben viele beigetragen. Das Gesamtmanuskript korrigierten mein Lektor Ralf Gnosa, meine Mutter Hanne

Gahlen und mein Bruder Christof Gahlen. Daneben lasen Prof. Dr. Ulrike Ludwig, Deniza Petrova, Dr. Denise Reimann und Dr. Oliver Stein Teile des Manuskripts und machten wertvolle Verbesserungsvorschläge. Mein studentischer Mitarbeiter Jannes Bergmann fertigte das Register an und löste letzte technische Probleme kompetent. Jürgen Hotz (Campus Verlag) schaute das Endmanuskript durch und stand mir während des gesamten Veröffentlichungsprozesses mit Rat und Tat zur Seite.

Eine unverzichtbare Stütze war mir während der gesamten Studie mein Mann Michael Herrmann, der kontinuierlich an meiner Seite war, mir bei Krisen zuhörte, mich wieder zum Lachen brachte und mir familiär unzählige Male den Rücken freihielt. Das Gleiche gilt für meine Mutter Hanne Gahlen, die unseren beiden Kindern Mika und Lara ein zweites Zuhause gab und damit entscheidend dazu beitrug, dass ich die Arbeit schreiben konnte.

Mika und Lara wuchsen während der Fertigstellung dieser Studie zu Teenagern heran. Ich danke ihnen für ihr Verständnis, wenn ihre Mutter unbedingt noch schnell etwas zu Ende schreiben wollte oder ins Archiv verschwand, für ihre Liebe und Energie und für die vielen spannenden Diskussionen, die wir zum Thema führten. Ihnen sei dieses Buch gewidmet: Mögen sie in ihrem Leben von einem Krieg verschont bleiben.

Berlin, im Herbst 2022
Gundula Gahlen

Einleitung

Wie die Gewalt des Krieges auf die Psyche der Menschen wirkte, wurde lange in der Forschung kaum problematisiert. Erst seit den letzten Jahrzehnten des 20. Jahrhunderts hat sich die Geschichtsschreibung mit den psychischen Schäden, die der Krieg den Beteiligten zufügte, eingehend befasst.[1] Von maßgeblicher Bedeutung hierfür war, dass in den 1970er Jahren in der Psychiatrie ein Trauma-Konzept rasch Anerkennung fand, welches in Zusammenhang mit den Veteranen des Vietnamkriegs entwickelt worden war. Mit dem Konzept war eine neue Diagnose verbunden, die 1980 durch die *American Psychiatric Association* in der dritten Auflage des *Diagnostic Statistical Manual of Mental Disorders* etabliert wurde: das Posttraumatische Belastungssyndrom (post-traumatic stress disorder, PTSD).[2] Die Kategorie des »Traumas«[3] wurde in den folgenden Jahren in Politik, Militär und Gesellschaft, schließlich auch in der Historiografie ausgiebig reflektiert[4] und bewirkte eine Sensibilisierung für die Fragilität der menschlichen Psyche und den Schaden,

---

1 Eric J. Leed untersuchte 1981 zum ersten Mal dieses Thema mit sozial- und kulturgeschichtlichen Fragestellungen: Leed, No man's land. Vgl. auch Förster/Beck, Post-Traumatic Stress Disorder and World War II, S. 15–38; Birbaumer, Niels/Langewiesche, Neuropsychologie und Historie: Versuch einer empirischen Annäherung, S. 153–175.

2 Vgl. hierzu ausführlich Allen Youngs Studie von 1995, welche die Entstehungsgeschichte der Diagnose nachzeichnet: Young, The Harmony of Illusions. Siehe zus. Gahlen, Psychisch versehrte Offiziere in der Weimarer Republik, S. 262; Gahlen/Meteling/Nübel, Psychische Versehrungen im Zeitalter der Weltkriege: Zur Einführung.

3 Vgl. zur Begriffsgeschichte Schott, Das psychische Trauma in medizinhistorischer Perspektive, S. 41–56; Lehmacher, Trauma-Konzepte im historischen Wandel. Vgl. zur Kritik wie auch zum Konzept des individuellen und kollektiven Traumas Caruth, Unclaimed Experience; LaCapra, Writing History, Writing Trauma; Jeffrey C. Alexander, Trauma. A Social Theory, Cambridge u. Malden 2012; Prussing, Historical Trauma, S. 436–458; Kirmayer/Gone/Moses, Rethinking Historical Trauma, S. 299–319; LaCapra, Trauma, History, Memory, Identity, S. 375–400.

4 Lamott, Das Trauma als symbolisches Kapital, S. 53–62. Siehe auch Lerner/Micale, Trauma, Psychiatry, and History, S. 1–28; Gahlen/Meteling/Nübel, Psychische Versehrungen im Zeitalter der Weltkriege: Zur Einführung.

den Kriege im Gefühlsleben anrichten. Bei der Erforschung kollektiver Gewalt in der Geschichte lenkte sie den Blick auf die anhaltenden Leidenserfahrungen der Zeitgenossen und deren Wahrnehmung in Medizin, Politik und Gesellschaft.[5] Für den Ersten Weltkrieg, einschließlich der Vor- und Nachkriegszeit, hat sich das Wissen über seelische Kriegsbelastungen und über die Soldaten, die diese Belastungen nicht bewältigen konnten und psychische Versehrungen erlitten, inzwischen erheblich erweitert, da insbesondere dieser Krieg in den letzten 25 Jahren ein enormes Forschungsinteresse auf sich gezogen hat.[6] Der Grund lag darin, dass die »Kriegsneurose«[7] zu einer Metapher des Ersten Weltkriegs wurde.[8] Geschuldet war dies seiner Besonderheit als

---

[5] Goltermann, Die Gesellschaft der Überlebenden, S. 20. Vgl. hierzu die Sammelbände Crouthamel/Leese (Hrsg.), Psychological Trauma and the Legacies of the First World War; Eckart/Seidler (Hrsg.), Verletzte Seelen. Aktuelle historische Studien, die sich mit psychischen Kriegsschäden insbesondere im 20. Jahrhundert beschäftigen, sind durchgehend von der moralischen Grundhaltung bestimmt, dass Kriege falsch, moralisch pervers und eine Quelle unendlichen Leids sind – eine Sichtweise, die keinen Raum mehr für die lange vorherrschende Ansicht lässt, den Krieg als ehrenvolle Pflicht oder als ultimatives Abenteuer, in dem man seine Männlichkeit unter Beweis stellen kann, anzusehen. Micale, Toward a Global History of Trauma, S. 290f.

[6] Hingegen werden bisher psychische Versehrungen im Zweiten Weltkrieg deutlich weniger untersucht. Die Entwicklung im Zweiten Weltkrieg war unübersichtlicher und die gebräuchliche Terminologie sehr viel heterogener als im Ersten Weltkrieg, was eine Erklärung für das lange Zeit geringe Interesse der Forschung sein könnte. Roberts-Pedersen, A Weak Spot in the Personality?, S. 408–420.; Jones/Wessely, Shell Shock to PTSD, S. 161–165. Demgegenüber gibt es eine Fülle von Untersuchungen zu den psychischen Versehrungen, die der Holocaust bedingt hat. Siehe hierzu insbes. Leys, Trauma: A Genealogy; dies., From Guilt to Shame: Auschwitz and After. Vgl. daneben Micale, Toward a Global History of Trauma, S. 291f. Dass die psychischen Kriegsfolgen 1939–1945 bisher weniger intensiv als jene von 1914–1918 erforscht wurden, hängt auch damit zusammen, dass die Historiografie des Ersten Weltkriegs früher kulturwissenschaftliche Ansätze integriert hat. Allerdings sind inzwischen auch für den Zweiten Weltkrieg mehrere gewichtige Studien erschienen, sodass sich ein Wandel abzeichnet. Withuis/Mooij (Hrsg.), The politics of war trauma; Crouthamel/Leese (Hrsg.), Traumatic Memories of the Second World War and After (mit ausführlicher Bibliografie).

[7] Weitere häufig vorkommende Bezeichnungen waren in Deutschland Kriegshysterie oder traumatische Neurose, in englischsprachigen Ländern shell shock, battle fatigue, soldier's heart, gas neurosis, u. a. Allgemein ist hierbei zu betonen, dass die Definition dieser Begriffe unterschiedlich war und insbesondere unter die Kriegsneurose teilweise alle psychischen Versehrungen gefasst wurden. Zur Definition der Kriegsneurose siehe Hofer, Was waren ›Kriegsneurosen‹?, S. 309–321.

[8] Reid, Broken Men, S. 9, 11; Leese, »Why Are They Not Cured?«, S. 205–221; Hofer/Prüll, Reassessing War, Trauma and Medicine in Germany and Central Europe, S. 7; Winter, Shell Shock and the Cultural History of the Great War, S. 7–11. Die direkte Verbindung

industrialisierter Massenkrieg, der zum großen Teil als Graben- und Stellungskrieg geführt wurde.[9] Die kontinuierliche existenzielle Bedrohung an der Front, eine bis dato ungekannte Technisierung der Kampfmittel und die große Zahl an Toten und Verwundeten hatten eine extrem belastende Wirkung auf die Kriegsteilnehmer und förderten psychische Ausfallserscheinungen.[10]

Ein Blick auf die Weltkriegsforschung zu psychischen Traumata zeigt, dass mittlerweile die Entwicklung des kriegspsychiatrischen Diskurses und die Frage der Militarisierung der Psychiatrie im Krieg umfassend analysiert sind und das Krankheitsbild von einfachen Soldaten, ihre medizinische Behandlung und die Politik ihrer staatlichen Versorgung mehrfach untersucht wurden, wenngleich auch hier nach wie vor Forschungsbedarf besteht.[11] Noch kaum erforscht ist die militärische Sicht auf die psychische

---

des Weltkriegs mit psychischen Kriegsschäden lag auch daran, dass im Weltkrieg die Bedrohung durch Infektionskrankheiten, die in früheren Kriegen stets zu den meisten Verlusten geführt hatte, durch die Erkenntnisse der Bakteriologie deutlich eingedämmt werden konnte. Auch durch diesen Wandel im Krankheitsspektrum gewannen psychische Erkrankungen in der zeitgenössischen Wahrnehmung an Bedeutung. Siehe hierzu Beddies, Was vom Krieg als Krankheit übrigblieb, S. 320.

9 Noch 1914 hatte sich der ursprüngliche Bewegungskrieg an der Westfront in einen Stellungs- und Grabenkrieg verwandelt. Im Westen blieb der Stellungskrieg vier Jahre lang dominant. Trotz großer Anstrengungen, etwa in der Champagne, an der Somme und in Verdun, gelang es nicht, von einer festen Front wieder in einen Bewegungskrieg zu kommen. Hartmann, Sanitätsdienst im Stellungskrieg, S. 231. Siehe hierzu ausführlich Nübel, Durchhalten und Überleben an der Westfront. In medizinhistorischer Sicht Bergen, Before My Helpless Sight.

10 Hofer/Prüll, Reassessing War, Trauma and Medicine in Germany and Central Europe, S. 7; Gahlen/Meteling/Nübel, Psychische Versehrungen im Zeitalter der Weltkriege: Zur Einführung.

11 Mittlerweile liegen mehrere länderübergreifende Studien und international vergleichende Sammelbände zu psychischen Versehrungen im Ersten Weltkrieg vor, die auf zahlreichen Einzelstudien aufbauen, einen Überblick über die Forschung liefern und zumeist mit umfangreichen Bibliografien ausgestattet sind: Becker u. a. (Hrsg.), Psychiatrie im Ersten Weltkrieg; Crouthamel/Leese (Hrsg.), Psychological Trauma and the Legacies of the First World War; Gahlen/Meteling/Nübel (Hrsg.), Psychische Versehrungen im Zeitalter der Weltkriege; Gahlen/Gnosa/Janz (Hrsg.), Nerven und Krieg; Köhne/Leese/Crouthamel (Hrsg.), Languages of Trauma; Lerner/Micale (Hrsg.), Traumatic Pasts; Prüll/Rauh (Hrsg.), Krieg und medikale Kultur; Schmuhl/Roelcke (Hrsg.), »Heroische Therapien«; Hofer/Prüll/Eckart (Hrsg.), War, Trauma and Medicine in Germany and Central Europe; Ekins/Stewart (Hrsg.), War Wounds; Quinkert/Rauh/Winkler (Hrsg.), Krieg und Psychiatrie 1914–1950; Jones/Wessely, Shell Shock to PTSD; Binneveld, From Shell Shock to Combat Stress.

Belastbarkeit der Kriegsteilnehmer und auf »Kriegsneurotiker«.[12] Zudem fehlt es an Studien über die subjektive Sicht der Betroffenen, ihre persönlichen Erfahrungen im Krieg und bei ihrer Reintegration in die zivile Gesellschaft wie auch über die sozialen, politischen und kulturellen Einflüsse, welche den gesellschaftlichen Umgang mit ihnen bestimmten.[13] Äußerst prekär stellt sich gerade in Bezug auf Deutschland schließlich die Forschung zu militärischen Führern dar, die im Krieg psychische Leiden entwickelten, obschon für diese die Quellenlage sehr viel besser als für die Mannschaften ist. Die Forschung beschränkt sich hier auf einzelne Aussagen aus dem militärpsychiatrischen Diskurs und vereinzelte Fallbeispiele in Bezug auf die Behandlungspraxis.[14] Über die Karrieren und Lebensläufe psychisch versehrter Offiziere, den militärischen, politischen und gesellschaftlichen Umgang mit ihnen wie auch über die Selbstsicht der Betroffenen ist nahezu nichts bekannt.

---

12 Wichtig sind hier insbes. Bröckling, Disziplin; Stachelbeck, Militärische Effektivität im Ersten Weltkrieg; Watson, Enduring the Great War; Meteling, Ehre, Einheit, Ordnung; Nübel, Durchhalten und Überleben an der Westfront.

13 Siehe hierzu die Skizzierung des Forschungsstandes bei Crouthamel/Leese, Introduction, S. 2f., 5. Zu sozialen Stereotypen über »Kriegsneurotiker« siehe insbesondere Mosse, Shell Shock as a Social Disease, S. 101–108; Gahlen/Gnosa/Janz (Hrsg.), Nerven und Krieg.

14 Auch die Forschungsprojekte, die durch die Auswertung von Patientenakten den Behandlungsalltag analysieren, hatten nur eine Handvoll Offiziere in ihrer Auswahl. Vgl. insbesondere das DFG-Projekt »Krieg und medikale Kultur. Patientenschicksale und ärztliches Handeln im Zeitalter der Weltkriege (1914–1945)«, das 700 Krankenakten von Soldaten des Ersten Weltkrieges analysierte. Die Untersuchungsauswahl enthielt allerdings nur fünf Offiziere. Peckl, What the Patient Records Reveal, S. 157; Prüll/Rauh (Hrsg.), Krieg und medikale Kultur. Vgl. daneben die Studie von Hermes, die erstmals systematisch den Behandlungsalltag in einem Reservelazarett untersucht. Auch sie hatte allerdings nur acht Offiziere in ihrer Untersuchungsauswahl. Hermes, Krankheit: Krieg. Vgl. ferner auch einige Fallbeispiele zu Offizieren bei Neuner, Politik und Psychiatrie, S. 58. Und Stefanie Caroline Linden und Edgar Jones analysierten ein Sample von 200 Soldaten mit Kriegsneurosen in zwei führenden psychiatrischen Kliniken in Berlin und Jena, das allerdings auch keine Offiziere enthielt. Linden/Jones, German Battle Casualties, S. 635; Linden/Hess/Jones, Neurological Manifestations of Trauma. Siehe daneben die Fallstudien in Becker u. a. (Hrsg.), Psychiatrie im Ersten Weltkrieg. Auch die im Herbst 2020 erschienene Studie von Rebecca Ayato Bennette, die hierfür 2200 psychiatrische Patientenakten des Ersten Weltkriegs aus den psychiatrischen Universitätskliniken Freiburg, Heidelberg und Tübingen sowie den Heimatlazaretten in Düren, Grafenberg und Galkhausen auswertete, bezieht sich in Bezug auf ihre Ausführungen zu Offizieren nur auf die Literatur: Bennette, Diagnosing Dissent. Bereits publizierte Aufsätze, die auf den Ergebnissen dieses Projekts beruhen und in denen Offiziere im Mittelpunkt stehen, sind Gahlen, Zwei-Klassen-Medizin?; dies., »Always Had a Pronouncedly Psychopathic Predisposition«; dies., Die Nerven der Offiziere als militärisches Problem.

Hier wirkt sich zum einen aus, dass die Forschung über psychische Traumata häufig mit einer Opferperspektive einhergeht, für die sich einfache Soldaten besser als Offiziere eignen. Zum anderen ist bedeutsam, dass die sozial- und kulturgeschichtlich ausgerichtete neue Militärgeschichte in den 1990er Jahren und auch noch nach der Jahrtausendwende vorrangig als Militärgeschichte »von unten« betrieben wurde, was in Deutschland zu einer Vernachlässigung von alltags-, sozial- und kulturgeschichtlich ausgerichteten Forschungen zu militärischen Eliten vom Leutnant aufwärts geführt hat.[15] Das Verdienst der Militärgeschichte »von unten« liegt darin, Soldaten zum erforschungswürdigen Untersuchungsgegenstand gemacht zu haben und alltags-, sozial- und kulturgeschichtliche Fragestellungen in die Militärgeschichte integriert zu haben.[16] Ein negativer Nebeneffekt war allerdings, dass mitunter zwischen einer älteren Militärgeschichte »von oben« und einer modernen Militärgeschichte »von unten« unterschieden wurde und Offiziersstudien pauschal vorgeworfen wurde, traditionelle »Generalstabshistorie« zu betreiben. Erst in den letzten Jahren ist hier parallel zu einem neuen Aufschwung der historischen Elitenforschung[17] eine gewisse Entspannung feststellbar, sodass auch Offiziere zunehmend mit den gleichen Fragestellungen und Methoden wie Soldaten untersucht werden.[18]

---

15 Vgl. das Plädoyer von Bernhard Kroener, alle aktiven Offiziere der militärischen Elite zuzurechnen und sich nicht im Sinne einer »Machtelite« auf militärische Spitzengruppen zu beschränken. Kroener, Generationserfahrungen und Elitenwandel, bes. S. 227f. Davon unberührt wurde über die Stellung und das Selbstverständnis des deutschen Offizierskorps im 19. und 20. Jahrhundert seit Ende des Zweiten Weltkrieges viel publiziert. Conze, Vom »vornehmsten Stand« zum »Volksoffizierkorps«, S. 101–117; Funck, Militär, Krieg und Gesellschaft, S. 157–173; ders., Schock und Chance, S. 127–172; Stoneman, Bürgerliche und adlige Krieger, S. 25–64; Demeter, Das deutsche Offizierskorps; Deist, Zur Geschichte des preußischen Offizierkorps; Geyer, The Past as Future; Müller, Heer und Hitler; Bald, Der deutsche Offizier; Guth, Der Loyalitätskonflikt des deutschen Offizierskorps; Messerschmidt, Das preußisch-deutsche Offizierkorps; ders., Werden und Prägung des preußischen Offizierkorps; Papke, Offizierskorps und Anciennität; Martin, Die bürgerlichen Exzellenzen; Kitchen, The German Officer Corps; Clemente, For King and Kaiser!; Hebbelmann, Das preußische »Offizierkorps«; Köster, Auswirkungen der preußischen Heeresreform; Rumschöttel, Das bayerische Offizierkorps 1866–1914; Gahlen, Das bayerische Offizierkorps 1815–1866.
16 Ulrich, Militärgeschichte von »unten«, S. 473–503; zur Militärgeschichte »von unten« in der britischen, französischen und deutschen Forschung Winter/Prost, Penser la Grande Guerre, S. 109–136.
17 Duchhardt, Historische Elitenforschung; Fasora u.a. (Hg.), Elitenforschung in der Geschichte des 19. und 20. Jahrhunderts.
18 Vgl. die Skizzierung dieser Forschungsentwicklung bei Meteling, Ehre, Einheit, Ordnung, S. 19f.; Funck, Militär, Krieg und Gesellschaft, S. 157–173. Vgl. zum Ersten Weltkrieg

Die wenigen, bisher von der Forschung zusammengetragenen Erkenntnisse zu psychisch leidenden Offizieren des Ersten Weltkriegs in Deutschland lassen sich wie folgt skizzieren: Psychische Störungen seien im Ersten wie auch im Zweiten Weltkrieg bei Offizieren in sehr viel geringerem Maße als bei Mannschaftsdienstgraden aufgetreten. Offiziere hätten meist nicht an Kriegshysterie, sondern an Neurasthenie oder nervöser Erschöpfung gelitten. Im Großteil der Fälle hätten sie nach wenigen Wochen wieder an die Front entlassen werden können. In der Forschung wird dabei als Erklärung für diese Spezifika in der Regel die Sichtweise der Kriegspsychiater,[19] die den Diskurs in den Fachzeitschriften bestimmten, übernommen. In deren Verständnis waren Offiziere durch ihr hohes Maß an Pflicht- und Verantwortungsbewusstsein sowie patriotischer Gesinnung nur in geringem Maße von psychischen Erkrankungen betroffen – eine Sichtweise, die auch den militärischen Diskurs seit den Weltkriegsjahren dominierte.[20] Bei den wenigen erkrankten Offizieren reagierten die Psychiater verständnisvoll und sprachen von Aufopferungsbereitschaft bis hin zur Erschöpfung. Bei Mannschaftssoldaten tendierte der psychiatrische Fachdiskurs über die Kriegsneurose hingegen zu einer Pathologisierung von nervlichen Zusammenbrüchen sowie zu einer Stigmatisierung der betroffenen Soldaten. Sie wurden nicht nur als psychisch krank, sondern auch als

---

u. a. Meteling, Ehre, Einheit, Ordnung; Kronenbitter, »Krieg im Frieden«; Schaar, Wahrnehmungen des Weltkrieges; Wolz, Das große Warten. Insbesondere die britische Militärhistoriografie erforscht Offiziere im Krieg intensiv. Watson, Enduring the Great War; Sheffield, Leadership in the TrencheS. Siehe in Bezug auf psychische Traumata folgende Studien, die den Offizieren ein eigenes Kapitel widmen: Leese, Shell Shock; Barham, Forgotten lunatics of the Great War. Vgl. daneben auch Reid, Broken Men; Grogan, Shell shocked Britain; Loughran, Shell-shock and medical culture; Bianchi, Psychiatrists, Soldiers and Officers in Italy.

19 Unter den Begriff Kriegspsychiater werden sowohl die Militärpsychiater als auch diejenigen Psychiater, die für die Kriegszeit mobilisiert wurden, gefasst. Beide Gruppen waren für die Behandlung psychisch Versehrter Militärangehöriger zuständig. In ähnlicher Weise Michl/Plamper, Soldatische Angst im Ersten Weltkrieg, S. 213.

20 Vgl. zum Beispiel die Einschätzung von Gustav Störring aus dem Jahr 1942: »[...] die innere Einstellung des Soldaten zum Krieg, zum Kampf fürs Vaterland, sein Pflicht- und Ehrgefühl entschieden darüber, ob er hysterisch reagierte oder nicht [...]. Auf der anderen Seite leuchtet es ohne weiteres ein, daß die Weltkriegsoffiziere mit ihrer starken Bindung an Vaterland, Pflicht, Ehre und bei Ihrem Verantwortungsgefühl und ihrem ständigen Vorbild-Sein-Müssen prozentual so auffallend gering an der Kriegshysterie beteiligt waren, im Gegensatz zur Mannschaft, [...]«. Störring, Die Verschiedenheiten der psychopathologischen Erfahrungen, S. 25f. Siehe zum militärischen Diskurs Kap. II.2. Die Nerven der Offiziere im militärischen Diskurs.

konstitutionell minderwertig und moralisch verwerflich angesehen.[21] Bei betroffenen Offizieren herrschte hingegen im psychiatrischen Diskurs die Meinung vor, dass sich schon aus Gründen des »Taktes« nicht schmerzhafte Therapien mit Elektroschocks und militärischem Drill geeignet hätten. Entsprechend hätten die Ärzte bei ihnen vermehrt auf sanfte Behandlungsmethoden zurückgegriffen und Erholungsurlaub und Badekuren verordnet.[22] Insgesamt zeichnet die Forschung ein bemerkenswert homogenes Bild in Bezug auf den Umgang mit psychisch leidenden Offizieren. Unterschiede zwischen den beiden Weltkriegen und Entwicklungen in der Zwischenkriegszeit wurden bisher kaum herausgearbeitet. Noch schwerer wiegt, dass die bisherigen Forschungsthesen durch Referieren des psychiatrischen Diskurses ein Bild fortschreiben, das in weiten Teilen dem habituellen Kanon im Offizierskorps, der engen Verflechtung von Kriegspsychiatrie und Militär wie auch der sozialen Elitenstellung des Offiziers im Kaiserreich geschuldet war, was dazu führte, psychische Leiden bei Offizieren weitgehend zu tabuisieren.[23]

---

21 Hier zeigen allerdings Studien, die Patientenakten auswerteten, dass die Militärärzte in den Feldlazaretten und auch ein Teil der Ärzte in den Heimatlazaretten diese Schlussfolgerungen zum großen Teil nicht aufnahmen, sondern den Krieg für die psychischen Beschwerden der Soldaten verantwortlich machten. Prüll, The Exhausted Nation, S. 32f.; Peckl, What the Patient Records Reveal, S. 154–159; vgl. zu den Militärärzten in den Feldlazaretten auch Rauh, Victory for the »Most Enduring« Hearts, S. 165f., 180; HermeS. Siehe die Fallstudien in Becker u. a. (Hrsg.), Psychiatrie im Ersten Weltkrieg. Siehe hierzu Kap. III.2.b. Psychiatrische Praxis: Diagnosen in den Krankenakten.
22 Riedesser/Verderber, »Maschinengewehre hinter der Front«, S. 36; Michl, Im Dienste des »Volkskörpers«, S. 209. Allerdings muss hier betont werden, dass die These, dass bei psychisch kranken Mannschaftssoldaten spätestens seit 1916 vorrangig auf für die Patienten qualvolle Therapien wie die Kaufmann-Kur oder die Muckesche Kehlkopfbehandlung, die raschen Behandlungserfolg versprachen, zurückgegriffen wurde, durch die Ergebnisse neuer Studien, in denen die Lazarettakten von psychisch kranken Soldaten ausgewertet wurden, widerlegt wird. Auch bei Mannschaftssoldaten wurden neben diesen Therapien Ruhe, Extrakost und Beruhigungsmittel eingesetzt und den Soldaten Zeit zur Regeneration gewährt. Vgl. hierzu Prüll, The Exhausted Nation, S. 32f.; Peckl, What the Patient Records Reveal, S. 149–159; Hermes, Krankheit: Krieg; Bennette, Diagnosing dissent, bes. S. 58–63. Siehe auch die Fallstudien in Becker u. a. (Hrsg.), Psychiatrie im Ersten Weltkrieg. Siehe hierzu Kap. III.4. Therapien bei psychisch versehrten Offizieren.
23 Siehe hierzu Kap. II.7.a. Spezifika des militärischen Schriftverkehrs über psychisch versehrte Offiziere und Kap. III.2.a. Der psychiatrische Diskurs über die Diagnosen und Ursachen von psychischen Leiden bei Offizieren.

Hier wirkte sich aus, dass unter Offizieren – und auch der Großteil der Kriegspsychiater hatte im Ersten Weltkrieg den Offiziersstatus inne[24] – der Glaube an die Macht des Willens, sich der Gefahr auszusetzen und diese auszuhalten, wesentlicher Bestandteil ihres Denkens war. Der Offizier stand für den Willen, Herrschaft und Verantwortung zu übernehmen, für den Willen zum Kampf, zum Töten und zum Sterben.[25] Der Krieg galt hierfür als die entscheidende Bewährungsprobe. Und Offiziere, welche in dieser Krisensituation zusammenbrachen, widersprachen dem Idealbild des mutigen, nervenstarken Offiziers diametral. Hinzu kam, dass der Offizier im wilhelminischen Deutschland nicht nur für eine bestimmte soziale Gruppe stand, sondern das Leitbild sozialer Wertschätzung war. Während er noch bis zum beginnenden 19. Jahrhundert eine eher randständige Erscheinung war,[26] entwickelte er sich spätestens seit 1890 zum Männerideal, zur Ikone und zur gesellschaftlichen Modellfigur. Der Offizier befand sich um die Jahrhundertwende an der Spitze der deutschen Prestige-Rangskala, nicht zuletzt auch, weil sich über die Figur des Offiziers bürgerliche Sehnsüchte nach Feudalisierung befriedigen ließen. Dass sich das in Traditionen verankerte Offizierskorps mit seinen spezifischen Ehrvorstellungen und Standespflichten in der Gründerzeit zur Werteelite entwickeln konnte, spiegelte die Besonderheit der »verspäteten Nation«[27] und die starke Verflechtung des politischen, soziokulturellen und militärischen Bereichs wider.[28]

Eine Studie über Offiziere in Deutschland, die von Nervenproblemen und psychischen Erkrankungen betroffen waren und damit dem Idealbild des mutigen, nervenstarken Offiziers widersprachen, ermöglicht es, hinter

---

24 Vgl. zur Stellung und zum Selbstverständnis der Sanitätsoffiziere Michl, Im Dienste des »Volkskörpers«, S. 49–67.
25 Breymayer/Ulrich/Wieland, Vorwort, S. 10.
26 Vgl. Hebbelmann, Das preußische »Offizierkorps«.
27 Breymayer/Ulrich/Wieland, Vorwort, S. 10.
28 Die These von einem generellen deutschen Sonderweg wird aber in neueren Forschungen weitgehend abgelehnt, da sich für Einzelbereiche viele Gemeinsamkeiten der deutschen mit der westeuropäischen Entwicklung nachweisen lassen. Dies gilt für die bedeutsame Einflussnahme durch das Militär, aber auch etwa für den Einfluss der alten feudalen Eliten auf die Politik bei gleichzeitiger rasanter wirtschaftlicher Entwicklung. Vgl. zusammenfassend Kalz, Die Ideologie des »deutschen Sonderwegs«; Grebing, Der »deutsche Sonderweg« in Europa; Bracher (Hrsg.), Deutscher Sonderweg – Mythos oder Realität? Siehe hierzu auch Kühne/Ziemann, Militärgeschichte in der Erweiterung, bes. S. 22–27; Stamm-Kuhlmann, Militärstaat Preußen, S. 109–121; Ziemann, Sozialmilitarismus und militärische Sozialisation, S. 148–164. Siehe hierzu auch Kap. I.1. Soziale Stellung der Offiziere in der Wilhelminischen Ära.

die Fassade dieser Ikone zu schauen. Die Analyse der Frage, welche Bedeutung psychischen Leiden für die »Offiziersfähigkeit« beigemessen wurde, kann als Lackmustest begriffen werden, um die Toleranzspanne in Bezug auf die Diskrepanz zwischen Anspruch und Wirklichkeit von Militär, Ärzteschaft, Staat und Gesellschaft in Deutschland zu vermessen und die Auswirkungen auf die betroffenen Offiziere zu erfassen.

Forschungsansatz

Gegenstand dieser Studie sind deutsche Offiziere (aktive Offiziere[29] und Reserveoffiziere ab dem Leutnantsrang[30]), die von 1890 bis 1939 psychische Leiden entwickelten. Im Mittelpunkt stehen dabei diejenigen, die im Ersten Weltkrieg psychische Versehrungen davontrugen.[31] Die Studie untersucht, welche Anforderungen Militär, Medizin, Politik und Gesellschaft an die nervliche Belastbarkeit von Offizieren im Krieg in Deutschland vom Kaiserreich über die Weimarer Republik bis zur NS-Zeit stellten. Wie gingen sie

---

29 Weitere gebräuchliche Bezeichnungen waren »Offiziere des aktiven Dienststandes« oder »Offiziere des Friedensstandes«. Unter ihnen verstand z.b. das Offizierspensionsgesetz von 1906 all jene Offiziere, für die im Militäretat Stellen mit Gehalt vorgesehen waren. Vgl. Entscheidungen des Reichsversorgungsgerichts, Bd. 2, 1922, Nr. 55, S. 144.
30 Damit ist die Definition des Offiziers eingeschränkter, als sie z.B. der Sächsische Offiziers-Hilfsbund e.V. Dresden bei seiner Gründung 1916 in seiner Satzung entwickelte. Hier stand: »Unter Offizieren sind zu verstehen: Offiziere, Fähnriche, Fahnenjunker, Sanitäts-Offiziere, Veterinär-Offiziere und im Offiziersrange stehende Beamte der Militärverwaltung des Heeres, der Marine und der Schutztruppen«. SächsHStA 11348 St. GK XII. AK, Nr. 1991 Sächsische Offiziere, Hilfsbund 1917–1919, Satzung des Sächsischen Offiziers-Hilfsbundes e.V., 1916.
31 Im Offizierskorps der deutschen Armee dienten während des Weltkriegs insgesamt 45.923 aktive und 226.130 Reserveoffiziere. Die enorme Aufstockung wird daraus ersichtlich, dass im preußischen Kontingent zu Beginn des Weltkriegs 22.112 aktive und 29.230 Reserveoffiziere dienten und allein bis November 1915 7.537 neu beförderte aktive Offiziere und 52.181 Reserveoffiziere hinzukamen. Im Durchschnitt der vier Kriegsjahre kamen im Feldheer auf 1000 Mann nach der Sollstärke 23,6 Offiziere, im Besatzungsheer nach der Iststärke 17,6 Offiziere. Insgesamt leisteten zwischen 1914 und 1918 13,67 Millionen Mann Militärdienst. Dabei war die große Mehrheit der Soldaten dem Heer eingegliedert. Hier dienten nach Angabe des Sanitätsberichts von 1914 bis Ende Juli 1918 13.123.011 Mann. Sanitätsbericht über das Deutsche Heer im Weltkriege, Bd. 3, S. 9, 31; Altrock, Vom Sterben des Deutschen Offizierkorps, S. 60. Siehe daneben Watson, Enduring the Great War, S. 120–122; Pöhlmann, Warfare 1914–1918 (Germany). Siehe hierzu Kap. II.2.b. Die Prüfung der psychischen Belastbarkeit der Offiziersanwärter.

mit psychisch erkrankten Offizieren um? Wie nahmen die Betroffenen selbst ihre Erkrankungen wahr? Und welche Auswirkungen hatten diese auf ihr Selbstbild und ihre Lebensläufe? Im Zentrum steht die Frage, welche Bedeutung verschiedene Entwürfe des Offiziers (als »militärischer Führer«, als »Vorgesetzter«, als militärisches und menschliches »Vorbild«, als Angehöriger eines weitgehend abgeschlossenen Korps oder als Mitglied eines vorrangig sozial exklusiven Berufsstandes) für die Selbst- und Fremdwahrnehmung im Angesicht der psychischen Krankheit hatten.

Der Untersuchungszeitraum umfasst die Zeit von der Wilhelminischen Ära bis zum Zweiten Weltkrieg. Indem er auch die Vorkriegszeit und die Zwischenkriegszeit perspektivisch einbindet, wird erstens dem Fakt Rechnung getragen, dass der Erste Weltkrieg ein Katalysator für Entwicklungen war, die bereits im Gange waren, und dass der Konflikt langfristige Folgen hatte und massive politische, soziale, kulturelle und räumliche Umstrukturierungen in Europa mit sich brachte. Hinzu kommt zweitens, dass die extreme Gewalt des Weltkrieges und seiner Folgekonflikte in allen beteiligten Gesellschaften dauerhafte immaterielle Schäden verursacht hatte, mit denen die Gesellschaften der Zwischenkriegszeit umgehen mussten.[32]

Schließlich wird drittens damit berücksichtigt, dass sich in den Erfahrungsräumen Militär und Kriegspsychiatrie Strukturen von langer Dauer zeigen, wobei gerade die Psychiatrie sogar noch nach 1945 wesentlich von Überzeugungen, die im Ersten Weltkrieg Wirkungskraft entfalteten, geprägt war.[33] Das gleiche Phänomen zeigt sich im individuellen Bereich der von wechselhaften Zeitläufen bestimmten Offizierskarrieren. Viele psychisch versehrte militärische Führer hatten in der Vorkriegszeit des Kaiserreichs ihre militärische Ausbildung und Sozialisation erhalten. Auch gab es Offiziere, die im Ersten Weltkrieg kämpften und später in der Reichswehr oder in der Wehrmacht dienten.[34]

In dieser Studie werden die psychischen Erkrankungen der Offiziere in ihren zeitgenössischen Wahrnehmungen und Deutungen untersucht und kontextualisiert. Untersucht werden jene militärischen Führer, die in

---

32 Gahlen/Meteling/Nübel, Psychische Versehrungen im Zeitalter der Weltkriege: Zur Einführung. Christoph Nübel schlägt als Konzept den »langen Ersten Weltkrieg« vor. Nübel, Neuvermessungen der Gewaltgeschichte, S. 225–248.
33 Hier handelt es sich um einen international feststellbaren Befund. Quinkert/Rauh/Winkler, Einleitung, S. 21; Harrison, Krieg und Medizin im Zeitalter der Moderne, S. 24. Vgl. zu England Shephard, ›Pitiless psychology‹, S. 491–524; vgl. zu den USA Grob, Der Zweite Weltkrieg und die US-amerikanische Psychiatrie, S. 153–164.
34 Kroener, Generationserfahrungen und Elitenwandel, S. 219–233.

psychiatrische Behandlung kamen, sei es nun mit der Diagnose Kriegsneurose, Traumatische Neurose, Neurasthenie, Nervenschock, Granatschock, Nervosität, Nervenschwäche, nervöse Erschöpfung, Hysterie, Granatenfieber oder anderem. Der Einbezug all dieser Diagnosearten resultiert daraus, dass die »Kriegsneurose« viele Namen und Ausprägungen hatte und die Definitionen psychischer Leiden im Ersten Weltkrieg uneinheitlich und nicht klar abgegrenzt waren. Gemeinsam war diesen Diagnosen, dass die körperlichen Symptome – nervöse Zuckungen oder ständiges Zittern, Apathie, Lähmungen einzelner oder mehrerer Gliedmaßen, Schlaflosigkeit, Magen- und Herzschmerzen, Darmprobleme oder Ähnliches – sich nicht auf organische Ursachen zurückführen ließen.[35]

Die Studie zielt dabei gerade nicht darauf, die Offiziere in psychiatrischer Behandlung mit einem diagnostischen Label zu versehen, das auf dem aktuellen medizinischen Kenntnisstand basiert. Denn damit bestünde die Gefahr, die subjektiven Erfahrungen der Soldaten in ein enges Korsett retrospektiver Zuschreibungen zu zwängen.[36] Schließlich vermitteln moderne Diagnosen wie zum Beispiel das Posttraumatische Belastungssyndrom bestimmte (oft anachronistische) Vorstellungen darüber, wie Schmerz und erschütternde Erlebnisse psychisch und physisch verarbeitet wurden, ohne dass es dafür konkrete historische Belege gibt.[37]

---

35 Dies traf für den Großteil der Nervenkrankheiten im Weltkrieg zu. In Einzelfällen konnten allerdings auch unter Begriffen wie Nervenschwäche oder -erschöpfung, die im Regelfall für eine funktionelle Nervenerkrankung reserviert waren, körperliche Schäden verstanden werden. So zeigen zum Beispiel die Krankenblätter in der Offizierspersonalakte von Emil H., dass seine Diagnose »Nervenschwäche« hier für eine Schwächung des Sehnervs stand. Er war zu Kriegsende fast vollständig erblindet und zu 100 % erwerbsunfähig. BayHStA-KA OP 25135 Emil H.
36 Vgl. hierzu Svenja Goltermanns eindringliche Warnungen: Goltermann, Die Gesellschaft der Überlebenden, S. 18f., 21, 422; Hofer, Nervenschwäche und Krieg, S. 28f.; McNally, Remembering trauma, S. 283; Leven, Krankheiten – historische Deutung vs. retrospektive Diagnose, S. 153–185; Kansteiner, Menschheitstrauma, Holocausttrauma, kulturelles Trauma, S. 109–138; Gahlen/Meteling/Nübel, Psychische Versehrungen im Zeitalter der Weltkriege: Zur Einführung; Funke/Gahlen/Ludwig, Krank vom Krieg: Zur Einführung, S. 11–16. Siehe in diesem Band auch Metzger, Zur retrospektiven Diagnose, S. 167–188.
37 Goltermann, Die Gesellschaft der Überlebenden, S. 18, 21; Funke/Gahlen/Ludwig, Krank vom Krieg: Zur Einführung, S. 13; Gahlen/Meteling/Nübel, Psychische Versehrungen im Zeitalter der Weltkriege: Zur Einführung. Vgl. dagegen Förster/Beck, Post-Traumatic Stress Disorder and World War II, S. 15–38. Siehe auch die Kritik an der Diagnose Posttraumatische Belastungsstörung von Shephard, Die Psychiatrie des Krieges, S. 175–187. Kritik entfaltete sich insbesondere an der englischen Bezeichnung Post Traumatic Stress disorder. Bei einer Traumatisierung handle es sich nicht um eine Störung,

Auch wird kein medizinisches Trauma-Konzept als Beschreibungs- und Analyseinstrument verwendet, da das heutige psychiatrische Wissen über die menschliche Verarbeitung von Krieg, Gewalt und Tod, welches vorrangig auf aktuellen Messungen und Beobachtungen beruht, nicht mit den Erfahrungswelten und Handlungsweisen früherer Kriegsgenerationen gleichzusetzen ist.[38] Zum Beispiel waren Lähmungs- und Schüttelsymptome im Ersten Weltkrieg häufig, während sie bei Soldaten in heutigen Militäreinsätzen kaum auftreten. In der Forschung gibt es hierzu die These, dass jeder Krieg seine eigenen Symptomkomplexe erzeuge.[39] Darüber hinaus hat sich das Konzept des Traumas, wie es aktuell in der Psychiatrie verwendet wird, selbst weiterentwickelt.[40]

Das Ziel dieser Arbeit ist vielmehr, eine Geschichte der Erfahrung extremer Erlebnisse durch die Betroffenen, die psychiatrische Wissenschaft, durch Militär, Staat und Gesellschaft zu schreiben. Zu fragen ist, wie sich die Normen für den Umgang mit psychischen Kriegsbelastungen vor, während und nach dem Krieg veränderten und wie dies die Ausprägung und Deutung psychischer Kriegsversehrungen bei Offizieren beeinflusste.[41]

Eine Spezialuntersuchung zu psychisch versehrten Offizieren der deutschen Armee liegt im Spannungsfeld von Exemplarischem und Besonderem: Exemplarisch ist sie für die Tausenden von psychisch Beschädigten, welche dieser Weltkrieg hervorbrachte; besonders ist sie, da damit eine Personengruppe in den Blick genommen wird, die zur Elite gehörte und mit einem Tabu im Militär und in der gehobenen Gesellschaft belegt wurde. Um diesem Spannungsfeld gerecht zu werden, erfolgt die Analyse psychisch versehrter Offiziere integrativ.[42] So wird der Untersuchungsgegenstand nicht isoliert in den Blick genommen, sondern stets mit psychisch versehrten Mannschaftssoldaten wie auch mit dem Offizierskorps als Ganzes

---

sondern um eine natürliche Reaktion auf Gewalt. Showalter, Rivers and Sassoon, S. 61–69. Siehe hierzu auch Crouthamel/Leese, Introduction, S. 2.
38 Goltermann, Die Gesellschaft der Überlebenden, S. 424. Ein Beispiel für die heterogene Verarbeitungsweise erschütternder Erlebnisse bietet Robert Dales Analyse über die Situation in Leningrad nach dem Zweiten Weltkrieg. Dale, Coming Home.
39 Jones/Wessely, War Syndromes, S. 55–78.
40 Goltermann, Die Gesellschaft der Überlebenden, S. 426; Lamott, Das Trauma als symbolisches Kapital, S. 53–62. Vgl. hierzu ausführlich Young, The Harmony of Illusions.
41 Siehe zum ähnlichen Ansatz Goltermann, Die Gesellschaft der Überlebenden, S. 23; Gahlen/Meteling/Nübel, Psychische Versehrungen im Zeitalter der Weltkriege: Zur Einführung.
42 Vgl. zum Begriff der »integrativen Militärgeschichte« Meteling, Ehre, Einheit, Ordnung, S. 20; Ziemann, Front und Heimat, S. 55.

verglichen. Das Ziel ist es, militärhierarchische Perspektiven zu verschränken und die Gemeinsamkeiten und Unterschiede zwischen Offizieren und Soldaten herauszuarbeiten. Genauso wichtig ist die Herausarbeitung der zivil-militärischen Verflechtung. Offiziere hatten einen elitären gesellschaftlichen Status und gerade für Reserveoffiziere bedeutete die Militärzeit nur eine Zwischenphase in ihrer Berufslaufbahn.

Offiziere, die im Krieg psychische Leiden ausbildeten, gehörten zu den tausenden »Kriegsneurotikern«, mit denen Militär, Ärzteschaft, Staat und Gesellschaft umgehen mussten. Der Untersuchungsgegenstand umspannt die Geschichte der psychischen Erkrankungen von Militärangehörigen und ihre militärischen, sozialen und wirtschaftlichen Folgen sowie die Geschichte der Kriegsneurose als Stigma wie auch als Metapher für den Krieg und seine Nachwirkungen. Hinzu kommt, dass er generellere Aspekte wie zeitgenössische Sichtweisen in Bezug auf Wahnsinn, Männlichkeit, medizinischen Fortschritt und militärische Disziplin umfasst.[43]

Die damaligen Ärzte und Militärs aller Kriegsparteien fühlten sich von dem massenhaften Auftreten von psychischen Erkrankungen überwältigt.[44] Der Tübinger Neuropsychiater und Generaloberarzt Robert Gaupp (1870–1953)[45] konstatierte 1917,»daß die Nervenkranken der Zahl nach weitaus die wichtigste Kategorie aller Kranken unserer Armee darstellen, daß die Nervenlazarette unseres Landes wohl die einzigen sind, die immer belegt sind«.[46] Es herrschte der Konsens, dass psychische Erkrankungen die militärische Moral, Disziplin und Kampfkraft in besonders gefährlicher Weise beeinflussten.[47] In ganz Europa kam es zu hitzigen Debatten in Medizin, Militär und Politik, wie die psychischen Ausfälle in den Griff zu bekommen seien und zu einer raschen Popularisierung der Begriffe »Kriegsneurose« und »Shell Shock«.[48]

---

43 Reid, War Psychiatry.
44 Harrison, The Medical War, S. 110.
45 Robert Gaupp war von 1906 bis 1936 ordentlicher Professor für Psychiatrie und Direktor der Nervenklinik der Universität Tübingen. Leins, Robert Eugen Gaupp; Voelkel, Robert Eugen Gaupp, S. 311–315.
46 Gaupp, Die Nervenkranken des Krieges, S. 4. Zit auch bei Ulrich/Ziemann, Das soldatische Kriegserlebnis, S. 137; Ulrich, Die Augenzeugen, S. 214.
47 Reid, War Psychiatry.
48 Reid, Broken Men, S. 9, 11; Leese, »Why Are They Not Cured?«, S. 205–221; Hofer/Prüll, Reassessing War, Trauma and Medicine in Germany and Central Europe, S. 7; Winter, Shell Shock and the Cultural History of the Great War, S. 7–11.

Die genaue Anzahl der deutschen Armeeangehörigen, die während des Weltkriegs wegen psychischer Erkrankungen ins Lazarett kamen, ist allerdings wegen der variierenden statistischen Angaben in der offiziellen Heeresstatistik und der uneinheitlichen Begrifflichkeit nicht genau zu ermitteln. Ein Grund hierfür war, dass die Begriffe »Kriegsneurose« oder »Kriegshysterie«, die im Krieg sowohl in militärischen Befehlen als auch in der psychiatrischen Fachdiskussion zentrale Schlüsselbegriffe waren,[49] in den nach dem Krieg aufgestellten statistischen Tabellen fehlen. Hier taucht stattdessen die recht unspezifische Kategorie der »Nervenleidenden« oder »Nervenkranken« auf, unter die neben psychischen Störungen auch neurologische Erkrankungen und Verletzungen fielen.[50] Schätzungen, welche die offiziellen bilanzierenden Statistiken als Ausgangspunkt nehmen, gehen von 200.000 bis 300.000 Fällen in der deutschen Armee aus.[51] Die Anzahl der betroffenen französischen und österreichisch-ungarischen Soldaten und Offiziere wird ähnlich hoch eingeschätzt. In der

---

[49] Zum Beispiel war in einer Reichstagsdebatte von 1918 von 60.000 bis 70.000 Kriegshysterikern die Rede. Vgl. Lerner, Hysterical Men, S. 198.

[50] Siehe hierzu auch Gahlen, Psychisch versehrte Offiziere in der Weimarer Republik, S. 263.

[51] 1920 wurde zum ersten Mal eine diesbezügliche bilanzierende Angabe veröffentlicht. Der preußische Militärarzt und Leiter der Kaiser-Wilhelm-Akademie Otto von Schjerning, der im Ersten Weltkrieg als Chef des Feldsanitätswesens im Großen Hauptquartier gedient hatte, schrieb in einem Bericht des Sanitätsoberkommandos der Reichswehr 1920 von 313.399 Fällen von Nervenkrankheiten unter den Soldaten im Weltkrieg. Allerdings bezog sich diese Zahlenangabe nur auf die Feldarmee und ließ andere Heeresteile unberücksichtigt. Schjerning, Die Tätigkeit und die Erfolge der deutschen Feldärzte, S. 16. Vgl. Whalen, Bitter Wounds, S. 53. Paul Lerner extrahierte aus dieser Angabe von 313.399 Fällen diejenigen Diagnosen, die er im engeren Sinn mit der Kriegsneurose in Zusammenhang brachte wie Hysterie, Neurasthenie, Nervenschock und verwandte Diagnosen. Dabei kam er zum Ergebnis, dass diese 62% aller Fälle ausmachten. Als absolute Zahl waren dies 192.000 Fälle. Lerner, »Ein Sieg deutschen Willens«, S. 92f. Die zweite bilanzierende Angabe findet sich im offiziellen »Sanitätsbericht über das Deutsche Heer« von 1934, der die während des Krieges gesammelten Krankenrapporte aller Sanitätsdienststellen im Feld und in der Heimat auswertete, die während des Krieges durch die sanitätsstatistische Abteilung bei der Kaiser-Wilhelm-Akademie, nach dem Krieg durch die Sanitätsstatistische Abteilung der Heeres-Sanitäts-Inspektion des Reichswehrministeriums gesammelt und geordnet wurden. Nach dem Sanitätsbericht wurden während des Kriegs insgesamt 613.047 Fälle von »Nervenkrankheiten« aus dem deutschen Feld- und Besatzungsheer in Lazarette aufgenommen. Diese Zahl schloss ebenso wie die Angabe von 1920 auch neurologisch Erkrankte und Verletzte ein und enthält keine näheren Spezifizierungen. Doch konstatiert der Sanitätsbericht zumindest, dass den größten Anteil an der Gesamtzahl der Nervenkrankheiten Hysterie und damit verwandte Leiden ausgemacht hätten. Sanitätsbericht über das Deutsche Heer im Weltkriege, Bd. 3, S. 145–147.

britischen Armee an der Westfront wurden über 80.000 Fälle registriert, und trotz des späten Kriegseintritts der USA ist bekannt, dass 72.000 Soldaten wegen psychischer Störungen aus der Armee entlassen wurden.[52] Andere Forscher haben diese offiziellen Zahlenangaben, die einen verhältnismäßig niedrigen Prozentsatz psychisch Versehrter von ein bis zwei Prozent gemessen an der Gesamtzahl kranker und verwundeter Soldaten ergeben,[53] bezweifelt und den Prozentsatz deutlich höher angesetzt. Als wichtigste Argumente wurden hier genannt, dass bereits in den Krankenunterlagen viele psychische Erkrankungen nicht als solche ausgegeben wurden und einiges dafür spräche, dass auch die Zahlen in der offiziellen Heeresstatistik geschönt wurden.[54] Bereits 1935 schätzte der Sanitätsrat Jungblut, der den »Sanitätsbericht über das deutsche Heer« von 1934 auswertete, den Anteil der Nervenkranken an der Gesamtzahl der Patienten mit Beginn des Stellungskrieges auf ungefähr zehn Prozent; manche Hochrechnungen aktueller Forschungen kommen zu ähnlichen Ergebnissen.[55] In jedem Fall stellen die in die Lazarette eingelieferten »Kriegsneurotiker« nur die Spitze des Eisbergs im Hinblick auf die Zahl der Soldaten dar, die aufgrund der Kriegsereignisse zeitweise psychische Störungen entwickelten oder langfristig unter den quälenden Kriegserinnerungen litten. Hier sprechen die Berichte der Truppenärzte sowie die Selbstzeugnisse der Soldaten eine deutliche Sprache.[56]

---

52 Lerner, From Traumatic Neurosis to Male Hysteria, S. 141; Crouthamel, The Nation's Leading Whiner, S. 75; Hofer, Nervenschwäche und Krieg, S. 360; Cox, Invisible Wounds, S. 299; Roudebush, A Battle of Nerves, S. 254; Reid, War Psychiatry.
53 Insgesamt berichten die Krankentransporte von über 27 Millionen Verwundungen und Erkrankungen während des KriegeS. Die Zahl der Verwundungen und Erkrankungen übertraf die Zahl der 13,12 Millionen Soldaten, die im Feld- und Besatzungsheer dienten, um das Doppelte. Sanitätsbericht über das Deutsche Heer im Weltkriege, Bd. 3, S. 7, 18.
54 Vor allem seien Zahlen über das Ausmaß psychischer Störungen im Krieg und in der Nachkriegszeit bewusst niedrig gehalten worden, um negative Reaktionen bei der Bevölkerung, beim Feind und bei der eigenen Truppe zu vermeiden. Lerner, »Ein Sieg deutschen Willens«, S. 92f.; Jones/Wessely, Psychiatrie Battle Casualities, S. 242f.
55 Jungblut, Die Tätigkeit der deutschen Ärzte im Weltkriege, S. 372. Vgl. zu aktuellen Schätzungen Bröckling, Disziplin, S. 207; Jones/Wessely, Psychiatrie Battle Casualities, S. 242f.; Neuner, Politik und Psychiatrie, S. 30, 48. Alexander Watson schätzt den Anteil der psychisch Versehrten von der Gesamtzahl aller mobilisierten deutschen Soldaten sogar auf ca. fünf Prozent. Vgl. Watson, Enduring the Great War, S. 248.
56 Dies betonte auch Jay Winter am 22.05.2013 in seiner Keynote »The Language of Shell Shock« auf der Tagung »Aftershock: Post-traumatic Cultures since the Great War«, Kopenhagen. Das Gleiche gelte für die Zivilbevölkerung. Siehe hierzu auch Kap. II.7. Die Haltung im Militär gegenüber psychisch versehrten Offizieren.

Nach Zahlenangaben zu psychisch versehrten Offizieren der deutschen Armee, die im Fokus dieser Studie liegen, sucht man in der Heeresstatistik vergebens, da in der wilhelminischen Armee psychische Krankheiten von Offizieren generell nicht rapportiert wurden.[57] Hier wirkte sich die starke Abgrenzung zwischen dem Offizierskorps auf der einen Seite und den Unteroffizieren und Mannschaftssoldaten auf der anderen Seite aus.[58] Hinzu kamen die ausgeprägte innere Kohärenz dieser Gruppe, ihre soziale, rechtliche und politische Eigenständigkeit und ihr hohes Sozialprestige im Kaiserreich.

Die Besonderheiten der Untersuchungsgruppe prägen das Erkenntnisinteresse in dieser Arbeit in vierfacher Hinsicht. So zielt die übergeordnete Analyse jenseits aller Detailfragen erstens auf die Untersuchung von sozialen Eliten samt ihrer Abhängigkeit und ihrem Gestaltungspotential für kulturelle Strukturen[59] und auf die sich wandelnde soziokulturelle Bedeutung des Offiziers im Kaiserreich, in der Weimarer Republik und in der NS-Zeit.

Zweitens wird der Blick auf die janusköpfige Position psychisch versehrter Offiziere als Opfer und Täter gelenkt, womit eine reine Opfer- und Leidensgeschichte vermieden wird. Diese Opferperspektive ist in Studien mit einer alleinigen Fokussierung auf Mannschaftssoldaten, die im Krieg psychisch zusammenbrachen, häufig zu finden, wobei vernachlässigt wird, dass nahezu jeder Kämpfer auch aktiv Gewalt ausübte. Bei einer Studie über psychisch versehrte Offiziere tritt bereits strukturell ihr aktives Tun einhergehend mit ihren verschiedenen Rollen sehr viel deutlicher als bei einfachen Soldaten hervor.[60] Auch Offiziere waren Kämpfer, repräsentierten aber

---

57 Sanitätsbericht über das Deutsche Heer im Weltkriege; siehe daneben Lengwiler, Zwischen Klinik und Kaserne, S. 29. Siehe hierzu auch Kap. III.1. Das prozentuale Verhältnis von psychisch versehrten Offizieren und Mannschaften.
58 Die formale Trennung vollzog Friedrich Wilhelm I., der direkt nach seinem Regierungsantritt am 12.07. 1713 die »Neuapprobierte[n] Kriegsarticul für die Unterofficirs und gemeine Soldaten« erließ. Kroener, »Des Königs Rock«, S. 80.
59 Bereits Anne Lipp konstatierte in Kritik auf eine lange Zeit vorherrschende ›Geschichte von unten‹, dass eine sozial- und kulturgeschichtlich ausgerichtete Militärgeschichte mehr als eine Geschichte »des kleinen Mannes« sein müsse. Entsprechend sei »gerade auch die Praxis der militärischen Eliten in ihrer Abhängigkeit von und in ihrem Gestaltungspotential für kulturelle Strukturen zu analysieren«. Lipp, Diskurs und Praxis, S. 222.
60 In Bezug auf die Geschichte des Offizierskorps im Ersten Weltkrieg haben Benjamin Ziemann und Thomas Kühne eindrücklich vor einer Weiterschreibung der zeitgenössischen Legitimierungsstrategie gewarnt, nach dem Krieg auf die tapfere Aufopferung des Offizierskorps aufgrund der horrenden Offiziersverluste hinzuweisen und es so von der Verantwortung für die Niederlage freizusprechen. Sie plädieren dafür, einer Täter- statt einer Opferperspektive den Vorzug zu geben. Kühne/Ziemann, Militärgeschichte in der

darüber hinaus Herrschaft und übten Befehlsgewalt aus. Als Ausbilder und militärische Führer der Armee waren sie zudem Manager der Macht, Repräsentanten kriegerischer Gesinnung und Technokraten der Mobilisierung.[61] Drittens lassen sich über den Umgang mit psychisch versehrten Offizieren militärische Wahrnehmungs- und Handlungslogiken besonders gut analysieren. Schließlich wirkten sich psychische Zusammenbrüche von Offizieren weit verheerender auf die Funktionstüchtigkeit der Armee aus als bei einfachen Soldaten, da militärische Führer an der Front Verantwortung für »ihre« Männer übernehmen mussten. Bei psychisch labilen Offizieren war es im Ernstfall nicht gesichert, dass sie die Mannschaft umsichtig und verantwortungsvoll führen konnten. Zudem konnten sie bei psychischen Überlastungsanzeichen nicht mehr als militärisches und moralisches Vorbild dienen.

Und viertens kann durch Fokussierung auf die Offiziere eine zentrale These der bisherigen Forschung hinterfragt werden: der Primat der Militärpsychiatrie gegenüber der militärischen Führung bei psychischen Erkrankungen. Gemäß dieser These wurde im Ersten Weltkrieg der Militärpsychiatrie von staatlicher Seite die Zuständigkeit übertragen, psychisch bedingte Leiden von Soldaten ursächlich zu klären und Wege zu finden, das Problem der sogenannten Kriegsneurosen in den Griff zu bekommen.[62] Auch in der Weimarer Republik sei es in Bezug auf die Kriegsopferversorgung bei psychisch bedingten Beschwerden der Antragsteller allein den Fachärzten für Psychiatrie vorbehalten gewesen, die Ursachen zu ermitteln.[63] Gerade für Offiziere ist diese These kritisch zu reflektieren. Denn diese stellten einen Berufsstand dar, hatten einen ausgeprägten Korpsgeist und genossen hohes soziales Ansehen, was sie in vielfacher Hinsicht nach innen und außen schützte. Bis zum verlustreichen Russlandfeldzug 1941 wurden die traditionellen Kriterien der Offiziersrekrutierung und -beförderung aufrecht-

---

Erweiterung, S. 27, 30f. Vgl. auch Meteling, Ehre, Einheit, Ordnung, S. 221. Im zeitgenössischen Viktimierungsdiskurs des Offizierskorps nach dem Krieg blieben allerdings psychische Versehrungen von Offizieren ausgespart, da die zeitgenössische Sichtweise auf psychische Leiden deren Verbindung mit ehrenvoller Selbstaufopferung nicht zuließ. Siehe hierzu Kap. II.9. Zusammenfassung.
61 Breymayer/Ulrich/Wieland, Vorwort, S. 9.
62 Vgl. hierzu auch die Ausführungen zu den deutschen Feldgerichtsurteilen in Kap. II.8.a. Sanktionen.
63 Vgl. u. a. Neuner, Politik und Psychiatrie; Lerner, Hysterical Men; Kaufmann, Science as Cultural Practice, S. 125–144; Kloocke/Schmiedebach/Priebe, Psychological Injury in the Two World Wars, S. 43–60.

erhalten[64] und soziale Kriterien, Bildung und technisches Können großgeschrieben – alles Eigenschaften, die nicht vorrangig die Frontbewährung betrafen. In der Weimarer Republik wurde zwar das Fronterlebnis mythologisiert, doch in der Reichswehr machten nicht vorrangig junge Frontoffiziere des Ersten Weltkriegs Karriere, sondern aktive Offiziere des Kaiserreichs und Spezialisten, die meist nicht in der vordersten Stellung standen.[65]

Methodik

Methodisch wird ein erfahrungsgeschichtlicher Ansatz mit Lebenslaufanalysen psychisch versehrter Offiziere kombiniert.[66] Ein erstes Untersuchungsziel liegt darin, den Krankheits- und Karriereverlauf der Betroffenen anhand von Fallstudien zu untersuchen. Den Kern der Analyse bildet dabei ein Sample von psychisch versehrten Offizieren, deren Kranken-, Personal- und Versorgungsakten ausgewertet werden, sodass sich verschiedene Rückschlüsse, so beispielsweise von der Krankheit auf die Karriere oder vom Einsatzort auf die Krankheit, ziehen lassen (vgl. die Ausführungen im Abschnitt Quellenlage und Samplebildung).[67]

Über die Untersuchung des Persönlichkeitsprofils und der Militärlaufbahnen der Offiziere können die Einzelschicksale anonymisiert[68] sichtbar gemacht werden, daneben aber auch Strukturen, Kontinuitäten und Wandlungen. In welcher Situation kam es zum nervlichen Zusammenbruch?

---

64 Kroener, Auf dem Weg zu einer »nationalsozialistischen Volksarmee«; ders., Generationserfahrungen und Elitenwandel, S. 219–233.
65 Stachelbeck, Militärische Effektivität im Ersten Weltkrieg, S. 303f.; Watson, Junior Officership in the German Army, bes. S. 442–446; ders., Enduring the Great War, S. 130f. Grundlegend zum Fronterlebnis Hüppauf, Schlachtenmythen und die Konstruktion des »Neuen Menschen«, S. 43–84; vgl. auch Prümm, Pionier einer neuen Zeit, bes. S. 180–190.
66 Vgl. zu den biografischen Ansätzen in der Militärgeschichtsschreibung: Hartmann (Hrsg.), Von Feldherren und Gefreiten.
67 Vgl. zum Vorgehen auch die Studie von Stephanie Neuner, die neben den Krankenakten einiger Offiziere auch deren Personalakten in ihre Analyse einbezieht und insbesondere die Diagnosen und Beschreibungen der Krankheitsbilder in den Personalakten auswertet. Allerdings beschränkt sie sich auf Einzelfälle. Neuner, Politik und Psychiatrie, S. 58f.
68 Patientenakten der Psychiatrie sind auch nach Ablauf der Schutzfristen in besonderer Weise geschützt, sodass eine wissenschaftliche Auswertung nur anonymisiert erfolgen darf. Kretzschmar, Patientenakten der Psychiatrie in den Staatsarchiven, S. 341.

EINLEITUNG

Welche Dienstgrade, Funktionen und Einsatzorte weisen die Personalakten auf? Welche Angaben machen die Krankenblätter in den Personalakten über die Krankheitsbilder der Offiziere? Auf welche Weise und wie lange erfolgte die Behandlung? Welche Konsequenzen hatten psychische Erkrankungen für die Karriere und den Lebenslauf der militärischen Führer? Waren Offiziere, die in psychiatrischer Behandlung waren, vorrangig einmal oder mehrfach in Behandlung? Wie sah die weitere Karriere der militärischen Führer und ihr Lebenslauf als Veteranen aus?[69] Die Analyse der Lebenswege der Betroffenen wird so zeigen, wie nachhaltig die psychische Versehrtheit ihren Alltag und Karriereweg beeinträchtigte.

Neben den Lebenslaufanalysen einer Vielzahl psychisch versehrter Offiziere zielt die Studie auf eine Erfahrungsgeschichte, indem die Erfahrungen psychisch kranker Offiziere und die Erfahrungen des Militärs, der Ärzteschaft, der staatlichen Institutionen und der Öffentlichkeit mit dieser Personengruppe behandelt werden. Erfahrung wird dabei im Sinne des wissenssoziologischen Erfahrungsansatzes nicht als ein spezifischer Ausdruck unmittelbaren individuellen Erlebens begriffen, sondern als Prozess, der sich auf unterschiedlichen und zugleich eng aufeinander bezogenen Ebenen vollzieht.[70] In Bezug auf Struktur und Sinngebung greift jede Erfahrung auf das diskursiv verfügbare Reservoir des kulturellen Wissens zurück. Der aktuelle

---

69 Für England wurde herausgearbeitet, dass Offiziere aufgrund ihrer stärkeren Prägung durch traditionelle militärische Prinzipien und ihre militärische Verantwortung im Allgemeinen bei psychischen Problemen länger als Mannschaftsdienstgrade an der Front verharrten und häufig auch auf eigenen Wunsch vorzeitig aus der ersten Behandlung entlassen wurden, um wieder auf ihren Posten zu kommen. Dies führte dazu, dass sie bei ihrer zweiten Einweisung aufgrund der dann stärker ausgebildeten chronischen oder akuten Symptome entsprechend länger in Behandlung blieben. Leese, Shell Shock, S. 109, 114.

70 Buschmann/Carl, Zugänge zur Erfahrungsgeschichte des Krieges, S. 23. Dabei werden Überlegungen Reinhart Kosellecks und der Wissenssoziologen Peter Berger, Thomas Luckmann und Alfred Schütz zu den Vorbedingungen, dem Verlauf und den Nachwirkungen von Erfahrungsprozessen aufgegriffen. Koselleck, Der Einfluß der beiden Weltkriege auf das soziale Bewußtsein, S. 324–343; Berger/Luckmann, Die gesellschaftliche Konstruktion der Wirklichkeit; Schütz/Luckmann, Strukturen der Lebenswelt. Mit diesem Erfahrungsbegriff arbeitet auch der 1999–2008 in Tübingen geförderte Sonderforschungsbereich »Kriegserfahrungen – Krieg und Gesellschaft in der Neuzeit«. Insbesondere zum Ersten Weltkrieg sind mehrere programmatische Sammelbände entstanden: Buschmann/Carl (Hrsg.), Die Erfahrung des Krieges; Ernst u. a. (Hrsg.), Aggression und Katharsis; Große Kracht/Ziegeldorf (Hrsg.), Wirkungen und Wahrnehmungen des Ersten Weltkrieges; Hirschfeld u. a. (Hrsg.), »Keiner fühlt sich hier mehr als Mensch...«; Hirschfeld u. a. (Hrsg.), Kriegserfahrungen; Thoß/Volkmann (Hrsg.), Erster Weltkrieg – Zweiter Weltkrieg.

Interpretationskontext wiederum strukturiert die Erinnerungen um.[71] Dieses prozesshafte Verständnis von Erfahrung führt dazu, dass individuelle Akteure und Institutionen, Vermittlungsinstanzen und Medien gleichermaßen berücksichtigt werden. Entsprechend werden neben den Selbstzeugnissen auch die psychiatrischen, militärischen, sozialstaatlichen und öffentlichen Diskurse ins Blickfeld gerückt.

Alle diese Wahrnehmungs- und Interpretationsmuster sollen mitsamt ihren eng miteinander verknüpften Denkstilen, Deutungsansprüchen und Handlungswirksamkeiten beschrieben werden. Dieser methodischen Sichtweise liegt die Überzeugung zugrunde, dass Militär, Wissenschaft, Politik und Gesellschaft miteinander verflochten waren und wechselseitig aufeinander einwirkten.[72] Der verfolgte methodische Ansatz bezieht die Perspektive der betroffenen psychisch versehrten Offiziere mit ein. Sie ergänzt die Außenperspektive durch eine Innenperspektive und liefert so Erkenntnisse über die konkreten gesundheitlichen, militärischen, ökonomischen und

---

71 Die Integration mehrerer Zeitebenen ist eine bedeutsame Errungenschaft des erfahrungsgeschichtlichen Ansatzes. Vgl. hierzu bes. Koselleck, Vergangene Zukunft.
72 Gahlen/Gnosa/Janz, Nerven und Krieg: Zur Einführung, S. 11f. Siehe hierzu auch das Plädoyer von Peter Leese und Jason Crouthamel, die Geschichte von Ärzten, Patienten und Zivilpersonen in ihrer Verflechtung zu untersuchen, da deren Trauma-Narrative über die psychologischen und sozialen Effekte des Krieges sich aufeinander bezogen. Crouthamel/Leese, Introduction, S. 3. So war selbst die Entstehung psychiatrischen Wissens nicht allein vom wissenschaftlichen Forschungsstand abhängig, sondern stets durch ihren speziellen historischen und kulturellen Kontext geprägt. Richtungsweisend hierzu Raphael, Die Verwissenschaftlichung des Sozialen, S. 165–193. Vgl. auch Goltermann, Die Gesellschaft der Überlebenden, S. 33; Quinkert/Rauh/Winkler, Einleitung, S. 11f. Im Ersten Weltkrieg hatten die militärischen Interessen hier maßgeblichen Einfluss. Schließlich bestand damals der Arbeitsauftrag für Psychiater darin, dass sie psychisch versehrte Soldaten wieder rasch dienstfähig therapieren sollten. Zudem sollten sie bei ihrem ärztlichen Urteil militärische Interessen berücksichtigen, die darauf zielten, das Einreißen von Feigheit zu verhindern und die Kampfkraft im Militär zu stärken. Aber auch in der Friedenszeit entstand das damalige psychiatrische Wissen in einem Kräftefeld unterschiedlicher Interessengruppen. Institutionelle Interessen und politische Erfordernisse sowie juristische Entscheidungen hatten erheblichen Einfluss darauf, welcher Befund sich schließlich als psychiatrisches Wissen durchsetzen sollte. Vgl. hierzu die Studien von Allan Young, Svenja Goltermann und Bernd Gausemeier, die jeweils für unterschiedliche Zeiträume und Themenstellungen diesen Zusammenhang nachweisen. Young, The Harmony of Illusions; Goltermann, Die Gesellschaft der Überlebenden; Gausemeier, Natürliche Ordnungen und politische Allianzen.

gesellschaftlichen Implikationen der Deutungen der anderen Akteure für die Betroffenen sowie über ihr Selbstbild.[73] Bei der Analyse der Deutungsmuster gilt es, narrative Strategien ebenso zu beachten wie die Kommunikationsbedingungen, unter denen die Quellen entstanden. Die Wahrnehmungen und Deutungen der psychisch versehrten militärischen Führer präsentieren Teilansichten, welche aus der variablen Funktion und Perspektive der unterschiedlichen Quellengattungen resultieren und über verschiedene Sagbarkeitsregeln und Rollenentwürfe des Offiziers im Angesicht der psychischen Krankheit Aufschluss gewähren. Die Zusammenschau der Quellen enthüllt darüber hinaus bestimmte Charakteristika, die auf zeittypische gesamtkulturelle Deutungs- und Wahrnehmungsmuster des Offiziers wie auch des »Kriegsneurotikers« verweisen.

Im Mittelpunkt der Analyse steht die Historizität der Deutungskategorien, mit denen die psychischen Leiden der militärischen Führer beschrieben und bewertet wurden. Wo zeigen sich darin stetige Verläufe, wo Veränderungen und Zäsuren? Insgesamt wird herausgearbeitet, wie und aus welchen Gründen sich die Wahrnehmungs- und Deutungsmuster der Betroffenen, der Psychiater, der Militärs und der staatlichen Institutionen von 1890 bis 1939 verändert und wie sich diese Veränderungen auf die Biografien der militärischen Führer ausgewirkt haben.

Quellenlage und Samplebildung

Die Studie stützt sich auf ein vielfältiges Quellenkorpus, dessen Basis psychiatrische Krankenakten, Offizierspersonalakten und Versorgungsakten bilden. Hinzu kommen Ego-Dokumente sowie weitere Quellen aus dem medizinischen, militärischen, staatlichen und publizistischen Bereich. Die Quellenlage stellt sich insgesamt für die militärischen Führer sehr viel besser als für die Mannschaften dar, sodass die Lebensläufe der Offiziere rekonstruiert sowie Selbst- und Fremdbilder erfasst und gegenübergestellt werden können.

Im Mittelpunkt steht ein Sample an psychisch versehrten Offizieren, das sich durch ein gewisses Maß an Repräsentativität (Offiziere aus ver-

---

73 Vgl. hierzu den ähnlichen Zugang von Stephanie Neuner, welche die Versorgungspolitik psychisch versehrter Veteranen in der Zwischenkriegszeit untersucht. Neuner, Politik und Psychiatrie, S. 13.

schiedenen Regionen Deutschlands, in verschiedenen Funktionen, Waffengattungen, mit unterschiedlichen Dienstgraden und Fronterfahrungen) auszeichnet. Ein systematisches Auswahlverfahren konnte nicht angewendet werden, da kein geschlossener Quellenbestand zur Verfügung steht. Vielmehr galt es einzelne Puzzleteile aus verschiedenen Fundorten zusammenzutragen und hieraus ein vielschichtiges, vorsichtiges Gesamtbild zu entwickeln.

Die Suche nach Offizieren, die während ihres Kriegseinsatzes in psychiatrische Behandlung kamen, begann im Krankenbuchlager Berlin, das bis zu seiner Schließung Ende 2013 beim Landesamt für Gesundheit und Soziales angesiedelt war und eine wissenschaftliche Nutzung vor Ort ermöglichte.[74] Im Krankenbuchlager Berlin sind mit 50.305 Bänden die Krankenbücher und Verlustlisten des preußischen Heeres einschließlich des XIV. badischen Korps, Elsass-Lothringens, der ehemaligen Schutztruppen sowie Marine-Lazarette der Kaiserlichen Marine für die Zeit des Ersten Weltkrieges nahezu vollständig überliefert. Zudem existieren hier Verzeichnisse, die alle preußischen Feld- und Heimatlazarette im Ersten Weltkrieg enthalten.[75] Teilweise sind hier die Unterabteilungen oder Spezialisierungen der Lazarette verzeichnet, sodass gezielt entweder nach Nervenabteilungen bzw. psychiatrischen Kliniken oder nach Offiziersabteilungen, Offizierslazaretten oder Offiziersgenesungsheimen gesucht werden konnte.[76] In den Krankenbüchern ist geordnet nach den einzelnen Lazaretten samt deren Unterabteilungen tabellarisch jeder Patient in einer Zeile u. a. mit Namen, Dienstgrad, Geburtsdatum, Geburtsort, Diensteintritt, Truppenteil, Beruf und Angehörigen verzeichnet. Ebenfalls sind die Diagnose, die Dauer des Lazarettaufenthalts, der Zeitpunkt und Ort der Erkrankung sowie vorherige und nachfolgende Lazarette angegeben.

Für das Untersuchungssample wurden in Bezug auf die Kriegszeit die Krankenbucheinträge von sieben Lazaretten und Genesungsheimen, in

---

74 Seit kurzem sind die Unterlagen wieder zugänglich: Deutsche Dienststelle (WASt), Unterlagen aus dem ehem. Krankenbuchlager, ‹https://www.dd-wast.de/de/unterlagen/krankenbuchlager.html›.
75 Die Verzeichnisse der preußischen Feld- und Heimatlazarette des Ersten Weltkriegs befinden sich in 16 alphabetisch sortierten Kladden. Für jedes Lazarett gibt es die folgenden Rubriken: laufende Nummer, Ort und Lazarett, Hauptkrankenbuch (Anzahl), Totenbuch (Anzahl), Stationsliste (Anzahl) und Bestandsdauer des Lazaretts.
76 Eine Proberecherche erbrachte hier zum Beispiel Treffer bei Heidelberg und Breslau, während in Berlin nur die Namen der Lazarette ohne deren Funktionen verzeichnet waren.

denen psychisch versehrte Offiziere behandelt wurden, als vorrangige Grundlage genommen. Die Kriterien für die Auswahl der Lazarette und Genesungsheime beinhalteten, dass verschiedene Lazarettformen, in denen psychisch versehrte Offiziere im Krieg untergebracht wurden (Offizierslazarett, Offiziersgenesungsheim und Nervenlazarett), berücksichtigt werden sollten. Hinzu kam, dass die Auswahl Einrichtungen an den verschiedenen Fronten und in der Heimat enthalten sollte.[77]

Hinsichtlich der militärischen Ränge wurden aktive Offiziere und Reserveoffiziere ab dem Leutnantsrang in die Untersuchung einbezogen und damit all diejenigen, welche die Offizierslaufbahn als militärische Führer durchliefen. Nicht in die Auswahl aufgenommen wurden Feldwebelleutnants, Offiziersstellvertreter, Militärbeamte, Sanitätsoffiziere und Ärzte ohne Offiziersrang, die im Regelfall auch in für Offiziere reservierten Einrichtungen behandelt wurden. Das Kriterium für die Aufnahme eines Offiziers in die Untersuchungsauswahl war bei einem Offizierslazarett und -genesungsheim, dass psychische Beschwerden aus der Diagnose ersichtlich waren, bei einer Nervenstation lediglich, dass der Offizier dort behandelt wurde. Die Auswahl ergab rund 1.400 relevante Einträge in den Krankenbüchern, die sich quantitativ auswerten ließen.

Anhand dieser Namen erfolgten zudem Recherchen nach den Kranken- und Personalakten der Offiziere. Psychiatrische Krankenakten werden in der Historiografie für das Thema »Krieg und Psychiatrie« noch immer wenig genutzt.[78] Durch ihre Auswertung können Erkenntnisse über die psychiatrische Diagnose und die konkrete Behandlungs- und Begutachtungspraxis gewonnen werden.[79] Psychiatrische Krankenakten sind in erster Linie das Produkt von Psychiatern, da deren Datenerhebungen, Fragen und Aufzeich-

---

[77] Siehe zu den einzelnen Krankenbüchern die Ausführungen in der Einleitung zu Kap. III. Offiziere in psychiatrischer Behandlung im Ersten Weltkrieg.
[78] Quinkert/Rauh/Winkler, Einleitung, S. 25, 27. Innerhalb der Medizingeschichte werden Krankenakten allerdings seit längerem als historische Quellen ausgewertet, um sie für eine Medizingeschichte von »unten« oder für praxeologische Ansätze zu nutzen. Vgl. hierzu beispielsweise Nolte, Gelebte Hysterie; dies., Die Erfahrung »zwischen den Zeilen«, S. 273–281; Bacapoulos-Viau/Fauvel, The Patient's Turn, S. 1–18; Gahlen/Voelker (Hrsg.), Doing Psychiatry (in Vorbereitung); Porter, The Patient's View, S. 175–198. Siehe auch die methodischen Überlegungen zu psychiatrischen Krankenakten als historische Quellen bei Braun, Heilung mit Defekt, S. 32ff. und Müller, Metamorphosen, S. 80–98. Das Potential psychiatrischer Krankenakten für quantitative Analysen wird ausgeleuchtet bei Meier, Zwang zur Ordnung, S. 89ff. und Beddies, Krankengeschichten als Quelle quantitativer Auswertungen, S. 223–231.
[79] Quinkert/Rauh/Winkler, Einleitung, S. 10.

nungen des Gesprochenen wesentlich durch ihr professionelles Interesse und ihre Deutungsmuster bestimmt sind.[80] Darüber hinaus wurden im Ersten Weltkrieg aber gerade in den Krankenakten der Offiziere, die im Regelfall deutlich umfangreicher als jene der Mannschaftssoldaten sind, Zitate oder Teilstücke aus den Gesprächen zwischen Arzt und Patient in den Aufzeichnungen festgehalten, die nicht der psychiatrischen Interpretation entsprachen oder andere Facetten hinzufügten und die diese Akten zu ergiebigen Quellen machen, um sich der persönlichen Kriegserinnerung der Offiziere anzunähern. Zudem sind in den psychiatrischen Krankenakten teilweise persönliche Aufzeichnungen der Patienten enthalten, die auf Anregung des Psychiaters geschrieben wurden, in denen vielfach die bestehenden Sagbarkeitsgrenzen, die im öffentlichen, aber auch im privaten Raum der Familie galten, überschritten wurden.[81]

Die Personalakten psychisch kranker Offiziere gewähren Einblicke sowohl in den sozialen und familiären Hintergrund des Offiziers, seinen Karriereverlauf, die dienstlichen Beurteilungen, mitunter auch in die gesamte Kranken- und Pensionsgeschichte des Offiziers. Während der Informationsgehalt personenbezogener Unterlagen über Soldaten eher spärlich ist, sind reguläre Personalakten von militärischen Führern aussagekräftiger: Sie sind – soweit vollständig erhalten – formal gleichartig aufgebaut und enthalten Lebenslauf, Zeugnisse und Beurteilungen. In der Regel gilt: je höher der Dienstrang, umso vielfältiger und umfassender die Informationen. Die Personalakten erfüllen hier in manchen Fällen die Funktion von Nachlässen, da auch Briefe, Denkschriften und Berichte enthalten sein können.

Von insgesamt 294 Offizieren konnten nach diesem Verfahren die Kranken- und Personalakten ausfindig gemacht werden. Das Ergebnis weist dabei eine deutliche Dominanz der bayerischen Offiziere auf (215 Offiziere), da die bayerischen Akten weitgehend ohne Verluste vorliegen.[82] Der große Vorteil der bayerischen Akten ist auch, dass die Krankenakten standardmäßig in den komplett erhaltenen Offizierspersonalakten der bayerischen

---

80 Vgl. Hoffmann-Richter, Das Verschwinden der Biographie in der Krankengeschichte, S. 205.
81 Siehe hierzu Kap. IV.2.a. Die Haltung der Betroffenen zur Psychiatrie und zur Diagnose. Vgl. daneben Goltermann, Die Gesellschaft der Überlebenden, S. 26f., 39. Eine Schwierigkeit bei der Auswertung sind oft fehlende Aktenteile und unverbundene Mehrfachaufnahmen mit wechselnden Diagnosen. Vgl. zu den Schwierigkeiten mit der Quellengattung »Lazarettakte« im Ersten Weltkrieg: Peckl, What the Patient Records Reveal, S. 148f.; Rauh, Victory for the »Most Enduring« Hearts, S. 162f.
82 BayHStA-KA, OP Offizierspersonalakten der bayerischen Armee.

Armee des Ersten Weltkriegs im Bayerischen Kriegsarchiv in München abgelegt sind, sodass sich in Bezug auf die bayerischen Offiziere die Wechselwirkungen zwischen Krankheit und Karriere und die Sichtweisen von Ärzten und Militärs auf den psychisch leidenden militärischen Führer sehr gut nachvollziehen ließen.

Hingegen erwiesen sich die Recherchen zu den Krankenunterlagen und Personalakten von Offizieren der preußischen, sächsischen und württembergischen Armee als weniger ergiebig. Die noch vorhandenen Krankenakten aus preußischen Lazaretten, die sich für die Zeit des Ersten Weltkriegs im Bundesarchiv-Militärarchiv in Freiburg i. Br. finden, lieferten in Bezug auf die Offiziersauswahl nur vereinzelte Treffer. Für die niedrige Trefferquote spielte eine große Rolle, dass lediglich die Geburtsjahrgänge vor 1890 aus dem Krankenbuchlager Berlin komplett in Freiburg übernommen wurden. Von den Jahrgängen 1891–1899 wurden dagegen nur die im Januar und Juli Geborenen archiviert, sodass 80% des Bestandes fehlen. Selbst unter Berücksichtigung dieser Kriterien waren für in den Krankenbüchern genannte preußische Offiziere häufig keine Krankenblätter in Freiburg archiviert.[83] Auch die hier ebenfalls überlieferten Offizierspersonalakten der preußischen und sächsischen Einheiten des Ersten Weltkrieges wie auch der Reichswehr, die insgesamt nur bruchstückhaft erhalten sind, da sie bei der Bombardierung des Heeresarchivs in Potsdam im April 1945 weitgehend vernichtet wurden, erwiesen sich als unergiebig. Die Offizierspersonalakten der württembergischen Einheiten haben den großen Nachteil, dass sie in Bezug auf die Offiziersauswahl keine Krankenakten enthalten.[84] Krankenblattakten sächsischer, badischer und württembergischer Einheiten finden sich in den Landesarchiven nur vereinzelt.[85]

Einen gewissen Ausgleich zur bayerischen Dominanz gewährte der Einbezug der Krankenblätter psychisch versehrter Offiziere aus der Uni-

---

[83] Der Bestand ist alphabetisch und nach den Geburtstagen der Patienten geordnet, die Krankenblattakten, die in den verschiedenen Lazaretten angelegt wurden, sind so in der Krankenakte des Patienten gesammelt. Bundesarchiv Militärarchiv (BA-MA) Pers 9, Abteilung VI, Aktenbestand des ehemaligen Krankenbuchlagers in Berlin (Krankenblätter aus verschiedenen Lazaretten und Lazarettypen – Heimat-, Feldlazarette – des Königlich Preußischen Heeres zwischen 1914 und 1918). Vgl. die ausführliche Beschreibung des Bestandes bei Peckl, What the Patient Records Reveal, S. 148f.

[84] Hauptstaatsarchiv Stuttgart (HStAS) M 430 Offizierspersonalakten des Württembergischen Armeekorps.

[85] Vgl. z.B. Generallandesarchiv Karlsruhe (GLA) 456 F 41 Nr. 143 Ranglistenauszüge (Infanterie-Regiment 142); enthält auch: u. a. Krankenblätter.

versitätsklinik für Gemüts- und Nervenkrankheiten Tübingen, die im Krieg als »Reserve-Lazarett II Tübingen, Abt. Kgl. Universitäts-Nervenklinik« fungierte. Hier waren die Lazarettakten im Archivbestand der Klinik verblieben und konnten direkt eingesehen werden.[86] Das Gleiche gilt für die Krankenakten in der Psychiatrischen Klinik Heidelberg, die ergänzend berücksichtigt wurden. Sie eigneten sich allerdings aufgrund der geringen Anzahl nicht für statistische Erhebungen.[87]

Gelangt man auf diesem Weg zu vielen Offizieren, die während des Krieges aufgrund von psychischen Problemen ins Lazarett eingeliefert wurden, erlauben diese Quellen aber im Regelfall keine Hinweise auf die Lebens- und Krankheitsgeschichten der Offiziere in der Nachkriegszeit. Hier erwiesen sich die Versorgungsakten von psychisch versehrten Offizieren a. D., die im Bundesarchiv Berlin-Lichterfelde enthalten sind, als wichtigster Quellenbestand.[88] Diese überregional gesammelten Akten, in denen sich neben der Rentengeschichte auch vielfach die Dienstzeit des Offiziers im Krieg und die Umstände der Erkrankung nachvollziehen lassen, trugen dazu bei, dass auch in Bezug auf die Kriegszeit der regionale Fokus verbreitert werden konnte.

Daneben wurden auch Quellen zu Offizieren einbezogen, die in den Nachkriegsjahren psychiatrische Hilfe in Anspruch nahmen oder über die psychiatrische Gutachten aufgrund von Rentengesuchen, Selbstmorden oder Sterilisationsverfahren erstellt wurden.[89] Als ergiebig erwiesen sich hier

---

86 Universitätsarchiv Tübingen (UAT) 669 Nervenklinik, Krankengeschichten (II) (1893–1909) 1910–1959 (1960).

87 Ich danke Maike Rotzoll und Christoph Bartz-Hisgen für ihre Beratung. Universitätsarchiv Heidelberg (UAH), Psychiatrische Klinik, Krankenblattakten (1875–1952). Während insgesamt nur noch ein Dutzend Krankenblätter überliefert, sind im Krankenbuch des Offizierslazaretts Heidelberg vom 31.10.1917–8.3.1919, das im Krankenbuchlager Berlin überliefert ist, 748 Offiziere eingetragen, von denen der Großteil unter psychischen Problemen litt. KBL 21515 Krankenbuch des Offizierslazaretts Heidelberg.

88 Im Bundesarchiv Berlin-Lichterfelde (BArch) sind ca. 1.800 Rentenakten aus verschiedenen Regionen Deutschlands erhalten, aus denen die Rentengeschichten und die Entscheidungen der Versorgungsämter im Zeitraum von 1914 bis 1945 ablesbar sind. Diese Akten wurden schon von Stephanie Neuner ausgewertet. Vgl. ihre Beschreibung dieses Bestandes und der allgemeinen Quellenlage zur Versorgungspolitik psychisch Kriegsversehrter: Neuner, Politik und Psychiatrie, S. 36–40.

89 Vgl. die Bemerkungen von Stephanie Neuner, dass sich bei Soldaten des Ersten Weltkriegs die psychischen Versehrungen manchmal erst Jahre nach Kriegsende in der Weimarer Republik bemerkbar machten und häufig gesundheitliche Beschädigungen noch Jahre nach dem Krieg anhielten oder periodisch wiederkehrten. Neuner, Politik und Psychiatrie, S. 331f.

insbesondere die im Universitätsarchiv der Humboldt-Universität erhaltenen Begutachtungsakten aus der Berliner Charité[90] und die Krankenakten der Universitätsklinik Tübingen, in der Offiziere während der Zwischenkriegszeit behandelt wurden.[91]

Zur Analyse der Gefühlswelten nervenkranker Offiziere wurden an Ego-Dokumenten vorrangig Briefe, Berichte und Bittschriften der Betroffenen ausgewertet, in denen sie für Ärzte, militärische und staatliche Stellen ihre Interpretation ihrer psychischen Erkrankungen darlegten, da Tagebücher, Memoiren und Privatbriefe kaum zu finden waren. Diese Ego-Dokumente dienten einem bestimmten Zweck, der bei der Interpretation stets berücksichtigt werden musste. Sie geben vorrangig über die zeitgenössischen Erwartungen, denen die Offiziere genügen mussten und ihren individuellen Umgang mit diesen Konventionen Aufschluss.[92] Dadurch, dass diese Quellen oft nicht den gängigen narrativen Mustern entsprachen, gewähren sie daneben Einblick in die persönlichen Deutungs-, Verarbeitungs- und Bewältigungsstrategien der Offiziere. Ferner konnte analysiert werden, wie sich die Sagbarkeitsregeln und narrativen Muster im Verlauf des Untersuchungszeitraums veränderten. Zum Beispiel konnte auf dieser Quellenbasis untersucht werden, welche Auswirkungen die Etablierung eines Antragswesens für Kriegsopferrenten oder die nationalsozialistische Machtergreifung auf die Erzählweisen der Offiziere über den Krieg hatten. Neben Ego-Dokumenten von militärischen Führern mit psychischen Versehrungen wurde ergänzend nach Selbstzeugnissen von Psychiatern[93] und Militärangehörigen recherchiert, die in ihren persönlichen Schriften über psychisch erkrankte Offiziere reflektierten.

Zu diesem Quellenkorpus, das die Basis der Studie bildet, wurden ergänzend weitere Quellen aus dem medizinischen, militärischen, staatlichen und publizistischen Bereich hinzugezogen. So wurden die publizierten psychiatrischen Konzepte und Stellungnahmen, die auf psychische Versehrungen von Offizieren eingehen, analysiert. An militärischem Verwaltungsschriftgut

---

90 Universitätsarchiv der Humboldt-Universität zu Berlin (UAHUB), nerv 013–056, Charité Nervenklinik Bestand: Akten betr. Gutachtertätigkeit (1900–1960).
91 UAT 669 Nervenklinik, Krankengeschichten (II) (1893–1909) 1910–1959 (1960).
92 Leese, Shell Shock, S. 117, 119.
93 Vgl. z.B. Deich, Windarzt und Apfelsinenpfarrer; Hellpach, Wirken in Wirren; Nonne, Anfang und Ziel meines LebenS. Siehe auch das Plädoyer von Eric Engstrom, die Lazarettakten um ärztliche Feldpostbriefe, Arztmemoiren u. a. zu ergänzen, um genauere Aufschlüsse über die Haltung der Kriegspsychiater zu erlangen. Vgl. Ralser, Tagungsbericht Psychiatrische Krankenakten.

wurden militärische Vorschriften, Aufstellungen, Briefwechsel, Denkschriften und militärische Zeitschriftenliteratur ausgewertet. Die seit 1921 regelmäßig publizierten Urteile des Reichsversorgungsgerichts ergänzten die Analyse der Versorgungsakten und boten eine ergiebige Quelle für den juristischen Umgang mit Offizieren in der Weimarer Republik und in der NS-Zeit.[94]

Aufbau der Arbeit

Die Studie gliedert sich in fünf Kapitel. Kapitel II bis IV sind dem Schwerpunkt der Studie, der Zeit des Ersten Weltkriegs, gewidmet. Kapitel I, welches die Zeit vor 1914 behandelt, und Kapitel V, das den Blick auf die Zwischenkriegszeit richtet und einen Ausblick auf den Zweiten Weltkrieg enthält, blicken auf die Vorgeschichte des Weltkriegs und seine Folgen.

Kapitel I über den Umgang mit psychischen Leiden der Offiziere in der Friedenszeit des Kaiserreichs beginnt mit einem Abschnitt über die soziale Stellung der Offiziere im Kaiserreich, um zu verdeutlichen, in welch hohem Maß soziale Kategorien auch bei der Sicht auf psychisch erkrankte Offiziere zum Tragen kamen. Welches Sozialprestige wurde dem Offizier eingeräumt und welche sozialen, finanziellen und schulischen Voraussetzungen waren für die Offizierslaufbahn zu erfüllen? Nachfolgend werden die psychischen Voraussetzungen für die Offizierslaufbahn und der Umgang mit psychischen Erkrankungen im Offizierskorps in der Vorkriegszeit einer Analyse unterzogen.

In Kapitel II wird der Blick auf den Umgang des Militärs mit psychischen Leiden bei Offizieren im Ersten Weltkrieg gerichtet. Nach einer Skizze, wie das Problem der »Kriegsneurotiker« in der deutschen Armee behandelt wurde, wird der militärische Diskurs über die Nerven der Offiziere behandelt. Die folgenden Abschnitte befassen sich mit den Handlungsstrategien, indem erstens die Regelungen des militärischen Apparats zur Gewährleistung psychisch gesunder Offiziere von 1914 bis 1918, zweitens die Wahrnehmungsmuster von Militärangehörigen, die mit militärischen Führern, welche die psychisch geforderten Eigenschaften vermissen ließen, konfrontiert waren und drittens die nachfolgenden Karrierewege dieser Offiziere

---

94 Entscheidungen des Reichsversorgungsgerichts Berlin 1921–1940 (damit Ersch. eingest.).

untersucht werden. Hierbei geht es um die Frage, inwiefern beim Umgang mit psychisch erkrankten Offizieren auf Sanktionierung oder Tabuisierung innerhalb und außerhalb des Militärs gesetzt wurde.

In Kapitel III, das sich mit Offizieren in psychiatrischer Behandlung im Ersten Weltkrieg beschäftigt, wird untersucht, wie die Psychiater im Rahmen ihrer wissenschaftlichen wie auch alltäglichen Tätigkeit als Ärzte mit den Verhaltensauffälligkeiten und psychischen Beschwerden von militärischen Führern umgingen. Die These, dass Diagnosen und Behandlungsformen vorrangig aus Gründen des »Taktes« und der gesellschaftlichen Etikette gewählt worden seien und Psychiater Anzeichen von Schwäche bei Offizieren verständnisvoll gegenüberstanden, wird überprüft. Daneben wird die Frage behandelt, inwiefern Offiziere Lazarette und Genesungsheime als Refugien nutzen konnten, um sich vor einem Fronteinsatz zu schützen.

Die Analyse der Leidenserfahrungen und des Selbstbildes psychisch versehrter Offiziere während des Ersten Weltkriegs in Kapitel IV rückt die Betroffenenperspektive ins Blickfeld.[95] Das Kapitel zielt auf die Beantwortung der Frage, wie die militärischen Führer ihre Krankheit, ihre Kriegserlebnisse, welche die Leiden verursacht hatten, den Krieg allgemein und sich selbst wahrnahmen. Inwieweit akzeptierten Offiziere die psychiatrischen Diagnosen und Behandlungsmethoden? Blieben die Gräuel des Krieges in ihrer Erinnerung und Vorstellung auch fern von der Front präsent und inwiefern brachten sie ihre Erkrankung mit dem Krieg in Verbindung?[96] Zusammenhängend mit der Analyse der Kriegs- und Krankheitserfahrungen wird die Frage behandelt, ob sich durch Kriegserfahrungen, welche die Leiden bewirkt hatten, die Einstellung der Offiziere gegenüber dem Krieg und ihr Selbstbild als Offizier änderte.

Kapitel V bildet das letzte Kapitel und blickt auf die Folgen des Weltkriegs. Ausgangspunkt der Analyse ist der militärische Umgang mit psychisch erkrankten Offizieren in der Weimarer Republik und NS-Zeit. Untersucht wird, wie sich damals die Diskurse über die Nerven der Welt-

---

95 Medizingeschichte auch aus der Patientenperspektive darzustellen wird seit den 1980er Jahren eingefordert. Vgl. insbesondere Porter, The Patient's View, S. 175–198; Bacapoulos-Viau/Fauvel, The Patient's Turn, S. 1–18.
96 In den von Svenja Goltermann untersuchten psychiatrischen Krankenakten ehemaliger Wehrmachtsoldaten zwischen 1945 und 1950 wurde deutlich, dass weder die Ärzte noch die meisten der Patienten einen ursächlichen Zusammenhang zwischen den als auffällig wahrgenommenen Verhaltensweisen des Patienten und dem Krieg herstellten, und dieser daher nie im Zentrum des Gesprächs stand. Goltermann, Die Gesellschaft der Überlebenden, S. 27.

kriegsoffiziere weiterentwickelten und wie in Reichswehr und Wehrmacht mit Offizieren, die psychische Erkrankungen hatten, umgegangen wurde. Anschließend richtet sich der Blick auf die Offiziere a. D. mit fortwährenden psychischen Leiden und ihre Erfahrungen in der Zwischenkriegszeit. Für die Weimarer Republik wird die staatliche Entschädigungspolitik gegenüber psychisch versehrten Offizieren nachgezeichnet und deren medizinische Versorgung untersucht. Zudem richtet sich der Blick auf ihre zivilen Lebensläufe und auf ihr Selbstbild. Nachfolgend werden die Erfahrungen psychisch versehrter Offiziere a. D. unter dem NS-Regime und der tiefe Einschnitt behandelt, den die Versorgungsgesetzgebung von 1934 für sie bedeutete, als ihre Versorgungsansprüche und ihr Status als kriegsversehrte Offiziere aufgehoben wurde.

Bei der Analyse aller Kapitel wird der Schwerpunkt daraufgelegt, einerseits Kontinuitäten und Veränderungen mitsamt den Ursachen herauszuarbeiten, andererseits die Ergebnisse in die Forschungsbereiche Kriegstraumata und militärische Eliten möglichst breit einzuordnen. Insgesamt zeigt die Untersuchung, wie und aus welchen Gründen sich die Wahrnehmungs- und Deutungsmuster von Militär, Ärzteschaft, Politik und Gesellschaft auf psychisch erkrankte Offiziere von 1890 bis 1939 veränderten und welche Auswirkungen diese Veränderungen auf den Werdegang und das Selbstbild militärischer Führer hatten. Die am Schnittpunkt zwischen Medizin- und Militärgeschichte angesiedelte Studie ermöglicht so neue Erkenntnisse zum Umgang mit seelischen Kriegsschäden und zu den Werturteilen und der Funktionsweise des Militärs in Deutschland von der Jahrhundertwende bis zum Zweiten Weltkrieg.

I. Der Umgang mit psychischen Leiden bei Offizieren im Kaiserreich bis 1914

1. Soziale Stellung der Offiziere in der Wilhelminischen Ära

Im Deutschen Reich Wilhelms II. repräsentierte das Offizierskorps den »ersten Stand« im Staat und in der Gesellschaft. Über den funktionalen Rahmen hinaus lässt sich das Offizierskorps als gesamtgesellschaftliche Herrschafts- und Werteelite beschreiben.[1] Damit besaß das Offizierskorps in Deutschland im europäischen Vergleich eine Ausnahmestellung.

Zwar hat die Forschung mittlerweile plausibel die angebliche Sonderstellung des deutschen Militarismus, der in Intensität und antidemokratischer Ausrichtung alle vergleichbaren Erscheinungen anderer europäischer Länder weit hinter sich gelassen habe, relativiert. Der Militarismus wird dabei nicht abgestritten, erscheint aber als Variante eines europäischen Phänomens.[2] Hinzu kommt, dass neuere Studien überzeugend die mit dem Begriff Militarismus« verbundene ältere Sichtweise, dass in dieser Epoche im Deutschen Reich das Militär und das Militärische bzw. Kriegerische in allen Bereichen von Staat, Politik und Gesellschaft dominiert habe, einer konstruktiven Kritik unterzogen haben. Bemängelt wurde insbesondere, dass in älteren historiografischen Studien ungenügend berücksichtigt wurde, dass der Terminus bereits von zeitgenössischen scharfen Kritikern, die sich in einer deutlichen Minderheitenposition befanden, als Kampfbegriff geprägt worden war, und dass die politisch motivierten, bewusst zuspitzenden Darstellungen der Kritiker nach Art von Heinrich Manns »Untertan« und den Karikaturen linksliberaler und linksorientierter Zeitschriften wie dem

---

1 Funck, Schock und Chance, S. 136.
2 Ulrich/Vogel/Ziemann (Hrsg.), Untertan in Uniform, S. 20ff., sowie die Beiträge in Jansen (Hrsg.), Der Bürger als Soldat; Vogel, Nationen im Gleichschritt; Dülffer/Holl (Hrsg.), Bereit zum Krieg. Eine skeptischere Sicht auf den neuen Revisionismus bei Ingenlath, Mentale Aufrüstung; Jahr, British Prussianism, S. 293–311; als Überblick: Pröve, Militär, Staat und Gesellschaft im 19. Jahrhundert; Stamm-Kuhlmann, Militärstaat Preußen, S. 109–121.

»Simplicissimus«[3] zu undifferenziert mit der Realität gleichgesetzt worden seien.[4] Ein Alleinstellungsmerkmal bleibt allerdings, dass in keiner anderen Großmacht die Militarisierungserscheinungen so klar auf das Offizierskorps zugeschnitten waren wie im Deutschen Reich. Die herausgehobene soziale Stellung der Offiziere im Deutschen Reich ist einer der wesentlichen Indikatoren zur Beschreibung der gesellschaftlichen Militarisierung im Wilhelminischen Zeitalter.[5] Besonders deutlich zeigen sich die Unterschiede zu Frankreich, wo das Militärische auch einen ausgeprägten Stellenwert und Einfluss hatte,[6] aber das Offizierskorps traditionell wenig exklusiv war und nach der Affäre um den jüdischen Hauptmann Dreyfus sein Ansehen und seine Autorität in Teilen der Bevölkerung so gut wie völlig eingebüßt hatte.[7]

Die Stellung des Offizierskorps im Kaiserreich als Herrschaftselite bestimmte in erster Linie, dass es ausschließlich Exekutivinstrument der Krone war. Die Offiziere standen in einem unmittelbaren Treueverhältnis zum Kriegsherrn und waren somit Repräsentanten des königlichen Willens und der Staatsmacht. Das Militär insgesamt war nicht auf die Verfassung, sondern nur auf den Monarchen vereidigt und weitgehend abgeschirmt von jedweder parlamentarischen Überwachung. Diese fehlende Integration der zivilen und militärischen Entscheidungsvollmachten war im europäischen Vergleich eine Eigentümlichkeit des deutschen Staatswesens.[8]

Hinzu kam, dass das Offizierskorps als geschlossene Korporation, die sich als ständisch-genossenschaftlicher Sozialverband ebenbürtiger Krieger

---

3 Vgl. zum kritischen Impetus der Zeitschrift ausführlich Rogge-Balke, Befehl und Ungehorsam.
4 Ziemann, Sozialmilitarismus und militärische Sozialisation, S. 148–164; Kroener, Integrationsmilitarismus, S. 83–107; Becker, Strammstehen vor der Obrigkeit?, S. 87–113; Salewski, Preußischer Militarismus, S. 19–34.
5 Vgl. Ziemann, Sozialmilitarismus und militärische Sozialisation, S. 153ff.; Borgstedt, Der Fall Brüsewitz, S. 620; Wehler, Deutsche Gesellschaftsgeschichte, Bd. 3, S. 880ff. Siehe auch Funck, Militär, Krieg und Gesellschaft, S. 165; Lipp, Diskurs und Praxis, S. 215.
6 Zu Militarisierungstendenzen in beiden Ländern vgl. Ingenlath, Mentale Aufrüstung, v.a. S. 86–246; Vogel, Nationen im Gleichschritt. Vgl. auch Wolz, Das lange Warten, S. 28.
7 Heuvel, Mythos Militarismus?, S. 192f.
8 Während in der ersten Hälfte des 19. Jahrhunderts noch die gesamte politische Gewalt in der Hand des Königs vereinigt war, musste er in der zweiten Hälfte Kompetenzen abtreten. Dadurch büßte das Offizierskorps seinen im Absolutismus erworbenen Status als einziger politischer Stand ein und wurde ein politischer Sonderfaktor, dessen Stellung in der Verfassung nicht geregelt war. Papke, Offizierkorps und Anciennität, S. 191. Vgl. auch Clark, Preußenbilder im Wandel, S. 318f.; Krauss, Herrschaftspraxis in Bayern und Preußen, S. 285; Bald, Der deutsche Offizier, S. 13.

verstand, deutlich von der Masse der Soldaten und Unteroffiziere getrennt war und ein Aufstieg letzterer zu Offizieren nicht vorgesehen war.[9] Es war als Herrschaftsinstrument der Krone verpflichtet, notfalls gegen die eigenen Untergebenen, aber auch gegen politische Ambitionen der Bevölkerung vorzugehen, wobei im Offizierskorps gegenüber liberalen und demokratischen Kräften deutliche Aversionen bestanden.[10]

Bei diesen Ausführungen über das Verhältnis von Offizieren und Krone ist zu berücksichtigen, dass das Militär im Kaiserreich als Bundesheer organisiert war, in dem die Königreiche Bayern, Sachsen und Württemberg sich weitgehende Reservatrechte hinsichtlich der Wehrhoheit gesichert hatten. Neben dem preußischen Heer existierte eine bayerische, sächsische und württembergische Armee. Die Armeen besaßen jeweils ein eigenes Kriegsministerium, einen eigenen Generalstab und eine eigene Militärgerichtsbarkeit. Zudem waren ihre Truppenteile nicht Teil der durchlaufenden Nummerierung des Reichsheeres. Die Militärangehörigen schworen ihren Fahneneid direkt auf den bayerischen, sächsischen oder württembergischen König und sollten erst im Kriegsfall ihren Eid auf den Kaiser als Bundesfeldherrn ablegen, wenn die Armeen in das aufzubietende Heer des Deutschen Reiches eingegliedert wurden.

Die Aufteilung des Bundesheeres in verschiedene Armeen führte zu Besonderheiten in der Stellung der Offiziere, wenngleich die Tendenz bestand, sich am preußischen Vorbild zu orientieren. Die Allgemeine Wehrpflicht ohne Befreiungsmöglichkeiten wurde in allen Armeen seit 1868 durchgesetzt. Auch bei der Ausbildung, Ausrüstung und Uniformierung diente die preußische Armee den anderen Armeen als Muster. Zudem übernahmen fast alle deutschen Länder 1871 die Reichsmilitärgerichtsordnung, die sich auf die preußische Militärgerichtsordnung von 1845 bezog und für die Armee einen eigenen Gerichtsstand, der nicht der Zivilgewalt unterlag, innerhalb des konstitutionellen Staates festlegte. Einzig Bayern hielt an der eigenen Militärgerichtsbarkeit fest, die nicht gänzlich vom zivilen Bereich getrennt war.[11] Auch hinsichtlich der Stellung bei Hofe blieben zwischen Bayern und Preußen Unterschiede bestehen. In Preußen hatten alle Offi-

---

9 Die formale Trennung vollzog Friedrich Wilhelm I., der direkt nach seinem Regierungsantritt am 12. Juli 1713 »Neuapprobierte Kriegsarticul für die Unterofficirs und gemeine Soldaten« erließ. Kroener, »Des Königs Rock«, S. 80. Vgl. daneben Funck, Schock und Chance, S. 136.
10 Frevert, Die kasernierte Nation, S. 275; Neumann, »Arzttum ist immer Kämpfertum«, S. 39.
11 Vogel, Der Stellenwert des Militärischen, S. 146, 150.

ziere, beginnend beim Leutnant, Hofrang. Bezeichnend ist zudem, dass in der preußischen Hofrangordnung alle Offiziersränge vor den zivilen Würdenträgern ihre Plätze einnahmen. So hatte an der Hoftafel ein Leutnant vor dem Universitätsprofessor seinen Sitz.[12] Die bayerische Hofrangordnung hingegen begünstigte den Offiziersstand nicht so, wie dies am Hofe der Hohenzollern der Fall war. In Bayern hatten nur die aktiven Generale und Stabsoffiziere Hofrang, während Hauptleute und Leutnants lediglich Hofzutritt hatten, das heißt das Recht, auf Befehl bei Hofe zu erscheinen.[13] Die insbesondere nach der Jahrhundertwende vielfach erhobene Forderung des bayerischen Offizierskorps, wie in Preußen einen einheitlichen Hofrang einzuführen, blieb unerfüllt.[14]

Trotz der privilegierten Stellung der Offiziere in den deutschen Staaten, die sich zum Großteil bereits im 18. Jahrhundert etabliert hatte, blieb die gesellschaftliche Ausstrahlung des Offizierskorps bis zum beginnenden 19. Jahrhundert begrenzt. Dieser Befund gilt auch für Preußen. Erst im wilhelminischen Deutschland entwickelte sich das Offizierskorps zur Werteelite, indem es nun als Orientierungsmaßstab für die anderen Mitglieder der Gesellschaft galt.

Der wichtigste Grund hierfür war, dass nach dem Sieg über Frankreich 1871 die Akzeptanz der Armee in der öffentlichen Meinung und auch im Reichstag fortlaufend zunahm. Dass die Reichseinigung mit der Waffe erreicht worden war, führte dazu, dass auch die Kritik an der außerhalb der Verfassung stehenden Stellung des Militärs deutlich zurückging. Die allgemeine Anerkennung der Armee und einer herausragenden gesellschaftlichen Stellung ihrer Offiziere, die sich durch Professionalität und Führungskompetenz legitimiert hatten, beruhten auf diesem militärischen Erfolg und der Hoffnung, dass die Armee in einem zukünftigen Krieg ähnliche Leistungen vollbringen werde.[15]

Die neofeudale Militärkultur wurde öffentlichkeitswirksam und unter hohem Interesse der Medien in der bürgerlich-industriellen Gesellschaft

---

12 Krauss, Herrschaftspraxis in Bayern und Preußen, S. 274; Messerschmidt, Militär, Politik, Gesellschaft, S. 258f.
13 Personen mit Hofzutritt durften sich um den König und das königliche Haus Wittelsbach versammeln und an Hof- und Familienfeierlichkeiten teilnehmen. Ihnen kam in erster Linie die Rolle von Statisten und Tänzern bei den Großveranstaltungen zu. Bezzel, Geschichte des Königlich Bayerischen Heeres 1825–1866, S. 69.
14 Rumschöttel, Das bayerische Offizierskorps 1866–1914, S. 209–211.
15 Frevert, Die kasernierte Nation, S. 271–301. Vgl. hierzu auch Knorring, Militär und Gesellschaft in Anstands- und Benimmliteratur, S. 219.

inszeniert. Hierzu gehörten vor allem die militärischen Uniformen des Kaisers und eines Großteils der Hofgesellschaft, die regelmäßigen »Kaisermanöver«, die häufigen Militärparaden und die Feierlichkeiten im Rahmen des Flottenausbaus.[16] Militärische Wertvorstellungen und Leitbilder wurden der Bevölkerung zudem über den Schulunterricht, der oftmals an militärischem Drill ausgerichtet war,[17] und über den Wehrdienst der jungen Männer implementiert.[18] In mittel- und kleinbürgerlichen Schichten sorgten daneben die seit den 1870er Jahren von der Armee geförderten Kriegervereine, die sich besonders nach 1890 großen Zulaufs erfreuten, für die Vermittlung militärischen Gedankenguts und Verhaltens.[19] Selbst die unterbürgerlichen Schichten sahen den Wehrdienst als Chance, im »Ehrenkleid der Nation« ihr Sozialprestige zu erhöhen. Allerdings wuchs hier seit 1890 der Einfluss der Sozialdemokratie stetig, die eine militärkritische Haltung vertrat und die bestehende Wehrordnung ablehnte.[20] Insgesamt befanden sich aber scharfe Kritiker an der Rolle der Armee in Politik und Gesellschaft, zu denen neben Vertretern der Sozialdemokratie auch manche katholischen Politiker und Geistliche wie auch einige Linksliberale zählten, in einer deutlichen Minderheitenposition.[21]

Der Offizier stand nun an der Spitze der deutschen Prestige-Rangskala und wurde zum männlichen Leitbild. Ihm wurden die Tugenden Ehre, Gehorsam und vaterländische Gesinnung zugeschrieben, womit er die höchsten Werte der Gesellschaft symbolisierte. Sein hohes Prestige lag aber auch an der Tötungs- und Todesbereitschaft, die alle Militärangehörigen von Beruf aus aufbringen mussten, und welche nicht wie heute in Deutschland,

---

16 Dazu Geyer, The Past as Future, S. 183–212; Funck, Schock und Chance, S. 127–172. Vgl. hierzu auch Meteling, Adel und Aristokratismus, S. 216.
17 Vgl. Messerschmidt, Militär und Schule in der wilhelminischen Zeit, S. 64–101; Stübig, Der Einfluß des Militärs auf Schule und Lehrerschaft, S. 139–154.
18 Frevert, Das Militär als »Schule der Männlichkeit«, S. 145–173. Vgl. hierzu auch Knorring, Militär und Gesellschaft in Anstands- und Benimmliteratur, S. 219.
19 Vgl. Vogel, Der »Folkloremilitarismus« und seine zeitgenössische Kritik, S. 231–245; Rohkrämer, Der Militarismus der »kleinen Leute«; ders., Der Gesinnungsmilitarismus der »kleinen Leute«, S. 95–109; Düding, Die Kriegervereine im wilhelminischen Reich, S. 99–121; kritisch hierzu Ziemann, Der »Hauptmann von Köpenick«, S. 253, Anm. 5.
20 Stein, Die deutsche Heeresrüstungspolitik, S. 370; Neff, »Dekorationsmilitarismus«, S. 91–110. Weitere Einzelheiten bei dems., Neff, »Wir wollen keine Paradetruppe, wir wollen eine Kriegstruppe...«. Siehe daneben Kätzel, Militarismuskritik sozialdemokratischer Politikerinnen, S. 135–152; Stargardt, The German idea of militarism.
21 Vogel, Der »Folkloremilitarismus« und seine zeitgenössische Kritik, S. 234. Vgl. im Einzelnen Riesenberger, Katholische Militarismuskritik im Kaiserreich, S. 55–75; Holl, Militarismuskritik in der bürgerlichen Demokratie, S. 76–90.

nach zwei Weltkriegen, oftmals zu Misstrauen gegenüber Soldaten führte, sondern sie entsprechend der damaligen Sicht der Zeitgenossen auszeichnete und über alle anderen Berufe erhob.[22] Diese elitäre gesellschaftliche Position verstärkte beim Offizier noch seine Stellung als »Führer« und »Erzieher« der einfachen Soldaten.[23] Seine Haltung und Gesinnung wurden in Kunst und Literatur ästhetisiert, mitunter aber auch schon karikiert. All dies hat den Offizier im Kaiserreich zu einem »deutschen Gesamtkunstwerk« gemacht.[24]

Im wilhelminischen Kaiserreich spielte die militärische Rangordnung in der zivilen Gesellschaft eine entscheidende Rolle, und gerade im aufsteigenden Besitz- und gehobenen Bildungsbürgertum erfuhren der »schneidige« Habitus und der Ehrenkodex im Offizierskorps eine besondere Wertschätzung.[25] Die neuere Forschung betont dabei weniger eine »Untertanengesinnung« des deutschen Bürgertums als vielmehr dessen selbstbewusste Teilhabe. Das Bürgertum habe sich damals freiwillig in die militärischen Hierarchien eingeordnet, um seinen staatsbürgerlichen Status zu verbessern und an der Macht zu partizipieren. Daher spricht die Forschung nun von einem »synthetischen Militarismus« oder »Integrationsmilitarismus«.[26] Von besonderer Bedeutung war dabei das Vorrecht der Wehrpflichtigen mit Obersekundareife, als sogenannte »Einjährig-Freiwillige« den Wehrdienst abzuleisten, und das Institut des Reserveoffiziers.[27] Das Reserveoffizierspatent war im aufstrebenden Besitz- und gehobenen Bildungsbürgertum mit hohem Prestige versehen, galt als Zeichen sozialen Aufstiegs[28] und wirkte karrierefördernd. »Der preußische Leutnant ging als junger Gott, der bürger-

---

22 Kühne, Der Soldat, S. 346f.; Wolz, Das lange Warten, S. 27. Siehe hierzu auch Kap. II.2.a. Willensstärke, Kampfentschlossenheit und Todesbereitschaft als traditionelle Standespflichten der Offiziere.
23 Messerschmidt, Militärgeschichtliche Aspekte der Entwicklung des deutschen Nationalstaates, S. 114f.
24 Breymayer/Ulrich/Wieland, Vorwort, S. 9f.
25 Kehr, Zur Genesis des königlich-preußischen Reserveoffiziers, S. 59f.; vgl. an diese »klassische« Studie anschließend auch John, Das Reserveoffizierskorps im Deutschen Kaiserreich, bes. S. 54–85; Mertens, Das Privileg des Einjährig-Freiwilligen im Kaiserreich, S. 59–66; Frevert, Die kasernierte Nation, S. 207ff. Vgl. hierzu auch Bröckling, Disziplin, S. 177.
26 Becker, Synthetischer Militarismus, S. 125–141; Kroener, Integrationsmilitarismus, S. 83–107; vgl. auch zus. Wolz, Das lange Warten, S. 28.
27 Dies hat Frank Becker herausgestellt. Becker, Synthetischer Militarismus, S. 125–141; vgl. auch Stein, Die deutsche Heeresrüstungspolitik, S. 370.
28 Rogg, Der Soldatenberuf in historischer Perspektive, S. 405.

liche Reserveleutnant wenigstens als Halbgott durch die Welt.«, so Friedrich Meinecke.[29] Insbesondere nach 1890 waren Offiziere in jeder Abendgesellschaft gern gesehen. Ihrerseits betonten sie ihre Elitenstellung in der Gesellschaft, indem sie in ihrem sozialen Umgang auf strikte Exklusivität achteten. Die Regimentskommandeure überwachten den außerdienstlichen Verkehr der Offiziere streng. Die Standespflicht schnitt die Offiziere von den unteren und kleinbürgerlichen Schichten ab, mit denen die Offiziere nur in geschäftlichen Kontakt kommen sollten. Jede enge Beziehung zu Personen, die nicht den sogenannten gebildeten Kreisen angehörten, gefährdete die weitere militärische und wirtschaftliche Existenz der Offiziere.[30]

Besonders hoch waren die Ansprüche, die man an künftige Offiziersfrauen stellte. Bei einem Ehegesuch mussten intensive Erkundigungen über die gewünschte Offiziersbraut angestellt werden und alle Vorgesetzten des Offiziers zur beantragten Eheschließung Stellung beziehen.[31] Die Kautionsforderung begriff man vorrangig als notwendiges Instrument, um unstandesgemäße Heiraten zu verhindern.[32] Name, Geld und die moralische Integrität der Frau wurden zu den obersten Bewilligungskriterien erklärt. Geld konnte dabei Erziehung und Bildung aufwiegen.[33] Die Familie der Braut sah die Offiziersehe aufgrund des hohen Sozialprestiges der Offiziere zumeist als eine lohnende Investition in ihren sozialen Aufstieg an.[34]

Diese soziale Exklusivität entsprach strengen Forderungen an die soziale Herkunft der Offiziere. Bis zum Ersten Weltkrieg galt der altpreußische Offizierersatz als besonders wünschenswert, worunter neben Adeligen

---

29 Meinecke, Die deutsche Katastrophe, S. 25.
30 Rumschöttel, Das bayerische Offizierkorps 1866–1914, S. 194–196, 207f.
31 Ebd., S. 135–140.
32 Es zeigt sich eine Parallele zur Abiturforderung, wie sie nach 1875 interpretiert wurde. Ebd., S. 135.
33 Während die Söhne von Kaufleuten weitgehend von der Offizierslaufbahn ausgeschlossen waren, billigte man die Töchter als Ehefrauen, wenn sie nicht selbst im Geschäft gearbeitet hatten. Der Anteil der Offiziersfrauen, deren Väter Kaufleute, Industrielle oder Fabrikanten waren, lag zum Beispiel in Bayern am Vorabend des Ersten Weltkriegs bei 35 Prozent, während Offizierstöchter und Töchter höherer Beamter nur jeweils ungefähr 15 Prozent ausmachten. Eine Vermögensheirat war aufgrund der Heiratskautionen für junge Offiziere oft notwendig, und die Subalternoffiziere waren überwiegend aufgrund des nun aufkommenden Zwanges zum aufwändigen Lebensstil verschuldet. Für die Offiziere bedeuteten Geldheiraten daher bisweilen einen Befreiungsschlag. Durch sie erlangten Offiziere die Möglichkeit, ihre Schulden zu bezahlen und das hohe Konsumniveau ohne finanzielle Katastrophe aufrechtzuerhalten. Ebd., S. 136–138.
34 Ebd., S. 143.

insbesondere die Söhne von Offizieren, Gutsbesitzern und hohen Beamten fielen. Doch bereits im Zuge der wilhelminischen Heeresvergrößerungen musste das Offizierskorps sozial ausgeweitet werden. Der Grund lag darin, dass sich infolge der deutlichen Heeresvergrößerung trotz des hohen Sozialprestiges des Offizierskorps am Ende des 19. Jahrhunderts ein Mangel an Offiziersanwärtern gezeigt hatte. Die Friedensstärke der deutschen Armee verdoppelte sich von 1875 bis 1914 von 430.000 Mann auf 810.000 Mann, sodass 1914 rund 30.000 aktive Offiziere dienten.[35] Die Kriegsstärke von Feld- und Besatzungsheer versechsfachte sich sogar im gleichen Zeitraum. Waren 1875 1,3 Millionen Soldaten vorgesehen, erhöhte sich dieser Wert 1914 auf acht Millionen.[36] Zu Kriegsbeginn wurden rund 90.000 Reserveoffiziere einberufen.[37]

Daher erließ der junge Kaiser Wilhelm II. im März 1890 die Order, dass angesichts des bedrohlichen Offiziersmangels bei der Auswahl künftig der »Adel der Gesinnung« den Ausschlag geben solle.[38] Es blieb bei der Rekrutierung aus »sozial erwünschten Kreisen«, doch wurden diese ›offiziersfähigen Schichten‹ ausgeweitet: Neben den Söhnen aus Adels-, Offiziers- und Beamtenfamilien, die weiterhin bei der Rekrutierung bevorzugt wurden, sollte auch »Söhne[n] ehrenwerter bürgerlicher Häuser, in denen die Liebe zu König und Vaterland, ein warmes Herz für den Soldatenstand und christliche Gesittung gepflanzt und anerzogen werden«, die Offizierslaufbahn offenstehen. Kleinbürger und Arbeiter waren allerdings weiterhin unerwünscht. Auch jüdischen Bürgern, die ca. 1% der Reichsbevölkerung im Kaiserreich stellten, war die aktive Offizierslaufbahn in der Wilhelminischen Ära verschlossen.[39] Und der zunehmende Antisemitismus um die Jahr-

---

35 Demeter, Das deutsche Offizierkorps, S. 18–21; Stoneman, Bürgerliche und adlige Krieger, S. 30f. Vgl. hierzu auch Meteling, Adel und Aristokratismus, S. 219; Haller, Militärzeitschriften in der Weimarer Republik, S. 33.
36 Lemmens, Zur Entwicklung der Militärpsychiatrie, S. 35.
37 Crefeld, Kampfkraft, S. 176.
38 Wilhelm II. begründete seinen Erlass damit, dass nicht mehr »der Adel der Geburt allein« als Offiziersersatz ausreiche: »Aber der Adel der Gesinnung, der das Offizierskorps zu allen Zeiten beseelt hat, soll und muß demselben unverändert erhalten bleiben.« Kabinettsordre Wilhelms II. aus Anlaß der Übernahme des Oberbefehls über die Armee, 5. Juli 1888; Erlaß Wilhelms II. über die Ergänzung des Offizierkorps anläßlich der Vergrößerung der Armee, 29. März 1890, beide abgedruckt in: Messerschmidt (Hrsg.), Offiziere im Bild von Dokumenten aus drei Jahrhunderten, S. 195–197. Vgl. dazu auch Bald, Der deutsche Offizier, S. 38–43; Bröckling, Disziplin, S. 176; Meteling, Adel und Aristokratismus, S. 219.
39 In Preußen war seit 1822 per Kabinettsorder festgelegt, dass Juden vom Offiziersberuf ausgeschlossen waren. Schon zuvor waren die wenigen jüdischen Offiziere, die während

hundertwende schmälerte die Aufnahmechancen für jüdische Reserveoffiziersanwärter deutlich.[40] Trotz der Ausweitung der offiziersfähigen Schichten auf das gehobene Bürgertum blieb der Offiziersmangel ein konstantes, vom Kriegsministerium beklagtes Phänomen der Wilhelminischen Ära von 1890 bis 1914, das sich vorrangig aus den geringen finanziellen Anreizen des Offiziersberufs erklärt. Durch den niedrigen Leutnantssold bestand eine nicht unbeträchtliche finanzielle Hürde, sodass Offiziere, um standesgemäß leben zu können, wohlhabende Eltern haben mussten. Zwar lag der Sold eines Leutnants durchschnittlich drei- bis viermal so hoch wie bei einem Feldwebel und fast zwanzigmal höher als bei einem Gefreiten, was die nahezu unüberwindlichen sozialen Schranken zwischen den Offizieren und ihren Untergebenen anschaulich macht.[41] Doch setzte sich der Trend im Kaiserreich fort, dass die Gehälter der Offiziere nicht mit der allgemeinen Lohnentwicklung Schritt hielten.[42] Hinzu kam, dass die Verpflichtung zu einem standesgemäßen Lebensstil mit hohen Kosten verbunden war, die mit dem Sold nicht zu decken waren. Die teure Uniform musste privat bezahlt werden, die Teilnahme an gesellschaftlichen Veranstaltungen war kostenintensiv. Erst nach der Beförderung zum Hauptmann konnte der Offizier bescheiden von seinem Gehalt leben und war nicht mehr auf familiäre Unterstützung angewiesen.[43]

Dass man sich trotz des gehobenen Sozialprestiges nicht zu einer besseren Besoldung durchrang, wird damit erklärt, dass die kümmerliche Versorgung in den unteren Dienstgraden bewusst als Mittel eingesetzt wurde, um

---

der Befreiungskriege befördert worden waren, durch kontinuierliche Zurücksetzungen hinausgedrängt worden. Selbst in der traditionell religionsliberalen bayerischen Armee wurde 1885 zum letzten Mal ein Jude zum aktiven Offizier befördert und seit 1906 diente in Bayern in der Linienarmee kein jüdischer Offizier mehr. Erst im Ersten Weltkrieg ließ man aufgrund des hohen Bedarfs an Offizieren wieder eine größere Anzahl jüdischer Offiziere zu. Schmidt, Die Juden in der Bayerischen Armee, S. 66 f, 70f.; Rumschöttel, Das bayerische Offizierkorps 1866–1914, S. 240, 245, 253; Messerschmidt, Die preußische Armee, S. 202–210.

40 Zwar kam es auch in Preußen seit den Einigungskriegen zur Ernennung von jüdischen Reserveoffizieren. Doch wurden in der Wilhelminischen Ära aufgrund des offen ausgelebten Antisemitismus im Offizierskorps tausende jüdische Bewerber abgelehnt, die versuchten, über den Dienst als Einjährig-Freiwilliger in den Stand der Reserveoffiziere aufzurücken. Messerschmidt, Die preußische Armee, S. 202–210.

41 Rogg, Der Soldatenberuf in historischer Perspektive, S. 405.

42 Rumschöttel, Das bayerische Offizierkorps 1866–1914, S. 111.

43 Ebd., S. 117. Dies galt auch für die Zeit vor 1871, vgl. z.B. Gahlen, Die wirtschaftliche Situation des Offizierskorps in Bayern, S. 445–463.

den sozialen Aufstieg von Söhnen aus mittellosen Familien zu verhindern.[44] Dem entsprach, dass sich die materiellen Anforderungen an den Lebensstil der Offiziere insbesondere seit 1890 parallel zur Steigerung des Wohlstands in den gehobenen Schichten immens erhöhten und sich ein Hang zum Luxus im Offizierskorps ausbreitete. Seit 1870 fand im Deutschen Reich ein wirtschaftlicher Strukturwandel statt, der sich in den 1890er Jahren beschleunigte. Es breitete sich in den oberen Schichten der Gesellschaft ein Konsum- und Wohlstandsdenken aus, das auch das Offizierskorps aufgrund seiner gesellschaftlichen Stellung dazu verleitete, insbesondere in der Kasinokultur den allgemeinen Trend zum Wohlstandsleben mitzumachen. Die Lebensart der wohlhabenden Bürger lockte, zumal sich das Offizierskorps als gesellschaftlich höherstehend einschätzte. Thorsten Veblen prägte für den Zusammenhang zwischen hohem Sozialprestige und Hang oder Zwang zum Luxus die treffende Wendung vom »demonstrativen Konsum«.[45] Ein standesgemäßer Lebensstil war seitdem mit einem gewissen finanziellen Aufwand verbunden, der selbst dann akzeptabel erschien, wenn er über Schulden finanziert wurde.[46]

Insbesondere in den Garderegimentern und in der Kavallerie überstiegen die diesbezüglichen Verpflichtungen den monatlichen Leutnantssold um ein Mehrfaches. Diese Auflagen führten zum einen dazu, dass der Offiziersnachwuchs je nach finanziellem Hintergrund sich auf die mit hohem und weniger hohem Sozialprestige versehenen Regimenter verteilte, zum anderen bewirkten sie, dass viele Offiziere verschuldet waren.[47]

Ungeachtet des hohen Sozialprestiges führten die Leutnantslöhne, verbunden mit den langen Jahren, die Offiziere durchschnittlich in diesen Dienstgraden verbringen mussten, dazu, dass gerade in Phasen, in denen das Heer erweitert wurde, die Offiziersstellen nur schwer besetzt werden konnten. Das gleiche Phänomen zeigte sich im Unteroffizierskorps, wobei der dortige Nachwuchsmangel allerdings durch Maßnahmen des Kriegsministeriums wesentlich gemildert werden konnte. In Bezug auf das Offizierskorps hingegen wurden keine Gegenmaßnahmen beschlossen. Eine Erhöhung des Offizierssoldes, die finanzielle Anreize geschaffen hätte, kam aufgrund des

---

44 Stein, Die deutsche Heeresrüstungspolitik, S. 128.
45 Veblen, Theorie der feinen Leute. Für das Offizierskorps: Demeter, Das deutsche Offizierkorps, S. 232–241; Rumschöttel, Das bayerische Offizierkorps 1866–1914, S. 113.
46 Rumschöttel, Das bayerische Offizierkorps 1866–1914, S. 113; Kroener, Integrationsmilitarismus, S. 94f.; Ostertag, Der soziale Alltag eines Offiziers, S. 1075f.; Neff, »Wir wollen keine Paradetruppe, wir wollen eine Kriegstruppe...«, S. 112–132.
47 Rogg, Der Soldatenberuf in historischer Perspektive, S. 405.

ohnehin sehr knappen Militäretats nicht in Frage. Eine noch weitergehende Ausdehnung der als offiziersfähig angesehenen bürgerlichen Schichten lehnte das Kriegsministerium aus sozialen und politischen Gründen ab.[48] Trotz der sozialen Ausweitung des Korps ist festzustellen, dass das Offizierskorps in Deutschland im europäischen Vergleich auch 1914 noch besonders homogen war.[49] Schließlich ergänzte es sich ausschließlich aus adeligen und bürgerlichen Familien, von denen verlangt wurde, dass sie vorbehaltlos staatstreu und möglichst militärfreundlich gesinnt waren. Zwischen den Regimentern und Waffengattungen herrschten allerdings deutliche Unterschiede, was die soziale Exklusivität betraf. In der Garde, im Generalstab und in der Kavallerie war der Adelsanteil besonders hoch,[50] bei der Artillerie und den technischen Einheiten hingegen auffallend niedrig. Auch zwischen den einzelnen Regimentern variierte die Zusammensetzung, wobei als allgemeiner Trend konstatiert werden kann, dass traditionsreiche Regimenter eine höhere soziale Exklusivität besaßen als Regimenter mit sogenannter hoher Hausnummer, die insbesondere gegen Ende des 19. Jahrhunderts während der Heeresvermehrung neu aufgestellt wurden. Letztere besaßen noch keine spezifische Regimentstradition, die es ihnen ermöglicht hätte, bei der Auswahl des Offiziersersatzes besonders hohe soziale Standards anzulegen. Hier wirkte sich aus, dass die einzelnen Regimentsoffizierskorps autonom über die Aufnahme ihrer Offiziersanwärter entschieden.[51]

Die soziale Ausweitung des Offiziersersatzes seit 1890 im Deutschen Reich brachte es mit sich, dass Homogenität und Kohäsion des Offizierskorps bedroht waren. Eine weitere Konsequenz war, dass die heraus-

---

48 Stein, Die deutsche Heeresrüstungspolitik, S. 372.
49 Sozial weitaus heterogener war hingegen z.B. das stärker meritokratisch ausgerichtete französische Offizierskorps. Hier zeigten sich bei der sozialen Herkunft und politischen Einstellung deutlich ausgeprägtere Variationen, wenngleich es trotzdem auch in Frankreich sozial exklusive Regimenter und Waffengattungen gab. Serman, Les officiers français dans la nation; Jauffret, L'officier français (1871–1919), S. 253–331. Vgl. hierzu auch Meteling, Ehre, Einheit, Ordnung, S. 26.
50 Insgesamt lag im Offizierskorps der Adelsanteil 1913 noch bei ungefähr 25%, was bei einem Adelsanteil von 0,2% an der Gesamtbevölkerung sehr beachtlich war. Im Generalstab, in den höchsten Offiziersrängen und in der Garde lag er zwischen 50 und 60%. Malinowski, Ihr liebster Feind, S. 212.
51 Zus. Meteling, Ehre, Einheit, Ordnung, S. 425. Siehe daneben Demeter, Das deutsche Offizierskorps; Bald, Der deutsche Offizier; Ostertag, Bildung, Ausbildung und Erziehung des Offizierkorps. Vgl. hierzu auch die Ausführungen über das Auswahlverfahren der Offiziersanwärter in Kap. I.2.b. Militärische Maßstäbe in Bezug auf die psychische Konstitution eines Offiziers.

gehobene gesellschaftliche Stellung des Offizierstandes zunehmend von der Öffentlichkeit in Frage gestellt wurde und nicht mehr länger allein mit dem ehrenvollen königlichen Militärdienst gerechtfertigt werden konnte, sondern nun auch an das makellose Auftreten in der Öffentlichkeit gebunden war. Um beiden Herausforderungen zu begegnen, entstand eine umfangreiche Ratgeberliteratur, die sich vor allem an angehende Offiziere aus dem Bürgertum richtete und in der sich diese über die standesgemäßen Ehr- und Sittlichkeitsvorstellungen und die geforderten geselligen Umgangsformen informieren konnten.[52]

Der Blick auf die soziale Stellung der Offiziere in der Wilhelminischen Zeit macht deutlich, dass, auch wenn der Mythos von 1871 keineswegs verblasste, sich doch in den Jahren vor 1914 die lange Friedensdauer dahingehend auswirkte, dass ein Bedeutungsverlust der Armee eintrat und sich das Bürgertum in den Vorkriegsjahren ein Stück weit von der Armee entfernte. Dies zeigt sich neben dem Offiziersbewerbermangel auch darin, dass militärische Gewaltausbrüche gegen Zivilisten, Soldatenmisshandlungen,[53] Selbstjustiz und Duelle von Offizieren, die zumeist aufgrund der rechtlichen Sonderstellung straffrei blieben, seit 1900 immer weniger gesellschaftlich toleriert, sondern zunehmend skandalisiert wurden. Die breite öffentliche Berichterstattung über die Skandale trug langfristig dazu bei, dass dem Militär bei der Ausnutzung seiner rechtlichen Sonderstellung Grenzen gesetzt wurden.[54]

Insbesondere die Zabern-Affäre, die zu einer Debatte über die rechtliche Sonderstellung des Militärs in der deutschen Gesellschaft führte, offenbart, dass sich deutliche Gegenkräfte regten.[55] Anlass war die Beleidigung und Drangsalierung der Zivilbevölkerung im elsässischen Zabern (frz. Saverne) durch einen schneidig säbelrasselnd auftretenden deutschen Leutnant Ende

---

52 In einem 1891 vom königlich-preußischen Oberst a. D. Camill Schaible verfassten Verhaltensratgeber, der 1908 in sechster Auflage erschien, definierte der Verfasser die Offiziersehre wie folgt. Sie sei »der persönliche Wert, erworben durch Selbstachtung und Pflichterfüllung mit dem Verlangen nach Anerkennung durch die öffentliche Meinung.« Schaible, Standes- und Berufspflichten des deutschen Offiziers, S. 5. Ein weiterer sehr verbreiteter Ratgeber war jener 1879 erschienene von Scheibert, Offizier-Brevier. Zur Bedeutung des Ehrbegriffs speziell im Offizierskorps und allgemein im 19. Jahrhundert siehe Frevert, Ehrenmänner. Vgl. hierzu auch Meteling, Adel und Aristokratismus, S. 219.
53 Wiedner, Soldatenmißhandlungen im Wilhelminischen Kaiserreich, S. 159–199.
54 Bösch, Grenzen des »Obrigkeitsstaates«, S. 147. Vgl. zum Selbstjustiz-Skandal um den Leutnant von Brüsewitz Borgstedt, Der Fall Brüsewitz, S. 605–623.
55 Schoenbaum, Zabern 1913; zus. Bösch, Grenzen des »Obrigkeitsstaates«, 147–149.

1913[56] und nachfolgende militärische autoritäre Maßnahmen gegen die Bevölkerung, die unbestraft blieben.[57] Die Ereignisse führten 1913/14 aufgrund der breiten medialen Berichterstattung zu öffentlichen Protesten im ganzen Deutschen Reich und anschließend zu einer innenpolitisch alarmierenden Krise im Reichstag, bei der Kritik am Vorgehen des Militärs in Zabern heftige Debatten auslöste. Die Affäre führte nicht nur zu Spannungen im Verhältnis zwischen dem Reichsland Elsass-Lothringen und dem übrigen Deutschen Reich, sondern löste auch eine Debatte über das Verhältnis von ziviler und militärischer Gewalt und über die Frage aus, in welchem Maße sich das Militär zivile Gewalt aneignen durfte, was aber bis 1918 ohne Folgen blieb.[58]

Ein weiteres Indiz für die sich wandelnde gesellschaftliche Stimmung ist der deutschlandweit offen zum Ausdruck gebrachte Spott in Presse und Öffentlichkeit über den Streich des »Hauptmanns von Köpenick«. Das Gaunerstück des gelernten Schuhmachers und mehrfach vorbestraften Wilhelm Voigt, der 1906 in der Theater-Uniform eines Hauptmanns des preußischen Ersten Garderegiments, die er auf einem Trödelmarkt erstanden hatte, aufgrund der Willfährigkeit der involvierten Kommunalbeamten mühelos das Rathaus von Köpenick besetzte, den Bürgermeister in Gewahrsam nahm und die Stadtkasse beschlagnahmte, löste reichsweit teils empörte, zumeist aber amüsierte Reaktionen aus. Er wurde von der Presse bejubelt, »Haupt-

---

56 Der 20–jährige Leutnant Günter Freiherr von Forstner (1893–1915) stellte am 28. Oktober 1913 in der Stadt Zabern vor seinen kaiserlich einberufenen Rekruten eine Prämie für jeden niedergesäbelten, niedergestochenen »Wackes« in Aussicht. »Wackes« war damals ein Schimpfwort für die elsässische Bevölkerung.
57 Leutnant Forstner wurde von militärischer Seite nicht bestraft, sondern verblieb anfangs sogar auf seinem Posten. Das Militär reagierte auf die Proteste mit autoritären Maßnahmen. Über die Stadt Zabern wurde der Belagerungszustand verhängt. Der örtliche Regimentskommandeur Oberst Adolf von Reuter ließ am 28.11.1913, ohne sich mit der Zivilverwaltung abzustimmen, eine friedlich protestierende Menschenmenge, darunter viele zufällig anwesende Passanten, in Gewahrsam nehmen. Leutnant Forstner selbst schlug am 02.12.1913 einen Schustergesellen, der ihn verspottet hatte, angeblich aus Notwehr mit dem Säbel nieder. In der Gerichtsverhandlung vom 05.-10.01.1914 wurde Leutnant Forstner, der wegen Körperverletzung und illegalen Waffengebrauchs angeklagt war, in zweiter Instanz, auf Grundlage einer preußischen Verordnung von 1820, freigesprochen. Diese Verordnung gab der Armee das Recht, bei Unruhen selbst zu handeln, wenn die von den Franzosen geführte Zivilverwaltung nicht bereit oder in der Lage war, die Ordnung wiederherzustellen. Das Gericht urteilte, dass die Zivilverwaltung, die für Ordnung hätte sorgen müssen, für die Ereignisse in Zabern verantwortlich war. Allerdings wurde der Leutnant als Zugeständnis an den öffentlichen Protest zumindest versetzt.
58 Bösch, Grenzen des »Obrigkeitsstaates«, S. 147ff. mit weiterer Literatur.

mann von Köpenick-Sympathie-Postkarten« wurden in Berlin zu Tausenden verkauft. Nach seiner frühzeitigen Entlassung aus der Haft trat Voigt aufgrund seiner Berühmtheit in einem Panoptikum in Berlin öffentlich auf und ging nachfolgend auf Tournee nach Dresden, Wien und Budapest, später sogar nach Kanada und Amerika. Zudem wurde seine Tat im Theater, in Literatur und Film künstlerisch nachbereitet.[59]

Der gesellschaftliche Bedeutungsverlust der Armee war ein europäisches Phänomen, das sich aus der langen Friedensdauer erklärt. In breiten Kreisen der Bevölkerung galt ein kommender europäischer Krieg als Chimäre und Atavismus längst vergangener Zeiten,[60] wenngleich sich hier auch Gegenströmungen zeigten und es in den unmittelbaren Vorkriegsjahren allmählich zu einem Umdenken kam. So wurde auf sozialistischer und pazifistischer Seite vehement vor einem kommenden europäischen Krieg gewarnt.[61] Auch entwickelte sich eine vielfältige Kriegsfuturologie-Literatur.[62] Und schließlich blieb es nicht unbemerkt, dass sich in den Jahren 1912 bis 1914 die Beziehungen zwischen den Großmächten deutlich verschlechterten und das Wettrüsten Fahrt aufnahm.[63]

Die Ausführungen zeigen, in welch hohem Maße soziale Kriterien in der Wilhelminischen Zeit die »Offiziersfähigkeit« bestimmten. Zum einen stattete die Mitgliedschaft im Offizierskorps unabhängig von der individuellen Leistung die Offiziere mit hohem Sozialprestige aus, wenngleich sich das Bürgertum in den Vorkriegsjahren aufgrund der langen Friedensdauer ein Stück weit von der Armee entfernte. Zum anderen blieb trotz der

---

59 Ziemann, Der »Hauptmann von Köpenick«, S. 252–264; Ziemann, Sozialmilitarismus und militärische Sozialisation, S. 148–164; zus. Bösch, Grenzen des »Obrigkeitsstaates«, S. 147.
60 Jessen, Die Moltkes, S. 213, 270; Heuvel, Mythos Militarismus?, S. 265f.
61 Zum Beispiel beschwor August Bebel im November 1911 im Reichstag in einer Rede nach der Marokko-Krise die Gefahren eines Krieges in geradezu prophetischer Weise: »So wird man eben von allen Seiten rüsten und wieder rüsten [...] Dann kommt die Katastrophe. Alsdann wird in Europa der große Generalmarsch geschlagen, auf den hin sechzehn bis achtzehn Millionen Männer, die Männerblüte der verschiedenen Nationen, ausgerüstet mit den besten Mordwerkzeugen, gegeneinander als Feinde ins Feld rücken. [...].« Bezeichnend für die damalige Stimmung ist, dass Konservative und Nationalisten mit Gelächter und Zwischenrufen reagierten. August Bebel, Rede im Deutschen Reichstag, November 1911, zit. nach: Mommsen, Der Topos vom unvermeidlichen Krieg, S. 205.
62 Dülffer, Kriegserwartung und Kriegsbild in Deutschland, S. 778–798; Clarke, Voices Propheseying War.
63 Vgl. zur Aufrüstung Krumeich, Juli 1914, S. 44ff.; ders., Aufrüstung und Innenpolitik in Frankreich, Kap. 1; Stevenson, Armaments and the Coming of War; Snyder, The Ideology of the Offensive.

Ausweitung der sog. offiziersfähigen Schichten eine gehobene soziale Herkunft eine Grundvoraussetzung für die Offizierslaufbahn.

2. Psychische Voraussetzungen für die Offizierslaufbahn

Die psychischen Voraussetzungen, die für die Offizierslaufbahn zu erfüllen waren, sind an der Haltung der Armee gegenüber Offiziersanwärtern mit psychischen Leiden vor 1914 ablesbar. Welche psychischen Erkrankungen wurden bei der Rekrutierung akzeptiert, welche nicht?

Bis zum Ersten Weltkrieg stellte die Militärmedizin keine speziellen psychischen Anforderungen an die Offiziersanwärter. Vielmehr mussten die Offiziersanwärter lediglich die militärärztliche Untersuchung bestehen, die alle Wehrdienstpflichtigen zu durchlaufen hatten. Bei dieser Untersuchung wurde die Tauglichkeit festgestellt, wobei nicht nur physische, sondern auch psychische Gesichtspunkte eine Rolle spielten. Nach der militärärztlichen Prüfung erfolgte dann in mehreren Stufen und sehr viel umfassender die militärische Bewertung der Offiziersanwärter, die auch ein Urteil über die psychische Tauglichkeit des Bewerbers enthielt, sodass die militärärztliche Untersuchung nur als die erste Hürde auf dem Weg zur Offizierslaufbahn anzusehen ist.

Auffällig ist allerdings, dass auch bei den militärischen Vorstellungen über die psychischen Voraussetzungen zur Offizierslaufbahn medizinische Interpretationen von Nervenstärke und Nervenschwäche seit Ende des 19. Jahrhunderts eine große Rolle spielten. Hier wirkte sich aus, dass die Nervenheilkunde mit zunehmender Professionalisierung und in ihrer Auffächerung in Neurologie und Psychiatrie am Ende des 19. Jahrhunderts mehr und mehr in die Gesamtgesellschaft hineinwirkte.[64]

In Deutschland war die Herausbildung der Psychiatrie als eigenständige Disziplin Teil des Professionalisierungsprozesses der Medizin, der etwa 1850 begonnen hatte und um 1900 abgeschlossen war. Die naturwissenschaftliche Medizin etablierte sich in diesem Zeitraum in einer jahrzehntelangen Erfolgsgeschichte im Rahmen eines intensiven Spezialisierungsprozesses an den Universitäten. Das Resultat war, dass im Jahr 1914 der Beruf des Arztes

---

64 Michl, Im Dienste des »Volkskörpers«, S. 182. Siehe hierzu ausführlich Roelcke, Krankheit und Kulturkritik.

ein Ansehen unter den akademischen Professionen erlangt hatte, um das die Mediziner lange hatten ringen müssen.

Der verbandsmäßige Zusammenschluss als Berufsstand stärkte die gesellschaftliche Autorität der Ärzte und ermöglichte es ihnen, eine einheitliche Expertenmeinung zu sozial- und gesundheitspolitischen Fragen zu vertreten. So war es ihnen bis zur Jahrhundertwende gelungen, strukturell und inhaltlich das öffentliche Gesundheitswesen mitzugestalten, indem nun die ärztlichen Standesvertretungen bei der Entwicklung und Ausführung sozial- und gesundheitspolitischer gesetzgeberischer Maßnahmen mitwirkten.[65] Bereits 1874 war das Reichsgesundheitsamt gegründet worden. Hierdurch hatte sich neben dem Arzt, der einzelne Patienten behandelte und ihr Individualwohl im Auge hatte, ein weiterer Arzttyp etabliert: der ärztlich ausgebildete Gesundheitsadministrator, welcher die »Volksgesundheit« im Blick hatte.[66] Der Ärztestand verankerte auf diese Weise in der Gesellschaft medizinische Diagnosen genauso wie bürgerliche Normen bezüglich der Einstellung zu Gesundheit und Krankheit.[67] Auch wurde durch diesen Prozess der Medikalisierung, der die Bürger zunehmend unter die Kontrolle von Gesundheitsfachkräften stellte,[68] der Weg dafür geebnet, dass sich biologistische, sozialdarwinistische und rassenhygienische Vorstellungen, die unter den Ärzten Konsens waren, in der Gesellschaft verbreiteten.[69]

---

65 Vgl. Spree, Soziale Ungleichheit vor Krankheit und Tod, S. 138–156. Vgl. hierzu auch Schmiedebach, Sozialdarwinismus, Biologismus, Pazifismus, S. 93f., 97.

66 Die Gründung des Reichsgesundheitsamtes zielte auf eine Verbesserung der öffentlichen Hygiene und auf die Förderung bakteriologischer Forschungen, die versprachen, der öffentlichen Gesundheitspflege eine neue naturwissenschaftlich-objektive Grundlage zu geben. Der Arzt hatte hier in die Rolle eines »unpolitischen«, auf naturwissenschaftlicher Basis operierenden Beamten, der lediglich dem Volksganzen verpflichtet war. Schmiedebach, Sozialdarwinismus, Biologismus, Pazifismus, S. 95.

67 Vgl. Spree, Soziale Ungleichheit vor Krankheit und Tod, S. 156–162; Brink, Grenzen der Anstalt, S. 174. Michel Foucault stellt die Macht- und Disziplinierungsfunktion des staatlichen Zugriffs auf die individuelle wie kollektive Gesundheit seit der Mitte des 18. Jahrhunderts heraus. Foucault, Überwachen und Strafen, S. 34.

68 Vgl. die Definition der Medikalisierung bei Porter, Health, Civilization and the State, S. 5; Neuner, Politik und Psychiatrie, S. 31f.

69 Entscheidend für die Etablierung eines biologistisch-naturwissenschaftlichen Rassebegriffs war Charles Darwins Studie »Über die Entstehung der Arten durch natürliche Zuchtwahl (Natural Selection) oder die Erhaltung der begünstigten Rassen im Kampfe ums Dasein (Struggle for Life)« (1859 veröffentlicht). In der Folge wurden die evolutionistischen Selektionsvorgänge aus dem Tier- und Pflanzenbereich auf menschliche Gemeinschaften übertragen. Marlen, Sozialbiologismus, S. 143; Schmiedebach, Sozial-

Auch die Psychiatrie verstand sich als naturwissenschaftliche Disziplin, wobei allerdings ein Manko blieb, dass die Psychiatrie trotz klinisch-experimenteller Praktiken weder empirisch belegte Aussagen über die Ursachen von psychischen Erkrankungen machen konnte noch erfolgreiche Behandlungsmethoden zur Verfügung hatte.[70] Die wichtigste theoretische Grundlage der Universitätspsychiatrie lieferte Wilhelm Griesinger (1817–1868), der Mitte des 19. Jahrhunderts die These formulierte, dass Geisteskrankheiten Erkrankungen des Gehirns und damit Organkrankheiten seien. Daneben erwies sich insbesondere Emil Kraepelins (1856–1926) nosologisches System der Klassifizierung psychischer Störungen als sehr einflussreich, das dieser Ende des 19. Jahrhunderts entwickelte.[71]

Schließlich ist hier auch die Degenerationstheorie zu nennen, die der französische Psychiater Bénédict Augustin Morel (1809–1873) in den 1850er Jahren entwickelte. Gerade diese Theorie, die in und außerhalb der Medizin rasch hohe Beachtung fand, beförderte die »Psychiatrisierung des Lebens« auch außerhalb der Anstalten erheblich.[72] Sie unterschied zwischen der »Normalbevölkerung« und Personen, die aufgrund ihrer Konstitution von dieser abwichen und unter den Begriffen der »Entartung« und der »psychopathischen Minderwertigkeit« gefasst wurden.[73] Auf zehn Prozent der Gesamtbevölkerung schätzten Psychiater die Zahl der Betroffenen.[74] Man könne deren Erkrankungen zwar abmildern, doch sei Heilung kaum mög-

---

darwinismus, Biologismus, Pazifismus, S. 95. Schmiedebach, Sozialdarwinismus, Biologismus, Pazifismus, S. 95, 98.

70 Brink, Grenzen der Anstalt, S. 122ff., 192ff.; Roelcke, Krankheit und Kulturkritik, S. 152–165; Kaufmann, »Widerstandsfähige Gehirne«, S. 211. Siehe daneben zur Universitätspsychiatrie des späten 19. und frühen 20. Jahrhunderts Engstrom, Clinical psychiatry in imperial Germany.

71 Eine große Rolle spielte hier, dass sich Kraepelins psychiatrisches Klassifikationssystem durch große Praktikabilität auszeichnete. Kraepelin präsentierte seine Ergebnisse in der fünften Auflage seines Lehrbuches von 1896. In seinem psychiatrischen Klassifikationssystem ordnete er die Krankheiten weniger nach ihrer äußeren Symptomatik als nach ihren Ursachen, Verläufen und Endzuständen. Kraepelin, Psychiatrie.

72 Brink, Grenzen der Anstalt, S. 188. Siehe hierzu auch Kap. I.3.b. Die Moderne als Ursache psychischer Leiden: Neurasthenie und Degenerationsvorstellungen.

73 Letzterer Begriff wurde Ende des 19. Jahrhunderts vom Württemberger Psychiater Julius Ludwig August Koch (1841–1908) geprägt. Koch, Die psychopathischen Minderwertigkeiten.

74 Vgl. Birnbaum, Über psychopathische Persönlichkeiten, S. 75. Vgl. hierzu auch Brink, Grenzen der Anstalt, S. 188.

lich.⁷⁵ Der Begriff der »minderwertigen Konstitution« war dabei nicht eindeutig. Manche Ärzte beschränkten sich hier auf das Erbgut, andere schlossen im Laufe des Lebens erworbene Merkmale mit ein.⁷⁶ Spätestens seit dem Ende des 19. Jahrhunderts erhob die Psychiatrie vehement den Anspruch, psychiatrisches Wissen in die Gesellschaft zu implementieren und für die Grenzziehung zwischen Normalen und Gesunden auf der einen Seite und Anormalen und Pathologischen auf der anderen Seite zuständig zu sein, wobei sie auch Krankheitsbilder mit fließenden Übergängen zwischen Normalität und Anormalität konzipierte.⁷⁷ Aufgrund ihres naturwissenschaftlichen Anspruchs lehnte dabei die Psychiatrie herkömmliche moralisch oder religiös begründete Schuldzuweisungen an die psychisch Kranken ab. Dennoch ist auffällig, dass die Psychiatrie ihren Begriff von Normalität an die Normativität und damit an gesellschaftliche Wertvorstellungen band.⁷⁸ Dies zeigt sich besonders deutlich am Krankheitsbild der »psychopathischen Persönlichkeit«, das durch »die Unfähigkeit, sich der Umwelt anzupassen«, definiert wurde.⁷⁹

Hinzu kam, dass die Psychiatrie mit Irrsinnserklärungen und Irrenhauseinweisungen den gesellschaftlichen Ausschluss derer vorantrieb, die ihrer Meinung nach die Grenze des Normalen eindeutig überschritten hatten.⁸⁰ Aber auch die Lebenswelten außerhalb der Anstalten wurden zum Gegenstand psychiatrischer Expertise, wodurch sich die Psychiatrie in den

---

75 Vgl. die Schilderung des Krankheitskonzepts bei Baumann, Verbrechen, S. 43–45. Siehe daneben Brink, Grenzen der Anstalt, S. 188.
76 Populär wurde der Begriff »minderwertig« insbesondere im Rahmen der sich nach der Jahrhundertwende etablierenden »Rassenhygiene«. 1905 gründete sich in Berlin die »Gesellschaft für Rassenhygiene«. Sie zielte darauf, im Rahmen der öffentlichen Gesundheitspflege dazu beizutragen, dass sich die »wertvolle Erbmasse« eines Volkes bzw. einer Rasse durch die Bekämpfung des Zwei-Kinder-Systems und eine Förderung des Mutterideals ausbreitete, hingegen die »minderwertige Erbmasse« schrumpfte, indem bestimmten Bevölkerungsgruppen die Ehe verboten und sie mit Isolierungen und anderen fortpflanzungsverhindernden Maßnahmen belegt wurden. Vgl. Mann, Rassenhygiene – Sozialdarwinismus, S. 85; Schmiedebach, Sozialdarwinismus, Biologismus, Pazifismus, S. 95.
77 Brink, Grenzen der Anstalt, S. 188.
78 Diese wichtige Erweiterung formuliert Engstrom, Die Kapillarität des Normbegriffes, S. 59f. Vgl. hierzu auch Brink, Grenzen der Anstalt, S. 190.
79 Birnbaum, Über psychopathische Persönlichkeiten, S. 79; Brink, Grenzen der Anstalt, S. 190. Siehe daneben Schmiedebach (Hrsg.), Entgrenzungen des WahnsinnS. Vgl. zur Diagnose Psychopathie auch den Abschnitt »Der Diskurs über ›psychopathische‹ Offiziere« in Kap. III.2.a.
80 Windelband, Wilhelm, Über Norm und Normalität, S. 9. Vgl. hierzu auch Brink, Grenzen der Anstalt, S. 188, 190.

allgemeinen medizinischen Trend zur Beeinflussung der Gesundheitspolitik eingliederte. Innerhalb des Deutungsrahmens von Erblichkeit und Degeneration, Prophylaxe und Eugenik schuf sich die Psychiatrie die soziale Aufgabe, die »Entarteten« in der Gesellschaft frühzeitig zu erkennen, vom öffentlichen Leben auszuschließen und darüber hinaus ordnungspolitische Konzepte zu entwickeln, die eine Prophylaxe möglich machten.[81]

Für die breite Etablierung psychiatrischen Wissens in der Gesellschaft wirkte sich zudem aus, dass sich die vormaligen »Irrenärzte« nun nicht mehr nur irreversiblen Erkrankungen, sondern auch vorübergehenden Befindlichkeitsstörungen und leichteren Beschwerden zuwandten. Auf diese Weise erweiterte sich die Klientel der Psychiater enorm und rekrutierte sich nun insbesondere aus dem Bildungsbürgertum. So gelang es den Nervenärzten zunehmend, auch außerhalb ihres eigentlichen Wirkungsbereichs wichtige gesellschaftliche Ordnungsvorstellungen zu produzieren.[82]

Dies alles führte dazu, dass auch militärische Problemstellungen in ähnlicher Weise, wie dies im sozialen, politischen und kulturellen Sektor geschah, in immer stärkerem Maße psychologisch interpretiert wurden und Dysfunktionalität pathologisiert wurde. Diesen Prozess beförderte, dass die Psychiatrie sich bereitwillig in den Dienst militärischer Interessen stellte, da sich die junge Disziplin durch die Arbeit für den militärischen Sektor einen Imagegewinn versprach.[83] Die wissenschaftlichen Befunde über Nerven verliehen dem militärischen Nervendiskurs eine besondere Glaubwürdigkeit, wie andersherum Deutungen und Erfordernisse dieses Bereiches die Wissenschaft beeinflussten.[84]

a. Psychische Rekrutierungskriterien bei Militärangehörigen allgemein

Die Bedeutung psychiatrischen Wissens zeigt sich besonders deutlich bei den militärärztlichen Untersuchungen, die die Tauglichkeit der Rekruten beurteilten. Bereits vor dem Ersten Weltkrieg kam es zu einer systematischen Medikalisierung des Rekrutierungssystems. Neben physischen wurden auch

---

81 Brink, Grenzen der Anstalt, S. 192. Bei alledem sind gleichzeitig aber auch die fundamentalen Unterschiede zum Nationalsozialismus herauszustellen. Im Kaiserreich ging es nicht um Ausmerze, sondern vorrangig um verstehende und heilende Fürsorge. Siehe hierzu Radkau, Zeitalter der Nervosität, S. 426f.
82 Michl, Im Dienste des »Volkskörpers«, S. 182f.
83 Peckl, Krank durch die »seelischen Einwirkungen des Feldzuges«?, S. 33f.
84 Gahlen/Gnosa/Janz, Nerven und Krieg: Zur Einführung, S. 14.

psychische Tauglichkeitskriterien bei den Rekruten angewandt. Die Psychiatrie gab im Auftrag des Militärs Anordnungen heraus, wie die Militärärzte bei der Musterung der Rekruten die psychische Konstitution zu beurteilen hätten. Gleichzeitig entwickelte sie ein militärpsychiatrisches Meldewesen, das der allgemeinen Erfassung von sogenannten »Psychopathen«, »Schwachsinnigen« und »Minderwertigen« diente.[85] Letzteres zielte darauf, bereits vor der Musterung über die Erhebung von medizinischen Daten bei den Schülern und Jugendlichen einen Zugriff auf das Rekrutierungsreservoir zu erhalten.[86]

Das Ziel des medikalisierten Rekrutierungssystems lautete, alle Rekruten, welche die physischen und psychischen Tauglichkeitskriterien erfüllten, heranzuziehen und sämtliche nicht in das Ideal- oder zumindest Normbild passende Individuen im Hinblick auf Körper und Verhalten vom Militärdienst auszugrenzen. Hier zeigte sich ein deutlicher Wandel gegenüber der Auffassung im 18. Jahrhundert, als die Armee als Besserungsanstalt genutzt wurde und die Obrigkeit straffällig gewordene oder »unproduktive« Untertanen zu Soldaten machte, um sie unter Kontrolle zu haben und umzuerziehen.[87] Seit der Einführung der allgemeinen Wehrpflicht 1814 in Preußen[88] wurde die entgegengesetzte Vorstellung wirkmächtig, dass der Wehrdienst als Ehrendienst anzusehen sei und alle Personen mit vom Militär abweichenden Verhalten bei der Musterung auszusortieren seien, was zur Etablierung von Einstellungsuntersuchungen führte.[89]

Allerdings wurde bis in die zweite Hälfte des 19. Jahrhunderts nur in geringem Maße unter den Rekruten medizinisch einheitlich ausgemustert, da eindeutige Regelungen fehlten.[90] Erst im letzten Drittel des 19. Jahrhunderts etablierten sich klare Kriterien, welche Formen abweichenden Verhaltens bei der Musterung auszusortieren seien. Der Grund lag erstens in der Ausdifferenzierung psychiatrischen Wissens und dem Ziel, psychisch kranke Personen vor einer Verschlimmerung ihrer Symptome durch den Militärdienst zu schützen. Zweitens spielte eine Rolle, dass sich wegen der Technisierung des Krieges und des militärischen Apparates die Anforderungen an die Militärangehörigen deutlich erhöht hatten, sodass auf ein effizientes

---

85 Ebd., S. 33f.
86 Hahn, Militärische Einflüsse auf die Entwicklung der Schulhygiene, S. 31.
87 Bröckling, Disziplin, S. 228.
88 In der Praxis bestanden noch einige Ausnahmemöglichkeiten. Insbesondere in den anderen deutschen Staaten wurde die Wehrpflicht noch lange ausgehöhlt.
89 Lemmens, Zur Entwicklung der Militärpsychiatrie, S. 36.
90 Ebd., S. 36.

System gedrungen wurde. Aus funktionalen Gründen wurde nun die Auffassung vertreten, unangepasste, psychisch oder physisch weniger belastbare oder lernbehinderte Rekruten prophylaktisch auszumustern.[91] Und drittens spielten massenpsychologische Überlegungen eine Rolle, dass »minderwertige Elemente« die Fähigkeit hätten, wie Infektionskeime die Leistungsfähigkeit der gesamten Armee zu beeinträchtigen.[92]

Entsprechend wurden verschiedene Verordnungen erlassen, welche die psychischen Ausschlusskriterien, die bei der Musterung angewandt werden sollten, definierten. Auch gingen die Erlasse darauf ein, wie mit Militärangehörigen umzugehen war, bei denen psychische Erkrankungen während des Dienstes auftraten. Dies waren die »Instruction für Militärärzte« vom 9. Dezember 1858, die »Dienstanweisung zur Beurtheilung der Militär-Dienstfähigkeit und zur Ausstellung von Attesten« vom 8. Mai 1877 und die »Maßnahmen zum Schutz geisteskranker Soldaten« aus dem Jahr 1892.

In der »Instruction für Militärärzte« von 1858 wurde in § 21 vorgeschrieben, dass die Militärärzte Rekruten im Rahmen der Musterungsuntersuchungen und während des Militärdienstes bei folgenden psychischen Leiden als dauernd untauglich erklären sollten: bei »Epilepsie oder andere[n] periodische[n] Krämpfe[n] und Konvulsionen«, bei »habituelle[m] Zittern des ganzen Körpers oder einzelner Teile«, bei »eingewurzelte[m] Schwindel«, bei »notorische[r] Trunksucht«, bei einem »hohe[n] Grad von geistiger Beschränktheit«, bei »Wahnsinn und andere[n] Seelenkrankheiten« und erstaunlicherweise auch bei »Nachtwandeln«.[93]

Mit der Verordnung von 1877 wurden die psychiatrischen Kriterien allerdings wieder etwas gelockert, da nun versuchsweise auch solche Personen bei der Musterung angenommen werden sollten, bei denen »kein überzeugendes Bild« hinsichtlich ihres psychischen Zustands vorlag. Als eindeutig wahrnehmbare psychische Krankheiten wurden nun lediglich »Epilepsie« und »geistige Beschränktheit« aufgeführt.[94]

Die 1892 in der »Deutschen Militärärztlichen Zeitschrift« veröffentlichten »Maßnahmen zum Schutz geisteskranker Soldaten« enthielten dann

---

91 Bröckling, Disziplin, S. 228.
92 Ders., Psychopathische Minderwertigkeit?, S. 176. Siehe zur massenpsychologischen Betrachtung der Kriegsneurose Kap. II.1. Die Behandlung des Problems der »Kriegsneurotiker« in der deutschen Armee.
93 Instruction für Militärärzte zur Untersuchung und Beurtheilung der Dienstbrauchbarkeit, S. 14f. Vgl. hierzu auch Lemmens, Zur Entwicklung der Militärpsychiatrie, S. 36.
94 Dienstanweisung zur Beurtheilung der Militär-Dienstfähigkeit. Vgl. hierzu auch Lemmens, Zur Entwicklung der Militärpsychiatrie, S. 36.

wieder verschärfte Anforderungen. Nun sollte bei Rekruten die »Aufnahme in Irrenanstalten« vermerkt und nicht nur nach Geistes-, sondern auch nach Nervenkrankheiten gefragt werden. Hinsichtlich der zeitgenössischen Unterscheidung von Geistes- und Nervenkrankheiten ist zu konstatieren, dass bis in die 1940er Jahre die medizinische Standardmeinung in der Psychiatrie war, dass schwere (psychotische) wie auch leichte (neurotische) psychische Erkrankungen nervlicher Natur seien.[95]

In den »Maßnahmen zum Schutz geisteskranker Soldaten« von 1892 wurden auch Leitsätze aufgestellt, wie eine bessere psychiatrische Betreuung der Soldaten gesichert werden sollte. Hierin wurde bestimmt, dass Offiziere »mit gewissen psychologischen, besonders kriminalistisch psychologischen Anschauungen« aktenkundig gemacht werden sollten, um sie effizient bei der Beurteilung des Geisteszustands der Rekruten einsetzen zu können. Und in Bezug auf die Militärärzte hieß es, dass ein Kurs »klinischer Psychiatrie« in die militärärztliche Ausbildung integriert werden sollte. Ärzte an größeren Militärgefängnissen sollten für längere Zeit in einer »Irrenklinik« gearbeitet haben, und in der inneren Militär-Medizinalverwaltung sollte ein »Arzt mit gründlicher psychiatrischer Bildung« vertreten sein.[96]

Im Jahre 1900 erschien das »Handbuch der Militärkrankheiten« von Friedrich August Düms, welches auch eine Musterungsanleitung beinhaltete. Hierin ging Düms auf die Schwierigkeiten bei der Erkennung psychischer Erkrankungen ein. Neben einer sorgfältigen Untersuchung der Kandidaten sollten die Militärärzte auch die soziale und medizinische Anamnese beachten. Hierfür sollten sie die militärische Stammrolle auf Hinweise zu Aufenthalten in psychiatrischen Anstalten prüfen. Zudem sollten sie den Schulerfolg und die Gründe für bereits verbüßte Haftstrafen ermitteln.[97]

Eine große Auswirkung auf die Musterungsuntersuchungen hatten schließlich auch die Vorschläge des Stabsarztes an der Kaiser-Wilhelm-Akademie[98] Ewald Stier aus dem Jahr 1902, die das Ziel hatten, »Geisteskranke«,

---

95 Seit der Zeit Sigmund Freuds verstand man unter einer Neurose eine leichtgradige psychische Störung, die durch einen Konflikt ausgelöst wurde. Schwerere seelische Störungen wurden als Psychosen bezeichnet und von den Neurosen unterschieden. Ingenkamp, Depression und Gesellschaft, S. 136.
96 Maßnahmen zum Schutz geisteskranker Soldaten, S. 85. Vgl. hierzu auch Lemmens, Zur Entwicklung der Militärpsychiatrie, S. 37.
97 Düms, Handbuch der Militärkrankheiten, Bd. 3, S. 648f. Vgl. hierzu auch Lemmens, Zur Entwicklung der Militärpsychiatrie, S. 36.
98 Die Berliner Kaiser-Wilhelm-Akademie diente der Ausbildung der Militärärzte. Sie existierte seit 1895, als das 1808 gegründete Medizinisch-Chirurgische Friedrich-Wilhelms-

»Schwachsinnige« und »physiologisch dumme Leute« von der Armee fernzuhalten. Stier wies die Militärärzte an, bei der Musterungsuntersuchung entsprechend der Degenerationstheorie auf eine Häufung von äußeren »Degenerationszeichen« zu achten. Als diese galten unter anderem angewachsene Ohrläppchen, eine asymmetrische Färbung der Iris, eine auffallende Behaarung, Anomalien der Zahnbildung und -stellung oder auch Linkshändigkeit. Wegen dieser Kennzeichen sollten Rekruten zwar nicht ausgemustert werden, doch sollten die Ausnahmen bei der Musterung vermerkt werden, da sie »ein objektiv sichtbares Zeichen schwerer erblicher Belastung« seien. Stier regte zudem an, dass die Zivilbehörden verpflichtet werden sollten, in den Stammrollen Aufenthalte in einer psychiatrischen Anstalt, den Besuch einer Sonderschule oder Vorstrafen wegen einschlägiger Vergehen »wie Körperverletzung, Widerstand gegen die Staatsgewalt, Vagabundieren, Betteln u.a.« zu vermerken. So sollte es möglich sein, »geistige Defektmenschen« möglichst gar nicht erst einzuberufen.[99]

Stiers Ideen wurden zum Großteil in einer amtlichen Schrift der Medizinal-Abteilung des Königlich Preußischen Kriegsministeriums von 1905 aufgenommen.[100] Umgesetzt wurde ein Großteil seiner Vorstellungen dann im April 1906. Damals erließ das Kriegsministerium »Maßnahmen zur Vermeidung der Einstellung von Wehrpflichtigen, die in der Behandlung einer Anstalt für Geisteskranke, Epileptische, Idioten oder Schwachsinnige gestanden haben.«[101] Darin wurde bestimmt, dass die Schul- und zivilen Medizinalbehörden »psychisch Minderwertige« an die militärischen Ersatzkommissionen melden mussten. Alle Geisteskranken, Epileptiker und »Idioten«, die derzeit in öffentlichen Krankenanstalten behandelt wurden, sollten erfasst werden. Begründet wurde dies damit, dass psychische Erkrankungen und Auffälligkeiten bei der Musterung oft schwer erkannt würden.[102] Gegen die Meldepflicht der Anstalten führte der Unterrichtsminister als Bedenken an, dass dadurch die Betroffenen für ihr Leben als

---

Institut und die 1811 gegründete Medizinisch-Chirurgische Akademie für das Militär vereinigt wurden. Die Kaiser-Wilhelm-Akademie wurde 1919 durch den Versailler Vertrag aufgelöst.

99 Stier, Ueber Verhütung und Behandlung von Geisteskrankheiten in der Armee, Zitate S. 13, 17, 18, 28. Vgl. hierzu auch Bröckling, Disziplin, S. 229; ders., Psychopathische Minderwertigkeit?, S. 175f.

100 Medizinal-Abteilung (Hrsg.): Ueber die Feststellung regelwidriger Geisteszustände bei Heerespflichtigen und Heeresangehörigen. Vgl. hierzu auch Bröckling, Disziplin, S. 229.

101 Zitiert nach Hahn, Militärische Einflüsse auf die Entwicklung der Schulhygiene, S. 29.

102 Ebd., S. 31.

minderwertig stigmatisiert würden, doch konnte er sich gegen den Kriegsminister nicht durchsetzen.[103]

1910 wurde der Erlass auf die Zielgruppe der Minderjährigen zugespitzt und neben den Anstaltsinsassen auf die Gruppe der Hilfsschüler ausgeweitet. Den Militär-Ersatzbehörden sollte »geistige[n] Minderwertigkeit bei minderjährigen Fürsorge- und Zwangszöglingen« gemeldet werden.[104] Es wurde bestimmt,

»das Ergebnis der psychiatrischen Untersuchung der minderjährigen Fürsorge- und Zwangszöglinge, sofern es auf geistige Minderwertigkeit lautet, den Ersatzbehörden für die Entscheidung über die Militärpflicht der Zöglinge zugängig zu machen«.[105]

Auch begann man in dieser Zeit damit, statistische Erhebungen der medizinischen Daten von Schülern und Jugendlichen durchzuführen, die zur Feststellung der Militärtauglichkeit genutzt werden sollten.[106]

Hinzu kam, dass im Februar 1908 auf der Sitzung des Wissenschaftlichen Senats der Kaiser-Wilhelm-Akademie über »Anhaltspunkte zur Beurteilung geisteskranker Heeresangehöriger« beraten wurde. Hier wurde die Forderung, dass nur psychisch gesunde Rekruten aufgenommen werden sollten, damit erklärt, dass der Militärdienst eine starke Belastung der Psyche darstelle.[107] Für die Feststellung von »Nerven- und Geisteskrankheiten« bei der Musterung wurden ausgefeilte Fehlerziffern erstellt, die auch während des Ersten Weltkriegs zur Diagnostizierung der Erkrankungen von Militärangehörigen angewandt wurden.[108] Diese lauteten:

---

103 Ebd., S. 29.
104 Zitiert nach Lemmens, Zur Entwicklung der Militärpsychiatrie, S. 38.
105 Zitiert nach Hahn, Militärische Einflüsse auf die Entwicklung der Schulhygiene, S. 29.
106 Diese Tendenz zum frühen, systematischen »Griff nach der Bevölkerung« war nicht auf den Bereich des Militärs begrenzt, da diese Daten auch für die Berufsberatung, zur Bearbeitung wissenschaftlicher Fragestellungen und für das Versicherungswesen genutzt werden sollten. Siehe hierzu die Beiträge in Kaupen-Haas (Hrsg.), Der Griff nach der Bevölkerung. Vgl. hierzu auch Hahn, Militärische Einflüsse auf die Entwicklung der Schulhygiene, S. 31.
107 Anhaltspunkte zur Beurteilung... geisteskranker Heeresangehöriger vom 22. Februar 1908. (Beratungsergebnisse aus der Sitzung des Wissenschaftlichen Senats bei der Kaiser-Wilhelm-Akademie Berlin vom 22. Februar 1908). Zitiert bei Lemmens, Zur Entwicklung der Militärpsychiatrie, S. 37.
108 In den Krankenbüchern findet sich häufig im Feld Diagnose die entsprechende Fehlerziffer neben einer kurzen Beschreibung des LeidenS. Fehlerziffern werden auch heute noch in der Bundeswehr zur Feststellung der Gesundheit der Rekruten verwendet. Vgl. z.B. Tabelle der Gesundheitsnummern und -ziffern zur Verwendung bei der Erstuntersuchung im Musterungsverfahren, erneuten Untersuchung im Musterungsverfahren,

»15 Überstandene oder noch bestehende Geisteskrankheiten sowie ein solcher Grad von geistiger Beschränktheit, daß er die Ausbildung oder die Ausübung des Dienstes verhindert;
16 Nachgewiesene Epilepsie;
17 Chronische Gehirn- und Rückenmarkkrankheiten;
18 Andere chronische Nervenleiden ernster Art;
19 Mißgestaltungen, beträchtliche Eindrücke, Gewebsverluste oder andere schwere Schäden an den Schädelknochen.«[109]

Ein weiterer Schritt auf dem Weg zu einer zunehmenden Differenzierung der psychischen Tauglichkeit war, dass 1914 die drei Tauglichkeitsstufen, die seit 1837 bestanden, auf fünf erweitert wurden. Statt »tauglich«, »bedingt tauglich« und »dauernd untauglich« gab es nun »tauglich (in den Klassen 1 und II)«, »bedingt tauglich«, »zeitlich untauglich«, »untauglich für stehendes Heer/Ersatzreserve« und »dauernd untauglich«.[110]

1914 fasste der Leiter der Nervenklinik der Berliner Charité Karl Bonhoeffer (1868–1948)[111] bei Kriegsbeginn die bestehenden psychischen Ausmusterungskriterien zusammen. Unter diese fielen »Individuen mit psychiatrischer Anamnese, selbst wenn sie wieder gesund« waren, ein »Aufenthalt in Irren- und Epileptikeranstalten«, der Besuch von »Hilfsschulen und Hilfsklassen«, von »Psychopathenheimen« und »Fürsorgeanstalten« sowie »erlittene Vorstrafen.«[112] Obwohl die psychiatrischen Tauglichkeitskriterien damit bis zum Vorabend des Ersten Weltkriegs sehr eng gesteckt waren,[113] forderte Bonhoeffer deren weitere Verschärfung, da »angeborene psychopathische Zustände, verschiedene Abstufungen der intellektuellen Defektzustände und psychopathische[n] Konstitutionen im normalen Leben leidlich sozial bleiben, während sie im Kriege ausbrechen.«[114]

Überprüfungsuntersuchung ungedienter Wehrpflichtiger Einstellungsuntersuchung von GWDL und FWDL, URL: ‹https://www.zentralstelle-kdv.de/pdf/09–Anlage-3–1.pdf›.
109 Dienstanweisung zur Beurteilung der Dienstfähigkeit für die Marine, S. 103. Vgl. hierzu auch Lemmens, Zur Entwicklung der Militärpsychiatrie, S. 39.
110 Lemmens, Zur Entwicklung der Militärpsychiatrie, S. 38.
111 Bonhoeffer war von 1912 bis 1938 Ordinarius für Psychiatrie und Neurologie und Direktor der Psychiatrischen und Nervenklinik der Berliner Charité. Von 1920 bis 1934 war er Vorsitzender der Deutschen Gesellschaft für Psychiatrie. Neumärker, Karl Bonhoeffer: Biografie.
112 Bonhoeffer, Psychiatrie und Krieg, S. 1778. Vgl. hierzu auch Lemmens, Zur Entwicklung der Militärpsychiatrie, S. 41.
113 Lemmens, Zur Entwicklung der Militärpsychiatrie, S. 42.
114 Ausführlich behandelte Bonhoeffer in dem Beitrag die »Gefahren für das Heer« durch psychisch Kranke und die »Behandlung solcher Kranken im Felde.« Bonhoeffer,

Der Erlanger Ordinarius für Psychiatrie Gustav Specht (1860–1940) kritisierte 1913 bei seiner Antrittsrede als Rektor der Universität der Garnisonsstadt Erlangen noch schärfer als Bonhoeffer die bisherige Ineffizienz bei der Erkennung von psychischen Erkrankungen im Militär. Die psychiatrische Kasuistik enthalte Beispiele »unglaublicher Verkennungen«, durch die nicht nur psychisch erkrankte Mannschaftssoldaten, sondern selbst paralytische, »verblödete« Offiziere und gehirn- bzw. geisteskranke Oberste nicht aufgespürt würden. Entsprechend riet er zu einem Bündel an Maßnahmen, um vor dem zu erwartenden Krieg die Zunahme von Geisteskrankheiten zu verhindern, die durch die Heranziehung von »minderwertigem Menschenmaterial« als Soldaten vorhersehbar sei: »Je weniger Irreseinskandidaten man mit in den Krieg ziehen lässt, destoweniger Geisteskranke wird es im Kriege geben. Das ist ein einfaches Rechenexempel.«[115] Spechts Ansicht nach sollten zur Prophylaxe die Instanzen der Musterung und Aushebung stärker mit einem psychiatrischen Grundwissen ausgestattet werden, um Geisteskrankheiten zu erkennen. Das Gleiche gelte auch für Schulbehörden und Erziehungsanstalten. Hier kritisierte er den Offiziersstand, der diese Art der Prophylaxe als »Gespensterseherei« bislang ablehne. Daneben forderte er die Verstärkung der volkshygienischen Aufklärungsbemühungen, um insbesondere die Paralysen als Spätfolgen der Geschlechtskrankheiten und den Alkoholismus einzudämmen. Und schließlich befördere alles, was die Jugend körperlich und seelisch stärke, die Wehrtüchtigkeit.[116]

b. Militärische Maßstäbe in Bezug auf die psychische Konstitution eines Offiziers

Neben dem Arzt, der den Offiziersbewerber bei der Musterung prüfte, beurteilte auch das Militär in mehreren Stufen die psychische Konstitution des angehenden Offiziers. Dieses Beurteilungsverfahren blieb bis in die Zeit des Zweiten Weltkriegs bestehen. Es wurde erst nach den horrenden Verlusten des Russlandfeldzugs 1942 grundlegend reformiert.[117]

Psychiatrie und Krieg, S. 1777–1779. Vgl. hierzu auch Lemmens, Zur Entwicklung der Militärpsychiatrie, S. 40f.
115 Specht, Krieg und Geistesstörung, S. 14.
116 Ebd., S. 14–17. Vgl. hierzu auch Ude-Koeller, Zum Konzept von »Krieg und Geistesstörung« bei Gustav Specht, S. 77–98.
117 Vgl. hierzu Kroener, Auf dem Weg zu einer »nationalsozialistischen Volksarmee«, S. 156–165. Siehe hierzu auch Kap. V.1.d. Reaktivierung psychisch versehrter Offiziere in der

So musste sich der Bewerber zum Offiziersanwärter zuerst beim Regimentskommandeur vorstellen. Der Kommandeur bildete sich in einem persönlichen Gespräch ein Urteil über den Bewerber auch in psychischer Hinsicht und konnte eigenmächtig über dessen Annahme entscheiden.[118] Der zweite Schritt war, dass sobald der Kandidat angenommen wurde, die militärischen Vorgesetzten den Offiziersanwärter während seiner Ausbildung zum Fähnrich und schließlich zum Leutnant laufend beurteilten. Die Bewertung konzentrierte sich dabei nicht nur auf die theoretischen und praktischen Leistungen, sondern darüber hinaus auf die Charaktereigenschaften des Offiziersanwärters und dessen moralisch-sittliche Entwicklung.[119]

Der letzte Schritt war die Offizierswahl, die neben der erfolgreichen Absolvierung der Ausbildung eine Voraussetzung für die Ernennung zum Leutnant war. Darin gaben die Offiziere des Regiments ein Urteil über die Würdigkeit des Kandidaten ab. Bei der Wahl wurden neben wissenschaftlichen und praktischen militärischen Fähigkeiten sowie sozialen Kriterien auch der Charakter und damit auch die psychischen Eigenschaften bewertet. Dieses noch vor Errichtung der stehenden Heere eingeführte Verfahren war eine Möglichkeit, die innere Geschlossenheit und die soziale Exklusivität des Offizierskorps zu erhalten und egalisierende Tendenzen einzudämmen. Zur Wahl kamen auf Anordnung des Regimentskommandeurs alle Offiziere des Regiments zusammen und gaben in erster Linie ihre Meinung darüber ab, ob ein bestimmter Kandidat würdig sei, in das Korps aufgenommen zu werden.[120] Dem entsprach das mythisch verklärte Bild vom preußischen Offizierskorps als einer »Regimentsritterschaft«.[121] Wurde ein Offiziersanwärter, der zwar die Kriegsschule erfolgreich abgeschlossen hatte, aber nicht die internen Anforderungen erfüllte, nicht gewählt, wurde erwartet, dass der Bewerber seinen Antrag auf ein Offizierspatent in diesem Regiment zurückzog und es bei einem anderen Regiment mit niedrigerem Sozialprestige versuchte. Die preußischen Reformer hatten zu Beginn des 19. Jahrhunderts die Offizierswahl als Mittel angesehen, aus einer bestimmten Anzahl von Offiziersanwärtern den Fähigsten auszuwählen, doch diente sie in der Folge vorrangig als Schutz gegen Kandidaten, welche in Verdacht standen, die

---

Wehrmacht und der Umgang mit Offizieren mit psychischen Leiden im Zweiten Weltkrieg.
118 Rumschöttel, Das bayerische Offizierkorps 1866–1914, S. 98.
119 Hierauf macht auch Lutz für die badische Armee aufmerksam. Lutz, Das badische Offizierskorps, S. 277.
120 Papke, Offizierkorps und Anciennität, S. 192f.
121 Kroener, »Der starke Mann im Heimatkriegsgebiet«, S. 79.

Homogenität des Offizierskorps zu gefährden. Offiziersbewerbung und Offizierswahl erwiesen sich bei der Offiziersrekrutierung als so wirksame Kohäsionskräfte, dass sie im Kaiserreich, als sich das Leitbild von sozialer Exklusivität und innerer Geschlossenheit des Offizierskorps allgemein durchsetzte, in allen deutschen Armeen eingeführt und bis 1942 praktiziert wurden.[122]

Insgesamt wird deutlich, dass die militärische Prüfung des Offiziersanwärters sehr viel umfassender als die militärärztliche Prüfung ausfiel und militärische Maßstäbe entscheidender als medizinische Normen waren.

Um zu eruieren, welche innermilitärischen Leitlinien in Bezug auf die psychischen Voraussetzungen eines Offiziers bestanden, ist ein Blick auf das Offiziersideal vor 1914 erhellend. In diesem waren, wie Wencke Meteling herausgearbeitet hat,[123] drei Offiziersentwürfe vereinigt: das aristokratischritterliche Offiziersideal, das Bild vom professionellen Offizier und jenes vom männlich-martialischen Offizier. Die Nervenstärke hatte lediglich bei letzterem Entwurf eine herausragende Bedeutung.

Der erste Offiziersentwurf war das althergebrachte preußische, aristokratisch-ritterliche Offiziersideal. Dieses Ideal behielt im Kaiserreich im Korps hohe Bedeutsamkeit, und der Adel sah nach wie vor insbesondere im Offizierskorps von Garde und Kavallerie eine sozialdefensiv orientierte Rückzugsmöglichkeit.[124] Die habituelle Aristokratisierung des Offizierskorps im Kaiserreich stand in engem Zusammenhang mit der Borussifizierung der preußisch-deutschen Armee.[125] In Bayern, Württemberg und Sachsen wurde das Verhältnis zwischen Offizierskorps und Außenstehenden ebenfalls nachhaltig am Vorbild des preußischen adeligen Offiziersideals ausgerichtet.[126] Auch in diesen Offizierskorps wurden die Beziehungen zum

---

122 Vgl. hierzu Kroener, Auf dem Weg zu einer »nationalsozialistischen Volksarmee«, S. 156–165. Siehe zur Änderung 1942 Kap. V.1.d. Reaktivierung psychisch versehrter Offiziere in der Wehrmacht und der Umgang mit Offizieren mit psychischen Leiden im Zweiten Weltkrieg.
123 Meteling, Adel und Aristokratismus, S. 215, 217–222.
124 Stein, Die deutsche Heeresrüstungspolitik, S. 370. Erst Anfang des 20. Jahrhunderts wurde die Entstehung von Adelsregimentern durch die alljährliche Zuteilung der Kadettenabiturienten und zum Teil auch durch Versetzungen von Offizieren abgebremst. Demeter, Das deutsche Offizierkorps, S. 32. Vgl. zum Adelsanteil auch Kap. I.1. Soziale Stellung der Offiziere in der Wilhelminischen Ära.
125 Meteling, Adel und Aristokratismus, S. 215.
126 Ebd., S. 288; Kroener, »Der starke Mann im Heimatkriegsgebiet«, S. 71.

Adel enger, unabhängig davon, ob die Offiziere selbst bürgerlich oder von Adel waren.[127]

Der aristokratische Offiziershabitus erfüllte zwei Funktionen. Zum einen wirkte er nach innen als Bindekraft und führten zu einer Assimilierung der bürgerlichen Offiziere. So wurde, als mit der Heeresvermehrung in Preußen die soziale Öffnung des Offizierskorps gezwungenermaßen erfolgte, der traditionelle, an den Werten der adeligen Gesellschaft orientierte Normenkodex der militärischen Elite der Friedensarmee auch bei dem bürgerlichen Offiziersersatz durchgesetzt.[128]

Zum anderen versah der aristokratische Offiziershabitus das Korps nach außen mit Glanz und Sozialprestige, zumal sich nach dem Sieg über Frankreich eine stetig zunehmende Akzeptanz der Armee in der öffentlichen Meinung zeigte.[129] So blieb das aristokratische Offiziersideal auch in der bürgerlichen Gesellschaft wirkungsmächtig, wenngleich es nach der Jahrhundertwende unter Druck geriet und durch die hohe Bedeutung des bürgerlichen Kulturmodells deutliche Erosionsspuren sichtbar wurden.

Der aristokratische Offiziershabitus, der nun von einem Teil des Offizierskorps erlernt werden musste, galt nach wie vor als garantiert, da die Bewerber nicht nur nach ihrer fachlichen Qualifikation, sondern auch aufgrund ihrer Herkunft und politischen Zuverlässigkeit ausgewählt wurden, was für die Anpassungsfähigkeit des bürgerlichen Nachwuchses an den alten »Esprit de Corps« sprach.[130] Hinzu kam, dass im preußisch-deutschen Offizierskorps stark auf eine Übereinstimmung von Individual- und Kollektivehre geachtet wurde und der in das Korps eintretende junge Mann einem

---

127 Rumschöttel, Das bayerische Offizierkorps 1866–1914, S. 209. Vgl. zur Beziehung zwischen Adel und Offizierskorps in den Mittelstaaten vor dem Kaiserreich Gahlen, Rolle und Bedeutung des Adels, S. 127-163.
128 Deist, Zur Geschichte des preußischen Offizierskorps. Derselbe Prozess wurde nicht nur bei den bürgerlichen Linienoffizieren, sondern auch bei den Reserveoffizieren Anfang des 20. Jahrhunderts beobachtet. Kehr, Zur Genesis des königlich-preußischen Reserveoffiziers, S. 55–63. Vgl. auch die Studie zu den Marineoffizieren von Herwig, The German Naval Officer Corps.
129 Siehe hierzu Kap. I.1. Soziale Stellung der Offiziere in der Wilhelminischen Ära.
130 Der Begriff »Esprit de Corps« war insbesondere in Preußen gebräuchlich und kennzeichnete den Geist eines Regiments-Offizierskorps, das seit der absolutistischen Heeresorganisation den eigentlichen Wirkungskreis des Offiziers darstellte. Als die preußischen Könige später versuchten, den »Esprit de Corps« vom einzelnen Regiment auf das gesamte Offizierskorps auszuweiten, hatten sie damit nur bedingten Erfolg. Wohlfeil, Die Beförderungsgrundsätze, S. 23f.; Bröckling, Disziplin, S. 177.

Assimilierungs- und Entindividualisierungsprozess unterzogen wurde.[131] Auf die Einhaltung des traditionellen Ehrenkodex und der sozialen Standespflichten, der militärischen Traditionen und eines einheitlichen Korpsgeistes wurde besonderes Gewicht gelegt. Einen schriftlich fixierten Ehrenkodex für Offiziere gab es nicht, so dass sich eine Analyse auf Dokumente wie Duellbestimmungen, Ratgeber und Ehrengerichtsurteile beschränken muss.[132] Neben der Sozialisation im Regiment spielten die Ehrengerichte und die Militärzeitschriften eine entscheidende Rolle. Insbesondere im »Militär-Wochenblatt«, in dem die kriegsministerialen Erlasse publiziert wurden, und im »Deutschen Offiziersblatt«, das vom »Deutschen Offiziersverein« herausgegeben wurde, wurden die spezifischen Standespflichten der Offiziere eingehend behandelt.[133] Erklärtes Ziel der Ehrengerichte war, den Kommandeuren ein Mittel der Erziehung in die Hand zu geben, um die geistige Homogenisierung des Offizierskorps zu befördern.[134]

Die Eigenständigkeit und Geschlossenheit des Offizierskorps erwiesen sich aufgrund dieser Maßnahmen als so groß, dass auch die Heeresvermehrungen im letzten Drittel des 19. Jahrhunderts, die zu einer deutlichen Anhebung des Bürgerlichenanteils führten, die politische Haltung und die Ehrvorstellungen des Korps nicht wesentlich veränderten.[135] Der Normenkodex des Offizierskorps sollte den Gruppenzusammenhalt festigen, diente aber auch als Instrument der Abschottung nach außen.[136] Die Regimentskommandeure überwachten den außerdienstlichen Verkehr der Offiziere streng. Der Besuch von Gaststätten war streng geregelt, und es wurde erwartet, dass der Offizier dem Kasino seines Regiments den Vorzug gab. Das Offizierskorps blieb in einem geschlossenen Raum, der sich an den Normen einer adeligen Gesellschaft ausrichtete, denen längst ihr Bezug zur Wirklichkeit abhandengekommen war. Hier waren abweichende Auffassungen und Verhaltensformen nicht erwünscht.[137]

---

131 Bröckling, Disziplin, S. 203f.
132 Papke, Offizierkorps und Anciennität, S. 182f.
133 Vgl. Geyer, The Past as Future, S. 192; Meteling, Adel und Aristokratismus, S. 219, 221.
134 Rumschöttel, Das bayerische Offizierkorps 1866–1914, S. 151.
135 Papke, Offizierkorps und Anciennität, S. 194.
136 Rumschöttel, Das bayerische Offizierkorps 1866–1918, S. 88.
137 Weder wurden die Spannungen in der wilhelminischen Gesellschaft wahrgenommen noch gab es einen Kontakt zur Lebenswelt des Großteils der Bevölkerung. Nur wenige Offiziere beteiligten sich am politischen und kulturellen Vereinsleben. Selbst in den Vorständen streng konservativer vaterländischer Vereine gab es keinen aktiven Offizier. Sich außerhalb des militärischen Dienstes einem Wahlverfahren zu unterwerfen, stand dem Standesbewusstsein entgegen. Auch ist die mehrheitlich ablehnende Haltung als Ausdruck

I. DER UMGANG IM KAISERREICH BIS 1914

Entsprechend dem aristokratischen Offiziersideal hatten nach wie vor bei Offiziersanwärtern eine gehobene soziale Herkunft und insbesondere das Adelsprädikat einen hohen Stellenwert, da dies nach zeitgenössischer Auffassung eine monarchische Haltung und ein hohes Maß an Erziehung und Bildung garantierte. Der »Ritter« war hier wesentlicher als der »Krieger« und die »edle Gesinnung« trat als wichtiger Wert neben die rein kämpferischen Qualitäten.[138] Allerdings wurden beide Konzepte manchmal auch verknüpft. Hugo Freiherr von Freytag-Loringhoven, Generalleutnant und Kommandeur der 22. Division, veröffentlichte noch kurz vor dem Krieg eine Abhandlung mit dem Titel »Die Grundbedingungen kriegerischen Erfolges. Beiträge zur Psychologie des Krieges im 19. und 20. Jahrhundert«.[139] Hierin ging er auf die für den kriegerischen Erfolg notwendigen Eigenschaften der Offiziere ein:

»Ist die geistige Förderung auf allen Gebieten, die unmittelbar oder mittelbar den soldatischen Beruf betreffen, im Hinblick auf die kriegerische Aufgabe von hoher Wichtigkeit, so steht doch die Heranbildung von Charakteren in erster Linie. In neuerer Zeit hat der Manschurische Feldzug[140] gezeigt, wie sehr der Krieg selbständige Charaktere, jugendfrische Männer fordert mit Nerven, die den Anforderungen tagelanger Kämpfe gewachsen sind [...].«[141]

Den Weg zu der geforderten Charakterfestigkeit, Frische und Nervenstärke bei Offizieren sah Freytag-Loringhoven nicht im Sport, sondern in »rein soldatischen Eigenschaften«, die auf dem Boden der »Pflicht« gedeihen würden.[142] Hieraus folgerte er: »Für die Heranbildung eines kriegstüchtigen Offizierkorps ist eine gute aristokratische Überlieferung von höchstem Wert. Mit sogenanntem Kastengeist hat das nichts zu tun [..].«[143]

---

einer gewissen Erziehung zur Ungeistigkeit zu verstehen. Kroener, »Der starke Mann im Heimatkriegsgebiet«, S. 100f.
138 Vgl. Funck/Malinowski, »Charakter ist alles!«, S. 71–92. Vgl. hierzu auch Meteling, Adel und Aristokratismus, S. 222.
139 Dessen Studie steht in einer Reihe mit anderen bekannten Militärautoren wie Fritz Hoenig, Colmar von der Goltz oder Karl Reisner von Lichtenstern, die sich in ihren Schriften in den Jahren vor dem Kriegsausbruch der Problematik widmeten, wie Soldaten trotz erhöhter Gefahr weiter zu einem Angriff zu bewegen seien. Lengwiler, Zwischen Klinik und Kaserne, S. 46. Siehe hierzu Kap. II.2.e. Drill und Willensgymnastik zur Steigerung der Spannkraft der Nerven.
140 Hier bezieht sich der Generalleutnant auf den Ersten Japanisch-Chinesischen Krieg von 1894–1895, der dazu führte, dass das Kaiserreich Japan Taiwan annektierte.
141 Freytag-Loringhoven, Die Grundbedingungen kriegerischen Erfolgs, 1914, S. 205.
142 Ebd.
143 Ebd.

Dass ein besonderer sozialer »Kastengeist« noch in den Vorkriegsjahren im preußisch-deutschen Offizierskorps herrschte, war ein gerade innerhalb der Sozialdemokratie häufig geäußerter Vorwurf, der sich aus dem Offiziershabitus ergab. Das Offizierskorps vertrat den Anspruch, den »Geist« der Armee zu verkörpern. Mehr als die funktionale Leistung galt das Bewusstsein der Offiziere, Angehörige einer »Regimentsritterschaft« zu sein, als der eigentliche Garant militärischer Leistungsfähigkeit.[144] Die Standespflichten zeugen von der Mentalität einer Gruppe, die sich nicht mehr in erster Linie als Teil der Armee betrachtete, sondern sich ausschließlich an sich selbst als einer herausgehobenen Gemeinschaft orientierte. Eine solche Ausrichtung sah die Armeeführung als die beste Garantie für die Bewahrung der Tugenden an, die nach ihrer Auffassung den eigentlichen Wert der Armee ausmachten.[145]

Mit dem Begriff der Standesehre verbanden sich seitens der Offiziere auf ritterliche Traditionen zurückgehende soziale Maßstäbe, denen ein Bezug zur Gegenwart weitgehend fehlte. Man ignorierte in dieser Sichtweise, dass viele bürgerliche Werte enthalten waren, dass in anderen Gesellschaften ganz andere Ehrvorstellungen bestanden und dass man den absoluten Gehorsam als ein neues, soldatisches Element aufgenommen hatte. Schließlich ist zu betonen, dass ein standeswidriges Verhalten unter Umständen straffrei bleiben konnte, wenn es nicht öffentlich bekannt geworden war.[146]

In Bezug auf die Lebensformen und Wertvorstellungen insgesamt fand allerdings sehr wohl ein Wandel statt. Ende des 19. Jahrhunderts spielten auch im Offizierskorps professionelles Leistungsdenken und materielle Leistungsfähigkeit und damit explizit bürgerliche Kategorien eine zunehmende Rolle.[147] Die soziale Ausweitung des Offizierskorps durch die Öffnung für breitere Schichten des Bürgertums im Zuge der wilhelminischen Heeresvergrößerungen führte dazu, dass bürgerliche Werte und Verhaltensweisen im Offizierskorps an Bedeutung gewannen. So verlor das adelig-ritterliche Offiziersideal seit den 1890er Jahren an Kontur, auch wenn der Trend zur Feudalisierung bürgerlicher Offiziere und »die Ritualisierungen und kulturellen Codes eines adelig-feudalen Selbstverständnisses« erhalten blieben, und in

---

144 Der Leitsatz: »Der Geist einer Armee sitzt in seinen Offiziers,« der Friedrich dem Großen zugeschrieben wird, legt anschaulich diese Anschauung dar. Kroener, Generationserfahrungen, S. 220. Vgl. hierzu auch Meteling, Adel und Aristokratismus, S. 238.
145 Messerschmidt, Die preußische Armee, S. 40f.
146 Rumschöttel, Das bayerische Offizierkorps 1866–1914, 1973, S. 203.
147 Kroener, Integrationsmilitarismus, bes. S. 95f., 100, 107.

bestimmten Regimentern nach wie vor Bürgerliche ausgeschlossen wurden.[148]

In den Vorkriegsjahren rückten neben dem traditionellen aristokratisch-ritterlichen Offiziersideal zwei weitere konkurrierende Offiziers- und Männlichkeitsmodelle in der deutschen Armee in den Vordergrund. Dies war zum einen die Idee des professionellen Offiziertums, zum anderen das Idealbild des männlich-martialischen Offiziers.

Die funktionale Ausdifferenzierung und technische Spezialisierung im Militär führten dazu, dass sich das Offizierskorps gerade in den Vorkriegsjahren durch professionelle Sachlichkeit, Affinität zu neuester Technik und Logistik wie auch durch modernes Führungsdenken auszeichnete, wie neuere Forschungen herausgearbeitet haben.[149] Und nicht zuletzt bewirkte die funktionale Ausdifferenzierung die Schaffung von Positionen, in denen nicht Nervenstärke, sondern vorrangig technisches Know-How gefragt war. Gerade die Offiziere im Großen Generalstab und in den technischen Einheiten waren durch ausgesprochenen Professionalismus und Leistungsorientierung geprägt.[150]

Durch die funktionale Differenzierung des Offizierskorps wurden seine Angehörigen fundamentalen Professionalisierungsprozessen unterworfen, wodurch häufig Unterschiede zwischen adeliger und bürgerlicher Herkunft beseitigt wurden. Adelige Traditionen und Verhaltensmuster dienten so vielfach vorrangig zur Ausformung einer eigenständigen militärischen Identität und zur Repräsentation und Identitätsstiftung einer neuen Elite.[151]

---

148 Ebd., S. 96. Parallel ist zu beachten, dass die neuere Forschung zum Bürgertum die These von der Feudalisierung des deutschen Bürgertums systematisch widerlegt hat (auch wenn sie den militärischen Bereich wenig beachtet hat) und stattdessen die Vielfältigkeit des Bürgertums und die große Bedeutung des bürgerlichen Kulturmodells hervorhebt. Funck, Militär, Krieg und Gesellschaft, S. 172.
149 Vgl. Geyer, The Past as Future, S. 193; fortgeführt für die Weimarer Zeit: Geyer, Professionals and Junkers; Funck, Schock und Chance. Vgl. hierzu auch Meteling, Adel und Aristokratismus, S. 216, 221.
150 Vgl. hierzu ausführlich Förster, Der doppelte Militarismus; Geyer, The Past as Future; zus. Meteling, Adel und Aristokratismus, S. 215.
151 Bei älteren Interpretationen, die dem Offizierskorps Professionalismus absprachen, wirkte das Zerrbild des preußischen Junkers oder des preußischen Leutnants nach. Siehe hierzu die Problemaufrisse von Funck, Schock und Chance, S. 127–137 und Stoneman, Bürgerliche und adlige Krieger, S. 25–27 mit der dort angegebenen Literatur. Siehe daneben Geyer, The Past as Future; Meteling, Adel und Aristokratismus, S. 215; Kroener, Integrationsmilitarismus, S. 98–101; Reif, Einleitung, S. 9.

Hinzu kam als drittes Ideal der recht junge Entwurf des männlich-martialischen Offiziers. Ihn proklamierten in den Jahren vor Kriegsausbruch insbesondere nationale Wehrverbände und andere Vertreter der radikalen Rechten, die in der Wehrgemeinschaft die Volksgemeinschaft verkörpert sahen.[152] Der Entwurf zeigte schon Ansätze der aggressiven Frontkämpfer- und Führerideologie der 1920er Jahre.[153] Dabei wurde der »Krieger« zum Offiziersideal erhoben,[154] dessen Leitwerte »Härte, Ausdauer, Dienst und Pflicht« lauteten.[155] Innerhalb des Korps und in der zivilen Gesellschaft stieß das Leitbild des »Kriegers« auf breite Zustimmung.[156]

In diesem Leitbild war eine nervenstarke Konstitution des Offiziers wesentlich. Denn im Hinblick auf einen zukünftigen Krieg galten Selbstbeherrschung, Affektkontrolle, Nervenstärke und ein energischer Wille als unabdingbare Führungsqualitäten der Offiziere.[157] Auch die Tatsache, dass das Thema Nerven seit Beginn des 20. Jahrhunderts in den deutschen Kriegsdebatten vielfach behandelt wurde, spielte eine wichtige Rolle. In Politik, Öffentlichkeit, Militär und Wissenschaft wurde darüber diskutiert, wie sehr ein zukünftiger Krieg die Nerven der deutschen Bevölkerung und insbesondere die der deutschen Soldaten belasten würde.[158] In der zeitgenössischen politischen Rhetorik galt bereits vor dem Ersten Weltkrieg Nervenstärke als kriegsentscheidend.[159] 1910 hielt der deutsche Kaiser, der unter seinen

---

[152] Stein, Die deutsche Heeresrüstungspolitik, S. 370; Radkau, Nationalismus und Nervosität, S. 314f. Hier handelte es sich um ein europäisches Phänomen. Die europäischen Männlichkeitskonzeptionen in der Moderne wurden vielfach analysiert. Vgl. z.B. Mosse, The Image of Man; Frevert, Die kasernierte Nation, S. 170–199; Hofer, Nervenschwäche und Krieg, S. 226–231.
[153] Siehe hierzu Kap. V.2.f. Das Selbstbild psychisch versehrter Offiziere in der Weimarer Republik.
[154] Vgl. Funck/Malinowski, »Charakter ist alles!« S. 71–92. Vgl. hierzu auch Meteling, Adel und Aristokratismus, S. 222.
[155] Funck, Bereit zum Krieg?, S. 84. Vgl. hierzu auch Meteling, Adel und Aristokratismus, S. 222.
[156] Vgl. zu den Männlichkeitsidealen im Deutschen Kaiserreich Goltermann, Körper der Nation, bes. S. 290, 324.
[157] Radkau, Zeitalter der Nervosität, S. 389, 391; Frevert, Das Militär als »Schule der Männlichkeit«, S. 159. Zum Willenskult in der deutschen Armee siehe Breymayer/Ulrich/Wieland (Hrsg.), Willensmenschen. Vgl. hierzu auch Hofer, Nervenschwäche und Krieg, S. 176, 178.
[158] Siehe hierzu ausführlich Gahlen/Gnosa/Janz (Hrsg.), Nerven und Krieg.
[159] Ulrich, Nerven und Krieg, S. 164.

Gegnern als die Verkörperung der Nervenschwäche galt,[160] an der Marineschule Flensburg-Mürwick eine Rede, aus der in den Folgejahren oftmals zitiert wurde. In dieser mahnte er im Jargon der Nervenärzte an: »Der nächste Krieg und die nächste Seeschlacht fordern gesunde Nerven von Ihnen.«[161] Er sprach davon, dass der kommende Krieg durch Nerven entschieden werde, wobei er den Ausdruck »eiserne Nerven« im vorgefertigten Manuskript durch »stahlharte« ersetzte.[162]

Im Offizierskorps der Vorkriegszeit wurde neben den Kriegsdebatten der Entwurf des männlich-martialischen Krieges insbesondere in den Rechtfertigungen des Duells ersichtlich. Offiziere hoben immer wieder hervor, dass die »Nervenprobe« im Duell eine gute Kriegsvorbereitung sei.[163] Die breite Akzeptanz und Pflege des Duells trotz des offiziellen Verbots wurde im Offizierskorps nicht allein aus dem damit verbundenen sozialen Zeichencharakter erklärt, sondern auch aus dem Bedürfnis, Mut und Stärke, wenngleich in geordneten Formen, zu demonstrieren.[164] Das Duell wurde als »ein Krieg en miniature zwischen zwei einzelnen Menschen«[165] aufgefasst. Im Zweikampf brachten die Kontrahenten die innere Bereitschaft auf, ihr Leben für die Ehre einzusetzen.[166] Die besondere Affinität des Duells zum soldatischen Charakter taucht bei dessen Rechtfertigung immer wieder auf. Dieser zeichne sich durch Entschlusskraft, Mut und Todesverachtung aus. Ein Offizier, der diese Eigenschaften vermissen lasse, habe seinen Beruf verfehlt. Nur mit diesen Charaktermerkmalen könne ein Offizier der Mannschaft im Krieg ein Vorbild sein.[167]

Trotz der hohen Bedeutung der Nervendiskurse in den Jahren vor 1914 ist festzuhalten, dass das Selbstverständnis der militärischen Führer in Deutschland durch alle drei Offiziersentwürfe geprägt wurde, bei denen nur

---

160 Viele der Entscheidungen Wilhelms II. lassen sich dahingehend erklären, dass er bestrebt war, den Verdacht der Nervenschwäche zu entkräften. Dies galt insbesondere für seine Entscheidung 1914 in der Julikrise, den Kriegstreibern nachzugeben. Radkau, Zeitalter der Nervosität, S. 394–397.
161 Zitiert nach Ulrich, Nerven und Krieg, S. 164. Vgl. hierzu auch Neuner, Politik und Psychiatrie, S.48.
162 Radkau, Zeitalter der Nervosität, S. 405; Kaufmann, Kriegführung im Zeitalter technischer Systeme, S. 364.
163 Frevert, Ehrenmänner, S. 195, Hofer, Nervenschwäche und Krieg, S. 176.
164 Vgl. hierzu mit ähnlichen Überlegungen zur Studentenschaft Frevert, Ehrenmänner, S. 139.
165 Rumschöttel, Das bayerische Offizierkorps 1866–1914, 1973, S. 162.
166 Ebd., S. 203f.
167 Frevert, Ehrenmänner, S. 99.

in einem Fall der Nervenstärke eine entscheidende Bedeutung eingeräumt wurde. Alle drei Offiziersideale waren in den Vorkriegsjahren präsent und je nachdem, in welcher Einheit und in welcher Funktion ein Offizier diente, unterschiedlich wirkungsmächtig.[168] Erleichternd hierfür wirkte, dass sie sich in weiten Strecken nicht ausschlossen, sondern lediglich unterschiedliche Schwerpunkte setzten. Zum Beispiel wurde im wilhelminischen Offizierskorps ein professioneller Arbeitsalltag, der sich den modernen, technisch-industriellen Erfordernissen stellte, durch die öffentlich dargebotene Neoaristokratisierung nicht gehemmt, sondern eher befördert, da er das Korps mit einem hohen Sozialprestige versah und den inneren Zusammenhalt verstärkte. Auch im Tugendkanon des Offiziers zeigen sich alle drei Entwürfe. So verkörperte der Offizier »edle Gesinnung«, Selbstbeherrschung und energischen Willen.[169]

Hinzu kam, dass soziale Kriterien, Bildung und technisches Können großgeschrieben wurden – alles Eigenschaften, die nicht vorrangig die Führungsstärke im Kampf betrafen. Und schließlich herrschte im preußisch-deutschen Offizierskorps unabhängig von den Offiziersidealen ein ständisch-elitäres Korpsverständnis, welches im preußischen Fall bis ins 18. Jahrhundert zurückreicht.[170] Dieser männerbündische Geist, besonders im Regiments-Offizierskorps, welches den eigentlichen Wirkungskreis des Offiziers darstellte und in dem ein einheitlicher »Esprit de Corps« vorherrschen sollte, führte dazu, dass Schwächen von Offizieren bis zu einem gewissen Grad von der Gemeinschaft getragen und ausgeglichen wurden, was die

---

168 Geyer, Professionals and Junkers 193. Vgl. hierzu auch Meteling, Adel und Aristokratismus, S. 221f.
169 Hofer, Nervenschwäche und Krieg, S. 176, 178, 229f.; Radkau, Zeitalter der Nervosität, S. 389, 391; Frevert, Das Militär als »Schule der Männlichkeit«, S. 159. Zum Willenskult in der deutschen Armee siehe Breymayer/Ulrich/Wieland (Hrsg.), Willensmenschen. Vgl. zu den Männlichkeitsidealen im Deutschen Kaiserreich Goltermann, Körper der Nation, bes. S. 290, 324.
170 Hingegen war z.B. in Bayern noch zur Zeit des Deutschen Bundes der Korpsgeist der Regimenter sehr viel geringer ausgeprägt, da hier die in Preußen traditionellen Formen der Offiziersrekrutierung und -beförderung (Offiziersbewerbung, Offizierswahl und Regimentsavancement) nicht praktiziert wurden. Hier wurde seit 1823 innerhalb der Waffengattung und nicht innerhalb des Regiments befördert. Zudem hatten die Regimenter bei der Rekrutierung des Offiziersnachwuchses nur eingeschränkten Einfluss. Die aufgeführten Formen der Offiziersrekrutierung und -beförderung lassen sich also in Bezug auf das deutsche Offizierskorps nur bedingt für alle Kontingente als über Jahrhunderte gültige Formen betrachten. In Bayern wurden sie im Kaiserreich eingeführt und führten in der Folge zu einem bisher unbekannten Maß an Homogenisierung, Erziehung, Reglementierung und Assimilierung. Gahlen, Das bayerische Offizierskorps 1815–1866.

einzelnen Mitglieder des Korps vor Kritik von außen schützte. Dies betraf sowohl die Geheimhaltung von Makeln gegenüber den Mannschaftssoldaten und Unteroffizieren als auch gegenüber der zivilen Gesellschaft.[171]

Schließlich ist noch hervorzuheben, dass die Messlatte für den Zugang zur aktiven Offizierslaufbahn in Bezug auf die psychische Konstitution deutlich höher angesetzt war als bei der Reserveoffizierslaufbahn. Ein Beispiel dafür ist Karl D., der im Ersten Weltkrieg wegen psychischer Leiden ins Lazarett musste und sein Leben lang an Nervosität litt. Er wurde am 12. Februar 1887 geboren und trat am 1. Juli 1907 ins bayerische Militär ein. Er wollte eigentlich die aktive Offizierslaufbahn einschlagen, doch reichte er 1908 seine Bitte um Versetzung zur Reserve ein. Der Grund war, wie seine militärischen Vorgesetzten mitteilten, seine nur geringe Aussicht, den Kriegsschulkurs zu bestehen. Seine Beurteilung in der Kriegsschule von 1908 lautete:

»Geistig nicht besonders beanlagt; seine Auffassungsgabe und seine Urteilskraft ließ zu wünschen übrig [...] seine wissenschaftlichen Leistungen litten unter seinem nervösen Wesen [...] Körperlich ist er schwächlich und wenig gewandt [...].«

Ansonsten wurde er im Befürwortungsschreiben zum Übertritt in die Reserve von seinen Vorgesetzten aber als pflichttreu, fleißig und liebenswert eingeschätzt und als würdig, in der Reserve als Offizier-Aspirant zu dienen.[172]

3. Erklärungsversuche von psychischen Erkrankungen bei Offizieren und Konsequenzen

An welchen psychischen Leiden erkrankten Offiziere vor 1914? Wie wurden diese erklärt, endogen oder exogen? Und wie ging man mit Offizieren um, die psychische Leiden entwickelten?

Bereits vor dem Ersten Weltkrieg waren psychische Krankheiten bei Offizieren und Mannschaftssoldaten nach der damaligen ärztlichen Meinung im Vergleich zur Zivilbevölkerung überproportional verbreitet. Die Nerven-

---

171 Papke, Offizierkorps und Anciennität, S. 194; Rumschöttel, Das bayerische Offizierkorps 1914–1918, S. 94; Rumschöttel, Das bayerische Offizierkorps 1866–1914, 1973, S. 203.
172 BayHStA-KA OP 887 Karl D., Beurteilung der Kriegsschule, 1908.

ärzte erklärten diesen Befund mit der pathogenen Wirkung des Militär- und Kriegsdienstes.

a. Die psychische Belastung durch Militärdienst und Kriegsdienst

Obwohl die Nervenärzte um 1900 die Gelegenheit zu reichlich sportlicher Betätigung an der frischen Luft häufig priesen, beschrieben sie den Militärdienst insgesamt als eine enorme Belastung für die Psyche. Schließlich müssten die Rekruten mit einer Fülle neuer Eindrücke und Anforderungen umgehen und seien zur Unterordnung gezwungen. Den Militärapparat mit seinem Subordinationswesen, verbunden mit Animositäten im Kader, sahen sie als Brutstätte psychischer Konflikte an. Geisteskrankheiten könnten insbesondere in den Fällen befördert werden, in denen bereits eine Veranlagung zur Geisteskrankheit bestehe.[173]

Diese Sicht war im gesamten 19. Jahrhundert so verbreitet, dass sie durchgängig von Richard von Krafft-Ebing bis Emil Kraepelin in die zeitgenössischen psychiatrischen Handbücher einging.[174] Auch in den bereits aufgeführten »Anhaltspunkten zur Beurteilung geisteskranker Heeresangehöriger« von 1908 tritt diese Sichtweise zutage.[175]

Während allerdings in der ersten Hälfte des 19. Jahrhunderts der Dienst im Militär häufig als Hauptursache von psychischen Erkrankungen gesehen wurde, wurden nachfolgend vorrangig die auslösenden Begleitumstände aufgeführt. Dies galt in besonderem Maße für die konstatierte psychische Belastung, der die Offiziere ausgesetzt waren.[176] Für diese Sichtweise steht beispielsweise Theodor Ziehen, der in seinem Lehrbuch von 1894 schrieb, dass im Offizierskorps ein hoher Anteil an psychisch Kranken sei. Der Beruf und die soziale Lage des Offizierskorps seien hierbei zwar nicht die ausschließliche Ursache, aber sie würden in verschiedener Weise schädlich wirken:

»So ist z. B. erfahrungsgemäss der Beruf des Offiziers psychischen Erkrankungen in besonderem Masse ausgesetzt, insofern Alkoholmissbrauch, sexuelle Excesse,

---

173 Lemmens, Zur Entwicklung der Militärpsychiatrie, S. 37; Schaffellner, Unvernunft und Kriegsmoral, S. 45.
174 Krafft-Ebing, Lehrbuch der Psychiatrie; Kraepelin, Psychiatrie. Generell zur Psychiatrie im 19. Jahrhundert siehe Roelcke/Engstrom (Hrsg.), Psychiatrie im 19. Jahrhundert.
175 Anhaltspunkte zur Beurteilung... geisteskranker Heeresangehöriger vom 22. Februar 1908. (Beratungsergebnisse aus der Sitzung des Wissenschaftlichen Senats bei der Kaiser-Wilhelm-Akademie Berlin vom 22. Februar 1908).
176 Radkau, Zeitalter der Nervosität, S. 402.

körperliche und geistige Anstrengungen, Syphilis und Gemüthsbewegungen bei diesem Stand sehr häufig zusammentreffen.«[177]

Otto Mönkemüller führte 1913 die folgenden ungünstigen Faktoren des Berufsalltags der Offiziere an:

»stete Wiederholung des Kleindienstes in seiner drückenden Einförmigkeit, die Gelegenheit zu Exzessen in Baccho et Venere, die Eigenart der gesellschaftlichen Formen [und] das eintönige und geistig so ausserordentlich wenig anregende Leben in kleinen Garnisonen.«[178]

Ein Beispiel für die Ansicht von der pathogenen Wirkung des Militärdienstes im Allgemeinen bieten auch die Ausführungen Richard von Krafft-Ebings in seinem »Lehrbuch für Psychiatrie«, das im Jahre 1879 erstmalig erschien:

»Beim Militär sind psychische Erkrankungen häufiger als bei der Civilbevölkerung. Heimweh, schlechte Ernährung, Onanie, körperliche Überanstrengung, brutale Behandlung seitens Vorgesetzter sind bei der Mannschaft ätiologisch wirksam. [...] Noch bedeutender ist die Ziffer der psychischen Erkrankungen durch Häufung von Schädlichkeiten beim Soldaten im Kriege.«[179]

Speziell zu den Offizieren bemerkte er:

»Bei den Offizieren müssen Exzesse aller Art mit Unfähigkeit bei dem strammen Dienst nach den Debauchen[180] sich zu restauriren, Ehelosigkeit, Zurücksetzungen, Kränkungen im Dienst, die bei der strengen Disziplin heruntergewürgt werden müssen, zur Erklärung der grösseren Morbidität herangezogen werden.«[181]

Die von Ziehen, Monkemüller und Krafft-Ebing aufgeführten Gründe für die besondere Anfälligkeit der Offiziere für psychische Erkrankungen überschneiden sich vielfach und lassen sich vor allem in drei Argumente aufteilen. Erstens sei der Offiziersberuf vorrangig mit einem ausschweifenden Leben nach dem Dienst verbunden, das in Kombination mit dem straffen Dienst zu allgemeiner Überanstrengung und oft auch zu Alkoholismus führe. So stellte Krafft-Ebing in seinem Kapitel über den »Alkoholismus

---

177 Ziehen, Psychiatrie, 1894, S. 210f. Vgl. hierzu auch Lengwiler, Zwischen Klinik und Kaserne, S. 68.
178 Mönkemüller, Die erworbenen Geistesstörungen des Soldatenstandes, S. 137. Vgl. auch Schaar, Wahrnehmungen des Weltkrieges, S. 180.
179 Krafft-Ebing, Lehrbuch der Psychiatrie, Bd. 1, S. 150. Vgl. hierzu auch Lengwiler, Zwischen Klinik und Kaserne, S. 68.
180 Bedeutung: ausschweifender Lebenswandel.
181 Krafft-Ebing, Lehrbuch der Psychiatrie, Bd. 1, S. 150. Vgl. hierzu auch Lengwiler, Zwischen Klinik und Kaserne, S. 68.

chronicus« hier verschiedene Fallgeschichten von Offizieren als typische Beispiele vor.[182] Dass die Ärzte in der Vorkriegszeit die ungesunde Lebensweise vieler Offiziere durch zu viel Alkohol, oft auch durch Zigaretten oder Kaffee, als Ursache für die Ausbildung psychischer Leiden in fachlichen Schriften offen benannten, spricht dafür, dass Ärzte hier ihren medizinischen Blick und ihre Beobachtung, dass Offiziere sehr viel leichter als Mannschaftssoldaten an diese Dinge kamen, über soziale Rücksichtnahmen stellten.

Zweitens wurde die Ehelosigkeit angeführt, durch die dem Offizier nach Ansicht von Krafft-Ebing ein wesentlicher psychischer Halt fehle. Theodor Ziehen problematisierte hingegen vor allem die Folgen sexueller Ausschweifungen, vermehrte Syphilis-Infektionen und damit in Zusammenhang stehende Späterkrankungen wie die progressive Paralyse.[183] Dafür, dass Krafft-Ebing auch diese im Blick hatte, spricht, dass er an anderer Stelle den Fall eines Stabsoffiziers als paradigmatisches Beispiel für die klassische Form der progressiven Paralyse anführte.[184] Auch Mönkemöller nannte die progressive Paralyse als häufige Erkrankung bei Offizieren.[185]

Und drittens wurde die besondere psychische Anspannung des Offiziers aufgrund der strikten militärischen Hierarchie betont, die kein menschliches Miteinander auf Augenhöhe und kein offenes Ausleben von Auseinandersetzungen und Konflikten zuließ. Gerade der letzte Punkt wurde immer wieder auch in Zeitschriftenartikeln von Ärzten vor 1914 hervorgehoben und als Hauptursache für die hohe Zahl von psychischen Leiden bei Offizieren vor 1914 angesehen. Neurasthenie lautete dann die gängige ärztliche Diagnose.[186]

Ein weiterer Konsens unter den Nervenärzten um 1900 war, dass die krankmachende Wirkung des Militärdienstes im Krieg potenziert werde.

---

182 Krafft-Ebing, Lehrbuch der Psychiatrie, Bd. 3, S. 185–187. Vgl. hierzu auch Lengwiler, Zwischen Klinik und Kaserne, S. 68.
183 Die Diagnose Progressive Paralyse bezeichnete das Spätstadium einer nicht therapierten oder nicht geheilten Syphiliserkrankung, in der sich eine fortschreitende Demenz des Kranken zeigt. Weitere typische Symptome der Erkrankung waren Wahnvorstellungen und Persönlichkeitsstörungen. Vgl. Bangen, Geschichte der medikamentösen Therapie der Schizophrenie, S. 32; Rauh, Von Verdun nach Grafeneck, S. 74.
184 Krafft-Ebing, Lehrbuch der Psychiatrie, Bd. 3, S. 154f. Vgl. hierzu auch Lengwiler, Zwischen Klinik und Kaserne, S. 68.
185 Mönkemöller, Die erworbenen Geistesstörungen des Soldatenstandes, S. 138f.
186 Siehe hierzu mit Quellenangaben Hofer, Nervenschwäche und Krieg, S. 32, 174. Vgl. zur Neurasthenie auch Kap. I.3.b. Die Moderne als Ursache psychischer Leiden: Neurasthenie und Degenerationsvorstellungen.

Bereits im amerikanischen Bürgerkrieg (1861–1865) und im deutsch-französischen Krieg von 1870/71 war den Militärärzten die Vielzahl an Soldaten mit psychischen Erkrankungen aufgefallen. Der 1885 erschienene Sanitätsbericht über den Krieg von 1870/71 enthielt erstmalig einen eigenen Band über psychische Leiden.[187] Der Sanitätsbericht dokumentierte eine mäßige Zunahme von Geisteskranken während des Krieges[188] und einen deutlichen Anstieg an psychischen Störungen nach dem Krieg.[189] Die Soldaten seien durch die ständigen Aufregungen während des Krieges seelisch zermürbt, reizbar, mutlos und hypochondrisch geworden. Nach Kriegsende behielten viele diese psychischen Leiden bei, manche kamen ins Irrenhaus.[190]

Gerade bei Offizieren waren 1870/71 häufig psychische Störungen beobachtet worden, die auch langfristige Beeinträchtigungen zur Folge hatten.[191] So konstatierte 1907 eine medizinische Abhandlung, dass es in der medizinischen Literatur zahlreiche Hinweise gebe, »dass nach dem 1870er Kriege massenhaft traumatische Neurosen von Offizieren in den Bädern behandelt wurden.«[192]

Die psychischen Versehrungen im deutsch-französischen Krieg von 1870/71 führten im deutschen Militär bei der »Obersten Leitung des Militärsanitätswesens« dazu, dass sie eine Reihe von Maßnahmen zur Entwicklung und Förderung der Militärpsychiatrie anordnete. Zum Beispiel wurde als Folge des Krieges von 1870/71 im Jahre 1872 bestimmt, dass Studenten der Militärmedizin am Medizinisch-Chirurgischen Friedrich-Wilhelms-Institut[193] in Berlin verpflichtet wurden, an der Psychiatrischen Klinik der Charité Erfahrungen zu sammeln. Zudem zählte zu den sich seit den

---

187 Sanitäts-Bericht über die deutschen Heere im Kriege gegen Frankreich 1870/71, Bd. 7.
188 So wurden 316 Soldaten zwischen Juli 1870 und Juni 1871 wegen »Geistesstörung« in Lazaretten aufgenommen. Vgl. hierzu auch Lengwiler, Zwischen Klinik und Kaserne, S. 165.
189 Vgl. zum direkt nach dem Krieg einsetzenden Diskurs über die psychischen Spätfolgen des Krieges auch Jolly, Klinische Mitteilungen über einige in Folge des Feldzugs von 1870/71 entstandenen Psychosen, S.442–466; Fröhlich, Einige Bemerkungen über die geisteskranken Invaliden des Krieges 1870/71, S. 269–272 u. 503f.
190 Gustav Specht interpretierte 1913 die im Sanitätsbericht beschriebenen Beschwerden der Soldaten als so schwerwiegend, dass er sie klar von der Neurasthenie abgrenzte. Specht, Krieg und Geistesstörung, S. 8. Vgl. hierzu auch Ude-Koeller, Zum Konzept von »Krieg und Geistesstörung« bei Gustav Specht, S. 90.
191 So finden sich im Sanitäts-Bericht viele Fallstudien über Offiziere. Sanitäts-Bericht über die deutschen Heere im Kriege gegen Frankreich 1870/71, Bd. 7.
192 Verhandlungen des Kongresses für Innere Medizin, S. 119.
193 Nachfolger des 1808 gegründeten Medizinisch-Chirurgischen Friedrich-Wilhelms-Institut wurde 1895 die Kaiser-Wilhelm-Akademie.

Einigungskriegen herausbildenden militärmedizinischen Einzeldisziplinen auch bald die Psychiatrie, die bis 1914 kontinuierlich ausgebaut wurde. Neben den Kriegserfahrungen von 1870/71 beförderte den Aufbau der Militärpsychiatrie im Deutschen Reich, dass seitdem die Größe der Armee deutlich zunahm. Parallel zur Verdoppelung des Friedensheeres von 1875 bis 1914 und der Versechsfachung der Kriegsstärke von Feld- und Besatzungsheer wurde das Sanitätswesen ausgebaut und damit auch die Militärpsychiatrie vergrößert.[194]

Die internationale psychiatrische Diskussion über die psychischen Störungen der Soldaten von 1870/71 war davon bestimmt, dass diese dem viel diskutierten Phänomen des »Railway spine« auffallend ähnelten. Dieses Phänomen hatte sich bei Überlebenden und Zeugen der ersten Eisenbahnunfälle in Amerika gezeigt, die auch in den Fällen, in denen sie selbst nur leicht verletzt wurden oder lediglich als Zeugen beteiligt waren, langanhaltende diffuse Symptome zeigten, die mitunter erst Tage oder Wochen nach dem Ereignis auftraten. Dabei handelte es sich um Konzentrations-, Schlaf- und Wahrnehmungsstörungen bis hin zu Schwindel und Schmerzen. Erste wissenschaftliche Beobachtungen hierzu hatte der Amerikaner John Eric Erichsen im Jahre 1866 angestellt und die psychischen Erscheinungen als »Railway spine« beschrieben. Er ging davon aus, dass ein ätiologischer Zusammenhang zwischen äußerem »Trauma«[195] und psychischen Störungen bestand. Die Ursache für die psychischen Störungen sah er in einer Verletzung des Rückgrates (»spine«) durch winzige Eisensplitter.[196]

Anknüpfend an die Theorie des »Railway spine« entwickelte Hermann Oppenheim (1857–1919)[197] 1889 die Theorie der »Traumatischen Neu-

---

194 Lemmens, Zur Entwicklung der Militärpsychiatrie, S. 35.
195 Ursprünglich bedeutete Trauma eine körperliche Verletzung. Der Begriff leitete sich von dem altgriechischen Wort für Wunde ab. Erst seit 1900 verwendeten Ärzte den Begriff auch für psychische Erschütterungen. Zur Begriffsgeschichte des Traumas vgl. Fischer-Homberger, Haut und Trauma, S. 57–83. Vgl. hierzu auch Neuner, Politik und Psychiatrie, S. 15.
196 Erichsen, On railway and other injuries of the nervous system. Vgl. hierzu auch Fischer-Homberger, Railway Spine und traumatische Neurose, S. 96–111; Harrington, The Railway Accident, S. 31–56. Zus. Fischer-Homberger, Zur Medizingeschichte des Traumas, S. 266.
197 Oppenheim war von 1883 bis 1891 Assistent an der Nervenklinik der Berliner Charité und leitete nachfolgend eine Privatklinik in Berlin. 1912 gründete er die Gesellschaft Deutscher Nervenärzte, deren Präsident er bis 1916 war. Bewermeyer (Hrsg.), Hermann Oppenheim; Pech, Hermann Oppenheim.

rose«.¹⁹⁸ Hierin ging er auch von einem ätiologischen Zusammenhang zwischen äußerem »Trauma« und dem Ausbruch einer seelischen Erkrankung aus. Seine Theorie lautete, dass die psychischen Störungen durch eine Schreck- und Schockwirkung außergewöhnlicher Affekte hervorgerufen werden konnten. Dies schloss auch eine organische Natur der Symptome in dem Sinne nicht aus, dass kleinste Läsionen im zentralen Nervensystem die psychischen Störungen auslösen konnten, die aber anatomisch-pathologisch als physische Verletzung des Nervensystems nicht nachweisbar seien.¹⁹⁹

Die Theorien des »Railway spine« und der Traumatischen Neurose zogen sozialpolitische Forderungen nach sich. Aufgrund der jeweils angenommenen Kausalbeziehung zwischen Erlebnis und Erkrankung kam der Anspruch auf, dass die psychischen Schädigungen durch den Verursacher zu kompensieren waren. Zivilrechtliche Entschädigungsprozesse folgten, welche das Haftpflichtgesetz regelte. Aufgrund der in den 1880er Jahren eingeführten gesetzlichen Unfall- und Rentenversicherung beschäftigte die Traumatische Neurose auch die deutsche Sozialversicherungsrechtsprechung und führte dazu, dass bei Unfällen vor 1914 häufig Entschädigungsansprüche von den Unfallversicherungen anerkannt wurden.²⁰⁰

Oppenheims Theorie war allerdings unter den Neuropsychiatern nicht unumstritten. Ihre Kritiker lehnten die Theorie der psychischen Folgen traumatischer Erlebnisse auch aus Sorge vor sozialen Entschädigungsverpflichtungen ab.²⁰¹ So sei die Traumatische Neurose »doch zumindest für Lügner und Simulanten eine willkommene Möglichkeit, leicht in den Genuss von

---

198 Oppenheim, Die traumatischen Neurosen, S. 123–127. Siehe hierzu auch seinen Beitrag von 1896: Oppenheim, Der Fall N.
199 Fischer-Hombergers detaillierte Studie ist immer noch einschlägig für die Geschichte der »traumatischen Neurose«: Fischer-Homberger, Die traumatische Neurose, S. 11–169. Siehe daneben Lerner, From Traumatic Neurosis to Male Hysteria S. 140–171; ders., »Nieder mit der traumatischen Neurose, hoch der Hysterie«, S. 16–22; Weber, Erschütterte Nerven, S. 205–213. Die Entwicklung bis zum Ersten Weltkrieg skizziert Schmiedebach, Sozialdarwinismus, Biologismus, Pazifismus, S. 93–121.
200 Bereits im Erscheinungsjahr von Oppenheims Arbeit 1889 erkannte man einen Fall von »traumatischer Neurose« erstmals als entschädigungspflichtig an, sodass eine Rente ausgezahlt wurde. Die sozialrechtliche Entschädigung von Neurosen vor dem Ersten Weltkrieg durch das Reichsversicherungsamt und das Reichsgericht beschreiben Paul Lerner und Stephanie Neuner: Lerner, Hysterical Men, S. 32; Neuner, Politik und Psychiatrie, S.16, 56.
201 Zimmermann u. a., Psychogene Störungen bei deutschen Soldaten des Ersten und Zweiten Weltkrieges, S. 96.

Renten und Entschädigungszahlungen zu kommen«.[202] Schließlich lasse sich ein Leiden ohne klinisch verifizierbare Ursache allzu leicht simulieren.[203]

Die Theorie der Traumatischen Neurose erwies sich gerade im Kontext der psychischen Störungen, die im Krieg auftraten, als sehr einflussreich. Hier wurde sie in der psychiatrischen Diskussion häufig als Erklärung verwendet. Dies galt im Rückblick für den Krieg von 1870/71, besonders aber für die psychischen Störungen von Soldaten während der deutschen ostasiatischen Expedition 1900/01, als der sogenannte Boxeraufstand niedergeschlagen wurde. Die damals auftretenden psychischen Erkrankungen wurden von der deutschen Sanitätsführung ausgiebig ausgewertet und waren wiederum auch Gegenstand von Debatten in der internationalen Psychiatrie. Hinzu kam die Analyse von Kriegserfahrungen ausländischer Heere, wobei insbesondere die englischen Kriegserfahrungen im Burenkrieg (1899–1902) und die russischen Kriegserfahrungen im Russisch-Japanischen Krieg (1904/05) häufig behandelt wurden. Das Konzept der Traumatischen Neurose bildete in Deutschland nun die vorrangige Erklärung.[204]

Dennoch erhielt Oppenheims Traumatische Neurose bereits zeitgenössisch deutliche Konkurrenz durch das auch in Deutschland einflussreiche Modell der »névrose hystéro-traumatique«, welches vom französischen Nervenarzt Jean-Martin Charcot (1825–1893) aufgestellt wurde. Charcot entwickelte eine Theorie der rein »psychogenen« Verursachung posttraumatischer

---

202 Zitiert nach Riedesser/Verderber, »Maschinengewehre hinter der Front«, S. 29.
203 Holdorff, Der Kampf um die »traumatische Neurose« 1889–1916, S. 213–238.
204 Lemmens, Zur Entwicklung der Militärpsychiatrie, S. 44. Insbesondere das russische Sanitätswesen im kurzen Russisch-Japanischen Krieg galt der deutschen Psychiatrie vor 1914 als Beginn einer effizienten psychiatrischen Versorgung im Krieg, da hier erstmalig Militärpsychiater an der Front eingesetzt waren. Die ganze europäische Militärpsychiatrie schaute damals auf die russischen Psychiater. Gustav Specht urteilte 1913, dass es hier erstmalig in der Kriegsgeschichte gelungen sei, den psychiatrischen Aufgaben im Krieg gerecht zu werden und die Geisteskranken allen anderen Kranken gleichzustellen. Specht, Krieg und Geisteskrankheit, S. 10. Vgl. hierzu auch Ude-Koeller, Zum Konzept von »Krieg und Geistesstörung« bei Gustav Specht, S. 90f. In Bezug auf den Russisch-Japanischen Krieg hatte der russische Psychiater Piotr Awtokratow Untersuchungen über psychische Störungen bei Kriegsteilnehmern angestellt, die in Deutschland wie auch international mit großem Interesse rezipiert wurden. Awtokratow machte in hohem Maße die psychopathische Konstitution für den Ausbruch psychischer Störungen verantwortlich, wenngleich er auch körperlicher Überanstrengung eine gewisse Bedeutung zubilligte. Awtokratow, Die Geisteskranken im russischen Heere, S. 286–319; vgl. hierzu auch Wanke, Russian/Soviet military psychiatry, S. 17f.; Michl, Im Dienste des »Volkskörpers«, S. 239.

Leiden.²⁰⁵ Es handle sich um eine Form der Hysterie, bei der sich unbewusste Ideen und Vorstellungen in somatischen Symptomen niederschlugen. Charcot verglich die krankmachende Idee mit einem Parasiten, der in die Psyche, die durch den Schreck geschwächt war, eindrang, sich dort festsetzte und seine pathologische Wirkung entfaltete.²⁰⁶ Um die Jahrhundertwende nahmen auch die österreichischen Nervenärzte Joseph Breuer (1842–1925) und Sigmund Freud (1856–1939) diese »psychogene« Interpretation auf. Während Charcot darauf zielte, das Leiden mit Hypnose zu behandeln, entwickelten Breuer und Freud psychoanalytische Verfahren.²⁰⁷

b. Die Moderne als Ursache psychischen Leidens: Neurasthenie und Degenerationsvorstellungen

Neben den Konzepten des »Railway spine«, der Traumatischen Neurose und der »nevrose hystéro-traumatique« spielte für die Interpretation psychischer Leiden bei Offizieren das Krankheitskonzept der Neurasthenie eine herausragende Rolle. Nervosität war zwar kein Novum der Industriegesellschaft,²⁰⁸ doch hob sich die moderne Neurasthenie in zahlreichen Ausprägungen von früheren Formen nervöser Erscheinungen ab. Hinzu kam, dass bis 1880 der Begriff »Nerven« von den Zeitgenossen vorrangig physiologisch gedeutet und mit Muskeln und Sehnen in Verbindung gebracht worden war.²⁰⁹

Der US-amerikanische Neurologe George M. Beard (1839–1883) hatte im Jahr 1880 den Begriff »Neurasthenia« (hergeleitet von Neuron gr. Nerv und asthéneia gr. Schwäche) einer breiten Öffentlichkeit bekannt gemacht und die Krankheit als heilbares Zivilisationsleiden definiert, das mit dem

---

205 Micale, Jean-Martin Charcot and les névroses traumatiques, S. 115–139; Freis, Psyche, Trauma und Kollektiv, S. 64.
206 Seine Analogie wurde von der Bakteriologie beeinflusst, die in der Zeit um 1900 als besonders fortschrittlicher Zweig der Medizin galt. Fischer-Homberger, Zur Medizingeschichte des Traumas, S. 272; Freis, Psyche, Trauma und Kollektiv, S. 64.
207 Freud/Breuer, Studien über Hysterie; Hirschmüller, Physiologie und Psychoanalyse im Leben und Werk Joseph Breuers. Vgl. zus. Leys, Trauma: A Genealogy, S. 4f.
208 Vgl. zur ersten Konjunktur der Nervenkrankheiten im 18. Jahrhundert und zum Krankheitskonzept der Sensibilität Moravia, From homme machine to homme sensible, S. 45–60; Stollberg, »Mein äskulapisches Orakell«, S. 394–399.
209 Zu den Spezifika moderner Nervosität: Radkau, Zeitalter der Nervosität, S. 19–27. Vgl. hierzu auch Kaufmann, Kriegführung im Zeitalter technischer Systeme, S. 364. Und noch in einer Überblicksdarstellung zur Militärmedizin von 1887 wurden »Nerven« vor allem als Verbindungslinien zwischen Gehirn und Muskeln angesehen. So etwa in Frölich, Militärmedicin, S. 229.

technischen Fortschritt verknüpft war. Beard betrachtete das Nervensystem als Kanäle, die miteinander verbunden seien und in denen eine elektrisch gedachte Nervenkraft zirkuliere.[210] Er vermutete, dass dieses Energiereservoir begrenzt war, und charakterisierte die Neurasthenie als einen vorübergehenden Erschöpfungszustand des Nervensystems, der nicht zu Langzeitschäden führte, sondern im Regelfall nach einigen Monaten ausgeheilt war.[211]

Sein medizinisches Erklärungsangebot der »Nervenschwäche«, die auf eine durch die vielfältigen Anforderungen des modernen Lebens erschöpfte Lebenskraft zurückzuführen sei, wurde in Europa, vor allem in Deutschland, rasch aufgegriffen. Als Beards Buch in deutscher Übersetzung unter dem Titel »Die Nervenschwäche (Neurasthenia), ihre Symptome, Natur, Folgezustände und Behandlung« 1881 erschien, wurde es sowohl in fachwissenschaftlichen Arbeiten renommierter Nervenärzte als auch in populärwissenschaftlichen Veröffentlichungen breit rezipiert.[212]

Das Krankheitskonzept Neurasthenie, das häufig auch mit dem Begriff Nervosität oder Nervenschwäche bezeichnet wurde, beschrieb die Reaktion des bürgerlichen Menschen auf spezifische Zeiterscheinungen der industrialisierten Moderne. Als vorrangige Auslöser galten »Technik, Tempo, Akkord und Lärm«.[213] Eine Fülle von Publikationen machte die Ursache der Neurasthenie in der Gegenwart aus.[214]

Die Krankheit entlastete dadurch, dass sie mit der modernen Zivilisation verknüpft war, den Patienten vom Vorwurf individuellen Versagens. Dank des neuen Begriffs war es möglich, über eigene psychische Deformationen zu sprechen, ohne als verrückt stigmatisiert zu werden. Die Neurastheniker galten nicht als geisteskrank, sondern hatten es »mit den Nerven«,[215] und Nervenkrankheiten hielt man im Gegensatz zu einer Geisteskrankheit im Prinzip nicht für erblich und empfand sie daher auch nicht als

---

210 Allgemein spielte die Elektrizitätslehre in der Neurophysiologie seit dem letzten Drittel des 19. Jahrhunderts als Deutungsmodell des Nervensystems eine zentrale Rolle. Ude-Koeller, Zum Konzept von »Krieg und Geistesstörung« bei Gustav Specht, S. 79.
211 Hofer, Nervenschwäche und Krieg, S. 380.
212 Vgl. z.B. Krafft-Ebing, Nervosität und neurasthenische Zustände; Möbius, Die Nervosität. Vgl. dazu Roelcke, Krankheit und Kulturkritik; Hofer, Nervenschwäche und Krieg.
213 Radkau, Zeitalter der Nervosität, S. 190–215. Vgl. hierzu auch Kaufmann, Kriegführung im Zeitalter technischer Systeme, S. 363.
214 Vgl. mit Beispielen Nübel, Durchhalten und Überleben an der Westfront, S. 223.
215 Ingenkamp, Depression und Gesellschaft, S. 132.

Stigmatisierung.[216] Vielmehr machte das Leiden auf die überdurchschnittliche Belastung aufmerksam, die irgendwann die Nerven aufgebraucht habe.[217]

Hier hob sich die Neurasthenie deutlich sowohl von der Hysterie, die als in der Konstitution verankert betrachtet wurde, als auch von der Melancholie ab, die als Geisteskrankheit galt. Gerade die Krankheitskonstruktion Hysterie war mit einem moralischen und hereditären Stigma belastet, da die Vorstellung herrschte, dass die Hysterie auf einer »minderwertigen« bzw. »degenerierten« seelischen Konstitution und »Begehrungsvorstellungen«[218] basierte.[219] Zudem haftete der Diagnose Hysterie der »Makel« an, dass das Leiden weiblich konnotiert war. Hierbei spielte eine Rolle, dass der Begriff sich vom Ausdruck »hystera« ableitet, dem griechischen Wort für »Gebärmutter«, was auch, lange nachdem Jean-Martin Charcot definitiv den Ursprung der Hysterie in der Gebärmutter abgelehnt hatte, in der Öffentlichkeit wirkungsmächtig blieb.[220] Eine hysteria virilis attestierte entsprechend unmännliches Verhalten.[221] Bei der Neurasthenie wurde dieser Vorwurf hingegen nicht erhoben, da diese mit dem männlich konnotierten technisierten Fortschritt verbunden war.[222]

Die Hysterie zeichnete aus, dass die Krankheitskonstruktion, was die Symptome betraf, diffuse Konturen hatte. Im Gegensatz zur Neurasthenie lag die Erfindung der »Hysterie« durch Hippokrates und andere etwa 2.500 Jahre zurück. Doch hatte die Krankheitskonstruktion über die Jahrhunderte

---

216 Ebd., S. 136.
217 Hofer, Nervenschwäche und Krieg, S. 380. Siehe hierzu ausführlich Radkau, Zeitalter der Nervosität, S. 173–215.
218 Der Internist Adolf von Strümpell (1853–1925) führte den Begriff »Begehrungsvorstellung« im Hinblick auf die Rentenhysterie nach Arbeitsunfällen ein. Hierunter verstand er den absichtlichen oder unbewussten Willen des Kranken, aus seiner psychischen Erkrankung in Form einer Rente oder Einmalzahlung Kapital zu schlagen. Es komme nun zu einer Übertragung des Wollens auf das somatische motorische Zentrum, was die körperlichen Symptome nach einem Schreck oder Unfall beeinflusse und das Fortdauern der Symptome bewirke. Strümpell, Über die traumatischen Neurosen.
219 Lerner, »Ein Sieg deutschen Willens«, S. 137f.; Nolte, Gelebte Hysterie, S. 140; Kloocke/Schmiedebach/Priebe, Psychological Injury in the Two World Wars, S. 51f.
220 Zur weiblichen Konnotation von Hysterie siehe ausführlich Bronfen, Das verknotete Subjekt, S. 107–164. Vgl. hierzu auch Hofer, Nervenschwäche und Krieg, S. 229f.; Lerner, »Ein Sieg deutschen Willens«, S. 93.
221 Hofer, Nervenschwäche und Krieg, S. 226–231. Vgl. hierzu auch Neuner, Politik und Psychiatrie, S.57.
222 Hofer, Nervenschwäche und Krieg, S. 20–22; Kaufmann, Neurasthenia in Wilhelmine Germany Culture, S. 161–176.

hinweg zur Erklärung verschiedenster Symptome gedient.[223] Der Psychiater Oswald Bumke sprach 1904 von einer »unscharfen Begrenzung jener Krankheitsvorgänge, die wir hysterisch nennen«. Er hielt es für unmöglich, »in einer scharf geprägten Begriffsbestimmung das gemeinsame Wesen aller dieser Krankheitsäußerungen auszudrücken« und verwies auf die heterogenen Anschauungen in der Psychiatrie, welche Symptome konkret zur Hysterie gehörten.[224]

Diese ärztliche Unsicherheit bei der Hysteriediagnose und die unscharfe medizinische Terminologie blieben bis weit nach dem Ersten Weltkrieg bestehen. So schrieb zum Beispiel James Lewin 1920 von »mannigfachen Kombinationstypen der hysterischen Reaktionen«, von »Verzerrungen, Verwischungen und Übergängen zu anderen Reaktionstypen«.[225] Und der Psychiater Johannes Bresler erklärte 1919, dass man

»leider – einen großen Teil der Ermüdungs- und Erschöpfungszeichen [...] als hysterisch ansieht, sobald sie sich als schwer erklärbar oder als schwer heilbar oder unheilbar erweisen und grobe anatomische Grundlagen nicht gefunden werden. [...] Es ist schon oft der Vorschlag gemacht worden, den Ausdruck Hysterie endlich ganz auszumerzen, da er nur Mangel ärztlichen Wissens bei vielen Krankheitsfällen verrät.«[226]

Auch die Neurasthenie war durch diffuse Konturen gekennzeichnet. Sie entwickelte sich zur »Schlüsselkrankheit« des »nervösen Zeitalters« – ein Begriff, der bereits um die Jahrhundertwende im Deutschen Reich sowie in Österreich-Ungarn für die erste industrielle Hochphase gebräuchlich war.[227] Die Krankheit lässt sich als kulturelles Konstrukt wie auch als echte Leidenserfahrung begreifen.[228] Mit der öffentlichen Bekanntheit des Konzepts der Neurasthenie ab 1880 verbreiteten sich Klagen über Nervosität oder

---

223 Auch heute sind die »Hysterie« und die Vorstellungen, die man sich von ihr machte, Gegenstand zahlreicher Studien. Aufgrund des kontinuierlich anwachsenden Forschungsinteresses an der historischen Hysterieforschung spricht Micale von »New Hysteria Studies«. Siehe hierzu ausführlich Micale, Approaching Hysteria. Vgl. hierzu auch Köhne, Militärpsychiatrie und Kriegspsychologie.
224 Bumke, Die Pupillenstörungen bei Geistes- und Nervenkranken, S. 212. Vgl. hierzu auch Köhne, Militärpsychiatrie und Kriegspsychologie.
225 Lewin, Das Hysterie-Problem, S. 226. Vgl. hierzu auch Köhne, Militärpsychiatrie und Kriegspsychologie.
226 Bresler, Seelenkundliches, S. 262. Vgl. hierzu auch Köhne, Militärpsychiatrie und Kriegspsychologie.
227 Vgl. zum »nervösen Zeitalter« Steiner, »Das nervöse Zeitalter«. Siehe daneben Radkau, Die wilhelminische Ära, S. 211–241; ders., Zeitalter der Nervosität.
228 Ders., Zeitalter der Nervosität, S. 13.

Nervenschwäche, sodass Joachim Radkau von einer »Nervositätsepidemie« spricht.[229] Die Begriffe »Neurasthenie« und »Nervosität« hatten dabei zwischen 1880 und dem Ersten Weltkrieg weder in den anderen europäischen Ländern noch in den USA so sehr Konjunktur wie in Deutschland.[230]

Ein Grund hierfür waren auch die politischen Verhältnisse im wilhelminischen Kaiserreich, die zur Verbreitung des Nervendiskurses wesentlich beitrugen. Der unstete und sehr nervöse deutsche Kaiser verkörperte wie kaum ein anderer die Unrast und die Veränderungsdynamik der spätwilhelminischen Gesellschaft. Seine Gegner sahen in ihm den Inbegriff der Nervenschwäche und »dekadenter Weichheit«, wobei auch auf seinen engen Vertrauten Philipp Eulenburg verwiesen wurde.[231] In den Jahren vor 1914 wurde in der deutschen Politik insbesondere unter solchen Politikern, die selber im Verdacht der Nervosität standen, der Vorwurf der Nervenschwäche oft hin und her gespielt.[232]

Gleichzeitig ist festzustellen, dass neben Deutschland auch in den USA und anderen industrialisierten Ländern die Neurasthenie die Mode- und Volkskrankheit der Zeit wurde und damit in gewisser Weise dem heutigen Burnout und der Depression vergleichbar ist.[233] Die Popularität des Neurasthenie-Konzepts zeigt sich auch darin, dass die Neurasthenie in den Medien allgegenwärtig war[234] und zum beliebten Thema in der Literatur wurde. Als besonders berühmtes Beispiel sei hier lediglich Rainer Maria Rilkes Roman »Die Aufzeichnungen des Malte Laurids Brigge« aus dem Jahr 1910 genannt.[235]

---

229 Ebd., S. 11 (siehe daneben auch S. 9, 27, 263).
230 Ingenkamp, Depression und Gesellschaft, S. 132.
231 Vgl. zur politischen Auswirkung der »Nervenschwäche« Wilhelms II. in der Vorkriegszeit auch Kap. I.2.b. Militärische Maßstäbe in Bezug auf die psychische Konstitution eines Offiziers. Um Eulenburg entwickelte sich einer der größten Skandale des deutschen Kaiserreiche. Eulenburg und weitere bekannte Mitglieder des Kabinetts von Kaiser Wilhelm II. wurden in der Presse Homosexualität, unsittliches Verhalten und ein okkulter politischer Einfluss vorgeworfen, was dazu führte, dass in den Jahren 1907 bis 1909 öffentlichkeitswirksam eine Reihe von Gerichtsverfahren wegen homosexuellen Verhaltens und Verleumdungsklagen geführt wurden. Siehe hierzu Winzen, Das Ende der Kaiserherrlichkeit; Domeier, Der Eulenburg-Skandal.
232 Radkau, Zeitalter der Nervosität, S. 306. Vgl. hierzu auch Zilles, Die Schulen der Männlichkeit, S. 318.
233 Ingenkamp, Depression und Gesellschaft, S. 131. Siehe hierzu auch Eckart, »Die wachsende Nervosität unserer Zeit«, S. 207–226.
234 Hofer, Nervenschwäche und Krieg, S. 39.
235 Rilke, Die Aufzeichnungen des Malte Laurids Brigge. Der berühmteste die Neurasthenie behandelnde Roman, Thomas Manns »Der Zauberberg«, kam allerdings erst 1924 heraus.

Neurastheniker wurden mit empfindsamen Ästheten, kreativen Künstlern und Intellektuellen in Verbindung gebracht, welchen die Härten des industrialisierten Zeitalters zusetzten. Sie konnten aber auch muskelbeladene, zu körperlicher Anstrengung fähige Männer sein und damit eben auch ehemals energische Offiziere.[236] Für die hohe Zahl an Neurasthenikern unter den Offizieren vor 1914 machten die Ärzte vorrangig die straffen Hierarchieverhältnisse und die militärische Disziplin verantwortlich, der die Offiziere fortlaufend ausgesetzt seien. Diese würden es den Offizieren nicht erlauben, sich pathogenen Energien zu entziehen und ihre Affekte zu entladen. Entsprechend häufig komme es vor, dass Offiziere immer reizbarer und irgendwann bei nur geringem Anlass aus der Rolle fallen würden. Der Krankheitsausbruch entlade sich zumeist darin, dass Offiziere ihrem Bedürfnis nach selbstbestimmtem Leben durch nicht-rollenkonformes Verhalten Luft verschafften. Daneben führten die Ärzte auch die körperlichen Anstrengungen an. Hier zeigt sich ein gewisser Widerspruch, da gleichzeitig die frische Luft und die sportliche Betätigung beim Militär als den Nerven zuträglich angesehen wurden.[237]

Besonders häufig wurde bei den Offizieren der Kaiserlichen Marine Neurasthenie diagnostiziert. Joachim Radkau führt das darauf zurück, dass bestimmte Entwicklungen wie die rasche Entstehung der Flotte und das Wettrüsten im Zuge des Tirpitz-Planes oder der schnelle Wandel der Technik im Kriegsschiffbau die Akteure überforderten.[238]

Blickt man auf das Verhältnis von Hysterie und Neurasthenie bei Offizieren und Mannschaftssoldaten, zeigen sich vor 1914 deutliche Auffälligkeiten. So wurden im Deutschen Heer beide psychiatrischen Diagnosen weitgehend entsprechend dem militärischen Rang der Patienten vergeben. Hysterie wurde fast ausschließlich bei Mannschaftssoldaten diagnostiziert, Neurasthenie vorrangig bei Offizieren.[239] Bei Mannschaftssoldaten fehlte die Diagnose Neurasthenie hingegen fast gänzlich oder wurde zumindest in

---

Dazu ausführlich Sprecher, Literatur und Krankheit im Fin de siècle. Siehe auch Erhart, Die Wissenschaft vom Geschlecht und die Literatur der décadence, S. 256–284.
236 Hofer, Nervenschwäche und Krieg, S. 22.
237 Vgl. z.B. die Einschätzung des Nervenarztes Wilhelm Alexander Freund von 1894: Freund, Wie steht es um die Nervosität des Zeitalters?, S. 17. Siehe mit weiteren Quellenangaben Hofer, Nervenschwäche, S. 32, 174.
238 Radkau, Zeitalter der Nervosität, S. 402–404.
239 Radkau, Die wilhelminische Ära, S. 221f.; Lengwiler, Zwischen Klinik und Kaserne, S. 99.

der militärmedizinischen Literatur vor dem Ersten Weltkrieg nicht behandelt.[240]

Auch jenseits des Militärs verorteten Psychiater die Erkrankung Hysterie vor allem sozial. So galt die Hysterie auch in der zivilen Gesellschaft bei Männern als Krankheit der Unterschichten, bei Frauen hingegen als typisches Leiden der Oberschicht.[241] Einflussreich für die übliche Argumentation, dass die Hysterie vorrangig niedere Gesellschaftsschichten in der Armee betreffe, war der Militärarzt Dannehl, der in seiner vergleichenden Studie zu »Neurasthenie und Hysterie in der Armee« im Jahre 1909 schrieb:

»Soweit die vorliegenden Zahlen Schlüsse gestatten, tritt also in der Armee, wie das für zivile Verhältnisse wiederholt berichtet ist, die Hysterie keineswegs überwiegend als Begleiterscheinung gesteigerter Kultur auf, im Gegenteil scheint die geringere Bildung die Erkrankung eher ungehemmt zum Ausbruch kommen zu lassen, während die grössere Bildung und die damit wohl zusammenhängende grössere Selbstbeherrschung, vielleicht auch die geringere Wirksamkeit der Begehrungsvorstellungen, die hysterischen Ausbrüche eher einzudämmen scheint.«[242]

Dannehl sah also in der unterschiedlichen Bildung, die er allerdings mit der sozialen Lage direkt verband, die Erklärung der Differenz. Bildung ermögliche Selbstbeherrschung und verhindere damit hysterisches Verhalten.[243]

Hysterie galt nach dieser Lesart als ein Ausdruck von Willensschwäche. Dies war eine Eigenschaft, die mit dem Offizier nicht in Einklang zu bringen war, der entsprechend seinem Tugendkanon und als das männliche Ideal im Deutschen Kaiserreich »edle Gesinnung«, Selbstbeherrschung und energischen Willen verkörperte.[244]

So wurde die Diagnose Hysterie fast ausschließlich bei Mannschaftssoldaten vergeben, wobei zu betonen ist, dass sie auch von diesen nicht akzeptiert wurde. Schließlich stellte der hysterische Mann einen Gegensatz zum Ideal der aggressiven Männlichkeit dar, die mit »Nervenstärke« und »eisernem Willen« konnotiert war.[245] Indem die Militärpsychiatrie die Diagnose Hysterie auf Soldaten anwandte, sei es nach Elisabeth Malleier auch um die »Zurichtung zur Männlichkeit« gegangen. Durch die Stigmatisierung der

---

240 Lengwiler, Zwischen Klinik und Kaserne, S. 98.
241 Ebd., S. 79.
242 Dannehl, Neurasthenie und Hysterie in der Armee, S. 979.
243 Ebd. Vgl. hierzu auch Lengwiler, Zwischen Klinik und Kaserne, S. 98f.
244 Siehe hierzu Kap. I.2.b. Militärische Maßstäbe in Bezug auf die psychische Konstitution eines Offiziers.
245 Hofer, Nervenschwäche und Krieg, S. 226–231.

Soldaten, welche die geforderte Nervenstärke vermissen ließen, als hysterisch, seien Medizin und Militär als »männerbündische Strukturen« gegen diese Soldaten vorgegangen, da diese als Gefahr für die männliche Identität angesehen wurden.[246]

Dass eine rangspezifische Vergabe der Diagnosen Hysterie und Neurasthenie im Militär vor 1914 überhaupt möglich war, lag daran, dass sich nach der damaligen Ansicht der Psychiater Neurasthenie und Hysterie vorrangig in der Ätiologie und in der Prognose unterschieden, aber viele Symptome als ähnlich angesehen wurden.[247] Dabei hatte die Neurasthenie als theoretisches Krankheitskonzept ursprünglich keinen spezifischen sozialen Begriffsinhalt. Erst durch die ärztliche Praxis erhielt sie mit der Zeit eine schichtenspezifische Prägung, die dann wieder auf die psychiatrische Wissenschaft im Allgemeinen und die Militärmedizin im Besonderen zurückwirkte. Neurasthenie entwickelte sich so, wie Lengwiler betont, zu einer standesgerechten Diagnose für nervöse Erkrankungen im Offiziers- und Unteroffizierskorps. Bei ähnlichen Symptomen belegte man hingegen Mannschaftssoldaten mit der »ehrlosen Hysteriediagnose«.[248]

Für diesen Trend waren kulturelle Aspekte in hohem Maße bedeutsam. Hierunter fielen, dass erbliche Krankheiten ein schlechtes Ansehen hatten, dass die Neurasthenie als heilbares Zivilisationsleiden galt und dass die Ärzte Patienten ihrer eigenen Gesellschaftsklasse aufgrund einer empathischen Haltung die wohlwollende Diagnose Neurasthenie vergaben und eine Kur verschrieben.[249] Hinzu kam, dass die Ärzte ihrerseits häufig unter nervösen Symptomen litten und daher auch selbst davon profitierten, wenn sie die Diagnose Berufsgruppen vorbehielten, die unter besonderem Erfolgsdruck standen. Hierfür spricht auch, dass neben Offizieren und Ärzten auch Unternehmer zu der Patientengruppe gehörten, bei denen Mediziner Neurasthenie überproportional häufig diagnostizierten.[250]

Durch diese ärztliche Praxis wurde im Deutschen Reich, aber auch in Österreich-Ungarn, das ›Wissen‹ etabliert, dass Neurasthenie und Hysterie

---

246 Malleier, Formen männlicher Hysterie, S. 147, 160. Vgl. hierzu auch Neuner, Politik und Psychiatrie, S. 57.
247 Lengwiler, Zwischen Klinik und Kaserne, 79, 98–99; Joachim Radkau, Die wilhelminische Ära, S. 221.
248 Lengwiler, Zwischen Klinik und Kaserne, S. 99.
249 Dies entspricht der These Radkaus, dass die Neurasthenie bisweilen dazu diente, »ehrenwerten Männern die schmachvolle Diagnose ›Hysterie‹ zu ersparen«. Radkau, Die wilhelminische Ära, S. 221.
250 Hofer, Nervenschwäche, S. 32.

jeweils in bestimmten sozialen Schichten vorherrschten.²⁵¹ Ein Spezifikum der Militärärzte war hierbei noch, dass Sanitätsoffiziere außerhalb der Armee einen ähnlich privilegierten sozialen Status hatten wie alle anderen Vertreter des Offizierskorps, obwohl sie innerhalb der Armee keine vollen Offiziersrechte besaßen. Ihr Selbstverständnis und ihre Mentalität waren durch ihre Offizierszugehörigkeit in entscheidender Weise geprägt.²⁵²

Allerdings kam es in der zivilen Psychiatrie in Bezug auf die sozialspezifische Diagnostik nach der Jahrhundertwende zu einer gewissen Aufweichung. Neurasthenie wurde nun zunehmend in allen sozialen Klassen und Milieus diagnostiziert und war nicht mehr Männern der Ober- und Mittelschicht vorbehalten, auch wenn unterschiedliche Häufigkeitstrends bestehen blieben.

Für die soziale Aufweichung der Diagnose in der zivilen Gesellschaft spielte eine große Rolle, dass die Diskussion über Nervenschwäche, Stressbewältigung und Angstzustände bei Männern und Frauen als Reaktion auf die Moderne immer breiter geführt wurde. Dies ließ die Neurasthenie für Psychiater bei der Diagnosevergabe häufig zur ersten Wahl werden, um medizinisch unsichere Phänomene zu kategorisieren.²⁵³

Die inflationäre Verwendung der Neurasthenie-Diagnose für alle möglichen Symptome führte nach der Jahrhundertwende allerdings dazu, dass die Neurasthenie als Krankheitskonzept in der Ärzteschaft in die Kritik geriet. Martin Weyert zum Beispiel warnte 1913:

»Stets soll man sich davor hüten, die Diagnose Neurasthenie als eine Verlegenheits- oder Sammeldiagnose zu stellen, wie es ja leider nicht selten geschieht; man stelle sie vielmehr erst dann, wenn man mit Sicherheit organische Gehirnerkrankungen bzw. Psychosen, Jugendirresein, Epilepsie usw., ausschliessen kann.«²⁵⁴

Das Krankheitskonzept Neurasthenie löste immer stärkeres Unbehagen aus und führte zu dem Wunsch, klare, trennscharfe Kriterien zu definieren. Während die Nervenärzte der 1880er und 1890er Jahre in Deutschland selbstbewusst proklamiert hatten, dass sich die Neurasthenie eindeutig bestimmen lasse, ging diese Gewissheit nach der Jahrhundertwende unter den Ärzten zurück. Der einzige Konsens war nun, dass man bei der

---

251 Lengwiler, Zwischen Klinik und Kaserne, S. 99f.; Hofer, Nervenschwäche, S. 170f.; Radkau, Zeitalter der Nervosität, S. 170.
252 Neumann, »Arzttum ist immer Kämpfertum«, S. 49.
253 Lengwiler, Zwischen Klinik und Kaserne, S. 99.
254 Weyert, Bemerkungen zur Erkennung des angeborenen Schwachsinns, S. 791.

Neurasthenie unterscheiden müsse, ob eine degenerative Grundlage bestehe oder exogene Einflüsse für die Entwicklung der Krankheit entscheidend seien.[255]

Hier zeigt sich ein deutlicher Unterschied zwischen der zivilen Gesellschaft und dem Militär. Anders als in der zivilen Gesellschaft, blieb in der Armee bis 1914 die rangspezifische Diagnostik in Bezug auf Neurasthenie und Hysterie vorherrschend. Allerdings ist die Zweiteilung zwischen Neurasthenie und Hysterie bei Offizieren und Mannschaften nicht gänzlich mit Klassengesichtspunkten zu erklären. Denn die Psychiater, die sich vor 1914 ausführlicher mit der Korrelation von militärischem Rang und Diagnose beschäftigten, stellten heraus, dass neben Offizieren auch Einjährig-Freiwillige, Unteroffiziere und Kapitulanten von der Neurasthenie betroffen seien.[256] Während Offiziere und Einjährig-Freiwillige aus den höheren Schichten stammten, galt dies für Unteroffiziere und Kapitulanten nicht. Vielmehr spielte bei Letzteren die Hauptrolle, dass sie langfristig in das Militär eingebunden waren, die Möglichkeit zur Karriere hatten und im Falle der Unteroffiziere als militärische Unterführer mit besonderer Verantwortlichkeit belastet waren.[257]

Die hohe Zahl von nervösen Offizieren im Speziellen und von psychischen Leiden im Militär im Allgemeinen wie auch die »Nervositätsepidemie« in der zivilen Gesellschaft führten dazu, dass im Militär vor 1914 Sorgen aufkamen, inwieweit die Armee den Belastungen eines zukünftigen Krieges standhalten werde. Die Vorstellung von einer verweichlichenden Wirkung der langen Friedenszeit und Degenerierungsängste spielten in den Kriegsdebatten um die Jahrhundertwende eine große Rolle. Das psychiatrische Degenerationskonzept[258] hatte der Schriftsteller Max Nordau in den 1890er Jahren popularisiert und mit harscher Zivilisationskritik verbunden. Danach beförderten die bestehenden sozialen und kulturellen Bedingungen einen kollektiven Niedergang.[259] Als Anzeichen für die biologisch-kulturelle Degeneration speziell des deutschen »Volkskörpers« galt vielen Ärzten vor 1914 unter anderem die seit 1888 anwachsende Erkrankungshäufigkeit der Versicherten, die stetig zurückgehende Kinderzahl in Akademiker-Familien

---

255 Hofer, Nervenschwäche, S. 180f.
256 Dannehl, Neurasthenie und Hysterie in der Armee, S. 971, 979; Mönkemöller, Zur forensischen Beurteilung Marineangehöriger, S. 274. Vgl. hierzu auch Lengwiler, Zwischen Klinik und Kaserne, S. 79.
257 Vgl. zum Aufgabenbereich der Unteroffiziere Sigg, Der Unterführer als Feldherr.
258 Siehe hierzu Kap. I.2. Psychische Voraussetzungen zur Offizierslaufbahn.
259 Nordau, Entartung.

wie auch eine zunehmende Verbreitung der »Keimgifte« Alkohol und Syphilis. Allerdings war das Degenerationskonzept, wenn es auf die deutsche Bevölkerung angewendet wurde, in der Ärzteschaft nicht unumstritten und wurde mitunter ganz entschieden abgelehnt.[260]

Der bereits zitierte Hugo Freiherr von Freytag-Loringhoven thematisierte in seiner Anfang 1914 verfassten Abhandlung »Die Grundbedingungen kriegerischen Erfolges. Beiträge zur Psychologie des Krieges im 19. und 20. Jahrhundert« in Bezug auf den Krieg von 1870/71 das Problem der »Kriegsmüdigkeit«, das bereits damals aufgetreten sei. Er prophezeite, dass dieses Phänomen bei den heutigen »Zivilisationsmenschen« im nächsten Krieg in geballter Form auftreten werde:

»[...] daß bei einem Heere, das auf der allgemeinen Wehrpflicht aufgebaut ist, selbst bei einem Kriege, an dem das ganze Volk freudigen Anteil nimmt, und bei einer so trefflichen Zusammensetzung, wie sie die deutschen Armeen damals besaßen, doch nach einer gewissen Zeitspanne Kriegsmüdigkeit eintritt, [ist] ein Umstand, mit dem die Führung zu rechnen genötigt sein wird. [...] Immerhin wird man sagen können, daß die Grenzen der Leistungsfähigkeit der Wehrpflichtarmeen nach der erwähnten Richtung enger gesteckt sind als bei den alten Armeen von Berufssoldaten. Hierbei spricht allerdings auch sehr wesentlich mit, daß diese, wie überhaupt die Menschheit früherer Jahrhunderte, weit weniger anspruchsvoll waren als die Kulturmenschen – richtiger Zivilisationsmenschen – von heute.«[261]

Hier vertrat Freytag-Loringhoven die sehr verbreitete Ansicht, dass die Zivilisation die militärische Leistungsfähigkeit herabsenke, da der moderne Mensch weniger Unbilden auszuhalten bereit und fähig sei. Etwas später führte er aus:

»Unzweifelhaft hat die fortschreitende Zivilisation den heutigen Menschen in der Masse anspruchsvoller, in gewisser Hinsicht daher weichlicher und für die Zwecke des Krieges an sich weniger geeigneter gemacht, als es bei früheren Generationen der Fall war. Die Führung hat im Kriege hiermit zu rechnen, [...] Je länger der Frieden dauert, um so mehr muß dafür im Offizierkorps, dem Rückgrat der Armee, der kriegerische Geist geweckt, mit allen Mitteln lebendig gehalten und gepflegt werden [...].«[262]

Hier argumentierte Freytag-Loringhoven, dass gerade dadurch, dass die Mannschaftssoldaten durch die Zivilisation verweichlicht seien, die Offiziere

---

260 Schmiedebach, Sozialdarwinismus, Biologismus, Pazifismus, S. 99. Vgl. hierzu auch Michl, Im Dienste des »Volkskörpers«, S. 64–67; Radkau, Zeitalter der Nervosität, S. 426f.
261 Freytag-Loringhoven, Die Grundbedingungen kriegerischen Erfolges, S. 131f.
262 Ebd., S. 204.

ein Gegengewicht bilden und diesen Mangel durch die Pflege des »kriegerischen Geistes« kompensieren sollten, wodurch es ihnen möglich werde, im Krieg ihre Soldaten mitzureißen. In dieser Argumentation war wenig Platz für Offiziere, die selbst psychische Schwächen hatten.

c. Die dienstlichen Konsequenzen für Offiziere mit psychischen Erkrankungen

Blickt man abschließend auf die Konsequenz, die psychische Leiden vor 1914 für die Laufbahn der Offiziere hatten, muss zwischen »Geisteskrankheiten« und »nervösen« Erkrankungen unterschieden werden. Während die Neurasthenie, die als heilbar galt, im Regelfall keine dienstlichen Folgen für den betroffenen Offizier hatte, wurden »Geisteskrankheiten« und sogenannte »schwere Nervenkrankheiten« unter den Offizieren im Speziellen und unter den Soldaten im Allgemeinen nicht geduldet. Heeresangehörige mit entsprechenden Leiden sollten als dienstunbrauchbar aus dem Militär entlassen werden.

Hier spielte eine große Rolle, dass das Militär im Kaiserreich über keine eigenen psychiatrischen Behandlungsstätten verfügte und die Militärpsychiatrie sich lediglich darauf beschränkte, bei der Musterung und in der Armee »Geisteskrankheiten« aufzuspüren.[263] Trotz des hohen Interesses der deutschen Sanitätsführung an psychischen Leiden ist auffällig, dass kein Versuch unternommen wurde, psychiatrische Stationen im Militär aufzubauen, in denen psychische Erkrankungen therapiert wurden. Sobald »Geisteskrankheiten« entdeckt wurden, wurde der Soldat oder Offizier als dienstunbrauchbar entlassen und zivile Stellen kümmerten sich um die ärztliche Versorgung.[264] Auch bei den Planungen des Lazarettwesens für den Kriegsfall war noch in den unmittelbaren Vorkriegsjahren nur eine sehr geringe Bettenzahl für Soldaten mit psychischen Leiden vorgesehen.[265] Ein Grund hierfür war, dass die klassische Anstaltspsychiatrie, die zwar seit dem späten 19. Jahrhundert besonders bei der Hirnforschung beträchtliche Erkenntnisfortschritte

---

263 Siehe hierzu Kap. I.2.a. Psychische Rekrutierungskriterien bei Militärangehörigen allgemein.
264 Auch alle Soldaten galten als dienstunbrauchbar, bei denen eine bereits früher durchgemachte »Geisteskrankheit« entdeckt wurde. Lengwiler, Zwischen Klinik und Kaserne, S. 197.
265 Ebd., S. 188f.

erzielte und dafür allgemeine Anerkennung in der Medizin erfuhr,[266] in allen Industriestaaten bis zum Ersten Weltkrieg an dem Problem litt, kaum über erfolgversprechende Therapien zu verfügen. Die Anstaltspopulationen stiegen, während die Heilerfolge sanken und therapeutische Ratlosigkeit herrschte.[267]

1899 wurde eine Abteilung für Sanitätsstatistik an der Kaiser-Wilhelm-Akademie in Berlin eingerichtet, welche unter anderem auch die Fälle untersuchte, die wegen psychischer Leiden aus dem Militär entlassen wurden. Allerdings enthalten die statistischen Auswertungen keine gesonderten Angaben zu den Offizieren, was die Tabuisierung des Themas deutlich macht. Im Vergleich der Zeiträume 1890–1895 und 1900–1905 stellte die Abteilung für Sanitätsstatistik fest, dass sich der Anteil psychiatrischer Fälle, die aus gesundheitlichen Gründen aus dem Militär entlassen wurden, von 1,7% auf 3,9% erhöht hatte. Die Häufigkeit des Auftretens psychisch Kranker in der Armee insgesamt, also einschließlich der Militärangehörigen, die in der Armee verblieben, untersuchte die Abteilung für Sanitätsstatistik erstmals für die Jahre 1904 bis 1908. Die »Erkrankungen des Nervensystems«, worunter psychische Krankheiten, Intelligenzdefekte sowie Gehirn- und Rückenmarkskrankheiten verstanden wurden, lagen mit 1,3% an zwölfter Stelle der Militärmedizinalstatistik.[268] In den Jahren 1903 bis 1908 hatten von den Armeeangehörigen, die wegen Geisteskrankheiten als dienstunbrauchbar entlassen wurden, 19% bereits eine Dienstzeit von über zwölf Monaten hinter sich. Die Statistiken ergaben, dass die Fälle in der Gruppe der Erkrankungen des »Nervensystems« zwischen 1882 und 1912 um 58% zunahmen.[269]

Insgesamt zeigen die sanitätsstatistischen Auswertungen, dass in den Jahren vor dem Ersten Weltkrieg die Zahl der diagnostizierten psychischen Krankheiten unter den Heeresangehörigen deutlich stieg. Da parallel die Musterungskriterien verschärft wurden, spricht das Ergebnis dafür, dass auch innerhalb der Truppe Militärärzte und Vorgesetzte immer strengere

---

266 Zur Entwicklung der deutschen Psychiatrie im Kaiserreich siehe Engstrom, Clinical psychiatry in imperial Germany.
267 Die psychiatrische Medizin befand sich hierdurch um 1900 in einer Krise. Lerner spricht diesbezüglich von einem »therapeutischen Pessimismus«, der vor 1914 die Psychiatrie gekennzeichnet habe. Lerner, Hysterical Men, S. 17; Peckl, Krank durch die »seelischen Einwirkungen des Feldzuges«?, S. 33f. Eine gewisse Ausnahme stellte die Entwicklung der Arbeitstherapie bereits vor 1914 dar, die allerdings auch erst im Weltkrieg weite Verbreitung fand. Siehe hierzu Söhner, Arbeit in der Psychiatrie im Ersten Weltkrieg, S. 163–184.
268 Lemmens, Zur Entwicklung der Militärpsychiatrie, S. 37.
269 Ebd., S. 39.

Maßstäbe dafür entwickelten, welche psychischen Störungen im Militär geduldet wurden.

Entgegen dieser strengen Aussortierung bei »Geisteskrankheiten« wurden »nervöse« Offiziere vor 1914 im Allgemeinen nicht als unvereinbar mit dem militärischen Führertum angesehen. Die Beschwerden galten als heilbar, den Offizieren wurden Beurlaubungen für Kuraufenthalte zugestanden und sie hatten keine Karrierenachteile zu befürchten.

Der Fall des Leutnants Herbert D., bei dem 1912 eine Untersuchung auf Zurechnungsfähigkeit in Bezug auf die Begehung eines Diebstahls in Höhe von mehreren hundert Reichsmark an seinen Kameraden durchgeführt wurde, zeigt die Toleranzschwelle, die im Militär in Bezug auf psychische Auffälligkeiten bei Offizieren herrschte, deutlich auf. Aus den Untersuchungsakten wird deutlich, dass er schon seit seiner Kindheit an »Nervosität« gelitten[270] und nur mäßige Schulleistungen erbracht hatte. Bereits vor der Untersuchung litt er unter Einfluss von Alkohol, dem er häufig zusprach, an Weinkrämpfen. Auch hatte er im Rausch einen Selbstmordversuch unternommen, den er danach nicht mehr erklären konnte. Gleichwohl blieb er im Dienst. Im Urteil der Untersuchungskommission galt er als Mann mit »psychopathischer Constitution«, der aber über eine »freie Willensbestimmung« verfüge. Allerdings sei er während des Diebstahls »zeitweise geistesgestört« wegen eines Rauschzustands gewesen. Während das Verfahren noch lief, beging Herbert D. ein Tötungsdelikt im Alkoholrausch, worauf er in die Heil- und Pflegeanstalt Ilmenau gebracht wurde.[271]

Die Akzeptanz von »nervösen« Offizieren belegt auch, dass bereits vor dem Krieg im Sommer 1909 das Offiziersheim Taunus eingeweiht wurde, das als Kurstätte für die Unterbringung von 52 Offizieren eingerichtet war. Dieses Offiziersheim wurde von Wilhelm II. als »Heilanstalt für kranke und genesende Offiziere und Sanitätsoffiziere Unseres Heeres und Unserer Marine« finanziert und sollte ein Ausdruck der Fürsorge für die militärischen Führer sein. Die große Bedeutung des Hauses zeigt sich darin, dass zu den Einweihungsfeierlichkeiten im August 1909 das Kaiserpaar mit großem Gefolge erschien. Bei seiner Rede wies Wilhelm II. auf die »heilkräftigenden Bäder« hin und dass der Aufenthalt den leidenden Offizieren »frische

---

270 Auch der Vater litt an Neurasthenie und Depressionen. UA HUB, Nervenklinik, nerv – 029 Psychiatrische Gutachten für das Reichsversorgungsgericht und sonstige Behörden C-F, 1914–1944, Untersuchungsunterlagen des Leutnants Herbert D., 1912.
271 Ebd.

Spannkraft« geben solle.²⁷² Das entsprach dem zeitgenössischen Nervendiskurs. Die Behandlung der Neurasthenie basierte auf der Vorstellung, dass die ›Nervenkraft‹ im Körper eine endliche Ressource sei, die irgendwann erschöpft sei und durch den Erholungseffekt einer Kur wieder aufgefüllt werde.²⁷³ In der Vorkriegszeit vertrauten die Ärzte bei Neurasthenie-Patienten dabei vor allem auf deren Selbstheilungskräfte und verschrieben ihnen lang andauernde Badekuren und Urlaubsbewilligungen. Entsprechend boomten die Kurorte.²⁷⁴ Auch unter den Militärärzten war die Vorstellung verbreitet, dass die Neurasthenie als erworbene Erschöpfungskrankheit mit einer längeren Badekur kuriert werden könne. Hierüber führte der Armeeoberarzt Jüttner 1911 aus: »[...] solche Fälle werden gewöhnlich durch eine längere Badekur wenigstens für den Friedensdienst wieder völlig brauchbar [...].«²⁷⁵

Keineswegs galten Neurastheniker als Fall für die öffentlichen Irrenanstalten, die einen sehr schlechten Ruf hatten. Die Öffentlichkeit reagierte auf die steigenden Anstaltspopulationen und ausbleibenden Heilerfolge mit deutlicher Kritik am System der Versorgung und Behandlung psychisch Kranker in den öffentlichen Heilanstalten. Es kursierten Schreckensberichte aus den überfüllten Einrichtungen, die in Deutschland zur »Irrenrechtsreformbewegung« führten, welche sich gegen schlechte Behandlung, ungerechtfertigte Internierungen angeblich Geisteskranker, übereilte Entmündigungen etc. wandte.²⁷⁶

Da das Irrenhaus stigmatisiert war, trachteten besser situierte Betroffene und deren Angehörige danach, in separaten Anstalten behandelt zu wer-

---

272 Zitiert nach Groß, Vor 100 Jahren in Falkenstein, S. 61–67.
273 Shephard, A war of nerves, S. 10.
274 Zur Rezeption siehe Rabinbach, Human Motor; Radkau, Zeitalter der Nervosität. Vgl. auch Kurilo (Hrsg.), Seebäder an der Ostsee im 19. und 20. Jahrhundert.
275 Jüttner, Die Beobachtungsergebnisse an Grenzzuständen aus Armee und Marine, S. 733. Vgl. hierzu auch Lengwiler, Zwischen Klinik und Kaserne, S. 99.
276 Brink, Grenzen der Anstalt, S. 191; Schott/Tölle, Geschichte der Psychiatrie, S. 270; Ingenkamp, Depression und Gesellschaft, S. 136. Die Psychiater ihrerseits bemühten sich darum, die Vorbehalte in der Bevölkerung gegenüber der Irrenanstalt abzuschaffen. Dies prägte selbst die damaligen Lexikonbeiträge: »Alles Gefängnisartige hat man abgeschafft, das Innere ist freundlicher und bequemer für die Kranken eingerichtet, so daß, abgesehen von dem Verschlossensein der Türen, die Irrenanstalt sich nicht viel von einem anderen Krankenhaus unterscheidet«. Meyers Großes Konversations-Lexikon 7 (1907), S. 499–502, hier S. 500.

den.²⁷⁷ Die Trennung zwischen Geistes- und Nervenkrankheiten mit jeweils gesonderten Behandlungsstätten bot hier eine Lösung. Im Jahr 1891 gab es in Deutschland 202 öffentliche Irrenanstalten, und 200 private »Nervenkliniken«, die den Neurasthenikern und »Nervösen« vorbehalten waren und in denen die Patienten die Aufenthaltskosten trugen. Diese Nervenkliniken erfreuten sich rasch großer Nachfrage.²⁷⁸

Ein Beispiel für die damals üblichen Strategien der Sanatorien, um zahlungskräftige Patienten anzusprechen, ist das Sanatorium Friedrichshöhe bei Wiesbaden. Es warb im Jahr 1910 mit der Behandlung von »Schilddrüsenfehlfunktionen, Veitstanz, peripheren und zentralen Lähmungen, Schwindsucht, Nervosität, Neurasthenie, Hysterie, Hypochondrie und depressiver Melancholie.« Es gebe »Wassertherapien, Thermaltherapien, Kiefernadelbäder ebenso wie Elektrotherapien,²⁷⁹ Massagen und Physiotherapien.« Die Wortwahl macht deutlich, dass hier der Eindruck erweckt werden sollte, dass hier vor allem organische Beschwerden kuriert wurden. Als verstärkendes Element kam hinzu, dass noch ausdrücklich vermerkt wurde, dass die Aufnahme von Geisteskranken ausgeschlossen war.²⁸⁰

In den Privatkliniken und Sanatorien wurde zuweilen auch Psychotherapie angewandt. Die Psychotherapie, die vorrangig mit Hypnose und Wachsuggestion arbeitete, wurde als Mittel angesehen, der Nerven- und Willensschwäche entgegenzuwirken. Psychotherapie und mitunter auch Psychoanalyse²⁸¹ wurden von Psychiatern, Neurologen und Psychologen²⁸² praktiziert, wobei die Grenzen zwischen den Disziplinen fließend waren. Aller-

---

277 Ingenkamp zieht hier einen Vergleich zur noch heute bestehenden Tendenz, dass gutsituierte Patienten die Psychiatrie vermeiden, da sie nach wie vor mit Irrenanstalt in Verbindung gebracht werde, und auf psychosomatische Kliniken ausweichen. Ingenkamp, Depression und Gesellschaft, S. 135.
278 Shorter, Geschichte der Psychiatrie, S. 210; vgl. hierzu in Bezug auf Berlin ausführlich Beig, Private Krankenanstalten in Berlin 1869–1914.
279 Siehe zu den verschiedenen Arten von Elektrotherapie auch die Ausführungen im Abschnitt »Die Anwendung aktiver Behandlungsmethoden bei Offizieren« in Kap. III.4.a. Neue Behandlungsmethoden und ihre Verbreitung bei Offizieren.
280 Zitiert nach Ingenkamp, Depression und Gesellschaft, S. 210.
281 Siehe zur Bedeutung der Psychoanalyse im Ersten Weltkrieg den Abschnitt »Psychoanalyse« in Kap. III.4.a. Neue Behandlungsmethoden und ihre Verbreitung bei Offizieren.
282 Psychologie war vor dem Ersten Weltkrieg noch kein eigenständiges, universitär geprüftes Fach und es gab noch keine angewandte Psychologie als Beruf. Aber in einigen europäischen Ländern und in Amerika hatten sich psychologische Vereine gegründet, die eben diese Entwicklung aktiv fördern wollten. So wurde zum Beispiel 1904 in Gießen die Gesellschaft für experimentelle Psychologie gegründet. Hohenthal, Psychologen in der Kriegspsychiatrie, S. 268f.

dings hatte die Psychotherapie keine besonders hohen Heilungserfolge vorzuweisen, sodass Badekuren die erste Wahl blieben.[283]

Neben den privaten Nervenheilstätten entstanden um 1900 erste Volksnervenheilstätten, in denen »Nervöse aller Stände« behandelt wurden. Damals waren wie bereits beschrieben »Nervosität« und Neurasthenie eine solche Mode-Erscheinung, dass es ein breites öffentliches Bewusstsein dafür gab, dass eine hohe Anzahl an Nervenkranken existiere, die Behandlungsstätten benötige. Den Wunsch nach Volksnervenheilstätten vertrat bald auch die Politik. 1903 wurde das »Provinzialsanatorium für Nervenkranke Rasemühle« als erste Volksnervenheilstätte eröffnet.[284]

Als Prophylaxe gegen die nervenzehrenden Belastungen der Moderne entwickelten sich daneben lebensreformerische Ideen wie der Körper- und Sportkult oder die Willensgymnastik, die darauf zielte, mithilfe des Drills die Willenstätigkeit des Patienten zu kräftigen und ihn zu befähigen, seine Nerven zu beherrschen.[285] Durch diese Maßnahmen sollte der Nerven- und Willensschwäche und dem moralischen Verfall entgegengewirkt werden.

4. Zusammenfassung

Bereits der Blick auf die soziale Stellung der Offiziere im Kaiserreich macht deutlich, dass die äußeren Rahmenbedingungen Offiziere mit psychischen Erkrankungen vor innerer und äußerer Kritik schützten. Soziale Kriterien bestimmten in hohem Maß die »Offiziersfähigkeit«. Die Mitgliedschaft im Offizierskorps stattete den Offizier unabhängig von seiner individuellen Leistung mit hohem Sozialprestige aus. Der exklusive Korpsgeist führte zudem dazu, dass Makel einzelner Mitglieder nach außen hin unsichtbar blieben.

Im Kaiserreich bestanden keine speziellen ärztlichen Anforderungen an die Psyche der Offiziersanwärter. Die Offiziere mussten nur den Anforderungen für alle Wehrpflichtigen genügen. Diese medizinischen psychischen Tauglichkeitskriterien wurden seit dem letzten Drittel des 19. Jahrhunderts

---

283 Shephard, A War of Nerves, S. 11–13; Neuner, Politik und Psychiatrie, S. 55.
284 Fangerau, Zwischen Kur und »Irrenanstalt«, S. 41.
285 Löwenfeld, Lehrbuch der gesammten Psychotherapie, S. 119. Hofer, Nervenschwäche, S. 175; Radkau, Zeitalter der Nervosität, S. 400. Vgl. zu Drill und Willensgymnastik Kap. II.2.e. Drill und Willensgymnastik zur Steigerung der Spannkraft der Nerven.

bis zum Vorabend des Ersten Weltkriegs deutlich verschärft und ausdifferenziert. So sollten Rekruten, bei denen eine »Geisteskrankheit« nachgewiesen war, selbst wenn sie, wie es in den Vorschriften hieß, »überstanden« war, von der Musterung ebenso ausgeschlossen werden, wie solche mit »chronischen Nervenleiden ernster Art«.

Neben dem Militärarzt, der den Offiziersbewerber bei der Musterung prüfte, beurteilte auch das Militär in mehreren Stufen die psychische Konstitution des angehenden Offiziers. Bei den innermilitärischen Maßstäben, welche psychischen Voraussetzungen ein Offizier aufbringen musste, hatte die Nervenstärke allerdings keine herausragende Bedeutung, wenngleich sie im militärischen Diskurs zunehmend betont wurde, sondern sie war nur eine gewünschte Eigenschaft unter anderen. Hinzu kam, dass das soziale Klassendenken vielfach so weit ging, dass bei einer gehobenen sozialen Herkunft viele Vorgesetzte selbstverständlich davon ausgingen, dass der Offizier aufgrund der Erziehung, die er genossen hatte, auch über Selbstbeherrschung und einen energischen Willen verfüge. Und schließlich erlaubte die professionelle Ausdifferenzierung der Offiziersstellen das Dienen in Positionen, in denen vorrangig technisches Können gefragt war.

Blickt man auf den Umgang mit psychischen Erkrankungen im Offizierskorps, spielte eine wichtige Rolle, dass im Kaiserreich mit dem Bedeutungsgewinn und der Professionalisierung der Psychiater das Bewusstsein deutlich zunahm, dass der Militär- und Kriegsdienst eine enorme psychische Belastung bedeutete. Die Nervenärzte stellten bei Mannschaftssoldaten und Offizieren in überproportionalem Maße psychische Krankheiten fest. Auch gingen sie davon aus, dass sich im Krieg die Zahl psychischer Störungen noch deutlich erhöhen würde, und führten seit dem Krieg von 1870/71 Untersuchungen über psychische Störungen bei den Kriegsteilnehmern durch. Für die Interpretation psychischer Leiden bei Offizieren in der Friedenszeit spielte die »Entdeckung« der Krankheit Neurasthenie eine herausragende Rolle. Dies alles hatte zur Folge, dass eine Reihe von Maßnahmen zur Entwicklung und Förderung der Militärpsychiatrie angeordnet wurde, die sich allerdings auf die Diagnostizierung psychischer Störungen beschränkte – psychiatrische Behandlungsstationen wurden nicht eingerichtet. Da die Neurasthenie als exogen verursachtes Leiden galt, das durch Kuren geheilt werden konnte, hatten betroffene Offiziere keine Karrierenachteile zu befürchten. Andere Nerven- und Geisteskrankheiten wurden unter den Offizieren entsprechend den normativen Bestimmungen allerdings nicht geduldet. Hier wirkte sich die im Kaiserreich mit großen Schritten voranschreitende Medikalisierung des Militärs deutlich aus.

II. Die Nerven der Offiziere als militärisches Problem: Diskurse und Handlungsstrategien im Ersten Weltkrieg

1. Die Behandlung des Problems der »Kriegsneurotiker« in der deutschen Armee

Bereits wenige Monate nach Kriegsbeginn wurde in allen beteiligten Armeen über die hohe Zahl an psychischen Erkrankungen bei Kriegsteilnehmern diskutiert. Besonders als nach dem Bewegungskrieg im Westen Ende 1914 die Kämpfe in einen Stellungskrieg übergingen, fielen die vielen Krankheitsfälle wegen psychischer Leiden auf.[1] In allen Armeen herrschte dabei der Konsens, dass die psychisch Erkrankten einen gefahrvollen Störfaktor für die Moral und die Kampfkraft der Truppe darstellten. Denn die »Kriegsneurotiker« wurden immer wieder nicht nur mit Affektivität und Willensschwäche[2] in Zusammenhang gebracht, sondern auch mit gesteigerter Suggestibilität.[3]

---

1 Vgl. zur Anzahl der Angehörigen der Soldaten, die während des Ersten Weltkriegs wegen psychischer Leiden ins Lazarett kamen, auch die Ausführungen in der Einleitung im Abschnitt »Forschungsansatz«. Siehe zur zeitgenössischen Einschätzung der Bedeutung von Stellungskrieg und Bewegungskrieg für das Auftreten psychischer Versehrungen Kap. II.7.c. Die Haltung der Offizierskameraden.

2 Der »normale, gesunde« Wille wurde dabei durch seine vollständige Übereinstimmung mit dem Gemeinschaftswillen definiert. Jede Abweichung des Willens wurde zur Aufrechterhaltung der Kriegsmoral pathologisiert. Entsprechend wurde die »Kriegsneurose« bzw. die »Kriegshysterie« als ein Willensdefekt und als eine abnorme, degenerierte und effeminierte Reaktionsweise gedeutet. Auch nach Kriegsende blieb diese Vorstellung wirkmächtig. Dies zeigt sich besonders deutlich am Begutachtungsplan für Neurotiker, den der deutsche Psychiater Ernst Kretschmer 1919 veröffentlichte. Hierin schlug er vor, Kriterien wie Patriotismus, Disziplin oder Moralität zur psychiatrischen Klärung der Frage heranzuziehen, ob ein Wille als krank oder als gesund anzusehen sei. Kretschmer, Entwurf zu einem einheitlichen Begutachtungsplan, S. 804–808. Vgl. hierzu auch Schaffellner, Unvernunft und Kriegsmoral, S. 50.

3 Siehe zum Folgenden ausführlich Köhne, Kriegshysteriker, S. 31–58; dies., Militärpsychiatrie und Kriegspsychologie.

Hier wirkte sich die hohe Verbreitung massenpsychologischer Anschauungen auch jenseits der Medizin aus. Die Massenpsychologie, welche der Masse als Ansammlung von Individuen eine impulsiv agierende und suggestiv beeinflussbare Kollektivpsyche zuschrieb, hatte sich seit den letzten Jahrzehnten des 19. Jahrhunderts entwickelt. Der bedeutendste Massenpsychologe war Gustave Le Bon, dessen Studie »psychologie des foules« von 1895 in ganz Europa rezipiert wurde.[4] Weitere wichtige Vertreter waren Scipio Sighele oder der Soziologe Gabriel Tarde.[5] Im deutschsprachigen Raum veröffentlichten um 1900 Psychiater wie Wilhelm Weygandt, Willy Hellpach und Hans Gudden zum Thema.[6] Aus der Wirksamkeit ihrer Schriften erklärt sich das Schreckbild in den militärpsychiatrischen und kriegspsychologischen Schriften, aber auch in den militärinternen Diskursen, dass die Kriegsneurose das Potential habe, sich wie eine Epidemie unter der »soldatischen Masse« auszubreiten.[7]

Für die starke Beachtung des Problems der »Kriegsneurotiker« in der deutschen Armee spielte zudem eine gravierende Rolle, dass weder die militärische Führung noch die Militärärzte mit einer derart großen Zahl psychischer Krankheitsfälle im Ersten Weltkrieg gerechnet hatten. Wenngleich ein Bewusstsein bestand, dass jeglicher Krieg eine hohe psychische Belastung für die Teilnehmer darstellte,[8] wurde bei den Vorbereitungen für den

---

4 Le Bon, Psychologie der Massen. Besonders im französischen Offizierskorps war dessen Massenpsychologie sehr einflussreich. Nye, The Origins of Crowd Psychology, S. 127–142. Le Bons Ansatz war auch der Ausgangspunkt für Freuds Massenpsychologie. Le Bon und Freud betrachteten das Militär als paradigmatisches Beispiel einer »psychologischen Menge«. Le Bon, Enseignements Psychologiques de la Guerre Européenne; Freud, Massenpsychologie und Ich-Analyse, S. 61–134. Siehe hierzu auch Lengwiler, Zwischen Klinik und Kaserne, S. 55.
5 Sighele, Psychologie des Auflaufs und der Massenverbrechen; Tarde, Les crimes des foules, S. 73–90; ders., Foules et sectes au point de vue criminel, S. 349–387. Siehe zu deren Ideen ausführlich Köhne, Militärpsychiatrie und Kriegspsychologie. Vgl. daneben Valsiner/van der Veer, The Social Mind, S. 53–55.
6 Weygandt, Beitrag zur Lehre von den psychischen Epidemien; Hellpach, Die geistigen Epidemien; Gudden, Über Massensuggestion und psychische Massenepidemien.
7 Die ärztliche Vorstellung, dass sich die Kriegsneurose wie eine Seuche ausbreite und entsprechend bekämpft werden sollte, muss vor dem Hintergrund gesehen werden, dass viele Epidemien seit Mitte des 19. Jahrhunderts durch Behandlung und Prävention erfolgreich bekämpft werden konnten, was der Ärzteschaft einen enormen Bedeutungsgewinn gebracht hatte, und dass damals in der Nervenheilkunde wie allen ärztlichen Disziplinen ein klares Bekenntnis zur naturwissenschaftlichen Medizin vorherrschte. Schmiedebach, Sozialdarwinismus, Biologismus, Pazifismus, S. 95.
8 Siehe hierzu Kap. I.3.a. Die psychische Belastung durch Militärdienst und Kriegsdienst.

Kriegsfall noch in den unmittelbaren Vorkriegsjahren von keinem erhöhten Risiko aufgrund der modernen Waffensysteme ausgegangen und war nur eine sehr geringe Bettenzahl für Soldaten mit psychischen Leiden vorgesehen. Auch der mit schwerer Artillerie geführte Russisch-Japanische Krieg von 1905, bei dem massenhaft psychische Leiden bei Soldaten auftraten, hatte im deutschen Militär und in der deutschen Militärmedizin nicht zur Sorge geführt, dass in einem künftigen Krieg Entsprechendes im deutschen Heer passieren könnte.[9]

Zudem hatten sich die Militärärzte bei psychischen Erkrankungen in der Friedenszeit darauf beschränkt, bei der Rekrutierung und bei Gerichtsprozessen »Geisteskrankheiten« aufzuspüren. Das Militär verfügte vor 1914 über keine eigenen psychiatrischen Stationen; die Militärärzte kümmerten sich nicht um die Therapie psychischer Leiden, da, sobald »Geisteskrankheiten« entdeckt wurden, der Soldat oder Offizier als dienstunbrauchbar entlassen wurde und sich zivile Stellen um die ärztliche Versorgung kümmerten.[10]

Zu Beginn des Krieges gab es noch keine klaren Bestimmungen, in welchen Einrichtungen, wie lange und mit welchem Ziel »Kriegsneurotiker« zu behandeln seien. In den ersten Monaten war es üblich, dass Soldaten mit

---

9 Die damalige Sichtweise zeigt sich zum Beispiel in einem Beitrag des Frankfurter Psychiaters Adolf Friedländer, der bei Kriegsausbruch 1914 die Gefahr von Geistes- und Nervenkrankheiten im Heer diskutierte. Im Gegensatz zu vielen militärwissenschaftlichen Schriften behauptete er hierin nicht, dass der moderne Krieg die nervlichen Anforderungen an die Soldaten erhöht habe: »Ob die heutige Art der Kriegführung, bei der der Fernkampf, besonders soweit Infanterie in Betracht kommt, die Regel darstellt, an das Nervensystem höhere Anforderungen stellt, als der Kampf Mann gegen Mann, dies zu entscheiden dürfte unmöglich sein.« Doch betonte er, dass die militärische Ausbildung, in der die Kampfmoral der Truppen durch Drill und patriotische Gesinnung gestärkt wurde, der Ausbildung von psychischen Störungen entgegenwirke: »Die Ausbildung der erwähnten krankhaften Störungen wird aber ohne Zweifel gehemmt durch die hervorragende Mannszucht in unserer Armee, durch die einmütige Begeisterung, welche Jeden und Alle erfüllt, durch das Bewusstsein, dass kein Beute- und Eroberungs-, sondern ein Volkskrieg geführt wird. Die Macht dieser Suggestion ist eine ungeheure und wird sich deshalb hoffentlich auch in dem hier angedeuteten besonderen Sinne als fruchtbar und segensreich erweisen.« Friedländer, Nerven- und Geisteskrankheiten im Felde und im Lazarett, S. 24. Vgl. auch Lengwiler, Zwischen Klinik und Kaserne, S. 46, 188f. Siehe hierzu auch Kap. I.3.a. Die psychische Belastung durch Militärdienst und Kriegsdienst. Zu den unrealistischen Verlustprognosen der deutschen Militärärzte allgemein vgl. auch Löffelbein, »Die Humanität der japanischen Gewehrkugel«, S. 27–51.

10 Lengwiler, Zwischen Klinik und Kaserne, S. 197. Siehe hierzu auch Kap. I.2.a. Psychische Rekrutierungskriterien bei Militärangehörigen allgemein.

psychischen Erkrankungen in Lazarette des Heimatgebietes ohne psychiatrischen Schwerpunkt zurückgeschickt wurden.[11] Auch wurde häufig die Genehmigung erteilt, dass sie sich in zivilen Heilanstalten und Kureinrichtungen behandeln lassen konnten. Bei der Wahl der zivilen Kureinrichtungen spielte neben dem Geldbeutel der militärische Rang eine große Rolle.[12]

Doch wurde dieses Verfahren, als die Krankheitsfälle kontinuierlich zunahmen, vermehrt kritisiert. Um dem sich rasch nach Kriegsbeginn zeigenden Problem der »Kriegsneurotiker« zu begegnen, wurde seit Ende 1914 die Militärpsychiatrie unter Erweiterung ihrer Kompetenzen massiv ausgebaut.[13] Zwischen den militärischen Entscheidungsträgern und den Kriegspsychiatern ergab sich seitdem eine klare Aufgabenverteilung. Die Psychiater kümmerten sich dabei vorrangig um die Behandlung derjenigen Kriegsteilnehmer, die ›nicht mehr konnten‹, während das Militär die psychologische Vorbereitung der Soldaten und die Betreuung an der Front übernahm. In den Kriegs- und Heimatlazaretten wurden psychiatrische Stationen eingerichtet, wo betroffene Soldaten behandelt wurden. Ab ca. 1915 strebte man an, sie auch in Lazaretten direkt in der Etappe fachärztlich zu thera-

---

11 Die Sanitätseinrichtungen in der Heimat, die noch aus der Friedenszeit stammten, blieben bei der Mobilmachung bestehen. Aus den Garnisonslazaretten wurden Reservelazarette. Außerdem entstanden zusätzliche Reservelazarette sowie Vereins- und Kriegsgefangenenlazarette, Pflegeanstalten, Heilstätten und Genesungsheime. Die Aufsicht über diese Einrichtungen oblag den Sanitätsämtern bei den Stellvertretenden Generalkommandos der Armeekorps. Einen großen Anteil an der Versorgung der Verwundeten hatte der Freiwillige Krankendienst. Neben den christlichen Ritterorden war es vor allem die Vereinsorganisation des Roten Kreuzes, die durch den persönlichen Einsatz Freiwilliger sowie durch finanzielle Spenden eigene Lazarette, Genesungsheime und Pflegestätten einrichtete und betrieb. Hartmann, Sanitätsdienst im Stellungskrieg, S. 231–238; Eckart, Medizin und Krieg, S. 122–136.

12 Dies galt nicht nur für Nervenkrankheiten, sondern auch für körperliche Leiden. Der Romanist Viktor Klemperer, der als Mannschaftssoldat wegen einer Nierenentzündung und einer Herzneurose 1916 in Driburg in Kur war, beschrieb den sozialen Unterschied zwischen den nahe liegenden Kurorten Wildungen und Driburg: »Im Jahre 1916 trat der soziale Unterschied zwischen Wildungen und Driburg besonders stark hervor: Dort wurden die Nieren der kranken Offiziere, hier die Mannschaftsnieren kuriert.« Klemperer, Curriculum vitae, S. 454. Vgl. auch Peckl, Krank durch die »seelischen Einwirkungen des Feldzuges«?, S. 40, 73.

13 Vgl. Riedesser/Verderber, »Maschinengewehre hinter der Front«, S. 23–74; Bröckling, Disziplin, S. 207–240. Siehe hierzu Kap. III.1. Das prozentuale Verhältnis von psychisch versehrten Offizieren und Mannschaften.

pieren, wofür vermehrt Nervenabteilungen in den Kriegslazaretten eingerichtet wurden.[14] Nach der Münchener Kriegstagung der Gesellschaft Deutscher Nervenärzte und des Deutschen Vereins für Psychiatrie von 1916[15] wurden dann neben den psychiatrischen Einrichtungen, in denen Nerven- und Geisteskrankheiten jeglicher Art behandelt wurden, vermehrt spezielle »Neurotikerlazarette« im Heimatgebiet eingerichtet, zum Beispiel beim Versuch der zentralisierten Behandlung von »Kriegsneurotikern« in Baden, Bayern oder Württemberg,[16] da sich auf dem Kongress die Meinung durchgesetzt hatte, dass zwischen einer Geisteskrankheit und einer Kriegsneurose deutlich unterschieden werden müsse, was auch unterschiedliche Therapien bedinge. Während Geisteskrankheiten und »Wahnsinn« im klinisch-psychiatrischen Sinne nach dem Postulat Wilhelm Griesingers als organische Erkrankungen des Gehirns zu verstehen seien, fehle Kriegsneurosen die organische Ursa-

---

14 Vgl. beispielsweise BayHStA-KA Stv. GenKdo. I. AK., SanA. 458, Schreiben des Sanitätsamtes des I. AK. an das Bayer. Kriegsministerium am 14. August 1915, S. 10. Die Einrichtung von Nervenabteilungen war ein Teil der Schaffung von fachärztlichen Sonderabteilungen der verschiedenen medizinischen Disziplinen. Hier wurde versucht, die Nervenkranken innerhalb einiger Wochen wieder feld- oder garnisonsdienstfähig zu machen. Bedurften sie einer längeren Behandlung, wurden sie wie die anderen Erkrankten und Verwundeten in ein Reservelazarett der Heimat transportiert und dort auf entsprechende Lazarettabteilungen und Genesungsheime verteilt. Peckl, Krank durch die »seelischen Einwirkungen des Feldzuges«?, S. 40; Neuner, Politik und Psychiatrie, S. 59. Vgl. die schematische Darstellung der Stationen der Verwundetenversorgung im Ersten Weltkrieg bei Vollmuth/Zielinksi, Die kriegsbedingte Entwicklung neuer medizinischer Spezialdisziplinen, S. 246.
15 Vgl. zu dieser Kriegstagung die Ausführungen in Abschnitt »Die Debatte über die Ursachen der Kriegsneurosen« in Kap. III.2.a. Der psychiatrische Diskurs über die Diagnosen und Ursachen von psychischen Leiden bei Offizieren.
16 Zu Baden und Bayern siehe Bartz-Hisgen, Die kriegswirtschaftliche Bedeutung soldatischer Psychiatriepatienten im Ersten Weltkrieg, S. 146–150. In Württemberg waren im Mai 1918 die folgenden Lazarette als Neurotiker-Lazarette gekennzeichnet: Res.-Laz. II Heilbronn, Res.-Laz. Hirsau und Vereinslazarett Rötenbach, Res.-Laz. Mergentheim: Nervenstation, Res.-Laz. Niedernau: Neurotikerbehandlungsabteilung, Festungshauptlazarett Ulm: Nervenstation und Res.-Laz. I Weingarten: Nervenstation. HStAS M 77/1 Bü. 26 Allgemeine Verfügungen, hier: Einrichtung einer besonderen Rentenabteilung für Neurotiker (bei E. 180 in Tübingen) und Ausbau der Lazarettarbeitsnachweise bei den Neurotiker-Sonderlazaretten, 28.5.1918. Vgl. hierzu auch die Ausführungen im Kap. III.4. a. Neue Behandlungsmethoden und ihre Verbreitung bei Offizieren.

che im Gehirn und die Dauerhaftigkeit wirklicher Geisteskrankheiten. Es handle sich hier um »psychogene« Neurosen.[17]

Die Anschauungen der militärischen Entscheidungsträger zur Behandlung der »Kriegsneurotiker« deckten sich weitgehend mit jenen der den Fachdiskurs bestimmenden Kriegspsychiater. Beide Gruppen unterstützten sich bis auf wenige Ausnahmen gegenseitig und bildeten während des Ersten Weltkrieges eine feste Allianz.[18] Auch in den kriegsministeriellen Erlassen wurde das neue Erklärungsmuster von der psychogenen Ursache der Kriegsneurose übernommen.[19] Die Erlasse zeugen von einer dezidiert ablehnenden Haltung gegenüber »Kriegsneurotikern«, wie sie sich auch in den Aussagen prominenter Kriegspsychiater spiegeln. Zum Beispiel heißt es in einer Anweisung des Preußischen Kriegsministeriums vom 9. Januar 1917, dass es sich bei »Neurotikern« um »Nervenschwächlinge« handle, bei welchen sich »Sorge und Unlust [...] auf dem Boden der krankhaften Anlage abnorm leicht und abnorm lange in körperliche und seelische Krankheitszeichen« wandelten.[20]

Zudem machen die kriegsministeriellen Erlasse deutlich, dass die militärischen Entscheidungsträger den Kriegspsychiatern bei den sich neu etablierenden aktiven Behandlungen, die vielfach mit Schmerzen verbunden waren,[21] weitgehend freie Hand ließen,[22] ihre Autorität und Machtkompetenz stützten und den Soldaten kein Mitspracherecht im Hinblick auf die Therapie einräumten.[23] Hier spielte sicherlich eine Rolle, dass sich mit den Materialschlachten im Jahre 1916 die Ausfälle aufgrund von psychischen Störungen massiv häuften.

---

17 Gaupp, Kriegsneurosen, S. 357–390; Köhne, Kriegshysteriker, S. 31–58; Freis, Psyche, Trauma und Kollektiv, S. 68.
18 Neuner, Politik und Psychiatrie, S. 65f.
19 Siehe zur Münchener Kriegstagung von 1916 Kap. III.2.a. Der psychiatrische Diskurs über die Diagnosen und Ursachen von psychischen Leiden bei Offizieren.
20 BayHStA-KA Stv. GenKdo. II. AK, SanA Bd. 14/I, Erlass des Preuß. Kriegsministeriums in Berlin am 9. Januar 1917. Vgl. auch Neuner, Politik und Psychiatrie, S. 59.
21 Siehe hierzu Kap. III.4.a. Neue Behandlungsmethoden und ihre Verbreitung bei Offizieren.
22 Im »Kriegsneurotikermerkblatt« des preußischen Kriegsministeriums von 1917 heißt es: »Energische Methoden sind überall dort angezeigt, wo mangelnder Gesundungswille sich der Behandlung entgegenstellt«. Zitiert nach Riedesser/Verderber, »Maschinengewehre hinter der Front«, S. 374.
23 BayHStA-KA Stv. GenKdo. II. AK., SanA. Bd.14/1, Preuß. Kriegsministerium am 7. September 1917. Siehe hierzu auch Kap. III.4.a. Neue Behandlungsmethoden und ihre Verbreitung bei Offizieren.

Im Zentrum der Erlasse von 1917 stand die Direktive, dass die Dienstfähigkeit der »Kriegsneurotiker« unter allen Umständen wiederherzustellen sei. Konnte die Felddienstfähigkeit nicht erreicht werden, war die Garnisonsdienstfähigkeit oder Arbeitsdienstfähigkeit das Ziel. So sollte das Reservoir der »Kriegsneurotiker« wieder für den Kriegsdienst und die Kriegswirtschaft nutzbar gemacht und mögliche Rentenforderungen abgewendet werden. Um dies rasch zu erreichen, sollten die Soldaten durch die medizinische Behandlung vorrangig von den sich körperlich äußernden Symptomen befreit werden und damit zumindest physisch wieder einwandfrei ›funktionieren‹.[24]

In den Erlassen wurde für die eigens eingerichteten Neurotiker-Lazarette eine Heilungsquote von 95 bis 100% als Ziel ausgegeben.[25] Die statistischen Angaben der Reservelazarette Ludwigshafen, Würzburg und Speyer über die Soldaten, die 1917 als geheilt und arbeitsfähig entlassen wurden, zeigen, dass diese Vorgabe weitgehend erfüllt wurde.[26] Allerdings war die Rückfallquote bei bereits »geheilten« Neurotikern, die wieder an die Front geschickt wurden, äußerst hoch, wie Militärpsychiater an der Front berichteten.[27] Es wurde beschlossen, dass diese rückfällig gewordenen »Kriegshysteriker« in der Kriegswirtschaft »nutzbar gemacht werden« sollten.[28]

---

24 BayHStA-KA Stv. GenKdo. II. AK., SanA. Bd.14/1, Grundsätze für die Behandlung und Beurteilung der sogenannten Kriegsneurotiker (Neurotiker Merkblatt), o. D.; Bayerisches Kriegsministerium an das Sanitätsamt des III. AK. betreffs der Verwendung von Kriegshysterikern in der Landwirtschaft am 18. April 1917. Vgl. hierzu auch Neuner, Politik und Psychiatrie, S. 54, 59f. Siehe zur Dauer der Lazarettaufenthalte von »Kriegsneurotikern« in der Praxis die einführenden Bemerkungen zu Kap. III.5. Die Dauer des Lazarettaufenthalts und der Status der Entlassung.
25 BayHStA-KA Stv. GenKdo. II. AK., SanA. 14/I, »Leitsätze« des Reservelazaretts Würzburg, Abt. Nervenkranke. Vgl. zu den Neurotiker-Lazaretten auch die Einführung von Kap. III. Psychisch versehrte Offiziere in Lazarettbehandlung im Ersten Weltkrieg.
26 BayHStA-KA Stv. GenKdo. II. AK., SanA. 14/I, Schreiben des RL Speyer, Nervenstation an das Sanitätsamt des II. AK. am 21. Januar 1918.
27 BayHStA-KA AOK 247, Dr. Reh an sämtliche Korpsärzte und Etappenärzte am 23. März 1917; außerdem Stv. GenKdo. II. AK., SanA. 14/I, Generalarzt Dr. Kimmel an das Sanitätsamt des II. AK am 22. Dezember 1916, Besprechung dringlicher dienstlicher Fragen in der Kaiser-Wilhelm-Akademie Berlin; Wagner, Die Rückfälle der Hysteriker, S. 1106f.
28 BayHStA-KA Stv. GenKdo. II. AK., SanA. 14/I, Erlass des Preuß. Kriegsministeriums am 10. Februar 1917. Siehe hierzu auch Neuner, Politik und Psychiatrie, S. 55, 60. Vgl. zum wirtschaftlichen Aspekt der Arbeitstherapie auch Kap. III.4.a. Neue Behandlungsmethoden und ihre Verbreitung bei Offizieren.

II. Die Nerven der Offiziere als militärisches Problem 113

Auffällig ist, dass im militärischen Diskurs weniger die »Kriegsneurose« als die »Kriegsneurotiker« zum Thema gemacht wurden, also die Frage, in welcher Weise im Militär mit den vom Leiden betroffenen Militärangehörigen umzugehen war. Wie die Kriegsneurose als psychisches Leiden zu bewerten war, wurde hingegen den Fachärzten überlassen. Falls hier allgemeine Aussagen getroffen wurden, berief man sich im Regelfall explizit auf die fachärztliche Lehrmeinung.

Allerdings ist festzustellen, dass das Militär seit Ende 1917 die unbeschränkte Freiheit der Psychiater insbesondere in Bayern wieder beschnitt, wenngleich sich Bayern ähnlich wie Baden nach der Münchener Kriegstagung 1916 in besonders starkem Maße für den Einsatz der neuen aktiven Therapiemethoden und die zentrale Behandlung in Neurotiker-Lazaretten eingesetzt hatte. Das Bayerische Kriegsministerium mahnte nun zur Vorsicht bei Starkstromanwendungen und plädierte dafür, »ohne unnötige Härte in der Behandlung zum Ziele zu kommen.« Auch hielt es die Ärzte wiederholt dazu an, sich mit dem Simulationsverdacht vor den Patienten zurückzuhalten, um die sich mittlerweile zeigende öffentliche Kritik zu besänftigen.[29]

Auffällig ist auch, dass trotz der scharfen Erlasse des Preußischen und Bayerischen Kriegsministeriums gegen die sogenannten »Kriegsneurotiker« noch bis August 1918 mit der Praxis fortgefahren wurde, das Verwundetenabzeichen, das Wilhelm II. am 3. März 1918 für Angehörige des Deutschen Heeres gestiftet hatte, auch diesen zu verleihen und damit das psychische Leiden offiziell anzuerkennen. Ein Beispiel hierfür ist der erfolgreiche Antrag für das Verwundetenabzeichen, den der bayerische Major Franz K. stellte, der am 19. August 1918 bewilligt wurde. Er stellte den Antrag wegen »dreifacher äußerer und innerer Verletzungen«. So habe er 1914 einen Schrapnellschuss erlitten, im Juni 1915 sei er an Magen- und Darmkatarrh erkrankt und im Juli 1917 an allgemeiner Nervosität, infolgedessen er verabschiedet worden sei. Bezeichnend ist, dass der Stabsoffizier trotz einer handfesten Verwundung auch seine psychische Erkrankung als Argument für seine Würdigkeit aufführte und im Bewilligungsbescheid hierauf Bezug genommen wurde.[30] Erst am 16. August 1918 gab das Preußische Kriegs-

---

29 Vgl. hierzu die Erlasse in BayHStA-KA, Stv GenKdo. I. AK., SanA 176 Krankenbehandlung. Siehe zur Kritik der Öffentlichkeit Ebd., Behandlung von Kriegsneurotiker, 8.8.1918. Siehe zum Vorwurf der »Quällazarette« auch Kap. IV.2.a. Die Haltung der Betroffenen zur Psychiatrie und zur Diagnose.
30 BayHStA-KA OP 25747 Franz K.

ministerium schließlich die Weisung heraus, dass das Verwundetenabzeichen fortan nicht mehr an »Kriegsneurotiker« verliehen werden sollte. Aufgrund des unsoldatischen Beigeschmacks des psychischen Leidens sollte von nun an eine offizielle Anerkennung unterbleiben.[31]

Eine organisatorische Neuerung Anfang 1918 zur Behandlung des Problems der »Kriegsneurotiker« in der deutschen Armee war, dass damals der Versuch unternommen wurde, die im Ersten Weltkrieg von der britischen Armee eingeführte frontnahe Behandlung von »Kriegsneurotikern«, die diese mit großem Erfolg praktizierte, zu kopieren.[32] Jede deutsche Armee richtete 1918 eine Neurotiker-Station in der Nähe der Front ein.[33] Die Hoffnung bestand, dass so ihre Rückkehr an die Front erleichtert würde.[34] Dabei spielte in der zeitgenössischen Denkweise eine große Rolle, dass der Heimat ein negativer Einfluss auf den Gesundungswillen der Soldaten zugesprochen wurde. Aber der Mangel an ausgebildeten Psychiatern erschwerte die dortige Behandlung. Qualifizierte Fachärzte wurden vielfach nach kurzer Zeit von den frontnahen Neurotiker-Stationen abgezogen, um in den Heimatkrankenhäusern Dienst zu leisten. Die Folge war, dass diese in der deutschen Armee anders als in der britischen Armee während ihrer gesamten Existenz nicht sehr erfolgreich therapierten.[35]

Im August 1918 wurde schließlich kurz vor Kriegsende in einem Erlass des Preußischen Kriegsministeriums empfohlen, Krankmeldungen aufgrund psychischer Beschwerden nicht mehr anzunehmen. Um bei »Kriegsneurotikern«, die schon einmal in Behandlung waren, eine erneute Aufnahme ins Lazarett zu vermeiden, sollten diese nun durch ein »sofort ins Auge fallendes Farbenblatt« kenntlich gemacht werden.[36]

---

31 BayHStA-KA Stv. GenKdo. II. AK, SanA. 14/I, Erlass des Preuß. Kriegsministeriums am 16. August 1918. Siehe hierzu auch Neuner, Politik und Psychiatrie, S. 57.

32 Allgemein verfolgten die deutschen Militärpsychiater während der Kriegszeit die Maßnahmen der britischen Armee genau und versuchten daraus zu lernen.

33 Stier, Wie kann der Entstehung von Kriegsneurosen bei der Feldarmee vorgebeugt werden?, S. 66. Siehe auch Hohenthal, Wissenschaft im Krieg?

34 BayHStA-KA, Stv. GenKdo. I. AK., SanA. 458, Schreiben des Sanitätsamtes des I. AK. an das Bayer. Kriegsministerium am 14. August 1915, S. 10. Vgl. auch Neuner, Politik und Psychiatrie, S. 59.

35 Lerner, Hysterical men, S. 157; Hohenthal, Wissenschaft im Krieg?

36 BayHStA-KA Stv. GenKdo. II. AK, SanA. 14/I, Erlass des Preuß. Kriegsministeriums am 16. August 1918; vgl. auch die Diskussionsbemerkungen von Stabsarzt Dr. Kaufmann, Reservelazarett Ludwigshafen, o. D. S. 1f. Vgl. auch Neuner, Politik und Psychiatrie, S. 57.

2. Die Nerven der Offiziere im militärischen Diskurs

Auffällig ist, dass die vielen militärischen Erlasse und Denkschriften in der deutschen Armee zur Behandlung des Problems der »Kriegsneurotiker« im Ersten Weltkrieg meist nicht auf Offiziere eingingen. Häufig geht aus den Formulierungen hervor, dass Offiziere bei den Bestimmungen bewusst ausgeschlossen wurden.[37] Dem entspricht, dass der Großteil der Offizierspatienten mit psychischen Erkrankungen nicht in den psychiatrischen Einrichtungen für »Kriegsneurotiker«, sondern in Offizierslazaretten und -genesungsheimen separat behandelt wurde.[38] Hinzu kommt, dass psychische Krankheiten von Offizieren generell nicht rapportiert wurden und entsprechende Zahlenangaben in der Heeresstatistik fehlen.[39] Es zeigt sich ein allgemeiner Trend zur Tabuisierung psychischer Leiden bei Offizieren im Ersten Weltkrieg, der in engem Zusammenhang mit den sehr hohen Anforderungen stand, die im militärischen Diskurs an die Nervenstärke der Offiziere gestellt wurden.[40]

a. Willensstärke, Kampfentschlossenheit und Todesbereitschaft als traditionelle Standespflichten der Offiziere

Traditionell sah das Leitbild des Offiziers ein nervliches Nicht-Durchhalten im Krieg und die Möglichkeit einer psychischen Schwäche nicht vor. Im habituellen Kanon der Offiziere war kein Platz für psychisch leidende Offiziere. Vielmehr war der Glaube, dass sich das Durchhalten selbst bei enormer körperlicher und psychischer Belastung durch Willensstärke erzwingen ließe, der wesentliche Bestandteil.[41]

Daneben spielte für die Nichtakzeptanz psychischer Leiden bei Offizieren eine Rolle, dass der Offizier mit einer hohen Machtfülle ausgestattet war und seine Untergebenen in ihrem Wohlergehen direkt von ihm abhängig

---

37 Vgl. hierzu z.B. die Erlasse in BayHStA-KA Abt. IV: KA, Stv GenKdo. I. AK., SanA 176 Krankenbehandlung.
38 Siehe die einführenden Bemerkungen zu Kap. III. Offiziere in psychiatrischer Behandlung.
39 Siehe hierzu Kap.III.1. Das prozentuale Verhältnis von psychisch versehrten Offizieren und Mannschaften.
40 Siehe zu diesem Kapitel auch zus. Gahlen, Die Nerven der Offiziere als militärisches Problem, S. 122–128.
41 Schaar, Wahrnehmungen des Weltkrieges, S. 227.

waren. Es existierte ein militärisches Zwangs- und Überwachungssystem, das mit unmittelbarer Befehls- und Disziplinargewalt des vorgesetzten Offiziers arbeitete.[42] Dieser konnte als besonnene, gerechte und wohlwollende Autorität auftreten oder aber Untergebene durch psychische Schwäche unnötig in Gefahr bringen oder seine Macht zu Willkürakten und Schikanen ausnutzen. Den Offizieren stand es zu, im Gefecht ihren Befehlen mit unmittelbarer Gewalt Geltung zu verschaffen, ihre Mannschaften mit gezogener Waffe zum Angriff zu treiben oder am Zurückgehen zu hindern.[43]

Und schließlich herrschte bereits in der Friedenszeit die Ansicht vor, dass sich eine psychische Schwäche, die der Offizier der Truppe offenbarte, direkt auf die Kampfkraft der Truppe übertrug,[44] da sie die Durchsetzung straffer Disziplin und »Manneszucht« durch den Offizier gefährdete. Disziplin und »Manneszucht« wurden bereits in der Friedenszeit als die wichtigsten Parameter für die Leistungsfähigkeit eines militärischen Verbandes angesehen, wie aus den gängigen Vorschriften, beispielsweise der Felddienstordnung von 1908 oder dem Ausbildungsleitfaden für junge Offiziere, ersichtlich ist.[45]

Traditionelle Kardinaltugenden des Offiziers waren Willensstärke, Kampfentschlossenheit und Todesbereitschaft. Als Ausgleich hierfür stand

---

42 Bröckling, Disziplin, S. 200, 208.
43 Der Elsässer Bauer Dominik Richert berichtete in seinen posthum veröffentlichten Kriegserinnerungen mehrfach von entsprechenden Situationen. Bereits unter dem Datum 21. August 1914 schrieb er von einer Situation, in der nicht nur gedroht, sondern auch geschossen wurde: »Alles wollte nun zurücklaufen, Deckung suchen, denn wir wurden von unserer eigenen Fußartillerie beschossen, und das regte auf. Leutnant Vogel schrie: ›Vorgehen!‹ Als einige Soldaten zögerten, schoß er kurzerhand vier derselben nieder, zwei waren tot, zwei waren verwundet.« Richert, Beste Gelegenheit zum Sterben, S. 31. Siehe hierzu auch Bröckling, Disziplin, S. 205.
44 Auch auf Seiten der Mediziner wurde die hohe Bedeutung der Offiziere für den Kriegsverlauf betont. Robert Sommer forderte von Offizieren eine notwendige »Überlegenheit des Geistes«: »Auch das Verhältnis von Untergebenen und Vorgesetzten ist von größter psychologischer Bedeutung. Wenn auf der einen Seite wirkliche Überlegenheit des Geistes, auf der anderen Seite Vertrauen in die Führung und Kraft der Exekutive vorhanden ist, wird das Gesamtergebnis am günstigsten sein.« Sommer, Krieg und Seelenleben, S. 13. Diese Vorstellung blieb bis in die NS-Zeit im militärischen Denken bestimmend. So schrieb der Wehrmachtpsychologe Max Simoneit 1933: »Die Stellung des Führers zu seiner Gruppe muß durch das Ziel bestimmt sein, seine Kampfgruppe immer uneingeschränkt im Sinne der Führerinitiative beherrschen und verwenden zu können.« Simoneit, Wehrpsychologie, S. 15.
45 Vgl. Leitfaden für den Unterricht über Heerwesen, S. 46; Felddienstordnung 1908, S. 9, 46. Siehe hierzu auch Stachelbeck, Militärische Effektivität im Ersten Weltkrieg, S. 300.

den Offizieren die militärische Ehre zu, die für sich in Anspruch nahm, wertvoller als die bürgerliche Ehre zu sein und den Offiziersstand wie kein anderes Merkmal charakterisierte.[46] Die Gesellschaft des Kaiserreichs schätzte die Todesbereitschaft so hoch, dass sie bereitwillig diesen Anspruch einlöste und das Ansehen der Offiziere über das der anderen Berufe stellte.[47]

Der traditionelle Ehrenkodex der Offiziere spielte bei der militärischen Erziehung der Offiziere zu Nervenstärke und Todesbereitschaft eine große Rolle und prägte in hohem Maß ihre Wahrnehmungs-, Deutungs- und Handlungsmuster. Der Ehrenkodex bestand in dem adelig-kriegerischen Tugendkatalog, der sich vor allem auf »Fürstentreue und Vaterlandsliebe, Führungsgabe und Willenskraft, Disziplin und Pflichtbewußtsein, Todesverachtung und Heldenmut, Haltung und Ehrenhaftigkeit« bezog.[48] Damit beinhaltete der militärische Ehrbegriff ganz heterogene Vorstellungen.[49] In der Einleitungsordre Wilhelms I. zur Ehrengerichts-Verordnung von 1874, die auch im Ersten Weltkrieg noch in Kraft war, schrieb dieser, dass es die oberste Maxime für den Offiziersstand sein sollte, »die Ehre [...] rein und fleckenlos zu erhalten«.[50]

Die Erziehung zu Nervenstärke und Todesbereitschaft setzte vielfach schon im Kindesalter ein, denn in den Kadettenanstalten wurden die

---

46 Frevert, Ehrenmänner, S. 115; Lipp, Meinungslenkung im Krieg, S. 95.
47 Vgl. Kühne, Der Soldat, S. 346f.; Schaar, Wahrnehmungen des Weltkrieges, S. 227. Der Besitz der militärischen Ehre war für Offiziere aber durchaus nicht nur mit Annehmlichkeiten verbunden, sondern setzte sie in vielen Situationen auch unter besonderen Konformitätsdruck hinsichtlich ihres eigenen Verhaltens und verpflichtete sie, Angriffe auf die militärische Ehre unter Einsatz ihres Lebens zu verteidigen, was am augenfälligsten in der Duellpraxis zum Ausdruck kam. Zum Konfliktpotential zwischen bürgerlicher und militärischer Ehre vgl. Frevert, Ehrenmänner, S. 110–121. Vgl. z.B. zu den rigiden Vorgaben für die Duellpraxis Ebd., S. 124f.; vgl. daneben zum militärischen Duell Dieners, Das Duell und die Sonderrolle des Militärs; Ludwig/Krug-Richter/Schwerhoff (Hrsg.), Ehrenkämpfe vom Mittelalter bis zur Moderne. Siehe hierzu auch Lipp, Meinungslenkung im Krieg, S. 95.
48 Siehe die Beschreibung von Funck, Bereit zum Krieg?, S. 69. Vgl. auch Meteling, Adel und Aristokratismus, S. 218.
49 Typisch war, dass der militärische Ehrbegriff inhaltlich nur vage formuliert wurde. Ostertag, Bildung, Ausbildung und Erziehung des Offizierkorps, S. 200; Lipp, Meinungslenkung im Krieg, S. 95. Zu Ehre und Pflichterfüllung als konstruierte soldatische Tugenden vgl. Ludwig/Zimmermann, Ehre und Pflichterfüllung als Codes militärischer Tugenden, S. 11–27.
50 Einleitungsordre zu der Ehrengerichts-Verordnung vom 2. Mai 1874, abgedruckt in: Demeter, Das deutsche Offizierkorps, S. 269. Vgl. auch Meteling, Adel und Aristokratismus, S. 218.

Zöglinge vom ersten Tag an auf die Notwendigkeit hingewiesen, im Ernstfall ihr Leben zu opfern.[51] Auch in den weiteren militärischen Ausbildungsstätten und durch die Sozialisation im Regimentsoffizierskorps, das im Frieden für die Verinnerlichung des Tugendkanons im Offizierskorps als entscheidend galt, wurde den Offizieren Kampfentschlossenheit und Todesbereitschaft unter Berufung auf den Ehrenkodex anerzogen. Daneben spielten die Ehrengerichte, die Offizierszeitschriften und die kriegsministerialen Erlasse eine entscheidende Rolle.[52] Und schließlich verankerten Literatur und Gedenkkultur des Kaiserreichs die Figur des opferfreudigen, sich in aufrechter Haltung der Todesgefahr hingebenden Offiziers in der Gesellschaft tief.[53]

Der Ehrenkodex blieb auch im Ersten Weltkrieg wirksam, auch wenn sich Modifizierungen nachweisen lassen. So durchliefen die deutschen Offiziere während des Krieges einen enormen Mentalitätswandel basierend auf einem Lernprozess, um sich den immer schwieriger werdenden Rahmenbedingungen der Kriegsführung gerade in der zweiten Kriegshälfte anzupassen. Der dadurch bewirkte Rationalisierungsprozess des militärischen Apparates und der Professionalisierungsschub der Offiziere insbesondere im Bereich der Taktik und der Waffentechnik[54] hatten auch deutliche Auswirkungen auf ihr Selbstverständnis, sodass Wencke Meteling von einer »mentalen Professionalisierung« des deutschen Offizierskorps spricht und eine Abkehr von der aristokratisch-wilhelminischen Militärkultur konstatiert.[55] Diese Entwicklung wurde durch den Leistungs- und Maschinenkult der 3. Obersten Heeresleitung unter Erich Ludendorff und Paul von Hindenburg ab dem Sommer 1916 befördert. Immer stärker wurden Leistung und Effizienz gewertet, während Standesmäßigkeit und Monarchismus ihre Bedeutung verloren.[56]

---

51 Schaar, Wahrnehmungen des Weltkrieges, S. 227.
52 Geyer, The Past as Future, S. 192; Meteling, Adel und Aristokratismus, S. 219, 221.
53 Meteling, Adel und Aristokratismus, S. 227.
54 Nach Michael Geyer wurde die deutsche Armee seit 1916 durch die Maschinenkultur »endgültig und unwiderruflich in das 20. Jahrhundert und in die Industriegesellschaft katapultiert«. Geyer, Deutsche Rüstungspolitik, S. 102.
55 Ausführlich dazu Meteling, Ehre, Einheit, Ordnung, S. 234–292; zus. Meteling, Adel und Aristokratismus, S. 224. Vgl. daneben Geyer, Deutsche Rüstungspolitik, S. 99–102; dErs.: The Past as Future, S. 195f.; Deist, Zur Geschichte des preußischen Offizierkorps, S. 52f., 55f.
56 Meteling, Adel und Aristokratismus, S. 224. Vgl. zur damit einhergehenden Erosion des althergebrachten Korpsgeistes auch die Ausführungen in Kap. II.7.c. Die Haltung der Offizierskameraden.

Allerdings knüpfte das Leistungsdenken der Obersten Heeresleitung gerade an die traditionellen Standespflichten an. Der Ehrenkodex als solcher wurde nicht in Frage gestellt. So appellierte Hindenburg gegen Ende des Krieges im Oktober 1918, als sich Klagen über die Offiziere häuften, gerade an die Standespflichten und das Ehrgefühl der Offiziere:

»In der ernsten Lage, in der sich Vaterland und Heer befinden, muß der Offizier in besonderer Weise bestrebt sein, die schweren Pflichten seines stolzen Berufs in vollster Hingabe zu erfüllen, um vor Gott, Seiner Majestät dem Kaiser, den Menschen und seinem Gewissen makellos dazustehen. Er muß das Beispiel für den Soldaten sein! Die in den Kriegsartikeln von jedem Soldaten geforderten *soldatischen Tugenden* [Hervorhebung im Original] sind von dem Offizier in erhöhtem Maße zu fordern. Sie wachsen sich zu Standespflichten aus, über die der oberste Kriegsherr in der Einführungsorder zu der Allerhöchsten Verordnung über die Ehrengerichte der Offiziere im preußischen Heere (Die Bundesstaaten haben entsprechende Weisungen erlassen) keinen Zweifel läßt. Diese Worte müssen jedem Offizier wohlbekannt sein.«[57]

Hier wird sehr deutlich, dass die traditionellen Offizierstugenden der Friedenszeit bei der Militärführung die Kriegszeit überdauerten und nach wie vor als Garantie gesehen wurden, um die Mannschaft in idealer Weise zu führen. Offiziere, die von diesen Tugenden abwichen, galt es zu bestrafen. Die Zuständigkeit der Ehrengerichte wurde nicht in Frage gestellt.

Der Ehrenkodex für Offiziere verbot jegliche öffentlichen Anzeichen von Furcht und Schwäche. Dies führte dazu, dass sich Offiziere sehr viel schneller dem Feigheitsvorwurf ausgesetzt sehen konnten. Der sächsische Hauptmann Heinrich von B., gegen den im Dezember 1918 und Januar 1919 ein Ehrengerichtsverfahren wegen des Vorwurfes der Feigheit in sechs Fällen bei den Abwehrkämpfen gegen amerikanische Angriffe vom 9. bis 23. Oktober 1918 lief, ging in seiner Verteidigungsschrift auf die militärische Definition von Feigheit in Bezug auf Mannschaftssoldaten und die verschärften Anforderungen für Offiziere ein:

»Was man unter Feigheit versteht, bringt unser Reglement.
1. Wer hinter der fechtenden Truppe zurückbleibt und keinen Befehl dazu hat.
2. Wer unter irgendeinem Vorwande den Kampfplatz verlässt,
3. Wer ohne Befehl Verwundete aus dem Gefecht trägt,

---

57 GLA 456 F 2 Offiziersangelegenheiten, insbesondere das Verhalten der Offiziere 14. Dezember 1917 - 26. November 1918, darin: Chef des Generalstabes des Feldheeres, 22.10.1918.

4. Wer sich wenn er von der Truppe abkommt, nicht dem nächstfechtenden Truppenteile anschliesst, der macht sich der Feigheit schuldig.
Dazu kommen natürlich für einen Offizier noch alle Zeichen der Furcht und Schwäche, von denen ich mich frei weiss.«[58]

Es zeigt sich sehr deutlich, dass die Feigheit bei Offizieren sehr viel strenger als bei Mannschaftssoldaten aufgefasst wurde und hier die Messlatte deutlich höher angelegt wurde. Anders als beim Mannschaftssoldaten galten bereits alle nach außen sichtbaren Anzeichen von »Furcht und Schwäche« bei einem Offizier als Ausdruck von Feigheit und damit als mit der Offiziersstellung unvereinbar. Der Offizier durfte sich nichts anmerken lassen. Hingegen war der Feigheitsvorwurf bei Mannschaftssoldaten auf Handlungen, die darauf zielten, sich dem Kampf zu entziehen, beschränkt. Ein Soldat, der Anzeichen von Furcht und Schwäche zeigte, aber die an ihn gerichteten Befehle ausführte, machte sich anders als ein Offizier nicht der Feigheit schuldig.

Abweichendes Verhalten wie Feigheit, Flucht oder Gefangennahme ohne Gegenwehr[59] galten auch deswegen als unehrenhaft, weil hier die Kameraden im Stich gelassen würden,[60] denn der militärische Männlichkeits- und Ehrbegriff war stark an die Definition von kameradschaftlichem und unkameradschaftlichem Verhalten gekoppelt. Die Kameradschaft verlangte vom Einzelnen konformes Verhalten wie Pflichterfüllung und Tapferkeit im Interesse der Gruppe und damit Tugenden, die traditionell im Militär, aber auch im zivilen Leben als »männlich« angesehen wurden.[61]

---

58 SächsHStA EGA 11335.046 Akten im ehrengerichtlichen Verfahren gegen Hauptmann von B. 1918–1919, Verteidigungsschrift von B., S. 10.

59 Zum Beispiel gab das Preußische Kriegsministeriums am 16. Mai 1918 einen Erlass zum Verhalten in der Gefangenschaft und nach der Rückkehr aus der Gefangenschaft heraus. Hierin heißt es, dass die Ehre der gesamten Armee und des Einzelnen nach einer Feststellung der Art der Gefangennahme verlange. Wurde keine Schuld für die Gefangenschaft festgestellt, erhielten Offiziere und Mannschaftssoldaten durch den Kommandeur eine entsprechende Bescheinigung. Vgl. Stachelbeck, Militärische Effektivität im Ersten Weltkrieg, S. 341; Raths, Vom Massensturm zur Stoßtrupptaktik, S. 185f.

60 Jahr, Gewöhnliche Soldaten, S. 137–140; Ziemann, Front und Heimat, S. 112f.; Stachelbeck, Militärische Effektivität im Ersten Weltkrieg, S. 341. Vgl. zur Bedeutung der Treue im Militär die Beiträge in Buschmann/Murr (Hrsg.), Treue. Siehe zur Kameradschaft auch Kap. II.5.a. Kohäsionskräfte in den Kampfverbänden, Kameradschaft und »Korsettstangenprinzip«. Siehe zur Bedeutung des Arguments, die Kameraden im Stich zu lassen, für das Selbstbild von psychisch versehrten Offizieren auch Kap. IV.3. Die Auswirkung der psychischen Versehrung auf das Verhältnis zum Krieg und das Selbstbild als Offizier.

61 Vgl. hierzu Frevert, Das Militär als »Schule der Männlichkeit«, S. 145–173; Rohkrämer, Der Militarismus der »kleinen Leute«, S. 96; Stachelbeck, Militärische Effektivität im Ersten Weltkrieg, S. 341.

Die verschärften Vorschriften für Offiziere im Hinblick auf den Feigheitsvorwurf erklären sich auch daraus, dass Offiziere durch ihre taktischen Entscheidungsspielräume deutlich mehr Möglichkeiten als Mannschaftssoldaten hatten, sich im Kampf Gefahrensituationen zu entziehen. Doch mussten sie damit rechnen, dass all ihre Entscheidungen auf den Feigheitsvorwurf geprüft wurden, was viele Offiziere als belastend empfanden.[62]

Die Wirksamkeit der traditionellen Standespflichten findet sich auch in den Selbstzeugnissen der Offiziere. Sebastian Schaars Auswertung der Selbstzeugnisse sächsischer Offiziere ergibt, dass Offiziere bei der Konfrontation mit der Todesgefahr im Weltkrieg auf die im Ehrenkodex verankerte Pflicht zur »todesverachtenden« Tapferkeit vielfach zurückgriffen.[63]

Gerade am Beispiel der traditionellen Anforderung an den Offizier, dass sich der Vorgesetzte im Kampf von der Masse abheben und bewusst dem Tod aussetzen sollte, lässt sich die Wirksamkeit der Standespflichten, aber auch deren Wandel im Ersten Weltkrieg ablesen. Dass eine aufrechte Haltung militärischer Führer im Kampf notwendig und es für einen deutschen Offizier absolut unangebracht sei, sich während eines Gefechts im Kugelhagel zu ducken, gehörte zu den ältesten militärischen Überzeugungen. Durch aufrechtes Gehen und Stehen sollte der Offizier Mut und Kaltblütigkeit ausstrahlen, seine Untergebenen führen, beruhigen und ihnen unter Nichtachtung eigener Lebensgefahr ein Vorbild sein.[64] In einem Lehrbuchtext von 1909 heißt es:

---

62 Dies erfuhr zum Beispiel der Hauptmann von B., als seine Abänderung der ausgegebenen Befehle von seinen untergebenen Leutnants als Feigheit ausgelegt wurde und sie eine Ehrengerichtsverhandlung nach dem Krieg gegen ihn anstrebten. Er rechtfertigte sich in seiner für die Verhandlung verfassten Verteidigungsschrift, damit, dass seine Befehlsänderungen bezweckt hätten, sich der Kampflage anzupassen und seine Einheit so am effektivsten einzusetzen. Hauptmann von B. argumentierte, dass er schon damals gewusst habe, dass seine Entscheidungen missverstanden werden könnten: »Nur weiss ich, dass ich sagte, solche Entschlüsse könnten einem immer falsch ausgelegt werden, aber die Situation zwänge dazu.« SächsHStA EGA 11335.046 Akten im ehrengerichtlichen Verfahren gegen Hauptmann von B. 1918–1919, Verteidigungsschrift von B., S. 7.
63 Schaar, Wahrnehmungen des Weltkrieges, S. 227.
64 Funck, In den Tod gehen, S. 230–232; Schaar, Wahrnehmungen des Weltkrieges, S. 242, 242.

»Indem er Gefahren nicht achtet und mehr als wie unbedingt nötig sich den feindlichen Geschossen aussetzt, eifert er seine Leute an, es ihm gleichzutun an Opferfreudigkeit, Charakterstärke und Todesverachtung.«[65]

Die Auswirkungen dieser tradierten Vorstellungen von Mut, Tapferkeit und heroischem Draufgängertum zeigten sich in den exorbitanten Offiziersverlusten der ersten Kriegswochen. Auch die Kriegserinnerungen und Erfahrungsberichte bieten massenhaft Beispiele dafür, dass Offiziere im August und September 1914 die Todesgefahr nicht achteten und aufrecht vorstürmten.[66]

Beim Studium der Selbstzeugnisse sächsischer Offiziere des Weltkriegs fiel Schaar auf, dass es insbesondere zu Beginn des Krieges Offiziere gab, die Vorstellungen verinnerlicht hatten, die man ihnen über den idealen Offizierstod beigebracht hatte. Sie waren davon überzeugt, dass Offiziere im Angesicht des Todes herausragende Qualitäten vorweisen konnten und mussten, die sie von Unteroffizieren und Mannschaftssoldaten unterschieden. Dieses Alleinstellungsmerkmal ihres Standes war schließlich die wichtigste Grundlage für den gesamtgesellschaftlichen Führungs- und Herrschaftsanspruch des Offizierskorps. Aufgrund dieses Legitimierungs-Effekts wie auch aus dem militärischen Kalkül heraus, dass der eigene unerschrockene Tod die Untergebenen anspornen werde, gab es auch einige Offiziere, die versuchten, ihren Tod zu beeinflussen und nach traditionellen Vorgaben zu sterben, sodass sich ihr Tod durch ihre aufrechte Haltung und ein Nichtachten der Gefahr von der Masse abhob.[67]

Im Laufe des Krieges wurde allerdings immer klarer, dass dieser traditionell als heroisch angesehene Offizierstod in »Haltung« einer romantisierten Vergangenheit angehörte. Die Art des Sterbens im Ersten Weltkrieg entwertete ihn, zeigte, dass er nicht mehr funktional war und auch nicht mehr für die Masse der Offiziere der Realität entsprach. Der Großteil der im Ersten Weltkrieg gefallenen Offiziere wurde durch Artilleriegeschosse getötet. Ihr Tod kam häufig plötzlich, ohne dass die Offiziere die Todesart beeinflussen oder sich unmittelbar auf das Sterben vorbereiten konnten.[68]

---

65 Rabenau, Die deutsche Land- und Seemacht und die Berufspflichten des Offiziers, S. 277; zitiert auch bei Schaar, Wahrnehmungen des Weltkrieges, S. 244.
66 Vgl. die Beispiele bei Meteling, Ehre, Einheit, Ordnung, S. 220–227. Siehe hierzu den Abschnitt »Die Auswirkungen des hohen Offiziersbedarfs durch die massiven Verluste« in Kap. II.3.b. Die Prüfung der psychischen Belastbarkeit der Offiziersanwärter.
67 Schaar, Wahrnehmungen des Weltkrieges, S. 279.
68 Funck, In den Tod gehen, S. 230f.; Schaar, Wahrnehmungen des Weltkrieges, S. 279; Meteling, Adel und Aristokratismus, S. 227.

Da sich »Todesverachtung« und »Haltung« als wesentliche Komponenten des adelig-kriegerischen Tugendkataloges gerade im Stellungskrieg als unpraktikabel, ja kontraproduktiv erwiesen, verwarfen viele Offiziere diese Ideale aufgrund ihrer Fronterfahrungen. Immer mehr Offizierskameraden interpretierten derartiges Verhalten als unnötiges Risiko, Unvorsichtigkeit und Torheit, wie sie auch Draufgängertum zunehmend kritisierten.[69] Aufgrund der ständigen Bedrohung durch gegnerische Scharfschützen, die auf alles zielten, was den Grabenrand überragte, wurde nicht die auf den Exerzierplätzen eingeübte militärisch »stramme« Haltung, sondern der gebückte Gang zum Kennzeichen der Frontoffiziere und -soldaten.[70] Für die heroischste Komponente des aristokratischen Offiziersideals – den opferfreudigen, in aufrechter Haltung der Todesgefahr sich hingebenden Offizier – war auf dem industrialisierten Gefechtsfeld kaum Platz. Stattdessen galten technisch-funktionales Agieren, eine akribische Vorbereitung jeder Kriegsaktion und nüchternes Kalkül von Kosten und Nutzen als unverzichtbare Führereigenschaften.[71]

Die Verteidigungsschrift des sächsischen Hauptmanns von B. gegen den Vorwurf der Feigheit im Ehrengerichtsverfahren wie auch das Ausbleiben von Kritik an seinen Ausführungen zeigt allerdings, dass die traditionellen Ideale nicht komplett ad acta gelegt wurden. Der Hauptmann interpretierte den Anspruch eines Offiziers, aufgrund seiner Vorbildfunktion keinerlei Rücksicht auf sich selbst zu nehmen, noch 1918 so weit, dass dieser es immer noch als seine Offizierspflicht ansah, sich beim Angriff bei Artilleriebeschuss nicht in Deckung begaben, was er seinen Untergebenen zugestand, sondern stetig nach vorne zu schreiten.

Über einen Angriff bei starkem Artilleriebeschuss schrieb er:

»Starkes Artilleriefeuer lag auf dem ganzen Waldabhange [...]. Trotz des Feuers legte ich mich nie hin, während die Leute es oft taten. Ltnt. Grau redete ich darauf hin an,

---

69 Schaar, Wahrnehmungen des Weltkrieges, S. 279.
70 Bröckling, Disziplin, S. 202.
71 Ebd., S. 204; Meteling, Adel und Aristokratismus, S. 227. Auch von Seiten der Nervenärzte wurde nun betont, dass der Offizier durch sein eigenes Benehmen aufgrund seiner Vorbildfunktion seinen Untergebenen Gefahren zuziehe oder sie infolge günstiger psychologischer Eigenschaften rechtzeitig abwende. Entsprechend sei beim militärischen Führer das »vollständige Fernhalten affektiver Reaktionen, welche die Unterstellten in ihrem Ausharren und Mut durch das Beispiel enorm beeinflussen«, unbedingt vonnöten: »Unter affektiver Reaktion des Führers ist natürlich nicht bloß das Bangen oder die Vorsicht desselben zu verstehen, sondern oft auch der tapfere Übermut.« Kluge, Psychologische Unfallneigung im Kriege, S. 741f.

und feuerte auch die Leute an. Ich würde deswegen nie die Leute als feige bezeichnen, denn das ist ihr gutes Recht. Sie müssen nur dann wieder weitergehen.«[72]

Später rechtfertigte der Hauptmann abermals sein Verhalten gegen den Vorwurf der Feigheit und des »kläglichen« Verhaltens damit, dass er sich mehrmals in Gefahr begeben hatte. Über den Leutnant seines Bataillons, der den Hauptmann dieses Verhaltens während des Angriffs vor dem Ehrengericht beschuldigte, sagte Hauptmann von B.: »Wie er mein Verhalten als kläglich hinstellen kann, verstehe ich nicht, da ich mich überhaupt nicht hingelegt habe. Während die Truppe abgerissen war, war ich ihr vorausgeeilt.«[73]

b. Die gesteigerte Bedeutung von Willens- und Nervenstärke der Offiziere im Krieg

Auf der normativen Ebene schloss das Leitbild des militärischen Führers im Krieg an das der Friedenszeit an. Doch wurde in den militärischen Befehlen, Denkschriften und öffentlichen Verlautbarungen des Ersten Weltkriegs übereinstimmend betont, dass die Anforderungen an die Willens- und Nervenstärke für Offiziere im Krieg durch die gesteigerte Belastung gegenüber der Vorkriegszeit enorm angewachsen seien. Daneben betonte die militärische Führung, dass die Erwartungen an die Offiziere beim Führen ihrer Soldaten in der Kriegs- gegenüber der Friedenszeit auch deshalb gestiegen seien, weil ihr Verhalten und ihre Leistung im Kampf für die Motivation der Soldaten im Sinne des Durchhaltens »auch in Zeiten schwerster Mühen und Sorgen« von deutlich größerem Gewicht als im Manöver seien.

So wurde in einem Erlass des Armeeoberkommandos 3 vom 24. November 1917 gefordert:

»Im Großkampf müssen Regts-, Btls.- und Abteilungs-Kommandeure über wirkliche Führeraufgaben verfügen, sie müssen einen festen Willen, gewaltige körperliche Leistungsfähigkeit, eiserne Nerven haben, die sie befähigen, auch in den schwierigsten Lagen, unter den Eindrücken gewaltigsten Feuers und unter schwersten Entbehrungen und Leiden den Mut ihrer Untergebenen immer wieder neu zu beleben.«[74]

---

72 SächsHStA EGA 11335.046 Akten im ehrengerichtlichen Verfahren gegen Hauptmann von B. 1918–1919, Verteidigungsschrift von B., S. 9.
73 Ebd.
74 Zitiert nach Stachelbeck, Militärische Effektivität im Ersten Weltkrieg, S. 299 (mit weiteren Belegen). Daneben finden sich Beispiele bei Jahr, Gewöhnliche Soldaten, S. 60.

Und schließlich wurde die größere Bedeutung der Willens- und Nervenstärke der Offiziere im Krieg auch damit begründet, dass sie Disziplin und »Manneszucht« garantieren würde, die im Krieg noch schwerer als in Friedenszeiten durchzusetzen seien, deren Bedeutung aber im Krieg stark erhöht sei: Disziplin und »Manneszucht« wurden im Krieg auch als psychologische Hilfsmittel für jeden einzelnen Soldaten angesehen. Sie galten als entscheidende Voraussetzungen für den inneren Zusammenhalt der Truppe angesichts der auflösenden Wirkungen des Krieges, was wiederum dem einzelnen Soldaten den notwendigen psychischen Halt im Gefecht gewährte, um die Belastungen des modernen Gefechts zu ertragen.[75]

Im Militär herrschte die Ansicht vor, dass der Offizier besonders im Krieg neben einem hohen militärischen Rang und äußeren Disziplinierungsmitteln zur Durchsetzung von Disziplin und »Manneszucht« bei der Truppe einer glaubwürdigen Persönlichkeit bedurfte, der sich die Mannschaften freiwillig unterordneten. Zu dieser gehörte nach der damaligen Einschätzung neben Fachkompetenz im industrialisierten Maschinenkrieg, Gerechtigkeit und Fürsorglichkeit auch Unerschrockenheit im Kampf. Über ihr persönliches »heldenhaftes« Beispiel sollten sie die Liebe und das Vertrauen ihrer ihnen unterstellten Leute gewinnen.[76] Ein mehrmals im Kaiserreich aufgelegter Ratgeber zu den Standes- und Berufspflichten des deutschen Offiziers schrieb hierzu:

»Bei keiner seiner vielen Pflichten tritt so sehr das Bedürfnis eines idealen Zuges in den Vordergrund, als bei dieser, wo es gilt, der Todesgefahr mutig und ruhig ins Antlitz zu sehen und dabei seinen Einfluss auf die Untergebenen als Führer vollauf zu bewahren.«[77]

Die Vorstellung, dass der Offizier zur Durchsetzung von Disziplin und »Manneszucht« einer besonders willens- und nervenstarken Persönlichkeit bedurfte, der seine Männer freiwillig Folge leisteten, erklärt sich auch daraus, dass sich im Ersten Weltkrieg die Aufsichtsmöglichkeiten im Vergleich zur Friedenszeit, aber auch im Vergleich zu vorherigen Kriegen deutlich verringert hatten. Dies lag zum einen an den Bedingungen des Maschinenkrieges mit seiner Intensität feindlichen Feuers und den eingeschränkten Sicht-

---

75 Stachelbeck, Militärische Effektivität im Ersten Weltkrieg, S. 300.
76 Leitfaden für den Unterricht über Heerwesen, S. 1 f.; hierzu ausführlich Watson, Junior Officership in the German Army, S. 429–453; Watson, Enduring the Great War, S. 108–139.
77 Schaible, Standes- und Berufspflichten des deutschen Offiziers, S. 183.

verhältnissen, zum anderen an der Auftragstaktik. Beides führte dazu, dass die Soldaten ein erhöhtes Maß an Selbstständigkeit erhielten.[78] Das althergebrachte Mittel zur Kontrolle der Truppen im elementartaktischen Bereich, dass die Soldaten in kompakten und übersichtlichen Formationen aufgestellt wurden, konnte auf dem modernen Schlachtfeld aufgrund der technischen Entwicklung und der Verwendung von Schnellfeuerwaffen nicht mehr angewandt werden, sondern musste einer Ausdünnung der taktischen Körper weichen. Die Bedingungen des Maschinenkrieges erforderten selbständiges, technisch-funktionales Verhalten vom Soldaten.[79] Die Auftragstaktik bewirkte im Ersten Weltkrieg, dass nicht nur die Soldaten den Befehlen ihres Offiziers unterworfen waren, sondern dass auch dieser auf die Gefolgschaft seiner Untergebenen an der Front angewiesen war. Diese Taktik war bereits 1906 eingeführt und parallel zur Konzeption des Heeres als lenkbare Masse verbindlich durchgesetzt worden. Sie zielte auf den zur Selbständigkeit erzogenen Soldaten im modernen Gefecht.[80] 1916 wurde in Vorschriften kodifiziert, dass die Soldaten während des Kampfes nicht mehr in Massen, sondern in Kampfgruppen vorgehen sollten. Zuvor war dies bereits vielfach innerhalb der Divisionen eigenverantwortlich praktiziert worden.[81]

Entsprechend proklamierten die Vorschriften die Erwartung, dass Offiziere aller Ränge ihre Soldaten dazu brachten, ihnen möglichst freiwillig zu folgen, indem sie ihr Vertrauen gewannen und ihnen die richtige Gesinnung und Selbstdisziplin vermittelten.[82] Als Ideal galt ein charismatisches Führertum, das dem Offizier eigen sein sollte.[83] Der Entwurf einer Ausbildungsvorschrift für die Infanterie vom 30. November 1916 zeigt den hohen Anspruch:

---

78 Storz, Die Schlacht der Zukunft, S. 259.
79 Vgl. beispielsweise Anleitung für Kompagnieführer, S. 15f.; siehe hierzu auch Stachelbeck, Militärische Effektivität im Ersten Weltkrieg, S. 300f.
80 Freytag-Loringhoven, Das Exerzier-Reglement für die Infanterie, S. 1, 102. Siehe hierzu auch Stachelbeck, Militärische Effektivität im Ersten Weltkrieg, S. 300.
81 Nübel, Durchhalten und Überleben an der Westfront, S. 205f.
82 Hier zeigen sich bereits in den Vorschriften der Vorkriegszeit viele Elemente, die auch heute noch als relevant angesehen werden. Neff, »Wir wollen keine Paradetruppe, wir wollen eine Kriegstruppe...«, S. 154; Frevert, Das Militär als »Schule der Männlichkeit«, S. 106f.; Stachelbeck, Militärische Effektivität im Ersten Weltkrieg, S. 300.
83 Kroener, Generationserfahrungen, S. 230; Jahr, Gewöhnliche Soldaten, S. 60f.; Stachelbeck, Militärische Effektivität im Ersten Weltkrieg, S. 301.

»Nur ein Vorgesetzter, dessen der Soldat Zeit seines Lebens in dankbarer Anhänglichkeit und Verehrung gedenkt, ist seiner hohen Aufgabe im vollen Umfang gerecht geworden.«[84]

Auffällig ist, dass auch im Laufe des Krieges bei den nun vielfach psychisch zusammenbrechenden Offizieren[85] wenig von dieser Idealvorstellung des willens- und nervenstarken militärischen Führers abgerückt wurde. Weiterhin wurden Selbstbeherrschung, Affektkontrolle und unbegrenzte Durchhaltefähigkeit mit den gleichen Formulierungen als unabdingbar für die Führungsqualitäten der Offiziere im Krieg hervorgehoben.[86]

c. Der Idealtyp des »Frontkämpfers«

Neben speziell an die Offiziere gerichteten Anforderungen, erwiesen sich auch Leitbilder, die alle Kriegsteilnehmer betrafen, für die Offiziere als wirkungsmächtig, denn die Erhöhung der psychischen Anforderungen im Diskurs und auf ideologischer Ebene schloss alle an der Front eingesetzten Männer im Ersten Weltkrieg ein. Die militärische Führung, die während des gesamten Krieges die Deutungsangebote im armeeinternen Diskurs bestimmte, veränderte im Laufe des Ersten Weltkrieges das Idealbild des Kombattanten in entscheidender Weise. Waren zu Beginn des Ersten Weltkriegs noch Feldherrn der Staatenkriege des 19. Jahrhunderts als identitätsstiftende Figuren im militärischen Diskurs dominant und dienten der Mobilisierung, wurde seit 1916 daneben der »Frontkämpfer« als soldatische Leitfigur im technisch-industriellen Abnutzungskrieg entwickelt. Er wurde zu einer Ikone der Kriegsära.[87]

Auf die neue Art der Kriegsführung beim Übergang vom Bewegungs- zum Stellungskrieg mit ihren spezifischen Anforderungen an die Soldaten reagierte der Kriegsdiskurs, insbesondere in den Soldaten- und Kriegszeitungen, indem er sprachlich und ikonografisch einen Typus des »Frontkämpfers« schuf, der vor allem für die Fähigkeit zum Aushalten und Durchhalten stand. Dieser Idealtyp des »Frontkämpfers« hatte keinen militärischen

---

84 Zitiert nach Stachelbeck, Militärische Effektivität im Ersten Weltkrieg, S. 301. Vgl. auch Watson, Junior Officership in the German Army, S. 446–452;
85 Siehe hierzu ausführlich Kap. III.1. Das prozentuale Verhältnis von psychisch versehrten Offizieren und Mannschaften.
86 Radkau, Zeitalter der Nervosität, S. 389, 391; Hofer, Nervenschwäche und Krieg, S. 176, 178.
87 Lipp, Meinungslenkung im Krieg S. 156–165; Meteling, Ehre, Einheit, Ordnung, S. 213.

Rang, sondern umfasste gleichberechtigt Offiziere und Mannschaften.[88] Seine Ausgestaltung erfolgte kontinuierlich, jedoch markierten die Materialschlachten von 1916, insbesondere die französisch-englische Offensive an der Somme,[89] hier einen Schub. Nun war nicht mehr der Enthusiasmus der ersten Kriegsmonate gefragt, sondern Abgeklärtheit, Festigkeit, Gleichmut und Beharrlichkeit. Zentral wurden daneben die Begriffe »Pflichtgefühl«, »Wille« und »Nervenstärke«, mit denen die Kriegsteilnehmer ausgestattet sein mussten, um die neuen Grenzerfahrungen psychisch zu ertragen.[90] Ein Höchstmaß an Affektkontrolle und Selbstbeherrschung wurde so eine zentrale Charakterforderung.[91]

Mit dem Bild, dass der Krieg die Soldaten abhärte und die Nerven stähle, waren auch Vorstellungen verbunden, dass der Krieg die männlichen Eigenschaften der Krieger intensiviere. Denn Härte, Entschlossenheit, Sachlichkeit und Widerstandsfähigkeit galten als männlich konnotiert.[92] Damit ermöglichte das Bild des »Frontkämpfers« eine Wiedererstarkung militärischer

---

88 Lipp, Meinungslenkung im Krieg, S. 156. Die Verbreitung dieses Bildes und die Betonung der großen psychischen Belastbarkeit des deutschen Volkes führten dazu, dass auch die Soldaten diese Deutungsangebote übernahmen, um ihre Erlebnisse an der Front zu verarbeiten. Siehe hierzu ausführlich Ulrich, Die Augenzeugen. Vgl. auch Schaffellner, Unvernunft und Kriegsmoral, S. 47.

89 Anne Lipp arbeitete bei ihrer Sichtung der Feldpresse heraus, dass die Ereignisse an der Somme den Durchhaltediskurs und die bildliche Ausgestaltung des »Frontkämpfertypus« maßgeblich beeinflussten, während Verdun, dem bisher in der Forschung eine Schlüsselrolle zugeordnet worden war, nur am Rande von Bedeutung gewesen sei. Sie erklärt dies mit der unterschiedlichen Rolle der deutschen Truppen in beiden Schlachten: »Während Verdun das Scheitern eines deutschen Angriffes symbolisierte, stand die Somme für den erfolgreich abgewehrten englisch-französischen Angriff.« Lipp, Meinungslenkung im Krieg, S. 163–165, Zitat S. 165. Siehe auch Krumeich, Die deutsche Erinnerung an die Somme, S. 311–314, 323. Zur Sommeschlacht vgl. Keegan, Das Antlitz des Krieges, S. 274–277; Watson, Kriegserlebnisse und Motivationen von deutschen und britischen Soldaten 1916, S. 342f. Vgl. zur älteren Forschung, die für Verdun eine Schlüsselrolle ausmacht: Hüppauf, Schlachtenmythen und die Konstruktion des »Neuen Menschen«, S. 43–84; Hoffmann, Der Mann mit dem Stahlhelm vor Verdun, S. 101–114; ders., Das Volk in Waffen, S. 83–100. Siehe zur zentralen Bedeutung des Verdun-Mythos im Nationalsozialismus Kap. V.3.b. Die Haltung der Nationalsozialisten zur Gruppe der psychisch Versehrten.

90 Nübel, Ambivalenz der Zermürbung, S. 108.

91 Vgl. mit vielen Verweisen zum Vokabular in den Kriegszeitungen Lipp, Meinungslenkung im Krieg, S. 149–151.

92 Vgl. hierzu z.B. Göhre, Front und Heimat, S. 28.

Männlichkeitsvorstellungen, die vor dem Krieg als bedroht erlebt wurden.[93] Der hegemoniale militärische Diskurs sah den Krieg als Gelegenheit dafür an, weiblich konnotierte Eigenschaften wie Gefühlsbetontheit oder Nervosität aus dem Männlichkeitsbild zu tilgen und als unsoldatisch zu verurteilen.[94] Zum Beispiel schrieb der Kriegsberichterstatter Wilhelm Düwell 1917, dass nur den »Weichen« und »Zartnervigen« unter den Soldaten ein »Zusammenbruch der Nerven- und Geisteskräfte« drohe, wohingegen die Nerven starker Männer sich an die Frontbedingungen anpassen könnten.[95] Gleichwohl behaupteten sich bis in die Weimarer Republik neben dem »Frontkämpfer« auch der Kriegsfreiwillige und der gutmütige Landwehrmann als Leitfiguren, die in Verbindung mit dem Langemarck-Mythos den Opfergang überhöhten.[96] Zudem konnten sich individuelle Männlichkeitsvorstellungen von diesem hegemonialen Diskurs erheblich unterscheiden.[97]

Die zunehmende Bedeutung, die die militärischen Führungen dem individuellen Willen im Ersten Weltkrieg in ihren öffentlichen Verlautbarungen einräumten, steht nur scheinbar in einem Gegensatz zur Erfahrung des mörderischen Materialkrieges, zur geläufigen Bezeichnung der Kriegsteilnehmer als »Menschenmaterial«[98] (analog zur Anzahl der Artilleriegeschütze oder Maschinengewehre) und zu den Befehlen der 3. Obersten Heeresleitung, die an der Front Menschen rigoros durch Maschinen ersetzt sehen wollte.[99]

---

93 Funck, Bereit zum Krieg?, S. 69–90. Vgl. auch Nübel, Ambivalenz der Zermürbung, S. 108f.
94 Frevert, Das Militär als »Schule der Männlichkeit«, S. 145–173.
95 Düwell, Vom inneren Gesicht des Krieges, S. 51f., 54f.
96 Pöhlmann, Kriegsgeschichte und Geschichtspolitik, S. 213f. Siehe zu den Wandlungen in der NS-Zeit Kap. V.3.b. Die Haltung der Nationalsozialisten zur Gruppe der psychisch Versehrten. Vgl. zur soziologischen Debatte zum Konzept der »hegemonialen Männlichkeit« Neidhard, Konstruktion von Männlichkeit nach Bourdieu und Connell; siehe zur Anwendung des Konzepts in der Geschichtswissenschaft Dinges, Männer – Macht – Körper.
97 Siehe hierzu ausführlich Crouthamel, An Intimate History of the Front. Vgl. zu dem Phänomen, dass hegemoniale Männlichkeiten im Ersten Weltkrieg immer wieder ins Schwanken gerieten und Genderkonzepte neu ausgehandelt wurden, Hämmerle/Überegger/Bader-Zaar (Hrsg.), Gender and the First World War. Vgl. daneben Nübel, Ambivalenz der Zermürbung, S. 109.
98 Der Begriff findet sich bereits im 19. Jahrhundert, erreichte im Ersten Weltkrieg aber eine deutlich höhere Verbreitung. Vgl. zum Begriff »Menschenmaterial« und zur funktionalen Sichtweise der Militärführung auf die Soldaten auch Kap. IV.1.c. Die Präsenz belastender Kriegserfahrungen in der Krankheit.
99 Einen Gegensatz sieht Lipp, Meinungslenkung im Krieg, S. 156. Vgl. zum Materialkrieg Geyer, Deutsche Rüstungspolitik, S. 101; ders., German Strategy, S. 541.

Die Fokussierung auf die Willens- und Nervenstärke des Einzelnen erklärt sich daraus, dass der Krieg mit all seinem Entsetzen als individuelle Grenzerfahrung angesehen wurde, die das Äußerste vom Menschen verlange. Standzuhalten im andauernden Granatregen und endlosen ohrenbetäubenden Trommelfeuer und die Gefühle der Ohnmacht, des Kontrollverlustes und der Todesangst zu ignorieren, wurde als individuelle Aufgabe des einzelnen Kriegsteilnehmers angesehen. Hinzu kam, dass sich der Kampf unter den Bedingungen des modernen Krieges und den Vorgaben der Auftragstaktik taktisch individualisierte. Es galt nicht nur lebend auszuharren und den Befehlen der Offiziere »blinden« Gehorsam zu leisten, sondern auch handlungsfähig zu bleiben und auf die äußeren Kampfbedingungen angemessen zu reagieren.[100] Dies lenkte den Blick auf die psychische Beschaffenheit des Individuums, die notwendig sei, um seine Leistungsfähigkeit trotz der übermächtigen Destruktionsenergien und extremen psychischen Belastungen im Krieg zu bewahren.[101]

d. Nervenkraft und Wille als kriegsentscheidende Mittel

Ein weiterer Grund für die Tabuisierung psychischer Leiden bei Offizieren und die hohen Anforderungen an die Psyche der militärischen Führer war die militärstrategische Maxime der deutschen Armee im Ersten Weltkrieg. Diese stilisierte nicht Waffen und Feuerkraft, sondern die Nervenkraft und den Willen der Offiziere und ihrer Untergebenen zu kriegsentscheidenden Mitteln. Sie wurden von der militärischen Führung als Gegenmittel zu nachlassender Kampfkraft betrachtet.[102]

Die Höherbewertung von Willen und Nervenkraft gegenüber der Bedeutung technischer und materieller Faktoren bereits bei den Kriegsplanungen vor 19 lässt sich indes nicht damit erklären, dass die damalige rasante Entwicklung der Waffentechnik ignoriert worden wäre.[103] Vielmehr suchten die

---

100 Bröckling, Disziplin, S. 204. Vgl. zur Auftragstaktik auch den Abschnitt »Die Deutung psychischer Zusammenbrüche von Offizieren als dienstliches Versagen« in Kap. II.7.b. Die Haltung der Vorgesetzten
101 Michl, Im Dienste des »Volkskörpers«, S. 55; Schaffellner, Unvernunft und Kriegsmoral, S. 47.
102 Storz, Die Schlacht der Zukunft, S. 258–263; Hüppauf, Über den Kampfgeist, S. 75. Vgl. hierzu auch Lipp, Meinungslenkung im Krieg, S. 156.
103 Die technischen Innovationen zwischen 1885 und 1914 nahmen ein Maß an, das gegenüber früheren Zeiten um ein Vielfaches höher war. Storz, Die Schlacht der Zukunft, S. 270. Vgl. hierzu auch die Beiträge in Förster (Hrsg.), Vor dem Sprung ins Dunkle.

Militärführungen die technischen Möglichkeiten für die Armee zu nutzen und rüsteten in den Jahren vor Kriegsbeginn angestrengt. Die Offiziersausbildung griff die Neuerungen in der Kriegstechnik in einer Weise auf, die es den Kriegsführenden ermöglichte, die neuen Waffen sofort nach Ausbruch der Feindseligkeiten entsprechend ihrer Funktion mit verheerender Wirkung einzusetzen.[104]

Indem gleichzeitig die Bedeutung von Willen und Nervenkraft betont wurde, war es trotz der technischen Neuerungen möglich, den militärischen Apparat in seinem Grundgefüge unverändert zu lassen, denn schließlich stand die Formung der Kampfmoral der Soldaten allein der militärischen Führung zu. Mit der Herausstellung von deren Bedeutung versicherte sich so die militärische Führung ihres Monopols auf die Kriegsführungskompetenz.[105]

Deutschland hatte hier zwar keine absolute Ausnahmestellung, denn bereits in der Vorkriegszeit lautete die militärstrategische Maxime aller europäischen Armeen, dass Kriege von Menschen, nicht von Waffen gewonnen würden.[106] Doch auch wenn bei allen Kriegsparteien im Ersten Weltkrieg diese Argumentationslinie nachweisbar ist, lässt sich auf Seiten der Mittelmächte und insbesondere für das Deutsche Reich eine noch stärkere Fokussierung der Kriegspropaganda auf die Willens- und Nervenstärke konstatieren. Während man im Lager der Entente hauptsächlich das wirkmächtige Feindbild der »deutschen Barbaren« beschwor, propagierte man in Deutschland unentwegt den nahen sicheren Sieg deutscher Willens- und Nervenkraft.[107]

Im Deutschen Reich entwickelten sich Wille, Nervenstärke und Schwäche zwischen 1914 und 1918 zu zentralen politischen Schlagworten. Die Vorstellung, dass Willenskraft und Nervenstärke kriegsentscheidend seien, wurde mit fortschreitendem Kriegsverlauf immer stärker betont. Diskurse über den Zusammenhang von Nerven, Wille und Sieg waren als Mobilisierungs- und Durchhaltepropaganda im Militär und in der Zivilbevölkerung von großer ideologischer Potenz. Die eindringliche Beschwörung der eigenen Nervenstärke diente der nationalen Selbstvergewisserung und der

---

104 Storz, Die Schlacht der Zukunft, S. 270f.
105 Für die deutsche und französische Armee Ebd. Für die britische Armee siehe hierzu Travers, The killing ground.
106 Storz, Die Schlacht der Zukunft, S. 258–263; Hüppauf, Über den Kampfgeist, S. 75. Vgl. hierzu auch Lipp, Meinungslenkung im Krieg, S. 156.
107 Schaffellner, Unvernunft und Kriegsmoral, S. 51.

Vermittlung von Siegeszuversicht. Durch die Betonung der stärkeren Nervenkraft insbesondere zu Beginn des Krieges wurde die Überlegenheit des eigenen Volkes behauptet.[108]

Die Feldherrnfigur Hindenburg, die unerschütterliche Ruhe, Kaltblütigkeit, Willenskraft und Nervenstärke ausstrahlte, verkörperte diese Maxime. Hindenburgs Ausspruch »Wir werden siegen, weil wir die stärkeren Nerven haben« im November 1914 wurde ebenso wie entsprechende Äußerungen des Kaisers immer wieder zitiert. Dabei machte insbesondere der »Sieger von Tannenberg«, der anders als der Kaiser[109] das Leitbild der »Nervenstärke« auch zu verkörpern schien,[110] die Auffassung des Krieges als »Nervenfrage« populär. Gleichzeitig diente Hindenburgs Aussage der Stilisierung des »nervenstarken« Feldherrn Hindenburg.[111] Selbst in Familienzeitschriften wie der »Gartenlaube« und »Daheim« wurde die Nervenstärke als Garant des Sieges postuliert.[112]

Und schließlich diente die Betonung deutscher Nervenstärke auch als »Durchhalteappell« an die Bevölkerung, indem sie zur wichtigsten »nationalen Tugend« im Weltkrieg deklariert wurde. Das Durchhalten im sich in die Länge ziehenden Krieg, der mit zunehmender Dauer immer deutlicher sein Gesicht als technisiertes Massensterben offenbarte, geriet zur nationalen und moralischen Pflicht. In einem ärztlichen Ratgeber von 1918 mit dem

---

108 Gahlen/Gnosa/Janz, Nerven und Krieg: Zur Einführung, S. 14f.
109 Der deutsche Kaiser entsprach dem männlichen Leitbild der Nervenstärke in keiner Weise, er verkörperte stattdessen die Aufgeregtheit, hektische Betriebsamkeit und Veränderungsdynamik der spätwilhelminischen Gesellschaft. Im Krieg war er als Führerfigur überfordert und wurde zur Schonung seiner Nerven und aufgrund seiner labilen Psyche nur selektiv über die laufenden operativen Maßnahmen informiert. Auch wenn er im Großen Hauptquartier anwesend war, hielt man schlechte Nachrichten möglichst von ihm fern, weil seine Stimmungsschwankungen in seiner Umgebung gefürchtet waren. Einen Nervenzusammenbruch im Krieg erlitt Wilhelm II. zum Beispiel, als Rumänien 1916 dem Deutschen Reich den Krieg erklärte. Vgl. hierzu insbesondere Röhl, Wilhelm II., S. 1176–1208. Siehe zur »Nervenschwäche« Wilhelms II. vor 1914 auch Kap. I.2.b. Militärische Maßstäbe in Bezug auf die psychische Konstitution eines Offiziers.
110 Ebd., S. 46f. Vgl. zu Hindenburg Pyta, Hindenburg.
111 »Nervenstärke« und »Ruhe« als den besonderen Qualitäten der Feldherrnkunst Hindenburgs wurde als zentralen Charakteristika der Führerfigur im Verlauf des Krieges eine immer größere Bedeutung beigemessen, die einen Kontrast zur Unruhe und Nervosität bildeten, die in Hindenburgs militärischer und politischer Umgebung um sich griffen. Vgl. hierzu mit einer Darstellung der Zeitungsdiskussion zum Ausspruch Hindenburgs zur »Nervenstärke« Hoegen, Der Held von Tannenberg, S. 110–112.
112 Z.B. Höffner, Die stärkeren Nerven, in: Daheim 60. Kriegsnummer, 51 Jg., Nr. 52, 25. September 1915; Vgl. auch Ulrich, Die Augenzeugen, S. 191–226.

Titel »Die Nerven, ihre Gefährdung und Pflege in Krieg und Frieden« hieß es beschwörend:

»Trotz alledem und alledem halten die deutschen Nerven [...] im fünften Kriegsjahr noch Stand und wir alle haben keinen anderen Gedanken als dass Hindenburgs Wort von den stärksten Nerven für uns gilt.«[113]

»Nerven« wurden so zum Indikator für die Mobilisierung der Deutschen, die sich nun im Krieg als Nation bewähren sollten und bei der jeder Einzelne zum Nutzen der Nation seinen Anteil beitragen sollte. »Nerven«, »Wille« und »Härte« galten als Maßstab für Kriegsbrauchbarkeit und Männlichkeit.[114]

Das Argument, dass Nerven und Wille den siegreichen Ausgang bestimmten, übernahmen auch die Offiziere in ihren Kriegsdeutungen. Generalleutnant Hans Waldhausen schrieb im Oktober 1914 in einem Brief von der Westfront:

»Derjenige wird siegen, wer die besten Nerven hat, es am längsten aushält und von dem Willen zum Siege nicht ablässt. Wie viel Aufopferung und Hingebung da von den Einzelnen verlangt wird, vermag nur der zu ermessen, der sich in solche Lage, die nun schon seit 4 Wochen anhält, hineindenken kann.«[115]

Besonders ab Sommer 1917, als die Überlegenheit der Gegner an Material und personeller Stärke zunahm und sich die Grenzen physischer und psychischer Belastbarkeit des deutschen Heeres immer deutlicher zeigten, wurden Nerven und Wille als die entscheidenden Waffen der Kriegsführung beschworen.[116] Dabei wurde im militärischen Denken ein starker Wille nicht nur mit dem Wunsch zum Durchhalten verbunden, sondern auch eng mit

---

113 Finckh, Die Nerven, ihre Gefährdung und Pflege in Krieg und Frieden, S. 64.
114 Vgl. auch Nübel, Ambivalenz der Zermürbung, S. 102, 110. Siehe zur Bedeutung der Mobilisierungspropaganda für die gesellschaftliche Wahrnehmung psychisch versehrter Kriegsteilnehmer auch den Abschnitt »Der Umgang der Offiziere mit ihren psychischen Leiden bei der Kommunikation außerhalb des Lazaretts« in Kap. IV.2.a. Die Haltung der Betroffenen zur Psychiatrie und zur Diagnose.
115 Hans Waldhausen sen., Brief vom 14.10.1914, in: Dreidoppel/Herresthal/Krumeich (Hrsg.), Mars, S. 98.
116 Lipp, Meinungslenkung im Krieg, S. 155. Die Feldzugsaufzeichnungen des Generals von Moser sind ein Beispiel dafür, wie die militärische Führung bei ihren taktischen Überlegungen Reflexionen über die Nerven der Feinde anstellte und diese als entscheidenden Faktor hinsichtlich ihrer Stärke oder Schwäche ansah. Moser, Als General im Ersten Weltkrieg, S. 331.

Angriffsgeist, Kampfentschlossenheit und der Fähigkeit, die Nerven des Gegners zu schwächen.[117] Dies zeigt sich besonders in der 1917/18 im ganzen Heer eingeführten Stoßtrupptaktik, deren Anfänge in den Sommer 1916 zurückreichen. Bei dieser neuen Doktrin[118] ging es als strategisches Ziel darum, die gegnerischen Soldaten durch gezielte Angriffe in Angst und Schrecken zu versetzen und ihre Nerven zu entkräften wie auch darum, die militärischen Verbände bewegungsunfähig zu machen, indem man ihre Kommandozentralen und Kommunikationsverbindungen außer Gefecht setzte.[119] Die taktische Devise lautete, dass der Gegner gelähmt werden sollte. Die Oberste Heeresleitung betonte, dass es unmöglich sei, die feindlichen Stellungen völlig zu zerstören. Entsprechend zielte die Taktik vorrangig auf die Kampfmoral des Gegners durch die Auslösung eines Schocks und nervliche Zermürbung.[120]

Für die Stoßtruppentaktik wurden Sturmbataillone gebildet. Sie hoben sich aus der Masse der Truppen durch die besondere Auswahl ihrer Offiziere und Mannschaften hervor. Die Formationen setzten sich vornehmlich aus Freiwilligen zusammen, die jung, körperlich belastbar und unverheiratet

---

117 Die Schwerpunktsetzung auf die Offensive erklärt sich aus dem Wunsch, den Krieg erfolgreich entscheiden zu können, wie auch aus der Sorge, einen langen Krieg nicht durchhalten zu können. Trotz der sich im Weltkrieg zeigenden Tendenz, dass die Defensive der Offensive im Maschinenkrieg deutlich überlegen war, hielten die deutschen Militärs am Kult der Offensive fest. Storz, Die Schlacht der Zukunft, S. 271; Kramer, Dynamic of Destruction, S. 77.

118 Lupfer, The Dynamics of Doctrine, S. 43; Geyer, Deutsche Rüstungspolitik, S. 100–102; Samuels, Doctrine and Dogma, S. 32–56; Kaufmann, Kriegführung im Zeitalter technischer Systeme, S. 360.

119 Im Ersten Weltkrieg existierte die Metapher von den telegraphischen Drahtverbindungen als den »Nervenbahnen« des »Heeresorganismus«, was deutlich macht, dass der militärische Apparat in ähnlicher Weise wie die einzelnen Soldaten getroffen werden sollte. Vgl. Kaufmann, Kommunikationstechnik, S. 73f., 105; ders., Kriegführung im Zeitalter technischer Systeme, S. 363.

120 Zwar war das taktische Mittel, Überraschung durch Geschwindigkeit zu erzielen und den Gegner damit auch psychisch treffen zu wollen, keine neue Erscheinung. Doch hob sich die jetzige Form der Geschwindigkeit in ihrer Dynamik von ihren Vorgängern ab, da sie nun als plötzlicher Schlag und permanent erneuerte Stoßbewegung konzipiert wurde, während zuvor Geschwindigkeit als gleichförmige Bewegung angesehen wurde, die den Gegner überrumpelte. Stefan Kaufmann zieht eine Parallele zwischen den Überlegungen zu den psychischen Auswirkungen der Stoßtruppentaktik und den psychischen Fragen der ersten industriellen Hochphase, das als »Zeitalter der Nervosität« charakterisiert wurde. Die taktisch-operative Logik, dass maschinelles Tempo und Lärm Nervosität erzeuge, lasse sich insofern als eine Übersetzung der Krankheitsdiagnose in ein taktisches Mittel lesen. Ebd., S. 364.

waren. Diese durchliefen eine besondere Ausbildung und wurden mit modernsten Waffen ausgerüstet. Das Elitebewusstsein der Sturmsoldaten gegenüber der einfachen Infanterie wurde durch eigene Abzeichen und eine besondere Privilegierung etwa bei Unterbringung, Verpflegung und Gewährung von Urlaubstagen noch gesteigert.[121] Die Sturmtruppen symbolisierten in besonderer Weise das Frontkämpferideal. Sie galten als »Überwinder« jener nervenzermürbenden Eindrücke, die der Materialkrieg auslöste; bereits im Krieg wurden sie »Nervenprotze« genannt.[122]

Insgesamt führte im Ersten Weltkrieg der Wille, anzugreifen und bis zum Äußersten zu kämpfen, der sich bei den Militärführungen aller kriegsführenden Nationen nachweisen lässt, zu Heeren mit einer in Europa bisher nicht dagewesenen Kampfentschlossenheit. Dies bewirkte allerdings angesichts einer beispiellosen Entwicklung der Waffentechnik und Feuerkraft, dass die Verluste bisher unbekannte Ausmaße annahmen und während der Materialschlachten Räume totaler Zerstörung geschaffen wurden. Militärische Erfolge wurden mit Opfern erkämpft, die auch nach den Maßstäben der Zeit in keinem Verhältnis zum Gewinn standen.[123]

Doch war niemand bereit anzuerkennen, dass die technische Entwicklung diese Art der Kriegsführung unausführbar gemacht hatte. Und die Hoffnung, dass eine Partei lange vor Erschöpfung ihrer materiellen Möglichkeiten psychisch zusammenbrechen und aufgeben würde – dieser Diskurs hatte neben der Hoffnung auf den Zusammenbruch der Nerven der Feinde auch zu steter Sorge um die Nerven der eigenen Truppen geführt –, erfüllte sich für keinen der Kriegsführenden.[124] So war es die außerordentliche Entwicklung der Kampfentschlossenheit auf allen Seiten, die dazu führte, dass der Krieg sich trotz des ungeheuerlichen Maßes an Zerstörung von Menschenleben in die Länge zog.[125]

---

121 Gruss, Die deutschen Sturmbataillone im Weltkrieg, S. 16f. Vgl. auch Werberg, Die Nerven der Stahlhelmmänner.
122 Ulrich, Krieg als Nervensache. Ein Gegenbeispiel dafür, dass jeder Stoßtruppführer über eine besonders robuste Konstitution verfügte, war Albert Lenz, bei dem bereits bei der Musterung 1915 »allgemeine Körperschwäche« und Asthma festgestellt wurde und der dennoch 1917 und 1918 als Stoßtruppführer eingesetzt wurde. BArch, R 3901/Nr. 10239, Nachprüfung gemäß Artikel 2 des Fünften Gesetzes über das Verfahren in Versorgungssachen vom 3.7.1934, Offiziere einschl. Hinterbliebene, Einzelfälle, Juni 1936 - Juni 1937, Albert L.
123 Storz, Die Schlacht der Zukunft, S. 273. Siehe zur Mentalität der Generalität auch Kap. IV.1.c. Die Präsenz belastender Kriegserfahrungen in der Krankheit.
124 Storz, Die Schlacht der Zukunft, S. 272.
125 Ebd., S. 274.

e. Drill und Willensgymnastik zur Steigerung der Spannkraft der Nerven

Ein wichtiger Grund für die Tabuisierung von psychischen Versehrungen bei Offizieren war schließlich, dass im Militär wie auch in der Nervenheilkunde die Meinung vorherrschte, dass sich die Spannkraft der Nerven durch Willensstärke aktiv mobilisieren und verbessern ließe. Genau definiert wurde dabei der »Wille« nicht. Vielmehr konnte der »Wille« gerade wegen seiner begrifflichen Verschwommenheit einen Siegeszug antreten, da er eine Art Brücke zwischen dem Verhalten und dem Nervensystem, zwischen körperlicher Symptomatik und den Vorstellungen im Kopf bildete.[126]

Bereits um die Jahrhundertwende findet sich in den militärischen Erziehungskonzepten die Vorstellung, dass die Nerven- und Willenskraft dynamisch und steigerbar sei. Diese Anschauung baute auf physiologischen und psychologischen Sichtweisen der experimentellen Psychologie auf. Sie wird besonders deutlich in einer Abhandlung des Militärschriftstellers Hugo von Freytag-Loringhoven, die dieser kurz vor dem Ersten Weltkrieg unter dem Titel »Beiträge zur Psychologie des Krieges im 19. und 20. Jahrhundert« publizierte. Darin beschrieb er die Psyche des Soldaten als »leicht veränderlich« und mit »unendlich steigerungsfähiger Spannkraft« ausgestattet.[127]

Als geeignetes Mittel, um die Spannkraft der Nerven zu erhöhen, galt insbesondere der Drill, den Offiziere und Mannschaftssoldaten während ihrer Ausbildung und beim Exerzieren verinnerlichen sollten. Gerade in der deutschen Armee erlebte der Drill im Ersten Weltkrieg eine besondere Konjunktur. Um den Willen und den Angriffsgeist in der Armee aufrecht zu erhalten und damit nachlassender Kampfkraft entgegenzuwirken, besann sich Preußen-Deutschland auf seine Drilltradition. Hingegen schlug zum Beispiel Frankreich einen unterschiedlichen Weg ein und setzte vorrangig auf den Patriotismus und den national motivierten Soldat.[128]

---

[126] Dies betont Paul Lerner für die Psychiatrie. Lerner, »Ein Sieg deutschen Willens«, S. 97. Vgl. hierzu auch Schaffellner, Unvernunft und Kriegsmoral, S. 50.

[127] Freytag-Loringhoven, Die Grundbedingungen kriegerischen Erfolges, S. 198. Vgl. auch Lengwiler, Zwischen Klinik und Kaserne, S. 54.

[128] Ein Grund dafür, dass die deutsche Drillpraxis sich in der französischen Armee nicht durchführen ließ, lag darin, dass in Frankreich die Dreyfus-Affäre und ihre Folgen die Autorität in der militärischen Hierarchie auf allen Ebenen erschüttert hatten. Hier war es seitdem nicht mehr möglich, den Gehorsam durch das Dienstgradgefälle allein zu erzwingen. Entsprechend musste in Frankreich der Vorgesetzte stärker seine Persönlichkeit einsetzen, um auf die Truppe einzuwirken. Heuvel, Mythos Militarismus?, S. 192f.; Storz, Die Schlacht der Zukunft, S. 258–261. Vgl. zur Dreyfus-Affäre und zum Sozialprestige des

Der Drill, der auf dem Prinzip von Befehl und Gehorsam basierte und die Militärangehörigen körperlich abrichtete, gehörte zu den traditionellen Formen militärischer Zuverlässigkeitsproduktion. Die Drilltradition in Deutschland lässt sich bis in die Zeiten des Soldatenkönigs zurückverfolgen. Neu belebt wurde sie unter Wilhelm I., der als Reaktion auf die Revolutionsereignisse von 1848 in der Armee hierdurch eine reflexartige Gehorsamsbereitschaft insbesondere bei Einsätzen im Inneren erzeugen wollte, um die Truppen zu einem unbedingt zuverlässigen Werkzeug bei möglichen Unruhen zu machen. Seit der Jahrhundertwende findet sich diese Funktion als Begründung für die Drillpraxis kaum noch. Stattdessen galt nun der Drill vorrangig als Mittel zur psychologischen Vorbereitung auf das moderne Schlachtfeld.[129]

Hier wirkte sich aus, dass um 1900 eine Paradigmenverschiebung innerhalb des militärischen Ausbildungsdiskurses erfolgt war. Seitdem konzentrierte man sich zunehmend auf die psychischen Eigenschaften, die Soldaten im modernen Krieg benötigen, und bezog dabei auch Konzepte aus der Psychologie ein. Hier zeigt sich, dass der nervenärztliche Diskurs[130] auf Deutungen und Erfordernisse des militärischen Bereiches einwirkte, wobei der Psychologie, die sich erst langsam als Disziplin etablierte, eine Schlüsselbedeutung zukam.[131] Der militärische Erziehungsdiskurs war dabei dadurch gekennzeichnet, dass er militärisches Organisationswissen, das auf Beobachtungen und Erfahrungen im Dienstalltag basierte, mit medizinischem Fachwissen kombinierte, wodurch den Befunden besondere Glaubwürdigkeit verliehen wurde.[132]

Und gerade beim Drill wurde zunehmend dessen Effizienz für die psychologische Kriegsvorbereitung herausgestellt. Nun wurde die mechanische Schulung von Bewegungsabläufen vorrangig als Mittel zur Steigerung der »psychologischen Willenskraft« im Sinne der Kampfbereitschaft ange-

---

französischen Offizierskorps auch Kap. I.1. Soziale Stellung der Offiziere in der Wilhelminischen Ära.

129 Vgl. zur disziplinarischen und psychotechnischen Formierung der Soldaten in der Moderne die historisch-systematisch angelegte Studie Bröckling, Disziplin, S. 9–29. Vgl. auch Meteling, Ehre, Einheit, Ordnung, S. 26.

130 Siehe hierzu Kap. III.2.a. Der psychiatrische Diskurs über die Diagnosen und Ursachen von psychischen Leiden bei Offizieren.

131 Vgl. zur Psychologie Gundlach, Faktor Mensch im Krieg, S. 131–143; Michl, Im Dienste des »Volkskörpers«, S. 55. Siehe allerdings zur begrenzten Bedeutung der Psychologie in der deutschen Armee im Ersten Weltkrieg Kap. II.4. Die psychische Vorbereitung der Offiziere auf den Kriegsdienst.

132 Nübel, Ambivalenz der Zermürbung, S. 105f.

sehen.[133] Die Übungen, deren Wirkung durch die Wiederholung verstärkt wurde, zielten auf eingeübte Bewegungsabläufe, aber auch auf Angstkonditionierung und auf eine »Erziehung zur Rücksichtslosigkeit gegen sich selbst«, wie es bereits im Exerzierreglement von 1906 hieß.[134]

Die Notwendigkeit des Drills wurde nun mit den hohen physischen und psychischen Belastungen des modernen Gefechts begründet.[135] Parallel zur technischen Erhöhung des Gewaltpotentials bei der Entwicklung der Waffen, sollten Psyche und Körper der Soldaten in motorischer, emotiver und kognitiver Hinsicht möglichst leistungsfähig gemacht werden, indem sowohl ihre Funktionsfähigkeit auf dem Schlachtfeld als auch ihre Durchhaltefähigkeit geformt und gesteigert wurden.[136] Die körperliche Abrichtung und Dressur der Soldaten diente der körperlichen und psychischen Vorbereitung auf den Kriegsdienst und der Gewährleistung kontrollierter und effizienter Anwendung von Gewalt in der Schlacht.[137] Die im Drill eingeübten Bewegungsabläufe stellten ein Praxiswissen bereit, das im Kampf abgerufen werden konnte, um die Angst zu kanalisieren, zu verwalten und letztlich zu überwinden. So stärke der militärische Drill die Selbstbeherrschung und bekämpfe Willensschwäche.[138]

Damit trat der militärische Drill neben die militärische und patriotische Indoktrination, die traditionell zur Steigerung der Kampfbereitschaft der

---

133 Siehe z.B. Van den Bergh, Die seelischen Werte im Frieden und im Kriege, S. 210–212. Vgl. hierzu auch Lengwiler, Zwischen Klinik und Kaserne, S. 54.

134 Freytag-Loringhoven, Das Exerzier-Reglement für die Infanterie, S. 82. So lautete die Formulierung auch wieder im AVF 1918, S. 11. Vgl. hierzu auch Nübel, Durchhalten und Überleben an der Westfront, S. 193.

135 Freytag-Loringhoven, Das Exerzier-Reglement für die Infanterie, S. 8f. Vgl. hierzu auch Storz, Die Schlacht der Zukunft, S. 260.

136 Kaufmann, Kriegführung im Zeitalter technischer Systeme, S. 359.

137 Schaffellner, Unvernunft und Kriegsmoral, S. 44.

138 Bis zu Beginn des Ersten Weltkriegs wurde mitunter allerdings auch von deutschen Militärtheoretikern der Drill nach wie vor unabhängig von einer psychologischen Kriegsvorbereitung angesehen. Zum Beispiel sah der Oberst Friedrich Immanuel in seiner Abhandlung »Der Wille zum Sieg« 1914 die militärische Ausbildung mit ihrem Drill und ihrer Vermittlung technischer Fertigkeiten als ungenügend an, um die Soldaten auf den modernen Krieg mit seiner zerstörerischen Waffenkraft psychisch vorzubereiten. So plädierte er dafür, schon vor dem Wehrdienst bei den künftigen Wehrpflichtigen die Techniken von Reformpädagogen zur Stärkung der Selbstbeherrschung anzuwenden und in einer »Vorschule« der Armee zu lehren, um in den Soldaten einen eisernen Willen zum Sieg zu verankern, egal wie hoch die Opfer seien. Schwäche, Zaghaftigkeit und Zweifel sollten keinen Platz haben. Immanuel, Der Wille zum Sieg. Siehe hierzu auch Cowan, Cult of the will, S. 256.

II. DIE NERVEN DER OFFIZIERE ALS MILITÄRISCHES PROBLEM

Soldaten eingesetzt wurde.[139] Bis zum Ende des 19. Jahrhunderts blieben die militärischen Erziehungsideale in Deutschland moralisch-philosophischen Leitbildern verpflichtet.[140] Ziel der militärischen Ausbildung der Soldaten war es, deren »moralische Kraft« über die Förderung von Pflichtgefühl und nationaler Identifikation sowie über die Verinnerlichung eines männlichen Tapferkeitsideals zu stärken.[141] Durch die Ausrichtung des individuellen Soldatenwillens auf Gemeinwohl und Vaterlandsliebe sollten seine Motivation und sein Durchhaltevermögen gestärkt werden.[142]

Um die Jahrhundertwende kamen zu diesen traditionellen militärischen Erziehungsmodellen die neuen Erziehungskonzepte, die von der experimentellen Psychologie beeinflusst waren. Die militärischen Erziehungsschriften um 1900 von Fritz Hoenig,[143] Colmar von der Goltz,[144] Albert von

---

139 Zum patriotischen Unterricht in der wilhelminischen Armee Höhn, Die Armee als Erziehungsschule der Nation, S. 428–445; zus. Lengwiler, Zwischen Klinik und Kaserne, S. 54.
140 Dabei war die idealistische deutsche Philosophie zu Beginn des 19. Jahrhunderts von großer Bedeutung. Vor allem die Studien von Carl von Clausewitz, die auch von Immanuel Kant beeinflusst waren, wurden in den 1860er und 1870er Jahren stark rezipiert. Sein unvollendet gebliebenes Werk »Vom Kriege« und insbesondere die darin enthaltenen Abschnitte über die »moralische Kraft« hatten damals den Status von unangefochtenen Wahrheiten. Vgl. hierzu ausführlich Echevarria, After Clausewitz; zus. Lengwiler, Zwischen Klinik und Kaserne, S. 46f.
141 Das Militär profitierte hier davon, dass bereits in der wilhelminischen Gesellschaft militärische Wertvorstellungen wie Pflichtbewusstsein, Ehrgefühl, Gehorsam, Opferbereitschaft und Autoritätsglaube in hohem Maße präsent waren. Stachelbeck, Militärische Effektivität im Ersten Weltkrieg, S. 284; Lengwiler, Zwischen Klinik und Kaserne, S. 54; Bröckling, Disziplin, S. 200. Vgl. hierzu ausführlich Rohkrämer, Der Militarismus der »kleinen Leute«.
142 Als die ausschlaggebende Willenseinheit, die jedem Soldaten Kraft für die eigene Willensstärke gab, wurde dabei der Wille der »Kollektivseele« angesehen, die je nach Kontext die »Volksgemeinschaft« oder der »Frontgeist« sein konnten. Wie es Robert Sommer 1915 formulierte, fände nämlich »der Einzelwille einen festen Boden in dem Gesamtwillen, der Millionen von Volksgenossen in gleicher Weise beseelt.« Sommer, Krieg und Seelenleben, S. 9. Vgl. auch Schaffellner, Unvernunft und Kriegsmoral, S. 51.
143 Hoenig, Die Mannszucht in ihrer Bedeutung für Staat, Volk und Heer; ders., Untersuchungen über die Taktik der Zukunft. Hoenig (1848–1902) wurde 1866 Offizier der Infanterie. Er machte die Einigungskriege mit und wurde 1876 als Hauptmann verabschiedet. In der Folge betätigte er sich als Militärschriftsteller. Lengwiler, Zwischen Klinik und Kaserne, S. 46.
144 Von der Goltz, Das Volk in Waffen, bes. S. 147–150. Colmar von der Goltz (1843–1916) war Militärschriftsteller und brachte es als preußischer Offizier bis zum Generalfeldmarschall. 1911 gründete von der Goltz den Jungdeutschland-Bund, der darauf zielte, die Jugend durch Sport und Geländespiele für einen möglichen Krieg fitzumachen und der maßgeblich dafür verantwortlich war, dass in den deutschen Gemeinden die Sportplätze

Boguslawski oder Friedrich von Bernhardi integrierten alte und neue Anschauungen.[145] Insbesondere die hier verwendeten traditionellen Begriffe wie »Moral«, »Willenskraft«, »geistige Kraft«, »kriegerischer« und »militärischer Geist« oder »Mannszucht« wurden nun auch mit physiologischen Kraft- und Energiemodellen wie auch mit experimentell-psychologischen Intelligenzbegriffen unterlegt.[146]

In Bezug auf den Drill zeigt sich diese neue psychologisch-dynamische Bewertung besonders ausgeprägt in den militärwissenschaftlichen Werken des Generalmajors Karl Reisner von Lichtenstern, die dieser kurz nach der Jahrhundertwende schrieb. Reisner betonte, dass der Kampf aufgrund des erhöhten Waffenpotentials in der Moderne eine enorme Herausforderung für die Soldaten darstelle, nicht nur physisch, sondern auch psychisch.[147] Daneben führte er massenpsychologische Interpretationen an, um die »Psychologie des Einzelnen und der Truppe« im Kampf zu erklären. Die Schlacht sei ein »Schauplatz der Leidenschaften«, auf dem die Soldaten stärker von ihren Gefühlen als von ihrem Intellekt geleitet würden. Hinzu komme, dass die Truppe sich durch den »Nachahmungstrieb« des Einzelnen zu einer »psychologischen Menge« entwickle, die ihre eigenen Verhaltensmuster ausbilde. Die Soldaten seien durch »Nervenreize« kollektiv erregt, wodurch das Verantwortungsgefühl nachlasse und Instinkte und Leidenschaften an Dominanz gewännen.[148]

Gegen diese massenpsychologischen Effekte, die im modernen Krieg zusätzlich gesteigert würden, sei das einzig effektive Mittel, über den Drill die Psyche der Soldaten zu beeinflussen, während bewusste moralische Appelle kaum wirkungsvoll seien:

»Denn in der Gefahr mischen sich in den bewussten Willen, eine Handlung auszuführen, gar leicht Gegenvorstellungen und Gegengefühle, die sich als unüber-

---

ausgebaut wurden. Vgl. hierzu Krethlow, Generalfeldmarschall Colmar Freiherr von der Goltz Pascha. Zus. Lengwiler, Zwischen Klinik und Kaserne, S. 46f.

145 Boguslawski, Betrachtungen über Heerwesen und Kriegführung, S. 27–40; Bernhardi, Deutschland und der nächste Krieg.

146 Lengwiler spricht daher von einer »Scharnierfunktion« dieser Begriffe, die alte und neue Sichtweisen vereinigten. Lengwiler, Zwischen Klinik und Kaserne, S. 47.

147 Reisner von Lichtenstern, Vorwort, S. 7f. Der preußische Generalstabsoffizier Karl Reisner von Lichtenstern (1848–1906) stieg bis zum Generalleutnant auf und blieb bis 1902 im aktiven Dienst. Die Notwendigkeit des Drills wird auch betont bei: Freytag-Loringhoven, Der Infanterie-Angriff in den neuesten Kriegen, S. 104f.

148 Reisner von Lichtenstern, Taktische Probleme, S. 9; ders., Schiesstaktik der Infanterie, S. 5. Vgl. auch Lengwiler, Zwischen Klinik und Kaserne, S. 55.

windliche Hemmungen des Willens erweisen können. Je mehr sich aber solche Handlungen einem maschinenmässigen Vorgang nähern, desto gesicherter ist der Vollzug. [...] Die psychischen Mechanismen entstehen dadurch, dass sich durch häufige Übung einer und derselben Sache sozusagen ausgefahrene Gänge im Gehirn bilden, die man auch sinnbildlich als breite Gänge bezeichnet.«[149]

Reisner stellte seinen psychophysischen Drillbegriff in einen Gegensatz zu den »Rokokokünsten« des »mechanischen« Exerzierdrills des 18. Jahrhunderts. Während traditionell lediglich die mechanische Funktionsweise beim Drill herausgestellt worden sei, rückte er die psychische und physische Leistungssteigerung in den Mittelpunkt und damit eine dynamische Funktionsweise, die er durch die Anführung experimentalpsychologischer und massenpsychologischer Konzepte erklärte.[150]

Herausragende Bedeutung wurde dem Drill in der preußisch-deutschen Armee nach einer ersten Konjunktur um die Jahrhundertwende allerdings erst wieder in der zweiten Hälfte des Ersten Weltkriegs eingeräumt: Denn in den unmittelbaren Vorkriegsjahren und in den ersten Kriegsjahren verschob sich die Gewichtung zwischen Drill und eigentlicher Gefechtsausbildung zunehmend hin zu letzterer. Der Grund lag darin, dass man nun verstärkt berücksichtigte, dass das moderne Gefecht und die gesteigerte Komplexität der Waffensysteme und Taktiken ein gewisses Maß an Selbständigkeit vom Soldaten verlangte, welches durch eine Fokussierung auf den Drill bei der Ausbildungspraxis nicht entwickelt würde – hieraus erklärt sich wiederum die bereits erwähnte Forderung nach einem charismatischen Führertum des Offiziers, das zu freiwilliger Gefolgschaft seiner Untergebenen führe.[151] Kritiker sahen damals den Drill oft lediglich als Disziplinierungsmittel der Mannschaftssoldaten an und setzten stattdessen gänzlich auf eine auf Flexibilität zielende Gefechtsausbildung.[152] Doch blieb ein hohes

---

149 Reisner von Lichtenstern, Taktische Probleme, S. 42f. Vgl. auch van den Bergh, Die seelischen Werte im Frieden und im Kriege, S. 215f.; Lengwiler, Zwischen Klinik und Kaserne, S. 55.
150 Reisner von Lichtenstern, Taktische Probleme, S. 45. Siehe daneben in ähnlicher Weise Leitenstorfer, Das militärische Training auf physiologischer u. praktischer Grundlage. Vgl. auch Lengwiler, Zwischen Klinik und Kaserne, S. 47, 55.
151 Nübel, Durchhalten und Überleben an der Westfront, S. 160.
152 Den negativen Klang des Wortes Drills zeigen auch die Ausführungen des Nervenarztes Robert Sommer: »Man sucht unsere Militärorganisation mit Ausdrücken wie ›Drill‹ und ›Militarismus‹ abzutun. Die psychologischen Gründe der gewaltigen militärischen Kraft Deutschlands liegen jedoch tiefer. Es handelt sich bei der Erziehung der Rekruten – psychologisch ausgedrückt – um die Ergänzung der individuellen durch eine Kollektivseele«. Sommer, Krieg und Seelenleben, S. 13.

Maß an formaler Dressur aus Sorge davor, dass die Truppe ansonsten im Gefecht »versage«, erhalten.[153]

Gerade in der zweiten Kriegshälfte wurde dem Drill wieder eine besonders hohe Bedeutung eingeräumt. Denn im Laufe des Krieges hatte sich die Meinung durchgesetzt, dass vorrangig der Drill die im Kampf notwendige psychische Stabilität gewährleiste und so dieser neben eine intensive Ausbildung der einzelnen Soldaten zu treten habe.[154] Durch die intensive Einübung von Bewegungsabläufen und Verhaltensmustern entsprechend den Anforderungen des Gefechts würden die Offiziere und Mannschaftssoldaten von den irritierenden Eindrücken des Gefechts psychisch entlastet und funktions- und durchhaltefähig gemacht. Indem sie im Gefecht auf dieses Repertoire zurückgreifen konnten, würden ihr Mut und ihre Kompetenz gestärkt und damit ihre Fähigkeit zu überlegtem Handeln erhöht. Routinen und Reflexion gingen so ineinander über.[155]

Führende Militärs betonten seitdem stets, dass es beim militärischen Drill nicht das Ziel war, den Menschen zur Maschine zu machen, sondern, wie Erich Ludendorff es in seiner Autobiografie ausdrückte, den Soldaten zu befähigen, »unter den schwierigsten Lagen den Gedanken auf den Sieg und die Vernichtung des Gegners zu behalten und durch selbständiges Handeln zu unterstützen.«[156]

Die militärischen Formulierungen zur psychischen Wirkung des Drills weisen insgesamt deutliche Parallelen zum nervenärztlichen Diskurs über die »Willensgymnastik« auf, die darauf zielte, mithilfe von körperlichen Übungen und Suggestion die Willenstätigkeit des Patienten zu kräftigen und ihn zu befähigen, seine Nerven zu beherrschen. Die parallelen Formulierungen belegen die gegenseitige Beeinflussung von militärischen, medizinischen und öffentlichen Nervendiskursen, denn diese Therapieform konnte sowohl unter ärztlicher Anleitung als auch in Eigenregie zu Hause angewendet werden und wurde bereits vor 1914 in verschiedenen Alltagsratgebern erklärt. Diese Ratgeber für eine »Gymnastik des Willens« zur Bewältigung des All-

---

153 Storz, Die Schlacht der Zukunft, S. 260.
154 Vgl. zur Bedeutungssteigerung des formalen Drills im Krieg Geyer, Vom massenhaften Tötungshandeln, S. 128; Stachelbeck, Militärische Effektivität, S. 191; Nübel, Durchhalten und Überleben an der Westfront, S. 160.
155 Blessing, Disziplinierung und Qualifizierung, S. 467; Geyer, Vom massenhaften Tötungshandeln, S. 126f.; Storz, Kriegsbild und Rüstung, S. 116–122, 176; Storz, Die Schlacht der Zukunft, S. 259–261; Nübel, Durchhalten und Überleben an der Westfront, S. 160.
156 Ludendorff, Mein militärischer Werdegang, S. 162. Vgl. auch Storz, Die Schlacht der Zukunft, S. 260.

tags verurteilten Affekt, Überanstrengung und Kontrollverlust. Das Ziel der Willensgymnastik war eine permanente Geistes- und Körperkontrolle. Erreicht wurde sie über autosuggestive Verfahren, Askesevorschriften und Affektkontrollen.[157]

In seinem »Lehrbuch der gesamten Psychotherapie« von 1897 erklärte Leopold Löwenfeld ausführlich die Methode der »Willensgymnastik« unter ärztlicher Anleitung, wobei er zwischen »aktiver Willensgymnastik« und »Willenshemmungsgymnastik« unterschied. Die »aktive Willensgymnastik« zählte auf eine Kräftigung des Willens und bekämpfte vorrangig Schlaffheit und Trägheit. Die Patienten mussten nach einem strengen Reglement bestimmte Körperbewegungen, von denen Löwenfeld annahm, dass sie der Heilung zuträglich waren, »mit Präzision, rasch und mit vollem Kraftaufwand« ausführen und mit der Zeit das Tempo dabei steigern.[158] Hans-Georg Hofer beschrieb die »Willensgymnastik« entsprechend als Therapieform nervöser Leiden, die bereits vor 1914 »die Atmosphäre des Kasernenhofes« in die Nervensanatorien und Privatpraxen gebracht habe.[159] Den Zusammenhang zwischen eingeübten Bewegungsabläufen und dem Willen erklärte Löwenfeld wie folgt:

»Jede Bewegung erheischt einen ihrer Kraft entsprechenden Willensimpuls; je schwieriger die Leistung ist, die wir verlangen, und je mehr der Einfluss der Ermüdung sich geltend macht, um so grössere Willensanspannung ist erforderlich.«[160]

Neben sportlichen Übungen sollten körperliche Arbeiten und ein geregelter Tagesablauf die »aktive Willensgymnastik« ausmachen.[161] Die »Willenshemmungsgymnastik« zielte hingegen auf die Abtötung des Wunsches, sich unangenehmen Situationen zu entziehen wie auch auf die Fähigkeit, seine Triebe und Bedürfnisse zu unterdrücken. Dies sollte vorrangig über eine »Hydrotherapie« erreicht werden, über kalte Abreibungen und Duschen wie auch über kühle Halbbäder und Vollbäder.[162]

Für den Mediziner und populären Schriftsteller Carl Ludwig Schleich hatten im Ersten Weltkrieg die psychosomatischen Techniken der Willens-

---

157 Die Ratgeber wurden zum Teil von Autoren verfasst, die daneben auch Bücher zur körperlichen Fitness und zum Bodybuilding veröffentlichten. Vgl. z.B. Gerling, Die Gymnastik des Willens. Vgl auch Wedemeyer-Kolwe, »Der neue Mensch«, S. 382.
158 Löwenfeld, Lehrbuch der gesammten Psychotherapie, S. 119.
159 Hofer, Nervenschwäche und Krieg, S. 175f.
160 Löwenfeld, Lehrbuch der gesammten Psychotherapie, S. 119.
161 Ebd., S. 118–120.
162 Ebd., S. 121f. Siehe hierzu auch Hofer, Nervenschwäche und Krieg, S. 175f.

gymnastik das Potential, systematisch den Willen der Kriegsteilnehmer zu stärken, um so Nervenkrankheiten vorzubeugen und Kriegsneurosen und Hysterie zu therapieren. In seiner Studie »Vom Schaltwerk der Gedanken« von 1916 bezog er sich bei seiner Form der Willensgymnastik auf die geistigen Übungen des Gründers des Jesuitenordens Ignatius von Loyola, von dem er betonte, dass er früher spanischer Offizier gewesen sei. Er habe oft bei Soldaten mit psychischen Leiden diese Übungen angewandt und damit jegliche Neurosen geheilt. Schleich verglich Loyolas Erziehung zur Selbstkontrolle mit dem preußischen Drill und sah dessen Programm als eine Prophylaxe gegen Nervenkrankheiten an, da es hierin um die Überwindbarkeit der Affekte durch Übung, und zwar durch »militärische Übungen des Geistes« ginge.[163]

Schließlich ist noch zu betonen, dass der Glaube an die Steigerungsfähigkeit von Willens- und Nervenkraft während der Materialschlachten im Jahre 1916[164] und insbesondere in den letzten Kriegsmonaten, als sich die Niederlage bereits abzeichnete, deutlich abnahm, was schließlich auch den militärischen Diskurs und die Sagbarkeitsregeln beeinflusste. In der Schlussphase des Krieges, in der die Erschöpfung der deutschen Armeen unübersehbar wurde, griff die OHL in ihren Befehlen zwar immer noch auf die Vorstellung zurück, dass der Krieg durch die überlegene Nerven- und Willensstärke gewonnen werde. Die militärischen Anweisungen und Befehle erklärten die Nervenkraft des Heeres zur Voraussetzung für das Standhalten und verbanden sie mit moralischen Appellen an die Soldaten.[165]

Allerdings divergierten die von der OHL in ihrer Befehlssprache geforderte Nervenstärke und die an der Front gemachten Erfahrungen zunehmend. Als seit Juli 1918 die deutschen Truppen im Westen auf dem Rückzug waren, erodierte auch der sprachliche Konsens, dass »Nervenstärke« eine natürliche Eigenschaft der deutschen Soldaten sei und die Gegner sich durch eine Mobilisierung und Härtung des Willens bezwingen lassen würden. Nun rechtfertigten militärische Einheiten den Verlust von Stellungsteilen vielfach mit den »durch den langen Einsatz erregten Nerven«.[166]

---

163 Loyola selbst habe von »Exercitia spiritualia militaria« gesprochen. Schleich, Vom Schaltwerk der Gedanken, S. 143. Vgl. auch Cowan, Cult of the will, S. 256f.
164 Siehe zur Schlacht von Verdun Kap. II.7.c. Die Haltung der Offizierskameraden.
165 Vgl. die Belege bei Pöhlmann, Der Panzer und die Mechanisierung des Krieges, S. 82f.; Nübel, Ambivalenz der Zermürbung, S. 116f.
166 Zitiert nach Nübel, Ambivalenz der Zermürbung, S. 117.

Auch bei einigen Offizieren in der OHL wuchs die Einsicht, dass den Rückzugsgefechten »die Nerven der erschöpften und zermürbten Truppen nicht mehr gewachsen« waren.[167] Durch die Niederlage konnte ausgedrückt werden, was eine normative Sprache zuvor zugedeckt hatte.[168]

f. Zusammenfassung

Insgesamt macht der Blick auf den militärischen Diskurs deutlich, dass psychische Leiden bei Offizieren als Makel für den Einzelnen wie auch für das Offizierskorps als Ganzes und als Gefährdung der Kampfmoral angesehen wurden. Der nervenschwache Offizier widersprach dem Idealbild des Offiziers diametral, was zu seiner Tabuisierung führte.

Hierbei spielte eine große Rolle, dass im militärischen Diskurs während des Krieges die Forderung von Nervenstärke bei Offizieren wie bei Mannschaftssoldaten stark normativ aufgeladen war. »Nerven« wurden von der militärischen Führung zur kriegswichtigen Ressource erklärt und enthielten so eine moralisierende Komponente. Während das deutsche Heer in den Materialschlachten seit 1916 immer mehr ausgezehrt wurde, stiegen die Anforderungen des Militärs an die Soldaten immer mehr an. Da die Vorstellung von der Kraft des eigenen Willens existierte, mit dem die Spannkraft der Nerven gesteigert werden konnte, wurde von den Soldaten die Anpassung, Beherrschung und Abhärtung der Nerven und das Standhalten an der Front gefordert. Nervenzusammenbrüche wurden als Scheitern gewertet. Nach dieser Logik gab es eine enorme Spannbreite zwischen Heldentum und Versagen, und bei Offizieren war die Messlatte in Bezug auf Nervenstärke und Affektkontrolle besonders hoch angelegt.[169]

---

167 Bayer. Militärbevollmächtigter an bayer. Kriegsminister, 02.10.1918, in: Deist (Bearb.), Militär und Innenpolitik im Weltkrieg 1914–1918, Dok. Nr. 479. Vgl. auch die Ausführungen zu den auflösenden Wirkungen des Krieges Hofmann, Die deutsche Nervenkraft im Stellungskriege, S. 444–457.
168 Nübel, Ambivalenz der Zermürbung, S. 118f.
169 Vgl. in Bezug auf das Militär als Ganzes und die einfachen Soldaten Ebd., S. 110.

3. Psychische Voraussetzungen für die Offizierslaufbahn

Deutlich vielschichtiger als beim alleinigen Blick auf die Normen und Diskurse wird allerdings das Bild, wenn man auf die Handlungsstrategien schaut, die das Militär entwickelte, um mit dem Problem psychisch erkrankter Offiziere umzugehen. Obwohl die Armee psychische Leiden bei Offizieren im Diskurs tabuisierte, betrachtete sie diese als reale Krankheiten, die Maßnahmen zur Therapie, aber auch zur Prophylaxe erforderten.[170]

a. Psychische Rekrutierungsbedingungen der Militärangehörigen im Ersten Weltkrieg allgemein

Im Ersten Weltkrieg waren für Offiziersanwärter in Bezug auf die militärärztliche Musterung lediglich die psychischen Voraussetzungen zu erbringen, die von allen Rekruten gefordert wurden. Bereits vor 1914 gab es ein ausdifferenziertes Musterungssystem, das darauf zielte, psychische Krankheiten nicht nur bei den Offiziersanwärtern, sondern bei allen Rekruten auszuschließen. Unberücksichtigt blieben dabei allerdings alle Arten von »nervösen« Leiden. Entsprechend hatte Karl Bonhoeffer vor Kriegsbeginn in einem Beitrag, in dem er die »Gefahren für das Heer« durch psychisch Kranke herausstellte, gefordert, dass die Tauglichkeitskriterien weiter verschärft werden sollten.[171]

Doch wurde mit dem Kriegsausbruch Bonhoeffers Forderung nicht umgesetzt, obwohl nun eine funktionierende Psyche im Gegensatz zur Vorkriegszeit zu einer existentiellen Frage wurde. Statt die Tauglichkeitskriterien zu verschärfen, kam es zu einer Wende, indem die Tauglichkeitskriterien zuerst durch die Praxis vielfach umgangen, seit 1915 aber auch durch eine neue Definition der Kriterien gelockert wurden. Der Grund war der hohe Bedarf an Rekruten und speziell für die militärischen Führer der sich bereits bei der Mobilisierung 1914 zeigende Offiziersmangel,[172] wenngleich nach wie vor die Sanitätsbehörden betonten, dass die Militärärzte trotzdem den gesund-

---

[170] Siehe hierzu auch zus. Gahlen, Die Nerven der Offiziere als militärisches Problem, S. 128–139.
[171] Bonhoeffer, Psychiatrie und Krieg, S. 1777. Vgl. zu den Rekrutierungskriterien vor 1914 und der Forderung Bonhoeffers Kap. I.2.a. Psychische Rekrutierungskriterien bei Militärangehörigen allgemein.
[172] Dazu Watson, Enduring the Great War, bes. S. 114–133. Vgl. auch Meteling, Adel und Aristokratismus, S. 224.

heitlichen Interessen der Untersuchten Rechnung tragen und sie die Messlatte in psychischer und physischer Hinsicht nicht zu niedrig anlegen sollten.[173] Gerade bei Kandidaten mit psychischen Krankheiten wurde mit zwei zusätzlichen Argumenten vor einer Rekrutierung gewarnt. Zum einen wurde von einer Verschlimmerung der Leiden durch den Krieg ausgegangen, was Versorgungsansprüche nach sich ziehen würde. Zum anderen wurde unter Rückgriff auf massenpsychologische Konzepte angeführt, dass psychisch kranke Soldaten eine negative Suggestionswirkung auf die Truppen ausüben würden. Nur durch eine Beseitigung der »Schädlinge« lasse sich eine psychische Epidemie verhindern.[174]

Bis Anfang 1915 blieben die Musterungsgrundsätze der Vorkriegszeit offiziell in Kraft. So gab es bei der Musterung die Tauglichkeitsstufen »Felddienstfähigkeit«, »Garnisonsdienstfähigkeit« und »Dienstunbrauchbarkeit«. Alle Rekruten wurden vor der Aufnahme ins Militär zweimal ärztlich untersucht, wobei nicht nur der körperliche, sondern auch der psychische Befund festgestellt werden sollte. Entsprechend wurden von den Musterungsärzten gute psychiatrische und psychologisch-pädagogische Kenntnisse gefordert. Teilweise waren auch Psychiater direkt an der Musterung beteiligt.[175] Die ärztliche Untersuchung aller Wehrpflichtigen, die bereits gedient hatten, nahmen die Bezirkskommandos vor, während die Freiwilligen bei den Ersatztruppenteilen gemustert wurden. Auch der unausgebildete Landsturm wurde ärztlich untersucht. Bei Unsicherheiten hinsichtlich der militärischen Leistungsfähigkeit der Wehrpflichtigen konnten Untersuchungen durch

---

173 Schwalbe, Leitsätze für die militärärztliche Tätigkeit bei der Kriegsmusterung, S. 1225f. Vgl. daneben auch Michl, Im Dienste des »Volkskörpers«, S. 71.
174 Zum Beispiel betonte der Frankfurter Psychiater Adolf Friedländer, der kurz vor Kriegsausbruch 1914 über die Gefahr von Geistes- und Nervenkrankheiten im Heer im Kriegsfall schrieb: »Aber gerade die Bedeutung, welche der Suggestion, besonders wenn es sich um gewaltige Menschenglieder handelt, zukommt, macht die Ausschaltung aller Schädlinge notwendig, und jeder geistig nicht vollwertige, widerstandsunfähige Soldat ist ein solcher Schädling. Ängstliche, Willensschwache und Entschlussunfähige stellen schon in Friedenszeiten schlimme Elemente dar; in Kriegszeiten bedeuten sie die Quelle großer Gefahren, nicht nur wegen der direkten, sondern auch wegen der indirekten Folgen, die wir unter dem Namen der psychischen Infektion zusammenfassen können. Es handelt sich infolgedessen nicht bloss darum, die Einzelwesen vor dem Zusammenbruch zu bewahren, sondern auch die Allgemeinheit vor diesen kranken Einzelwesen zu schützen.« Friedländer, Nerven- und Geisteskrankheiten im Felde und im Lazarett, S. 24f. Vgl. auch Lengwiler, Zwischen Klinik und Kaserne, S. 46. Siehe zur hohen Bedeutung massenpsychologischer Anschauungen auch Kap. II.1. Die Behandlung des Problems der »Kriegsneurotiker« in der deutschen Armee.
175 Michl, Im Dienste des »Volkskörpers«, S. 70f.

Fachärzte oder Ausschüsse erfolgen. Daneben gab es die Möglichkeit, versuchsweise Einstellungen vorzunehmen und Wehrpflichtige für längere Zeit zur Beobachtung ins Lazarett aufzunehmen.[176]

Angesichts der hohen Kriegsverluste gerade im Anfangsjahr des Krieges wurden nach und nach mehrere Maßnahmen getroffen, um die Tauglichkeits- und Ausmusterungskriterien deutlich zu senken. In einem ersten Schritt wurden ab Februar 1915 die Tauglichkeitsstufen verändert. Sie teilten sich nun auf in »kriegsbrauchbar« (mit den Unterstufen »k.v. kriegsverwendungsfähig«, »g.v. garnisonsverwendungsfähig«, »a.v. arbeitsverwendungsfähig«) und in »kriegsunbrauchbar« (mit der Unterteilung »zeitweilig untauglich« und »dauernd untauglich«). »Kriegsverwendungsfähig« bedeutete, dass der Soldat zur Verwendung im Dienst mit der Waffe im Feld geeignet war. Die Garnisonsverwendungsfähigen mussten den militärischen Dienst in der Heimat oder in der Etappe ausüben können. Die Arbeitsverwendungsfähigen mussten zu militärischen Dienstleistungen in der Lage sein, die ihrem bürgerlichen Beruf entsprachen.[177]

Eine weitere Konsequenz der hohen Anfangsverluste im deutschen Heer war, dass die Kriegsmusterungen rigoroser wurden und Nachmusterungen beinhalteten. Ein Gesetz vom 4. September 1915 hob alle früheren Entscheidungen über Dienstuntauglichkeit auf und ordnete Nachmusterungen an. Insgesamt waren 821.051 Personen betroffen. 57% der früher Ausgemusterten wurden nun als »kriegsbrauchbar« beurteilt und militärisch in Dienst genommen, 22% erhielten sogar die Einschätzung als kriegsverwendungsfähig, sodass sie an der Front herangezogen werden konnten. Hierunter fielen auch viele, die wegen psychischer Auffälligkeiten zuvor ausgemustert worden waren.[178]

---

176 Sanitätsbericht über das Deutsche Heer im Weltkriege, Bd. 3, S. 15f.
177 Ebd., Übersicht 5, S. 15f. Vgl. auch Lemmens, Zur Entwicklung der Militärpsychiatrie, S. 40. Im Sanitätsbericht wurde konstatiert, dass in Bezug auf konstitutionell bedingte »Geisteskrankheiten« für die Felddienstfähigkeit deutlich strengere Musterungsrichtlinien galten als bei der Garnisonsdienstfähigkeit. Hiernach meldeten die Lazarette im Feld- und Besatzungsheer für den Zeitraum vom 1. Januar 1916 bis zum 31. Juli 1918, d.h. für 31 Monate, eine Gesamtzahl von 68.038 Fällen von »geisteskranken« Patienten, die in die Lazarette eingeliefert wurden, von denen die Mehrheit aus dem Besatzungsheer gekommen sei. Hingegen sei beim Feldheer das Auftauchen von »Geisteskrankheiten« »ohne größere Bedeutung« gewesen. Sanitätsbericht über das Deutsche Heer im Weltkriege, Bd. 3, S. 145, 147.
178 Sanitätsbericht über das Deutsche Heer im Weltkriege, Übersicht 9, S. 16; Lemmens, Zur Entwicklung der Militärpsychiatrie, S. 40, 42.

Neben der Nachmusterung von 1915 wurden die kranken und verwundeten Soldaten regelmäßig hinsichtlich ihrer Dienstfähigkeit ärztlich untersucht. Darüber hinaus fanden Ende 1916, Anfang Februar 1917 und Ende 1917 drei Generalmusterungen statt, um bei Kranken und Verwundeten festzustellen, ob die Tauglichkeitsstufe angehoben werden konnte.[179]

Die nächste Zäsur bei der Lockerung der Tauglichkeitskriterien auch in psychischer Hinsicht markiert der September 1916. Damals forderte die OHL, »den letzten Mann, der im Schützengraben eine Waffe führen kann«, einzuberufen, um die Lücken in den Einheiten aufzufüllen.[180] Durch die Herabsenkung der Tauglichkeitskriterien wurden mehr und mehr Männer an die Front geschickt, deren Konstitution in den ersten beiden Kriegsjahren noch als ungenügend für den Kampfeinsatz eingeschätzt worden war.[181] Schließlich war der Großteil der Personen, welche die Bedingungen der Vorkriegszeit erfüllt hatten, bereits im Militärdienst aktiv oder hatte für Tätigkeiten in der Landwirtschaft und Industrie eine Zurückstellung erhalten. Viele während des Krieges erstellte Studien kamen zu sehr kritischen Einschätzungen über die Tauglichkeit dieser neuen Rekruten.[182]

Karl Bonhoeffer schrieb in der Rückschau hierzu:

»Wenn man es zu Anfang des Krieges vorsichtig vermieden hat, Psychopathen an die Front zu schicken, so ist mit ein Grund der gewesen, daß man es vermeiden wollte, in die suggestible Massenstimmung psychisch-infektiöses Material hineinzubringen. Es war kein Gewinn für das Heer, daß man von dieser Praxis später abgegangen ist.«[183]

---

179 Siehe hierzu Kap. III.5.c. Gesamtlazarettzeiten der Offiziere: Tendenzen.
180 Schreiben OHL an Kriegsminister, 14.09.1916, abgedr. in Ludendorff (Hrsg.), Urkunden der Obersten Heeresleitung über ihre Tätigkeit, S. 69f. Vgl. auch Nübel, Durchhalten und Überleben an der Westfront, S. 156.
181 Dies führte unter anderem dazu, dass sich die Altersstruktur der Mannschaftssoldaten gerade in der zweiten Kriegshälfte deutlich veränderte. Nun wurden zunehmend Rekruten aufgenommen, die gerade erst das dienstfähige Alter erreicht hatten, wie auch solche, die trotz ihres Alters von über 35 Jahren in die Kampfgruppen eingereiht wurden. Stachelbeck, Militärische Effektivität, S. 328f.; Geyer, Vom massenhaften Tötungshandeln, S. 116f.; Ziemann, Front und Heimat, S. 60f.; Nübel, Durchhalten und Überleben an der Westfront, S. 155.
182 Studie AOK 7 zur Ausbildung vom 13.09.1917, abgedruckt in Geyer, Vom massenhaften Tötungshandeln, S. 131, Anm. 101. Siehe auch Stachelbeck, Militärische Effektivität im Ersten Weltkrieg, S. 258, 266, 326f.; Nübel, Durchhalten und Überleben an der Westfront, S. 156.
183 Bonhoeffer, Über die Bedeutung der Kriegserfahrungen für die allgemeine Psychopathologie, S. 10. Exemplarisch für die Ansicht des Großteils der Kriegspsychiater, dass

Dennoch gab es parallel zur allgemeinen Lockerung der Tauglichkeitsmaßstäbe einen Gegentrend dahingehend, dass von Psychologen entwickelte Ausleseverfahren im Laufe des Krieges in die Diensttauglichkeitsprüfung integriert wurden, der allerdings nur geringe praktische Auswirkungen hatte. So wurde im Dezember 1917 ein Erlass des Kriegsministeriums ausgegeben, dass psychologische Eignungstests für alle Rekruten als Teil der Diensttauglichkeitsprüfung standardmäßig eingeführt werden sollten.[184] Durch eine Verbindung von Experimentalpsychologie und Heerespsychotechnik sollte herausgefunden werden, inwieweit sich die Rekruten für den Militärdienst eigneten und in welcher Funktion sie am besten einzusetzen waren, um so die Leistungskraft der einzelnen Soldaten zu optimieren.[185] Die Durchsetzung dieses Erlasses blieb aber sehr begrenzt.

Im Deutschen Reich setzten sich von Psychologen entwickelte Ausleseverfahren im Ersten Weltkrieg nur für Spezialisten durch, die besondere manuelle Tätigkeiten ausführen mussten.[186] Diese spezifischen Potentialanalysen galten für Kraftfahrer,[187] Flugzeugführer, Flugzeugbeobachter, Funker und Entfernungsmesser.[188] Es waren psychotechnische Eignungsprüfungen, die sich auf sensorische und motorische Fähigkeiten, spezielle berufsbezogene Fähigkeiten sowie Intelligenz bezogen.[189]

Insgesamt verhielt sich die deutsche Armee beim Einsatz psychologischer Eignungstests im Weltkrieg zurückhaltend und folgte lediglich einem zeitgenössischen Trend. Entsprechende psychotechnische Eignungs-

---

»Degenerierte«, »Psychopathen« und »Minderwertige« von der Truppe fernzuhalten seien, da »unsichere Elemente« in entscheidenden Momenten eine große Gefahr für die »kampfbereite Truppe« darstellten, sind die Ausführungen von Baller, Krieg und krankhafte Geisteszustände im Heere, S. 9.

184 Geuter, Polemos panton pater, S. 149f.; Köhne, Militärpsychiatrie und Kriegspsychologie.
185 Janssen, Psychologie und Militär, S. 97–109; Köhne, Militärpsychiatrie und Kriegspsychologie.
186 Nach Horst Gundlach kamen hier die Psychologen zum Zuge, da sich der Sanitätsdienst gegenüber einer Auslese unter den Soldaten nach ihren speziellen Fähigkeiten reserviert verhielt. Gundlach, Faktor Mensch im Krieg, S. 140.
187 1915 wurde in Berlin das erste Laboratorium eingerichtet, das zur Prüfung der Kraftfahrer bei der Kraftfahr-Ersatzabteilung des Preußischen Gardekorps diente. Bis Kriegsende 1918 gab es bereits 17 derartige Prüfstellen. Gundlach, Faktor Mensch im Krieg, S.133.
188 Hofstätter, Einführung, S. VIII.
189 So der mit der Entwicklung betraute Psychologe Johann Rieffert, Leiter des »Psychologischen Laboratoriums des Reichswehrministeriums«, siehe Renthe-Fink, Von der Heerespsychotechnik zur Wehrmachtspsychologie, S. 60, S. 178; Gerlach, Der Wert der Arbeitskraft, S. 97.

prüfungen wurden in vielen Armeen vorgenommen. Viele Innovationen kamen gerade aus dem zaristischen Russland.[190] Besonders konsequent wurden die Tests in den USA durchgesetzt. Ende 1917 wurde in den Vereinigten Staaten beschlossen, dass alle Armeeangehörigen eine von Psychologen durchgeführte Intelligenzprüfung über sich ergehen lassen sollten, wovon auch Offiziersanwärter betroffen waren. Bis Kriegsende wurden unter massiven Protesten aus den Reihen des Militärs 1.750.000 Mann getestet. Erst im August 1918 legitimierte ein Heeresbefehl die Arbeit der Psychologen. Darin wurde deren Kompetenz aber dahingehend eingeschränkt, dass niemand aufgrund eines schlechten Abschneidens im Test für die Offiziersausbildung abgelehnt werden dürfe, was bis dahin an einigen Standorten praktiziert worden sei.[191] Hier zeigt sich ein deutlicher Unterschied zum Deutschen Reich, wo die Offiziersrekrutierung allein in der Hand der Militärs blieb.

b. Die Prüfung der psychischen Belastbarkeit der Offiziersanwärter

Trotz aller Neuerungen bei den militärärztlichen Untersuchungen der Rekruten hielt das Militär im Hinblick auf den Zugang zur Offizierslaufbahn an den althergebrachten traditionellen Rekrutierungsprinzipien aus der Vorkriegszeit fest. Die Nervenärzte konnten sich während des Ersten Weltkriegs nicht mit ihrer Forderung durchsetzen, stärker Einfluss auf die Auswahl der Offiziere zu nehmen. Zum Beispiel plädierte der Stabsarzt Max Rohde 1915 dafür, dass bei der Auswahl insbesondere der Offiziere ihrer psychischen Konstitution mehr Beachtung entgegengebracht werden sollte, als dies bisher geschehen sei:

»Es wird meines Erachtens [...] noch viel zu wenig auf die Konstitution der Militärpflichtigen in der Friedenszeit geachtet, speziell auf nervöse Erscheinungen und Belastung. Beachtung dieser Momente wäre ganz besonders bei Unteroffizieren und Offizieren nötig, wozu freilich die Aufstellung weiterer Richtlinien nötig wäre, die eine Verschärfung der darauf zielenden Untersuchungen und Bestimmungen zum Ziel hätten. Dem Ausbildungspersonal müßte zusammen mit dem Truppenarzt auch Eingehen auf psychologische und charakterologische Eigenheiten zur Pflicht gemacht werden, und ich meine, man sollte gerade hochgradig nervös veranlagte und

---

190 Hofstätter, Einführung, S. VIII.
191 Gundlach, Faktor Mensch im Krieg, S. 138. Siehe hierzu auch Garson, Army Alpha, Army Brass and the Search for Army Intelligence, S. 278–309.

debile Menschen weit öfter als dienstunbrauchbar erklären, als es bisher geschehen ist.«[192]

Rohde mahnte also speziell für Unteroffiziere und Offiziere die Aufstellung von medizinischen Richtlinien an, welche psychischen Voraussetzungen gefordert seien. Zudem sollten seiner Meinung nach sowohl die Vorgesetzten als auch der Truppenarzt psychische Auffälligkeiten während der Ausbildung zum militärischen Führer verpflichtend vermerken. Hier argumentierte der Feldarzt, der die Anforderungen des Felddienstes im Blick hatte und die Kriterien bedauerte, nach denen ausgewählt wurde.

Dem entsprach, dass sich die psychologische Kriegswissenschaft im Ersten Weltkrieg mit der Steuerung der Masse der Soldaten durch Offiziere ausführlich auseinanderzusetzen begann. Sie führte hierzu einerseits Untersuchungen durch[193] und stellte andererseits Überlegungen dazu an, wie Offiziere massenpsychologisch geschult werden könnten, um ihre Führungsqualitäten zu verbessern.[194] Gerade psychisch versehrte Offiziere galten entsprechend der Logik der Massenpsychologie als besonders großes Gefahrenpotential, da hier den militärischen Führern die Fähigkeit eingeräumt wurde, die Kollektivseele durch ihre Führerpersönlichkeit wie unter

---

192 Rohde, Neurologische Betrachtungen eines Truppenarztes im Felde, S. 414.
193 Eine besonders aufwändige Untersuchung war die bereits 1914/15 durchgeführte Massenerhebung »Zur Psychographie des Kriegers«, die unter der Leitung der Experimentalpsychologen William Stern und Otto Lipmann durchgeführt wurde. Nach wenigen Wochen wurde der Fragenkatalog von der Zensur untersagt. Das erhobene Material wurde erst nach dem Krieg vom Psychologen Paul Plaut ausgewertet. Plaut, Psychographie des Kriegers, S. 1–123. Stern und Lipmann hatten in ihrem hierfür entwickelten umfangreichen Fragekatalog auch Fragen, die speziell an militärische Vorgesetzte gerichtet waren: Hier erkundigten sie sich nach deren Verhalten »[g]egenüber Untergebenen. Gefühl der stetigen Verantwortlichkeit und daß man Vorbild und Beispiel sein müsse. a) im Alltag, b) bei Gefahren, c) bei Strapazen und Entbehrungen. Wie wird dieses Beispiel-Sein durchgeführt (Hinnahme der Gefahr, stramme Haltung, Draufgehen, Witzemachen usw.)? Fühlt man sich mehr als Kamerad oder als Vorgesetzter (Wertlegen auf richtige Ehrenbezeugung, korrekte Anrede)? Findet ein außerdienstlicher Verkehr zwischen Vorgesetzten und Untergebenen statt?«. Ebd.: Stern/Lipmann: Frageschema »Zur Psychographie des Kriegers«, hier: S. 113–115. Siehe hierzu ausführlich Köhne, Papierne Psychen, S. 67–104. Vgl. auch dies., Militärpsychiatrie und Kriegspsychologie.
194 Franz Janssen zählte 1917 die hier interessierenden Themenfelder auf: »Psychologie der Führung, Begeisterung, Beeinflussung größerer und kleinerer Verbände im Felde, in den verschiedenen Lebenslagen des Marsches, der Ruhe, im Schützengraben, im Trommelfeuer, auf Patrouille«. Janssen, Psychologie und Militär, S. 108. Vgl. hierzu auch Köhne, Militärpsychiatrie und Kriegspsychologie.

II. DIE NERVEN DER OFFIZIERE ALS MILITÄRISCHES PROBLEM 153

Hypnose zu steuern. Die kriegspsychologischen Schriften aus der Zeit des Ersten Weltkrieges kommen hier zu eindeutigen Einschätzungen.[195] Ein Beispiel für massenpsychologische Überlegungen sind die 1919 publizierten, eigene Truppenarzterfahrungen einbeziehenden Ausführungen Joachim von Steinau-Steinrücks:

»[...] nicht nur die Wirkung der Masse auf den einzelnen ist zu berücksichtigen, sondern ebenso die des einzelnen auf die Masse. Wie der Führer vor einer entschlossenen Truppe über sich selbst hinauswächst, so kann man aus ein und demselben Soldatenmaterial buchstäblich von heute auf morgen – ich habe es wiederholt beobachten können – eine gute oder schlechte Kompagnie machen, je nach der Persönlichkeit, die man an ihre Spitze setzt.«[196]

Dennoch ging das Militär nicht auf die nervenärztliche Forderung ein, bei der Auswahl der Offiziere die psychische Konstitution stärker zu berücksichtigen und psychisch kranke Anwärter konsequenter von der Laufbahn auszuschließen. Vielmehr blieben innermilitärische Maßstäbe nach wie vor entscheidend.

Erst im Jahr 1927 kam es hier zu einer deutlichen Zäsur. Seitdem wurden psychologische Eignungsprüfungen für den Offiziersnachwuchs, die von Nervenärzten durchgeführt wurden, eingeführt.[197] Im Ersten Weltkrieg hingegen unterblieben noch medizinische Spezialuntersuchungen auf psychische Risikofaktoren bei den Offiziersanwärtern zur Prävention psychischer Zusammenbrüche, man beließ es bei der allgemeinen militärärztlichen Tauglichkeitsprüfung, die für alle Rekruten verpflichtend war.[198] Dies galt für aktive Offiziere und Reserve- und Landwehroffiziere gleichermaßen. Die Offiziere des Regiments ergänzten und erweiterten sich wie in der Friedenszeit

---

195 Einflussreiche Studien waren hier: Binswanger, Die seelischen Wirkungen des Krieges; Messer, Zur Psychologie des Krieges; Turmlitz, Psychologisches-Pädagogisches aus dem Schützengraben, S. 83–87; Zentgraf, Der Soldat; Dessoir, Kriegspsychologische Betrachtungen; Sommer, Krieg und Seelenleben; Stekel, Unser Seelenleben im Kriege; Lewin, Kriegslandschaft, S. 440–447; Everth, Von der Seele des Soldaten im Felde; Stein, Der Soldat im Stellungskampf. Vgl. hierzu ausführlich Köhne, Militärpsychiatrie und Kriegspsychologie. Siehe zur massenpsychologischen Betrachtung der Kriegsneurose Kap. II.1. Die Behandlung des Problems der »Kriegsneurotiker« in der deutschen Armee.
196 Steinau-Steinrück, Zur Kenntnis der Psychosen des Schützengrabens, S. 369.
197 Siehe hierzu Kap. V.1.b. Die Einführung psychologischer Testverfahren 1927 und die Rekrutierung von Offiziersanwärtern in der Reichswehr.
198 Siehe Kap. II.3.a. Psychische Rekrutierungsbedingungen bei Militärangehörigen im Ersten Weltkrieg allgemein.

durch die Zuwahl von Personen, die ihnen als geeignet und würdig erschienen. Die Erfüllung der sozialen und Bildungskriterien der Vorkriegszeit blieb auch im Ersten Weltkrieg die entscheidende Voraussetzung für die Beförderungswürdigkeit zum Offiziersaspiranten. Haupterfordernis für die Offiziersauswahl war nach wie vor das Einjährig-Freiwilligen-Zeugnis. Unteroffizieren blieb im Regelfall die Offizierslaufbahn verschlossen. Eine Beförderung vom Feldwebel zum Offizier – einem Truppenkommandeur stand es zu, Feldwebel, die sich vor dem Feind ausgezeichnet hatten, für eine entsprechende Beförderung vorzuschlagen – erfolgte nur in extremen Ausnahmefällen. In der preußischen Armee geschah dies 82–, in der bayerischen 91–mal.[199] Die Rücksichtnahme auf die soziale Homogenität des Offizierskorps wog schwerer als soldatische Leistungen.[200]

Die Neuaufnahme von Offizieren geschah wie in der Friedenszeit durch die Entscheidung des Regimentskommandeurs, bei dem sich der Offiziersanwärter persönlich vorstellen musste, wie auch durch einen gemeinsamen Beschluss, die Offizierswahl.[201] Dieses Auswahlverfahren durch Kooptation betonte die Souveränität und Elitenstellung der Gruppe in besonderer Weise. Es hatte die Vorteile, dass das Offizierskorps die Aufnahmebedingungen nicht klar definieren musste, kein Außenstehender irgendeinen Anspruch hatte, aufgenommen zu werden, und sich die Gruppe nicht für die Zulassung oder Verweigerung rechtfertigen musste. Das Kooptationsprinzip stärkte das Selbstgefühl und den inneren Zusammenhalt des Offizierskorps.[202]

Selbst, dass man 1915 in der deutschen Armee das Ventil zur Offizierergänzung vorübergehend öffnete und junge sogenannte Kriegsleutnants ernannt wurden, die freiwillig ins Heer eingetreten waren, lediglich die Mittlere Reife haben mussten und in Schnellkursen ausgebildet worden waren, blieb nur eine kurzfristige Maßnahme. Rasch kehrte man zur Friedenstradition zurück. Seitdem rekrutierte man die Offiziere wieder nur aus den sozial »erwünschten Kreisen«.[203] Lediglich im Verlauf des Jahres 1917 wurden we-

---

199 Watson, Enduring the Great War, S. 122; Meteling, Ehre, Einheit, Ordnung, S. 228f.
200 Deist, Zur Geschichte des preußischen Offizierkorps, S. 54f.; Meteling, Ehre, Einheit, Ordnung, S. 229.
201 Siehe zum Offiziersauswahlverfahren der Vorkriegszeit Kap. I.2.b. Militärische Maßstäbe in Bezug auf die psychische Konstitution eines Offiziers.
202 Hofstätter, Einführung, S. IX.
203 Der Ausdruck findet sich in einem kaiserlichen Erlass über die Ergänzung des Offizierskorps vom 29.03.1890 und wurde in einer Kabinettsordre vom 29.03.1902 aufgegriffen.

gen des dringenden Offiziersbedarfs diese sozialen Kriterien wieder gelockert.[204] Insgesamt hielt das Militärkabinett im Weltkrieg an der Friedenstradition fest und entschied zugunsten des »aristokratischen Führerprinzip[s]«.[205] Der Offizier blieb vorrangig Angehöriger eines ständisch-elitären Personenverbands und die strengen Statusunterschiede zwischen Offizieren und Unteroffizieren hatten nach wie vor Bestand. Die »Bewährung vor dem Feind« war nicht das zentrale Annahmekriterium, sondern nur ein Kriterium bei der Charakterisierung der Leistung in der Dienststellung. Zudem wurde auch die außerdienstliche Eignung berücksichtigt.[206]

Hier zeigen sich fundamentale Unterschiede zum Zweiten Weltkrieg. Denn die im Nationalsozialismus vorherrschende Auffassung vom Offizier als kämpferischer Einzelpersönlichkeit und gerade nicht als Angehöriger eines Personenverbandes gestaltete damals das Annahmeverfahren.[207]

Die Bedeutung der psychischen Belastbarkeit bei der Rekrutierung der Offiziere

Die Analyse mehrerer hundert Biografien von Offizieren mit psychischen Leiden macht deutlich, dass die psychische Belastbarkeit bei der Rekrutierung der Offiziere im Ersten Weltkrieg kaum berücksichtigt wurde. Dies zeigt sich zuvorderst daran, dass der Auftritt psychischer Leiden beim Offiziersanwärter zumeist kein Ausschlusskriterium für die Beförderung zum Offizier war.

Die nachfolgenden Fallbeispiele belegen, dass die psychiatrischen Tauglichkeitskriterien, die bis 1914 in Kraft waren, bereits bei der Mobilmachung 1914 nicht durchgängig umgesetzt wurden. Damals wurden auch psychisch kranke Offiziere genauso wie physisch kranke im Dienst belassen oder bei Kriegsbeginn wiedereingestellt.[208] Hinzu kam, dass selbst in der Vorkriegszeit die psychische Belastbarkeit von aktiven Offizieren kaum bei der Rekrutierung berücksichtigt wurde.

Der Erlass ist abgedruckt in: Messerschmidt (Hrsg.), Offiziere im Bild von drei Jahrhunderten, S. 38ff. Siehe hierzu Kap. I.1. Soziale Stellung der Offiziere in der Wilhelminischen Ära.
204 Watson, Enduring the Great War, S. 121; Meteling, Ehre, Einheit, Ordnung, S. 228.
205 Meteling, Ehre, Einheit, Ordnung, S. 229.
206 Kroener, Auf dem Weg zu einer »nationalsozialistischen Volksarmee«; ders., Generationserfahrungen und Elitenwandel, S. 219–233.
207 Siehe hierzu Kap. V.1.d. Reaktivierung psychisch versehrter Offiziere in der Wehrmacht und der Umgang mit Offizieren mit psychischen Leiden im Zweiten Weltkrieg.
208 Schaar, Wahrnehmungen des Weltkrieges, S. 277.

Der Fall des Leutnants Friedrich D., der wegen »nervöser Beschwerden« im Februar 1916 für zwei Wochen im »Reserve-Lazarett II Tübingen, Abt. Kgl. Universitäts-Nervenklinik« zur Beurteilung seiner Dienstfähigkeit beobachtet wurde, zeigt dies in aller Deutlichkeit. Der Klinikdirektor Robert Gaupp schrieb in seinem Gutachten über den Leutnant, dass sich bei Friedrich D. die Nervosität schon in der Schulzeit eingestellt habe, was dazu führte, dass er vom Abitur aus Versagensängsten zurückgetreten sei. Nachfolgend sei er als Offiziersanwärter ins Heer eingetreten. Als Fahnenjunker habe er an »Aufgeregtheit und Verwirrtsein« und an »Herzbeschwerden« gelitten.[209] Trotzdem erhielt er bei der Mobilmachung die Beförderung zum Offizier.

Ein weiteres Beispiel dafür, dass auch bei Reserve- und Landwehroffizieren im Regelfall sehr wenig auf psychische Erkrankungen und Alkoholismus in der Vorkriegszeit und bei der Einberufung 1914 geachtet wurde, ist der Fall des 1876 geborenen Leutnants der Landwehr Karl F., der spätestens seit 1902 chronischer Alkoholiker war und dennoch Anfang August 1914 als Offizier einberufen wurde.[210]

Dass selbst Männer, die in psychiatrischen Anstalten waren, in Einzelfällen als Offizier reaktiviert wurden, zeigt der sächsische Offizier Siegfried Graf Vitzthum. Über diesen berichtet Leutnant Arnold Vieth von Golßenau, der sich später als Schriftsteller Ludwig Renn nannte, in seiner Autobiografie:

»Der gescheite bisherige Regimentsadjutant Dietrich Graf Vitzthum hatte einen jüngeren Bruder mit Namen Siegfried. [...] Nachdem dieser Mensch allerhand Merkwürdiges getan und mehrmals sinnlos mit seiner Pistole geschossen hatte, stellten Ärzte fest: Er war schizophren und mußte in eine Heilanstalt mit Arbeitstherapie gebracht werden. Bei Kriegsbeginn entließ man ihn von dort und machte ihn wieder zum Offizier. Man gab also einem als wahnsinnig Erwiesenen eine Truppe, nur weil seit dem Mittelalter die Grafen Vitzthum von Eckstädt bei den herrschenden Wettinern stets führende Ämter hatten. Welche Verantwortungslosigkeit in der Personalabteilung des sächsischen Kriegsministeriums! Er ist übrigens bald gefallen.«[211]

---

209 UAT 669/27480 Gutachten Robert Gaupps vom 28.02.1916 über den Leutnant Friedrich D.
210 Vgl. UAT 669/27512 Krankenakte des Leutnants der Landwehr Karl F. Siehe zu dessen Trinkexzessen im Militärdienst und seiner vorzeitigen Entlassung wegen Dienstunbrauchbarkeit Kap. II.8.a. Sanktionen.
211 Renn, Anstöße in meinem Leben, S. 170. Zitiert bei Schaar, Wahrnehmungen des Weltkrieges S. 180.

II. Die Nerven der Offiziere als militärisches Problem 157

Die Textstelle ist ein Beleg dafür, dass wegen psychischer Leiden dienstuntaugliche Offiziere mitunter 1914 wieder Befehlsgewalt erhielten. Auch ist sicherlich die Interpretation Ludwig Renns nicht von der Hand zu weisen, dass die einschlägige Familientradition und die Verbundenheit zum Herrscherhaus in diesem Fall eine Rolle spielten, da beide Faktoren eine Offizierskarriere im Ersten Weltkrieg begünstigten. Und schließlich zeigt sich hier insbesondere der Personalmangel im sächsischen Offizierskorps.[212]

Ein weniger drastischer Fall, der allerdings auch dafür bezeichnend ist, dass auf Nervenkrankheiten bei der Rekrutierung während der Mobilmachung 1914 wenig geachtet wurde, ist der Fall des Offiziersstellvertreters Max N., der von März bis April 1917 wegen Neurasthenie im Marinelazarett Hamburg, Standort Wilhelmshaven, behandelt wurde. In seinem Krankenblatt steht bei der Anamnese, dass er 1912 infolge Neurasthenie als dienstunfähig aus der Marine entlassen worden sei. Bei der Mobilmachung 1914 meldete er sich freiwillig und wurde auch wieder als Offiziersstellvertreter eingestellt.[213]

Der Fall des Leutnants Fritz F., der im Mai 1918 im Reservelazarett der Tübinger Universitätsnervenklinik wegen der Diagnose »Psychopathie« begutachtet wurde, macht besonders deutlich, dass auch Offiziersanwärter im Unteroffiziersrang, die wegen psychischer Leiden längere Zeit im Ersten Weltkrieg ausfielen, trotzdem zum Offizier befördert wurden. Fritz F., über den die Ärzte 1918 in Tübingen urteilten, dass er ein »ausgesprochen psychopathisches Aussehen« habe und es sich bei ihm »um einen von Haus aus nervös veranlagten Menschen [handle, G.G.], äusserst empfindlich, der auf alle Anforderungen und Unannehmlichkeiten und Anstrengungen des Lebens mit nervösen Beschwerden reagiert«, wurde nach drei Kriegsjahren zum Leutnant befördert. Dies geschah, obwohl er bereits vor dem Krieg und als Unteroffizier im Krieg psychische Beschwerden hatte. So plagten ihn, wie er dem Arzt bei seinem Lazarettaufenthalt in Tübingen im Mai 1918 mitteilte, seit Beginn des Krieges »Kopfschmerzen, starke Gereiztheit«.[214] Deswegen war er als Unteroffizier bereits seit Juni 1915 in dreimonatiger Lazarettbehandlung, hatte einen langen Urlaub erhalten und war zu einer Ersatzabteilung kommandiert worden. Erst im April 1916 kam er von der Ersatzabteilung nach Rottweil zu einer Fliegerabteilung. Hier erhielt er im

---

212 Schaar, Wahrnehmungen des Weltkrieges, S. 181.
213 Im Krieg diente er in Wilhelmshaven. 1917 kam er wegen neurasthenischer Beschwerden ins Lazarett. BA-MA Pers 9–2066 Krankenakte von Max Arthur N.
214 UAT 669/30185 Krankenunterlagen des Leutnants Fritz F.

Januar 1917 die Beförderung zum Offizier und wurde Führer eines Flugwachkommandos. Konkret wirkten sich die Beschwerden seinem Bericht nach wie folgt aus:

»[Jede, G.G.] geringste Aufregung bringe Kopfschmerzen, die sich dann zu Migräne steigern. Unter Migräne verstehe er einen unausstehlichen Druck im Kopf und der Stirn auf beiden Augen, und dann Brechreiz vom Magen herauf. Eine Schwäche des ganzen Körpers so dass er sich hinlegen müsse [...].«

Er »habe schon als 6–7jähriges Kind ähnliche Zustände gehabt«.[215] Trotz dieser Beschwerden erhielt er die Beförderung zum Offizier, die ihn nach seiner eigenen Aussage überforderte und seine psychischen Beschwerden verstärkte.[216]

Dass selbst psychische Auffälligkeiten, die seine Untergebenen gefährdeten, nicht dazu führten, dass einem Offiziersstellvertreter die Beförderung zum Offizier vorenthalten wurde, sondern er nach seiner Rückkehr aus dem Lazarett als Kompanieführer an der Front eingesetzt und schließlich zum Leutnant der Landwehr befördert wurde, zeigt schließlich der Fall von Max M. Dies ist umso bemerkenswerter, da im Ersten Weltkrieg in der deutschen Armee nur in sehr geringem Maße Unteroffiziere zum Offizier befördert wurden.[217]

Max M., der 1930 in einer Heilanstalt ums Leben kam, hatte bereits vor dem Krieg als Unteroffizier gedient und nahm 1914 bei der Mobilisierung als Offiziersstellvertreter seinen Dienst auf. Er erließ am 10. November 1914, als er bei einem mobilen Landsturminfanteriebataillon in Frankreich war, Befehle, sämtliche Offiziere und Mannschaftssoldaten, welche die dortige Bahnlinie betraten, festzunehmen. Er stellte einen Trupp zusammen, die Bahnlinie zu verteidigen, und befahl auf jeden zu feuern, der dies doch tat. Bei Verweigerung der Befehle drohte er an, denjenigen zu erschießen. Es kam hierauf auch dazu, dass er und seine Untergebenen auf den eigenen Posten schossen; nur durch Zufall kam niemand zu Schaden. Der Offiziersstellvertreter konnte schließlich überwältigt werden, wurde festgenommen, einem Arzt vorgestellt und in eine Heilanstalt überwiesen. Weitere strafrechtliche Konsequenzen hatte er nicht zu erleiden.[218]

---

215 Ebd.
216 Ebd.
217 Vgl. zum Folgenden UAHUB, nerv - 019 Psychiatrische Gutachten für das Reichsversorgungsgericht und andere Gerichte in Zivilsachen, 1916–1944, Gutachten für den Leutnant d. L. a. D. Max M., 31.5.1930.
218 Ebd., S. 2.f.

Nach fünf Monaten wurde er am 24. Mai 1915 als genesen mit der Diagnose »Akute halluzinatorische Verwirrtheit (Erschöpfungspsychose)« entlassen.[219] Noch in der Heilanstalt war er am 30. November 1914 zum Feldwebelleutnant befördert worden. Nach seiner Entlassung machte er zuerst beim Ersatzbataillon in der Heimat Dienst, wurde dann wieder zu einem Infanterieregiment versetzt und kam im August 1915 – mittlerweile zum Leutnant befördert – als Kompanieführer nach Russland. Dort machte er den Vormarsch durch Galizien und Russisch-Polen mit und war auch während des nachfolgenden Stellungskrieges Kompanieführer.[220]

Ein gutes Jahr später wurde er am 4. November 1916 wegen seines Verhaltens in die Nervenklinik Bonn aufgenommen und am 15. November 1916 in die Heilanstalt Pützchen verlegt. Die Diagnose lautete »Beginnende Paralyse?«. Er zeigte hier psychotisches Verhalten und wurde gewalttätig gegen seine Umwelt. Nach sechs Monaten wurde er am 14. Mai 1917 erneut mit der Diagnose »Erschöpfungspsychose« als »garnisonsverwendungsfähig Heimat« entlassen.[221]

Er kam daraufhin zum Ersatzbataillon. Nach zwei Monaten wurde Anfang Juni 1917 ein Dienstuntauglichkeitsverfahren eingeleitet. Es habe »die Beobachtung ergeben, dass M. für militärischen Dienst nicht sehr geeignet ist.«, wie der Bataillonsarzt mitteilte. Gleichzeitig stellte Max M. einen Versorgungsantrag, da er sein »Nervenleiden« auf eine erlittene Verwundung zurückführte.[222] Allerdings zog sich das Verfahren ein Jahr hin, in dem Max M. weiter bei einem Landsturm-Infanteriebataillon Dienst leistete und vom Bataillonskommandeur als »überaus pflichttreu, fast übereifriger Soldat, der in fortgesetzter regester Tätigkeit sich ausgezeichnet hat«, beurteilt wurde. Am 7. Juni 1918 wurde der Leutnant mit Pension aus dem Heeresdienst entlassen.[223]

---

219 Ebd., S. 3–6.
220 Ebd. S. 6f.
221 Ebd., S. 7f.
222 Ebd., S. 9.
223 In den Jahren 1919 und 1920 war er wegen seines Nervenleidens in Behandlung, gleichzeitig war er seit 1919 als Beamter im Justizdienst tätig. Seit 1926 befand er sich, nachdem er durch Verwirrtheit und einen Tobsuchtsanfall aufgefallen war, erneut in der Landesirrenanstalt Eberswalde. Die Diagnose lautete »Jugendirresein«. Im Dezember 1927 verstarb er dort. Nach seinem Tod prüften Gutachten, inwieweit das Ableben mit einer Dienstbeschädigung in Zusammenhang stand. Nun wurde im psychiatrischen Gutachten die Diagnose »Dementia paranoides, Unterart der Dementia praecox (endogenes Leiden)« festgestellt. Ebd., S. 10–15.

Insgesamt zeigt der Fall den hohen Toleranzgrad des Militärs bei psychischen Leiden und Auffälligkeiten von militärischen Führern. Selbst nach strafbarem Verhalten und einer Gefährdung der eigenen Truppen wie auch mehreren Lazarettaufenthalten wegen psychotischem Leiden wurde hier die Möglichkeit eingeräumt, weiterhin als militärischer Führer zu dienen und zum Offizier befördert zu werden.

Die Auswirkung des hohen Offiziersbedarfs

Dass in der deutschen Armee psychische Leiden für die Ernennung zum Offizier kein Ausschlusskriterium waren, erklärt sich aus dem hohen Bedarf, der gerade im Offizierskorps herrschte, denn im Ersten Weltkrieg waren Offiziere einem noch höheren Todes- und Verletzungsrisiko ausgesetzt Mannschaftssoldaten. Und gerade in den Anfangsmonaten waren unter Offizieren die Verluste überdurchschnittlich hoch.

Insgesamt wurden im Weltkrieg von den 277.000 Offizieren 53.966 getötet oder sie verstarben später aufgrund von Wunden oder Krankheiten.[224] Unter den Vermissten und Gefangenen, die nicht starben, befanden sich 17.868 Offiziere.[225] 75,3% aller Offiziersverluste waren bei der Infanterie zu verzeichnen.[226]

Differenziert man zwischen aktiven Offizieren und Reserveoffizieren, ergibt sich, dass die Verluste unter den aktiven Offizieren besonders gravierend waren. Von den 45.923 aktiven Offizieren fielen 11.357. Dies bedeutet, dass fast 25% der Berufsoffiziere umkamen. Unter den 226.130 Reserveoffizieren fielen 35.493 (knapp 16%). Dies war jeder sechste Reserveoffizier.[227]

---

[224] 1.900.876 der Soldaten des Landheeres wurden getötet oder verstarben später aufgrund von Wunden oder Krankheiten. Hinzu kamen 34.836 Todesopfer in der Marine und 1.185 bei den Kolonialtruppen. Gleichzeitig starben während des Weltkrieges ungefähr 670.000 Zivilpersonen im Deutschen Reich an Unterernährung und Krankheiten starben. Sanitätsbericht über das Deutsche Heer im Weltkriege, Übersicht 8, S. 12; Übersicht 18, S. 20. Siehe auch Pöhlmann, Warfare 1914–1918 (Germany).

[225] Sanitätsbericht über das Deutsche Heer im Weltkriege, Übersicht 8, S. 12. Unter den Soldaten wurden ungefähr 100.000 während der Kämpfe vermisst gemeldet, von denen der größte Teil als tot anzunehmen ist.

[226] Altrichter, Die seelischen Kräfte des Deutschen Heeres, S. 234. Meteling, Ehre, Einheit, Ordnung, S. 223.

[227] Altrock, Vom Sterben des Deutschen Offizierkorps, S. 60. Die Verlustangaben bei Volkmann, der auch zwischen aktiven Offizieren und Reserveoffizieren aufteilt, weichen hiervon etwas ab. Doch bleibt der Trend gleich. Volkmann, Soziale Heeresmißstände als

Eine weitere Besonderheit war, dass die Todesrate der niedrigsten Offiziersdienstgrade – Leutnant und Oberleutnant – hervorstach. Keine Gruppe in der Armee erhielt so hohe Verluste wie jene jungen Truppenführer. Nahezu zwei Drittel (fast 8.000) der Gefallenen unter den aktiven Offizieren hatten den Leutnantsrang inne. Noch höher lag dieser Anteil unter den gefallenen Reserveoffizieren. Hier waren sogar fast alle der Gefallenen (95%; 33.900 Mann) Leutnants und Oberleutnants.[228]

Tabelle 1: Todesfälle unter den Offizieren beim Feldheer 1914–1918[229]

	Anzahl
1914/15	8.733
1915/16	4.905
1916/17	5.180
1917/18	7.946
1914–1918	26.764
Jahresdurchschnitt	6.661

Für die Todesfälle bei den Offizieren im Feldheer in den Jahren 1914 bis 1918, welche die Hälfte aller Todesfälle unter den Offizieren ausmachten, liegen jährliche Daten vor. Sie zeigen die sehr hohen Offiziersverluste im Anfangsjahr des Krieges. »Von dem Blutverlust dieser ersten Kriegsmonate hat sich das aktive Offizierkorps nie mehr erholt«, bilanzierte der Sachverständige und Major a. D. Erich Otto Volkmann in seinem Gutachten für den Untersuchungsausschuss des Reichstages zu den Ursachen des deutschen Zusammenbruchs.[230] Eine erhöhte Zahl an Gefallenen weist daneben das letzte Kriegsjahr auf, als die Front wieder in Bewegung geriet.

Die vorhandenen Statistiken für das preußische Offizierskorps machen neben den hohen Verlusten auch die hohe Fluktuation im Offizierskorps deutlich, von der in besonders starkem Maße die aktiven Offiziere betroffen waren. Im preußischen Kontingent dienten zu Beginn des Weltkriegs 22.112 aktive und 29.230 Reserveoffiziere, bis November 1915 kamen 7.537 neu

---

Mitursache des deutschen Zusammenbruchs, S. 34. Siehe hierzu auch Watson, Enduring the Great War, S. 120–122; Meteling, Ehre, Einheit, Ordnung, S. 222.
228 Meteling, Adel und Aristokratismus, S. 223.
229 Die Auswahl umfasst die Offiziere ohne Sanitätsoffiziere, Veterinäroffiziere und obere Beamte. Sanitätsbericht über das Deutsche Heer im Weltkriege, Übersicht 17, S. 25.
230 Volkmann, Soziale Heeresmißstände als Mitursache des deutschen Zusammenbruchs, S. 34.

beförderte aktive Offiziere und 52.181 Reserveoffiziere hinzu. Von ihnen fielen innerhalb der ersten 15 Kriegsmonate 17% der aktiven und 9% der Reserveoffiziere.[231] Bis 1918 starben 40% der aktiven preußischen Offiziere, die 1914 in den Krieg zogen.[232]

Die hohen deutschen Offiziersverluste waren kein Ausnahmefall. Von den 195.000 französischen Offizieren der Jahre 1914–1918 fielen 36.593 und damit 18,7%. Auch hier war 1914 das Jahr mit den höchsten Verlusten.[233]

Die hohen Offiziersverluste zu Kriegsbeginn hatten ihre Ursache nicht allein in der Feuerwirkung moderner Waffen, insbesondere des Maschinengewehrs und der schweren Artillerie. Ansonsten hätten sich die Verluste im Kriegsverlauf proportional zum wachsenden Zerstörungspotential der Waffen erhöhen müssen, aber das Gegenteil trifft zu.[234] Die meisten Verluste forderte der Bewegungskrieg, nicht die Materialschlachten des Stellungskrieges, obwohl allein die Kämpfe von Verdun und an der Somme Verluste von insgesamt 1.400.000 Mann bewirkten – exklusive der Verwundeten, die zum Großteil nach einer gewissen Zeit wieder eingereiht werden konnten.[235]

Im ersten und letzten Kriegsjahr wirkten zwei Faktoren besonders zerstörerisch: der Bewegungskrieg und der »Geist der Offensive«. Im Bewegungskrieg waren die Soldaten den gegnerischen Waffen beinahe schutzlos ausgesetzt, während sich im anschließenden Stellungskrieg die Truppen in die Erde eingruben und durch immer durchdachtere Verteidigungssysteme geschützt waren.[236] Dennoch war das Dogma der Offensive, wonach der Angriffswille einer Armee über ihre Durchschlagskraft bestimme, in der deutschen wie auch in der französischen Armee fest verankert und wirkte sich seit 1914 in katastrophaler Weise aus. Es kam zu einer Reihe von

---

231 Altrock, Vom Sterben des Deutschen Offizierkorps, S. 60; Volkmann, Soziale Heeresmißstände als Mitursache des deutschen Zusammenbruchs, S. 34; Watson, Enduring the Great War, S. 120–122; Meteling, Ehre, Einheit, Ordnung, S. 222.
232 Altrichter, Die seelischen Kräfte des Deutschen Heeres, S. 234. Meteling, Ehre, Einheit, Ordnung, S. 222.
233 Jauffret, L'Officier français en 1914–1918, S. 241, 244; Maurin, Les combattants face à l'épreuve, S. 288–291; Meteling, Ehre, Einheit, Ordnung, S. 222.
234 Meteling, Ehre, Einheit, Ordnung, S. 223.
235 Nübel, Durchhalten und Überleben an der Westfront, S. 155. Das gleiche Phänomen zeigt sich in der französischen Armee, Meteling, Ehre, Einheit, Ordnung, S. 220–232; dies., Adel und Aristokratismus, S. 223.
236 Meteling, Ehre, Einheit, Ordnung, S. 223. Vgl. zum Bewegungskrieg auch Müller, Der Erste Weltkrieg im Bewegungskrieg.

schlecht vorbereiteten Offensiven, die mit erheblichen Verlusten verbunden waren.[237]

Dass die Offiziersverluste proportional gesehen noch höher als jene der Mannschaftssoldaten waren, lag daran, dass neben der für das gesamte Heer ausgegebenen Offensivdoktrin traditionell der Tugendkanon im Korps auch einen Offensivgeist bei den Offizieren forderte, der ihr Individualverhalten bestimmte. Für viele Offiziere bestanden Mut und Tapferkeit in Draufgängertum und ungestümem Angriffsverhalten.[238] Dies zeigte im begeisterten Vorwärtsstürmen der Offiziere 1914 seine Wirkung.[239]

Die Auffüllung der hohen Verluste veränderte die Personalstruktur im deutschen Offizierskorps im Ersten Weltkrieg deutlich. Da man Unteroffizieren die Beförderung zum Leutnant verwehrte, mussten die Kriterien für die Rekrutierung, was die psychischen und physischen Voraussetzungen für den Militärdienst betraf, gesenkt werden. Es klaffte eine Lücke zwischen den hohen normativen Ansprüchen an die Führungsqualitäten der Offiziere und

---

237 Siehe zum Angriffswillen auch Kap. II.2.d. Nerven- und Willensstärke als kriegsentscheidende Mittel.
238 Meteling, Ehre, Einheit, Ordnung, S. 223f. Siehe hierzu Kap. II.2.a. Willensstärke, Kampfentschlossenheit und Todesbereitschaft als traditionelle Standespflichten der Offiziere. Die positive Bewertung von Mut und Draufgängertum im Militär führte dazu, dass sehr impulsive Menschen, die im Zivilleben aneckten, oft im Krieg Belobigungen und Orden erhielten. So ging es z.B. dem ehemaligen Offiziersstellvertreter Werner V., der nach dem Krieg sehr häufig im Gefängnis saß und 1935 bei einer ärztlichen Begutachtung als »Psychopath« diagnostiziert wurde. Im Gutachten bemerkte er: »Am Militär gefällt mir das Ordentliche und Disziplinierte, der Umgang mit Pferden und die Verteidigung des Vaterlandes. Ich liebe die Gefahr. Wenn jemand auf Patrouille ausgeschickt werden sollte, wurde ich immer zuerst genannt.« Über sein Draufgängertum sagte er aus: »Beim Militär litt ich so an Hervortunmüssen. Es wurde einem auch wohl anerzogen. Ich galt als besonders erfahren und wagemutig.« Im ärztlichen Gutachten steht hinsichtlich der psychischen Beurteilung und dessen Auswirkungen auf seinen Kriegsdienst: »Hervorzuheben sind hiernach Züge von haltloser Gutmütigkeit und Nachgiebigkeit, ferner die Entfaltung großer Aktivität, die im Verein mit einem Geltungsbestreben weniger den Eindruck von bloßer Renommisterei, als gerade von Leistungsehrgeiz erweckt. Dieser Leistungs- und Tatendrang, verbunden mit einem Draufgängertum, führen in Situationen, in denen sich ihre Wirkung optimal entfalten kann, zu beachtenswerten Erfolgen, was z.B. die Auszeichnungen im Kriege und das große Interesse an militärischen Aktionen überhaupt beweisen. [...]« UAHUB nerv - 013 Gutachten über Werner V. zur Frage, ob V. an manisch-depressivem Irresein leidet und unfruchtbar zu machen ist, 9.12.1935, S. 18. Vgl. zu diesem Phänomen auch Kap. V.3.f. Psychisch versehrte Offiziere als Opfer der nationalsozialistischen Zwangssterilisationen und des Krankenmords.
239 Demeter, Das deutsche Offizierkorps, S. 50; Neumann, »Arzttum ist immer Kämpfertum«, S. 39.

der Realität, die alle Dienstränge betraf. Die Altersstruktur der Subalternoffiziere veränderte sich gravierend, da man zunehmend Achtzehn- bis Neunzehnjährige zum Leutnant ernannte, die gerade erst das dienstfähige Alter erreicht hatten.

Diese allgemeine Aussetzung von Rekrutierungskriterien bei den Offizieren zeigt sich auch darin, dass sich unter den Kriegsleutnants in nicht unerheblicher Anzahl Personen befanden, die aus der Friedensarmee wegen ungenügender dienstlicher Leistungen oder charakterlichen Mängeln mit schlichtem Abschied aus ihrem aktiven Dienstverhältnis entfernt worden waren. Viele von ihnen wurden im Krieg wiederverwendet.[240]

Die alte aktive Offiziersschicht der Friedenszeit behielt im Ersten Weltkrieg im sich wandelnden Offizierskorps eine besondere Stellung bei. Nach den hohen Offiziersverlusten im Jahre 1914 wurde der Großteil dieser Offiziere aufgrund ihres militärischen und taktischen Wissens aus der vordersten Stellung genommen und als Stabsoffiziere eingesetzt.[241] Dieser Trend verstärkte sich noch mit den Materialschlachten in der zweiten Kriegshälfte. Seitdem wurden die wenigen noch vorhandenen aktiven Friedensoffiziere größtenteils in den Stäben, Generalstäben und im Kriegsministerium verwendet.[242]

Die Offiziersdienstposten an der Front waren von nun an vorrangig mit Reserveoffizieren, Landwehroffizieren und jungen Kriegsleutnants, die nur kurz ausgebildet worden waren und mit ihrer hohen Führungsverantwortung oft überfordert waren, besetzt. Hinzu kamen Offiziersstellvertreter und Feldwebelleutnants als Aushilfe für die ausfallenden Offiziere. Diese Ränge, die nach dem Krieg abgeschafft wurden, waren bereits in der Vorkriegszeit für den Kriegsfall kreiert worden, und wurden nun im Krieg vermehrt besetzt, wenngleich auch bei einer solchen Beförderung von verdienten Unter-

---

240 Schmidt, Heimatheer und Revolution 1918, S. 272.
241 Ein Beispiel hierfür ist das k. b. 3. Infanterie-Regiment. Die Stellenbesetzungsliste vom 1. Mai 1915 zeigt, dass bereits nach weniger als einem Jahr Kriegsdienst von zwölf Kompanieführern nur noch zwei aktive Offiziere im Dienstgrad Hauptmann verblieben waren und lediglich noch ein aktiver Stabsoffizier Bataillonskommandeur war. Stengel, Das k. b. 3. Infanterieregiment, S. 153–158. Vgl. auch Stachelbeck, Militärische Effektivität im Ersten Weltkrieg, S. 304.
242 Dass aktive Offiziere sich willig fügten, lag auch an den dortigen verbesserten Karrieremöglichkeiten. Demeter, Das deutsche Offizierkorps, S. 50; Altrichter, Die seelischen Kräfte des Deutschen Heeres, S. 117; Jahr, Gewöhnliche Soldaten, S. 58; Stachelbeck, Militärische Effektivität im Ersten Weltkrieg, S. 304. Siehe zur Kritik dieses Phänomens unter Soldaten und in der Öffentlichkeit den Abschnitt »Versetzungen« in Kap. II.8.c.

offizieren mit Zurückhaltung vorgegangen wurde.[243] Diese Dienstgrade gehörten zwar formal zum Offizierskorps, waren aber nicht in die Beförderungslaufbahnen integriert. Auch rangierten sie in der militärischen Hierarchie noch unter dem jüngsten Leutnant. Hier zeigt sich besonders auffällig der Fortbestand der sozialen, traditionellen Kriterien der Offiziersrekrutierung und die anhaltende Undurchlässigkeit des Beförderungssystems zwischen Unteroffiziers- und Offizierskorps.[244]

So kam es zunehmend zu einer Entkoppelung von Dienstgrad und Dienststellung. Im Frieden wurde eine Kompanie, die bei der Infanterie zwischen 150 und 250 Mann umfasste, zumeist von einem Hauptmann geführt. Im Krieg erhielten Leutnants nun oft, nachdem sie nur einige Monate Frontdienst geleistet hatten, dieses Kommando. Aufgrund des jugendlichen Alters vieler dieser Offiziere befürchtete die Militärführung ein negatives öffentliches Bild, was zum Beispiel das Zensurverbot aus dem Jahr 1915 zeigt, das untersagte, in Todesanzeigen für Gefallene den Zusatz »18jähriger Leutnant als Kompanieführer« zu verwenden.[245]

Die negativen Auswirkungen dieses Wechsels in der Personalstruktur im Offizierskorps blieben auch den höchsten Führungsstellen nicht verborgen. So bemerkte zum Beispiel der Chef des Generalstabs des Feldheeres am 4. September 1917:

»Die lange Kriegsdauer hat die aktiven Offiziere immer mehr aus der Front schwinden und an ihre Stelle die Reserveoffiziere, die Landwehroffiziere und die Kriegsleutnants treten lassen. So gut diese Offiziere im Allgemeinen ihre Aufgabe erfüllen, so wenige von ihnen besitzen die vollen Fähigkeiten und Kenntnisse, um die im Laufe der Zeit mit dem verschiedenartigsten Ersatz durchsetzte Truppe auszubilden und nach schweren Kämpfen wieder zu vollem Wert zusammenzuschweißen.«[246]

---

243 In der Militärführung wurde die Zurückhaltung damit begründet, dass es im Frieden diese Dienstgrade nicht gebe. Die Beförderung zwänge Unteroffiziere dazu, nach dem Friedensschluss aus dem Heer auszutreten und berge damit die Gefahr, dass das Heer eine große Zahl altgedienter Unteroffiziere verlöre. Stachelbeck, Militärische Effektivität im Ersten Weltkrieg, S. 325.
244 Rogg, Der Soldatenberuf in historischer Perspektive, S. 405.
245 Oberzensurstelle Nr. 375, O.Z. 5.7.15., zitiert in Köppen, Heeresbericht, S. 273f.
246 Das Zitat und weitere Belege finden sich bei Stachelbeck, Militärische Effektivität im Ersten Weltkrieg, S. 304.

4. Die psychische Vorbereitung der Offiziere auf den Kriegsdienst

In Bezug auf die psychische Vorbereitung der Offiziere auf den Kriegsdienst ist genauso wie in Bezug auf das psychische Betreuungssystem im Krieg, das im nächsten Kapitel analysiert wird, zuvorderst zu konstatieren, dass beide Bereiche im Ersten Weltkrieg in den Händen der Militärs verblieben. Anders als im Zweiten Weltkrieg hatten Psychologen und Psychiater kaum Anteil an der psychischen Vorbereitung, Betreuung und Überwachung der Soldaten. Sie kamen abgesehen von der militärärztlichen Untersuchung bei der Musterung im Regelfall erst zum Einsatz, wenn Soldaten ins Lazarett eingeliefert wurden.[247]

Im Hinblick auf die psychische Vorbereitung und Ausbildung der Offiziere auf den Kriegsdienst zeigt sich während des Ersten Weltkrieges die gleiche Tendenz wie bei der Offiziersausbildung allgemein. Die Vorbereitung im Vorfeld des Fronteinsatzes verlor wegen des akuten Mangels an Offizieren an Bedeutung. »Learning by doing« wurde entscheidend.

Die aktiven Offiziere, die bereits vor 1914 im Dienst waren, waren hingegen ausgiebig für einen potenziellen Kriegseinsatz ausgebildet worden. Die Ausbildung umfasste technische und taktische Fähigkeiten, wobei ein Schwerpunkt auf die Offensive gelegt wurde, aber auch auf eine psychische Vorbereitung durch Verinnerlichung des Ehrenkodex und des Drills.[248]

Den im Weltkrieg ausgebildeten Offizieren fehlte hingegen eine umfangreiche theoretische Ausbildung, die auch eine psychische Vorbereitung auf den Kriegsdienst beinhaltete. Besonders deutlich zeigen sich die Unter-

---

247 Dies galt auch für den Bereich der klinischen Psychologie, der im Ersten Weltkrieg bei der Militärpsychiatrie und der Militärseelsorge lag. Gundlach, Faktor Mensch im Krieg, S. 141. Siehe hierzu auch Kap. V.1.c. Wehrmachtpsychologie und die Rekrutierung von Offiziersanwärtern in der NS-Zeit. Militärärztlich verordnete präventive Maßnahmen zur Vermeidung körperlicher Erkrankungen gab es hingegen im Ersten Weltkrieg vielfach. Unter dem Stichwort der »Militärhygiene« wurden gesundheitserhaltende Vorschriften zur Körperpflege, Sauberkeit, Ernährung und Trinkwasserversorgung erlassen, die vorrangig der Vermeidung von Infektionskrankheiten dienten und aufgrund der bakteriologischen Fortschritte der zweiten Hälfte des 19. Jahrhunderts so erfolgreich waren, dass im Ersten Weltkrieg Verluste durch Kampfhandlungen diejenigen der durch den Krieg beförderten Infektionskrankheiten erstmalig überstiegen. Vgl. hierzu Beddies, Was vom Krieg als Krankheit übrigblieb, S. 320.
248 Siehe hierzu Kap. II.2.a. Willensstärke, Kampfentschlossenheit und Todesbereitschaft als traditionelle Standespflichten der Offiziere und Kap. II.2.e. Drill und Willensgymnastik zur Steigerung der Spannkraft der Nerven.

schiede bei den sehr jungen Kriegsleutnants. Sie wurden seit 1915 rasch und behelfsmäßig in acht-, später zwölfwöchigen Schnellkursen an der Front oder in Truppenübungslagern zu Offizieren ausgebildet, der zeitgenössische umgangssprachliche Ausdruck hierfür lautete »gebacken«. So berichtete der Grenadier Kurt Knopfe 1916 über den von ihm besuchten Kriegsoffizierkursus, dieser fände durch den Kompanieführer dienstags und donnerstags von 15 bis 16 Uhr und samstags von 10.30 bis 11.30 Uhr statt.[249] Nach dieser behelfsmäßigen Ausbildung mussten die Kriegsleutnants Soldaten führen, die teilweise ihre Väter sein konnten. Ernst Jünger erhielt so sein Offizierspatent, ebenso die Schriftsteller Carl Zuckmayer und Walter Flex.

Doch auch wenn die Öffnung der Offiziersergänzung nur eine kurzfristige Maßnahme war, bleibt der Faktor bestehen, dass gleichfalls für den Offiziersnachwuchs, der das Einjährig-Freiwilligen-Zeugnis besaß, die eigentliche Offiziersausbildung nun deutlich rascher vonstattenging. Allen im Krieg ernannten Leutnants fehlte eine umfassende theoretische Ausbildung wie auch die intensive Sozialisation im Regimentsoffizierskorps, die in der Friedenszeit für die Vermittlung des Ehrenkodex und Tugendkanons zuständig war.[250]

Immer wieder kam Kritik von den Soldaten, dass viele im Krieg ernannte Leutnants überfordert und zu unerfahren seien, um eine Kompanie im Kampf zu führen. Manche verhielten sich zu draufgängerisch und brachten dadurch die Untergebenen unnötig in Gefahr. Andere benahmen sich überheblich und vergriffen sich gegenüber ihren Männern im Ton, wodurch sie sich deren Hass zuzogen. Besonders scharfe Kritik und Erbitterung erfolgte

---

249 Nach Meteling, Ehre, Einheit, Ordnung, S. 228.
250 Meteling, Adel und Aristokratismus, S. 226. Dass psychische Probleme eines Offiziersanwärters ein erfolgreiches Bestehen des Offizierskurses im Ersten Weltkrieg verhindern konnten, zeigt das Beispiel von Wolfgang K., der 1916 versuchte, das Offiziersexamen zu machen. Einem Arzt machte er hierüber die folgende Aussage, die dieser in einem Gutachten wiedergab: »Bei der Vorbereitung zum Offizierskurs soll die Stimmung schlecht gewesen sein, er habe sich nichts zugetraut (Januar 16). Der Dienst sei ihm schwerer geworden, er habe über Schlaflosigkeit geklagt. Im Dienst sei er oft getadelt worden wegen mangelnder Aufmerksamkeit; er sei als Student oft gedrückter Stimmung gewesen. Den Offizierskurs habe er vorzeitig (auf ärztlichen Rat) abbrechen müssen, er habe auch das Examen nicht gemacht. Er sei dann nur noch mit ganz leichten Arbeiten (Pakete sortieren etc.) beschäftigt worden«. Im Dezember 1916 folgte ein Lazarettaufenthalt mit der Diagnose »Neurasthenie mit leicht erregbarer Herztätigkeit«. UAHUB, nerv - 030 Psychiatrische Gutachten für das Reichsversorgungsgericht und ordentliche Gerichte in Zivilsachen K-L, 1917–1944, Gutachten über Wolfgang K., 2.3.1922.

durch erfahrene Unteroffiziere, denen selbst die Beförderung versperrt war.[251]

Im Offizierskorps blickte man ebenfalls mit Sorge auf den Offiziersnachwuchs. Paul von Kneußl, der Kommandeur der 11. bayerischen Infanterie-Division, urteilte in seinem Tagebuch am 5. Juli 1917 sehr kritisch über die jungen Offiziere:

»Eine ständig tiefe Sorge macht es mir, dass sich untrüglich die Anzeichen eines ganz bemerklichen Rückgangs der Qualität meiner Truppen zeigen. Das ist natürlich nicht nur bei meiner Divis. der Fall, sondern allgemein, u. liegt daran, dass sich in den unteren Off.Stellen der Zug- und KpFhr lauter junge unerfahrene aktive oder Res.Lts befinden.«[252]

Diese verminderte Leistungsfähigkeit wurde 1917 auch in der Militärführung thematisiert. Am 26. September 1918 gab der Chef des Generalstabs des Feldheeres aus dem Großen Hauptquartier die Anweisung aus, auf die Erziehung der Offiziere in höherem Maße einzuwirken. Der Grund liege darin, dass »die früheren Anforderungen hinsichtlich der Auswahl, Vorbildung, Erziehung, Kenntnisse und Eigenschaften« der Offiziersanwärter wegen der schweren Verluste hätten herabgesetzt werden müssen.[253]

5. Psychisches Betreuungssystem für Offiziere im Krieg und Strategien zum Umgang mit den psychischen Belastungen

Die Offiziere waren nicht komplett auf sich gestellt, um mit den psychischen Belastungen an der Front zurechtzukommen. Wie alle Militärangehörigen profitierten auch sie von den kameradschaftlichen Beziehungen in den Kampfeinheiten. Daneben waren die Bindungen im Offizierskorps eng, auch weil die Militärführung eine Stärkung des Korpsgeistes unter den Offizieren besonders förderte. Und schließlich stand den Offizieren auch der Truppenarzt als Ansprechpartner bei psychischen Problemen zur Verfügung.

---

251 Meteling, Ehre, Einheit, Ordnung, S. 229.
252 Zitiert nach Stachelbeck, Militärische Effektivität im Ersten Weltkrieg, S. 298.
253 GLA 456 F 2 Offiziersangelegenheiten, insbesondere das Verhalten der Offiziere 14. Dezember 1917–26. November 1918, darin: Chef des Generalstabs des Feldheeres, Erziehung der Offiziere und Unteroffiziere, 26.9.1918. Vgl. hierzu auch die gedruckte Version in der Akte: Kriegsministerium, Nr. 825/18. g. C1 a. VI. Geheim!, 20.10.1918.

a. Kohäsionskräfte in den Kampfverbänden, Kameradschaft und »Korsettstangenprinzip«

Eine nicht zu unterschätzende psychische Stütze im industrialisierten Maschinenkrieg war nicht nur für die Mannschaftssoldaten, sondern auch für die Offiziere an der Front der innere Zusammenhalt in den Kampfeinheiten. Die dort gelebte Kameradschaft, die trotz der sozialen Distanz auf der Basis gemeinsamer Kriegserfahrungen, Erlebnisse und erlittener Entbehrungen feste Bindungen zwischen Mannschaften und Frontoffizieren schuf, wenn die Offiziere sich als verantwortungsbewusste Teile dieser Gemeinschaft verstanden, war von zentraler Bedeutung. Sie half dabei, die Schrecken und Belastungen der Front zumindest einigermaßen auszuhalten und sich den widrigen Gegebenheiten an der Front psychisch anzupassen.[254] Gemeinschaftsstiftende Aktivitäten wie gemeinsames Singen, Rauchen und Humor innerhalb der »Schützengrabengemeinschaft« erwiesen sich als große Hilfe. Dies hoben viele Offiziere in ihren Selbstzeugnissen hervor.[255]

Traditionell wurde im deutschen Heer die Bildung von »Primärgruppen« gefordert, die den Soldaten das Gefühl vermittelten, Teil einer »Familie« zu sein. So sollte eine besonders loyale Bindung jedes Einzelnen an seine Einheit gefördert und hierdurch die Kampfmotivation und Kampfkraft gesichert werden. Als Bezugspersonen fungierten vorrangig die subalternen Offiziere und die Unteroffiziere, wobei es in der deutschen Tradition eine geschlechterspezifische Rollenverteilung in den Kompanien gab, nach der der Kompanieführer die Rolle des patriarchalischen Vaters und der Feldwebel jene der ausgleichenden Mutter übernahm.[256] Auch in der Erinnerungsliteratur des Ersten Weltkrieges wurden die ausgeprägten Ersatzfamilienverhältnisse in den Kompanien oftmals skizziert. Sie gaben den Soldaten Halt und wirkten sich günstig auf die Kampfbereitschaft in den Einheiten aus.[257]

---

254 Bröckling, Disziplin, S. 204; Watson, Junior Officership in the German Army, S. 449; ders., Enduring the Great War, S. 108–139; Stachelbeck, Militärische Effektivität im Ersten Weltkrieg, S. 340–342. Vgl. zur Bedeutung der Kameradschaft ausführlich Kühne, Kameradschaft.
255 Vgl. die Beispiele bei Watson, Junior Officership in the German Army, S. 247–268.
256 Stachelbeck, Militärische Effektivität im Ersten Weltkrieg, S. 340.
257 Vgl. z.B. Beumelburg, Die Gruppe Bosemüller. Siehe auch die Beispiele bei Stachelbeck, Militärische Effektivität im Ersten Weltkrieg, S. 340. Die negative Seite dieser Ersatzfamilienverhältnisse beschrieb Arnold Zweig in seinem Roman »Erziehung vor Verdun«. Hierin deutete er die Position der Soldaten innerhalb der militärischen Einheiten so, dass sie ihn gezwungenermaßen psychologisch ins Kindesalter zurückversetze: »Denn der Soldat in einem langen Kriege, so männlich er sich auch gibt, fällt in allen wichtigen

Neben der durch die Militärhierarchie herausgehobenen Position von Offizieren und Unteroffizieren spielten für die festen Bindungen im Regiment auch die wenigen kampferprobten, altgedienten Mannschaftssoldaten eine wichtige Rolle. Sie fungierten genauso wie die militärischen Führer als »Korsettstangen« der Einheit, rissen die Soldaten ihrer Umgebung im Kampf mit und hatten die Aufgabe, die Neuen zusammenzuhalten und an den Krieg zu gewöhnen.[258] Gerade auf der Kommandeursebene wurde immer wieder auf die Bedeutung dieser Personen für die Kampfmotivation und die qualitative Kampfkraft der Truppe hingewiesen. Sie galten als die Träger des sogenannten guten »Geistes«, welche die »eiserne Disziplin« bereits in der Friedensausbildung verinnerlicht hatten und welche nun die Truppe auch bei erheblichen Kriegsbelastungen psychisch stabilisierten und im Kampf mobilisierten, indem sie eine »Aura« von »Vertrauen, Gefolgschaft und Kampfmotivation« in ihrer unmittelbaren Umgebung ausstrahlten, wie Christian Stachelbeck konstatiert.[259] Mit zunehmender Kriegsdauer nahm die Zahl derer, die bereits seit Kriegsbeginn dabei waren, zwar kontinuierlich ab, sie wurden aber durch nachrückende Unterführer ergänzt, die sich durch Kampferfahrung und Verlässlichkeit auszeichneten.[260]

Für die Offiziere bedeutete dies, dass sie von der stützenden Wirkung des Kameradenkreises profitierten, aber gleichzeitig auch unter einer hohen sozialen Erwartungshaltung standen. Denn die Position als Truppenführer, verbunden mit der patriarchalen Rollenvorgabe und dem Korsettstangen-Prinzip setzte die subalternen Offiziere unter enormen Leistungs- und Konformitätsdruck. Vorgesetzte und Untergebene erwarteten von ihnen, dass

---

Funktionen auf eine Kinderstufe zurück.« Zweig führte hier als Belege auch die Ersatzfamilienverhältnisse an: »Er [der Soldat, G.G.] schränkt seinen Willen außerordentlich ein und gehorcht bedingungslos und ohne Erörterungen wie das Kleinkind dem Erwachsenen, dem es vertraut oder der es zwingt. Seine Seelenströme von Liebe und Haß, Billigung und Auflehnung richten sich auf die Vorgesetzten, die Vater und Mutter vertreten, und auf die Kameraden, die Geschwisterschar darstellend [...].«Als weitere Belege führte er das Essen der Soldatenmahlzeiten mit dem Löffel, den gemeinsamen Latrinenbesuch wie auch die Besonderheiten an, dass kein Platz für die Beziehungen zwischen Mann und Frau in der Armee sei und die Soldaten sich nicht am Erwerbsleben beteiligen müssten. Zweig, Erziehung vor Verdun, S. 409.

258 Dieses Prinzip war in der Felddienstordnung 1908, S. 16, verankert. Vgl. zur Wirkmächtigkeit dieser Vorstellung auch in der aktuellen militärpsychologischen Forschung Kellert, Combat Motivation, S. 228.
259 Stachelbeck, Militärische Effektivität im Ersten Weltkrieg, S. 325.
260 Showalter, Niedergang und Zusammenbruch, S. 54f.; Geyer, Gewalt und Gewalterfahrung, S. 248; Stachelbeck, Militärische Effektivität im Ersten Weltkrieg, S. 339.

sie eine Vorbild-, Motivations- und Vertrauensfunktion im Gefecht übernahmen und sich dadurch in besonderem Maß Gefahren aussetzten. Gerade unter den Bedingungen des Stellungskrieges im Westen mit seiner individualisierten Kampfweise war die Bedeutung der wenigen »Korsettstangen« für den Zusammenhalt der Einheiten noch deutlich höher als im Bewegungskrieg. Dies galt insbesondere für die Zeit ab 1917, seitdem die deutsche Infanterie in Kleinkampftruppen im kooperativen Gefecht der verbundenen Waffen organisiert war, und für das neu ausgebildete taktische Verfahren der Sturmtruppen im Jahre 1918.[261] Denn hier waren die Einfluss- und Kontrollmöglichkeiten der höheren Führer auf den Ablauf des Gefechts und auf ihre Untergebenen deutlich reduziert, da es keine einheitliche, von Offizieren geleitete Schützenlinie mehr beim Angriff gab.[262]

Leutnants mussten die Soldaten im Gefecht anführen und dafür sorgen, dass die Soldaten kämpften. Wegducken und Verkriechen waren für sie keine Handlungsoption. Der Kriegsleutnant Ernst Jünger hat ihre Stellung im August 1918 nach dreieinhalb Jahren Erfahrung an der Front in seinem Kriegstagebuch mit dem Satz umschrieben: »Nur wo ein Offizier steht, wird man auch Mannschaften im Kampfe finden.«[263]

Jünger wertete die übernommene Verantwortung als psychische Stütze, die ihm half, seine eigene Angst und Schwäche zu überwinden. Sein Pflicht- und Verantwortungsgefühl als Führerfigur habe ihm die Kraft verliehen, seine Untergebenen, die in der Kampfsituation auf ihn angewiesen waren, trotz der Todesgefahr zu führen:

»[...] die Granate schlug zwischen uns ein. Halb ohnmächtig richtete ich mich auf. [...] Ich will nicht verheimlichen, daß ich zunächst, wie alle anderen, nach einem Augenblick starren Entsetzens aufsprang und planlos in die Nacht rannte. [...] Nichts mehr hören und sehen! Fort, weit weg, verkriechen! Und doch meldete sich sofort eine andere Stimme: ›Mensch, du bist doch der Kompagnieführer!‹ Genau so. Ich sage es nicht, um mich zu rühmen; ich möchte eher sagen: wem Gott ein Amt gibt, dem gibt er auch den Verstand dazu. Ich habe an mir und anderen oft erfahren, daß das Verantwortlichkeitsgefühl des Führers die persönliche Angst übertäubte. Man hatte einen Halt, etwas, an das man denken mußte. Ich zwang mich also an den schrecklichen Ort zurück [...].«[264]

---

261 Vgl. zu den Sturmtruppen Kap. II.2.d. Nervenkraft und Wille als kriegsentscheidende Mittel.
262 Stachelbeck, Militärische Effektivität im Ersten Weltkrieg, S. 338, 340.
263 Jünger, Kriegstagebuch, S. 425.
264 Ders., In Stahlgewittern, S. 234.

Psychisch immun machte ihn diese Stütze nicht, aber sie half ihm, Momente persönlicher Schwäche aufgrund der Kriegserlebnisse auf unkritische Situationen zu begrenzen. So beschrieb Jünger einige Zeit später, dass er nach einem unbedeutenden Auslöser »in ein krampfhaftes Schluchzen« ausgebrochen sei – erst jedoch, habe er einen Schwerverwundeten abtransportieren lassen und seine Untergebenen aus der Gefahrenzone weggeführt.[265]

Dass viele Offiziere die übernommene Verantwortung nicht nur als Belastung,[266] sondern auch als psychische Stütze empfanden, lag gerade im Grabenkrieg auch daran, dass ihnen durch die anhaltende Beschäftigung bei der Betreuung der Truppen wenig Zeit blieb, sich auf das Todesrisiko zu konzentrieren. Der Nervenarzt Ludwig Scholz, der als Truppenarzt an der Ostfront in Russland eingesetzt war, schrieb über die Ablenkungsmöglichkeiten der Offiziere im Grabenkrieg, um die Furcht zu bekämpfen:

»Mehr schon nützt die Ablenkung, [...] die sich durch Tätigkeit ungezwungen einstellt. Daher fällt ja eben das unbeschäftigte Aushalten im Graben so schwer, daher hat es auch in dieser Beziehung der Führer und Vorgesetzte, der umherläuft, Befehle erteilt und überall nach dem Rechten sieht, leichter als der zum Nichtstun verurteilte Untergebene.«[267]

Bei diesen Ausführungen zu den Bindekräften in den Kampfeinheiten ist allerdings zu betonen, dass im Ersten Weltkrieg die Truppenkohäsion zur Kampfmotivation bei weitem nicht so stark von oben gefördert wurde wie im Zweiten Weltkrieg. Die Erfahrungen des Ersten Weltkrieges und die NS-Ideologie, welche die Frontgemeinschaft, die Klassen und die militärischen Ränge nivellierte, ideologisierte und mythisierte, führten dazu, dass nun die Militärführung Maßnahmen, die dem inneren Zusammenhalt der Kampfeinheiten dienten, einen zentralen Stellenwert einräumte.[268]

Im Ersten Weltkrieg hingegen erwies sich die Frontgemeinschaft noch mitunter als brüchig. Aufgrund der hohen Verlustraten an der Front war der Fortbestand der kameradschaftlichen Gemeinschaftsbeziehungen stets gefährdet. Die Kameradschaft gestaltete sich entsprechend oft als temporäre Zweckgemeinschaft, die sich auf die jeweilige taktische Einheit beschränkte

---

265 Ebd., S. 234f.
266 Vgl. zu Offizieren, die mit Überforderungsgefühlen reagierten, die Fallbeispiele in Kap. IV.1.a. Krankheitsauslöser.
267 Scholz, Das Seelenleben des Soldaten an der Front, S. 132.
268 Stachelbeck, Militärische Effektivität im Ersten Weltkrieg, S. 356. Siehe hierzu auch Kap. V.1.d. Reaktivierung psychisch versehrter Offiziere in der Wehrmacht und der Umgang mit Offizieren mit psychischen Leiden im Zweiten Weltkrieg.

und häufig lediglich davon getragen wurde, dass man für das eigene Überleben unmittelbar aufeinander angewiesen war.[269]

Hinzu kam, dass manche Offiziere die Verpflichtung nicht verinnerlichten, mit ihren unterstellten Mannschaftssoldaten jede Gefahr zu teilen. Entsprechend richten sich auch einige Vorwürfe der Mannschaftssoldaten in und nach dem Ersten Weltkrieg nicht nur gegen Stabs- und Etappenoffiziere, die vorrangig kritisiert wurden, sondern auch gegen Frontoffiziere. Auch diese hätten mitunter die Tendenz gezeigt, sich bessere Überlebenschancen zu sichern. So hätten sich Bataillonskommandeure besser befestigte und sicherer gelegene Unterstände, als sie den Mannschaften zur Verfügung standen, bauen lassen.[270] Von der Tendenz, Offiziersunterstände weg von der Gefahrenzone zu errichten, berichtete 1918 auch der Kommandeur des Fußartilleriebataillons 123 des XII. Reservekorps. So schrieb er von der »neuerdings des öfteren beobachteten Neigung einzelner Batterieführer, sich einen ›Gefechtsstand‹ abseits ihrer Batterie einzurichten«.[271]

Wie die Haltung der deutschen Offiziere an der Front und ihr Umgang mit den Mannschaftssoldaten insgesamt einzuschätzen ist, ist in der Militärhistoriografie allerdings umstritten. Deutsche Historiker tendierten lange Zeit zu einem negativen Gesamturteil, insbesondere wenn sie die Sicht der einfachen Soldaten untersuchten. Sie betonten einen vorhandenen »Offiziershass« im Weltkriegsheer, der sich aus den sozialen Heeresmissständen, dem Verhalten der Offiziere und dem Zwangscharakter der deutschen Armee ergeben habe.[272] Eingebettet wurden diese Einschätzungen in den Kontext der autoritären preußisch-deutschen Armee vor 1914 und des Zusammenbruchs 1918, wodurch sie, wie Wencke Meteling betont, Gefahr liefen, das Narrativ des preußisch-deutschen Militarismus fortzuschreiben.[273] Britische und amerikanische Studien wie auch jüngste deutsche Forschungen fällen hingegen hinsichtlich der Mehrheit der deutschen Frontoffiziere auch

---

269 Vgl. hierzu Frevert, Das Militär als »Schule der Männlichkeit«, S. 145–173; Rohkrämer, Der Militarismus der »kleinen Leute«, S. 96; Stachelbeck, Militärische Effektivität im Ersten Weltkrieg, S. 341; Raths, Vom Massensturm zur Stoßtrupptaktik, S. 185f.
270 Hobohm, Soziale Heeresmißstände als Mitursache des deutschen Zusammenbruchs, S. 91ff.
271 Zitiert nach Lipp, Meinungslenkung im Krieg, S. 120 (hier weitere Beispiele).
272 Bröckling, Disziplin; Lipp, Meinungslenkung im Krieg; Ziemann, Front und Heimat; Kruse, Krieg und Klassenheer, S. 530–561. Sie folgen im Wesentlichen der Sicht von Hobohm, Soziale Heeresmißstände als Mitursache des deutschen Zusammenbruchs. Vgl. zum Offiziershass auch Kap. II.7.d. Die Haltung der Untergebenen.
273 Meteling, Ehre, Einheit, Ordnung, S. 200f.

im Umgang mit den Mannschaften ein positives Gesamturteil und betonen die Funktionstüchtigkeit und militärische Effizienz der deutschen Armee.[274]

Gleichzeitig ist auch typisch, dass trotz der Kameradschaft aufgrund des Autoritätsgefälles eine emotionale Distanz zwischen Offizier und Mannschaft bestehen blieb. Im autobiografischen Roman »Infanterist Perhobstler« von 1929 sagt der Held einmal, er sei den »Beförderungstod« gestorben.

»Man war als Offizier so einsam zwischen seinen Leuten. Man sollte ihnen nur Vorgesetzter, vielmehr Führer sein. Immer sollte man stolze Worte reden, immer vom Vaterland, von der Heimat, von der Notwendigkeit des Sieges. Aber man hatte doch auch andere Worte in sich, [...].«[275]

Trotz der genannten Einwände konnten die Kameradschaftsbeziehungen die Vereinzelungserfahrung an der Front[276] ein Stück weit kompensieren – ein Faktor, dessen Bedeutung für die »Moral« der einzelnen Kriegsteilnehmer allgemein und auch der Offiziere im Speziellen kaum überschätzt werden kann.[277]

b. Kameradschaftlicher Zusammenhalt im Offizierskorps

Neben den Kohäsionskräften in den Einheiten wirkte der kameradschaftliche Zusammenhalt im Offizierskorps, den die Militärführung förderte. So wurden auch in der Etappe Offizierskasinos eingerichtet und die Pflicht zur Geselligkeit unter den Offizieren betont. Dies führte dazu, dass Offizieren mehr Möglichkeiten zur Verfügung standen, sich untereinander auszutauschen, als Mannschaftssoldaten.

Zum Beispiel führte der Nervenarzt Heinrich Wietfeldt, der in seiner 1936 publizierten Studie über die Kriegsneurosen des Ersten Weltkriegs die These vertrat, dass die psychische Isolierung der Mannschaftssoldaten aufgrund der hohen Fluktuation und der nur geringen Förderung der Kohäsionskräfte in den Regimentern Kriegsneurosen befördert habe, über die stabilisierende Wirkung der im Offizierskorps gepflegten Geselligkeit aus:

---

274 Ebd.; Watson, Enduring the Great War, S. 2f. mit Literaturangaben. Vgl. zur deutschen Forschung Stachelbeck, Militärische Effektivität im Ersten Weltkrieg; Meteling, Ehre, Einheit, Ordnung; Nübel, Durchhalten und Überleben an der Westfront; Sigg, Der Unterführer als Feldherr.
275 Schneider, Infantrist Perhobstler, S. 78.
276 Vgl. hierzu Plaut, Psychographie des Kriegers, S. 82.
277 Bröckling, Disziplin, S. 204.

»Nicht beachtet wurde der Unterschied, der in der psychischen Umwelt für Offizier und Mann bestand. Die Offiziere hatten vielfach ihr Kasino, fanden unter Kameraden von gleicher Bildung und Anschauungsweise leicht näheren Anschluß. Kamen unüberbrückbare Mißhelligkeiten vor, so bestand die Möglichkeit, durch Abkommandierung in geeignetere Verhältnisse zu kommen. Die positiv affektbesetzte psychische Umwelt machte den Offizier gegen Neurosen immun [...].«[278]

Gleichwohl sah die Militärführung im Ersten Weltkrieg einen Rückgang des Zusammenhalts unter den Offizieren. Der Chef des Generalstabs des Feldheers zeichnete am 26. September 1918 die gravierenden Konsequenzen dieser Entwicklung:

»Das stellenweise festgestellte Nachlassen der Disziplin und das Sinken der Kampfkraft mancher Truppenteile beruht nach allgemein gemachten Beobachtungen zum grossen Teil auf der Verminderung der Leistungen und der inneren Geschlossenheit einzelner Offizier- und Unteroffizierkorps.«[279]

Dieses Manko sollte nun durch Erziehungsmaßnahmen und eine Stärkung des Korpsgeistes ausgeglichen werden, wofür die Kommandeure und auch alle älteren Offiziere in die Pflicht genommen wurden:

»Umso wichtiger ist es, dass alle älteren Offiziere vor allem aber die Kommandeure ständig an der Erziehung der Offiziere und Unteroffiziere arbeiten. [..] durch Unterricht, kameradschaftliche Belehrung und Beispiel zur Hebung und Stärkung des Standesbewusstseins und Ehrgefühls auf ernste Pflichtauffassung und strenge Selbstzucht [...].«[280]

Hier wird sehr deutlich, dass 1918 in der Militärführung die Vorkriegsidee nach wie vor wirksam war, dass das Pflichtgefühl und die Selbstzucht bei den Offizieren vor allem durch ein starkes Standesbewusstsein und ein ausgeprägtes Ehrgefühl garantiert würden. Durch den einheitlichen Korpsgeist im Offizierskorps gelinge es, Defizite bei der Vorbildung und den Kenntnissen auszugleichen. Auffällig ist, dass die Erziehung der Offiziere nach wie vor allein durch Standesmitglieder zu erfolgen hatte. Ideen, dass die Offiziere auch durch die Frontgemeinschaft mit Unteroffizieren und Mann-

---

278 Wietfeldt, »Kriegsneurosen« als psychisch-soziale Mangelkrankheit. Prozentual gesehen waren allerdings Offiziere im Ersten Weltkrieg nicht weniger als Mannschaftssoldaten von psychischen Leiden betroffen. Siehe hierzu Kap. III.1. Das prozentuale Verhältnis von psychisch versehrten Offizieren und Mannschaften.
279 GLA 456 F 2 Offiziersangelegenheiten, insbesondere das Verhalten der Offiziere 14. Dezember 1917 - 26. November 1918, darin: Chef des Generalstabs des Feldheeres, Erziehung der Offiziere und Unteroffiziere, 26.9.1918.
280 Ebd.

schaftssoldaten sozialisiert und leistungsstark gemacht werden könnten, spielten keine Rolle.

Ein Beispiel hierfür ist auch der Appell des Chefs des Generalstabs des Feldheeres Hindenburg am 22. Oktober 1918 an die militärischen Führer, sich ihrer Standespflichten zu erinnern und durch korrektes Verhalten gegenüber den Mannschaften Vorwürfe gegen die Offiziere zu entkräften.[281] Hier wird auch auf die Bedeutung des Kasinos für die Kameradschaft und den Korpsgeist der Offiziere verwiesen:

»In geschlossenen Ortsunterkünften sind Offizierspeiseanstalten zwar durchaus statthaft, um die Kameradschaft innerhalb der Offizierkorps aufrecht zu erhalten; das Leben in diesen Kasinos muß aber entsprechend einfach gehalten sein.«[282]

Doch trotz der besseren Rahmenbedingungen für die Geselligkeit wurden aufgrund des Tugendkanons[283] für Offiziere und des hohen Anspruchs hinsichtlich der Nerven- und Willensstärke die Möglichkeiten, sich im Offizierskorps über psychische Leiden auszutauschen und ihre Symptome offen zur Schau zu stellen, wieder eingeschränkt. Immer mussten betroffene Offiziere damit rechnen, dass ein entsprechendes Verhalten im Korps als Schlappheit und Feigheit gedeutet wurde, was im schlimmsten Fall zu einer ehrengerichtlichen Verhandlung führen konnte.[284]

Die Pflicht zum Optimismus und zur Willensstärke führte für Offiziere in psychischer Hinsicht zu einem besonderen Leistungs- und Erfolgsdruck. Im Rahmen des Offensivgeistes galten ein »unbändiger« Wille, der Berge versetzen könne, und der Glaube an das Gelingen als essentiell für den militärischen Erfolg.[285] Dieser Grundsatz wurde bereits in der Vorkriegszeit gepredigt und blieb bis zum Kriegsende ein wirkmächtiges Dogma, nach dem die militärischen Heerführer und auch alle Offiziere verpflichtet waren, ihr Denken und Verhalten auszurichten. Die Forschung geht davon aus,

---

281 GLA 456 F 2 Offiziersangelegenheiten, insbesondere das Verhalten der Offiziere 14. Dezember 1917–26. November 1918, darin: Chef des Generalstabes des Feldheeres, 22.10.1918.
282 Ebd.
283 Vgl. zum Tugendkanon Kap. II.2.a. Willensstärke, Kampfentschlossenheit und Todesbereitschaft als traditionelle Standespflichten der Offiziere.
284 Schaar, Wahrnehmungen des Weltkrieges, S. 277. Vgl. zu den seltenen Ehrengerichtsverfahren im Ersten Weltkrieg bei psychisch labilen Offizieren Kap. II.8.a. Sanktionen.
285 Siehe hierzu Kap. II.2.d. Nervenkraft und Wille als kriegsentscheidende Mittel; zum Dogma der Offensive siehe den Abschnitt »Die Auswirkung des hohen Offiziersbedarfs durch die hohen Verluste« in Kap. II.3.b. Die Prüfung der psychischen Belastbarkeit der Offiziersanwärter.

dass dieses Dogma das Potential hatte, den Demoralisierungsprozess im Heer, den die Länge des Krieges und die allgemeinen Missstände im Massenheer auslösten, zu verzögern, ohne ihn allerdings stoppen zu können.[286] Die negative Seite dieser Vorgabe war, dass die Offiziere und auch die Heerführer häufig zu Selbstüberschätzung und zu einer Verkennung der Realitäten neigten, was mitunter zu fatalen militärischen Fehlentscheidungen führte. Auch erklärt sich aus dieser Vorgabe die verbreitete Schönfärberei in den militärischen Berichten, die Offiziere während des Krieges anfertigten. Erst in den letzten Kriegsmonaten zeigt sich hier aufgrund der immer aussichtsloser werdenden militärischen Lage ein Wandel, indem nun zunehmend Missstände von Offizieren offen ausgesprochen wurden.[287]

Für den einzelnen Offizier ergab sich aufgrund dieser Vorgabe die belastende Situation, dass er seinen Ängsten und Schwächen keinen offenen Ausdruck verleihen durfte. So notierte zum Beispiel Hermann Geyer aus der 11. bayerischen Infanterie-Division in einem Brief vom 27. August 1918 an den Major Baumann: »Wer nicht behauptet, ›Optimist‹ zu sein, wird als Weichling verdächtigt und über kurz oder lang abgesägt.«[288] Hier bezog er sich auf den Fall eines Offiziers, der so die Achtung seiner Vorgesetzten verlor und abgelöst werde, was beträchtliche Karrierenachteile nach sich ziehen konnte.

Ein Beispiel für einen Offizier, der aufgrund der bedrohlichen Situation an der Front ein psychisches Leiden ausbildete und seine Sorgen der OHL mitteilte, ist der bayerische Hauptmann der Landwehr Kasimir G., der im Juli 1918 ein Pionier-Bataillon bei Sedan befehligte und bei den Angriffsvorbereitungen zur Zweiten Marne-Schlacht (15.-18. Juli 1918) dabei war. Beim vorbereitenden Trommelfeuer lag die Unterkunft seiner Untergebenen unter dauerndem Beschuss, was ihn psychisch stark belastete. Er sandte daraufhin unter Umgehung des korrekten Dienstweges einen Bericht an die OHL, indem er die Überanstrengung seines Bataillons anzeigte. Sich selbst meldete er krank und erhielt im Offizier-Lazarett Crussy bei Sedan die Diagnose »Neurasthenie«.[289]

---

286 Storz, Kriegsbild und Rüstung, S. 373; Stachelbeck, Militärische Effektivität im Ersten Weltkrieg, S. 262f.
287 Storz, »Aber was hätte anders geschehen sollen?«, S. 88; Stachelbeck, Militärische Effektivität im Ersten Weltkrieg, S. 263. Vgl. hierzu auch die Ausführungen in Kap. II.2.e. Drill und Willensgymnastik zur Steigerung der Spannkraft der Nerven.
288 Zitiert nach Stachelbeck, Militärische Effektivität im Ersten Weltkrieg, S. 262.
289 KBL 46581 Krankenbuch des Kriegslazaretts Abtlg. I/18 Sedan Offizier-Lazarett Crussy.

Sein vorgesetzter Oberst schrieb daraufhin eine Stellungnahme und betonte, dass ihm der Hauptmann erst seit kurzem zugeteilt worden sei und er ihn daher nicht gut kenne. Über die Vorgänge bemerkte er:

»Im Juli 1918 hat Hptm. de. L. G. einen übertriebenen Bericht über die Überanstrengung seiner Kompanie unmittelbar an die O.H.L. gesandt. Er hat sich krank gemeldet. Ich habe seine ärztliche Untersuchung veranlaßt und auf Grund dieser seine Versetzung zum Ers. Truppenteil vorgeschlagen. Die Versetzung erfolgte darauf.«[290]

Ein anderer, bereits länger mit ihm zusammenarbeitender Hauptmann, beurteilte ihn wie folgt:

»Für seine Leute sorgte er nach besten Kräften. In den letzten Tagen der Unterstellung machte sich eine gewisse Nervosität bemerkbar, wohl infolge des starken feindlichen Feuers, womit die Unterkunft seiner Komp. belegt wurde. Um ihn selbst nicht in falsches Licht zu stellen, muß bemerkt werden, daß er selbst an einem anderen Ort lag, sodaß die Sorge also nicht als ihm selbst geltend anzusehen ist.«[291]

c. Der Truppenarzt als psychischer Betreuer

Offizieren mit psychischen Leiden stand als Ansprechpartner auch der Truppenarzt zur Verfügung. Ein an der Front eingesetztes Infanteriebataillon verfügte in der Regel über einen (Ober-)Stabsarzt und einen Ober- oder Assistenzarzt, die die Verwundeten und Kranken auf einem Truppenverbandsplatz behandelten und dabei von einem Sanitätsunteroffizier und Krankenträgern unterstützt wurden.[292]

Gerade die Fallgeschichten von psychisch versehrten Offizieren, die Truppenärzte in Fachjournalen publizierten, machen sehr deutlich, dass die Truppenärzte den Offizieren in ihren unterstellten Einheiten deutlich mehr Aufmerksamkeit und Zeit schenkten als den Mannschaftssoldaten. Bei Offizieren, die sie wegen psychischer Beschwerden aufsuchten, verstanden sich die Ärzte als ihre persönlichen Betreuer. Offiziere konnten aufgrund der ärztlichen Schweigepflicht ihre Nöte und Sorgen offen aussprechen, erhielten auf Wunsch Krankschreibungen oder ärztliche Empfehlungsschreiben für die gewünschte Versetzung.[293]

---

290 BayHStA-KA OP 24730 Kasimir G., Beurteilung, 30.8.1918.
291 Ebd., Beurteilung, 12.8.1918.
292 Hartmann, Sanitätsdienst im Stellungskrieg, S. 234f.
293 Siehe hierzu Kap. III.3.b. Arzt-Patienten-Verhältnis.

Lediglich in Fällen, in denen Offiziere sich auf keinen Fall krank melden wollten, konnten sie die ärztliche Betreuung, die mitunter aufgrund von Hinweisen von Vorgesetzten oder Offizierskameraden initiiert wurde, als Belastung oder Bevormundung ansehen.[294] Von einem entsprechenden Fall zeugt zum Beispiel die in seiner Krankenakte wiedergegebene Aussage des Oberleutnants Georg G., bei dem im Lazarett »Psychopathie« und »nervöse Überreizung« diagnostiziert wurden, zu seiner Krankmeldung im März 1916:

»Habe sich aus dem Feld nicht weggemeldet, nur schwer entschlossen, den ärztlichen Forderungen der Krankmeldung nachzugeben. Bat. Komm. [Bataillonskommandeur, G.G.] habe es direkt verlangt.«[295]

Je höher der Offiziersrang war, umso enger war auch die ärztliche Betreuung der Offiziere, was so weit ging, dass einige höhere Generale ihre persönlichen Ärzte hatten, gerade auch für psychische Beschwerden. Als Ludendorff seit dem Scheitern der »Michael-Offensive« im Frühjahr 1918 zunehmend unter Nervosität litt und sich Untergebene und Stabschefs über sein gereiztes Verhalten beklagten, untersuchte ihn sein persönlicher Arzt, Dr. Horchheimer, wie auch der Leibarzt Hindenburgs, Dr. Friedrich von Münter. Die Mediziner diagnostizierten einen Zustand »von Nervenüberlastung«. Statt ihn ins Lazarett zu überweisen, fand die nachfolgende Therapie, die vorrangig Entspannungsübungen enthielt, im Dienst statt.[296]

Für die Mannschaftssoldaten hingegen galt im Hinblick auf die ärztliche Betreuung psychisch angeschlagener Personen, dass die Militärpsychiatrie hier während des Krieges zumeist allein eine Nachsorgefunktion innehatte, die im Regelfall erst wirksam wurde, wenn die psychischen Beschwerden ein Maß erreicht hatten, das eine Lazaretteinweisung unumgänglich machte.[297] Ansonsten mussten Mannschaftssoldaten mit psychischen Leiden, die auf Suche nach Hilfe die Truppenärzte kontaktierten, sich vielfach den Simulationsvorwurf gefallen lassen.[298]

Lediglich vereinzelt wurden im Verlauf des Krieges auch Psychologen zur Truppenbetreuung eingesetzt, bei denen Soldaten mit psychischen Leiden ein offenes Ohr fanden. So ist für die 5. Armee bekannt, dass ein

---

294 Vgl. hierzu Rohde, Neurologische Betrachtungen eines Truppenarztes im Felde, S. 379–415; Mendel, Psychiatrisches und Neurologisches aus dem Felde, S. 2–7.
295 UAT 669/27701 Oberleutnant Georg G., Eintrag in der Krankenakte vom 2.5.1916.
296 Zit. nach Foerster, Der Feldherr Ludendorff im Unglück, S. 75 und 78. Vgl. auch Kaufmann, Kriegführung im Zeitalter technischer Systeme, S. 341.
297 Nübel, Durchhalten und Überleben an der Westfront, S. 223.
298 Siehe hierzu Kap. III.3.b. Arzt-Patienten-Verhältnis.

Psychologe die Soldaten während der Schlacht bei Verdun betreute. Der leitende Internist der 5. Armee Ludolf Krehl schrieb in einem Brief an seine Frau vom 2. August 1916 mit großer Skepsis über die Wirksamkeit dieser Maßnahme:

»Wir haben jetzt einen Psychologen, der die Krieger psychologisch untersucht. Es ist aber mehr so, wie mir scheint, daß er sich mit ihnen unterhält, was jeder andere gebildete Mensch auch kann. Und natürlich werden daraus immer politische Unterhaltungen. Ich kann mir kaum denken, daß etwas Wesentliches herauskommt.«[299]

Die beste Präventionsmaßnahme gegen psychische Störungen für die Truppen bestand nach Ansicht der Frontärzte vor allem in ausreichenden Erholungsphasen in guten Ruhequartieren nach Belastungen an der Front. Die Ärzte waren der Meinung, dass die so gewährte Erholung die Nerven der Soldaten meistens wieder beruhigen würde.[300]

Auch die militärische Führung, Offiziere und Soldaten teilten diese ärztliche Einschätzung. Die Nerven würden sich nach den Belastungsproben an der Front in den anschießenden Ruhephasen beruhigen, was man individuell über Spaziergänge in der Natur und Ähnliches noch befördern konnte.[301] Hinzu kamen die in der Ruhestellung durch die vom Militärapparat organisierten Ablenkungsmöglichkeiten von den Schrecken des Krieges, welche der psychischen Erholung zuträglich sein sollten. In der damaligen Kriegspsychologie herrschte die Meinung vor, dass die

»schreckerregenden Eindrücke des Krieges durch andre psychische Momente sozusagen im Zaum gehalten werden müssen, wenn sie nicht zerschmetternd auf die geistige Haltung des einzelnen wirken sollen.«[302]

Damit sich die Soldaten nicht fortwährend in Gedanken mit den psychischen Belastungen des Krieges beschäftigten, organisierte das Militär Freizeit-, Sport- und Kulturveranstaltungen. Es richtete Feldbuchhandlungen und Frontkinos ein und organisierte ein Vortragswesen.[303]

---

299 Zitiert nach Münch, Verdun, S. 334.
300 Vgl. z.B. Edel/Hoppe, Zur Psychologie und Therapie der Kriegsneurosen, S. 836–840. Für Verdun zum Beispiel Neter, Einige Bemerkungen über die gesundheitlichen Verhältnisse an der Front, S. 1366–1368. Siehe auch mit weiteren Beispielen Michl, Im Dienste des »Volkskörpers«, S. 212; Münch, Verdun, S. 334.
301 Vgl. die Belege bei Nübel, Ambivalenz der Zermürbung, S. 113.
302 Sommer, Psychiatrie und Nervenkrankheiten, S. 816.
303 Die Maßnahmen dienten neben der Ablenkung auch der Disziplinierung der Truppe. Nübel, Durchhalten und Überleben an der Westfront, S. 223f.

d. Individuelle Strategien zum Umgang mit der Todesgefahr an der Front

Das psychische Betreuungssystem für Offiziere im Krieg war stärker ausgebaut als das für die Mannschaftssoldaten. Dennoch reichte es nicht aus, um die Schrecken und die ständige Todesgefahr an der Front zu ertragen. Daneben musste der Einzelne auch individuelle Strategien entwickeln.

Ausrichtung auf den Krieg und Verdrängung der Todesgefahr

Die wichtigste individuelle Strategie war sicherlich, dass mit längerem Aufenthalt an der Front die Offiziere wie auch die Mannschaftssoldaten zunehmend das Regelsystem des Krieges übernahmen und ihre Wahrnehmungen und ihr Handeln darauf ausrichteten. Der Krieg konnte so zum Alltag werden, und durch die Gewöhnung gelang zunehmend eine Abhärtung gegenüber dem Schlachtenlärm und den grauenhaften Bildern der Zerstörung wie auch eine Verdrängung der Todesangst.[304]

Ein solcher Gewöhnungseffekt wurde dabei generell als entscheidend angesehen, um den Krieg durchzustehen, adäquat zu reagieren und die Möglichkeiten des Überlebens zu steigern. Und oft wurde aus der Beobachtungsperspektive über Militärs geschrieben, denen diese Gewöhnung noch fehlte. Zum Beispiel schrieb der Leutnant der Landwehr Richard Grün während der Somme-Schlacht in seinem Tagebuch über das Verhalten von drei Ersatzmannschaften, die ihm während der Schlacht zugeteilt wurden:

»Der fürchterlichen Beanspruchung waren ihre Nerven ohne Angewöhnung nicht gewachsen. Einer bekam einen Nervenklapps und verkroch sich wie ein geschlagener Hund in die ›Falle‹, der andere heulte wie ein Kind und war nur mit der Pistole

---

304 Den Vorgang der »Abhärtung« beschrieb der Journalist Erich Everth in seinem 1915 veröffentlichten Buch »Von der Seele des Soldaten im Felde« als einen Schutzmechanismus, als eine notwendige Voraussetzung für das Überleben und als Mittel zur Erhaltung der geistigen Gesundheit und der seelischen Stärke an der Front: »[...] die Seele bildet gleichsam eine Schutzhaut aus. [...] So erzählen namentlich Krankenträger, die ja am meisten Grausiges zu sehen bekommen, daß sie oft spüren wie sie seelisch völlig ausschalten. Wenn sie sich an all die gräßlichen Erlebnisse hingäben, so ginge das bald über die Fassungskraft der Seele, die ja auch im Gefühlsbereich nicht unbegrenzt ist. Das Ausschalten wird aber auch erleichtert, da jeder alle Hände voll zu tun hat und keiner, auch der Krankenträger und der Arzt nicht, seine Arbeit leisten könnte, wenn er sich in Gefühle verlöre. Ihre Unterdrückung ist nicht Roheit, sondern Anpassung an den Zweck, denn nur so wird man befähigt, den großen Anforderungen zu genügen.« Everth, Von der Seele des Soldaten im Felde, S. 22f.

an die Kanone zu kriegen, nur der dritte hat mit viel Angst und gutem Willen wenigstens Zünder gestellt.«[305]

Auffällig ist ferner, dass psychisch versehrte Offiziere öfters darüber klagten, dass bei ihnen ein Gewöhnungseffekt nicht mehr eingesetzt habe. Vielmehr hätten sie die Verhältnisse und Gefahren an der Front immer weniger ertragen. Sie seien hierdurch immer ängstlicher und schreckhafter geworden, sodass sie sich irgendwann krankmelden mussten. Oft beschrieben sie zusätzlich, dass es andere Phasen des Krieges gegeben habe, wo es sich anders verhalten habe und sie sich gut an den Frontdienst gewöhnt hätten.[306]

Die Ausrichtung auf die Verhältnisse an der Front verlangte eine zumindest teilweise Ausblendung der Todesgefahr, um fortlaufend funktionieren zu können. Der Großteil der Strategien, die den Mannschaftssoldaten zur Verfügung standen, wurde dabei auch von den Offizieren genutzt. Diese umfassten ein Verleugnen der Gefahren und ein Vertrauen auf die eigene Unverwundbarkeit, wie auch die Umwandlung der eigenen Angst in Aggressivität, die sich bis zu exzessiver Brutalität und zum Blutrausch steigern konnte, was besonders im Bewegungskrieg und bei Vorstößen häufig vorkam. Solche Reaktionen waren bis zu einem gewissen Steigerungsgrad durchaus funktional und militärisch zweckrational, da eine teilweise Ausblendung der Wirklichkeit unvermeidlich war, weil der Destruktion an der Front nicht zu entkommen war.[307]

Problematisch wurde es für Offiziere insbesondere, wenn die Ausblendung der Todesgefahren zu einem tollkühnen Führungsstil führte, der die Untergebenen in erhöhte Gefahr brachte, wie auch in Fällen, in denen die Abstumpfung der Gefühle zu apathischem Verhalten führte. Ein apathisches Dahindösen, was durch körperliche Erschöpfung verstärkt und häufig von Mannschaftssoldaten an der Front praktiziert wurde,[308] konnten sich Offiziere nicht leisten.

Therapiefunktion der Tagebücher

Daneben lassen sich weitere individuelle Strategien zum Umgang mit den psychischen Belastungen des Krieges und der Todesgefahr nachweisen. Für

---

305 Zitiert nach Lipp, Meinungslenkung im Krieg, S. 136.
306 Vgl. z.B. die Aussage des Oberleutnants Georg G. 1916 in der Krankenakte. UAT 669/27701 Oberleutnant Georg G., Eintrag vom 2.5.1916.
307 Vgl. hierzu Bröckling, Disziplin, S. 207.
308 Ebd.

viele Offiziere diente das Tagebuch als therapeutisches Mittel, um mit den nervlichen Belastungen des Kriegsdienstes standzuhalten. Ein Ergebnis von Sebastian Schaars Auswertung der Selbstzeugnisse der sächsischen Offiziere im Ersten Weltkrieg lautet, dass im Hinblick auf Verwundungen nicht die physischen, sondern psychische Versehrungen im Vordergrund stehen. Erschöpfung, psychische Schädigungen und ihre Folgen wurden ausführlich geschildert, was die Diskrepanz zwischen Anspruch und Wirklichkeit des Offiziersdaseins deutlich macht. Schaar erklärt die Ausführlichkeit der Beschreibungen psychischer Verwundungen mit den eingeschränkten Möglichkeiten von Offizieren, offen über ihre Ängste und psychischen Leiden zu sprechen,[309] und mit deren therapeutischer Funktion. Die diesbezüglichen Einträge läsen sich »wie über längere Zeit geführte Therapieprotokolle, die dramatische Veränderungen dokumentieren.«[310]

Gebrauch künstlicher Aufputsch- und Betäubungsmittel

Um die Leistungsfähigkeit ihrer psychisch und physisch erschöpften Organismen zu steigern und den bedrohlichen Sinneseindrücken an der Front andere Reize entgegenzusetzen – die Psychiater sprachen von »Reizhunger«[311] –, griffen die Offiziere vielfach auf Aufputsch- und Betäubungsmittel zurück. Insbesondere Tabak und Alkohol waren verbreitet, aber auch ein hoher Konsum an koffeinhaltigen Substanzen wie Kaffee, Tee oder Cola.

Einen entsprechenden Gebrauch beschreibt Ernst Jünger in seinem Buch »In Stahlgewittern« wiederholt. Er schildert zum Beispiel, dass er sich im Frühjahr 1917, bevor er den Keller eines zerschossenen Hauses in einem französischen Dorf betrat, in dem sich mehrere Tote und Verwundete befanden, »für alle Fälle« eine Zigarre angezündet habe. Nachdem die Verwundeten geborgen worden waren, deren schwere Verletzungen er aufzählte, half er sich mit Alkohol: »In meine Behausung zurückgekehrt, stärkte ich mich zunächst durch eine Reihe Sherry-Brandis, denn die Ereignisse waren mir doch auf die Nerven gefallen.«[312]

---

309 Siehe hierzu auch Kap. II.5.b. Kameradschaftlicher Zusammenhalt im Offizierskorps.
310 Schaar, Wahrnehmungen des Weltkrieges, S. 277.
311 Hellpach, Kriegsneurasthenie, S. 186f. Vgl. Birnbaum, der zwei andere Veröffentlichungen Hellpachs referierte: Birnbaum, Kriegsneurosen und -psychosen, Sechste Zusammenstellung von April bis Ende 1917, S. 17; Hellpach, Therapeutische Differenzierung der Kriegsnervenkranken; ders., Über die einfache Kriegsneurasthenie.
312 Jünger, In Stahlgewittern, S. 314.

Der Nervenarzt Ludwig Scholz, der als Truppenarzt an der Ostfront in Russland eingesetzt war und dort fiel und dessen Aufzeichnungen aus dem Krieg posthum 1920 veröffentlicht wurden, schrieb über den Zusammenhang von nervlichen Belastungen an der Front und dem vermehrten Konsum von Alkohol und Tabak:

»Wo es besonders arg zuging, bleibt hinterher der seelische Mechanismus noch einige Zeit geschädigt: Auffassung, Besinnlichkeit und Gedächtnis haben gelitten. Die Sprache fällt schwer. Das geistige Interesse ist erlahmt und die Sucht nach Betäubung durch Reizmittel, durch Alkohol und Tabak, groß.«[313]

Der hohe Alkoholgenuss unter den Offizieren wurde vielfach von Vorgesetzten kritisiert. Zum Beispiel merkte der vorgesetzte Major im dienstlichen Zeugnis über den Oberleutnant Franz H. vom 31. Januar 1916 an:

»Unter den nervenzerrüttenden Einflüssen des Krieges jedoch hat er sich angewöhnt manchmal mehr zu trinken als ihm gut ist, und ist er mehr als nötig auf sein leibliches Wohl bedacht. In beiden Fällen muß er sich größere Zurückhaltung auferlegen.«[314]

Auch die Verbreitung von härteren Drogen im Kriegseinsatz begann mit dem Ersten Weltkrieg. Die Strukturformel des Kokains war 1898 entdeckt worden; 1902 war es Richard Willstätter gelungen, Kokain synthetisch im Labor herzustellen. Das Kokain hatte eine aktiv aufputschende und lang anhaltende Wirkung und war besonders unter den Jagdfliegern als Durchhaltedroge verbreitet. Ernst Jünger schrieb:

»Das Kokain ist während des Ersten Weltkrieges Mode geworden [...] Es hieß auch, daß Kampfflieger, die ›Nerven bekommen‹ hatten, sich damit ermunterten, das konnte nicht lange gut gehen.«[315]

Weitere Drogen, die insbesondere in den Lazaretten als Schmerz- und Betäubungsmittel eingesetzt wurden und häufig zu Sucht bei den Kriegsteil-

---

313 Er fuhr fort: »Glücklicherweise schwindet diese Nervenerschlaffung meist wieder sehr bald und die Ruhe kehrt zurück. Ernstere Folgen wie die der sog. Schreckneurose [...] kommen nicht allzu häufig zur Beobachtung.« Scholz, Das Seelenleben des Soldaten an der Front, S. 122.
314 BayHStA-KA OP 1706 Franz H.
315 Jünger, Annäherungen. Drogen und Rausch, S. 204. Der Aufstieg des Kokains zur Modedroge in Europa begann nach dem Ersten Weltkrieg. In den 1920er Jahren war Kokain eine allgegenwärtige Droge, um die sich eine eigene europäische Kokainkultur bildete. Besonders bei Künstlern und Literaten war Kokain sehr beliebt. Doch bald kam es zu weltweiten Verboten.

nehmern führten, waren Morphium und Äther.³¹⁶ Zum Beispiel ging eine Verordnung des bayerischen Sanitätsamtes vom 16. Januar 1917 auf das Problem ein, dass Morphiumabgaben in den Lazaretten gerade bei Offizieren vermehrt zu Suchterkrankungen führten:

»[...] ist eine Reihe von Fällen bekannt geworden, in denen Verwundete, namentlich junge Offiziere, durch nicht genügende Beaufsichtigung der Morphiumverordnungen durch die behandelnden Aerzte sich an dessen Gebrauch gewöhnt haben und zu chronischen Morphinisten geworden sind [...].«³¹⁷

Dass Offiziere darin erfolgreicher als Mannschaftssoldaten waren, die Ärzte zur Abgabe von Morphium zur Schmerzlinderung zu überreden, zeigt auch ein weiterer Erlass des bayerischen Sanitätsamts vom 25. Mai 1918, der sich mit dem »Umsichgreifen des mißbräuchlichen Morphiumgenusses« beschäftigte:

»[...] Es darf auf keinen Fall vorkommen, daß Verwundeten (bes. Offizieren) Morphiumeinspritzungen ohne genügenden Grund im wesentlichen auf eigenen Wunsch und dann längere Zeit hindurch ohne ärztliche Anordnung vom Pflegepersonal verabreicht werden [...].«³¹⁸

Ein Beispiel für die zerstörerischen Drogenwirkungen von Kokain und Morphium, aber auch dafür, dass jahrelanger Drogenkonsum im Krieg bei einem Offizier toleriert wurde, ist der Fall des Leutnants Walter von B. Er wurde zu Beginn des Krieges nach einer Lazarettbehandlung morphium- und kokainsüchtig und war deswegen 1918 physisch und psychisch am Ende. Ende 1914 hatte er eine schwere Granatsplitterverletzung erlitten und gegen die Schmerzen häufig Morphiumspritzen bekommen. Danach war er im Osten eingesetzt und verschaffte sich aus russischen Apotheken Morphium und Kokain. Im August 1915 kollabierte er und machte nachfolgend eine Entziehungskur. Als er wieder ins Feld kam, fing er erneut zu spritzen an. Er unterzog sich einer zweiten Entziehungskur, wonach er lediglich einige Wochen drogenfrei blieb, anschließend aber wieder Morphium und Kokain in großen Mengen konsumierte. Er litt zunehmend unter Halluzinationen und Suizidgedanken, körperlicher Verfall setzte ein. 1918 sprach nach

---

316 Siehe zu suchtkranken Offizieren in psychiatrischer Behandlung auch Kap. III.2.b. Psychiatrische Praxis: Diagnosen in den Krankenakten.
317 BayHStA-KA, Stv GenKdo. I. AK., SanA 176 Krankenbehandlung, Verordnung, dass Morphiumabgaben in den Lazaretten strenger gehandhabt werden sollten, 16.1.1917.
318 Ebd., Umsichgreifen des mißbräuchlichen Morphiumgenusses, 25.5.1918.

verschiedenen Lazarettstationen in der Universitätsnervenklinik Tübingen der Klinikdirektor Robert Gaupp die Empfehlung aus:

»Die einzige Möglichkeit, ihn noch zu einem brauchbaren Menschen zu erziehen liegt meiner Ueberzeugung nach darin, ihn für lange Zeit (mindestens 4–6 Monate lang) in eine geschlossene Anstalt zu bringen, in der er unter strengster Aufsicht steht, sodass es ihm nicht gelingt, die Aerzte und seine Umgebung zu täuschen, sich wieder M. oder Coc. zu verschaffen oder jedermann anzupumpen und das Geld zur Befriedigung seiner Begierden zu verschleudern. M. verdient vorläufig nicht die Spur eines Vertrauens und er wird, wenn man ihm nur die geringste Freiheit gewährt, mit einer absoluten Sicherheit rückfällig.«[319]

Eine Kriegsdienstbeschädigung erkannte Gaupp hingegen nicht an, sondern sprach in seinem Gutachten von einem »haltlosen Psychopathen«.[320]

Andere künstliche Aufputschmittel standen den Offizieren hingegen anders als im Zweiten Weltkrieg[321] im Regelfall nicht zur Verfügung und wurden von den Ärzten im Ersten Weltkrieg nicht verschrieben. Zwar diskutierte zum Beispiel der Nervenarzt Jacobi 1915 die Einnahme der künstlichen Aufputschmittel Xanthin, Suprarenin und Hypophysin zur Erhöhung der physischen und psychischen Leistungsfähigkeit der Kriegsteilnehmer. Doch befand er selbst, dass von einer Anwendung im Militär vorerst abgesehen werden sollte, da keine diesbezüglichen Vorversuche vorlagen.[322] Stattdessen lauteten die Empfehlungen der Ärzte bei Erschöpfungserscheinungen von Offizieren und Mannschaftssoldaten, dass sofortige Schonung unverzichtbar sei. Zur Therapie wurden Erholung, ausreichende und gehaltvolle Nahrung und gegebenenfalls Heimaturlaub empfohlen.[323]

Eine gewisse Rolle spielte schließlich noch das frei verkäufliche Eiweißpräparat »Sanatogen«, welches als »Kräftigungsmittel für Körper und Nerven« angepriesen wurde. Eine Werbeanzeige von 1916 in einer auflagen-

---

319 UAT 669/30005 Krankenunterlagen des Leutnants Walter von B.
320 Ebd.
321 Im Zweiten Weltkrieg wurde als Aufputschmittel Perventin, ein Metamphetamin und damit ein Vorläufer von Crystal Meth, bei der Wehrmacht massiv eingesetzt.
322 Jacobi, Erschöpfung und Ermüdung, S. 481–485. Robert Gaupp kritisierte den Vorschlag Jacobis, Aufputschmittel einzusetzen, mit dem Argument, dass die Ermüdung hierdurch nicht gestoppt werden könnte. Sie würden nur »wie die Peitsche des Fuhrmanns« wirken, »der seine abgehetzten Pferde [...] zu letzten verzweifelten Rennleistungen anspornt.« Zitiert nach Michl, Im Dienste des »Volkskörpers«, S. 242f.
323 Michl, Im Dienste des »Volkskörpers«, S. 242f. Siehe hierzu auch Kap. III.4.d. Neurasthenische Erschöpfungserkrankungen: Das Leiden bestimmt die Behandlungsmethode.

starken deutschen Frauenzeitschrift empfahl es für die kämpfenden Söhne und Ehemänner, um ihre »Gesundheit und Widerstandskraft« zu erhalten. Sanatogen schaffe einen »Kräftevorrat, aus dem jeder Mehrverbrauch an Körper- und Nervenkraft ersetzt werden« könne.[324] 1918 hieß es zum Produkt in der »Deutschen medizinischen Wochenschrift« kritisch:

»Das Sanatogen sei trotz der mit ihm getriebenen umfangreichen Reklame, wie sie wohl kein ähnliches Erzeugnis aufzuweisen habe, auch infolge seines hohen Preises bei einer amtlichen Beratung von den ärztlichen Sachverständigen als entbehrlich bezeichnet worden.«[325]

6. Die Vorschriften zur Überprüfung der psychischen Konstitution

Die laufende Kontrolle der psychischen Belastbarkeit der Offiziere im Krieg erfolgte vorrangig nicht über ärztliche Untersuchungen, sondern über das ausdifferenzierte militärische Beurteilungswesen, bei dem auch die psychische Belastbarkeit kontrolliert wurde und dem jeder Offizier fortlaufend unterworfen war. Das Kernstück waren dabei die jährlichen dienstlichen Beurteilungen (Konduitenlisten bzw. Qualifikationsberichte) der Offiziere durch ihre jeweiligen Vorgesetzten.

Die dienstlichen Beurteilungen der Offiziere sollten über Eignung, Befähigung und fachliche Leistung der Offiziere Auskunft geben. Sie hatten den Zweck, eindeutig festzustellen, ob der einzelne Offizier seine Dienststellung zur Zufriedenheit ausfüllte und ob er sich für eine Beförderung eignete.[326] Hier ging es unter anderem um die Klärung der Frage, ob der Offizier allen Anforderungen des Krieges vollkommen gewachsen war.

Die Qualifikationsberichte und deren Entwürfe waren für den beurteilten Offizier geheim.[327] Sie wurden in allen Kontingenten der Armee von besonderen Instanzen gesammelt, bearbeitet und ausgewertet, um sie für die Personalentscheidungen des jeweiligen Obersten Kriegsherrn vorzu-

---

324 Anzeige Sanatogen, aus: Dies Blatt gehört der Hausfrau, Jg. 25 (1916), S. 13. Abgedruckt in Fehlemann, Die Nerven der »Daheimgebliebenen«, S. 246.
325 Deutsche medizinische Wochenschrift 1918, Bd. 44, S. 272.
326 Black, Die Grundzüge der Beförderungsordnungen, S. 137.
327 Ebd., S. 134.

bereiten. In Preußen übernahm diese Aufgabe für das Heer das Militärkabinett, in den übrigen Bundesländern mit selbständigen Truppenkontingenten waren die Personalabteilungen der jeweiligen Kriegsministerien zuständig. Bei der Kriegsmarine lag der Aufgabenbereich beim nach preußischem Vorbild dem Kaiser unterstellten Marinekabinett.[328]

Für die Abfassung der Beurteilungen der Offiziere bestanden klare Regelungen. So waren für den preußischen Armeeverband im Ersten Weltkrieg die »Bestimmungen über Personal- und Qualifikationsberichte« aus dem Jahr 1902 in Kraft.[329] Für die Marine galt die systematische Zusammenstellung der Beurteilungsbestimmungen von 1899.[330] In den bayerischen, württembergischen und sächsischen Kontingenten mit eigener Offizierspersonalwirtschaft wurde das Beurteilungs- und Beförderungswesen vertragsgemäß in enger Anlehnung an die Grundsätze und Verfahrensweisen geregelt, wie sie in Preußen bestanden.[331]

Wie es in der preußischen Verordnung von 1902 hieß, sollten die Personal- und Qualifikationsberichte für den preußischen Monarchen »die hauptsächlichste Grundlage für die Beurtheilung und Verwendung der Offiziere« bilden.[332] Die Kommandeure wurden verpflichtet, die »auf eingehender Kenntnis der Persönlichkeit beruhende Beurtheilung [...] pflichtmäßig, ohne jede Nebenrücksicht, nach bester Überzeugung, unter Vermeidung unnöthiger Schärfe und unter Bewahrung möglichsten Wohlwollens« abzufassen.[333] Das Ziel jeden Berichts sollte »eine vollständige Schilderung des Offiziers in Beziehung auf seine Persönlichkeit, seine Charaktereigenschaften, seine militärischen Fähigkeiten und Leistungen und seine etwa besonders bemerkenswerthen Eigenschaften« sein.[334] Auch sollten alle Berichte zu einem eindeutigen Schlussergebnis kommen, ob der beurteilte Offizier seine derzeitige

---

328 Ebd., S. 136.
329 Sie waren als erste systematische Zusammenfassung der Beurteilungsbestimmungen am 19. Juni 1902 von Wilhelm II. genehmigt worden. Ebd., S. 133.
330 Für die Marine war eine erste entsprechende Zusammenstellung bereits 1865 erlassen worden, veröffentlicht als »Instruktion über die Aufstellung und Einreichung der Personal- und Qualifikationsberichte«, 18. August 1865. Vgl. hierzu Ebd.
331 Dabei ist allerdings zu betonen, dass im bayerischen Heer bereits seit 1786 kodifizierte »Beurteilungsverordnungen« in Kraft waren, an denen sich die Kommandeure orientieren sollten und die in mehrfachen Neufassungen immer wieder den gewandelten Verhältnissen angeglichen worden waren und dass Wilhelm II. bei seiner Verordnung von 1902 sich Bayern zum Vorbild genommen hatte. Ebd., S. 133, 136.
332 Zitiert nach Ebd., S. 133.
333 Zitiert nach Ebd.
334 Ebd.

Stelle zur Zeit ausfüllte, ob er sie noch weiterhin ausfüllen werde und ob er auch für die nächsthöhere Stelle geeignet sei. Die Vorschrift wies darauf hin, dass jeder Vorgesetzte voll dafür verantwortlich gemacht werde, wenn der von ihm beurteilte Offizier sich in der vorgeschlagenen Verwendung als unfähig erweisen würde, oder wenn er länger in seiner derzeitigen Dienststellung belassen würde, als er dafür geeignet war. Zu jedem Urteil eines Vorgesetzten über einen ihm unterstellten Offizier sollte der nächsthöhere Vorgesetzte Stellung nehmen, ob er mit dem Urteil einverstanden sei oder eigene Ergänzungen und abweichende Urteile vermerken. Es wurde bei dieser Regelung aber betont, dass das selbständige Urteil des niedriger gestellten Vorgesetzten hierdurch in keiner Weise eingeschränkt werde.

Die Bestimmungen zur Qualitätskontrolle hatten das Potential, auch psychisch angeschlagene Offiziere ausfindig zu machen. Zwar konnte die Aufforderung, dass die Berichte »unter Vermeidung unnötiger Schärfe und unter Bewahrung möglichsten Wohlwollens« abgefasst werden sollten, als Aufforderung verstanden werden, psychische Leiden nicht zu erwähnen. Doch machte die Vorschrift, dass auch die Persönlichkeit, Charaktereigenschaften und »besonders bemerkenswerthe[n] Eigenschaften« in den Beurteilungen geschildert werden sollten,[335] es Berichterstattern schwer, psychische Auffälligkeiten von Offizieren nicht zu vermerken. Zudem setzte die Regelung, dass Vorgesetzte persönlich verantwortlich gemacht werden konnten, wenn Offiziere sich in der nachfolgenden Dienststellung nicht bewährten, diese unter deutlichen Druck, keine Gefälligkeitsbeurteilungen zu schreiben.

Dem entsprach, dass alle Offiziere aufgrund des hierarchischen Aufbaus der Armee Teil einer Verantwortungskette waren, die mit dem militärischen Erfolg und Misserfolg verknüpft war. Diese reichte vom Kompaniechef über den Bataillons-, Regiments- und Brigadekommandeur bis hin zum Oberbefehlshaber der Division. Da die Vorgesetzten als verantwortlich für die Leistungen ihrer Untergebenen angesehen wurden, maß man sie nicht nur an ihrem eigenen Handeln, sondern auch an dem der ihnen unterstellten Offiziere und Mannschaften. Ein Misserfolg der unterstellten Offiziere, welchen die Vorgesetzten nicht verhindern konnten, bedrohte nach dieser Denkart nicht nur die Leistung der unmittelbaren Vorgesetzten, sondern gleichzeitig auch die der Kommandeure der Kompanie, des Regiments und

---

335 Zum Beispiel sollten auch Bemerkungen darüber gemacht werden, ob bei dem Offizier Bestrafungen vorlagen und ob er im Kameradenkreis beliebt war.

mitunter auch der Division, in der die Offiziere dienten. Entsprechend löste ein solcher Vorwurf innerhalb der armeeinternen Kommunikationsstrukturen eine umfangreiche Berichts- und Rechtfertigungsmaschinerie aus.[336]

Immer wieder wurde allerdings im Ersten Weltkrieg in der Armeeführung Kritik daran geübt, dass die Beurteilungen und Qualifikationsberichte bei Offizieren zu wohlwollend ausfielen und dass das Leistungsprinzip bei Beförderungen zu wenig berücksichtigt werde. Einzig in Bayern galt die Beförderungspraxis bei den Offizieren als etwas leistungsorientierter, doch zeigte sich auch hier die gleiche Tendenz wie in den anderen Kontingenten.[337]

Die mangelnde Führungskompetenz vieler Offiziere blieb ein wiederholter Kritikpunkt, der auch hohe Offiziersstellen betraf. Pragmatisch urteilte der Chef des Militärkabinetts am 8. Dezember 1917, dass nicht alle Generals- und Regimentskommandeursstellen mit besonders hervorragenden Persönlichkeiten besetzt werden könnten und man sich eben mit einem »gewissen Durchschnitt« begnügen müsse.[338] Für psychisch versehrte Offiziere bedeutete der Offiziersmangel, dass sie von der niedrig angelegten Messlatte bei Beurteilungen und Qualifikationsberichten profitierten.

Über die langfristige Effizienz des militärischen Beurteilungs- und Beförderungswesens, psychische Störungen von in ihrer Laufbahn bereits fortgeschrittenen Offizieren aufzuspüren, äußerte sich der Nervenarzt Andreas Kluge 1928 dennoch sehr positiv, während er die Ausleseprinzipien in den unteren Diensträngen als in dieser Hinsicht wirkungslos beurteilte. Er schrieb über die Bedeutung des Beförderungssystems in der deutschen wie in der österreichisch-ungarischen Armee im Rückblick auf den Ersten Weltkrieg unter Bezugnahme auf eigene Kriegserfahrungen und diesbezügliche militärärztliche Veröffentlichungen:

»bei der Auslese, welche der höhere Offizier durchmacht, bevor er das höhere Kommando erreicht, scheint die Wahrscheinlichkeit, unter diesen Psychopathen aufzufinden, nicht besonders groß zu sein, was für die niedrigeren Truppenführer besonders im Kriege mit den Reservekommandanten natürlich gar nicht zutrifft.«[339]

---

336 Lipp, Meinungslenkung im Krieg, S. 95f.
337 Jahr, Gewöhnliche Soldaten, S. 58; Stachelbeck, Militärische Effektivität im Ersten Weltkrieg, S. 304.
338 Zitiert nach Stachelbeck, Militärische Effektivität im Ersten Weltkrieg, S. 304f. (mit weiteren Belegen).
339 Kluge, Psychologische Unfallneigung im Kriege, S. 742. Er belegte diese These mit der Materialsammlung von Wilhelm Schmidt, in der viele entsprechende Fallstudien

7. Die Haltung im Militär gegenüber psychisch versehrten Offizieren

a. Spezifika des militärischen Schriftverkehrs über psychisch versehrte Offiziere

Blickt man auf den Umgang des Militärs mit psychisch versehrten Offizieren, fällt zunächst auf, dass in den militärischen Akten ein Trend zur Vertuschung psychischer Leiden bei Offizieren vorherrscht. Der in den militärischen Erlassen und Diskursen sichtbare Trend zur Tabuisierung[340] zeigt sich auch in den militärischen Akten zu einzelnen Offizieren, die im Ersten Weltkrieg psychisch erkrankten. Eine Durchsicht ihrer Personalakten macht deutlich, dass deren psychische Leiden in den Personalbögen[341] und Qualifikationsberichten in den seltensten Fällen protokolliert sind. In den Krankenakten vermerkte psychische Leiden wurden oft durch deutlich besser angesehene physische Beschwerden oder durch die Angabe »erkrankt« ersetzt.[342]

Dem entspricht, dass psychisch erkrankte Offiziere überwiegend nicht auf den psychiatrischen Stationen der Lazarette behandelt wurden, sondern separiert von den Mannschaftssoldaten in Offizierslazaretten und -genesungsheimen, denen man vom Namen her nicht ansah, dass sie einen Schwerpunkt auf die Behandlung psychischer Leiden legten. Zudem wurden die Daten aus den Offizierskrankenakten nicht weitergegeben: Im sta-

---

versammelt sind. Schmidt, Forensisch-psychiatrische Erfahrungen im Kriege. Über die Gefahren »psychopathischer« Offiziere schrieb Kluge: »Die Geistesbeschaffenheit der Psychopathen ist [...] durch große Gefühlserregbarkeit, gesteigerter[sic!] Eindrucksfähigkeit gekennzeichnet und bedeuten [sic!] somit im allgemeinen erhöhte psychologische Kriegsgefährdung sowohl für sich selbst als für die Untergebenen.« Ebd., S. 750.
340 Siehe hierzu Kap. II.2. Die Nerven der Offiziere im militärischen Diskurs.
341 In den Personalbögen der Offiziere wurde in tabellarischer Form die gesamte militärische Laufbahn des Offiziers einschließlich Lehrgängen, besonderen Verwendungen, Urlaubs- und Krankheitsstationen vermerkt.
342 Eine Ausnahmestellung hat entsprechend der Personalbogen des bayerischen Oberleutnants der Reserve Oskar N., der während des Krieges wegen nervöser Erschöpfung und chronischem Gelenkrheumatismus ins Lazarett kam. In seinem Personalbogen, in dem seine Krankengeschichte verzeichnet ist, steht anders als in den Krankenblättern von 1917 nur »an nerv. Erschöpfung erkrankt«. Während zumeist im Personalbogen das physische Leiden hervorgehoben und das psychische unterdrückt wurde, war es hier umgekehrt. BayHStA-KA OP 09087 Oskar N., Personalbogen.

tistischen Sanitätsbericht über das deutsche Heer im Weltkrieg von 1934 fehlen Angaben zu psychischen Störungen bei Offizieren.[343]

Bezeichnend für die Sonderstellung der Offiziere, deren öffentliches Ansehen auf persönlicher und dienstlicher Ebene zu wahren war, und für die Vorstellung, dass psychische Leiden die Offiziere stigmatisierten und daher nicht öffentlich gemacht werden sollten, ist die Beschwerde des Bayerischen Kriegsministeriums an das Sanitätsamt vom 14. April 1917:

»In einem Fall hat ein Reservelazarett die Aufnahme eines Offiziers, der an Geisteskrankheit leidet und am Ort seiner bisherigen militärischen Verwendung eine amtliche Stellung einnimmt, dem Ersatztruppenteil auf offener Postkarte mitgeteilt. Es wird ersucht, Mitteilungen von Erkrankungen, soweit sie geeignet sind, die dienstliche und persönliche Stellung von Offizieren – in gewissen Fällen betrifft das auch Unteroffiziere und Mannschaften – zu schädigen, nicht auf offenen Postkarten vorzunehmen.«[344]

Dass die »dienstliche oder persönliche Stellung von Offizieren« besonders geschützt werden sollte und nur »in gewissen Fällen« auf Unteroffiziere und Mannschaftssoldaten in ähnlicher Weise Rücksicht genommen werden sollte, macht sehr deutlich, dass dem Offizier neben einem hohen militärischen Rang auch eine privilegierte soziale Stellung zugestanden wurde.

Eines der prominentesten Beispiele für die Vertuschung psychischer Leiden bei Offizieren war sicherlich der Umgang mit dem Generalstabschef Helmut von Moltke. Nachdem der 66-Jährige sechs Wochen nach Kriegsbeginn während der Marne-Schlacht im September 1914 einen Nervenzusammenbruch erlitten hatte, wurde er abgesetzt. Offiziell wurde aber verkündet, dass er wegen »Leber- und Gallenbeschwerden« abberufen worden sei.[345]

Ein weiterer wichtiger Befund ist, dass zwar während des Krieges, solange der Offizier im Dienst war, psychische Krankheiten bei Offizieren oft nicht eingetragen wurden, manchmal aber nach der Entlassung entspre-

---

343 Siehe hierzu Kap. III.1. Das prozentuale Verhältnis von psychisch versehrten Offizieren und Mannschaften.
344 BayHStA-KA Stv GenKdo. I. AK., SanA 176 Krankenbehandlung, Bayer. Kriegsministerium, Mitteilung über Lazarettaufnahme 14.4.1917. Dies entspricht der Sichtweise des Unterrichtsministers, der gegen die 1906 eingeführte Meldepflicht von »Geisteskranken« der Heilanstalten an die militärischen Musterungskommissionen einwandte, dass dadurch die Betroffenen für ihr Leben als »minderwertig« stigmatisiert würden. Hahn, Militärische Einflüsse auf die Entwicklung der Schulhygiene, S. 29. Siehe hierzu auch Kap. I.2.b. Militärische Maßstäbe in Bezug auf die psychische Konstitution eines Offiziers.
345 Mombauer, Helmuth von Moltke, S. 260–271.

chende Nachträge erfolgten. Ein Beispiel für beide Befunde ist die Offizierspersonalakte des Oberleutnants Richard D., der 1916 sechs Wochen im Reserve-Lazarett Montmedy und im Offiziersgenesungsheim Joeuf wegen nervöser Erschöpfung und Darmkatarrh behandelt worden war, und danach bis zum Kriegsende ununterbrochen Frontdienst leistete. Nach der Demobilmachung war er in der Reichswehr in verschiedenen Kommandos tätig. Im April 1920 erhielt er von einem Nervenarzt die Diagnose mit »Depression verbundene[r] nervöser[r] Erschöpfungszustand und Unterernährung« und eine zweimonatige Erholungskur verordnet. Im Oktober 1920 wurde er aus der Reichswehr entlassen.[346]

Im Personalbogen von Richard D. für 1916 steht lediglich, dass er im Kriegslazarett Montmédy und im Offiziersgenesungsheim Joeuf war. Erst ein Nachtrag, der mit dem Jahr 1920 datiert ist, macht deutlich, dass er dort damals »wegen Darmkatarrh u. nervöser Erschöpfung« stationiert war. Die Präzisierung erfolgte in dem Jahr, in dem vermerkt wurde, dass er als Adjutant des Etappenstabs aufgrund einer »Nervenkrankheit« zurückgestellt und sechs Monate später aus der Reichswehr entlassen wurde.[347]

Richard D. ist gleichzeitig ein Beispiel für einen Offizier, dem sein Aufenthalt im Lazarett wegen eines psychischen Leidens im Ersten Weltkrieg keine Karrierenachteile brachte und der dennoch nach Kriegsende in die Reichswehr übernommen wurde – vielleicht gerade auch deshalb, weil die psychischen Leiden in seinen militärischen Akten während seiner aktiven Dienstzeit nicht auftauchten. Allerdings war die nervöse Erschöpfung mit Depression im Jahr 1920 wahrscheinlich der Grund für seine Entlassung aus der Reichswehr etwa sechs Monate später, da hier die Kriterien zur langfristigen Übernahme sehr streng waren. Konkrete Hinweise, dass dies der Entlassungsgrund war, gibt es zwar in seiner Personalakte nicht, doch spricht dafür, dass er nach der Kur lediglich bei der Ersatzformation Dienst leistete.[348]

Variationen im Umgang mit psychiatrischen Diagnosen in den militärischen Akten

Ein weiterer Befund zum Umgang mit psychischen Leiden von Offizieren in den militärischen Akten ist, dass gewisse Unterschiede je nach Diagnose

---

346 BayHStA-KA OP 945 Richard D., ärztliches Zeugnis, 1920.
347 Ebd., Personalbogen.
348 Siehe hierzu auch Kap. V.1.a. Der Umgang mit psychisch versehrten Offizieren des Ersten Weltkriegs bei der Übernahme in die Reichswehr.

gemacht wurden. Wurde die Diagnose Neurasthenie, Nervenschwäche oder Nervöse Erschöpfung bereits häufig nicht genannt, so wurde die Diagnose Hysterie oder Psychopathie nahezu komplett unterschlagen.

Oft wurde im Krankenblatt eine »nervöse Erschöpfung« vermerkt, im Personalbogen stand aber die Angabe »allgemeine Erschöpfung«.[349] Eine weitere Art von Vertuschung der nervösen Erschöpfung zeigt der Personalbogen des bayerischen Oberleutnants der Reserve Eduard K., der mit dieser Diagnose im Offiziersgenesungsheim Joeuf behandelt wurde. In dessen Personalbogen wurde der Aufenthalt im Offiziersgenesungsheim als »Erholungsurlaub« ohne Krankheitsbezeichnung vermerkt.[350]

Während für die Zeit vor 1914 herausgearbeitet wurde, dass die Krankheitsbezeichnungen Neurasthenie und nervöse Erschöpfung kein individuelles Versagen aufzeigten, sondern eine überdurchschnittliche Belastung belegten,[351] spricht der Befund dafür, dass sich im Krieg diese Sichtweise im Offizierskorps änderte, wie auch bereits die Auswertung des militärischen Diskurses zeigte. Nun herrschte die Einstellung vor, dass der Krieg als Belastungsprobe zu sehen sei, die es zu bestehen galt. Körperbeherrschung, Nervenstärke und ein energischer Wille wurden zu unabdingbaren Attributen, um den Sieg zu erreichen, und waren mit psychischen Leiden nicht in Einklang zu bringen.[352]

Hingegen stellte Hans-Georg Hofer für Österreich im Ersten Weltkrieg fest, dass unter den Offizieren der Hinweis auf ein schwaches Nervensystem zum akzeptierten Repertoire der Selbstentlastung gehörte.[353] Auch sei die Neurasthenie diejenige Diagnose gewesen, mit der Offizieren ein Heimaturlaub oder eine Kur bewilligt werden konnte, ohne dass sie dem Vorwurf der Feigheit oder eines anderen unmännlichen Verhaltens ausgesetzt waren.[354]

Die Auswertung der deutschen militärischen Akten und insbesondere der Offizierspersonalakten macht demgegenüber deutlich, dass in der deutschen Armee Neurasthenie bei Offizieren nicht allgemein akzeptiert war.

---

349 Vgl. z.B. BayHStA-KA OP 22389 Johann S. und KBL 39441 Krankenbuch des Offiziersgenesungsheims Joeuf der 5. Armee; BayHStA-KA OP 21890 Karl B. und KBL 34821 Krankenbuch des Kriegslazaretts Abt. 53, Offiziersgenesungsheim Beirvelde.
350 Beide Dokumente finden sich in BayHStA-KA OP 11500 Eduard K.
351 Siehe hierzu Kap. I.3. Ursachenerklärungen und die Konsequenzen von psychischen Erkrankungen für die Offiziere.
352 Siehe hierzu Kap.II.2.b. Die gesteigerte Bedeutung von Willens- und Nervenstärke der Offiziere im Krieg.
353 Hofer, Nervenschwäche und Krieg, S. 265.
354 Ebd., S. 222.

Hier wurden entsprechende psychiatrische Diagnosen in den Personalakten der Offiziere häufig umgeändert. Allerdings galten auf jeden Fall die Diagnosen Hysterie oder Psychopathie als noch stärker stigmatisierend als nervöse Erschöpfung und Neurasthenie. Die Bezeichnungen Psychopathie oder Hysterie finden sich in den Personalakten von Offizieren, die in ihren Krankenakten entsprechende Leiden bescheinigt bekamen, nur ganz vereinzelt. Zumeist wurden diese Diagnosen entweder ganz weggelassen oder durch die Begriffe »nervöse Erschöpfung« oder »Nervosität« ersetzt. Schließlich hatten Psychopathie und Hysterie in Deutschland das stigmatisierende Beiwerk, dass sie als Charakterschwäche galten. Zudem war die Hysterie auch im Ersten Weltkrieg noch weiblich konnotiert.[355]

Ein Beispiel dafür, dass bei Offizieren die Diagnose Hysterie in den militärischen und ärztlichen Akten vermieden wurde, sind die Akten des Leutnants der Reserve Ferdinand B. In seiner Kriegs-Stammliste und im Personalbogen hieß es, dass Ferdinand B. am 15. Februar 1916 an »nervösen Beschwerden« erkrankte. Die Mitteilung des behandelnden Lazaretts an den Regimentsarzt vom 28. März 1916,[356] dass der Leutnant »Nervenanfälle und Weinzustände« im Trommelfeuer bekommen habe, beschreibt allerdings hysterische Reaktionen, ohne dass diese Diagnose abgegeben wurde. Das Ganze wurde aber in den militärischen Personalakten als »nervöse Beschwerden« abgemildert.[357]

Eine Sonderstellung erhielt in den militärischen Akten der Offiziere die Diagnose »Nervenschock«, der häufig der Zusatz »nach Verschüttung« beigegeben wurde – mitunter lautete die Diagnose auch lediglich »Verschüttung«. Die militärischen Unterlagen in den Offizierspersonalakten zeigen, dass diese Diagnose Offiziere im Militär am wenigsten von allen psychiatrischen Diagnosen diskreditierte. Sie galt als nicht ehrenrührig und wurde im Regelfall von den psychiatrischen Krankenakten eins zu eins in die militärischen Akten übertragen. Auch zeigt sich die Tendenz, psychische Leiden allgemein in einen »Nervenschock nach Verschüttung« umzuwandeln und eine Verschüttung bevorzugt als Auslöser eines psychischen Leidens in den

---

355 Siehe hierzu Kap. II.2.a. Der psychiatrische Diskurs über die Diagnosen und Ursachen von psychischen Leiden bei Offizieren.
356 BayHStA-KA OP 4696 Leutnant der Reserve Ferdinand B.
357 Ebd.

militärischen Akten von Offizieren zu vermerken.³⁵⁸ Denn diese Diagnose hatte den Vorzug, dass aus ihr eindeutig hervorging, dass das psychische Leiden durch die Kriegsereignisse ausgelöst wurde, dass es nicht in der Konstitution der Person angelegt war und eine vollständige Genesung möglich war.³⁵⁹

Die positive Bewertung der Diagnose Nervenschock nach Verschüttung im Militär zeigt der Fall des bayerischen Reserveleutnants der Infanterie Hermann H. In seinem Personalbogen stand, dass er am 7. März 1915 einen Nervenschock im Gefecht bei Souain-Perthes erhalten habe und einen Monat später wieder dienstfähig geworden sei.³⁶⁰ In der militärischen Vorschlags-Liste zur Beförderung zum Oberleutnant vom Mai 1918, in der sein Lebenslauf mit einer Beurteilung wiedergegeben wurde, findet sich der Zusatz, dass er damals einen Nervenschock »durch Verschüttung« erlitten habe.³⁶¹

Hingegen zeichnen die medizinischen Unterlagen ein anderes Bild. So erhielt er im Offizier-Lazarett Crussy in Sedan, in das er am 10. März 1915 aus einem Lazarett in Nassau überwiesen wurde, die Diagnose »nervöses Magen- und Darmleiden«.³⁶² Und in einem militärärztlichen Zeugnis vom 31. August 1918 heißt es, dass er vom 10. März 1915 bis zum 18. April 1915 in Lazarettbehandlung wegen Magenkatarrh und Neurasthenie gewesen sei.³⁶³

---

358 Von einer Verschüttung sprach man, wenn ein Kriegsteilnehmer durch eine Explosion in einen Granattrichter geschleudert wurde, der sich wieder mit Erde füllte. Manchmal musste er stundenlang dort liegen, in ständiger Angst zu ersticken. Vgl. zum Phänomen, dass Offiziere für sich vielfach die Diagnose »Nervenschock« aufstellten, auch Kap. IV.2.a. Die Haltung der Betroffenen zur Psychiatrie und zur Diagnose. Zur psychiatrischen Kritik hieran siehe auch die Ausführungen in Kap. II.2.a. Der psychiatrische Diskurs über die Diagnosen und Ursachen von psychischen Leiden bei Offizieren. Ein Gegenbeispiel ist die Offizierspersonalakte des bayerischen Leutnants der Reserve Ludwig S., bei dem man 1916 im Etappen-Lazarett Montmedy »Gehirnerschütterung und Nervenchock« diagnostizierte, was im Personalbogen und auch im militärischen Schriftverkehr zum Großteil übernommen wurde. Doch heißt es in seiner Kriegs-Rangliste, dass damals an »nervöser Erschöpfung« erkrankt sei. BayHStA-KA OP 14653 Ludwig S.
359 Auch Stephanie Neuner macht auf die hohe Zahl von »Verschüttungen« als angegebene Ursache in den von ihr untersuchten Akten der Mannschaftssoldaten aufmerksam. Neuner, Politik und Psychiatrie, S. 52.
360 BayHStA-KA OP 16510 Hermann H., Personalbogen.
361 Ebd., Vorschlags-Liste: Beförderung zum Oberleutnant, Mai 1918.
362 KBL 46580 Krankenbuch des Kriegslazaretts Abtlg. I/18 Sedan Offizier-Lazarett Crussy.
363 BayHStA-KA OP 16510 Hermann H., Militärärztliches Zeugnis vom 31.8.1918. Siehe als weitere Beispiele für Offiziere, die in den militärischen Unterlagen die Diagnose

II. Die Nerven der Offiziere als militärisches Problem

Neben der Tendenz, dass Vorgesetzte die ärztlichen Diagnosen in »Nervenschock« änderten, findet sich in den militärischen Beurteilungen psychisch versehrter Offiziere des Öfteren auch der Fall, dass andere Vorgesetzte, die auch den Offizier beurteilen mussten, widersprachen. Dies war auch deswegen bedeutsam, weil es die Einschätzung der Vorgesetzten zeigt, inwieweit das psychische Leiden die Dienstfähigkeit des psychisch versehrten Offiziers beeinflusste.

Die Beurteilungen des Leutnants der Reserve August M. durch seine Vorgesetzten machen dies sehr deutlich.[364] Der Leutnant kam am 17. Mai 1918 von der Truppe ins Kriegslazarett Hochberg und erhielt hier die Diagnose »Nervöse Erschöpfung«. Von dort wurde er am 10. Juni 1918 für eine vierwöchige Kur in das Offiziers-Genesungsheim Berlière überführt und nachfolgend zur Ersatzformation als vorläufig garnisonsverwendungsfähig entlassen.

In seiner vier Monate vor seiner Erkrankung ausgestellten militärischen Beurteilung vom 25. Januar 1918, die sehr lobend ausfiel, finden sich noch keinerlei Hinweise auf ein psychisches Leiden. In der sehr positiven militärischen Beurteilung vom 29. Juni 1918, die während seines Lazarettaufenthalts angefertigt wurde, schrieb der Abteilungskommandeur Hauptmann Horchelt am Ende:

»[...] Am 17. Mai schied L.[eutnant] M. wegen Nervenchocks[!] aus der Battr. Nach Wiederherstellung der Gesundheit ist. Lt. M. für bisherige Dienststellung unbedingt geeignet.«[365]

Dessen vorgesetzter Offizier Freiherr Gagern ergänzte bei der militärischen Beurteilung des Hauptmanns:

»Bis auf den Schlußsatz einverstanden. Lt. M. ist ein braver, strebsamer Offizier von guter Gesinnung. Doch ist sein Nervensystem der Beanspruchung durch den Großkampf nicht gewachsen. Nach Wiederherstellung geeignet als Abrichter in immobilen Formationen oder als Batterieoffizier an einer ganz ruhigen Front; nicht geeignet für Einteilung bei einem Regiment der Heeresfeldartilleriereserve oder einem an einer Hauptkampffront eingesetzten Truppenteil.«[366]

»Nervenschock«, in den Krankenunterlagen aber die Diagnose »nervöse Erschöpfung« oder »Neurasthenie« erhielten: BayHStA-KA OP 24018 Arthur D., OP 1706 Franz H.
364 Vgl. zum Folgenden BayHStA-KA OP 7239 Leutnant der Reserve August M.
365 Ebd., Dienstleistungszeugnis vom 29.6.1918.
366 Ebd., Ergänzung zum Dienstleistungszeugnis vom 27.8.1918.

Während der Hauptmann am Anfang das psychische Leiden des Leutnants als Nervenschock bezeichnete und damit intendierte, dass dieses aufgrund äußerer Geschehnisse entstand und komplett heilbar sei, beurteilte der zweite Vorgesetzte dessen »Nervensystem« als wenig belastbar, wodurch der Leutnant insgesamt in seiner Verwendbarkeit eingeschränkt sei.

Dass Hauptmann Horchelt in seiner militärischen Beurteilung vom 29. Juni 1918 die Bezeichnung »Nervenschock« bewusst wählte, um dem Leutnant keine Schwierigkeiten für seine nachfolgende Karriere in den Weg zu legen, lässt ein weiteres Zeugnis vermuten, das Horchelt am 30. August 1918 über August M. ausstellte – nun aber in einem anderen Kontext, nämlich um festzustellen, ob eine Dienstbeschädigung vorlag. Hierin schrieb er:

»Leutnant d. R. August M. war vom Dezember 17 – 17. Mai 1918 bei der 7. Bttr. des Rgts. dienstanwesend. Die m. E. ohnehin nicht allzu starken Nerven des Lt. M. wurden in den schweren Kämpfen bei Merville im Mai stark mitgenommen, sodaß Lt. M. am 17.5. unbedingt dem Lazarett (Kriegslazarett Tournai) übergeben werden mußte. Ich erachte im vorliegenden Falle <u>D.B.</u> für einwandfrei gegeben.«[367]

Hier sprach Horchelt nicht von einem Nervenschock, sondern von einer Abnutzung der von Natur aus nicht starken Nerven aufgrund der Belastungen durch die schweren Kämpfe. Das letztere Zeugnis liegt in den Krankenunterlagen. Dem Hauptmann war wohl bewusst, dass es mit dem Krankenblatt aufbewahrt wurde, sodass er hier die These vom Nervenschock nicht vertrat, sondern im Einklang mit dem Krankenblatt von Abnutzungserscheinungen der Nerven schrieb. Im Beurteilungszeugnis, das für die militärischen Stellen bestimmt war, wählte er hingegen die Bezeichnung »Nervenschock«, die intendierte, dass äußere Ursachen das psychische Leiden bedingt hatten und eine vollständige Genesung möglich war.

b. Die Haltung der Vorgesetzten

Reduktion psychischer Leiden auf das Label »Dienstfähigkeit«

Die Haltung der Vorgesetzten gegenüber militärischen Führern mit psychischen Leiden lässt sich insbesondere über die Auswertung von Personalakten bayerischer Offiziere analysieren. Die bayerischen Personalakten haben den Vorteil, dass in ihnen die Personalbögen, die dienstlichen Beurteilungen

---

367 Ebd., Prüfung auf Dienstbeschädigung, 30.8.1918.

und die Krankenakten versammelt sind, sodass sich militärische und ärztliche Anschauungen vergleichen lassen und Wandlungen innerhalb der militärischen Beurteilungen nachvollziehbar sind. Die Auswertung der Personalakten von 215 bayerischen Offizieren, die im Krieg psychische Leiden aufwiesen, macht deutlich, dass deren militärische Beurteilungen im Regelfall nicht explizit auf psychische Schwächen eingingen. In der Mehrheit der Fälle blieb es bei einem Urteil über die Frage, ob der Offizier feld- und garnisonsdienstfähig war. Darüber hinausgehende Ausführungen über Krankheiten und gesundheitliche Beschwerden wurden nur selten gemacht. Dies gilt auch für den Bereich der psychischen Leiden. Die Feld- oder Garnisonsdienstfähigkeit war das entscheidende Kriterium.

Dies ist auch deswegen ein erstaunlicher Befund, da in den Qualifikationsberichten, wie erwähnt, nicht nur die dienstliche Leistung, sondern die ganze Person des Offiziers beurteilt wurde. Die naheliegende Vermutung, dass die Vorgesetzten bei Offizieren, die einen Lazarettaufenthalt wegen psychischer Leiden hinter sich hatten, genau beobachteten, ob diese Offiziere nach der Rückkehr in den Dienst weiterhin psychische Auffälligkeiten zeigten, die sich auf ihr Verhalten im Dienst auswirkten, und dies in den Beurteilungen reflektierten, bestätigte sich in der Mehrheit der Fälle nicht. Wobei natürlich nicht ausgeschlossen werden kann, dass möglicherweise die Vorgesetzten durchaus beobachteten, ob psychische Beschwerden sich auf das Verhalten des Offiziers im Dienst auswirkten, hierüber aber nichts in ihren Beurteilungen schrieben, um die Karriere des Offiziers nicht zu gefährden.

Das Ergebnis spricht in jedem Fall dafür, dass für den militärischen Apparat die Feld- und Garnisonsdienstfähigkeit, die von den Ärzten beurteilt wurde, entscheidend war und alle weiteren Angaben zum Gesundheitszustand als irrelevant angesehen wurden. Hier überließ das Militär die Zuständigkeit den Ärzten.

Erstaunlich ist in diesem Zusammenhang auch, dass selbst im Fall von Sanitätsoffizieren, die von Ärzten als deren militärische Vorgesetzte beurteilt wurden, in den Beurteilungen zur Feststellung der Beförderungsfähigkeit zumeist allein das Kriterium »feld- und garnisondienstfähig« entscheidend war. Die naheliegende Annahme, dass hier die ärztlichen Vorgesetzten sehr viel genauer den psychischen Gesundheitszustand in ihren Beurteilungen reflektierten, zeigt sich in den Beurteilungen nicht,[368] obwohl in den Kranken-

---

[368] Vgl. z.B. die Beurteilungen des Oberarztes Anton T., der 1918 die Diagnose »Psychopathie« durch seine ärztlichen Vorgesetzten erhielt, BayHStA-KA OP 31072 Anton T.

akten stets die Vorgeschichte der Patienten ausgiebig dokumentiert wurde. Wahrscheinlich spielte dabei eine große Rolle, dass das geforderte Schema abgearbeitet wurde. Ferner war möglicherweise von Bedeutung, dass aufgrund des schlechten Images von psychischen Leiden diese nicht angegeben wurden.

Besonders deutlich ergibt sich dieser Befund bei Qualifikationsberichten von Offizieren, die ihre psychischen Erkrankungen so weit auskurierten, dass sie erneut felddienstfähig wurden. Hier gingen die Vorgesetzten in ihren nachfolgenden dienstlichen Beurteilungen nicht auf die ausgestandenen psychischen Leiden ein.

Ein Beispiel dafür ist der Oberleutnant Richard D., der 1916 wegen nervöser Erschöpfung behandelt wurde und dessen Qualifikationsberichte seiner Vorgesetzten ebenso wie sein Personalbogen keine psychischen Leiden erwähnen.[369] Ende 1917 wurde Richard D. in seiner dienstlichen Beurteilung als sehr geeignet für seine Stelle als Batterieführer eingeschätzt, die er seit dem 22. Dezember 1916, einen Monat nach seiner Entlassung aus dem Lazarett, innehatte. Er galt als sehr befähigt, tüchtig und ihm wurde ein »gesetzter, gediegener Charakter« attestiert. Im Beurteilungsbogen vom 18. Juli 1918 steht lediglich bei der Frage, ob er in der Etappe oder im besetzten Gebiet verwendet worden sei: »6 Wochen Offiz. Erholungsheim (Krankheit)«. Auch ansonsten deutet in dieser Beurteilung nichts auf psychische Leiden hin: Seine geistige Frische und körperliche Tüchtigkeit seien »gut«, sein persönliches Auftreten »bestimmt, überlegt, unerschrocken«. Er wurde für die nächsthöhere Tätigkeit als geeignet eingeschätzt und sein Verbleib in der Armee als sehr erwünscht wie folgt begründet: »wegen seines hervorragenden Diensteifers u. Verständnisses sowie seines tadellosen Charakters.« In seiner im Fließtext geschriebenen dienstlichen Beurteilung vom 1. Januar bis 1. September 1918 wurde er noch überschwänglicher gelobt. Nichts deutet auf psychische Probleme hin, die irgendwie seine dienstliche Verwendung beeinträchtigt hätten. Vielmehr urteilte sein Abteilungskommandeur: »Ein äußerst pflichtbewußter,

---

369 Vgl. zu Richard D. auch die Ausführungen in Kap. II.7.a. Spezifika des militärischen Schriftverkehrs über psychisch versehrte Offiziere. Vgl. als weiteres Beispiel die Offizierspersonalakte des bayerischen Oberleutnants der Reserve Adalbert H. Bei diesem wurde die ärztlicherseits diagnostizierte »Herzneurose« 1915 und die »nervöse Erschöpfung« 1916 in den militärischen Beurteilungen lediglich jeweils als »Erkrankung« geführt, und es wurde besonders gewürdigt, dass er trotz seines angeschlagenen Gesundheitszustandes Großes im Feld und nach Versetzung beim Ersatztruppenteil geleistet habe. BayHStA-KA OP 25509 Adalbert H.

umsichtiger u. energischer Batterieführer, der seine Batterie gut in der Hand hat.« Und kurz darauf: »Seiner Batterie stets ein Beispiel an Mut u. Tapferkeit gebend, sichert er sich die strikteste Befolgung seiner Befehle.«[370]

Neben dem Befund, dass die militärischen Beurteilungen nach der psychischen Versehrung oft keinen Hinweis auf psychische Auffälligkeiten beinhalten, ist ein weiteres Ergebnis, dass es bei Offizieren, die wegen psychischer Leiden in Behandlung kamen, nicht unüblich war, sie in militärischen Qualifikationsberichten als »schneidig« oder »energisch« zu beschreiben. Häufig stellte hier auch die Zeit, die sie wegen psychischer Leiden im Lazarett verbrachten, keinen langfristigen Einschnitt dar, der die militärischen Urteile deutlich beeinflusst hätte.

Ein Beispiel hierfür ist der Leutnant der Reserve Ferdinand B., der 1916 zweimal wegen psychischer Leiden, die sich bei ihm an der Westfront entwickelt hatten – einmal lautete die ärztliche Diagnose »nervöse Beschwerden«, einmal »nervöse Erschöpfung« –, für mehrere Monate ins Lazarett kam. Über die erste Erkrankung am 10. Februar 1916 teilte das behandelnde Lazarett dem Regimentsarzt des 1. Infanterie-Regiments am 28. März 1916 mit:

»Ltn. B. bekam im Anschluß an das Trommelfeuer am 10.2.16 Nervenanfälle u. Weinzustände. Der Versuch gleichwohl bei der Komp. zu bleiben, mißlang. Ltnt B. wurde am 15.2. in das Lazarett aufgenommen. [...]«[371]

Bei der zweiten Krankmeldung von Ferdinand B. am 4. Juni 1916 schrieb der Bataillonsarzt des 2. Bataillons des 1. Infanterie-Regiments einen Tag später, dass »bei dem in seiner Ernährung reduzierten u. blassen Mann Erhöhung der Reflexe und apathisches Wesen zu bemerken [...]« sei.[372]

Trotz dieser ärztlichen Berichte, die von »Nervenanfälle[n] u. Weinzustände[n]«, Schreckhaftigkeit und Apathie bei der Erkrankung berichteten, zeugen die militärischen Beurteilungen des Offiziers vor und nach der Erkrankung von keinerlei psychischen Auffälligkeiten. Vielmehr wurde hier dem Leutnant stets Energie und Schneidigkeit bescheinigt.

---

370 BayHStA-KA OP 945 Oberleutnant Richard D., Beurteilung vom 1.1.1918 bis 1.9.1918 durch den Abteilungskommandeur.
371 BayHStA-KA OP 4696 Leutnant der Reserve Ferdinand B. Mitteilung des Regimentsarztes des 1. Infanterieregiments über die Erkrankung des Leutnants der Reserve B. am 28.3.1916.
372 Ebd., Mitteilung des Bataillonsarztes des 2. Bataillons des 1. Infanterieregiments über die Erkrankung des Leutnants der Reserve B. am 5.6.1916.

So deutet der Qualifikationsbericht über Ferdinand B. vom 20. November 1915 noch in keiner Hinsicht auf die nervösen Beschwerden hin, die ihn drei Monate später zur Krankmeldung zwangen. Hier heißt es: »Ein frischer, energischer Offizier, militärisch gut veranlagt. Die Stellung seines Zuges vor Maoricourt baute er mit Eifer u. Geschick aus. Seinen Leuten geht er mit bestem Beispiel voran u. hat Herz u. das richtige Verständnis für ihre Behandlung. Er ist sehr pflichteifrig, verläßig u. persönlich schneidig; ein offener, heiterer Charakter. Umgangsformen entsprechen.«[373]

Auch in den Zeugnissen nach den Lazarettaufenthalten gibt es keinen Hinweis auf psychische Leiden oder besondere Nervosität bei Ferdinand B. Zum Beispiel ist in einem Dienstleistungszeugnis vom 11. Juli 1917 vermerkt, dass der Leutnant der Reserve seit dem 14. Mai 1917 bei der 4. Kompanie des I. Ersatzbataillons des 1. Infanterie-Regiments gedient habe. Hier stellte ihm der dortige Kompanieführer ein gutes Zeugnis aus:

»Er war bis zu seinem Abtransport in das Feld bei der 4 Kp als Zugführer u. hat sich in dieser Zeit als gewissenhafter, dienstbeflissener Vorgesetzter der Mannschaften erwiesen. Seine militärischen Fähigkeiten sind gut, er hat ein taktvolles, bestimmtes, soldatisches Auftreten. Auch außerdienstlich ist nichts Nachteiliges über Lt. B. bekannt geworden.«

Der stellvertretende Bataillonskommandeur erklärte sich mit diesem Urteil einverstanden.[374]

In den weiteren Beurteilungen von 1917 und 1918 erscheint Ferdinand B. als Offizier, der frisch, zielbewusst, tapfer und verantwortungsvoll seinem Dienst gänzlich genügte. Die militärischen Beurteilungen sprechen dafür, dass bei dem Leutnant, der nach seiner Entlassung aus dem Lazarett noch unter Nervosität und ticartigen Zuckungen litt, die Symptome in den nächsten Monaten zumindest so weit abklangen, dass sie im Dienst nicht auffielen. Für eine Heilung spricht auch, dass er 1920 unterschrieb, keinerlei Versorgungsansprüche zu stellen.[375]

Eine weitere Möglichkeit war, die psychische Versehrung kurz zu benennen, ohne sie mit der militärischen Beurteilung zu verknüpfen. So erhielt der bayerische Hauptmann Arthur D. in einer Beurteilung vom 15. Januar 1919 über seine militärische Leistung vor seiner Krankmeldung Ende September 1918, als er im Lazarett die Diagnose »schwere nervöse Erschöpfung« er-

---

373 Ebd., Qualifikationsbericht über den Leutnant der Reserve B. vom 20.11.1915.
374 Ebd., Dienstleistungszeugnis über den Leutnant der Reserve B. vom 11.7.1917.
375 Ebd., Militärische Beurteilungen, Personalbogen.

hielt,³⁷⁶ ein sehr positives Zeugnis. Er sei ein tapferer, unerschrockener Mann und habe große Energie: »In den schweren Kämpfen des 28.9.18 in der Champagne wurde er durch einen Nervenchock kampfunfähig u. schied aus dem Rgt. aus. Als Bat.-Führer geeignet.«³⁷⁷

Beurteilungen, in denen ausführlich auf den psychischen Zustand eingegangen wurde

In einer Minderheit der ausgewerteten Fälle wurde allerdings in militärischen Beurteilungen ausführlich auf den psychischen Zustand des Offiziers eingegangen und dieser direkt mit der militärischen Leistung in Zusammenhang gebracht. Ein Beispiel hierfür ist der Qualifikationsbericht des Majors und Bataillonskommandeurs, den dieser am 15. Juli 1915 über den Oberleutnant Franz H. verfasste, der damals im Lazarett lag. Er sah den Offizier aufgrund seiner nervlichen Konstitution als nicht für den Frontdienst geeignet an:

»Seit 11.4.15 im Felde, nachdem er vorher nur beim Ersatz Baon tätig gewesen war, hat er es nicht verstanden sich den Verhältnissen und Anforderungen des Krieges in jeder Hinsicht vollkommen anzupassen. Am 22.6. mußte er, nachdem er sich schon einige Tage vorher krank gemeldet hatte, wegen Abspannung seiner Nerven zurückgehen. Ich habe die Überzeugung gewonnen, daß der Zustand und die Urteilskraft seiner Nerven keine derartige ist, daß man dieselben als allen Anforderungen und Eindrücken des Krieges vollkommen gewachsen bezeichnen könnte. Ich halte daher seine Felddienstfähigkeit für in Frage gestellt.«³⁷⁸

Ein weiteres Beispiel, in dem explizit auf das psychische Leiden eines Offiziers in den militärischen Beurteilungen eingegangen wurde, ist das militärische Dienstleistungszeugnis des bayerischen Oberleutnants der Reserve Oskar N. vom 21. Januar 1918. Hierin wurde dessen nervöse Erschöpfung ausdrücklich erwähnt, als negativer Wesenszug angeführt und in direktem Zusammenhang mit seiner mangelnden Leistung als Kompanieführer gebracht, wenngleich ihm insgesamt die Eignung nicht abgesprochen wurde:

»Seit Neuformierung des bayer. 30. Inf. Regts. (17.1.1917) als Kompagnie-Führer der 8. Kompanie eingeteilt. Am 30.11.17 an nervöser Erschöpfung erkrankt, am 11.12.17 ins Lazarett überwiesen und am 31.12.17 aus dem Stande des Regiments ausgeschieden. Oberlt. N. ist nicht frisch genug. Seine Dienstkenntnis ist entsprechend; seine Untergebenen behandelt er zu wohlwollend; daher war die Kompagnie

---

376 KBL 46582 Krankenbuch des Kriegslazaretts Abtlg. I/18 Sedan, Offizer-Lazarett Crussy.
377 BayHStA-KA OP 24018 Arthur D., Beurteilung, 15.1.1919.
378 BayHStA-KA OP 1706 Franz H.

nicht straff genug. Im Grabenkampf hat seine Kompagnie mir entsprochen. Er eignet sich [zum] Komp.-Führer.«[379]

In Einzelfällen dokumentierten die Vorgesetzten in ihren militärischen Beurteilungen, dass sie den psychischen und physischen Zustand ihrer Offiziere stetig beobachteten. Dies zeigt zum Beispiel die militärische Beurteilung des Hauptmanns und Bataillonskommandeurs des 10. bayerischen Infanterie-Regiments Anfang 1917 über den Oberleutnant der Reserve Eduard K., in der vom Konzept der begrenzten Belastbarkeit ausgegangen wurde:

»K. ist ein prächtiger Offizier [...]. K. hat im Laufe des Krieges sehr viel durchgemacht und stets sehr gutes geleistet.[380] Aber seine unermüdliche Komp.führertätigkeit ohne entsprechende Gehilfen, fängt an, über seine Kräfte zu gehen. Um ihn auf der Höhe seiner Verwendbarkeit zu erhalten, wäre ein längerer Erholungsurlaub oder eine 1–2 monatige Verwendung hinter der Front erwünscht [...].«[381]

Diesem Wunsch wurde nicht entsprochen, stattdessen wurde Eduard K. ein halbes Jahr später mit der Diagnose »Nervöse Erschöpfung« ins Offiziersgenesungsheim eingeliefert.[382] Sinnfälliger Weise wurde im Personalbogen dieser Aufenthalt als »Erholungsurlaub« im Offiziersgenesungsheim ohne Hinweis auf die Art des Leidens deklariert.[383]

Ein Beispiel für einen Offizier, dessen zunehmende Nervosität seit Ende 1916 in den Qualifikationsberichten dokumentiert wurde, der aber trotzdem von militärischer Seite stets gut beurteilt wurde, ist der bayerische Hauptmann der Reserve Karl H. Die militärischen Beurteilungen von Anfang 1917 attestierten dem Hauptmann Pflichttreue und glänzende militärische Führereigenschaften und sprachen gleichzeitig mit Bedauern von seiner »Nervenschwäche«. So endete die Beurteilung seines Vorgesetzten vom 7. Januar 1917 mit dem Hinweis:

»Leider war Hauptmann H. gesundheitlich nicht mehr in der Lage, auf die Dauer den Anforderungen des Felddienstes zu genügen. Zunehmende allgemeine

---

379 BayHStA-KA OP 09087 Oskar N., Dienstleistungszeugnis 21.1.1918. Die Diagnose in den Krankenblättern von Virton (12.12.1917–31.12.1917) und Cannstadt (12.1.1918–14.2.1918) lautete »Nervöse Erschöpfung mit depressivem Einschlag u. Recidiv von chron. Gelenkrheumatismus«. Ebd., Krankenblätter.
380 Eduard K. hatte am 23.11.1916 das Eiserne Kreuz I. Klasse erhalten. BayHStA-KA OP 11500 Eduard K., Personalbogen.
381 Ebd., Qualifikations-Bericht 20.1.1917.
382 Ebd., Krankenblatt des Offiziers-Genesungsheims Joeuf.
383 Ebd., Personalbogen.

II. Die Nerven der Offiziere als militärisches Problem

Nervosität machten Erholungsurlaub vom 5. mit[!] 20.9.16 und vom 8.11. mit[!] 5.12. notwendig. Der letzte Urlaub mußte bis 31.12.16 verlängert werden.«[384]

Und in der Beurteilung vom 21. Februar 1917 hieß es: »Ein ausgezeichneter Komp.-Führer. Leider haben seine Nerven den hohen Anforderungen des Krieges nicht standgehalten.«[385] Als sein Vorgesetzter ihn nach seinem seelischen Zusammenbruch infolge eines schweren feindlichen Artillerieangriffs Anfang September 1918 anwies, sich ins Lazarett zu begeben, schrieb er in dessen Krankmeldung:

»Hauptm. Hildebrand hat sich übrigens im Feuer tadellos gehalten, so daß kein Grund vorliegt, ihn wegen Nervosität als nicht geeignet zum Batls. Kdeur zu erachten [...].«[386]

Das Zitat ist ein Beispiel dafür, dass Nervosität durchaus ein Hinderungsgrund sein konnte, jemanden als zum Bataillonskommandeur geeignet zu erachten. Insgesamt zeigt sich aber hier, wie auch in den in den Offizierspersonalakten versammelten militärischen Beurteilungen allgemein die Tendenz sichtbar ist, dass nur Offiziere, die direkt an der Front die Nerven verloren oder zusammenbrachen und damit ihre Aufgabe als militärische Führer nicht erfüllten, von militärischer Seite als nicht geeignet und als Belastung angesehen wurden. Offiziere hingegen, die an der Front trotz Schwächeanzeichen aushielten, die Führung ihrer Untergebenen gewährleisteten und sich danach ordnungsgemäß krankmeldeten, hatten keine negativen Beurteilungen zu befürchten. Sie galten nicht als psychische Versager.

Das Beispiel des bayerischen Kavallerie-Leutnants der Reserve Karl D. zeigt sogar, dass die militärischen Vorgesetzten gerade das Durchhalten an der Front trotz Nervosität als besondere Leistung herausstellen konnten. Im Ersten Weltkrieg rückte er als Offiziersstellvertreter ein. Am 6. Dezember 1914 wurde er zum Leutnant ohne Patent befördert. In einem Qualifikationsbericht über seine Leistungen in der ersten Jahreshälfte 1915 urteilte der Major im Rückblick am 7. Januar 1916 sehr positiv, u. a.:

»Als Führer des Schützenzuges hat er sich sehr gut bewährt und einen günstigen Einfluß auf seine Leute ausgeübt, besonders während der Angriffe der Franzosen bei Neuville, wo Leut. D. mit seinem Zuge 5 Tage, ohne abgelöst zu werden, in

---

384 BayHStA-KA OP 16922 Hauptmann der Reserve Karl H., Beurteilung, 7.1.1917.
385 Ebd., Beurteilung, 21.2.1917.
386 Ebd., Meldung Lazarettaufnahme, 27.9.1918.

Stellung war. Man muß die Leistungen besonders anerkennen, weil sich schon längere Zeit ein nervöses Leiden bemerkbar machte [...].«[387]

Die Deutung psychischer Zusammenbrüche von Offizieren als dienstliches Versagen

Wenn ein psychisches Leiden als mitverantwortlich für einen Misserfolg bei der Durchführung des militärischen Auftrags angesehen wurde, war eine rationale Beurteilung des Offiziers nach Leistungs- und Effizienzkriterien vorherrschend. Dann deuteten die höheren Vorgesetzten das psychische Leiden der Offiziere zumeist nicht medizinisch oder als den schrecklichen Kriegserlebnissen geschuldet, sondern begriffen es als dienstliches Versagen, was weitreichende dienstliche Konsequenzen nach sich ziehen konnte.

Für die Beurteilung der Offiziere nach Leistungs- und Effizienzkriterien spielte eine große Rolle, dass der militärische Apparat auf effektive Arbeitsteilung und Kooperation des Einzelnen mit der Gruppe zielte.[388] Denn die praktizierte Auftragstaktik führte dazu, dass das Agieren des Offiziers an der Front stets klar über die Kategorien Erfolg und Misserfolg beurteilt werden konnte, was bereits die Gruppenführer stark unter Druck setzte. Bei der Auftragstaktik ging es für diese nicht nur darum, Befehle weiterzugeben, sondern eigenständig nach Lösungen zu suchen und die Verantwortung für das Wohlergehen ihrer Männer zu tragen. Entsprechend gravierend wirkte es sich auf die Schlagkraft aus, wenn der Gruppenführer aufgrund psychischer Leiden ausfiel.[389]

Bei einem Misserfolg führten die Vorgesetzten oft umfängliche Untersuchungen dazu durch, wie sich der Offizier in der Situation, in der er die Nerven verlor, benommen hatte, denn Fehlschläge der Gruppenführer bei der Auftragstaktik wirkten auch negativ auf die Leistung der übergeordneten Führungsebenen zurück. Die Vorgesetzten wiesen auf Mängel und »Versagen« hin. Oft gaben sie den betroffenen Offizieren die Möglichkeit, durch besonders mutiges und kaltblütiges Verhalten ihre gezeigte Schwäche

---

387 BayHStA-KA OP 887 Karl D., Qualifikations-Bericht vom 7. Januar 1916.
388 Stachelbeck, Militärische Effektivität im Ersten Weltkrieg, S. 246; Nübel, Durchhalten und Überleben an der Westfront, S. 196.
389 Vgl. hierzu die Beispiele von Stachelbeck zum Erfolgsdruck, der auf den Unterführern der 11. bayerischen Infanterie-Division lastete: Stachelbeck, Militärische Effektivität im Ersten Weltkrieg, S. 262. Siehe zur Auftragstaktik auch Kap. II.2.b. Die gesteigerte Bedeutung von Willens- und Nervenstärke der Offiziere im Krieg.

wiedergutzumachen. Sie konnten aber auch hart durchgreifen und die Ablösung des Offiziers beantragen.[390]

Ein Beispiel für die Beurteilung eines psychisch versehrten Offiziers nach Effizienzkriterien sind die militärischen Beurteilungen des bayerischen Leutnants Friedrich G., der im Mai 1917 wegen »Nervöser Erschöpfung« im Lazarett war und danach wieder als felddienstfähig an die Front kam.[391] Sein Fall zeigt daneben, dass die nur vagen Richtlinien, die den Vorgesetzten einen großen Gestaltungsspielraum ermöglichten, dazu führen konnten, dass ein Offizier je nach Kontext äußerst unterschiedlich beurteilt werden konnte.

Dieser erhielt in einem Qualifikationsbericht vom 5. Juni 1917 die folgende Beurteilung über seinen Dienst vor der Lazaretteinweisung«: »[...] in schwierigen Kampflagen hat er sich ebenfalls als nicht mehr ganz verlässig gezeigt, woran nicht mehr völlig einwandfreie Nervenverfassung Schuld tragen mag [...].«[392] Trotz dieser Beurteilung bekam er nach seiner Gesundung vom 10. Juli 1917 bis zum 31. Oktober 1917 das Kommando als Führer einer Sturmabteilung während der Schlacht an der Somme, das er erfolgreich ausfüllte. Danach fand er erneut als Zugführer Verwendung. Interessant wird sein Fall durch die Beschwerde seines nachfolgenden militärischen Vorgesetzten, der sich am 16. Januar 1918 über das unzuverlässige Verhalten des Leutnants Friedrich G. beschwerte und Anklage erhob, warum trotz des Qualifikationsberichts vom 5. Juni 1917 dieser ihm empfohlen worden sei:

»[...] Ich ersuche mir zu melden, warum Lt. G. trotz der Beurteilung vom 5.6.17 mir zum Kompagnieführer 7/18 vorgeschlagen wurde, obwohl ich ausdrücklich um einen tüchtigen, den schwierigen Verhältnissen bei 7/18 gewachsenen Führer gebeten habe«.[393]

Die Beschwerde zeigt, dass an schwierigen Frontabschnitten Nervosität von Offizieren, welche die Zuverlässigkeit an der Front beeinträchtigte, von manchen Vorgesetzten als Ausschlusskriterium gesehen wurde. Der Beschwerde folgte ein Briefwechsel, in dem sich die vorgesetzten Offiziere rechtfertigten, warum sie Friedrich G. trotzdem vorgeschlagen hatten. Insbesondere wurde der erfolgreiche Einsatz als Führer bei der Sturmtruppe als Gegenargument gegen den Hinweis gebracht, dass der Qualifikationsbericht

---

390 Vgl. hierzu die Beispiele Ebd., S. 262.
391 BayHStA-KA OP 24922 Leutnant Friedrich G.
392 Ebd., Qualifikationsbericht, 5.6.1917.
393 Ebd., Verhalten des Leutnants Friedrich G., 16.1.1918.

vom 5. Juni 1917 nach der Gesundung noch Gültigkeit habe. Die Beschwerde blieb ohne dienstliche Konsequenzen. Auch wurde Friedrich G. drei Monate später für das Eiserne Kreuz Erster Klasse vorgeschlagen. Begründet wurde dies mit seiner »beispiellose[n] Ruhe im Gefecht: bestes Zeugnis seiner Führereigenschaft«.[394]

Für die Marine arbeitete Nicolas Wolz anhand von Selbstzeugnissen heraus, dass Vorgesetzte psychisch labile Offiziere vom Dienst suspendierten, wenn diese ihr Leiden nicht vor ihren Untergebenen geheim halten konnten. Leistungskriterien und die Sorge, dass diese Offiziere ihre Untergebenen negativ beeinflussten, spielten dabei die Hauptrolle. Oft schrieben die Vorgesetzten dennoch in ihren Tagebüchern und Privatbriefen mit Verständnis und Wohlwollen über die Betroffenen und betonten die psychische Belastung des Dienstes.[395]

Aus den Bewertungen der militärischen Vorgesetzten geht deutlich hervor, dass bei psychischen Erkrankungen von Offizieren oft weniger die Krankheit an sich, als einzelne ihrer Symptome im Militär als Problem angesehen wurden. So galt gerade bei Neurasthenie die Neigung zum Weinen als ein bei Offizieren häufig vorkommendes Symptom,[396] welches aber als mit dem Offiziersdienst und dem militärischen Führertum nicht vereinbar angesehen wurde.

Der Nervenarzt Willy Hellpach ging auf die Wahrnehmung und Akzeptanz von Tränen bei Offizieren im Militär ein und kam hier zu einem eindeutigen Urteil:

»So mancher nervös gewordene Truppenführer wird zur Krankmeldung gedrängt, weil er vor der Truppe in Weinen ausbrach, was eben nicht angeht, während ein Zornesausfall viel leichter gewogen wird.«[397]

---

[394] Ebd., Vorschlag zur Verleihung des Eisernen Kreuzes 1. Klasse vom 11.4.1918.
[395] Ein besonders prominentes Beispiel für Offiziere an der Nordsee, die ihre Posten aufgrund ihres psychischen Zustandes räumen mussten, war der Vizeadmiral Wilhelm von Lans, der Chef des I. Geschwaders, der im Februar 1915 wegen Nervenzusammenbruch suspendiert wurde. Wolz, Das lange Warten, S. 226f. (hier weitere Beispiele).
[396] Vgl. hierzu Kap. III.2.a. Der psychiatrische Diskurs über die Diagnosen und Ursachen von psychischen Leiden bei Offizieren.
[397] Hellpach, Kriegsneurasthenie, S. 186. Gaupp bezog sich im »Handbuch der Ärztlichen Erfahrungen im Weltkriege 1914/1918« auf den Beitrag von Hellpach und schrieb, dass bei der Kriegsneurasthenie »peinliche(s) Weinen« ein typisches Symptom sei und führte als Beispiel die Aussage »eines von Haus aus sehr willensstarken Offiziers« an: »ich mußte immerfort heulen wie ein Kind«. Gaupp, Schreckneurosen und Neurasthenie, S. 90f.

Die hohe Bedeutung des Weinens, das sowohl mit der Würde eines Offiziers als auch mit der Vorbildfunktion für die Mannschaft nicht in Einklang zu bringen war, wird auch in den ausgewerteten Krankenakten des Öfteren erwähnt.[398] Man machte sich damit in den Augen der Vorgesetzten und Kameraden eines unmilitärischen, unmännlichen Verhaltens schuldig. Doch waren Offiziere deswegen in ihrem militärischen Umfeld nicht langfristig diskreditiert. Vielmehr wurde zumeist die Ansicht vertreten, dass das Nervenleiden heilbar und die Dienstfähigkeit lediglich kurzfristig beeinträchtigt war.[399]

Insgesamt wurde im Offizierskorps trotz der häufig verständnisvollen Haltung gegenüber nervlichen Problemen auf Leistung und Pflichterfüllung an der Front gedrungen. Zeigten Offiziere psychische Schwächen, wurde zudem durch interne Regelungen darauf geachtet, dass sie vor den Mannschaftssoldaten geheim blieben. Beides zusammen erklärt, dass der Vorwurf von Nervenschwäche und Feigheit gegen Offiziere kein Bestandteil der teils vehementen Anklagen war, die Mannschaftssoldaten gegen ihre Offiziere im Deutschen Heer während und nach dem Ersten Weltkrieg vorbrachten.[400]

Selbst der Schriftsteller und scharfe Offizierskritiker Kurt Tucholsky, der nach dem Krieg eine Generalanklage gegen das Offizierskorps verfasste und es der Korruptheit und Bereicherung auf Kosten der Mannschaftssoldaten beschuldigte, nahm es vom Feigheitsvorwurf aus. Im Artikel für »Die Weltbühne« vom 14. August 1919 führte er aus:

»Es wird eingewandt, der deutsche Offizier habe seine Tüchtigkeit genugsam dadurch gezeigt, daß so viele seiner Kameraden im Felde getötet worden sind. Es hat ihm niemand Feigheit vorgeworfen. Kamen Fälle von Feigheit und schlechter Haltung im Feuer vor, so sind sie nicht auf die Erziehung im Korps zu schieben, das in dieser Beziehung auf strengste Pflichterfüllung hielt und sie besonders in den untern Chargen durchsetzte. Der aktive Offizier hat sich einen Beruf erwählt, dessen

---

398 Vgl. z.B. BayHStA-KA OP 4696 Leutnant der Reserve Ferdinand B. Mitteilung des Regimentsarztes des 1. Infanterieregiments über die Erkrankung des Leutnants der Reserve B. am 28.3.1916.
399 Damit befanden sie sich im Einklang mit den Nervenärzten. Zum Beispiel beobachtete der Nervenarzt Mendel 1915, dass viele der Offiziere mit Neurasthenie »wie die Kinder« geweint hätten. Mendel selbst plädierte für eine lediglich zeitweise Dienstunfähigkeit, indem er betonte, dass es sich bei den an Neurasthenie erkrankten Offizieren um von Natur aus gesunde Menschen ohne eine Veranlagung zur Nervosität gehandelt habe. Sie hätten ihrem Dienst zu Beginn des Krieges voll und ganz genügt, erst als die Krankheit ausgebrochen sei, seien sie nicht mehr dienstfähig gewesen. Mendel, Psychiatrisches und Neurologisches aus dem Felde, S. 6.
400 Vgl. hierzu Kap. II.7.d. Die Haltung der Untergebenen.

ganze Erfüllung erst im Kriegszustand möglich war, und der Stand hat nun keinen Grund, sich die letzte Aufgabe des selbst gewählten Berufes als besondere Heldentat ankreiden zu lassen.«[401]

c. Die Haltung der Offizierskameraden

Insbesondere zwei Einstellungen, die im Offizierskorps verbreitet waren, wirkten bei Offizierskameraden einer moralischen Aburteilung psychischer Leiden, wie diese im öffentlich militärischen Diskurs und insbesondere im dort propagierten Idealbild des Frontkämpfers typisch war, entgegen. Dies war zum einen der gemeinsame Erfahrungshorizont im Krieg, kombiniert mit einer Sensibilität für Nervenprobleme aufgrund des öffentlichkeitswirksam geführten Neurastheniediskurses der Vorkriegszeit, zum anderen der Korpsgeist.

---

[401] Tucholsky, Zur Erinnerung an den ersten August 1914, S. 30f. Gleichwohl ist auch für das Offizierskorps im Ersten Weltkrieg feststellbar, dass sich seit 1916 eine weniger idealistische Haltung unter den Offizieren hinsichtlich ihrer eigenen Einsatzfreudigkeit und der ihrer Kameraden zeigte. Auch unter den Offizieren wurde »Drückebergerei« im Laufe des Krieges immer stärker akzeptiert. Viele sahen sie nun weniger als ehrenrührig, denn vielmehr als schlau an. Hierüber schrieb der Nervenarzt Ludwig Scholz, der als Truppenarzt an der Ostfront in Russland eingesetzt war, kritisch: »Diese Lauheit der Gefühle, diese praktisch-nüchterne Betonung des eigenen Vorteils, dieser kluge Schnickschnack, hinter dem sich die Schwäche des Herzens verbirgt, findet sich natürlich nicht nur bei den Mannschaften. [...] ›Ich danke meinem Schöpfer, daß ich nicht vor Verdun stehe‹, – ›um Wolhynien bin ich grade noch herumgekommen‹, – ›vom Vormarsch habe ich zum Glück nur den letzten Teil erwischt‹, – › wenn ich jetzt zum Ersatzbataillon zurückgehe, steckt man mich womöglich in eine Sturmtruppe‹. Das habe ich Offiziere sagen hören. Qui sedet post fornacem et habet bonam pacem – glücklich, wer in guter Ruh hinterm Ofen sitzt! Ich zweifle nicht einen Augenblick, daß eben dieselben Offiziere, an jene gefahrvollen Stellen befohlen, ihre Pflicht in jeder Weise tun und ihr Leben in die Schanze schlagen würden, so gut wie einer (denn, Gott sei Dank, den deutschen Leutnant macht uns keiner nach): [...] Aber ob einer der Offiziere zu Kriegsbeginn wohl die Ueberwindung besessen haben würde, solchen Empfindungen offen Ausdruck zu geben? Niemand hätte damals mit Gedanken zu spielen gewagt, vor denen ein deutscher Mann erröten müßte, – niemand sie gar vor andern preisgegeben! Freiwillige vor, dorthin, wo die Wogen des Kampfes am höchsten schlagen! So war es anno 14 und 15. Wie viel junge Offiziere meiner Division (von den ältern, verheirateten ganz zu schweigen) haben sich jetzt auf Aufforderung nach Flandern gemeldet? Ich wage die Zahl nicht niederzuschreiben. [...] – an die Stelle der glühenden Flamme ist die kühle Temperatur der Berechnung getreten: wie stehen die Aussichten, wo hast du es nicht allzuschwer? Das hat der lange Krieg zuwege gebracht, – bei vielen, aber Gott Lob nicht bei allen.« Scholz, Das Seelenleben des Soldaten an der Front, S. 33f.

Die Bedeutung des gemeinsamen Erfahrungshorizonts und einer Sensibilisierung für Nervenprobleme

Der gemeinsame Erfahrungshorizont führte zu einem verständnisvollen Umgang mit psychischen Leiden durch die Offizierskameraden und häufig zu einer empathischen Schilderung psychischer Zusammenbrüche, waren deren Entstehungsbedingungen ihnen doch nur allzu vertraut. In der Kampfzone selbst waren psychische Zusammenbrüche ein bekanntes Phänomen. Es herrschte ein allgemeines Bewusstsein vor, dass der Dienst erhebliche Gefahren und Zwänge mit sich brachte, denen nur schwer standzuhalten war, und dass die Grenze zwischen psychischer Unversehrtheit und Krankheit im Krieg schmal war. Hindenburgs berüchtigtes Zitat »Der Krieg bekommt mir wie eine Badekur« war eindeutig eine Außenseitermeinung.[402]

Daneben erklärt sich die verständnisvolle Haltung gegenüber psychisch versehrten Offizieren auch daher, dass viele Offiziere aufgrund der öffentlichkeitswirksam geführten medizinischen Nervendiskurse der Vorkriegszeit für Nervenprobleme sensibilisiert waren. Seit dem 19. Jahrhundert hatten sich die »Nerven« von einem medizinischen Begriff zu einem Modethema entwickelt, das in fast allen Bereichen der Gesellschaft verwendet wurde, um die Probleme der Moderne zu beschreiben.[403] Im Militär zeigte sich diese Entwicklung auch. Militärmedizinische Befunde wie Ermüdung und Erregung prägten zunehmend die Ausbildung der Rekruten und veränderten den Schwerpunkt der Ausbildung und das Soldatenbild merklich.[404] Darüber hinaus griffen Militärs bereits vor 1914 gerne auf den Topos »Nerven« zurück, um über die Seele und Gemütszustände zu sprechen und um über Gegenwartsphänomene allgemeiner Art psychologisierend zu reflektieren.[405] Dies alles zeigt, dass die Offiziere mit einem ausgeprägten Vorwissen in den

---

402 Böttcher, Geflügelte Worte, S. 601; Eckart, »Krüppeltum« und »Eiserner Wille«, S. 257. Die Metaphorik vom Krieg als »Stahlbad der Nerven« für die »nervöse« wilhelminische Gesellschaft fand am ehesten bei Wissenschaftlern, Intellektuellen und Künstlern Verbreitung. Zitiert nach Hofer, Nervöse Zitterer, S. 28. Siehe daneben Radkau, Das Stahlbad als Nervenkur?, S. 5–7.
403 Vgl. Kap. I.3.b. Die Moderne als Ursache psychischer Leiden: Neurasthenie und Degenerationsvorstellungen. Siehe daneben Radkau, Zeitalter der Nervosität, S. 27–33; für das Militär insbesondere Ulrich, Krieg als Nervensache, S. 243.
404 Vgl. etwa Veröffentlichungen aus dem Gebiete des Militär-Sanitätswesens (76 Ausgaben); Leitenstorfer, Das militärische Training auf physiologischer und praktischer Grundlage; Freytag-Loringhoven, Das Exerzier-Reglement für die Infanterie, Ziff. 199. Siehe hierzu Kap. II.2.e. Drill und Willensgymnastik zur Steigerung der Spannkraft der Nerven.
405 Vgl. die Belege bei Nübel, Ambivalenz der Zermürbung, S. 106.

Krieg zogen, was bei ihnen oft zu einem vorrangig medizinischen Blick auf psychisch versehrte Offiziere führte, der sich moralischer Urteile enthielt. Die Quellen belegen, dass viele Offiziere mit dem Vokabular der Nervendiskurse der Vorkriegszeit über die eigenen Nerven und die der anderen Soldaten reflektierten.

Insgesamt ist auffällig, wie häufig Offiziere, die nicht wegen eines psychischen Leidens ins Lazarett mussten, in ihren Briefen und Tagebüchern das verbreitete Deutungsmuster »Nerven« verwendeten, um ihre Situation für sich selbst und andere begreiflich zu machen. Die Analyse des Topos »Nerven« in den Selbstzeugnissen der Offiziere zeigt, dass eine Sprache während des Krieges gebräuchlich war, die den Rollenerwartungen entsprach und mit den Kriegserfordernissen verbunden war. Der Topos »Nerven« wurde zentral für die zahlreichen Deutungen des Krieges. Diese Entwicklung begünstigte, dass sich die Kennzeichen des Krieges aus Sicht der Zeitgenossen über Nerven-Bezüge besonders gut schildern ließen. Dies galt insbesondere für die Erfahrung des Stellungskrieges und der Materialschlachten seit 1916.[406]

Auffällig ist, dass Offiziere in ihren Selbstzeugnissen den Topos »Nerven« sehr viel häufiger als Mannschaftssoldaten bemühten. Dies ist zum einen auf die hohe Bedeutung des Themas im militärischen Diskurs zurückzuführen, der im Regelfall von den Offizieren sehr viel intensiver als von den Mannschaftssoldaten verfolgt wurde, zum anderen auf das gehobene Bildungsniveau, welches Offiziere in überdurchschnittlicher Weise den öffentlichen Nervendiskurs rezipieren ließ.[407]

Zum Beispiel ging General Otto von Moser in seinen 1928 publizierten Feldzugsaufzeichnungen bei der Beschreibung seiner Reflexionen während seiner »Feuertaufe« direkt auf die Nervendiskurse der Vorkriegszeit ein. Über seine Gedanken beim ersten Feuergefecht 1914, das er als Kommandeur der 53. Infanterie-Brigade mitmachte, schrieb er:

> »[...] nun kommen auch die feindlichen Granaten und Schrappnells heulend, sausend und zischend herangeflogen, meine Artillerie eröffnet ebenfalls das Feuer, und damit beginnt die Ohr, Auge und alle Sinne und Nerven mit unwiderstehlicher Gewalt packende Symphonie der modernen Schlacht. Oft habe ich mir im langen Frieden die Frage gestellt: Wie werden wir deutschen Offiziere mit unseren durch angespannteste Friedensarbeit mehr als gut beanspruchten Nerven, wie werden unsere

---

406 Ebd., S. 106. Siehe zur Ausbildung psychischer Leiden bei Offizieren im Stellungskrieg und während der Materialschlachten auch Kap. IV.1.a. Krankheitsauslöser.
407 Ebd., S. 106. Siehe daneben Langewiesche, Gefühlsraum Nation, S. 195–215.

Mannschaften, von denen ein so großer Prozentsatz ebenfalls mit verbrauchten Nerven aus den Fabriken, dumpfen Verkaufsräumen und engen Schreibstuben gekommen ist, wie werden wir das feindliche Feuer ertragen, von dessen Schrecken man sich im Frieden trotz aller Mühe keinen richtigen Begriff machen kann? Die Antwort der Truppe auf diese Frage läßt mein Führerherz freudig erbeben: die Offiziere voraus, stürzen die Schützenlinien von Stellung zu Stellung nach vorwärts und aufwärts mit herrlichem Schwung und Schneid [...].«[408]

Der Abschnitt zeigt, dass ihm die Neurastheniediskurse der Vorkriegszeit geläufig waren, als über die Nervenstärke der Offiziere und Mannschaften reflektiert wurde und gerade die Offiziere als besonders strapaziert galten. Was die »angespannteste Friedensarbeit« den Offizieren nervlich abverlangte, führte er nicht weiter aus, stellte diese Arbeit aber in eine Reihe mit Mannschaftssoldaten, die in Fabriken, Geschäften oder am Schreibtisch arbeiteten.[409]

Moser führte auch bei seiner Beschreibung des weiteren Kriegsverlaufs vielfach Beobachtungen seiner eigenen Nerven an, sowohl in Ruhephasen als auch in der Schlacht.[410] Als er nach einer längeren Verwundung im Juni 1915 an die Ostfront fuhr und dort sein erstes Feuergefecht mitmachte, schrieb er über seine damaligen Eindrücke:

»Es ist doch ein eigentümliches Gefühl, nach neun Monaten wieder zum erstenmal im Feuer zu stehen – aber trotz aller vorangegangenen schweren Zeiten und schmerzlicher Eingriffe verhalten sich meine Nerven ruhig. Darüber bin ich sehr froh.«[411]

Als Ende Juli 1915 nachts sein Quartier von feindlicher Artillerie beschossen wurde, reflektierte er wie folgt über seine Nerven:

»[...] meine durch die Sorgen und auch die Anstrengungen und Schmerzen der letzten Wochen stark gereizten Nerven sind dem noch nicht gewachsen. Ich kann nicht im Bett liegen bleiben und das Einstürzen der Decke kaltblütig abwarten; ich muß aufstehen und mich durch das Gespräch mit den Herren im Nebenzimmer ablenken.«[412]

---

408 Moser, Als General im Ersten Weltkrieg, S. 9.
409 Siehe hierzu Kap. I.3. Ursachenerklärungen und die Konsequenzen von psychischen Erkrankungen für die Offiziere.
410 Vgl. z.B. die Beschreibung seines ersten nervösen Lazarettaufenthalts im September 1914, Moser, Als General im Ersten Weltkrieg, S. 36f.
411 Ebd., S. 50.
412 Ebd., S. 94.

Weitere Beispiele für Offiziere, welche die »Nerven«-Vokabel in ihren Narrationen verwendeten, da diese bekannt und anschlussfähig war und sich damit besonders gut eignete, um ihrer Leserschaft die großen Kriegsanstrengungen und -gefahren zu verdeutlichen, waren der Hauptmann Claus Piedmont und der Leutnant Ernst Jünger.[413] Claus Piedmont reflektierte im Februar 1915 in einem Brief an seinen Onkel, der als Vervielfältigung im Familienkreis verbreitet wurde, dass er im Krieg seit dem 2. August 1914 seinen »Humor« und »alten Schneid« beibehalten habe, aber dennoch »viel bitterböses« erlebt habe:

»Minuten und Stunden, die man zeitlebens nicht vergessen kann, die einem an die Nerven gingen, wie der Blitz in die Eiche fährt! Doch Gott hat mich bis heute treu beschützt in allen grossen Gefahren.«[414]

Auch Ernst Jünger, der während des Krieges den Entschluss fasste, seine privaten Tagebuchaufzeichnungen nach einer Überarbeitung zu publizieren, nutzte das Motiv »Nerven« als narratives Element. 1918 notierte er in seinem Tagebuch, es gelte in der Publikationsfassung »die großen und kleinen Erlebnisse des Infanteristen« »mit all [ihren] nervenerregenden Aufregungen« darzustellen.[415] Jünger verweist in seinen Kriegsbüchern entsprechend immer wieder auf seine Empfindlichkeit und Betroffenheit angesichts der Kriegserlebnisse. Dabei skizziert er einen laufenden Prozess der psychischen Abhärtung, in der die eigenen Wahrnehmungs- und Belastungsgrenzen kontinuierlich erweitert werden.[416] Der Leser wird in diesen Prozess von Jünger bewusst hineingezogen. »Was soll ich eure Nerven schonen?«, schreibt er in »Der Kampf als inneres Erlebnis«.[417]

Weiterhin verwendeten Offiziere in ihren Selbstzeugnissen den Begriff »Nerven«, um die Belastungen des Krieges, wie Todesgefahr, Unberechenbarkeit oder Lärm, aber auch die erzwungene Passivität angesichts von

---

413 Vgl. hierzu auch Nübel, Ambivalenz der Zermürbung, S. 111f.
414 Claus Piedmont, Brief, 5.2.1915, in: Dreidoppel/Herresthal/Krumeich (Hrsg.), Mars, S. 203.
415 Jünger, Kriegstagebuch, 17.6.1918; ders., In Stahlgewittern, S. 402f. Vgl. auch Nübel, Ambivalenz der Zermürbung, S. 111.
416 Jünger, In Stahlgewittern, S. 232, 314, 555. Vgl. auch Lantukhova, Normalität Kampfbereitschaft, Nervenschwäche Pazifismus, S. 334.
417 Jünger, Der Kampf als inneres Erlebnis, S. 25. Nach Julia Enckes Interpretation hat Ernst Jüngers Art, den Krieg zu beschreiben, eine erzieherische Wirkung auf den Leser. Die Konfrontation mit drastischen Gewaltdarstellungen sollte zu einer mentalen Abhärtung führen und ihn gegenüber den Reizen und Gefahren eines kommenden Krieges immunisieren. Encke, Augenblicke der Gefahr, S. 108–111.

II. DIE NERVEN DER OFFIZIERE ALS MILITÄRISCHES PROBLEM   215

Artilleriefeuer zu veranschaulichen.[418] An der Front beobachteten Offiziere immer wieder psychische Krisen und Zusammenbrüche oder erfuhren sie mitunter auch selbst. In ihren Selbstzeugnissen beschrieben sie in diesen Fällen die Nerven als »zerrüttet« oder »kaputt«, den psychischen Zustand als »Zusammenbruch«, »Schock« oder »Kanonenfieber«.[419] Sogar Ernst Jünger, der das zeitgenössische Frontkämpferideal in vielerlei Hinsicht verkörperte, notierte mehrfach eigene psychische Krisen. Zum Beispiel schrieb er im März 1918 über einen Artillerie-Volltreffer in seiner Nähe: »Ich will nicht verheimlichen, daß auch ich zunächst vollkommen genug hatte. Ich sprang in den benachbarten Graben und fand dort einen kleinen Teil der Komp. vor. Dort ermannte ich mich wieder [...]«.[420] Am darauffolgenden Tag »hatte ich noch 63 unter dem Druck des furchtbaren Geschehnisses stehende Leute.«[421]

Auch in den Schreiben höherer Offiziere oder Ärzte, die mit dem Geschehen an der Front unmittelbar befasst waren, finden sich zahlreiche Hinweise, dass psychische Schäden einkalkuliert wurden. Zum Beispiel schrieb der Kommandeur Kneußl der 11. bayerischen Infanterie-Division am 5. Juli 1917 über die Wirkung der kontinuierlichen psychischen Belastung durch den langen Krieg in sein Tagebuch, dass

»die Nerven der Truppenoffiziere eben allmählich derart abgenützt [seien, G.G.], dass oft recht wenig erfreuliche Erscheinungen gegenüber den furchtbaren Eindrücken des Gefechts sich zeigen, leider eben gerade auch bei den Offiz. [...].«[422]

In einem Bericht hielt der Regimentsarzt des 9. bayerischen Infanterie-Regiments im April 1917 fest:

---

418 Siehe hierzu auch Kap. IV.1.a. Krankheitsauslöser.
419 Otto Kolping, Brief, 5.1.1915, in: Dreidoppel/Herresthal/Krumeich (Hrsg.), Mars, S. 211; Zuhöne, Tagebuch, 4.-8.6.1915. Vgl. auch Nübel, Ambivalenz der Zermürbung, S. 114.
420 Jünger, Kriegstagebuch, 19./20.3.1918, S. 373f. Vgl. die gleiche Wortwahl in Jünger, In Stahlgewittern, S. 504. Entsprechend urteilte Ernst Jünger am 18.4.1917 in seinem Kriegstagebuch kritisch über Offiziere, die dauerhaft nervliche Schwächen zeigten. Er teilte hier die Soldaten in zwei Gruppen ein – in solche, die den Gefechtssituationen nervlich gewachsen waren und zu denen er sich auch selbst zählte, und in solche, bei denen dies nicht der Fall war und die sich deswegen oft vor dem Gefechtseinsatz drückten: »Immer dasselbe Bild: ›große Verminderung der Chargierten während einer Gefechtshandlung‹.« Ders., Kriegstagebuch, S. 237.
421 Ders., Kriegstagebuch, 19./20.3.1918, S. 373f. Vgl. auch Nübel, Ambivalenz der Zermürbung, S. 114.
422 Zitiert nach Stachelbeck, Militärische Effektivität im Ersten Weltkrieg, S. 298.

»Mehrfach Fälle von nervöser Erschöpfung nach langem Kriegsdienst. Wenn nicht rechtzeitig ärztlich gefasst, Gefahr der Stellungsverweigerung oder unerlaubter Entfernung. Komp.-Führer wurden häufig auf die Nützlichkeit ärztlicher Beratung solcher Fälle hingewiesen.«[423]

Insgesamt zeigen diese Beispiele die enormen Belastungen, denen Frontsoldaten während des Ersten Weltkriegs ausgesetzt waren, und erklären das Verständnis, mit dem psychische Zusammenbrüche beschrieben wurden.[424] Dass Frontoffiziere in der vordersten Linie einer besonders hohen nervlichen Belastung unterworfen waren, war im Offizierskorps allgemeiner Konsens. So reflektierte der General von Moser im November 1916 über den Stellungskrieg an der Westfront im Schützengraben:

»Es gehören wirklich eiserne Nerven und eine feste Gesundheit dazu, um dieses Stollenleben auszuhalten, unter dem Drucke der gerade für den Regimentskommandeur Tag und Nacht andauernden großen Verantwortung. Noch wesentlich schlimmer steht es aber bei den nahe hinter der vordersten Linie in Stollen hausenden Bataillonskommandeuren, den sogenannten K.T.K., d. h. Kampf-Truppen-Kommandeuren. Mit ihnen steht und fällt die Verteidigung der vordersten Linie.«[425]

Hier schätzte von Moser seine Verantwortung als Regimentskommandeur als geringere nervliche Belastung ein als jene der Frontoffiziere in der vordersten Linie, die neben der Verantwortung auch noch die dauernde Todesgefahr ertragen mussten.

Ein halbes Jahr später zollte er den stabilen Psychen seiner untergebenen Frontsoldaten Respekt. Im Mai 1917 zurück an der Ostfront, schrieb Moser, mittlerweile kommandierender General des XIV. Reserve-Korps, über seine Nerven und die seiner untergebenen Truppe:

»Seit einem Monat finden nun Tag und Nacht Kämpfe statt – ich und wir alle im Stabe sind allmählich tüchtig müde. Aber glücklicherweise halten meine Nerven trotz der sich bei der andauernden Anspannung steigernden Nerven- und Narbenschmerzen aus. Im höchsten Grade bewundernswert ist aber, daß die Truppe all dies aushält, seelisch und körperlich – schon wird wieder der Leichengeruch vorne eine arge Plage.«[426]

---

423 Ebd., S. 269 (hier auch weitere Beispiele).
424 Als Frontsoldaten werden nach Christoph Nübel Mannschaften, Unteroffiziere und Offiziere verstanden, die im ungefähr zehn Kilometer umfassenden Schussbereich der Feldartillerie dienten. Nübel, Ambivalenz der Zermürbung, S. 105.
425 Moser, Als General im Ersten Weltkrieg, S. 259.
426 Ebd., S. 302.

II. Die Nerven der Offiziere als militärisches Problem

Ein weiteres Beispiel für den verständnisvollen Blick auf psychisch versehrte Offiziere ist das Tagebuch des bayerischen Generalleutnants Ritter Nikolaus von Endres (1862–1938), Kommandeur der 5. bayerischen Infanterie-Division. Dieser notierte darin am 13. September 1916 aus Frankreich von der Westfront:

»gestern habe ich den Kdeur 19. I.Rgts, Obstlt. v. Staubwasser, ohne seine Bitte, auf 4 Wochen beurlaubt er ist geisteskrank wohl infolge der Aufregungen der letzten Tage. Kein Wunder ich merke an mir selber, wie die gegenwärtige Lage u. der Blick in die Zukunft auf die Nerven geht. [...] Das ewige Geschieße macht wirklich nervös!«[427]

Die verständnisvolle Haltung bei Offizieren mit psychischen Leiden und die Meinung, dass der Krieg für die Leiden verantwortlich sei, zeigen sich öfters im Tagebuch. Zum Beispiel schrieb Endres am 17. März 1915 nach einem militärischen Rückschlag über den Bataillonskommandeur Major Buchner:

»[...] daß Major B(uchner) II./2 in der vergangenen Nacht gänzlich versagt hat. B. meldete sich heute Nachm. krank – schade um diesen erstklassigen Bataillons-Kdeur! Wahrscheinlich auch in den Nerven fertig. Mir ist auch nicht besonders zu Mute. Merkwürdig, wie rasch im Krieg psychische Depressionen da sind.«[428]

Auch über die Auswirkungen der Kriegsereignisse auf seine Nerven reflektierte Endres in seinem Tagebuch kontinuierlich und erwog mehrmals, ob er wegen seines Nervenzustands seinen Abschied erbitten sollte. So notierte er am 20. Januar 1917 in seinem Tagebuch, als er über einen Angriff schrieb, den zwei seiner Regimenter gegen englische Stellungen unternehmen mussten: »Ich rege mich darüber auf u. habe wieder einmal meine Zweifel, ob meine Nerven den Anforderungen des Dienstes noch gewachsen sind.«[429] Einen Tag später, am 21. Januar notierte er zu Beginn seines Eintrags: »Miserabel geschlafen! [...] Stimmung schlecht. Ich bin wieder einmal abschiedsreif!«[430]

Als von großer Bedeutung für die psychische Belastung des Krieges sahen Offiziere, Soldaten und auch Ärzte die Art des Kriegsschauplatzes und die räumlichen Spezifika der verschiedenen Fronten des Krieges an. Beim Bewegungskrieg überwogen physische Belastungen und Entbehrungen. Er kam traditionellen Vorstellungen militärischen Heldentums viel mehr ent-

---

427 Haug (Hrsg.), Kriegstagebuch des Generals Nikolaus Ritter von Endres, S. 218.
428 Ebd., S. 62.
429 Ebd., S. 261.
430 Ebd.

gegen als der Stellungskrieg im Westen.[431] Hingegen bewirkten Stellungskrieg und Materialschlachten eine psychische Belastung, die von Offizieren und Mannschaftssoldaten stets mit Superlativen umschrieben wurde.[432] Die Unterschiede zeigen sich auch an den Krankmeldungen wegen psychischer Leiden. Besonders viele psychische Versehrungen traten im lähmenden Stellungskrieg an der Westfront und in den dortigen Materialschlachten auf, während der Bewegungskrieg im Westen 1914 oder im Osten und Südosten 1915 und 1916 weniger diesbezügliche Opfer forderte. Der Stabsarzt Hermann Hofmann unterschied 1926 in einem Sammelband über den Stellungskrieg daher im Kapitel »Nervenkraft im Stellungskrieg« klar zwischen diesen beiden Kriegen. Er konstatierte, »[...] der Bewegungskrieg sei mehr Muskelkrieg, der Stellungskrieg mehr Nervenkrieg.«[433]

Der Stellungskrieg belastete die Soldaten nicht nur körperlich, sondern auch seelisch in einem Maß wie kein Konflikt zuvor, wobei die Westfront bereits den Zeitgenossen als der entscheidende Kriegsschauplatz galt. Auch führte die Erfahrung der Westfront zu einer deutlichen Veränderung traditioneller Vorstellungen militärischen Heldentums. Die Vorstellung wurde wirkmächtig, dass sich das eigentliche Heldentum an der Westfront bewiesen und aus Nervenstärke, Aushalten und Opfergeist bestanden habe. Überwiegend im Westen eingesetzte Regimenter leiteten in ihren Regimentsgeschichten hieraus ihre militärische Hochwertigkeit ab.[434]

Die Zerstörungs- und Gewalterfahrung im Stellungskrieg aufgrund von Dauerbeschuss durch Maschinengewehre, Mörser oder Granaten bei gleichzeitig vorherrschender Monotonie im wochen- und monatelangen Ausharren in den Schützengräben stellte alles vorher Erlebte in den Schatten und zermürbte die Soldaten. Hindenburg schrieb über die Schützengräben an der Westfront: »Welch ein Nervenverbrauch und welch geringe Nervennahrung.«[435] Traditionelle Leitmotive wie Tapferkeit und Ritterlichkeit wirkten

---

431 Meteling, Ehre, Einheit, Ordnung, S. 203.
432 Zwar war der Alltag der Soldaten an der Westfront in den Schützengräben auch mit einer hohen körperlichen Belastung verbunden, in dem sie Kälte, Nässe und Ungeziefer weitgehend schutzlos ausgeliefert waren, doch hatten hier die Offiziere durch bessere Unterstände im Regelfall deutlich bessere Lebensumstände.
433 Hofmann, Die deutsche Nervenkraft im Stellungskriege, 445. Vgl. auch Münch, Verdun, S. 346.
434 Meteling, Ehre, Einheit, Ordnung, S. 203.
435 Hindenburg, Aus meinem Leben, S. 198. Siehe auch Münch, Verdun, S. 346.

vor dem Massensterben im Artillerie- und Maschinengewehrfeuer, dem stets ein Moment des Zufalls innewohnte, absurd.[436] Gerade während der Materialschlachten an der Westfront, wo die Geschütze der Artillerie das Geschehen bestimmten, war das Verständnis für das Auftreten psychischer Störungen bei Offizieren wie Mannschaftssoldaten sehr ausgeprägt. Hier fühlten sich die Kriegsteilnehmer den Maschinen schutzlos ausgeliefert. Besonders großes Entsetzen lösten daneben der Einsatz von Giftgas (zum ersten Mal 1915) und das Aufkommen des Panzers aus, der erstmalig an der Somme im September 1916 eingesetzt wurde.[437] Der Ausdruck Maschinenkrieg, dem die menschlichen Nerven nicht gewachsen waren, war bereits seit 1915 im Umlauf und wurde während der Materialschlachten des Jahres 1916 häufig diskutiert.[438]

Dass im Offizierskorps ein allgemeines Bewusstsein vorherrschte, dass der Grat zwischen psychischer Gesundheit und Erkrankung im Krieg schmal war, zeigt ein Blick auf die Schlacht von Verdun 1916. Der Schriftsteller und Offizier Werner Beumelburg kam in seiner Douaumont-Darstellung für das Reichsarchiv zu dem Urteil: »Verdun fraß die Nerven aus dem lebendigen Leib.«[439] Neben Mannschaftssoldaten meldeten sich auch viele Offiziere damals wegen Erschöpfung krank oder zeigten an der Front deutliche psychische Störungen.[440]

Der Kommandeur der 11. bayerischen Infanterie-Division Kneußl notierte am 30. März 1916 in seinem Tagebuch nach zehntägigen Angriffsoperationen auf dem Westufer der Maas vor Verdun, nachdem er das ununterbrochene Artilleriefeuer, die verschütteten Gräben, die Masse an Gefallenen und Verwundeten, die nicht geborgen werden konnten, und die fehlende Verpflegung an der Front geschildert hatte, über den Zustand seiner Untergebenen: »Offiziere sind vielfach vom Weinkrampf befallen u. völlig

---

436 Mommsen, Kriegsalltag und Kriegserlebnis, S. 129f.; Stachelbeck, Militärische Effektivität im Ersten Weltkrieg, S. 269. Vgl. zur Erfahrung der Schlacht von Verdun ausführlich Münch, Verdun, S. 337–342.
437 Siehe zur Entwicklung des Panzers aus einer modernen kultur-, operations- und wirtschaftsgeschichtlichen Perspektive Pöhlmann, Der Panzer und die Mechanisierung des Krieges.
438 Siehe hierzu mit Belegen Stachelbeck, Einleitung, S. 1.
439 Beumelburg, Douaumont, S. 165. Vgl. auch Münch, Verdun, S. 356.
440 Beispielsweise Goßler, Erinnerung an den Großen Krieg, S. 87; Feldpostbrief eines Infanteristen von der Verdun-Front vom 2.7.1916, in: Ulrich/Ziemann (Hrsg.), Frontalltag im Ersten Weltkrieg, S. 92; Beumelburg, Douaumont, S. 9. Vgl. auch Münch, Verdun, S. 355.

fertig.«[441] Und der Regimentsarzt des 3. bayerischen Infanterie-Regiments, welches auch der 11. bayerischen Infanterie-Division unterstand, gab am 22. April 1916 über den Gesundheitszustand der Truppe an:

»Die überwiegende Mehrzahl aller sich krank meldenden Offiziere und Mannschaften weisen nervöse Störungen auf, vor allem auch die Fußkranken. Die Leute kommen mit schlotternden Knien, zitternd, mit ängstlichem Blick, schlapp in jeder Hinsicht, zum Arzt [...] sie haben jede militärische Haltung verloren und erscheinen stumpf und teilnahmslos, geradezu blöde. Ein Teil der Leute war von der Zitterkrankheit befallen.«[442]

Vom 20. März bis 23. April 1916 kamen insgesamt 16 Offiziere aus der 11. bayerischen Infanterie-Division wegen Nervenzusammenbruchs ins Lazarett.[443]

Auffällig ist, dass diese Zustandsbeschreibungen von Vorgesetzten und Sanitätsärzten die Schwächeanzeichen der Offiziere ohne Wertung aufzeichnen, was dafür spricht, dass die Offiziere hier nicht nach dem Dogma der Willensstärke beurteilt wurden. Vielmehr dienten diese Skizzierungen dazu, die Erschöpfung und nachlassende Kampfkraft der Verbände zu veranschaulichen, die durch die äußeren Rahmenbedingungen hervorgerufen wurden, wobei immer wieder die zermürbende seelische Wirkung der unaufhörlichen Artillerieeinwirkung betont wurde. Hier spielte auch eine große Rolle, dass in den operativen Überlegungen der deutschen Führung seit den Erfahrungen von Soissons und Tarnów-Gorlice ein massiver Artilleriebeschuss auch immer deswegen eingesetzt wurde, weil man neben einer enormen physischen Zerstörungskraft von einer zersetzenden Wirkung auf das Selbstvertrauen und die Moral der Feinde ausging.[444]

Aufschlussreich ist auch die Haltung, die sich in den Verdun-Bänden des Reichsarchivs ausdrückt. Die Autoren Oberstleutnant a. D. Alexander Schwencke und Archivrat Martin Reymann schrieben hier mit Verständnis über die Soldaten, die sich während der schweren Kämpfe bei Verdun im

---

441 Zitiert nach Stachelbeck, Militärische Effektivität im Ersten Weltkrieg, S. 269.
442 Zitiert nach Ebd., S. 270.
443 Ebd., S. 272. Für die Mannschaftssoldaten gibt er keine Zahlen zu Ausfällen wegen psychischer Leiden an, doch ist bezeichnend, dass im gleichen Zeitraum ein Soldat Selbstmord beging und zudem Untersuchungen in sieben Fällen wegen eigenmächtigem Entfernen aus der Front und in acht Fällen wegen Selbstverstümmelung angestrebt wurden.
444 Ebd., S. 271.

II. Die Nerven der Offiziere als militärisches Problem 221

Juni 1916 unerlaubt von der Truppe entfernt hatten,[445] und erklärten das Verhalten mit der enormen Belastung der Nerven:

»Die Stärke der Kompagnien schmolz dahin, nicht nur durch Verluste, ebenso durch ungezählte Drückeberger, deren Nervenkraft zusammengebrochen war. Wollte man diese allgemein der Feigheit zeihen, so täte man den allermeisten Unrecht. Die gleichen, die heute versagten und verzagten, fand man schon nach drei Wochen in tapferster Pflichterfüllung wieder in erster Linie. Es war eben zu viel für die Nerven gewesen.«[446]

Dass zu dieser verständnisvollen Haltung auch eine Gegenströmung existierte und Offiziere gegenüber psychischen Schwächeanzeichen ihrer Untergebenen, die dazu führten, dass sie Befehle nicht mehr korrekt umsetzten, des Öfteren hart vorgingen, zeigen insbesondere die Gerichtsprotokolle von Feldgerichten, in denen der Feigheitsvorwurf bei Mannschaftssoldaten mit psychischen Leiden verhandelt wurde. Zwar warben manche vorgesetzten Offiziere auch vor Gericht um Verständnis für die Angeklagten und erklärten ihr Verhalten mit den Strapazen des Kriegsdienstes,[447] doch herrschte hier eine aburteilende Sichtweise vor. Zumeist interpretierten die vorgesetzten Offiziere die psychische Versehrtheit als Feigheit, und mehrere sagten aus, dass sie in der Situation mit Zwang und Beleidigungen reagiert hätten.[448] Mitunter akzeptierten sie die psychische Versehrtheit des Soldaten nicht als

---

445 Während Christoph Jahr keinen eindeutigen Zusammenhang zwischen der Intensität von Kampfhandlungen und Desertionsraten in der 2. und 4. bayerischen Infanterie-Division feststellte, wies Christian Stachelbeck für die 11. bayerische Infanterie-Division nach, dass hier die Zahl von Verweigerungsformen (eigenmächtige Entfernungen, »Drückebergerei«, Selbstverstümmelungen), als diese 1916 vor Verdun eingesetzt wurde, enorm anstieg. Jahr, Gewöhnliche Soldaten, S. 160; Stachelbeck, Militärische Effektivität im Ersten Weltkrieg, S. 272.
446 Schwencke, Die Tragödie von Verdun 1916, S. 131f.; vgl. auch Münch, Verdun, S. 356.
447 Vgl. z.B. Leo Diepgen, Brief, 16.12.1917, in: Dreidoppel/Herresthal/Krumeich (Hrsg.), Mars, S. 547.
448 Dies zeigt z.B. das Protokoll des Feldgerichts Briey aus dem Jahr 1917, aus dem die Perspektive des vorgesetzten Offiziers auf seinen Untergebenen hervorgeht, der dem Befehl nicht Folge geleistet hatte, zusammen mit seiner Kompanie den Feind anzugreifen. Der Offizier gab zu Protokoll: »Das Zwischengelände lag unter starkem Artilleriefeuer. Weinend und mit allen Zeichen von Feigheit erklärte er sich außer Stande diesem Befehl nachzukommen. [...] Mit entsicherter Pistole trieb ich ihn [...] vorwärts.« Zitiert nach Neuner, Politik und Psychiatrie, S. 62f. Ein anderes Beispiel ist der Soldat Karl K., der bei der Aufnahme in eine psychiatrische Klinik angab, er habe seinem Vorgesetzten mitgeteilt, dass er beim geringsten Artilleriefeuer die »Nerven verlieren« würde. Daraufhin habe dieser ihn beim Exerzieren zwischen zwei Gewehre platziert und angeordnet, dass Platzpatronen verschossen werden sollten. Siehe hierzu Ebd., S. 63.

Hindernis für eine weitere Teilnahme am Kampfeinsatz, was dazu führte, dass sie Krankmeldungen nicht annahmen. Als Rechtfertigung ihres Verhaltens führten sie das Argument an, dass die Guten an der Front starben und die Schwächlinge überlebten. Auffällig ist, dass sich die Militärgerichte zumeist hinter die Vorgesetzten stellten, die Zwangsmaßnahmen angewandt hatten. Sie sahen diese als gerechtfertigt an, da damit die Disziplin durchgesetzt worden sei.[449]

Doch überwog insgesamt im Offizierskorps eine verständnisvolle Haltung gegenüber psychischen Leiden, bedingt durch den gemeinsamen Erfahrungshorizont. Der Autor Carl Zuckmayer, der den Weltkrieg zuerst als Kriegsfreiwilliger, später als Leutnant der Reserve mitmachte und mehrere Auszeichnungen erhielt, beschrieb in seiner Autobiografie »Als wär's ein Stück von mir« aus dem Jahr 1966 die »Kriegsneurose« als eine Folge des Krieges, mit der die Mehrheit der Soldaten, die den Stellungskrieg erlebt hatten, zu kämpfen hatten:

»Ich habe in dem halben Jahrhundert, das seitdem vergangen ist, sehr selten vom Krieg geträumt. Nur zuerst, gleich nach dem Kriegsende, als man noch kaum begriff, daß man wirklich überlebt hatte und gerettet war, lag ich oft nachts verschüttet im Unterstand und konnte nicht rufen, mich nicht bewegen, bis ich dann in einem Schrei erwachte, der mich selbst tötlich [sic!] erschreckte. oder aber ich hörte ein [sic!] schwere Granate, heulend, gurgelnd, mit unentrinnbarer Langsamkeit und dann mit plötzlichen Aufschrillen über mich her kommen, mit dem Wissen: Jetzt! Jetzt ist es soweit! Und fand mich dann beim Krachen eines umgeworfenen Stuhls oder Nachtkästchens, zerschlagen, schweißüberströmt, neben meinem Bett. Diese Art von Kriegsneurose haben viele durchgemacht, die jahrelang in den Laufgräben und Stollen, im Gaskrieg, im Trommelfeuer daheim waren.

In dem Mainzer Spital, in dem ich im Jahre 1918 eine Zeitlang lag, um eine durch Abschuß von einem Beobachtungsturm erlittene Gehirnerschütterung auszuheilen, teilte ich das Zimmer mit einem anderen jungen Offizier, der häufig nachts aus dem Bett sprang und schrie: ›Sie kommen - sie kommen - sie kommen - !‹ Er sah die Gestalten, wie sie sich in Rauch und Nebel zu [sic!] Sturmangriff aus den Gräben hoben. Dann stand er mit verzerrtem Gesicht, die Arme krampfhaft vorgestreckt, als umklammere er ein Bajonett, in eine Wandecke geklemmt, erkannte mich nicht, wenn ich ihm helfen wollte, schlug um sich und mußte von zwei Sanitätern ins Bett zurückgeschafft werden, wo er sich langsam, oft schluchzend, beruhigte.

---

449 Ebd., S. 63.

Bei mir waren diese Zustände bald vorüber, und dann verschwanden der Krieg und seine Ängste aus meinem Schlaf, auch aus meinen Gedanken, als müsse man das abschütteln, versinken lassen, um weiterleben zu können.«[450]

Die Wirksamkeit des Korpsgeistes und Erosionserscheinungen

Zum zweiten spielten für die Wahrnehmung und Behandlung psychisch versehrter Offiziere durch ihre Offizierskameraden der gemeinsame Offiziersstatus, Korpsgeist und Etikette unter Standesgenossen eine große Rolle. Dies führte dazu, dass psychisch versehrte Offiziere und Mannschaftssoldaten im Regelfall unterschiedlich behandelt wurden. Wenn eine psychische Versehrung im Einsatz auftrat, reagierte man mit einer Krankschreibung oder einer Versetzung. Doch war es undenkbar, dass sich Offiziere deswegen offene Beleidigungen oder Zwangsmittel gefallen lassen mussten.

Die Art und Weise, wie Offiziere in Feldgerichten die Soldaten mit psychischen Leiden moralisch verurteilten, zeigt sich in Bezug auf Offiziere lediglich in Ansätzen in Ehrengerichtsverhandlungen, in denen psychisch versehrte Offiziere wegen Feigheit angeklagt wurden, aber auch hier finden sich neben anklagenden sehr verständnisvolle Stimmen.[451] Es wird deutlich, dass bis zum Kriegsende Korpsgeist und Etikette es nicht zuließen, offen in einer so herabwürdigenden Art über Offizierskameraden zu sprechen, wie sie in der Kommunikation über Mannschaftssoldaten durchaus geläufig war.

Psychisch versehrte Offiziere wurden von ihren Kameraden insbesondere in der ersten Kriegshälfte vorrangig nach Standesgesichtspunkten beurteilt. Das Offizierskorps verfügte über eine sehr starke Kohäsion und einen ausgeprägten Korpsgeist, der dazu verpflichtete, keinen Makel nach außen sichtbar werden zu lassen und Verfehlungen Einzelner zu decken. Der Major a. D. Otto Romberg urteilte 1921 über das Offizierskorps, wie er es bis in die Kriegszeit erlebt hatte: »Die Hauptstärke des Offizierkorps lag in der Geschlossenheit, in der Kameradschaft, im Zusammengehörigkeitsgefühl.« Es habe ein »Eintreten des einen für alle und aller für einen« gegeben.[452]

Hier wirkte sich aus, dass bis in die ersten Jahre des Ersten Weltkriegs galt, dass Offiziere einem privilegierten Berufs- und Gesellschaftsstand angehörten und den Anspruch hatten, den »Geist« der Armee zu verkörpern.

---

450 Zuckmayer, Als wär's ein Stück von mir, S. 251f.
451 Siehe hierzu den Abschnitt »Ehrengerichtsverhandlungen« in Kap. II.8.a. Sanktionen.
452 Romberg, Zum Sterben des Deutschen Offizierstandes, S. 48.

Zu den einfachen Soldaten, aber auch zum größten Teil der Bevölkerung hatten insbesondere aktive Offiziere in der Friedenszeit keine gesellschaftliche Verbindung, sondern hatten sich von beiden Gruppen deutlich abgegrenzt, um ihre Herrschaftsposition an der Spitze des Staates zu festigen.[453] In der zweiten Kriegshälfte erodierte der standesbedingte Korpsgeist dann an der Front zunehmend, während er in der Etappe und in der Heimat weiterhin erhalten blieb.[454] Nun wich mitunter eine verständnisvolle Haltung einer kühlen und rationalen Beurteilung des Offiziers nach militärischen Leistungs- und Effizienzkriterien, insbesondere wenn es nicht nur um temporäre psychische Krisen ging, sondern Offiziere dauerhaft nervliche Schwächen zeigten.[455]

Für die Erosion des geschlossenen Korpsgeistes war der bereits beschriebene Anpassungs- und Rationalisierungsprozess im gesamten militärischen Apparat an die Erfordernisse des Maschinenkrieges, insbesondere seit den großen Materialschlachten von 1916, von größter Wichtigkeit. Dieser führte nicht nur zu einer »mentalen Professionalisierung« des deutschen Offizierskorps,[456] sondern auch zur Separierung der Lebenswelten der Offiziere an der Front, in den Stäben und in der Etappe. Während bei den Stabs- und Etappenoffizieren fern der Todeszone vergleichsweise luxuriöse Lebensumstände herrschten und sie der Front allenfalls kurze Besuche abstatteten, teilten die jungen Frontoffiziere im Graben die Gefahren und auch die meisten Entbehrungen mit ihren Soldaten. Sich selbst sahen sie als »einfache Frontschweine«. Entsprechend machten viele Frontoffiziere ihrem Frust über die Privilegiertheit der Stabs- und Etappenoffiziere Luft und werteten den Gegensatz zu diesen als eine wesentliche Dimension ihrer Kriegs-

---

[453] Frevert, Die kasernierte Nation, S. 275. Siehe hierzu auch Kap. I.1. Soziale Stellung der Offiziere in der Wilhelminischen Ära.
[454] Vgl. Meteling, Adel und Aristokratismus, S. 238. Gegen eine Schwächung der Kohäsion des Offizierskorps spricht allerdings Sebastian Schaars Ergebnis seiner Auswertung von Selbstzeugnissen sächsischer Offiziere des Ersten Weltkriegs. Dieses lautet, dass die Offiziere die sozialen Vorgänge innerhalb des sächsischen Offizierskorps vom Anfang bis zum Ende des Krieges genau verfolgten und in ihren Selbstzeugnissen Kritik an ihren Vorgesetzten und Offizierskameraden weitgehend unterließen. Eine Ausnahme bildeten Frontoffiziere, die das Verhalten von Etappen- und Stabsoffizieren bewerteten, und mitunter in ihrer Kritik sehr deutlich wurden. Schaar, Wahrnehmungen des Weltkrieges, S. 91.
[455] Vgl. die Beispiele bei Ebd., S. 97.
[456] Siehe zur »mentalen Professionalisierung« den Abschnitt zum Ehrenkodex in Kap. II.2.a. Willensstärke, Kampfentschlossenheit und Todesbereitschaft als traditionelle Standespflichten der Offiziere. Vgl. zum Begriff Meteling, Adel und Aristokratismus, S. 224.

erfahrungen. Auch wussten sie sich in ihrer Wut auf die »Etappenschweine« einig mit den Gemeinen in ihren Kampfverbänden.[457] Junge Frontoffiziere in Leutnantsrängen waren dabei die heftigsten Kritiker, machten abfällige Bemerkungen und warfen diesen Personengruppen Feigheit, Rückständigkeit, Faulheit, Vorteilnahme, mangelnde Kenntnis der Lage an der Front, fehlende Durchsetzungskraft und Unüberlegtheit vor.[458]

Hinzu kam, dass die Frontoffiziere und die militärischen Führer in den höheren Stäben zwei sehr unterschiedliche Offizierstypen repräsentierten. Die Offiziere in den Stäben der Regimenter wie auch die Generalstabsoffiziere, die sich zum Großteil aus älteren Friedensoffizieren zusammensetzten, befanden sich an der Spitze der Hierarchie und agierten als Kriegsmanager. Hingegen präsentierten die Frontoffiziere, die zum Großteil erst im Krieg zum Offizier ernannt worden waren, den Kämpfer an der Basis.[459]

Unter den Offizieren an der Front kam es, bedingt durch die hohen Offiziersverluste und die Rekrutierungspraxis im Krieg, zu einem Generationswechsel und damit auch zu einem Mentalitätswandel. Die jungen Offiziere konnten unter den Bedingungen des Krieges nicht mehr wie in der Friedenszeit von den älteren Offizieren des Regiments in die Standespflichten des Korps eingewiesen werden. Sie wurden nun nicht mehr umfassend im Regiment sozialisiert, sondern erhielten nur eine rasche, notdürftige Ausbildung. Hierdurch ging ein einheitlicher Offiziershabitus verloren.[460] Dies führte dazu, dass die Vorkriegskodices zunehmend kritisch hinterfragt wurden.[461] Prägend wurde stattdessen eine Identität als Frontkämpfer, die sich unter den besonderen Bedingungen des Stellungskrieges im Schützengraben ausbildete. Sie führte zu einem Gemeinschaftsgefühl und glich die sozialen Unterschiede zwischen subalternen Offizieren, Unteroffizieren und Mannschaften bis zu einem gewissen Grad aus.[462] Hier lagen die Ursprünge der

---

457 Vgl. die Belege bei Meteling, Adel und Aristokratismus, S. 225f., 238.
458 Vgl. die Beispiele bei Schaar, Wahrnehmungen des Weltkrieges, S. 91.
459 Meteling, Adel und Aristokratismus, S. 226.
460 Ebd. Vgl. zur Sozialisation in der Vorkriegszeit Kap. I.1. Soziale Stellung der Offiziere in der Wilhelminischen Ära. Siehe zur Ausbildung im Krieg auch Kap. II.4. Die psychische Vorbereitung der Offiziere auf den Kriegsdienst.
461 Altrichter, Die seelischen Kräfte des Deutschen Heeres, S. 233; Watson, Enduring the Great War, S. 129–131; Funck, Bereit zum Krieg?, S. 69; Meteling, Ehre, Einheit, Ordnung, S. 220–227; dies., Adel und Aristokratismus, S. 226.
462 Rogg, Der Soldatenberuf in historischer Perspektive, S. 406. Siehe hierzu Kap. II.5.a. Kohäsionskräfte in den Kampfverbänden: Kameradschaft und »Korsettstangenprinzip«.

Frontkämpferideologie, die in der Propaganda überhöht und mythisiert wurden.[463] Diese Tendenz beförderte es, dass sich im Ersten Weltkrieg die Führungsverantwortung zunehmend auf die unteren hierarchischen Ebenen verlagerte. In den Regimentern erhielt der Bataillons-, Kompanie- und Zugführer eine immer autonomere Stellung. Seine Kenntnisse bezüglich Taktik und Waffen gründeten dabei zunehmend nicht mehr auf theoretischer Ausbildung, sondern auf seinen praktischen Erfahrungen im Krieg nach dem Trial-and-error-Prinzip.[464] Die zunehmende Autonomie der niederen Offiziersdienstgrade galt in besonders ausgeprägter Form für die technischen Spezialeinheiten. Beim Einsatz von hochmobilen mechanisierten Einheiten, von Flugzeugen oder Fernmeldeverbindungen waren Spezialisierungen von Offizieren und Soldaten sowie immer komplexer werdende Führungsstrukturen unumgänglich. Führungsverantwortung und Entscheidungskompetenz wurde damit immer mehr auf die unteren Offiziersränge verlagert, wodurch soziale Barrieren eingeebnet wurden.[465]

Innerhalb des gesamten Offizierskorps sank hierdurch das Zusammengehörigkeitsgefühl. Hierbei spielten neben der Spezialisierung das unterschiedliche Gefahrenpotential eine Rolle. Etappen- und Stabsoffiziere lagen zumeist in sicherer Entfernung von der Gefahrenzone, sodass hier sehr viel bessere Überlebenschancen bestanden als bei den Frontoffizieren.[466] Hinzu kam der verbreitete Vorwurf, dass Stabsoffiziere bei einer Veränderung der Front die Ersten seien, die sich der Gefahrenzone durch eine Rückverlegung ihres Standorts entzogen, was bei den Frontoffizieren Unmut und Spott erregte.[467]

Auch die Sozialverteilung bewirkte eine tiefe gesellschaftliche Kluft zwischen Front- und Stabsoffizieren und führte zu beiderseitigem Misstrauen. So wurde das Bild von den bürgerlichen Reserveoffizieren an der Front und den adeligen Truppenoffizieren in höheren Stäben wirkungsmächtig.[468]

---

463 Vgl. hierzu Kap. II.2.c. Der Idealtyp des »Frontkämpfers«.
464 Meteling, Adel und Aristokratismus, S. 226.
465 Rogg, Der Soldatenberuf in historischer Perspektive, S. 405.
466 Lipp, Meinungslenkung im Krieg, S. 119.
467 Vgl. die Belege Ebd., S. 120f.
468 Eine ähnlich nach gesellschaftlichen Klassen aufgeteilte Sichtweise spielte auch bei den Mannschaftssoldaten eine Rolle. Hier wirkte sich ein hoher Anteil von Industriearbeitern bei den technischen Truppen und der Marine aus, der sich gegenüber den zahllosen ›Frontschweinen‹ abgrenzte. Rogg, Der Soldatenberuf in historischer Perspektive, S. 405.

Allerdings erfolgte keine vollständige Vergemeinschaftung zwischen Frontoffizieren und Mannschaftssoldaten. Der einzelne Frontoffizier verfügte über einen großen Spielraum, auf welche Weise er sein Kommando führte und besaß anders als der Gemeine vielfältige Möglichkeiten, seine Befehle von einer weniger gefährlichen Position aus zu erteilen.[469] Hinzu kam, dass gerade während der Etappenaufenthalte der kämpfenden Regimenter das Trennende durch die Besserstellung der Offiziere bei Unterbringung und Verpflegung unübersehbar wurde.[470] Von einer »Frontgemeinschaft«, die Klassen und militärische Ränge nivellierte, wie sie nach 1918 im öffentlichen Diskurs über den Weltkrieg wirkungsvoll wie politisch fatal mythisiert wurde, lässt sich daher im Frontalltag kaum sprechen.[471]

d. Die Haltung der Untergebenen

Wenig Verständnis für eine psychische Schwäche konnten Offiziere, die als Truppenführer an der Front eingesetzt waren, im Allgemeinen von ihren Untergebenen erwarten. Schließlich hing ihr Wohlergehen vom Funktionieren des vorgesetzten Offiziers ab. Daneben spielte für ihre Haltung gegenüber vorgesetzten Offizieren mit psychischen Leiden eine entscheidende Rolle, dass diese eine Machtposition und Vorbildfunktion ausfüllten.

Entsprechend hatten die Mannschaftssoldaten eine hohe Erwartungshaltung im Hinblick auf die psychische Belastbarkeit ihrer Gruppenführer. Sie erwarteten von ihrem Leutnant, dass dieser seinen Soldaten in der Gefahr umsichtig voranging, sich um sie sorgte und sich bemühte, so viele von ihnen wie möglich lebend durchzubringen.

Der württembergische Oberbefehlshaber des Heeresgruppenkommandos Herzog Albrecht richtete am 3. September 1918 einen Appell an die vorgesetzten Offiziere, aufgrund der kursierenden Klagen über das Verhalten der Offiziere gegenüber den Mannschaften zukünftig noch stärker auf Persönlichkeit und Charakter der jüngeren Offiziere zu achten. Für die gute Stimmung in der Truppe sei wesentlich, dass »Offizier und Mann das feste Band gegenseitigen Vertrauens« verbinde, wofür das vorbildliche und fürsorgliche Verhalten der Offiziere essenziell sei:

---

469 Bröckling, Disziplin, S. 203.
470 Meteling, Ehre, Einheit, Ordnung, S. 290f.; dies., Adel und Aristokratismus, S. 225.
471 Bröckling, Disziplin, S. 203. Siehe zur Bedeutung von Konflikten als Auslöser von psychischen Erkrankungen bei Offizieren Kap. IV.1.a. Krankheitsauslöser.

»Der Soldat will im Offizier seinen Führer sehen;⁴⁷² das stellt erhöhte Ansprüche an den Offizier in jeder Richtung. Tapferes Verhalten im Kampf, eigenes Beispiel im Ertragen von Anstrengungen und Entbehrungen schaffen die Grundlage für das notwendige Vertrauen [...].«⁴⁷³

Hier wird sehr deutlich, dass nach Ansicht des Oberbefehlshabers psychisch labile Offiziere über diese Vertrauensstellung bei der Mannschaft nicht verfügen konnten. Dem Anschreiben ist der Vermerk »Geheim! Durch Offizier geschrieben!« vorangestellt. Das entspricht der allgemeinen Tendenz, dass Kritik an Offizieren nur im internen Kreis geäußert wurde und nicht nach außen dringen sollte.

Der hohe Anspruch der Untergebenen an die Nervenstärke der Offiziere und das Abhängigkeitsverhältnis der Mannschaften von ihren Offizieren zeigt sich besonders stark bei der Marine, wo man zusammen ›im selben Boot saß‹. Speziell für die Marine hieß es in einer Veröffentlichung von 1919, gerade auch im Rückblick auf den vergangenen Krieg:

»Die Leute wollen an ihrer Spitze keine Memmen sehen, weil sie wissen, dass Verzagtheit an der Spitze auch ihnen das Verhängnis bringen muss, und weil sich jeder an der Leistung des Schiffes als solchem mitbeteiligt fühlt.«⁴⁷⁴

Ein Beispiel für dieses Werteschema, das die Soldaten ihren Offizieren gegenüber anlegten, ist auch eine Stelle im Werk »Im Westen nichts Neues« von Erich Maria Remarque, der den Weltkrieg als einfacher Soldat mitmachte. Im Buch sprach er nur ein einziges Mal mit Hochachtung von einem Offizier: »Bei einem Angriff fällt unser Kompanieführer Bertinck. Er war einer dieser prachtvollen Frontoffiziere, die in jeder brenzligen Situation vorne sind.«⁴⁷⁵

---

472 Auch Hindenburg betonte bei einem Appell an die Offiziere zum gleichen Anlass am 22. Oktober 1918 den Wunsch der Mannschaftssoldaten im Offizier einen Führer zu haben: »Auch der alte Landsturmmann sieht nach dem Offizier und folgt willig auch dem jüngsten, wenn dieser sich durch Hingabe an den Dienst und durch sein persönliches Verhalten das Vertrauen seiner Untergebenen zu erwerben versteht.« GLA 456 F 2 Offiziersangelegenheiten, insbesondere das Verhalten der Offiziere 14. Dezember 1917–26. November 1918, darin: Chef des Generalstabes des Feldheeres, 22.10.1918.
473 Ebd., darin: Chef des Generalstabs des Feldheeres, Erziehung der Offiziere und Unteroffiziere, 26.9.1918; Heeresgruppenkommando Herzog Albrecht, Erhaltung guter Stimmung bei der Truppe, 3.9.1918.
474 Scheer, Deutschlands Hochseeflotte im Weltkrieg, S. 286f.; vgl. auch Wolz, Das lange Warten, S. 131.
475 Schneider, Erich Maria Remarques Roman ›Im Westen nichts Neues‹, S. 144.

Auch der Kriegsleutnant Ernst Jünger beschrieb das Vertrauen und die Hoffnung, die Soldaten selbst in ausweglosen Situationen zuweilen in ihre Vorgesetzten hatten. Über einen Feuerüberfall während der Frühjahrsoffensive 1918, in dem eine Granate mitten unter seinen Männern einschlug, bemerkte er:

»Die Verwundeten stießen noch immer furchtbare Schreie aus. Einige kamen auf mich zugekrochen und winselten, meine Stimme erkennend: ›Herr Leutnant! Herr Leutnant!‹ Einer meiner liebsten Rekruten, dem ein Splitter den Schenkel zerknickt hatte, klammerte sich an meinen Beinen fest. Meinem Unvermögen zu helfen, fluchend, klopfte ich ihm ratlos auf die Schulter. Solche Augenblicke vergißt man nie.«[476]

Ein typischer Vorwurf der Soldaten an psychisch versehrte Offiziere war, dass sie ihre Schwäche unter Ausnutzung ihrer Machtposition zu Lasten der Soldaten zu kompensieren versucht hätten. Eine psychische Schwäche, die dazu führte, dass sich der Offizier auf dem Rücken der Mannschaften schonte und der Fürsorgepflicht für seine Soldaten nicht mehr nachkam, wurde von den Mannschaften als »Selbstsucht« ausgelegt und nicht toleriert.

Ein Beispiel hierfür ist das Zeugnis, das die Kasernenräte des 16. bayerischen Infanterie-Regiments im April 1919 in Passau in den Revolutionswirren nach dem Waffenstillstand dem bayerischen Hauptmann Franz H. ausstellten.[477] Franz H. war aktiver Friedensoffizier, dessen Nerven bereits 1915 angegriffen waren, was sich dann aufgrund einer zweijährigen Kriegsgefangenschaft noch verschlimmerte. Im Zeugnis der Kasernenräte über Franz H. wurde folgendes vernichtende Urteil getroffen: »Im Frieden viel zu schneidig, im Felde das Gegenteil, arogante[!] Natur, bei der Truppe und Mannschaft äusserst unbeliebt[,] glatt abgelehnt.« Über die Enthebung des Hauptmanns hieß es in einem Brief der Kommandantur des Lagers Lechfeld an das Generalkommando der I. bayerischen Armee am 8. Mai 1919, die Gründe lägen in der Neigung zum Trinken und der Tatsache, dass er den Anforderungen des Dienstes nicht mehr gewachsen sei, da seine Nerven nach 27–monatiger Kriegsgefangenschaft stark heruntergekommen seien. Auch habe ihn der Garnisonsrat abgelehnt.

Franz H. wehrte sich gegen das Zeugnis der Kasernenräte, sprach von einer Beleidigung und erklärte sich die Beurteilung mit dem »Hass« einiger

---

476 Jünger, In Stahlgewittern, S. 234f.
477 Kasernenräte wurden im Zuge der Revolution in Bayern seit November 1918 in den Kasernen von den Soldaten gewählt und blieben bis April 1919 bestehen. Köglmeier, Münchner Soldatenrat, 1918/19; vgl. hierzu auch Kluge, Soldatenräte und Revolution.

Mannschaften, die nicht für alle unter ihm dienenden Soldaten repräsentativ seien. Im Entgegnungsschreiben begründete der Regimentskasernenrat des 16. bayerischen Infanterie-Regiments nochmal sein hartes Urteil. Es wurde zugegeben,

»dass er seinen Kameraden, d.i. den Offizieren, gegenüber im Frieden wie im Kriege vielleicht keine Arroganz an den Tag legte. Desto mehr jedoch übte er ein arrogantes Wesen an seinen Untergebenen [...] Sorge um sein eigenes Ich veranlassten ihn sehr häufig Befehle zu geben und von seinen Untergebenen Dinge zu verlangen und auszuführen zu lassen, die Beispiele von Selbstsucht und Anmassung (Arroganz) ergeben.«[478]

Allerdings ist in diesem Zusammenhang zu bemerken, dass nicht nur psychisch instabile Offiziere hier Schwierigkeiten hatten, sondern allgemein bei den Offizieren das Ideal der Dienstvorschriften und die Realität oft auseinanderklafften.[479] Vielfach gelang es ihnen nicht, als leuchtendes Vorbild im Kampf zu fungieren und den fragilen Spannungsbogen zwischen äußerer und innerer Disziplin zu halten und die Soldaten gleichzeitig zu kontrollieren und zur Selbständigkeit anzuhalten.[480] Nach Christoph Jahr trug dies deutlich zum Legitimitätsverlust der Militärführung unter den Soldaten im Verlauf des Krieges bei.[481] Die Vorwürfe, welche die Kasernenräte gegen den psychisch versehrten Offizier Franz H. erhoben, reihen sich entsprechend in die Anklagen gegen Offiziere ein, die allgemein von Mannschaften im Ersten Weltkrieg aufgeführt wurden. Auch ist die Reaktion von Frank H. ein Beispiel dafür, dass viele Offiziere die Soldatenräte nicht akzeptierten und zu diesen in einer antagonistischen Beziehung standen.

Die Klagen der Soldaten richteten sich daneben gegen die als ungerechtfertigt empfundene Privilegierung der Offiziere bei Verpflegung, Lohn – ein einfacher Soldat erhielt pro Tag 53 Pfenning, also 16 Mark im Monat, der Sold eines Leutnants lag bei ungefähr 280 Mark monatlich[482] –, Urlaub und Ordensvergabe wie auch gegen soziales Fehlverhalten von Offizieren, wobei

---

478 Franz H. wurde nachfolgend vorläufig vier Wochen seines Dienstes enthoben und beurlaubt. Nachfolgend wurde er als Bahnhofskommandant in Rosenheim eingeteilt, seit August 1919 war er wieder als Kompanieführer und anschließend als Hauptmann beim Stabe tätig. BayHStA-KA OP 1706 Franz H.
479 Siehe zum Ideal Kap. II.2.b. Die gesteigerte Bedeutung von Willens- und Nervenstärke der Offiziere im Krieg.
480 Volkmann, Soziale Heeresmißstände als Mitursache des deutschen Zusammenbruchs, S. 25–27; Stachelbeck, Militärische Effektivität im Ersten Weltkrieg, S. 301.
481 Jahr, Gewöhnliche Soldaten, S. 334.
482 Bröckling, Disziplin, S. 203.

insbesondere überzogenes Vorgesetztengebaren und die Degradierung der Mannschaften zu Knechten angeprangert wurden. Die Vorwürfe nahmen im Laufe des Krieges zu und entwickelten sich mitunter zu einem regelrechten Offiziershass.[483] In der britischen oder in der französischen Armee kam es hingegen nicht zu einer entsprechend starken Kritik am Offizierskorps.[484]

Auffällig ist, dass die Vorwürfe nicht mit der sozialen Herkunft der Offiziere zusammenhingen und sich nicht gegen den aristokratischen Offiziershabitus richteten. Besonders starke Kritik erfuhren vielmehr die jungen, bürgerlichen, im Krieg ernannten Offiziere, weniger die vom adeligen Offiziersideal durchdrungenen Friedensoffiziere. Denn die im aristokratischen Tugendkanon verankerte Pflicht zur Fürsorge gegenüber den Untergebenen nahmen die Soldaten insbesondere bei den Friedensoffizieren wahr und honorierten diese Haltung, klagten aber an, dass sie bei einem Teil der nachrückenden Offiziere nicht mehr verinnerlicht worden sei.[485] Dies zeigt zum Beispiel ein Anschreiben des Deutschen Werkmeister-Verbandes vom 12. August 1918 an Ludendorff, das die Klagen gegen die Offiziere enthält, die der Verband basierend auf Berichten der 13.000 Verbandsmitglieder aus allen Truppen des Feldheeres zusammengestellt hatte. Hierin heißt es explizit, dass sich die Vorwürfe nicht gegen die aktiven Offiziere des Friedensstandes richten würden, sondern gegen die im Krieg aufgestiegenen Offiziere des Beurlaubtenstandes.[486] Bei dem negativen Urteil der Soldaten gegenüber den jungen Offizieren ist allerdings zu berücksichtigen, dass die Offiziere im Kriegsverlauf eine fürsorgliche Behandlung ihrer Untergebenen auch aufgrund der sich verschlechternden strukturellen Bedingungen immer

---

483 Zum Offiziershass im deutschen Heer verfasste bereits im September 1916 der Jurist Hermann Kantorowicz eine Denkschrift, die aber erst nach dem Krieg veröffentlicht wurde. Kantorowicz, Der Offiziershaß im deutschen Heer. Der Offiziershass wurde in der Weimarer Republik Gegenstand des Untersuchungsausschusses des Reichstags. Martin Hobohm schrieb als linksliberaler Sachverständiger für den Untersuchungsausschuss des Reichstages ein Gutachten zu den sozialen Heeresmissständen als Teilursache des deutschen Zusammenbruchs: Hobohm, Soziale Heeresmißstände als Mitursache des deutschen Zusammenbruchs; ders., Untersuchungsausschuß und Dolchstoßlegende. Das Gegengutachten erstellte Erich Otto Volkmann: Volkmann, Soziale Heeresmißstände als Miturschache des deutschen Zusammenbruchs.
484 Meteling, Adel und Aristokratismus, S. 233. Vgl. zu den Folgen der heftigen Kritik des Offizierskorps nach der Niederlage die Ausführungen in Kap. V.2.a. Das Ende des Ersten Weltkriegs als Zäsur für das Offizierskorps als soziale Gruppe.
485 Vgl. Ziemann, Front und Heimat, S. 139–163; Meteling, Adel und Aristokratismus, S. 233.
486 Vgl. zum Fall ausführlich Meteling, Adel und Aristokratismus, S. 233f.

weniger praktizieren konnten, zumal seit 1916 die Ernährungs-, Material- und Ersatzlage immer mängelbehafteter wurde.[487]

Schließlich spielte für die Haltung der Untergebenen zu vorgesetzten Offizieren mit psychischen Leiden eine Rolle, dass Untergebene ihre Vorgesetzten an deren eigenen Worten maßen. Gerade bei Vorgesetzten, welche die Untergebenen in der Ausbildung zu Willensstärke und Todesverachtung angehalten hatten, reagierten die Untergebenen mit Verachtung, wenn diese chronische psychische Leiden als Grund anführten, keinen Frontdienst zu verrichten. So erinnerte sich der während des Krieges als Leutnant dienende Schriftsteller Ludwig Renn, dass ihn 1914 das Verhalten seines Hauptmanns enttäuscht habe:

»Ich hatte die Vorstellung, daß die anderen Offiziere jetzt ganz Pflicht, ganz Begeisterung sein würden. [...] Mein ehemaliger Hauptmann, der mich hatte ›auf scharf‹ dressieren wollen und der so ungeheuerlich schnauzen konnte, meldete sich krank wegen eines nervösen Leidens, das ihn angeblich am Reiten hinderte.«[488]

8. Konsequenzen für psychisch versehrte Offiziere

a. Sanktionen

Juristische Sanktionsmaßnahmen wurden bei psychisch versehrten Offizieren im Regelfall nicht vollstreckt. Es waren absolute Ausnahmen, in denen sich psychisch versehrte Offiziere vor den Feld- oder Ehrengerichten wegen des Vorwurfs von Feigheit, Fahnenflucht oder Befehlsverweigerung verantworten mussten. Doch ist der psychische Druck, sich konform zu benehmen, der bei Offizieren auch durch diese Instrumente existierte, als nicht gering einzuschätzen.

Verfahren vor Feldgerichten

Auch im Vergleich zu den Mannschaftssoldaten war die Zahl der Offiziere, die wegen Desertion und unerlaubter Entfernung im Feldheer vor den Feldgerichten verurteilt wurden, außerordentlich gering. So gab es in der

---

487 Ebd.
488 Renn, Über die Voraussetzungen zu meinem Buch »Krieg«, S. 12. Siehe auch Schaar, Wahrnehmungen des Weltkrieges, S. 167.

gesamten bayerischen Armee während des Ersten Weltkriegs nur eine einzige Verurteilung eines Offiziers wegen Fahnenflucht oder unerlaubter Entfernung. Daneben sind einige Fälle von elsass-lothringischen Offizieren belegt.[489] Ein weiterer Fall ist der in Bremen aufgewachsene Offizier Georg Wilhelm Meyer, der im Januar 1918 an der Ostfront desertierte und sich nachfolgend als Pazifist engagierte.[490] Entgegen der verschwindend geringen Zahl von Offizieren[491] betrug die Zahl der Soldaten und Unteroffiziere, die im deutschen Heer während des Weltkrieges wegen Fahnenflucht verurteilt wurden, nach einer Schätzung von Benjamin Ziemann mindestens 10.000 bis 12.000.[492] Angesichts von 13,5 Millionen mobilisierten Männern im Feldheer blieb damit allerdings auch hier der Anteil unter ein Promille, wenn auch von einer hohen Dunkelziffer auszugehen ist.[493]

Christoph Jahr interpretiert das weitgehende Fehlen von Offizieren unter den Deserteuren damit, dass dies nicht bedeute, dass sie tatsächlich keine jener Verhaltensweisen gezeigt hätten, die bei den Mannschaftssoldaten als Desertion bestraft worden wären: »Vielmehr konnte hier nicht sein, was nicht sein durfte, weil es mit ihrem Eliteanspruch nicht vereinbar gewesen wäre, diese Form von Versagen einzugestehen.«[494]

Dass entsprechendes Verhalten von Offizieren vielfach nicht juristisch belangt wurde, zeigt zum Beispiel der Fall, dass im St. Jürgen-Asyl für Geistes- und Nervenkranke in Bremen im Ersten Weltkrieg ein Offizier lag, bei dem die Desertion bei der Auflistung seiner Symptome in der Krankenakte

---

489 Ziemann, Fahnenflucht im deutschen Heer, S. 113f.
490 Donat, Georg Wilhelm Meyer, S. 41–45. Siehe daneben zu den Offizieren Jahr, Gewöhnliche Soldaten, bes. S. 194; Ziemann, Fahnenflucht im deutschen Heer, S. 113f.
491 Ein weiterer Beleg hierfür ist Stephanie Neuners Auswertung der Feldgerichtsakten für den Bereich der 3. bayerischen Infanterie-Division (BayHStA-KA MilGer. 3. Div., Fallakten der Militärgerichte), ein Offizier war nicht darunter. Sie stellte fest, dass bei insgesamt 250 Verfahren in 75 Fällen ein militärärztliches Zeugnis in Auftrag gegeben wurde, um die Frage der Schuldfähigkeit zu prüfen. Neuner, Politik und Psychiatrie, S. 63.
492 Ziemann, Fahnenflucht im deutschen Heer, S. 114.
493 Umfang und Auswirkung der Fahnenflucht werden dabei in der Forschung unterschiedlich bewertet. Exemplarisch für die Uneinigkeit sind die Positionen von Anne Lipp, Christoph Jahr und Benjamin Ziemann. Während Lipp angesichts der Zahlen den Standpunkt vertritt, dass die Desertion im Ersten Weltkrieg niemals eine Massenerscheinung war, geht Christoph Jahr ab Oktober 1918 von massiven Auflösungserscheinungen in den Verbänden aus und Ziemann wertet die Desertion bereits vor Sommer 1918 als Massenphänomen. Lipp, Meinungslenkung im Krieg, S. 144; Jahr, Gewöhnliche Soldaten, S. 166; Ziemann, Fahnenflucht im deutschen Heer, S. 129f. Vgl. zus. Stachelbeck, Militärische Effektivität im Ersten Weltkrieg, S. 297.
494 Jahr, Gewöhnliche Soldaten, S. 194.

aufgeführt wurde. Auffällig ist aber gleichzeitig, dass keine Hinweise existieren, dass sich dieser disziplinarisch zu verantworten hatte. Er war nicht im St. Jürgen-Asyl, um militärärztlich für ein Verfahren vor dem Feldgericht beurteilt zu werden, sondern zur Behandlung seiner psychischen Leiden.[495] Kam es zum Verfahren, blieb die Strafbemessung bei Fahnenflucht und unerlaubter Entfernung bei Offizieren und Mannschaftssoldaten im Regelfall sehr mild. Dies ist ein allgemeiner Befund zur deutschen Militärgerichtsbarkeit während des Ersten Weltkrieges, die sich in ihren Urteilen generell am unteren Rand des Möglichen orientierte.[496] Die Militärgerichte verhängten insgesamt nur 18 Todesurteile, wodurch Deutschland im europäischen Vergleich eine Sonderstellung erhielt.[497]

Ein Grund lag darin, dass bei den Verfahren vor den Feldgerichten, in denen es um Desertion oder Feigheit vor dem Feind ging, die Gerichte häufig die Erstellung eines psychiatrischen Gutachtens zur Klärung der Frage der Schuldfähigkeit anordneten.[498] Und die psychiatrische Expertise schuf oft einen Schutzraum für die Angeklagten, da viele ärztliche Gutachter ihnen selbst in Fällen, in denen sie eine Beeinträchtigung der freien Willensbestimmung aufgrund der äußeren Kriegseinflüsse nicht feststellten, dennoch oftmals eine krankhafte, »minderwertige« Veranlagung bescheinigten und diese als Erklärung ihres regelwidrigen Verhaltens anführten. Sie sprachen von »geistiger Minderwertigkeit« oder einer »psychopathischen Natur«. Trotz dieser herabwürdigenden, stigmatisierenden Begriffe plädierten die ärztlichen Gutachter für ein mildes Urteil, dem sich die Gerichte auch meistens anschlossen und lediglich die Mindeststrafen verhängten.[499]

Eine ähnlich zwiespältige Funktion erfüllte die Psychiatrie auch bei Festnahmen politischer Aktivisten mit pazifistischen Überzeugungen im Ersten Weltkrieg. Hier diente sie einerseits dazu, politisch aktive Pazifisten als psychisch krank zu diagnostizieren und in Nervenanstalten zu isolieren. Doch

---

495 Vgl. zu diesem Fall Hermes, Krankheit: Krieg, S. 346.
496 Vgl. Jahr, Gewöhnliche Soldaten, S. 236; siehe auch Neuner, Politik und Psychiatrie, S. 65.
497 Hingegen wurden z.B. im britischen Heer 269 Todesurteile gefällt, im französischen Heer allein bis Ende 1915 fast 500 Todesurteile. Vgl. zu den Zahlen Jahr, Gewöhnliche Soldaten, S. 18. Siehe daneben Neuner, Politik und Psychiatrie, S. 65; Bröckling, S. 230; Ulrich, Nerven und Krieg, S. 183; Meteling, Ehre, Einheit, Ordnung, S. 226. Vgl. zur österreichischen Militärjustiz im Ersten Weltkrieg Hofer, Nervenschwäche und Krieg, S. 264.
498 Diese »Pathologisierung des militärischen Ungehorsams« war bereits in der Friedenszeit vor 1914 üblich. Bröckling, Psychopathische Minderwertigkeit?, S. 161–186. Siehe hierzu ausführlich Bennette, Diagnosing dissent, insbes. S. 74–100.
499 In den 75 von Stephanie Neuner untersuchten Fällen verhängten die Gerichte nur sieben Mal eine Strafe von mehr als zehn Jahren. Neuner, Politik und Psychiatrie, S. 65.

auch wenn diese Intention von staatlicher Seite nachweisbar ist, vermied andererseits dieses Verfahren den Strafprozess, der die Anklage wegen Hochverrats und ein Todesurteil hätte bedeuten können. Ein Beispiel hierfür ist der Prozess und die nachfolgende Einweisung in eine Nervenheilanstalt des ehemaligen Marineoffiziers und Schriftstellers Hans Paasche im Jahr 1917. Er weist damit Parallelen zum Umgang mit dem Künstler und desillusionierten kriegsfreiwilligen Unteroffizier Heinrich Vogeler auf, der einen schriftlichen Friedensappell an Kaiser Wilhelm II. richtete.[500]

Paasche war seit 1900 Marineoffizier, aber 1909 verabschiedet worden. Schon damals war er, in Ostafrika eingesetzt, in Konflikt mit seinen Vorgesetzten geraten und hatte Kritik an der brutalen Kolonialpolitik des Deutschen Reiches geübt. Als der Krieg ausbrach, wurde Paasche im August 1914 als Kapitänleutnant reaktiviert. Er diente zunächst als Nachrichtenoffizier und seit Juni 1915 bei einer Torpedobootflottille in Wilhelmshaven. Paasche durchbrach im Dienst demonstrativ die bei der Marine besonders ausgeprägte, von der Führung gewünschte Distanz zwischen Offizieren und Mannschaften. 1916 wurde er aus dem Militärdienst entlassen, als er sich geweigert hatte, als Richter im Prozess gegen einen wegen »aufreizender Redensarten« angeklagten Matrosen zu fungieren und sein Verhalten mit »Befangenheit zugunsten des Angeklagten« erklärte.[501]

Seitdem brachte er offen seine pazifistischen und profranzösischen Anschauungen zum Ausdruck. Er wurde Mitglied im Bund Neues Vaterland, zog sich auf sein Gut Waldfrieden zurück und veröffentlichte im Rahmen der Zensur kriegskritische Texte. Am 14. Juli 1917 feierte er den Jahrestag des Sturms auf die Bastille mit französischen Kriegsgefangenen, die auf seinem Anwesen untergebracht waren, und hisste die Trikolore. Diese Aktion führte zusammen mit seiner Propagandaarbeit dazu, dass Paasche im Herbst 1917 verhaftet wurde. Vor dem Untersuchungsrichter gab er zu Protokoll, was er 1919 unter dem Titel »Meine Mitschuld am Weltkriege« publizierte.[502] Um einen Prozess mit dem wortgewandten Ex-Offizier zu vermeiden, wurde er in eine Berliner Nervenklinik eingewiesen.[503]

---

500 Küster, Heinrich Vogeler im Ersten Weltkrieg.
501 Wieland, Vom kaiserlichen Offizier zum deutschen Revolutionär, S. 175.
502 Paasche, Meine Mitschuld am Weltkriege.
503 Einiges spricht dafür, dass auch sein Schwiegervater Richard Witting sich für dieses Procedere einsetzte, um Paasche vor der drohenden Anklage wegen Hochverrats zu bewahren. Paasche wurde während der Revolutionsereignisse am 9. November 1918 von aufständischen Matrosen aus der Anstalt befreit und zum Vollzugsrat der Arbeiter- und Soldatenräte gewählt. Er setzte sich für die Verhaftung und Verurteilung derjenigen ein,

Allgemein hatten die Offiziere in den gerichtlichen Verhandlungen und bei den psychiatrischen Untersuchungen eine ambivalente Position. Für ihre Bewertung spielte eine große Rolle, dass bei Offizieren aufgrund des militärischen Ehrenkodex und der geforderten Vorbildfunktion für die Mannschaft eine besonders hohe Messlatte angelegt wurde. Doch gleichzeitig spielten den Offizieren während der gerichtlichen Verfahren die privilegierte Stellung und das Wissen um die Abläufe im System zu. Sie ermöglichten ihnen subtilere Strategien zur Rechtfertigung ihres Verhaltens, die den Mannschaftssoldaten im Regelfall nicht zur Verfügung standen.[504] Dies ist ein wichtiges Ergebnis, das für fast alle Bereiche im Militär beim Umgang mit Offizieren mit psychischen Leiden im Ersten Weltkrieg gilt. Hingegen war im Zweiten Weltkrieg bei Wehrmachtsoffizieren, die dem Vorwurf von Feigheit und Fahnenflucht ausgesetzt waren, ein verschärfteres Strafmaß als bei Mannschaftssoldaten die Regel.[505]

Ehrengerichtsverfahren

Im Ersten Weltkrieg unterstanden die Offiziere neben den Feldgerichten auch den Ehrengerichten. Die Ehrengerichte der Regimenter dienten traditionell dazu, autonom darüber zu entscheiden, ob sich einer ihrer Offiziere einer Ehrverletzung schuldig gemacht hatte. Sie setzten sich ausschließlich aus Offizierskameraden zusammen und waren vom Grundsatz bestimmt, dass der Öffentlichkeit hier kein Einblick und erst recht keine Mitsprache zukam. Nach außen hin sollte das Offizierskorps ohne Makel bleiben. Hinzu kam, dass für alle Offiziere die Devise galt: »Du bist, was Du im Regimente giltst.«[506] Die offizierskorpsinternen geheimen Untersuchungen beschäftigten sich mit dem Ehrenkodex im Offizierskorps und gewähren damit direkten Einblick in die Werturteile und Verhaltensmaßstäbe für Offiziere.

Im Sächsischen Hauptstaatsarchiv Dresden sind zwölf Ehrengerichtsverhandlungen gegen Offiziere mit psychischen Leiden während des Ersten

---

die für den Ausbruch des Krieges verantwortlich waren, fand jedoch wenig Unterstützung. Lange, Hans Paasches Forschungsreise ins innerste Deutschland, S. 197; Bennette, Diagnosing Dissent, S. 5, 130f., 134, 136, 142.
504 Hofer, Nervenschwäche und Krieg, S. 265.
505 Siehe hierzu Kap. V.1.d. Reaktivierung psychisch versehrter Offiziere in der Wehrmacht und der Umgang mit Offizieren mit psychischen Leiden im Zweiten Weltkrieg.
506 Schaible, Standes- und Berufspflichten des deutschen Offiziers, S. 9f. Siehe auch Meteling, Adel und Aristokratismus, S. 220.

II. Die Nerven der Offiziere als militärisches Problem 237

Weltkriegs überliefert.[507] Die Offiziere wurden hier einerseits für ihr Verhalten an der Front hinsichtlich des Vorwurfs der Feigheit und Verantwortungslosigkeit gegenüber ihren Untergebenen angeklagt, andererseits wegen eines als ehrenrührig geltenden Verhaltens in der Öffentlichkeit, das sie an den Tag legten, nachdem sie aus der Front zurückgezogen und zum Garnisondienst versetzt wurden. Daneben gab es Offiziere, die selbst ein Ehrengerichtsverfahren anstrebten, um gegen die Umstände ihrer Entlassung vorzugehen oder sich gegen Gerüchte, dass sie fehlenden Mut gezeigt hätten, zur Wehr zu setzen. Die Akten enthalten die militärischen Anklagepunkte, die Protokolle und Verteidigungsschriften des betroffenen Offiziers, Zeugenaussagen und militärärztliche Gutachten.

In keinem der Ehrengerichtsverhandlungen kam es im Ergebnis zu einer Verurteilung des Offiziers. Der Hauptgrund dafür war, dass bei keinem der angeklagten Offiziere der Feigheitsvorwurf bestätigt wurde, sondern das Verhalten mit psychischen Leiden erklärt wurde, die als reale Krankheiten angesehen wurden, die mit der Offiziersstellung durchaus im Einklang standen. Offiziere, die durch ihr Verhalten in der Garnison das öffentliche Ansehen des Offizierskorps beschädigten, wurden nicht unehrenhaft entlassen. Stattdessen wählte man den Weg über die Dienstunbrauchbarkeit aus medizinischen Gründen, um den Offizier loszuwerden.

Ein sächsischer Leutnant und Adjutant aus dem II. Ersatzbataillon des Infanterie-Regiments 177 initiierte 1915 ein ehrengerichtliches Verfahren gegen sich selbst, um den gegen ihn erhobenen Vorwurf der unerlaubten Entfernung von der Front zu entkräften, was ihm auch gelang. Auf sein Verfahren wird im Folgenden näher eingegangen, da die dort gezeigte Haltung der Vorgesetzten und Offizierskameraden gegenüber militärischen Führern mit psychischen Leiden als typisch für jene des Offizierskorps im Ersten Weltkrieg angesehen werden kann. Auch macht das Verfahren die Belastungen sehr deutlich, mit denen Offiziere einer Einheit konfrontiert wurden, wenn ein Offizier im Gefecht aufgrund eines psychischen Leidens ausfiel.

Das Verfahren diente dazu, folgende Gerüchte über den Leutnant zu entkräften:

»1. er sei ohne geeigneten Grund nach der Heimat zurückgegangen, 2. die Verwundungen seien nicht derart, daß ein längeres Fernbleiben von der Front gerechtfertigt

---

507 SächsHStA, 11335 EGA Ehrengerichtsakten der Sächsischen Armee.

sei, 3. er habe bei Tahure versagt und es liege gegen ihn der Schein unsoldatischen Verhaltens vor.«⁵⁰⁸

Nahe dem französischen Ort Tahure brachen Mitte Januar 1915 französische Truppen über 800 Meter in deutsche Stellungen ein. Ein deutscher Gegenangriff verlief erfolglos, so dass der Befehl zum Rückzug gegeben werden musste. Bei den Voruntersuchungen des ehrengerichtlichen Verfahrens erhob ein Offizier seines Regiments schwere Vorwürfe. Er teilte dem Ehrenrat mit, er habe nach dem Gefecht am 13. Januar 1915 noch mit Leutnant A. gesprochen und gemerkt, dass er leicht verwundet gewesen sei, aber dass nach seiner Einschätzung nichts Ernstes vorgelegen habe. Danach hätten sie acht Tage nichts mehr von ihm gehört, bis ein Brief eintraf, aus dem ersichtlich wurde, dass er in die Heimat gefahren sei. Nachdem angefangen worden sei, weitere Nachforschungen anzustellen, sei bei ihm ein Brief von Leutnant A. Anfang Februar eingetroffen, in dem er mitteilte,

»daß er im Lazarett – wohl Vouzias – vom Arzte untersucht und ›für verrückt erklärt‹ worden sei, er habe dagegen protestiert, sei aber wider seinen Willen nach der Heimat abgeschoben worden. In der Heimat hätte sich herausgestellt, daß seine Verwundungen ernsterer Natur gewesen seien, als dies zunächst den Anschein gehabt hätte. Er habe noch immer Weinanfälle, befinde sich aber sehr auf dem Wege der Besserung.«⁵⁰⁹

Er habe ihm daraufhin geschrieben, dass er »persönlich bedauerte, daß er abgebaut habe; man habe es ihm hier etwas übelgenommen.«⁵¹⁰ Man habe damals angenommen, er sei eigenmächtig in die Heimat gefahren. Hinzu kam, dass die Gefechtslage nicht gestattet habe,

»daß irgendjemand auch mit berechtigten Beschwerden krank geschrieben würde. Denn der größte Teil der Mannschaften wäre sonst infolge der Überanstrengung [...] ausgefallen. Infolgedessen erwarteten wir bestimmt, ein Offizier mit derartig leichter Verwundung wie A. entweder in der Front blieb oder nach einigen Tagen dahin zurückkehrte.«⁵¹¹

---

508 SächsHStA, 11335 Ehrengerichte, Nr. 12 Leutnant A., wegen einer gegen sich selbst beantragten Untersuchung aufgrund seines Verhaltens an der Front und der Rückreise von der Front, 1915, S. 4.
509 Ebd., S. 28.
510 Ebd., S. 28.
511 Ebd., S. 29.

Hier wird sehr deutlich, dass sein Regimentskamerad die psychischen Leiden des Leutnants nicht ernst nahm. Obwohl dieser ihm seinen psychischen Zustand geschrieben hatte, griff er am Schluss nur wieder seine physischen Verletzungen bei der Beschreibung seines Gesundheitszustandes auf.

Die Aussage verdeutlicht, dass ein psychischer Zusammenbruch, der nach außen schwer sichtbar war und bei dem ein Offizier nicht mehr funktionierte, seinen militärischen Auftrag abbrach und sich bei den militärischen Stellen nicht vorschriftsmäßig krankmeldete, zu Ärger und Unverständnis bei den Kameraden führen konnte. Gerade in Gefechtssituationen wurde ein solches Verhalten eines militärischen Führers leicht als Im-Stich-Lassen seiner Männer oder gar als Fahnenflucht gedeutet. Hier spielte eine große Rolle, dass beim Ausfall eines Leutnants die anderen Leutnants seine Aufgaben mitübernehmen mussten, wobei zu dieser Zeit ohnehin schon Offiziersmangel an der Westfront herrschte. Ferner zeigt sich, dass vom Offizier aufgrund seiner Vorbildfunktion mehr Durchhaltevermögen als von Mannschaftssoldaten erwartet wurde.

Die Wahrnehmung des Offizierskameraden erinnert an eine Szene in Edlef Köppens autobiografisch gefärbten Roman »Heeresbericht« (1930), wo beschrieben wird, wie die untergebenen Offiziere es aufnahmen, als der vorgesetzte Offizier sich in einer aussichtslosen Gefechtssituation krankmeldete. Auch sie deuteten die Krankmeldung des Hauptmanns wegen Gallensteinen als Simulation, als Feigheit, als Versagen des Vorgesetzten und als Im-Stich-Lassen seiner Untergebenen.[512]

Allerdings wird aus der Ehrengerichtsakte auch klar, dass hier eine Minderheitenposition im Offizierskorps vertreten wurde. Der Großteil der Offiziere betonte, dass der psychische Zusammenbruch des Leutnants A. für dessen Rückverlegung in die Heimat ausschlaggebend gewesen sei.

Die Zeugenaussage seines vorgesetzten Hauptmanns und Bataillonsführers vom 17. Oktober 1915, der zu den Ereignissen von Tahure befragt wurde, macht deutlich, dass dieser Verständnis für die überanstrengten Nerven der Offiziere von Tahure hatte:

»Bei der Schilderung der Schwierigkeiten der Verhältnisse bei Tahure habe ich auch erzählt, wie einzelne Leute Spuren geistiger Störungen gezeigt haben, wie Leute weinend in den Unterständen saßen, andere wieder sofortige Sturmangriffe verlangten, wie die noch vorhandenen Kompführer infolge der enormen Überanstrengung ihrer Nerven in meinen Unterstand gekommen sind und die Verantwortung ablehnten, bei einem derartigen Zustande ihrer Truppen die Stellung zu halten. [...] Alle

---

512 Köppen, Heeresbericht, Kap. 15, 2.

Offiziere waren naturgemäß mit ihren Nerven vollkommen herunter. Und irgend einen Vorwurf wegen dieses Vorgangs gegen einen der beteiligten Offiziere zu erheben, hat mir völlig fern gelegen.«[513]

Aufschlussreich ist, dass in seiner Interpretation die kommandierenden Offiziere nicht wegen der bedrohlichen Kriegssituation und der Sorge um ihr persönliches Überleben Nervenprobleme hatten, sondern vorrangig wegen der Auflösungserscheinungen ihrer Truppen. Die Verantwortung für die Truppen führte seiner Meinung nach zu den überanstrengten Nerven der Offiziere, was ein verbreitetes Deutungsmuster im Ersten Weltkrieg darstellte.[514] Ein befragter Reserveleutnant verwahrte sich in einem Brief aus dem Sanatorium Bad Reichenhall vom 12. September 1915 gegen den Vorwurf, etwas Ehrenrühriges über Leutnant A. gesagt zu haben und betonte seine guten Beziehungen zu ihm »in der Garnison, wie auch im Felde«. Er stellte auch klar, was er genau gesagt hatte:

»Ich habe nicht gesagt, daß Leutnant A. im Gefecht vollkommen versagt hätte, sondern daß er während des Gefechtes mit seinen Nerven vollkommen zusammen gebrochen ist. Ferner habe ich kein Wort davon gesagt, daß Leutnant A. mit den andern Komp. Führern des I. Batl. in den Gefechtsstand des Batl. Führers gelaufen wäre und dort heulend gesagt hätte, er könnte nicht mehr [.] Diese Bemerkung sagte ich über Landwehrmann Hempel 4. K., dem es so ergangen ist.«[515]

Der Reserveleutnant deutete den Nervenzusammenbruch des Leutnants A. während des Gefechts also weder als etwas Ehrenrühriges noch als »vollkommenes Versagen«. Auch wird klar, dass ein Kamerad anders als ein Vorgesetzter nicht das Recht hatte, das Agieren eines Offiziers als »Versagen« zu beurteilen, sondern ein solches Urteil als Beleidigung angesehen wurde.

Die Aussage des früheren Kompanieführers von Leutnant A., jetzt Adjutant der 192. Infanterie-Brigade, zeugt ebenfalls von einer verständnisvollen Haltung gegenüber seinem Nervenleiden. Er sagte aus, dass Leutnant A. nicht wegen seiner Verwundungen, die nicht schlimm gewesen seien, son-

---

513 SächsHStA, 11335 Ehrengerichte, Nr. 12 Leutnant A., wegen einer gegen sich selbst beantragten Untersuchung aufgrund seines Verhaltens an der Front und der Rückreise von der Front, 1915, S. 32f.
514 Siehe hierzu Kap. IV.1.a. Krankheitsauslöser.
515 SächsHStA, 11335 Ehrengerichte, Nr. 12 Leutnant A., wegen einer gegen sich selbst beantragten Untersuchung aufgrund seines Verhaltens an der Front und der Rückreise von der Front, 1915, S. 26f.

dern wegen seines »nervösen Erschöpfungszustandes« in die Heimat geschickt worden sei:

»Über sein dienstliches Verhalten vor dem 8.1.15 kann ich als sein Kompagnieführer nur Gutes berichten. Unsoldatisches Benehmen habe ich nie an A. bemerkt. er war mir gegenüber sehr militärisch und war mir eine wertvolle energische Stütze in der Beaufsichtigung der Unteroffiziere und Mannschaften. Angeben möchte ich noch, daß Ltnt. A.s Nervenzustand schon als ich ihn Anfang Dezember 1914 kennen lernte, stark mitgenommen war. Er wohnte meist mit mir in einem Unterstand, schlief nachts meist sehr unruhig, sprach im Schlafe, auch hat er mich einmal sehr aufgeregt ohne Grund nachts geweckt. Anfang Februar traf ich Ltnt A. in Dresden. Er erzählte mir, daß er sich gesund melden wolle und hoffe bald mit dem II. Ers. Batl. 177 wieder in's Feld zu kommen. Ich wunderte mich damals darüber sehr und riet A. ab, sich sobald wieder gesund zu melden.«[516]

Die Textstelle zeigt, dass militärisches Auftreten und angegriffene Nerven sich nach Ansicht des Kompanieführers durchaus nicht ausschlossen und angegriffene Nerven an sich nichts Bedenkliches waren, beschränkten sie sich auf das Privatleben (Verhalten im Unterstand).

Die Pflichttreue des Leutnants suchte sein früherer Kompanieführer damit zu belegen, dass dieser sich trotz seiner angegriffenen Nerven gegen das ärztliche Urteil, in die Heimat zur Erholung verlegt zu werden, sträubte und möglichst bald wieder, auch gegen ärztlichen Rat, an die Front wollte. Dass der Kompanieführer angab, dass er ihm in Dresden davon abriet, sich gesund zu melden, zeugt davon, dass er ihn aufgrund seines nervlichen Zustands noch nicht als befähigt ansah, Frontdienst zu leisten. Die Offenheit, mit der er über die angegriffenen Nerven von Leutnant A. sprach, macht deutlich, dass diese durchaus mit der Offiziersstellung in Einklang standen und als heilbar galten.

Insgesamt ergaben die Voruntersuchungen, dass in allen drei Punkten die Anklagen haltlos seien. Ein Leutnant, der die Gerüchte gestreut hatte, wurde wegen seiner unkameradschaftlichen »Schmähungen« gerügt. Besonders interessant ist Punkt 2:

»Nicht die geringfügige äußerliche Verwundung, sondern der nervöse Erschöpfungszustand und eine Lungenquetschung, haben laut Gutachten des Batl.-Arztes, Stabsarzt Dr Schulz, die längere Frontverwendungsunfähigkeit A.s ergeben.«[517]

---

516 Ebd., S. 45f.
517 Ebd., S. 49.

Hier wird sehr deutlich, dass ein »nervöser Erschöpfungszustand« nicht als ehrenrührig galt.

Wie bereits erwähnt gab es insgesamt bis Kriegsende nur wenige Verfahren gegen Offiziere, sondern den Trend, Verfehlungen Einzelner im Korps zu vertuschen. Der Fall des 1876 geborenen Leutnants der Landwehr Karl F.[518] ist ein Beispiel dafür, wie die Vorgesetzten eines psychisch auffälligen, alkoholkranken Offiziers in der Etappe versuchten, dessen Eskapaden nicht an die Öffentlichkeit gelangen zu lassen und befürchteten, dass der Offizier mit seinem Verhalten das Offizierskorps in Misskredit bringen würde. Die militärischen Vorgesetzten empfahlen aufgrund dieser Belastung seine Entlassung aus medizinischen Gründen.

Die Krankenakte von Karl F. aus dem Reservelazarett der Universitätsnervenklinik Tübingen von 1916, in der seine gesamte Krankengeschichte einschließlich der vorherigen Krankenakten dokumentiert ist und auch Schriftwechsel mit den militärischen Dienststellen enthalten sind, zeigt, dass er während seines Kriegsdienstes von 1914 bis 1916 meist eine deutliche Belastung für seine Einheit war. Er war nur für wenige Monate an der Front (April bis Juli 1915, Oktober 1915 bis Februar 1916), was beide Male durch Phasen exzessiven Trinkens beendet wurde, die dann Lazarettaufenthalte und nachfolgenden Garnisonsdienst zur Folge hatten. Auch im Garnisonsdienst kam es immer wieder zu Trinkexzessen, die wiederholt Lazarettaufenthalte nach sich zogen. Bei seinem Aufenthalt in der Nervenklinik Tübingen im April und Mai 1916 wurde er schließlich mit der Begründung »chronischer Alkoholismus« als »dienstunbrauchbar« beurteilt, was zusammen mit einer Reihe von anderen ärztlichen und militärischen Urteilen, die auch in der Krankenakte wiedergegeben sind, seine Entlassung zur Folge hatte.

Welche Belastung die Exzesse des Leutnants in den Phasen, in denen er trank, für die Ersatzabteilung darstellten, wird aus dem Schreiben des Majors und Abteilungsführers vom Ersatztruppenteil des Feldartillerieregiments 49 vom 4. April 1916 an die kgl. württembergische Inspektion der Ersatzabteilungen der Feldartillerie Ludwigsburg deutlich, in der er um die Dienstentlassung von Karl F. bat:

»So, wie der Zustand v. F. heute ist, muss die Abteilung jede Verantwortung über sein Tun und Treiben ablehnen, eine sachgemässe Beaufsichtigung ist in hiesiger Garnison ausgeschlossen [...]. Die Abteilung hält ihn zeitig für ganz dienstunfähig

---

518 Vgl. UAT 669/27512 Krankenakte des Leutnants der Landwehr Karl F.

und bittet daher die k. Inspektion, seine Entlassung und zwar in tunlichster Bälde höheren Ortes beantragen zu wollen.«[519]

Der Klinikdirektor Gaupp referierte in seinem Bericht den ärztlichen Bericht von Dr. Hochstetter, Oberstabsarzt im Festungslazarett Ulm vom 5. April 1914:

»Dr Hochstetter fügte der Krankengeschichte des Lazaretts bei, es sei unmöglich, Leutnant F. in einem Lazarett zu belassen; er gehöre unbedingt in eine geschlossene Abteilung, so lange er als Offizier noch dem Militär angehöre; er sollte aber nach Ansicht des Garnisonsarztes möglichst bald als dienstunbrauchbar entlassen werden.«[520]

Hier wird deutlich, dass der Hauptmann nicht weggesperrt werden sollte, da Gefahr für seine Gesundheit bestand, sondern um Schaden für das Ansehen des Offizierskorps abzuwenden.

Im militärischen Schriftwechsel zwischen dem Ersatztruppenteil und der kgl. Inspektion der Ersatzabteilungen wurde auch die Frage der Disziplinarbestrafung des Leutnants erörtert. Die Möglichkeit einer solchen Bestrafung wurde schließlich als aussichtslos eingeschätzt, da die Zurechnungsfähigkeit des Leutnants nicht gegeben sei und ihn vor Bestrafung schütze. Entsprechend wurde besonders auf die Entlassung aus medizinischen Gründen gedrängt.[521]

Für den Trend, dass Verfehlungen Einzelner im Korps vertuscht wurden, spielte schließlich auch eine große Rolle, dass die Vorgabe bestand, jegliche Kritik am eigenen Offizierskorps, die nur im Entferntesten den Eindruck von Nestbeschmutzung erweckte, zu vermeiden und im Kameradenkreis streng zu ahnden. Eine milde Maßnahme war, den betreffenden Kritik äußernden Offizier aus den gesellschaftlichen Offizierskreisen

---

519 UAT 669/27512 Schreiben des Majors und Abteilungsführers vom Ersatztruppenteil des Feldartillerieregiments 49 an die kgl. Inspektion der Ersatzabteilungen der Feldartillerie Ludwigsburg vom 4.4.1916.
520 UAT 669/27512 Bericht Robert Gaupps über den Leutnant der Landwehr Karl F. vom 27.4.1916.
521 Gaupp begründete diese Entlassung am 27. April 1916 in seinem ärztlichen Bericht damit, dass der Leutnant zwar momentan gesund sei, aber ein rascher Rückfall und damit eine erneute Krankmeldung aufgrund des jahrzehntelangen chronischen Alkoholismus zu erwarten sei. Eine Woche später, am 4. Mai 1916 erfolgte die Entlassung von Karl F. aus dem Heeresdienst durch das stellvertretende Generalkommando II a. Ebd.

auszuschließen, doch konnte auch ein Ehrengerichtsverfahren die Folge sein.[522]

Die unter den Offizieren verbreitete Scheu, Kritik an Standesgenossen offen auszusprechen, insbesondere vor Publikum, das nicht zum internen Kreis der Offiziere gehörte, erklärt sich auch aus der Befürchtung, dass dies insgesamt die Autorität des Offizierskorps untergraben würde. Die gleiche Tendenz zeigt sich auch darin, dass soldatische Beschwerden über vorgesetzte Offiziere fast immer folgenlos blieben. Die Kommandobehörden schreckten davor zurück, Offiziere deswegen zu bestrafen, da man befürchtete, eine solche Anerkennung von Unzulänglichkeiten bei den Führungsqualitäten der Offiziere würde die Autorität des Offizierskorps insgesamt gefährden.[523]

Dass Vorgesetzte trotz der Verantwortungskette die ihnen unterstellten Offiziere schützten, insbesondere wenn es in den Einheiten Beschwerden gab, macht das Verhalten des sächsischen Obersts Charles Garke deutlich. Dieser beschrieb in einem Tagebucheintrag von 1918, wie er mit einem ihm unterstehenden psychisch angeschlagenen Hauptmann umging, der seine Untergebenen schikanierte. Ein anonymer Brief beschuldigte ihn, dass er seine Untergebenen beschimpft, Liebesgaben ungerecht verteilt, den Besuch des Feldgottesdienstes verweigert und Beschwerden unterdrückt habe. Obwohl sich die Entgleisungen des Hauptmanns als wahr erwiesen und der Oberst sie mit dessen kriegsbedingter »Nervosität« erklärte, fiel sein Gesamturteil über ihn als militärischer Führer gut aus (der Hauptmann sei »sonst ein guter Batteriechef, aber sehr nervös durch den Krieg geworden«), sodass die vom General vorgesehene Strafversetzung in die Etappe aufgrund seines Einspruchs unterblieb. Ein Arzt wurde nicht hinzugezogen. Der anonyme Briefschreiber aber wurde ermittelt und gegen ihn wurde ein Feldgerichtsverfahren angestrengt.[524]

Bezeichnend sind auch die Ausführungen des Schriftstellers und Militärkritikers Kurt Tucholsky über den Korpsgeist unter den Offizieren, der während des Krieges und auch in der Nachkriegszeit bei Verfehlungen Einzelner die Standesgenossen schützte. Tucholsky beschuldigte die Offiziere nach dem Krieg des Missbrauchs ihrer Dienstgewalt, der Korruptheit und

---

522 Meteling, Der deutsche Zusammenbruch 1918, S. 294f.; dies., Ehre, Einheit, Ordnung, S. 227.
523 Lipp, Meinungslenkung im Krieg, S. 115.
524 Vgl. zum Fall Schaar, Wahrnehmungen des Weltkrieges, S. 127.

Bereicherung auf Kosten der Mannschaftssoldaten.[525] In einem Artikel für
»Die Weltbühne« vom 14. August 1919 führte er aus:

»Was den Offiziersstand so schwer bemakelt, ist nicht die Tatsache, daß sich viele
seiner Angehörigen zu solchem Mißbrauch ihrer Dienstgewalt hinreißen ließen, sondern die Indolenz ihrer Kameraden, die jede Verfehlung gegen berechtigte Angriffe
von außen deckten. Der Offiziersstand trägt insofern für jede Verfehlung seiner Angehörigen die volle Verantwortung, als er sie nicht geahndet hat.«[526]

Und etwas später bemerkte er:

»Der einzelne hatte kein Verantwortungsgefühl mehr: die Kollektivität hatte es ihm
abgenommen und schützte ihn. Die Kollektivität ist aber nun auch schuld an den
maßlosen Übergriffen einzelner, die unsre Friedensbedingungen zweifellos verschlimmert haben. Keine Ärzte-Organisation, kein Offizierkorps hat Kollegen und
Kameraden öffentlich zur Verantwortung gezogen. Die Straftaten wurden sehr
leicht inszeniert und ausgeführt. Ehe aber einer dafür abgestraft wird, stellen sie eine
sehr sorgfältige Untersuchung an, die dem publizistischen Ankläger Gefängnis und
dem Angeschuldigten in den seltensten Fällen etwas einbringen wird. So subtil kann
Justitia manchmal sein.«[527]

b. Verabschiedungen

Eine psychische Versehrung hatte im Ersten Weltkrieg nur in den wenigsten
Fällen eine Verabschiedung des Offiziers zur Folge. Der Grund lag darin,
dass das im Frieden geltende rigide Verabschiedungssystem für Offiziere im
Krieg nicht zur Geltung kam.

Das Friedenssystem sah vor, dass Offiziere anders als Beamte prinzipiell
an jedem Punkt ihrer Laufbahn verabschiedet werden konnten. Es genügte
der Hinweis, dass für sie keine Verwendungsmöglichkeit mehr bestand.
Wurde ein Offizier in seinem Beurteilungsbogen von seinem Vorgesetzten
für die Ausfüllung seiner gegenwärtigen Stelle und für eine Stelle des nächsthöheren Dienstgrades nicht mehr für befähigt gehalten, so wurde er in seiner
Beförderung angehalten. Da aufgrund des Anciennitätsprinzips, welches bis
1942 wirksam blieb,[528] ein Übergehen eines Offiziers in der Beförderung

---

525 Tucholsky, Zur Erinnerung an den ersten August 1914, S. 30f.
526 Ebd., S. 31.
527 Ebd., S. 36f.
528 Siehe zur Änderung 1942 Kap. V.1.d. Reaktivierung psychisch versehrter Offiziere in der
    Wehrmacht und der Umgang mit Offizieren mit psychischen Leiden im Zweiten Weltkrieg.

durch einen Dienstjüngeren als ehrenrührig angesehen wurde – die Anciennitätsverhältnisse waren durch die veröffentlichten Ranglisten allgemein bekannt –, wurde in der Friedenszeit in diesem Fall vom Offizier erwartet, dass er selbst ein Verabschiedungsgesuch stellte. Im Kaiserreich war dafür die Begründung »wegen nicht mehr genügender Felddienstfähigkeit« gebräuchlich.[529] Allerdings wurde im Ersten Weltkrieg das im Frieden geltende Verabschiedungssystem oft ausgehebelt, indem statt einer Verabschiedung nur eine Versetzung in der Dienststelle erfolgte.[530] Zwar forderte Hindenburg Ende 1916 bei der Auswertung der Erfahrungen der Schlacht bei Verdun das »rücksichtslose Entfernen« ungeeigneter Führer.[531] Dieser Grundsatz ließ sich jedoch im Krieg wegen des Offiziersmangels[532] im Massenheer kaum durchsetzen und die rechtlichen Regelungen zur Dienstunbrauchbarkeit für Militärangehörige verhinderten eine rigide Aussiebung. So war dauernde Dienstunbrauchbarkeit zwar ein Grund für die Entlassung aus dem Heeresdienst, durfte aber nur ausgesprochen werden, wenn Krankheiten oder Gebrechen vorlagen, die dem Heeresangehörigen nicht nur den Waffendienst unmöglich machten, sondern auch jegliche Dienstleistungen für das Militär, die sich am bürgerlichen Beruf orientieren sollten, und eine gesundheitliche Besserung in absehbarer Zeit mit Sicherheit ausgeschlossen werden konnte.[533] Psychisch versehrte Offiziere, die ihre Offizierslaufbahn fortsetzen wollten, profitierten vom im Ersten Weltkrieg praktizierten Verabschiedungswesen.

Für die deutsche Armee liegen keine Angaben vor, wie viele Offiziere und Militärangehörige insgesamt im Ersten Weltkrieg wegen psychischer Leiden als dienstunbrauchbar entlassen wurden. Die Auswertung der Kranken- und Personalakten der Offiziere macht aber deutlich, dass nur ganz vereinzelt psychisch versehrte Offiziere aus dem Militärdienst entlassen wurden. Dies geschah insbesondere in Fällen, in denen sie stationär in eine geschlossene Heil- und Pflegeanstalt überwiesen wurden, da sie als unheilbar angesehen wurden, oder aufgrund ihres Verhaltens als untragbar galten, wie

---

529 Rabenau, Die deutsche Land- und Seemacht und die Berufspflichten des Offiziers, S. 288, Nr. 316; siehe daneben Stumpf, Die Wehrmacht-Elite, S. 52f.
530 Siehe hierzu Kap. II.8.b. Versetzungen.
531 Zitiert nach Stachelbeck, Militärische Effektivität im Ersten Weltkrieg, S. 304.
532 Siehe hierzu den Abschnitt »Die Auswirkungen des hohen Offiziersbedarfs durch die massiven Verluste« in Kap. II.3.b. Die Prüfung der psychischen Belastbarkeit der Offiziersanwärter.
533 Sanitätsbericht über das Deutsche Heer im Weltkriege, Bd. 3, S. 28.

zum Beispiel bei schwerer chronischer Alkohol- oder Morphiumsucht. Hinzu kamen Fälle, in denen die betroffenen Offiziere selbst um Entlassung aus dem Militärdienst baten. Bei neurasthenischen Erschöpfungskrankheiten oder bei Hysterie und Psychopathie war dies bei den rund 1.500 durchgesehenen Krankenbucheinträgen der ausgewählten Lazarette wie auch bei den Krankenakten von 294 Offizieren nur vereinzelt der Fall.

Allgemein wurden im Ersten Weltkrieg Verabschiedungen von Offizieren weitgehend vermieden. Daher wurden bei schlechten Einschätzungen der Felddienstfähigkeit in dienstlichen Beurteilungen oft als nächster Schritt militärärztliche Gutachten angefordert, deren Urteilen hinsichtlich der weiteren Verwendungsfähigkeit dann im Regelfall die militärischen Stellen Folge leisteten. Solange die Offiziere noch zu irgendeinem Militärdienst fähig waren und trotz langfristiger Lazarettaufenthalte die Hoffnung bestand, dass eine gesundheitliche Besserung eintrat, blieben sie im Regelfall im Dienst.

Ein Beispiel für einen Offizier mit psychischen Leiden, der während des Krieges erfolgreich ein Verabschiedungsgesuch durchbrachte, ist der Oberleutnant der Reserve Rudolf H.[534] Sein Fall macht wiederum deutlich, dass auch als konstitutionell angesehene psychische Diagnosen kein Hinderungsgrund für eine Offizierslaufbahn der Reserve waren. Gleichzeitig zeigt der Fall einen Offizier, der ärztliche Beurteilungen erhielt, die sich immer wieder wandelten, bei denen er mal als Neuropath, mal als Psychopath bezeichnet werden konnte. Rudolf H. erhielt 1915 das ärztliche Zeugnis Herzneurose. 1918 verbrachte er nach einem Aufenthalt im Kriegslazarett Virton nur kurze Zeit im Offiziers-Genesungsheim Joeuf, um nach einigen Tagen mit der Krankentransportabteilung abtransportiert zu werden.[535] Seine Diagnose in Joeuf lautete »constitutionell-verstimmter Neuropath«, wobei die Bezeichnung Neuropath auf die leichte Erregbarkeit des zentralen Nervensystems abhob.[536] Ein Vorgesetzter befürwortete 1918 den Vorschlag, Rudolf H. aus gesundheitlichen Gründen zum Rekrutendepot zu versetzen. 1918 bat er um Zurückstellung, da er im Zivilleben als Bankbuchhalter gebraucht werde und beim Ersatztruppenteil als Offizier entbehrlich sei. Er erhielt 1918 die Entlassung mit der Diagnose »empfindsamer Psy-

---

534 BayHStA-KA OP 16198 Oberleutnant der Reserve Rudolf H.
535 KBL 39441 Krankenbuch des Offiziersgenesungsheims Joeuf der 5. Armee.
536 Siehe hierzu Kap. III.2.b. Psychiatrische Praxis: Diagnosen in den Krankenakten.

chopath«.⁵³⁷ Dass das Entlassungsgesuch akzeptiert wurde, ist ein klarer Hinweis darauf, dass noch 1918 trotz des Offiziersmangels auf die persönlichen Bedürfnisse und Wünsche des Offiziers eingegangen wurde. Die Zurückhaltung bei der Entlassungspraxis aus dem Offiziersdienst zeigt sich nicht nur in Bezug auf militärische Führer, bei denen psychische Leiden auftraten, sondern als allgemeine Tendenz (vgl. Tabelle 2). Insgesamt wurden vom 2. August 1914 bis zum 31. Juli 1918 nach den laufenden Meldungen des Stellvertretenden Generalkommandos an das Kriegsministerium nur 2.604 Offiziere wegen Dienstunbrauchbarkeit entlassen. In Bezug auf die 277.000 Offiziere, die von 1914 bis 1918 im deutschen Heer dienten, machte hier die Quote lediglich etwa 1% aus.⁵³⁸ Von den 13.123.011 Männern, die während des Weltkriegs zum Kriegsdienst im Heer eingezogen worden waren, wurden demgegenüber in diesem Zeitraum 702.778 und damit 5,4% als dienstunbrauchbar entlassen.

Bei den als dienstunbrauchbar angesehenen Offizieren war der Anteil der Gruppe, die ohne Versorgung ausschied, deutlich höher als in den anderen Dienstgradgruppen. Hier lag der Prozentsatz bei 37%, während er bei den Offiziersstellvertretern und Feldwebeln 20% ausmachte und bei den Mannschaftssoldaten 29%. Dieser hohe Anteil ist weniger darauf zurückzuführen, dass für die Leiden der Offiziere, die zum Urteil der Dienstunbrauchbarkeit führten, weniger Kriegsdienstbeschädigungen anerkannt worden wären, sondern vorrangig darauf, dass viele Offiziere, die aus vermögenden Familien stammten, darauf verzichteten, Versorgungsansprüche zu stellen.⁵³⁹

---

537 1928 schrieb Eugen Kahn: »Die Empfindsamen sind eine Gruppe von psychopathischen Persönlichkeiten, die sich durch ihre leicht erkennbare empfindsame Zartheit und Mimosenhaftigkeit gut kennzeichnen lassen. Diese Empfindsamkeit hat gewissermaßen eine Kehrseite: sie ist, wie KRETSCHMER gezeigt hat, vergesellschaftet mit hochgradiger Eindrucks- und geringer Entladungsfähigkeit.« Kahn, Die psychopathischen Persönlichkeiten, S. 236.

538 Konkret 0,9%, doch sind die restlichen Monate bis Kriegsende, die in der Tabelle fehlen, zu berücksichtigen.

539 Siehe hierzu Kap. V.2.f. Das Selbstbild psychisch versehrter Offiziere in der Weimarer Republik.

II. Die Nerven der Offiziere als militärisches Problem

Tabelle 2: Dienstunbrauchbar aus dem Heer entlassen vom 2. August 1914 bis 31. Juli 1918[540]

	Offiziere, Sanitäts-, Veterinäroffiziere, Obere Beamte	Offiziersstellvertreter, Feldwebel	Mannschaften	Summe
Zahl der Verwundeten mit Versorgung, die als dienstunbrauchbar aus dem Heer entlassen wurden	1.090	28.293	315.193	344.576
Zahl der übrigen Kranken mit Versorgung, die als dienstunbrauchbar aus dem Heer entlassen wurden	550	12.906	145.681	139.137
Zahl der Militärangehörigen, die als dienstunbrauchbar ohne Versorgung aus dem Heer entlassen wurden	964	10.263	187.838	199.065
Summe aller ausgeschiedenen Heeresangehörigen	2.604	51.462	648.712	702.778
Jahresdurchschnitt der als dienstunbrauchbar aus dem Heer Entlassenen	651	12.866	162.178	175.695

Insgesamt zeigt sich die Tendenz, dass die deutsche Armeeführung es sich nicht leisten konnte, versehrte Offiziere zu entlassen, sondern sich darum bemühte, sie auf einem Posten einzusetzen, auf dem sie noch produktiv Militärdienst leisten konnten.

c. Urlaubsbewilligungen und Versetzungen nach Wunsch

Das Militär gewährte psychisch versehrten Offizieren Nischen und Freiräume, indem großzügig Urlaube und Versetzungen genehmigt wurden, wobei Offizieren in deutlich höherem Umfang als Mannschaftssoldaten solche Freiräume zur Verfügung standen. Zwar gingen in der zweiten Kriegshälfte aufgrund des Offiziersmangels die Möglichkeiten zurück, dem Militärdienst durch ausgedehnte Urlaube oder Kuraufenthalte komplett zu entgehen,

---

540 Sanitätsbericht über das Deutsche Heer im Weltkriege, Übersicht 21, S. 27.

doch blieben vielfältige Optionen offen, sich durch Etappen- oder Heimatdienst und temporäre Freistellung dem Frontdienst zu entziehen, obwohl es auch hier Versuche gab, diese Freiräume einzuschränken.[541] Daneben nutzten viele psychisch versehrte Offiziere im Ersten Weltkrieg die Möglichkeit, sich für Dienststellungen zu qualifizieren, die jenseits des Frontdienstes angesiedelt waren und vorrangig spezialisiertes Fachwissen und technisches Können verlangten.

Urlaube

Psychisch versehrten Offizieren wurde insbesondere in der ersten Kriegshälfte großzügig Urlaub genehmigt. Dem entsprach, dass auch gesunde Offiziere im Allgemeinen im Ersten Weltkrieg häufiger Urlaub als Mannschaftssoldaten erhielten. Dies war neben der wesentlich höheren Bezahlung, der besseren Verpflegung, den geräumigeren Unterständen, der Beförderungs- und Auszeichnungspraxis und den besseren Überlebenschancen der höheren Offiziere ein wichtiger Kritikpunkt der Soldaten an den Offiziersprivilegien.[542]

Die großzügige Urlaubsvergabe zeigt sich bereits in den Krankenakten, in denen die Ärzte nach Abschluss der Lazarettbehandlung noch ausgedehnte Urlaube für Offiziere beantragten. Sie erklärt sich aber auch aus den Vorbehalten im Militär gegenüber Genesungsheimen und Nervenstationen und dem Vertrauen auf die Selbstheilungskräfte der Offiziere. In dieser Hinsicht befanden sie sich teilweise im Einklang mit der Meinung von Militärpsychiatern, die bei Offizieren ebenfalls vorrangig auf deren Selbstheilungskräfte setzten.[543] Im militärischen Schriftverkehr wird aber auch deutlich, dass im Militär generell vielfach Vorbehalte gegenüber der Eignung von Nervenstationen für Offiziere bestanden. Dies betraf selbst Offiziersgenesungsheime, wenn in ihnen vorrangig nervenkranke Offiziere behandelt

---

541 Hierbei ist allerdings zu bedenken, dass diese Möglichkeiten in beschränkterem Umfang auch den Mannschaftssoldaten zur Verfügung standen. So leisteten von den bis zu sieben Millionen mobilisierten Soldaten des Deutschen Reiches in den vier Kriegsjahren durchschnittlich mehr als zwei Millionen nicht im Feldheer, sondern im Besatzungsheer Dienst. Bröckling, Disziplin, S. 200.
542 Vgl. zu den kritisierten Offiziersprivilegien und zum Offiziershass in der deutschen Armee Kap. II.7.d. Die Haltung der Untergebenen. Siehe auch Lipp, Meinungslenkung im Krieg, S. 116.
543 Siehe hierzu Kap. III.4.c. Urlaub, Badekuren und Privatpflege.

wurden.⁵⁴⁴ Stattdessen empfahlen Militärs häufig Urlaub als einzige Therapie.

Ein Beispiel für die militärischen Vorbehalte gegenüber Genesungsheimen, in denen nervenkranke Offiziere sich gemeinsam erholen sollten, sind die militärischen Beurteilungen und Empfehlungen für den Leutnant der Reserve Jakob S.⁵⁴⁵ Dieser war Tapferkeitsoffizier, d. h. er gehörte zu der kleinen Gruppe Offiziere, die aufgrund ihres ausgezeichneten Verhaltens an der Front die Beförderung zum Offizier erhalten hatte.⁵⁴⁶ Zwei Monate nach seiner Beförderung erlitt er am 9. Mai 1915 an der Front beim Angriff auf Neuville einen Nervenzusammenbruch. Nach einem Lazarett- und Genesungsheimaufenthalt nahm Jakob S. wieder als kriegsdienstfähig seinen Dienst an der Westfront auf, allerdings auf eigenen Wunsch nun bei einem anderen Regiment.

Sein vorgesetzter Hauptmann in seinem neuen Regiment, dem bayerischen Reserve-Infanterie-Regiment Nr. 2, und auch der Kommandeur der kgl. bayerischen Reserve-Infanterie-Brigade Samhaber äußerten sich im August 1915 über das psychische Leiden von Jakob S. und seinen momentanen Zustand. Beide stimmen überein in ihrer Kritik an dessen Aufenthalt in einem Offiziersgenesungsheim mit anderen Nervenkranken. So schrieb der Hauptmann:

»Eine Besserung durch seinem[!] Aufenthalt in dem Offizierserholungsheim hat S. nicht erreicht. [...] von Chateau de l'Heremitage wurde er zu früh entlassen, wenn nicht der Aufenthalt dort überhaupt von wenig günstiger Einwirkung für S. war.«⁵⁴⁷

Auch der Kommandeur Samhaber äußerte Skepsis, ob sich der Zustand des Leutnants, begebe er sich erneut in ein Genesungsheim mit anderen Nervenkranken, bessern könne. Statt eines weiteren Aufenthalts in einem Genesungsheim, beantragte er Urlaub für ihn:

»Ich trete der Anschauung des Regt. Arztes bei, dass bei der Nervenerkrankung des Lt. S. ein längerer Heimaturlaub wohl am ersten geeignet ist, seiner[!] Gesundheit wieder voll zu heben; zumal nach dem Urteil der Zwischenvorgesetzten anzu-

---

544 Siehe zur Verteilung psychisch versehrter Offiziere auf psychiatrische Stationen, Offizierslazarette und -genesungsheime Kap. III.1. Das prozentuale Verhältnis von psychisch versehrten Offizieren und Mannschaftssoldaten.
545 BayHStA-KA OP 1221 Jakob S.
546 Siehe zur zurückhaltenden Beförderung aufgrund von Tapferkeit die Ausführungen in Kap. II.8.d. Die militärische Karriere nach der psychischen Versehrung.
547 BayHStA-KA OP 1221 Jakob S., Mitteilung des Hauptmanns des bayerischen Reserve-Infanterie-Regiments Nr. 2, August 1915.

nehmen ist, dass bei S. selbst der ernste Wille vorhanden ist, über seinen krankhaften Zustand wegzukommen.⁵⁴⁸ Das Zusammensein mit anderen Nervenkranken in einem Genesungsheim oder Sanatorium dürfte bei der geschilderten Reizbarkeit des S. die Heilung und damit die Möglichkeit der Wiederverwendung dieses tüchtigen Offiziers nur verzögern. Ich beantrage daher für Lt. S. einen 8 wöchentl. Erholungsurlaub in die Heimat und seine Versetzung zum Ers. Batl.«⁵⁴⁹

Der bayerische Generalleutnant Ritter Nikolaus von Endres (1862–1938) notierte am 13. September 1916 an der Westfront in seinem Tagebuch:

»gestern habe ich den Kdeur 19. I.Rgts, Obstlt. v. Staubwasser, ohne seine Bitte, auf 4 Wochen beurlaubt er ist geisteskrank wohl infolge der Aufregungen der letzten Tage. [...] Mittags kommt Obstlt. v. Staubwasser zu mir, macht tatsächlich nicht normalen Eindruck; ich muß ihn anlügen, damit er in Urlaub geht [...].«⁵⁵⁰

Der Tagebucheintrag ist ein Beispiel dafür, dass gerade, wenn es um höhere Offiziere ging, oft der Weg über den Urlaub gewählt und so eine Lazaretteinweisung vermieden wurde. Für England ist das gleiche Procedere belegt.⁵⁵¹

Ein weiteres Beispiel dafür, dass von vielen Militärs der Urlaub bei Offizieren wie Mannschaften als das beste Mittel zur Erholung der Nerven im Krieg angesehen wurde, sind die 1928 veröffentlichten Feldzugsaufzeichnungen des Generals Otto von Moser. Dieser schrieb über den Oktober 1916 an der Westfront:

»Durch kleinere oder größere Patrouilleunternehmungen stellen wir die Verbände des Gegners fest und erhalten wir den offensiven Geist in der Truppe. Außerdem begünstige ich in diesen verhältnismäßig ruhigen Zeiten die Beurlaubung aller Offiziere und Mannschaften vom Brigadekommandeur bis zum einfachen Mann nach aller Möglichkeit. Urlaub ist und bleibt für den Frontsoldaten das beste Mittel, um die Nerven ausruhen und andere Gedanken und Bilder aufkommen zu lassen.«⁵⁵²

---

548 Der Hauptmann hatte geschrieben: »S. ist von ausgesprochenem Ehrgeiz beseelt, und zweifle ich nicht, dass er selbst nichts unversucht lassen wird, in die Front zurückzukehren, sowie sein Zustand dies einigermassen gestattet.« Ebd.
549 Ebd., Antrag des Kommandeurs Samhaber der Kgl. Bayr. Reserve-Infanterie-Brigade Samhaber, August 1915.
550 Haug (Hrsg.), Kriegstagebuch des Generals Nikolaus Ritter von Endres, S. 218.
551 Leese, Shell Shock, S. 9.
552 Moser, Als General im Ersten Weltkrieg, S. 252f.

II. Die Nerven der Offiziere als militärisches Problem 253

Hier wird deutlich, dass Moser anders als viele Nervenärzte die Heimat nicht als Gefahr für die Nerven der Frontsoldaten ansah, sondern als wichtigstes Mittel zu deren Erholung.[553] Insbesondere in der zweiten Kriegshälfte, als sich der Offiziersmangel immer stärker bemerkbar machte, wurde auch bei Offizieren stärker darauf geachtet, dass sie rasch wieder dienstfähig wurden. Urlaubsgesuche wurden nun seltener bewilligt oder gekürzt. Dem entsprach ein allgemeiner Trend, der auch alle gesunden Offiziere und Mannschaftssoldaten betraf. Typisch ist die ablehnende Begründung, die der bayerische Oberleutnant Arthur D. im April 1916 erhielt, nachdem er um Urlaub gebeten hatte, um die Verwaltung seiner heimischen Güter zu ordnen. Das Gesuch wurde aufgrund der sonstigen Schädigung militärischer Interessen abgelehnt. Er sei im Moment nicht abkömmlich, möglicherweise könne er später in Urlaub gehen, doch müsste der Urlaub kürzer als erwünscht ausfallen.[554]

Eine Privilegierung der Offiziere gegenüber den einfachen Soldaten wurde aber aufrechterhalten. So blieben die Urlaubsbeschränkungen für Offiziere sehr viel geringer als bei den Mannschaftssoldaten, wie zum Beispiel ein Tagebucheintrag des sächsischen Hauptmanns von Sandersleben vom 1. Dezember 1917 zeigt: »[...] im Regts Befehl zufolge Fernspruch AOK Urlaub bis auf äußerste Fälle einzuschränken ist (gilt nicht für Offz).«[555]

Auch in den Fällen, in denen bei angespannter militärischer Lage offiziell die gleichen Bestimmungen für Offiziere und Mannschaften hinsichtlich Urlaubssperren galten, wurden diese in der Praxis bei Offizieren mitunter umgangen. So vermeldete das AOK 3 im Mai 1918, es nicht billigen zu können, »daß Offiziere in großer Zahl beurlaubt werden, während für die Mannschaften Urlaubssperre besteht. Für die Offiziere gelten dieselben Bestimmungen wie für die Mannschaften.«[556]

Blickt man auf psychisch versehrte Offiziere, ist der bayerische Hauptmann der Reserve Karl H. ein Beispiel dafür, dass es auch für Offiziere gegen Ende des Krieges schwerer wurde, einen Erholungsurlaub wegen psychischer Beschwerden zu erhalten. Karl H., der bei der Infanterie an der Westfront diente, gab in seiner Krankmeldung vom 20. September 1918 an, dass er

---

553 Siehe hierzu Kap. III.2.a. Der psychiatrische Diskurs über die Diagnosen und Ursachen von psychischen Leiden bei Offizieren.
554 BayHStA-KA OP 24018 Arthur D., Urlaub, April, Mai 1916.
555 Zitiert nach Schaar, Wahrnehmungen des Weltkrieges, S. 184f.
556 Zitiert nach Lipp, Meinungslenkung im Krieg, S. 127f.

aufgrund seines psychischen Zustandes nicht mehr an der Front dienen könne:

»Ich bin gezwungen, mich krank zu melden. Die letzten 2 Nächte habe ich schlaflos verbracht. Ich befinde mich in einem seelischen Zustand, in dem ich den Anforderungen die an einen Kompagnieführer gestellt werden müssen, nicht gewachsen bin. Ich bitte um Gewährung eines Erholungsurlaubs zur Wiederherstellung meiner Gesundheit von 21 Tagen.«[557]

Ihm wurde aber aufgrund der Offiziersknappheit im Herbst 1918 kein Urlaub genehmigt. Eine Woche später musste er auf Anordnung seines Vorgesetzten ins Lazarett eingeliefert werden. Nach Aussage eines späteren militärärztlichen Zeugnisses erfolgte bei ihm »Ende September völliger Zusammenbruch, deshalb Behandlung im Kriegslazarett Sedan vom 27.9.-5.10.18.«[558] In Sedan erhielt er im Krankenbuch die Diagnose »chronische Lungenerweiterung mit Schwäche des Herzens, Neurasthenie mit allgemeiner Erschöpfung.«[559]

Auch ist auffällig, dass in der zweiten Kriegshälfte körperliche Symptome wie Zittern oder ticartiges Zucken durchaus als mit der Würde und Autorität eines Offiziers im Garnisonsdienst vereinbar angesehen wurden. Offiziere mit solchen Symptomen erhielten nicht automatisch Erholungsurlaub, sondern wurden oft garnisonsdienstfähig geschrieben.

Ein Beispiel hierfür ist der Leutnant der Reserve Ferdinand B., der 1916 zweimal wegen psychischer Leiden ins Lazarett kam. Bei seiner zweiten Erkrankung im Juni 1916, die im Lazarett als eine »nervöse Erschöpfung« diagnostiziert wurde, wurden auch drei Monate nach Beendigung der ärztlichen Behandlung noch ticartige Zuckungen der linken Gesichtshälfte und Lidflattern festgestellt. So wurde er am 15. September 1916 vom stellvertretenden Bataillonsarzt des 1. Ersatzbataillons des 1. Infanterie-Regiments untersucht. Im Militärärztlichen Zeugnis ist hinsichtlich seiner Beschwerden vermerkt: »Leichte Erregbarkeit, Herzklopfen, Schlaflosigkeit, häufig wiederholende Kopfschmerzen, Aufgeregt sein, rasche Ermüdung.« Bei der Untersuchung wurde insbesondere festgestellt, dass er »Häufige tic-artige Zuckungen in der linken Gesichtshälfte unterhalb des linken Auges« und ein »mäßiges Lidflattern« habe.[560] Trotzdem wurde Ferdinand B. als garnisons-

---

557 BayHStA-KA OP 16922 Hauptmann der Reserve Karl H., Krankmeldung, 20.9.1918.
558 Ebd., Militärärztliches Zeugnis, 14.10.1918.
559 KBL 46582 Krankenbuch des Kriegslazaretts Abtlg. I/18 Sedan, Offizier-Lazarett Crussy.
560 BayHStA-KA OP 4696 Ferdinand B., Militärärztliches Urteil, 15.9.1916.

verwendungsfähig beurteilt, wenngleich ihm noch ein dreiwöchiger Erholungsurlaub bewilligt wurde, der damit aber drei Wochen kürzer als vom Leutnant beantragt ausfiel.[561] Von den militärischen Stellen wurden diese körperlichen Symptome nicht als Grund angesehen, bei dem bestehenden Führermangel durch Verlängerung seines Erholungsurlaubs auf den Offizier zu verzichten.

Versetzungen

Ein weiteres Mittel des Militärs, um psychisch versehrte Offiziere im Dienst zu halten, war die Versetzung auf einen Posten, an dem sich der Offizier noch in der Lage sah, Dienst zu leisten. Militärische Dienststellen und betroffene Offiziere agierten bei dieser Versetzungspraxis zumeist Hand in Hand, denn Offiziere hatten sehr viel weiter reichende Möglichkeiten als Mannschaftssoldaten, Einfluss auf Versetzungen zu nehmen. Versetzungen nach Wunsch schufen die Möglichkeit, sich aus unangenehmen Kommandos zu befreien und Offiziersdienst bei einem höheren Stab oder in der Etappe ermöglichte einen Einsatz in sicherer Entfernung von der Gefahrenzone.[562]

Psychisch versehrten Offizieren stand in Bezug auf ihre weitere Karriere das weitverzweigte Aus- und Weiterbildungssystem in der deutschen Armee zur Verfügung. Bereits vor 1914 hatten sich die Offizierstätigkeiten professionell aufgegliedert.[563] Es existierte ein vielfältiges Kursangebot für Offiziere zur Spezialisierung. Diese hatten zahlreiche Möglichkeiten, sich über bestimmte Lehrgänge für Dienststellungen zu qualifizieren, die jenseits des Frontdienstes angesiedelt waren, wo sie sich den Dienst noch zutrauten und die vorrangig spezialisiertes Fachwissen und technisches Können verlangten. Viele von ihnen nutzten im Ersten Weltkrieg diese Möglichkeit.

Ein Beispiel für einen Infanterieoffizier, der aufgrund seines Nervenleidens von der Infanterie in eine technische Abteilung wechselte, ist der bayerische Leutnant Kurt D. Sein Wunsch, die Infanterie zu verlassen, wurde vom Regimentsarzt unterstützt. In einem ärztlichen Zeugnis von Regimentsarzt Dr. Heuss vom 29. November 1916 diagnostizierte dieser bei

---

561 Ebd., Antrag auf Urlaub, 1916.
562 Lipp, Meinungslenkung im Krieg, S. 119. Siehe hierzu auch Kap. IV.2.b. Der Umgang mit der krankheitsbedingten Auszeit von der Front.
563 Siehe hierzu die Ausführungen zum Leitbild des professionellen Offiziertums in Kap. I.2.b. Militärische Maßstäbe in Bezug auf die psychische Konstitution eines Offiziers.

Kurt D. »nervöse Störungen, intensiverer Art«, welche die Felddienstfähigkeit aufhoben und einer »spezialärztliche[n]« Behandlung bedürften. Er endete sein Schreiben wie folgt:

»Lt. D. hat Bedenken geäussert, ob er den Dienst bei der Infanterie überhaupt weiterleisten könnte. Diesem Bedenken ist beizupflichten. Wenn Lt. D. die Versetzung zu einer technischen Truppe (Telegraphen) erreichen kann, so ist anzunehmen, dass er diesem Dienst in besserer Weise gerecht werden kann, als dem Dienst bei der Infanterie, die Schonung gar nicht erlaubt, vielmehr den[!] Schützengrabendienst nur weitere Verschlimmerung des Nervenleidens herbeiführen würde.«[564]

Kurt D. war mit seinem Versetzungsgesuch erfolgreich. Er füllte bei der Telegraphenabteilung als Funker seinen Dienst im Weltkrieg zur vollsten Zufriedenheit aus, sodass er nach Kriegsende die Charakterisierung als Oberleutnant erhielt.[565]

Ein weiteres Beispiel ist der Offizier Werner von C., der lediglich die ersten 12 Monate im Weltkrieg als Kompanieführer bei der Infanterie im Feld war. 1915 kam er mit der Diagnose »Allgemeine Nervenschwäche, nervöse Herzstörungen, Herzschwäche« ins Lazarett. Hierfür wurde eine Kriegsdienstbeschädigung anerkannt, und er wurde nach längerem Lazarettaufenthalt als dienstunfähig entlassen. Nach sechs Monaten trat er am 1. Oktober 1916 als garnisonsdienstfähig erneut in den Militärdienst ein und machte bis zum Kriegsende Bürodienste. Er arbeitete zuerst bei der Oberzensurstelle, wo er zum 1. Bürooffizier aufstieg. Seit 1917 war er bei den Nachrichtenoffizieren zur besonderen Verwendung des Generalquartiermeisters an die Westfront kommandiert und beobachtete die französische Presse. Auch unternahm er im Rahmen dieser Tätigkeit Reisen in die Schweiz.[566]

Dass Offiziere bei ihren Versetzungswünschen während ihrer Rekonvaleszenz nach einem Lazarettaufenthalt oft sehr konkrete Wünsche äußerten, denen das Militär nachzukommen suchte, zeigt die Bitte des garnisonsdienstfähig geschriebenen Oberleutnant Oskar N. vom 20. Februar 1915 und der nachfolgende militärische Schriftwechsel. Er begründete seine Bitte, bei einem Ersatzbataillon in München Verwendung zu finden, so:

---

564 BayHStA-KA OP 59135 Kurt D., Regimentsarzt an das k. Regiment 29.11.1916
565 Ebd., Charakterisierung als Oberleutnant.
566 BArch, R 3901/Nr. 10257 Versorgung des Majors der Reserve a. D. Werner von C., Nov. 1931 - Apr. 1943 (ohne fol.).

II. Die Nerven der Offiziere als militärisches Problem 257

»Ich bin in München in der Lage bei meinen Angehörigen mich zu verpflegen und zu wohnen und kann meiner Mutter, meinen Geschwistern und der Frau meines im Felde gefallenen Bruders, die auf meine Unterstützung angewiesen sind, erheblich mehr zukommen lassen.«[567]

Die Antwort des Münchener Ersatzbataillons des Reserve-Infanterie-Regiments Nr. 2 am 25. Februar 1915 war zuerst abschlägig:

»Lt. N. kann hier keine Verwendung finden. Es stehen dem Batl. zwar Herren im Überfluss zur Verfügung die keinen Aussdinst[!] zu machen im Stande sind, es hat aber nur ein Interesse an Offizieren die wirklich vollen Dienst tun.«[568]

Nach einem längeren militärischen Schriftwechsel, in dem weitere Informationen über die Qualifikationen und Dienststellungen des Leutnants eingeholt wurden, revidierte das Ersatzbataillon am 3. März 1915 seine Haltung und nahm ihn auf. Der Fall zeigt sehr deutlich, dass gerade in den Ersatztruppenteilen bereits zu Beginn des Krieges über den Etat hinaus Offiziere Dienst leisteten, aber dennoch wegen der eingeschränkten Verwendbarkeit eines Großteils der Offiziere in manchen Aufgabenbereichen Personalmangel herrschte. Zudem ist bezeichnend, dass dem individuellen Wunsch des Offiziers letztlich entsprochen wurde.

Eine Alternative zur Versetzung stellte die verbandsinterne »Vertretung« im Stellungskrieg dar. Hier profitierten Offiziere, die psychische Schwächeanzeichen aufwiesen, von der Organisation des Stellungskrieges. Denn diese erlaubte es, anders als im Bewegungskrieg, in gewissem Umfang leistungsschwächere militärische Führer verbandsintern an der Front »vertreten« zu lassen. Diese »Vertretungs«-Regelung bot eine Möglichkeit, den Offizier vom Frontdienst zu befreien, ohne dass die Schwäche des Offiziers nach außen sichtbar wurde. Allerdings ging eine solche interne Regelung oft mit einer Mehrbelastung der anderen Offiziere des Verbands einher.

Dies zeigt eine Anordnung des Kommandeurs der 11. bayerischen Infanterie-Division vom 15. Juli 1917, in der er bestimmte, dass den Anforderungen des Kampfes im Stellungskrieg nicht gewachsene Bataillonsführer zu vertreten seien. Hierfür solle der Brigadekommandeur »von Fall zu Fall Antrag wegen Vertretung von KTK [Bataillonsführern, G.G.] vorlegen«. Bei einer Vertretung sei Vorsorge für eine »sichere Gefechtsführung« zu treffen

---

567 BayHStA-KA OP 09087 Oskar N., Gesuch um Verwendung bei einem Ers. Batl. Münchens, 20.2.1915.
568 Ebd., Antwortschreiben zum Gesuch um Verwendung bei einem Ers. Batl. Münchens, 25.2.1915.

und falls kein geeigneter Ersatz vorhanden sei, habe der Regimentskommandeur selbst zu führen.[569]

Ein Beispiel für den Rückgriff auf sogenannte »Schonkommandos« von psychisch labilen Offizieren ist der Fall des bayerischen Majors Franz K., Bataillonskommandeur im 17. bayerischen Infanterie-Regiment und bereits im Frieden bis zum Major befördert. In dessen Qualifikationsbericht vom 19. Juni 1917 berichtete der Divisionskommandeur, dass Franz K. »schon im Winter 1914/15 auf den Nerven niedergebrochen« und seitdem bei gesteigerter Gefechtstätigkeit »das Gegenteil eines Vorbildes« sei. »Die Rücksicht auf seinen Zustand und auf seine gute militärische Vergangenheit führte immer wieder zu Schonungs-Kommandos […] hinter der Front […].« Er empfahl, ihn zukünftig »bei Landwehrtruppen in stillen Fronten zu verwenden.«[570]

Aus der Darstellung zu den sozialen Missständen im Heer während des Ersten Weltkriegs, die der linksliberale Sachverständige Martin Hobohm zu Beginn der Weimarer Republik für den Untersuchungsausschuss des Reichstages zum Offiziershass im Krieg verfasste,[571] geht das breite Empfehlungs- und Protektionswesen im Heer hervor, welches Gunst über Verdienst stellte. Von diesem profitierten Offiziere sehr viel stärker als Mannschaftssoldaten. Zudem arbeitete Hobohm die Machtstellung der Offiziere heraus, die es ihnen ermöglichte, persönliche Wünsche durchzusetzen und dienstwidriges Verhalten geheim zu halten. Er führte Beispiele an, dass einzelne Offiziere im Krieg ihre Befehlsgewalt oft entsprechend ausgenutzt hätten.[572] Allerdings bedeuteten diese großen Einflussmöglichkeiten der Offiziere auch, dass psychisch versehrte Offiziere, die aufgrund ärztlicher Urteile lediglich garnisonsdienstfähig geschrieben wurden und deswegen in die Etappe versetzt wurden, sich mitunter dem Vorwurf des Drückebergertums aussetzten.

Die Krankengeschichte des Oberleutnants Georg G. zeigt, dass Offiziere bisweilen sehr offen darüber sprachen, dass ihre Beziehungen ihre Möglichkeiten hinsichtlich der Durchsetzung ihrer Versetzungswünsche erhöhen dürften. So notierte der Arzt am 2. Mai 1916, der Oberleutnant habe

---

569 Zitiert nach Stachelbeck, Militärische Effektivität im Ersten Weltkrieg, S. 305.
570 BayHStA-KA OP 25747 Franz K., Qualifikationsbericht des Divisionskommandeurs, 19.6.1917.
571 Siehe zur Behauptung des Offiziershasses in der deutschen Armee II.7.d. Die Haltung der Untergebenen.
572 Hobohm, Soziale Heeresmißstände als Mitursache des deutschen Zusammenbruchs, S. 23–25. Vgl. auch Meteling, Adel und Aristokratismus, S. 235.

II. Die Nerven der Offiziere als militärisches Problem

»[...] inoffiziell erfahren, dass Versetzung zu Ers. Batl. nach Freiburg beschlossen sei. Darauf erklärt, fühle sich noch nicht so, dass er schon Dienst machen könne. Wolle Flieger werden. Habe Beziehungen und möchte sich direkt felddienstfähig melden, weil das besseren Eindruck mache.«[573]

Seit 1916 gab es allerdings Versuche der Militärführungen, gerade bei aktiven Offizieren keine Versetzung ins Hinterland zu dulden. Mehrere Erlasse erhoben den Frontdienst zur Bedingung für die Weiterverwendung aktiver Offiziere nach dem Krieg,[574] was den Frontdienst nicht nur zu einer Frage der Ehre, sondern auch der beruflichen Zukunft machte. Eine entsprechende Anweisung des sächsischen Königs vom 18. Januar 1916 lautete:

»Im allgemeinen können aktive, bei Kriegsausbruch im eigentlichen Felddienst stehende Offiziere, die während des Feldzugs der fechtenden Truppe überhaupt nicht angehört haben, nach dem Krieg im aktiven Dienst nicht mehr verwendet werden. Ebensowenig können auf eine weitere Belassung diejenigen rechnen, die unverwundet oder nur leicht verwundet nach nicht sehr langem Aufenthalt bei der fechtenden Truppe krank zurückgekehrt sind, da sie seelisch oder körperlich den Anforderungen und Eindrücken des Krieges nicht gewachsen waren und jetzt im Inlande oder bei der Etappe usw. Verwendung gefunden haben.«[575]

Viele psychisch versehrte Offiziere, die in der Heimat oder in der Etappe eingesetzt waren, drängten daraufhin zur Front.[576]

Wenig später erschien am 24. Mai 1916 ein ähnlicher, noch ausführlicherer Erlass des bayerischen Kriegsministeriums. Dieser ging darauf ein, dass im Krieg bei Stabsoffizieren weniger Abgänge verzeichnet würden als im Frieden, was bei diesen einen Beförderungsstau bewirkt habe. Erklärt wurde dies durch »das weitgehende Entgegenkommen, das den kriegsbeschädigten Offizieren seit Kriegsbeginn zugewendet wurde«, und dadurch, dass im Krieg viele Offiziere eine Stellung erreicht hätten, für die sie sich im Frieden nicht qualifiziert hätten.[577]

Es wurde angeordnet, dass bei allen aktiven Offizieren, die zurzeit in der Heimat stationiert waren, vom Regimentskommandeur abwärts geprüft werden solle, ob sie an der Front verwendet werden könnten. Falls nicht, sollte

---

573 UAT 669/27701 Oberleutnant Georg G., Eintrag in der Krankenakte vom 2.5.1916.
574 Vgl. in Bezug auf sächsische Anweisungen vor 1916 in Sachsen die Belege bei Schaar, Wahrnehmungen des Weltkrieges, S. 249.
575 Zitiert nach Schaar, Wahrnehmungen des Weltkrieges, S. 249.
576 Ebd., S. 249.
577 BayHStA-KA Stv. Genkdo II. AK., SanA 126, Nr 53292. Kriegsministerium, München, Personalien, 24.5.1916.

ihnen der Abschied nahegelegt werden. Erklärt wurde diese drastische Maßnahme auch mit den langfristigen Karrierenachteilen, die sich für die Offiziere in der Heimat ergaben:

»Die Verhältnisse des Krieges bringen es mit sich, daß nach der Abrüstung nur diejenigen aktiven Offiziere sich in [sic!] Frontdienst des notwendigen dienstlichen Ansehens bei Vorgesetzten und Untergebenen zu erfreuen haben werden, denen es vergönnt war, während des Krieges im Feldheer und zwar *bei der fechtenden Truppe und ihren Stäben* [im Original unterstrichen] Dienst zu leisten und dort die Erfahrungen zu sammeln, die sie während ihrer weiteren Friedenslaufbahn zu verwerten haben werden. Zur Hintanhaltung einer Schädigung der im aktiven Dienste stehenden Offiziere sind daher alle Vorgesetzten im Besatzungs-Heere, bei der Etappe und im besetzten feindlichen Gebiet verpflichtet trotz der ihnen daraus erwachsenden Schwierigkeiten und Unbequemlichkeiten die Bestrebungen der aktiven Offiziere ihres Befehlsbereiches, an die Front zu kommen, zu unterstützen.«[578]

Der Erlass beschnitt die bisherigen Möglichkeiten aktiver Offiziere, auch fern der Front ihren Offiziersdienst zu leisten. Er konstatierte:

»Offiziere, die sich im Felde die Eignung für die nächsthöhere Stelle nicht erwerben und daher nur den Charakter des nächsthöheren Dienstgrades erhalten konnten, stehen vor der Wahl, in ihrer bisherigen Stelle den Dienst *im Felde* [im Original unterstrichen] fortzusetzen oder die Folgerung aus ihrer Beurteilung zu ziehen. Zum Dienst im Besatzungsheere können sie als aktive Offiziere nicht belassen oder zukünftig zugelassen werden [...].«[579]

Nachfolgend unterschied der Erlass zwischen den kriegsbeschädigten Offizieren, die aufgrund einer Verwundung diesen Status innehätten und bei denen mit Verabschiedungen zurückhaltend umgegangen werden sollte, und jenen, die durch Krankheit kriegsbeschädigt seien (besonders jene, bei denen die Krankheit schon 1914 ausgebrochen sei). Der Erlass sah insbesondere Letztere als Belastung an und empfahl sie zur Verabschiedung:

»Der Vergleich mit den Leistungen und den Anforderungen, die an ihre Altersgenossen täglich im Felde gestellt werden, berechtigt zu dem Urteil, daß ihnen die Eignung für ihre Stelle nicht mehr zugesprochen werden kann, weil sie nicht die den Anforderungen des gegenwärtigen Krieges genügende körperliche oder psychische Widerstandskraft besitzen. Hieraus ergibt sich ohne weiteres die Notwendigkeit ihres Ausscheidens aus dem aktiven Dienste; die Armee braucht Offiziere, die im Kriege gesundheitlich durchzuhalten in der Lage sind [...].«[580]

---

578 Ebd.
579 Ebd.
580 Ebd.

Ludendorff ging in einem Schreiben vom 6. Februar 1918 auf das unter Soldaten und in der Öffentlichkeit verbreitete Bild ein, dass der aktive Offizier aus der Front verschwunden, in die Stäbe abgewandert und »der eigentliche Führer der Truppe« im Krieg der Reserveoffizier sei:

»Die Behauptung, ein verhältnismäßig grosser Teil der aktiven Offiziere hielte sich bei höheren Stäben auf, trifft nicht zu. Nach genauen Ermittlungen des Militärkabinetts stehen die Zahlen der dort befindlichen aktiven und Reserveoffiziere in einem durchaus richtigen Verhältnis zu den Gesamtzahlen dieser Offiziere.«[581]

Gleichzeitig bemerkte er allerdings im selben Schreiben:

»Ein grösserer Teil der aktiven Offiziere befindet sich in Stellen, die besondere militärische Kenntnisse verlangen und daher von Reserve Offizieren im allgemeinen nicht ausgefüllt werden können. (Generalstab, Personalien-Bearbeiter der höheren Stäbe, ferner M.G. der Infanterie Regimenter u.s.w.)«[582]

Unter den Frontsoldaten blieb allerdings angesichts des Offiziersmangels an der Front die Meinung verbreitet, dass Offiziere allgemein dazu neigen würden, sich der Gefahrenzone zu entziehen – nicht nur psychisch versehrte Offiziere. Sie reagierten hierauf mit Unmut und Spott.[583] Eine Eingabe des sozialdemokratisch orientierten »Deutschen Werkmeister-Verbandes« an die Oberste Heeresleitung von August 1918, die, wie der Verband schrieb, sich auf die Aussagen von 13.000 Gewährsmännern im Feld stützte, prangerte neben vielen anderen Missständen an, dass in der Etappe »Offiziere aller Grade zu sehen« seien, während an der Front Offiziersmangel herrsche. Dies habe eine verheerende Wirkung auf die Moral der Frontsoldaten. Die OHL verschickte den Bericht an alle Heeresgruppen und Armeen und forderte zu Stellungnahmen auf, die allerdings die Vorwürfe zum Großteil zurückwiesen.[584]

---

581 GLA 456 F 2 Offiziersangelegenheiten, insbesondere das Verhalten der Offiziere 14. Dezember 1917–26. November 1918, darin: Chef des Generalstabs des Feldheeres, Erziehung der Offiziere und Unteroffiziere, 26.9.1918. darin: Ludendorff, Leistungen des aktiven Offizierkorps, 7.2.1918.
582 Ebd. Siehe hierzu auch den Abschnitt »Die Auswirkung des hohen Offiziersbedarfs durch die massiven Verluste« in Kap. II.3.b.
583 Vgl. zum mentalen Gegensatz zwischen Front- und Etappenoffizieren auch den Abschnitt »Die Wirksamkeit des Korpsgeistes und Erosionserscheinungen« in Kap. II.7.c. Die Haltung der Offizierskameraden.
584 Vgl. zum Vorgang ausführlich Lipp, Meinungslenkung im Krieg, S. 119.

Einsatz von Offizieren im Felddienst trotz psychischer Auffälligkeiten

Der Offiziersmangel führte besonders in der zweiten Kriegshälfte dazu, dass die militärische Führung auch auf Offiziere mit psychischen Auffälligkeiten schwer verzichten konnte. So wurden militärische Führer, die ihre Vorgesetzten wegen ihrer psychischen Veranlagung als felddienstunfähig ansahen, zwar von diesen Posten abkommandiert. Später, wenn sie vom Arzt erneut als felddienstfähig eingeschätzt wurden, konnten sie aber in der Hoffnung, dass sie sich nun bewähren würden, durchaus erneut als militärische Führer in Dienststellungen an der Front eingesetzt werden.

Ein Beispiel dafür, dass Offiziere mit psychischen Leiden, die ihre Vorgesetzten in ihrer Konstitution als nicht felddienstfähig einschätzten, im Ersten Weltkrieg doch wiederholt an der Front eingesetzt wurden, solange keine Krankschreibung vorlag, ist der bayerische Landwehroffizier Max S.[585] Während man ihm vor dem Krieg sehr gute Zeugnisse ausgestellt hatte, die ihm eine stark ausgeprägte militärische Veranlagung und deutliche Führereigenschaften attestierten, und ihn 1913 zum Oberleutnant befördert hatte, änderten sich die Beurteilungen mit Beginn des Weltkrieges. Nun schien er seinen Vorgesetzten wegen seiner nervlichen Veranlagung nicht befähigt, den Anforderungen des Felddienstes standzuhalten. Am 1. Oktober 1914 hieß es in einem Qualifikationsbericht, er sei gesundheitlich dem Felddienst nicht gewachsen, aber in zweiter Linie gut zu gebrauchen.[586] Das Urteil des 1916 wegen Lungenbeschwerden von ihm konsultierten Truppenarztes lautete, »chronischer Katarrh« bei gesundem Lungenbefund und »allgemeine Neurasthenie«.[587] 1916 kam sein Kommandeur zur Einschätzung, er sei »gesundheitlich in keiner Weise den Anforderungen des Bewegungskriegs gewachsen.«[588] Dennoch wurde Max S. mehrfach im Frontdienst eingesetzt, zum Hauptmann befördert und vor Verdun als Batterieführer verwendet. Hier kam er am 17. Dezember 1916 wegen »Lungenspitzenkatarrh« ins Lazarett und wurde am 11. Januar 1917 wegen derzeitiger »Felddienstuntauglichkeit« zur Ersatzabteilung versetzt.[589]

---

585 BayHStA-KA OP 13588 Max S.
586 Ebd., Qualifikations-Bericht vom 1.10.1914.
587 Ebd., Äußerung des mobilen Kommandeurs und des mobilen Truppen-Arztes des bayerischen Reserve-Feldartillerie-Regiments Nr. 9 über das Vorhandensein von Dienstbeschädigungen, 24.7.1916. Hierin attestierten beide zwar die psychischen Auffälligkeiten, aber keine Dienstbeschädigung.
588 Ebd.
589 Ebd., Personalbogen.

Aufschlussreich ist der Bericht des Majors und Abteilungskommandeurs des bayerischen Landwehr-Feldartillerie-Regiments Nr. 1 vom 4. Februar 1917 über den Dienst von Max S. bei Verdun Ende 1916. Hierin charakterisierte er ihn zwar als »liebenswürdig« und »gutherzig«, aber er führte folgende Fundamentalkritik an:

»Militärisch scheint er nicht sehr beanlagt zu sein. Hervorstechend trat in die Erscheinung, daß er der Führung einer Batterie unter schwierigen Kampfverhältnissen nicht gewachsen ist, dazu fehlten ihm Energie u. Nerven.«[590]

Dennoch wurde Max S. ab dem 2. Mai 1917, vom Ersatztruppenteil zurückgekehrt, erneut Batterieführer an der Front, nun in Flandern, wo er bis 1918 den Stellungskrieg mitmachte, im April 1918 auch die Schlacht bei Armentières. Wegen psychischer Leiden kam er zuerst im Juni 1918 ins Lazarett, wurde vom 15. Juni bis 13. Juli 1918 im Offiziers-Erholungsheim Berlière wegen »chronischem Bronchialkatarrh« und »nervösem Erschöpfungszustand« behandelt und kehrte danach als kriegsverwendungsfähig zurück an die Front.[591]

Ein weiteres Beispiel ist der bayerische Major Franz K., der schon im Frieden zum Major befördert wurde und sich dann wegen schwacher Nerven im Felddienst die Kritik seiner Vorgesetzten zuzog, aber noch bis Herbst 1917 vorrangig in »Schonungs-Kommandos« als Bataillonskommandeur im Frontdienst blieb, als er wegen »nervöser Erschöpfung« als dienstunbrauchbar pensioniert wurde. Franz K. wurde allerdings im Juli 1918 reaktiviert und beim stellvertretenden Generalkommando als Vorstand des Militär-Verwendungsnachweises eingesetzt. Fern der Front bewährte er sich als brauchbarer höherer Offizier. So wurde er zu Kriegsende in einem Zeugnis als sehr energisch und leistungsstark eingeschätzt.[592]

d. Die militärische Karriere nach der psychischen Versehrung

Blickt man auf die militärische Karriere nach einem Lazarettaufenthalt wegen eines psychischen Leidens, ergibt sich der eindeutige Befund, dass Offiziere, die nachfolgend wieder die Felddienstfähigkeit erreichten, im Regelfall keine Karrierenachteile erlitten. Die Tatsache, dass sie zeitweise eine psychische Erkrankung hatten, beeinträchtigte ihre »Offiziersfähigkeit« nicht und

---

590 Ebd., Dienstleistungszeugnis vom 4.2.1917.
591 Ebd., Personalbogen und Krankenblätter.
592 BayHStA-KA OP 25747 Franz K.

ein Lazarettaufenthalt deswegen war kein Ausschlusskriterium für einen militärischen Aufstieg, wie die vielen Beförderungen von psychisch erkrankten Offizieren belegen. Dies galt auch für Offiziere, die mehrfach in psychiatrischer Behandlung waren. Das Kriterium der Frontbewährung spielte damals, anders als im Zweiten Weltkrieg, keine entscheidende Rolle.[593]

Dass psychisch versehrte Offiziere beim nachfolgenden Erreichen der Felddienstfähigkeit kaum Karrierenachteile erlitten, lag an der starren Wirksamkeit der Anciennität in der deutschen Armee im Ersten Weltkrieg.[594] Sie kam Offizieren, die psychische Versehrungen erlitten, im Regelfall zugute. Trotz des modernen technisierten Massenkrieges hielt die militärische Führung am ständisch-elitären Berufsverständnis und an den traditionellen sozialen Kriterien der Offiziersrekrutierung und -beförderung fest. Das Avancement erfolgte wie in der Friedenszeit nach der Anciennität. Die »Bewährung vor dem Feind« war nicht das zentrale Beförderungskriterium, sondern nur ein Kriterium bei der Charakterisierung der Leistung in der Dienststellung. Zudem wurde auch die außerdienstliche Eignung berücksichtigt.[595]

Lediglich wirkten sich sehr lange Lazarett- und Urlaubszeiten dahingehend aus, dass im über das Anciennitätsprinzip geregelten Beförderungssystem Kriegsjahre wie zwei Dienstjahre gezählt wurden und dafür, dass ein Jahr als Kriegsjahr zählte, der Offizier im Reichsheer aktiv am Krieg teilnehmen musste.[596] Dafür, dass es auch in diesem Fall in der Praxis im Regelfall bei sehr geringen Karriereauswirkungen blieb, war der Aspekt bedeutsam, dass die Beförderungschancen im Krieg insgesamt begrenzt blieben. Man

---

593 Siehe hierzu Kap. V.1.d. Reaktivierung psychisch versehrter Offiziere in der Wehrmacht und der Umgang mit Offizieren mit psychischen Leiden im Zweiten Weltkrieg.
594 Ein Anhalten in der Beförderung war nur bei Offizieren, die in Gefangenschaft gerieten oder in neutralen Staaten interniert wurden, standardmäßig geregelt. Dabei spielten die Umstände der Gefangennahme (ob sie als ehrenvoll angesehen wurden oder nicht) keine Rolle. Nach Kriegsende wurden diese Offiziere wieder mit ihren Altersgenossen gleichgestellt, indem sie nun die Beförderung erhielten und ihre Patente rückdatiert wurden. Matuschka, Die Beförderungen in der Praxis, S. 172.
595 Kroener, Auf dem Weg zu einer »nationalsozialistischen Volksarmee«; ders., Generationserfahrungen und Elitenwandel, S. 219–233.
596 Gemäß § 16 des Offizierpensionsgesetzes von 1906 wurde für jeden Krieg, an dem ein Offizier im Reichsheer teilnahm, zu der wirklichen Dauer der Dienstzeit ein Jahr (Kriegsjahr) hinzugerechnet. Entscheidungen des Reichsversorgungsgerichts, Bd. 1, 1921, S. 91. Vgl. zu den Auswirkungen für Beförderungs- und Pensionsansprüche auch Kap. IV.2.b. Der Umgang mit der kriegsbedingten Auszeit von der Front und in Kap. V.2.b. Die Stellung psychisch versehrter Offiziere im Versorgungssystem und die Pensions- und Rentenverfahren in der Weimarer Republik.

hielt starr am Friedensstellenplan fest. Der hohe Offiziersbedarf im Ersten Weltkrieg bewirkte unter den Offizieren lediglich zu Beginn des Konflikts deutlich verbesserte Beförderungchancen. So verursachten bei der Mobilmachung die neu aufgestellten Kriegsformationen einen enormen Bedarf an niederen und hohen Offizieren. Dies führte zu einer Fülle von Offiziersernennungen und einem erheblichen Beförderungsschub für bereits dienende Offiziere. Mehrere Jahrgänge erhielten damals gleichzeitig die Beförderung zum Oberleutnant wie auch zum Hauptmann. Im weiteren Verlauf des Krieges wurde dann allerdings abgesehen von Ausnahmen lediglich nach dem Dienstalter weiterbefördert, und die Beförderungslaufzeiten änderten sich gegenüber der Vorkriegszeit kaum.[597] So lagen 1918 die durchschnittlichen Wartezeiten für Leutnants bis zu ihrer Beförderung zum Oberleutnant bei fünf Dienstjahren als Offizier, bis zur Beförderung zum Hauptmann bei neun Jahren und bis zur Beförderung zum Major mussten sie im Durchschnitt 22 Jahre warten.[598] Hier zeigt sich ein deutlicher Unterschied zur Beförderungspraxis in den Befreiungskriegen 1813/15 oder im Zweiten Weltkrieg, als die Beförderungen ohne Rücksicht auf das Dienstalter nach Kriegsbewährung, Leistungsfähigkeit und Verwendungsmöglichkeit des Offiziers erfolgten.[599]

Aus Rücksichtnahme auf den zu erwartenden Friedensetat wurden im Ersten Weltkrieg hervorragende Leistungen und Tapferkeit vor dem Feind nicht mit Beförderungen, sondern mit Orden belohnt. Der Weltkrieg wurde als Ausnahmesituation betrachtet, die die Friedensordnung von Armee und Flotte nicht aufhob. »Bevorzugte Beförderungen« wurden bei überdurchschnittlich befähigten Offizieren und auch bei denen, die die höchsten Tapferkeitsauszeichnungen verliehen bekamen, nur höchst selten ausgesprochen.[600] Auch Generalstabsoffiziere erhielten nur in Ausnahmefällen bevor-

---

597 Matuschka, Die Beförderungen in der Praxis, S. 168; Papke, Offizierkorps und Anciennität, S. 197.
598 Vgl. die Aufstellung bei Matuschka, Die Beförderungen in der Praxis, S. 169.
599 Siehe hierzu Kap. V.1.d. Reaktivierung psychisch versehrter Offiziere in der Wehrmacht und der Umgang mit Offizieren mit psychischen Leiden im Zweiten Weltkrieg.
600 Die Beförderungsvoraussetzungen für Unteroffiziere aufgrund von Tapferkeit waren hierfür in Preußen zu Kriegsbeginn das Eiserne Kreuz II. Klasse, dann wurden sie deutlich erhöht, sodass nun das Eiserne Kreuz I. Klasse und das goldene Militärverdienstkreuz notwendig waren. Diese Auszeichnungen wurden nur sehr vereinzelt an Unteroffiziere vergeben. In Bayern waren die Beförderungsvoraussetzungen weniger restriktiv als in Preußen. Die Silberne oder Goldene Tapferkeitsmedaille waren kein Muss. Dennoch wurden auch in Bayern nur 91 Unteroffiziere wegen Tapferkeit vor dem Feind im Ersten

zugte Beförderungen außerhalb der Anciennität.[601] Die Sorge vor überzähligen Offizieren in der Friedenszeit war neben den hohen Verlusten gerade in den unteren Dienstgraden für den sich bereits Ende 1914 zeigenden hohen Offiziersmangel verantwortlich, der während des gesamten Weltkriegs anhielt.

Das Festhalten an der Anciennität im Ersten Weltkrieg konnte allerdings nicht verhindern, dass ein Wandel einsetzte. Die Erfordernisse im Krieg führten dazu, dass die militärische Funktion des einzelnen Offiziers weitaus wichtiger wurde als sein Dienstgrad und seine Zugehörigkeit zu einer ständischen Kooperation. Der Erste Weltkrieg bewirkte, dass sich der Offizier in einem bisher ungekannten Maß individualisierte. Seine Verwendung bestimmten seine fachlichen Fähigkeiten und Persönlichkeitsmerkmale, nicht seine offiziersmäßige Haltung, die als selbstverständlich vorausgesetzt wurde.[602]

Auch dieser Wandel kam bestimmten Gruppen unter den psychisch versehrten Offizieren deutlich zugute. Es gab Gruppen unter den Offizieren, auf die die Militärführung besonders schwer verzichten konnte. Dies betraf zuvorderst die aktiven Offiziere, die in der Vorkriegszeit ausgebildet waren. Sie verfügten über eine breite theoretische und praktische Ausbildung und galten aufgrund ihrer Sozialisation als besonders eng mit dem Korps verbunden. Um ihre Kompetenz zu sichern, wurden nach den hohen Offiziersverlusten im Jahre 1914 viele aus der vordersten Stellung genommen und in den Stäben eingesetzt.[603]

Daneben betraf diese Unabkömmlichkeit Stabsoffiziere und technische Spezialisten. Bis zu Beginn des Weltkrieges gab es im Offizierskorps eine Trennung zwischen Offizieren, die vorrangig die Verantwortung für Taktik und Strategie trugen, und jenen, die für die Technik zuständig waren.[604] Im Ersten Weltkrieg erwies sich diese Trennung als gänzlich dysfunktional.

Weltkrieg zum Offizier ernannt. Ledebur, Die Geschichte des deutschen Unteroffiziers, S. 493f.; Stachelbeck, Militärische Effektivität im Ersten Weltkrieg, S. 325.
601 Matuschka, Die Beförderungen in der Praxis, S. 168; Papke, Offizierkorps und Anciennität, S. 197.
602 Papke, Offizierkorps und Anciennität, S. 197.
603 Demeter, Das deutsche Offizierkorps, S. 50. Vgl. hierzu den Abschnitt »Die Auswirkung des hohen Offiziersbedarfs durch die massiven Verluste« in Kap. II.3.b.
604 Vgl. hierzu Geyer, Deutsche Rüstungspolitik, S. 99–102; Kaufmann, Kriegführung im Zeitalter technischer Systeme, S. 350. Gleichwohl zeichnete sich das Offizierskorps bereits vor 1914 durch Technikaffinität aus, siehe Kap. I.2.b. Militärische Maßstäbe in Bezug auf die psychische Konstitution eines Offiziers.

II. Die Nerven der Offiziere als militärisches Problem

Aufgrund der Technisierung des Krieges stieg ein neuer Offizierstypus auf, der sich durch technisch-taktische Kompetenz auszeichnete und in der Lage war, technische Möglichkeiten und taktische Kampfformen in passender Weise aufeinander abzustimmen. Dieser Typus fand sich besonders bei den Generalstabsoffizieren und erhielt zunehmende Entscheidungskompetenzen. Die Machtfülle dieser Offiziere mittlerer Ränge stand nicht im Einklang mit ihrem hierarchischen Rang.[605] In den Truppenstäben zeigte sich die gleiche Tendenz. So hatten die Stabsstellen als technische Experten, die über das telefonische Netz miteinander verbunden waren, de facto des Öfteren eine höhere Entscheidungsmacht inne als die rangmäßig verantwortlichen Kommandeure.[606]

Der aktive Offizier Hermann B., der 1916 mit der Diagnose »konstitutionelle Neurasthenie, Psychasthenie« ins Lazarett kam und nachfolgend bis Kriegsende seinem eigenen Wunsch entsprechend nur noch Garnisonsdienst leistete, erlitt aufgrund seiner technischen Kompetenzen im Eisenbahndienst dennoch keine Karrierenachteile.[607] Der Leutnant war seit Ende 1913 im bayerischen Eisenbahn-Bataillon als Truppenoffizier tätig. Im Ersten Weltkrieg war er bis zu seinem Lazarettaufenthalt in Belgien, Russland und Frankreich zuerst bei einer Eisenbahn-Betriebskompanie,[608] nachfolgend bei einer Eisenbahn-Baukompanie[609] an der Front eingeteilt.

Nach seinen Lazarettaufenthalten leistete Hermann B. garnisonsverwendungsfähig vom 26. April 1916 bis zum Kriegende beim Ersatztruppenteil des Eisenbahn-Bataillons Dienst. Am 17. Januar 1917 wurde er zum Oberleutnant befördert. 1917 wurde er viermal ärztlich untersucht und erhielt am

---

605 Eine ausgeprägte Verkörperung dieses Typus des Generalstabsexperten stellten die Offiziere im Wirkungsbereich Ludendorffs dar, der selbst die traditionelle Hierarchie an oberster Stelle durchbrach, indem er an oberster Stelle die Fäden zog. Er versammelte um sich einen Kreis jüngerer Offiziere mit höchster technisch-taktischer Kompetenz, die als eine Art »geheime Loge« die Kriegsführung lenkten. Vgl. Deist, Zur Geschichte des preußischen Offizierkorps, S. 50–52; Goodspeed, Ludendorff, S. 192; Kaufmann, Kriegführung im Zeitalter technischer Systeme, S. 350.
606 Kaufmann, Kriegführung im Zeitalter technischer Systeme, S. 350.
607 BayHStA-KA OP 24270 Hermann B.
608 Die Betriebsabteilungen waren für die Beschaffung und den ordnungsgemäßen Einsatz des Betriebsmaterials und für den Betriebsdienst zuständig. Eisenbahnbetriebs-Kompanien hatten die Wartung, kleinere Reparaturen, die Ergänzung von Betriebsstoffen und die Reinigung von Lokomotiven und Triebwagen zur Aufgabe. Zudem organisierten sie den Einsatz der Triebfahrzeuge und des Lokomotivpersonals.
609 Die Bauabteilungen waren damit beauftragt, neue Strecken zu bauen, zerstörte Bahnanlagen zu reparieren und, wenn nötig, zu zerstören.

1. März und am 6. Juli 1917 das Urteil »garnisonsverwendungsfähig Heimat«, dann am 17. Oktober und am 13. Dezember 1917 das Urteil »garnisonsverwendungsfähig Feldheer«. Im November 1917 ließ er sich bei den Artillerie-Werkstätten München technisch ausbilden und verblieb bis Kriegende beim Ersatztruppenteil des Eisenbahn-Bataillons.

1919 empfahl ihn der Direktor des Eisenbahn-Bataillons zur Übernahme in die Reichswehr. Geistig sei er »sehr frisch und regsam«. Bezüglich seiner »körperlichen Rüstigkeit« heißt es: »Infolge außerordentlicher Beanspruchung während der Kriegsjahre etwas nervös; war aber bei der Res. während seines Kommandos nie krank. Rüstig.«[610]

Auch persönliches Auftreten und Charaktereigenschaften wurden sehr positiv beschrieben, seine technische Begabung und sein selbständiger, zuverlässiger Arbeitsstil besonders betont. Er wurde für seinen aktuellen und den nächsthöheren Dienst als geeignet eingeschätzt. Zudem war vermerkt, dass Hermann B. als Fach-, nicht als Truppenoffizier eingestellt werden wollte.[611]

Das Anliegen, in die Reichswehr übernommen zu werden, erfüllte sich zwar nicht.[612] Vielmehr wurde Hermann B. am 31. März 1920 verabschiedet, nachdem er schon vom 20. November 1919 bis zu diesem Zeitpunkt mit Besoldung vom Dienst beurlaubt worden war. Er behielt sich die Erhebung von Versorgungsansprüchen vor. 1920 erhielt er die Charakterisierung zum Hauptmann. Dennoch ist die Karriere von Hermann B. und seine positive militärische Beurteilung am Kriegsende bemerkenswert, insbesondere wenn man daneben die Einschätzung des Hauptmanns stellt, der zur Zeit der Krankmeldung von Hermann B. 1916 Führer der bayerischen Reserve-Eisenbahn-Bau-Kompanie und damit sein Vorgesetzter war. Zur Frage, ob das Leiden von Hermann B. als Dienstbeschädigung zu bewerten war, schrieb dieser:

»[...] die Kompanie war im feindl. Feuerbereich. Schon während dieser Zeit zeigte sich Oblt B. öfters aufgeregt, zeitweise sehr deprimiert u. hatte sich ziemlich

---

610 BayHStA-KA OP 24270 Hermann B., Empfehlung zur Übernahme in die Reichswehr 1919.
611 Auf die Frage, ob das Verbleiben von Hermann B. in der Armee aus dienstlichen oder persönlichen Gründen sehr erwünscht sei, antwortete der Direktor des Eisenbahn-Bataillons »aus persönlichen Gründen«, da »z. Zt. das Unterkommen in einem anderen Beruf, wie verschiedene Anfragen gezeigt haben, nicht möglich« sei. Ebd.
612 Vgl. zu den geringen Chancen, in die Reichswehr übernommen zu werden, Kap. V.1.a. Der Umgang mit psychisch versehrten Offizieren des Ersten Weltkriegs bei der Übernahme in die Reichswehr.

zurückgezogen. Er fühlte wohl in der Offizierslaufbahn keine volle Befriedigung u. sich auch nicht allen Aufgaben voll gewachsen, was einen inneren Widerstreit in ihm auslöste. Gleich bei den vorbereitenden Aufgaben vor Verdun, bei denen sich öfters feindl. Flieger zeigten, traten bei ihm starke Angstgefühle auf, die ihn erst ausser Stand setzten Erkundungen von Arbeitsstellen frischen Werks allein vorzunehmen. Diese Angstgefühle verdichteten sich immer mehr, so daß er bei Beginn der Unternehmungen sich Ausser Stande erklärte den Dienst eines Streckenoffiziers im Gebiet des feindl. Feuers zu übernehmen. Bei den später einsetzenden nächtlichen Fliegerangriffen auf die Unterkunftsorte bemächtigte sich seiner eine starke Aufregung, die ihn bei jedem Angriff von seinem Lager trieb. Sein sonstiges Verhalten wurde dadurch immer stärker beeinflußt, so daß er sich immer mehr von seinen Kameraden zurückzog, bis er sich schließlich unfähig zum Dienst u. krank meldete. Es scheint sich demnach, durch die Einwirkungen der Angstgefühle, das vorhandene Herzleiden verschlimmert zu haben, u. muß deshalb Dienstbeschädigung, erlitten beim Feldheer angenommen werden.«[613]

Der Hauptmann plädierte im Sinne von Hermann B. dafür, dass eine Kriegsdienstbeschädigung anzuerkennen sei. Gleichzeitig drückte er deutlich Kritik am Offiziersdienst von Hermann B. aus und interpretierte dessen fehlende Identifizierung mit seiner Offiziersrolle als mitverantwortlich für die bei ihm auftretenden Angstzustände und Herzprobleme. Hier wird klar, dass sein damaliger Vorgesetzter ihn aufgrund seines Verhaltens als Offizier ansah, der seiner Stellung nicht genügte. Die zweifache Betonung, dass sich Hermann B. von seinen Kameraden immer mehr zurückgezogen habe, bezeugt die Distanz zwischen ihm und dem restlichen Offizierskorps.

Auffällig ist, dass Hermann B. trotz seines Lazarettaufenthalts, der abschätzigen Bemerkungen seines Vorgesetzten und seines Übertritts zum Ersatztruppenteil einige Monate später zum Oberleutnant befördert wurde. Die Bedenken des Arztes im Lazarett Stenay gegenüber dem Wunsch von Hermann B. nach einem Übertritt zum Ersatztruppenteil, dass das Ende des Frontdienstes eine Gefährdung seiner Karriere bedeuten würde, trafen so nicht zu.[614] Entsprechend dem Ancienitätsprinzip bekam er seine Beförderung. Auch seinen Wunsch, bis Kriegende keinen Frontdienst mehr zu leisten, konnte er durchsetzen und erhielt nach Kriegsende noch eine Charakterisierung zum Hauptmann. Hierbei war entscheidend, dass die Tätigkeit von Hermann B. beim Eisenbahn-Bataillon ihn als Spezialisten auszeichnete und er als technisch begabt eingeschätzt wurde. Daher stand im Weltkrieg einer weiteren Offizierskarriere trotz seiner Ängste und seines – wie er sich

---

613 BayHStA-KA OP 24270 Hermann B., Dienstbeschädigung, 1916.
614 Ebd., Krankenblatt Stenay, 1916.

selbst ausdrückte – Unwillens, sich der Front zu stellen, nichts entgegen.[615] Fern der Front erwies sich Hermann B. als sehr brauchbarer technischer Offizier.

Auch der bayerische Offizier der Reserve Wilhelm S. ist ein Beispiel dafür, dass viele Offiziere durch eine psychische Versehrung keine Karrierenachteile erlitten. Zudem zeigt sein Fall besonders eindringlich, dass die Armee psychische Leiden ernstnahm, sich in der Fürsorgepflicht für die Offiziere sah und ihnen lange Lazarettaufenthalte zugestand. 1918 wurde er befördert, obwohl er sich damals wegen »nervöser Erregung« im Offiziers-Genesungsheim Joeuf befand und als felddienstunfähig eingeschätzt wurde.[616]

In einem Brief vom 7. Juni 1918 anlässlich dessen Beförderungsvorschlag zum Hauptmann der Reserve, beschrieb der Kommandeur des 5. Infanterie-Regiments Großherzog Ludwig von Hessen, in dem Wilhelm S. damals stationiert war, dessen Krankengeschichte wie folgt. Am 16. September 1914 habe er eine Granatenexplosion erlitten, die zu einer »Gehirnerschütterung und Nervennachlass« geführt habe. Wilhelm S. sei daraufhin zwei Jahre, bis zum 30. September 1916, in der Heimat geblieben und habe nachfolgend bis zum 7. Mai 1917 im Generalgouvernement Belgien bei einem Meldeamt gedient. Erst am 10. Mai 1917 habe er erneut Felddienst verrichtet, diesmal als Kompanieführer beim 5. Infanterie-Regiment. Am 3. April 1918 fiel er wegen »nervöser Erregung« aus und befand sich »gegenwärtig im Offiziers-Genesungsheim Joeuf«. Obwohl der Bericht vom 7. Juni 1918 diese ganzen Ausfallzeiten des Offiziers aufführt, ist der Schlüsselsatz die Beurteilung der Zeit beim 5. Infanterie-Regiment als Kompanieführer im Felde. Hier steht: »Er hat sich bei jeder Gelegenheit sehr gut bewährt und eignet sich zur Beförderung zum Hauptmann der Reserve.«[617]

Am 6. Juli 1918 erhielt Wilhelm S. die Beförderung zum Hauptmann, sodass das Gesuch erfolgreich war. Seine Erkrankung und die langen Ausfallzeiten waren kein Hinderungsgrund.

Ab 11. Juli 1918 kam er erneut an die Front und leistete bei seinem Regiment für einen Monat Dienst. Hier war er das letzte Mal an Kampfhandlungen beteiligt, nämlich vom 24. Juli bis zum 3. August 1918 an den Stellungskämpfen in Flandern und der nachfolgenden Ruhephase hinter der 4. Armee bis zum 12. August 1918.

---

615 Ebd.
616 BayHStA-KA OP 14105 Wilhelm S.
617 Ebd., Beförderungsvorschlag zum Hauptmann in der Reserve, 7.6.1918.

II. Die Nerven der Offiziere als militärisches Problem

An diesem Tag meldete er sich im Ruhequartier wegen »allgemeiner Nervosität« krank. Er wurde wegen »Nervenschwäche« einen Tag später ins Lazarett eingeliefert und blieb einen Monat bis zum 16. September dort. Danach war er nur noch als garnisonsverwendungsfähig in der Etappe aktiv und bis zu seiner Entlassung am Kriegsende beim Meldeamt des Generalgouvernement Belgien tätig.[618]

Schaut man sich die Dienst- und Krankenzeiten des Offiziers an (vgl. Tabelle 3), fällt auf, dass Wilhelm S. insgesamt nur ein Jahr und einen halben Monat Felddienst geleistet hat, sich ein Jahr lang in ärztlicher Behandlung befand, davon 11 ½ Monate wegen seiner nervlichen Leiden. Zwei Jahre und drei Monate leistete er Garnisonsdienst. Dennoch erhielt er eine Beförderung und gute militärische Beurteilungen.

Tabelle 3: Dienst- und Krankenzeiten des Offiziers Wilhelm S.

Krankenzeiten		Felddienst		Garnisonsdienst	
Zeitraum	Mon.	Zeitraum	Mon.	Zeitraum	Mon.
Mitte September 1914 – Mitte April 1915 (nervöse Beschwerden)	7	Anfang August bis Mitte September 1914	1 ½	Mitte April 1915 – Mitte Mai 1917	25
Mitte bis Ende Februar 1918 (Gasvergiftung)	½	Mitte Mai 1917 bis Mitte Februar 1918	9	Mitte September 1918 bis Kriegsende (Mitte November 1918)	2
Anfang April 1918 bis Mitte Juli 1918 (nervöse Beschwerden)	3 ½	Ende Februar bis Anfang April 1918	1		
Mitte August 1918 bis Mitte September 1918 (nervöse Beschwerden)	1	Mitte Juli 1918 bis Mitte August 1918	1		
Krankzeiten (gesamt)	12	Felddienst (gesamt)	12 ½	Garnisonsdienst (gesamt)	27

---

618 Der letzte Eintrag im Personalbogen betrifft eine Erkrankung an Grippe, die der Offizier vom 12.10.18–30.10.1918 auskurierte. Ebd., Personalbogen. Der Personalbogen zeigt, mit welcher Akribie auch nur wenige Tage andauernde Beschwerden festgehalten wurden. Dies betraf auch Krankheiten, die ansonsten nicht dokumentiert wurden. Möglicherweise kann der Personalbogen, bei dem eine Handschrift durchgängig vorherrschte und als Datum der 6. August 1919 angegeben war, so interpretiert werden, dass die Kränklichkeit des Offiziers im Fall von Wilhelm S. dazu führte, dass die Krankengeschichte im Militär sehr viel stärker beobachtet und dokumentiert wurde als bei gesunderen Offizieren.

Dass psychische Leiden vorrangig als reale Krankheiten und weniger als Charakteristikum, das die »Offiziersfähigkeit« in Frage stellte, angesehen wurden, zeigt auch der Umgang mit »neurasthenischen« und »psychopathischen« Offizieren. Der Fall des Oberleutnants der Reserve Fritz B.[619] macht deutlich, dass sich eine durch den Offiziersdienst erworbene Neurasthenie und eine Offizierskarriere nicht ausschlossen, solange die Symptome die Dienstfähigkeit nicht sonderlich beeinträchtigten. Fritz B. war zu Beginn des Weltkriegs 30 Jahre alt und hatte bereits im Januar 1914 das Patent zum Leutnant der Reserve erhalten. Er leistete bis 1917 Frontdienst und erhielt viele Orden.[620] Im April 1917 wurde er Kompanieführer im 30. Infanterie-Regiment. Anfang September 1917 erhielt er die Beförderung zum Oberleutnant der Reserve.[621] Ende 1917 bis Anfang 1918 war er eineinhalb Monate im Offiziersgenesungsheim Joeuf, nachdem er zuvor schon in Virton behandelt worden war, und wurde dann garnisonsdienstfähig entlassen.

Er erhielt in Joeuf die Diagnose »alte Berufsneurasthenie verschlimmert durch Feldzugseinwirkungen und neuerlichen Konflikt mit Vorgesetzten«.[622] Die Erkrankung hing nicht mit der Beteiligung an einer besonders strapaziösen Schlacht oder einem anderen konkreten Vorfall zusammen. Vielmehr erhielt er in Joeuf ein Leiden bescheinigt, das bereits aus der Friedenszeit stammte. In der Kriegs-Rangliste und im Personalbogen wurde allerdings vermerkt, dass er an »Nervöser Erschöpfung« erkrankt sei.[623] Bis Mitte Februar 1918 dauerte das Auskurieren. Er wurde nach seiner Erkrankung zuerst der Sanitätskompanie überstellt und am 29. November 1917 ins Offiziersgenesungsheim verlegt. Hier blieb er bis Mitte Januar 1918. Vom 17. Januar bis zum 13. Februar 1918 erhielt er noch Erholungsurlaub in München. In der Zeit, als Fritz B. im Genesungsheim war, schied er am 1. Januar 1918 aus dem 30. Infanterie-Regiment aus. Mitte Januar wurde er zum Ersatz des 16. Infanterie-Regiments eingeteilt.[624] Am 5. Februar 1918 wurde eine Kriegsdienstbeschädigung vom 30. Infanterie-Regiment anerkannt.[625]

---

619 Vgl. zum Folgenden BayHStA-KA OP 4416 Fritz B.
620 So bekam er das preußische Eiserne Kreuz 2. Klasse am 10.10.1914 und den Militär-Verdienstorden 4b mit Schwertern am 16.4.1915. Mitte August 1917 wurde ihm das preußische Eiserne Kreuz 1. Klasse verliehen. Ebd., Personalbogen.
621 Ebd., Personalbogen.
622 Ebd., Krankenblatt des Offiziers-Genesungsheims Joeuf.
623 Ebd., Personalbogen, Kriegs-Rangliste.
624 Ebd., Personalbogen.
625 Ebd., Klärung der Kriegsdienst-Beschädigung, 5.2.1918.

II. DIE NERVEN DER OFFIZIERE ALS MILITÄRISCHES PROBLEM   273

Auch nach dem erneuten Dienstantritt führten die Symptome dazu, dass Fritz B. bis Kriegsende nicht mehr im Frontdienst eingesetzt wurde. Am 13. Februar 1918 wurde er stellvertretender Führer des Reservedepots. Seit dem 6. März 1918 war er bei der deutschen Überwachungsstelle Budapest im Einsatz. Am 31. März 1919 schied er aus dem aktiven Dienst aus.[626]

Seine militärischen Beurteilungen von 1919 zeigen, dass zumindest einer seiner beiden Vorgesetzten seine psychische Konstitution als Mangel ansah, die ihn bei der Ausführung seiner dienstlichen Pflichten beeinträchtigte. So schrieb der eine Vorgesetzte:

»Ein gesetzter, älterer Offizier mit allgemeinem Wissen u. Bildung. Militär. Können genügt. Auftreten vor der Front weniger gewandt und soldatisch, mit militär. Formen weniger verwachsen. Außerdienstl. Verhalten ohne Tadel.«[627]

Und ein zweiter Vorgesetzter urteilte: »Zeigt im Dienste großen Eifer. Sein Auftreten darf soldatischer u. gewandter sein. Eine gewisse Nervosität zeigt sich in seinen Entschlüssen.«[628]

Der Fall des Leutnants Fritz F. aus Tübingen macht deutlich, dass Offiziere selbst mit der Diagnose »Psychopathie« im Regelfall im Offiziersdienst verblieben und welche Nischen im Offizierskorps für sie existierten. Bei seiner Begutachtung im Reservelazarett der Universitätsnervenklinik Tübingen im Februar 1918 gab der Arzt das Urteil ab, dass sich das Leiden bereits seit Anfang des Krieges bemerkbar gemacht habe und dass eine weitere Lazarettbehandlung schädlich sei, da sie das Leiden verschlimmere. Stattdessen empfahl er, den Offizier im Bürodienst einzusetzen, was auch umgesetzt wurde.[629]

Der Hauptmann Oskar S., der 1916 aufgrund der Diagnose »Nervöse Erschöpfung (Neurasthenie)« im Lazarett war, ist ein Beispiel dafür, dass psychische Leiden auch bei einem höheren Offizier nicht dazu führen mussten, dass er für eine Beförderung in einen Stabsoffiziersrang als nicht mehr geeignet angesehen wurde. Vielmehr erhielt er die Beförderung zum Major und blieb zumindest entsprechend seiner Selbstdarstellung ein Offizier, der seinen Beruf liebte und sehr gerne an der Front Dienst tat.[630] Auch kam er

---

626 Ebd., Personalbogen.
627 Ebd., Militärische Beurteilung, 1919.
628 Ebd.
629 UAT 669/30185 Krankenunterlagen des Leutnants Fritz F.
630 BayHStA-KA OP 21802 Oskar S., Bitte um Charakterisierung als Oberstleutnant, 7.4.1921. Siehe hierzu auch Kap. IV.3. Die Auswirkung der psychischen Versehrung auf ihr Verhältnis zum Krieg und ihr Selbstbild als Offizier.

nach dem Lazarettaufenthalt 1916 nicht mehr in ärztliche Behandlung, obwohl er weiterhin an schwer umkämpften Frontabschnitten tätig war. Er war bis Sommer 1917 an der Westfront eingesetzt, danach bis Mitte September 1918 an der Salonikifront, wo er verwundet wurde.[631]

Ein weiteres prominentes Beispiel für hohe Offiziere ist der Fall des Generalstabsoffiziers Bruno Ernst Buchrucker, der für den gescheiterten sogenannten »Buchrucker-Putsch« der Schwarzen Reichswehr im Jahre 1923 in Küstrin verantwortlich war. Interessant ist dieser Fall, da im Hochverratsprozess wie auch im nachfolgenden Meineidverfahren die Frage der geistigen Zurechnungsfähigkeit des Majors a. D. Buchrucker diskutiert und dabei auch sein psychischer Zustand im Ersten Weltkrieg thematisiert wurde. Letzteres Verfahren hatten Reichswehroffiziere gegen Buchrucker als Reaktion auf seine Vorwürfe eingeleitet, dass er die »Schwarze Reichswehr« im stillen Einvernehmen mit den verantwortlichen Reichswehroffizieren aufgebaut habe.[632]

Im Cottbuser Hochverratsprozess hatte Buchruckers Verteidiger ohne Zustimmung desselben beantragt, ihn wegen teilweiser Unzurechnungsfähigkeit im Sinne des § 51 des Strafgesetzbuches freizusprechen. Er legte als Beweis hierfür umfangreiche Unterlagen vor, nach denen sich sein Mandant als Kind auffallend langsam entwickelt habe. Im Weltkrieg sei er besonders im Frühjahr 1917 durch »Sprachverwirrtheit, sinnloses Aneinanderreihen von Wörtern und Sätzen, falsches Betonen, Verschrobenheit im Tonfall und im Ausdruck« aufgefallen. Ein Zeuge charakterisierte Buchrucker als eine »Art Nietzsche-Zarathustra-Figur«, der als Generalstabsoffizier in manchen Phasen außergewöhnliche Fähigkeiten gezeigt habe, in anderen Phasen aber von Depression und Regungslosigkeit bestimmt worden sei. Und schließlich machte der Anwalt noch auf Buchruckers wirre Rede während des Küstriner

---

631 Allerdings ist Oskar S. auch ein Beispiel dafür, dass bei Offizieren und möglicherweise besonders bei höheren Offizieren psychische Leiden in den Personalbögen vermehrt unterschlagen wurden, da diese wohl doch als Stigma angesehen wurden. In seinem Personalbogen deutet nichts darauf hin, dass er 1916 die psychische Krankheit »Nervöse Erschöpfung (Neurasthenie)« hatte. Hier stand lediglich »erkrankt«. BayHStA-KA OP 21802 Oskar S., Personalbogen. Siehe hierzu Kap. II.7.a. Spezifika des militärischen Schriftverkehrs über psychisch versehrte Offiziere.

632 Buchrucker war seit dem 20. Juli 1897 Offizier und wurde im Ersten Weltkrieg in verschiedenen Generalstabsstellungen verwendet, zunächst als Hauptmann, seit 1916 als Major. Nach Kriegsende beteiligte sich Buchrucker 1919 an den Kämpfen deutscher Freikorps im Baltikum. Nach seiner Rückkehr nach Deutschland wurde er in die Reichswehr übernommen, aus der er 1920 wegen Unterstützung des Kapp-Putsches entlassen wurde. Vgl. hierzu ausführlich Sauer, Schwarze Reichswehr und Fememorde, S. 7–78.

II. Die Nerven der Offiziere als militärisches Problem 275

Putsches und seine dortige Verhaftung aufmerksam, bei der er ein depressives und willenloses Verhalten gezeigt habe.[633] Insgesamt ist der Fall ein Beleg dafür, dass selbst in höheren Diensträngen und im Generalstab, wo fehlende Geistesgegenwart der dort eingesetzten Offiziere weitreichende Konsequenzen für den Kriegsverlauf haben konnte, psychische Auffälligkeiten nicht sofort zur Krankmeldung oder Abkommandierung führten.

Die prominentesten Fälle in dieser Hinsicht sind sicherlich Kaiser Wilhelm II., den seine militärische Umgebung im Ersten Weltkrieg aus Furcht vor einem immer drohenden Nervenzusammenbruch vielfach gegen schlechte Nachrichten abschirmte,[634] und der Generalstabschef Erich Ludendorff, der trotz mehrerer psychischer Auffälligkeiten im Krieg nicht abgelöst wurde. Ludendorff litt seit dem Scheitern der »Michael-Offensive« im Frühjahr 1918 zunehmend unter Nervosität. Seit Juli 1918 beklagten sich Armee und Stabschefs über sein gereiztes Verhalten. Seine »seelische Haltung« sei aus dem Gleichgewicht geraten. Er wirke »nervös und aufgeregt«.[635] Seine »große Nervosität« zeige sich »besonders in dauernden, die ganze Front beunruhigenden und gereizten Telefonaten«,[636] die auch nachts erfolgten. Die persönlichen Ärzte Hindenburgs und Ludendorffs konstatierten bei Ludendorff einen Zustand »von Nervenüberlastung«. Dieser äußere sich »in Abgespanntheit, Reizbarkeit und innerer Unruhe«.[637] Da eine Ablösung Ludendorffs nicht in Frage kam, wurden ihm Entspannungsübungen verordnet.[638] Nach Joachim Radkau wirkte sich die Nervosität Ludendorffs allerdings auch positiv auf seine militärischen Entscheidungen aus. Sie ließ ihn vor einer Eskalation des Krieges bis zur völligen Selbstvernichtung zurückschrecken.[639]

---

633 Zit. nach Ebd., S. 68f.
634 Siehe hierzu Kap. II.2.e. Drill und Willensgymnastik zur Steigerung der Spannkraft der Nerven.
635 Loßberg, Meine Tätigkeit im Weltkriege, S. 344.
636 Graf Schulenburg zit. nach Foerster, Der Feldherr Ludendorff im Unglück, S. 71.
637 Zitiert nach Ebd., S. 73.
638 Die Behandlung führte zu einer raschen Besserung des Nervenzustands Ludendorffs, sodass ihn seine militärische Umgebung als erheblich ruhiger und freundlicher wahrnahm. Ebd., S. 75, 78; vgl. auch die Beschreibung bei Kaufmann, Kriegführung im Zeitalter technischer Systeme, S. 340f.
639 Vgl. Radkau, Zeitalter der Nervosität, S. 438f. Michael Epkenhans hingegen wertet vor allem die lange Weigerung der militärischen Führung, den Krieg zu beenden, angesichts der hoffnungslosen Situation der deutschen Armee im Sommer 1918 als Zeichen einer psychischen Krise. Er macht eine Kombination aus Unsicherheit, Angst vor einem Statusverlust sowie psychologische Gründe verantwortlich. Epkenhans, Die Politik der

9. Zusammenfassung

Im militärischen Diskurs wie auch in den Personalakten der Offiziere herrschte die Tendenz, psychische Leiden bei militärischen Führern zu tabuisieren. Denn diese galten als Makel, die dem Idealbild des Offiziers widersprachen.

Gleichzeitig erhielten die Offiziere innerhalb der Gruppe der psychisch versehrten Militärangehörigen eine deutlich privilegierte Sonderrolle, was die Behandlungsorte und die Gewährung von Urlaub und Versetzungen nach Wunsch anbelangte. Die »Offiziersfähigkeit« wurde durch die psychische Versehrung im Allgemeinen nicht in Frage gestellt, und ihre Position und Akzeptanz innerhalb des Offizierskorps blieben im Regelfall gefestigt.

Ein zentrales Ergebnis dieses Kapitels ist, dass es erhebliche Unterschiede zwischen den Deutungen im öffentlichen militärischen Diskurs und den Deutungen Militärangehöriger zu einzelnen psychisch versehrten Offizieren und zu nervlichen Belastungen im Krieg gab. Neben den Kriegserfahrungen spielten hierfür auch Adressatenkreise und Kommunikationssituationen eine Rolle, in denen unterschiedliche Sagbarkeitsregeln galten.

Während im öffentlichen militärischen Diskurs die ständige Nervenstärke der Offiziere als unabdingbar für ihre Stellung und als kriegsentscheidend bewertet wurde, kamen in privaten Äußerungen der Kameraden und Vorgesetzten solche Deutungen kaum vor. Hier überwog die Akzeptanz psychischer Krisen auch bei militärischen Führern. Die Selbstzeugnisse der Offiziere machen deutlich, dass der Krieg mit seinen Eindrücken, die Front als Zone, in der Schrecken und Tod allgegenwärtig waren, und die Führungsposition der Offiziere als enorme nervliche Belastung eingeschätzt wurden.

Obwohl in der Armee psychische Leiden bei Offizieren im Diskurs tabuisiert und in den militärischen Akten häufig vertuscht wurden, betrachtete man diese als Krankheiten, die Maßnahmen zur Prophylaxe und zur Therapie erforderten. Man suchte psychische Krankheiten bereits bei der Rekrutierung auszuschließen, wobei allerdings der Offiziersmangel rasch zu einer Auflockerung der Rekrutierungskriterien führte, und die Offiziere durch gezielte Maßnahmen vor psychischen Leiden zu schützen. Auch sahen sich die militärischen Dienststellen bei im Krieg auftretenden Leiden in der Fürsorgepflicht für die Offiziere und gestanden ihnen lange Lazarettaufenthalte, Urlaubszeiten und Dienstzeiten fern der Front zu.

---

militärischen Führung, S. 228–230. Siehe hierzu auch Nübel, Durchhalten und Überleben an der Westfront, S. 143.

Aus den militärischen Schriftwechseln zu einzelnen betroffenen Offizieren wird deutlich, dass die seelischen Leiden der Offiziere zumeist als Folge der extremen Gewaltereignisse gedeutet wurden. Gingen die Ärzte von einem konstitutionell bedingten Leiden aus, hielten die militärischen Dienststellen an der Interpretation fest, dass das Leiden vom Kriegsdienst herrühre oder zumindest durch die Kriegsereignisse verschlimmert worden sei. Hinzu kam, dass der Simulationsverdacht anders als bei den Mannschaftssoldaten nahezu keine Rolle spielte.

Den meisten Offizieren entstanden durch eine psychische Versehrung keine Karrierenachteile. Ein Lazarettaufenthalt wegen einer psychischen Erkrankung war kein Ausschlusskriterium für eine Beförderung, was die vielen Beförderungen von Offizieren, die sich zu der Zeit im Lazarett befanden, belegen. Dies galt auch für Offiziere, die mehrfach in psychiatrischer Behandlung waren. Das strikte Festhalten der deutschen Armee im Ersten Weltkrieg am Anciennitätsprinzip bei Offiziersbeförderungen, also an der Beförderung nach dem Rangdienstalter, zeigte hier seine Wirkung. Das Kriterium der Frontbewährung hatte, anders als im Zweiten Weltkrieg, kaum Bedeutung. Besondere Tapferkeit belohnte man im Regelfall mit Orden, nicht mit Beförderungen.

Offiziere, die sich wegen psychischer Leiden im Ersten Weltkrieg krankmeldeten, stießen im Regelfall auf großes Verständnis bei ihren Vorgesetzten und Offizierskameraden. Während die Mehrheit psychische Erkrankungen von Offizieren in ihren Aufzeichnungen nicht thematisierte, schrieben manche militärischen Vorgesetzten sehr offen über die angegriffenen Nerven eines untergebenen Offiziers, ohne diesen als solchen zu diskreditieren. Häufig finden sich bei diesen Offizieren Anleihen an die medizinischen Nervendiskurse und der Glaube an die Heilbarkeit psychischer Leiden durch die Nervenärzte. Auch psychisch versehrten Offizieren attestierten Vorgesetzte und Offizierskameraden im Allgemeinen ein hohes Maß an Pflicht- und Verantwortungsbewusstsein sowie patriotischer Gesinnung. Die Korpsmitglieder reagierten mit Empathie und sprachen von Aufopferungsbereitschaft bis hin zur Erschöpfung.

Hierfür war hochbedeutsam, dass sich auch bei vielen Offizieren, die selbst nicht wegen psychischer Leiden im Ersten Weltkrieg behandelt wurden, in ihren Selbstzeugnissen seit Beginn des Krieges die Sorge zeigt, ob ihre Nerven den Kriegsbelastungen standhalten würden. Die Mehrheit der Offiziere ging bereits zu Kriegsbeginn davon aus, dass die Kriegsbelastungen einen psychischen Preis von ihnen verlangen würden. Hier spielte die öffentlichkeitswirksam geführte Diskussion über die Neurasthenie eine große Rolle. Entsprechend finden sich in den Tagebüchern vieler Offiziere ständige Beobachtungen ihrer Nerven.

Auffällig ist, dass im militärischen Umfeld psychisch leidende Offiziere, die ins Lazarett kamen, akzeptiert wurden, solange sie ihren Dienst fehlerfrei ausgeführt hatten. Bei den Aussagen der Vorgesetzten zur Einsatzfähigkeit psychisch labiler Offiziere ergibt sich ein klares Bild. Für den Großteil der militärischen Vorgesetzten gilt, dass sie angegriffene Nerven an sich für nichts Bedenkliches hielten, wenn sie sich auf das Privatleben oder das Verhalten im Unterstand beschränkten. Auch Offiziere, die als konstitutionsschwach galten oder deren Krankheit als endogenes Leiden eingeschätzt wurde, wurden in diesem Fall nicht entsprechend dem psychiatrischen und militärischen Diskurs über die »Kriegsneurotiker« geringgeschätzt oder als charakterlich verwerflich dargestellt.[640]

Anders sah es allerdings aus, wenn sich die psychische Labilität im Dienst bemerkbar machte, was mit der Funktion des Offiziers im Kriegseinsatz zusammenhing. Schließlich sollten die militärischen Führer die Mannschaft umsichtig und verantwortungsvoll führen. Hinzu kam, dass sie bei psychischen Überlastungsanzeichen nicht mehr als militärisches und moralisches Vorbild dienen konnten. Der verständnisvolle Umgang mit psychisch versehrten Offizieren reduzierte sich dementsprechend insbesondere in den Fällen, in denen Offiziere im Fronteinsatz bei der Führung ihrer Truppe psychisch zusammenbrachen oder offen Angst und Panikzustände zeigten. Wie bei Mannschaftssoldaten reagierten militärische Vorgesetzte und Offizierskameraden im Regelfall hierauf sehr negativ. Der Vorwurf des Versagers machte hier rasch intern die Runde.

Ein deutlicher Unterschied ist aber, dass von den Vorgesetzten, wenn es sich um Offiziere handelte, weder offene Beleidigungen noch physische Zwangsmittel eingesetzt wurden. Hier verfügte man über sublimere Disziplinierungsmittel, die von der Abkommandierung bis zum Anstrengen eines Ehrengerichtsverfahrens reichten.

Der militärische Umgang mit diesen Offizieren war aber gleichzeitig von der privilegierten militärischen und gesellschaftlichen Stellung des Offiziers im Ersten Weltkrieg geprägt. Die Offiziere stellten einen elitären Berufsstand dar, hatten trotz aller Erosionserscheinungen einen starken Korpsgeist und genossen soziale Privilegien, was sie in vielfacher Hinsicht nach innen

---

640 Vgl. zum psychiatrischen Diskurs über die »Kriegsneurotiker« Kap. III.2.a. Der psychiatrische Diskurs über die Diagnosen und Ursachen von psychischen Leiden bei Offizieren.

und außen schützte. Bei Schwäche und Fehlverhalten kam den Offizieren zugute, dass sie mit den Abläufen im System vertraut waren. Dadurch konnten sie subtile Strategien anwenden, um ihr Verhalten zu rechtfertigen, was Mannschaftssoldaten in der Regel nicht möglich war.

Zudem hatten Offiziere durch ihre taktischen Entscheidungsspielräume viel mehr Möglichkeiten als Mannschaftssoldaten, sich im Kampf Gefahrensituationen zu entziehen. Eine gewisse Abschreckung, das System zu sehr auszunutzen, war allerdings, dass Offiziere damit rechnen mussten, dass all ihre Entscheidungen an der Front auch auf den Feigheits- und Drückebergervorwurf geprüft wurden, was sie unter besonderen Druck setzte.

Ein weiterer wichtiger Aspekt ist, dass das Militär für Offiziere mit psychischen Leiden in deutlich höherem Umfang als für Mannschaftssoldaten Nischen und Freiräume fern der Front zur Verfügung stellte, wenngleich in der zweiten Kriegshälfte aufgrund des Offiziersmangels auch bei den Offizieren stärker darauf geachtet wurde, dass sie rasch wieder dienstfähig wurden. Eine Alternative zum Frontdienst gewährte das vielfältige Kursangebot für Offiziere zur Spezialisierung. Viele psychisch versehrte Offiziere nutzten im Ersten Weltkrieg die Möglichkeit, sich für Dienststellungen in der Etappe zu qualifizieren, die spezialisiertes Fachwissen und technisches Können verlangten.

Gerade in der zweiten Kriegshälfte wirkte sich dann bei der Sicht von Vorgesetzten und Offizierskameraden auf psychisch versehrte Offiziere aus, dass die Rahmenbedingungen, unter denen die deutschen Offiziere ihren Dienst an der Front verrichteten, immer schwieriger wurden. Hierdurch wurde einerseits das Verständnis gegenüber psychischen Leiden bei Offizieren erhöht. Andererseits ging gleichzeitig die Toleranz insbesondere gegenüber Offizieren zurück, die in kritischen Situationen ausfielen. Denn der deutliche Führermangel bewirkte, dass es den übrigen Offizieren zunehmend schwerer fiel, die Aufgaben der wegen psychischer Erkrankungen ausfallenden Offiziere zu übernehmen.

Insgesamt wirkte sich allerdings die Tendenz stärker aus, dass es sich die deutsche Armeeführung aufgrund des Offiziersmangels nicht leisten konnte, Offiziere, die psychisch an der Front nicht standgehalten hatten, zu verabschieden. Der Mangel an militärischen Führern bestand bereits seit Ende 1914, da die Offiziere in den Anfangsmonaten überdurchschnittliche Verluste erlitten. Verschärft wurde er mit den Materialschlachten, in denen das Offizierskorps zahlenmäßig gewaltig aufgestockt wurde. Entsprechend zeichnete sich innerhalb der Armeeführung der praktische Umgang mit psychisch labilen Offizieren aufgrund des Offiziersmangels durch zunehmenden Pragmatismus aus. Die Armeeführung war bestrebt, psychisch versehrte Offiziere, die nicht mehr die Felddienstfähigkeit erreichten, an einem Posten einzusetzen, auf dem diese noch produktiv Militärdienst leisten konnten. Dem entsprach, dass die psychischen Ansprüche an die Offiziere im Verlauf des Ersten Weltkriegs bei Neuernennungen und bei den laufenden dienstlichen Beurteilungen reduziert werden mussten. Der Offiziersmangel führte hier zu einer allgemeinen Senkung der Kriterien.

Gleichzeitig stiegen allerdings auf diskursiver Ebene die Anforderungen. Auf die Materialschlachten reagierte der offizielle Kriegsdiskurs durch die sprachliche Schöpfung und ikonografische Ausgestaltung des »Frontkämpfertypus«, der »stählerne Nerven« hatte und vorrangig die Fähigkeit zum »Durchhalten« repräsentierte. Auffällig ist, dass dieser Idealtyp des »Frontkämpfers« keinen militärischen Dienstrang mehr hatte, sondern Offiziere und Mannschaften egalitär einschloss.

Nach Kriegsende wurde die Nerven- und Willensstärke der deutschen Offiziere insgesamt sehr positiv beurteilt. Als Beweis wurden zum einen die hohen Offiziersverluste angeführt. Bezeichnend für diese Denkweise ist ein Schreiben Ludendorffs noch aus dem letzten Kriegsjahr, in dem er die hohen Offiziersverluste 1914 als Leistung der Offiziere darstellte, die auch in der Öffentlichkeit über jede Kritik erhaben sei.[641] Nach dem Krieg spielten die horrenden Verluste zudem eine zentrale Rolle zur Legitimierung und Ehrenrettung der gesellschaftlich angefeindeten Offiziere, da sie als tapfere Selbstaufopferung interpretiert wurden und gut in den nationalen Gefallenenkult und Opfermythos zu integrieren waren. Über die hohen Offiziersverluste im Weltkrieg schrieb zum Beispiel Generalleutnant von Altrock: »Diese Zahlen beweisen, daß die deutschen Offiziere im Weltkriege ihren

---

641 »Ein verhältnismässig sehr grosser Teil der aktiven Offiziere besonders der jüngeren die jetzt als Kompagnie- und Batterieführer in Frage kommen würden, ist in den ersten Kriegsmonaten gefallen oder dienstunbrauchbar geworden.« Um die Kritik der Öffentlichkeit an den aktiven Offizieren zu entkräften, wünschte er Berichte über die Leistungen der aktiven Offiziere seit 1915 und sprach in dem Zusammenhang auch das folgende Urteil über die Verdienste der Offiziere der Anfangsmonate aus: »Über die Taten des aktiven Offizierkorps zum Kriegsbeginn zu reden, erübrigt sich. Sie sprechen für sich selbst.« GLA 456 F 2 Offiziersangelegenheiten, insbesondere das Verhalten der Offiziere 14. Dezember 1917–26. November 1918, darin: Chef des Generalstabs des Feldheeres, Erziehung der Offiziere und Unteroffiziere, 26.9.1918. darin: Ludendorff, Leistungen des aktiven Offizierkorps, 7.2.1918.

Vorfahren ebenbürtig waren an beispiellosem Opfermut und Vaterlandstreue bis zum Tode.«[642]

Neben den hohen Offiziersverlusten wurde als Beweis für die hohe Nerven- und Willensstärke die geringe Zahl an Offizieren angeführt, die wegen Kriegsneurosen aus dem Heeresdienst entlassen werden mussten. Letzteres erklärt sich allerdings, wie gezeigt wurde, vorrangig aus den unterschiedlichen Strategien, die das Militär bei der Weiterverwendung psychisch versehrter Offiziere und Mannschaftssoldaten verfolgte, die nach der ärztlichen Behandlung nicht mehr die Felddienstfähigkeit erreichten. Während Mannschaftssoldaten dann vorrangig in der Kriegswirtschaft nutzbringend eingesetzt werden sollten, fanden die vielseitig ausgebildeten Offiziere im Regelfall weiterhin im Heer Verwendung.

---

642 Altrock, Vom Sterben des Deutschen Offizierkorps, S. 18.

III. Offiziere in psychiatrischer Behandlung im Ersten Weltkrieg

Bis vor kurzem war die Forschungsmeinung dominant, dass im Ersten Weltkrieg in Deutschland eine klare Zwei-Klassen-Medizin bei psychischen Erkrankungen existiert abe und Diagnosen und Behandlungen patientengruppenspezifisch vergeben worden seien.[1] Die neuere Forschung, die Patientenakten auswertete, – genannt seien besonders Livia Prüll, Philipp Rauh, Petra Peckl, Maria Hermes, Edgar Jones und Stefanie Linden[2] – hat zu Recht kritisiert, dass dieses homogene Bild vom »neurasthenischen Offizier« und »hysterischen Mannschaftssoldaten« und der unterschiedlichen Behandlungsweise, die für beide Gruppen angewandt worden sei, einer Differenzierung bedarf. Die Ergebnisse der Auswertung von Patientenakten, die sich vorrangig auf Mannschaftssoldaten beschränkten,[3] relativierten sowohl das Bild einer rangspezifischen Diagnostik wie auch einer rangspezifischen Behandlung. Die Diagnose »Neurasthenie« oder »Nervöse Erschöpfung« wurde mitnichten exklusiv an Offiziere vergeben, sondern auch an einen großen Teil der psychisch versehrten einfachen Soldaten. Auch Mannschaftssoldaten wurden vorrangig mit sanften Behandlungsmethoden behandelt und auch ihnen wurde Zeit zur Regeneration gegeben. Die Auswertung der Patientenakten von Mannschaftssoldaten hat deutlich gemacht, dass sich die neu entwickelten aktiven Behandlungsmethoden im Ersten Weltkrieg nicht flächendeckend durchsetzten, sondern die Einführung von

---

1 Riedesser/Verderber, »Maschinengewehre hinter der Front«, S. 36; Michl, Im Dienste des »Volkskörpers«, S. 209, 252; Hofer, Nervenschwäche und Krieg, S. 220–226; Lerner, Rationalizing the Therapeutic Arsenal, S. 133; Komo, »Für Volk und Vaterland«, S. 65–70.

2 Vgl. hierzu Prüll, The Exhausted Nation, S. 32f.; Peckl, What the Patient Records Reveal, S. 149–159; dies., Psychische Erkrankungen der Soldaten, S. 72f.; Hermes, Krankheit: Krieg, S. 430; Linden/Jones, German Battle Casualties, S. 635.

3 Siehe hierzu die Ausführungen in der Einleitung zum Forschungsstand über psychisch versehrte Offiziere.

Lazarett zu Lazarett, ja bisweilen sogar von Arzt zu Arzt, unterschiedlich war.[4]

Im Folgenden wird das Bild vom »neurasthenischen Offizier« und »hysterischen Mannschaftssoldaten« und ihrer unterschiedlichen Behandlungsweise mit Blick auf die psychisch versehrten Offiziere, die bisher in der Forschung sehr wenig behandelt wurden, einer Überprüfung unterzogen. Untersucht werden die zeitgenössischen Veröffentlichungen der Psychiater, aber auch Krankenbücher, Krankenakten und Personalakten von Offizieren.[5]

Bei einer Auswertung der deutschen psychiatrischen Fachliteratur während des Krieges ist im Blick zu behalten, dass die medizinischen Fachjournale keine eindeutigen Rückschlüsse darüber zulassen, inwieweit die dortigen Ausführungen in die Praxis umgesetzt wurden.[6] Vielmehr geht es darum, anhand von medizinischen Fachzeitschriften und Veröffentlichungen die Ansichten der publizierenden Fachvertreter nachzuzeichnen und damit die Wahrnehmungsmuster einer ganz bestimmten Diskursgemeinschaft zu analysieren.

Die Autoren der Fachzeitschriftenartikel, von Haus aus Psychiater, Neurologen oder Psychologen,[7] waren vorrangig Teil der medizinischen Elite, insbesondere Universitätsprofessoren und Chefärzte von Krankenhäusern, wobei es eine Handvoll Koryphäen des Faches gab, auf die die anderen Autoren immer wieder Bezug nahmen, ohne dass diese allerdings, wie die Analyse zeigen wird, beim Bild von den Offizieren ein Deutungsmonopol innegehabt hätten. Die Fachzeitschriftenautoren arbeiteten während des Krieges zum Großteil in der Heimat,[8] wenngleich sich auch Feldärzte in Veröffent-

---

4 Peckl, Krank durch die »seelischen Einwirkungen des Feldzuges«?, S. 88; Hermes, Krankheit: Krieg, S. 428–454.
5 Siehe zum Folgenden auch Gahlen, »Always Had a Pronouncedly Psychopathic Predisposition«, S. 81–113; dies., Zwei-Klassen-Medizin?, S. 107–126.
6 Prüll/Rauh, Militär und medikale Kultur in Deutschland, S. 25.
7 Im Deutschen Reich waren die im Ersten Weltkrieg tätigen Psychologen Mitglieder der Gemeinschaft der Psychiater und Neurologen oder als Experten in Hirnverletztenstationen tätig. Die einschneidenden Erfahrungen des Ersten Weltkrieges und die militärischen und politischen Anforderungen an die Wissenschaften bewirkten einen Professionalisierungsschub und förderten die Einrichtung von Lehrstühlen und die Möglichkeiten praktisch arbeitender Psychologen. Psychologen wandten im Ersten Weltkrieg auch aktive Verfahren wie Hypnose und Suggestion an, zeitintensive Psychoanalyse wurde hingegen kaum angewandt. Hohenthal, Psychologen in der Kriegspsychiatrie, S. 273–275.
8 Philipp Rauh konstatiert entsprechend, dass sie das Kriegsgeschehen »nur in gefilterter Form« erlebt hätten. Schließlich hätten sie sich an der Front, wenn überhaupt, nur

lichungen zu Wort meldeten und dabei aufgrund ihrer direkten Beobachtungen an der Front eine besondere Autorität für ihre medizinischen Erkenntnisse beanspruchten.[9] Doch bildeten diese eine Minderheit und sind keinesfalls repräsentativ für das Gros der Frontärzte, wie auch die Autoren in der Heimat nicht als Vertreter der Heimatärzte insgesamt gelten können.[10]

Auch wenn die publizistisch tätigen Mediziner also nicht die Einflussmöglichkeit hatten, die psychiatrische Praxis im Ersten Weltkrieg in Deutschland zu bestimmen, wirkten sie doch als stimulierende Leitfiguren ihres Fachs.[11] Die medizinischen Fachjournale geben wie keine andere Quellengattung fundiert darüber Auskunft, wie psychiatrisches Wissen verhandelt wurde. Während des Ersten Weltkriegs stieg der Austausch von Krankheitstheorien und Behandlungsmethoden in den medizinischen Fachzeitschriften und auf Tagungen im Vergleich zu den Vorkriegsjahren enorm an.[12]

Für das behandelte Thema lässt sich durch den Blick auf den militärpsychiatrischen Diskurs zeigen, wie die Autoren anhand ihres Expertenwissens die psychischen Versehrungen der Offiziere interpretierten und welche Sagbarkeitsregeln existierten, wenn über das Phänomen der psychisch versehrten Offiziere geschrieben und diskutiert wurde.[13] Es wird der Frage nachgegangen, welches Bild die schreibenden Mediziner von psychisch versehrten Offizieren während des Ersten Weltkriegs hatten und wie sich dieses auf ihre öffentlichen Urteile, Diagnosen und Behandlungsberichte auswirkte.

---

sporadisch aufgehalten. Die psychisch kranken Soldaten wiederum, die sie in den Reservelazaretten therapierten, hätten sich zu diesem Zeitpunkt bereits mehrere Wochen oder gar Monate in Behandlung befunden. Rauh, Die militärpsychiatrischen Therapiemethoden im Ersten Weltkrieg, S. 45.

9 In einem Front-Infanteriebataillon befanden sich gewöhnlich ein (Ober-)Stabsarzt und ein Ober- bzw. Assistenzarzt, die auf einem Truppenverbandsplatz unterstützt von einem Sanitätsunteroffizier und Krankenträgern die Verwundeten und Kranken behandelten. Weitere Stationen, bei denen Feldärzte agierten, waren die Hauptverbandplätze, die gewöhnlich etwa fünf bis acht Kilometer hinter der vorderen Linie lagen und die Feldlazarette, von denen jede Division drei besaß. Hartmann, Sanitätsdienst im Stellungskrieg, S. 234f.

10 Lisner, Fachzeitschriften als Selbstvergewisserungsinstrumente der ärztlichen Profession, S.116; Michl, Im Dienste des »Volkskörpers«, S. 21; Prüll/Rauh, Militär und medikale Kultur in Deutschland, S. 25.

11 Prüll, Die Fortsetzung des Krieges nach dem Krieg, S. 126.

12 Linden/Jones, German Battle Casualties, S. 637f., 656; Peckl, Krank durch die »seelischen Einwirkungen des Feldzuges«?, S. 71f.

13 Michl, Im Dienste des »Volkskörpers«, S. 19f.; Prüll/Rauh, Militär und medikale Kultur in Deutschland, S. 25f.

Die Analyse der Wahrnehmungsmuster in den Fachjournalen über psychisch versehrte Offiziere ist geeignet, den diskursiven Charakter medizinischer Wissensproduktion aufzuzeigen und den wissenschaftlichen Dissens um (vermeintlich) dominante Lehrmeinungen in den Blick zu nehmen.[14]

Die Analyse des psychiatrischen Diskurses ergänzt eine Untersuchung der psychiatrischen Praxis, die nur über die erhaltenen Krankenunterlagen zu ermitteln ist. Dabei ist im Hinblick auf die Behandlung psychisch versehrter Offiziere zu konstatieren, dass der Großteil der Offizierspatienten nicht in den psychiatrischen Abteilungen der Lazarette,[15] sondern in exklusiven Offizierslazaretten und -genesungsheimen behandelt wurde, wobei auch in den Genesungsheimen oft psychiatrische Fachärzte angestellt waren,[16] was die im Krankenbuchlager erhaltenen Krankenbücher des Ersten Weltkriegs belegen. In Offizierslazaretten und Offiziersgenesungsheimen stellten des Öfteren Offiziere mit psychischen Erkrankungen die Mehrheit der Patienten.[17]

Im Deutschen Reich blieben die Offizierslazarette und Offiziersgenesungsheime[18] bis zum Ende des Krieges exklusiv für Offiziere bestehen.[19] Hingegen stellten in den Neurotiker-Lazaretten und psychiatrischen Abteilungen der Lazarette Offiziere nur einen kleinen Teil der eingewiesenen Soldaten. Zum Beispiel wurden im Nervenlazarett des Reservelazaretts

---

14 Zu Recht warnt die neuere Forschung, die Patientenakten ausgewertet hat, davor, lediglich den Blick auf die dominanten theoretisch-medizinischen Denkmodelle zu richten. So laufe man Gefahr, den diskursiven Charakter medizinischer Wissensproduktion zu vernachlässigen. Prüll/Rauh, Militär und medikale Kultur in Deutschland, S. 25f. Siehe auch Neuner, Politik und Psychiatrie, S. 26f.
15 Vgl. zum raschen Aufbau militärpsychiatrischer Behandlungsstationen im Ersten Weltkrieg Kap. II.1. Die Behandlung des Problems der »Kriegsneurotiker« in der deutschen Armee.
16 Zum Beispiel wurden in Heidelberg trotz der renommierten Universitätspsychiatrie Offiziere nicht im universitären Beobachtungslazarett (1916–1918) aufgenommen, sondern im Offizierslazarett im Hotel Bellevue.
17 Landesamt für Gesundheit und Soziales Berlin: Krankenbuchlager (KBL).
18 Daneben gab es Genesungsheime, die für Mannschaftssoldaten geöffnet waren.
19 Hans-Georg Hofer stellte für Österreich-Ungarn heraus, dass sich spätestens ab 1916 die Bedingungen für neurasthenische Offiziere für ausgedehnte Kurbadaufenthalte verschlechtert hätten. Damals seien die Privatsanatorien in Lazarette umgewandelt und für alle militärischen Ränge geöffnet worden. Hofer, Nervenschwäche und Krieg, S. 223. Eine ähnliche Entwicklung gab es in Deutschland nicht. In Belgien wurden während der gesamten Kriegszeit Offiziere und Soldaten in den gleichen Krankenhäusern behandelt, wenn auch in anderen Zimmern. Van Everbroeck, Did Belgian psychiatry evolve thanks to the First World War?

Würzburg 1.212 Militärangehörige vom 1. Januar 1917 bis zum 31. Mai 1918 behandelt. Unter diesen waren lediglich 17 Offiziere, die nach der Behandlung alle wieder als garnisonsfähig (Heimat oder Feld) entlassen wurden.[20] Auch die hier für die Untersuchung ausgewählten Nervenstationen machen dies deutlich.[21]

Das Untersuchungssample bezieht sich dabei auf die Krankenbücher von sieben Lazaretten und Genesungsheimen, in denen psychisch versehrte Offiziere behandelt wurden.

Tabelle 4: Zahl der aktiven Offiziere und Reserveoffiziere (ohne Feldwebelleutnants), die wegen psychischer Leiden in den ausgewählten Lazaretteinrichtungen behandelt wurden

Lazaretteinrichtung	Anzahl
Offiziers-Lazarett Baden-Baden, Reserve-Lazarett Abt. Darmstädter Hof, Johanniter	80
Offiziersgenesungsheim der 5. Armee, Joeuf	618
Offiziersheim Taunus in Falkenstein	403
Reserve-Lazarett II Tübingen, Abt. Kgl. Universitäts-Nervenklinik	76
Kriegslazarett 128 G. »Nervenstation Antonia« einschl. »Barmherzige Schwestern« Bukarest	77
Reserve-Lazarett II, Abt. für Geisteskranke u. Abt. für Nervenkranke, Görden/Brandenburg	28
Heimatlazarett Breslau, Abt. Nervenklinik	102
Gesamt	1384

Dafür, dass ein Offizier als relevanter Fall in die Untersuchungsauswahl aufgenommen wurde, war das Kriterium bei einem Offizierslazarett und -genesungsheim, dass psychische Beschwerden aus der Diagnose ersichtlich waren, bei einer Nervenstation lediglich, dass die Offiziere auf dieser Station behandelt wurden. Für Letzteres wurde keine Rücksicht darauf genommen, ob sich daraus eine rein psychische oder organische Ursache vermuten ließ. Der Einbezug all dieser Diagnosearten in die Analyse resultiert daraus, dass die Definitionen von Kriegsneurosen im Ersten Weltkrieg nicht klar abge-

---

20 BayHStA-KA Stv. GenKdo. II. AK. SanA 64: Krankheiten: Kriegsneurotiker, 1917–1919, Bericht des Neurotikerlazaretts ReS. Laz. Würzburg, 6.6.1918. Vgl. hierzu auch Neuner, Politik und Psychiatrie, S. 58.
21 Vgl. hierzu die Ausführungen in Kap. III.2.b. Psychiatrische Praxis: Diagnosen in den Krankenakten.

grenzt waren.²² Die Auswahl ergab rund 1.400 relevante Einträge in den Krankenbüchern. Anhand dieser Namen konnten 294 Krankenakten der Offiziere ausfindig gemacht werden.²³

Als Beispiel für ein Offizierslazarett in der Heimat dient das Offizierslazarett Baden-Baden, Reserve-Lazarett Abt. Darmstädter Hof.²⁴ Hier wurden von August 1914 bis September 1919 80 Offiziere mit psychischen Leiden behandelt.²⁵ Da insgesamt 1158 Offiziere hier Aufnahme fanden, stellten die psychisch versehrten Offiziere nur eine kleine Minderheit.

Das lothringische Offiziersgenesungsheim Joeuf wurde als Fallbeispiel für ein Offiziersgenesungsheim in der Etappe an der Westfront ausgewählt.²⁶ In diesem wurden 1.347 Patienten zwischen Februar 1915 und September 1918 behandelt. 841 dieser Patienten hatten psychische Leiden, die sich auf keine körperliche Ursache zurückführen ließen. Hierunter waren 618 aktive Offiziere und Reserveoffiziere. Der Rest waren Sanitätsoffiziere und Ärzte ohne Offiziersrang, Militärbeamte, Feldwebelleutnants und Offiziersstellvertreter.

Als Beispiel für ein Offiziersgenesungsheim in der Heimat wurde das Offiziersheim Taunus in Falkenstein ausgewählt, das als erstes Offiziersgenesungsheim von Wilhelm II. bereits 1909 eingeweiht worden war.²⁷ Im Weltkrieg wurde das Haus dem XVIII. Armeekorps als Offiziersgenesungsheim unterstellt und diente der Behandlung und Erholung physisch und psychisch versehrter Offiziere.²⁸ Hier wurden 403 aktive und Reserveoffiziere mit psychischen Leiden von 1914 bis 1918 behandelt, darunter 395 mit psy-

---

22 Siehe hierzu den Abschnitt »Die einzelnen Diagnosen in den Krankenakten« in Kap. III.2.b.
23 Siehe hierzu auch die Ausführungen zur Samplebildung in der Einleitung.
24 KBL 1039, 1040 Krankenbücher des Offiziers-Lazaretts Baden-Baden, Res.-Laz. Abt. Darmstädter Hof, Johanniter.
25 Einschließlich Ärzten, Militärbeamten und Feldwebelleutnants erhöht sich die Zahl auf 98.
26 KBL 39441 Krankenbuch des Offiziersgenesungsheims Joeuf der 5. Armee.
27 KBL 18040–18048 Krankenbücher des Offiziersheim Taunus in Falkenstein. Siehe hierzu auch Kap. I.3.c. Die dienstlichen Konsequenzen für Offiziere mit psychischen Erkrankungen.
28 Bei Kriegsende wurde das Lazarett geschlossen. Die französische Armee beschlagnahmte das Haus Mitte Dezember 1918 und widmete es als Kaserne des 287. frz. Infanterie-Regiments um. Von 1919 bis 1921 diente es als französisches Offizierslazarett. Seit Mai 1921 hieß es Obertaunusheim und war nun als Heilanstalt für Erholungssuchende und Kriegsversehrte unter dem Dach des Roten Kreuzes dem Reichsarbeitsministerium in Berlin unterstellt. Seit 1936 wurde es wieder ein Erholungsheim für Offiziere. Groß, Vor 100 Jahren in Falkenstein, S. 61–67.

chischen Versehrungen, die sich auf keine körperliche Ursache zurückführen ließen. Die Exklusivität des Offiziersheims aufgrund der Schirmherrschaft Wilhelms II. und der besonders luxuriösen Ausstattung[29] zeigt sich auch im Rang der hier untergebrachten Patienten. Während in den Standardeinrichtungen für Offiziere Reserveoffiziere die Mehrheit bildeten und neben den eigentlichen Offiziersrängen auch Offiziersstellvertreter und Feldwebelleutnants aufgenommen wurden, war hier niemand unterhalb des Leutnantsrangs untergebracht. Auch die übrige Dienstgradverteilung war ungewöhnlich, da hier sehr viele hohe Dienstgrade versammelt waren. Weniger als die Hälfte der psychisch versehrten Offiziere im Offiziersheim Taunus belegten Leutnantsränge. Hauptleute machten 28% aus, Offiziere im Stabsrang 23% und immerhin zehn Behandelte waren Angehörige der Generalität. Hinzu kam, dass der Anteil der aktiven Offiziere besonders hoch war. Er machte fast 60% aus, während der Anteil der Reserveoffiziere lediglich bei 32% lag, obwohl deren Zahl im Offizierskorps des Weltkriegs bei weitem überwog. Landwehroffiziere stellten lediglich 8% der psychisch versehrten Patienten.

Ergänzt wird die Auswahl der Offizierslazarette und -genesungsheime um vier Nervenlazarette. Um auch eine berühmte Einrichtung zu erfassen, wurde die kgl. Universitätsklinik Tübingen für Gemüts- und Nervenkrankheiten aufgenommen. Hier war zwischen 1914 und 1918 das Reserve-Lazarett II Tübingen.[30] Direktor der Universitätsklinik war der Nervenspezialist Prof. Robert Gaupp, der daneben auch Oberstabsarzt und fachärztlicher Beirat im XIII. (Kgl. Württbg.) Armeekorps war.[31] In seine Nervenklinik kamen Offiziere und Soldaten mit psychischen Erkrankungen nicht nur zur Behandlung, sondern auch zur Begutachtung in Bezug auf ihre Dienstfähigkeit. Der Beobachtungsaufenthalt dieser Patienten konnte dabei bis zu ei Wochen betragen. Die 76 Offizierspatienten machen gegenüber mehreren tausend Mannschaftssoldaten nur einen kleinen Bruchteil der dort behandelten und begutachteten Patienten aus.[32]

---

29 Vgl. Kap. III.3.a. Unterbringung und Verpflegung.
30 Universitätsarchiv Tübingen (UAT) 669 Nervenklinik.
31 Leins, Robert Eugen Gaupp; Voelkel, Robert Eugen Gaupp, S. 311–315. Siehe zu Gaupps Stellung an der Universität Tübingen Paletschek, Die permanente Erfindung einer Tradition, S. 458, 479.
32 Vgl. zu Diagnosen und Behandlung der Mannschaftssoldaten in Tübingen Bennette, Reassessing the Approach to War Hysterics during World War One in Germany, S. 141–169.

Das nächste Lazarett der Stichprobe ist das Kriegslazarett 128 »Nervenstation Antonia« Bukarest.[33] Es wurde als Beispiel für ein Nervenlazarett an der Ostfront ausgewählt. Die Nervenstation existierte von September 1917 bis November 1918 und lag im Besatzungsgebiet der deutschen Militärverwaltung Rumäniens. Insgesamt wurden auf der Nervenstation 2014 Militärangehörige behandelt. Unter ihnen waren 77 Offiziere.

Zwei große Nervenstationen in der Heimat, die sich nicht durch besonders bekannte dort arbeitende Ärzte hervortaten und in denen jeweils mehrere tausend militärische Patienten im Ersten Weltkrieg behandelt wurden, schließen die Stichprobe ab. Im Reserve-Lazarett II in Görden in Brandenburg an der Havel wurden während des Krieges in der Abteilung für Geistes- und Nervenkranke lediglich 28 Offizierspatienten behandelt.[34] In der Nervenklinik des Heimatlazaretts Breslau waren zwischen August 1914 und Dezember 1918 insgesamt 102 Offiziere bei knapp 4.000 militärischen Patienten, was 2,6% aller Patienten entspricht.[35]

Die folgende Analyse zeigt, dass sich bei einem gezielten Blick auf die Offiziere viele Thesen der jüngsten Forschung bestätigen lassen. Zudem führt eine solche Vorgehensweise aber auch zu einem differenzierteren Bild der ärztlichen Sicht auf psychisch versehrte Offiziere im Ersten Weltkrieg, als es die Forschung bisher herausgearbeitet hat. Es wird sehr deutlich, dass im psychiatrischen Diskurs und auch in den Lazaretten während des Ersten Weltkrieges oft keine einheitlichen Auffassungen bestanden, und es Kriegspsychiater gab, die keine Diagnose und Therapieform aufgrund der Offizierszugehörigkeit vermieden.

1. Das prozentuale Verhältnis von psychisch versehrten Offizieren und Mannschaften

Blickt man darauf, wie sich das Verhältnis von psychisch versehrten Offizieren und Mannschaften größenmäßig verhielt und wie die Psychiater dieses einschätzten, so ist auffällig, dass sich nur wenige zusammenfassende

---

33 KBL 35578–35578 Krankenbücher des Kriegslazaretts 128 G. »Nervenstation Antonia« einschl. »Barmherzige Schwestern« Bukarest.
34 KBL 19958–19965 Krankenbücher des Reserve-Lazaretts II, Abt. für Geisteskranke u. Abt. für Nervenkranke, Görden/Brandenburg.
35 KBL 13885–13886 Krankenbücher des Heimatlazaretts Breslau, Abt. Nervenklinik.

konkrete Aussagen finden lassen. Hierbei spielte eine große Rolle, dass in der wilhelminischen Armee Nerven- und Geisteskrankheiten von Offizieren generell nicht rapportiert und die Daten aus den Lazaretten nicht weitergegeben wurden. Auch für England im Ersten Weltkrieg ist bekannt, dass diverse Sanitätsoffiziere bei Offizieren die psychiatrische Diagnose nicht nach oben meldeten und aktenkundig machten. Hinzu kam, dass sowohl für Deutschland als auch für England nachweisbar ist, dass manche Offiziere eine ärztliche Diagnose insgesamt vermieden und über die Hilfe von hochrangigen Kameraden von der Front nach Hause gelangten, sodass von vielen nichtregistrierten Fällen auszugehen ist.[36] Im statistischen Sanitätsbericht über das Deutsche Heer im Weltkriege von 1934 fehlen jegliche Angaben zum Offizierskorps.[37] Martin Lengwiler vermutet, dass diese Angaben nicht publiziert wurden, um keinen Schatten auf das Offizierskorps zu werfen.[38]

Eine erste Statistik über die Verteilung der Diagnosen bei Offizieren und Mannschaftssoldaten in der deutschen Armee im Ersten Weltkrieg lieferte Willy Hellpach in einem 1919 veröffentlichten Beitrag über die Kriegsneurasthenie, der zu seinen jeweils 300 ausgewählten Offizieren und Mannschaften schrieb:

»Diese Ziffernverhältnisse gewähren einen tiefen Einblick in die Sozialpathologie der Psychoneurosen, den allerdings wiederum erst die planmäßige Verarbeitung des gesamten Materials nach dem Kriege zu einer allseitig gesicherten Einsicht wird ausgestalten können.«[39]

Dieses Vorhaben wurde allerdings nach dem Krieg nicht einmal in Teilerhebungen umgesetzt, sodass auch im »Handbuch der Ärztlichen Erfahrungen im Weltkriege 1914/18« aus dem Jahr 1922 als einzig gesicherte Datenbasis Hellpachs Zahlen angeführt werden.[40]

In der Forschungsliteratur wird zum Verhältnis zwischen Offizieren und Mannschaften bei Kriegsneurosen vorrangig der 1917 in der Deutschen Medizinischen Wochenschrift veröffentlichte Artikel »Zur Kriegsneurose bei

---

36 Leese, Shell Shock, S. 9. Vgl. zur britischen Militärpsychiatrie daneben: Linden, They called it shell shock; Reid, Broken Men; Jones/Wessely, Military Psychiatry, S. 1708–171; Shephard, A War of Nerves.
37 Sanitätsbericht über das Deutsche Heer im Weltkriege.
38 Lengwiler, Zwischen Klinik und Kaserne, 2000, S. 29. Vgl. daneben Riedesser/Verderber, »Maschinengewehre hinter der Front«, S. 125; Blaßneck, Militärpsychiatrie im Nationalsozialismus, S. 34.
39 Hellpach, Kriegsneurasthenie, S. 180f. Die gleichen Zahlen führte Hellpach erneut auf: ders., Therapeutische Differenzierung der Kriegsnervenkranken, S. 1261.
40 Gaupp, Schreckneurosen und Neurasthenie, S. 89.

Offizieren« des Rostocker Professors Hans Curschmann zitiert, der als fachärztlicher Beirat im Bereich des XVIII. Armeekorps tätig war. Es handelte sich um die verschriftlichte Form seiner Diskussionsbemerkungen bei der Kriegstagung der Gesellschaft Deutscher Nervenärzte und des Deutschen Vereins für Psychiatrie am 21. Oktober 1916 in München, in denen er für die These von der psychogenen Natur der Kriegsneurose und gegen die Auffassung von Hermann Oppenheim argumentiert hatte.[41] Seine These lautete, dass Offiziere sehr viel weniger als die Mannschaftssoldaten von der Kriegsneurose im Ersten Weltkrieg betroffen seien. Er führte drei Unterschiede auf, die er bei Offizieren gegenüber Mannschaftssoldaten feststellte. Diese betrafen die Zahl, den Charakter und den Ablauf der Kriegsneurosen. Er stellte fest,

»daß Offiziere auf die gleichen psychischen und körperlichen Insulte weit seltener und mit wesentlich leichteren, viel weniger groben und auch prognostisch viel günstigeren Neurosen reagieren, als das Gros der Mannschaft.«[42]

Curschmann führte als Beleg die Fälle in seinem Vereinslazarett an, zusätzlich gab er noch die Ergebnisse einer Umfrage zu Offiziersneurosen wieder, im Einzelnen Auszüge aus den Antworten von fünf seiner Kollegen, die ebenfalls Lazarette leiteten. Er schrieb, dass auch die »übrigen Antworten« und Auskünfte von »im Felde stehenden Kollegen« ähnliche Ergebnisse gebracht hätten.[43]

---

41 Vgl. zu dieser Kriegstagung die Ausführungen in Abschnitt »Die Debatte über die Ursachen der Kriegsneurosen« in Kap. III.2.a. Der psychiatrische Diskurs über die Diagnosen und Ursachen von psychischen Leiden bei Offizieren.

42 Aufgrund dieser Unterschiede sprach er sich für das »Vorwiegen der Psychogenie (im weitesten Sinne) solcher nervösen Störungen« aus. Curschmann, Zur Kriegsneurose bei Offizieren, S. 291.

43 Ebd., S. 292. Vgl. daneben z.B. den von Curschmann nicht extra erwähnten Beitrag des Nervenarztes Steiner von 1915, welcher die gleiche Tendenz auf seiner Station für Geistes- und Nervenkrankheiten des Kriegslazaretts in Straßburg ausmachte. Hysterische Störungen, die er als psychogen und lokalisiert charakterisierte, fanden sich in seinem Beobachtungskreis vorzugsweise bei Mannschaften und Unteroffizieren, während bei Offizieren mehr neurasthenische Zustandsbilder vorgekommen seien: »Erwähnenswert erscheint mir hier die Beobachtung, daß die lokalisierten psychogenen und hysterischen Erkrankungen vorwiegend bei Mannschaften und Unteroffizieren vorkamen, während bei den psychoneurotischen Offizieren mehr neurasthenische Zustandsbilder allgemeiner Art die Regel bildeten.« Bei Ersteren erkannte er im Großteil der Fälle schon eine Veranlagung zur Krankheit und eine frühere Erkrankung in Friedenszeiten. Hingegen sei dies bei den neurasthenischen Offizieren nicht der Fall gewesen, hier seien frühere Friedenserkrankungen nicht nachweisbar gewesen. Auffällig ist auch, dass Steiner von einer Regel sprach

Auffällig ist allerdings, dass Curschmann sich bei seinen weiteren Folgerungen und Ausführungen auf »grobe« hysterische Syndrome (vor allem dauernde Zuckungen oder Lähmungen bestimmter Körperbereiche) beschränkte und damit deutlich machte, dass neurasthenische Erkrankungen, die im Allgemeinen auch unter den Begriff der Kriegsneurose fielen, von ihm nicht einbezogen wurden. So folgerte er, nachdem er seine Referenzen aufgezählt hatte:

»Aus allen diesen Mitteilungen und meinen eigenen Erfahrungen ist also zu schließen, daß meine Annahme, grobe hyperkinetische[44] oder akinetische[45] Neurosen nach Kriegstraumen seien bei Offizieren relativ seltener und prognostisch viel günstiger als bei dem Gros der Mannschaft, durchaus zutreffend ist.«[46]

---

und er hysterische Offiziere als Phänomen nicht kategorisch ausschloss. Hinzu kam, dass er trotz seiner Betonung der Veranlagung schrieb, dass die schweren psychogenen Zustandsbilder auf »schwerste Gemütserregung« sich entwickelt hätten und insbesondere nach Granatenexplosionen zum Vorschein gekommen seien. Dies spricht dafür, dass zuweilen auch Offiziere hiervon betroffen waren. Steiner, Neurologie und Psychiatrie im Kriegslazarett, S. 309f.; vgl. daneben Birnbaum, Kriegsneurosen und -psychosen. Dritte Zusammenstellung von Mitte August 1915 bis Ende Januar 1916 S. 327. Der fortlaufende Literaturüberblick von Karl Birnbaum stellt die wichtigste zeitgenössische Quelle zu den militärpsychiatrischen Diskussionen während des Weltkriegs dar. Der Überblick umfasst für den Zeitraum von Kriegsbeginn bis Ende 1917 über 1.000 Einzelveröffentlichungen. Einen zeitgenössischen Überblick über die kriegspsychiatrische Literatur, in dem mehr als 700 einschlägige Titel vornehmlich aus den letzten Kriegsjahren im Literaturanhang aufgeführt werden, bietet daneben Bresler, Ergebnisse der Kriegspsychiatrie und Kriegsneurologie 1914–1918.

44 Bewegungszuckungen, Gliedmaßenzuckungen.
45 Bewegungshemmungen, Gliedmaßenlähmungen.
46 Curschmann, Zur Kriegsneurose bei Offizieren, S. 292. Dies zeigt sich auch besonders deutlich an den Schlussfolgerungen Curschmanns. Er unterschied zwischen »Neurosen mit hysterischem Einschlag« mit oder ohne »grobe motorische Symptome« und betonte lediglich, dass Erstere ausgesprochen selten bei Offizieren wären. Ebd., S. 292. Auch dies mag erklären, dass von manchen Ärzten die beschriebenen »Neurosen mit hysterischem Einschlag« ohne »grobe motorische Symptome« als Neurasthenie, bei anderen als Hysterie bezeichnet wurden. In der Interpretation Birnbaums, der die Ergebnisse Curschmanns referierte, findet sich z.B. wieder die Unterscheidung zwischen Hysterie und Neurasthenie, wenn er schrieb: »Nach Curschmann sind die naiven groben Äußerungen der Hysterie wie Mutismus, schwere Tremor- und Ticformen, Contracturen usw. bei Offizieren [...] ganz außerordentlich selten, die Ausnahmen betrafen stets ausgesprochen degenerativ Belastete. Häufig sind dagegen neurasthenische Zustände (insbesondere vasokardial, Basedowoid u. dgl.).« Birnbaum, Kriegsneurosen und -psychosen. Fünfte Zusammenstellung von Anfang August 1916 bis Ende März 1917, S. 225f.

Curschmanns Beitrag ist damit auch ein Beispiel dafür, dass die Definitionen von Kriegsneurosen im Ersten Weltkrieg heterogen und nicht klar abgegrenzt waren.

Die bisherige Forschung zur psychiatrischen Praxis, die vorrangig Neurotiker-Lazarette und psychiatrische Abteilungen der Lazarette in den Blick genommen hat, stellte übereinstimmend mit Curschmann fest, dass Offiziere in Deutschland nur einen kleinen Teil der eingewiesenen Soldaten ausmachten.[47] Auch die in dieser Studie ausgewählten Krankenbücher der Nervenlazarette zeigen dieses Bild.

Allerdings kann aus einer Auswertung der psychiatrischen Abteilungen der Lazarette nicht geschlossen werden, dass Offiziere sehr viel weniger als einfache Soldaten von psychischen Versehrungen betroffen waren. Die im Berliner Krankenbuchlager erhaltenen Krankenbücher des Ersten Weltkriegs belegen, dass in der deutschen Armee nicht nur Mannschaftssoldaten, sondern auch Offiziere zu Tausenden an psychischen Leiden erkrankten. Eine Stichprobe anhand der im Berliner Krankenbuchlager erhaltenen Krankenbücher des Ersten Weltkriegs ergibt, dass der Großteil der psychisch versehrten Offiziere nicht in psychiatrischen Lazaretten, sondern in Offizierslazaretten und Offiziersgenesungsheimen behandelt wurde – und hier stellten des Öfteren Offiziere mit psychischen Leiden die Mehrheit der Patienten. Insgesamt sind im Krankenbuchlager die Krankenbücher von 102 Offizierslazaretten bzw. -genesungsheimen aus dem Bereich Feldlazarette und 50 aus dem Bereich Heimatlazarette überliefert. Das Querlesen von 30 dieser Krankenbücher ergab, dass die Behandlungszahl über Zehntausend lag. Dies ist bei etwa 280.000 aktiven Offizieren und Reserveoffizieren sehr beachtlich. Bei diesem Wert muss allerdings berücksichtigt werden, dass Offiziere bei einer psychischen Erkrankung im Regelfall zwei bis drei Lazarette durchliefen. Auch kam die Hälfte der in dieser Studie behandelten Offiziere während des Ersten Weltkriegs mehr als einmal wegen psychischer Leiden ins Lazarett.

Trotz dieser Einschränkungen machen es die überlieferten Krankenbücher sehr wahrscheinlich, dass entgegen der Behauptung Curschmanns Offiziere zumindest nicht weniger als Mannschaftssoldaten von Kriegsneurosen betroffen waren. Daher kann die These aufgestellt werden, dass der Anteil der Offiziere an den Kriegsneurosen in Deutschland im internationalen Vergleich keine deutliche Sonderentwicklung aufweist, sondern sich dem

---

47 Z.B. Neuner, Politik und Psychiatrie, S. 58 (hier weitere Literaturhinweise).

Befund annähert, der für Großbritannien, die USA, Italien oder auch Belgien erhoben wurde. Dort hat die Forschung herausgearbeitet, dass bei Offizieren sogar überproportional Kriegsneurosen diagnostiziert wurden.[48] Begründet wird dies vorrangig mit dem Argument, dass Offiziere wegen ihrer verantwortungsvollen Stellung bei psychischen Auffälligkeiten sehr viel schneller als Mannschaftssoldaten dienstunfähig erklärt wurden.[49]

Auch im deutschen psychiatrischen Fachdiskurs gibt es Hinweise darauf, dass Offiziere nicht weniger als Mannschaftssoldaten von Kriegsneurosen betroffen waren. So veröffentlichte zum Beispiel Ernst Jolowicz, Leiter des Korpsnervenlazaretts Posen, 1919 eine statistische Auswertung der von ihm behandelten Patienten. Aus seiner Statistik über 5.455 organische und funktionelle Nervenerkrankungen im Kriege, lässt sich die Folgerung ziehen, dass Offiziere in ähnlichem Umfang wie Mannschaftssoldaten Neurosen entwickelten. In seiner Auswertung waren 273 Offiziere vertreten. Jolowicz stellte zwar bei der anteilmäßigen Verteilung von funktionellen und organischen Nervenerkrankungen fest, dass Offiziere im Verhältnis zu Mannschaftssoldaten 6% weniger funktionelle nervliche Leiden entwickelten. Bei ihnen lag die Relation bei 79% funktionellen Leiden und 21% organischen Leiden, während die Mannschaften ein Verhältnis von 85% zu 15% aufwiesen.[50] Die Differenz ergebe sich jedoch daraus, dass bei den Offizieren zu den funktionellen Nervenerkrankungen noch zusätzlich vermehrt syphilitische Erkrankungen gekommen seien, die ihre Ursache in der besseren Lebensführung und dem höheren Durchschnittsalter der Offiziere gehabt hätten.[51] Der höhere Bildungsgrad der Offiziere oder auch eine gute

---

[48] Für England wurde eine viermal höhere Rate von Kriegsneurosen Betroffener bei den Offizieren als bei den Mannschaftssoldaten festgestellt. Salmon, The Care and Treatment of Mental Diseases and War Neuroses, S. 13, 29. Vgl. für England danebe Stone, Shell Shock. Bruna Bianchi arbeitete heraus, dass in der italienischen Armee das Verhältnis zwischen Offizieren und Mannschaften durchschnittlich 1:26 betrug, in den von ihr untersuchten psychiatrischen Einrichtungen in Treviso und Padua aber deutlich verschoben war: in Treviso lag es bei 1:10 und in Padua bei 1:22. Bianchi, Psychiatrists, Soldiers and Officers in Italy, S. 243; für die USA siehe Fenton, Shell Shock and Its Aftermath, S. 37–39.

[49] Siehe z.B. Bianchi, Psychiatrists, Soldiers and Officers in Italy, S. 243. Hingegen wurde bei den belgischen Offizieren die überproportionale Betroffenheit der Offiziere kritisch mit ihrem Mangel an Mut sowie Kampf- und Führungserfahrung erklärt. Van Everbroeck, Did Belgian psychiatry evolve thanks to the First World War?; vgl. hierzu ausführlich Verstraete/Van Everbroeck, Le silence mutilé.

[50] Jolowicz, Statistik über 5455 organische und funktionelle Nervenerkrankungen, S. 150.

[51] Auch wenn Unteroffiziere und Mannschaftssoldaten aus höheren Zivilberufen stammten, seien diese überproportional von syphilitischen Erkrankungen betroffen. Jolowicz nimmt

körperliche Verfassung seien hingegen nicht als Erklärung heranzuziehen, etwa in dem Sinne, dass diese vor der Ausbildung von Neurosen schützen würden, da die »höheren Berufe« nicht weniger von Neurosen betroffen gewesen seien.[52] Auch Robert Gaupps Ausführungen zur Erklärung einer höheren Anfälligkeit von Offizieren für Neurasthenie im »Handbuch der Ärztlichen Erfahrungen im Weltkriege 1914/18« lassen sich dahingehend deuten, dass seiner Ansicht nach Offiziere aufgrund ihrer Position im Krieg per se für psychische Erkrankungen prädestinierter seien als Mannschaftssoldaten:

»Die schon früher gehegte Vermutung (KRAEPELIN u.a.), daß seelische Überanstrengung, übermäßige Verantwortung, Überspannung des Willens unter Nichtachtung aller Mahnungen der Müdigkeit und subjektiven Abspannung, sowie Mangel an genügendem Schlaf schädlicher wirken als körperliche Höchstleistungen, hat die Erfahrung des Krieges im ganzen bestätigt. Demgemäß sah ich, wie viele andere (MENDEL, HELLPACH usw.), die typische Neurasthenie häufiger bei Offizieren als bei Mannschaften.«[53]

---

dies als »Beweis, wie die Lues im Gefolge der Zivilisation auftritt.« Hingegen hätten unter den organischen Nervenerkrankungen Offiziere sehr viel weniger als die Mannschaften Multiple Sklerose und Epilepsie, was Jolowicz mit der »feineren Auswahl« bei der Beförderung erklärt. Im Hinblick auf die Epilepsie äußerte er sich diesbezüglich besonders beruhigt, denn: »Ein Epileptiker an verantwortlichem Posten kann gewiß unendlichen Schaden anrichten.« Ebd., S. 159–161, Zitate S. 160f. Auch der Nervenarzt Stiefler stellte fest, dass unter seinen Krankheitsfällen die Paralytiker insgesamt nur sieben Prozent ausmachten, unter seinen Offizieren allerdings nicht weniger als 40 Prozent. Er erklärte dies unter anderem damit, dass sie im bevorzugten Paralysealter waren. Die Inkubationszeit sei hingegen nicht verkürzt gewesen. Vgl. Birnbaum, der die Ergebnisse Stieflers referierte: Birnbaum, Kriegsneurosen und -psychosen, Sechste Zusammenstellung von April bis Ende 1917, S. 62. Siehe zur Bedeutung der Progressiven Paralyse bei Offizieren vor dem Krieg auch Kap. I.3.a. Die psychische Belastung durch Militärdienst und Kriegsdienst.
52 Jolowicz, Statistik über 5455 organische und funktionelle Nervenerkrankungen, S. 150–152. Vgl. auch Birnbaum, Kriegsneurosen und -psychosen, Sechste Zusammenstellung von April bis Ende 1917, S. 62.
53 Gaupp, Schreckneurosen und Neurasthenie, S. 89. Diesen Befund konstatierte er noch 1940: »Ursächlich waren [bei der Erkrankung an Neurasthenie im Krieg] bisweilen namentlich seelische Überanstrengungen wirksam, so die gesteigerte Verantwortung der Vorgesetzten (es erkrankten relativ viel mehr Offiziere als Mannschaften).« Gaupp, Die psychischen und nervösen Erkrankungen des Heeres, S. 364. Steinau-Steinrück schrieb entsprechend hierzu 1919: »Dann aber hat für die Verursachung neurasthenischer Zustände das Moment der Erschöpfung durch anhaltende seelische Spannung für den Offizier eine viel größere Bedeutung als für die Mannschaft; denn auf dem pflichtbewußten Offizier ruht unausgesetzt die große Verantwortungslast des Führers, von deren Druck er auch in Ruhezeiten nicht befreit ist, in denen der einzelne Soldat die völlige Entlastung

Diese These, dass Frontoffiziere, die zusätzlich zu den körperlichen Strapazen auch noch die Verantwortung zu tragen hatten, deshalb in deutlich höherem Maße als Mannschaftssoldaten an Neurasthenie erkrankten, war auch im englischen und französischen Diskurs dominant.[54]

Insgesamt ist festzustellen, dass in Bezug auf den deutschen psychiatrischen Diskurs keine eindeutige Meinung zur Anfälligkeit der Offiziere für Kriegsneurosen vorherrschte. Sehr auffällig ist, wie die Psychiater in ihren Fachartikeln mit den verschiedenen Befunden umgingen. Einschätzungen, dass Offiziere in gleicher Weise wie Mannschaftssoldaten von Kriegsneurosen betroffen waren, finden sich meist in Nebensätzen, wurden nur indirekt oder versteckt in Fallgeschichten wiedergegeben.[55] Hingegen stellten Psychiater ihre Befunde mit Nachdruck heraus, wenn sie dafür sprachen, dass Offiziere bei bestimmten Ausprägungen der Kriegsneurose unterrepräsentiert waren.[56] Bei der gesamten Thematik zeigt sich ein Bemühen der Ärzte, kein schlechtes Licht auf das Offizierskorps zu werfen.

---

von Pflichten und Gefahr genießt.« Steinau-Steinrück, Zur Kenntnis der Psychosen des Schützengrabens, S. 336.

54 In Bezug auf Frankreich wurde für das häufige Auftreten der Neurasthenie bei Offizieren noch als weitere Erklärung angeführt, dass viele Offiziere vor dem Krieg in den Kolonien Dienst geleistet hatten und so bereits bei Kriegsbeginn erschöpft gewesen seien, was sie dann sehr bald bei der enormen Kräftebeanspruchung im Krieg zusammenbrechen ließ. Eine gegensätzliche Auffassung vertrat hingegen der Militärarzt Amiens Damaye, im Jahr 1918, die allerdings vereinzelt blieb. Seiner Meinung nach bestand ein Unterschied zwischen den Neurasthenieerkrankungen der Friedenszeit, in der vor allem die gehobenen bürgerlichen Klassen betroffen gewesen seien, und denjenigen der Kriegszeit. Der Krieg habe dazu geführt, dass nun alle Klassen an Neurasthenie erkranken würden. Michl, Im Dienste des »Volkskörpers«, S. 252f.

55 Zum Beispiel führte Weber den Fall eines konstitutionell gesunden Offiziers auf, der nach schweren Strapazen durch Granatenbeschuss eine leichte Knieverletzung erlitten hatte und bei dem im Lazarett ticartige Zuckungen im Gesicht und gesunden Bein neben Geräuschüberempfindlichkeit, Schlaflosigkeit und Depression auftraten. Als Besonderheit wurde vermerkt, dass sein mit ihm verwundeter Bursche die gleichen Zuckungen ausgebildet hatte. Vgl. Birnbaum, der die Ergebnisse Webers referierte: Birnbaum, Kriegsneurosen und -psychosen. Zweite Zusammenstellung von Mitte März bis Mitte August 1915, S. 30. Weitere Beispiele sind Gaupp, Schreckneurosen und Neurasthenie, S. 89; Hellpach, Kriegsneurasthenie, S. 178–181.

56 Vgl. hierzu auch die Ausführungen zu »groben« hysterischen Störungen in Kap. III.2.a. Der psychiatrische Diskurs über die Diagnosen und Ursachen von psychischen Leiden bei Offizieren.

Weitere gruppenspezifische Differenzierungen der Psychiater in Bezug auf die Anfälligkeit für Kriegsneurosen

Erhellend für die ärztliche Sicht in den Fachzeitschriften ist auch ein Blick auf die anderen gruppenspezifischen Differenzierungen, welche die Psychiater bei der Einschätzung der Anfälligkeit bestimmter Gruppen für Kriegsneurosen vornahmen. So betonte Robert Gaupp 1916, dass Kriegsfreiwillige sowie Angehörige des ungedienten Landsturms und der Ersatzreserve häufiger von der Kriegsneurose betroffen seien als Angehörige des aktiven Heeres, der Reserve und der Landwehr. Er begründete diesen Befund damit, dass die militärische Erziehung und Disziplin manche individuellen Charakterzüge verdecke und so der Entwicklung von Kriegsneurosen entgegenwirke.[57] Der Psychiater Morawscik hingegen sah anders als Gaupp auch Angehörige der Reserve neben jenen des Landsturms als besonders gefährdet für die Kriegsneurose an.[58] Der Nervenarzt Bailer unterschied 1917 zwischen gedienten und ungedienten Soldaten des Heeres. Er gab das Verhältnis von Gedienten zu Ungedienten bei den von ihm beobachteten »Kriegspsychosen« mit 35 zu 65% an. Der Prozentsatz der Ungedienten überstiege damit deutlich jenen, welcher allgemein im Heer zu finden sei. Ein auffälliger Befund sei auch, dass nur ein Drittel der Ungedienten, die von der »Kriegspsychose« betroffen waren, im Feld gewesen sei.[59]

Dass soziale Klassengesichtspunkte bei den Psychiatern eine deutliche Rolle spielten, zeigt sich darin, dass sie ihren Blick auch auf andere Berufsgruppen und deren Anfälligkeit für die Kriegsneurosen richteten. Krankheitsursachen ließen sich nun im »minderwertigen Erbgut« oder im Lebenswandel der Betroffenen finden.[60]

---

57 Gaupp, Kriegsneurosen, S. 357–390. Siehe auch zus. Birnbaum, Kriegsneurosen und -psychosen. Fünfte Zusammenstellung von Anfang August 1916 bis Ende März 1917, S. 207f.
58 Er berechnete 1916 nach den Kriegsstatistiken von Meyer, Nehmeth und Reuter den Anteil von Reserve und Landsturm an den psychisch-nervösen Erkrankungen auf 60 bis 75 Prozent. Vgl. Birnbaum, der die Ergebnisse Morawscik referierte: Birnbaum, Kriegsneurosen und -psychosen. Fünfte Zusammenstellung von Anfang August 1916 bis Ende März 1917, S. 208.
59 Referiert Ebd.
60 Ulrich, Nerven behalten! Bereits 1906 hatte der Nervenarzt Willy Hellpach einen direkten Zusammenhang zwischen sozialen Klassen und psychischen Dispositionen hergestellt und sich bei seiner sozialen Diagnose auf Ausführungen des Historikers Karl Lamprecht berufen. Hellpach sah die Nervosität vor allem im hochkapitalistischen Bürgertum verbreitet, während sie seiner Ansicht nach im Landadel, bei den Bauern und der Arbeiterschaft kaum Verbreitung fand. Hellpach, Nervenleben und Weltanschauung.

So stellte Philipp Jolly 1916 in einem Fachartikel heraus, dass »viele ungelernte Arbeiter« unter seinen militärischen Hysteriepatienten waren.[61] Alfred Adler, der Jollys Ergebnis 1918 referierte, setzte dieses in Beziehung zum Befund von Hans Curschmann, dass bei Offizieren »grob sinnfällige Kriegsneurosen« selten seien. Er interpretierte den Befund so, »daß ausschließlich zögernde, den gesellschaftlichen Aufgaben gegenüber zaghafte Naturen befallen werden.«[62] Der Nervenarzt Röper betonte, dass hysterische Symptome bei Akademikern wenig auftreten würden.[63] Die Verschiedenheit der einzelnen sozialen Klassen in Bezug auf ihre Betroffenheit von neurotischen Erkrankungen stellte auch Knauer heraus.[64]

Andere Nervenärzte hingegen betonten weniger die soziale Klasse, als das Lebensumfeld, in dem die Soldaten sozialisiert wurden, und gingen auf das ihrer Meinung nach diesbezüglich ungesunde Stadtleben ein. Auffällig ist, dass Autoren, die diese Argumentationslinie verfolgten, Gegenmaterial zur These, dass Gebildete weniger von Kriegsneurosen betroffen waren, lieferten. So konstatierte Rudolf Laudenheimer anhand seines Beobachtungsmaterials, dass Bauern und ungelernte Handarbeiter von den funktionellen Nervenerkrankungen überhaupt nicht betroffen seien. Hingegen stellten den höchsten Prozentsatz der Erkrankten akademisch Gebildete, Kaufleute, Lehrer, Techniker und Künstler.[65] Und Kurt Goldstein kam zum Ergebnis, dass Soldaten, die in industrialisierten Gebieten beheimatet waren, häufiger Neurosen ausbilden« würden, als Angehörige der Landbevölkerung.[66]

Schließlich gingen die Psychiater auch auf die Bedeutung von Alter und Bildung für die Ausbildung der Kriegsneurose ein. Robert Gaupp stellte monosymptomatische massive Krankheitsbilder häufiger bei sehr jungen und ungebildeten Soldaten fest, polymorphe und Mischformen mehr bei älteren und gebildeteren.[67]

---

61 Jolly, Über Kriegsneurosen, S. 385–444.
62 Adler, Die neuen Gesichtspunkte in der Frage der Kriegsneurose.
63 Röper, Funktionelle Neurosen bei Kriegsteilnehmern, S. 164–171.
64 Vgl. Birnbaum, der die Ergebnisse Knauers referierte: Birnbaum, Kriegsneurosen und -psychosen. Fünfte Zusammenstellung von Anfang August 1916 bis Ende März 1917, S. 208.
65 Laudenheimer, Die Anamnese der sogenannten Kriegspsychoneurosen, S. 1302–1304.
66 Vgl. Birnbaum, der die Ergebnisse Goldsteins referierte: Birnbaum, Kriegsneurosen und -psychosen. Fünfte Zusammenstellung von Anfang August 1916 bis Ende März 1917, S. 208.
67 Gaupp, Kriegsneurosen, S. 357–390. Siehe auch zus. Birnbaum, Kriegsneurosen und -psychosen. Fünfte Zusammenstellung von Anfang August 1916 bis Ende März 1917, S. 208.

Ein Gegenargument gegen entsprechende soziale, regionale und bildungsspezifische Differenzierungen lieferten die Ergebnisse des österreichischen Psychiaters Victor Tausk. Er stellte heraus, dass bei seinen beobachteten Fällen Hysterie bei Gebildeten mindestens genauso häufig wie bei Bauern und ungelernten Handwerkern auftrat.[68] Und der Nervenarzt Brückner konstatierte, dass er Kranke aus ländlichen Regionen in großer Zahl gesehen habe und entsprechend die Auffassung für einen Irrtum halte, dass die Neurose auf dem Lande »weniger heimisch« als in der Stadt sei.[69]

Neben den genannten Unterscheidungen nahmen die Psychiater auch völkerpsychologische, rassische und landsmannschaftliche Differenzierungen vor. Bereits Ende des 19. Jahrhunderts hatte sich in der Ärzteschaft ein biologistisch-naturwissenschaftlicher Rassebegriff zur Beschreibung und Abgrenzung menschlicher Gemeinschaften durchgesetzt. Sozialdarwinistische und rassische Ideen hatten als scheinbar objektive naturwissenschaftliche Erkenntnis Eingang in die gesundheits- und bevölkerungspolitische Diskussion gefunden.[70] So urteilten die Psychiater im Ersten Weltkrieg, dass nationale oder ethnische Minderheiten wie Polen, Elsässer oder Juden leichter an der Kriegsneurose erkrankten als Deutsche.[71] Robert Gaupp blickte auf die regionale Herkunft der deutschen Soldaten und kam zum Ergebnis, dass norddeutsche Soldaten aufgrund ihres ruhigen Charakters weniger von Kriegsneurosen betroffen seien als Süddeutsche und Rheinländer, die beide stärker erregbar seien. Auch würden Rheinländer am häufigsten hysterische Krankheitsbilder aufzeigen. Und schließlich stellte er fest, dass sich hypo-

---

68 Birnbaum, der die Ergebnisse Tausks referierte, schrieb, dass Tausks Ergebnisse im Gegensatz zu jenen von Laudenheimer stünden. Birnbaum, Kriegsneurosen und -psychosen. Fünfte Zusammenstellung von Anfang August 1916 bis Ende März 1917, S. 208.
69 Brückner, Psychiatrische Kriegserfahrungen, S. 837. Vgl. hierzu auch Michl, Im Dienste des »Volkskörpers«, S. 236.
70 Marlen, Sozialbiologismus, S. 143; Schmiedebach, Sozialdarwinismus, Biologismus, Pazifismus, S. 95. Siehe hierzu auch Kap. I.3.b. Die Moderne als Ursache psychischen Leidens: Neurasthenie und Degenerationsvorstellungen.
71 Gaupp, Kriegsneurosen, S. 357–390. Über die »Rassendisposition« verkündete zum Beispiel der österreichische Arzt Karl Camillo Schneider, dass unter den Völkern Österreich-Ungarns bei Juden mit 40 % die höchste Disposition zu nervösen Kriegserkrankungen vorliege. Darauf folgten Rumänen mit 21 %, bei denen er zudem eine besondere Neigung zu depressiv-apathischen Zuständen feststellte, und Tschechen mit 15 %. Polen und Österreicher lägen mit 9% im Durchschnitt. Ungarn hätten mit 6 % eine geringe Disposition zu nervösen Erkrankungen. Vgl. Birnbaum, der die Ergebnisse Karl Camillo Schneiders referierte: Birnbaum, Kriegsneurosen und -psychosen. Fünfte Zusammenstellung von Anfang August 1916 bis Ende März 1917, S. 208- Siehe daneben auch Ulrich, Nerven behalten!

chondrische Züge bei schwäbischen Soldaten häufiger als bei bayerischen zeigten.[72] Auffällig ist bei all diesen Differenzierungen, dass die Psychiater die Soldaten als gutes oder schlechtes »Menschenmaterial« betrachteten. Hier ergibt sich die gleiche funktionalistische Sichtweise wie jene, welche die militärischen Führer bei der Musterung und bei der Beurteilung der Truppen, wie auch bei der Beurteilung der Feinde anwandten.[73]

Einflussreich waren in diesem Kontext völkerpsychologische Anschauungen, die im Weltkrieg aus einem akademischen in einen politischen Diskurs überführt und gezielt zur wissenschaftlichen und rhetorischen Diffamierung der Kriegsgegner sowie zur Mobilisierung der eigenen Bevölkerung eingesetzt wurden. Bereits seit dem Deutsch-Französischen Krieg von 1870/71 und in den Kriegsdebatten im frühen 20. Jahrhundert kursierten Bilder eines ruhigen, willensstarken, maskulinen deutschen Wesens im Gegensatz zu einem femininen und hysterischen französischen Charakter.[74] Im Weltkrieg wurden Feinde kollektiv zu Wahnsinnigen erklärt, vor denen die deutsche Nation geschützt werden müsse.[75] Zum Beispiel verkündete 1914 der Münchner Nervenarzt Leopold Löwenfeld (1847–1923), dass die französische Nation an der Geisteskrankheit »psychopathia gallica« litte.[76]

---

72 Vgl. die Referierung seiner Ergebnisse bei Birnbaum, Kriegsneurosen und -psychosen. Fünfte Zusammenstellung von Anfang August 1916 bis Ende März 1917, S. 208.

73 Die Bezeichnung »Menschenmaterial« war in der deutschen Armee während des Ersten Weltkriegs üblich. Lipp, Meinungslenkung im Krieg, S. 93. Vgl. zum Begriff »Menschenmaterial« und zur funktionalen Sichtweise der Militärführung auf die Soldaten auch die Ausführungen in Kap. IV.1.c. Die Präsenz belastender Kriegserfahrungen in der Krankheit.

74 Bereits 1907 hatte der Militärpsychiater Artur Mann hysterische Erkrankungen in der österreichisch-ungarischen Armee damit erklärt, dass »Slawen, Romanen und Juden viel mehr« als »Germanen« zu Hysterie veranlagt seien. Vgl. hierzu Hofer, Nervenschwäche und Krieg, S. 226–231.

75 Vgl. zur kriegspropagandistischen Ausrichtung der Völkerpsychologie insbes. Wundt, Die Nationen und ihre Philosophie. Ein Kapitel zum Weltkrieg. Siehe daneben Hoeres, Krieg der Philosophen; Klautke, »Perfidious Albion«, S. 235–255; Freis, Psyche, Trauma und Kollektiv, S. 66–69.

76 Löwenfeld, Über den National-Charakter der Franzosen und dessen krankhafte Auswüchse (die Psychopathia gallica). Vgl. die zeitgenössische Rezeption von Laehr, Psychopathia gallica, S. 250–275. Der Professor für Psychiatrie und Neurologie Alois Alzheimer bezog 1915 die »Psychopathia gallica« darauf, dass die Franzosen die Deutschen als Barbaren und Mordbrenner bezeichneten, sie hingegen die Russen, welche Ostpreußen zu einem Schweinestall gemacht hätten, als Kulturträger verherrlichten. Alzheimer, Der Krieg und die Nerven. Vgl. auch Ude-Koeller, Zum Konzept von »Krieg und Geistesstörung« bei Gustav Specht, S. 91.

Gleichzeitig warnte die Völkerpsychologie vor den der »Volksseele« der eigenen Nation innewohnenden Gefahren durch Manifestationen von individueller oder kollektiver Willens- und Nervenschwäche, die die Führung und Kontrolle der Bevölkerung während eines Krieges gefährden könnte.[77] Das Konzept der »Volksseele« hatte für die Nervenärzte den angenehmen Nebeneffekt, dass ihre diagnostische und therapeutische Autorität vom einzelnen Patienten auf die Gesellschaft als Ganzes ausgeweitet wurde. Mit ihrer Fürsorge für die »Volksseele« schufen sie ein Pendant zur medizinischen Gesundheitspflege des »Volkskörpers« im Krieg.[78]

Die ärztlichen Differenzierungen lassen sich auch damit erklären, dass in der Ärzteschaft zur Zeit des Ersten Weltkriegs ein stark ausgeprägtes Klassendenken herrschte, das von der natürlichen Ungleichheit der Menschen ausging und damit die innere Ständestruktur des wilhelminischen Militärs und der staatlichen Gesellschaftsordnung rechtfertigte. Dabei verstand sich die Mehrheit der deutschen Ärzte als unpolitisch,[79] der es allein um die biologische und naturwissenschaftliche Wahrheit und das Vaterland als Ganzes ging.[80] Gleichzeitig waren unter den Ärzten Vorbehalte gegenüber der Sozialdemokratie und der Arbeiterschaft besonders ausgeprägt.[81]

---

[77] Klautke, The Mind of the Nation; Adams, Psychopathologie und »Rasse«. Siehe hierzu auch Kap. I.3.b. Die Moderne als Ursache psychischen Leidens: Neurasthenie und Degenerationsvorstellungen.

[78] Michl, Im Dienste des »Volkskörpers«, S. 54–57. Dass sich die Theorie einer geisteskranken Volksseele kaum mit Wissenschaftlichkeit in Einklang bringen ließ, war allerdings nicht wenigen Psychiatern bewusst. So warnte Robert Gaupp 1916 in einem Festvortrag vor der inflationären Verwendung psychiatrischer Diagnosen in der Presse und Öffentlichkeit. Die Diagnose ganzer Nationen als »geisteskrank« würde dem lokalisierten Krankheitsbegriff der modernen Medizin und Wilhelm Griesingers Postulat widersprechen, dass Geisteskrankheiten organisch als Erkrankungen des Gehirns zu verstehen seien. Stattdessen glaubte er an psychische Epidemien, die infolge von Massensuggestionen ganze Nationen befallen konnten, doch hätten diese »psychogenen« Neurosen ähnlich wie die Kriegsneurosen weder eine organische Ursache im Gehirn noch die Dauerhaftigkeit echter Geisteskrankheiten. Gaupp, Wahn und Irrtum im Leben der Völker, S. 5f. Vgl. auch Freis, Psyche, Trauma und Kollektiv, S. 68f.

[79] Einige Psychiater engagierten sich aber auch politisch. Zu ihnen gehörten Alfred Hoche (1865–1943), der seit 1916 Mitglied der außerparlamentarischen Deutschen Vaterlandspartei war, oder Emil Kraepelin, der Beziehungen zum »Volksausschuss zur raschen Niederkämpfung Englands« unterhielt. Beddies, Sendung und Bewusstsein, S. 275.

[80] Vgl. Seidler, Der politische Standort des Arztes im Zweiten Kaiserreich, S. 92.

[81] Von großer Bedeutung war hier der permanente Konflikt mit den Krankenkassen, die 1883 von Bismarck als eine soziale Befriedungsmaßnahme eingeführt worden waren, um Arbeitern und Angestellten eine Krankenversicherung zu ermöglichen. Entsprechend der zu leistenden Beiträge besetzte die Arbeitnehmerseite zwei Drittel der Vorstandssitze in

Die Bedeutung des Offiziersranges für Psychiater im Ersten Weltkrieg

Der Erste Weltkrieg mit seinem hohen Offiziersbedarf bewirkte zwar eine Ausweitung der offiziersfähigen Schichten, was dazu führte, dass das gemeinsame soziale Milieu zwischen Arzt und Offizieren von der Herkunft her nicht immer gegeben war. Dies spielte aber keine Rolle, da die hohe Wertschätzung des Offiziersranges durch die damit verbundene Befehlsgewalt und die ihm geschuldeten Ehrenbezeugungen erhalten blieb. Hinzu kam schließlich, dass der Erste Weltkrieg Ärzte und Offiziere in ihrer vorbehaltlosen Billigung des Krieges zusammenschweißte.[82]

Von wenigen Ausnahmen abgesehen, teilten die Ärzte eine bejahende Haltung zum Krieg. Diese positive Einstellung wurde von Zivil- und Militärärzten, Praktikern und Universitätslehrern gleichermaßen geteilt. Trotz ihrer unterschiedlichen Einkommen und Funktionen herrschte in der Ärzteschaft politische und ideologische Einigkeit.[83]

Außerdem spielte für den ärztlichen Blick auf psychisch versehrte Offiziere auch eine nicht zu unterschätzende Rolle, dass die behandelnden und begutachtenden Ärzte im Heer zumeist selbst Offiziersrang hatten. Die große Mehrheit der Psychiater hatte sich zu Beginn des Weltkrieges bereitwillig in den Kriegsdienst gestellt und sie dienten nun entweder als aktive Sanitätsoffiziere oder Sanitätsoffiziere der Reserve, als landsturmpflichtige Ärzte oder als vertraglich verpflichtete Zivilärzte.[84] Die Koryphäen der Psychiatrie, die zumeist Universitätsprofessoren waren und den Diskurs in den Fachzeitschriften bestimmten, waren zudem als fachärztliche Beiräte im

---

den Kassen und wählte hierfür oftmals Angehörige der Sozialdemokratie aus, die auf eine Senkung der Honorare für Kassenärzte zielten. Vgl. Thiele, Zum Verhältnis von Ärzteschaft und Krankenkassen, S. 30f.; Schmiedebach, Sozialdarwinismus, Biologismus, Pazifismus, S. 98.

82 Dies gilt auch für die übrigen Gruppierungen des Bildungsbürgertums (Beamtenschaft, Finanz-, Handels- und Industriebourgeoisie). Vgl. Jeschal, Politik und Wissenschaft deutscher Ärzte im Ersten Weltkrieg, S.17–22; Schmiedebach, Sozialdarwinismus, Biologismus, Pazifismus, S. 93f.

83 Vgl. Spree, Soziale Ungleichheit vor Krankheit und Tod, S.138–156; Schmiedebach, Sozialdarwinismus, Biologismus, Pazifismus, S. 94.

84 Peckl, Krank durch die »seelischen Einwirkungen des Feldzuges«?, S. 35; Lengwiler, Zwischen Klinik und Kaserne, S. 48. Angaben über die genaue Zahl der Kriegspsychiater fehlen. Für den Ärztestand gilt, dass zwischen 1914 und 1918 insgesamt über 26.000 Ärzte und Hilfsärzte im Dienst des Militärs arbeiteten. Davon standen bei Kriegsbeginn knapp 9.000 Ärzte aktiv oder als Reservisten im MilitärVerhältnis. Sanitätsbericht über das Deutsche Heer im Weltkriege, Bd. 1, S. 3–60 (Sanitätspersonal). Vgl. auch Ring, Zur Geschichte der Militärmedizin in Deutschland, S. 218–252.

Heer tätig.⁸⁵ Susanne Michl und Jan Plamper fassen die Gesamtgruppe unter den Begriff der Kriegspsychiater.⁸⁶ Offiziere und Sanitätsoffiziere teilten die gleichen Privilegien und Standespflichten und verkehrten gemeinsam im Kasino. Entsprechend herrschte anders als in Bezug auf Mannschaftssoldaten ein kameradschaftliches Verhältnis zwischen Offizieren und ihren behandelnden Ärzten im Lazarett. Deutsche Zivilärzte, die sich nur während des Krieges als Arzt beim Feld- oder Besatzungsheer vertraglich verpflichtet hatten, besaßen hingegen, obwohl im Offiziersrang tätig,⁸⁷ keine Befehlsgewalt über die Mannschaften und trugen entsprechend keine Achselstücke.⁸⁸

Der Psychiater Willy Hellpach, der nicht die Qualifikation zum Sanitätsoffizier der Reserve innehatte, beklagte sich bitterlich über den Sanitätsbetrieb im Krieg, bei dem der militärische Rang über die ärztliche Qualifikation gestellt wurde:

»[...] Hochschulprofessoren, angesehene Krankenhausleiter, Oberärzte von Kliniken mit selber schon klingenden Namen blieben auf ihren kärglichen Unterarztsold gesetzt, mußten vor jedem jüngsten Dachs ›Männchen‹ machen, sich ›stramm aufbauen‹ oder wie besessen vom Tisch aufspringen, wenn er ein Lokal betrat, in dem sie saßen; was schlimmer war: sie konnten nicht ihrem Können gemäß verwendet werden, keine Bataillonsarztstelle bekleiden, kein Feldlazarett leiten, sie hatten geduldig in ›assistierenden‹ Rängen bei ihnen ganz unangemessenen Beschäftigungen zu versauern, [...].«⁸⁹

---

85 Diese hatten im Heer eine ähnliche Stellung wie die beratenden Chirurgen, inneren Mediziner oder Hygieniker. Viele dieser beratenden Medizinier schrieben nach dem Krieg Beiträge für Bonhoeffer/Schjerning (Hrsg.), Handbuch der ärztlichen Erfahrungen im Weltkriege. Vgl. zur Entstehung des Handbuchs auch Sanitätsbericht über das Deutsche Heer im Weltkriege, Bd. 3, S. 6f.
86 Michl/Plamper, Soldatische Angst im Ersten Weltkrieg, S. 213. Siehe zum Begriff auch die Ausführungen in der Einleitung.
87 Ihnen stand daher auch im Falle einer Dienstbeschädigung die Offiziersversorgung zu. Vgl. z.B. Entscheidungen des Reichsversorgungsgerichts, Bd. 2, 1922, Nr. 1, S. 1.
88 Schmiedebach, Sozialdarwinismus, Biologismus, Pazifismus, S. 111.
89 Hellpach, Wirken in Wirren, S. 31. Die Höherstellung von Sanitätsoffizieren gegenüber Zivilärzten und dass der Offiziersrang wichtiger war als die Qualifikation des Arztes, wird auch in einer Stellungnahme der Medizinal-Abteilung des Kriegsministeriums vom 31.08.1914 zu einem Vertragsentwurf einer Badener privaten Heilanstalt mit dem Badener XIV. Armeekorps deutlich. Als Begründung für die Ablehnung des Vertragsentwurfs des Medizinalrats Dr. Getsch heißt es: »Was den [...] Medizinalrat Dr. Getsch aufgestellten Vertragsentwurf anbelangt, so kann ihm [...] schon aus dem Grunde nicht zugestimmt werden, weil in seiner Heilanstalt ein Stabs- oder Oberarzt unter Leitung eines Zivilarztes tätig sein soll.« GLA 456 F 113/85 Anträge auf Genehmigungen zur Errichtung von

2. Diagnosen bei Offizieren mit psychischen Leiden

a. Der psychiatrische Diskurs über die Diagnosen und Ursachen von psychischen Leiden bei Offizieren

Die Debatte über die Ursachen der Kriegsneurosen

Der psychiatrische Diskurs um die Diagnosen von Offizieren im Ersten Weltkrieg war eng mit der Frage nach den Ursachen für psychische Leiden der Militärangehörigen verknüpft. Während am Fin de Siècle die Lehre von der pathogenen Wirkung des Militär- und Kriegsdienstes so verbreitet war, dass sie durchgängig in die damaligen psychiatrischen Handbücher einging,[90] dominierte zu Beginn des Krieges die psychiatrische Hoffnung, dass der Krieg die Nerven stärke. Dahinter stand die Vorstellung, dass der tägliche Kampf ums Dasein im Frontgebiet dem modernen degenerierten Menschen zu ursprünglicher Kraft verhelfe.[91] Gerade Beobachtungen in den ersten Kriegsmonaten an ehemals pensionierten Offizieren mit neurasthenischen Beschwerden, welche nun erneut Militärdienst leisteten, schienen diese Vermutung zu bestätigen, da hier die Psychiater dem Kriegsdienst einen günstigen Einfluss auf deren Konstitution bescheinigten.[92] Als dann massenhaft psychische Erkrankungen an der Front registriert wurden, gingen die Stimmen, die vom nervenkräftigenden Krieg sprachen, zurück.[93] Nun wurde intensiv und kontrovers über die Ursachen für die psychischen Ausfälle unter den Soldaten und die Frage, ob exogene oder endogene Faktoren für das Entstehen der psychischen Erkrankungen verantwortlich seien, nachge-

---

Privatpflegestätten und Anweisungen zu ihrer Führung 18.8.1914 - 29.8.1918, darin: Schreiben des Kriegsministeriums an die königliche stellvertretende Intendantur XIV: Armeekorps Karlsruhe, Berlin 31.8.1914.

90 Siehe hierzu Kap. I.3.b. Die Moderne als Ursache psychischen Leidens: Neurasthenie und Degenerationsvorstellungen.

91 Vgl. hierzu Nübel, Durchhalten und Überleben an der Westfront, S. 97.

92 Birnbaum schreibt, dass Wilhelm Weygandt ähnlich wie Max Nonne diesen günstigen Einfluss anerkennen würde. Birnbaum, Kriegsneurosen und -psychosen. Vierte Zusammenstellung von Anfang Februar 1916 bis Ende Juli 1916, S. 473.

93 Ganz verschwand diese Idee nicht. Dies zeigt beispielhaft der Fall eines »psychopathischen« Offiziers, der sich als militärischer Führer in der Somme-Schlacht bewährt hatte, was dem Nervenarzt Steinau-Steinrück für diesen die beste Medizin und wirkungsvoller für die Genesung schien als die Zeit im Offiziers-Erholungsheim. Steinau-Steinrück, Zur Kenntnis der Psychosen des Schützengrabens, S. 336. Siehe zu diesem Fall auch den Abschnitt »Der Diskurs über ›psychopathische‹ Offiziere« in diesem Kapitel.

dacht.[94] Ihren Höhepunkt erreichte die seit Beginn des Krieges in den Fachzeitschriften geführte Kontroverse im Jahre 1916 in München auf der Kriegstagung der Gesellschaft Deutscher Nervenärzte und des Deutschen Vereins für Psychiatrie.[95] Dieser Kongress, auf dem 241 Nervenärzte zusammenkamen, strahlte im psychiatrischen Diskurs noch weit in die Weimarer Republik und die Zeit des Nationalsozialismus hinaus, da in Fachartikeln immer wieder auf die Kriegstagung Bezug genommen wurde.[96]

Neben der Kriegstagung der Psychiater hielten im Jahr 1916 auch die Internisten[97], Pathologen[98] und Chirurgen[99] entsprechende Tagungen ab, sodass es als das Jahr der medizinischen Fachtagungen im Krieg angesehen werden kann. Diese Tagungen dienten der Bestandsaufnahme des vorhandenen medizinischen Wissens für die medizinischen Fachrichtungen, um die im Kriege verstärkt auftretenden Krankheitsbilder effizient zu behandeln. Die Kriegskongresse wurden daneben dazu genutzt, sich öffentlich mit den nationalen Kriegszielen zu identifizieren, in die therapeutischen Überlegungen militärische und ökonomische Gesichtspunkte einzubeziehen und auf die Bedeutung der eigenen Fachwissenschaft im Krieg aufmerksam zu machen.[100]

Auf der Kriegstagung der Psychiater traten bekannte Nervenärzte wie der Tübinger Professor Robert Gaupp, der Hamburger Neurologe Max Nonne (1861–1959)[101] oder auch der Berliner Psychiater Karl Bonhoeffer, welcher den Entschädigungsdiskurs der Nachkriegszeit prägen sollte, gegen

---

94 Vgl. Peckl, Krank durch die »seelischen Einwirkungen des Feldzuges«?, S. 42.
95 Vgl. Friedländer, Achte Jahresversammlung der Gesellschaft Deutscher Nervenärzte, S. 1–214. Siehe daneben 8. Jahresversammlung, S. 1434–1436; S. 1466–1467. Siehe hierzu die ausführliche Analyse bei Lerner, From Traumatic Neurosis to Male Hysteria, S. 143–154; ders., Hysterical Men, S. 61ff.; ders., »Nieder mit der traumatischen Neurose, hoch der Hysterie«, S. 16–22.
96 Vgl. z.B. Wietfeldt, »Kriegsneurosen« als psychisch-soziale Mangelkrankheit.
97 Rauh, Die Warschauer Internistentagung im Mai 1916, S. 388–397.
98 Prüll, Die Sektion als letzter Dienst am Vaterland, S. 155–182.
99 Die Kriegstagung der Chirurgen war das direkte Vorbild für jene der Psychiater. Eine zeitgenössische Dokumentation der Chirurgentagung findet sich in Medizinische Klinik 12 (1916), S. 550f.
100 Rauh, Die militärpsychiatrischen Therapiemethoden im Ersten Weltkrieg, S. 31f.; ders., Die Warschauer Internistentagung im Mai 1916, S. 389f.
101 Von 1896 bis 1933 war Max Nonne Leiter der 2. Inneren Abteilung des Krankenhauses Hamburg-Eppendorf, die später den Namen »Neurologische Klinik« erhielt. Zwischen 1918 und 1924 leitete er die 1907 gegründete »Gesellschaft Deutscher Nervenärzte«. Vgl. zu Nonnes Karriere zus. Lerner, Rationalizing the Therapeutic Arsenal, S. 137–139.

den in Berlin wirkenden Neurologen Hermann Oppenheim auf.[102] Oppenheim erklärte die psychischen Erkrankungen der Soldaten mit seiner ätiologischen Theorie der Traumatischen Neurose, die er bereits Ende des 19. Jahrhunderts ausformuliert hatte und deren Anwendung bei Unfällen vor 1914 dazu geführt hatte, dass oftmals Entschädigungsansprüche von den Unfallversicherungen anerkannt worden waren.[103] Der Berliner Nervenarzt konstatierte einen ursächlichen Zusammenhang zwischen dem Kriegserlebnis und dem Ausbruch einer psychischen Erkrankung. Er ging von einer Schreck- und Schockwirkung der außergewöhnlichen Affekte des Krieges aus und sah auch eine organische Natur der Kriegsneurosen in dem Sinne für möglich an, dass kleinste Läsionen im zentralen Nervensystem die Kriegsneurose bewirken konnten.[104]

Vertreter der Traumatischen Neurose unter den Psychiatern richteten dabei im Weltkrieg oft auch den Blick auf frühere kriegerische Erfahrungen, wenngleich sie auf die Beispiellosigkeit der aktuellen Erfahrungen hinwiesen. Auch zogen sie mitunter Parallelen zu zurückliegenden zivilen traumatischen Ereignissen, etwa bedeutsamen Naturkatastrophen wie Erdbeben oder menschlich verursachten Katastrophen wie Schiffsunglücke. Auffällig ist, dass die deutschen Psychiater in ihren Fachartikeln auf die Erfahrungen im deutsch-französischen Krieg von 1870/71 allerdings kaum Bezug nahmen, obwohl bereits damals psychische Störungen von Soldaten in der Psychiatrie diskutiert worden waren.[105] Hingegen wurden die aktuellen Kriegserfahrungen oft mit jenen aus dem Russisch-Japanischen Krieg von 1905 verglichen.[106]

---

102 Lerner, From Traumatic Neurosis to Male Hysteria, S. 140–171; ders., Hysterical Men, S. 61–123.
103 Siehe hierzu auch Kap. I.3.a. Die psychische Belastung von Militärdienst und Kriegsdienst.
104 Immer wieder wurden von Psychiatern, die Oppenheims Anschauung teilten, auch Offiziersbeispiele für die Traumatische Neurose angeführt. Zum Beispiel veröffentlichte Leopold Feilchenfeld 1915 als »echte traumatische Neurose« den Fall eines Leutnants, der nach einer Granatenexplosion eine doppelseitige Hemianopsie (Halbseitenblindheit) mit scharf abgeschnittener senkrechter Begrenzung erlitt, die nach einigen Tagen wieder verschwand. Vgl. Birnbaum, der die Ergebnisse Feilchenfelds referierte, Kriegsneurosen und -psychosen. Dritte Zusammenstellung von Mitte August 1915 bis Ende Januar 1916, S. 342.
105 Dies galt in ähnlicher Weise auch für Frankreich. Michl, Im Dienste des »Volkskörpers«, S. 239.
106 Liepmann, Psychiatrisches aus dem russisch-japanischen Feldzuge, S. 1823; Bonhoeffer, Psychiatrie und Krieg, S. 1778. Vgl. hierzu auch Michl, Im Dienste des »Volkskörpers«,

Oppenheims Kontrahenten sahen den Grund der psychischen Symptome in »Kriegsangst«[107] und dem fehlenden »Willen« der »Kriegsneurotiker«, den Dienst an der Front mit seiner Todesgefahr auszuhalten. Sie sprachen von funktionellen Erkrankungen und Hysterie,[108] hoben die psychopathologische Veranlagung und die erbliche Belastung der Betroffenen hervor, zudem ihren inneren Widerstand gegen den Militärdienst und ihre gemütslabile Konstitution. Die Symptome wurden zwar als psychisch verursacht anerkannt, doch sei die hysterische Reaktion vor allem »ein Erlahmen des Kriegs- und Genesungswillens«.[109]

Die Fraktion der Psychiater, die bei der Kriegsneurose von Hysterie und Willensschwäche ausging, erklärte psychische Störungen aus einer »minderwertigen«[110] bzw. »degenerierten«[111] seelischen Konstitution und Begehrungsvorstellungen.[112] Hier spielte eine Rolle, dass die Krankheits-

---

S. 239. Vgl. zur psychiatrischen Analyse der Kriege vor 1914 auch Kap. I.3.a. Die psychische Belastung durch Militärdienst und Kriegsdienst.

107 Angst wurde in diesem Deutungsmuster nicht als infolge des Kriegserlebens entstehender pathogener Faktor gesehen, sondern als konstitutive Eigenschaft im psychisch erkrankten Soldaten. Entsprechend war die ängstliche Veranlagung der Soldatenpsyche für den Ausbruch der psychischen Erkrankungen verantwortlich zu machen. Gaupp, Hysterie und Kriegsdienst, S. 361ff. Seine Ergebnisse referierte Birnbaum, Kriegsneurosen und -psychosen. Zweite Zusammenstellung von Mitte März bis Mitte August 1915, S. 42f. Vgl. hierzu auch Michl, »Invaliden der Tapferkeit«, S. 315.

108 Vgl. auch zum Begriff der Kriegshysterie Köhne, Kriegshysteriker, S. 19–22.

109 Störring, Die Verschiedenheiten der psycho-pathologischen Erfahrungen, S. 25.

110 Vgl. zum Begriff der »minderwertigen Konstitution« die Ausführungen in Kap. I.3.b. Die Moderne als Ursache psychischer Leiden: Neurasthenie und Degenerationsvorstellungen.

111 Die vielfältige Kritik, die das in den 1890er Jahren populär gewordene Degenerationskonzept bereits vor 1914 in Bezug auf die deutsche Bevölkerung erfuhr, nahm im Ersten Weltkrieg mit dem Argument, dass die Bevölkerung im Krieg eine erstaunliche Widerstandskraft beweise, noch zu. Dennoch nutzten viele Psychiater auch noch im Weltkrieg die Degenerationsvokabel und sahen psychisch-nervöse Störungen als Anzeichen einer individuellen Degeneration. Michl, Im Dienste des »Volkskörpers«, S. 64–67. Siehe zur Vorkriegszeit Kap. I.3.b. Die Moderne als Ursache psychischen Leidens: Neurasthenie und Degenerationsvorstellungen.

112 Dabei unterschieden die Ärzte zwischen »negativen Begehrungsvorstellungen«, bei denen das Entrinnen aus der Gefahrenzone angestrebt wurde, und »positiven Begehrungsvorstellungen«, die auf eine Kriegsrente zielten. Galten Letztere stets als unehrenhaft, brachten die Ärzte dem »timor belli« mitunter Verständnis entgegen. Vgl. z.B. Kaufmann, Die planmässige Heilung komplizierter psychogener Bewegungsstörungen, S. 802f. Siehe auch Lerner, »Ein Sieg deutschen Willens«, S. 98; Kaufmann, Science as Cultural Practice, S. 137f.; Nolte, Gelebte Hysterie, S. 140; Kloocke/Schmiedebach/Priebe, Psychological Injury in the Two World Wars, S. 51f. Vgl. zum von Strümpell eingeführten Begriff der

konstruktion Hysterie bereits vor dem Krieg mit einem moralischen und einem hereditären Stigma belastet war. Hinzu kam, dass Hysterie in Deutschland auch im Ersten Weltkrieg noch weiblich konnotiert war.[113] Soldaten mit dieser Diagnose wurden nicht nur als psychisch krank, sondern auch als moralisch verwerflich angesehen, denen Tapferkeit, Männlichkeit und Ehrenhaftigkeit abgesprochen wurde.[114]

Oppenheim wandte sich gegen den Verdacht, dass sich »Kriegsneurotiker« in die Krankheit flüchten würden, gerade auch mit Blick auf die Offiziere. 1915 schrieb er, er habe bei seinen Patienten, unter denen sich Offiziere und Mannschaftssoldaten befanden, festgestellt,

»daß sie das redliche Bestreben hatten, gesund zu werden oder doch wenigstens das Lazarett verlassen zu können. Bei vielen - besonders unter den Offizieren und auch bei den unteren Chargen trat dieses Verlangen vielfach zutage - war es der Wunsch, wieder an die Front zu kommen, bei anderen die Sehnsucht nach der Heimat oder wenigstens nach der Verwandlung des Lazarettaufenthaltes mit seiner Freiheitsbeschränkung in die ambulante Behandlung oder in Garnisondienst, welche den Ansporn gab, wenigstens eine Besserung des Zustandes herbeizuführen, von der ich die Entlassung abhängig machte.«[115]

Oppenheim betonte also besonders bei Offizieren einen sehr hohen Genesungswillen und den vielfachen Wunsch, rasch wieder an die Front zurückzukommen,[116] und sah dies als Beleg dafür an, dass die Symptome unabhängig von »Begehrungsvorstellungen« bestanden. Und zum Beispiel führte Rothmann auf der Münchener Kriegstagung 1916 zur Stützung der These Oppenheims, dass Schreckerlebnisse ohne Begehrungsvorstellungen eine

---

Begehrungsvorstellungen in der Vorkriegszeit Kap. I.3.b. Die Moderne als Ursache psychischen Leidens: Neurasthenie und Degenerationsvorstellungen

113 Vgl. hierzu Bronfen, Das verknotete Subjekt, S. 107–164; Hofer, Nervenschwäche und Krieg, S. 229f.; Lerner, »Ein Sieg deutschen Willens«, S. 93. Siehe hierzu Kap. I.3.b. Die Moderne als Ursache psychischen Leidens: Neurasthenie und Degenerationsvorstellungen.

114 Zum Beispiel urteilte der Nerven- und Truppenarzt Ludwig Scholz über die »Hysteriker«: »Man könnte einwenden, daß sich unter den Kranken doch nicht bloß Schwächlinge und Mutlose befinden, sondern auch pflichtgetreue und besorgte Männer, die ihr Eisernes Kreuz mit Recht tragen und den Gedanken an Frontangst weit von sich weisen. Schon recht, aber der Hysterische ist eben nicht mehr derselbe, der er früher war. Vor der seelischen Erschütterung mag er ein Held gewesen sein, jetzt ist es vorbei damit.« Scholz, Das Seelenleben des Soldaten an der Front, S. 228.

115 Oppenheim, Der Krieg und die traumatischen Neurosen, S. 25f.

116 Vgl. zu den diesbezüglichen Aussagen der Offiziere die Ausführungen in Kap. IV.2.b. Der Umgang mit der krankheitsbedingten Auszeit von der Front.

Neurose auslösen konnten, den Fall eines Offiziers an, der beim Ausrufen von Befehlen an der Front plötzlich von hysterischer Aphasie und Mutismus befallen wurde und dessen Sprachstörungen wochenlang anhielten.[117] Die Gegner Oppenheims führten fünf Argumente an, die für eine psychogene Natur der Kriegsneurose sprachen. Das erste Argument waren die signifikanten Unterschiede zwischen den Neurosen von Offizieren und Mannschaftssoldaten, die Curschmann auf der Kriegstagung 1916 konstatierte.[118] Noch 1947 kam Curschmann in seinem »Lehrbuch der speziellen Therapie innerer Krankheiten« auf seinen Beitrag zu den Offiziersneurosen zurück:

»Ich habe gezeigt, daß auch sie [die traumatische Hysterie, G.G.] auf der Basis der Konstitution und der seelischen Kondition erwächst, daß beispielsweise die naiven und groben Formen der Kriegshysterie (z.B. Lähmungen Blindheit, Aphonie usw.) beim Offizier außerordentlich viel seltener waren als bei den Angehörigen des Mannschaftsstandes. Das gleiche hat RÖPER von den Akademikern gezeigt. Das ist sehr wichtig und beweist uns, daß nicht mikroorganische Schädigungen des Gehirns, wie H. Oppenheim meinte, sondern tatsächlich rein psychische Faktoren die Ursache der traumatischen Hysterie bilden.«[119]

Die verbleibenden Argumente waren zweitens, dass die Betroffenen psychisch beeinflussbar seien, wie insbesondere die Hypnosebehandlung von Max Nonne und Fritz Kaufmanns Überrumpelungsmethode zeigten – beides waren während des Krieges entwickelte Therapiemethoden zur Behandlung der »Kriegsneurotiker«.[120] Das dritte Argument für eine psychogene Natur der Kriegsneurose war, dass die Leiden oft nicht direkt an der Front, sondern erst in den Lazaretten oder Garnisonen in der Heimat entstanden seien.[121] Viertens sähe man die Kriegsneurose kaum bei Schwerverletzten und Kriegsgefangenen, auch wenn sie dieselben Erlebnisse durchgemacht hätten.[122] Als fünftes Argument wurde schließlich angeführt, dass die

---

117 Vgl. hierzu Birnbaum, der die Ergebnisse Rothmanns referierte: Birnbaum, Kriegsneurosen und -psychosen. Erste Zusammenstellung vom Kriegsbeginn bis Mitte März 1915, S. 344.
118 Siehe hierzu Kap. III.1. Das prozentuale Verhältnis von Offizieren und Mannschaften.
119 Curschmann, Nervenkrankheiten, S. 194.
120 Siehe hierzu den Abschnitt »Anwendung aktiver Behandlungsmethoden bei Offizieren« in Kap. III.4.a. Neue Behandlungsmethoden und ihre Verbreitung bei Offizieren.
121 Lerner, Hysterical Men, S. 67; Neuner, Politik und Psychiatrie, S. 54.
122 Zus. Störring, Die Verschiedenheiten der psycho-pathologischen Erfahrungen, S. 25. Gaupp, Singer, Wilmanns und Allers präsentierten Befunde, welche gegen eine kausale Beziehung zwischen der Schwere der Verletzung und der Häufigkeit der traumatischen

Kriegsneurosen insgesamt unter Soldaten und unter der Zivilbevölkerung[123] selbst unter massiver Beschießung oder Bombardierung selten seien. Oswald Bumke schrieb 1924 im Handbuch der Neurologie über diesen Befund:

»Es haben doch recht zahlreiche Soldaten und namentlich sehr viele Offiziere die allergrößten seelischen und körperlichen Schädigungen überstanden, ohne hysterische Symptome zu bekommen.«[124]

Neurose sprachen, um damit zu zeigen, dass das Material, mit dem Oppenheim seine These von einer hier vorhandenen Korrelation belegte, nicht repräsentativ sei. Birnbaum, Kriegsneurosen und -psychosen. Fünfte Zusammenstellung von Anfang August 1916 bis Ende März 1917, S. 225f. Robert Gaupp schrieb hierüber im Rückblick: »Einen sicheren Beweis für den ›Wunsch- und Abwehrcharakter‹ solcher ›Zweckneurosen‹ gewannen wir durch die Tatsache, daß in den Kriegsgefangenenlagern sich unter vielen Zehntausenden von Gefangenen kaum ein Neurotiker auffinden ließ, auch wenn diese Gefangenen nach schweren Kämpfen gefangen genommen worden waren und Nationen angehörten, bei denen die kriegsneurotischen Störungen ebenso häufig oder sogar noch häufiger waren als bei uns. [...] Und eine andere Tatsache ist sehr wichtig: die aufdringlichen neurotischen Zustände fanden sich sehr selten bei Schwerverletzten, dagegen sehr häufig bei nur leicht Verletzten und bei Unverwundeten«. Gaupp, Die psychischen und nervösen Erkrankungen des Heeres, S. 366. Vgl. auch ders., Kriegsneurosen, S. 374. Allerdings wandte der Greifswalder Psychiater Georg Voss im Juli 1917 sich gegen diese These, da in seinem Wirkungskreis Schwerverletzte und Leichtverletzte in gleichem Maße neurotische Zustände aufweisen würden. Voss, Nervenärztliche Erfahrungen an 100 Schädelverletzten, S. 881–885. Und Friedrich Mörchen relativierte die These, dass unter Kriegsgefangenen kaum Neurotiker zu finden seien. Mörchen, Hysteriebegriff bei den Kriegsneurosen, S. 1214f. Gegen die These, dass Kriegsgefangene nur wenige »neurotische Zustände« aufweisen würden, spricht, dass der Begriff der »Stacheldrahtpsychose«, die Kriegsgefangene befallen konnte, eine sehr etablierte Krankheitsbezeichnung im Ersten Weltkrieg war. Dies zeigt zum Beispiel das Übereinkommen zwischen Deutschland, Frankreich und der Schweiz im Januar 1916, das regelte, welche kranken Kriegsgefangenen zur Internierung in die neutrale Schweiz ausgeliefert werden konnten. Bei den Gründen für die Auslieferung stand die Diagnose »Stacheldrahtpsychose« in einer Reihe mit Tuberkuloseverdacht und Malaria. Wörterbuch des Völkerrechts und der Diplomatie, Bd. 3, S. 460. Vgl. zum Phänomen der »Stacheldrahtpsychose« auch Becker, Paradoxien der Kriegsgefangenen, S. 26f.; Oltmer, Einführung, S. 16f.

123 Dabei ist auffällig, dass sich die psychiatrischen Expertendiskurse in der Frage der »Kriegsneurosen« insgesamt kaum mit der psychischen Gesundheit der Zivilbevölkerung im Krieg beschäftigten. Eine Ausnahme war der Psychiater Wilhelm Suckau. Er publizierte 1916 eine Studie über die psychische Auswirkung des Krieges auf Frauen. Trotz einiger dramatischer Fälle stellte er fest, dass die Nervenkraft der deutschen Bevölkerung insgesamt sehr gut sei. Suckau, Psychosen bei Frauen im Zusammenhang mit dem Kriege, S. 328–355. Vgl. hierzu auch Fehlemann, Die Nerven der »Daheimgebliebenen«, S. 247.

124 Bumke, Kriegsneurosen, S. 57. Vgl. auch Störring, Die Verschiedenheiten der psychopathologischen Erfahrungen, S. 25; Birnbaum, Kriegsneurosen und -psychosen. Fünfte

Nach dem Krieg kam als sechstes Argument hinzu, dass all diese Reaktionen mit Kriegsende verschwunden seien[125] – eine These, die Bezug auf die Revolutionsereignisse nahm, als manche »Kriegsneurotiker« gegen ihre Psychiater aufbegehrten, die aber angesichts der hohen Zahl der in den Nachkriegsjahren bewilligten Kriegsrenten für psychisch versehrte Soldaten merkwürdig anmutet.[126]

Die Verfechter dieses Erklärungsansatzes, dass nicht der Krieg, sondern die Person selbst und deren charakterliche und persönliche Schwächen für die Kriegsneurose verantwortlich seien, setzten sich auf der Kriegstagung 1916 gegenüber der Ansicht Oppenheims durch. Seit 1916 nahmen die meisten Fachbeiträge zum Phänomen der »Kriegsneurotiker« auf die neue Lehrmeinung Bezug, auch die von Psychoanalytikern.[127] Von einer Zäsur ist auch insoweit zu sprechen, als zwar schon bald nach Kriegsbeginn Nervenabteilungen in den Kriegs- und Reservelazaretten eingerichtet worden waren, doch erst nach dem Kongress von 1916 vermehrt Neurotiker-Lazarette geschaffen wurden, zum Beispiel beim Versuch der zentralisierten Behandlung

---

Zusammenstellung von Anfang August 1916 bis Ende März 1917, S. 225f. Gerade Truppenärzte beriefen sich bei ihrer Meinung, dass der Krieg nicht zu deutlich erhöhten psychischen Leiden führte, auf ihre ärztlichen Erfahrungen an der Front. Scholz, Das Seelenleben des Soldaten an der Front, S. 219, 221.

125 Störring, Die Verschiedenheiten der psycho-pathologischen Erfahrungen, S. 25.
126 Siehe hierzu Kap. V.2.b. Die Stellung psychisch versehrter Offiziere im Versorgungssystem und die Pensions- und Rentenverfahren in der Weimarer Republik.
127 Freud/Ferenczi/Abraham/Simmel/Jones, Zur Psychoanalyse der Kriegsneurosen, S. 73. Zur langfristigen Etablierung der Lehrmeinung siehe zusammenfassend Goltermann, Die Gesellschaft der Überlebenden, S. 430f. Siehe zu den praktischen Auswirkungen für die psychisch versehrten Offiziere des Ersten Weltkriegs in der Weimarer Republik und im Nationalsozialismus Kap. V. 2. und V.3. Deutliche Unterschiede zum psychiatrischen Diskurs in Deutschland zeigen sich besonders in der französischen Kriegspsychiatrie, die im Kriege an der deutschen Kriegspsychiatrie kritisierte, dass diese zu wenig berücksichtige, wie sich Emotionen und Erschöpfung organisch umsetzten. Zu Beginn des Krieges ging man in Frankreich von einer psychogenen Krankheitstheorie aus. Es wurde die Diagnose »Troubles pithiatiques« (»durch Überzeugung heilbar«) aufgestellt, die allerdings von der Hysterie klar abgetrennt wurde. Ab 1915/1916 hingegen kamen die Diagnosen »Commotionnés« (mechanische Erschütterungen) und »Émotionnés« (seelische Erschütterungen) auf, während weiterhin die Diagnose Hysterie nur sparsam vergeben wurde. Als Argument gegen Hysterie wurde in Frankreich häufig angeführt, dass mit dieser Diagnose ein Verdacht auf Simulation verbunden sei. Seit 1916 wurde das neue Krankheitsbild »troubles physiopathiques« gebräuchlich, das auch eine organische Verwundung nicht ausschloss. Am Ende des Krieges setzte sich dann erneut die psychogene Krankheitstheorie durch, die aber nach wie vor nicht mit Hysterie gleichgesetzt wurde. Michl, Im Dienste des »Volkskörpers«, S. 253–259.

von Neurotikern in Baden und Bayern.[128] Eine Versammlung von »Neurotikerärzten« stellte im Oktober 1918 im Auftrag des preußischen Kriegsministeriums ein Merkblatt zusammen, in dem es hieß: »Der Begriff Neurose wird gefasst als eine innere Auflehnung gegen Kriegsverwendung.«[129] Hinzu kam, dass Robert Gaupp und viele seiner Kollegen nach dem Kongress begannen, aufgrund dieser Lehrmeinung Vorträge zur »Mahnung und Aufklärung weiter Kreise in der Bevölkerung« zu halten und entsprechende Publikationen zu verfassen, um die Bevölkerung zu warnen, die »Nervenschwächlinge« nicht durch »Bemitleiden« weiter in ihre Krankheit hineinzutreiben. Stattdessen sollten sie Fachärzten zugeführt werden, um sie zu heilen und davor zu bewahren, zu »wertlosen Parasiten der menschlichen Gesellschaft« zu werden. Bei »rentenquerulantische[n] Leute[n]«, die »untätig herumliegen und jede Arbeit ablehnen«, empfahl Gaupp, diese den militärischen Behörden zu melden.[130] Neben der Unterstellung von Rentensucht und Arbeitsscheu kam es hierbei auch zu charakterlichen Abwertungen der Betroffenen. So beschrieb Gaupp die typischen »Kriegsneurotiker« als »entartet«, »sozial minderwertig«, von »niederer Moral« und häufig »kriminelle Neigungen« besitzend.[131]

Für den emotional geführten Kampf vieler führender Psychiater gegen die »Kriegsneurotiker« spielte die als unnötig empfundene Belastung des Militärbudgets eine wesentliche Rolle. Zum Beispiel argumentierte Fritz Kaufmann 1916 gegen die Entlassung Militärangehöriger mit »psychogenen Störungen« als dienstunfähig und dienstbeschädigt wie folgt:

»Eine nicht unwichtige weitere Folge ist die erhebliche Belastung des Militärfiskus. Ein einfaches Rechenexempel möge das erläutern: Nehmen wir die gewiss niedrig gegriffene Zahl von 100 derart entlassenen Kranken pro Jahr und Armeekorpsbezirk, die Rente des Einzelfalls inkl. Kriegszulagen M. 500.- an, so bedeutet das

---

128 Siehe hierzu Kap. II.1. Die Behandlung des Problems der »Kriegsneurotiker« in der deutschen Armee. Vgl. zum badischen System auch Bartz-Hisgen, Die kriegswirtschaftliche Bedeutung soldatischer Psychiatriepatienten im Ersten Weltkrieg, S. 148-150.
129 BayHStA-KA Stv. GenKdo. II. AK., SanA Bd. 14/I, Schreiben des RL Würzburg an das Sanitätsamt des II. A. K. am 14. Oktober 1918 betreffs Bericht über die vom Preußischen Kriegsministerium einberufene Versammlung der Neurotikerärzte. Vgl. auch Neuner, Politik und Psychiatrie, S. 56.
130 Gaupp, Die Nervenkranken des Krieges, S. 21. Vgl. auch Neuner, Politik und Psychiatrie, S. 61.
131 Gaupp, Die Nervenkranken des Krieges, S. 11f. Vgl. auch Neuner, Politik und Psychiatrie, S. 57.

für die 25 Armeekorpsbezirke Deutschlands eine jährliche Ausgabe von M. 1.250.000.-«[132]

Allerdings zeigt der Blick auf die Artikel der Fachexperten in den Zeitschriften, dass auch nach dem Münchener Kongress Autoren an einem Kausalzusammenhang zwischen Kriegsgeschehnissen und psychischer Krankheit festhielten. Gerade die Unschärfe des Begriffs der Kriegsneurose, unter die immer wieder auch die Neurasthenie gefasst wurde, führte dazu, dass in Fachartikeln den Kriegserlebnissen auch nach 1916 eine entscheidende Bedeutung für psychische Erkrankungen der Soldaten eingeräumt wurde.[133] Hier spielte eine große Rolle, dass neben der Interpretation der Kriegsneurose als Traumatischer Neurose oder Hysterie die Lehre von den schwachen Nerven, die den Neurastheniediskurs der Vorkriegszeit bestimmt hatte, im Krieg nach wie vor starke Bedeutung hatte. Sie wurde insbesondere bei nervös zusammengebrochenen Offizieren, die bereits vor 1914 neben Unternehmern und Ärzten die vorrangige Patientengruppe ausgemacht hatten, und bei Kriegsfreiwilligen als Erklärung angewandt.[134] Schließlich wurde selbst das Konzept einer durch die Kriegserlebnisse erworbenen Kriegshysterie mitunter aufrechterhalten. So ging Willy Hellpach davon aus, dass sowohl bei der Hysterie als auch bei der Neurasthenie im Krieg Fälle vorkämen, die keinerlei Vorbelastungen aufwiesen. Allerdings sei dies bei der Hysterie weniger als ein Viertel der Fälle gewesen, bei der Neurasthenie mehr als die Hälfte.[135]

---

132 Kaufmann, Die planmässige Heilung komplizierter psychogener Bewegungsstörungen, S. 802.
133 So wies 1918 Wilhelm Schmidt in seiner Studie über die forensisch-psychiatrischen Erfahrungen im Krieg darauf hin, dass die »Anstrengungen und Strapazen des Feldzugs« und die damit verbundenen »emotionell wirksamen Ereignisse« entscheidend für die Ausbildung neurasthenischer Erkrankungen seien. Diese »Faktoren, wie sie der Krieg im Überfluß mit sich bringt«, hätten das Potential, »bis dato gesunde Menschen neurasthenisch zu machen.« Schmidt, Forensisch-psychiatrische Erfahrungen im Kriege, S. 167, 169f. Vgl. auch Nübel, Durchhalten und Überleben an der Westfront, S. 223.
134 Hofer, Nervenschwäche und Krieg, S. 32. Siehe hierzu Kap. I.3.b. Die Moderne als Ursache psychischer Leiden: Neurasthenie und Degenerationsvorstellungen.
135 Hellpach, Kriegsneurasthenie, S. 189–193, 197; vgl. daneben mit ähnlichen Argumenten auch Weygardt, Nervöse Erkrankungen im Kriege, S. 902; Nissl, Hysterielehre mit besonderer Berücksichtigung der Kriegshysterie, S. 566.

Der Diskurs über das Verhältnis von Hysterie und Neurasthenie bei Offizieren und Mannschaftssoldaten

Blickt man auf die Einschätzung des Verhältnisses von Hysterie und Neurasthenie bei Offizieren und Mannschaftssoldaten im psychiatrischen Diskurs während des Ersten Weltkriegs, so zeigen sich deutliche Auffälligkeiten. Vor 1914 wurde im Deutschen Heer die Diagnose Hysterie fast nur bei Mannschaftssoldaten vergeben, während Neurasthenie Offizieren, Einjährig-Freiwilligen, Unteroffizieren und Kapitulanten vorbehalten war und bei Mannschaftssoldaten fast ganz fehlte oder jedenfalls in der militärmedizinischen Literatur vor dem Krieg nicht behandelt wurde. Der Grund für die rangspezifische Vergabe der Diagnosen Hysterie und Neurasthenie war, dass sich nach der Einschätzung der Psychiater Neurasthenie und Hysterie vorrangig in Ätiologie und Prognose unterschieden, aber die Symptome deutliche Ähnlichkeiten aufweisen konnten, und der Diagnose Neurasthenie die stigmatisierenden Konnotationen der Hysterie fehlten.[136] Im Krieg begann sich die klare Zuteilung der Diagnosen auf die militärischen Ränge aufzuweichen, obwohl weiterhin betont wurde, dass Offiziere vorrangig Neurasthenie, Mannschaftssoldaten hingegen viel öfter Hysterie entwickelt hätten.

Da die Neurasthenie als ein vorübergehender Erschöpfungszustand des Nervensystems beschrieben wurde, der nicht zu Langzeitschäden führte, sondern im Regelfall nach einigen Monaten ausgeheilt war, zeigte sie nach Ansicht der Ärzte kein individuelles Versagen auf, und ihr lastete anders als der Hysterie kein erblicher Makel an.[137] Gaupp positionierte sich hier eindeutig: »Unter Neurasthenie verstehe ich […] die nervöse Erschöpfung des von Haus aus gesunden Menschen.«[138] Mit der Neurasthenie-Diagnose konnten dementsprechend nach einem Ausdruck des Psychiaters Wagner-Jauregg »goldene Brücken«[139] gebaut werden, da die Diagnose die Patienten

---

[136] Siehe hierzu Kap. I.3.b. Die Moderne als Ursache psychischen Leidens: Neurasthenie und Degenerationsvorstellungen.
[137] Siehe zur abweichenden Haltung im Militär Kap. II.7.a. Spezifika des militärischen Schriftverkehrsüber psychisch versehrte Offiziere; vgl. zur Sicht vor 1914 Kap. I.3. Ursachenerklärungen und die Konsequenzen von psychischen Erkrankungen für die Offiziere.
[138] Gaupp, Schreckneurosen und Neurasthenie, S. 85. Vgl. auch Brückner, Psychiatrische Kriegserfahrungen, S. 837.
[139] Wagner-Jaureggs Idee dahinter war, dass durch die Fähigkeit des Arztes, dem Patienten eine »goldene Brücke zu bauen«, es diesem ermöglicht werde, sich ohne Gesichtsverlust vom Symptom zu lösen. Wagner-Jauregg, Erfahrungen über Kriegsneurosen III, hier Sp.

zumindest weitgehend von der Eigenverantwortung für ihre Erkrankung entlastete.[140] Allerdings geschah diese Entlastung im Ersten Weltkrieg nicht mehr vollständig. Manche Ärzte verbanden nun entsprechend dem bereits vor dem Krieg relevanten Diskurs, der Nervenschwäche mit Willensschwäche gleichsetzte,[141] Nervenschwäche mit Feigheit und schlossen hierbei auch die Offiziere ein. Dies zeigen zum Beispiel die Notizen des im Kriege gefallenen Nervenarztes Ludwig Scholz, der schrieb:

»Was sind überhaupt Mut und Feigheit? Tugend und Charakterfehler oder starke und schwache Nerven? Wird je ein Jämmerling von sich gestehen: ich bin feige? Wird er sich nicht mit Nervenschwäche und Nervosität entschuldigen? Den Mangel an Kraft und Willen auf das bequeme Gebiet des Pathologischen hinüberschieben, um keine Scham nach innen und nach außen zu verkleistern? Ich wenigstens als Arzt habe niemals etwas anderes gehört vom Offizier und Mann, die vor mir standen blaß und zitternd: ich leide an den Nerven, ich bin krank! Ist Kraft nicht Nerv und Nerv nicht Kraft?«[142]

In den meisten Schriften der Ärzte behielt allerdings die Neurasthenie-Diagnose ihre entlastende Funktion, auch Ludwig Scholz nahm diese Argumentation in anderen Passagen durchaus auf. Hierbei spielte eine Rolle, dass die Ärzte selbst im Ersten Weltkrieg oft unter nervösen Symptomen litten und von einer entsprechenden Diagnose profitierten.[143] Die Zahl psychischer Erkrankungen bei Ärzten stieg gegenüber der Friedenszeit deutlich an. Dies betraf vor allem die Frontärzte bei den Truppenteilen und in den Feldlazaretten, die unter hoher physischer und psychischer Belastung standen und oft bis zur Erschöpfung arbeiten mussten.[144] Aber auch in der Heimat klagten die Psychiater über Überlastung. So erklärte der in einem Badener Reservelazarett arbeitende Stabsarzt Fritz Kaufmann, der die sogenannte Kaufmann-Methode erfand,[145] dass der stetige Umgang mit »Kriegs-

---

191. Vgl. auch Schott/Tölle, Geschichte der Psychiatrie, S. 374; Riedesser/Verderber, »Maschinengewehre hinter der Front«, S. 35; Hermes, Krankheit: Krieg, S. 465.
140 Hermes, Krankheit: Krieg, S. 362, 368.
141 Siehe hierzu Kap. II.2.d. Nervenkraft und Wille als kriegsentscheidende Mittel.
142 Scholz, Das Seelenleben des Soldaten an der Front, S. 139f.
143 Siehe hierzu auch Kap. I.3.b. Die Moderne als Ursache psychischen Leidens: Neurasthenie und Degenerationsvorstellungen.
144 Tamm, »Ein Stand im Dienste der nationalen Sache«, S. 20f.
145 Siehe hierzu den Abschnitt »Anwendung aktiver Behandlungsmethoden bei Offizieren« in Kap. III.4.a.

neurotikern« und deren »bewusster Renitenz« zu nervösen Erscheinungen bei den Psychiatern führte.[146] Dafür, dass Psychiater neurasthenische Erkrankungen in erhöhtem Maße bei Offizieren feststellten, spielten aber auch ärztliche Beobachtungen und Erhebungen im Weltkrieg eine große Rolle. Hellpach benannte nach dem Weltkrieg sieben Ursachen der Feldneurasthenie. Als physische Ursachen machte er körperliche Traumen, körperliche Erschöpfung und narkotische Überreizung aus.[147] Als psychische Ursachen sah er ein seelisches Einzelerlebnis, seelische Spannung, seelische Reibung und seelische Umstellung vom Frieden auf den Krieg an.[148] Gerade die seelische Spannung und die narkotische Überreizung sei, wie viele Ärzte betonten, bei Offizieren in überdurchschnittlichem Maße gegeben, da die Frontoffiziere aufgrund ihrer Verantwortung in führender Stellung einer besonderen nervlichen Belastung ausgesetzt seien.[149] Dass die Ärzte im Krieg, wie schon in der Vorkriegszeit,[150] die ungesunde Lebensweise vieler Offiziere durch zu viel Alkohol, Zigaretten oder Kaffee als Ursache für die Ausbildung neurasthenischer Symptome anerkannten, spricht dafür, dass Ärzte mitunter ihren medizinischen Blick und ihre Beobachtung, dass Offiziere sehr viel besser als Mannschaftssoldaten an diese Dinge kamen, über soziale Rücksichtnahmen stellten. Zum Beispiel führte Curschmann zu den Neurosen bei Offizieren aus, dass bei der Ausbildung der für diese Gruppe typischen neurasthenischen Symptome »an sich ›nicht kriegerische‹ Schädlichkeiten der Lebensweise, vor

---

[146] BayHStA-KA Stv. GenKdo. II. AK., SanA. Bd.14/1, Diskussionsbemerkungen des Stabsarztes Dr. Kaufmann, RL Ludwigshafen, o. D., S. 2. Vgl. hierzu auch Neuner, Politik und Psychiatrie, S. 58f.

[147] Hellpach, Kriegsneurasthenie, S. 189–191. Zur narkotischen Überreizung bemerkte Hellpach zuvor (S. 186f.), dass gerade der Reizhunger nach Kaffee, Nikotin und Alkohol auch ein Symptom der Neurasthenie sei.

[148] Ebd., S. 191–193.

[149] Auf der Kriegstagung 1916 führte Gaupp aus: »Von der erworbenen Neurasthenie habe ich schon gesprochen; sie bedarf nicht der angeborenen Anlage, namentlich nicht beim verantwortungsbeladenen Offizier.« Achte Jahresversammlung, S. 129. An anderer Stelle erklärte er den psychischen Zusammenbruch eines Offiziers mit folgenden Faktoren: »seelische Überanstrengung, übermäßige Verantwortung […] für das Wohl der anvertrauten Mannschaft, […] Überspannung des Willens.« Vgl. Gaupp, Schreckneurosen und Neurasthenie, S. 93.

[150] Siehe hierzu Kap. I.3.b. Die Moderne als Ursache psychischen Leidens: Neurasthenie und Degenerationsvorstellungen.

allem Abusus von Alkohol, Nikotin und auch Kaffee« eine Rolle gespielt hätten.[151]

Dass sich im psychiatrischen Diskurs die klare Zuteilung der Diagnosen auf die militärischen Ränge aufzuweichen begann, lag auch daran, dass viele Autoren Mischformen im Symptombild feststellten, wie Oppenheim 1915 an den von ihm untersuchten Patienten:

»Hat somit nur in einem kleinen Prozentsatz der Fälle die Hysterie ihre charakteristische Physiognomie gezeigt, so springt es noch mehr in die Augen, daß sie fast bei keinem unserer Patienten das ganze Wesen der Krankheit ausmachte. Fast immer verbanden sich mit ihr die Erscheinungen der neurasthenischen Erregbarkeit und Erschöpfbarkeit bzw. eine Reihe nicht psychogener Symptome, wie wir sie der Neurasthenie zuzurechnen pflegen, wobei ich durchaus berücksichtige, daß es ein gemeinschaftliches bzw. Grenzgebiet dieser beiden Neurosen gibt.«[152]

Insgesamt zeigt der Blick auf den psychiatrischen Diskurs, dass die Nervenärzte im Ersten Weltkrieg der Gestaltung der Symptome bei der Vergabe der Diagnose bei Offizieren eine unterschiedliche Bedeutung einräumten. Für eine Fraktion der Ärzte war die Gestalt der Symptome nur eine Richtlinie bei der Vergabe der Diagnose, hinzu kamen der allgemeine Eindruck des Patienten, seine soziale Herkunft und sein militärischer Rang.[153] Robert Gaupp war einer der prominentesten Vertreter dieser Richtung. Er bemerkte hierzu im Rückblick:

»Ob ein Tremor, eine Reflexsteigerung oder ein Kopfschmerz neurasthenisch, endogen-psychopathisch oder hysterisch ist, kann nicht durch die klinischen Erscheinungsformen des Symptombildes, sondern muß aus dem Gesamttatbestand geschlossen werden.«[154]

Das subjektive Urteil des behandelnden Psychiaters war für ihn das einzig wirksame Kriterium.[155]

Für manche Psychiater hingegen waren die Symptome die vorrangige Richtlinie und sie erstellten die entsprechende Diagnose unabhängig von

---

151 Unter die hierdurch bedingten Symptome fasste er »einfache Depression, Uebererregbarkeit, Schlafstörungen, auffallend häufig nervöse Herz- und Gefäßstörungen, Basedowoid, vasomotorischer Kopfschmerz, sekretorische und motorische Neurosen des Magens und Darms, überraschend häufig funktionelle Störungen des Vestibularapparates u. a. m.« Curschmann, Zur Kriegsneurose bei Offizieren, S. 291.
152 Oppenheim, Der Krieg und die traumatischen Neurosen, S. 16.
153 Hofer, Nervenschwäche und Krieg, S. 226.
154 Zit. nach Bumke, Kriegsneurosen, S. 59.
155 Vgl. auch Hofer, Nervenschwäche und Krieg, S. 226.

Rücksichtnahme auf die soziale Herkunft und den militärischen Rang des Patienten. Zum Beispiel bemerkte Willy Hellpach zum Dissens: »Ich habe Diagnosen ernsthafter Fachgenossen gelesen, die auch bei einem chronischen Wackelzittern des Kopfes oder eines Armes oder einer Körperhälfte, verbunden mit einem Komplex neurasthenischer Symptome, noch auf ›Neurasthenie‹ lauteten. Dahin kann ich nicht mit.«[156]

Er selbst unterschied zwischen Feld- und Heimatneurasthenie und führte für beide typische Symptomkomplexe auf. Für die Feldneurasthenie nannte er Gedächtnisschwäche, Interessenverödung, Potenzschwäche, Schlafstörungen, erhöhte Traumtätigkeit, Herzneurose, Reizhunger (besonders Alkohol- und Tabaksucht), depressive Stimmung und Wehmut, während Hypochondrie fehlen würde und Kopfschmerz und Dyspepsie selten seien. Bei der Heimatneurasthenie hielt er Ermüdbarkeit, seelische Unruhe sowie intellektuelle und affektive Haltlosigkeit für typisch. Auch hier spiele Hypochondrie keine Rolle. Bei der Hysterie nahm Hellpach ebenfalls die Unterscheidung zwischen Feld- und Garnisonhysterie vor, wobei er die Garnisonhysterie als Vorreaktion auf den kommenden Kriegsdienst bewertete.[157]

Ein weiterer Vertreter der Fraktion, die die Symptome als entscheidend ansah, war Kurt Mendel,[158] der 1915 von der Front berichtete, dass er neurasthenische Krankheitsbilder häufiger bei Offizieren als bei Mannschaftssoldaten beobachtet habe[159] und als Erklärung hierfür einzig und allein die Symptome anführte. Er führte aus, dass die Neurasthenien, die er im Feld beobachtet hatte, stets den gleichen Symptomkomplex eines nervösen Erschöpfungszustandes geboten hätten: eine allgemeine Energielosigkeit, einen Mangel an Reaktions- und Entschlussfähigkeit, ein Gefühl völligen kör-

---

156 Von der Neurasthenie grenzte er neben den Zitterzuständen auch »Anfälle« ab, worunter er »Bewußtseinstrübungen oder -verluste [...] mit Krämpfen, Zuckungen, Schreien, Röcheln« verstand. Als mit der Neurasthenie vereinbar sah er »Schwindelanfälle, Weinkrämpfe, Schwächeanwandlungen und wohl auch Ohnmachten«. Hellpach, Kriegsneurasthenie, S. 188. Vgl. auch die Kritik von Max Lewandowsky, dass die Grenze zwischen den Symptomkomplexen willkürlich gezogen sei. Lewandowsky, Was kann in der Behandlung und Beurteilung der Kriegsneurose erreicht werden?, S. 989; vgl. auch die Bedenken von Jolowicz, Statistik über 5455 organische und funktionelle Nervenerkrankungen, S. 155f.
157 Hellpach, Kriegsneurasthenie, S. 186f.
158 Mendel, Psychiatrisches und Neurologisches aus dem Felde, S. 2–7.
159 Allgemein führte er zur Häufigkeit aus, dass er im Feld viele Neurasthenien gesehen habe. Allerdings handle es sich um weniger Fälle, als nach der Größe der körperlichen Anstrengungen und der Schwere der affektiven Momente zu erwarten gewesen sei. Ebd.

perlichen Zusammenbruchs und besonders eine starke Neigung zum Tränenvergießen. Für letzteres Symptom führte er Offiziere als Beispiel an. Er habe oftmals selbst »herkulisch gebaute Offiziere«, die zahlreiche Gefechte »ohne mit der Wimper zu zucken« mitgemacht hatten, wie Kinder weinen sehen. Bei diesen nervösen Erschöpfungszuständen habe jeder Zug von Hypochondrie, Hysterie oder Melancholie gefehlt. Es seien »Neur'asthenien‹ in des Wortes eigentlichster Bedeutung«.[160] Dass von Neurasthenie betroffene Offiziere und Soldaten zum Weinen neigten, stellten auch andere Psychiater fest. Als wichtigstes Symptom der Neurasthenie hob Philipp Jolly 1915 neben allgemeiner körperlicher und geistiger Erschlaffung und starker Reizbarkeit die nicht unterdrückbare Neigung zum Weinen hervor, die fast regelmäßig nachweisbar sei. Er führte hierfür das Fallbeispiel eines früher immer gesunden aktiven Leutnants an, der im Dezember 1914 mit Weinkrämpfen, Zittern am ganzen Körper und Schlaflosigkeit zusammengebrochen, nach kurzer Erholungszeit beschwerdefrei geworden, dann aber erneut zusammengefallen sei und zum Berichtszeitpunkt noch allerlei neurasthenische Symptome böte. Im Einzelnen führte er Erregbarkeit, schlechte Stimmung, Schlafstörungen und Kopfschmerz auf.[161]

Schon zu Kriegsbeginn schrieben Psychiater, dass sie auch unter Mannschaften Fälle von Neurasthenie und unter Offizieren Fälle von Hysterie diagnostiziert hätten.[162] Hellpach, der von Mitte 1916 bis Kriegsende im Offizierslazarett in Heidelberg arbeitete, konstatierte 1919 über Offiziere mit Hysterie, dass diese Fälle in seinem Beobachtungskreis alle in den beiden Anfangsjahren des Krieges erkrankt seien.[163] Damit hätten seine Beobachtungen mit denen der von ihm befragten Fachkollegen übereingestimmt, die bei den Mannschaftssoldaten Hysterie vermehrt zu Beginn des Krieges, in

---

160 Ebd., S. 6. Vgl. auch die Referierung seiner Ergebnisse bei Birnbaum, Kriegsneurosen und -psychosen. Erste Zusammenstellung vom Kriegsbeginn bis Mitte März 1915, S. 334f.
161 Jolly, Erfahrungen auf der Nervenstation eines Reserve-Lazaretts, S. 141–147; vgl. auch die Referierung seiner Ergebnisse bei Birnbaum, Kriegsneurosen und -psychosen. Zweite Zusammenstellung von Mitte März bis Mitte August 1915, S. 14f. Siehe daneben auch Gaupp, Schreckneurosen und Neurasthenie, S. 90f. Siehe zur militärischen Beurteilung von Offizieren, die weinen mussten, die Ausführungen in Kap. II.7.b. Die Haltung der Vorgesetzten.
162 Mendel, Psychiatrisches und Neurologisches aus dem Felde, S. 6; Wintermann, Kriegspsychiatrische Erfahrungen aus der Front, S. 1165; Meyer, Nervenstörungen bei Kriegsteilnehmern nebst Bemerkungen zur traumatischen Neurose, S. 1509–1511.
163 Hellpach, Kriegsneurasthenie, 179.

den späteren Jahren vorrangig Neurasthenie beobachtet hätten. Hellpach schloss hieraus, dass im Verlauf des Weltkriegs die Kriegsneurose sich »vom Hysterischen zum neurasthenischen Typus« entwickelt habe.[164] Er äußerte sich auch zum Verhältnis zwischen Neurasthenie und Hysterie bei Offizieren und einfachen Soldaten während des Weltkriegs insgesamt: »Je höher wir sozial aufsteigen, desto einseitiger herrscht die Neurasthenie vor; je tiefer hinab, desto häufiger begegnet uns die Hysterie.«[165] Auffallend ist, dass Hellpach nicht die soziale Herkunft, die Bildung oder das soziale Ansehen des Zivilberufs als entscheidend dafür ansah, ob der Betreffende hysterisch oder neurasthenisch reagierte, sondern die gegenwärtige militärische Stellung, die neue Hierarchien erzeuge und das Selbstverständnis der Soldaten bestimme:

---

164 Ebd., S. 178f., Zitat S. 178. Auch Gustav Störring, der 1942 die psychiatrischen Erfahrungen im Ersten und Zweiten Weltkrieg verglich und sich bei der Darstellung der Erfahrungen des Ersten Weltkriegs auf das »Handbuch der ärztlichen Erfahrungen im Weltkriege« stützte, schrieb, dass die Höchstzahl der Kriegshysteriker schon gegen Ende 1916 erreicht worden sei. Störring, Die Verschiedenheiten der psycho-pathologischen Erfahrungen im Weltkriege, S. 25. Hellpach stellte in seinen Memoiren die These auf, dass die Kriegshysterie allgemein im Ersten Weltkrieg in ihrer zahlenmäßigen Bedeutung überschätzt worden sei und lenkte als Beleg hierfür den Blick auf seine Patienten im Offizierslazarett Heidelberg: »Das Gros unserer Lazarettinsassen machten viel leisere ›Neurosen‹ aus, die unauffällig zermürbenden Neurasthenien an der Spitze, die nervösen Erschöpfungen in der spezifischen Färbung, die das Kriegserlebnis, die objektive Zumutung wie die subjektive Reaktion darauf, ihnen erteilte.« Hier wird deutlich, dass Hellpach die Begriffe »Neurasthenie« und »nervöse Erschöpfung« beide als ›Neurosen‹ einstufte und dass er den Krankheitsausbruch und -verlauf als eine Mischung aus äußeren Gegebenheiten und inneren Reaktionen ansah. Hellpach, Wirken in Wirren, S. 68.
165 Hellpach, Kriegsneurasthenie, S. 180. Bei einem Vortrag im naturhistorisch-medizinischen Verein Heidelberg im Oktober 1917 hatte er sich diesbezüglich wie folgt geäußert: »Die Neurasthenie hat sich auch im Kriege als die Neurose der Höherstehenden im Vergleich zu den hysterisch gefärbteren Reaktionen der Primitiveren bewährt.« Willy Hellpach, Über die einfache Kriegsneurasthenie, S. 1624. Es finden sich auch Textstellen, die deutlich machen, dass Hellpach, obwohl er auch viele neurasthenische Mannschaftssoldaten in Zahlen aufführte, als Prototyp des Neurasthenikers den neurasthenischen Offizier ansah: »Kriegsneurastheniker« seien »die wirklich besten unter den Nervengeschädigten«, Männer, die in der »Gipfellinie des Vorbildlichen und Führenden oder Führungsgeeigneten« zu finden seien. Ders., Therapeutische Differenzierung der Kriegsnervenkranken, S. 1261. Doch ist gleichzeitig im Blick zu behalten, dass Hellpach von 1915 bis zu seinem Übertritt ins Offizierslazarett Heidelberg im April 1916 auch ein Nervenlazarett für Mannschaftssoldaten in Sulzburg leitete und in seinen Memoiren schrieb, dass er die Zahl der Hysteriker allgemein als gering und die Neurasthenie als allgemein verbreitet einschätzte. Ders., Wirken in Wirren, S. 34–51, 72.

»[...] die kriegssoziale Schichtung deckt sich nicht mit der friedenssozialen. [...] Der kleine Mann in führender Stellung reagiert weniger leicht hysterieartig, eher nun auch neurasthenisch, und der Hochstehende, den die Einziehung zum Kriegsdienst tief hinuntergedrückt, verfällt damit gleichsam der hysteroiden »Atmosphäre« der Tiefenschicht, erkrankt nun leichter hysterieartig als vorher.«[166]

Hellpach führte als Beleg für seine These eine Statistik von jeweils 300 Offizieren und Mannschaftssoldaten an, die er während des Weltkriegs beobachten konnte und anhand derer er das Verhältnis zwischen Neurasthenie und Hysterie bestimmte. Er folgerte hieraus:

»[...] die Hälfte aller Kriegsnervenkranken entfällt auf die Neurasthenie, und zwar bei Mannschaften und Offizieren ziemlich gleichmäßig, etwas mehr bei den Offizieren, etwas weniger bei den Mannschaften. Dagegen gestalten sich vom Rest der Nervenkrankheiten bei den Mannschaften 29 %, bei den Offizieren nur 7 % zu Hysterien aus! Die ungeheure Differenz bleibt bei den Offizieren in unbestimmten psychopathischen Zuständen ohne manifeste Hysterisierung stecken, die jedenfalls in ihrem Habitus der Neurasthenie näher stehen als der Hysterie. Das Verhältnis von neurasthenischer zu hysterischer Felderkrankung stellt sich also für die Mannschaften auf abgerundet 2:1, für die Offiziere aber auf 8:1!«[167]

Die Ausführungen von Hellpach machen deutlich, dass seiner Einschätzung nach sowohl bei Mannschaftssoldaten als auch bei Offizieren Neurasthenie gegenüber der Hysterie überwog.[168] Der Unterschied bestand darin, dass bei Mannschaftssoldaten etwa doppelt so viele Fälle von Neurasthenie gegenüber Hysterie vorkamen, bei Offizieren die Hysterie hingegen nur ein Achtel der Neurasthenie-Fälle ausmachte. Der »Kriegssanitätsbericht über die Deutsche Marine« von 1934, der nicht zwischen Offizieren und Mannschaften unterscheidet, ist ein Beleg für seine These. Er führt insgesamt 2.278

---

166 Ders., Kriegsneurasthenie, S. 180.
167 Ebd., S. 180f. Unter 300 nervenkranken Mannschaftssoldaten waren 137 Neurastheniker und 87 Hysteriker, unter 300 nervenkranken Offizieren 159 Neurastheniker und 22 Hysteriker. »Die übrigen Fälle sind organisch Nervenkranke, Neuralgiker, Ischiadiker, konstitutionelle Psychopathen verschiedener Färbung, Epileptiker u. dgl.« Ebd., S. 180f. Die gleichen Zahlen führte er erneut auf in: Ders., Therapeutische Differenzierung der Kriegsnervenkranken, S. 1261. Vgl. hierzu auch die Referierung von Hellpachs Ergebnissen bei: Gaupp, Schrecknneurosen und Neurasthenie, S. 89; Birnbaum, Kriegsneurosen und-psychosen, Sechste Zusammenstellung von April bis Ende 1917, S. 17.
168 Damit decken sich die Aussagen mit Ergebnissen der neueren Forschung, die Krankenakten ausgewertet hat. Hier wurde deutlich, dass auch einfache Soldaten, die den mittleren und unteren sozialen Schichten entstammten, vielfach die Diagnose Neurasthenie oder nervöse Erschöpfung erhielten, sodass diese nicht als reine rang- und klassenspezifische Diagnose angesehen werden kann. Siehe hierzu Kap. I.3.a. Diagnosen.

Fälle von Hysterie, aber 5.296 Fälle von Neurasthenie an, die im Ersten Weltkrieg bei der Marine in ärztliche Behandlung kamen.[169] Während sich im Hinblick auf das Verhältnis zwischen Hysterie und Neurasthenie die starre diagnostische Aufteilung zwischen Offizieren und Mannschaftssoldaten im Weltkrieg auflöste, behielten die Psychiater diese Zweiteilung bei einer bestimmten Ausprägung der Hysterie aufrecht. Sie betonten, dass »grobe motorische Symptome« bei nicht konstitutionell vorbelasteten Offizieren fast gänzlich fehlten. Curschmann führte hierzu aus:

»Ich habe sowohl stationär, als auch als fachärztlicher Beirat stets beobachtet, dass naive grobe Äusserungen der Hysterie (Mutismus, schwere Tremor- und Ticformen, Kontrakturen usw.) bei Offizieren auch nach dem Erleben all der oft zitierten Granat- und Minenshocks ganz ausserordentlich selten sind. Eine Rundfrage an eine grössere Reihe von Kollegen mit ausgedehnter Offizierspraxis bestätigte das vollauf ohne Ausnahme. Auch zahlreiche Kollegen aus dem Feld äusserten sich in demselben Sinne. Wenn aber ausnahmsweise einmal ein Offizier erkrankt, handelt es sich stets um einen ausgesprochen degenerativ Belasteten.«[170]

Er stellte drei Fälle von Offizieren mit »nervöser Bewegungsstörung nach Trauma« vor, die alle eine nervöse Veranlagung gehabt hätten, und betonte, dass »auch in solchen Fällen [...] die Heilungstendenz der Offizierspatienten günstig, viel besser als diejenige der Durchschnittsmannschaft« gewesen sei.[171]

Als Grund für die geringere Anzahl »grober« hysterischer Reaktionen bei Offizieren nannte Curschmann ihre »seelische Grundhaltung«, die auf Erziehung, Pflichtbewusstsein, der Verantwortung als Führer und Vorbild für die Mannschaft und auf ihrem Standesbewusstsein beruhe und die eine immunisierende Wirkung entfalte. Hinzu komme, dass Offiziere sehr viel mehr zu verlieren hätten als einfache Mannschaftssoldaten. Er plädierte für den Begriff des Gesundheitsgewissens nach dem Neurologen und Psychiater Oskar Kohnstamm, wonach die Hysterie auf einem defekten Gesundheitsgewissen basiere.[172] Aus seinem Text geht hervor, dass Curschmann die »ethische Veranlagung« mit dem Gesundheitsgewissen gleichsetzte. Auch

---

169 Kriegssanitätsbericht über die Deutsche Marine 1914–1918, Bd. 2, S. 111f.; vgl. auch Wolz, Das lange Warten, S. 227.
170 Zitiert nach Friedländer, Achte Jahresversammlung der Gesellschaft Deutscher Nervenärzte in München, S. 179. In ähnlicher Form äußerte er sich in Curschmann, Zur Kriegsneurose bei Offizieren, S. 291.
171 Ebd.
172 Ebd., S. 293.

eine bestimmte psychische Beschaffenheit und der Bildungsgrad spiele hier eine Rolle.[173] Das Ergebnis von Curschmann, dass Offiziere besonders wenig diesen Symptomkomplex aufwiesen, wurde von Simons und Jolowicz bestätigt. Simons referierte, dass er bei Offizieren nie Taubheit oder Blindheit und selten psychogene Lähmungen und Kontrakturen gesehen habe.[174] Ernst Jolowicz kam zum Ergebnis, dass in seiner Untersuchungsauswahl Offiziere fast gar keine Neigung zu hysterischen Krampfanfällen zeigten.[175] Zudem hätten unter 20-jährige »Mannschaften einfacher Stände« besonders häufig an hysterischen Krampfanfällen gelitten. Jolowicz interpretierte diesen Befund dahingehend,

»[...] daß die hysterischen Krampfanfälle zu den primitivsten, direktesten Erscheinungsformen der Neurose gehören. Sie stellen den für einfache Menschen nächstliegendsten Ausweg bei der Flucht in die Neurose dar, sind ein Symptom, das den Zweck der Kriegsneurose, ein eindrucksvolles, unverkennbar krankhaftes Bild zu liefern, direkt und einfach erreicht.«[176]

Die Begriffe »primitiv« und »naiv« benutzten die Psychiater während des Ersten Weltkriegs in diesem Zusammenhang häufig.[177] Steinau-Steinrück sah den Grund dafür, dass die Offiziere diesen Symptomkomplex nicht aufweisen würden,

---

173 Achte Jahresversammlung, S. 179. Birnbaum referierte Curschmanns Erklärung für die Besonderheiten der Offiziere wie folgt: »Festlegung des Gesundheitsgewissens durch zumeist ethisch hochwertige Abwehrmomente, militärische Tradition, Pflicht- und Verantwortungsbewußtsein«. Birnbaum, Kriegsneurosen und -psychosen. Fünfte Zusammenstellung von Anfang August 1916 bis Ende März 1917, S. 225f.
174 Dagegen habe er häufig bei Offizieren Pseudoischias und Pseudolumbago festgestellt. Vgl. Birnbaum, der die Ergebnisse Simons referierte: Birnbaum, Kriegsneurosen und -psychosen. Fünfte Zusammenstellung von Anfang August 1916 bis Ende März 1917, S. 208.
175 Während insgesamt die Offiziere in seiner Auswertung 4,7 Prozent aller funktionellen Nervenerkrankungen ausmachten, verringerte sich der prozentuale Anteil der Offiziere unter den Patienten mit hysterischen Krämpfen auf 0,2 Prozent. Bei den Unteroffizieren sank ihr Anteil von 10,4 Prozent bei den funktionellen Nervenerkrankungen insgesamt auf 1,9 Prozent bei den hysterischen Krämpfen. Jolowicz, Statistik über 5455 organische und funktionelle Nervenerkrankungen, S. 156f.
176 Ebd., S. 158.
177 Vgl. zum Begriff »Primitivismus« Kaufmann, »Primitivismus«, S. 425–448; dies., Zur Genese der modernen Kulturwissenschaft, S. 41–53.

»in der feineren seelischen Differenziertheit des Gebildeten [...], die das Auftreten gröberer somatischer, auf naiveren Vorstellungsreihen beruhender Neurosen nicht gestattet.«[178]

Mathilde von Kemnitz[179], die leitende Ärztin des Genesungsheims Schöneck-Garmisch, in dem sie seit eineinhalb Jahren vor allem »nervenkranke« Offiziere »spezialärztlich« behandelte, zog 1917 in ihrem Artikel über »Funktionelle Erkrankungen infolge von Kriegsbeschädigung bei Offizieren« aus der Unauffälligkeit der Symptome allerdings einen anderen Schluss. Sie nahm in ihrem Beitrag auf den Münchner Kongress deutscher Nervenärzte von 1916 Bezug und schrieb, dass dort »hauptsächlich hysterische Entartungen der Mannschaft besprochen, diejenigen der Offiziere nur gestreift« worden seien. Der Grund habe darin gelegen, dass »diese Fälle seltener sind als bei den Mannschaften, außerdem aber gewöhnlich weniger groteske Formen annehmen.« Als Ursache nahm sie an, dass hier bisher vor allem die »moralischen Momente« aufgeführt worden seien:

»stärker entwickeltes Pflichtgefühl, bessere Disziplinierung des Willens durch bessere Erziehung, die, wie wir schon vor dem Kriege wußten, der hysterischen Ausartung hemmend entgegentreten.«[180]

Kemnitz gab hierzu zu bedenken, dass von einer Seltenheit der Kriegshysterie bei Offizieren keine Rede sein könne und

»[...] funktionelle Erkrankung bei Offizieren weit häufiger ist, als dies auf den ersten Blick scheint, und daß die Annahme ihrer Seltenheit nur entstehen konnte wegen der häufigen Unauffälligkeit der Symptome. Damit soll freilich nicht behauptet werden, daß der schon erwähnte Unterschied in der Häufigkeit der Erkrankungen überhaupt nicht vorhanden wäre, ebenso wird die auf dem Kongreß genannte Ursache zu Recht bestehen.«[181]

---

178 Steinau-Steinrück, Zur Kenntnis der Psychosen des Schützengrabens, S. 336. Vgl. daneben auch Kemnitz, Funktionelle Erkrankungen infolge von Kriegsbeschädigung bei Offizieren, S. 230.
179 Kemnitz hatte als Leiterin eines Offiziersgenesungsheims wie auch insgesamt im Bereich der Militärpsychiatrie eine absolute Ausnahmestellung. Siehe hierzu den Abschnitt »Geforderte Arztpersönlichkeit bei der Offiziersbehandlung« in Kap. III.3.b. Arzt-Patienten-Verhältnis.
180 Kemnitz, Funktionelle Erkrankungen infolge von Kriegsbeschädigung bei Offizieren, S. 230.
181 Ebd., S. 230; vgl. hierzu auch Birnbaum, Kriegsneurosen und -psychosen. Fünfte Zusammenstellung von Anfang August 1916 bis Ende März 1917, S. 208.

Doch werde bei Offizieren aufgrund der Symptome, die in hohem Maße neurasthenischen Beschwerden ähneln würden, Kriegshysterie in vielen Fällen zu Unrecht als Neurasthenie diagnostiziert. So hatte Kemnitz keinen Fall, der mit der Diagnose »Hysterie« in ihr Genesungsheim kam. Die Diagnose habe vielmehr meistens »Neurasthenie« oder »nervöse Erschöpfung« gelautet. Hinzu komme, dass kein Offizier hysterisch sein wolle. Dies lässt den Schluss zu, dass ihrer Meinung nach wohl auch aus Wohlwollen und Taktgefühl Offiziere nicht mit dieser Diagnose belegt worden seien.[182]

Als Beweis für ihre These, dass doch viele funktionelle Erkrankungen bei Offizieren vorkämen, führte sie an, dass die Beschreibung der Symptome durch den Patienten hier Aufschluss gebe und insbesondere »ex juvantibus« eine sichere Diagnose gestellt werden könne. Das heißt, wenn die Behandlungsmethoden für Hysterie zum Heilerfolg führten, handelte es sich ihrer Meinung nach um Hysterie. Als Beispiele führt sie an:

»Wenn z. B. diese Unfähigkeit, sich auf einen Lesestoff zu konzentrieren, durch Galvanisieren[183] des Rückens oder durch einige Leseübungen in der Sprechstunde rasch beseitigt wird, wenn das Schwindelgefühl im Kopf durch Feuchtpackung des Kopfes verschwindet, wenn man Stottern mit Elektrolyttabletten beheben kann, so ist damit der Beweis erbracht, daß psychogene Erkrankung vorlag.«[184]

Kemnitz sprach sich in ihrem Artikel dafür aus, dass bei Offizieren, die an Hysterie erkrankten, durchaus ein ausgeprägtes Pflichtgefühl vorhanden sei und es sich bei ihnen meist um von Hause aus gesunde Menschen handelte, bei denen ein gesunder Selbsterhaltungstrieb im Unbewussten funktionelle Symptome auslöste. Hingegen betonte sie, dass gerade bei vielen »Psychopathen« der Selbsterhaltungstrieb schwach ausgebildet sei, sodass die Ausbildung von Hysterie unter den Kriegseinwirkungen gerade für eine gesunde Persönlichkeit spreche. Die Entwicklung von Kriegshysterie habe nichts mit zu wenig ausgebildeten moralischen Eigenschaften zu tun. Entsprechend solle man sich auch vor moralischen Vorwürfen hüten.[185] Es liege ein deutlicher Unterschied zur Rentenhysterie vor. Die Offiziere hätten keine

---

182 Kemnitz, Funktionelle Erkrankungen infolge von Kriegsbeschädigung bei Offizieren, S. 230–233.
183 Elektrotherapie mit Gleichstrom.
184 Ebd., S. 232.
185 »Wenn wir nämlich die Entstehung der funktionellen Erkrankung zum Teil auf das Versagen moralischer Qualitäten (Pflichtgefühl usw.) zurückführen, liegt es nur zu nahe, bei der Therapie dem Patienten ›ins Gewissen zu reden‹, ihn an seine Pflicht dem Vaterland gegenüber zu erinnern. Damit wird aber in bestimmten Fällen eher geschadet als genutzt werden.« Ebd., S. 230.

Versorgungswünsche und zeigten oft Freude an der Genesung. Allerdings habe bei Offizieren das ausgeprägte Pflichtgefühl lediglich die Macht, die »Begehrungsvorstellung«, von der Front wegzukommen, nicht im Bewusstsein zu dulden, sei aber gegen diesen Wunsch im Unterbewusstsein machtlos.[186]

Indem Kemnitz die von ihr behandelten Offiziere vom Vorwurf der Drückebergerei und der krankhaften Veranlagung freizusprechen suchte und stattdessen das Pflichtbewusstsein und den »gesunden Selbsterhaltungstrieb« der Offiziere, der unbewusst wirken würde, hervorhob, lieferte sie einen Beitrag zur damaligen Hysterielehre.[187] Durchsetzen konnte sie sich mit ihrem Versuch, die Offiziershysterie aufzuwerten, nicht. Dies wird schon daran deutlich, dass Joachim von Steinau-Steinrück nach dem Krieg die Ergebnisse zu den Kriegsneurosen bei Offizieren zusammenfasste und hierfür den Sammelbegriff »Offiziersneurasthenie« verwendete.[188]

Auch Robert Gaupp wollte die mehr oder weniger bewusste Angst vor der Rückkehr an die Front durchaus nicht mit Drückebergerei und Simulation gleichsetzen. Er betonte in einer Veröffentlichung von 1915, dass es »Menschen genug (und es mögen dies im übrigen recht tüchtige und moralisch einwandfreie Menschen sein)« gebe, die an Hysterie erkrankten.[189] Anders als Kemnitz ging er allerdings davon aus, dass deren Nervensystem für die Strapazen und das Grauen des modernen Krieges nicht ausreiche und sich deshalb ihre erschöpfte Seele in die Krankheit flüchte. Er führte hier das Beispiel eines jungen Offiziers an, der in lautes Weinen und Jammern ausgebrochen sei, sobald man ihn vorsichtig auf die Wiederkehr seiner Dienstfähigkeit angesprochen habe und den nur die Erinnerung an den Anblick toter Soldaten habe am ganzen Körper zittern lassen.[190] Indem Gaupp hier den »Hysteriker« vom Vorwurf einer unehrenhaften Gesinnung ausnahm, war doch die Kehrseite seiner Betrachtungsweise, dass er diesen mit

---

186 Kemnitz schrieb Ebd., S. 230f.: »Der funktionell Erkrankte ist meist ehrlich entrüstet, wenn man ihm Timor belli zumutet, und ist sich des Wunsches krank zu sein, überhaupt nicht bewußt.«
187 Spilker, Geschlecht, Religion und völkischer Nationalismus, S. 141f., 145; Lerner, »Ein Sieg deutschen Willens«, 98; Kaufmann, Science as cultural practice, S. 137f.; Nolte, Gelebte Hysterie, S. 140; Kloocke/Schmiedebach/Priebe, Psychological Injury in the Two World Wars, S. 51f.
188 Steinau-Steinrück, Zur Kenntnis der Psychosen des Schützengrabens, S. 336.
189 Gaupp, Hysterie und Kriegsdienst, S. 362.
190 Ebd., S. 361ff. Seine Ergebnisse referierte Birnbaum, Kriegsneurosen und -psychosen. Zweite Zusammenstellung von Mitte März bis Mitte August 1915, S. 42f.

dem Stigma einer krankhaften, schwachen und ängstlichen Veranlagung versah, die ihn für den Kriegsdienst ungeeignet mache. Dies musste gerade für einen Offizier deutliche Konsequenzen haben, wenn das Militär die ärztliche Sichtweise übernahm.[191]

1918 setzte Karl Pönitz, Assistenzarzt der Universitäts-Nervenklinik Halle, wiederum einen anderen Akzent, als er sich gegen eine Betonung des moralischen Moments bei der Bewertung der Kriegsneurose stellte. Er argumentierte, dass es sich bei der Kriegshysterie um Zweckneurosen handele, um von der Front wegzukommen und stellte sich gegen die Auffassung, dass hysterische Symptome bei Offizieren ein Argument gegen eine Zweckneurose seien, sondern plädierte für die Aufgabe moralischer Denkverbote.[192]

Der Diskurs über »psychopathische« Offiziere

Abschließend sei im Hinblick auf die Diagnosen bei Offizieren, die in der psychiatrischen Zeitschriftenliteratur diskutiert wurden, noch der Blick auf die Psychopathie gerichtet, die wie die Hysterie mit einem sozialen und moralischen Stigma verbunden war. Bei dieser Diagnose ist zu betonen, dass damals die Bezeichnung »Psychopath« nicht wie heute eine schwere

---

191 In ähnlicher Weise schrieb Gaupp 1918 allgemein zu den Kriegsneurosen: »Die Neurosen und Psychosen des Krieges sind also in ihrer übergrossen Mehrheit Reaktionen unzulänglicher Veranlagung auf die enormen Anforderungen des Krieges; sie sind häufig eine ungewollte, häufiger eine im Innersten ersehnte Flucht der verängstigten, den Krieg innerlich ablehnenden Psyche in die dienstbefreiende Krankheit.« Gaupp, Über die Neurosen und Psychosen des Kriegs, S. 494. Vgl. hierzu auch Michl, »Invaliden der Tapferkeit«, S. 319. Siehe zur Beurteilung Gaupps »hysterischer« Offiziere den Abschnitt »Stigmatisierende Diagnosen: Hysterie und Psychopathie« in Kap. III.2.b. Psychiatrische Praxis: Diagnosen in den Krankenbüchern.

192 »[...] wenn manche, wie ich weiss, sich gegen diese Auffassung sträuben, weil sie [...] ein moralisierendes Moment in dieser Betrachtungsweise finden und weil sie sich beispielsweise dagegen sträuben, bei einem dekorierten Offizier, der drei Jahre lang unentwegt gefahrvollen Frontdienst getan hat, im vierten Kriegsjahre hinter einer Abasie [psychisch bedingten Gangstörung, G.G.] einen, sei es auch für den Kranken unbewussten, ›Zweck‹ suchen zu wollen, so gehen sie meiner Ansicht nach von einer durchaus falschen Weltanschauung aus. Sie wollen sich nämlich nicht eingestehen, dass auch der beste Mensch Gedanken und Wünsche hat, die er selbst nicht auszusprechen wagt, die er für unrecht hält, deren er sich schämt. [...] Es ist durchaus nicht unwahrscheinlich, [...] dass jemand drei Jahre lang, sei es aus Pflichtbewusstsein, sei es aus Rücksicht auf seine soziale Stellung, voll seine Pflicht getan hat, dass dann Motive, die an und für sich gar nichts Unsoziales und Unehrenhaftes an sich zu haben brauchen (Sorgen und Sehnsucht des Familienvaters!) lebendiger werden und auf Seele und Körper zu wirken beginnen.« Pönitz, Die Zweckreaktion, S. 805f.

Persönlichkeitsstörung mit einem weitgehenden oder vollständigen Mangel an Einfühlungsvermögen, sozialer Verantwortung und Gewissen bedeutete. Vielmehr verstanden die Nervenärzte hierunter eine pathologische Veranlagung, die die Gesamtperson, ihr soziales Verhalten, ihr Denken und Fühlen betraf. Dabei bedeutete Psychopathie im zeitgenössischen Fachjargon zumeist, dass das psychische Leiden eine konstitutionelle Grundlage hatte, indem eine pathologische Veranlagung vorlag, welche die Leistungsfähigkeit und Belastbarkeit der Psyche schmälerte.[193] Der Nervenarzt Ludwig Scholz definierte »Psychopathen« als »Halbkranke« im Vergleich zu den »Geisteskranken«, die daher vom Arzt schwer erkannt werden würden. Das gelte besonders für den »Typus der Reizbaren und Triebhaften mit ihrer Empfindlichkeit, Haltlosigkeit und ihrer Neigung, sich Augenblicksimpulsen hinzugeben.«[194] Dass die Diagnose »Psychopathie« sehr viel offener war als die Diagnose »Hysterie«, zeigt auch die Bemerkung Hellpachs zu den Unterschieden von Mannschaftssoldaten und Offizieren, dass viel mehr Offiziere als Mannschaftssoldaten »in unbestimmten psychopathischen Zuständen ohne manifeste Hysterisierung stecken« blieben.[195]

In den publizierten psychiatrischen Fallgeschichten von Offizieren, denen für ihr psychisches Leiden eine Veranlagung attestiert wurde, war im Ersten Weltkrieg die Diagnose Psychopathie mit Attributen wie »minderwertig« und »degenerativ« kein Tabu[196] – wobei die Psychiater mit dieser

---

193 Zum Beispiel entwickelte Max Rohde die folgende Definition des ›konstitutionellen Psychopathen‹ im Gegensatz zum ›konstitutionellen Gesunden‹: »Der Unterschied zwischen beiden Kategorien ist der, daß der konstitutionelle Psychopath chronisch, ständig erschöpft ist und daher auch die Ängstlichkeit als Ausfluß einer chronischen Erschöpfung nie ganz verliert, am wenigsten im Krieg, der dem von jeher nicht volleistungsfähigen Organismus immer neue Erschöpfungen gibt, die ganz anders sich entfalten können, wie beim Gesunden [...].« Rohde, Neurologische Betrachtungen eines Truppenarztes im Felde, S. 403. Der konstitutionell Gesunde hingegen werde bei Erschöpfung auch Symptome der Ängstlichkeit zeigen, die sich aber in kurzer Zeit der Ruhe wieder geben würden, – hier spricht er an anderer Stelle von »erworbener psychopathischer Konstitution« (Ebd., S. 408.) – wie sich auch der konstitutionell Gesunde insgesamt wieder rasch völlig erholen würde. Ebd., S. 404. Vgl. zur »Psychopathie« auch die ideengeschichtliche Studie von Thomas Boetsch, »Psychopathie« und antisoziale Persönlichkeitsstörung.
194 Scholz, Das Seelenleben des Soldaten an der Front, S. 219f.
195 Hellpach, Kriegsneurasthenie, S. 180f.
196 Siehe zum Ende des 19. Jahrhunderts von Julius Ludwig August Koch geprägten Begriff »Psychopathische Minderwertigkeit« Koch, Die psychopathischen Minderwertigkeiten. Daneben Riedesser/Verderber, »Maschinengewehre hinter der Front«, S. 213.

Wortwahl die Gleichheit zwischen Arzt und betroffenem Offizier ausdrücklich verweigerten.[197]

Ein Beispiel für die entsprechende Wortwahl ist die Fallbeschreibung eines ›psychopathischen‹ Offiziers durch den Stabsarzt Max Rohde, der 1915 über seine Erfahrungen als Feldarzt publizierte:

»Als einen der typischsten Fälle dieser Art, wo neben all diesen Komponenten eine sehr weitgehende degenerative Komponente hinzutrat, führe ich folgenden Fall an: Fall 6. Etwa 25jähriger Offizier. Von jeher ausgesprochen psychopathisch veranlagt. Bekam leicht roten Kopf, litt von jeher unter Herzklopfen, sehr pflichttreu, dabei nicht übermäßig begabt. Seine Tätigkeit im Frieden füllte er gut aus, hat sich aber schon damit gequält. Bei den Anforderungen des Krieges, in dem er einen wichtigen Posten versah, wurde er allmählich, wie er selbst sagt, immer unfähiger. [Er] ging unter meinen Augen geistig zurück, so daß ich schleunigst dafür sorgte, daß er in die Heimat geschickt wurde.«[198]

Zusammenfassend betonte er,

»daß hier ein nicht ganz vollwertiges Gehirn schon tangiert wurde, dessen Nichtvollwertigkeit durch Energie noch eine Zeit verdeckt werden konnte, bis die Erschöpfung das Maß von Energie brachlegte.«[199]

Interessant sind auch die Ausführungen Joachim von Steinau-Steinrücks, der 1919 in einem Artikel als Beispiel für einen »erregbaren Psychopathen« den Fall eines Leutnants vorstellte:

»Es handelt sich um einen erregbaren Psychopathen, der wohl nie ganz im seelischen Gleichgewicht gewesen ist und im Kriege wiederholt an Reizbarkeit, Schlaflosigkeit, Angstzuständen und Zwangsvorstellungen litt, zu denen sich schließlich ängstliche Illusionen und psychogene Quaddelbildungen gesellten, so daß er nach eineinhalbjährigem Frontleben dienstunfähig wurde.«[200]

---

197 Vgl. allgemein zur sozialen Herstellung von Ungleichheit durch die Diagnose Brink, Grenzen der Anstalt, S. 184.
198 Rohde, Neurologische Betrachtungen eines Truppenarztes im Felde, S. 386.
199 Ebd. Auch für sog. konstitutionell Gesunde führte Rohde Offiziersbeispiele auf, die er im ersten Fall mit den Worten »20jähriger Offizier. In keiner Weise Psychopath«, beim zweiten Fall mit der Formulierung »So kenne ich einen schneidigen, in keiner Weise nervösen Offizier [...].« einführte. Ebd., S. 404. Vgl. hierzu auch Birnbaum, Kriegsneurosen und -psychosen. Dritte Zusammenstellung von Mitte August 1915 bis Ende Januar 1916, S. 336.
200 Über die Quaddeln schrieb er: »Die rein psychogene Urticaria dürfte als Kriegsneurose ziemlich vereinzelt dastehen. Wenigstens sind mir keine derartigen Beobachtungen bekannt geworden. Einen ihr zugrunde liegenden seelischen Mechanismus aufzudecken, ist

Danach folgerte er:

»Im übrigen ist der Fall bezeichnend für die Art und Weise, in der psychopathische Offiziere auf den Frontdienst reagieren. Keine grob hystero-somatischen Erscheinungen, keine Anfälle, kein Zittern, sondern ein neurasthenischer Symptomenkomplex, bei dem im Vordergrunde die Schlaflosigkeit und der quälende Widerstreit zwischen dem Ehrgefühl und den als moralische Schlappheit empfundenen Angst- und Erregungszuständen steht.«[201]

Trotz der Diagnose Psychopathie schloss sich Steinau-Steinrück bei den Offizieren also an die für alle Offiziere aufgestellte Lehrmeinung an, dass Offiziere neurasthenische und keine »groben« hysterischen Symptome aufweisen würden. Auch der letzte Punkt ist aussagekräftig. Die Angst- und Erregungszustände würden von den betroffenen Offizieren als »moralische Schlappheit« gedeutet, da sie nicht mit dem Ehrgefühl der Offiziere in Übereinstimmung zu bringen seien. Auch Steinau-Steinrück sah hier einen »quälenden Widerstreit«.

Die »konstitutionell Depressiven« fielen im zeitgenössischen Verständnis auch unter die »konstitutionellen Psychopathen«. Gustav Aschaffenburg schrieb im »Handbuch der Ärztlichen Erfahrungen im Weltkriege 1914/1918«, dass in dieser Gruppe gerade »gebildete und kultivierte Menschen« zu finden seien und sich hier »die psychopathischen Züge nicht so sehr nach außen geltend machen, daß vielmehr die Leidenden im wesentlichen nur die Kranken selbst sind.«[202] Bei den Offizieren, die in diese Gruppe fielen und während des Krieges nicht in Lazarettbehandlung kamen, war er der Meinung, dass für die meisten dieser Gruppe der Grund in ihrem stark entwickelten Pflichtgefühl lag.[203]

---

mir nicht gelungen.« Steinau-Steinrück, Zur Kenntnis der Psychosen des Schützengrabens, S. 335.
201 Ebd., S. 335f.
202 Aschaffenburg, Die konstitutionellen Psychopathen, S. 125.
203 Er schrieb bewundernd: »Und doch ist es den meisten gelungen, unauffällig zu bleiben. Das stark entwickelte Pflichtgefühl half ihnen trotz aller Bedenken und Hemmungen zur Pflichterfüllung. Allerdings hat auch diese Hilfe ihre Grenze. Je höher die Dienststellung, um so quälender der Zweifel an der Richtigkeit der getroffenen Anordnungen, um so unerträglicher das Gewicht der Verantwortung, das ewige Nachgrübeln. Jedes verunglückte Unternehmen mußte zur Quelle der schwersten Selbstvorwürfe werden. Wieviel Heldenmut dazu gehört, unter solchen Verhältnissen an der Spitze eines Truppenteils zu verharren, können wir nur vermuten, nicht bemessen [...].« Ebd., S. 125. Trotz der Anerkennung für die Offiziere, die funktionierten, hob er zugleich die Schwäche dieser Offiziere hervor und damit auch die Gefahr, dass sie irgendwann den Belastungen des Krieges nicht mehr standhielten. Bonhoeffer schrieb 1915, dass die konstitutionell depressive

Der Blick auf die Psychopathie-Diagnose bei Offizieren zeigt, dass hier die Attribute »minderwertig«, »degenerativ« und »psychopathisch« vorrangig als medizinische Kategorien gebraucht wurden, ohne dass die Ärzte damit der Person von vornherein die Kompetenz absprachen, als Offizier zu genügen. Auch diesen Offizieren attestierten sie Bildung, Ehr- und Pflichtgefühl. Hier existiert ein klarer Unterschied zur Sicht der Psychiater auf Mannschaftssoldaten. Der Großteil der deutschen Militärpsychiater sah Soldaten mit einer »psychopathischen Konstitution« nicht als geeignet für den aktiven Militärdienst an und schlug vor, diese aus dem Militär in ihre zivilen Vorkriegsberufe zu entlassen, um nicht ein Heer von Rentenempfängern heranzuzüchten,[204] wobei sicherlich auch eine Rolle spielte, dass Mannschaftssoldaten leichter zu ersetzen waren. Dass viele dieser Psychiater trotz entsprechender Urteile aber immer noch ein Schlupfloch für andere Interpretationen ließen, zeigt zum Beispiel die Wortwahl von Gaupp, der 1915 schrieb, »daß hysterische und psychopathische Menschen meist (nicht immer!) minderwertige Soldaten sind«.[205]

Allerdings findet sich bei den Psychiatern auch in Bezug auf die Offiziere das Plädoyer, in Zukunft der Konstitution der Offiziere bei der Rekrutierung um ihres persönlichen Wohls willen und aus militärischen Effizienzgründen mehr Beachtung zu schenken.[206] In die gleiche Richtung zielte die Kritik vieler Psychiater nach dem Krieg, dass psychisch erkrankte Offiziere zum Schaden der Truppe oft die Krankmeldung herausgezögert hätten oder zu spät von ihren Vorgesetzten dazu angehalten worden seien. Zukünftig seien die Militärärzte stärker in der Pflicht, Offiziere, die ihre Führer- und Vorbildfunktion nicht mehr erfüllen und die Moral der Truppe nachhaltig beschädigen konnten, rasch krankzumelden.[207]

Mit Blick auf die Offiziere ist hier zu betonen, dass gerade durch den Aufschwung, den der junge Zweig der Massenpsychologie im Ersten Weltkrieg nahm, die Ärzte bei erkrankten Offizieren auch militärische Effizienz-

---

Veranlagung besonders unter den Offizieren mit der Steigerung der Verantwortlichkeit an der Front stärkere depressive Reaktionen hervorbrachte. Referiert bei Birnbaum, Kriegsneurosen und -psychosen. Zweite Zusammenstellung von Mitte März bis Mitte August 1915, S. 60f.
204 Vgl. die Belege bei Linden/Jones, German Battle Casualties, S. 628f.
205 Gaupp, Hysterie und Kriegsdienst, S. 361f. Seine Ergebnisse referierte Birnbaum, Kriegsneurosen und -psychosen. Zweite Zusammenstellung von Mitte März bis Mitte August 1915, S. 42f.
206 Rohde, Neurologische Betrachtungen eines Truppenarztes im Felde, S. 414.
207 Vgl. z.B. Gaupp, Schreckneurosen und Neurasthenie, S. 90f.

Aspekte im Blick hatten.[208] Hier wirkte sich aus, dass die massenhaften Fälle von Kriegsneurosen nicht nur als therapeutisches Problem für die Militärmedizin betrachtet wurden, sondern von militärischer und staatlicher Seite der Arbeit der Nervenärzte auch eine zentrale Bedeutung im Bemühen zugewiesen wurde, die Kampfkraft und Disziplin von Truppen und »Heimatfront« aufrechtzuerhalten. Dies beeinflusste ihre ärztlichen Urteile.[209] Ferner kam zum Tragen, dass sich bereits in der Friedenszeit neben dem Nervenarzt, der einzelne Patienten behandelte und ihr Individualwohl im Auge hatte, ein weiterer Arzttyp etabliert hatte, der sich der »Volksgesundheit« verpflichtet fühlte.[210] Entsprechend leicht nahmen viele psychiatrische Experten nun die Rolle an, mit ihrem Wirken auch die nationale Kampfkraft anzuheben.

Insgesamt ist auffällig, dass im psychiatrischen Diskurs über die Ursachen der Kriegsneurose ein Narrativ dominierte, welches die moralische Überlegenheit der Offiziere gegenüber den Mannschaftssoldaten herausstellte. Das zeigt sich zum einen darin, dass die Ärzte zwar das Auftreten der gleichen Krankheitssymptome bei Offizieren und Mannschaften wahrnahmen, aber meist lediglich in Fallgeschichten behandelten. Zum anderen nahmen die Ärzte mitunter die strukturellen Umstände wahr, die die Offiziere vor dem Auftreten von Krankheitssymptomen wie auch vor deren Chronifizierung schützte. Hierbei wurde hervorgehoben, dass die Offiziere über

---

208 Siehe hierzu Kap. II.3.b. Die Prüfung der psychischen Belastbarkeit der Offiziersanwärter.
209 Die Überzeugung von der Bedeutsamkeit der psychiatrischen Erkenntnisse für Verlauf und Ausgang des Krieges behielten viele Psychiater auch nach der Niederlage bei. So bedauerte Hellpach in seinen Erinnerungen, dass seine Studie zur Kriegsneurasthenie erst nach der Niederlage 1919 zum Abdruck gelangt sei: »Der deutsche Niederbruch von 1918 hat wahrhaftig mit den paar Zitterern und Schüttlern nichts zu schaffen; aber er ist weitgehend vorbereitet worden in der nervösen Zermürbung breiter Volksmassen, auch soldatischer, die sich seit etwa 1916/17 in wachsendem Maße als eine wahre Volksneurose ausbreitete. Als der zweite Weltkrieg ausbrach, 1939, erachtete ich es für angezeigt, meine monographische Darstellung der Kriegsneurasthenie von 1918 hervorzuholen und leitende Stellen auf die Probleme aufmerksam zu machen, die diesmal eine frühere Beachtung verdienten, als sie ihnen leider im vorigen Weltkrieg zuteil geworden war.« Hellpach, Wirken in Wirren, S. 72. In den Kriegsjahren waren die psychiatrischen Anstalten stark vernachlässigt worden. Zur Psychiatrie in der Heimat während des Ersten Weltkrieges siehe Faulstich, Hungersterben in der Psychiatrie, S. 25–67. Vgl. zus. Neuner, Politik und Psychiatrie, S. 55.
210 Siehe hierzu die einführenden Bemerkungen zur Professionalisierung der Psychiatrie in der zweiten Hälfte des 19. Jahrhunderts in Kap. I.2. Psychische Voraussetzungen für die Offizierslaufbahn.

ein verständnisvolles soziales Umfeld verfügten, welches Mannschaftssoldaten nicht zur Verfügung stand. Über das Kasino und andere Geselligkeitsformen im Offizierskorps fanden sie unter Kameraden von gleicher Bildung und Anschauungsweise leicht näheren Anschluss und hatten beim Auftreten von gravierenden Konflikten die Möglichkeit, sich zu einem anderen Kommando versetzen zu lassen.[211] Beides prägte aber nicht die Gesamturteile, sondern dort wurde die sogenannte ideelle Überlegenheit der Offiziere gegenüber den Mannschaftssoldaten betont.[212] Die Wirkmächtigkeit der moralischen Haltung für den Umgang mit psychischen Leiden stellten die Ärzte auch bei Offizieren, die von Geisteskrankheiten betroffen waren, heraus. So präsentierte Nonne den Fall eines schizophrenen Offiziers, der nach einjährigem Anstaltsaufenthalt wieder als Offizier ins Heer eintrat, die Kriegsbelastungen unbeschadet bewältigte und sich sogar auszeichnete.[213]

Hier spielte sicherlich eine Rolle, dass auch die Ärzte zum Großteil den Offiziersrang und, ähnlich wie die Offiziere, eine hohe Verantwortung innehatten, zugleich wie diese über größere Handlungsspielräume und Freiräume als die einfachen Mannschaftssoldaten verfügten. Durch das Herausstellen der moralischen Überlegenheit der Offiziere wurde auch ihre eigene moralische Überlegenheit ersichtlich.

Eine letzte Besonderheit im Diskurs über die Diagnosen, die an psychisch versehrte Offiziere vergeben wurden, ist die Kritik daran, dass Ärzte Offizieren häufiger als Mannschaftssoldaten ein organisches statt ein psychogenes Leiden aus sozialen Gründen attestierten.[214] Diese Fehldiagnostizierung bewirkte nach Ansicht der Mediziner, dass sie bei Offizierspatienten, denen ärztliche Kollegen erklärt hätten, dass ein organisches Leiden hinter

---

211 Vgl. Heinrich Wietfeldt, der am Beginn seiner Studie (1936 erschienen) schrieb, er habe deren Grundideen schon 1919 entwickelt. Wietfeldt, »Kriegsneurosen« als psychisch-soziale Mangelkrankheit.
212 Vgl. hierzu wiederum die Kritik bei Wietfeldt, der die psychische Isolierung und affektive Verarmung der Mannschaftssoldaten als Hauptgrund für die Kriegsneurose bei Mannschaftssoldaten ansah und betonte, dass beides bei Offizieren aufgrund ihres anderen sozialen Umfelds nicht gegeben sei. Ebd.
213 Siehe hierzu Birnbaum, Kriegsneurosen und -psychosen. Erste Zusammenstellung vom Kriegsbeginn bis Mitte März 1915, S. 358.
214 So schrieb z.B. Nonne von einem entsprechenden Offizier: »es handelte sich um eine hartnäckige »Jackson-Epilepsie« nach Gasvergiftung, die 1 ½ Jahre bestanden hatte. Sichere somatische Symptome waren nicht zu finden; der Fall hatte bisher als »organisch« gegolten, war mit allen üblichen Mitteln bisher behandelt worden; eine Operation hatte er abgelehnt; die Anfälle traten nach einer Hypnose nicht mehr auf.« Nonne, Über erfolgreiche Suggestivbehandlung, S. 201.

ihrer Krankheit stehe, in der Therapie oft nicht weiterkämen. Hatte sich bei Offizierspatienten die Vorstellung eines organischen Leidens in den Köpfen festgesetzt, sei die Behandlung dieser Offiziere deutlich erschwert und ihre Heilungschancen seien deutlich gesunken.[215] Zusätzlich führten in diesem Zusammenhang Robert Gaupp und Eugen Bleuler an, dass die Ärzte bei Offizieren die sogenannten organischen Leiden oft mit einer unrichtigen Alkoholtherapie behandelt hätten, die den Offizieren zusätzlich geschadet und mitunter Alkoholpsychosen ausgelöst habe.[216]

b. Psychiatrische Praxis: Diagnosen in den Krankenakten

Ursachenanalyse in den Krankenakten

Blickt man nun in einem zweiten Schritt auf die Diagnosen in den Krankenakten psychisch versehrter Offiziere, so sei – wie bei den Ausführungen über den Diskurs in der psychiatrischen Zeitschriftenliteratur – zuerst der Blick darauf gerichtet, welche Ursachen die Ärzte in den Krankenakten für die psychischen Leiden der Offiziere feststellten. Im nächsten Schritt werden dann die einzelnen Diagnosen analysiert.

Ein wichtiges Ergebnis der neueren Forschungen, die Kranken- und Rentenakten von Mannschaftssoldaten auswerteten, ist, dass in der Ärzteschaft im psychiatrischen Lazarett- und Begutachtungsalltag die Lehrformel von 1916, wonach nicht die Kriegserlebnisse, sondern vorrangig eine minderwertige Anlage des betreffenden Soldaten die Krankheit ausgelöst habe, bis in die Nachkriegszeit und sogar bis zum Ende der Weimarer Republik[217] keine allgemeine Verbreitung und Akzeptanz fand. So wurden in einzelnen Lazaretten und bei der Gewährung von Renten häufig durchaus noch die Kriegseinwirkungen für die psychischen Beschwerden im Ersten Weltkrieg und in der Weimarer Republik anerkannt. Dies galt insbesondere für die Militärärzte in den Feldlazaretten, welche die Schlussfolgerungen der Kriegs-

---

215 Kemnitz, Funktionelle Erkrankungen infolge von Kriegsbeschädigung bei Offizieren, S. 232f. Siehe daneben die Fallanalyse bei Krisch, Die spezielle Behandlung der hysterischen Erscheinungen, S. 258.
216 Gaupp, Schreckneurosen und Neurasthenie, S. 99; Bleuler, Das Autistisch-Undisziplinierte Denken in der Medizin und seine Überwindung, S. 31.
217 Siehe hierzu Kap. V.2.b. Die Stellung psychisch versehrter Offiziere im Versorgungssystem und die Pensions- und Rentenverfahren in der Weimarer Republik.

tagung von 1916 zum großen Teil nicht aufnahmen, sondern den Krieg für die psychischen Beschwerden der Soldaten verantwortlich machten. Die frontnahen Lazarettärzte verfügten bei der Diagnostik über große Handlungsspielräume und urteilten pragmatisch. Bei der Diagnosevergabe standen für sie die spezifische individuelle Lage der Soldatenpatienten und die Therapie, die sie für passend hielten, im Vordergrund.[218] Aber auch für einige Heimatlazarette wurde mittlerweile dieser Befund nachgewiesen.[219]

Die Auswertung der Kranken- und Rentenakten von Mannschaftssoldaten widerlegte damit die These, dass der Krieg als Ursache psychischer Leiden vorrangig bei Offizieren akzeptiert wurde.[220] Vielmehr erkannte man auch bei einfachen Soldaten oft trotz der Diagnose Hysterie einen Kausalzusammenhang zwischen Kriegsgeschehnissen und psychischer Krankheit an.[221]

Die Analyse der Krankenakten psychisch versehrter Offiziere und der Vergleich mit den Forschungsergebnissen zu den Krankenakten psychisch versehrter Mannschaftssoldaten zeigt aber auch, dass die Psychiater im Allgemeinen diesen Kausalzusammenhang bei Offizieren freigiebiger als bei Mannschaftssoldaten konstatierten. Neben konkreten Kriegsereignissen, die auf den Körper einwirkten, insbesondere Granatenexplosionen in nächster Nähe, Verschüttungen u. a., sahen die Ärzte bei Offizieren auch die stetige Belastung und externe Ereignisse, von denen der Offizier nicht körperlich betroffen war, wie den Tod der eigenen Mannschaften, als Ursache für psychische Leiden an. Die Ärzte schätzten hier das Verantwortungsgefühl und den Paternalismus der Offiziere so hoch ein, dass sie entsprechende Geschehnisse als Ursache für seelische Erkrankungen anerkannten.

Einen detaillierten Einblick in die dahinterstehende Denkweise gewähren die nach dessen Tod veröffentlichten Aufzeichnungen des an der Ostfront gefallenen Truppenarztes Ludwig Scholz. Er beobachtete mehr Offiziere als Mannschaftssoldaten, die im Krieg an »Nervosität« litten, und begründete dies mit der Herkunft der Offiziere aus gehobenen

---

218 Vgl. zur Behandlungspraxis in den Feldlazaretten insbes. Prüll, The Exhausted Nation, S. 32f.; Peckl, What the Patient Records Reveal, 154–159; dies., Krank durch die »seelischen Einwirkungen des Feldzuges«?, S. 76: Rauh, Victory for the »Most Enduring« Hearts, S. 165f., 180.
219 Vgl. zur Behandlungspraxis in Heimatlazaretten Hermes, Krankheit: Krieg, S. 334f.; Fangerau, Ein Sanatorium im Kriegszustand S. 147–161; siehe zur Gewährung von Renten insbes. Neuner, Psychiatrie und Politik, 2011.
220 Hermes, Krankheit: Krieg, S. 403.
221 Ebd., S. 334f.

Gesellschaftsschichten, die eine höhere Veranlagung zur Nervosität hätten, und mit erhöhtem Alkohol- und Nikotingenuss, was auch schon in der Vorkriegszeit für nervöse Leiden bei Offizieren in hohem Maße verantwortlich gemacht wurde. Als dritten und wichtigsten Punkt führte er die erhöhten »seelischen Anstrengungen« an,[222] die er im Folgenden näher charakterisierte:

»Der Offizier hat mit mehr Widrigkeiten zu kämpfen – Aerger, Eifersüchteleien, getäuschten Erwartungen, gekränktem Stolz –, Dinge, die den Gemeinen auch nicht verschonen, ihm aber seltener das Leben verbittern. Vor allem trägt er ein höheres Maß an Verantwortung mit sich herum. Hängt doch von seiner Umsicht und Entschlossenheit unter Umständen sehr viel, ja alles ab, – Sieg oder Niederlage, Leben, Gesundheit und Freiheit von Hunderten und Tausenden. Dazu bleibt ihm, wenigstens dem Offizier niederen Ranges, die Kriegsgefahr, die persönliche Teilnahme am Kampf mit ihren Aengsten und Erregungen nicht erspart, ja gerade er ist es, der mit gutem Beispiel vorangehn, beim Sturmangriff als erster vorspringen muß usw.«[223]

---

[222] »Namentlich unter den Mannschaften gibt es sehr wenige Nervöse, unter den Offizieren schon mehr. Denn erstens stammen die Mannschaften in der Regel aus Kreisen, die ›keine Nerven haben‹, zweitens vertilgen sie weniger Alkohol und Tabak, weil sie sich so viel nicht verschaffen können, und drittens machen sie zwar durchschnittlich mehr körperliche Anstrengungen durch als die Offiziere, aber nicht so viel seelische, und die eben sind es, die den Nerven am meisten zusetzen«. Scholz, Das Seelenleben des Soldaten an der Front, S. 221.

[223] Ebd., S. 221 f. Scholz machte einen deutlichen Unterschied zwischen der psychischen Belastung von niederen Offizieren, die direkt an der Front dienten, und jener von höheren Offizieren: »Mir ist die Aufgabe eines Kompagnieführers im Gefecht immer als die schwerste erschienen. Wohl liegt auf den Stabsoffizieren, von den Höchstkommandierenden ganz zu schweigen, ein noch schwererer Pack von Verantwortung – was ist eine Kompagnie gegen eine Division! –, indes zwei wesentliche Vorteile haben sie voraus. Erstens sitzen sie weit vom Schuß, machen den Kampf von ihrem Quartier oder vom bombensicheren Unterstand aus mit und brauchen um ihr Leben wenig oder gar nicht zu bangen. [...] Dazu das zweite: sie sehen die Schlacht nicht mit eigenen Augen, mindestens nicht in ihren grauenhaften Einzelheiten, sehen nicht die Bedrängnis ihrer (vielleicht gar unnötig oder falsch eingesetzten!) Soldaten, sehen keine klaffenden Wunden und brechenden Augen. Aber unmittelbar dabei zu sein und zu erleben, wie auch nur ein einziger Mensch hilflos und in Qualen endet – womöglich ein treuer Kamerad (und der Kompagnieführer kennt doch all seine Leute persönlich!) –, macht einen ganz anderen Eindruck, als hinterher zu hören, in dem Gefecht von so und so sind hundert oder zweihundert oder tausend gefallen. Denn wo die Sinne unbeteiligt sind und die Gewalt der Anschaulichkeit fehlt, da trägt sich die Verantwortung ein gutes Stück leichter, da hat man auch, wenn das Gewissen sich meldet, rascher eine Entschuldigung zur Hand. Der subjektive Druck der Verantwortung wächst nicht mit ihrer – objektiv gemessenen – Größe. Wie fühle ich mich jedesmal erleichtert, wenn der letzte Verwundete aus einem gefährdeten Verbandplatz nach rückwärts geschafft worden ist, mag auch die Gefahr für meine Person dieselbe bleiben!« Ebd.

Scholz fuhr fort:

»Es ist also kein Wunder, daß Truppenoffiziere – sagen wir: bis zum Kompagnie- oder Bataillonsführer aufwärts – eher an den Rand ihrer Kräfte gelangen als die Mannschaften und andrerseits als die höheren Kommandeure. Die Bankrotterklärung der Nerven tritt hauptsächlich in zwei Formen zutage, – in der körperlich-geistigen Erschöpfung (Neurasthenie) und in der Hysterie.«[224]

Hier ist auffällig, dass Scholz nicht nur die Neurasthenie, sondern auch die Hysterie direkt mit der nervlichen Belastung aufgrund der Kriegsereignisse und Erschöpfungserscheinungen in Zusammenhang brachte und er auch die Ausprägung von Hysterie bei Truppenoffizieren als verbreitetes Phänomen darstellte.

Bei Mannschaftssoldaten gestanden die Ärzte hingegen vorrangig konkreten Kriegsereignissen, denen unmittelbar die Körper der Mannschaftssoldaten ausgesetzt waren, einen Einfluss auf ihre seelische Gesundheit zu.[225] Hier zeigt sich eine Gleichsetzung der Kriegsneurose mit der Unfallneurose, einem Konzept, das schon vor dem Krieg existierte.[226]

In den Krankenakten ist im Einzelnen eine große Varianz erkennbar, wie die Ärzte die Ursache psychischer Leiden von Offizieren bewerteten. Die beträchtliche Spannbreite zeigen die Krankenblätter des Leutnants der Reserve Paul K., dessen Körper konkreten Kriegsereignissen ausgesetzt war, aber bei dem die Bedeutung dieser körperlichen Erschütterung je nach Lazarett unterschiedlich eingeschätzt wurde. Am 26. September 1915 meldete sich Paul K., der an der Westfront in Frankreich stationiert war, beim Divisionsstab als dienstunfähig. Er wurde nach einer Untersuchung des Stabsarztes am 27. September in das Reservelazarett Olery geschickt. Danach wurde er am 2. Oktober 1915 von Olery in das Offiziers-Lazarett Montmédy überwiesen. Von dort überführte man ihn am Folgetag »zur Erholung und wegen Platzmangel« in das Offiziers-Genesungsheim Joeuf. Hier blieb er

---

Hier mag für seine klare Wertung eine nicht unbedeutende Rolle gespielt haben, dass Scholz seine eigene Kriegsbelastung mit jener des Kompanieführers parallelisierte. Doch war gleichzeitig diese Argumentation, dass die unteren und mittleren Truppenführer besonders belastet waren, im Ersten Weltkrieg unter den Psychiatern stark verbreitet.
224 Ebd., S. 222f.
225 Mit dieser Einschätzung hing auch zusammen, dass zum Beispiel die Bremer Ärzte im St. Jürgen-Asyl bei Zivilpersonen tendenziell davon ausgingen, dass die seelische Erkrankung nicht durch den Krieg verursacht sei, sondern durch die pathologische Konstitution des Betroffenen. Hermes, Krankheit: Krieg, S. 461.
226 Siehe zur Parallelsetzung von traumatischen Kriegs- und Unfallerlebnissen vor 1914 Kap. I.3.a. Die psychische Belastung durch Militärdienst und Kriegsdienst.

sechs Wochen bis zum 16. November 1915, worauf er als »frontdienstfähig« zur Truppe entlassen wurde.

Sowohl in Montmédy als auch in Joeuf lautete die Diagnose gleichbleibend »Nervenerschöpfung«. Je nach Lazarett wurden dennoch unterschiedliche Schwerpunkte in Bezug auf die Ursachen der Erkrankung gelegt. In dem Krankenblatt, das im Offizier-Lazarett Montmédy aufgenommen wurde, ist hierzu zu lesen:

»1.10.1915: Pat. sei immer gesund gewesen früher. Am 25.9.15 sei ihm infolge einer Granate ein Balken auf den Kopf gefallen. Einen Tag darauf habe er sich erbrechen müssen und habe Brechreiz. Er habe seitdem Kopfschmerzen. Am 26 auf 27 sei er mit den Nerven zusammengebrochen, das sich im Zittern am ganzen Körper und Weinkrämpfen äußerte, Mattigkeit am ganzen Körper.«[227]

Hier wurden die psychischen Symptome in direkten Zusammenhang mit dem Unfall gebracht.

Die Krankengeschichte aus Joeuf fällt sehr viel ausführlicher aus, was sicherlich mit der längeren Aufenthaltsdauer zusammenhing. Sie beginnt mit einem ersten längeren Eintrag des dortigen Stabsarztes Koschel vom 5. Oktober 1915, in dem dieser die Vorgeschichte und den Aufnahmebefund skizzierte. Bei dieser Beschreibung wurde anders als im Krankenblatt von Montmedy nicht der Unfall, sondern die »große frz. Offensive« allgemein als der Auslöser der psychischen Leiden angeführt. Die Offensive habe in Leutnant Paul K. starke Angst und Unruhe erzeugt. Hierdurch sei die Grenze seiner Belastungsfähigkeit überschritten worden. Der Schock des Unfalls habe dann die Symptome deutlich verstärkt. Den eigentlichen nervlichen Zusammenbruch erlebte der Leutnant nach dieser Interpretation, als er am nächsten Tag erneut an die Front ging und ihn dort Angst und Verzweiflung übermannten. Für sein nervliches Versagen spielte sein Offiziersstatus eine entscheidende Rolle, da er »nicht imstande« gewesen sei, »seine Leute zu führen«.[228] Er konnte also seiner Offiziersrolle als militärischer Führer nicht mehr nachkommen.[229]

Neben der Tendenz, dass die Psychiater freigiebiger als bei Mannschaftssoldaten einen Kausalzusammenhang zwischen den Kriegserlebnissen und dem psychischen Leiden konstatierten, war eine Eigentümlichkeit der Ärzte,

---

227 BA-MA Pers 9, 4.7.1892 KU-U, Krankenakte von Paul K., Offizier-Lazarett Montmédy, 1915.
228 Ebd., Offizier-Genesungsheim Joeuf, 1915.
229 Siehe hierzu Kap. IV.1.b. Kriegserlebnisse, psychische Symptome und Verhalten bei der Erkrankung.

wenn sie Offiziere diagnostizierten, dass sie, auch wenn sie eine pathologische Konstitution feststellten, sehr viel bereitwilliger trotzdem den Krieg als Ursache für die deutliche Verschlimmerung des Leidens anerkannten, was den rechtlichen Regelungen entsprechend den Status der Kriegsdienstbeschädigung begründete. Hier reichte neben der Entstehung auch die Verschlimmerung eines Leidens für die Anerkennung aus.[230] Gerade bei einer Veranlagung zum psychischen Leiden wurde immer wieder argumentiert, dass eine solche Konstitution durch äußere Faktoren stark beeinflussbar sei.[231] Insgesamt zeigt sich eine starke Tendenz, ein Urteil im Sinne des Offiziers zu fällen. Hingegen wurde bei Mannschaftssoldaten festgestellt, dass obwohl eine entsprechende Prüfung gesetzlich vorgesehen war, gerade in diesen Fällen häufig Misstrauen die Beziehung zwischen Arzt und Patienten prägte.[232]

Hinzu kommt, dass in einigen Kranken- und Versorgungsakten von Offizieren trotz der Diagnose Hysterie keine angeborene Veranlagung als entscheidend angesehen wurde und stattdessen ein Kausalzusammenhang zwischen Kriegsgeschehnissen und psychischer Krankheit angenommen wurde.[233] Das heißt, dass die psychiatrische Fachdebatte um Hysterie als endogene Krankheit bei Offizieren nicht von allen Ärzten übernommen wurde.[234]

Mitunter wurden allerdings auch bei Offizieren die Kriegserlebnisse von den Ärzten nicht als Krankheitsursache gesehen, was aber nur eine deutliche Minderheit der Fälle betraf. Dass dies sogar geschehen konnte, wenn ein solcher Zusammenhang dauernd vom Patienten konstatiert wurde, zeigt das Beispiel des Leutnants Julius M., der nach mehreren Lazarettaufenthalten am 30. April 1915 wegen »Geisteskrankheit (Hysterie? Dementia præcox?)« ins Reservelazarett der Tübinger Universitätsnervenklinik eingeliefert wur-

---

230 Diese rechtliche Regelung blieb auch in der Weimarer Republik erhalten. Vgl. hierzu Kap. V.2.b. Die Stellung psychisch versehrter Offiziere im Versorgungssystem und die Pensions- und Rentenverfahren in der Weimarer Republik.
231 Anhaltspunkte für die militärärztliche Beurteilung der Frage der Dienstbeschädigung, S. 295f.
232 Michl/Plamper, Soldatische Angst im Ersten Weltkrieg, S. 221; Quinkert/Rauh/Winkler, Einleitung, S. 11f.; Lerner, An Economy of Memory, S. 175f.
233 Siehe die Fälle, in denen Offizieren bereits im Krieg für die Diagnose »Hysterie« eine Kriegsdienstbeschädigung anerkannt wurde, in BArch, R 3901/Nr. 10239, Nachprüfung gemäß Artikel 2 des Fünften Gesetzes über das Verfahren in Versorgungssachen vom 3.7.1934, Offiziere einschl. Hinterbliebene, Einzelfälle, Juni 1936 - Juni 1937.
234 Hermes, Krankheit: Krieg, S. 334f.

de.[235] Der Leutnant blieb dort zwei Wochen lang vom 30. April 1915 bis zum 15. Mai 1915 stationiert und wurde von dort ungeheilt in die staatliche Heilanstalt Rottenmünster überführt.

Auffällig ist, dass aus der Krankenakte hervorgeht, dass Julius M. dauernd von der Front halluzinierte, dass aber die Ärzte sich nicht erkundigten oder zumindest nicht vermerkten, welche Kriegserlebnisse der Leutnant gehabt hatte und kein Zusammenhang zwischen den Kriegsereignissen und der Krankheitsursache hergestellt wurde. Zwar wurden in der Akte Sätze von ihm wörtlich wiedergegeben, die zeigen, dass er sich ständig mit dem Krieg beschäftigte. Doch wurde dies lediglich als Ausdruck des deliranten Zustands des Patienten vermerkt, ohne dass die Inhalte ärztlicherseits in irgendeiner Weise analysiert wurden. Zum Beispiel wurde am 1. Mai 1915 das Gespräch protokolliert, welches der Arzt mit dem Patienten zu führen versuchte, in dem er sich nach seinem Namen und Zivilberuf erkundigte, ihn fragte, ob er wisse, wo er sei, und in dem er auch danach fragte, warum der Leutnant so »ungeberdig« sei. Als dieser daraufhin entgegnete, »Ich habe zum Major gesagt, meine Kompagnie macht das schon richtig.«, hieß es hierzu lediglich: »Eine eingehendere Unterhaltung mit ihm ist unmöglich. Patient schweift stets sofort ab, deliriert ständig von Ereignissen aus dem Feld, sieht Franzosen unter dem Sofa und am Fester stehen usw.«[236]

Wahrscheinlich spielte dafür, dass die Ärzte dem Zusammenhang zwischen den Kriegserlebnissen und den Krankheitssymptomen nicht nachgingen, eine Rolle, dass neben Hysterie auch auf die Diagnose Dementia praecox getippt wurde, deren Krankheitsverlauf nach damaliger Lehrmeinung unabhängig von äußeren Einflüssen verlief.[237]

---

235 UAT 669/27109 Krankenakte des Leutnants Julius M. Zuvor war er im Kriegslazarett in Vauziers und im Reservelazarett Reutlingen gewesen, nachdem er am 30. Januar 1915 wegen der Verwundung durch einen Granatsplitter ins Lazarett gekommen war. Die Diagnose in Reutlingen hatte »Granatsplitter rechte Brustseite, Lungenschuss, Neurasthenie« gelautet. Der 1895 in Bremerhaven geborene Leutnant war am 1. Oktober 1913 als Einjährig Freiwilliger in die Armee getreten und im bürgerlichen Beruf Bankbeamter. Er diente vor seiner Verwundung im Infanterie-Regiment Nr. 68 und führte dort die 11. Kompanie.
236 Ebd.
237 Der Begriff der Dementia praecox (»vorzeitige Demenz«) wurde durch den Psychiater Emil Kraepelin im 19. Jahrhundert geprägt. Dementia praecox umfasste alle psychischen Erkrankungen, die sich frühzeitig manifestierten und in ihrem Endzustand durch dementielle Symptome auffielen. Erkrankungen begannen im Regelfall in der Adoleszenz oder im frühen Erwachsenenalter und gingen mit zunehmendem psychischem Verfall einher. In einer Einteilung, die Eugen Bleuler 1911 einführte, geht der Begriff bereits weitgehend

Die einzelnen Diagnosen in den Krankenakten

Blickt man nun in einem zweiten Schritt auf die einzelnen Diagnosen, die für psychisch versehrte Offiziere in den Krankenakten der ausgewählten Genesungsheime und Lazarette aufgestellt wurden, fällt die große Bandbreite an Diagnosen auf. Neben Hysterie und Neurasthenie wurde Nervosität, Nervenschwäche, nervöse Erschöpfung, Nervenschock, Schreckneurose o. a. diagnostiziert. Hinzu kam, dass sich auch bei den Offizieren die Diagnosen der Ärzte nicht nur am militärischen Rang orientierten – etwa so, dass für die gleichen Symptome die Krankheit bei einfachen Soldaten Hysterie, bei Offizieren aber Neurasthenie genannt worden wäre. Eine entsprechend eindeutige Diagnosevergabe nach sozialem Rang war während des Ersten Weltkriegs im Aufnahmebuch des britischen Kriegskrankenhauses für Offiziere Craiglockhart in Schottland üblich, wo fast als einzige Diagnose »Neurasthenie« vermerkt wurde,[238] während die hier ausgewählten Krankenbücher eine Vielzahl an Diagnosen bieten.[239]

Im Krieg begann die in der Vorkriegszeit bestehende starre Zuteilung der Diagnosen auf die militärischen Ränge aufzuweichen, wie bereits für den psychiatrischen Diskurs festgestellt wurde. Damit setzte im Militär eine Entwicklung ein, die sich in der zivilen Gesellschaft schon seit der Jahrhundertwende zeigte.[240]

Für die Auffächerung der Diagnosen spielte eine große Rolle, dass die inflationäre Verwendung der Diagnose Neurasthenie für alle möglichen Symptome zu Beginn des Jahrhunderts zu einem wachsenden Unbehagen in

---

in dem neu definierten Krankheitsbild der Schizophrenie auf. Kraepelin, Psychiatrie, S. 668.

238 Hohenthal, Wissenschaft im Krieg? Anders als im Aufnahmebuch findet sich in den Krankenakten von Craiglockhart unter den 1.736 Patienten, die von Oktober 1916 bis März 1919 hier behandelt wurden, bei 64% die Diagnose Neurasthenie, daneben Shell Shock, Nervous collapse oder eine reine Symptombeschreibung. Dies., Psychologen in der Kriegspsychiatrie, S. 277.

239 So waren zum Beispiel im Krankenbuch des lothringischen Offiziersgenesungsheims Joeuf auf S. 139 die folgenden psychischen Diagnosen verzeichnet: »Hysterie«, »Nervöse Erschöpfung«, »Psychopathie«, »Psychopathie (Gasvergiftung)« und »nervöse Beschwerden nach Gehirnerschütterung«. KBL 39441 Krankenbuch des Offiziersgenesungsheims Joeuf der 5. Armee, S. 139.

240 Seit 1900 wurde die Neurasthenie zunehmend in allen sozialen Schichten und Milieus diagnostiziert und war nicht mehr nur auf Angehörige der Ober- und Mittelschicht beschränkt, wenngleich weiterhin unterschiedliche Häufigkeitstendenzen fortbestanden. Vgl. zur Zeit vor 1914 Kap. I.3.b. Die Moderne als Ursache psychischen Leidens: Neurasthenie und Degenerationsvorstellungen.

der Ärzteschaft und dem Wunsch geführt hatte, klare und unterscheidbare Kriterien zu definieren.[241] Gleichzeitig muss betont werden, dass auch die Definitionen dieser differenzierteren Diagnosen uneinheitlich waren.[242] Ein zeitgenössisches Klassifikationsschema zur Erfassung der im Ersten Weltkrieg auftretenden psychischen Störungen fehlt.[243] Für die qualitative und quantitative Auswertung der Diagnosen ist daher eine Umwandlung der Einträge in den Krankenakten und -büchern in die zeitgenössisch »richtigen« Diagnosen unmöglich. Der alternative Versuch, anhand der historischen Diagnosen aktuelle Diagnosekategorien zu bestimmen, wäre ahistorisch und irreführend.[244] Stattdessen gilt es, den am häufigsten vorkommenden Diagnoseeinteilungen in den Quellen zu folgen.[245]

Hierbei muss im Blick behalten werden, dass die zeitgenössischen Diagnosen trotz der Auffächerung der Begriffe mit deutlichen Unsicherheiten behaftet waren. Während des Ersten Weltkriegs herrschte in der Ärzteschaft durchaus kein Konsens, wie einzelne Diagnosen zu definieren seien. Ernst Jolowicz, Leiter des Korpsnervenlazaretts Posen, der 1919 eine statistische Auswertung der von ihm behandelten Patienten veröffentlichte, verhielt sich aufgrund dieser unterschiedlichen Diagnostizierungen sehr zurückhaltend, was eine Klassifizierung seiner Befunde in verschiedene Diagnosen anging, und erklärte dies wie folgt:

»Von der differenzierten Auswertung der funktionellen Diagnosen habe ich Abstand genommen. Die Diagnosen Neurasthenie und Hysterie, Kriegsneurose, Zitterneurose usw. sind nicht präzise genug, um als Grundlage für eine Berechnung von Wert zu sein. Insbesondere dürfte in der ersten Kriegszeit und von Nichtspezialisten, von denen die Diagnosen zum Teil stammen, eine feinere Differenzierung der Psychoneurosen nicht getroffen worden sein. Aber auch unter Fachärzten ist eine Verständigung nach dieser Richtung heute noch kaum möglich.«[246]

---

241 Hofer, Nervenschwäche und Krieg, S. 180f.
242 Peckl, What the Patient Records Reveal, S. 140–147; Hofer, Was waren ›Kriegsneurosen‹?, S. 309–321.
243 Peckl, Krank durch die »seelischen Einwirkungen des Feldzuges«?, S. 53. Vgl. allgemein zur Klassifikation psychischer Störungen Dörries, Der Würzburger Schlüssel, S. 205.
244 Vgl. zur Problematik retrospektiver Diagnosen auch die Ausführungen in der Einleitung.
245 Vgl. hierzu auch Peckl, Krank durch die »seelischen Einwirkungen des Feldzuges«?, S. 56.
246 Jolowicz, Statistik über 5455 organische und funktionelle Nervenerkrankungen, S. 155f.
Jolowicz ging aus Sorge vor Fehldiagnosen so weit, dass er sich bei seiner statistischen Auswertung der Diagnosen von funktionellen Nervenerkrankungen im Kriege in seinem Korpsnervenlazarett Posen nur auf die hysterischen Krampfanfälle bezog. Diese sei die einzige Diagnose, die ihm in den Krankenunterlagen genügend abgegrenzt sei. Ebd., S. 156.

Die vorgenommene Auswertung der Krankenbücher und Patientenakten bestätigt diesen Befund. Sie ergab, dass in verschiedenen Lazaretten der gleiche Patient oft unterschiedliche Diagnosen erhielt.[247] Ein Beispiel sind die Diagnosen des Leutnants Max K. Dieser war zur Behandlung seiner psychischen Leiden 1917 in vier Lazaretten und erhielt dabei vier unterschiedliche Diagnosen: im Militär-Genesungsheim Tannenhof die Diagnose »Melancholie«, im Vereinslazarett Oberode-Hedemünden »Psychopathie (endogene Nervosität)«, im Reservelazarett Freudenstadt »Neurasthenie« und im Reservelazarett der Universitätsnervenklinik Tübingen »Psychopathie«.[248]

Zudem unterschieden sich bei den verschiedenen Diagnosen die Symptome oft nur graduell[249] und viele Ärzte stellten Mischformen im Symptombild fest.[250] Auch Cay-Rüdiger Prüll weist darauf hin, dass sich bei den Soldaten des Ersten Weltkriegs die Symptome verschiedener psychischer Krankheiten häufig überschnitten[251] und Philipp Rauh schließt für die Neurasthenie aus seiner Lazarettaktenauswertung, dass das Gros der Ärzte diese Diagnose als diagnostischen Sammelbegriff für nicht genau zu klassifizierende Erschöpfungssymptome verwendete, worunter nicht nur psychische, sondern auch physische Symptome fielen.[252]

Aufgrund der zeitgenössischen Streitigkeiten über Diagnosen, Umdiagnostizierungen und Mischdiagnosen wurde entschieden, nur eine sehr breitmaschige Gruppenbildung bei der Aufteilung der Diagnosen vorzunehmen. Dabei bieten für eine Bündelung der Diagnosen neben den Krankenbüchern und -blättern zwei zeitgenössische Schriften eine Orientierung: Der »Sanitätsbericht über das Deutsche Heer im Weltkriege 1914/1918« von 1934 und die 1922 erschienene Aufstellung »Anhaltspunkte für die militärärztliche

---

247 Vgl. hierzu auch Hofer, Was waren ›Kriegsneurosen‹?, S. 309–321.
248 UAT 669/29275 Krankenblatt Leutnant Max K. Auch für Österreich-Ungarn zeigt sich dieses Phänomen. Zum Beispiel wurde ein 28-jähriger österreichischer Offizier 1914/15 in drei verschiedenen Krankenhäusern behandelt und verließ jedes mit einer anderen Diagnose (Neurasthenie in Budweis im Oktober 1914, Traumatische Neurose im Reservespital Nr. 2 in Wien im August 1915, Hysterie am Rosenhügel im September 1915). Insgesamt erhielten über 60 % der Patienten (Offiziere und Mannschaftssoldaten) neue Diagnosen, wenn sie in die Nervenheilanstalt am Rosenhügel kamen. Bandke, Zwischen Finden und Erfinden, S. 311f.
249 Peckl, What the Patient Records Reveal, S. 140–147; Hofer, Was waren ›Kriegsneurosen‹?, S. 309–321; vgl. zur ähnlichen Situation in England Jones/Wessely, Shell Shock to PTSD, S. 19.
250 Oppenheim, Der Krieg und die traumatischen Neurosen, S. 16.
251 Prüll, The Exhausted Nation, S. 32f.
252 Rauh, Zwischen fachärztlichem Diskurs und therapeutischem Alltag, S. 254.

Beurteilung der Frage der Dienstbeschädigung oder Kriegsdienstbeschädigung bei den häufigsten psychischen und nervösen Erkrankungen der Heeresangehörigen«, die aufgrund von Beratungen des Wissenschaftlichen Senats der Kaiser-Wilhelm-Akademie zusammengestellt wurde.[253]
Dabei ist festzustellen, dass bei weitem nicht alle dort aufgeführten psychischen Krankheiten psychische Versehrungen waren. Sowohl der Heeressanitätsbericht von 1934 als auch die 1922 erschienene Aufstellung zeigen, dass unter »Erkrankungen des Nervengebietes« bzw. unter die »häufigsten psychischen und nervösen Erkrankungen der Heeresangehörigen« auch sehr viele Leiden gefasst wurden, die nach Einschätzung der Ärzte nicht unter die Kriegsneurose fielen. So wurden im Heeressanitätsbericht zum Beispiel auch Epilepsie,[254] Dementia praecox oder Schwachsinn aufgeführt,[255] wenngleich es hieß, dass »insbesondere Neurasthenie, Hysterie und ähnliche Leiden« den größten Anteil bei den Nervenkrankheiten der Soldaten im Ersten Weltkrieg ausgemacht hätten.[256] In der Aufstellung von 1922 ging nur einer von neun Abschnitten auf die Kriegsneurosen ein. Abschnitt I bis VIII bildeten hingegen die Diagnosen Jugendirresein, Manisch-depressive Erkrankungen, Epilepsie, Progressive Paralyse, Tabes dorsalis, Lues cerebrospinalis, hirntraumatisch bedingte psychische Störungen und sonstige organische Erkrankungen des Gehirns und Rückenmarks. Den letzten Punkt formierte dann der Abschnitt »IX. Psychopathische Konstitution. Debilität. Functionelle Neurosen«. Diese Begriffskombination wurde gewählt, um – wie es hieß – die »sog. Kriegsneurosen«[257] oder »die anscheinend durch den Krieg verursachten neurotischen und psychopathischen

---

[253] Anhaltspunkte für die militärärztliche Beurteilung der Frage der Dienstbeschädigung, S. 289–297. Siehe zu dieser Schrift auch die Ausführungen in Kap. II.2. b. Die Stellung psychisch versehrter Offiziere im Versorgungssystem und die Pensions- und Rentenverfahren in der Weimarer Republik.
[254] In einem Obergutachten über die Frage der Kriegsdienstbeschädigung bei Epilepsie aus dem Jahr 1926, in dem der Zusammenhang von Kriegseinwirkungen und dem Verlauf der Epilepsie verneint wurde, heißt es zum damaligen Verständnis der Epilepsie: »Viele Epileptiker bieten neben den zeitweiligen Krampfanfällen dauernd seelische Abweichungen dar und zwar zweierlei Art: 1. Einen allmählich sich einstellenden und sich verstärkenden Verfall der Verstandesleistungen. Am ehesten fällt Rückgang des Gedächtnisses auf. 2. Charakterveränderungen.« Entscheidungen des Reichsversorgungsgericht Bd. 5, 1926, S. 290–303, hier S. 294.
[255] Sanitätsbericht über das Deutsche Heer im Weltkriege, Bd. 3, S. 145–148.
[256] Ebd., S. 147.
[257] Anhaltspunkte für die militärärztliche Beurteilung der Frage der Dienstbeschädigung, S. 296.

Störungen«[258] zu beschreiben, welche »in der großen Mehrzahl der Fälle auf dem Boden einer vorher bestehenden psychopathischen Konstitution erwachsen.«[259]

Für die hier vorgenommene Gruppenbildung bei den Diagnosen war daneben von Bedeutung, dass die eigenen Ergebnisse mit jenen von Petra Peckl und Philipp Rauh vergleichbar sein sollten, die eine Stichprobe von 993 Lazarettakten auswerteten. Unter diesen waren knapp 500 den Nervenkrankheiten zuzuordnen,[260] und unter diesen wiederum 352 Fälle, die zeitgenössisch unter den Begriff der »Kriegsneurose« fielen.[261]

Peckl unterscheidet fünf Kategorien in ihrem Untersuchungssample der »Kriegsneurotiker«: Hysterie,[262] Neurasthenie (einschließlich nervöse Erschöpfung),[263] Nervosität (einschließlich funktionelle Störungen innerer Organe),[264] Schock[265] und Neurose.[266] Die häufigsten Nennungen waren Hysterie mit 39% und Neurasthenie mit 36%. Mit deutlichem Abstand folgten die Diagnosen »Nervöse« mit 10%, Schock mit 9% und Neurose mit 6,5%.[267]

Da bei den Offizieren Nervöse Erschöpfung und Neurasthenie in den meisten Lazaretten den Großteil der Fälle ausmachten, ist es sinnvoll, anders

---

258 Ebd., S. 295f.
259 Allerdings sprach das Dokument damit »Kriegsneurotikern« nicht generell einen Anspruch auf Versorgung wegen Kriegsdienstbeschädigung ab, da die »psychopathische Konstitution« durch äußere Einflüsse stark beeinflussbar sei. Ebd., S. 295f.
260 Die restlichen Fälle entfielen auf 335 Soldaten mit Erschöpfungskrankheiten und 158 Fälle mit einem psychosomatischen Symptomkomplex. Prüll/Rauh, Militär und medikale Kultur in Deutschland, S. 15.
261 Peckl, Krank durch die »seelischen Einwirkungen des Feldzuges«?, S. 58.
262 Hierunter fasste sie Diagnosen wie »Hysterie, Zittern und Stottern«; »Hysterisches Muskelzucken«; »Hysterische Lähmung der re. Hand infolge Gewehrschusses«. Peckl, Krank durch die »seelischen Einwirkungen des Feldzuges«?, S. 54.
263 Hierunter fasste sie Diagnosen wie »Leichte Nervenschwäche«, »Erhebliche Neurasthenie«, »nervöse Erschöpfung (insgesamt 28. Mon. Frontdienst)[!]«. Peckl, Krank durch die »seelischen Einwirkungen des Feldzuges«?, S. 54.
264 Hierunter fasste sie Diagnosen wie »Nervöse Schwerhörigkeit links«, »Gasvergiftung, allgemeine nervöse Symptome deutlich ausgeprägt«, »nervöse Schlaflosigkeit«, »nervöses Blasen- und Mastdarmleiden«, »Nervöser Darmkatarrh«, »nerv. Blasenbeschwerden, häufiges Wasserlassen«, »funktionelle Blasenstörung«. Peckl, Krank durch die »seelischen Einwirkungen des Feldzuges«?, S. 54f.
265 »Granatschock«, »Shellshock«.
266 Hierunter fasste sie »Kriegsneurose«, »Zitterneurose«, »Schüttelneurose«. Peckl, Krank durch die »seelischen Einwirkungen des Feldzuges«?, S. 54.
267 Ebd., S. 59.

als Peckl hier nochmal zu differenzieren. Aus all den angeführten Kriterien ergibt sich die folgende Einteilung:

1 Neurasthenie (Nervenschwäche)
2 Nervöse Erschöpfung
3 Nervosität (nervöse Beschwerden)
4 nervöse bzw. funktionelle Störungen innerer Organe (funktionelle Magen-, Verdauungs- oder Herzstörungen)
5 Neurose (Schreckneurose)
6 Schock (nervöse Erschütterung)
7 Hysterie [268]
8 Psychopathie [269]
9 Neuropathie [270]
10 Depression (Verstimmung)
11 Manie, Irresein, Psychose
12 Sucht (Alkoholismus, Morphinismus)
13 körperlich bedingte psychische Krankheiten [271]
14 Neuralgie
15 Epilepsie
16 zur Beobachtung auf Geisteszustand [272]

Bei der Angabe mehrerer Diagnosen wurde die Entscheidung getroffen, die erstgenannte Diagnose bzw. die unterstrichene Diagnose für die Einordnung als entscheidend anzusehen.

---

268 Auch als Codierung genommen, wenn das Wort in Kombination vorkam, z.B. bei Hystero-Neurasthenie oder Neurasthenie mit hysterischen Erscheinungen.
269 Auch als Codierung genommen, wenn das Wort in Kombination z.B. mit Neurasthenie oder Nervöser Erschöpfung vorkam.
270 Auch als Codierung genommen, wenn das Wort in Kombination z.B. mit Neurasthenie oder Nervöser Erschöpfung vorkam. Die Krankheitsklassifikation Neuropathie bezeichnete zeitgenössisch eine nervöse Konstitution, eine Übersensibilisierung des Nervensystems, die sich in psychisch und somatisch nervösen Symptomen ausdrucken konnte. Nach Ansicht der Ärzte beinhaltete sie oft eine erhöhte Disposition zu organischen Nervenkrankheiten. Curtius, Konstitution, S. 282.
271 z.B. Progressive Paralyse, Tabes dorsalis, Lues cerebrospinalis, hirntraumatisch bedingte psychische Störungen und sonstige organische Erkrankungen des Gehirns und Rückenmarks.
272 Jolowicz schrieb, dass im Großteil der Fälle der Geisteskrankheiten die Diagnose »z.B. auf Geisteszustand« lautete. Nach seiner Einschätzung standen hinter dieser Diagnose »meist funktionelle Erregungszustände, sog. Pseudodemenzen, pathologische Rauschzustände, psychasthenische Depressionen und ähnliches«. Jolowicz, Statistik über 5455 organische und funktionelle Nervenerkrankungen, S. 146.

Grafik 1: Verteilung der Diagnosen bei psychisch versehrten Offizieren während des Ersten Weltkriegs in den Lazaretten der Untersuchungsauswahl in %

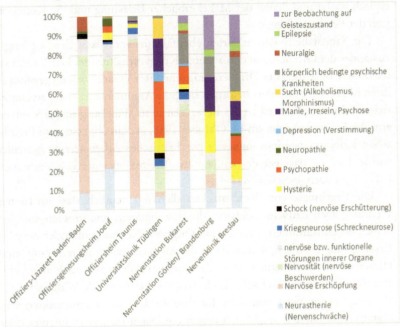

Grafik 1 macht deutlich, dass sich bei den Offizieren eine ganze Bandbreite an Diagnosen findet. Damit entspricht das Ergebnis jenem von Peckl, die für die Zeit des Ersten Weltkriegs auch eine große Vielfalt bei den Diagnosen für Mannschaftssoldaten feststellte. Ein weiterer wichtiger Befund ist, dass auch mit einem Stigma belastete Diagnosen wie Hysterie und Psychopathie bei Offizieren vergeben wurden. Schließlich sticht ins Auge, dass Offiziere, die in den Nervenstationen behandelt wurden, im Allgemeinen schwerere psychische Leiden hatten als jene in den Offizierslazaretten und -genesungsheimen.

Neurasthenische Erschöpfungskrankheiten

Daneben zeigt die Auswertung aber auch, dass gerade bei den für Offiziere reservierten Einrichtungen neurasthenische Erschöpfungsdiagnosen bei diesen deutlich überwogen. In diese Gruppe gehörten nervöse Erschöpfung, Neurasthenie bzw. Nervenschwäche, Nervosität und nervöse Störungen innerer Organe wie nervöse Herz- oder Darmstörungen. Dies waren die Beschwerden, die gemäß dem militärpsychiatrischen Fachdiskurs für Offiziere typisch waren und denen der Makel erblicher Belastung und die Konnotation der Feigheit fehlte.

Die Sanitätsbehörden erklärten ebenfalls die »nervösen Erschöpfungszustände« der Offiziere mit den äußeren Kriegsverhältnissen. Der Grund sei die höhere Belastung der Offiziere aufgrund ihrer Verantwortung gegenüber ihren Männern. Besonders betonten sie diese Argumentation bei Sanitätsoffizieren. In einem Schreiben des Reservelazaretts Würzburg an das Sanitätsamt des II. Armeekorps am 14. Oktober 1918, in dem über ein vom Preußischen Kriegsministerium initiiertes psychiatrisches Arbeitstreffen berichtet wurde, hieß es, dass gerade bei Sanitätsoffizieren »der nervöse Verbrauch [...] absolut nachgewiesen« sei.[273]

Die Ergebnisse von Peckl machen allerdings deutlich, dass im Ersten Weltkrieg auch einfache Soldaten, die den mittleren und unteren sozialen Schichten entstammten, vielfach die Diagnose Neurasthenie oder nervöse Erschöpfung erhielten, sodass diese damals nicht mehr als rein rang- und klassenspezifische Diagnose angesehen werden kann, was ja auch im psychiatrischen Diskurs in den Fachzeitschriften konstatiert wurde. Während Peckl allerdings einen Wert von 46% für ihre Analyse der Krankenakten von Mannschaftssoldaten angibt, bei denen die Diagnose »Neurasthenie« oder »Nervosität« lautete,[274] erhielten insbesondere in den für Offiziere reservierten Einrichtungen, wo die meisten Offiziere untergebracht waren, um die 90% der Offiziere diese Diagnosen.

Am häufigsten wurden diese Diagnosen im Offiziersheim Taunus im Falkenstein vergeben (91%). Auffällig ist, dass hier allein die Diagnose »Nervöse Erschöpfung« (83%) mit Abstand am häufigsten vergeben wurde. Die Neurasthenie-Diagnose erhielten hingegen nur 6%, die Diagnose Nervosität lediglich 2%. Am zweithäufigsten bekamen im Offizierslazarett Baden-Baden psychisch versehrte Offiziere Diagnosen neurasthenischer Erschöpfungskrankheiten (88%). »Nervöse Erschöpfung« war auch hier die verbreitetste Diagnose, die an knapp die Hälfte der Offiziere vergeben wurde. Dem folgte die Diagnose »Nervosität«. Die Diagnose »Neurasthenie« oder

---

273 Bay HStA Abt. IV KA Stv. GenKdo. II. AK., SanA. 14/1, Schreiben des Reservelazaretts Würzburg an das Sanitätsamt des II. A.K. am 14. Oktober 1918 betreffs des Berichts über die vom Preußischen Kriegsministerium einberufene Versammlung der Neurotikerärzte; vgl. auch Neuner, Politik und Psychiatrie, S. 58.
274 Peckl, Krank durch die »seelischen Einwirkungen des Feldzuges«?, S. 59.

»Nervenschwäche« hatten hingegen nur knapp 9% der eingelieferten Offiziere. Genauso viele Offiziere hatten hier Diagnosen, dass nervöse bzw. funktionelle Störungen innerer Organe vorlägen, vor allem nervöse Verdauungs- oder Herzstörungen. Im Offiziers-Genesungsheim Joeuf erhielten 86% Diagnosen mit neurasthenischen Erschöpfungskrankheiten. Die Hälfte der Offiziere bekam die Diagnose »Nervöse Erschöpfung«, ein Fünftel »Neurasthenie« oder »Nervenschwäche«. Die dritthäufigste Diagnose betraf nervöse bzw. funktionelle Störungen innerer Organe (8%).[275]

Bei den in Nervenlazaretten behandelten Offizieren war der Anteil der neurasthenischen Erschöpfungskrankheiten deutlich niedriger, wobei zu bedenken ist, dass nur eine Minderheit der Offiziere hier behandelt wurde. Am geringsten lag der Wert in der Nervenklinik Breslau. Hier erhielten die Diagnosen Neurasthenie, nervöse Erschöpfung und Nervosität nur 15% aller Offizierspatienten. Diagnosen mit funktionellen Störungen innerer Organe waren gar nicht vertreten. Die offizierstypischen neurasthenischen Erschöpfungserkrankungen machten in Tübingen nur 22% aller Fälle aus. Dem folgte das Nervenlazarett Görden mit dem Wert 28%. In Bukarest umfassten hingegen die neurasthenischen Erschöpfungskrankheiten bei den Offizieren etwas mehr als die Hälfte der diagnostizierten Leiden.

Um einen Einblick zu gewähren, was sich im Einzelfall hinter der Diagnose neurasthenische Erschöpfung verbergen konnte, sei im Folgenden der Fall eines Offiziers mit der Diagnose Neurasthenie und Herzneurose näher vorgestellt, aus dessen Krankenakten die ärztliche Reflexion über die Ursache des Leidens und der Untersuchungsbefund hervorgehen. Hauptmann Oskar S.[276] aus dem 11. bayerischen Infanterie-Regiment, geboren am 10. August 1874 in Regensburg, war am 11. Juli 1894 in die bayerische Armee eingetreten. Er wurde am 21. Juli 1916 mit der Diagnose »Neurasthenie, nervöse Störung der Herztätigkeit« ins Parklazarett Montmédy von Mangiennes eingeliefert, nachdem er zuvor vom 16. bis 21. Juli an der Schlacht bei Verdun beteiligt gewesen war.

---

275 Hierbei ist zu betonen, dass auch physisch bedingte Magendarmkrankheiten im Heer in großer Zahl auftraten. Sie galten als »Geißel des Heeres« und waren die Folge von Überanstrengungen und davon, dass die Soldaten in den vorderen Stellungen über Tage von kalten Konserven und regennassem Brot leben mussten. Sanitätsbericht über das Deutsche Heer im Weltkriege, Bd. 3, S. 156. Infektionskrankheiten waren, anders als an der Ostfront oder in der Türkei, im Stellungskrieg der Westfront von geringerer Bedeutung. Eine gewisse Rolle spielten hier Typhuserkrankungen und Lungenentzündungen. Hartmann, Sanitätsdienst im Stellungskrieg, S. 233.
276 BayHStA-KA OP 21802 Oskar S.

Über seine Vorgeschichte steht im dortigen Krankenblatt aufgrund der Aufnahmeuntersuchung vom 21. Juli:

»Immer gesund gewesen, kein Gelenkrheumatismus. Feldzug von Anfang an mitgemacht. Unterbrechung vom 20.-30. IX.14 wegen Darmerkrankung. Beginn des jetzigen Leidens vor einigen Tagen am 17. [des] Monats, anlässig des Vorgehens [...] nach der Stellung vorwärts Fleury. Klagen über Druck in der Herzgegend, grosse Atemnot schon nach verhältnismässig geringfügigen Anstrengungen. Ferner besteht Schlaflosigkeit und Appetitlosigkeit. Stuhlgang in Ordnung.«[277]

Hier wird deutlich, dass sich bei Oskar S. das psychische Leiden schleichend einstellte und nicht an ein traumatisierendes Ereignis gekoppelt war. Der Hauptmann stellte an sich körperliche Symptome fest, die ihn vor allem körperlich nicht mehr in die Lage versetzten, dem Felddienst standzuhalten. Von Schreckreaktionen, Angst- und Panikgefühlen ist nicht die Rede.

Bei der körperlichen Untersuchung wurde insbesondere die leichte Beeinflussung der Herztätigkeit vermerkt, wie auch, dass der Untersuchte während der ärztlichen Besprechung plötzlich »auf die Arm- und Brustmuskulatur übergreifende Krämpfe, die abwechselnd mit Lach- u. Weinzuständen einhergehen u. etwa 5 Minuten dauern«, bekam. Zum nervlichen Befund heißt es: »Die Untersuchung des Nervensystems ergibt abgesehen der Lebhaftigkeit der Reflexe keine Abweichung der Norm. In psychischer Hinsicht macht der Untersuchte den Eindruck nervöser Erschöpfung.«[278] Als Krankheitsbezeichnung wurde »Neurasthenie; nervöse Störung der Herztätigkeit« angegeben.[279]

Am 24. Juli wurde in der Krankenakte von Montmedy vermerkt:

»In den letzten Tagen ist hinsichtlich des Status nervosus eine gewisse Beruhigung eingetreten. Die Beschwerden sind dieselben wie z. Zt. der Aufnahme. Bei der Art der vorliegenden Störungen erscheint ein höchstens 10–14tägiger Erholungsaufenthalt in einem Genesungsheim angezeigt.«[280]

Auffällig ist an der ärztlichen Beurteilung der Symptome von Oskar S., dass diese als rasch behebbar angesehen wurden. Die Ärzte sahen die zukünftige Felddienstfähigkeit des Offiziers als gesichert an. Wahrscheinlich lehrte sie

---

277 Ebd., Krankenblatt Parklazarett Montmedy, Eintrag am 21.7.1916.
278 Ebd.
279 Die Behandlung sollte »Ruhe; kräftige Kost; 3 x täglich je 10 Tropfen Tinct. Valeriana«, eine Baldriantinktur, sein. Ebd.
280 BayHStA-KA OP 21802 Oskar S., Krankenblatt Parklazarett Montmedy.

die Erfahrung, dass diese Symptome rasch wieder abklingen würden, da sie diese schon bei vielen Kriegsteilnehmern erlebt hatten. Von Montmédy wurde der Hauptmann Oskar S. am 24. Juli 1916 in das Offiziersgenesungsheim Joeuf überführt.[281] Er blieb knapp drei Wochen dort bis zum 12. August 1916. Nachfolgend wurde er als frontdienstfähig zur Truppe entlassen. Im Krankenblatt von Joeuf wurde die Vorgeschichte mit anderen Akzenten als in Montmédy niedergeschrieben. So wurde betont, dass es sich bei der Darmstörung um eine nervöse Erkrankung gehandelt habe, die aber Ende 1914 wieder abgeklungen sei. Über die Vorgeschichte der jetzigen Störungen heißt es:

»Nervöse Erscheinungen schon seit längerer Zeit, besonders leichte Erregbarkeit und Reizbarkeit. Vor Verdun eingesetzt 16.7. Stark ermüdet durch Marschieren und Laufen in weglosem Gelände, im Sperrfeuer. Meist schlaflos. Ernährung ungenügend. Schließlich völlig erschöpft, Krampferscheinungen (Crampi der Beschreibung nach) in den Gliedern, Atemnot, Schwindelgefühl, 20.7. Krankmeldung, Aufnahme ins Feldlazarett[.] Jetzt bereits erholt. Hat nur noch leichte Atemnot, ist hieraus noch matt, leicht erschöpft.«[282]

Nach der ärztlichen Untersuchung, die den Patienten als »Psychisch etwas überlebhaft, nicht ganz konzentriert« einstufte, aber keine Auffälligkeit bei der Herztätigkeit und keine Krämpfe mehr vermerkte, wurde die Diagnose »Nervöse Erschöpfung (Neurasthenie)« aufgestellt.[283] Der Arzt aus Joeuf verneinte die Prognose vom 24. Juli 1916, »daß ein höchstens 10–14 tägiger Aufenthalt hier den Pat. genügend widerstandsfähig für die Front machen werde.« Stattdessen betonte er: »Am besten wäre für Pat. ein 3 wöchiger Erholungsurlaub in die Heimat!«[284] Oskar S. blieb noch zwei Wochen in Joeuf, bekam dann einen dreiwöchigen Erholungsurlaub und kehrte nachfolgend an die Front zurück, wo er bis Kriegsende ohne Rückfall weiterdiente.

---

281 Ebd.
282 BayHStA-KA OP 21802 Oskar S., Krankenblatt von Joeuf, Eintrag vom 26.7.1916.
283 Zur Behandlung hieß es nun: »Sol. Kalii bromat. 20,0: 300,0[.] 3x tgl 1 Eßlöffel[.] Jeden 2. Tag Nachm. warmes Vollbad 28°30'[.] Sol. Sowlexi 3 x tgl. 3 Tr. beginnend«. Ebd.
284 Siehe hierzu auch Kap. III.4.c. Urlaub, Badekuren und Privatpflege.

Kriegsneurose und Traumatische Neurose

Die eigentliche Kriegsneurose war hingegen eine sehr wenig verbreitete Diagnose bei den psychisch versehrten Offizieren der ausgewählten Lazarette. Die Begriffe »Kriegsneurose« und »Traumatische Neurose« fanden sich in der Untersuchungsauswahl nur vereinzelt. Dieses Ergebnis stimmt mit den Auswertungen von Mannschaftskrankenakten überein,[285] was dafür spricht, dass sich diese Begriffe samt den dahinterstehenden Krankheitskonzepten beim Gros der Militärpsychiater zur Zeit des Weltkrieges nicht als Einzeldiagnose durchgesetzt hatten – sei es, dass sie den Begriff Kriegsneurose lediglich als Sammeldiagnose akzeptierten, sei es, dass sie die Diskussionen im Diskurs nicht verfolgt hatten oder diese nicht überzeugend fanden.

Eine Besonderheit war, dass im Offiziersheim Taunus die Diagnosen »Kriegsneurose« und »Traumatische Neurose« häufiger als in anderen Einrichtungen vergeben wurden. Immerhin 13 Offiziere (3%) erhielten diese Diagnose. In Joeuf wurde der Begriff »Kriegsneurose« als Diagnose nicht verwendet, aber 14 Offiziere (2%) erhielten die Diagnose »Neurose« bzw. Schreckneurose oder »Nervöse Erschütterung«. Im Offizierslazarett Baden-Baden und in den Nervenlazaretten kamen diese Diagnosen hingegen nicht oder nur vereinzelt vor.

Nervenschock

Das Gleiche gilt für die Diagnose Nervenschock. Sie findet sich auch nur selten, obwohl sie neben organischen Leiden die am meisten akzeptierte Diagnose unter Offizieren war. »Nervenschock durch Verschüttung« war die einzige psychiatrische Diagnose der Krankenbücher und -akten, die nahezu durchgehend in den Offizierspersonalakten übernommen wurde.[286] Hier zeigt sich bei einem Vergleich der Personalakten und Krankenakten, dass manche Ärzte wiederum die Diagnose Nervenschock in »Hysterie«, »Neurasthenie« oder »Nervenschwäche« umänderten, die Patienten aber weiter auf die Diagnose »Nervenschock« beharrten.[287]

Robert Gaupp schrieb im »Handbuch der Ärztlichen Erfahrungen im Weltkriege 1914/18«, dass eine Schreckneurose bei Offizieren weniger

---

285 Bandke, Zwischen Finden und Erfinden, S. 319f.; Fischer-Homberger, Die traumatische Neurose, S. 12–15.
286 Siehe hierzu Kap. II.7.a. Spezifika des militärischen Schriftverkehrs über psychisch versehrte Offiziere.
287 Siehe hierzu Kap. IV.2.a. Die Haltung der Betroffenen zur Psychiatrie und zur Diagnose.

häufig und auffällig aufgetreten sei als bei Mannschaftssoldaten.[288] Gleichzeitig betonte er, dass hinter den Bezeichnungen »Nervenschock« oder »Verschüttung« oft Hysterie gesteckt habe, die sich erst hinter der Front ausgebildet habe. Trotzdem hätten die Frontärzte dann die Diagnose Nervenschock aufgestellt.[289]

In ähnlicher Weise argumentierte der Nerven- und Truppenarzt Scholz, der an der Ostfront diente. Er schrieb über die »Schrecknervösen«:

»Die meisten Schrecknervösen gehen gar nicht zum Arzt, finden sich mit sich selber ab und tun ihren Dienst weiter. Dann sind sie wieder gesund und bleiben es für die Zukunft. Aber nicht allen geht es so. Bei manchen, und namentlich bei denen, die schon von Haus aus nicht taktfeste Nerven haben, setzen sich die krankhaften Erscheinungen fest oder werden durch andre abgelöst.«[290]

Bei manchen Offizieren konnte ein »Nervenschock« aber durchaus langfristige Leiden auslösen. Dies zeigt der Fall des bayerischen Reserveoffiziers Friedrich Wilhelm S. Bei ihm steht fest, dass die Ursache für sein Leiden

---

288 Gaupp, Schreckneurosen und Neurasthenie, S. 70.
289 Ebd. In eine ähnliche Richtung, dass Kriegsneurosen sich auch bei den Offizieren oft erst fern der Front ausbildeten, zielte die Beobachtung Münzers, dass neurasthenische Erscheinungen speziell bei verwundeten Offizieren häufig auftraten und hier die Offiziere allgemein öfter als die Mannschaftssoldaten betroffen waren. Die Symptome seien Wehleidigkeit, Ängstlichkeit und schlechter Schlaf gewesen. Münzer sah die Ursachen für diese Unterschiede gegenüber den Mannschaftssoldaten in der »feineren Differenzierung des Gehirns« und dem »krasseren Wechsel der Lebensführung« beim Offizier. Referiert bei Birnbaum, Kriegsneurosen und -psychosen. Erste Zusammenstellung vom Kriegsbeginn bis Mitte März 1915, S. 338f. Gaupps Beobachtung, dass sich auch bei Offizieren mit Neurasthenie die Symptome zu Beginn des Lazarettaufenthalts oft verstärkten, machte ihn hingegen nicht misstrauisch. Er deutete dies so, dass die Offiziere durch Willensstärke an der Front zumeist noch halbwegs funktionierten und die Krankheit erst im vollen Sinne im Lazarett zum Ausbruch kam, wenn die Offiziere von ihrer Verantwortung entbunden waren. Gaupp, Schreckneurosen und Neurasthenie, S. 90f.
290 Scholz, Das Seelenleben des Soldaten an der Front, S. 227. Er schilderte einen Fall von »Schreckneurose« bei einem Leutnant nach einer Granatenexplosion wie folgt: »Es wird mir immer im Gedächtnis bleiben, wie ein älterer Leutnant, der durch Granatexplosion in nächster Nähe mehrere, nicht gerade erhebliche Wunden an Arm und Bein davongetragen hatte, auf dem Verbandplatz halb lachend, halb weinend, mit hochgekrempelten Hosen, die Beine nackt, schwatzend, schwadronnierend und lamentierend, umherhumpelte und wieder und wieder auf seinen ›Jungen‹ zu sprechen kam, der durch dieselbe Granate zerrissen worden sei. Ich glaubte, er meine seinen Burschen, es war aber der eigene Sohn, von dem er redete und der tatsächlich durch das gleiche Geschoß, das den Vater verwundet, seinen Tod gefunden hatte. Erst im Lazarett nach einigen Tagen erwachte er, wie ich später hörte, aus seiner Umdämmerung und fragte seinen Nachbarn, ob er nur geträumt oder ob es denn wahr sei, daß der Sohn gefallen.« Ebd., S. 226.

keine konstitutionelle Schwäche war, sondern mit einer Granatenexplosion zusammenhing. Wilhelm S., bereits 1909 zum Leutnant der Reserve befördert, war 1914 nur vom 2. August 1914 bis zum 16. September 1914 an der Front. An diesem Tag wurde er Opfer einer Granatenexplosion, die zu einer »Gehirnerschütterung und Nervenchok« führte, wie es im militärärztlichen Zeugnis des Bataillonsarztes des 1. Ersatzbataillons des 19. Infanterie-Regiments hieß, welches dieser auf Anordnung des dortigen Kommandeurs am 17. April 1915 nach einer Untersuchung von Wilhelm S. erstellte.[291] Wilhelm S. blieb deswegen daraufhin zwei Jahre, bis zum 30. September 1916, in der Heimat. In seinem Militärärztlichen Zeugnis von 1915 wurde die Verwundung wie folgt geschildert:

»Herr Lt. S. wurde am 11.9.14 in Champenoux durch den Luftdruck einer einschlagenden Granate auf die Straße zu Boden geschleudert und schlug mit der rechten Kopfseite auf das Steinpflaster auf, wo er bewußtlos liegen blieb.«

Über die Krankengeschichte hieß es:

»Er hielt sich daraufhin noch bis zum 16.9.14 beim Truppenteil auf, mußte aber wegen Kopfschmerzen und Schwindel beständig auf einem Wagen fahren. Am 17.9.14, als die Beschwerden nicht nachließen, begab er sich zunächst nach Metz, am 24.9.14 nach Ansbach und befand sich dann bei seinen Angehörigen in Kronach u. vom 11.12.14–10.4.15 in Behandlung des Spezialarztes für Nervenkranke Dr. Würzburger in Mainschloß-Bayreuth.«[292]

Der bayerische Reserveoffizier Wilhelm S. ist damit auch ein Beispiel für einen langen Sanatoriumsaufenthalt, der Offizieren insbesondere in der ersten Kriegshälfte bewilligt wurde und der bei ihm keine große Besserung brachte.[293] Das Auskurieren des Nervenschocks und der nachfolgenden nervösen Beschwerden dauerte von Mitte September 1914 bis Mitte April 1915 und nahm damit insgesamt sieben Monate in Anspruch. Die Symptome von Wilhelm S. nach der Therapie schilderte der Arzt unter der Überschrift »Jetzige Klagen«:

»Große, allgemeine Müdigkeit auch ohne besondere körperliche Anstrengung, Zittern und Schweißausbruch am ganzen Körper bei jeder Anstrengung, große Erregbarkeit und Schreckhaftigkeit, bohrende Kopfschmerzen, namentlich rechts, unruhiger Schlaf, öfter des Morgens früh Erbrechen galliger Massen; anfangs hätten auch

---

[291] BayHStA-KA OP 14105 Wilhelm S., Militärärztliches Zeugnis vom 17.4.1915.
[292] Ebd.
[293] BayHStA-KA OP 14105 Wilhelm S. Siehe hierzu auch Kap. III.5.c. Gesamtlazarettzeiten der Offiziere: Tendenzen.

noch Schwerbesinnlichkeit und Gedächtnisschwäche bestanden, die sich aber jetzt gebessert hätten.«[294]

Bei seiner Untersuchung beschrieb der Arzt ihn als einen sehr kräftigen Mann »von gesundem Aussehen und sehr guter Ernährung.« An Symptomen stellte er fest:

»beim Augenschließen geringe motorische Unruhe im ganzen Körper, Zittern der geschlossenen Augenlider, in den vorgestreckten, gespreizten Fingern geringes Zittern, alle Haut- und Sehnenreflexe sehr lebhaft.«[295]

Sein Urteil lautete:

»Die objektiven Symptome und der allgemeine Untersuchungsbefund lassen die subjektiven Angaben und Beschwerden erklärlich erscheinen. Außer einer leichten Verbreiterung des Herzens nach rechts bestehen noch deutlich die Folgen der erlittenen Gehirnerschütterung und des allgemeinen Nervenchokes. Nachdem trotz absoluter Ruhe und Pflege und spezialärztlicher Behandlung[296] eine wesentliche Besserung bis jetzt nicht eingetreten ist, steht eine Wiederherstellung völliger Dienstfähigkeit auch kaum mehr zu erwarten. Daher erkläre ich den Herrn Leutnant S. für dauernd felddienstunfähig aber noch garnisondienstfähig.«[297]

Am Ende des Zeugnisses ist eine Notiz des stellvertretenden Korpsarztes vom 22. April 1915 vermerkt, der das folgende Urteil abgab: »Lt. S. erkläre ich auf 1 Jahr felddienstunfähig, da Besserung bis zur Felddienst(un)fähigkeit [!] innerhalb dieser Frist nicht ausgeschlossen. Sonst einverstanden.«[298]

Insgesamt zeigt das erste ärztliche Zeugnis deutlich die damalige Vorstellung von einer chronischen Entwicklung von Nervenkrankheiten und den bestehenden therapeutischen Pessimismus, dass eine Nervenkrankheit, sobald ein chronisches Stadium eingetreten war, nicht mehr zu heilen war. Hingegen vertrat die zweite ärztliche Meinung die Auffassung, dass die Symptome mit der Zeit noch abheilen würden, was schließlich auch der Fall war.

Wilhelm S. kam tatsächlich wieder zur kämpfenden Truppe. Nur die Prognose stimmte nicht. Statt einem Jahr, blieb der Offizier zwei Jahre und

---

294 Ebd.
295 Ebd.
296 Hier spielte der Arzt auf die Behandlung durch den Nervenarzt an. Hinweise auf dessen angewandte Therapie finden sich leider in der gesamten Akte nicht.
297 Ebd.
298 BayHStA-KA OP 14105 Wilhelm S., Notiz vom 22.4.1915 zum Militärärztlichen Zeugnis vom 17.4.1915.

einen Monat der Front fern, da er weiter als nicht felddienstfähig eingeschätzt wurde.[299]

Ein weiteres Beispiel dafür, dass ein Nervenschock auch bei Offizieren langfristige psychische Folgeerkrankungen hervorrufen konnte, ist die Krankengeschichte des bayerischen Leutnants der Reserve Ludwig S. Dieser kam wegen »Gehirnerschütterung und Nervenchock«, die er sich bei einer Granatenexplosion in den Kämpfen bei Verdun zugezogen hatte, nachdem er noch drei Wochen trotz der Symptome weitergedient hatte, am 9. Juni 1916 in das Etappen-Lazarett Montmedy.[300] Auffällig ist, dass die Ärzte seine Klagen über »Brechreiz, Kopfschmerz, Stechen im l. Ohr« wiedergaben, aber bei der Untersuchung keine auffälligen Symptome dokumentierten. Als Diagnose schrieben sie »z. B. [zur Beobachtung] Gehirnerschütterung, Nervenchoc«, wobei sich der Beobachtungsstatus auf die Gehirnerschütterung bezog. Sie verordneten Bettruhe und Brom. Am 16. Juni 1916 vermerkten sie, dass es Ludwig S. »Im Ganzen erheblich besser« ginge, doch habe er noch zeitweilig nach dem Essen ein »Würgegefühl, anscheinend psychischen Ursprungs«.[301] Am 21. Juni 1916 wurde er als »k.v.« mit Erholungsurlaub entlassen, der schließlich bis zum 6. August 1916 ausgedehnt wurde, da er im Urlaub vom 7. bis 10. Juli erneut erkrankte und nachfolgend eine Urlaubsverlängerung erhielt. Erst danach leistete er, nun wieder »k.v.«, Felddienst. Er wurde an die Südostfront nach Rumänien kommandiert, wo er den Rumänienfeldzug und die anschließenden Stellungskämpfe mitmachte. Allerdings erhielt er vom 30. Juli bis zum 20. September 1917 Heimaturlaub und, da er im Urlaub erkrankt war, ohne dass die Art der Erkrankung genannt wurde, nachfolgend einen ausgedehnten Erholungsurlaub zugebilligt. Am 8. Januar 1918 kam er wegen »Neurasthenie« ins rumänische Kriegslazarett Buzau und anschließend in verschiedene Heimatlazarette.[302] Erst am 11. April 1918 wurde er erneut garnisonsverwendungsfähig, machte aber bis Kriegsende keine Gefechte mehr mit.[303]

Die Krankengeschichten der beiden Leutnants sprechen dafür, dass sie seit ihrem »Nervenschock« psychisch angeschlagen waren, auch wenn sie zwischenzeitlich wieder Frontdienst leisteten. Ihr Beispiel belegt aber

---

299 Siehe hierzu Kap. II.8.d. Die militärische Karriere nach der psychischen Versehrung.
300 BayHStA-KA OP 14653 Ludwig S., Krankenblatt Montmedy.
301 Ebd.
302 BayHStA-KA OP 14653 Ludwig S., Personalbogen. Die zugehörigen Krankenblätter sind leider nicht in seiner Offizierspersonalakte enthalten.
303 Ebd., Personalbogen.

gleichzeitig, dass die psychischen Beschwerden sich nicht auf die Karriere und die militärischen Leistungen im Dienst auswirken mussten. Ludwig S. erhielt Ende 1916 und Ende 1918 sehr gute militärische Beurteilungen, in denen keine psychischen Auffälligkeiten oder Beeinträchtigungen vermerkt wurden, sondern er als äußerst pflichtbewusster und energischer militärischer Führer beschrieben wurde.[304] Wilhelm S. erhielt während seines zweiten Lazarettaufenthalts die Beförderung zum Hauptmann.[305]

Stigmatisierende Diagnosen: Hysterie und Psychopathie

Die Auswertung der Krankenbücher und -akten ergibt ferner, dass auch bei Offizieren stigmatisierende Diagnosen wie Hysterie und Psychopathie vergeben wurden. Vor allem auf den Nervenstationen war dieser Anteil sehr hoch. Aber auch immerhin 7% der im Offiziersgenesungsheim Joeuf[306] und 2% der im Offiziersheim Taunus eingelieferten Offiziere erhielten Diagnosen, die mit einem moralischen und erblichen Stigma belastet waren. Lediglich im Offizierslazarett Baden-Baden fehlen diese Diagnosen. Wäre die Diagnostik allein nach rangspezifischen Kriterien erfolgt, um sozial hochstehende Patienten von der Eigenverantwortung für ihre seelische Krankheit zu entlasten, wäre dies so nicht möglich gewesen.[307]

Bei den Nervenstationen, wo der Anteil der Diagnosen Hysterie und Psychopathie bei den Offizieren insgesamt sehr hoch lag, zeigen sich im Einzelnen dennoch deutliche Unterschiede. Im Reservelazarett der Universitätsnervenklinik war der Anteil mit 37% am höchsten. Hier war sogar die Diagnose Psychopathie die häufigste Diagnose, die für Offiziere vergeben wurde. 22 Offiziere (29%) wurden deswegen in Tübingen behandelt. Auch Offiziere mit Hysterie (6 Offiziere bzw. 8%) waren gegenüber den anderen ausgewerteten Behandlungsstätten überproportional in Tübingen vertreten

---

304 Ebd., Dienstleistungszeugnisse, 10.9.1918 und 19.11.1916.
305 Vgl. hierzu auch Kap. II.8.d. Die militärische Karriere nach der psychischen Versehrung.
306 23 Offiziere erhielten in Joeuf die Diagnose Hysterie, 22 die Diagnose Psychopathie. KBL 39441 Krankenbuch des Offiziersgenesungsheims Joeuf der 5. Armee.
307 Hermes, Krankheit: Krieg, S. 410. Dies zeigen auch die Einträge zu Mannschaftssoldaten und Unteroffizieren in den beiden Krankenbüchern der Nervenstation von Bukarest. Hier ist auffällig, dass auch bei den Mannschaftssoldaten und Unteroffizieren nur in einer Minderzahl der Fälle die Diagnose »Hysterie« oder »Psychopath« lautete. Stattdessen wurden in der Mehrzahl die Diagnosen nervöse Erschöpfung, Neurasthenie, Nervenschock, traumatische Neurose, Zitterneurose, allgemeine Erschöpfung, Nervosität und Epilepsie vergeben.

und überboten zahlenmäßig die lediglich fünf ausdrücklich mit Neurasthenie diagnostizierten Offiziere. Auffällig ist auch, dass in der Nervenstation Gördern mit 21% am häufigsten die Hysterie-Diagnose vergeben wurde. Psychopathie findet sich hingegen nicht. In Bukarest machten Psychopathie und Hysterie zusammen 12% der Fälle aus, was auch noch einen besonders hohen Prozentsatz in Bezug auf die Diagnostik von Offizieren darstellt. In Breslau war die zweithäufigste Diagnose Psychopathie, die 15% der Offiziere als Diagnose erhielten. Hysterie war die Diagnose von 8% der Offiziere mit psychischen Leiden.

Die Auswertung zeigt, dass von Lazarett zu Lazarett ein unterschiedlicher Umgang mit diffamierenden Diagnosen bei Offizieren existierte. So scheinen die Diagnosen Hysterie und Psychopathie in Baden-Baden ein Tabu gewesen zu sein. Ein Hinweis darauf ist zum Beispiel die Diagnose »starke nervöse Erschöpfung mit fehlender Willensenergie und hypochondrischer Vorstellungsinhalt, daneben linksseitiger Ischias«,[308] die in einem anderen Krankenhaus möglicherweise mit »Psychopathie« etikettiert worden wäre. Auffällig ist schließlich auch, dass im Offiziersheim Taunus die Psychopathie-Diagnose nur einmal vergeben wurde – auch in diesem Fall stand sie lediglich in Klammern: »Schwere nervöse Erschöpfung (angeborene Psychopathie).« Und bei den acht Offizieren, die hier die Hysterie-Diagnose erhielten, war bei zwei Offizieren daneben noch die Diagnose »nervöse Erschöpfung« angegeben.

Manche Ärzte taten sich auch in Joeuf, Bukarest und Breslau mit der Diagnose Hysterie bei Offizieren offensichtlich schwer. So wurde in den beiden ersten Einrichtungen in einigen Fällen in den Krankenbüchern das Wort Hysterie durchgestrichen und durch die Diagnose »konstitutionelle Neurasthenie« ersetzt und in Breslau findet sich öfters »Hysterie-Neurasthenie« als Diagnose. Sicherlich waren diese Diagnosen vor allem dem Offiziersrang geschuldet.[309] Auch sieht man dies an den Krankenakten. Bei Offizieren, die mehrere Lazarette durchliefen, wurden die Begriffe Hysterie und Neurasthenie oftmals ausgetauscht.

Ein Beispiel dafür, dass Offiziere im Offiziers-Genesungsheim Joeuf, welche die typischen Symptome der Kriegszitterer hatten, dennoch oft nicht mit der stigmatisierenden Diagnose der Hysterie belegt wurden, ist die

---

308 KBL 1039 Krankenbuch des Offiziers-Lazaretts Baden-Baden, Major Lothar A.
309 Auch in der Nervenheilanstalt am Rosenhügel in Wien finden sich bei Offizieren manchmal entsprechende diagnostische Mischformen. Bandke, Zwischen Finden und Erfinden, S. 315f.

Krankenakte des Leutnants der Reserve Paul K. Hierin vermerkte der Arzt als Aufnahmebefund unter anderem: »Unruhiges hin und herzucken mit dem Kopf. Nicken und schütteln, auch in den Gliedmaßen motorische Unruhe.«[310] Dennoch sprach der Arzt hier nicht von Hysterie, sondern von »Nervöser Erschöpfung«.

Insgesamt ist beim Blick auf die Krankenakten, ähnlich wie dies auch für den psychiatrischen Diskurs gilt, festzustellen, dass die Nervenärzte im Ersten Weltkrieg die Bedeutung der Symptome für die Vergabe der Diagnose bei Offizieren unterschiedlich gewichteten. So richtete sich eine Fraktion innerhalb der Ärzteschaft nicht nur an der Gestalt der Symptome aus, sondern auch am allgemeinen Eindruck des Patienten, dessen sozialer Herkunft und seinem militärischen Rang, sodass sie stigmatisierende Diagnosen weitgehend vermieden.[311]

Manche Psychiater ließen sich hingegen vorrangig durch die Symptome leiten. Dies wird bereits daraus ersichtlich, dass seit Beginn des Weltkriegs Psychiater unter den Offizieren Fälle von Hysterie diagnostizierten. Dafür, dass vorrangig medizinische Kriterien für die psychiatrischen Krankheitsdiagnosen von Offizieren bei einigen Ärzten dominant waren, sprechen auch die häufigen Umdiagnostizierungen. Für die Ärzte in Feld- und Heimatlazaretten war es aufgrund der vielfältigen und teils recht unspezifischen Symptome sowie der unscharfen medizinischen Terminologie offenbar schwierig, die psychischen Erkrankungen eindeutig zu klassifizieren – aber sie versuchten es.

Dass die Diagnose Hysterie auch bei Offizieren vergeben wurde und nicht auf einfache Soldaten beschränkt war, entspricht den Ergebnissen von Petra Peckl und Maria Hermes. In Peckls Untersuchungsauswahl befanden sich lediglich acht Offiziere. Unter ihnen war die Gruppe der Hysteriker zahlenmäßig fast gleich groß wie die der Neurastheniker, sodass das Bild vom unterschiedlichen psychiatrischen Leiden bei Offizieren und Mannschaften sich in dieser Auswahl nicht wiederfinden lässt.[312] Auch in Hermes Untersuchungsauswahl fallen zwei Offiziere mit der Diagnose Hysterie.[313]

---

310 BA-MA Pers 9, 4.7.1892 KU-U, Krankenakte von Paul K., Offizier-Genesungsheim Joeuf, 1915.
311 Vgl. hierzu den Abschnitt »Der Diskurs über das Verhältnis von Hysterie und Neurasthenie bei Offizieren und Mannschaftssoldaten« in Kap. III.2.a.
312 Peckl, Krank durch die »seelischen Einwirkungen des Feldzuges«?, S. 72.
313 Hermes, Krankheit: Krieg, S. 334.

Dass der militärische Dienstgrad nicht immer die entscheidende Rolle für die Diagnosevergabe spielte, zeigt auch die Diagnostizierung in den einzelnen Dienstgraden. Hier ergab sich für das Offiziersheim Taunus, in dem besonders viele höhere Offiziere unterkamen, folgender Befund für die 374 Offiziere, bei denen der Dienstgrad angegeben ist.

Grafik 2: Diagnosen unter den psychisch versehrten Offizieren im Offiziersheim Taunus nach Dienstgrad 1914–1918

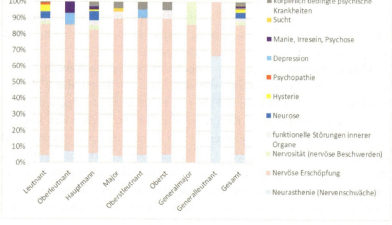

Auffällig ist, dass im Offiziersheim Taunus auch ein Offizier im Hauptmannsrang die Diagnose Hysterie erhielt und sich damit eine solche stigmatisierende Diagnosen nicht auf die Leutnantsränge beschränkte. Dass es auch Alternativen gegeben hätte, zeigt, dass andere Hauptleute die Diagnose Traumatische Neurose oder Kriegsneurose erhielten. Auffällig ist allerdings auch, dass die Stabsoffiziere und Generale, abgesehen von einem Major, der die Diagnose »Polyneuritis alcoholica«, d.h. chronischer Alkoholismus bekam, keinerlei stigmatisierende Diagnosen erhielten.

Ein genauer Blick sei noch auf die Diagnose »Psychopathie« gerichtet. Hans-Georg Hofer hat die These vertreten, dass diffamierende Diagnosen bei Offizieren vermieden worden seien. Soziale Zuschreibungskriterien seien bei den Diagnosen nach wie vor bestimmend gewesen:

»Zuordnungen wie ›psychopathische Minderwertigkeit mit hypochondrischer Verstimmung und hysterischen Symptomen‹ waren bei Offizieren undenkbar.

Angehörige der Mannschaft sahen sich mit solchen diffamierenden Klassifizierungen jedoch häufig konfrontiert.«[314]

Die Vergabe klassenspezifischer Diagnosen belegen zum Beispiel in Österreich-Ungarn die Akten der Wiener Nervenheilanstalt Rosenhügel, die Hans-Georg Hofer auswertete.[315] Allerdings führt Hofer selbst in seiner Arbeit den Fall eines der Feigheit angeklagten Berufsoffiziers an, bei dem im psychiatrischen Gutachten sein Vergehen mit einer »psychopathischen Minderwertigkeit schweren Grades« erklärt wurde.[316] Auch in der Habsburgermonarchie war eine solche Wortwahl bei Offizieren im Ersten Weltkrieg kein Tabu, wobei im konkreten Fall sicherlich eine Rolle spielte, dass eine solche Diagnose den militärischen Führer vor einer harten Strafe schützte.

Im Großteil der Krankenakten und Gutachten, die hier für die deutsche Armee ausgewertet wurden, zeigt sich eine wohlwollende und pragmatische ärztliche Haltung bei »psychopathischen« Offizieren, die den Offizier nicht moralisch verurteilten. Ein Beispiel dafür ist ein ärztliches Zeugnis des Tübinger Professors Robert Gaupp über den Leutnant der Reserve Gotthold K. an das Sanitätsamt in Stuttgart vom 12. Mai 1915.[317] Der Leutnant wurde 1915 mit der Diagnose »psychopathische Depression« in Tübingen behandelt. Im ärztlichen Zeugnis ging Gaupp nicht auf dessen Kriegserlebnisse ein, sondern führte nur die Stimmung und die körperlichen Symptome auf. Er habe bei seiner Einlieferung im April an leichter melancholischer Verstimmung gelitten, die körperlich von Kopfschmerzen, Herzklopfen und Schlaflosigkeit begleitet gewesen sei. Mittlerweile habe sich sein Zustand gebessert, aber sei noch nicht völlig behoben. Es zeige sich »[...] immer noch eine grosse Schreckhaftigkeit, ein leicht gedrücktes Wesen mit Neigung zum Grübeln, ein Mangel an Entschlussfähigkeit und Selbstsicherheit.«[318]

Auffällig ist, dass obwohl in der Krankenakte »Psychopathie« als Diagnose steht,[319] im ärztlichen Zeugnis von Gaupp an das Sanitätsamt dieser Begriff nicht vorkommt. Stattdessen schrieb er abgemildert, der Leutnant sei ein »wohl von jeher etwas nervöser, gemütsweicher und zu Depressionen neigender Mann«. Hier zeigt sich das typische Vorgehen der Ärzte im Ersten

---

314 Hofer, Nervenschwäche und Krieg, S. 225.
315 Ebd., S. 224f.
316 Ebd., S. 265f.
317 UAT 669/26923 Ärztliches Zeugnis des Tübinger Professors Robert Gaupp über den Leutnant Gotthold K. an das Sanitätsamt in Stuttgart vom 12.5.1915.
318 Ebd.
319 UAT 669/26923 Krankenakte des Leutnants Gotthold K.

Weltkrieg, in der Krankenakte das auch bei Mannschaftssoldaten übliche medizinische Vokabular zu verwenden, aber in der Korrespondenz mit militärischen Stellen keine Begriffe bei Offizieren zu verwenden, die als abwertend interpretiert werden könnten.[320] Gaupps wohlwollende Haltung auf Augenhöhe drückt sich auch darin aus, dass er, wie er schrieb, den Leutnant am heutigen Tage »ärztlich untersucht und beraten« habe.[321]

Ein weiteres Beispiel für die Begutachtung eines »psychopathischen« Offiziers in Tübingen, bei dem sich eine pragmatische ärztliche Haltung zeigt, die den Offizier nicht moralisch verurteilte, sondern zum militärischen Nutzen eine Stellung fern der Front für diesen empfahl, sind die Krankenunterlagen von Fritz F. Die Ärzte beurteilten ihn nach einer fünftägigen Beobachtung im Mai 1918 als garnisonsverwendungsfähig für die Etappe und empfahlen zukünftig für den Leutnant lediglich Bürodienst:

»Für die Verwendung an der Front eignet er sich nicht. Bei seiner angeborenen Veranlagung und der Neigung zu nervösen Erscheinungen ist es mit Sicherheit zu erwarten, dass er auf jeden Versuch, ihn wieder vorne zu verwenden, sofort mit den heftigsten nervösen Beschwerden und Erscheinungen reagieren wird. Auch würde er sicher sehr rasch völlig versagen. Es ist daher im Interesse der Truppe von einer derartigen Verwendung dringend abzuraten. [...] Er wird [...] am besten bei der Bürotätigkeit verwandt [...].«[322]

Auffällig ist, dass hier die Ärzte das militärische Interesse anführten, den Offizier mit diesen Beschwerden nicht als Truppenführer einzusetzen, was den Wünschen des Offiziers entsprach.[323]

Ein Gegenbeispiel zu dieser den Wünschen des Offiziers entsprechenden ärztlichen Haltung liefert allerdings Gaupps Gutachten zur Dienstfähigkeit des »psychopathischen« Leutnants Friedrich D., das eine moralische Verurteilung des Offiziers durch den Arzt zeigt, die so weit ging, dass Gaupp ihn trotz seines ärztlichen Urteils, er sei als Offizier unbrauchbar und

---

320 Siehe hierzu auch Kap. II.7.a. Spezifika des militärischen Schriftverkehrs über psychisch versehrte Offiziere und Kap. III.3.b. Arzt-Patienten-Verhältnis.
321 UAT 669/26923 Ärztliches Zeugnis des Tübinger Professors Robert Gaupp über den Leutnant Gotthold K. an das Sanitätsamt in Stuttgart vom 12.5.1915.
322 UAT 669/30185 Krankenunterlagen des Leutnants Fritz F.
323 Siehe zur Sicht des Leutnants Fritz F. auf seine Erkrankung und seine Verwendbarkeit die Ausführungen in Kap. IV.2.b. Der Umgang mit der krankheitsbedingten Auszeit von der Front.

entgegen dessen eigenem Wunsch zur moralischen Bewährung als frontdienstfähig beurteilte.³²⁴

Der Leutnant (geb. 1889) wurde vom 16. bis 29. Februar 1916 im Reservelazarett der Universitätsnervenklinik Tübingen zur Beurteilung seiner Dienstfähigkeit beobachtet. Er war wegen »nervöser Beschwerden« seit eineinhalb Jahren nicht mehr an der Front gewesen. In seinem Gutachten sprach Gaupp von einer »angeborenen nervösen Veranlagung«, später auch von einer »nervösen psychopathischen Veranlagung«:

»Alle heute geklagten Beschwerden haben mehr oder weniger schon seit Jahren bestanden. Sie sind der Ausdruck seiner angeborenen nervösen Veranlagung und in ihrer Stärke von dem Gemütsleben und äusseren Einflüssen ausserordentlich abhängig. Die Erlebnisse an der Front führten daher, wie leicht verständlich ist, zu einer Verschlimmerung und machten im Herbst 1914 eine Behandlung erforderlich. Die damalige Verschlimmerung ist längst wieder ausgeglichen.«³²⁵

Dass Gaupp auch bei einem Offizier die These aufstellte, dass die von den Kriegserlebnissen herrührenden Beschwerden wieder abgeklungen seien – eine These, welche er auch in seinen Veröffentlichungen über die psychogene Ursache der Kriegsneurose vertrat –, erklärt sich sicherlich auch aus der langen Pause von eineinhalb Jahren, welche Friedrich D. seit Herbst 1914 vom Frontdienst gemacht hatte. Er war zuerst lange Zeit im Lazarett und hatte danach in der Heimat beim Ersatzheer Dienst geleistet.

Die aktuellen gesteigerten Beschwerden gegenüber der Friedenszeit waren nach Gaupp bei dem Leutnant in dessen Konstitution begründet und als dessen unbewusste Flucht in die Krankheit aus Sorge vor der Front zu begreifen:

»Die heutigen Klagen sind nur noch als der Ausdruck der angeborenen Veranlagung zu betrachten. Dass sie stärker in Erscheinung treten als in Friedenszeiten, liegt an ihrer starken Beeinflussbarkeit durch das Gemütsleben. Der Gedanke, an die Front zurück zu müssen, erregt bei D., der schon einmal krank von dort zurückkehrte, so starke Affekte, dass dadurch seine Beschwerden gesteigert werden.«³²⁶

Auffällig ist, dass Gaupp daraufhin zu grundsätzlichen Betrachtungen überging:

---

324 Siehe hierzu auch Kap. III.5.d. Die Unterschiede hinsichtlich Entlassungsstatus und Behandlungsdauer zwischen Offizieren und Mannschaftssoldaten.
325 UAT 669/27480 Gutachten Robert Gaupps vom 28.2.1916 über den Leutnant Friedrich D.
326 Ebd.

»[…] bei der nervösen psychopathischen Veranlagung verbindet sich die gemütliche Erregbarkeit durchweg mit einer gewissen Anlage zu Willensschwäche. Geht diese soweit, dass die Kranken nicht fähig sind, ihrer Beschwerden Herr zu werden, so sind solche Menschen ihrer ganzen Anlage nach nicht für den Offiziersberuf geeignet und tauglich.«[327]

Gaupps Ausführungen zu den nervlichen Voraussetzungen für den Offiziersberuf gliedern sich in sein in Fachzeitschriften verlautbartes Urteil ein, dass manche Menschen sich aufgrund ihrer Veranlagung für den modernen Krieg nicht eignen würden, da sie ihn nervlich nicht aushielten.[328] In seinem Gutachten zu Leutnant D. drückt sich Gaupps ärztliches Selbstbewusstsein aus, dass die Psychiater dazu befähigt seien, durch ihre fachärztliche Untersuchung eine Untauglichkeit zum Offiziersdienst zu erkennen. Damit stand er im Gegensatz zur militärischen Sichtweise, dass allein militärische Stellen die »Offiziersfähigkeit« beurteilen konnten.[329]

Weitere Diagnosen

Am Schluss sei ein Blick auf die weniger verbreiteten, aber im Sample vertretenen Diagnosen gerichtet, die an Offiziere vergeben wurden. Hierunter fielen die Diagnosen Neuropathie, Depression, Manie, Irresein, Psychose oder Suchtkrankheiten wie Alkoholismus und Morphinismus. Hinzu kamen körperlich bedingte psychische Krankheiten wie zum Beispiel Progressive Paralyse, Tabes dorsalis, Lues cerebrospinalis, hirntraumatisch bedingte psychische Störungen und sonstige organische Erkrankungen des Gehirns und Rückenmarks. Schließlich wurden auch Neuralgie und Epilepsie bei Offizieren, insbesondere wenn sie auf psychiatrischen Stationen lagen, diagnostiziert.

Sehr deutlich wird aus der Auswertung der Quellen, dass auch diese Diagnosen nicht scharf abgetrennt waren. Dies zeigt sich besonders klar bei den Diagnosen Depression und Neuropathie.

So konnte eine Depression sehr eng mit einer nervösen Erschöpfung verbunden sein. Ein Beispiel hierfür ist der bayerische Leutnant der Reserve

---

327 Ebd.
328 Vgl. z.B. Gaupp, Hysterie und Kriegsdienst, S. 362. Siehe hierzu auch Kap. III.2.a. Der psychiatrische Diskurs über die Diagnosen und Ursachen von psychischen Leiden bei Offizieren.
329 Siehe hierzu Kap. II.2.b. Die Prüfung der psychischen Belastbarkeit der Offiziersanwärter.

Karl D., der von Juni bis Mitte November 1915 in verschiedenen Genesungsheimen wegen »nervöser Erschöpfung« behandelt wurde. Er kam am 11. Juni 1915 von der Truppe ins Offiziersgenesungsheim Péruwelz. Seine Diagnose lautete hier »nervöse Erschöpfung, depressive Hemmung«.[330] Er blieb dort bis zum 16. Juli 1915 und damit länger als die beantragten drei Wochen. Im Offiziersgenesungsheim lautete der abschließende Befund:

»[...] hat sich in den 6 Wochen seines Aufenthalts noch nicht erholt, er leidet noch an starker Depression (bes. nach dem Tod seines Bruders), ist psychisch gehemmt, kann nicht fließend sprechen [...].«[331]

Am 15. Dezember 1915 erhielt er schließlich, als er bereits wieder den Status »garnisonsfähig« hatte, im Ambulatorium des Reservelazaretts München L als Diagnose »neurasth. Erschöpfung, melancholische Erschöpfung, Sprachstörung«.[332]

Auch zwischen Neuro- und Psychopathie trennten die zeitgenössischen Nervenärzte nicht scharf. Die heute übliche Definition, Neuropathie als Oberbegriff für Erkrankungen der peripheren Nerven anzusehen, die keine traumatische Ursache haben, hatte sich noch nicht durchgesetzt. Stattdessen bezeichnete der Begriff »Neuropath« eine nervöse Konstitution, eine Übererregbarkeit des Nervensystems, die sich in psychisch und somatisch nervösen Erscheinungen äußern konnte. Otto Binswangers und Ernst Siemerlings auch im Ersten Weltkrieg benutztes Lehrbuch für Psychiatrie von 1907 definiert eine »neuropathische Konstitution« als ererbte oder erworbene »krankhafte Veranlagung«, die zu geringerer »Widerstandskraft« gegenüber physiologischen und pathologischen Reizen führe. Als »psychische Degenerationszeichen« galten sowohl exzessive Zorn- und Wutausbrüche als auch »trübe, unzufriedene misanthropische Stimmungen.«[333] »Neuropath« war damit ähnlich wie »Psychopath« eine Diagnose, welche die zeitgenössischen Nervenärzte häufig mit dem Vorwurf eines Nervenversagers und den Attributen arbeitsscheu, willensdefekt und pflichtvergessen verbanden.[334] Ähnlich wie bei der »Psychopathie« zeichneten sich Offiziere mit »Neuropathie« durch überdurchschnittlich lange Behandlungsdauern und einen geringen Anteil an Rückkehrern an die Front aus.

---

330 Diagnose des Krankenbuchs, leider sind keine Krankenblätter überliefert.
331 BayHStA-KA OP 887 Karl D., Ärztliches Urteil des Offiziers-Genesungsheims Péruwelz.
332 Ebd., Verzeichnis: Reservelazarett München 15.12.1915.
333 Binswanger/Siemerling, Lehrbuch der Psychiatrie, S. 55f.
334 Schaffellner, Unvernunft und Kriegsmoral, S. 119.

Ein weiterer Befund beim Blick auf die weniger häufig im Sample vertretenen Diagnosen ist, dass gerade schwerwiegende psychische Erkrankungen bei Offizieren, die insgesamt hinter Nervositäts-Erkrankungen deutlich zurücktraten, in den psychiatrischen Kliniken oft die Mehrzahl bildeten. Sehr deutlich wird zum Beispiel, dass in der Universitätsnervenklinik Tübingen aufgrund der Spezialisierung des Lazaretts und des großen Bekanntheitsgrads des leitenden Psychiaters häufig bewusst Offiziere eingeliefert wurden, die unter gravierenden psychischen Krankheiten litten. Am zweithäufigsten wurde in Tübingen nach der Diagnose Psychopathie eine Psychose oder eine Manie diagnostiziert (13 Offiziere bzw. 17%). Überproportional waren auch suchtkranke Offiziere (8 Offiziere bzw. 11 %) vertreten. Gerade der Morphinismus entwickelte sich im Ersten Weltkrieg zum Problem. In Lazaretten wurden die Schmerzen mit Morphium betäubt, sodass nicht wenige die Lazarette als Süchtige verließen.[335] Ähnlich wie in Tübingen ergibt sich für die Nervenstation in Görden der Befund, dass hier schwere psychische Störungen überproportional vertreten waren. »Manie«, »Irresein« und »Psychose« kamen mit 18% überdurchschnittlich häufig vor. Die Auswertung macht auch deutlich, dass von Syphilis-Infektionen herrührende körperlich bedingte psychische Krankheiten wie Lues, Tabes dorsales und Progressive Paralyse prozentual besonders hohe Anteile in psychiatrischen Stationen fern der Front hatten.[336]

Der Grund könnte darin liegen, dass psychische Zusammenbrüche jenseits der Front seltener waren und dass bei in der Etappe und in der Heimat eingesetzten Offizieren vermehrt Syphilis-Infektionen vorkamen. So wurden in Breslau am meisten Offiziere (18%) wegen entsprechender psychischer Krankheiten behandelt. In Bukarest machten diese Krankheiten 16% der Offizierspatienten aus.

---

335 Siehe hierzu den Abschnitt »Gebrauch künstlicher Aufputsch- und Betäubungsmittel« in Kap. II.5.d. Individuelle Strategien zum Umgang mit der Todesgefahr an der Front. Das Fehlen von neuralgischen Erkrankungen oder nervösen Erkrankungen der inneren Organe bei Offizieren in der Universitätsnervenklinik Tübingen erklärt sich sicherlich auch mit der Spezialisierung.
Es lässt sich möglicherweise aber auch so deuten, dass Offiziere sich bei diesen Erkrankungen aufgrund der Vorbehalte gegenüber den psychiatrischen Kliniken lieber woanders behandeln ließen. Siehe hierzu Kap. IV.2.a. Die Haltung der Betroffenen zur Psychiatrie und zur Diagnose.

336 Siehe zum häufigen Auftreten dieser Leiden bei Offizieren vor 1914 Kap. I.3.a. Die psychische Belastung durch Militärdienst und Kriegsdienst.

Allgemein waren im Ersten Weltkrieg geschlechtskranke Soldaten ein Massenphänomen.³³⁷ Das veränderte Sexualleben der Soldaten und der deutliche Anstieg der Prostitution bewirkten eine rasche Verbreitung von Geschlechtskrankheiten. Der Heeressanitätsbericht spricht von über 700.000 geschlechtskranken Soldaten, die während des Weltkriegs in Lazaretten behandelt wurden, wobei von einer hohen Dunkelziffer auszugehen ist. Nicht erfasst wurde die Zahl der außerhalb der Lazarette vom Truppenarzt behandelten Betroffenen wie natürlich auch die unbehandelten Kranken.³³⁸ Der Sanitätsdienst führte vorbeugende Maßnahmen durch, die allerdings die hohen Infektionsraten nicht maßgeblich reduzierten. Auch die angewandten Therapiemethoden brachten kaum Heilung, sodass nach Kriegsende die hohe Zahl an Geschlechtskranken ein bedeutendes Problem für die Nachkriegsgesellschaft darstellte.³³⁹

Bei auf Geschlechtskrankheiten beruhenden Diagnosen wie auch zum Beispiel bei Neuralgie und Epilepsie ist schließlich noch festzustellen, dass sich auch hier das Phänomen der vielfachen Umdiagnostizierungen zeigte. Offiziere mit diesen Diagnosen konnten in anderen Krankenhäusern nervöse Erschöpfung, Neurasthenie oder Hysterie bescheinigt bekommen. Zudem gab es keinen ärztlichen Konsens hinsichtlich der Frage, inwieweit auch diese Leiden durch den Kriegsdienst verursacht wurden. Während eine Ärztefraktion einen solchen Zusammenhang vehement ablehnte, sprachen andere Mediziner auch bei diesen Diagnosen immer wieder Offizieren den Status der Kriegsdienstbeschädigung zu.

3. Anstaltsalltag: Unterbringung, Verpflegung und Arzt-Patienten-Verhältnis

Die Privilegierung von psychisch versehrten Offizieren im Lazarettbetrieb gegenüber den Mannschaftssoldaten betraf vor allem den Anstaltsalltag und die Unterbringung, die Verpflegung und das Arzt-Patienten-Verhältnis.

---

337 Zum Problem der Geschlechtskrankheiten im Ersten Weltkrieg vgl. Eckart/Plassmann, Verwaltete Sexualität, S. 101–112; vgl. zus. Rauh, Von Verdun nach Grafeneck, S. 72.
338 Eckart/Plassmann, Verwaltete Sexualität, S. 109.
339 Ebd., S. 109f.; Rauh, Von Verdun nach Grafeneck, S. 72.

a. Unterbringung und Verpflegung

Im Ersten Weltkrieg wurden Offiziere in besseren Zimmern und mit einem höheren Verpflegungssatz als die Mannschaftssoldaten untergebracht. Die militärischen Vorschriften legten fest, dass Unterbringung und Verpflegung der Patienten an den Rang gekoppelt waren und Offizieren in gemischten Lazaretten, wo Offiziere und Mannschaftssoldaten gemeinsam untergebracht waren,[340] der doppelte tägliche Verpflegungssatz der Mannschaftssoldaten zustand. Die Psychiater betonten, dass sie in gemischten Lazaretten vorhandene Einzelzimmer an Erstere vergaben.[341] Selbst bei »hysterischen« Offizieren kritisierten die Ärzte nie eine komfortable Unterbringung. Hingegen sahen sie es bei »hysterischen« Mannschaftssoldaten als heilungsfördernd an, wenn die Zimmerausstattung im Lazarett möglichst einfach war.[342] Deutlich wird die Ungleichbehandlung in einem Bericht des Chefarztes des Reservelazaretts Speyer an das kgl. bayerische Sanitätsamt des stellvertretenden II. Armeekorps Würzburg vom 21. Januar 1918 über das neu eingerichtete Neurotiker-Lazarett Marienheim:

»Das Marienheim umfasst im Ganzen 90 Betten für Nervenkranke, ausserdem 20 Offiziersbetten, die nicht zur Nervenstation gehören und nicht dazu verwendet werden können, da infolge der luxuriösen Einrichtung und ganzen Bauart der Off.Station sie sich nicht zu psychischen Abstinenzkuren eignet.«[343]

---

340 Ein Beispiel für gemischte Lazarette sind die großen bayerischen psychiatrischen Einrichtungen Ravensburg-Weissenau, Reichenau und Kaufbeuren-Irsee, in denen jeweils sowohl Offiziere als auch Mannschaftssoldaten und Kriegsgefangene behandelt wurden. Kanis-Seyfried, Vom »Kriegshelden« zum »Kriegszitterer«, S. 331–351; Malek, Die Heil- und Pflegeanstalt Kaufbeuren-Irsee, S. 365–386.

341 Vgl. zur exklusiven Einzelzimmervergabe an Offiziere Nonne, Über erfolgreiche Suggestivbehandlung, S. 203. Siehe daneben Hermes, Krankheit: Krieg, S. 371, 400.

342 Störring schrieb 1942 im Rückblick hierzu: »In den meisten Fällen erreichte man das [die Stärkung des Genesungswillens, G.G.] nur durch eine energische und konsequente Erziehung […]. Ganz gleich, welche Behandlungsmethode angewandt wurde; man mußte dem Hysteriker die Ueberzeugung beibringen, daß das Gesundsein und das Sicheinsetzen für hohe Werte und Ideen erstrebenswerter ist, als das Ausweichen in die Krankheit. Daß diesen Kranken der Aufenthalt im Lazarett auf keinen Fall angenehm gestaltet werden durfte, war ebenfalls Voraussetzung, für die notwendige Umstellung des Hysterikers. Auch Nonne, der die scheinbar etwas weiche Hypnosebehandlung bevorzugte, trat von vornherein für eine nicht zu angenehme und möglichst energische Behandlung ein.« Störring, Die Verschiedenheiten der psycho-pathologischen Erfahrungen, S. 27.

343 Die Nervenstation Marienheim war nach dem Vorbild jener in Ludwigshafen eingerichtet worden. Die »Abstinenzkur« sah so aus, dass die Krankensäle durch Holzverschläge in einzelne Kabinen von jeweils vier Quadratmetern abgetrennt waren, in denen die

III. OFFIZIERE IN PSYCHIATRISCHER BEHANDLUNG

Ein Beispiel für den hohen Verpflegungssatz für Offiziere ist der Vertrag zwischen der Direktion der Heil- und Pflegeanstalt Illenau und dem Sanitätsamt des XIV. Armeekorps vom 17. April 1916:

»Für alle in diesem Vertrag übernommenen Verpflichtungen erhält die Anstalt: 2,50 M. [...] für alle Verwundeten und Kranken ausser Offizieren[,] 6,00 M. [...] für Offiziere und Beamte im Offiziersrange.«[344]

Unter die Verpflichtungen fielen Verpflegung, Möblierung der Räume, Wartung der Bäder, Bettwäsche, Arzneien und Verbandsmaterial, Heizung, Beleuchtung und Reinigung der Räume und Wäsche wie auch Krankentransporte. Die Militärverwaltung stellte hingegen Krankenkleidung, Ärzte und Pflegepersonal. Konkret heißt es noch über die Beköstigung, dass die Mahlzeiten nach »Massgabe der Beköstigungsvorschriften (Beil. 14. F.S.O.) erfolgen sollten und alle Patienten ein zweites Frühstück erhalten sollten.«[345]

Nach Kriegsende wurde allerdings seit März 1919 das Privileg für Offiziere aufgehoben, dass diesen erhöhtes Verpflegungsgeld und eine bessere Unterbringung als Mannschaftssoldaten zustanden. Stattdessen bezahlte die

---

›Neurotiker‹ ohne Möglichkeit zur Beschäftigung isoliert lagen. BayHStA-KA Stv Gen-Kdo. II. AK., SanA 64: Krankheiten: Kriegsneurotiker, 1917–1919 Chefarzt des Res. Laz. Speyer, An das kgl. bay. Sanitätsamt des Stv. II. A.K. Würzburg, 21.1.1918.

344 GLA 456 F 113/115 Korrespondenz der Heil- und Pflegeanstalt Illenau über Behandlung von Geisteskranken. 4.4.1916–19.12.1918, darin: Vertrag zwischen der Gr. Direktion der Heil- und Pflegeanstalt Illenau, dem Sanitätsamt XIV. A.K., der Stellv. Intendantur XIV. A.K. Illenau 17.4.1916, § 9.

345 Ebd., § 7. Der erhöhte Verpflegungssatz für Offiziere machte diese Patienten gerade auch für private Heilanstalten, die ein bestimmtes Kontingent ihrer Betten an Militärangehörige vergaben, wirtschaftlich attraktiv. Dies zeigt die Stellungnahme der Medizinial-Abteilung des Kriegsministeriums am 31. August 1914 zu einem Vertragsentwurf einer Badener privaten Heilanstalt, in dem die Kosten für die Unterbringung der militärischen Patienten geregelt wurden. Die Medizinal-Abteilung des Kriegsministeriums lehnte den Entwurf ab, da auch private Heilanstalten nicht mehr als sechs Mark Verpflegungssatz täglich für Offiziere fordern sollten. Konkret nannte sie am 31. August 1914 unter anderem die »viel zu hohen Preise[n]« und die »Forderung einer Vorschußzahlung« als Begründung für die Ablehnung des Vertragsentwurfs des Medizinalrats Dr. Getsch mit dem Badener XIV. Armeekorps: »Für die Aufnahme, Pflege, Verpflegung usw. von Offizieren in privaten Heilanstalten ist von den hiesigen Intendanturen als Höchstsatz der Betrag von 6 M zugebilligt worden. Hierüber hinauszugehen, liegt umsoweniger Veranlassung vor, als die von der Königlichen Intendantur vertraglich festgelegten Durchschnittssätze erheblich niedriger sind.« GLA 456 F 113/85 Anträge auf Genehmigungen zur Errichtung von Privatpflegestätten und Anweisungen zu ihrer Führung 18.8.1914 - 29.8.1918, darin: Schreiben des Kriegsministeriums an die königliche stellvertretende Intendantur XIV: Armeekorps Karlsruhe, Berlin 31.8.1914

Militärverwaltung nun den Lazaretten einheitlich einen Satz von drei Mark pro Tag für einen Patienten. So heißt es in einem Schreiben der militärischen Dienststellen an die teilweise als Reservelazarett genutzte Heilanstalt Weißenau:

»Nach der mit der Bitte um Rückgabe angeschlossenen Bekanntmachung ist auch in der Unterbringung der Offiziere gegenüber den Mannschaften ein Unterschied künftig nicht mehr zu machen. Das erhöhte Verpflegungsgeld für Offiziere wird – hier ab 1. März 1919 – nicht mehr bezahlt.«[346]

Über die Bewirtschaftung des Offizierslazaretts Heidelberg in den Jahren 1915 bis 1917 wurde im Kriegs-Sanitätsbericht des Hauses vermerkt, dass vom 1. September 1915 bis zum 31. Mai 1916 die »Bewirtschaftung durch Schloß Hotel A.G. gegen einen täglichen Wohn- und Verpflegungssatz von 6 Mk pro Kopf« erfolgt sei. Seit dem 1. Juni 1916 sei man zur »Selbstbewirtschaftung« durch die Lazarettverwaltung übergegangen. Ausführlich wurde die Verpflegung im Offizierslazarett beschrieben:

»Die Verpflegung wird tunlichst einheitlich gehalten. Frühstück: Tee, Kaffee, Kakao mit Brot oder Zwieback, Marmelade[.] Zweites Frühstück: Eier, Butter mit Brot und Milch (Nur nach ärztlicher Verordnung). Mittagessen: Suppe, Fleisch oder Ersatz, Gemüse, Kartoffeln, Nachspeise. Nachmittag: Kaffee oder Tee mit 4 Zwieback. Abends: Suppe, Mehl oder Eierspeise mit Kompott oder Käse. Diät: Nach ärztlicher Verordnung.«[347]

Es wird deutlich, dass das Essen sehr viel reichhaltiger war als in einem Mannschaftslazarett oder insbesondere in den staatlichen zivilen Heilanstalten, wo im Krieg rund 70.000 Anstaltsinsassen zwischen 1914 und 1918 als schwächste Mitglieder der Gesellschaft an Unterernährung und damit verbundenen Krankheiten starben.[348] Im Offizierslazarett herrschten andere

---

346 HStAS E 151/51 Nr. 248 Aufnahme von geisteskranken Kriegsteilnehmern in den Staatsirrenanstalten 1914–1919, darin: Verpflegungsgeld für im Reservelazarett untergebrachte Offiziere, 1.3.1919. Siehe zum Rückgang der Offiziersprivilegien nach 1918 auch Kap. V.2.a. Das Ende des Ersten Weltkriegs als Zäsur für das Offizierskorps als soziale Gruppe.
347 GLA 456 F 118/365 Kriegs-Sanitäts-Bericht des Reservelazaretts Offizierlazarett Heidelberg des 14. Armeekorps 1.9.1915–31.5.1917, S. 9.
348 Faulstich, Hungersterben in der Psychiatrie, S. 25–68. Einschränkend ist zu bemerken, dass sich die Anstaltsleitung in Heilanstalten, die gleichzeitig als Reservelazarette genutzt wurden und in denen eine Trennung militärischer und ziviler Kranker unmöglich war, mitunter weigerte, Militärangehörige bevorzugt zu verpflegen. So heißt es in einem Schreiben der staatlichen Heilanstalt Weißenau, in der im Krieg auch Offiziere untergebracht waren: »Wir gehen dabei davon aus und haben dies in dem Vertragsentwurf noch

Verhältnisse, luxuriöse Mahlzeiten standen aber auch hier nicht auf dem Speiseplan. Insbesondere ist auffällig, dass hohe Offiziersränge keine raffiniertere Verpflegung als die unteren Ränge erhielten. Hier kommt der Korpscharakter zum Tragen, der auch im Kasino auf Gleichheit setzte.

Zwar fiel die Verpflegung für Offiziere deutlich üppiger als für Mannschaftssoldaten und zivile Patienten aus, so wirkte sich doch der Hungerwinter 1916/17 auch auf die Verpflegungssituation in den Offizierslazaretten in der Heimat aus. Es kam zwar zu keinem Hungersterben, aber die körperliche Verfassung der Offizierspatienten litt ebenfalls. Der Nervenarzt Willy Hellpach, der seit April 1916 im Heidelberger Offizierslazarett als Abteilungsarzt tätig war, schrieb hierüber in seinen Erinnerungen:

»Wir hatten den ersten Hungerwinter hinter uns, und im Offizierslazarett, wo ich die Hauptmahlzeiten einnahm, war die Kost so schmal, daß nahezu alle eingewiesenen Patienten in den ersten Wochen erschreckend an Leibesumfang und Körpergewicht abnahmen.«[349]

Die für Offiziere reservierten Lazarette und Genesungsheime waren in der Regel von der Bauweise, dem Mobiliar und der Ausstattung der Patientenzimmer und Gemeinschaftsräume her sehr viel luxuriöser als gemischte Lazarette. Ein besonders prächtiges Beispiel ist das Offiziersheim Taunus in Falkenstein, das für die Unterbringung von 52 Offizieren eingerichtet war.[350] Das Offiziersgenesungsheim bestand aus sechs landhausartigen Gebäuden, die zum Großteil Wirtschaftsgebäude waren. Das Hauptgebäude war mit einem kupferbeschlagenen Dachreiter gekrönt und verfügte über Wohnräume, Aufenthaltsräume, den Speisesaal, die ärztlichen Behandlungszimmer und ein Moorbad. Daneben existierten noch zwei weitere Wohn-

---

ausdrücklich hervorgehoben, dass die Insassen des Reservelazaretts dieselbe Kost erhalten, wie die in derselben Verpflegungsklasse verpflegten Kranken und Angestellten der Anstalt. Wir betonen dies aus dem Grund besonders, weil es nicht möglich wäre. den Heeresangehörigen eine bessere und reichhaltigere Verpflegung zu gewähren, ohne dadurch bei den Civilkranken und den Angestellten der Anstalt eine erhebliche Unzufriedenheit mit all ihren unguten Folgen hervorzurufen. Die Verabreichung einer besseren Kost wäre nur durchzuführen, wenn die Abteilungen des Reservelazaretts von denjenigen der Anstalt streng getrennt wären, dies lässt sich jedoch im Interesse der Krankenbehandlung, wie wir schon bei der Schaffung der Militärabteilung betont haben, nicht durchführen.« HStAS E 151/51 Nr. 248 Aufnahme von geisteskranken Kriegsteilnehmern in den Staatsirrenanstalten 1914–1919: Obermedizinalrat Dr. Camerer für den Vorstand an das Königl. Württ. Medizinalkollegium, Abteilung für die Staatskrankenanstalten, Einrichtung eines Reservelazaretts bei der Heilanstalt Weissenau, 10.5.1917.

349 Hellpach, Wirken in Wirren, S. 52.
350 Siehe zum Offiziersheim Taunus auch die einführenden Bemerkungen zu Kap. III.

gebäude, die für die Beherbergung von jeweils 12 und 14 Patienten ausgelegt waren. Neben den Unterkunftsräumen, die größtenteils mit Balkonen ausgestattet waren, gab es in diesen eine große Diele, welche der gemeinsamen Geselligkeit diente.[351]

ie Anlage wird in den Grundrissen ersichtlich, die im Architekturmuseum der Technischen Universität Berlin verwahrt sind.[352] Daneben vermittelt die im Hauptstaatsarchiv Wiesbaden erhaltene Sammlung von Fotos des Offiziersheims Taunus ein Bild von der Ausstattung der Räume.[353]

Abbildung 1: Offiziersheim Taunus: Außenansicht

---

[351] Groß, Vor 100 Jahren in Falkenstein, S. 61–67.
[352] Technische Universität Berlin, Architekturmuseum in der Universitätsbibliothek: Offiziersheim Taunus, Falkenstein (1907–1909), Lageplan mit Be- und Entwässerungsanlage 1:500, datiert auf den 15.03.1911. Inv.-Nr. 31036 [Digitalisat]. Vgl. die Auflistung der einzelnen Inventarnummern bei ‹http://architekturmuseum.ub.tu-berlin.de/print.php?p=166&sid=679393666›: Siehe zu den einzelnen Grundrissen der Gebäude bes. Architekturmuseum der TU Berlin, Inv.-Nr. 31081–31096 (Hauptgebäude), 31097–31073 (Wohngebäude für Offiziere).
[353] HHStAW, 1158/31 Sammlung von Fotos des Offizierheims Taunus (später Obertaunusheim) in Falkenstein 1901–1950.

Abbildung 2: Offiziersheim Taunus: Empfangszimmer

Abbildung 3: Offiziersheim Taunus: Patientenzimmer

Die Standards von Offizierslazaretten[354] werden auch aus dem Kriegssanitätsbericht des Reservelazaretts I »Badischer Hof« in Baden-Baden ersichtlich. Hierher wurden am 20. September 1919 die Patienten des Reserve-Lazaretts Abteilung 5, Darmstädter Hof (Offiziersabteilung) infolge der Auflösung dieses Lazaretts verlegt. Über die Ausstattung des »Badischen Hofs« hieß es, er sei ein »freistehendes 3 stöckiges Gebäude mit Gartenanlage«, in dem im Krieg 60 bis 75 Offiziere untergebracht gewesen seien. Im ersten und zweiten Stock lagen die Offizierszimmer. Er sei ein »Privathotel, modern eingerichtet mit Thermalbädern im Hause« und entspräche den Anforderungen eines Badehotels. Die Hotelatmosphäre wird auch aus der Regelung deutlich, dass das »Dienstpersonal; Hausdame; Servier- und Zimmermädchen, Hausburschen« vom Unternehmer angestellt wurden, und die Kranken »nach eigener Vereinbarung, dienstgradlich geordnet, einen monatlichen Trinkgeldsatz« bezahlten, »der jeden 10. Tag von einem gewählten Kassenoffz. einkassiert« wurde.[355]

---

354 Auch der Bericht des Inspekteurs der X. Kriegs-Sanitäts-Inspektion über die badische Offizier-Lungenheilstätte Nordrach vom 18. Februar 1918, der sehr negativ ausfiel, macht die Standards deutlich, die für Offizierslazarette zur Anwendung kommen sollten. Der Inspekteur sei nach der Besichtigung »zu der Überzeugung gelangt, daß es nach Lage der Dinge in der Tat am richtigsten sein wird, die Anträge der Besitzerin abzulehnen und die dortige Offizier-Lazarett-Abteilung zu schließen. Die Lage des Sanatoriums, die erschwerte Erreichbarkeit und Kontrollmöglichkeit desselben, die Notwendigkeit der gemeinsamen Mahlzeiten der Offiziere mit den zum Teil einer ganz anderen gesellschaftlichen Sphäre angehörigen dortigen Zivilkranken und manche anderen Umstände haben mir niemals besonders gefallen. [...] Die von der Besitzerin dem Vernehmen nach vorgeschlagene Verlegung der Abteilung in eine sogenannte Dependance im Ort Nordrach selbst halte ich gleichfalls für nicht diskutabel. Das in der engen und staubigen Dorfstraße gelegene Haus eignet sich in keiner Weise für den gedachten Zweck und würde unter anderem die kranken Offiziere zum Besuch der anliegenden Wirtschaften verlocken.« GLA 456 F 113/87 Besichtigungen der Reservelazarette Heidelberg, Bruchsal, Illenau, Rastatt, Ettlingen, Offenburg, Dürrheim, Donaueschingen, Singen, Freiburg, Müllheim und Badenweiler durch den Inspekteur der X. Kriegs-Sanitätsinspektion, 29.11.1917 - 18.09.1918, darin: Inspekteur der X. Kriegs-Sanitäts-Inspektion, Bemerkungen zu meiner jüngsten Besichtigung der Reservelazarette Offenburgs, B. Baden 18.2.1918.

355 GLA 456 F 113/275 Kriegssanitätsbericht des Reservelazaretts I »Badischer Hof« in Baden-Baden. 7.9.1914-10.1.1920.

III. Offiziere in psychiatrischer Behandlung 375

Abbildung 4: Reserve-Lazarett Badischer Hof (Offiziersabteilung): Außenansicht

Abbildung 5: Reserve-Lazarett Badischer Hof (Offiziersabteilung): Vestibül

Auch die beigegebenen Fotos mit Innen- und Außensicht bezeugen den Luxus der Einrichtung. Allerdings ist das Haus gleichzeitig ein Beispiel dafür, dass die Unterschiede zwischen den Einrichtungen für Offiziere und Mannschaftssoldaten nicht zu scharf betont werden sollten. Denn aus dem Bericht wird auch deutlich, dass das seit Kriegsbeginn als Vereinslazarett geführte Haus bis Ende Februar 1915 als Mannschaftslazarett konzipiert war und erst am 1. März 1915 durch Vertrag mit der Militärverwaltung in eine besondere Offiziersabteilung umgewandelt worden war.[356]

Besserer Betreuungsschlüssel von Ärzten und Pflegepersonal

Allgemein war im Lazarettbetrieb Konsens, dass auf die Befindlichkeit, die Bedürfnisse und Wünsche der Offiziere während der Behandlungszeit im Lazarett stärker Rücksicht genommen wurde als bei Patienten mit Mannschaftsdienstgrad. Dies drückte sich bereits strukturell im Betreuungsschlüssel durch Ärzte und Pflegepersonal aus.

Der ärztliche Betreuungsschlüssel war in den für Offiziere ausgewählten Anstalten sehr viel besser als in gemischten Lazaretten oder für Mannschaftssoldaten reservierten Einrichtungen. Hellpach beschrieb für ein Offiziersgenesungsheim in Frankreich das Phänomen des hohen ärztlichen Betreuungsschlüssels in extremer Form. Er war zu Beginn des Krieges für kurze Zeit im Offiziersgenesungsheim im Schloss Bellincamps hinter Douai tätig, wo sich die Patienten, wie er schrieb, »zur Erholung ihrer ›Nerven‹ aufhielten«.[357] Er charakterisierte seine dortige Tätigkeit als überflüssig und unbefriedigend und urteilte über den dortigen Betrieb:

»[...] der ganze ›Genesungsbetrieb‹ grenzte [...] ans Lächerliche. Zu acht Ärzten saßen wir um kaum ein Dutzend, höchstens einmal ein Viertelhundert ›Genesende‹ herum, die gar keinen Arzt, sondern nichts als Ruhe vor der Schlacht brauchten.«[358]

Ein besonders eindrückliches Beispiel ist daneben das Offizierslazarett Heidelberg, in dem Offiziere mit psychischen und organischen Leiden gemeinsam behandelt wurden, wobei Offiziere mit psychischen Leiden allerdings

---

356 GLA 456 F 113/275 Kriegssanitätsbericht des Reservelazaretts I »Badischer Hof« in Baden-Baden. 7.9.1914 - 10.1.1920.
357 Hellpach, Wirken in Wirren, S. 32.
358 Ebd., S. 33.

die deutliche Mehrheit stellten.[359] Dessen Kriegs-Sanitätsbericht über die Zeit von 1915 bis 1917 liefert einen Einblick in die Auslastung des Lazaretts sowie in den Umfang an Ärzten und Pflegepersonal. Er zeigt die intensive ärztliche und pflegerische Betreuung in Offizierslazaretten.

Grafik 3: Die Zahl der belegten und unbelegten Offiziersbetten im Offizierslazarett Heidelberg[360]

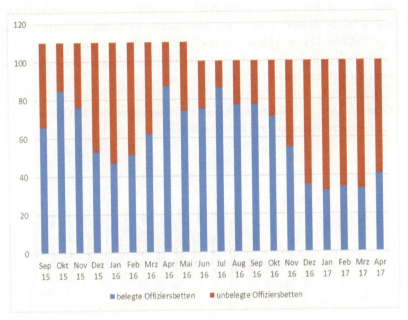

Auffällig ist, dass die vorgesehenen 110 Offiziersbetten nie voll belegt waren, sondern zumeist ein Drittel bis sogar zwei Drittel der Betten nicht in Gebrauch war. Schon allein aufgrund der geringen Patientenzahl lässt sich ersehen, dass unter diesen Umständen eine sehr weitreichende ärztliche Betreuung möglich war.

---

359 GLA 456 F 118/366 Offiziers-Lazarett Heidelberg, Monats-Krankenrapporte, Sept. 1915 - Febr. 1919.
360 GLA 456 F 118/365 Kriegs-Sanitäts-Bericht des Reservelazaretts Offizierlazarett Heidelberg des 14. Armeekorps 1.9.1915 - 31.5.1917, S. 5.

Dies gilt umso mehr, als das ärztliche Personal des Offizierslazaretts Heidelberg in dieser Zeit noch zunahm,[361] hingegen die Zahl der Offiziersbetten im Juni 1916 von 110 auf 100 gekürzt wurde. Die Ärzteschaft bildeten zu Beginn der Laufzeit von September bis Oktober 1915 ein Sanitätsoffizier, der die Chefarzt-Position innehatte und auch behandelte, ein landsturmpflichtiger Arzt, der als ordinierender Arzt arbeitete, und ein als Assistenzarzt eingestellter Unterarzt. Nachfolgend wurde das ärztliche Personal erhöht. Auffällig ist dabei, dass seit Januar 1916 kein landsturmpflichtiger Arzt mehr vorhanden war, sondern drei Sanitäts- und zwei Unteroffiziere Dienst taten. Seit September 1916 waren dann meist vier Sanitätsoffiziere und ein Unterarzt im Dienst. Hinzu kam noch der aus acht Personen zusammengesetzte fachärztliche Beirat, der in dieser Größenordnung über die gesamte Laufzeit erhalten blieb.[362]

Grafik 4: Durchschnittlich zu behandelnde Patientenzahl pro Arzt im Offizierslazarett Heidelberg von September 1915 bis April 1917[363]

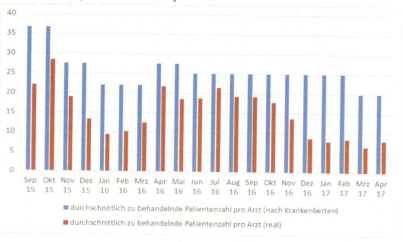

---

361 Vgl. hierzu Grafik 5: Personal des Offizierslazaretts Heidelberg von September 1915 bis März 1917.
362 GLA 456 F 118/365 Kriegs-Sanitäts-Bericht des Reservelazaretts Offizierlazarett Heidelberg des 14. Armeekorps 1.9.1915 - 31.5.1917, Tab.: Zahlenmäßige Angaben über das vorhanden gewesene Ober-Lazarettpersonal nach Monatsdurchschnitten, S. 15. Hierzu heißt es im Sanitätsbericht: »Bis zum 11.1.16 war der Chefarzt noch ein ordinierender, vom 11.1.16 an noch 2 Ordinierende Ärzte beigegeben. Seit dem 20.5.16 ist einer dieser beiden letzteren Spezialist für nervöse und psychische Erkrankungen.« Ebd., S. 5, 23.
363 Ebd., S. 5, 15.

Die niedrige Patientenzahl hatte zur Folge, dass sie pro Arzt real nie über 28 Patienten stieg, meistens unter 20 Patienten blieb und mitunter bis auf sieben Patienten zurückging. In den Monaten Januar und Februar 1916 wie auch von Dezember 1916 bis April 1917 lagen die Werte mit unter zehn Patienten pro Arzt sehr niedrig. Auch im Hinblick auf die Planstellen zeigt sich ein guter ärztlicher Schlüssel. Lediglich in den ersten beiden Monaten hätten bei Vollbelegung über 35 Patienten betreut werden müssen, später nie mehr als 27 Patienten.

Blickt man auf die Anzahl des Gesamtpersonals des Offizierslazaretts Heidelberg und setzt daneben die Patientenzahl, wird die intensive Betreuung der Patienten durch das Pflegepersonal deutlich.

Grafik 5: Personal des Offizierslazaretts Heidelberg von September 1915 bis März 1917[364]

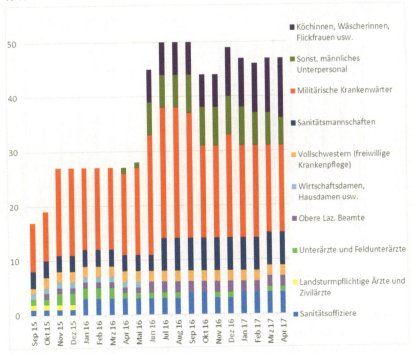

364 GLA 456 F 118/365 Kriegs-Sanitäts-Bericht des Reservelazaretts Offizierlazarett Heidelberg des 14. Armeekorps 1.9.1915 - 31.5.1917, S. 15, 19.

Das Offizierslazarett Heidelberg beschäftigte ein breites Personal. Die Ärzte, die oberen Lazarettbeamten und die Wirtschaftsdamen gehörten zum oberen Lazarettpersonal. Eine Sonderrolle spielte die freiwillige Krankenpflege, wobei im Offizierslazarett Heidelberg zwei sogenannte Vollschwestern als Pflegerinnen während des dargestellten Zeitraums beschäftigt waren. Alle weiteren in der Grafik 5 aufgeführten Kategorien, die Sanitätsmannschaften, die militärischen Krankenwärter, die Köchinnen, Wäscherinnen und Flickerinnen sowie die als »sonstiges männliches Unterpersonal« bezeichneten Personen gehörten zum unteren Lazarettpersonal. Während bis Mai 1916 unter 30 Personen beschäftigt waren, lag daraufhin die Personalstärke bei 43 bis 50 Personen.

Grafik 6: Das Verhältnis zwischen der Anzahl des Gesamtpersonals, der realen Belegung und der Planstellen im Offizierslazarett Heidelberg von September 1915 bis April 1917[365]

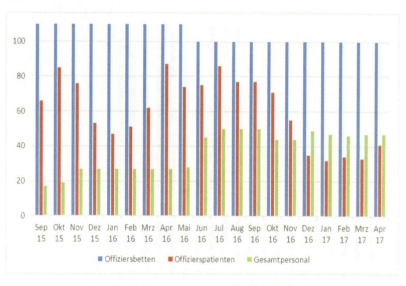

Grafik 6 zeigt, dass sich die Personalausstattung im Verhältnis zu den Offiziersbetten seit Juni 1916 deutlich verbesserte. Seitdem sollte das Personal etwa halb so viele Personen umfassen, wie Betten vorgesehen waren, während zuvor ungefähr das Verhältnis 1:4 ausmachte. Durch die Unterbelegung des Lazaretts war aber bereits seit Dezember 1915 das Verhältnis

---

365 Ebd., S. 5, 15, 19.

ungefähr 1:2 oder noch geringer. Lediglich in den Monaten März bis April 1916 bewegte es sich wieder etwas nach oben. Von Dezember 1916 bis April 1917 übertraf dann die Zahl der Angestellten durchgängig die Zahl der real vorhandenen Offizierspatienten.

Dieser hohe Personalschlüssel zeigt sich auch in anderen für Offiziere reservierten Lazaretteinrichtungen. So gab die Leitung des Offiziersheims Taunus in Falkenstein am 25. April 1918 an, dass der Personalbestand ohne Ärzte und Schwestern bei einer »Normalbelegungsstärke von 52 Betten« sich wie folgt ausnehme:

»10 Militärkrankenwärter, 4 Scheuerfrauen, 2 Köchinnen, 3 Gartenarbeiter, 1 Oberinspektor, 2 Sanit. Feldwebel, 1 Pförtner (Poliz. Untffz), 6 Zimmerburschen, 4 Wäsch- & Büglerinnen, 1 Küchenmädchen, 2 Gartenfrauen (jedoch nur im Sommer), 2 Unterinspektor, 3 Sanit. Unteroffiziere, ferner: Maschinisten, Kutscher. Der Bestand ist im Kriege wesentlich der gleiche wie im Frieden.«[366]

Sehr deutlich wird in beiden Einrichtungen auch die intensive Betreuung der Patienten durch die Krankenwärter, obwohl zu bedenken ist, dass nicht alle Krankenwärter den Offizieren direkt zur Verfügung standen, sondern auch in der Lazarettverwaltung tätig waren.[367] Doch ist sehr bezeichnend, dass im Offizierslazarett Heidelberg einer der Krankenwärter die alleinige Aufgabe hatte, Besorgungen für die kranken Offiziere in der Stadt zu machen,[368] obwohl jedem Offizier sein Offiziersbursche während eines Lazarettaufenthalts zur Verfügung stand.

---

366 GLA 456 F 118/362 Allgemeine Schriftwechsel, darin: Personalbestand des Offizier-Genesungsheim Falkenstein im Taunus.
367 Entsprechend einer Aufstellung vom 25. Februar 1918 waren im Offizierslazarett Heidelberg von den damals vorhandenen 16 Krankenwärtern bei 68 Kranken zwei Krankenwärter auf jedem der drei Stockwerke im Dienst. Daneben waren zwei Krankenwärter mit der Abfassung von ärztlichen Gutachten beschäftigt, einer war bei der Lebensmittel- und Kassenverwaltung tätig, zwei waren fest im Speisesaal (unterstützt von drei Krankenwärtern der Stockwerke während der Mahlzeiten), einer war zur Versorgung des Gartens und Viehbestandes, einer zum Reinigen der Geschäftszimmer, einer zur Hilfeleistung beim Polizeiunteroffizier und einer zur Hilfeleistung in der Küche angestellt. Ebd. Trotz der gewaltigen Personalausstattung schrieb der Chefarzt des Offizierslazaretts Heidelberg am 23. Februar 1918 an die Reservelazarettzentrale Freiburg i. Brsg., dass sie »sehr schlecht« mit dem vorhandenen »Pflege- und Aufwartepersonal« auskommen würden und er daher um eine Aufstockung bat. GLA 456 F 118/364 Allgemeine Schriftwechsel, darin: Brief des Chefarztes des Offiziers-Lazaretts Heidelberg an die Reservelazarett Zentrale Freiburg i. Brsg., 23.2.1918.
368 Ebd., darin: Brief des Offizierslazaretts Heidelberg an den Chefarzt des Reservelazaretts Freiburg i. Brsg., 25.2.1918.

Nicht nur Bau und Inneneinrichtung (das Inventar des Hauses wurde mit der Einrichtung auf 60.000 Mark geschätzt[369]), sondern auch die Personalaufteilung im Offizierslazarett Heidelberg sprechen für eine luxuriöse Hotel- oder Kasinoatmosphäre. Das Personal hatte die vorrangige Aufgabe, auf die Bedürfnisse und Wünsche der Patienten einzugehen.

Dass hingegen in den Nervenlazaretten und speziell in den Neurotiker-Lazaretten eine komplett andere Atmosphäre herrschte als in für Offiziere reservierten Einrichtungen, zeigt zum Beispiel der Vorfall im Neurotiker-Lazarett München K, wo ein Stationsarzt 1917 anordnete, dass die »Kriegsneurotiker« die Schwestern bedienen sollten, um sie an die Arbeit zu gewöhnen.[370] Er rechtfertigte diese Maßnahme damit, dass »die Erziehung zur Arbeit eine der wichtigsten Aufgaben bei der Behandlung der Nervenkranken ist.«[371]

Der Kriegs-Sanitätsbericht des Offizierslazaretts Heidelberg von 1915 bis 1917 ist allerdings auch ein Beleg dafür, dass der zwischenmenschliche Verkehr zwischen psychisch und physisch versehrten Offizierspatienten in einem Haus ohne nach Diagnosen abgetrennte Stationen als »schwierig« eingeschätzt wurde – trotz der Weitläufigkeit des Geländes, der hohen Zahl an Ärzten und Krankenpflegern und geringer Auslastung des Offizierslazaretts.[372]

---

369 Ebd.
370 1917 wurde im Reservelazarett München K wie in den Reservelazaretten Augsburg A, Freising und Kempten in Bayern eine Nervenbehandlungsabteilung mit 150 Betten eingerichtet, die der zentralisierten Behandlung der »Kriegsneurotiker« dienen sollte. Obwohl aus dem Bestand nicht klar wird, ob auch Offiziersbetten eingerichtet wurden, sprechen die Akten, die über den Behandlungsalltag auf der Station Auskunft geben, gegen diese These.
371 BayHStA-KA, Stv. Gen.Kdo. I. b. A. K.: Sanitätsamt: 504, Bitte um andere Verwendung als auf Stat. B Reservelazarett K, 11.8.1917.
372 Unter Punkt 6, in dem die Ausbildung des unteren Lazarettpersonals beschrieben wird, heißt es im Sanitätsbericht: »Eine besondere Ausbildung mußte in dem oft schwierigen Verkehr mit kranken und nicht nervösen Offizieren durch immer wiederholte Erklärung der schwierigen Verhältnisse gegeben werden. Mit wenigen Ausnahmen haben sich die Mannschaften dabei gut bewährt.« GLA 456 F 118/365 Kriegs-Sanitäts-Bericht des Reservelazaretts Offizierlazarett Heidelberg des 14. Armeekorps 1.9.1915 - 31.5.1917, S. 18. Wie es in der Lazarett-Ordnung von 1915 heißt, diente das Offizierslazarett Heidelberg »zur Behandlung innerlich kranker Offiziere, Sanitätsoffiziere und oberer Militärbeamten, sowie zur besonderen Feststellung von Krankheiten in diagnostisch schwierigen Fällen.« GLA 456 F 118/362 Allgemeine Schriftwechsel, darin: Geschäftsordnung für das Offizier-Lazarett Heidelberg, 7. Oktober 1915. Ein Hinweis darauf, dass hier unter dem Begriff der »schwierigen Verhältnisse« gemeint war, dass die gemeinsame Unterbringung von

Kasinoatmosphäre und Geselligkeit in Offizierslazaretten und -genesungsheimen

Für alle Lazarette und Genesungsheime, in denen im Ersten Weltkrieg psychisch versehrte Kriegsteilnehmer untergebracht wurden, galt, dass eine militärische Atmosphäre aufrechterhalten werden sollte. Während allerdings in für Mannschaften reservierten Lazaretten die Kaserne das Vorbild darstellte, war dies in für Offiziere vorgesehenen Einrichtungen das Kasino.[373] Eine Besonderheit der für Offiziere reservierten Einrichtungen war daher, dass die Psychiater den geselligen Umgang unter den Kameraden, wie er in den Offizierslazaretten stattfand, als therapeutische Maßnahme ansahen. Das Standesbewusstsein und der Kampfeswille des einzelnen Offiziers sollten so gestärkt werden.[374] Dies zeigt zum Beispiel die auf seinem Krankenblatt des Offizierslazaretts Stenay vermerkte ärztliche Empfehlung eines Aufenthalts im Offiziersgenesungsheim für den psychisch versehrten Offizier Hermann B.:

»Da Patient erst im Februar d. J. Erholungsurlaub gehabt hat, und sein Vorschlag, ihn ins Res. Laz. seines Vaters in Ludwigshafen zu überweisen, aus Milit. Gründen nicht eingängig zu sein scheint, wird ihm ein Aufenthalt im Offiz.-Gen.-Heim Joeuf vorgeschlagen, da eine Ablenkung durch den Verkehr mit gleichaltrigen Kameraden günstig wirken dürfte.«[375]

---

psychisch kranken und organisch kranken Offizieren wohl durchaus auch mit Konflikten verbunden war, findet sich weiter hinten im Bericht. Als Manko des Lazarettbetriebs wurde hier beschrieben, dass keine nach Diagnosen abgetrennten Stationen machbar waren: »Räumlich abgegrenzte Stationen lassen sich nicht innehalten. Die kranken Offiziere müssen in den Zimmern untergebracht werden, die jeweils frei sind.« GLA 456 F 118/365 Kriegs-Sanitäts-Bericht des Reservelazaretts Offizierlazarett Heidelberg des 14. Armeekorps 1.9.1915 - 31.5.1917, S. 23.

373 Der Nervenarzt Willy Hellpach betonte 1915 in der Zeitschrift Medizinische Klinik, dass die militärische Lazarettdisziplin aufrecht zu erhalten und eine »Klubhaus-Atmosphäre« in den Lazaretten und Genesungsheimen für die Soldaten unbedingt zu vermeiden sei: »Der verwundete oder erkrankte Soldat kann vom Lazarett fordern, daß er darin alles finde, was zu seiner Genesung nötig und dienlich sei: gute Einrichtungen, Ärzte, Pflege. […] Damit aber sind wir an der Grenze des Wünschenswerten. Jeder Schritt darüber hinaus birgt die Gefahr, daß das Lazarettleben, besonders für die schon Genesenden, zu schön werde. Und das darf es nicht. Verbreiten wir zuviel Behagen, zuviel Molligkeit, zuviel Gemütlichkeit, zuviel Abwechslung im Lazarett, so wird aus der Heilanstalt schließlich ein Klub- oder Vereinshaus, in dessen Atmosphäre sich der letzte Zweck der Behandlung, die Herstellung der Kriegsbrauchbarkeit, verflüchtigt.« Hellpach, Lazarettdisziplin als Heilfaktor, S. 1209.

374 Spilker, Geschlecht, Religion und völkischer Nationalismus, S. 142.

375 BayHStA-KA OP 24270 Hermann B. Allerdings gab es auch Kriegspsychiater, die die Geselligkeit im Offiziersgenesungsheim als kritisch ansahen und stattdessen auf Urlaub

Hingegen betonten die Ärzte in Bezug auf die Nervenstationen der Kriegslazarette oft die Gefahr der »psychischen Infektion« bei einer zu engen Zusammenlegung der Patienten.[376] Die lockere gesellschaftliche Atmosphäre, die mitunter in für Offiziere reservierten Einrichtungen herrschte und in der die militärischen Hierarchien in den Hintergrund traten, wird auch daraus ersichtlich, dass im Offizierslazarett Heidelberg 1916 der Aufsichtsoffizier ein psychisches Leiden hatte. Oberstleutnant E., der an »Herzerweiterung und nervöser Erschöpfung« litt und sich als Kranker in der Garnison Heidelberg befand, war vom Generalkommando als Aufsichtsoffizier in das Offizierslazarett Heidelberg kommandiert worden. Dort wurde seitdem sein Leiden behandelt und er wurde als Patient geführt.

Die Entscheidung für dieses Procedere wurde getroffen, obwohl in der Geschäftsordnung für das Offizierslazarett Heidelberg vom 7. Oktober 1915 gerade die hohe hierarchische und disziplinarische Stellung des Aufsichtsoffiziers betont wurde. So wurde dem Aufsichtsoffizier eine gleichberechtigte Position neben dem Chefarzt eingeräumt mit jeweils klaren Kompetenzen:

»Dem Chefarzt liegt die ärztliche und verwaltungsgemäße Leitung des Offizier-Lazaretts Heidelberg nach Maßgabe des § 54, 58 u. 59 der F.S.O. ob, dem Aufsichtsoffizier die Aufsicht über die Kranken und deren Burschen. Beide sind in ihrer Stellung zum Offizier-Lazarett gleich berechtigt [...].«[377]

Konkret wurden als Aufgaben des Aufsichtsoffiziers definiert:

»a. Die Aufrechterhaltung der Disziplin unter den im Offizier-Lazarett aufgenommenen Kranken u. deren Burschen. Letzteren gegenüber hat er die Disziplinarstrafgewalt eines nicht selbständigen Bataillonskommandeurs. b. die Führung eines Strafbuchs. c. die An- und Abmeldung der in das Offizier-Lazarett aufgenommenen und aus ihm ausscheidenden Offiziere beim Garnisonkommando. d. Regelung der Teilnahme am Offizier-Mittagstisch. e. Verwaltung der Kasino-Kasse. f. Den Schriftverkehr über Offiziere, Sanitätsoffiziere, Veterinäroffiziere, obere Beamten in persönlichen Angelegenheiten, soweit derselbe nicht dem Chefarzt zusteht.«[378]

---

zur Mobilisierung der Selbstheilungskräfte setzten. Siehe hierzu den Abschnitt »Urlaub« in Kap. III.4.c. Urlaub, Badekuren und Privatpflege.
376 Siehe zum Beispiel Hellpach, Kriegsneurasthenie, 212.
377 GLA 456 F 118/62 Allgemeine Schriftwechsel, darin: Geschäftsordnung für das Offizier-Lazarett Heidelberg, 7. Oktober 1915.
378 Ebd.

Daraus, dass es einen Offiziers-Mittagstisch und eine Kasino-Kasse gab, wird der Versuch, eine Kasinoatmosphäre im Lazarett zu erzeugen, besonders deutlich.

Allerdings hatte das Offizierslazarett Heidelberg dann doch hinsichtlich dieser Regelung, dass der Aufsichtsoffizier gleichzeitig Patient war, Bedenken und erkundigte sich beim Sanitätsamt des 14. Armeekorps Karlsruhe im Mai 1916, ob dies genehmigt werde. Im Schreiben des Offizierslazaretts heißt es, dass auch der betreffende Oberstleutnant anfangs gezögert habe, die Stelle als Aufsichtsoffizier trotz seiner Krankheit anzunehmen, doch habe er sich schließlich aufgrund des Zuratens des Generalkommandos darauf eingelassen: »Oberstlt. E. versichert, daß das Generalkommando ihm jedes Entgegenkommen in seiner Krankheit zugesichert habe. Er ist noch behandlungsbedürftig.«[379] Die Anfrage, ob der Oberstleutnant gleichzeitig als Aufsichtsoffizier und Patient geführt werden könnte, wurde schließlich vom Sanitätsamt abgelehnt. Da die Familie des Oberstleutnants in Heidelberg ansässig war, wurde beschlossen, er solle zukünftig weiterhin als Aufsichtsoffizier tätig sein, sei aber nicht mehr als Patient zu führen und habe zu Hause zu wohnen.[380]

Ein weiteres Kennzeichen des Miteinanders in den für Offiziere reservierten Einrichtungen war, dass die Ärzte sich in der Regel an der Geselligkeit der Offiziere beteiligten. Hellpach etwa wurde, als er im Frühjahr 1916 im Offizierslazarett Heidelberg als Abteilungsarzt ohne Offiziersrang seinen Dienst antrat, vom dortigen Aufsichtsoffizier dazu angehalten, in »vielseitige außerdienstliche Fühlung« mit den Offizierspatienten zu treten. Hellpach verhielt sich dieser Anweisung entsprechend, zog sich aber später wieder stärker zurück. Besonders beklagte er die Gerüchteküche im geselligen Leben des Offizierslazaretts und bezeichnete die hier eingelieferten Reserveoffiziere als »hemmungslose Klatschbasen«. Als er von mehreren Gerüchten hörte, die über ihn verbreitet wurden, brach er den gemeinsamen Mittagstisch ab.[381]

Hellpach unterschied bei seiner Beschreibung des geselligen Lebens im Offizierslazarett Heidelberg zwischen aktiven und Reserveoffizieren. Die Letzteren seien sehr kontaktfreudig gewesen, mit dem Nachteil, dass sie auch dem Klatsch und Tratsch zugesprochen hätten. Die Ersteren hingegen hätten sich auf den nötigsten Kontakt beschränkt. Auch hätten sich gerade

---

379 Ebd.
380 Ebd.
381 Hellpach, Wirken in Wirren, S. 59.

die jüngeren aktiven Offiziere häufig den Anstaltsregeln widersetzt, sodass Hellpach auch aus diesem Grund Distanz hielt, um ihnen gegenüber seine Autorität zu wahren.[382] Hellpach, der selbst keinen Offiziersrang als Abteilungsarzt innehatte, reagierte stets sehr empfindlich auf Überheblichkeit von Offizieren.[383] Seine Erinnerungen belegen, dass Standesdünkel im geselligen Leben im Offizierslazarett Heidelberg existierte, dass ein solcher aber nicht mehr allgemein akzeptiert wurde. Dies zeigt zum Beispiel die Schilderung einer Rede des Aufsichtsoffiziers auf der Weihnachtsfeier 1917 im Offizierslazarett Heidelberg:

»Welche neue Welle ständischer Überheblichkeit sogar verständige konservative Kreise überflutete, ließ eine geradezu aufreizende Ansprache erkennen, die zu Weihnachten 1917 der brave Aufsichtsoffizier unseres Lazaretts, ein ehemaliger Bezirkskommandeur, an die Sanitätsunteroffiziere und -mannschaften hielt, die zur Einbescherung mitversammelt waren. Er glaubte das Fest der brüderlichen Menschenliebe nicht besser heiligen zu können, als indem er diesen Leuten (unter denen sich angesehene Kaufleute und Staatsbeamte befanden) unter die Nase rieb, daß sie ja eigentlich in diesen Offizierskreis gar nicht hineingehörten und es als eine ›Auszeichnung für ihr ganzes Leben‹ zu schätzen hätten, bei dieser Feier der (nun wörtlich!) ›Herren Offiziere und Sanitätsoffiziere anwesend sein zu dürfen‹. Auch unser Chefarzt, der ein recht starkes Vorgesetztenbewußtsein hatte und zur Schau trug, war aufs äußerste erregt über eine so krasse Entgleisung, und erwog, ob er nicht den Redner nach den Feiertagen ›stellen‹ solle. (Es ist aber bei der ›Erwägung‹ geblieben.)«[384]

Hellpach bewertete im Rückblick die gesellige Beziehung zwischen Arzt und Patienten allgemein als Fehler. Er schrieb:

»Es bewährte sich sowenig wie ja auch im bürgerlichen Leben; der Arzt büßt von seiner Suggestion etwas und manchmal alles ein, wenn er mit seinen Patienten zu intim wird.«[385]

Auch von anderen fachpsychiatrischen Experten wurde die Geselligkeit zwischen Arzt und Patienten wie auch der Freiraum für Offiziere im Hinblick auf Urlaub und Alltagsgestaltung in den Lazaretten durchaus kritisch

---

382 Ebd.
383 Vgl. hierzu auch die Episode, die er über die Überheblichkeit von Offizieren gegenüber Sanitätsoffizieren berichtete, Ebd., S. 13f.
384 Ebd., S. 58.
385 Ebd., S. 58f. Siehe daneben Hellpach, Kriegsneurasthenie, S. 211–213.

gesehen. Diese sahen eine strenge ärztliche Aufsicht als unabwendbar für den Genesungserfolg und zu viel Müßiggang als schädlich an.[386] Ein Beispiel für eine kritische ärztliche Sicht auf die Geselligkeit in den Offiziersgenesungsheimen ist die Fallstudie Joachim von Steinau-Steinrücks über Leutnant Schmidt, den er als »erregbaren Psychopathen« schilderte. Über das, was in der Zeit nach der Krankmeldung mit Leutnant Schmidt geschah, schrieb Steinau-Steinrück:

»Entgegen meinem Vorschlage, Sch. als g.v. in die Heimat zu schicken, brachte ihn der Regimentsarzt in einem Offizierserholungsheim unter. Hier sehr geselliges Leben und gelegentliche Zechereien.«[387]

Offiziere in der geschlossenen Abteilung

Nicht immer herrschte allerdings für Offiziere eine Hotel- oder Kasinoatmosphäre im Lazarett. Vielmehr spielte für die Unterbringung der psychisch versehrten Offiziere ihr seelischer Zustand eine entscheidende Rolle. Verhielten sie sich unruhig oder wurden sie als unzurechnungsfähig eingeschätzt, galten sie primär als geisteskranke Patienten, bei denen der militärische Rang nur eine untergeordnete Rolle spielte. Die Unterbringungsbedingungen orientierten sich in diesen Fällen vorrangig daran, dass der Patient sicher in Gewahrsam gehalten und seine Umwelt vor ihm geschützt wurde. Der Komfort des Offiziers spielte dabei keine vorrangige Rolle. Diese Offiziere kamen, wenn sie auf einer Nervenstation lagen, wie die Mannschaftssoldaten in die geschlossene Abteilung mit vergitterten Fenstern.

Ein Beispiel für einen Offizier, der wegen seines deliranten Zustands auf die geschlossene Abteilung gebracht wurde und von den vergitterten Fenstern konsterniert war, ist Leutnant Julius M. im Reservelazarett der Universitätsnervenklinik Tübingen. Über seine Einweisung am 30. April 1915 steht in seiner Krankenakte:

---

386 Gaupp, Schreckneurosen und Neurasthenie, S. 99; Weber, Zur Behandlung der Kriegsneurosen, S. 1234. Siehe zur Alltagsgestaltung auch Kap. III.3 Anstaltsalltag: Unterbringung, Verpflegung und Arzt-Patienten-Verhältnis von psychisch versehrten Offizieren, zum Urlaub Kap. III.4.c Urlaub, Badekuren und Privatpflege.

387 Steinau-Steinrück, Zur Kenntnis der Psychosen des Schützengrabens, S. 334f. Siehe hierzu auch den Abschnitt »Urlaub« in Kap. III.4.c. Urlaub, Badekuren und Privatpflege.

»Als er auf der geschlossenen (oberen) Abteilung die Gitter an den Fenstern sieht, geht er zum Fenster hin, fasst die Gitter an, fragt dabei: ›Was soll das.‹ Blinzelt mit den Augen, lächelt vor sich hin. Lässt sich dann zu Bett bringen [...].«[388]

Einen entsprechenden Fall schildert auch Edlef Köppens 1930 geschriebener, stark autobiografisch geprägter Roman »Heeresbericht«, welcher von dem Offizier Reisiger handelt, der im letzten Kriegsjahr auf die Nervenstation des Festungslazaretts Mainz kam. Dort wurde er in eine Isolierzelle eingeliefert, die nur bläuliches Licht, zentimeterdickes Fensterglas und eine abgeschlossene Tür hatte, sodass sich Reisiger, wie es heißt, wie in einem Grab fühlte.[389] Auch Köppen selbst war im Ersten Weltkrieg Leutnant der Reserve und erlebte das Kriegsende in einer Nervenheilanstalt. Die Einweisung war erfolgt, da er im September 1918 zur offenen Gehorsamsverweigerung übergegangen war.[390]

In Österreich-Ungarn kam es vor, dass auch Offiziere, bei denen lediglich die Dienstfähigkeit geprüft wurde, in Isolierzellen untergebracht wurden. Ein Leutnant der österreichisch-ungarischen Armee, der im September 1915 nach einer Granatenexplosion als dienstunfähig entlassen worden und 1917 zur erneuten Feststellung der Dienstfähigkeit in der Klinik Julius Wagner-Jaureggs untersucht worden war, beschuldigte diesen 1920 unter anderem, dass er 77 Tage zum Teil mit Geisteskranken, zum Teil vollkommen isoliert, in eine Zelle der Klinik eingesperrt worden sei.[391] Im folgenden Prozess wurde ein weiterer Offizier angehört, der auch vier Wochen lang in einer Isolierzelle festgesetzt worden war.[392]

---

[388] UAT 669/27109 Krankenakte des Leutnants Julius M.
[389] Köppen, Heeresbericht, Kap. 16: Siebentes Kapitel, Abschnitt 16.
[390] Siehe hierzu Kap. IV.3. Die Auswirkung der psychischen Versehrung auf das Verhältnis zum Krieg und das Selbstbild als Offizier.
[391] Seine Hauptanklage betraf die Kaufmann-Kur, die zweimal bei ihm durchgeführt worden sei. Markus, Sigmund Freud und das Geheimnis der Seele, S. 264f. Vgl. hierzu ausführlich Eissler, Freud und Wagner-Jauregg. Siehe hierzu auch den Abschnitt »Die Anwendung aktiver Behandlungsmethoden bei Offizieren« in Kap. III.4.a.
[392] Der ehemalige Leutnant Ferdinand Uhjely gab an: »Ich bin von der Abteilung Fuchs nach einem Anfall auf die gesperrte Abteilung des Professors Wagner-Jauregg gebracht worden, wo man mich, trotzdem ich geistig ganz gesund war, in eine Isolierzelle eingesperrt hat und ich wie ein Verbrecher gehalten wurde. Vier Wochen war ich in der Isolierzelle und man kann sich vom grünen Tisch aus keine Vorstellung machen, was ich in dieser Zeit gelitten habe. Ich habe aus meiner Zelle gesehen, wie Dr. Kozlowski ein Kind faradisiert hat; es hat vor Schmerzen stark geschrien.« Arbeiter-Zeitung, Nr. 285, 15.10.1920, S. 9: Ein Verfahren gegen Ärzte.

b. Arzt-Patienten-Verhältnis

In der deutschen Armee gestaltete sich das Arzt-Patienten-Verhältnis, wenn psychisch versehrte Offiziere behandelt oder ärztlich begutachtet wurden, im Regelfall auf Augenhöhe. Die Ärzte begegneten den Offizieren mit Respekt und stellten deren Individualwohl gewöhnlich in den Mittelpunkt.

Geforderte Arztpersönlichkeit bei der Offiziersbehandlung

An die Persönlichkeit der Ärzte, die Offiziere im Lazarett behandelten, wurden besondere Anforderungen gestellt. Es war zwar nicht unbedingt notwendig, dass die Ärzte einen Offiziersrang innehatten, obwohl es als deutlicher Vorteil eingeschätzt wurde, doch galt ein an militärische Standards angepasstes energisches Auftreten der Mediziner als unabdingbar.

So schrieb der Inspekteur der X. Kriegs-Sanitäts-Inspektion in seinem Bericht zu seiner jüngsten Besichtigung der Reservelazarette und anderen sanitären Einrichtungen in Heidelberg am 20. Dezember 1917 über die Ärzte im Offizierslazarett Heidelberg:

»In der Person des landsturmpflichtigen Arztes Sanitätsrat Dr. Wiedeburg, der auf dem Gebiete der Neurosen-Behandlung sehr glückliche Erfolge aufzuweisen hat, ist eine sehr wertvolle erstklassige Kraft gewonnen. [...] Eine ausgezeichnete Unterstützung findet er für seine Bestrebungen durch den für seine Aufgaben nach seiner ganzen Persönlichkeit hervorragend geeigneten aufsichtsführenden Offizier Oberstleutnant Schöngarth [...] Aus dem Rahmen des Ganzen fällt meinem Eindruck nach nur der landsturmpflichtige Arzt Dr. Lettmann dessen Wesen und Persönlichkeit einerseits wenig für ein Offizierlazarett geeignet ist und dessen ärztliches und gutachterliches Können andererseits – auch nach den mir vom Chefarzt gemachten Mitteilungen – mir nicht auf allzugroßer Höhe und und jedenfalls nicht im richtigen Verhältnis zu seinem Selbstbewußtsein zu stehen scheint. Es empfiehlt sich m. E. ihn möglichst bald durch eine anderweitige mehr geeignete Kraft zu ersetzen, die mit einer guten internistischen Fachausbildung eine entsprechende Persönlichkeit verbindet.«[393]

Was der Inspekteur der X. Kriegs-Sanitäts-Inspektion unter einer »entsprechenden Persönlichkeit« verstand, wird in seinem fünf Monate später

---

[393] GLA 456 F 113/87 Besichtigungen der Reservelazarette Heidelberg, Bruchsal, Illenau, Rastatt, Ettlingen, Offenburg, Dürrheim, Donaueschingen, Singen, Freiburg, Müllheim und Badenweiler durch den Inspekteur der X. Kriegs-Sanitätsinspektion, 29.11.1917–18.9.1918, darin: Inspekteur der X. Kriegs-Sanitäts-Inspektion, Bemerkungen zu meiner jüngsten Besichtigung der Reservelazarette pp. Heidelberg, 20.12.1917.

verfassten Bericht vom 11. Mai 1918 zum Offizierslazarett Waldeck deutlich, das sich auf lungenkranke Offiziere spezialisiert hatte. Hierin schrieb er über das Urteil des Chefarztes des Reservelazaretts Badenweiler, unter dessen Aufsicht das Offizierslazarett Waldeck fiel:

»Ebenso hält der Chefarzt den derzeitigen Abteilungsarzt im Offizierlazarett Waldeck [...] landsturmpflichtigen Arzt Vögtle für diese Verwendung nicht nur wegen seines Mangels an lungenspezialistischen Kenntnissen und Erfahrungen, sondern auch wegen seines schlaffen und unmilitärischen Wesens für gänzlich ungeeignet, [...]. Als sehr geeigneten und auch dazu bereiten Ersatz für Vögtle bezeichnet der Chefarzt den Stabsarzt Dr. Otto, z. Zt. beim Kriegslazarett 38. Ein entsprechender Austausch ließe sich vielleicht ermöglichen, da Vögtle k.v. ist. Jedenfalls wäre es sehr zu begrüßen, wenn die Stelle beim Offizierlazarett durch einen energischen Sanitätsoffizier besetzt werden könnte.«[394]

Dass der landsturmpflichtige Arzt des Offizierslazaretts Waldeck wegen seines unmilitärischen Auftretens ersetzt werden sollte, spricht dafür, dass militärische Umgangsformen für Offizierslazarette als notwendig angesehen wurden und wohl auch für die Befürchtung, dass der Arzt sonst von den Offizierspatienten nicht ernst genommen wurde.

Auch Geschlechteraspekte spielten hier eine zentrale Rolle. Dies zeigt das Urteil des Inspekteurs über die Offizier-Lungenheilstätte Nordrach, die er zur Schließung empfahl. Dort praktizierte eine junge Ärztin, was der Inspekteur deutlich kritisierte:

»[...] die Tatsache, daß dort seit längerer Zeit eine junge Ärztin den hülfsärztlichen Dienst, gelegentlich auch die längere oder kürzere vollständige Vertretung des leitenden Arztes versieht, kann zu unliebsamen Beanstandungen seitens der kranken Offiziere führen und hat dazu, wie mir vom Chefarzt berichtet wird, schon tatsächlich geführt.«[395]

Eine Ausnahme bildete hier allerdings Mathilde von Kemnitz, die Leiterin des Offiziersgenesungsheims Schöneck-Garmisch, in dem sie »nervenkranke« Offiziere behandelte.[396] Nach ihrem eigenen Bericht wurde sie trotz ihres Geschlechts von den Offizieren akzeptiert. Sie hatte als Leiterin eines Offiziersgenesungsheims wie auch insgesamt im Bereich der Militär-

---

394 Ebd., darin: Inspekteur der X. Kriegs-Sanitäts-Inspektion, Bemerkungen zu meiner jüngsten Besichtigung der Reservelazarette Müllheim und Badenweiler, Straßburg 11.5.1918.
395 Ebd., darin: Inspekteur der X. Kriegs-Sanitäts-Inspektion, Bemerkungen zu meiner jüngsten Besichtigung der Reservelazarette Offenburgs, B. Baden 18.2.1918.
396 Siehe zu ihren Ansichten auch die Ausführungen in Kap. III.2.a. Der psychiatrische Diskurs über die Diagnosen und Ursachen von psychischen Leiden bei Offizieren.

psychiatrie eine absolute Sonderstellung. Gerade die dortigen Behandlungsansätze und medizinischen Theorien waren stark von geschlechtlichen Zuweisungen und dem Ideal des Männerbundes geprägt. Auf ein Empfehlungsschreiben ihres Doktorvaters hin erhielt sie im Herbst 1915 vom Kriegsministerium die Ausnahmegenehmigung, als Frau unmittelbar unter militärischen Vorgesetzten arbeiten und ein Offiziersgenesungsheim eröffnen zu dürfen. Im April 1917 musste sie es aufgrund der schlechten Versorgungslage wieder schließen.[397]

Die Offizierskrankenakte als Produkt eines Aushandlungsprozesses zwischen Arzt und Patienten

Beim Ausfüllen der Krankenakte widmeten die Ärzte Patienten mit gehobenem militärischem Rang in der Regel mehr Aufmerksamkeit als Mannschaftssoldaten.[398] Die hohe Bedeutung des militärischen Ranges wie auch des Vaterberufes[399] drückt sich dort schon darin aus, dass in den Krankenbüchern und -blättern noch vor der Diagnose und der Feststellung einer möglichen hereditären Belastung nach beiden Kategorien gefragt wurde.[400]

Der sozialbiografische und krankengeschichtliche Hintergrund wurde in den Krankenakten der Offiziere ausführlich dargestellt. Zwar war es im Ersten Weltkrieg üblich, dass der Arzt in der Anamnese die Krankengeschichte erhob und aus den Schilderungen des Patienten erste Schlüsse über die zugrundeliegende Krankheit zog, doch variierte die Gründlichkeit je nach militärischem Rang. Anders als bei einfachen Soldaten wurden bei Offizieren zumeist vollständige Sätze notiert und Begründungsstrukturen hergestellt. Sehr auffällig ist, dass die Ärzte häufig Zitate des Offiziers wiedergaben, um Befindlichkeit, Bedürfnisse und Wünsche des Patienten während der Behandlungszeit im Lazarett zu beschreiben. Die Krankenakte erweist sich in

---

397 Nolte, Gelebte Hysterie, S. 138, 140f., 145. Zu der Ärztin, Frauenrechtlerin und antisemitischen Theoretikerin Mathilde von Kemnitz-Ludendorff siehe Spilker, Geschlecht, Religion und völkischer Nationalismus, bes. S. 143.
398 Hermes, Krankheit: Krieg, S. 398, 401, 409.
399 Die Öffnung des Offizierskorps für Angehörige der unteren Mittelschicht seit 1916 stellt die Frage, welche Bedeutung der Vaterberuf für die Ärzte hatte, wenn sie mit Offizieren in Kontakt kamen. Nahmen gerade die Ärzte in Heimatlazaretten auch diese Offiziere als Angehörige ihrer Klasse wahr?
400 Hermes, Krankheit: Krieg, S. 362.

diesen Fällen als Produkt eines Aushandlungsprozesses zwischen Arzt und Patient, in dem beide Sichtweisen wiedergegeben wurden.[401]

Ein Grund für diese Begegnung auf Augenhöhe zwischen Arzt und Offizier ist darin zu sehen, dass viele Militärärzte sich vorrangig selbst als Offiziere betrachteten und ihnen viel daran lag, als gleichrangig von den Offizieren anerkannt zu werden. Der Nervenarzt Willy Hellpach, der im Weltkrieg keinen Offiziersrang innehatte und dies auch nicht anstrebte, kritisierte in seinen Memoiren an seinen Arztkollegen immer wieder dieses Streben nach Gleichrangigkeit mit den Offizieren. Er sah gerade die vielfache Anbiederung der Ärzte an die Offiziere als entscheidend dafür an, dass die Offiziere insbesondere in Preußen oft auf die Sanitätsoffiziere herabsahen. Nach dem Bericht einer Episode, bei der die Gemahlin eines Generalarztes auf einem Offiziersball nicht als Offiziersdame, sondern als »kleine Doktorsfrau« betitelt wurde, schrieb er, »daß die echauffierte Bemühung der Militärärzte darum, durchaus nicht Militärärzte, sondern Sanitätsoffiziere zu sein, genau das Gegenteil der Absicht erzielt und die zweideutige Stellung dieser Funktionäre in der Armee mitverschuldet habe.«[402]

Bezeichnend für das Verhältnis zwischen Militärärzten und Offizieren sind die Untersuchung und der Antrag auf Ablösung gegen den Oberarzt Anton T. des 2. bayerischen Reserve-Feld-Artillerie-Regiments 1918, der eine Auseinandersetzung mit einem Ordonnanzoffizier angezettelt hatte und bereits zuvor durch unwirsches und beleidigendes Verhalten gegenüber Offizieren und Kollegen aufgefallen war. Sein Vorgesetzter urteilte am 28. Januar 1918:

»[...] Er glaubt als Sanitätsoffizier im Offizierskorps zurückgesetzt zu werden und sucht die Würde seines Standes durch rauhes [...] unliebenswürdiges Auftreten wahren zu müssen. Die Folge sind peinliche Zusammenstöße, die schließlich das Ausscheiden T.s aus dem Stabe erforderlich machten [...].«[403]

Erneut befragt am 19. März 1918, betonte der Vorgesetzte, dass die von Anton T. empfundene Nicht-Achtung nicht gerechtfertigt gewesen sei. So sei »er leider von dem ungerechtfertigten Wahn befallen, seitens der Offiziere der Abteilung zurückgesetzt zu werden [...].«[404] In der deswegen durchgeführten ärztlichen Untersuchung des Oberleutnants wurde Anton T. im

---

401 Vgl. den gleichen Befund von Hermes zu Krankenakten von Offizieren Hermes, Krankheit: Krieg, S. 398, 401, 409.
402 Hellpach, Wirken in Wirren, S. 14.
403 BayHStA-KA OP 31072 Anton T., Beurteilung des Oberarztes, 28.1.1918.
404 Ebd., Beurteilung des Oberarztes, 19.3.1918.

III. Offiziere in psychiatrischer Behandlung

März 1918 als »Psychopath, der zu Verstimmungszuständen neigt«, eingeschätzt. Es sei »jedoch nicht so tiefgreifend, daß seine Willensfreiheit wesentlich eingeschränkt wäre. Herr Oberarzt T. ist für sein Sprechen und Tun als voll verantwortlich anzusehen.«[405] Am 1. Mai 1918 meldete er sich dennoch »wegen psychischer und nervöser Störungen« krank und nahm nach seiner Gesundung den Dienst in einem anderen Regiment wieder auf, was den Ärztemangel zeigt. Ähnlich wie bei den Offizieren, konnte man auch bei den Ärzten in der zweiten Kriegshälfte nicht auf leistungskräftige Personen verzichten, selbst wenn sie in sozialer Hinsicht nicht den Anforderungen entsprachen. Vom Oberarzt des neuen Regiments erhielt er im September 1917 das Urteil: »[...] Unverträglich, unliebenswürdig, ungefällig und rauh, aber als Arzt tüchtig [...].«[406]

In Bezug auf das Miteinander zwischen Arzt und Offizierspatienten bei der Krankheitsbeschreibung sind allerdings drei Einschränkungen zu machen. Erstens galt auch für die Offiziere, dass die letztliche Deutungshoheit über die Krankheit beim Arzt lag und dieser tendenziell über die Dauer des Aufenthalts und die Art der Behandlung entschied. Maria Hermes spricht daher von Krankenakten als »Herrschaftsakten«.[407]

Zweitens wurde dem Offizier in gleicher Weise wie den Mannschaftssoldaten während des Krieges kein Einblick in seine Krankenakte gewährt.[408] Ihm wurde das Krankenblatt bei der Überführung in das nächste Lazarett

---

405 Ebd., Ärztliche Beurteilung, 15.3.1918.
406 Ebd., Beurteilung des Oberarztes, 5.9.1917.
407 Hermes, Krankheit: Krieg, S. 370f. Siehe daneben Huerkamp, Der Aufstieg der Ärzte im 19. Jahrhundert, S. 131ff.
408 Ein Beispiel für den ärztlichen Umgang in Bezug auf die Geheimhaltung der ärztlichen Diagnosen und Krankenblätter gewährt der Bericht des leitenden Arztes im Reservelazarett Ettlingen an das Sanitätsamt des XIV. Armeekorps vom 5. August 1916: »Es ist aufgefallen, daß oftmals Leute, die gar nicht auf einer entsprechenden Bildungsstufe stehen, über alle Einzelheiten ihres Zustandes sogar mit Fachausdrücken unterrichtet sind; auf welchem Wege bleibt meist unklar. Einen Teil der Schuld trägt meines Erachtens die Tatsache, daß manche Ärzte ihre Befunde in Gegenwart des Patienten und für diesen hörbar diktieren; vielleicht bewahrt auch das Unterpersonal nicht immer die nötige Verschwiegenheit. Ob die Art der Aufbewahrung der Krankenblätter in den Lazaretten oder beim Truppenteil immer eine genügende Garantie für die Geheimhaltung ihres Inhaltes bietet, sei dahingestellt.« GLA 456 F 113/82, Kommissarische Untersuchungsberichte über den Gesundheitszustand von Offizieren und Mannschaften in Lazaretten und Genesungsheimen sowie Versetzungs- und Untersuchungsgesuche, 30.7.1914 - 22.8.1918, darin: Dem Stellv. Sanitätsamt XIV. A.K., Ettlingen 5.8.1916.

versiegelt mitgegeben[409] oder per Post übersandt.[410] Dass bei Offizieren in Bezug auf die Geheimhaltung der Krankenblätter keine Ausnahme gemacht wurde, spricht dafür, dass die Einstellung vorherrschte, dass die Behandlungserfolge geringer oder die Symptome sich verstärken bzw. erst vom Patienten ausgeprägt werden würden, wenn dieser über die ärztliche Diagnose Bescheid wüsste.[411] Drittens konnte der ärztliche Ton deutlich schärfer und autoritärer werden, wenn der Offizierspatient den Anweisungen der Ärzte ungenügend Folge leistete. Bei Offizieren wurde wie bei Mannschaftssoldaten standardmäßig in den Krankenakten neben Ausführungen über den ärztlichen Untersuchungsbefund, die Therapie, die verabreichte Kost und den subjektiven Befund des Patienten laufend notiert, wie sich der Patient in das Lazarettleben eingliederte und wie kooperativ er sich zeigte.[412]

Bei diesen Einschränkungen ist wiederum zu bedenken, dass die Krankenakten der Gedächtnisstütze des Arztes und der Kommunikation unter Fachkollegen dienten. Sie stellten einen eigenen Diskursraum fern der Zensur dar. Dass trotzdem zumeist soziale Rücksichten genommen wurden, spricht umso mehr dafür, dass das Menschenbild und der Habitus der Ärzte von einer sozialen Hierarchisierung geprägt waren.

Hinsichtlich der Bedeutung des militärischen Ranges in den Krankengeschichten ist festzuhalten, dass der militärische Rang je nach Fall, Arzt und Krankenhaus eine unterschiedliche Rolle spielte. In manchen Krankengeschichten wurde immer wieder auf die Offizierstätigkeit abgehoben, sei es bei der Darstellung der Vorprägung oder des krankheitsauslösenden Ereignisses, sei es im Hinblick auf Empfehlungen zur Therapie und Entlassung. Gerade bei aktiven Offizieren orientierten sich die Ärzte sehr häufig am Ziel, dem Offizier wieder rasch Lust auf den Frontdienst zu machen.[413] Dagegen

---

409 Vgl. z.B. KBL 39441 Krankenbuch des Offiziersgenesungsheims Joeuf der 5. Armee, Patienten Nrn. 183, 184, 230.
410 Vgl. z.B. Ebd., Patienten Nr. 185.
411 In diese Richtung deuten die Ausführungen von Nonne oder Kemnitz über die suggestive Behandlungsmethode. Hier sprachen sie häufig über Tricks, die angewandt wurden, und Überrumpelung. Nur in wenigen Fällen sprachen sie von Aufklärung. Siehe hierzu den Abschnitt »Die Anwendung aktiver Behandlungsmethoden bei Offizieren« in Kap. III.4.a. Neue Behandlungsmethoden und ihre Verbreitung bei Offizieren.
412 Peckl, Krank durch die »seelischen Einwirkungen des Feldzuges«?, S. 61. Siehe hierzu den Abschnitt »Der Zusammenhang zwischen dem Verhalten des Patienten und der Haltung des Arztes« in diesem Kapitel.
413 Siehe hierzu Kap. III.5.d. Unterschiede hinsichtlich Entlassungsstatus und Behandlungsdauer zwischen Offizieren und Mannschaftssoldaten.

wurde in manchen Krankengeschichten der Offiziere der militärische Rang an keiner Stelle erwähnt.[414] Wurde über den Offizierspatienten im Schriftverkehr mit dem Sanitätsamt und mit militärischen Stellen berichtet, blieb die militärische Hierarchie jedoch stets spürbar und ein durchgehend respektvoller Ton herrschte vor.[415]

Ein Beispiel dafür, dass Ärzte im Ersten Weltkrieg bei einem Offizierspatienten in der Krankenakte das auch bei Mannschaftssoldaten übliche medizinische Vokabular verwendeten, aber in der Korrespondenz mit militärischen Stellen bei Offizieren Ausdrücke vermieden, die diskreditierend oder diffamierend wirken könnten, ist das Entlassungsurteil an das Ersatzbataillon des Leutnants Otto G., der 1918 wegen der Diagnose »Psychopathie« für 17 Tage im Reservelazarett der Universitätsnervenklinik Tübingen untergebracht war.[416] Hier wählte der Nervenarzt die Diagnose »nervöse Erschöpfung«, von Psychopathie war nicht die Rede.[417]

Ein deutlich anderer als der verständnisvolle Ton, den die Psychiater im Allgemeinen in den Krankenunterlagen der Offiziere in Nervenlazaretten und Offiziersgenesungsheimen anschlugen, lässt sich bei Ärzten feststellen, die physische Wunden behandelten, denn oft kamen psychisch versehrte Offiziere nicht wegen ihrer psychischen Leiden, sondern zuerst wegen einer Verwundung ins Lazarett. Ihre psychischen Symptome wurden dann nebenbei von den Ärzten in den Krankenakten dokumentiert. Die Durchsicht von Akten in auf die Abheilung physischer Wunden ausgerichteten Lazaretten ergab, dass sich hier die Dokumentation der psychischen Versehrung meist nicht als Aushandlungsprozess zwischen Arzt und Patient erwies, vor allem, wenn Offiziere psychosomatische Schmerzen entwickelten. Die Ärzte in diesen Lazaretten reagierten vielmehr oft ungehalten auf entsprechende Klagen der Offiziere, was daran lag, dass die Offizierspatienten mit ihren Klagen die Ärzte zu physischen Untersuchungen verleiteten, die dann negative Befunde ergaben. Entsprechend herrschte bei psychologisch ungeschulten

---

414 Dies war auch der Fall bei allen im Bremer St. Jürgen-Asyl stationierten Offizieren. Hermes erklärt dies damit, dass der militärische Rang hier ebenso wie die Klassenzugehörigkeit keinen expliziten medizinischen Referenzrahmen für ärztliche Krankheitskonstruktionen darstellte und sich die Bremer Ärzte in einem innermedizinischen anstelle eines militärischen Diskurses verorteten. Hermes, Krankheit: Krieg, S. 409.
415 Siehe hierzu Kap. II.7.a. Spezifika des militärischen Schriftverkehrs über psychisch versehrte Offiziere. Vgl. zum gleichen Befund auch Peckl, Krank durch die »seelischen Einwirkungen des Feldzuges«?, S. 75f.
416 UAT 669/30218 Krankenakte Leutnant Otto G.
417 Ebd., Entlassungsurteil an das Ersatzbataillon.

Ärzten die Meinung vor, dass solche Patienten Hypochonder oder gar Simulanten waren und ihnen die Zeit stahlen. Hinzu kam, dass die Offiziere mit ihren Klagen den Behandlungserfolg der Ärzte bei der Wundheilung diskreditierten. Anders sah dies in Nervenlazaretten oder auch in Genesungsheimen aus, wo die ganzheitliche Erholung im Vordergrund stand.

Die Krankheitsgeschichte des Leutnants Julius M. ist ein Beispiel für diese kritische Sicht von Ärzten ohne psychologische Kenntnisse auf psychisch versehrte Offiziere. Julius M. kam am 30. Januar 1915 wegen der Verwundung durch einen Granatsplitter zuerst ins Kriegslazarett Vauziers und wurde danach im Reservelazarett Reutlingen behandelt. Dort lautete die Diagnose im Februar 1915 »Granatsplitter rechte Brustseite, Lungenschuss, Neurasthenie«.

Am 27. März 1915 steht in seiner Krankenakte aus dem Reservelazarett Reutlingen: »Patient hat immer etwas zu Klagen, obwohl die Untersuchung nie besondere Anhaltspunkte liefert. (Neurasthenie).« Nachfolgend wurde beschrieben, dass die psychosomatischen Beschwerden so weit gingen, dass der Leutnant kaum mehrere hundert Meter gehen konnte. In der Krankenakte heißt es hierzu: »Wiederholte Untersuchungen der Lunge lassen keinen Grund für diese Klagen erkennen; die linke Lunge dehnt sich gut aus.« Dass die Ärzte dennoch auf Neurasthenie und nicht auf Hysterie erkannten, wie dies nachfolgend im Reservelazarett der Universitätsklinik Tübingen vermutet wurde, war sicherlich dem Offiziersrang geschuldet.[418]

Auffällig ist hier, dass die Ärzte abgesehen von den Klagen des Leutnants über körperliche Beschwerden nichts über psychische Auffälligkeiten des Patienten schrieben, obwohl diese, wie aus der Tübinger Krankenakte hervorgeht, beträchtlich waren und kaum noch als typische Neurastheniesymptome angesehen werden konnten. Dies spricht dafür, dass sie sich auf die Analyse des körperlichen Befunds in Bezug auf ihr Spezialgebiet beschränkten und sich mit weiteren Diagnosen zurückhielten.

Simulationsverdacht bei Offizieren

Die Ärzte gewährten ihren Offizierspatienten meist einen deutlichen Vertrauensvorschuss, indem sie kaum einmal den Verdacht auf Simulation äußerten. Das spricht dafür, dass sich die Ärzte nicht in einer Richterrolle

---

[418] UAT 669/27109 Krankenakte des Leutnants Julius M.

sahen und ein Bild vom Offizier hatten, das durch Pflichttreue und den Wunsch zu gesunden geprägt war. Hier zeigt sich ein deutlicher Unterschied zur Sicht auf die einfachen Soldaten, wo der Simulationsverdacht häufig eine Rolle spielte, wenn dieser auch von Arzt zu Arzt eine unterschiedliche Bedeutung hatte. Bei psychisch versehrten Mannschaftssoldaten war der Verdacht des Psychiaters, vom Patienten bewusst oder unbewusst getäuscht zu werden, ein wiederkehrendes Moment während des Weltkriegs und in der Nachkriegszeit. Hier kam die weit verbreitete Sorge zum Tragen, dass die Patienten lediglich bezweckten, von der Front wegzukommen oder eine Kriegsopferrente zu erwirken. Zudem wurde mitunter eine leichtfertige Vergabe von Kriegsopferrenten aus therapeutischen Gründen abgelehnt, da eine Chronifizierung der Symptome durch eine ›Flucht in die Krankheit‹ befürchtet wurde.[419]

Auch im psychiatrischen Diskurs wurde der Simulationsverdacht bei einfachen Soldaten häufig behandelt. Obwohl die Psychiater meist zwischen Simulation und Kriegsneurose unterschieden, konnte die Grenze zwischen beiden Kategorien in den ärztlichen Fachgesprächen auch verwischt werden. So interpretierte der Stabsarzt Fritz Kaufmann in einer Diskussion Symptome wie Zucken und Zittern als »hysterische Fixierung ursprünglich simulierter Symptome« sogenannter »Krankseinwoller«.[420]

Allerdings wurde diese misstrauische Haltung vieler Ärzte gegenüber den Soldaten auch von einer Ärztefraktion kritisch gesehen. So schrieb der Nervenarzt Ludwig Scholz, der als Truppenarzt an der Ostfront diente, missbilligend über den ärztlichen Simulationsverdacht:

»Dabei ist bewußte und absichtliche Vortäuschung von Krankheiten an der Front nicht häufig. Sie kommt vor, – gewiß! Aber die unleidliche Simulationsriecherei, durch die sich manche Aerzte nicht eben vorteilhaft hervortun, läßt sich durch die Tatsachen nicht rechtfertigen.«[421]

Bezeichnend ist, dass Scholz sich bei seiner ärztlichen Kritik auf deren Behandlung von Mannschaftssoldaten beschränkte. Denn wertet man die

---

419 Vgl. Michl/Plamper, Soldatische Angst im Ersten Weltkrieg, S. 221; Quinkert/Rauh/Winkler, Einleitung, S. 11f.; Lerner, An Economy of Memory, S. 175f.; Hermes, Krankheit: Krieg, S. 223. Siehe zur Nachkriegszeit Kap. V.2.b. Die Stellung psychisch versehrter Offiziere im Versorgungssystem und die Pensions- und Rentenverfahren in der Weimarer Republik.
420 Zitiert nach Neuner, Politik und Psychiatrie, S. 56.
421 Scholz, Das Seelenleben des Soldaten an der Front, S. 218.

Quellen zu Offizieren aus, lässt sich kaum ein Verdacht auf Simulation feststellen.[422] Nur in Einzelfällen verdächtigten die Ärzte auch Offiziere, ihre Beschwerden zu simulieren. Für das Reservelazarett der Universitätsnervenklinik Tübingen sind drei Fälle überliefert. Robert Gaupps Gutachten über den Leutnant Friedrich D., der wegen »nervöser Beschwerden« vom 16. bis 29. Februar 1916 in Tübingen zur Beurteilung seiner Kriegsdienstfähigkeit beobachtet wurde und nach einem Nervenzusammenbruch seit Herbst 1914 nicht mehr an der Front gewesen war, ist hierfür ein Beispiel. Darin deutete Gaupp diesen Verdacht verklausuliert an mehreren Stellen an, ohne das Wort Simulation offen auszusprechen. So beschrieb er den Leutnant als »grossen, kräftig und blühend aussehenden Menschen«:

»Auch am Nervensystem war der Befund normal mit Ausnahme eines ticartigen Gesichtszuckens, das stark vom Gemütsleben, vielleicht auch willkürlich, beeinflusst war, in den ersten Tagen der Untersuchung sehr heftig auftrat, während der Beobachtungszeit aber verschwand. Auffallend erschien auch noch die Gewohnheit, bei der Unterhaltung mit dem Arzte die beiden Augäpfel krampfhaft vorzupressen, so dass der Blick völlig starr und blöde wurde. In seinem psychischen Verhalten zeigte sich nichts Besonderes mit Ausnahme einer gewissen gemütlichen Erregbarkeit, die besonders bei Unterhaltung mit dem Arzte in Erscheinung trat.«[423]

Gaupp deutete im Gutachten an, dass Friedrich D. sich die Erregbarkeit für den Arzt aufgespart habe und das Gesichtszucken wie auch die hervorgepressten Augäpfel bewusst in Gegenwart des Arztes angewandt habe, um dem Arzt einen besonders kranken Eindruck zu vermitteln. Später sprach Gaupp im Gutachten von einer »nervösen psychopathischen Veranlagung« und einer Flucht in die Krankheit aus Sorge vor der Front.[424] Dies spricht dafür, dass er durchaus nicht von einer kompletten Simulation ausging,

---

422 Dies entspricht dem Befund von Hermes, die feststellt, dass bei zehn Prozent der einfachen Soldaten, die im St. Jürgen-Asyl in Bremen behandelt wurden, von einer Simulation anfänglich ausgegangen wurde – der Verdacht bestätigte sich bei zwei Prozent der Patienten –, während diese bei keinem Offizier ihrer Auswahl angenommen wurde. Hermes, Krankheit: Krieg, S. 223.
423 UAT 669/27480 Gutachten Robert Gaupps vom 28.2.1916 über den Leutnant Friedrich D.
424 Vgl. zum Fall Friedrich D. auch den Abschnitt »Stigmatisierende Diagnosen: Hysterie und Psychopathie« in Kap. III.2.b. Psychiatrische Praxis: Diagnosen in den Krankenakten.

sondern ein gewisses Maß an Leiden des Leutnants als vorhanden ansah, dieses aber nicht auf die Kriegseinwirkungen zurückführte.[425] Dass Gaupp als eine Koryphäe seines Fachs Simulationsandeutungen bei einem Offizier machte, ist kaum Zufall und zeugt von seinem hohen ärztlichen Selbstbewusstsein. Ein weiteres Beispiel dafür, dass er den Aussagen eines Offiziers nicht glaubte, ohne ihn allerdings offen der Simulation zu verdächtigen, findet sich in der Krankenakte des Oberleutnants Georg G., der mit der Diagnose »Psychopathie« zur Beobachtung auf seine Dienstfähigkeit in Tübingen war. Über ihn notierte er nach zweiwöchiger Beobachtung, dass keine nervösen Erscheinungen mehr feststellbar seien: »Sein ganzes Befinden lässt es ausgeschlossen erscheinen, dass seine Angaben über Schlaflosigkeit den Tatsachen entsprechen.«[426]

Der dritte Fall von Simulationsverdacht bei Offizieren in Tübingen zeigte sich bei Oberleutnant Arthur G., dem gegenüber der ihn untersuchende Stationsarzt Reiss sogar den Vorwurf der Simulation offen ausgesprochen haben soll. Der Oberleutnant war 1918 in Tübingen zur Beobachtung und erhielt die Diagnose »Psychopath mit hysterischen Reaktionen und hysterischer Pseudoischias«, bei dem sich »keinerlei objektive Krankheitserscheinungen« nachweisen ließen. Arthur G. beschwerte sich nach dem Krieg am 27. Dezember 1918 bei Gaupp über Reiss, da dieser ihm Drückebergerei unterstellt habe:

»Auf meine Frage nach dem Grunde der Kopfschmerzen erhielt ich zur Antwort: ›Sie haben ein subjektives Leiden ohne objektiven Befund.‹ Als ich weiterhin fragte, wann denn auf eine Besserung zu hoffen sei, bekam ich zur Antwort: ›Anscheinend, solange der Krieg dauert, nicht.‹«[427]

Er fuhr fort, dass ihm zwei andere Professoren dagegen ein organisches Leiden attestiert hätten, dass »eine alte, sehr schmerzhafte Zerrung der Rückenmuskeln vorliegt.«[428] Gaupp antwortete, dass er sich an den Fall nicht erinnern könne, aber im Brief keinen Anhaltspunkt sehe, warum Professor Reiss »unbedingt Unrecht haben müßte«, zumal die Fachrichtung der Ärzte nicht ersichtlich sei.[429] Dass Gaupp sich auf die Seite des Arztes stellte, zeigt sehr deutlich, dass im Konfliktfall, wie dies ähnlich für die Mannschaftsoldaten

---

425 UAT 669/27480 Gutachten Robert Gaupps vom 28.2.1916 über den Leutnant Friedrich D.
426 UAT 669/27701 Oberleutnant Georg G., Eintrag in der Krankenakte vom 15.5.1916.
427 UAT 669/30201 Krankenunterlagen Arthur G., Beschwerdebrief an Gaupp, 27.12.1918.
428 Ebd.
429 Ebd., Antwortschreiben Gaupps auf den Beschwerdebrief an Gaupp, 27.12.1918.

herausgearbeitet wurde, die Ärzte auch bei Offizieren eine einheitliche Front gegen den Patienten machten. Das Zusammengehörigkeitsgefühl zwischen Ärzten und Offizieren im Krieg hatte seine Grenzen. Der Nerven- und Truppenarzt Ludwig Scholz, der dafür plädierte, sich mit dem Simulationsverdacht zurückzuhalten, schrieb über Simulationen bei Offizieren:

»Ich habe es kaum erlebt, daß sich Reserveoffiziere um eine ihnen unwillkommenere Kommandierung oder Versetzung unter wenig schöner Ausnützung der Gutgläubigkeit des Arztes herumzudrücken versucht hätten; unter den aktiven aber sind mir, trotz ihrer wesentlich geringeren Zahl in den vorderen Linien, zwei solche Fälle vorgekommen.«[430]

Scholz erklärte die Unterschiede zwischen Reserveoffizieren und aktiven Offizieren damit, dass der Reserveoffizier seiner Meinung nach »anspruchsloser« sei: Er »schicke sich leichter in die Verhältnisse, – möglicherweise aus dem (berechtigten oder unberechtigten) Gefühl, daß Eifer und guter Wille ersetzen müsse, was ihm an Ausbildung mangle.«[431] Über die ärztliche Situation reflektierte er:

»Der Arzt befindet sich in übler Lage, wenn Offiziere über objektiv nicht nachweisbare Beschwerden (Nervosität, Neuralgieen[!], Rheumatismus und dgl.) klagen und er dabei den Eindruck hat als verfolgten sie durchsichtige Zwecke, – ›wenn mir das und das geschieht, melde ich mich einfach krank!‹ Ist Mißtrauen gegen die Wahrhaftigkeit seiner Angaben nicht schon eine Kränkung für den Offizier und jeden anständigen Menschen?«[432]

Insgesamt zeigen nicht nur die geringe Zahl simulierender Offiziere, die der Nervenarzt Scholz in seinen Schriften aufführte, sondern auch seine Ausführungen zur »inneren Einstellung zu den Gefahren« bei den Soldaten, dass er das Problem der Simulation im Heer als gering einschätzte. Er schrieb:

»Es melden sich auch vor einem Gefechte nicht mehr Leute krank als zu gewöhnlichen Zeiten, ja mancher wirklich Kranke reißt sich zusammen und macht den Sturm mit, – sei es aus reiner Lust am Kampf, sei es aus Ehrgefühl, aus innerer Scham oder aus Furcht vor bösen Zungen. [...] Drückebergerei gibt es im ruhigen Stellungskriege häufiger. Nur bei besonders gefährlicher Lage, wenn die Kämpfe tagelang gedauert und Körper wie Seele erschlafft haben, geht die Ziffer der Krankmeldungen mit unbestimmten Klagen (Rheumatismus, Nervosität usw.) in die Höhe. Dann muß der

---

430 Scholz, Das Seelenleben des Soldaten an der Front, S. 56.
431 Ebd., S. 55f.
432 Ebd., S. 56.

Arzt hart sein und manchen in die Reihen zurückschicken, den er sonst vielleicht behalten würde: es darf kein Beispiel gegeben werden.«[433]

Ein Indiz dafür, dass diese Haltung bei Ärzten weit verbreitet war, ist die Menge an nervenkranken Soldaten, die in Verdun ins Lazarett kam. Deren Zahl erhöhte sich in der 5. Armee mit Fortdauer der Schlacht bei Verdun, anders als man erwarten könnte, nicht, sondern nahm seit April 1916 sogar ab. Allein im Sommer 1917 stieg sie während der Kämpfe leicht an.[434]

Als Gesamtbefund ergibt sich, dass die meisten Ärzte auf den Simulationsverdacht bei Offiziersneurosen verzichteten. Die Krankenakten und Gutachten über Offiziere zeigen, dass die Ärzte in der Regel bei der Diagnosevergabe und Krankheitsbeschreibung der Offiziere jeden Verdacht vermieden, dass die Krankheitssymptome auf Vortäuschung oder auf der Begehrungsvorstellung beruhten, von der Front wegzukommen. Es dominierte eine empathische, respektvolle Haltung wegen des ähnlichen sozialen Milieus und des gemeinsamen Offiziersstatus, der ein spezifisches Wertesystem beinhaltete. Daneben erschien es vielen Ärzten auch aufgrund der Freiwilligkeit des Offiziersdienstes abwegig, dass Offiziere Simulationsgedanken hegen könnten. So erhielten bei psychischen Leiden Kriegsfreiwillige von den Ärzten diesbezüglich ebenfalls einen anderen Status zugebilligt als eingezogene Mannschaften und wurden seltener der Simulation beschuldigt.[435]

Auch wurden psychisch erkrankte Ärzte und Sanitätshelfer kaum der Simulation angeklagt. Die ärztliche Sicht auf Kollegen prägte neben der Standessolidarität auch der gemeinsame Erfahrungshorizont, der das Pflegepersonal mit einschloss. So existierte das Bild vom aufopferungsvollen Pflegepersonal, das irgendwann nicht mehr konnte, weil es bis an die Grenze der Belastbarkeit seinen »Dienst am Heldenkörper« getan hatte.[436] Seelische

---

433 Ebd., S. 127. Über sein eigenes Selbstverständnis schrieb Scholz: »Ich persönlich hoffe, nicht gerade zu den militärischen Bösewichtern zu gehören, aber meine Untergebenen behandle ich als feldgrauer Doktor keineswegs mit der Zuvorkommenheit wie meine Sprechzimmerpatienten in Friedenszeit. Das kommt ganz von selber: Uniform ist kein Bratenrock und die Gefühle schalten sich um mit den veränderten äußeren Verhältnissen.« Ebd., S. 200.
434 Sanitätsbericht über das Deutsche Heer im Weltkriege, Bd. 3, Tafel 36, S. 42* (keine Angabe zu den Offizieren). Siehe auch Münch, Verdun, S. 370f. Insgesamt starben vom 21.2.1916–9.9.1916 in der 5. Armee 1.357 Offiziere, 261 wurden vermisst, sodass der Offiziersverlust 13,7% ausmachte. Dies entsprach den Verlusten unter den Mannschaftssoldaten. Sanitätsbericht über das Deutsche Heer im Weltkriege, Bd. 3, Übersicht 41, S. 50.
435 Bumke, Lehrbuch der Geisteskrankheiten, S. 243.
436 Im Weltkrieg galt das Pflegepersonal, wenn es während des Einsatzes verstarb, als »auf dem Felde der Ehre gefallen«. In der Etappe erhielten insbesondere gestorbene

Krankheiten, vor allem »Nervenschwäche« und »nervöse Überreizung«, waren nach Angaben der Ärzte oft auf Überarbeitung der Schwestern und Pfleger zurückzuführen, die zu Erschöpfungszuständen geführt habe. Die Ärzte reagierten verständnisvoll und verschrieben großzügig Urlaub. Typische Symptome beim Pflegepersonal waren Schwächegefühle, Kopfschmerzen, Schlaflosigkeit, Nervosität und ein Hang zum Weinen.[437]

Führender Psychiater gingen davon aus, dass die Beziehung zwischen Arzt und Offizier mitunter durch Misstrauen geprägt war, aber in erster Linie in der Richtung, dass die Offiziere Misstrauen gegenüber der Psychiatrie und ihrer Deutungsmacht hatten.[438] Entsprechend waren die Ärzte darum bemüht, deren Bedenken zu zerstreuen und ein vertrauensvolles Verhältnis aufzubauen.[439]

Misstrauen der Ärzte gegenüber den Angaben der Offiziere bzw. Skepsis gegenüber der eigenen Gutgläubigkeit findet sich nur in zwei Punkten: Erstens äußerten einige Psychiater nach dem Weltkrieg, dass man die Aussage der Offiziere, sie seien von Hause aus gesund gewesen, zu häufig geglaubt habe. Manche Offiziere hätten ihnen anlagebedingte Leiden verschwiegen, da sie um ihre Dienstbeschädigungsansprüche gefürchtet hätten.[440] Und zweitens misstrauten die Ärzte auch bei Offizieren des Öfteren der Diagnose Nervenschock.[441]

Schwestern ein Begräbnis mit militärischem Geleit; diese Ehre blieb verstorbenen männlichen Pflegern verwehrt. Bei der Parallelisierung des Pflegepersonals mit den Frontsoldaten ist allerdings einschränkend zu bemerken, dass weder die Schwestern noch die Pfleger im Krieg ihren Dienst und ihre Belastung mit dem Einsatz der Frontsoldaten gleichsetzten. Vielmehr gestanden sie Letzteren zu, die größte Last im Krieg zu tragen. Stölzle, Gesundheitsrisiken des zivilen Etappenpflegepersonals, S. 265. Vgl. hierzu ausführlich auch dies., Kriegskrankenpflege im Ersten Weltkrieg.

437 Schwestern und Pfleger erklärten die häufige Überarbeitung bei ihrer Dienstgruppe damit, dass sie Tag und Nacht unter vollem Energieeinsatz arbeiten mussten, ohne dass sie das Leid ihrer Patienten stets lindern konnten. Hinzu komme die rasche Folge an militärischen Befehlen, die eine häufige Anpassung der Pflege an die neuen Vorschriften erfordere, was eine deutliche nervliche Belastung darstelle. Stölzle, Gesundheitsrisiken des zivilen Etappenpflegepersonals, S. 264.

438 Siehe hierzu Kap. IV.2.a. Die Haltung der Betroffenen zur Psychiatrie und Diagnose.

439 Vgl. hierzu z.B. die Ausführungen von Kemnitz, Funktionelle Erkrankungen infolge von Kriegsbeschädigung bei Offizieren, S. 233.

440 Siehe u. a. Hellpach, Kriegsneurasthenie, S. 197.

441 Siehe hierzu den Abschnitt »Nervenschock« in Kap. III.2.b. Psychiatrische Praxis: Diagnosen in den Krankenakten.

III. Offiziere in psychiatrischer Behandlung

Der Zusammenhang zwischen dem Verhalten der Patienten und der Haltung des Arztes

Das Arzt-Patienten-Verhältnis war bei Offizieren dadurch geprägt, dass sie als Patienten mit psychischen Leiden in der Regel beim Erstkontakt auf eine wohlwollende Haltung des Arztes trafen, was sicher mit dem gemeinsamen Offiziersrang und ähnlicher Klassenzugehörigkeit zusammenhing. Bei den Ärzten trat das Bemühen um einen Schulterschluss mit dem erkrankten Offizier deutlich hervor. Sie waren bestrebt, individuell auf den Patienten einzugehen, ohne ihre ärztliche Autorität besonders herauszustellen. Damit zeigt sich in Bezug auf die Offiziere eine ärztliche Haltung in Deutschland, die Susanne Michl auch für die französische Ärzteschaft und ihren Umgang mit »Kriegsneurotikern« herausgearbeitet hat.[442]

Diese Haltung konnte allerdings durch das Verhalten des Offizierspatienten Risse bekommen und zu einem deutlich angespannteren, autoritäreren Verhältnis zwischen Arzt und Patient führen. Nicht geduldet wurde es, wenn Patienten sich nicht an ärztliche Anweisungen hielten. Auch unruhiges und sogenanntes »wehleidiges« Verhalten konnte zur Missbilligung der Ärzte führen. Die ärztliche Bewertung des Patientenverhaltens orientierte sich dabei an den Erfordernissen des Krankenhausbetriebs und an medizinischen Bewertungen. Zugleich kamen aber auch bürgerliche Werte und Verhaltensideale aus der Vorkriegszeit zum Tragen, die wiederum auf die Klassenzugehörigkeit der Ärzte verwiesen. Die Konstatierung der Wehleidigkeit und das häufig vergebene Krankheitssymptom der Unruhe bei Offizieren zeigen dies deutlich.[443]

Insgesamt zeigen besonders die Krankenakten aus dem Reservelazarett der Universitätsnervenklinik Tübingen, dass zwar ein wohlwollender Blick auf die Offiziere dominierte,[444] dass aber bestimmte Patientengruppen davon ausgenommen waren. So wurden Offiziere mit schweren psychischen Störungen – etwa einer Manie oder Morphinismus – vorrangig als Geistes-

---

442 Hingegen betont sie für den deutschen Umgang, dass Psychiater ihre militärische Autorität in den Mittelpunkt ihrer Behandlung gestellt hätten, um ihre Suggestionskraft zu erhöhen. Michl, Im Dienste des »Volkskörpers«, S. 218f.
443 Auch für das St. Jürgen-Asyl stellt Hermes fest, dass die hohe Bedeutung des Krankheitssymptoms der Unruhe (es sei das am häufigsten festgestellte Krankheitssymptom bei den Patienten gewesen) dort zeige, dass die von den Ärzten artikulierten Auffassungen psychischer Gesundheit im Krieg an bürgerlichen Werten und Verhaltensidealen orientiert waren. Hermes, Krankheit: Krieg, S. 411f., 457.
444 Dankesbriefe der Offiziere, die den Krankenakten beigegeben wurden, machen ebenfalls deutlich, dass sich viele in Tübingen sehr gut behandelt gefühlt haben.

oder Suchtkranke angesehen, bei denen die Ärzte nicht bemüht waren, auf Augenhöhe zu kommunizieren und ein Vertrauensverhältnis aufzubauen. Über sie finden sich drastische ärztliche Urteile in den Krankenakten, und bei diesen Patienten wurde auch mitunter Zwang angewandt. Insbesondere Offiziere in der geschlossenen Abteilung wurden nicht ernst genommen und ihre Wünsche wurden nicht berücksichtigt. Vielmehr hatten nun allein die Ärzte die Deutungs- und Handlungshoheit. Der Umgang mit dem Leutnant Julius M. in der geschlossenen Abteilung im Reservelazarett der Universitätsnervenklinik Tübingen 1915 zeigt, dass bei Offizieren, die als »geisteskrank« galten, der militärische Rang und damit verbundene Privilegien im Arzt-Patienten-Verhältnis keine Rolle mehr spielten. Die Ärzte bemühten sich bei ihm nicht um eine respektvolle Kommunikation und gingen nicht auf seine Willensäußerungen ein, sondern sahen ihn als unmündig an[445] und entschieden allein nach ihren medizinischen Maßstäben. Dass der Leutnant nicht von einem Arzt untersucht werden wollte und danach verlangte, nach Hause entlassen zu werden, wurde ärztlicherseits nicht in Erwägung gezogen. Zwar wurden viele Zitate des Offizierspatienten in der Akte wiedergegeben, doch nahmen die Ärzte diese nicht ernst, sondern schrieben sie als Krankheitssymptome nieder. Zum Beispiel lautete der Eintrag am 6. Mai: »Heute weinerlicher Stimmung; verlangt nach Hause, wolle zu seiner Mutter.« [446]

Auch der autobiografisch gefärbte Roman von Edlef Köppen »Heeresbericht«, der von dem Offizier Reisiger handelt, der aufgrund seiner Kriegserlebnisse in die Nervenstation des Festungslazaretts Mainz gesteckt wurde, beschreibt die Anwendung von Zwang sehr deutlich.[447] Vieles deutet darauf hin, dass Köppen in dem Roman seine eigenen Erfahrungen verarbeitete, da er sich als Leutnant seit September 1918 offen geweigert hatte, Befehle zu befolgen, woraufhin er wenige Wochen vor Kriegsende in eine psychiatrische Anstalt eingewiesen worden war.[448]

---

445 Zum Beispiel ist in seiner Tübinger Krankenakte am 4. Mai vermerkt: »Patient macht körperlich einen sehr infantilen Eindruck.« Und am 6. Mai lautet der Eintrag: »Allmählich Uebergang des ängstlich-deliranten Zustandsbilds in einen halluzinatorischen Stupor [...] ist durch Fragen nicht ablenkbar [...] allerlei rhythmische outrierte, faxenhafte Bewegungen mit den Armen.« UAT 669/27109 Krankenakte des Leutnants Julius M.
446 Ebd.
447 Köppen, Heeresbericht.
448 Fischer, Nachwort, S. 391. Siehe hierzu auch Kap. IV.3. Die Auswirkung der psychischen Versehrung auf das Verhältnis zum Krieg und das Selbstbild als Offizier.

Über die Umstände der Einweisung der Hauptfigur Reisiger auf die Nervenstation im Festungslazarett heißt es im Roman, dass, nachdem die deutsche Armee von den Alliierten praktisch überrannt wurde, dieser seinen Vorgesetzten erklärte, dass er den Krieg für das größte aller Verbrechen halte und nicht mehr daran teilhaben wolle. Als er auch laut, aber nicht handgreiflich wurde, wurde er unter Anwendung von Gewalt ins Lazarett gebracht. Der kommandierende General habe ihn, ohne dass er sich gewehrt habe, gepackt und dafür gesorgt, dass er festgeschnallt auf einer Bahre in einen Krankenwagen gelegt wurde. Die Fahrt ging in der Stadt weiter in einem vergitterten Wagen zum Festungslazarett, wo er auf der Nervenstation in eine Isolierzelle eingesperrt wurde.[449]

Die im Roman geschilderte Arzt-Patienten-Beziehung macht ebenfalls deutlich, dass hier keine gleichberechtigte Kommunikation stattfand. Über die Reaktionen der Ärzte und Pfleger, dass Reisiger sich weigere, weiterhin beim Krieg mitzumachen, da er das dortige Morden für sinnlos und verbrecherisch halte, berichtet die Hauptfigur, dass sie ihn auslachen und versuchen würden, seine Worte mit seiner Verrücktheit zu entschuldigen. Wenn er weinen würde, würden Sie noch mitleidiger lachen und »armer, verrückter Leutnant« sagen.[450]

Indessen konnte sich auch bei Offizieren mit wenig gravierenden psychischen Störungen der wohlwollende, vertrauensvolle Blick der Ärzte rasch ändern, wenn Offiziere die Ärzte anlogen, sich nicht an die ärztlichen

---

449 Köppen, Heeresbericht, S. 410f.
450 Ebd. Der Roman endet mit einem Auszug aus der Krankenakte, aus dem deutlich wird, dass Adolf Reisiger nach einiger Zeit im Lazarett aufgegeben hatte, mit seinen Ärzten zu kommunizieren, und stattdessen stumpf vor sich hinvegetierte: »Festungslazarett Mainz, Nervenstation. Wochenbericht 6.–13. 9. 18. Krankenwärter: Neuhagen. Reisiger, Adolf, Ltn. d. R.f.A.R. 253. Befund wie voriger Woche. Der Kranke schläft nicht, ißt nicht, sieht starr vor sich hin. Wenn man mit ihm redet, hat er ständig nur einen Satz zur Antwort: ›Es ist ja immer noch Krieg. Leckt mich am Arsch!« Köppen, Heeresbericht, S. 411f. Insgesamt lässt der Roman offen, ob Reisiger am Ende der Handlung bewusst seinen Status des Irrsinnigen annahm und mit seinem Verhalten unterstützte oder doch infolge der erlebten Erschütterungen psychischen Schaden nahm. Für eine eindeutige Klärung erhält der Leser zu wenig Einblick in sein Empfinden und seine Gedanken. Olga Lantukhova kommt zu folgendem Schluss: »Die offenen Interpretationsmöglichkeiten des psychischen Zustands des Protagonisten lassen ihn zugleich als Opfer und Ankläger des Krieges und des kriegsführenden Staates auftreten. Ob eine gesunde Person nun durch zwangsläufiges Erleben der Extremsituationen psychisch gefährdet wird oder ob ihre kritische Haltung durch Abnormalitäts-Diagnose und Absonderung bestraft wird, sie wird in jedem Fall im wortwörtlichen Sinne ›in den Wahnsinn getrieben‹«. Lantukhova, Normalität Kampfbereitschaft, Nervenschwäche Pazifismus, S. 343f.

Anweisungen hielten oder wenn Offiziere sich als Patienten nicht so benahmen, wie es sich nach Ansicht der Ärzte für einen Offizier gehörte. Interessant ist, dass in den Fällen, in denen in den Krankenblättern der Offiziere besonders Klartext geschrieben wurde und abwertende ärztliche Urteile und Passagen enthalten sind, sich häufig der Vermerk »nicht für die militärische Krankenakte bestimmt« findet.[451]

Doch selbst in den Krankenakten der Offiziersgenesungsheime zeigt sich der Wandel der Haltung des Arztes je nach Verhalten und Gesinnung des Patienten. Dies macht die ärztliche Beschreibung des Leutnants der Reserve Paul K. deutlich, der im September 1915 wegen »Nervenerschöpfung« ins Lazarett kam und danach im Offiziers-Genesungsheim Joeuf behandelt wurde. In dessen Krankenakte notierte der Stabsarzt Koschel, der bis zum Schluss allein die Akte führte, zu Beginn:[452]

»Er kam am 3.X. früh an, machte reichlich nervös erschöpften Eindruck, dauernde Unruhe in den Bewegungen, dabei ziemlich teilnahmslos, stiert immer vor sich hin. Bittet ihn vorläufig nicht zu untersuchen ›Nur Ruhe‹, ›inneres Beklemmungsgefühl‹[.] Am 4.X. machte er etwas frischeren Eindruck. Heute am 5.X. fühlt er sich viel wohler[;] ›vor Allem die Ruhe tut mir gut‹. Jetzige Beschwerden: Innere Unruhe. Angstgefühl. ›Ich fühle mich immer umhergetrieben‹; Findet nirgends Ruhe. Kann nicht schreiben, nicht lesen, keine Ruhe dazu. Schlechter Schlaf. Gefühl starker Ermattung.« [453]

Auffällig ist, dass der Arzt immer wieder Zitate des Patienten in seiner Krankengeschichte notierte. Die Selbsteinschätzung des Patienten wurde hier nie kritisch hinterfragt. Misstrauen oder Angst, vom Patienten getäuscht zu werden, sind nicht feststellbar. Auch wurde der Bitte von Paul K., ihn bei seiner Ankunft am 3. Oktober 1915 nicht zu untersuchen, sondern ihn in Ruhe sich erholen zu lassen, vom Arzt anscheinend entsprochen. Der Text lässt folgern, dass der Arzt ihn erst am 5. Oktober untersuchte. Beides spricht dafür, dass er Paul K. als Patienten ernst nahm und dessen Selbstdiagnosen und Wünsche akzeptierte, sodass in der vom Arzt geschriebenen Krankengeschichte die Patientenaussagen einen aktiven Teil bilden.

---

451 UAT 669 Nervenklinik (mit mehreren Belegen).
452 Koschel nahm weitere Eintragungen zum »Verlauf« des Aufenthalts am 10., 20. und 27. Oktober wie auch am 5., 12. und 16. November vor. BA-MA Pers 9, 4.7.1892 KU-U, Krankenakte von Paul K.
453 Ebd., Offizier-Genesungsheim Joeuf, 1915.

III. OFFIZIERE IN PSYCHIATRISCHER BEHANDLUNG   407

Bei der folgenden Eintragung vom 10. Oktober änderte sich der Ton des Stabsarztes Koschel im Vergleich zum anfänglichen Eintrag deutlich.[454] Der Arzt schrieb nun missbilligend, dass Paul K. zu häufig Lokale besuche und zu viel Alkohol trinke. Hier zeigt sich eindeutig eine hierarchische Beziehung zwischen Arzt und Patient. Dieser war nach Ansicht des Arztes verpflichtet, seinen Anweisungen Folge zu leisten. Tat er dies nicht, wurde dies missbilligend vermerkt. Besonders bezeichnend ist der Ausdruck des Stabsarztes: »Trotzdem gibt er zu, daß es ihm besser geht.« Die Wortwahl lässt darauf schließen, dass der Arzt Misstrauen gegenüber der Wirkungsmächtigkeit der Krankheit des Patienten hatte, die ihn zu diesem Verhalten verleitet habe, also dass der Patient »von der Unruhe« und damit der Krankheit getrieben diese Kneipen so häufig besucht habe.[455]

Ab dem 20. Oktober vermerkte Koschel in der Krankenakte den Alkoholkonsum zwar noch, kritisierte ihn aber nicht mehr und beschrieb auch keine Gespräche oder Maßnahmen, mit denen die Ärzte den Leutnant vom Alkoholkonsum abzuhalten versucht hätten. So ist am 20. Oktober und am 5. November zu lesen:

»20.10. Allgemeingefühl kräftiger. Innere Unruhe weniger stark und seltener. Schlaf wechselnd, glaubt Abends noch immer sein Quantum Bier trinken zu müssen. Macht jetzt weitere Spaziergänge. [...].«[456]

»5.11. Allgemeingefühl kräftiger[.] Geht tgl 2 x spazieren, auch weitere Strecken[.] Schlaf in der letzten Zeit besser. Nimmt kein Brom mehr, schläft trotzdem[.] Geringes Zittern der ausgestreckten Finger (trinkt seit der Studentenzeit tgl 2 ½ l Bier ›das ist für mich Lebensbedingung‹[.] Innere Unruhe seltener und schwächer, kommt leichter drüber weg. Sehnenreflexsteigerungen geringer. Appetit gut. Stimmung gut. Puls 18.19. (ruhig)[.] Als Entlassungstag wird der 14.11. in Aussicht genommen.«[457]

Hier wird klar, dass der Stabsarzt die körperlichen Symptome von Paul K. auf dessen Alkoholsucht zurückführte. Während er in den vorherigen Seiten noch deutlich missbilligend über den Alkoholkonsum von Paul K. während seines Aufenthalts im Genesungsheim schrieb, macht dieser Eintrag

---

454 Ebd.
455 Ebd. Dass die Wortwahl »Trotzdem gibt er zu, daß es ihm besser geht« so weit interpretiert werden kann, dass der Stabsarzt den Verdacht hatte, der Patient flüchte sich in seine Krankheit und täusche nur vor, dass er noch sehr krank sei, geht wahrscheinlich zu weit. Letzteres war ein allgemeiner Vorwurf, der gerade in den Facharktikeln zur Kriegsneurose immer wieder in Bezug auf Mannschaftssoldaten vorgebracht wurde.
456 Ebd.
457 Ebd.

deutlich, dass der Arzt hier davon abkam, ihn vom Alkohol abbringen zu wollen. Vielmehr nahm er nun die Aussage des Leutnants hin, dass der Alkohol für ihn »Lebensbedingung« sei. Insgesamt wird schließlich sehr deutlich, dass außer mahnenden Gesprächen keine Maßnahmen ergriffen wurden, um den Offizier zu einer Verhaltensänderung zu bewegen. Die Freiheit des Patienten wurde hier in keiner Weise eingeschränkt, was auch die nachfolgenden Einträge deutlich zeigen:

»12.11. Erholung schreitet fort. Koschel[.] 16.11. d. Entlassungsbefund. K. hat sich gut erholt, fühlt sich erheblich kräftiger, ist überzeugt den Frontdienst wieder leisten zu können ›wenn auch nicht so frisch wie am Anfang des Krieges‹[.] Er sieht frischer aus, ist guter Stimmung. Gesteigerte Ermüdbarkeit ist ihm nicht anzumerken. [...] Kein Lidflattern[.] Kein Zungenzittern[.] Mäßiges Fingerzittern. Sehnenreflexe leicht gesteigert. Gewichtszunahme[.] K. wird frontdienstfähig zur Truppe entlassen.«[458]

Deutlich wird, dass sich beim Entlassungsbefund Arzt und Patient wieder weitgehend auf einer Ebene befanden. Stabsarzt Koschel gab erneut direkte Zitate seines Patienten wieder und notierte keine kritischen Bemerkungen zum Alkoholkonsum. Hier spielte sicher eine nicht zu unterschätzende Rolle, dass mittlerweile geklärt war, dass es sich um jahrelangen Alkoholismus handelte und Paul K. trotzdem bis zur Krankschreibung hinlänglich leistungsfähig gewesen war, er sich kooperativ zeigte und sich nicht weigerte, zurück an die Front zu kehren. Der wiedergegebene Zusatz als Zitat »wenn auch nicht so frisch wie am Anfang des Krieges« bezieht sich auf die wohl von Paul K. proklamierte gesteigerte Ermüdbarkeit, die ihm aber nach Ansicht des Arztes nicht anzumerken war.[459]

Insgesamt ist festzuhalten, dass zur Zeit des Ersten Weltkrieges die Psychiater in der Regel das Individualwohl der Offiziere noch über militärische Interessen stellten. Bei den Offizieren wurde das Vertrauensverhältnis zwischen Arzt und Patienten erst in der Weimarer Republik im Zuge der Versorgungsverfahren vielfach langfristig beschädigt, da hier von Seiten der

---

458 Ebd.
459 Die Heilung war dauerhaft. Die Akte enthält keine Hinweise, dass Paul K. während seiner Kriegszeit noch einmal wegen psychischer Beschwerden in das Lazarett kam. Seine weiteren Lazarettaufenthalte erfolgten wegen Tripper (6.2.1916–22.4.1916), wegen Grippe im Abklingen (25.11.1917–24.1.1918) und wegen Erschöpfung nach Grippe (4.9.1918– 25.9.1918). Ebd.

Offiziere immer wieder kritisiert wurde, dass ihnen die begutachtenden Ärzte mit Misstrauen begegnen würden.[460] Hingegen wurde für die Behandlung von Mannschaftssoldaten häufiger festgestellt, dass es hier aufgrund der engen Zusammenarbeit vieler Psychiater mit den militärischen Entscheidungsträgern zu einer Beschädigung des Arzt-Patienten-Verhältnisses kam.[461] Allerdings zeigen die Ergebnisse neuerer Forschungen, die Patientenakten von einfachen Soldaten auswerteten, dass viele Ärzte sich auch bei der Behandlung von Mannschaftssoldaten, die psychische Versehrungen im Krieg erlitten hatten, an deren Individualwohl orientierten. Diese Haltung wurde auch im psychiatrischen Diskurs kritisiert. So schrieb Ewald Stier, ein prägender Vertreter der Militärpsychiatrie, in einem Rückblick von 1936 kritisch: Aufgrund des Krankheitskonzepts der traumatischen Neurose seien betroffene Soldaten

»zu lediglich bedauernswerten Kriegsopfern gestempelt [worden, G.G.], die wegen ihres ›Leidenszustands‹ auf unser Mitleid, auf freundlichste fürsorgerische Behandlung in Lazaretten und Kurorten, und schließlich auf die Anerkennung einer dauerhaften Rente Anspruch hätten.«[462]

4. Therapien bei psychisch versehrten Offizieren

Anders als bei der Untersuchung der Diagnosen, ist es bei der Analyse der Therapien kaum möglich, Diskurs und Praxis konsequent gegenüberzustellen, da in den Krankenakten Behandlungsmethoden nur sporadisch und dann meist lediglich stichpunktartig beschrieben wurden. Eine systematische Dokumentation der Therapien unterblieb, vorrangig ging es darum, den Zustand des Patienten zu dokumentieren. Zum gleichen Befund kamen Studien, die die Krankenakten psychisch versehrter Mannschaftssoldaten auswerteten.[463] Entsprechend geht es bei der Analyse der therapeutischen

---

460 Siehe hierzu Kap. V.2.b. Die Stellung psychisch versehrter Offiziere im Versorgungssystem und die Pensions- und Rentenverfahren in der Weimarer Republik.
461 Hofer, Nervenschwäche und Krieg, S. 385; Fischer-Homberger, Der Erste Weltkrieg und die Krise der ärztlichen Ethik, S.127f.; Neuner, Politik und Psychiatrie, S. 66.
462 Stier, Psychiatrie und Heer, S. 19. Vgl. auch Roth, Die Modernisierung der Folter, S. 13; Bröckling, Disziplin, S. 212.
463 Vgl. Hermes, Krankheit: Krieg, S. 417f.; Prüll/Rauh, Militär und medikale Kultur in Deutschland, S. 10f.

Maßnahmen darum, die Artikel in den Fachzeitschriften und die Krankenakten ergänzend zu untersuchen.

Hier ergeben sich weniger deutliche Unterschiede zwischen Offizieren und Mannschaften als bei Unterbringung, Verpflegung und der Aufmerksamkeit, die die Ärzte ihren Patienten widmeten, obwohl lange Zeit in der Forschung die Unterschiede betont und die Behandlungsmethoden als patientengruppenspezifisch bezeichnet wurden.[464]

a. Neue Behandlungsmethoden und ihre Verbreitung bei Offizieren

Der Erste Weltkrieg führte dazu, dass die Psychiater einen ganzen Strauß an Behandlungsmethoden entwickelten. Manchmal entstanden neue Therapieformen, häufiger wurden bereits in der Vorkriegszeit ausgearbeitete Ansätze nun fortentwickelt. Die am meisten diskutierten neuen Therapien waren die sogenannten aktiven Behandlungsmethoden und die Arbeitstherapie, hinzu kamen therapeutisches Turnen und die Psychoanalyse.

Anwendung aktiver Behandlungsmethoden bei Offizieren

Der Name »aktive Behandlung« rührt daher, dass ein zeitlich begrenzter »Heilakt« des Arztes stattfand.[465] Die aktiven Behandlungsmethoden gehörten zu den sogenannten »heroischen Therapien«, einem Forschungsbegriff für die von 1916–1945 entwickelten psychiatrischen Behandlungsmethoden.[466]

Diese aktiven Behandlungsmethoden und Therapieoptionen, die im Ersten Weltkrieg besonders erfolgversprechend erschienen und auf Münchner Kriegstagung von 1916 die Mehrheit der anwesenden psychiatrischen Experten überzeugten, waren nicht eigentlich innovativ, sondern griffen auf

---

464 Siehe hierzu die einführenden Bemerkungen zu Kap. III. Offiziere in psychiatrischer Behandlung im Ersten Weltkrieg.
465 Hermes, Krankheit: Krieg, S. 414.
466 Hierunter fiel z.B. auch das Experimentieren mit Fiebertherapien. Julius Wagner-Jaureggs Malariatherapie der progressiven Paralyse stammt zwar aus dem Kriegsjahr 1917, seine Versuche mit Tuberkulin und anderen fiebererzeugenden Substanzen gehen aber auf die späten 1880er und 1890er Jahre zurück. Rotzoll, Neue Taktik an der therapeutischen Front?, S. 412f. Der Begriff »heroische Therapien« legt den Schwerpunkt darauf, dass die Ärzte damals es für den therapeutischen Erfolg als gerechtfertigt ansahen, den Patienten einem hohen Risiko auszusetzen, ihm Schmerzen zuzufügen oder ihm Angst zu machen. Schmuhl/Roelcke (Hrsg.), »Heroische Therapien«.

Überlegungen, Konzepte oder Forschungsansätze aus der Vorkriegszeit zurück.⁴⁶⁷ Das gilt vor allem für die Hypnose und die Elektrotherapie hysterischer oder neurasthenischer Störungen.⁴⁶⁸ Neu war, dass man annahm, bei der Neurosenbehandlung das Symptombild unter Einsatz aller verfügbaren ärztlichen Energie grundsätzlich in kürzester Frist, oft in einer Sitzung, beseitigen zu können.⁴⁶⁹ Sie lassen sich in Methoden unterteilen, die dem Patienten suggerieren sollten, dass seine Krankheit nicht real war, und solche, die ihn aus der Krankheit hinauszwingen sollten, indem sie ihm die unangenehmen Folgen des Krankseins vor Augen führten.⁴⁷⁰ Stets kam dabei der Suggestion eine entscheidende Bedeutung zu. Bereits seit den 1880er Jahren hatte der französische Nervenarzt Hippolyte Bernheim (1840–1919) diese so beschrieben, dass dabei Ideen in den Geist eindrängen und von ihm akzeptiert würden, und die Suggestion insbesondere im Rahmen der Hypnose psychotherapeutisch zu nutzen versucht.⁴⁷¹

Mit der aktiven Behandlung durch den Arzt endete in der Regel nicht der Lazarettaufenthalt, da es als notwendig angesehen wurde, nachfolgend mit Ruhe, Psychotherapie und Arbeitstherapie die Heilung zu »fixieren«.⁴⁷² Es wäre daher verkürzt, den Behandlungsstil der Vertreter der aktiven Behandlungsmethoden allein in der Ausübung von militärischer Strenge und

---

467 Lerner, Hysterical Men, S. 86–88.
468 Vgl. z.B. die Elektrotherapie von Wilhelm Erb, der schon Ende des 19. Jahrhunderts eine Stromstation in der Heidelberger Klinik einrichtete, die u. a. zur Behandlung hysterischer Störungen genutzt wurde und ein Handbuch darüber verfasste. Erb, Handbuch der Elektrotherapie. Siehe zur Elektrotherapie bei Neurasthenie auch die nachfolgenden Anmerkungen in diesem Kapitel, indem die Schwierigkeiten dargelegt werden, aus Aufschrieben aus den Krankenakten die genaue Form der Elektrotherapie zu ermitteln.
469 Die Ärzte bewerteten diese Art der Behandlung mitunter als »Gefecht« und »Exekution«. Der Psychiater Ferdinand Kehrer beschrieb sie als »Erziehung eines jungen Hundes zur Stubenreinlichkeit«. Zitiert nach Nonne, Therapeutische Erfahrungen an den Kriegsneurosen, S. 106f. Allerdings ist trotz dieses drastischen Zitats zu berücksichtigen, dass Kehrer sein therapeutisches Vorgehen als pädagogisch oder psychopädagogisch betrachtete und schrieb, dass die Persönlichkeit und die aktuelle Situation des Kranken zu berücksichtigen seien. Vgl. hierzu Schott/Tölle, Geschichte der Psychiatrie, S. 374; Neuner, Politik und Psychiatrie, S. 55, 59; Hermes, Krankheit: Krieg, S. 414.
470 Lerner, Rationalizing the Therapeutic Arsenal, S. 137ff.; Hermes, Krankheit: Krieg, S. 419.
471 Bernheim, Die Suggestion und ihre Heilwirkung. Vgl. auch Valsiner/van der Veer, The Social Mind, S. 37–60; Freis, Psyche, Trauma und Kollektiv, S. 65.
472 Nonne empfahl daneben die Entlassung der Geheilten in ihre Berufsarbeit. Vgl. hierzu Nonne, Über erfolgreiche Suggestivbehandlung, S. 217.

Disziplin zu sehen, denn ihm lag eine ärztlich-therapeutische Einstellung zugrunde.[473] Manche dieser »aktiven« therapeutischen Maßnahmen waren freilich sehr aggressiv und für die Patienten äußerst schmerzhaft, wie zum Beispiel die Mucksche Kehlkopfbehandlung[474] oder die Kaufmannsche Überrumpelungstherapie mit faradischem Strom.[475] Fritz Kaufmanns (1875–1941)[476] seit Ende 1915 angewandte Behandlungsmethode,[477] bei der auch vereinzelt Todesfälle auftraten, was nach Kriegsende zu heftigen Anschuldigungen gegen einzelne Ärzte führte, zielte auf Heilung in einer Sitzung. Sie begann mit einer suggestiven Vorbereitung des Patienten, bei der der Therapeut diesem unmissverständlich seine Entschlossenheit kundtat, dass er ihn nun heilen werde. Daraufhin verabreichte er dem Soldaten »kräftige Wechselströme« in einem Abstand von drei bis fünf Minuten. Hinzu kam eine Suggestionsbehandlung in scharfem militärischem Befehlston. Kaufmann war davon überzeugt, dass der »gewaltige Schmerzeindruck« den Patienten »in die Gesundung hinein zwingen« würde.[478] Seine Methode hatte den Vorteil, dass sie leichter zu praktizieren war als die suggestive Hypnose-Methode.[479]

Deren wichtigster Vertreter Max Nonne vermeldete bereits 1915 mit der suggestiven Hypnose erste Erfolge bei der Behandlung von »Kriegs-

---

473 Schott/Tölle, Geschichte der Psychiatrie, S. 374.
474 Die Kehlkopftherapie des Essener Neurologen Otto Muck (1871–1942) zielte auf die Heilung von Soldaten mit funktioneller Stummheit: Das Einführen einer metallischen Kugel in den Kehlkopf erzeugte Erstickungsangst. So sollte der erkrankte Soldat seine Sprachfähigkeit wiedererlangen. Muck, Heilung von schwerer funktioneller Aphonie, S. 441; ders., Beobachtungen und praktische Erfahrungen auf dem Gebiet der Kriegsneurosen.
475 Kaufmann, Die planmässige Heilung komplizierter psychogener Bewegungsstörungen, S. 802–804. Vgl. daneben Riedesser/Verderber, »Maschinengewehre hinter der Front«, S. 50f.
476 Stabsarzt d. L Dr. Fritz Kaufmann war im Ersten Weltkrieg in einem Reservelazarett in Mannheim tätig.
477 Für die Verbreitung sorgte insbesondere die Münchner Kriegstagung von 1916, auf der Kaufmann seine Methode unter großer Zustimmung vorstellte. Rauh, Zwischen fachärztlichem Diskurs und therapeutischem Alltag, S. 252.
478 Kaufmann, Die planmässige Heilung komplizierter psychogener Bewegungsstörungen, S. 802–804. Vgl. daneben Riedesser/Verderber, »Maschinengewehre hinter der Front«, S. 50f. Vgl. zum »Fall Kauder«, bei dem die Kaufmann-Kur zum Tode führte, Hofer, Nervöse Zitterer, S. 82–85.
479 Komo, »Für Volk und Vaterland«, S. 78.

neurotikern«.⁴⁸⁰ Seine Behandlungsmethode erfolgte in drei Schritten. Zuerst versetzte er den Patienten in einen hypnotischen Zustand, in dem dieser während der gesamten Behandlung verblieb. Im zweiten Schritt zeigte er dem Patienten, dass der Zustand der Hypnose Veränderungen möglich machte und zur Heilung führen konnte. Zu diesem Zweck erzeugte er an gesunden Gliedmaßen »motorische Suggestionen« wie Lähmungen und beseitigte nachfolgend diese Symptome »durch die Kraft der [...] Suggestion.« Als dritter und letzter Schritt der Behandlung »heilte« er die kranken Gliedmaßen in ähnlicher Weise und teilte dem Kranken mit, er sei nun gesund.[481]

Die Psychiatrie sprach diesen aktiven Behandlungsmethoden das Potential zu, erkrankte Soldaten wieder dienstfähig zu machen, und überwand damit den jahrzehntelang vorherrschenden »therapeutischen Pessimismus«. Dieser resultierte daraus, dass bis dahin in der Psychiatrie zwar umfangreiches theoretisches Wissen über psychische Erkrankungen vorhanden war, es aber an praktischen Erkenntnissen über deren wirksame Behandlung mangelte.[482] Mit den aktiven Behandlungsmethoden, die Psychotherapie darstellten, »wenn auch in ihrer rohesten und äußerlichsten Form«, wie Arthur Kronfeld im Rückblick urteilte, wurde das naturwissenschaftliche Korsett der Psychiatrie aufgeweicht. Auch die Universitätspsychiatrie gab angesichts des massenhaften Auftretens der Kriegsneurosen die bis dahin

---

480 Er war damals im Hamburger Universitätsklinikum Eppendorf tätig und behandelte dort bis zum Kriegsende nach eigenen Angaben etwa 1.600 Kranke mittels Hypnose. Nonne, Anfang und Ziel meines Lebens, S. 178.
481 Nonne, Über erfolgreiche Suggestivbehandlung, S. 191–218. Siehe auch die Zusammenfassung bei Lange, Die Behandlung der Kriegsneurosen, S. 281f. Der deutliche Unterschied zwischen Nonnes suggestiver Hypnose und der Psychoanalyse (siehe hierzu den Abschnitt »Psychoanalyse« in diesem Kapitel) bestand darin, dass, obwohl auch Nonne Hypnose und Suggestion anwandte, für ihn bei der Behandlung der »Kriegsneurotiker« individuelle Kriegserlebnisse kaum eine Rolle spielten, sondern er lediglich auf die Beseitigung der körperlichen Symptome zielte. Dies zeigt sich klar in seiner Autobiografie, in welcher er die Behandlung einer »nervenkranken« Frau aus der Nachkriegszeit beschrieb, einer »Dame, die mit der mir seit langen Jahren bekannten wortreichen Litanei über ihre ›Nerven‹ mir vorklagte. Ich wußte als erfahrener Arzt, daß es für ›Nervöse‹ sehr wesentlich ist, alle ihre Klagen vorzubringen und sich ›auszureden‹; dafür hatte ich solchen Kranken 15 Minuten bestimmt. Diese Zeit benutzte ich oft heimlich, das oft gehörte hörend, mich an dem herrlichen Gemälde (Vergänglichkeit), das meinem Schreibtisch gegenüber hing, so recht innerlich zu erfreuen.« Nonne, Anfang und Ziel meines Lebens, S. 182.
482 Lerner, Hysterical Men, S. 17. Siehe hierzu Kap. I.3.c. Die dienstlichen Konsequenzen für Offiziere mit psychischen Erkrankungen.

vielfach vorhandene reservierte Haltung gegenüber der Psychotherapie auf.[483]

Spätestens seit Mitte des Krieges proklamierten die Psychiater selbstbewusst in ihren Fachzeitschriften, dass bei korrekt angewandten »aktiven« Verfahren Erfolgsquoten von über 90% zu erzielen seien.[484] Nach der Münchner Kriegstagung von 1916 wurden neben den psychiatrischen Einrichtungen, in denen Nerven- und Geisteskrankheiten jeglicher Art behandelt wurden, auch vermehrt spezielle Neurotiker-Lazarette im Heimatgebiet eingerichtet, zum Beispiel beim Versuch der zentralisierten Behandlung von »Kriegsneurotikern« mit aktiven Behandlungsmethoden und anschließender Arbeitstherapie in Baden und Bayern.[485] Genaue Vorschriften hinsichtlich der aktiven Behandlungsmethoden machten die Sanitätsämter nicht. Die Ärzte sollten sich hier jeweils nach ihrer Kompetenz und Vorliebe richten.[486]

Die Akten sprechen allerdings dafür, dass in Bayern lediglich von Dezember 1917 (nur sporadisch schon seit Anfang 1917) bis August 1918 aktive Behandlungsmethoden in den Neurotiker-Lazaretten praktiziert

---

483 Kronfeld, Psychotherapie, S. 454f. Vgl. auch ders., Psychotherapie: Charakterlehre, Psychoanalyse Hypnose, Psychagogik; Rauh, Die militärpsychiatrischen Therapiemethoden im Ersten Weltkrieg, S. 38.

484 Nonne machte dieses neue ärztliche Selbstverständnis in einem Vortrag auf der Jahresversammlung der südwestdeutschen Neurologen in Baden-Baden am 2. Juni 1917, der im gleichen Jahr in der Zeitschrift für die gesamte Neurologie und Psychiatrie abgedruckt wurde, deutlich: »Den Unterschied der Auffassung der Prognose funktioneller motorisch-sensibel-sensorischer Nervenleiden zwischen 1915 und heute möchte ich so bezeichnen: Damals stand man im wesentlichen unter dem Eindruck, daß nur Natur und Zeit heilen bzw. bessern könnten, heute heißt es: der Arzt muß heilen und kann heilen, wenn er es richtig anfaßt.« Nonne, Über erfolgreiche Suggestivbehandlung, S. 216. Allerdings war z.B. Hans Krisch, der 129 Mannschaftssoldaten und Offiziere seit 1916 mit aktiven Behandlungsmethoden therapiert hatte, im Hinblick auf die Heilungschancen deutlich skeptischer. Er schrieb: »Soviel zeigt jedenfalls die Erfahrung, daß der Kranke stärker ist als der ärgste Zwang.« Krisch, Die spezielle Behandlung der hysterischen Erscheinungen, S. 253. Siehe auch Hermes, Krankheit: Krieg, S. 413.

485 Über das Ziel der Behandlung in den Neurotiker-Lazaretten führte die Dienstanweisung des Sanitätsamtes des 1. bayerischen Armeekorps vom 13.04.1918 aus: »Die Aufgabe der Behandlungslazarette für sogen. Neurotiker besteht darin, die ihnen zugewiesenen Kranken durch tatkräftige Behandlung schnellstens von den Störungen der Ausdrucksbewegungen und durch Einführung in geregelte Arbeitstätigkeit wieder zu ertüchtigen.« BayHStA-KA, Stv. GenKdo. I. A.K., SanA 13, Dienstanweisung für die Neurotiker-Behandlungslazarette, Sanitätsamt des 1. Bayerischen A.K., München 13.4.1918. Vgl. auch Lerner, »Ein Sieg deutschen Willens«, S. 104f. Siehe hierzu auch Kap. II.1. Die Behandlung des Problems der »Kriegsneurotiker« in der deutschen Armee.

486 Lerner, »Ein Sieg deutschen Willens«, S. 105.

wurden.⁴⁸⁷ In Bezug auf Baden zeugt der Bericht des Inspekteurs der X. Kriegs-Sanitäts-Inspektion über die Besichtigung des Reservelazaretts Waldmühle für Neurotiker vom 24. März 1918 davon, dass hier – in ähnlicher Weise, wie dies die bayerischen Vorschriften belegen – nicht überall, sondern vorrangig in Hornberg und Triberg aktive, schmerzintensive Behandlungen vorgenommen wurden.⁴⁸⁸ Gegen Kriegsende dämpfte sich insgesamt die psychotherapeutische Aufbruchsstimmung und nun meldeten sich auch skeptische Stimmen immer lauter zu Wort und wiesen auf das Problem der hohen Rückfallquote bereits »geheilter« Kriegsneurotiker hin.⁴⁸⁹

Die neuere Forschung, die Lazarettakten psychisch kranker Soldaten auswertete, machte zudem deutlich, dass auch nach 1916 weder in allen Feld- noch in allen Heimatlazaretten primär aktive Behandlungsmethoden angewandt wurden, die raschen Behandlungserfolg versprachen. Philipp Rauhs und Petra Peckls Auswertung von 352 Lazarettakten zeigt, dass die neu entwickelten Methoden bei keinem Offizier ihrer Auswahl und nur in einer Minderheit der Fälle bei Mannschaftssoldaten angewandt wurden: So wurden 24% der »Kriegsneurotiker«, in deren Krankenakten Behandlungsmethoden notiert waren, mit einer Kombination aus suggestiver Therapie und Elektrotherapie behandelt. Aktive Therapiemethoden wurden am häufigsten bei Soldaten angewandt, die als »hysterisch« diagnostiziert wurden, hier lag der Anteil bei rund 36%.⁴⁹⁰ Dabei stellten Peckl und Rauh auch bei Hysterie-Patienten eine breite Streuung der Therapieformen fest. Ein

---

487 BayHStA-KA Stv. GenKdo. II. AK. SanA 64: Krankheiten: Kriegsneurotiker, 1917–1919.

488 Hinzu kam, dass der Inspekteur durchaus der individualisierenden, »milderen« Behandlungsweise in der Waldmühle etwas abgewinnen konnte: »Die Behandlung ist entsprechend den Indikationen für die Eigenart der weit überwiegenden Mehrzahl der hierher überwiesenen Neurotiker im Allgemeinen eine Mildere als in Hornberg und Triberg. Die therapeutischen Erfolge sind nach dem, was ich persönlich beobachtet und den Krankenblättern entnommen habe, recht gut. Die 3 Stationsärzte (einschließlich Chefarzt) arbeiten mit hingebendem Eifer und verstehen es sehr sachverständig zu individualisieren.« GLA 456 F 113/87 Besichtigungen der Reservelazarette Heidelberg, Bruchsal, Illenau, Rastatt, Ettlingen, Offenburg, Dürrheim, Donaueschingen, Singen, Freiburg, Müllheim und Badenweiler durch den Inspekteur der X. Kriegs-Sanitätsinspektion, 29.11.1917–18.9.1918, darin: Bemerkungen zu meiner jüngsten Besichtigung des Reservelazaretts Villingen, Konstanz 24.3.1918.

489 Siehe hierzu Kap. II.1. Die Behandlung des Problems der »Kriegsneurotiker« in der deutschen Armee. Zur rückblickenden Sicht auf die aktiven Behandlungsmethoden nach dem Krieg siehe Kap. V.2.c. Die medizinische Versorgung psychisch versehrter Offiziere in der Weimarer Republik.

490 Rauh, Die militärpsychiatrischen Therapiemethoden im Ersten Weltkrieg, S. 40.

weiteres Ergebnis war, dass Neurasthenie-Patienten durchgehend sanft mit Ruhe, Extrakost und Beruhigungsmitteln behandelt wurden.[491] Die Lazarettakten vor allem der Feldlazarette weisen dabei generell auf einen sehr pragmatischen Umgang mit den psychisch kranken Soldaten hin. Dies verwundert angesichts des Behandlungsalltags der dortigen Lazarettärzte nicht. Die Feldlazarette standen in unmittelbarer Frontnähe, was dazu führte, dass sie selbst häufig beschossen wurden, oftmals überfüllt und schlecht ausgerüstet waren. Hier mussten sich die Militärärzte darauf beschränken, den dort eingelieferten verschütteten, panischen und zitternden Soldaten gegenüber »eine Art Krisenmanagement« durchzuführen.[492]

Allerdings fehlten auch in Heimatlazaretten mitunter aktive Behandlungsmethoden gänzlich und es wurde an herkömmlichen Therapien festgehalten. Die Gründe waren vielfältig. Häufig arbeiteten keine psychiatrischen Experten in den Lazaretten. Weitere Gründe waren, dass sich manche Psychiater nicht am Fachdiskurs orientierten oder es zu wenig Personal für die Praktizierung aktiver Methoden gab. Zum Beispiel waren sie in Düren während des Ersten Weltkriegs nicht gebräuchlich, was wohl auch damit zusammenhing, dass man hier nicht über die erforderliche Personalintensität verfügte.[493]

Maria Hermes' Analyse der Behandlungspraxis im Bremer St. Jürgen-Asyl für Geistes- und Nervenkranke macht deutlich, dass dort nur bei zwei Patienten (1%) der untersuchten Stichprobe die Kaufmann-Kur angewandt wurde und diese wiederum die einzige aktive Behandlungsmethode war, die durchgeführt wurde.[494] In beiden Fällen handelte es sich bei den militärischen Patienten um einfache Soldaten.[495] Gleichzeitig fällt auf, dass die Kaufmann-Kur auch bei zivilen Patienten im St. Jürgen-Asyl angewandt wurde. Ihr Ziel war die Beseitigung von Zittersymptomen. So kann festgestellt werden, dass hier militärische Patienten nicht im Gegensatz zu zivilen Patienten öfter mit schmerzhaften »aktiven« Therapiemethoden behandelt wurden, um deren Kriegsverwendungsfähigkeit rasch wiederherzustellen.[496] Die im St. Jürgen-Asyl im Krieg beinahe ausschließlich praktizierten Behandlungsmethoden hatten auch schon vor 1914 Anwendung gefunden. Es

---

491 Peckl, Krank durch die »seelischen Einwirkungen des Feldzuges«?, S. 60–72, bes. S. 65.
492 Rauh, Zwischen fachärztlichem Diskurs und therapeutischem Alltag, S. 254; ders., Victory for the »Most Enduring Hearts«, S. 179f.
493 Seidel, Weltkrieg und Moderne, S. 28f.
494 Hermes, Krankheit: Krieg, S. 423.
495 Ebd., S. 428.
496 Ebd., S. 428–430.

erfolgte keine explizite, von den Ärzten intendierte Umstellung der Psychiatrie von einer Friedens- zu einer Kriegspsychiatrie.[497] Insgesamt lassen die bisherigen Befunde aus den Krankenakten es zweifelhaft erscheinen, dass die »aktiven« Behandlungsmethoden in der deutschen Militärpsychiatrie von 1914 bis 1918 in dem Maß angewandt wurden, wie dies die ältere Forschung konstatierte. Es ergibt sich eine Diskrepanz zwischen Diskurs- und Alltagsebene, die zeigt, dass sich ein von oben initiierter Paradigmenwechsel selbst in autoritären Institutionen wie dem Militär oder der Psychiatrie nicht sofort durchsetzte.[498]

In der Forschungsliteratur, die die Geschichte der Psychiatrie des Ersten Weltkrieges primär anhand von medizinischen Fachquellen untersuchte, wurde jedoch lange Zeit eine Dominanz der aktiven Behandlungsmethoden unterstellt. Allerdings zeigt auch der Blick auf die Artikel des psychiatrischen Fachdiskurses in Deutschland, dass dieser die These einer Dominanz aktiver Behandlungsmethoden ebenfalls nicht durchgängig bestätigt. Die Fachartikel belegen, dass gerade in der ersten Kriegshälfte auch einfache Mannschaftssoldaten mit Kriegsneurosen von der Front abgezogen und ihnen Erholungsurlaub und Badekuren genehmigt wurden.[499] Und Störring, der 1942 die psychiatrischen Erfahrungen im Ersten und Zweiten Weltkrieg verglich und sich bei der Darstellung zum Ersten Weltkrieg auf das »Handbuch der ärztlichen Erfahrungen im Weltkriege« stützte, schrieb im Rückblick, dass nur eine Minderheit der an Hysterie erkrankten Soldaten von psychiatrischen Fachleuten behandelt worden sei.[500]

Auch in Großbritannien waren im Ersten Weltkrieg aktive Behandlungsmethoden und besonders die Stromschlagtherapie sehr wenig verbreitet. Nur der britische Militärpsychiater Lewis Yealland arbeitete mit der Verabreichung von schmerzhaften elektrischen Stromschlägen und seine Therapie

---

497 Ebd., S. 452–454.
498 So auch Ebd., S. 430; Rauh, Zwischen fachärztlichem Diskurs und therapeutischem Alltag, S. 255; Bennette, Diagnosing dissent, bes. S. 58–63.
499 Jeràssik, Einige Bemerkungen zur Kriegsneurose, S. 498; Nonne, Therapeutische Erfahrungen an den Kriegsneurosen, S. 105; siehe auch Riedesser/Verderber, »Maschinengewehre hinter der Front«, S. 33f.
500 Er klagte die Masse der Ärzte an, aus Unwissenheit über das Wesen dieser Krankheit die Hysterie als solche anerkannt und mit ihrem Verhalten hysterische Erscheinungen befördert zu haben. Über die Verbreitung der Kriegshysterie im Ersten Weltkrieg schreibt er: »Die Fachleute, die das Wesen dieser psychischen Epidemie durchschaut hatten, fielen zahlenmäßig gegenüber der Masse der Aerzte, die den hysterischen Reaktionen einen Krankheitswert einräumten, gar nicht ins Gewicht.« Störring, Die Verschiedenheiten der psycho-pathologischen Erfahrungen, S. 26.

mit faradischem Strom fand besonders viel Aufmerksamkeit.[501] In der russischen Militärpsychiatrie fehlte die Faradisation gänzlich und die Psychiater beschränkten sich bis Kriegsende auf milde Behandlungsmethoden, obwohl diese bereits im Russisch-Japanischen Krieg von 1904/05 die damals schon massenhaft auftretenden Kriegsneurosen behandelt hatten.[502] Für Frankreich und Italien ist bekannt, dass aggressive Therapiemethoden wie die Verabreichung schmerzhafter Stromstöße praktiziert wurden, ohne dass bisher das Ausmaß genau festgestellt worden wäre. Auffällig ist, dass die Rolle des Arztes und der Gesundungswille des Patienten in beiden Ländern nicht stark betont wurden.[503]

Hingegen setzten sich in Österreich-Ungarn durch die Politik der Zentralisierung der »Kriegsneurotiker« in Wien aktive Behandlungsmethoden stärker durch als in Großbritannien und Deutschland. In Wien wurden aufgrund der Beschlüsse zur Bekämpfung der Kriegsneurosen vom Wiener Verein für Psychiatrie und Neurologie von November 1915 bis März 1916 rund 120.000 »Kriegsneurotiker« bis Kriegsende nach standardisierten Verfahren behandelt. Das elektrische Behandlungsverfahren war dabei seit Ende 1916 gerade auch wegen der Verständigungsprobleme zwischen den Ärzten und vielen nicht-deutschsprachigen Soldaten des Vielvölkerstaates sehr weit verbreitet.[504]

---

501 Yealland, Hysterical disorders of warfare. Eine Analyse von 200 Patientenakten im Londoner National Hospital am Queen Square, wo Lewis Yealland praktizierte, ergab, dass hier nur 33 Patienten einer Elektrobehandlung unterzogen wurden. Leese, »Why Are They Not Cured?«, S. 205–221; Linden/Jones/Lees, Shell Shock at Queens Square, S. 1976–1988; Jones/Wessely, Shell Shock to PTSD, S 21, 33–34; Mott, Mental hygiene and Shell Shock during and after the War, S. 41f.; vgl. auch Hohenthal, Wissenschaft im Krieg?
502 Ein Grund lag darin, dass sich die russische Militärpsychiatrie als eigenständige Profession im Zuge der großen Reformen unter Zar Alexander II. entwickelt hatte und sich nun um Partizipation betrogen sah. Entsprechend fühlte sie sich viel enger den Bauernsoldaten verbunden als die Militärpsychiatrie in Deutschland, die sich als staatstragende Profession verstanden. Michl/Plamper, Angst im Ersten Weltkrieg, S. 214f.
503 Hohenthal, Die Nerven der Anderen, S. 225. Vgl. hierzu auch Michl, Im Dienste des »Volkskörpers«; Bianchi, Psychiatrists, Soldiers and Officers in Italy, S. 222–252.
504 Insbesondere das Barackenspital Wien-Grinzing war unter seinem Leiter Arnold Durik seit 1917 einer rationalisierten Gesundheitsfabrik nicht unähnlich. Der leitende Arzt Martin Pappenheim etablierte ein standardisiertes elektrisches Verfahren, welches den Schock ins Zentrum stellte und versuchte, die Symptome der Soldaten, die durch einen Schock an der Front ausgelöst worden seien, durch einen Gegenschock zu kurieren. Auch sollte das Verfahren dazu dienen, Simulationen aufzudecken. Hofer, Nervenschwäche und Krieg, S. 303–318.

In der österreichisch-ungarischen Armee wurden auch Offiziere der Kaufmann-Kur unterzogen, wenn auch nur in Einzelfällen. Ein Leutnant, der im September 1915 nach einer Granatenexplosion als dienstunfähig entlassen und 1917 zur erneuten Feststellung der Dienstfähigkeit in der Klinik Julius Wagner-Jaureggs[505] untersucht worden war, beschuldigte diesen 1920, dass er in seiner Klinik wie andere Soldaten zweimal der Starkstrombehandlung der Kaufmann-Kur unterzogen worden sei.[506] Wagner-Jauregg verteidigte sich in der gerichtlichen Voruntersuchung damit, dass Walter Kauders ein Simulant gewesen sei, der sich »in die Krankheit geflüchtet« habe.[507] Im Prozess wurde auch Sigmund Freud angehört, der sich nicht unkritisch, aber letztlich zugunsten Wagner-Jaureggs äußerte, da sich seiner Meinung nach die Elektro-Behandlung als sehr wirksam erwiesen habe.[508]

Der Blick auf die Artikel des psychiatrischen Fachdiskurses in Deutschland macht deutlich, dass das deutsche medizinische Establishment im Hinblick auf die Anwendbarkeit von aktiven Behandlungsmethoden bei Offizieren geteilter Meinung war. Eine Fraktion sah diese als nicht geeignet bei Offizieren an. Die Vertreter dieser Position brachten vor allem zwei Argumente vor. Zum einen betonten sie, dass eine Voraussetzung für die Wirksamkeit dieser Methoden sei, dass der Arzt militärischer Vorgesetzter des Patienten sei. Schließlich setzten alle aktiven Behandlungsmethoden eine überlegene Stellung des behandelnden Arztes voraus, um die gewünschte Suggestivwirkung zu erzielen. Sie bezogen sich hier unter anderem auf Fritz Kaufmann, der bei der Formulierung seiner Methode 1916 für den Behandlungserfolg ein strenges »Innehalten der militärischen Formen unter Benutzung des gegebenen Subordinationsverhältnisses« zur Erreichung einer suggestiven Atmosphäre für unabdingbar hielt.[509] Dieses Subordinations-

---

505 Wagner-Jauregg erhielt für die Entdeckung der Bedeutung der Malariatherapie zur Behandlung der progressiven Paralyse 1927 den Nobelpreis für Medizin. Vgl. hierzu ausführlich Whitrow, Julius Wagner-Jauregg.
506 Er wurde hierbei nicht durch Wagner-Jauregg, sondern durch dessen Assistenten Dr. Michael Kozlowski behandelt. Als Beweis im Prozess gegen Wagner-Jauregg und seine Mitarbeiter stellte der Leutnant sein Kriegstagebuch der Untersuchungskommission des Parlaments zur Verfügung.
507 Markus, Sigmund Freud und das Geheimnis der Seele, S. 264f.
508 Vgl. hierzu ausführlich Hofer, Nervenschwäche und Krieg, S. 284–289; Eissler, Freud und Wagner-Jauregg.
509 Kaufmann, Die planmässige Heilung komplizierter psychogener Bewegungsstörungen, S. 803. Vgl. dazu die referierte Kritik Arthur von Sarbòs und Max Lewandowskys bei Nonne, Über erfolgreiche Suggestivbehandlung, S. 195f. Interessant ist, dass Sarbó das Ungeeignetsein der Suggestionstherapie für Offiziere als Tatsache darstellte, wie Nonne

verhältnis war bei Offizieren häufig nicht gegeben. Auch die meisten Militärärzte standen als Sanitätsoffiziere im Ersten Weltkrieg im Offiziersrang, sodass eine Begegnung auf Augenhöhe stattfand. Bei ranghohen Offizieren kehrten sich vielfach die Subordinationsverhältnisse um.[510]

Als zweites Gegenargument führten sie an, dass diese Methoden die Patienten ihres Willens und ihrer Würde berauben würden[511] und mit der sozialen Stellung eines Offiziers unvereinbar seien. Der Psychiater Bunnemann führte zur Anwendbarkeit der Kaufmann-Kur aus: »[...] auch da gilt quod licet bovi non licet Iovi. Was für den Feldgrauen paßt, paßt nicht für den Offizier, ganz gewiß aber nicht für die Kommerzienratsgattin.«[512]

Curschmann bezeichnete ebenfalls aktive Behandlungsmethoden als »brüsk«, d. h. barsch oder schroff, und betonte, sie bei hysterischen Offizieren nicht anzuwenden,[513] denn:

»Trotzdem ist die Prognose dieser seltenen »Offiziershysterien«, wie meine Rundfrage und eigene Erfahrung erwies, durchweg viel besser, als die der Mannschaft, auch ohne Hypnose und heroische Prozeduren. Die Mehrzahl dieser (nervös doch

---

an anderer Stelle mitteilte: »Im Hinblick auf eine Bemerkung v. Sarbó, daß Offiziere nicht geeignet seien für die Suggestionstherapie und daß somit mit dieser Therapie ›etwas nicht stimme müsse‹, weil die Hysterie der Mannschaften doch keine andere sei als die der Offiziere, will ich auf die Heilung einer Reihe von Offizieren hinweisen.« Ebd., S. 200f.

510 Siehe hierzu Kap. III.3.b. Arzt-Patienten-Verhältnis.

511 Vgl. z.B. die Kritik bei Böttiger, Diskussion zum Vortrag Nonne, S. 261f.

512 Er fuhr fort: »Es gibt eine Erziehung mit dem Stocke und eine solche durch ruhig sachliche Aufklärung, die gegebenen Falles durch den Hinweis auf unumgängliche Notwendigkeiten des Lebens unterstützt werden kann. Die Aufklärung oder Persuasion ist also durchaus nicht ausser Kurs zu setzen, es kommt eben immer darauf an, welche Mittel der Verständigung zur Erreichung psychotherapeutischer Zwecke man erwählt.« Bunnemann, Der Begriff des Mittels in der Hysterielehre, S. 242. Vgl. auch Riedesser/Verderber, »Maschinengewehre hinter der Front«, S. 36. Allerdings sind die Universitätskliniken in Berlin und Jena, die damals in Deutschland führend waren, ein Beispiel dafür, dass Ärzte unabhängig vom sozialen Rang ihrer Patienten im Ersten Weltkrieg aktive Behandlungsmethoden anwandten. Stefanie Caroline Linden und Edgar Jones werteten ein Sample von 200 Mannschaftssoldaten mit Kriegsneurosen aus, die in diesen beiden Einrichtungen mit aktiven Behandlungsmethoden therapiert wurden. Offiziere befanden sich nicht in ihrer Auswahl. Allerdings kamen sie zu dem Ergebnis, dass die soziale Klassenzugehörigkeit in keiner Hinsicht die Wahl der Behandlungsmethoden beeinflusste, obwohl die Bildung und der soziale Status der Patienten deutlich variierten. Linden/Jones, German Battle Casualties, S. 635.

513 Curschmann, Zur Kriegsneurose bei Offizieren, 291.

schwer belasteten) Offiziere wurden[!] nach einigen Wochen wieder kriegsverwendungsfähig.«[514]

Eine andere Gruppierung dagegen betonte die allgemeine Wirksamkeit dieser Methoden auch bei Offizieren mit Hysterie. Max Nonne war einer der prominentesten Vertreter. Er hielt die Kaufmann-Kur in modifizierter Form, bei der nur schwache und mittelstarke Ströme zum Einsatz kamen, und die suggestive Hypnose für Offiziere geeignet.[515] Über die Kaufmann-Kur schrieb er: »Für Offiziere eignet sich die Methode wohl auch, das ist Sache des ›Taktes‹.«[516]

Nonne hielt die Kaufmann-Kur selbst bei Offizieren mit einem höheren militärischen Rang für anwendbar, da sie nicht »brutal« sein müsse. Eine Uniform sei nicht nötig, wenn auch eine gute Hilfe, auch äußerst schmerzhafte Stromstöße seien nicht vonnöten, sondern es reiche schwacher oder mittelstarker faradischer Strom aus. Vor allem komme es auf die Persönlichkeit des Arztes an, der dem Kranken das Gefühl vermittle, dass er ihn heilen könne und heilen werde.[517]

Im Hinblick auf die Eignung der Offiziere für die suggestive Hypnose führte Nonne aus:

---

514 Diskussionsbeitrag Curschmann, Kriegstagung des Deutschen Vereins für Psychiatrie zu München am 21. und 22. September 1916, S. 213; Friedländer, Achte Jahresversammlung der Gesellschaft Deutscher Nervenärzte, S. 179.

515 Robert Heinze, im Ersten Weltkrieg Oberarzt an die Abteilung Nervenklinik des Festungslazaretts Breslau, urteilte in ähnlicher Weise über die suggestive Hypnose. Er schrieb, dass nach seinen »Erfahrungen die Suggestivbehandlung in der Hypnose mit demselben Erfolg wie bei Mannschaften auch bei Offizieren durchgeführt werden kann.« Heinze, Über die Behandlung und Beurteilung der Kriegsneurosen, S. 7.

516 Friedländer, Achte Jahresversammlung der Gesellschaft Deutscher Nervenärzte, S. 209f.

517 Ebd. Nonne machte diesen Punkt noch einmal auf einem Vortrag auf der Jahresversammlung 1917 der südwestdeutschen Neurologen in Baden-Baden am 2. Juni 1917, der im gleichen Jahr in der Zeitschrift für die gesamte Neurologie und Psychiatrie abgedruckt wurde, deutlich. Er führte aus: »[...] daß von elektrischen Strömen nur der faradische Strom zur Anwendung kommt, daß er nur im Notfall als starker Strom angewendet wird und dann nur für einen kurzen Augenblick, meistens aber nur schwach oder mittelstark. Auch ich bin der Meinung – im Gegensatz zu Lewandowsky –, daß es nicht nötig ist, daß der Arzt militärischer Vorgesetzter ist und daß ich für das Wesentliche der Methode halte, daß die Heilung bzw. eine der Heilung nahe kommende Besserung in der ersten Sitzung erzielt wird. Auch ich habe die Methode sich immer mehr zu einer Persuasionsmethode entwickeln sehen [...].« Für Nonne funktionierte die Kaufmann-Kur also nicht über Befehl und Gehorsam, sondern über die Überzeugungskraft des Arztes. Nonne, Über erfolgreiche Suggestivbehandlung, S. 195.

»Es geht bei diesen wirklich ebenso gut, vorausgesetzt, daß man ihnen gegenüber dasselbe Gefühl der Sicherheit hat wie bei den Mannschaften: das haben auch mich erst weitere Erfahrungen und Erfolge lehren müssen. Haben wir nicht alle es durchgemacht, daß uns als Anfänger in der Privatpraxis, als wir noch kein ›standing‹ hatten, ein gewisses Gefühl der Schüchternheit oder der Hemmung überkam, wenn es sich um einen Patienten ›aus der großen Gesellschaft‹ handelte?«[518]

Das hohe Selbstbewusstsein Nonnes zeigte sich auch darin, dass er 1918 auf einer Versammlung von Korpsärzten in Berlin, in der es um das Problem der »Kriegsneurotiker« ging, verschiedene »Kriegsneurotiker« und darunter auch einen Offizier hypnotisierte. Er sah es nicht als anmaßend an, diesen einer Ärzteversammlung als »Kriegsneurotiker« vorzuführen und ihn vor ihren Augen zu hypnotisieren. Im Bericht an das bayerische Sanitätsamt wurde das Faktum, dass auch ein Offizier hypnotisiert worden war, extra betont:

»[Nonne] stellte sodann ein Dutzend dieser Fälle, darunter auch einen Offizier, vor, bei welchen er durch Hypnise [!] vollständige Katalepsie[519] oder Lethargie und sodann durch Suggestion den Eintritt der früheren Wiederbeseitigung demonstrierte. Diese Vorführungen erregten bei vielen der Anwesenden, denen die hypnotische Behandlung bisher unbekannt war, das grösste Erstaunen.«[520]

Nonne stellte auch auf der Münchner Kriegstagung Fallgeschichten von sechs Offizieren vor, die er erfolgreich mit suggestiver Hypnose behandelt habe, sodass sie an die Front zurückkehren konnten. Von drei Offizieren berichtete er, dass sie »in einen Zustand kamen, dass sie energisch auf Entlassung drangen und jetzt seit Monaten wieder draussen Dienst tun«, sich dort seitdem bewährt und ihm dankbare Briefe geschrieben hätten, was beweise, »dass diese Behandlung nicht, wie mir von 2 Hamburger Kollegen entgegengehalten wurde, die Kranken ›ihres Willens beraubt‹ und sie, wie es hiess, ›eigentlich entwürdigt‹« hätte.[521] Gerade die Behandlung von Offizieren diente Nonne als Beweis, dass die suggestiven Methoden dem Patienten seinen Willen und seine Würde ließen.

Diese Ausführungen zu den Offizieren stehen allerdings in deutlichem Kontrast zu seinen allgemeinen Bemerkungen hinsichtlich der »Kriegs-

---

518 Nonne, Über erfolgreiche Suggestivbehandlung, S. 201.
519 Das Verbleiben in einer starren Körperhaltung mit maximaler Muskelanspannung.
520 BayHStA-KA, Stv. GenKdo. I. AK., SanA 176 Krankenbehandlung, Bericht über die Versammlung stellv. Korpsärzte etc. am 18.12.16 in Berlin, vom Stellv. Korpsarzt K. III. b. A.K. Obergeneralarzt z. D. Dr. Burgl an das K. Kriegsministerium, Medizinal-Abteilung 2.1.1917.
521 Friedländer, Achte Jahresversammlung der Gesellschaft Deutscher Nervenärzte, S. 98–100, Zitat S. 100.

III. OFFIZIERE IN PSYCHIATRISCHER BEHANDLUNG

neurotiker«. Hier sah er es als fördernd für den Behandlungserfolg an, die Erlaubnis des Kranken für die Behandlung nicht einzuholen, da der Überraschungseffekt dem Kranken das Gefühl absoluter Unterlegenheit gegenüber dem Arzt vermittle. Auch schrieb er in seinen Erinnerungen: »Ich habe die Kranken sich stets ganz nackt ausziehen lassen, denn ich finde, daß dadurch das Gefühl der Abhängigkeit bzw. der Hilflosigkeit erhöht wird.«[522] Es ist zweifelhaft, ob unter diese beiden Vorgaben auch seine Offizierspatienten fielen. Auszuschließen ist es allerdings nicht, da belegt ist, dass auch Akademiker vom Sich-Nackt-Ausziehen nicht immer verschont blieben.[523]

Auch Mathilde von Kemnitz, die während des Weltkriegs ein Offiziersgenesungsheim leitete, wandte bei hysterischen Offizieren suggestive Behandlungsmethoden an, nahm dabei aber Ideen der Psychoanalyse auf.[524]

---

[522] Nonne, Therapeutische Erfahrungen an den Kriegsneurosen, S. 110.
[523] Dies zeigt z.B. die Fotosammlung des Vereinslazaretts Bad Rötenbach (Nervenstation). Hier finden sich Nacktaufnahmen von männlichen »Kriegsneurotikern« des Ersten Weltkriegs, darunter auch die Nacktaufnahme eines Akademikers. Auf dem Foto steht die Bemerkung »Rechtsanwalt, Gehstörung, durch 3stündiges Gewaltexerzieren 10 Tage später geheilt«. UAT 308/89 Kriegsneurosen 1914–18. Nonnes Selbstbewusstsein kommt auch in einer filmischen Aufnahme des Arztes deutlich zum Ausdruck, in welcher Spontanheilungen von »Kriegsneurotikern« durch seine Hypnosebehandlung dokumentiert wurden. Hier präsentiert er sich als Heiler, der seine nackt vor ihm stehenden Patienten kuriert. WCL 429 V, Dr. med. Max Nonne: »Funktionell-motorische Reiz- und Lähmungs-Zustände bei Kriegsteilnehmern und deren Heilung durch Suggestion und Hypnose«, Psychiatrische Klinik Hamburg-Eppendorf 1916. Ein weiterer Film, der die Behandlung von »Kriegsneurotikern« dokumentiert, ist im Deutschen Hygiene-Museum in Dresden überliefert. DHMD 2007/871, »Reservelazarett Hornberg i. Schwarzwald, Behandlung der Kriegsneurotiker, ca. 1918«. Vgl. auch die Analyse von Julia Köhne, die neben dem Film über Nonne weitere Filme über die »Heilung« von »Kriegsneurotikern« und andere »Schaufenster« der Psychiatrie untersucht. Köhne, Kriegshysteriker, S. 200–237; dies., Filmische Bühnen der Militärneuropsychiatrie, S. 217–259.
[524] Dies geschah, obwohl sie selbst ihre Gegnerschaft zu Freud später vehement betonte und vor allem dessen Assoziationsverfahren als zu mechanisch ablehnte. Dabei rief sie ihren Patienten bestimmte traumatische Erfahrungen aus den unteren Bewusstseinsschichten ins Bewusstsein, die sie als auslösenden Faktor für deren Erkrankung bewertete. So beschrieb sie ihre Behandlung eines 29-jährigen Kavallerieoffiziers, der seit einer Kriegsverletzung an »Zwangszählen« gelitten habe. Dieser Patient sei im Feld für den Tod eines ihm unterstellten Soldaten verantwortlich gewesen. Kemnitz konfrontierte ihn während der Therapiesitzungen mit diesem von ihm verdrängten traumatischen Erlebnis. Danach bestand ihre Behandlungsmethode in einem erneuten »Wecken seiner seelischen Kräfte«, wie es ihr Anhänger Karl-Friedrich Gerstenberg ausdrückte. Kemnitz schrieb hierzu: »Der Patient war geheilt, nachdem das Erlebnis im genialen Sinne eingehend bewertet wurde.« Der Offizier wurde frontdienstfähig entlassen und starb ein Jahr später im Kriegseinsatz.

Sie empfahl vor allem die Wachsuggestion, die zwar längere Zeit als die Hypnose in Anspruch nähme, aber auch stärker vor Rückfällen schütze.[525] Zudem komme bei der Hypnose von Offizieren erschwerend hinzu, dass diese nicht leicht durchführbar sei, »denn es gibt kaum einen Offizier, der nicht genau darüber orientiert wäre, daß man mit Hypnose hysterische Symptome heilt, und es gibt auch kaum einen Offizier, der hysterisch sein möchte.«[526] Bei der Wachsuggestion versuchte sie durch »starke suggestive Beeinflussung«, die mit »List« einhergehen konnte, über mehrere Wochen »eine Besserung des Befindens in die Wunschrichtung zu legen« und »die Freude am Gesundsein zu wecken«, sodass »dem krankheitsauslösenden Wunsche [von der Front wegzukommen, G.G.] wichtige Gegenwünsche entgegengesetzt« wurden.[527] Die Formulierungen zeigen, dass kein offenes, gleichberechtigtes Verhältnis zwischen Ärztin und Patient vorgesehen war, sondern Kemnitz die Führung übernahm und den Patienten in die gewünschte Richtung zu lenken versuchte. Der Unterschied zu anderen aktiven Methoden bestand vorrangig darin, dass die ärztliche Autorität nicht herausgestellt wurde, dem Patienten mehr Zeit zur Genesung gelassen wurde und keine schmerzhaften Methoden angewandt wurden. Ihre weiteren Ausführungen, in denen sie Krankheitsfälle aus ihrem Offiziersgenesungsheim vorstellte, zeigen allerdings auch, dass für Kemnitz im allgemeinen Umgang eine partnerschaftliche Beziehung zu ihren Patienten wesentlich war. Sie versuchte, den Offizier über die psychogene Ursache seiner Erkrankung aufzuklären. Die einzelnen Behandlungsmethoden sprach sie mit ihren Patienten ab und akzeptierte ihre Ablehnung, nicht hypnotisiert werden zu wollen.[528]

Im Untersuchungssample findet sich kein Fall, bei dem mit Sicherheit gesagt werden kann, dass ein Offizier mit der Diagnose Hysterie der Kaufmann-Kur, einer suggestiven Hypnose oder einer anderen aktiven Behandlungsmethode unterzogen wurde, doch ist dieses Ergebnis nicht überzuinterpretieren, da das Sample nur eine geringe Anzahl an Offizieren mit der

---

Kemnitz, Der Seele Ursprung und Wesen, Bd. 2, S. 253f.; Ludendorff, Durch Forschen, S. 273. Vgl. hierzu auch Spilker, Geschlecht, Religion und völkischer Nationalismus, S. 143f.
525 Kemnitz, Funktionelle Erkrankungen infolge von Kriegsbeschädigung bei Offizieren, S. 232.
526 Ebd. Siehe zu ihrer Argumentation auch Kap. III.2.a. Der psychiatrische Diskurs über die Diagnosen und Ursachen von psychischen Leiden bei Offizieren.
527 Ebd.
528 Ebd., S. 233.

Diagnose Hysterie umfasst.[529] Hinzu kommt, dass das Unterfangen, anhand der Krankenakten zu klären, inwieweit im Krieg bei Offizieren aktive Therapiemethoden angewandt wurden, auch deshalb schwierig ist, weil die Einträge zu den Behandlungsmethoden in den Krankenakten oft kurz und uneindeutig sind.

Gerade die Frage, inwieweit die Kaufmann-Kur angewandt wurde, ist anhand der Krankenakten mit ihren kurzen Einträgen zur Therapie nur schwer nachvollziehbar, da hier zwar in wenigen Fällen »Galvanisieren«, »Electr.« oder Ähnliches steht, aber nicht deutlich wird, ob hier entsprechende Prozeduren gemeint waren. Schließlich gab es auch schon in der Vorkriegszeit die Elektrotherapie, sodass nicht zu entscheiden ist, ob hier die Kaufmann-Kur oder traditionelle Elektrotherapie praktiziert wurde. So wurden im »Handbuch der Neurasthenie« von 1893, dessen Autoren alle in privatärztlichen Praxen und Sanatorien tätig waren, in denen sie zahlungskräftige Patienten behandelten, als gebräuchliche Therapieformen der Neurasthenie Massage und Heilgymnastik, Beruhigungsmedikamente, eine abgestimmte Diät, klimatische Kuren, Seebäder, balneologische Praktiken, aber eben auch »Elektrotherapie und hypnotisch-suggestive Heilverfahren« aufgeführt.[530]

Und George M. Beard, der Erfinder des Krankheitsbildes Neurasthenie, begann 1866 seine Karriere als Elektrotherapeut. Die von ihm entwickelte Methode nannte er »General Electrification«.[531] Beards Behandlung dauerte zehn bis zwanzig Minuten. Die Patienten mussten sich bis auf die Unterwäsche ausziehen, nahmen dann vor einem imposanten Generator Platz, an den sie angeschlossen wurden. Hierfür wurde die Kathode am Steißbein oder unter den Füßen festgemacht. Als Pluspol diente ein feuchter Schwamm oder die Hand des Arztes, die dieser über den Oberkörper und Kopf des Patienten führte. Die Elektrobehandlung konnte leichte Schmer-

---

529 Siehe hierzu den Abschnitt »Die einzelnen Diagnosen in den Krankenakten« in Kap. III.2.b. Psychiatrische Praxis: Diagnosen in den Krankenakten.
530 Müller (Hrsg.), Handbuch der Neurasthenie, S. 47. Vgl. auch Hofer, Nervenschwäche und Krieg, S. 137. Siehe hierzu auch die Ausführungen zu Sanatoriumsaufenthalten von Offizieren vor 1914 in Kap. I.3.c. Die dienstlichen Konsequenzen fü« Offiziere mit psychischen Erkrankungen.
531 Die Elektrotherapie war eigentlich eine Wiederentdeckung, sie fand schon Ende des 18. Jahrhunderts Anwendung. Benjamin Franklin, der Erfinder des Blitzableiters, war ein Anhänger dieser Therapie.

zen verursachen, war aber in keiner Weise mit der Kaufmann-Kur vergleichbar.[532]

Die spezialisierten Neurotiker-Lazarette, die aktive Therapiemethoden und auch die Kaufmann-Kur anwandten, nahmen fast nur Mannschaftssoldaten und Unteroffiziere auf. Mitunter wurde in den Neurotiker-Lazaretten die Aufnahme von Offizieren sogar explizit ausgeschlossen. So steht im nach Kriegsende geschriebenen Sanitätsbericht des spezialisierten Neurotiker-Lazaretts Hornberg: »Offiziere konnten aus ärztlichen Gründen (Neurotikerlazarett) nie aufgenommen werden.«[533]

Doch wurden in Einzelfällen auch Offiziere der Kaufmann-Kur unterzogen, etwa auf der Neurotiker-Station des Reservelazaretts Ludwigshafen, die Fritz Kaufmann leitete. Am 6. Juni 1918 wurde gemeldet, dass insgesamt in den letzten zwei Jahren rund 1.500 »Kriegsneurotiker« hier behandelt worden seien. Über die behandelten Offiziere berichtete man:

»In diesem Jahr wurde hier überhaupt kein Offizier mit Kriegsneurose behandelt; im ganzen wurden in der Station bisher 3 neurotische Offiziere behandelt und alle drei symptomfrei als g.v.H. entlassen.«[534]

Ein Heimatlazarett, in dem nachweislich auch bei Offizieren die Kaufmann-Kur angewandt wurde, ist daneben die Nervenstation für Kopfverletzte des Kölner Festungslazaretts 1, die der Psychologe und Psychiater Walter Poppelreuter leitete.[535] Hier wurden trotz des Namens vorrangig »Kriegsneurotiker« ohne organische Verletzung behandelt. Aus den Krankenakten, die Andrea von Hohenthal ausgewertet hat, geht hervor, dass als Standardtherapie bei Hysterie die Kaufmann-Kur angewandt wurde, auch bei Offizieren. Von 1916 bis 1918 wurden auf der Nervenstation 370 Patienten therapiert, von denen die meisten die Diagnose »Hysterie« oder eine zur Hysterie passende Symptombeschreibung erhielten. Neben einem Verweis auf die

---

532 Vgl. hierzu ausführlich Brown, An American Treatment for the American Nervousness. Siehe auch Ingenkamp, Depression und Gesellschaft, S. 133.
533 GLA, 456 F 113/225, Kriegssanitätsbericht des Reservelazaretts »Schloß« Hornberg des XIV. A.K. Vgl. auch Peckl, Krank durch die »seelischen Einwirkungen des Feldzuges«?, S. 73.
534 Von den Patienten insgesamt seien mindestens 90 Prozent arbeitsverwendungsfähig oder mit einer höheren Verwendungsfähigkeit entlassen worden. BayHStA-KA Stv. GenKdo. II. AK., SanA 64: Krankheiten: Kriegsneurotiker, 1917–1919, Meldung des Reservelazaretts Ludwigshafen Neurotikerstation, 6.6.1918.
535 Walther Poppelreuter war als Assistent Gustav Aschaffenburgs an die Psychiatrische Klinik Köln gekommen. Seit 1915 war er als leitender Arzt der Nervenstation für Kopfschüsse im Festungslazarett 1 in Köln tätig.

Kaufmann-Kur wurde in den Krankenakten auch die Behandlungszeit verzeichnet, wobei meist die Werte 15 Minuten und eine halbe Stunde eingetragen wurden. Die Nervenstation verzeichnete eine hohe Heilungsrate bei Soldaten und Offizieren.[536]

Auch im Reservelazarett der Universitätsnervenklinik Tübingen wurden starke Ströme als Behandlungsmethode bei Offizieren angewandt – allerdings wohl nur vereinzelt. Der Hinweis, dass faradisch-galvanische Ströme angewandt wurden, mitunter auch schwere, findet sich aber nicht bei hysterischen Offizieren, sondern bei Offizieren mit neuralgischen Schmerzen.[537] Klare Aussagen sind hier wie in anderen Lazaretten dadurch unmöglich, dass oft jeder Hinweis auf die angewandte Therapie fehlt. Dankesbriefe der Offiziere zeigen, dass sich viele von ihnen in Tübingen sehr wohl gefühlt haben und dankbar für die Gesundung waren, was gegen brutale Behandlungsmethoden spricht.[538]

Daneben gibt es ein Gutachten von Gaupp, in dem er bei einem Offizier die Anwendung einer »energischen suggestiven Behandlung« empfiehlt, allerdings nicht in Tübingen, wo dieser nur zur Begutachtung war, sondern in einem speziell dafür ausgerüsteten Lazarett. So schrieb Gaupp in seinem Gutachten vom 31. Mai 1918:

»Es handelt sich um einen Psychopathen mit hysterischen Reaktionen und hysterischer Pseudoischias. Er bedarf einer energischen suggestiven Behandlung durch einen Facharzt und sollte tunlichst rasch einem Fachlazarett in seiner Heimat überwiesen werden [...].«[539]

Trotz dieser Empfehlung wurde der Oberleutnant nachfolgend im nichtspezialisierten Vereinslazarett Tuttlingen untergebracht, sodass davon auszugehen ist, dass keine aktiven Behandlungsmethoden durchgeführt wurden. Hierfür spricht auch, dass in Tuttlingen am 7. Juni vermerkt wurde, dass sich keine Änderung der Beschwerden ergeben habe. Daraufhin kam er erneut vom 13. bis 26. Juni 1918 zur Beobachtung nach Tübingen. Hier heißt es im Krankenblatt:

---

536 Hohenthal, Psychologen in der Kriegspsychiatrie, S. 278f.
537 Rebecca Bennettes Auswertung von Tübinger Krankenakten von Mannschaftssoldaten machte deutlich, dass hier auch Starkstromanwendungen bei hysterischen Mannschaftssoldaten erfolgten, allerdings nur in einer Minderheit der Fälle. Bennette, Reassessing the Approach to War Hysterics during World War One in Germany. S. 162–165.
538 Vgl. die Dankesbriefe von Offizieren in UAT 308: Nervenklinik.
539 UAT 669/30201 Krankenunterlagen Arthur G.

»Die Untersuchung d. Pat. hat keinerlei objektive Krankheitserscheinungen nachweisen lassen. [...] Weitere Lazarettbehandlung verspricht keinen Erfolg. Leutnant G. ist sehr wohl fähig Garnisondienst zu tun. Er wird als z.Zt. g.v.H. entlassen. Völlige Felddienstfähigkeit ist in kurzer Zeit zu erwarten.«[540]

Aufgrund des verbesserten psychischen Zustands wurden nun keine aktiven Behandlungsmethoden mehr für nötig angesehen, wie auch im militärärztlichen Urteil vom 25. Juni 1918 betont wurde:

»Hier war der Untersuchungsbef. völlig normal, und die von ihm geklagten subj. Beschwerden so geringfügig, dass eine wesentl. Belästigung dadurch nicht entstanden ist. Irgend eine ärztl. Behandlung kommt nicht in Frage, [...].«[541]

Auch in den psychiatrischen Zeitschriftenartikeln findet sich eine Fallstudie von einem Offizier, bei dem die Kaufmann-Kur angewandt wurde. Hans Krisch, Assistent der Psychiatrischen und Nervenklinik Greifswald, berichtete 1918 in einem Artikel, dass bei ihm 129 Hysterie-Patienten seit Februar 1916 »aktiv« mit Hypnose, Wachsuggestion und elektrischem Strom behandelt worden seien. Hierbei seien nur wenige Offiziere gewesen, was aber bedeutet, dass auch Offiziere so therapiert wurden.[542] Am Schluss seines Beitrags führte Krisch die Fallgeschichte eines von ihm behandelten Offiziers an, der nach zwei Monaten an der Front Nervosität und Ängstlichkeit in so hohem Maße zeigte, dass er ins Lazarett musste. Seine eigentlichen hysterischen Symptome entwickelte er aber nach der Beschreibung erst im Laufe seiner Lazarettaufenthalte in der Heimat. Dem Offizier wurden Kurbadaufenthalte und großzügiger Urlaub verordnet, die aber keinerlei Besserung erbrachten. Nach dem Heimaturlaub sei der Offizier erneut ins Lazarett gekommen: »Zum ersten Male Diagnose Hysterie auf Nervensonderabteilung gestellt. Mehrfache energische Heilversuche.«[543] Hierunter sind wohl aktive Behandlungsmethoden zu verstehen. Doch brachten auch diese Behandlungsmethoden nicht den gewünschten Erfolg und er wurde als dienstunfähig in die Heimat entlassen. Sechs Monate später wurde er auf die Station von Krisch aufgenommen und hier nach einigen Wochen, in denen der Arzt versuchte, ein vertrauensvolles Verhältnis aufzubauen, mit faradischem Strom behandelt. Hierüber heißt es:

---

540 Ebd.
541 Ebd.
542 Krisch, Die spezielle Behandlung der hysterischen Erscheinungen, S. 240f.
543 Ebd., S. 258.

»Beim ersten Versuch mit faradischer Behandlung Ohnmacht. Deshalb Behandlung mit einfachen und passiven Bewegungen der hauptsächlichsten Muskelgruppen und Wortsuggestion fortgesetzt. Mitte Juli hoffnungsvoller.«[544]

Dass der Offizier beim Behandlungsversuch ohnmächtig wurde, spricht dafür, dass die Strombehandlung ihm große Angst bereitete. Möglicherweise hatte er schon bei den früher an ihm durchgeführten »energische[n] Heilversuche[n]« negative Erfahrungen gemacht.

Die Fallgeschichte ist ein Beispiel für die Diversität der Behandlungsmethoden bei Offizieren im Ersten Weltkrieg. Sie zeigt, dass Offizieren, die im Lazarett »hysterisiert« wurden,[545] trotzdem ein Kuraufenthalt und Heimaturlaub verordnet werden konnte, sie aber auch bei der Diagnose »Hysterie« mit aktiven Behandlungsmethoden therapiert werden konnten.

In einem Bericht an das Sanitätsamt des XIV. Armeekorps findet sich ein Beispiel für die Anwendung einer Neurotiker-Behandlung nach Ferdinand Kehrer (1883–1966), der eine spezielle Variante der Kaufmann-Kur entwickelt hatte, im Offizierslazarett Heidelberg und die Reflexionen des Chefarztes, wie aktive Behandlungsmethoden bei Offizieren anzuwenden seien.[546] Stabsarzt Kehrer hatte sich durch seine »Gewaltexerzier-Methode« in der Neurotikerbehandlung einen Namen gemacht. Das »Zwangsexerzieren« praktizierte er im Neurotiker-Lazarett Hornberg, in dem Offiziere als Patienten explizit ausgeschlossen waren,[547] unter Verwendung von militärischem Drill, verstärkt durch elektrische »Hilfen«. Nach dem Zwangsexerzieren folgte Arbeitstherapie in der Landwirtschaft oder Munitionsfabrik. Kehrer hatte sein Therapiekonzept so weit perfektioniert, dass dieser Ort von Robert Wollenberg als das »Lourdes« für »Kriegsneurotiker« bezeichnet wurde.[548]

---

544 Ebd., S. 258f.
545 Siehe zur weit verbreiteten Befürchtung unter den Nervenärzten im Ersten Weltkrieg einer »Hysterisierung« von Patienten im Lazarett Kap. III.3.a. Unterbringung und Verpflegung.
546 Den Bericht hat bereits Petra Peckl ausgewertet. Peckl, Krank durch die »seelischen Einwirkungen des Feldzuges«?, S. 74–76.
547 GLA, 456 F 113/225, Kriegssanitätsbericht des Reservelazaretts »Schloß« Hornberg des XIV. A.K.
548 Wollenberg, Erinnerungen eines alten Psychiaters, S. 138. Vgl. hierzu auch Rauh, Die militärpsychiatrischen Therapiemethoden im Ersten Weltkrieg, S. 37f. Über seine Therapie in Hornberg wurde 1918 ein Film gedreht: Deutsches Hygiene-Museum Dresden, Film: Reservelazarett Hornberg i. Schwarzwald - Behandlung der Kriegsneurotiker, ca. 1918. Eine Analyse des Films liefert Köhne, Kriegshysteriker, S. 202–214.

Im Offizierslazarett Heidelberg wurde kurz vor Ende des Krieges im Oktober 1918 beschlossen, die Neurotiker-Behandlung nach Kehrer anzuwenden. Konkreten Anlass gab der Fall eines Feldwebelleutnants,[549] bei dem sich der leitende Arzt sicher war, dass »eine tatkräftige Behandlungsweise, wie sie in den Neurose-Lazaretten an Mannschaften mit glänzendem Ergebnis durchgeführt werden, mit an Sicherheit grenzender Wahrscheinlichkeit eine Beseitigung der Störung herbeiführen würde.« Er teilte seine Einschätzung dem Kranken mit und bedauerte, »dass diese Behandlungsweise bei Offizieren leider nicht angewandt zu werden pflege.« In seinem Bericht betonte der leitende Arzt, dass auch der Feldwebelleutnant sein Bedauern geteilt und sich bereit erklärt habe, sich jeder Behandlung zu unterziehen, die ihn von seinem Leiden befreie. Der fachärztliche Beirat für Psychiatrie des XIV. Armeekorps Wilmanns äußerte, dass der Fall genutzt werden solle, »um die erfahrungsgemäss äusserst segensreiche Behandlung in dem Offizier-Lazarett einzuführen und bei denjenigen Herren durchzuführen, bei denen sonstige Heilverfahren versagt haben.«[550]

Auffällig ist die Wortwahl im Bericht, sowohl bei den Passagen, die an das Sanitätsamt gerichtet waren, als auch in denen, die die Worte an den Feldwebelleutnant wiedergeben. Die Behandlungsmethoden wurden nicht explizit benannt und beschrieben. Stattdessen wurden Begriffe wie »eine tatkräftigere Behandlungsweise«, »wie sie in Neurose-Lazaretten an Mannschaften mit glänzendem Erfolg durchgeführt werden« oder eine »erfahrungsgemäß äußerst segensreiche Behandlung« gewählt. Auch wurde den Offizieren durch den respektvollen Ton im Patientengespräch wie auch im Schriftverkehr mit dem Sanitätsamt eine herausgehobene Sonderstellung zugestanden. Es wird klar, dass Wilmans in seinem Bericht bewusst soziale Bedenken ausräumen wollte, er diese Methode in manchen Fällen aber als die einzig erfolgversprechende ansah.[551] Schließlich wird noch sehr deutlich, dass aktive Behandlungsmethoden lediglich das letzte Mittel sein sollten, wenn sanfte Behandlungsmethoden versagt hatten.

Insgesamt zeigt sich, dass aktive Behandlungsmethoden auch bei Offizieren kein Tabu waren, aber nur sporadisch zum Einsatz kamen. Zudem ist

---

549 Feldwebelleutnants hatten Zugang zu den Sanitätseinrichtungen für Offiziere. Siehe zu diesem Dienstrang Kap. II.3.b. Die Prüfung der psychischen Belastbarkeit der Offiziersanwärter.
550 GLA, 456 F 113/94: Fachärztlicher Beirat für Psychiatrie Sanitätsamt XIV. A.K. an das Sanitätsamt XIV. A.K., 20.10.1918. Vgl. auch Peckl, Krank durch die »seelischen Einwirkungen des Feldzuges«?, S. 74f.
551 Peckl, Krank durch die »seelischen Einwirkungen des Feldzuges«?, S. 75f.

feststellbar, dass wenn solche bei Offizieren angewandt wurden, nicht auf Gewalt und Strafe gesetzt wurde.[552] Ein Erlass des Preußischen Kriegsministeriums vom 7. September 1917 legte fest, dass für die Anwendung aktiver Behandlungsmethoden eine Einverständniserklärung nicht vonnöten sei.[553] Dies spricht dafür, dass seit Herbst 1917 den Soldaten bei der Anwendung der Methoden ein Mitspracherecht vorenthalten wurde.[554] Allerdings fand sich anders als in Österreich-Ungarn kein einziger Fall, in dem ein Offizier ohne sein Einverständnis einer bestimmten aktiven Behandlungsmethode unterzogen wurde. Extrem schmerzhafte Prozeduren wurden nicht durchgeführt, Annehmlichkeiten wurden bei fehlender Kooperation nicht entzogen, eine Flucht vor der Behandlung in der Weise, dass beim Patienten die Angst vor der Behandlung dazu führen sollte, dass er die Front dem Lazarett vorzog, sollte nicht erzeugt werden. Anders als bei den Mannschaftssoldaten, wo die Furcht vor der Behandlung vielfach als heilungsfördernd angesehen wurde, findet sich kein Fall, in dem die Ärzte bei den Offizieren diese Wirkung erzielen wollten. Entsprechend wurden im psychiatrischen Diskurs die folgenden Behandlungsmethoden nicht bei Offizieren propagiert: Scheinnarkose und Scheinoperation, Schreckauflösung, ein entziehendes Regime und bewusste Situationsverschlechterung.[555] Vielmehr wurden die aktiven Methoden, in den wenigen Fällen, in denen sie praktiziert wurden, als Heilmethoden angewandt – zumindest stellten Ärzte dies so in den Krankenakten und den medizinischen Veröffentlichungen dar.

Arbeitstherapie

Auch die Arbeitstherapie zählt mit Einschränkungen zu den neuen Behandlungsmethoden. Es handelt sich um eine wiederentdeckte Therapiemethode,

---

552 Stephanie Neuner stellte fest, dass sich die Forschung weitgehend einig darüber sei, dass die gewaltsamen und schmerzhaften aktiven Behandlungsmethoden einen »Strafcharakter« hatten. Neuner, Politik und Psychiatrie, S. 59f.
553 BayHStA-KA Stv. Gen.Kdo. II. AK., SanA. 14/1, Preuß. Kriegsministerium am 7. September 1917; Neuner, Politik und Psychiatrie, S. 60. Siehe hierzu auch Kap. II.1. Die Behandlung des Problems der »Kriegsneurotiker« in der deutschen Armee.
554 Dies entsprach allerdings nicht immer der Praxis. Peckl führt ein Beispiel an, bei dem der Widerstand eines einfachen Soldaten gegen die verordnete Kaufmann-Kur zur Aussetzung der Therapie wurde. Peckl, Krank durch die »seelischen Einwirkungen des Feldzuges«?, S. 67f.
555 Vgl. in Bezug auf die entsprechenden Therapien bei Mannschaftssoldaten Adler, Die neuen Gesichtspunkte in der Frage der Kriegsneurose.

die vor 1914 in den Hintergrund gedrängt worden war und nun einen deutlichen Aufschwung erlebte. Hier zeigen sich deutliche Unterschiede zwischen psychisch versehrten Offizieren und Mannschaftssoldaten.

Die Arbeitstherapie war schon in der Vorkriegszeit in manchen psychiatrischen Einrichtungen gebräuchlich und hatte ihre Anfänge bereits am Ende des 18. Jahrhunderts. In psychiatrischen Fachpublikationen kursierte sie seit dem beginnenden 20. Jahrhundert auch unter dem Namen »Beschäftigungsbehandlung« oder »aktivere Krankenbehandlung«. Die Behandlungsform zielte auf die Aktivierung der Fähigkeiten des Patienten und schließlich die Wiederherstellung seiner Arbeitsfähigkeit. Die Arbeit im landwirtschaftlichen, handwerklichen oder häuslichen Bereich sollte als sinnvolle Beschäftigung erfahren werden, den Alltag strukturieren, Geist und Körper müde machen und den Fokus von Wahnvorstellungen weglenken. Neben diesen Funktionen waren auch ökonomische Aspekte ein Grund für den vielfachen Einsatz der Arbeitstherapie, da eine weitgehend autarke Versorgung der Anstalten durch die Arbeit der Patienten das Ziel war. Allerdings wurde die Arbeitstherapie an der Wende zum 20. Jahrhundert von neuen Behandlungsmethoden wie dem Dauerbad oder der Bettbehandlung, die eine Annäherung von Krankenhaus und Anstalt bewirkten, weitgehend verdrängt.[556]

Im Weltkrieg erlebte die Arbeitstherapie eine deutliche Konjunktur, die nun zur Behandlung psychisch versehrter Kriegsteilnehmer in Lazaretten und Genesungsheimen breit angewandt wurde. Sie zielte auf die Wiederherstellung der Arbeitsfähigkeit (durch Rhythmisierung des Lebens, Vorbeugung gegen Langeweile und sinnstiftende Tätigkeit) und die ökonomische Nutzbarmachung der Patienten in den Lazaretten und der Kriegswirtschaft. Oberstes Ziel war die Zurückdrängung der Symptome, weniger die ursachenbezogene Heilung.[557]

Am 5. Mai 1915 beschloss die Medizinal-Abteilung des Kriegsministeriums in Berlin, dass es das Ziel der Beschäftigung von Patienten im Lazarett sei, die »Lazarettinsassen vor einem oft monatelangen Nichtstun zu bewahren.« Kritik wurde an der Bevölkerung geübt, die »unterhaltende Auffüh-

---

556 Ankele, Arbeitsrhythmus und Anstaltsalltag, S. 10f. Vgl. daneben die Beiträge von Heinz-Peter Schmiedebach/Eva Brinkschulte, Kai Sammet, Thomas Müller, Anna Urbach und Petra Fuchs in Ankele/ Brinkschulte (Hrsg.), Arbeitsrhythmus und Anstaltsalltag, S. 21–134. Siehe zu Dauerbad und Bettbehandlung die entsprechenden Abschnitte in Kap. III.4.b. Vorkriegsmethoden bei Offizieren und Kap. III.4.c. Urlaub, Badekuren und Privatpflege.
557 Lerner, Hysterical Men, S. 125–162; Hermes, Krankheit: Krieg, S. 443–450; Ankele, Arbeitsrhythmus und Anstaltsalltag, S. 11f.

rungen der verschiedensten Art« organisiere, um Abwechslung im Lazarettalltag durch Freikarten für Theater und Ähnliches zu erreichen. Diese Aktivitäten seien erheblich einzuschränken, da sie den Gesundungswillen lähmen würden. Nützliche und schwere Arbeit, die bei den Lazarettinsassen wieder Arbeitsfreude wecken solle, sei hingegen das beste Mittel, um die »Willensschwäche« der Betroffenen zu bekämpfen und den Genesungsprozess zu fördern.[558]

Auffällig ist, dass im Erlass von 1915 der wirtschaftliche Nutzen der Arbeit der Lazarettinsassen noch nicht hervorgehoben wurde, sondern lediglich der psychische Effekt bei den Kranken. Seit 1916 hingegen wurde parallel zum Aufbau einer auf maximale Produktivität ausgerichteten rationalisierten Kriegswirtschaft gerade der volkswirtschaftliche Nutzen neben dem medizinischen Nutzen gleichberechtigt betont. Nun sollten die »Kriegshysteriker« der Kriegswirtschaft »nutzbar gemacht werden.«[559]

---

[558] SächsHStA 11348 St. GK XII. AK, Nr. 3312 Beschäftigung von Verwundeten 1915–1917, Kriegsministerium. Medizinal-Abteilung Nr. 8803/4.15.M.A. Abschrift, 5.5.1915. Dass die Forderung sich gerade in Bezug auf die Neurastheniker-Therapie nicht flächendeckend durchsetzte, zeigen Ausführungen Robert Gaupps. In seiner Darstellung der Neurastheniker-Therapie beschrieb dieser die Arbeit vor allem als Beschäftigungstherapie, die nur in Maßen einzusetzen war. Gaupp, Schreckneurosen und Neurasthenie, S. 98. Die von anderen Psychiatern favorisierte Arbeitstherapie, die als produktiv und sinnvoll, möglichst auch im erlernten Beruf stattfinden sollte, findet sich in seiner Beschreibung nicht.

[559] BayHStA-KA Stv. GenKdo. II. AK., SanA. 14/I, Erlass des Preuß. Kriegsministeriums am 10. Februar 1917. Vgl. auch SächsHStA 11348 St. GK XII. AK, Nr. 3312 Beschäftigung von Verwundeten 1915–1917, Stellv. Intendantur XII. Nr. 2072 V., 19.3.1917: Hier heißt es explizit, dass der volkswirtschaftliche Nutzen der Arbeit der Lazarettinsassen »gleichwertig« mit deren arbeitstherapeutischem Zweck sei: »Die Beschäftigung der in den Reserve-Laz. brachliegenden Arbeitskräfte, sei es außerhalb der Lazarette, sei es in deren Eigenwirtschaft, und der damit für die Volkswirtschaft und die Reichskasse verbundene wirtschaftliche Nutzen (Zuführung von Arbeitskräften, Verminderung der Inanspruchnahme des Arbeitsmarktes bei Eigenwirtschaft, Ersparnisse bei Eigenwirtschaft) treten bei dem Ernst der jetzigen wirtschaftlichen Verhältnisse *gleichwertig* [Hervorhebung im Original] neben die arbeitstherapeutischen Zwecke.« Schon am 8.1.1916 hatte das Kriegsministerium in einer Regelung das wirtschaftliche Argument aufgenommen. Der Erlass sollte dem Problem entgegenwirken, dass viele Heeresangehörige des Ersatztruppenteils nach Erreichen voller oder teilweiser Genesung dem Eintritt der Dienstfähigkeit oder der Entlassung vom Militär mehr oder weniger beschäftigungslos entgegenharrten. Beschäftigungslosigkeit sei eine schwere sittliche Gefahr für den Einzelnen und verhindere die rasche und vollständige Gesundung der Kranken, zugleich sei sie eine wirtschaftliche Schädigung der Allgemeinheit. Ebd., Kriegsministerium Nr. 158 V. Abschrift, 8.1.1916. Auf eine komplette Ausrichtung an den Bedürfnissen der Kriegswirtschaft zielte auch ein Erlass vom 27.12.1916. Ebd., Kriegsministerium, Kriegsamt, J. Nr. 70.12.16 A.Z.S.6, Abschrift, 27.12.1916.

Die Arbeitstherapie wurde spätestens seit 1917 auch zur Nachbehandlung bereits aus der Armee entlassener »Kriegsneurotiker« eingesetzt.[560] Sie sollte den Kriegsversehrten zur »vollen Ausnützung ihrer meist psychisch gehemmten Arbeitskraft« verhelfen.[561] Eine abgeschlossene Therapie wurde mit einem »Arbeitsnachweis« bestätigt, der den Grad der erreichten Erwerbsfähigkeit dokumentierte. Im letzten Kriegsjahr wurde beschlossen, dass dieser als notwendige Voraussetzung gelten sollte, um aus der psychiatrischen Einrichtung wieder entlassen zu werden.[562]

Dass die Arbeitstherapie auch 1918 noch mehr als Mittel zur Heilung des Patienten denn als Werkzeug zur Stärkung der Kriegswirtschaft gesehen werden konnte, zeigt der Bericht des Inspekteurs der X. Kriegs-Sanitäts-Inspektion über die Besichtigung des Neurotiker-Lazaretts Konstanz vom 24. März 1918. Hier wurden die gute Verpflegung und der positive Effekt der Arbeitstherapie auf die Gesundung der Patienten betont, während kriegswirtschaftliche Aspekte in Bezug auf die Arbeitsleistung der Neurotiker nicht aufgeführt wurden.[563]

Bezeichnend sind auch die knapp zusammenfassenden Ausführungen im Sanitätsbericht von 1934 über die Behandlung der »Nervenkrankheiten« im

---

560 In einem Erlass des Kriegsamtes Berlin heißt es, dass das Heilverfahren auch bei diesen Erfolg haben sollte und eine »Belassung ihrer ursprünglichen Versorgungsgebührnisse« zur Ausbildung einer »Rentenfurcht« führen könne. BayHStA-KA Mkr 12681, Erlass des Kriegsamtes Berlin am 2. Februar 1917. Vgl. auch Neuner, Politik und Psychiatrie, S. 61.
561 BayHStA-KA Stv. GenKdo. II. AK., SanA. 14/I, Erlass des Bayer. Kriegsministerium am 14. Mai 1917; Erlass des Preuß. Kriegsministeriums am 18. April 1917. Vgl. auch Neuner, Politik und Psychiatrie, S. 61.
562 BayHStA-KA Stv. GenKdo. II. AK., SanA. 14/I, Preuß. Sanitäts-Departement, o. D. [nach April 1918]; Ebd., Schreiben des RL Speyer, Nervenstation an das Sanitätsamt des II. AK., Krankenblatt des Karl H. Der Arbeitsnachweis galt auch im Versorgungsverfahren als wichtiges Dokument. Vgl. Neuner, Politik und Psychiatrie, S. 61.
563 »Das neue Reservelazarett ›Heilanstalt bei Konstanz‹ hat mir nach Anlage, Räumlichkeiten und ärztlichem Dienstbetrieb hervorragend gut gefallen. Die Verpflegung wurde mir von Kranken und Ärzten gerühmt. Die Arbeitstherapie der Neurotiker (Erdbewegungen, Meliorisations-Drainage-, Garten-Arbeiten u. dgl.) scheint sich als besonders geeignet und günstig für die Kranken, die sämtlich (z. Z. 56) an den Arbeiten teilnehmen, zu bewähren.« Der Inspekteur hatte nur zwei Kritikpunkte bei der Heilanstalt. So mahnte er an, die Arbeitskleidung der Patienten zu verbessern und äußerte Bedenken, ob die beiden Ärzte bei einer Vermehrung der Patientenzahl ihre Aufgaben bewältigen könnten. GLA 456 F 113/87 Besichtigungen der Reservelazarette Heidelberg, Bruchsal, Illenau, Rastatt, Ettlingen, Offenburg, Dürrheim, Donaueschingen, Singen, Freiburg, Müllheim und Badenweiler durch den Inspekteur der X. Kriegs-Sanitätsinspektion, 29.11.1917–18.9.1918, darin: Inspekteur der X. Kriegs-Sanitäts-Inspektion, Bemerkungen zu meiner jüngsten Besichtigung der Reservelazarette Konstanz, Meersburg u. St. Leonhardt, Konstanz 24.3.1918.

Weltkrieg, in denen als einzige Behandlungsform die Arbeitstherapie näher beschrieben und nicht der volkswirtschaftliche, sondern der medizinische Nutzen für den einzelnen Patienten hervorgehoben wurde:

»Das Hauptbestreben des behandelnden Arztes war, den Nervenkranken die innere Ruhe, Zuversicht und das Vertrauen auf die eigene Kraft zu geben. Sie wurden deshalb in den Genesungsheimen und Nervenstationen, ihrem Beruf entsprechend, beschäftigt. In den Genesungsheimen fand man es am vorteilhaftesten, die Kranken nur einen halben Tag beruflich arbeiten zu lassen und der anderen Tageshälfte einen militärischen Inhalt zu geben. Der Tag begann um 8 Uhr morgens mit einem Appell, damit das Hindämmern im Schlaf des Morgens vermieden wurde, dann folgte Arbeit in Küche, Kammer, Garten und Landwirtschaft. Nach dem Mittagessen war 1 ½ Stunde Ruhe angesetzt, und der Nachmittag war mit militärischen Spaziergängen, mit Gymnastik (Turnspielen, Wettlauf), mit Entfernungsschätzen, Bajonettieren usw. ausgefüllt.«[564]

Neben der Hervorhebung des medizinischen Nutzens wurde betont, dass der Beruf der Kranken entscheidend für die Beschäftigungen bei der Arbeitstherapie gewesen sei. Diese Vorgabe findet sich auch in den Regelungen, die während des Weltkriegs zur Arbeitstherapie erlassen wurden. So wurde in einem Erlass des Kriegsministeriums 1915 Folgendes festgelegt:

»Bei der grossen Verschiedenheit, die die Verwundeten und Kranken eines Lazaretts nach Herkunft, Anlagen, Beruf, Bildung usw. aufweisen, lassen sich von vornherein allgemein gültige Anweisungen für die *zweckmässige Auswahl der Beschäftigungsarten* [im Original unterstrichen] usw. nicht geben [...].«[565]

Auffällig ist, dass die soziale Herkunft als eigenständiger Punkt neben Beruf und Bildung aufgeführt wird: Die adelige oder gehobene bürgerliche soziale Herkunft galt nach wie vor als Kriterium zur Distinktion.

Neben zivilen Beschäftigungen – allgemein wurden für »nervöse Kranke« vor allem Garten- und landwirtschaftliche Arbeiten vorgeschlagen[566] – wurden auch Exerzier- und Turnübungen, Turnspiele und Märsche unter militärischer Führung verordnet. Zur Durchführung sollten unter den Kranken geeignete Offiziere oder Unteroffiziere ausgewählt werden, die die

---

564 Sanitätsbericht über das Deutsche Heer im Weltkriege, Bd. 3, S. 148f.
565 SächsHStA 11348 St. GK XII. AK, Nr. 3312 Beschäftigung von Verwundeten 1915–1917, Kriegsministerium. Medizinal-Abteilung Nr. 8803/4.15.M.A. Abschrift, 5.5.1915.
566 BayHStA-KA Stv. GenKdo. II. AK., SanA. Bd.14/I, Schreiben des Bayerischen Kriegsministeriums an das Sanitätsamt des III. AK. am 18. April 1917 betreffs der »Verwendung von Kriegshysterikern in der Landwirtschaft«. Vgl. auch Neuner, Politik und Psychiatrie, S. 61.

Leitung dieser Übungen übernehmen sollten.⁵⁶⁷ Dies zeigt, dass Offiziere, wenn sie mit Mannschaften im Lazarett lagen, weiterhin als Offiziere angesehen wurden, deren vorrangige Beschäftigung die Führung der Mannschaften sein sollte.

Der sächsische Aktenbestand zur Beschäftigung militärischer Verwundeter 1915–1917, in dem auch Vorschriften enthalten sind, die das Deutsche Reich insgesamt betrafen,⁵⁶⁸ belegt die vielfache Sonderstellung der Offiziere: So wurden diese im Reservelazarett 1 in Dresden generell nicht in den Werkstätten herangezogen, weder als Arbeiter⁵⁶⁹ noch als Aufsichtsperson.⁵⁷⁰ Dort gab es eine Schlosserei, Kartonagenwerkstätten, eine Tischlerei und Gärtnerei.⁵⁷¹ Dass auch Letztere für Offiziere nicht genutzt wurde, ist bemerkenswert, da gerade Gartenarbeit bei nervösen Erkrankungen empfohlen wurde, erklärt sich aber wohl daraus, dass körperliche Arbeiten zusammen mit Mannschaftssoldaten als unwürdig galten. Auch aus den Regelungen zur Beschäftigung Kriegsverletzter in der Industrie,⁵⁷² zur Entlassung der Mannschaften aus den Lazaretten,⁵⁷³ aus den Vorschriften für den Aufbau einer Beschäftigungszentrale⁵⁷⁴ und anderen Aktenstücken wird ersichtlich, dass kriegsuntaugliche Offiziere nicht in den Regelungen enthalten sind.

Neben dem Umstand, dass Offiziere andere Beschäftigungen als einfache Soldaten ausübten, fällt auf, dass in für Offiziere reservierten Einrichtungen oft auf die Arbeitstherapie verzichtet wurde. Zum Beispiel wird im

---

567 SächsHStA 11348 St. GK XII. AK, Nr. 3312 Beschäftigung von Verwundeten 1915–1917, Kriegsministerium. Medizinal-Abteilung Nr. 8803/4.15.M.A. Abschrift, 5.5.1915.
568 SächsHStA 11348 St. GK XII. AK, Nr. 3312 Beschäftigung von Verwundeten 1915–1917.
569 Ebd., Bericht über die im Reserve-Lazarett in Dresden befindlichen, zu der Abteilung für Massage und Krankengymnastik gehörigen Werkstätten, 1.10.1915, fol. 4.
570 Ebd., Kriegsministerium Medizinal-Abteilung 8526/12.15. Abschrift, 15.1.1916.
571 Ebd., Bericht über die im Reserve-Lazarett in Dresden befindlichen, zu der Abteilung für Massage und Krankengymnastik gehörigen Werkstätten, 1.10.1915.
572 Ebd., Beschäftigung Kriegsverletzter in der Industrie, 18.6.1916: Das Schreiben geht nur auf Unteroffiziere und Mannschaften ein, inwieweit diese für die Arbeiten einsatzfähig waren, nicht aber auf Offiziere, für die wohl eine entsprechende Beschäftigung nicht als angemessen galt.
573 Ebd., Kriegsministerium Nr. 8327, 1.15.M.A. Abdruck 2.3.1915:»Bei der Entlassung von Mannschaften aus den Lazaretten usw. haben folgende Grundsätze Beachtung zu finden...«
574 Ebd., Geplante Entwicklung einer Beschäftigungszentrale, 2. Entwurf, Juli 1916: Die Regelung sollte nur für kriegsuntaugliche Unteroffiziere und Mannschaften gelten, die diensttauglich zur Entlassung kommen.

Kriegssanitätsbericht über das Offizier-Lazarett I »Badischer Hof« in Baden-Baden während des Krieges die diesbezügliche Sonderbehandlung der Offiziere gegenüber Mannschaftssoldaten im standardmäßig auszufüllenden Punkt »Beschäftigung der Kranken, Arbeitsbehandlung, Werkstätten« deutlich. Hier fehlen jegliche Angaben zu produktiven Arbeiten der Patienten. Stattdessen heißt es: »Den Kranken ist der unentgeltliche Besuch des Kurgartens und der Kurkonzerte gestattet. Die Kurverwaltung bewilligte den Besuch des Kurtheaters zu halben Preisen.«[575]

Der Verzicht auf die Arbeitstherapie in den für Offiziere reservierten Lazaretteinrichtungen, wurde von manchen Ärzten durchaus kritisch gesehen. Kompensiert wurde dieses Manko allerdings dadurch, dass nach der Lazarettbehandlung der Offizier häufig noch eine Zeitlang im Garnisonsdienst verbrachte, bevor er wieder an die Front geschickt wurde. Ärztlicherseits wurde vor allem der militärische Garnisonsdienst als die Genesung fördernde Arbeitstherapie bei der Therapie psychisch versehrter Offiziere angesehen.

So wurde im Mai 1918 für das Offizierslazarett Heidelberg bestimmt:

»Aus Gründen der Heilbehandlung ist es erforderlich, dass im Offizierslazarett Heidelberg behandelte neurotische Offiziere vor ihrer Entlassung zum Dienst bei einem Truppenteil herangezogen werden.«[576]

Daher sollten die hierfür vom behandelnden Arzt vorgeschlagenen Offiziere gemäß ärztlicher Anweisung nach Vereinbarung zwischen dem aufsichtführenden Offizier des Lazaretts und dem Führer der in Heidelberg stationierten 3. Reserve-Maschinengewehr-Kompanie des XIV. Armeekorps bei dieser in geeigneter Weise Dienst leisten.[577]

Ein weiteres Beispiel hierfür ist der seit Juni 1915 in verschiedenen Genesungsheimen wegen »nervöser Erschöpfung« behandelte Leutnant der Reserve Karl D. Er wurde schließlich am 6. November 1915 im Ambulatorium des Reservelazaretts München L als fähig begutachtet, »leichteren inneren Garnisondienst zu tun. Ärztlich ist sogar besonders zu wünschen, daß H. Ltn. wieder in Militärdiensten Beschäftigung findet, da die

---

575 GLA 456 F 113/275 Kriegssanitätsbericht des Reservelazaretts I »Badischer Hof« in Baden-Baden, 7.9.1914–10.1.1920.
576 GLA 456 F 118/364 Allgemeine Schriftwechsel, darin: XIV. Armeekorps, stellv. General-Kommando an die 3. Res. Masch.Gew. Komp. XIV. AK und das Offizierslazarett Heidelberg, 15. Mai 1918.
577 Ebd.

Wiedergewöhnung an die Arbeit ein wichtiger Heilfaktor ist.«[578] Es wurde angeordnet, dass er sich einmal pro Woche in der Ambulanz der Nervenabteilung zur Beobachtung einfand und beim militärischen Dienst auf seine »nervöse Erschöpfbarkeit« Rücksicht zu nehmen sei. Zudem wurde ein drei- bis vierwöchiger Erholungsurlaub zu seinen Angehörigen vor Dienstantritt bewilligt.[579] Am 15. Dezember 1915 wurde er für den Kanzleidienst in der Garnison geeignet erklärt.[580]

Ein letzter Unterschied zwischen Offizieren und Mannschaftssoldaten zeigt sich bei der Alltagsgestaltung und dem Zusammenspiel von Müßiggang und Arbeit. Während sich der Alltag in den Regelungen für psychisch versehrte Mannschaftssoldaten vor allem auf Arbeit und militärische Übungen konzentrieren sollte, wurden in Offizierslazaretten und -genesungsheimen auch bei einer Spezialisierung auf Nervenkrankheiten die Ermöglichung von Freizeitaktivitäten zur Zerstreuung und Bildung sowie ein kulturelles Rahmenprogramm als angemessen und notwendig angesehen. Dies zeigt bereits deren bauliche Ausstattung. So verfügte das Offiziersheim Taunus an Gemeinschaftsräumen neben einem Empfangszimmer auch über zwei Spiel- und ein Musikzimmer.[581]

Und zum Beispiel schrieb der Inspekteur der X. Kriegs-Sanitäts-Inspektion in seinem Bericht zu seiner Besichtigung der Reservelazarette und anderen sanitären Einrichtungen in Heidelberg am 20. Dezember 1917 über das Offizierslazarett Heidelberg, in dem auch viele Offiziere mit der Diagnose Hysterie untergebracht waren:

»Ich habe einem der wöchentlich regelmäßig einmal stattfindenden Unterhaltungsabende (Vortrag eines Universitätsprofessors und musikalische Darbietungen) beigewohnt und dabei wie aus dem Gesamtbild meiner Wahrnehmungen die Überzeugung gewonnen, daß für die kranken Offiziere im Offizierslazarett jetzt nicht nur vom rein ärztlichen und materiellen Standpunkte aus, sondern auch vom ethisch-gesellschaftlichen Standpunkte aus, der das seelische Wohlbefinden im Auge hat, aufs allerbeste gesorgt ist.«[582]

---

578 BayHStA-KA OP 887 Karl D., Schreiben des Reservelazaretts München 6.11.1915.
579 Ebd.
580 Ebd., Verzeichnis: Reservelazarett München 15.12.1915.
581 HHStAW, 1158/31 Sammlung von Fotos des Offizierheims Taunus (später Obertaunusheim) in Falkenstein 1901–1950. Siehe hierzu auch Kap. III.3.a. Unterbringung und Verpflegung.
582 GLA 456 F 113/87 Besichtigungen der Reservelazarette Heidelberg, Bruchsal, Illenau, Rastatt, Ettlingen, Offenburg, Dürrheim, Donaueschingen, Singen, Freiburg, Müllheim und Badenweiler durch den Inspekteur der X. Kriegs-Sanitätsinspektion, 29.11.1917 -

Zudem verfügte das Offizierslazarett Heidelberg über einen Lesesaal, in dem neben Büchern auch Zeitungen und Zeitschriften auslagen, die als Frei-Abonnement gestiftet wurden.[583] Dass die Arbeitstherapie im Offizierslazarett Heidelberg bisher nicht angewandt wurde, wurde allerdings durchaus kritisch gesehen. So schrieb Ende Dezember 1917 der Chefarzt des Offizierslazaretts Heidelberg an das Sanitätsamt des XIV. Armeekorps, dass es bisher nicht gelungen sei, die ranghohen Patienten sinnvoll zu beschäftigen und eine ähnlich »heilwirksame« Umgebung zu gestalten wie in Neurotiker-Lazaretten. Er monierte, dass »eine Parallele zu der Arbeit geheilter Mannschaften in Munitionsfabriken, wie sie in Hornberg durchgeführt wird, fehlt, und dass dieser Mangel sich erheblich fühlbar macht.«[584] Drei Monate später stellte er erneut in einem Brief an das Sanitätsamt Überlegungen dazu an, welche körperlichen und geistigen Beschäftigungen geeignet seien, »das unbedingt nötige Selbstvertrauen der Kranken auf die Dauer« zu heben. Ihm schien alles »nützlicher, als wenn nichts geschieht und die Offiziere sich dafür im Kaffeehaus aufhalten.«[585] Ähnlich schrieb 1917 Ludwig Weber kritisch, dass Offiziere in Kurorten und Sanatorien »in heilloser Weise verwöhnt wurden und dadurch verbummelten.«[586]

Insgesamt zeigt sich, dass zwar in gemischten Lazaretten Offiziere wie Mannschaftssoldaten zur Arbeitstherapie herangezogen wurden,[587] doch orientierten sich die Beschäftigungen am militärischen Rang und der sozialen Stellung der militärischen Führer. In Offizierslazaretten hingegen konzentrierte sich die Alltagsgestaltung meist auf den Müßiggang, obwohl dies mitunter von psychiatrischen Experten kritisiert wurde. Ein dritter Unterschied ist, dass bei Offizieren mit Hysterie in Lazarettbehandlung stets Freizeitaktivitäten zur Zerstreuung und Bildung und ein kulturelles Rahmen-

---

18.9.1918, darin: Inspekteur der X. Kriegs-Sanitäts-Inspektion, Bemerkungen zu meiner jüngsten Besichtigung der Reservelazarette pp. Heidelberg, 20.12.1917.
583 GLA 456 F 118/362 Allgemeine Schriftwechsel, darin: Briefe, die belegen, dass Zeitungen und Zeitschriften als Frei-Abonnement für den Lesesaal des Offizier-Lazarettes Heidelberg gestiftet wurden.
584 GLA, 456 F 113/94 Chefarzt Offizierlazarett Heidelberg an Sanitätsamt des XIV. Armeekorps, 27.12.17.
585 Ebd., Chefarzt Offizierlazarett Heidelberg an Sanitätsamt des XIV. Armeekorps, 1.3.1918. Vgl. auch Peckl, Krank durch die »seelischen Einwirkungen des Feldzuges«?, S. 74.
586 Weber, Zur Behandlung der Kriegsneurosen, S. 1234. Vgl. auch Hofer, Nervenschwäche und Krieg, S. 223.
587 Beispiele finden sich bei Hermes, Krankheit: Krieg, S. 445f.

programm als notwendig angesehen wurden, während bei Mannschaftssoldaten mit entsprechender Diagnose hiervon abgeraten wurde.

Turnen bei Offizieren mit hysterischen Bewegungsstörungen

Eine Alternative zu den schmerzhaften aktiven Behandlungsmethoden stellten die therapeutischen gemeinschaftlichen Turnübungen für »Hysteriker« dar, die im Offizierslazarett Heidelberg praktiziert wurden. Über diese Behandlung schrieb der Inspekteur der X. Kriegs-Sanitäts-Inspektion in seinem Bericht an das Sanitätsamt des XIV. Armeekorps zu seiner jüngsten Besichtigung der Reservelazarette und anderen sanitären Einrichtungen in Heidelberg am 20. Dezember 1917:

»In der Person des landsturmpflichtigen Arztes Sanitätsrat Dr. Wiedeburg, der auf dem Gebiete der Neurosen-Behandlung sehr glückliche Erfolge aufzuweisen hat, ist eine sehr wertvolle erstklassige Kraft gewonnen. Die von ihm ausgearbeitete Methode der unter seiner persönlichen Leitung täglich ausgeübten gemeinsamen Behandlung der Hysteriker etc. mit Turn- und Freiübungen ist, wenigstens in ihrer Ausdehnung auf Offiziere *neu* [im Original unterstrichen] und nach meinem Dafürhalten eine sehr wichtige Bereicherung der Therapie.«[588]

Am 20. Dezember 1918 war die Therapie immer noch im Gebrauch: »ärztlich angeordnetes und beaufsichtigtes Turnen« wurde in einem weiteren Bericht an das Sanitätsamt des XIV. Armeekorps als eine »dem Offiziersstand besonders angepasste[n] Behandlungsweise« beschrieben und brachte nach Angaben der Ärzte »gute Erfolge«.[589]

Psychoanalyse

Die Psychoanalyse war ein junger Therapieansatz, der im Krieg als für Offiziere geeignet galt. Zu den von Sigmund Freud und Carl Gustav Jung (1875–1961) entwickelten psychoanalytischen Methoden zählten vor allem Traumanalysen und suggestive Verfahren, die darauf zielten, vergessene emotionale

---

[588] GLA 456 F 113/87 Besichtigungen der Reservelazarette Heidelberg, Bruchsal, Illenau, Rastatt, Ettlingen, Offenburg, Dürrheim, Donaueschingen, Singen, Freiburg, Müllheim und Badenweiler durch den Inspekteur der X. Kriegs-Sanitätsinspektion, 29.11.1917–18.9.1918, darin: Inspekteur der X. Kriegs-Sanitäts-Inspektion, Bemerkungen zu meiner jüngsten Besichtigung der Reservelazarette pp. Heidelberg, 20.12.1917.
[589] GLA, 456 F 113/94 Fachärztlicher Beirat für Psychiatrie Sanitätsamt XIV. A.K. an das Sanitätsamt XIV. A.K., 20.10.1918. Vgl. auch Peckl, Krank durch die »seelischen Einwirkungen des Feldzuges«?, S. 74f.

Kriegserlebnisse zum Vorschein zu bringen und dadurch das Trauma aufzuarbeiten und die Symptome zu heilen.[590] Während des Krieges war die Psychiatrie mehr denn je bereit, psychoanalytische Ansätze aufzunehmen, was sich bereits in der nun verbreiteten, rein psychologischen Betrachtung der kriegsbedingten »traumatischen Neurose« widerspiegelt. Meist blieb es aber bei einer fragmentarischen und selektiven Rezeption psychoanalytischer Ideen. Ein Beispiel dafür ist das Konzept der »Flucht in die Krankheit« und des damit verbundenen »Krankheitsgewinns«.[591]

Die wenigen, mit psychoanalytischen Methoden arbeitenden Mediziner waren in Deutschland in die Militärpsychiatrie eingegliedert, vorrangig in psychiatrischen Kliniken oder Speziallazaretten für »Kriegsneurotiker« oder Hirnverletzte eingesetzt, hatten aber zumeist keine einflussreichen Positionen inne. So gab es im Ersten Weltkrieg in Deutschland nur vereinzelt ausgewiesene psychoanalytisch arbeitende Lazarette, die auf eine Aufarbeitung des Traumas zielten. Insgesamt konnte sich die Psychoanalyse mit ihren »milderen«, zeitintensiveren Methoden gegenüber den aktiven Behandlungsmethoden und den traditionellen Therapien nicht durchsetzen.[592]

Dass dennoch die Bedeutung der Psychoanalyse zunahm, zeigt sich darin, dass während des Weltkriegs mehrere psychoanalytische Gesellschaften gegründet wurden. Hinzu kam, dass aufgrund der Behandlungserfolge die Psychoanalyse gegen Kriegsende bei den Sanitätsämtern der Armeen der Mittelmächte vermehrt Beachtung fand. Im September 1918 wurde ein psychoanalytischer Kongress in Budapest für Vertreter der Mittelmächte organisiert.[593] Zudem war das Militär bereit, psychoanalytisch arbeitende Kliniken für kriegsneurotische Soldaten einzurichten. Das Kriegsende vereitelte aber diese Pläne.[594]

Der bekannteste Psychoanalytiker, der »Kriegsneurotiker« behandelte, war Ernst Simmel (1882–1947), der 1916/17 Oberarzt und leitender Arzt im Festungslazarett 19 in Posen war,[595] einer psychoanalytischen Sonderstation, in der im Krieg 2.000 Patienten behandelt wurden, darunter auch Offi-

---

590 Hohenthal, Wissenschaft im Krieg?
591 Fischer-Homberger, Die traumatische Neurose, S. 151–159; Spilker, Geschlecht, Religion und völkischer Nationalismus, S. 144.
592 Hofer, Nervenschwäche und Krieg, S. 366; Neuner, Politik und Psychiatrie, S. 55.
593 Brunner, Psychiatry, Psychoanalysis and the Politics, S. 352–365; Lerner, Hysterical Men, S. 171.
594 Hohenthal, Wissenschaft im Krieg?
595 Simmel, Zweites Koreferat, S. 42–60.

ziere. Nach Simmel diente die Rede von Neurose, Psychose, Hysterie oder Neurasthenie nur der heuristischen Verständigung, denn »all diese Erscheinungen, die wir mit solchem Namen zu belegen gewohnt sind, sind eine Krankheit in ihren verschiedenen Abstufungen. Sie beruhen sämtlich auf einer seelischen Veränderung der Persönlichkeit, die ihren Grund in einer Spaltung derselben hat.«[596]

Simmel sah den Krieg als die »Krankheitsursache« an, weil »es nämlich nicht immer der blutige Soldatenkampf sein muß, der so verheerende Spuren an und in den Beteiligten hinterläßt, sondern sehr häufig auch der schwere Konflikt, den die Persönlichkeit in sich mit der durch den Krieg veränderten Umwelt auszukämpfen gezwungen ist in einem Kampf, in dem der Kriegsneurotiker schließlich in stummer, oft unerkannter Qual unterliegt.«[597]

Er entwickelte ein Verfahren, das nach seinen eigenen Angaben durch die »Kombination von analytisch-kathartischer Hypnose mit wachanalytischer Aussprache und Traumdeutung« meist in zwei bis drei Sitzungen eine Symptombefreiung erreichte. Die Methode sah so aus, dass die Patienten ihm ihre Träume erzählten und dann auf seine Aufforderung hin frei assoziierten. Danach versetzte er sie in Hypnose und nutzte das gesteigerte Gedächtnis, um an traumatisierende Kriegserfahrungen zu gelangen und die mit diesen verbundenen blockierten Emotionen abzureagieren.[598]

So berichtete Simmel von einem Leutnant, bei dem er die Psychoanalyse mit Hypnose anwandte. Dieser sei »nach einer Verschüttung wochenlang geistesgestört und tobsüchtig gewesen« und habe »noch an Erregungszuständen, sowie dem Verlust der einfachsten intellektuellen Fähigkeiten wie Rechnen, Lesen etc.« gelitten. Simmel ging davon aus, dass dessen psychische Leiden auf einer »Affektstauung« beruhten. Die Hypnose diente nun einer »Rekapitulierung der zeitlich zuletzt liegenden Vorgänge mit entsprechender Affektentladung.« Der Abbau der »Affektstauung« bewirkte die Heilung.[599]

---

[596] Simmel, Kriegs-Neurosen und »Psychisches Trauma«, S. 8.
[597] Ebd., S. 5.
[598] Ebd., S. 25; Simmel, Zweites Koreferat, S. 43; Vgl. hierzu auch Bröckling, Disziplin, S. 222.
[599] Befördert wurde die Heilung, wie Simmel schrieb, neben der Hypnose durch den nachfolgenden Traum des Leutnants. Der Hypnose folgte »ein kolossaler Wuttraum in der nächsten Nacht. Der Patient riß mehrere Eisenstäbe seines Bettes heraus und zerschlug sie an der Wand. Im Traum schlug er damit auf einen Kanalarbeiter, den er täglich vor dem Fenster unseres Lazarettes sah. Die Besprechung am nächsten Morgen ergab, daß

III. OFFIZIERE IN PSYCHIATRISCHER BEHANDLUNG

Festzuhalten bleibt, dass wegen der geringen Verbreitung psychoanalytischer Methoden in der deutschen Militärpsychiatrie nur wenige Offiziere entsprechend behandelt wurden. Dagegen hatten in Großbritannien Psychologen eine sehr viel größere Bedeutung bei der Therapie psychisch versehrter Soldaten. Die junge britische Militärpsychiatrie zeichnete sich vor allem in den ersten Jahren durch Behandlungsmethoden wie Hypnose und Psychoanalyse aus.[600] Charles Myers, der im Januar 1915 den Begriff »Shell Shock« prägte und bei Kriegsbeginn beratender Psychologe der Britischen Armee wurde, organisierte die Versorgung psychisch versehrter Soldaten in Frankreich. Er führte eine frontnahe psychologische Behandlung ein, die nicht nur für die Westfront, sondern für alle Fronten galt.[601] Daneben therapierten Psychologen auch in den Heimatkrankenhäusern in Großbritannien psychisch versehrte Soldaten. Ein großer Prozentsatz der von Psychologen behandelten Patienten wurde anschließend wieder in die kämpfende Truppe versetzt.[602]

---

dieser Kanalarbeiter das Gesicht eines Krankenwärters hatte, der ihn im ersten Feldlazarett hindern wollte, in die Front zurückzukehren und seinen Bruder zu rächen. Der Bruder unseres Kranken war beim selben Regiment kürzlich gefallen; und gerade kämpfte der Leutnant in Wut und Schmerz, um ihn zu rächen, als er verschüttet wurde. Gegen denselben Wärter hatte sich sein erster Tobsuchtsanfall gerichtet.« Simmel, Zweites Koreferat, S. 52f.

[600] Damit hatte Großbritannien im europäischen Vergleich eine Sonderrolle inne. Der Grund lag darin, dass in Großbritannien, wo es bis 1914 nur eine kleine Berufsarmee und keine allgemeine Wehrpflicht gab und erst im Krieg die Freiwilligenarmee aufgebaut und eine Militärpsychiatrie etabliert wurde. Leonhard, Die Büchse der Pandora, S. 138. Bekannte psychologische Psychiater, die nervenkranke Soldaten in Frontnähe behandelten, waren z. B. an der Westfront Francis Dillon und William Brown; im Osten, in Gallipoli David Eder. Jones/Wessely, Shell Shock to PTSD, S. 26 f; Hohenthal, Wissenschaft im Krieg?

[601] Das krisenhafte Jahr 1916/17, in dem die Zahl psychisch Versehrter in die Höhe schnellte, bedeutete das Ende der psychologisch geprägten Therapie an der Front. Die militärischen Behörden ernannten den psychologische Methoden wie Hypnose oder Psychoanalyse strikt ablehnenden Psychiater Gordon Holmes zu Myers‹ Nachfolger, der aufgegeben hatte und nach Großbritannien zurückkehrte, da sein Zuständigkeitsbereich zuvor zunehmend eingeschränkt worden war. Shephard, A War of Nerves, S. 47; Jones/Wessely, Shell Shock to PTSD, S. 26–31; Hohenthal, Wissenschaft im Krieg?

[602] Die bekanntesten Einrichtungen waren Maudsley und die Offizierskrankenhäuser Maghull und Craiglockhart. Die dort arbeitenden Ärzte erfreuten sich der Anerkennung durch die militärischen Autoritäten. Als besonders vorbildlich und innovativ galt Maghull, das dem Kriegsministerium unterstand. Gegen Kriegsende wurde es aufgrund seiner Behandlungserfolge zum Ausbildungszentrum für Militärpsychiater ernannt. Leese, Shell Shock, S. 82f.; Jones/Wessely, Shell Shock to PTSD, S. 33; Hohenthal, Wissenschaft im Krieg?

b. Vorkriegsmethoden bei Offizieren

Ähnlich wie bei den Mannschaftssoldaten, zeichnet sich für die Offiziere der Befund ab, dass bei allen Diagnosen bis Kriegsende vorrangig sanfte Vorkriegsmethoden angewandt wurden und auf Ruhe und Erholung gesetzt wurde.[603] Ziel war es, die psychischen wie auch die physischen Kräfte mit einfachen roborierenden Mitteln wiederherzustellen.[604] Die meisten im Krieg bei Offizieren praktizierten Behandlungsmethoden hatten auch schon vor 1914 zum Standardrepertoire der Psychiatrie gehört,[605] obwohl betont werden muss, dass nur in einer Minderheit der Krankenakten Hinweise zu den Behandlungsmethoden der Offiziere enthalten sind. Doch spricht gerade dieser Punkt dafür, dass vorrangig auf die Aktivierung der Selbstheilungskräfte gesetzt wurde.

Der Anstaltsaufenthalt als Therapeutikum

Zur Verschaffung von Erholung und Heilung galt als Therapeutikum in erster Linie die medizinische Einrichtung selbst, die vor schädlichen Reizen schützen sollte. Die Anstaltsordnung sorgte für Ruhe, für Disziplin unter den Patienten und für eine gleichförmig strukturierte Rhythmisierung des Alltags.[606]

Allerdings war die Anstaltsordnung für Offiziere weit weniger strikt als für einfache Soldaten. Zumindest Offizieren, die nicht in der geschlossenen Abteilung untergebracht wurden, wurde deutlich mehr Freiheit im Hinblick auf die Alltagsgestaltung im Lazarett eingeräumt. Mitunter wies die Hausordnung in den Lazaretten explizit darauf hin. So unterschied im Reserve-Lazarett Offenburg die Hausordnung zwischen im Lazarett verpflegten Offizieren und Mannschaften. Die Hausordnung für Offiziere hatte lediglich sieben Punkte, während jene der Mannschaften 25 Punkte umfasste und deutlich restriktiver ausfiel.[607]

---

603 Vgl. hierzu Prüll, The Exhausted Nation, S. 32f.; Peckl, What the Patient Records Reveal, S. 149–159; dies., Krank durch die »seelischen Einwirkungen des Feldzuges«?, S. 59–72; Fangerau, Ein Sanatorium im Kriegszustand, S. 147–161; Hermes, Krankheit: Krieg, S. 430.

604 Maßnahmen, die der Kräftigung des Patienten dienten. Rauh, Die militärpsychiatrischen Therapiemethoden im Ersten Weltkrieg, S. 40.

605 Hermes, Krankheit: Krieg, S. 452.

606 Rotzoll, Verwahren, verpflegen, vernichten, S. 24–35.

607 GLA, 456 F 113/86 Reserve-Lazarett Offenburg: Hausordnung für die in den Lazaretten verpflegten Offiziere und die Hausordnung für die in den Lazaretten verpflegten kranken

Auch die zentralen, im Oktober 1915 vom bayerischen Kriegsministerium erlassenen »Verhaltens-Vorschriften für die in Lazarette und ähnliche Anstalten aufgenommen Verwundeten und Kranken im Offiziersrang«, die in allen Heilanstalten, in denen Offiziere untergebracht waren, ausgelegt werden sollten, zeigen die geringe Maßregelung und den großen Freiraum der Patienten.[608] Hier war lediglich vermerkt, dass die Offiziere aufeinander Rücksicht nehmen, auf Ruhe achten und auf laute Unterhaltungen in den Fluren verzichten sowie die Zimmereinrichtungen schonen sollten und für fahrlässige Beschädigungen hafteten. Hunde durften nicht mitgebracht werden und das Anstaltspersonal durfte für private Besorgungen nicht in Anspruch genommen werden. Die letzte Anordnung war allerdings außerhalb Bayerns nicht in allen für Offiziere reservierten Einrichtungen üblich, wie das erwähnte Beispiel des Offizierslazaretts Heidelberg zeigt, wo als Service angeboten wurde, dass trotz der Offiziersburschen, über die die Patienten auch im Lazarett verfügten, ein Krankenwärter ausschließlich für private Besorgungen der Offiziere zuständig war.[609] Weiter gestatteten die bayerischen Vorschriften für Offizierslazarette, wenn »gegen deren Ausgang vom Standpunkte der ärztlichen Behandlung aus kein Bedenken besteht«, Offizieren bis 12 Uhr nachts auszugehen, vom Chefarzt konnte die Erlaubnis ausgedehnt werden.[610] Für eine Beurlaubung aus der Heilanstalt reichte bis zu drei Tagen die Genehmigung des Chefarztes, längere Urlaube konnten beim stellvertretenden Generalkommando beantragt werden.[611]

Insbesondere in den Offizierslazaretten und -genesungsheimen stand häufig trotz des hohen ärztlichen Personalschlüssels nicht die ärztliche Behandlung im Mittelpunkt, sondern die Erholung durch Ruhe und eine Auszeit vom Frontdienst. Die Genesung sollte durch den geselligen Kontakt mit den Kameraden und schöne Erlebnisse besonders gefördert werden.[612]

---

und verwundeten Mannschaften. Vgl. auch Peckl, Krank durch die »seelischen Einwirkungen des Feldzuges«?, S. 73.
608 BayHStA-KA Stv. GenKdo. I. AK., SanA. 281, Verhaltens-Vorschriften für die in Lazarette und ähnliche Anstalten aufgenommen Verwundeten und Kranken im Offiziersrang, 18.9.15.
609 Siehe hierzu Kap. III.3.a. Unterbringung und Verpflegung.
610 BayHStA-KA Stv. GenKdo. I. AK., SanA. 281, Verhaltens-Vorschriften für die in Lazarette und ähnliche Anstalten aufgenommen Verwundeten und Kranken im Offiziersrang, 18.9.15.
611 Ebd. Siehe hierzu auch Kap. III.4.c. Urlaub, Badekuren und Privatpflege.
612 Oft wurde das Offiziersgenesungsheim dabei als Station eingesetzt, um die betroffenen Offiziere wieder für den Felddienst fit zu machen und vor einer Abkommandierung in den Garnisonsdienst in der Heimat zu bewahren, da eine Versetzung zum

So verordnete Curschmann in seinem Heimatlazarett Offizieren, selbst wenn sie an Hysterie mit starken Zittersymptomen erkrankt waren, vorrangig Ruhe und Schonung. Er betonte, dass aktive Methoden nicht angewandt worden seien, und vertraute auf ihre Selbstheilungskräfte. Zum Beispiel bemerkte er über einen Offiziersaspiranten, der an Depression, Schlaflosigkeit und einem allgemeinen Zucken der Glieder litt: »Völlige Heilung in meinem Vereinslazarett unter bloßer Schonung, ohne alle besonderen Maßnahmen in etwa 4 Wochen [...].«[613] In einem anderen Fall bei einem Leutnant, der nach einer Verschüttung unter hysterischer Dysbasie, einer Gehstörung, gelitten habe, ging er auch nicht zu aktiven Behandlungsmethoden über, als sich die Heilung nicht so schnell einstellte: »Nur auffallend langsame Heilung (allerdings ohne alle intensiven oder Hypnosebehandlung), die langsamste, die ich persönlich je bei einem Offizier gesehen habe.«[614]

Willy Hellpach beschreibt in seinen Memoiren, in denen er über seine Zeit im Offiziersgenesungsheim im Schloss Bellincamps hinter Douai in Frankreich berichtet, kritisch das gleiche Phänomen und erklärt dies damit, dass die Patienten keiner psychiatrischen Therapie, sondern der Ruhe bedurft hätten: »[...] unsere Konsultationen waren Geplauder, unsere Verordnungen ›ut aliquid fiat‹.«[615]

Auch für England im Ersten Weltkrieg wurde festgestellt, dass häufig in den Offizierskrankenhäusern auf psychiatrische Therapieformen gänzlich verzichtet wurde und stattdessen auf Erholung, Ruhe und leichte Zerstreuungen wie Gartenarbeit gesetzt wurde.[616]

Bettbehandlung

Meist war es psychisch versehrten Offizieren erlaubt, solange sie nicht in der geschlossenen Abteilung waren, sich in der Anstalt frei zu bewegen, doch wurde mitunter strikte Bettruhe verordnet. Fünf von acht Offizieren im Bremer St. Jürgen-Asyl wurden so behandelt. Allgemein war die Bettbehandlung

---

Garnisonsdienst als Karrieregefährdung angesehen wurde. Siehe hierzu auch Kap. III.5.d. Die Unterschiede hinsichtlich Entlassungsstatus und Behandlungsdauer zwischen Offizieren und Mannschaftssoldaten.
613 Curschmann, Zur Kriegsneurose bei Offizieren, S. 291.
614 Ebd., S. 291.
615 Ärztesprachlicher Ausdruck: »Damit irgendwas geschieht.« Hellpach, Wirken in Wirren, S. 333. Siehe auch die kritischen Ausführungen Hellpachs zum Betrieb dieses Offiziersgenesungsheims in Kap. III.3.a. Unterbringung und Verpflegung
616 Leese, Shell Shock, S. 116f.

die verbreitetste Behandlungsmethode in diesem Lazarett. Sie sollte die neu aufgenommenen und »unruhigen« Patienten beruhigen und ihren Krankenstatus fühlen lassen. Außerdem lag ihr ein körpermedizinisches Verständnis seelischer Erkrankung zugrunde, denn die von Wilhelm Griesinger eingeführte Bettbehandlung beruhte auf der Auffassung, dass jede psychische Erkrankung mit einer physischen Erkrankung des Gehirns einherging.[617] Durch das Ruhen im Bett sollte das Gehirn ruhiggestellt und dadurch eine bessere Blutzirkulation im Gehirn erreicht werden.[618]

Beruhigungsmittel

Medikamente wurden psychisch versehrten Offizieren vor allem bei Unruhegefühl und Schlafstörungen verschrieben. Allerdings hatten die damals angewandten medikamentösen Beruhigungsmittel mit den heute verwendeten, spezifischer wirksamen Arzneimitteln kaum Gemeinsamkeiten. Der eigentliche Durchbruch bei den Psychopharmaka und Neuroleptika, um gezielt krankhafte Symptome der Patienten zu bekämpfen, erfolgte erst Mitte des 20. Jahrhunderts.[619] Gaupp schrieb über die Medikamente, die Neurasthenikern verabreicht wurden:

»Arzneilicher Behandlung habe ich nur selten bedurft. Nur die oft so hartnäckige Schlaflosigkeit forderte manchmal arzneiliche Hilfe, namentlich wenn der schlechte Kräftezustand oder übergroße Muskelunruhe eine gesunde Müdigkeit durch Aufenthalt im Freien nicht herstellen ließ.«[620]

Bei Einschlafschwierigkeiten und Schlafstörungen verordnete er meist »Paraldehyd in Dosen von 5–8 g«, manchmal kurzzeitig »Schlafmittel aus der Harnstoffgruppe (Veronal, Medinal, Luminal)« und »Brom, Bromural, Antineuralgica«, selten bei ängstlicher Spannung Opium.[621]

Auch die Offizierskrankenakten belegen, dass meist Beruhigungsmedikamente wie Baldrian-Tinkturen und Kaliumbromat sowie Schlafmittel wie

---

617 Vgl. zur Geschichte der Bettbehandlung Müller, Die Bettbehandlung Geisteskranker und ihre Folgen, S. 39.
618 Hermes, Krankheit: Krieg, S. 437.
619 Rotzoll, Verwahren, verpflegen, vernichten, S. 24–35; Theisen/Remschmidt: Schizophrenie, S. 150. Siehe zu den Konsequenzen, dass viele psychisch schwer erkrankte Offiziere dauerhaft in Heil- und Pflegeanstalten untergebracht wurden, Kap. V.2.e. Zivile Lebensläufe psychisch versehrter Offiziere a. D.
620 Gaupp, Schreckneurosen und Neurasthenie, S. 98.
621 Ebd., S. 98f.

Veronol, Medinal und Luminal verschrieben wurden. Brom war vielfach bei Offizieren das Mittel zur Wahl. So wurde dem bayerischen Reserveleutnant Ludwig S. bei der Diagnose »Gehirnerschütterung, Nervenchock« und den Symptomen »Brechreiz, Kopfschmerz, Stechen im l. Ohr« im Juni 1916 im Reserve-Lazarett Montmedy »Bettruhe, Brom« verschrieben.[622]

Ein weiteres Beispiel für Beruhigungsmedikamente und die sanfte Behandlung eines Offiziers, der bei typischen Symptomen der Kriegszitterer die Diagnose »Nervenerschöpfung« erhielt, ist die Krankenakte des Leutnants der Reserve Paul K. im Offiziers-Genesungsheim Joeuf. Der Arzt verordnete nach der Aufnahmeuntersuchung Anfang Oktober 1915 neben Wasseranwendungen: »Bei Unruhegefühl 30 Tropfen Tinctales aether«.[623]

Äther, eine narkotische Substanz aus Ethanol und Schwefelsäure, wurde seit Mitte des 19. Jahrhunderts als Betäubungs- und Beruhigungsmittel verwendet. Gleichzeitig machte Äther aber auch schnell süchtig und erforderte eine tägliche Erhöhung der Dosis. Ernst Jünger berichtete, dass die Betäubung mit Äther nach dem Krieg in Deutschland so üblich und akzeptiert war, dass Leute auf der Straße Äther nahmen.[624] Eine große Rolle für die weite Verbreitung spielte, dass Äther preiswert und in der Apotheke frei verkäuflich war.[625]

Nach 18 Tagen mit dieser Behandlung wurde in der Krankenakte bei Leutnant Paul K. noch ein regelmäßiges Beruhigungsmittel zusätzlich verordnet: »21.10. [...] Soll Abds Kal. Bromat. 1,0 mit Tct. Valerian 1,0 nehmen.«[626] Bei »Tct. Valerian« handelte es sich um eine Tinktur aus getrockneten Baldrianwurzeln. Bis Anfang November schritt die Erholung so weit voran, dass die regelmäßige Brom-Einnahme weggelassen wurde. Aufgrund des positiven Befundes wurde die baldige Entlassung angeordnet.[627]

---

622 BayHStA-KA OP 14653 Ludwig S., Krankenblatt Montmedy. Beliebt war auch bei einer nervösen Erschöpfung die Medikation mit Sedobrol, das auch vor allem aus Brom bestand. Vgl. z.B. BayHStA-KA OP 59135 Kurt D., Krankenblätter.
623 BA-MA Pers 9, 4.7.1892 KU-U, Krankenakte von Paul K., Offizier-Genesungsheim Joeuf, 1915.
624 »Es hat Typen gegeben, die, ein mit Äther besprühtes Taschentuch vor dem Gesicht, in belebten Straßen umhergingen, weil ihre Wirtin den scharfen Dunst in der Wohnung nicht duldete.« Jünger, Annäherungen. Drogen und Rausch, S. 130.
625 Oişteanu, Rauschgift, S. 241.
626 BA-MA Pers 9, 4.7.1892 KU-U, Krankenakte von Paul K., Offizier-Genesungsheim Joeuf, 1915.
627 Ebd.

Vollbäder, Duschen und Dauerbad als Therapie

Die Krankenakten zeigen, dass bei Offizieren neben Bettruhe und Beruhigungsmedikamenten auch Vollbäder und Duschen zur Genesung der Nerven eingesetzt wurden. So wurde dem bereits erwähnten Leutnant Paul K., der wegen »Nervenerschöpfung« behandelt wurde, nach der Anfangsuntersuchung verordnet: »Morgens abreiben des Körpers mit Kölnisch Wasser, nachher Frottieren. Jeden 2. Tag warmes Vollbad.«[628] Die Durchblutung sollte durch das Einreiben des Körpers mit Kölnisch Wasser, dem eine belebende Wirkung nachgesagt wird, und das anschließende Frottieren angeregt werden. Die Vollbäder dienten der Beruhigung.

Leutnant Hermann B. wurde im Offiziersgenesungsheim Joeuf 1916 mit der Diagnose »neuropathische Konstitution« wie folgt behandelt. Er sollte jeden Morgen bei Zimmertemperatur duschen, jeden zweiten Tag ein Vollbad bei 32 Grad nehmen, dazu, dreimal täglich 25 Tropfen einer Baldriantinktur und abends das Schlafmittel Kaliumbromat einnehmen. Die Behandlung schlug allerdings nicht an, sodass der Arzt am Ende des Aufenthalts notierte: »Subjektiv und objektiv unverändert.«[629]

Die Dauerbadbehandlung, die schon vor dem Krieg in psychiatrischen Anstalten gebräuchlich war und der Beruhigung und Disziplinierung des Patienten diente, wurde bei Offizieren hingegen kaum angewandt. Neben der einschläfernden Wirkung des Wassers war der Effekt beabsichtigt, dass die Badewannen mit lauwarmem Wasser und das Behandlungspersonal an kurmedizinische Anwendungen erinnern sollten. Der Badevorgang sollte so lange fortgesetzt werden, bis der Patient ruhiger wurde und konnte sich auf mehr als 24 Stunden ausdehnen. Die Badewannen waren so gestaltet, dass der Patient über eine Fixierungseinrichtung auch in der Wanne schlafen und durch einen Tabletttisch seine Mahlzeiten zu sich nehmen konnte. Lediglich für den Gang auf die Toilette durfte er die Wanne verlassen. Für das Badewasser galt eine gleichbleibende Temperatur von 35 bis 37 °C als optimal, die das Pflegepersonal während des Bades immer wieder kontrollierte. Zum Schutz der Haut des Kranken vor einem Aufweichen im Badewasser wurde diese im Vorfeld mit Vaseline eingerieben.[630]

---

628 Ebd.
629 BayHStA-KA OP 24270 Hermann B., Krankenblatt Joeuf.
630 Für gewöhnlich waren die Bäder auch nachts in Betrieb. Vgl. zu dieser Behandlungsform auch Engelbracht/Tischer, Das St. Jürgen-Asyl in Bremen, S. 54. Vgl. ausführlich zum Dauerbad: Rohnert-Koch, Hydrotherapie in der Psychiatrie des 19. Jahrhunderts, S. 118–142.

Während des Krieges propagierte Raphael Weichbrodt, der an der »Universitäts-Irrenklinik« zu Frankfurt a.M. wirkte, die Dauerbad-Methode insbesondere zur Behandlung von Hysterie bei Kriegsteilnehmern. Sein Dauerbad zielte auf Symptomfreiheit und sollte bis auf 40 Stunden ausgedehnt werden, wobei auf Proteste des Kranken keine Rücksicht genommen werden sollte.[631] Adler, der seine Methode besprach, bemerkte hierzu: »Für Offiziere dürfte sich diese Methode nicht eignen.«[632]

Das traditionelle Dauerbad wurde allerdings in Einzelfällen auch bei Offizieren angewandt. Ein Beispiel für einen Offizier, dem die Behandlung zuteilwurde, ist der Leutnant der Landwehr und spätere Verleger Johann Heinrich »Peter« Suhrkamp (1891–1959)[633] im St. Jürgen-Asyl für Geistes- und Nervenkranke in Bremen, dessen Diagnose damals von »Hysterie« auf »Psychopathie« geändert wurde.[634] Bei ihm wurde diese Behandlungsmethode zur Beruhigung einmalig eingesetzt. Mehr als 24 Stunden wurden ihm ununterbrochen Bäder verabreicht, die eine Wassertemperatur von 35 bis 37 Grad hatten. Neben dem Dauerbad erhielt er verschiedene Medikamente wie Morphium und Luminal. Sowohl die Medikamente als auch das Dauerbad brachten aber wenig Besserung.[635]

So wie der Offiziersrang im St. Jürgen-Asyl nicht unumstößlich vor dem Dauerbad schützte, wurden dort im Hinblick auf die Anwendung der Dauerbadbehandlung auch bei zivilen Patienten keine Unterschiede hinsichtlich des sozialen Standes gemacht. Hierbei ist zu berücksichtigen, dass diese Methode im St. Jürgen-Asyl insgesamt nur bei einer Minderheit der Patienten angewandt wurde. Gerade jeder zehnte Patient wurde mit dem Dauerbad

---

631 Weichbrodt, Einige Bemerkungen zur Behandlung von Kriegsneurotikern, S. 265–269.
632 Adler, Die neuen Gesichtspunkte in der Frage der Kriegsneurose.
633 Suhrkamp, der mit seinem 1950 gegründeten Verlag die Bundesrepublik maßgeblich intellektuell prägen sollte, wurde 1891 in Kirchhatten im Großherzogtum Oldenburg als ältester Sohn einer alteingesessenen Bauernfamilie geboren und war vor dem Krieg Lehrerseminarist. Er meldete sich mit 23 Jahren 1914 freiwillig für den Kriegsdienst. Im Krieg diente er vorwiegend als Offizier (Leutnant der Landwehr) an der Westfront in verschiedenen Frontfunktionen. Holthaus, Maria Hermes-Wladarsch sprach über Peter Suhrkamps »Behandlung« im St.-Jürgen-Asyl.
634 Bei der Einlieferung am 15. Oktober 1918 wurde Suhrkamp als geschwächt, zermürbt und verhaltensauffällig beschrieben. Weiterhin wurden eine »traurige Stimmung und morgendlicher Brechreiz« bemerkt. Als Ursache seines Leidens wurden nicht seine Kriegserlebnisse in den Mittelpunkt gerückt, sondern seine Konstitution. Werner, Das Zittern des Peter Suhrkamp; Holthaus, Maria Hermes-Wladarsch sprach über Peter Suhrkamps »Behandlung« im St.-Jürgen-Asyl. Siehe hierzu auch Kap. IV.1.c. Die Präsenz belastender Kriegserfahrungen in der Krankheit.
635 Ebd.

behandelt.⁶³⁶ Sein sparsamer Einsatz während des Krieges ist auch von anderen militärischen und zivilen Nervenstationen belegt. Die Gründe waren hier sicherlich die erforderliche hohe Personalintensität und die hohen Betriebskosten des Dauerbades, die in der Mangelzeit des Krieges schwer aufzubringen waren.⁶³⁷

c. Urlaub, Badekuren und Privatpflege

Oft vertrauten Ärzte bei Offizierspatienten mit psychischen Leiden so stark auf deren Selbstheilungskräfte, dass sie strenge ärztliche Aufsicht im Lazarett oder Genesungsheim für nicht erforderlich hielten. Sie genehmigten Urlaub und Privatpflege oder verschrieben ihnen lang andauernde Luft- oder Badekuren, damit eine Therapieform fortführend, die bereits vor 1914 Usus war. Schon damals war die Vorstellung verbreitet, dass Neurasthenie als erworbene Erschöpfungskrankheit mit einer längeren Badekur kuriert werden könne.⁶³⁸ Im Ersten Weltkrieg nahm man an, dass bei neurasthenischen Offizieren vor allem die Wegnahme aus der belastenden Situation der Front und Zeit die Heilung beförderten, die im Regelfall nach einigen Wochen erwartet wurde.⁶³⁹

Gerade am ärztlichen Vertrauen auf die Selbstheilungskräfte der Offiziere wurde im psychiatrischen Diskurs Kritik laut. Indem Offizieren so eine kontinuierliche psychiatrische Betreuung vorenthalten würde, seien viele dieser Patienten – wie es hieß – »verpfuscht« worden. Dies geschah einerseits, indem Symptome ohne ärztliche Betreuung leicht chronisch würden, andererseits habe die Gefahr bestanden, dass der Genesungswillen

---

636 Hermes, Psychiatrie im Krieg, S. 150.
637 Hermes, Krankheit: Krieg, S. 442; Rohnert-Koch, Hydrotherapie in der Psychiatrie des 19. Jahrhunderts, S. 135.
638 Vgl. hierzu auch Kap. I.3.c. Die dienstlichen Konsequenzen für Offiziere mit psychischen Erkrankungen.
639 Vgl. hierzu Kap. III.4.d. Neurasthenische Erschöpfungserkrankungen: Das Leiden bestimmte die Behandlungsmethode. Selbst in der renommierten Berliner Nervenklinik Charité sprach Karl Bonhoeffer noch im September 1918 eine entsprechende ärztliche Empfehlung hinsichtlich eines begutachteten Reserveleutnants aus: »Bei dem Leutnant d. Res. W. S., Inf. Regts. 203, sind organische Reste des Kopfschusses nicht nachweisbar. Es handelt sich offenbar um echt neurasthenische Symptome (Kopfschmerzen, Schwindel, schlechter Schlaf, blasses Aussehen, Abmagerung). Ich halte zur Wiederherstellung der Dienstfähigkeit einen etwa 4 wöchigen Aufenthalt auf dem Lande bezw. im Gebirge für zweckmässig.« UAHUB nerv - 043 Psychiatrische Gutachten von Prof. Bonhoeffer L-Z, 1915–1938: Leutnant der Reserve W. S., 25.9.1918.

abnahm.[640] Ferner wurde kritisiert, dass sie durch das Alleingelassenwerden mit dem psychischen Leiden auch ernstlich gefährdet werden konnten, was mitunter zum Selbstmord geführt habe.[641]

Urlaubsbewilligungen

Die Diskrepanz zwischen den in den Fachzeitschriften schreibenden Koryphäen des Faches in der Heimat und den behandelnden Ärzten, die an den Kriegsschauplätzen tätig waren, zeigt sich gerade im Hinblick auf den Umgang mit Urlaubsbewilligungen bei Offizieren. Letztere schätzten die Wichtigkeit einer ärztlichen Betreuung bei dem weiten Feld »Neurasthenie« und »Nervosität« sehr viel geringer ein als die Fachexperten.

Die praktizierenden Ärzte, besonders im Feld und in der Etappe, vertrauten bei Offizieren auf deren Selbstheilungskräfte und verschrieben entsprechend häufig Urlaub als Therapie, wenn diese dies wünschten. Dies konnte so weit gehen, dass sie selbst, wenn sie behandelnde Ärzte in einem Offiziersgenesungsheim waren, einen Urlaub statt eines weiteren Aufenthalts des psychisch versehrten Offiziers empfahlen.

Ein Beispiel hierfür ist die Haltung des behandelnden Stationsarztes des in Belgien gelegenen Offiziers-Genesungsheims Eremitage in Péruwelz, der am 11. März 1916 das Urlaubsgesuch des Leutnants der Reserve Ferdinand B. in die Heimat, der sich wegen »nervöser Beschwerden« bereits zwei Wochen in Péruwelz befand, wie folgt befürwortete:

»Leutnant d. R. B., am 28. II. hier aufgenommen, bedarf zwar keiner eigentlichen ärztlichen Behandlung mehr, ist jedoch noch erholungsbedürftig. Ein etwa dreiwöchentlicher Urlaub in die Heimat kann ärztlicherseits befürwortet werden, zumal da ein solcher erfahrungsgemäß schneller auf den Gesundheitszustand kräftigend und erfrischend einwirkt, als ein gleichlanger Aufenthalt in einem Genesungsheim der Etappe.«[642]

Dass das Vertrauen auf die Selbstheilungskräfte bei Neurasthenie bei Mannschaftssoldaten ebenso gebräuchlich war und dieses Argument auch zu Ungunsten der Patienten verwendet werden konnte, indem mit dieser Begründung gefordert wurde, die Lazarettzeiten der Neurastheniker zu beschneiden, zeigt der Bericht des Leiters des Reservelazaretts Rastatt vom

---

640 Hellpach, Kriegsneurasthenie, S. 211f.
641 Rittershaus, Abteilung, S. 276.
642 BayHStA-KA OP 4696 Leutnant der Reserve Ferdinand B., darin: Ärztliches Urteil vom 11.3.1916.

16. August 1918 an das Sanitätsamt. Darin machte dieser aufgrund seiner Erfahrungen Vorschläge für Verbesserungen des Lazarettbetriebs und wies auf die seiner Meinung nach zu ausgedehnten Lazarettzeiten vor allem der Neurastheniker hin. Insgesamt vertrat er die Meinung, dass Soldaten mit geringen Beschwerden zu rasch von den Feldärzten ins Lazarett überwiesen worden seien und eine zu lange Behandlung zugestanden bekämen.[643] »Uebermässige und unnötig lange Lazarettbehandlung« sei wiederholt festgestellt worden, schrieb er in seinem Bericht[644] und urteilte zusammenfassend:

»Es waren Leute aus dem Feld mit ganz geringfügigen Beschwerden zurückgeschickt worden, anscheinend waren die Feldärzte durch häufiges Krankmelden der Leute mürbe geworden und hatten die Leute heimgesandt. Meist handelte es sich um etwas schwächliche Leute oder sogenannte ›Neurastheniker, Herzkranke‹, denen mehr guter und energischer Wille, als körperliche Leistungsfähigkeit mangelte. Von den vorgestellten jungen Kaufleuten war angeblich fast jeder ›Neurastheniker & herzkrank.‹ Ich halte es für nötig, dass die Feldärzte erneut darauf hingewiesen werden, dass bei dem grossen Bedarf an Soldaten die Ansprüche nicht zu hoch gestellt werden dürfen [...] Für Leute, die schwerere Kämpfe hinter sich haben und begreiflicherweise nervös erschöpft sind, eignet sich viel besser ein begrenzter Erholungsurlaub von nicht unter 3 Wochen, als die Einweisung in die Lazarette.«[645]

Auffällig ist, dass der Leiter des Heimatlazaretts bei seinem Vorstoß, die Nischen, welche eine Lazarettbehandlung für die Soldaten gewährte, zu verkleinern, nicht »Hysteriker« im Fokus hatte, sondern sich für ein verschärftes ärztliches Vorgehen bei »Neurasthenikern« aussprach. Der Chefarzt hatte bei deren Beurteilung vorrangig den militärischen Bedarf an Soldaten im Blick und weniger das individuelle Patientenwohl. Insgesamt zeigt sich ein wenig wohlwollender Blick, was dafür spricht, dass der Arzt wohl keine Offiziere in seine Überlegungen einschloss.

---

643 GLA 456 F 113/82, Kommissarische Untersuchungsberichte über den Gesundheitszustand von Offizieren und Mannschaften in Lazaretten und Genesungsheimen sowie Versetzungs- und Untersuchungsgesuche, 30.7.1914 - 22.8.1918, darin: Reserve-Lazarett Rastatt, Bericht zur Verfügung vom 28.7.1916, Rastatt 16.8.1916.
644 Als Beispiel führte er hier unter anderem einen Soldaten an, der einen Monat im Feld und ein Jahr wegen Nervenschwäche in Lazaretten gewesen sei und danach wieder »k. v.« wurde. Ebd.
645 GLA 456 F 113/82, Kommissarische Untersuchungsberichte über den Gesundheitszustand von Offizieren und Mannschaften in Lazaretten und Genesungsheimen sowie Versetzungs- und Untersuchungsgesuche, 30.7.1914 - 22.8.1918, darin: Reserve-Lazarett Rastatt, Bericht zur Verfügung vom 28.7.1916, Rastatt 16.8.1916.

Die ärztliche Haltung gegenüber einer Lazarettbehandlung bei »psychopathischen« Offizieren

Ein letzter Punkt in Bezug auf eine kritische Haltung gegenüber einer Lazarettbehandlung von Offizieren und das Vertrauen auf deren Selbstheilungskräfte sind die häufigen ärztlichen Urteile von Robert Gaupp und seinen Kollegen in Tübingen, die bei »Psychopathen« die Behandlung in der Nervenklinik als schädlich ansahen, da diese dadurch in ihrem Glauben, krank zu sein, bestärkt würden. Stattdessen empfahlen sie, Urlaub zu genehmigen und den Kranken den Glauben zu vermitteln, dass sich dann die Gesundung von selbst einstellen werde.[646]

Ein Beispiel hierfür ist das ärztliche Urteil über den Leutnant Fritz F., der im Mai 1918 die Diagnose »Psychopathie« erhielt. In dessen Krankenblatt beurteilte man ihn als »von Haus aus nervös veranlagten Menschen« und Gaupp sprach sich in seinem ärztlichen Urteil vom 14. Mai 1918, das der Krankenakte beigefügt ist, noch deutlicher gegen Lazarettbehandlung aus: »[...] Von weiterer ärztl. Behandlung, vor allem Lazarettbehandlung, ist dringend abzuraten, da sie seinem Befinden nur zu schaden vermag.«[647] Stattdessen wurde der Leutnant als garnisonsdienstfähig für die Etappe beurteilt.

Ein weiteres Beispiel ist die Krankenakte des Leutnants Otto G., der 1918 wegen der Diagnose »Psychopathie« im Reservelazarett der Universitätsnervenklinik Tübingen für 17 Tage zur Beobachtung seines Zustands untergebracht war.[648] In seinem Entlassungsurteil schrieb der Nervenarzt Gaupp:

»[...] Es handelt sich offenbar um allgemein nervöse Störungen, auf dem Boden einer leichten psychopathischen Veranlagung, ausgelöst durch den langen anstrengenden Frontdienst, als Ausbruch einer allgemein nervösen Erschöpfung. Seine Klagen

---

646 UAT 669 Nervenklinik.
647 UAT 669/30185 Krankenunterlagen des Leutnants Fritz F.
648 Laut dem Krankenblatt aus Tübingen, war Otto G. Kriegsfreiwilliger und 1915 Offizier geworden. Im November 1917 hatten sich bei ihm erste Beschwerden eingestellt, während er zuvor seiner Aussage nach nie an nervösen Störungen gelitten habe. Nach einer Beschießung hatte er heftige Kopfschmerzen bekommen. Später litt er dann, wie er mitteilte, auch ohne Anlass an Kopfschmerzen. Über seine jetzigen Beschwerden heißt es: »Jetzt dauernd leichter Druck auf dem Kopf wie eine Haube. Heftigere Kopfschmerzen bei starkem Licht so etwa bei Sonnenschein. So heftige Schmerzen, dass man es nicht aushalten könne seien sie nicht. Nie Erbrechen. Hat das Gefühl als ob das Gedächtnis geschwächt wäre und er benommen im Kopf sei [...].« UAT 669/30218 Krankenakte Leutnant Otto G.

erscheinen durchaus glaubwürdig. G. bedarf einer längeren Erholungszeit. Auch in einem Off. Genesungsheim wird er sich voraussichtlich sehr wenig glücklich fühlen und bei seiner angeborenen depressiven Veranlagung, sowie bei seinem großen Ruhebedürfnis nicht am richtigen Platze sein. Die rascheste und vollkommendste Heilung tritt voraussichtlich dann ein, wenn er die Möglichkeit hat sich in der Heimat ganz sich selbst überlassen, für seine Erholung zu sorgen. Es wird daher ein 5–6 wöchiger Erholungsurlaub vorgeschlagen [...].«[649]

Frappierend ist, dass der Nervenarzt Gaupp noch 1918 trotz des erhöhten Selbstbewusstseins der Psychiater im Verlauf des Ersten Weltkriegs – und Gaupp war einer der führenden Vertreter seines Faches – komplett auf die Selbstheilungskräfte des Patienten vertraute und einen Erholungsurlaub in der Heimat als das beste Heilmittel für seine nervösen Störungen ansah. Auch spielte der Offiziersbedarf des Jahres 1918 für sein Urteil keine Rolle. Vielmehr orientierte er sich allein an den individuellen Bedürfnissen des Leutnants.

Badekuren und Luftkuren

Neben der häufigen Verschreibung von Urlaub gibt es immer wieder Hinweise darauf, dass psychisch versehrten Offizieren Bade- oder Luftkuren verordnet wurden. Am 25. Februar 1916 erließ das preußische Kriegsministerium neue Kriegs-Kurbestimmungen.[650] Darin zeigt sich eine deutliche Zweiteilung des Offizierskorps. Offiziere des Feldheeres, die an der Front kämpften, waren deutlich bevorzugt, da sie »Anspruch auf unentgeltliche Gewährung einer Kur« hatten.[651] Offiziere des Besatzungsheeres hatten zwar die Möglichkeit, sich beurlauben zu lassen und privat eine Kur anzu-

---

649 UAT 669/30218 Krankenakte Leutnant Otto G., Entlassungsurteil des Nervenarztes Gaupp. Beim Entlassungsurteil an das Ersatzbataillon beurteilte Gaupp den Leutnant Otto G. in seinem ärztlichen Gutachten als garnisonsverwendungsfähig Heimat für drei Monate. Die ersten sechs Wochen sollte ihm nach der ärztlichen Empfehlung ein Erholungsurlaub in der Heimat bewilligt werden. UAT 669/30218 Krankenakte Leutnant Otto G., Entlassungsurteil an das Ersatzbataillon.
650 Für Offiziere war hiervon relevant: »Alle zum Feldheer gehörigen Militärpersonen, sowie alle Personen, die sich beim Feldheer in irgendeinem Dienst- oder Vertragsverhältnis befinden, haben Anspruch auf freie ärztliche Behandlung, Lazarettverpflegung, Gewährung von Verband- und Arzneimitteln und von sonstigen Heilverfahren.« Kriegs-Kurbestimmungen für Offiziere.
651 Ebd.

treten. Dann mussten sie allerdings die Kosten selbst tragen,[652] wenn sie sich nicht das Leiden während der Zugehörigkeit zum Feldheer zugezogen hatten.[653] Wer verordnete eine Kur für Offiziere? Vorgesehen war, dass der Offizier nicht nach Belieben den Kurort wählte, sondern der behandelnde Arzt oder das Sanitätsamt den Kurort bestimmte. Dabei sollten Kurorte gewählt werden, mit denen das Militär eine Vereinbarung getroffen hatte, da der Offizier dann keinerlei Kosten zu tragen hatte. Falls keine Vereinbarung zwischen dem Militär und der Kureinrichtung bestand, sollte zu Beginn des Krieges das Militär dem Offizier eine finanzielle Unterstützung für die Kur bewilligen.[654] Seit 1916 war das Kurwesen für Offiziere so ausdifferenziert, dass es zwar nach wie vor möglich war, dass ein Offizier auch einen Kurort wählen durfte, der vom Militär nicht für das Leiden vorgesehen war, doch musste er seitdem die Kosten in diesem Fall selbst tragen: »Macht ein kurbedürftiger Offizier von den durch die Heeresverwaltung bereitgestellten Einrichtungen[655] keinen Gebrauch, so hat er keinen Anspruch auf

---

652 »Offiziere des Besatzungsheeres können zum Gebrauch von Kuren oder sonstigen außergewöhnlichen Heilverfahren in die der Heeresverwaltung zur Verfügung stehenden Heilanstalten nur gegen Erstattung der Durchschnittskosten aufgenommen werden.« Ebd. Konkret wurde zum Beispiel im Oktober 1915 einem Landwehroffizier, der kein Feldzugsteilnehmer war, die Aufnahme in ein Genesungsheim nur unter dem Umstand bewilligt, dass er die Kosten selbst trage und das Genesungsheim noch Betten zur Verfügung habe, welche nicht für Offiziere aus dem Feldheer benötigt wurden. BayHStA-KA Stv. Gen.Kdo. I. AK., SanA. 281, Nr. 268 Aufnahme eines Offiziers (Nichtfeldzugsteilnehmer) in ein Genesungsheim auf Staatskosten, 14.10.15.
653 »Der Anspruch auf Gewährung einer Kur geht durch den Uebertritt des erkrankten Offiziers vom Felde zum Besatzungsheer nicht verloren, sofern sich der Offizier die Krankheit oder Verwundung während der Zugehörigkeit zum Feldheer zugezogen hatte.« Kriegs-Kurbestimmungen für Offiziere.
654 Vgl. z.B. BayHStA-KA Stv. Gen.Kdo. I. AK., SanA. 281, Nr. 274 Aufnahme von Offizieren usw. in private Kuranstalten, 25.10.15. 1916 wurde beschlossen: »Der erkrankte oder verwundete Offizier erhält die Kur in der Regel von dem Lazarett oder dem Ersatztruppenteil aus, zu dem er nach den Bestimmungen gelangt, die für das Verfahren beim Transport Verwundeter, Kranker, Genesender nach Deutschland erlassen sind. In besonders dringlichen Ausnahmefällen dürfen jedoch für Offiziere des Feldheeres unmittelbar vom Feldheer aus anzutretende Kuren bei den für die Entscheidung zuständigen Sanitätsdienststellen des Feldheeres beantragt werden.« Kriegs-Kurbestimmungen für Offiziere.
655 »Die Zahl der hier in Betracht kommenden Kurorte ist außerordentlich groß, so daß sich in der Tat für alle Krankheiten und Folgezustände von Verwundungen eine geeignete Behandlungsmöglichkeit bietet. Das Nähere über die Kurorte ist aus der nach Armeekorps geordneten Uebersicht über Kurgelegenheiten und Kurerleichterungen zu ersehen, die in Nr. 11 des laufenden Jahrganges des »Armeeverordnungsblattes« veröffentlicht

Kostenerstattung für eigenmächtig gewählte Kuren.«[656] Ein Beispiel dafür ist der Fall eines Leutnants mit der Diagnose Neurasthenie im Offizierslazarett Heidelberg, der zweimal innerhalb eines Halbjahrs aus dem Lazarett freigestellt wurde, um einen Kurbadaufenthalt zu nehmen.[657]

Die Umgangsformen und das Ambiente in den von Offizieren aufgesuchten Kurorten entsprachen dem hohen sozialen Status der Offiziere, da bei der Genehmigung der Kurorte der militärische Rang eine große Rolle spielte.[658] Während der Kuraufenthalte ging die Behandlung im Allgemeinen nach den Vorkriegsprinzipien vonstatten.[659] Die Therapieformen waren in den Kurorten im Regelfall weit gefächert und ließen Platz für persönliche Wünsche. Bei Badekuren konnte täglich zwischen Moor-, Stahl-, Dampf-, Gas- und Kohlensäurebädern gewählt werden. Entsprechend bezeichnet Hans-Georg Hofer diese Kurbadaufenthalte, die in ähnlicher Weise in Österreich-Ungarn gebräuchlich waren, als »Refugien des Krieges«, die den Offizieren eine akzeptierte Auszeit von der Front ermöglicht hätten.[660]

Auch gibt es Hinweise darauf, dass Offiziere speziell in Heimatlazarette gingen, die sich in Kurorten befanden. Einen solchen Fall schilderte der Rostocker Professor Hans Curschmann:

»Grober Tic im Bereich des Gesichts und der Schultermuskeln. Behandlung in einem Heimatlazarett im Badeort ohne alle brüsken Maßregeln, ohne Hypnose. In fünf bis sechs Wochen völlige Heilung [...].«[661]

Da Curschmann bemerkte, dass das Heimatlazarett »ein Badeort« war, ist davon auszugehen, dass der Offizier auch die Kurbadmöglichkeiten nutzte.

---

    worden ist.« Über Kuren außerhalb Deutschlands heißt es: »Zum Schluß sei darauf hingewiesen, daß nach einem Erlasse des k. u. k. Kriegsministeriums in Wien Gesuchen deutscher Offiziere ebenso wie denen österreichisch-ungarischer Offiziere um Aufnahme in die Offizier-Kurhäuser der k.k. Gesellschaft vom Weißen Kreuz entsprochen würde. Während mithin der Kurgebrauch im verbündeten Ausland zulässig ist, sind alle Kuren im neutralen Ausland verboten.« Ebd.
656 Ebd.
657 Peckl, What the Patients Records Reveal, S. 156.
658 Dies galt nicht nur für Nervenkrankheiten, sondern auch für körperliche Leiden. Dies., Krank durch die »seelischen Einwirkungen des Feldzuges«?, S. 40, 73.
659 Siehe zu den Kuren der Vorkriegszeit Kap. I.3.c. Die dienstlichen Konsequenzen für Offiziere mit psychischen Erkrankungen.
660 Hofer, Nervenschwäche und Krieg, S. 222.
661 Curschmann, Zur Kriegsneurose bei Offizieren, S. 291.

Im Fall des Oberstleutnants von F.⁶⁶² wurde noch 1917 für eine leichte nervöse Erschöpfung eine Badekur als geeignete Therapie angesehen, wobei allerdings die zusätzlich bestehenden rheumatischen Beschwerden vom Arzt in den Vordergrund gestellt und für die nervösen Beschwerden die Selbstheilungskräfte bei einer Auszeit von der Front betont wurden. Der Stabsoffizier war im Krieg Bataillonskommandeur im Feld bei der Infanterie gewesen und bisher ambulant bei der Truppe wegen »chron. Muskelrheumatismus, l. Ischias und nervöser Erschöpfung« behandelt worden.⁶⁶³ Die ärztliche Empfehlung lautete, dass eine 30-tägige Badekur »dringend notwendig« sei, um die Dienstfähigkeit wiederherzustellen.⁶⁶⁴ Die Wahl des Kurorts sollte zur Linderung der rheumatischen Beschwerden ausgesucht werden, da diese im Vordergrund stünden. »Die nervösen Beschwerden werden sich dort voraussichtlich bei etwas längerem Kuraufenthalt auch mit geben.«⁶⁶⁵

Die großen Spielräume eines Offiziers, was Kurbewilligungen gerade am Beginn des Krieges anbetraf, und die beträchtliche Bedeutung einzelner Ärzte für die Beurteilung der Dienstfähigkeit zeigt auch das Beispiel des sächsischen Hauptmanns Otto S.,⁶⁶⁶ der im Oktober 1914 mit der Diagnose »nervöser Erschöpfungszustand« im Evangelischen Krankenhaus Köln war. In seinem ärztlichen Zeugnis heißt es, dass sich sein Befund schon deutlich gebessert habe, sodass seine Felddienstfähigkeit bald zu erwarten sei. Am 5. November ergab eine militärärztliche Untersuchung, dass der Hauptmann felddienstfähig war.

---

662 BA-MA Pers 9–291 Krankenakte von Oberstleutnant vonf., Antrag auf Bewilligung eines außergewöhnlichen Heilverfahrens durch den Garnisonsarzt Kiel am 20.2.1917.
663 In der Vorgeschichte des Antrags heißt es hinsichtlich der nervösen Erschöpfung: »Seit etwa 1 Jahr machten sich auch allmählich zunehmend nervöse Beschwerden bemerkbar.« Über Kriegserlebnisse im Einzelnen wird wie im gesamten ärztlichen Gutachten nichts aufgeführt. Bei den Klagen steht unter den nervösen Beschwerden: »[...] in letzter Zeit sehr oft Schlaflosigkeit, leichte Erregbarkeit und Aufgeregtheit.« Bei der Untersuchung wurde hierzu vermerkt: »Sprache etwas hastig, in der Erzählung etwas aufgeregt; er macht im ganzen einen etwas erregten Eindruck. Stimmung etwas gedrückt. Bei Stehen mit geschlossenen Beinen leichtes Schwanken, vorgestreckte Finger zittern etwas, sonst Nervenbefund in Ordnung«. Ebd.
664 Ebd.
665 Ebd.
666 Vgl. hierzu die Unterlagen in SächsHStA 11348 St. GK XIX. AK, Nr. 1016 Urlaub, Krankheit, Kommandos in der Garnison und Schonungskommandos, 1. Aug. 1914–31. März 1915.

Elf Tage später wurde erneut ein militärärztliches Zeugnis durch den Ober- und Bataillonsarzt ausgestellt. Darin wurde vermerkt, dass der Hauptmann über zeitweise auftretende Angst und Beklemmungsgefühle geringen Grades klage. An körperlichen Symptomen wurden beim Herzen eine etwas beschleunigte Schlagfolge, daneben etwas erhöhte Kniereflexe festgestellt. »Äußerlich zeigt Hauptmann S. ein etwas aufgeregtes Wesen, welches sich kundgibt in Zuckungen in der Gesichtsmuskulatur und Zittern in den Händen.«

Die Diagnose und die Bewertung der Dienstfähigkeit lauteten:

»Hauptmann S. leidet an reizbarer Nervenschwäche (Neurasthenie), die sich besonders in zeitweise auftretenden Angstzuständen und nervöser Erregbarkeit äußert. Da sich in letzter Zeit der Zustand des Hauptmanns S. erheblich gebessert hat, bestehen zur Zeit keine Bedenken, ihn für felddienstfähig zu erklären.«[667]

Dieses deutliche Votum zur Felddienstfähigkeit erstaunt angesichts der aufgeführten Beschwerden und Symptome. Es wurde allerdings vom ärztlichen Vorgesetzten, dem Generalarzt und stellvertretenden Korpsarzt zurückgenommen, der unter das Zeugnis den Vermerk setzte, dass der Hauptmann aufgrund des Befundes nur als garnisonsdienstfähig erachtet werden könne.[668]

Trotz des militärärztlichen Urteils leistete daraufhin der Hauptmann nicht Dienst beim Ersatztruppenteil, sondern begab sich stattdessen in ein Sanatorium des Sanitätsrats Dr. Warda im thüringischen Blankenburg zur »spezialärztlichen Behandlung«, wie er in einem Brief mit dem Betreff »Krankmeldung« am 24. November 1914 seinem Obersten vom Reserve-Infanterie-Regiment 241 mitteilte. Er sei als »Magen-, Darm- und nervenkrank aus dem Felde zurückgekehrt« und befinde sich zur spezialärztlichen Behandlung im hiesigen Sanatorium:

»Nach Ansicht der Ärzte werde ich in 4–5 Wochen garnisondienstfähig sein, nicht aber wieder felddienstfähig werden. Gleiche Meldung habe ich dem Kgl. Kriegsministerium erstattet.«[669]

Aus der Akte geht hervor, dass bis Februar 1915 noch vier weitere ärztliche Zeugnisse über den Hauptmann angefertigt wurden, die allerdings nicht

---

667 Ebd., darin: Hauptmann Otto S., Militärärztliches Zeugnis durch den Oberarzt und Bataillonsarzt, 16.11.1914.
668 Ebd., darin: Hauptmann Otto S., Militärärztliches Urteil des Generalarztes und stellv. Korpsarztes, 16.11.1914.
669 Ebd., darin: Hauptmann Otto S., Krankmeldung, 24.11.1914.

überliefert sind. Es ist zu vermuten, dass Hauptmann Otto S. trotz der gegenteiligen militärärztlichen Zeugnisse eine längere ärztliche Behandlung und Regenerationszeit durchsetzen konnte. Ein weiteres Beispiel ist der sächsische Hauptmann F., der Anfang 1915 die Diagnose »starke Überreizung des gesamten Nervensystems« erhielt. Er hatte sich zuerst ein privates ärztliches Zeugnis besorgt, um Urlaub für einen Sanatoriumsaufenthalt zu erhalten. Als ein militärärztliches Zeugnis gefordert wurde, ließ er sich ohne militärische Anordnung durch einen Sanitätsoffizier eines ausstellen, in dem ein Urlaub empfohlen wurde, damit er einen mindestens achtwöchigen Sanatoriumsaufenthalt zur »spezialärztlichen Behandlung« wahrnehmen konnte. Im militärischen Schriftverkehr wurde dieses Vorgehen kritisiert und der Unterschied zwischen militärärztlichen und privaten Zeugnissen beschrieben. Als privates Zeugnis galt auch ein Zeugnis eines Sanitätsoffiziers, das ohne militärische Anordnung ausgestellt wurde. Eine Besonderheit des militärärztlichen Zeugnisses war, dass der Untersuchte keine Kenntnis von dessen Inhalt erhalten sollte, was in diesem Fall auch nicht eingehalten worden sei. Private Arztzeugnisse sollten zukünftig nur in Ausnahmefällen anerkannt werden. Der Offizier bekam trotz der privaten Zeugnisse den gewünschten Urlaub und später aufgrund des Zeugnisses desselben Sanitätsoffiziers noch eine Verlängerung des Urlaubs bis Mitte April, um seinen Sanatoriumsaufenthalt entsprechend auszuweiten.[670]

Ein Beispiel dafür, dass gerade in der zweiten Kriegshälfte aber versucht wurde, bei psychisch versehrten Offizieren mehrmonatige Sanatoriumsaufenthalte zu vermeiden, ist der Aktenvorgang über den Oberleutnant der Reserve Rudolf W. Dieser bat das kgl. Bezirkskommando Halle am 15. Dezember 1917 um eine dreimonatige Zurückstellung vom Heeresdienst[671] und reichte hierfür ein am 13. Dezember 1917 ausgestelltes ärztliches Zeugnis aus dem privaten Sanatorium Dr. Bauer aus Braunlage im Harz ein, das dem Oberleutnant schwere Nervosität mit Depressions- und Erregungszuständen bescheinigte. Er werde seit dem 9. November 1917 im Sanatorium behandelt:

---

670 Vgl. hierzu die Unterlagen in SächsHStA 11348 St. GK XIX. AK, Nr. 1016 Urlaub, Krankheit, Kommandos in der Garnison und Schonungskommandos, 1. Aug. 1914–31. März 1915, Hauptmannf.
671 GLA 456 F 118/364 Versorgungs-, Reserve-, Offiziers- und Kriegsgefangenenlazarette, Allgemeine Schriftwechsel, darin: Antrag Oberleutnants d. R. Rudolf W. auf Zurückstellung vom Heeresdienst, 15.12.1917.

III. OFFIZIERE IN PSYCHIATRISCHER BEHANDLUNG

»Die Besserung schreitet nur sehr langsam vor; es ist deshalb ausgeschlossen, dass mit dem 31. Dez. d. J. wieder Dienstfähigkeit eintritt. Aus diesem Grunde wird Zurückstellung um weitere 3 Monate als dringend notwendig erachtet.«[672] Der Chefarzt des Reservelazaretts Baumlage schloss sich dem an. Dennoch erhielt der Oberleutnant, nachdem seine Bitte zu verschiedenen Ersatzabteilungen zur Prüfung weitergereicht wurde, schließlich nicht die gewünschte Zurückstellung, sondern Ende Januar 1918 eine Überweisung ins Offizierslazarett Heidelberg,[673] das damals ein sehr gutes Urteil bei der militärischen Inspektion erhalten hatte und über einen Spezialisten für Nervenkrankheiten verfügte.[674] Aufgrund des Offiziersmangels trat der persönliche Wunsch des Offiziers hinter das militärische Interesse zurück, dass alles unternommen werden sollte, um den Offizier wieder rasch dienstfähig zu machen.

Privatpflege

Eine Alternative zum Lazarett war daneben die Privatpflege.[675] Dass diese vorrangig für Offiziere und weniger für Mannschaftssoldaten gedacht war, zeigt sich an den Vorschriften. So wurde 1915 bestimmt, dass Offiziere, die Privatpflege in Anspruch nahmen, sich am »15. und 30. jeden Monat« im

---

672 Ebd., Ärztliches Zeugnis des Sanatoriums Dr. Bauer für Oberleutnant d. R. Rudolf W., 13.12.1917.

673 Ebd., Schriftwechsel zum Antrag Oberleutnants d. R. Rudolf W. auf Zurückstellung vom Heeresdienst, 15.12.1917.

674 GLA 456 F 113/87 Besichtigungen der Reservelazarette Heidelberg, Bruchsal, Illenau, Rastatt, Ettlingen, Offenburg, Dürrheim, Donaueschingen, Singen, Freiburg, Müllheim und Badenweiler durch den Inspekteur der X. Kriegs-Sanitätsinspektion, 29.11.1917–18.9.1918, darin: Inspekteur der X. Kriegs-Sanitäts-Inspektion, Bemerkungen zu meiner jüngsten Besichtigung der Reservelazarette pp. Heidelberg, 20.12.1917. Siehe hierzu auch Kap. III.4.a. Neue Behandlungsmethoden und ihre Verbreitung bei Offizieren.

675 Der Rückgang der Privatpflege wird in einem Schreiben des Reservelazarettdirektors in Freiburg vom 24. Juli 1915 an das stellvertretende Generalkommando des 14. Armeekorps Karlsruhe hinsichtlich der Privatpflegestätten in der Stadt ersichtlich. Hierin heißt es, »daß die zu Anfang des Krieges zur Verfügung gestellten und damals auch mehrfach benutzten Privatpflegestätten sämtlich nicht mehr bereit sind, jetzt noch Pfleglinge aufzunehmen, angeblich weil sie Schwierigkeiten mit der Verpflegung gehabt haben, hauptsächlich aber wohl deshalb, weil die Begeisterung verrauscht ist. Es sind infolgedessen hier am Orte gar nicht mehr viel Privatpflegestätten vorhanden.« GLA 456 F 113/85 Anträge auf Genehmigungen zur Errichtung von Privatpflegestätten und Anweisungen zu ihrer Führung 18.8.1914 - 29.8.1918, darin: Schreiben des Reservelazarett-Direktors Freiburg an das stellvertretende Generalkommando 14. AK. Karlsruhe, Freiburg 24.7.1915.

zuständigen Reserve-Lazarett der Garnison melden mussten. »Die Ersatztruppenteile und die Lazarette haben die betr. Offiziere entsprechend anzuweisen.«[676]

Ein Schreiben des Reservelazarettdirektors aus Freiburg im Breisgau hinsichtlich der Privatpflegestätten in der Stadt verdeutlicht, dass es sich bei Privatpflegestätten meist um Eltern handelte, die ihre Söhne bei sich aufnehmen wollten. Diese häusliche Pflege war vor allem für Offiziere vorgesehen, doch konnten bei gehobener Herkunft der Eltern auch Soldaten ohne Offiziersrang in deren Genuss kommen. Der Lazarettdirektor aus Freiburg votierte aufgrund der sozialen Herkunft der Eltern für eine Bewilligung der Wünsche nach Privatpflege. Er fühlte sich diesen verbunden, hatte gleichzeitig aber auch Sorge, dass sie bei Nichtgenehmigung ihren Einfluss nutzen könnten, um den Wunsch doch noch durchzusetzen oder den Sanitätsbetrieb bei Lazaretteinweisung der Söhne durch Extrawünsche zu stören.[677] Die Quelle spricht dafür, dass reiche Soldaten sich wie Offiziere beurlauben lassen und in Privatpflege gehen konnten, sodass hier neben dem Dienstgrad auch die soziale Schicht entscheidend sein konnte.

d. Neurasthenische Erschöpfungserkrankungen: Das Leiden bestimmte die Behandlungsmethode

Während sich so bei den Offizieren mit der Diagnose Hysterie trotz aller Heterogenität Besonderheiten gegenüber den Mannschaftssoldaten feststellen lassen, zeigt sich hingegen im Hinblick auf neurasthenische Erschöpfungskrankheiten, dass hier vorrangig die Diagnose die Behandlung des Mili-

---

676 Ebd., Garnisonkompanie, Nr. 1409, Karlsruhe, 20.3.1915: Garnisonbefehl.
677 »Wenn diese Söhne nun auch nicht immer dienstunfähig werden, so empfiehlt es sich doch, die Privatpflegestätten zu genehmigen; denn es handelt sich meistens um Söhne hochgestellter Eltern (Leutnants und Kriegsfreiwillige), deren Eltern schwer durch Nichtgenehmigung der Aufnahme ihrer Söhne leiden und zweifellos weitere Schritte unternehmen würden, ganz abgesehen davon, daß sie den Unterzeichneten bei Nichtgenehmigung durch häufiges Erscheinen belästigen würden. Auch kann ich selbst den Betreffenden nachfühlen, wie es Ihnen[!] bei Nichtgenehmigung sein würde, da ich selbst zweimal in der Lage war, meinen eignen Sohn, der zweimal verwundet zurückkam, zu mir zu nehmen. Ferner würden sich bei Nichtgenehmigung der Privatpflegestätten, wenn diese Personen in Lazarette eingewiesen würden, ebenfalls erhebliche Unzuträglichkeiten ergeben, z.B. durch dauernde Urlaubsgesuche, häufige Besuche usw. Ich bitte daher diese Privatpflegestätten, welche in Zukunft immer von Fall zu Fall vorgelegt werden, zu genehmigen.« Ebd., Schreiben des Reservelazarett-Direktors Freiburg an das stellvertretende Generalkommando 14. AK. Karlsruhe, Freiburg 24.7.1915.

tärs bestimmte und weniger von Bedeutung war, ob dieser Offizier oder Mannschaftssoldat war. Dies deckt sich mit dem Ergebnis von Petra Peckl, die Patientenakten von Mannschaftssoldaten, die als Neurasthenie-Patienten behandelt wurden, analysierte. Neurasthenie-Patienten im Mannschaftsdienstgrad wurden durchgehend sanft behandelt.[678]

Hellpach betonte in seinen Ausführungen über die Behandlung der Kriegsneurasthenie die Wichtigkeit der ärztlichen Haltung für den Genesungserfolg, die sich bei Neurasthenie und Hysterie diametral unterscheide:

»Der ganze ärztliche Ton, der auf die Hysterie zugeschnitten ist, paßt nicht für die Neurasthenie. Der Hysterische braucht die harte Faust, Unerbittlichkeit bis zur Gewaltsamkeit, denn der hysterische Krankheitswille muß [...] im überwuchtigen Stoß niedergerungen werden. Der Neurastheniker aber braucht Teilnahme, Trost, Zuspruch, ein warmes Herz [...], er braucht in der therapeutischen Kleinarbeit all das, was dem Hysterischen Gift ist und die Hysterie verewigt. Packt man den Neurastheniker an wie den Hysteriker, so läuft man Gefahr ihm zu schaden [...] ihn womöglich zu hysterisieren.«[679]

Und Gaupp schrieb im »Handbuch der Ärztlichen Erfahrungen im Weltkriege 1914/1918« über die Behandlung der Neurasthenie:

---

678 Peckl, Krank durch die »seelischen Einwirkungen des Feldzuges«?, S. 60–72, bes. S. 65.
679 Hellpach, Therapeutische Differenzierung der Kriegsnervenkranken, 1261. Das gleiche Zitat wird von Hofer als Argument dafür aufgeführt, dass Offiziere anders als Mannschaftssoldaten behandelt wurden, da Hellpach, der im Krieg ein Nervenlazarett für Offiziere leitete, bei den Ausführungen zu Neurasthenikern diese gerade im Blick gehabt habe. Hofer, Nervenschwäche und Krieg, S. 224. Indem Hellpach auch bei Offizieren Hysterie und bei Mannschaftssoldaten Neurasthenie in vielfacher Hinsicht feststellte, spricht seine Argumentation, dass der Neurastheniker therapeutisch anders als der Hysteriker zu behandeln sei, aber dafür, dass er die Krankheit und nicht die soziale Lage oder die militärische Stellung des Patienten als entscheidend für die Behandlungsmethoden ansah. Hellpach schrieb über die Behandlung der Kriegsneurastheniker, dass der Arzt hier vor allem die Aufgabe habe, seinen Patienten ruhig zuzuhören und sich vertrauensvoll mit ihnen zu besprechen. Er solle unbegründete Wünsche abweisen, aber begründete Wünsche befürworten. Ein erfolgreicher Arzt habe jene »Mischung von Überlegenheit und Einfühlung, zu der nur das Leben schult«. Daher sei es wichtig, dass der Arzt geschult, erfahren und gereift sei. Hellpach, Kriegsneurasthenie, S. 214. Sehr deutlich wird, dass Hellpach auch bei der Behandlung der Neurasthenie ähnlich wie bei der Hysterie die Persönlichkeit des Arztes als entscheidend für den Genesungserfolg ansah. Er grenzte sich hier von der Behandlung der Hysterie ab: »Die Hysterien mag ein junger Draufgänger, dem kritische Erfahrung noch nichts vom beneidenswerten Zutrauen zu sich selber genommen hat, niederringen, niederstürmen können.« Ebd.

»Eine akute Wunderheilung, wie bei psychogenen Syndromen, gab es nicht. Versuche mit suggestiven Schnellmethoden (Hypnose) hatten keinen Sinn, es sei denn zur Bekämpfung einzelner Symptome.«[680]

Hier wird deutlich, dass nach Einschätzung Gaupps suggestive Behandlungsmethoden, die einzelne körperliche Symptome zum Verschwinden brachten, bei der Neurasthenie nicht den Kern der Krankheit behandelten, sodass keine ganzheitliche Verbesserung des Zustandes erreicht wurde. Gleichzeitig spricht der Text dafür, dass durchaus während der Kriegszeit der Versuch unternommen wurde, mit Hypnose Neurastheniker zu heilen, dass aber rasch klar wurde, dass diese keinen durchgreifenden Erfolg brachte. Allerdings gelang es, mit Hypnose auch bei Neurasthenikern einzelne Symptome zu beseitigen.

Gaupp beschrieb als eine erwiesen erfolgreiche Behandlung der Neurasthenie eine mehrmonatige »Kur« in einem Reservelazarett oder Genesungsheim fern der Front,[681] bei der anfänglich vor allem Ruhe und ein Arzt, der sich in den Neurastheniker hineinversetze, mit ihm mitfühle und durch die Krankheit leite, geboten gewesen sei. Nach einigen Wochen sei dann dem »Bedürfnis des Kranken nach froheren Eindrücken und geistiger Tätigkeit mit Vorsicht und sorgfältiger Dosierung der Arbeit und rechtzeitige Ablenkung durch gute Bücher, Spiele, Aufenthalt in schöner Natur« nachzukommen gewesen.[682]

Allerdings ist auch hier eine Einschränkung zu machen. Gerade im Hinblick auf neurasthenische Offiziere wurde im psychiatrischen Diskurs die bereits angeführte Kritik an Ärzten laut, die vor allem auf die Selbstheilungskräfte vertrauen würden. Dies konnte schädliche Folgen haben, dass erstens Symptome ohne ärztliche Betreuung leicht chronisch würden, dass zweitens der Genesungswillen erlahmte und dass drittens bei Patienten durch das Alleingelassenwerden in ihrem psychischen Leiden Selbstmordgefahr bestünde.[683]

---

680 Gaupp, Schreckneurosen und Neurasthenie, S. 98.
681 »Zu Beginn der Kur war körperliche und seelische Ruhe geboten. [...] Große Schreckhaftigkeit, starke Unlust bei jeder Erinnerung an den Krieg und die eigenen Kriegserlebnisse zwangen zur Versetzung der Frontsoldaten in eine kriegsferne, friedliche Umgebung. Im Feldlazarett oder Kriegslazarett, in dem manches hysterische Symptom rasch beseitigt werden konnte, kam der erschöpfte Neurastheniker gesundheitlich nicht voran.« Ebd.
682 Gaupp, Schreckneurosen und Neurasthenie, S. 98.
683 Hellpach, Kriegsneurasthenie, S. 211f.; Weber, Zur Behandlung der Kriegsneurosen, S. 1234. Siehe hierzu auch die einführenden Bemerkungen in Kap. III.4.c. Urlaub, Badekuren und Privatpflege.

5. Die Dauer des Lazarettaufenthalts und der Status der Entlassung

Ein Resultat der Auswertung der Krankenakten in neueren Studien ist, dass man den Soldaten auch in der zweiten Hälfte des Krieges durchaus Zeit zur Erholung gewährte und sie eben nicht immer sofort an die Front zurückschickte. Es ergibt sich eine deutliche Diskrepanz zwischen militärischen Erlassen und Aussagen in den medizinischen Fachzeitschriften einerseits und den empirischen Ergebnissen zum Behandlungsalltag andererseits.[684] Die durchschnittliche Aufenthaltsdauer in den Lazaretten betrug ungefähr zwei Monate.[685] Bedurften psychisch versehrte Soldaten einer längeren Behandlung, wurden sie, wie die anderen Erkrankten und Verwundeten auch, ins Heimatgebiet transportiert, wo sie dann auf entsprechende Lazarettabteilungen und Genesungsheime verteilt wurden.[686]

Weiterhin erhielten Petra Peckl und Philipp Rauh bei ihrer Auswertung von 352 Lazarettakten von »Kriegsneurotikern« den Befund, dass der größte Teil der Soldaten nach der Entlassung aus dem Lazarett zunächst zu seinem Garnisonstruppenteil zurückkehrte (31%). Nur 22% der psychisch erkrankten Soldaten wurden direkt zurück an die Front kommandiert. Damit entspricht das Ergebnis jenem von Maria Hermes aus dem Bremer St. Jürgen-Asyl für Geistes- und Nervenkranke, wo auch im Ersten Weltkrieg nur wenige soldatische Patienten als kriegsverwendungsfähig entlassen wurden.[687] Im Sample von Peckl und Rauh erhielten weitere 16% das Label »arbeitsverwendungsfähig« und wurden vor allem in kriegswichtigen Betrieben beschäftigt. Mit 15% war die Zahl der Soldaten, die nach der Behandlung als gänzlich »dienstunbrauchbar« entlassen wurde, ungefähr genauso hoch.[688]

Die Bemühungen von Politik, Militär und führenden psychiatrischen Fachvertretern, psychisch kranke Soldaten rasch und effizient wieder in den Kriegsdienst einzugliedern, zeigten also insgesamt nur begrenzte Erfolge. Primäres Ziel psychiatrischer Behandlung war nicht die rasche Wiederherstellung der Kriegsverwendungsfähigkeit eines erkrankten Soldaten, es

---

684 Siehe zu den militärischen Erlassen Kap. II.1. Die Behandlung des Problems der »Kriegsneurotiker« in der deutschen Armee.
685 Prüll, The Exhausted Nation, S. 32f.; Peckl, What the Patient Records Reveal, S. 149–159; dies., Krank durch die »seelischen Einwirkungen des Feldzuges«?, S. 59–72.
686 Peckl, Krank durch die »seelischen Einwirkungen des Feldzuges«?, S. 40
687 Hermes, Krankheit: Krieg, S. 430.
688 Rauh, Die militärpsychiatrischen Therapiemethoden im Ersten Weltkrieg, S. 43f.

zeigte sich kein vorauseilender Gehorsam gegenüber dem Militär.[689] Die Kriegspsychiatrie schuf damit auch Refugien, in denen Patienten vor dem militärischen Zugriff geschützt wurden.[690] Welche Befunde zeigen sich im Vergleich hierzu bei den Offizieren?

a. Entlassungsstatus und Aufenthaltsdauer im Offiziersgenesungsheim Joeuf

Hierzu wird in einem ersten Schritt der Blick auf das lothringische Offiziersgenesungsheim Joeuf gerichtet, das in der Etappe lag. Dabei lässt sich klären, wie lange sich die psychisch versehrten Offiziere dort aufhielten, wieviel Prozent danach wieder als genesen aus dem Lazarett entlassen wurden und welchen Entlassungsstatus sie bekamen. Die Auswahl fiel auf dieses Genesungsheim, da zum einen die Aufenthalte in Genesungsheimen meist länger als auf den Nervenstationen waren; zum anderen erhöht die Etappenlage des Genesungsheims die Aussagekraft der Ergebnisse. So hatten Offiziere, die wegen psychischer Leiden ins Offiziersgenesungsheim Joeuf kamen, in der Regel bereits ein Kriegslazarett als erste Station hinter sich, in dem sie aber im Durchschnitt nicht länger als zwei bis drei Wochen blieben. Entsprechend lässt sich an diesem Beispiel besonders gut analysieren, wie viele Offiziere nach welcher Behandlungszeit wieder dienstfähig wurden.

Tabelle 5: Entlassungsstatus der psychisch versehrten Offiziere, die 1914–1918 im Offiziersgenesungsheim Joeuf behandelt wurden

	Häufigkeit	in %
Frontdienstfähig zur Truppe	300	48,5
Garnisonsdienstfähig zur Truppe	8	1,3
Frontdienstfähig zum Ersatztruppenteil	74	12,0
Garnisonsdienstfähig zum Ersatztruppenteil	75	12,1
Verlegung in anderes Lazarett/Genesungsheim	54	8,7
Aufnahme in die Krankensammelstelle	106	17,2
Selbstmord	1	0,2
Gesamt	618	100,0

---

689 Hermes, Krankheit: Krieg, S. 431, 452.
690 Hofer, Nervenschwäche und Krieg, S. 266.

Die Auswertung zeigt, dass die Mehrheit der Offiziere mit psychischen Leiden wieder dienstfähig wurde. Im Fall des Offiziersgenesungsheims Joeuf waren dies fast 80%. Auffallend ist, dass ungefähr die Hälfte der Offiziere im Offiziersgenesungsheim Joeuf davon sogar wieder als »frontdienstfähig« an die Front zur Truppe, bei der die Krankmeldung erfolgt war, zurückkehrte. Dies betraf 300 der 618 Offiziere.

Daneben gab es aber auch immerhin 74 Offiziere (12%), die trotz des Entlassungsbefunds »frontdienstfähig« nicht direkt an die Front, sondern zunächst zum Ersatztruppenteil versetzt wurden. Dies zeigt, dass Offiziere großen Einfluss darauf hatten, wo ihr nächster Dienstort lag und Offiziere, die noch eine Pause von der Front wollten, diese auch genehmigt bekamen. 75 Offiziere (wiederum 12%) wurden als garnisonsdienstfähig beim Ersatztruppenteil verwendet, 1% mit dem Urteil »garnisonsdienstfähig« kam zurück zu seinem Truppenteil an die Front.

160 Offiziere (21%) blieben krankgeschrieben. Sie wurden nach dem Aufenthalt im Offiziersgenesungsheim in weitere Lazarette oder Genesungsheime zumeist in die Heimat verlegt, wobei im Großteil der Fälle der Weg über die Krankensammelstelle führte, über die dann der Abtransport in Richtung Heimat organisiert wurde.

Ein Offizier mit der Diagnose »Nervöse Erschöpfung« beging Selbstmord. Suizid bei Offizieren wie auch bei den Mannschaftssoldaten war eine Todesursache, die in den offiziellen Statistiken zum Krieg kaum eine Rolle spielte. So nahmen sich offiziell während der vier Kriegsjahre im Feld- und Besatzungsheer nur 156 Offiziere das Leben, 104 Fälle entfielen auf das Feldheer, 52 auf das Besatzungsheer. Insgesamt lag die Zahl der in der deutschen Armee registrierten Selbstmorde bei 3.828.[691] Der Sanitätsbericht von 1934 bemerkte hierzu, dass zwar die Zahlen für einen Vergleich der einzelnen Dienstgrade zu klein seien, aber man eine größere Selbstmordneigung bei Offizieren, Sanitätsoffizieren und Beamten gegenüber Unteroffizieren und Mannschaftssoldaten im Weltkrieg feststellen könne. Daneben zeige sich, dass sich durchschnittlich mehr Soldaten in der Heimat als im Feld das Leben nahmen und der Kriegsverlauf für die Selbstmordquote keine Rolle gespielt habe.[692] Zu bedenken ist allerdings, dass von einer hohen Dunkelziffer auszugehen ist und oft die Todesfälle als Folge von Verwundungen

---

691 Sanitätsbericht über das Deutsche Heer im Weltkriege, Bd. 3, Übersicht 20, S. 27.
692 Ebd., S. 26, 28.

oder Krankheiten ausgegeben wurden, was im Feld leichter als in der Heimat möglich war.

Vergleicht man die Ergebnisse aus Joeuf mit der Behandlungsdauer von »Kriegsneurotikern« allgemein, ergibt sich als wichtigster Befund bei Offizieren ein deutlich höherer Anteil als bei Mannschaftssoldaten an psychisch Versehrten, die direkt nach dem Lazarett den Frontdienst aufnahmen. Während Rauh und Peckl bei ihrer Auswertung feststellten, dass lediglich ein Fünftel nach dem Aufenthalt in Lazaretten direkt zurück an die Front kommandiert wurde, waren dies bei den Offizieren aus Joeuf rund die Hälfte. Nach der Entlassung aus dem Lazarett wurden die Soldaten daneben zu 31% zu ihrem Ersatztruppenteil beordert, was geringfügig über dem Anteil der Offiziere von 24% lag.[693] Peckl und Rauh kamen daneben zu dem Ergebnis, dass 31% das Label »arbeitsverwendungsfähig« oder »dienstunbrauchbar« erhielten, ungefähr zu gleichen Teilen. Über diese Kategorien lässt sich zwar anhand der Auswertung von Joeuf keine Aussage treffen, da alle Offiziere, die nicht dienstfähig wurden, in andere Lazaretteinrichtungen verlegt wurden. Doch betraf dies insgesamt nur 21% der Offiziere, sodass hier jeweils von deutlich geringeren Anteilen auszugehen ist.

Der Befund bestätigt sich, wenn man in einem nächsten Schritt nur den Blick auf die 114 Offiziere richtet, die direkt von der Truppe ins Offiziersgenesungsheim Joeuf ohne weitere Lazarettzwischenstationen gekommen sind. Von diesen kehrten sogar 63% (72) direkt nach ihrem dortigen Aufenthalt wieder frontdienstfähig zu ihrem Truppenteil zurück, 10% (11) kamen zum Ersatztruppenteil und 27% (31) nachfolgend in andere Lazarette.

Grafik 7: Aufenthaltsdauer im Offiziersgenesungsheim Joeuf

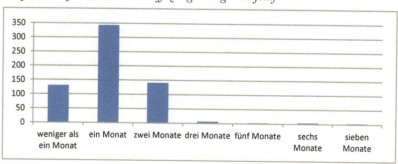

---

693 Rauh, Die militärpsychiatrischen Therapiemethoden im Ersten Weltkrieg, S. 43f.

III. Offiziere in psychiatrischer Behandlung

99% der psychisch versehrten Offiziere blieben in Joeuf höchstens ungefähr zwei Monate. 341 der 618 Offiziere und damit 55% hatten einen Aufenthalt von ungefähr einem Monat. Der Anteil der Offiziere, die weniger als einen Monat (129) oder ungefähr zwei Monate (139) blieben, lag jeweils bei ungefähr einem Fünftel. Vereinzelt kamen auch Aufenthalte von drei, fünf, sechs und sieben Monaten vor.

Grafik 8: Aufenthaltsdauer und Entlassungsstatus im Offiziersgenesungsheim Joeuf 1914–1918

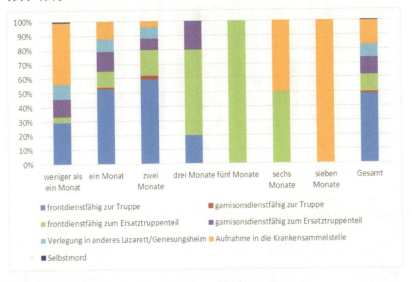

Blickt man auf den Zusammenhang von Aufenthaltsdauer und Entlassungsstatus, so zeigen sich klare Zusammenhänge. Über die Hälfte der Offiziere, die in Joeuf ungefähr ein oder zwei Monate Aufenthalt hatten (53 bzw. 59%), wurden als frontdienstfähig zur Truppe entlassen. Dagegen waren dies bei Offizieren, die weniger als einen Monat blieben, nur knapp 30%. Über die Hälfte von ihnen wurde in eine andere Lazaretteinrichtung verlegt, was dafürspricht, dass bei vielen dieser Patienten schnell klar war, dass für ihre psychischen Beschwerden der Aufenthalt im Offiziersgenesungsheim in der Etappe nicht als erfolgversprechende Behandlungsmethode eingeschätzt wurde. Dafür gab es mehrere Gründe. Zum einen galten die Beschwerden oft als so schwerwiegend, dass ein Offizierslazarett mit psychiatrischem Schwerpunkt oder die Nervenstation eines Reservelazaretts als geeignete Behandlungsstationen angesehen wurden. Zum anderen wünschten viele Offiziere selbst, in ein Heimatlazarett, ein ziviles Sanatorium oder in Privatpflege verlegt zu werden. Von den Offizieren, die länger als drei Monate in Joeuf behandelt wurden, kam keiner direkt zur Front, was zeigt, dass eine lange Erholungszeit keine Garantie für ein Erreichen der Felddienstfähigkeit war.

Grafik 9: Der Zusammenhang von Diagnose und Aufenthaltsdauer im Offiziersgenesungsheim Joeuf

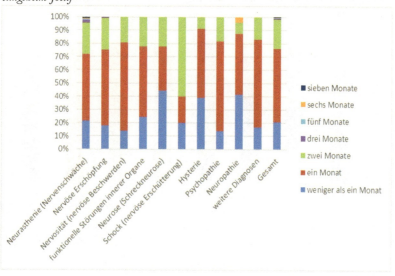

Blickt man auf den Zusammenhang von Diagnose und Aufenthaltsdauer im Offiziersgenesungsheim Joeuf, lässt sich kein so deutlicher Befund ablesen. Außer bei den Patienten mit Schock oder Neurose blieb der Großteil der Patienten ungefähr einen Monat. Bei den nervösen Erschöpfungsneurosen lag die Zahl der Patienten, die weniger als einen Monat in Joeuf blieben, bei unter einem Viertel. Dass Gleiche galt aber auch für Offiziere mit Schock oder Psychopathie. Sehr hohe Behandlungsdauern kamen sowohl bei der Neurasthenie als auch bei der Neuropathie vor.

Grafik 10: Entlassungsstatus der psychisch versehrten Offiziere, die 1914–1918 im Offiziersgenesungsheim Joeuf behandelt wurden, nach Diagnosen in %

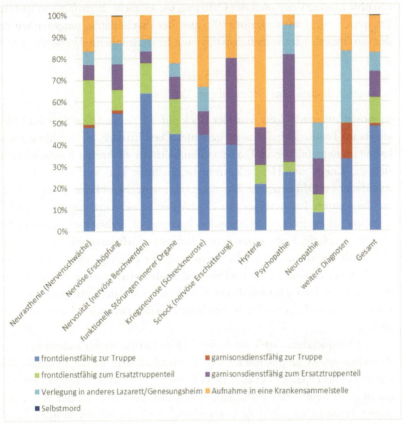

Analysiert man den Zusammenhang zwischen den einzelnen Diagnosen und dem Entlassungsstatus, ergibt sich hingegen wiederum ein klares Ergebnis: Die Diagnose hatte eine deutliche Auswirkung auf den Entlassungsstatus. Es zeigt sich, dass Offiziere mit nervösen Erschöpfungskrankheiten, worunter die Diagnosen Neurasthenie bzw. Nervenschwäche, nervöse Erschöpfung, Nervosität und funktionelle Störungen innerer Organe fielen, die über 90% der Betroffenen ausmachten, ungefähr die durchschnittliche Verteilung hatten. Die Offiziere mit der Diagnose »Schreckneurose« oder »Schock« hatten mit um die 40% einen etwas geringeren Anteil an Personen, die direkt wieder zur Truppe zurückkehrten. Besonders deutlich unterschieden sich die Offiziere mit den Diagnosen Hysterie, Psychopathie und Neuropathie vom Durchschnitt. Hier lag der Anteil der Offiziere, die direkt an die Front kommandiert wurden, bei unter 30%. Insbesondere bei Hysterie und Neuropathie machte der Anteil der Offiziere, die als nicht dienstfähig in weitere Lazarette verlegt wurden, über 50% aus. Bei Psychopathie hingegen wurde der Großteil als garnisonsdienstfähig zum Ersatztruppenteil versetzt.

b. Aufenthaltsdauer im Offiziersheim Taunus

In einem zweiten Schritt wird der Blick auf die Aufenthaltsdauer im Offiziersheim Taunus in Falkenstein gerichtet. Die Offiziere, die dorthin kamen, hatten im Regelfall bereits Lazarettaufenthalte von mehreren Wochen hinter sich, die Kriegs- und Heimatlazarette beinhalteten. Die Analyse der Aufenthaltsdauer im Offiziersheim Taunus lässt entsprechend keine Rückschlüsse auf die gesamte Lazarettdauer zu. Stattdessen ist sie vorrangig deswegen interessant, da es sich um ein besonders luxuriöses Etablissement handelte.[694] Hier lässt sich die Frage untersuchen, inwieweit Offizieren mit diesem Kuraufenthalt ein komfortables Refugium von der Front gewährt wurde. Der Großteil der Offiziere kam nachfolgend ähnlich wie in Joeuf wieder an die Front oder in den Garnisonsdienst. Ein kleinerer Teil der Patienten, die während der Kur nicht gesundeten, wurde anschließend in andere Einrichtungen verlegt.

Ein Beispiel dafür, dass der Aufenthalt im Offiziersheim Taunus nur eine Zwischenstation im gesamten Lazarettaufenthalt war, ist der Leutnant der Landwehr und spätere Verleger Peter Suhrkamp. Weihnachten 1917 erlitt er durch das Erlebnis des Todes eines Freundes, der wie er an der Westfront diente, einen psychischen Zusammenbruch.[695] Dem folgten mehrere Lazarettstationen. Die Behandlung dauerte bis in die Nachkriegszeit. Zunächst kam er in ein Kriegslazarett in Frankreich, wo er acht Wochen blieb. Nachfolgend wurde er in ein Lazarett nach Celle gebracht, dann nach Bad Pyrmont und anschließend im Juli 1918 in das Offiziersheim Taunus. Als dort keine entscheidende Besserung erzielt wurde, verlegte man ihn im Herbst in das St. Jürgen-Asyl für Geistes- und Nervenkranke in Bremen, wo er von Oktober 1918 bis Januar 1919 behandelt wurde.[696]

---

694 Siehe hierzu Kap. III.3.a. Unterbringung und Verpflegung.
695 Ebd.; Werner, Das Zittern des Peter Suhrkamp.
696 Holthaus, Maria Hermes-Wladarsch sprach über Peter Suhrkamps »Behandlung« im St.-Jürgen-Asyl.

Grafik 11: Behandlungsdauer von psychisch versehrten Offizieren im Offiziersgenesungsheim Taunus 1914–1918 in Wochen

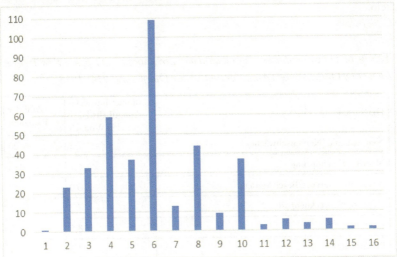

Bei 388 der 403 psychisch versehrten Offiziere lässt sich die Aufenthaltsdauer im Offiziersheim Taunus feststellen. Durchschnittlich blieben die Offiziere im Offiziersheim Taunus 6,2 Wochen und sechs Wochen war auch die Aufenthaltsdauer der meisten Offiziere. Diese galt für 28% der Offiziere. Häufige Kurdauern waren daneben vier Wochen (15%), acht Wochen (11%) und zehn Wochen (10%). Nur ein Offizier blieb weniger als zwei Wochen und lediglich 23 Offiziere (6%) länger als zehn Wochen. Der längste Aufenthalt betrug 16 Wochen und damit vier Monate.

Blickt man auf die durchschnittliche Aufenthaltsdauer der Patienten in Wochen im Offiziersheim Taunus in Abhängigkeit von den Diagnosen (Tabelle 6), ergibt sich – bei aller Vorsicht aufgrund der niedrigen Fallzahl bei manchen Diagnosen –, dass Depression, Hysterie, Manie und Sucht überdurchschnittlich lange Aufenthalte mit sich brachten. Gerade, dass bei Hysterie durchschnittlich über zwei Monate im Offiziersheim zur Erholung gewährt wurden, spricht dafür, dass bei Offizieren hier nicht die Lehrmeinung vertreten wurde, dass lange Kuren die Symptome bei Hysterie-Patienten verfestigen würden.[697] Vielmehr scheint für keine psychische Diagnose im Offiziersheim eine Kurdauer unter vier Wochen vorgesehen gewesen zu sein.

Tabelle 6: Durchschnittliche Aufenthaltsdauer der Patienten mit psychischen Erkrankungen im Offiziersheim Taunus hinsichtlich der Diagnosen (1914–1918)

Diagnosen	durchschnittliche Aufenthaltsdauer in Wochen	Zahl der Patienten
Neurasthenie (Nervenschwäche)	7,2	20
Nervöse Erschöpfung	6,1	313
Nervosität (nervöse Beschwerden)	5,0	7
Neurose (Schreckneurose)	7,2	13
Hysterie	8,5	8
Psychopathie	4,0	1
Nervöse bzw. funktionelle Störungen innerer Organe	5,7	11
Depression (Verstimmung)	9,0	2
Manie, Irresein, Psychose	8,0	4
Sucht (Alkoholismus, Morphinismus)	8,0	1
Körperlich bedingte psychische Krankheiten	5,8	8
Gesamt	6,2	388

Wichtiger als die Diagnose wird wohl für die Dauer des Aufenthalts der individuelle Gesundheitszustand bei der Verschreibung der Kur, aber auch der Zeitpunkt gewesen sein, wann der Aufenthalt im Offiziersheim Taunus stattfand (vgl. Tabelle 7). 1914 bis 1916 verbrachten Offiziere dort durchschnittlich sieben bis acht Wochen. 1917 und 1918 gingen die Aufenthaltszeiten dann deutlich zurück und betrugen durchschnittlich nur noch etwa fünf Wochen.

---

697 Siehe zum Versuch, eine frontnahe Behandlung 1918 in der deutschen Armee aus diesem Grund einzuführen, Kap. II.1. Die Behandlung des Problems der »Kriegsneurotiker« in der deutschen Armee.

III. OFFIZIERE IN PSYCHIATRISCHER BEHANDLUNG

Tabelle 7: Durchschnittliche Aufenthaltsdauer der Patienten mit psychischen Erkrankungen im Offiziersheim Taunus hinsichtlich des Zeitpunkts der Kur (1914–1918)

Jahr des Kurbeginns	durchschnittlicher Aufenthalt in Wochen	Zahl der Patienten
1914	7,4	41
1915	7,0	84
1916	7,7	65
1917	5,4	82
1918	5,1	116
1914–1918	6,2	388

Dies spricht dafür, dass in der zweiten Kriegshälfte dazu übergangen wurde, psychisch versehrten Offizieren kürzere Kuraufenthalte zu bewilligen.[698] Sicherlich spielte hier der Offiziersmangel eine Rolle, möglicherweise auch daneben die Überlegung, dass möglichst vielen psychisch angeschlagenen Offizieren die Option zu einem Aufenthalt im Offiziersheim Taunus gegeben werden sollte. Insbesondere ab September 1918 verkürzten sich die Kurzeiten. Nun kamen vermehrt zwei- und dreiwöchige Aufenthalte vor. Dies lag wahrscheinlich daran, dass man bei den intensiven Schlachten und den hohen Verlusten in diesen Monaten auf möglichst wenige Offiziere verzichten wollte.

Insgesamt ergibt die quantitative Auswertung, dass Offizieren unabhängig von ihren Diagnosen ausgedehnte Kuraufenthalte bewilligt wurden, wenngleich in der zweiten Hälfte des Krieges die Kurdauer etwas eingeschränkt wurde.

c. Gesamtlazarettzeiten der Offiziere: Tendenzen

Auch der Blick auf die Gesamtlazarettzeiten der Offiziere, wie er sich anhand der gesammelten Krankenakten für die einzelnen Offiziere rekonstruieren lässt, zeugt davon, dass diese im Regelfall die Lazarettdauer erhielten, die sie wünschten und benötigten, wenngleich in der zweiten Kriegshälfte aufgrund des Offiziersbedarfs der Druck auf die Offiziere erhöht wurde,

---

698 Damit bestätigt der Blick auf das Offiziersheim Taunus die im psychiatrischen Diskurs vertretene These, dass »Kriegsneurotiker« insbesondere in der ersten Kriegshälfte lange Kuraufenthalte zugestanden bekamen.

rasch den Dienst wieder aufzunehmen. Für den Wandel spielte eine nicht zu unterschätzende Rolle, dass auch für Offiziere die Möglichkeit, das Lazarett als Refugium vor dem Krieg zu nutzen, dadurch begrenzt wurde, dass Offiziere, die während des Kriegs aufgrund psychischer Leiden für längere Zeit ausfielen, ähnlich wie Mannschaftssoldaten in regelmäßigen Abständen ärztlich untersucht wurden, um festzustellen, ob dauernde Dienstunbrauchbarkeit vorlag,[699] Dienstfähigkeit wieder gegeben war oder die Tauglichkeitsstufe angehoben werden konnte.[700] Dies geschah, solange sich die Offiziere im Lazarett befanden, aber auch, wenn sie als arbeitsverwendungs- oder garnisonsdienstfähig in der Heimat oder der Etappe eingesetzt wurden. Die Ärzte mussten in ihren Gutachten neben der Feststellung des momentanen Zustandes stets Prognosen abgeben, welche Art der Dienstfähigkeit wann zu erwarten war, wonach sich dann der kommende Begutachtungstermin richtete. Solange ein Offizier nicht das ärztliche Urteil dauerhafter Frontdienstunfähigkeit hatte, war die Begutachtung fortzusetzen, bis er als k.v. (kriegsverwendungsfähig) beurteilt wurde und damit wieder an der Front verwendet werden konnte.

Für die militärärztlichen Untersuchungen zur Beurteilung der Kriegsbrauchbarkeit sollten nur erfahrene Sanitätsoffiziere zu Rate gezogen werden. Die Untersuchung sollte in Lazaretten ambulant erfolgen, um die dortigen Apparaturen nutzen zu können. Auch Polikliniken und Zivilkrankenhäuser durften hierfür genutzt werden, wenn die Gewähr der Beachtung der Dienstvorschriften gegeben war.[701]

Gerade bei längeren Dienstausfällen stellte dieses Gutachten nicht der behandelnde Arzt aus, sondern ein fachärztlicher Beirat, um Gefälligkeitsdiagnosen zu vermeiden. Der Direktor der Kgl. Nervenklinik in Tübingen Robert Gaupp hatte zum Beispiel diese Funktion im XIII. (Kgl. Württbg.) Armeekorps inne. Die Beurteilungen Gaupps, die er als fachärztlicher Beirat in Tübingen ausstellte, zeigen, dass er Offizieren im Regelfall keine Gefälligkeitsgutachten ausstellte und der medizinische Befund den primären Maßstab bildete.

Ergab eine einmalige Untersuchung kein endgültiges Urteil, konnten Beobachtungen in den Lazaretten bis zur Dauer von drei Wochen durchgeführt werden. Ebenso durften die in einzelnen Lazaretten bestehenden

---

699 Siehe hierzu auch Kap. II.8.b. Verabschiedungen.
700 Siehe zu den Tauglichkeitsstufen im Ersten Weltkrieg Kap. II.3.a. Psychische Rekrutierungsbedingungen der Militärangehörigen im Ersten Weltkrieg allgemein.
701 Sanitätsbericht über das Deutsche Heer im Weltkriege, Bd. 3, S. 28.

Beobachtungsabteilungen benutzt werden, und schließlich war auch die Beobachtung im Dienst unter Mitwirkung des Truppenteils möglich. Fachärztliche Beiräte und Korpsuntersuchungskommissionen waren in das Verfahren zur Beurteilung der Kriegsbrauchbarkeit eingebunden. Die Kriegssanitätsinspekteure waren dafür zuständig, dass die Zusammenarbeit aller Dienststellen reibungslos vonstattenging.[702]

Neben dieser regelmäßigen individuellen Nachmusterung fanden Ende 1916, Anfang Februar 1917 und Ende 1917 Generalmusterungen statt, um bei Kranken und Verwundeten festzustellen, ob die Tauglichkeitsstufe angehoben werden konnte. Kommissionen stellten Nachuntersuchungen bei allen Truppenteilen der Etappe und des Wirtschaftsdienstes, bei den Genesendenkompanien und Sammelstellen sowie in allen Lazaretten, Genesungsheimen und Badeorten an. Ziel war es, über die Kriegsbrauchbarkeit oder - unbrauchbarkeit aller Untersuchten zu entscheiden, sowie darüber, wann es möglich war, diese als Ersatz im Feldheer oder für die Kriegswirtschaft heranzuziehen.[703]

Das Ergebnis der Generalmusterung aller im Etappen- und Wirtschaftsdienst beschäftigten Militärs im Februar 1917 ist im Sanitätsbericht wiedergegeben.

Tabelle 8: Ergebnis der Generalmusterung aller im Etappen- und Wirtschaftsdienst beschäftigten Militärs im Februar 1917[704]

	k.v.	g.v.	a.v.	k.u.	Sonstige
Offiziere	20,6%	70,0%	2,7%	2,6%	4,1%
Mannschaften	28,0%	47,7%	14,1%	4,4%	4,8%

Bei 21% der im Etappen- und Wirtschaftsdienst beschäftigten Offiziere wurde im Zuge dieser Musterung Kriegsverwendungsfähigkeit festgestellt, bei den Mannschaftssoldaten waren es 28%. Den gegenüber den Offizieren etwas höheren Wert bei den Mannschaften erklärte der Sanitätsbericht damit, »daß Offiziere bestrebt waren, möglichst rasch zur Front zurückzukehren, so daß die Auslese bei den Generalmusterungen nur gering sein konn-

---

702 Ebd.
703 Ebd., S. 17.
704 Ebd., Übersicht 10, S. 16.

te.«[705] Ob dieses Urteil angesichts des Ergebnisses gerechtfertigt war, dass jeder fünfte Offizier für fähig für den Frontdient gehalten wurde, während bei den Mannschaften jeder Vierte so eingeschätzt wurde, kann bezweifelt werden.

Sehr viel stärker fielen die Unterschiede bei den als garnisons- und arbeitsverwendungsfähig oder als dienstunbrauchbar eingeschätzten Kranken aus. Hier lag bei den Offizieren der Anteil der Garnisonsdienstfähigen deutlicher höher, hingegen war jener der Arbeitsverwendungsfähigen und Dienstunbrauchbaren sehr gering. Das Ergebnis ist wiederum in erster Linie mit den stark erhöhten Verwendungsmöglichkeiten von Offizieren jenseits des Frontdienstes im Militär zu erklären.[706]

Ein Beispiel für eine ausgedehnte Kurdauer bei Offizieren in der ersten Kriegshälfte ist der bayerische Leutnant der Reserve Karl D., der seit Juni 1915 in verschiedenen Genesungsheimen wegen »nervöser Erschöpfung« behandelt wurde. Seine Behandlung begann mit einem fünfwöchigen Aufenthalt im Offiziersgenesungsheim Péruwelz.[707] Nachfolgend wurde er in das Reservelazarett München I in die Heimat überwiesen. Hier wurde am 20. Juli 1915 die Empfehlung ausgesprochen, ihn zur Gesundung für acht Wochen in ein ruhiges Erholungsheim in einem stillen Gebirgsort zu verlegen. Entsprechend wurde er eine Woche später, am 27. Juli 1915, in eine Privatpflegestätte im bayerischen Kurort Zinneberg aufgenommen, die dem dortigen Lazarett unterstellt war.[708] Anders als vorgesehen blieb er nicht acht Wochen, sondern mehr als drei Monate dort.

Oberleutnant Georg G. mit der Diagnose »Psychopathie« ist ein weiteres Beispiel für die langen Lazarett- und Urlaubszeiten, die Offizieren zu Beginn des Krieges zugebilligt wurden. Doch zeigt sein Fall zugleich, dass es bis zur Mitte des Krieges auch für Offiziere schwieriger wurde, Lazarettzeiten auf eigenen Wunsch zu verlängern und dem Garnisonsdienst zu entgehen. Der Oberleutnant machte nur von August bis Dezember 1914 Frontdienst. Er kam nicht wegen psychischer Leiden, sondern wegen eines Handgranatensplitters im Knie ins Lazarett, zuerst ins Feldlazarett Leberau. Aufgrund psychischer Beschwerden wurde er allerdings ins Vereinslazarett Korps

---

705 Ebd., S. 16f. Siehe hierzu auch Kap. IV.2.b. Der Umgang mit der krankheitsbedingten Auszeit von der Front.
706 Siehe hierzu Kap. II.8.c. Urlaubsbewilligungen und Versetzungen nach Wunsch.
707 BayHStA-KA OP 887 Karl D., Ärztliches Urteil des Offiziers-Genesungsheims Péruwelz.
708 Im Personalbogen steht: Schloss Falkenberg bei Grafing, unterstellt dem Reserve-Lazarett München L: Ebd., Personalbogen.

Eberhardt überwiesen, wo die Diagnose »Dégénéré Psychopath« lautete. Vom 27. Dezember 1914 bis zum 13. Februar 1915 war er daraufhin in der Psychiatrischen Nervenklinik Straßburg im Elsass. Hier behandelte ihn der Leiter der Klinik, der bekannte Psychiater Robert Wollenberg.[709] Danach wurde Georg G. in ein Sanatorium in der Pfalz (Vereinslazarett Gleisweiler) überwiesen. Aus der Akte geht nicht eindeutig hervor, wie lange er dort blieb, wie lange er beurlaubt wurde und wann er den Garnisonsdienst in Lahr aufnahm, den er nach seiner Angabe durch eine eigene Eingabe eingeleitet hatte und bei dem er »wieder zusammengeklappt« sei.[710] Danach kam er nach Baden-Baden ins Lazarett, wo er sich nach eigener Angabe sehr gut erholte. Er wurde im Oktober 1915 wieder felddienstfähig und meldete sich an die Ostfront. Hier diente er als Kompanieführer.

Nach vier Monaten Frontdienst begann sein zweiter Aufenthalt in Lazaretten. Am 5. März 1916 kam er bei Wilna (Vilnius) mit der Diagnose »Nervenüberreizung« ins Kriegslazarett Antokol. Von dort wurde er am 7. März 1916 mit dem Krankenzug abtransportiert und einen Tag später ins Reservelazarett Kriegsschule Bromberg aufgenommen. Am 11. März 1916 wurde ihm ein militärärztliches Zeugnis mit der Diagnose »hochgradig nervös überreizt« ausgestellt. Georg G. erhielt vom 18. bis 29. März 1916 Urlaub nach Weißenburg zu seinen Eltern, danach begab er sich zur Kur ins Offizier-Erholungsheim des Reservelazaretts Freudenstadt. Hier wechselte er, »weil er sich nicht wohlgefühlt hatte«, nach kurzer Zeit in ein »neues Heim für Erholungsbedürftige, was ihm gut gefallen hat.«[711] Von dort wurde er vom 1. bis 26. Mai 1916 zur Begutachtung durch den fachärztlichen Beirat auf Dienstfähigkeit ins Reservelazarett der Universitätsnervenklinik Tübingen eingewiesen.[712] Nachfolgend wurde er mit Urlaub als garnisonsdienstfähig entlassen.

Insgesamt machte Georg G. damit bis Mai 1916 nur neun Monate aktiven Dienst, während er vierzehn Monate in Lazarettbehandlung und auf Urlaub verbrachte. Dennoch gab es von Seiten der militärischen Dienststellen

---

709 Robert Wollenberg hatte vor Robert Gaupp die Leitung der Psychiatrischen Universitätsklinik in Tübingen inne, bis er 1906 an die psychiatrische Nervenklinik in Straßburg wechselte.
710 UAT 669/27701 Oberleutnant Georg G., Eintrag in der Krankenakte vom 2.5.1916.
711 Ebd.
712 »Eingewiesen zur Begutachtung durch den fachärztlichen Beirat auf Dienstfähigkeit.« Ebd.

keinen Versuch, den Oberleutnant zu verabschieden. Auch in Tübingen wurde er wieder garnisonsdienstfähig geschrieben.[713] Obwohl es in der zweiten Kriegshälfte auch für Offiziere schwieriger wurde, lange Kurzeiten bewilligt zu bekommen, gelang dies im Einzelfall durchaus noch. Die Aktenauswertung macht deutlich, dass bei Offizieren damals selbst eigenmächtige Kurverlängerungen um mehrere Wochen möglich waren. Offiziere konnten eigenständig die Kur ausweiten und erst nachträglich die Genehmigung dafür einholen, ohne bestraft oder gerügt zu werden. Dies zeigt der Kuraufenthalt des Leutnants der Reserve Alfred H., der am 17. November 1916 wegen nervöser Erschöpfung in das Kriegslazarett Cambrai kam. Danach war er bis Anfang 1917 in einem Reservelazarett in Wiesbaden.[714] Das militärärztliche Zeugnis auf Anordnung der Kgl. Immobilen Fußartillerie-Brigade über den Leutnant vom 3. Januar 1917 lautete »mäßige Nervenschwäche«. Nach ärztlicher Einschätzung würden »Ruhe und Aufenthalt in guter Luft genügen«, um die Nervenschwäche zu beheben. Der Arzt sah deshalb einen dreiwöchigen Aufenthalt in einem Genesungsheim als notwendig an und empfahl hierfür Ebenhausen oder Neubeuern. Danach sollte der Offizier noch drei Wochen garnisonsdienstpflichtig geschrieben werden und nach der ärztlichen Prognose dann wieder kriegsverwendungsfähig sein.[715] Der Reserveleutnant verbrachte daraufhin allerdings keinen drei-, sondern einen sechswöchigen Aufenthalt im Genesungsheim Ebenhausen, nämlich vom 14. Januar bis zum 25. Februar 1917. Am 7. Februar 1917 teilte das Genesungsheim Ebenhausen mit, dass die Kur verlängert wurde, da das Leiden sich zwar gebessert, aber noch nicht komplett abgeklungen sei, und stellte einen Antrag auf nachträgliche Kurverlängerung, der auch ohne Kommentar genehmigt wurde.[716]

---

713 Die weitere militärische Karriere und Krankengeschichte des Offiziers ist nicht dokumentiert. Siehe hierzu auch Kap. II.8.d. Die militärische Karriere nach der psychischen Versehrung.
714 BayHStA-KA OP 16187 Alfred H., Personalbogen.
715 Ebd., militärärztliches Zeugnis, 3.1.1917.
716 Ebd., Mitteilung des Genesungsheim Ebenhausen, Antrag auf nachträgliche Kurverlängerung, 7.2.1917.

d. Unterschiede hinsichtlich Entlassungsstatus und Behandlungsdauer zwischen Offizieren und Mannschaftssoldaten

Wie sind die Unterschiede zwischen Offizieren und Mannschaftssoldaten hinsichtlich des Entlassungsstatus und der Behandlungsdauer zu bewerten? Maria Hermes und Petra Peckl gehen auf die Unterschiede zwar nicht ein, doch interpretieren sie die Befunde zu den Mannschaftssoldaten dahingehend, dass primäres Ziel psychiatrischer Behandlung nicht die rasche Wiederherstellung der Kriegsverwendungsfähigkeit eines erkrankten Soldaten war, sondern der medizinische Befund den vorrangigen Maßstab bildete.[717] Hier ist auch in Bezug auf die Offiziere zuzustimmen, wie die Analyse der Krankenakten ergeben hat.

Offiziere, denen die Notwendigkeit ausgedehnter Lazarettzeiten ärztlicherseits bestätigt wurde, erhielten diese während der gesamten Kriegszeit auch zugesprochen. In den durchgesehenen Akten konnte dies in Einzelfällen so weit gehen, dass ein Offizier sich länger in Lazaretten und Genesungsheimen aufhielt als an der Front. Entsprechend ausgedehnte Lazarettzeiten oder mehrjähriger Garnisonsdienst bedeuteten in den wenigsten Fällen, dass der Offizier als »dienstunbrauchbar« entlassen wurde. Diese Konsequenz hatten nur schwere chronische Geisteskrankheiten.[718]

Als weiteres Ergebnis der Quellendurchsicht ist hervorzuheben, dass die Ärzte bei Offizieren im Regelfall noch bereitwilliger als bei Mannschaftssoldaten auf deren persönliche Wünsche und Bedürfnisse auch jenseits des medizinischen Befunds eingingen. Dies hatte allerdings nur selten den Effekt, dass die Ärzte den Offizieren Refugien vom Krieg verschafften. Schließlich kehrte aus der Gruppe der »Kriegsneurotiker« bei den Offizieren ein deutlich überdurchschnittlicher Anteil an die Front zurück, und der Anteil derjenigen, die das Militär als »dienstunbrauchbar« verließen, war äußerst gering.

Selbst bei hysterischen Offizieren empfahlen die Psychiater anders als bei Mannschaftssoldaten einen Verbleib im Militär. Zwar stellten sie fest, dass auch bei Offizieren die Krankheitssymptome oft von dem unbewussten Wunsch geprägt waren, von der Front wegzukommen. So ging Kemnitz von einem entsprechenden Bestreben aus, welches mit dem ausgeprägten Pflichtbewusstsein in Konflikt gerate und die Krankheitssymptome erzeu-

---

717 Hermes, Krankheit: Krieg, S. 431, 452; Peckl, Krank durch die »seelischen Einwirkungen des Feldzuges«?, S. 78-80.
718 Siehe hierzu Kap. II.8.b. Verabschiedungen.

gen würde.⁷¹⁹ Daher sahen die Psychiater meist für beide Gruppen eine Heilung nur bei dauerhafter Entfernung von der Front als aussichtsreich an, doch empfahlen sie bei Mannschaftssoldaten Ausmusterung und Arbeitsverwendung in ihren bürgerlichen Berufen, bei Offizieren dagegen die Versetzung auf einen »militärischen Posten fern von der Front.«⁷²⁰ Bei allen psychischen Leiden räumten die Psychiater den Offizieren eine sehr große Wahlfreiheit ein, ob sie zur Front zurückkehren oder einen Offiziersposten in der Etappe oder Heimat annehmen wollten. Ihnen war bewusst, dass dieses Privileg beträchtliche Auswirkungen auf die Genesungschancen der Offiziere hatte. Wenn Offiziere in der Behandlung den Wunsch äußerten, nicht mehr Frontdienst zu leisten, unterstützten sie meist die Offiziere bei der Durchsetzung durch entsprechende ärztliche Gutachten. Das Gleiche galt für Offiziere, die die Waffengattung wechseln wollten, was vor allem bei Infanterieoffizieren vorkam. So schrieb der Nervenarzt Krisch, dass Offiziere und »Chargen« die besten Prognosen bezüglich der Dienstfähigkeit ergeben hätten, »besonders wenn man diesen den von ihnen selbst gewünschten Posten verschaffen kann.«⁷²¹

Ein Beispiel für das ärztliche Agieren ist die Krankenakte des Oberleutnants Georg G., der im Mai 1916 nach 14-monatiger Lazarettbehandlung und Urlaub im Reservelazarett der Universitätsnervenklinik Tübingen mit der Diagnose »Psychopathie« zur Beobachtung eingeliefert war. Am 23. Mai 1916 trug Gaupp in dessen Krankenakte ein:

»Trägt mir seinen Wunsch, Flieger (Beobachter) zu werden, nochmals angelegentlich vor. Wünscht meine Unterstützung dabei. Glaubt den Anforderungen des Fliegerdienstes besser gewachsen zu sein, als dem ermüdenden und (wie er behauptet)

---

719 Kemnitz, Funktionelle Erkrankungen infolge von Kriegsbeschädigung bei Offizieren, S. 232. Siehe hierzu auch die Ausführungen im Abschnitt »Der Diskurs über das Verhältnis von Hysterie und Neurasthenie bei Offizieren und Mannschaftssoldaten« in Kap. III.2.a.
720 Gaupp, Hysterie und Kriegsdienst, S. 361ff. Seine Ergebnisse referierte Birnbaum, Kriegsneurosen und -psychosen. Zweite Zusammenstellung von Mitte März bis Mitte August 1915, S. 42f.: »Nun lehre die Erfahrung, daß die akuten Symptome der Kriegshysterie leicht zu heilen sind und leichter verschwinden, wenn die Angst vor der Wiederkehr des Kriegsungemachs wegfalle. Würden sie nun während des Krieges ausgemustert und ihrem bürgerlichen Berufe oder sonst einem militärischen Posten fern von der Front und sonstigem Ungemach überlassen, so würden sie praktisch sozial gesund und voll erwerbsfähig, während im anderen Falle, wenn sie von neuem zum Kriegsdienst herangezogen würden, die traumatische Hysterie während des Krieges nicht mehr heile, sondern bis zum Friedensschluß bestehen bleibe.«
721 Krisch, Die spezielle Behandlung der hysterischen Erscheinungen, S. 253.

körperlich schwächenden Stellungskrieg bei Infanterie. Attestierung, dass er damit ärztlich recht habe, abgelehnt. Doch will ich der Erfüllung seines Wunsches nicht entgegentreten. Die Hauptsache ist, dass es gelingt, Oberleutnant G. wieder dem aktiven Dienst zurückzugeben.«[722]

Die Textstelle zeigt Gaupps wohlwollende Haltung trotz aller medizinischen Zweifel, die aber nicht so weit ging, dass er eine ärztliche Falschaussage machte. Dennoch erklärte er sich bereit, die Bitte zu unterstützen, obwohl er ärztlicherseits den Übertritt zur Fliegertruppe nicht als heilsam einschätzte.[723] Insgesamt zeigt die Argumentation Gaupps, dass er es besonders für aktive Offiziere als wichtig ansah, dass diese rasch wieder ihren Dienst versahen.

In diese Richtung zielt, dass Ärzte gerade aktive Offiziere, die den Wunsch äußerten, nicht an die Front zurückzukehren, auf Karrierenachteile hinwiesen, welche dem Offizier drohten, wenn er sich vom Frontdienst zurückzog und suchten ihn mitunter deswegen zur Rückkehr an die Front zu bewegen. Entsprechende Überlegungen vermerkten sie in den Krankenakten.

Zum Beispiel schrieb der Arzt in die Krankenakte des Oberleutnants Hermann B., der 1916 im Kriegslazarett Stenay die Diagnose »Konstitutionelle Neurasthenie bzw. Psychasthenie« erhielt und dort den Vorschlag gemacht hatte, nach einem Aufenthalt im Reservelazarett zum Ersatztruppenteil überwiesen zu werden, die folgenden Einschätzungen:

»Es ist nicht zu leugnen, daß unter den gegebenen Verhältnissen dieser Antrag für Pat. am günstigsten wäre. Doch sollte mit Hilfe des Erholungsaufenthaltes in Joeuf[724] noch einmal der Versuch gemacht werden, Pat. zum Frontdienst Stimmung zu machen, da doch die ganze Zukunft desselben (aktiver Offizier) von der Durchführung dieser Möglichkeit abhängen dürfte.«[725]

Insgesamt ergab die Untersuchung als weitere Besonderheit der Offiziersbehandlung, dass die Psychiater bei Offizierspatienten im Regelfall mit stärkerem Engagement als bei Mannschaftssoldaten daran mitwirkten, dass Offiziere wieder die Dienstfähigkeit erreichten. Dies erklärt sich daraus, dass

---

722 UAT 669/27701 Oberleutnant Georg G., Eintrag in der Krankenakte vom 23.5.1916.
723 Die Krankenakte endete am 15.5.1916 mit der Empfehlung Gaupps, Georg G. die von ihm gewünschte Fliegerausbildung zu ermöglichen. Ebd., Eintrag in der Krankenakte vom 15.5.1916.
724 Der Arzt hatte den Gegenvorschlag gemacht, den Offizier ins Offiziersgenesungsheim Joeuf zu überweisen.
725 BayHStA-KA OP 24270 Hermann B., Krankenblatt Kriegslazarett Stenay, April 1916.

die Ärzte zumeist bei ihren Offizierspatienten den Wunsch, rasch wieder den Dienst aufzunehmen, als selbstverständlich voraussetzten.

Das Offiziersbild der Ärzte, von dem die Krankenakten Zeugnis ablegen, zeigt sich auch sehr deutlich im psychiatrischen Diskurs während des Krieges. Dass Offiziere bei psychischen Störungen sehr viel häufiger und rascher als Mannschaftssoldaten ihren Militärdienst wieder aufnahmen, wurde von den schreibenden Psychiatern mit der Interpretation verbunden, dass Offiziere einen deutlicheren »Gesundungswillen« als Mannschaftssoldaten hätten.

So schrieb der Rostocker Professor Hans Curschmann, der als fachärztlicher Beirat im Bereich des XVIII. Armeekorps tätig war, über die Unterschiede bei Mannschaften und Offizieren bei Nervenschocks:

»[...] der Offizier (oder Offiziersaspirant), der von der gleichen Verschüttung oder dem gleichen Explosionsschock betroffen wurde, wie die Mannschaften, erkrankte wohl auch an allerlei körperlichen und nervösen Störungen, war aber bald wieder gesund und frontdienstfähig. Der neben ihm verschüttete Soldat erkrankte an einer allgemeinen Crampusneurose o. dgl., blieb ungeheilt und wurde dauernd invalide. Von vielen Feldärzten wurde mir diese Erfahrung bestätigt.«[726]

Nach Curschmann bestand also kein zahlenmäßiger Unterschied zwischen Offizieren und Mannschaften, die einen Nervenschock erlitten, jedoch sah er Differenzen bei den Symptomen, die sie ausbildeten und bei der Dauer der Erkrankung. Beim Offizier waren es für Curschmann vor allem die Selbstheilungskräfte, die ihn wieder gesund machten.[727] Ähnlich argumentierte Gustav Störring noch 1942 im Rückblick auf den Ersten Weltkrieg. Bei Offizieren mit ihrem Ehr- und Pflichtgefühl seien »Schreckdämmerzustände« rasch wieder abgeklungen. Dagegen seien bei Soldaten, die keine

---

[726] Curschmann, Zur Kriegsneurose bei Offizieren, S. 291.
[727] Sehr deutlich wird das Offiziersbild Curschmanns auch in seinem Fallbeispiel eines Offiziers, der nur langsam gesund wurde. Der Rostocker Professor schrieb über einen Leutnant in seinem Heimatlazarett, der nach einer Verschüttung unter hysterischer Dysbasie, einer Gehstörung, litt, die sehr schleppend heilte: »Erst als ich das heimische Milieu des Patienten in Gestalt seiner weiblichen Angehörigen kennen gelernt hatte, verstand ich, warum gerade er sich bezüglich der Heilungstendenz nicht viel besser verhielt als ein gewöhnlicher Soldat. Übrigens ist auch er wieder voll dienstfähig geworden.« Hier war es nach Curschmann vor allem der schlechte weibliche Einfluss, welcher den Offizier langfristig hysterisiert habe und sein »Gesundheitsgewissen« außer Kraft gesetzt habe. Ebd., S. 291. Mit dieser Erklärung nahm Curschmann ein weit verbreitetes ärztliches Erklärungsmuster auf, dass vor allem die weiblichen Familienangehörigen die Patienten an ihrer raschen Genesung hinderten. Siehe hierzu Fehlemann, Die Nerven der »Daheimgebliebenen«, S. 227–249.

solchen inneren Werte hätten, die Symptome nach Schreck- und Angsterlebnissen chronisch geworden und hätten sich im Lazarett weiter verstärkt. Die Soldaten hätten sich in die Krankheit autosuggestiv hineingesteigert und seien der häufig aufkommenden Kriegshysterie in den Heimatlazaretten erlegen. Der Offizier mit gefestigten inneren Werten hingegen hätte die aus dem Selbsterhaltungstrieb entspringenden Wünsche »in männlicher Weise« unterdrückt und sei auch gegenüber den Beeinflussungen seiner Umwelt immun geblieben.[728]

In der Tat finden sich vielfach Belege, dass psychisch versehrte Offiziere sich aktiv für eine rasche Beendigung des Lazarettaufenthalts und Heimatdienstes einsetzten und zu ihrer Truppe an der Front strebten. Das gleiche Phänomen zeigt sich bei körperlich versehrten Offizieren. In der Regel vermerkten die Ärzte den entsprechenden Wunsch des Offiziers sehr wohlwollend.[729]

Dass Offiziere, die eine nur kurze Behandlungsdauer bevorzugten, mitunter nicht von den Ärzten gehindert wurden, zeigt der Fall des Oberleutnants Ulrich S. Dieser erlitt im Krieg eine »Nervenzerrüttung infolge Verschüttung durch Artillerieeinschlag«, machte dann aber nach kurzem Lazarettaufenthalt den Weltkrieg bis zum Schluss als Frontoffizier mit. Er schied ohne Versorgungsansprüche zu stellen aus der Armee aus und stellte erst 1927 einen Antrag auf Versorgung, doch brach er das Verfahren wegen »Aussichtslosigkeit« ab, wie das Hauptversorgungsamt Mecklenburg-Pommern am 7. Dezember 1933 schrieb.[730] Als 1934 sein Fall erneut geprüft und abgelehnt wurde, erhob er dagegen Einspruch, den er am 1. September 1934 direkt an den Reichsarbeitsminister adressierte. Über die Gründe, warum er im Krieg keine Versorgungsansprüche anmeldete, schrieb er:

»Mein Leiden ist die Folge meiner Verschüttung und deren Schäden, die man in Folge seiner grossen Vaterlandsbegeisterung damals nur durch kurze Erholung wieder herzustellen hoffte, ohne die späteren Folgen zu ahnen, wie mir dies auch von verschiedenen Ärzten bestätigt ist. Seit 1918 bin ich eigentlich in ununterbrochener ärztlicher Behandlung deswegen [...]!«[731]

---

728 Störring, Die Verschiedenheiten der psycho-pathologischen Erfahrungen, S. 26.
729 Siehe hierzu Kap. IV.2.b. Der Umgang mit der krankheitsbedingten Auszeit von der Front.
730 BArch, R 3901/Nr. 10130 Hauptversorgungsamt-Mecklenburg-Pommern, Antrag des Oberleutnants a. D. Ulrich S. auf Gewährung von Pension 7.12.1933.
731 Ebd.

Bemerkenswert ist, dass der Oberleutnant noch in den 1930er Jahren die Kürze seiner Behandlung im Krieg dafür verantwortlich machte, dass sein Leiden chronisch wurde. Dies bedeutet, dass Ulrich S. den Ärzten die Fähigkeit zusprach, dass sie ihn bei unmittelbarer sorgsamer Behandlung komplett hätten heilen können. Er habe aus Unwissenheit über die langfristigen Folgen und aufgrund seines Engagements im Krieg darauf verzichtet. Indem er Ärzte aus der Zeit nach dem Krieg für diese Sichtweise als Zeugen anführte, kann die Textstelle auch als Kritik der zivilen Nachkriegsärzte an den Militärärzten während der Kriegszeit gelesen werden, die nicht vorrangig das gesundheitliche Wohl des Patienten, sondern seine militärische Leistungsfähigkeit im Auge gehabt hätten.

Eingeschränkt wurde die Wahlfreiheit der Offiziere mitunter insofern, als Ärzte, die die Vorstellung hatten, dass der Offizier noch nicht wieder in der Lage sei, Frontdienst zu leisten, oft auch gegen den Willen des Offiziers diesen nicht frontdiensttauglich schrieben. Typisch war es, dass sie in diesen Fällen dennoch über Alternativen nachdachten.

Ein Beispiel dafür ist das ärztliche Zeugnis des Tübinger Professors Robert Gaupp über den Leutnant Gotthold K. an das Sanitätsamt in Stuttgart vom 12. Mai 1915.[732] Der Leutnant wurde 1915 mit der Diagnose »psychopathische Depression« in Tübingen behandelt.[733] Über den Wunsch des Leutnants, wieder in militärische Dienste zu treten, schrieb Gaupp:

»Herr K. nimmt es gemütlich sehr schwer, in jetziger Zeit, wo jeder Offizier dringend gebraucht wird, als Patient untätig im Lazarett zu liegen. Er wünscht wieder in militärischem Dienst verwendet zu werden.«

Er schätze ihn aber weder kriegs- noch garnisonverwendungsfähig für den »Dienst mit der Waffe« ein. Alternativ schlug er vor, ihn in militärtechnische Dienste zu nehmen, da er Maschinentechniker sei. Sei dies nicht möglich, müsse er weiter krankgeschrieben werden,

»obwohl er seine Verwendung im Militärdienst selbst wünscht; ich widerrate, ihn jetzt, auch wenn er es selbst wünschen sollte, wieder ins Feld hinauszuschicken, da es vermutlich doch noch nicht gehen würde.«[734]

---

732 UAT 669/26923 Ärztliches Zeugnis des Tübinger Professors Robert Gaupp über den Leutnant Gotthold K. an das Sanitätsamt in Stuttgart vom 12.5.1915.
733 Ebd., Krankenakte des Leutnants Gotthold K.
734 Ebd., Ärztliches Zeugnis des Tübinger Professors Robert Gaupp über den Leutnant Gotthold K. an das Sanitätsamt in Stuttgart vom 12.5.1915.

III. Offiziere in psychiatrischer Behandlung 487

Der Leutnant wurde hierauf entsprechend dem ärztlichen Wunsch Mitte Juni als arbeitsverwendungsfähig in seinem Beruf aus dem Lazarett entlassen.[735] Ein Beispiel für einen psychisch versehrten Offizier, der zurück an die Front drängte und dessen Wunsch die militärischen Stellen nachgaben, während die Ärzte kein k.v.-Urteil abgaben, und der wenig später Selbstmord beging, ist der Hauptmann Ottmar F. Seine Personalakte zeigt, wie das Militär mit einem Suizid bei Offizieren umging. Es handelte sich um einen kranken und depressiven Offizier, der nach langem, fast zweijährigem Lazarettaufenthalt wieder an die Front kam und sich dort nach kurzer Zeit am 8. April 1917 umbrachte. Ottmar F. hatte darauf gedrängt, an die Front zurückzukommen und seine Vorgesetzten beim Ersatz hatten sich dafür eingesetzt, dass diesem Wunsch entsprochen wurde. Hinzu kamen Kommunikationspannen zwischen dem Lazarett, das den Offizier behandelt hatte, dem Kriegsministerium und dem stellvertretenden Generalkommando, die dazu führten, dass der Offizier entgegen der medizinischen Empfehlung, ihn aufgrund seines Gesundheitszustands im Lazarett zu belassen, dem sich das Kriegsministerium anschloss, vom Generalkommando ins Feld beordert wurde.[736]

---

735 Ebd., Krankenakte des Leutnants Gotthold K.
736 Ende Januar 1917 war Hauptmann Ottmar F. in einem kommissarischen Gutachten für garnisonsdienstfähig erklärt worden. In vier Wochen sei der Eintritt der Kriegsverwendungsfähigkeit zu erwarten. BayHStA-KA OP 761 Ottmar F., Kommissarisches Gutachten vom 18.10.1916. Am 1. März 1917 wurde aufgrund dieses Gutachtens die Heranziehung zum Dienst beim Ersatz angeordnet. Allerdings erstattete daraufhin das Lazarett Meldung, dass Ottmar F. im Lazarett erneut schwer erkrankt sei und nicht entlassen werden könne. Dennoch kehrte er am 7. März 1917 zum Dienst zurück, wiederum beim 7. Feldartillerie-Regiment. Aufgrund der Meldung des Lazaretts hob am 17. März 1917 das kgl. bayerische Kriegsministerium die Wiederheranziehung des Hauptmanns zum Dienst beim Ersatz auf. Trotz dieses Entscheids hatte das stellvertretende Generalkommando am 2. April Ottmar F. bereits zur Etappeninspektion 6 als Munitions-Ausgabe-Offizier im Munitionsdepot beordert. Wahrscheinlich lag dem Generalkommando damals der kriegsministerielle Beschluss noch nicht vor. Das Stellvertretende Generalkommando des I. bayr. Armeekorps berichtete darüber am 8. April an das Kriegsministerium und fragte an, ob es trotzdem am 21. Mai 1917 über den Gesundheitszustand des genesenden Offiziers berichten sollte. Ebd., Brief des Stellv. Generalkommando I. bay. A.K. an das kgl. bayer. Kriegsministerium, 8.4.1917. Eine Woche später, am 9. April, brachte sich der Hauptmann um. Im Personalbogen stand über die Todesursache:»Gestorben in Douai; Selbstmord festgestellt durch die Kommandantur Douai beerdigt: 9.4.17 in Douai«. Ebd., Personalbogen.

Im Kondolenzbrief des Oberstleutnants vom Ersatz des 7. Feld-Artillerie-Regiments an die Schwester des Hauptmanns vom 13. April 1917 schrieb dieser: Er habe es bedauert, seine Dienste nach so kurzer Zeit wieder entbehren zu müssen, »es sollte aber seinen Wünschen baldmöglichst ins Feld zurückzugehen nichts entgegengestellt werden. Daß er den Anstrengungen seines neuen Dienstes gesundheitlich noch nicht gewachsen sein würde, konnte nach seinen Äußerungen nicht angenommen werden. Seine Soldatennatur ließ ihn wohl selbst hoffen, gerade im Feld die Wiederherstellung seiner Gesundheit zu finden.«

Alle würden »das tragische Schicksal dieses vortrefflichen Offiziers und liebenswürdigen Kameraden bedauern, das Schicksal eines Helden, der dem leidenschaftlichen Wunsch seinem Vaterland zu dienen erlegen ist.«[737] Der Selbstmord wurde hier als Opfertod für das Vaterland gedeutet. Der Brief macht aber auch deutlich, dass sich das Militär davor fürchtete, dass die Angehörigen den Vorwurf erheben könnten, dass das Militär seiner Fürsorgepflicht gegenüber dem kranken Offizier nicht nachgekommen sei, ihn zu früh wieder an die Front geschickt habe und damit Schuld an dem Selbstmord auf sich geladen habe.[738]

Solche Vorwürfe wurden von der militärischen Führung sehr ernst genommen. Dies zeigt der Fall eines Landwehrleutnants, bei dem auf diesen Vorwurf eine militärische Untersuchung des Falles folgte. Leutnant der Landwehr Gustav S., dessen Vater aufgrund einer Depression Selbstmord begangen hatte, wurde am 4. März 1914 zum 3. Bataillon des Landwehr-Infanterie-Regiments Nr. 123 als Einjährig-Freiwilliger im Dienstgrad eines Vizefeldwebels einberufen. Mit diesem Regiment rückte er im August 1914 ins Feld und wurde am 30. September 1914 zum Leutnant der Landwehr I befördert. Er blieb 4 ½ Monate an der Front. Am 15. Februar 1915 kam er aufgrund von psychischen und Herzbeschwerden ins Lazarett Gebweiler und wurde nach zwei Wochen am 3. März 1915 zum Ersatzbataillon versetzt. Der Bataillonsarzt diagnostizierte »Akute Herzinsuffizienz, garnisondienstfähig.« Seitdem leistete er Garnisonsdienst.[739]

---

737 Ebd., Brief des Oberstleutnants, 13.4.1917.
738 Selbstmorde führten stets zu Untersuchungen der Militärbehörde. Diese zielten darauf, die Frage zu klären, ob der Suizid als beruflich bedingt zu betrachten war und dementsprechend die Hinterbliebenen einen Rentenanspruch hatten. Siehe hierzu ausführlich Schweig, Suizid und Männlichkeit.
739 UAT 669/28146 Krankenakte Leutnant Gustav S., Bericht der 1. stellv. 54. Infanterie-Brigade Ulm-Donau, gez. Osten.

III. OFFIZIERE IN PSYCHIATRISCHER BEHANDLUNG 489

Am 5. März 1915 lautete der Befund der ärztlichen Kommission »Nervöse Störung«, sodass für acht Wochen nur Garnisonsdienstfähigkeit anzunehmen sei. Knapp drei Monate später, am 28. Mai 1915 erfolgte eine erneute ärztliche Untersuchung mit dem gleichen Befund, sodass die Garnisonsdienstfähigkeit um vier Wochen verlängert wurde. Am 24. Juni 1915 hingegen erhielt er nach der Untersuchung das ärztliche Urteil kriegsverwendungsfähig zum Felddienst. Dennoch kehrte Gustav S. nicht an die Front zurück, sondern verblieb das nächste Jahr im Garnisonsdienst und leistete vorrangig beim Rekrutendepot Dienst. Während dieses Jahres meldete er sich nie krank und suchte auch keinen Arzt auf. Allerdings gab das Rekrutendepot an, dass er in dieser Zeit sechsmal um Freistellung vom Dienst für einen halben oder einen ganzen Tag »wegen Nervenschmerzen und nervöser Magenstörungen« nachgesucht habe. Zweimal erhielt er längeren Urlaub, Anfang Februar 1916 für 14 Tage und Anfang Juni für 13 Tage.[740]

Im Sommer 1916 erhielt der Leutnant den erneuten Befehl zum Frontdienst. Ohne nochmalige ärztliche Untersuchung reiste er an die Front, wo er sich aber bald krankmelden musste. Der Bataillonsarzt des II. Bataillons des Landwehr-Infanterie-Regiments Nr. 123, der Gustav S. an der Front untersuchte, meldete den vorgesetzten Stellen, dass dieser »fälschlicherweise, ohne vorher der Komm. vorgestellt zu werden, an die Front befohlen worden« sei.[741]

Darauf erfolgte eine militärische Untersuchung des Falls durch die zuständige Brigade, in deren Rahmen der Leutnant befragt und von einer militärärztlichen Kommission untersucht wurde und der Bataillonsarzt nochmals seine Beweggründe für die Behauptung erläutern sollte, dass der Einberufungsbefehl an Gustav S. an die Front fälschlicherweise ohne ärztliche Untersuchung erfolgt sei. Er konkretisierte seine Vorwürfe, dass es nicht ausreiche, bei einem Einrückbefehl ins Feld lediglich eine ärztliche Beurteilung der Kriegsverwendungsfähigkeit für den Frontdienst zu haben, die mehr als ein Jahr zurückliege. Es könne

»sich innerhalb von mehr als Jahresfrist die Kriegsverwendungsfähigkeit so ändern, dass erneut das Urteil der ärztlichen Kommission eingeholt werden muss. In diesem Falle hätte ich solches für besonders nötig gehalten, denn, dem ganzen Inhalt nach des Berichts des Ers. Batls. L.I.R. 123 zu schliessen, war das Verhältnis des Herrn Lt. S. zum dortigen Bataillon, was seine Kriegsverwendbarkeit betraf, kein ganz

---

740 Ebd.
741 Ebd.

klares. Eine 6malige Wiederholung eines Gesuches um Enthebung vom Garnisondienst, nachdem jemand für ›k.v.f.‹ erklärt ist, ist mir nicht denkbar, ohne an der Kriegsverwendungsfähigkeit des Betreffenden zu zweifeln, besonders wenn derselbe Offizier ist.«[742]

Hier wird deutlich, dass der Bataillonsarzt bei Offizieren eine erhöhte Messlatte bei den psychischen Voraussetzungen, die für den Frontdienst notwendig seien, ansetzte.

Über die Möglichkeiten, dass Offiziere wie auch Mannschaften im Garnisonsdienst ärztlichen Untersuchungen entgingen, führte er aus:

»Ohne irgendwie einer Instanz des Ers. Batls. L.I.R. 123 nahe treten zu wollen, habe ich diesen Ausdruck [dass S. fälschlicherweise an die Front geschickt worden sei, G.G.] gewählt, denn, wie ich früher als Assistenz- und vorübergehend stv. Batls.-Arzt beim Ers.Batl. L.I.R. 126 in Gmünd selbst erlebt habe, ist es vorgekommen und wird vorkommen, dass Offiziere oder Mannschaften aus irgend einem Grunde der ärztlichen Kommission entgehen und auf diese, von mir fälschlich genannte Weise an die Front kommen, bezw. nicht kommen.«[743]

Hier ist bezeichnend, dass der Bataillonsarzt ausdrücklic auf die Möglichkeit hinwies, dass sich Offiziere und Mannschaftssoldaten durch Umgehung ärztlicher Untersuchung auch mitunter dem Frontdienst entzogen und weiterhin in der Garnison Dienst leisteten.[744]

Der Bataillonsarzt fügte für sein Urteil, dass der Leutnant an Neurasthenie litt und in keiner Weise für den Frontdienst geeignet sei, hinzu:

»Die übrigen Angaben des Herrn Lt. S. sind so charakteristisch für seine Krankheit, die ich hiemit nochmals wiederholen möchte. Bei seinem Hiersein am 3.8.16 war dieselbe so eklatant wahrzunehmen, dass ich von 2 Herrn der 6. Kompanie L.J.R. 123 [...] gefragt wurde, wie man einen solch nervösen Herrn nur an die Front schicken könne. Ich möchte auf meinen Befund vom 3.8.16 wieder zurückkommen und bin der Ansicht, dass Herr Lt. S. nicht nur nicht an die Front, sondern vom Militärdienst überhaupt entlassen gehört.«[745]

Mit diesem Urteil konnte sich der Bataillonsarzt allerdings nicht durchsetzen. Der Leutnant blieb einige Wochen im Lazarett und wurde danach als garnisonsdienstfähig eingeschätzt und für leichten Dienst verwendet.

Die militärische Untersuchung des Falles blieb ohne Konsequenzen – wohl auch, da der Bataillonsarzt, der die Formulierung »fälschlicherweise«

---

742 UAT 669/28146 Krankenakte Leutnant Gustav S., Bataillons-Arzt des II. Batl. L.I.R. 123.
743 Ebd.
744 Siehe hierzu auch Kap. II.8.c. Urlaubsbewilligungen und Versetzungen nach Wunsch.
745 UAT 669/28146 Krankenakte Leutnant Gustav S., Bataillons-Arzt des II. Batl. L.I.R. 123.

gebraucht hatte, in seinem Erläuterungsschreiben keine konkreten Vorwürfe gegen die Ärzte des Ersatztruppenteils erhob, sondern sehr allgemein blieb. Dennoch wird die Zweiteilung in der Beurteilung sehr deutlich: Militärische Führer an der Front mit nervösen Leiden – auch Neurastheniker – galten als ernste Gefahr, während Offiziere mit entsprechenden Leiden als noch sehr nützlich im Garnisonsdienst eingeschätzt wurden.

Der Fall von Gustav S. zeigt unmissverständlich, dass sich dieser nach den 4 ½ Monaten an der Front nachfolgend nicht mehr zum militärischen Führer eignete. Er war nervös, menschenscheu, schwermütig und suchte einen Dienst, in dem er allein sein konnte. Dennoch gelang es ihm im Garnisonsdienst im Rekrutendepot ohne größere Ausfälle als Offizier zu genügen. Obwohl ein Arzt für die Entlassung aus dem Militärdienst plädierte, konnte er sich mit diesem Urteil nicht durchsetzen. Nach der Entlassung aus dem Reservelazarett der Universitätsnervenklinik Tübingen wurde der Leutnant wieder als garnisonsdienstfähig beurteilt. Solange die Garnisonsdienstfähigkeit noch gegeben war, konnte man im Ersten Weltkrieg auf keinen Offizier verzichten.[746]

Jenseits von »Gesundheitsgewissen«, traditioneller Prägung und militärischer Verantwortung, welche die Psychiater wie die Offiziere selbst betonten, gibt es noch weitere Gründe, die die Offiziere dazu brachten, rasch wieder dienstfähig zu werden. Zuvorderst spielte hier eine Rolle, dass das Militär für Offiziere mit psychischen Leiden in deutlich höherem Umfang als für Mannschaftssoldaten Nischen, Freiräume und Alternativen zum Frontdienst zur Verfügung stellte.[747] Hinzu kam, dass Offiziere weit mehr an dienstlichen Privilegien und materiellen Dingen zu verlieren hatten als Letztere.[748]

Für den Wunsch der Offiziere im Lazarett nach baldiger Rückkehr an die Front spielte schließlich noch eine wichtige Rolle, dass die Offiziere unter besonderem moralischem Druck standen, der von der militärischen Umgebung aber auch von den Ärzten auf sie ausgeübt wurde. Beide wirkten bei Offizierspatienten im Regelfall mit stärkerem Engagement als bei Mannschaftssoldaten daran mit, dass Offiziere wieder die Fedddienstfähigkeit erreichten.

---

746 Siehe hierzu Kap. II.8.d. Die militärische Karriere nach der psychischen Versehrung.
747 Siehe hierzu Kap. II.8.c. Urlaubsbewilligungen und Versetzungen nach Wunsch.
748 Siehe hierzu Kap. IV.2.b. Der Umgang mit der krankheitsbedingten Auszeit von der Front.

Die hohe moralische Erwartungshaltung, mit denen die Psychiater vielfach ihren Offizierspatienten entgegentraten, führte allerdings bei Verstößen von Seiten der Offiziere meist nur versteckt zu Kritik, da sich die Ärzte bei Offizieren allgemein mit kritischen Äußerungen zurückhielten. Eine Ausnahme stellt dabei das Gutachten Gaupps über den »psychopathischen« Leutnant Friedrich D. dar, in dem der psychiatrische moralische Druck nicht nur in unverblümter Weise zum Ausdruck kam, sondern für den Leutnant praktische Konsequenzen hatte, da Gaupp ihn entgegen seinen Wünschen frontdienstfähig schrieb. Friedrich D. wurde vom 16. bis 29. Februar 1916 im Reservelazarett der Universitätsnervenklinik Tübingen zur Beurteilung seiner Dienstfähigkeit beobachtet. Er war wegen »nervöser Beschwerden« seit eineinhalb Jahren nicht mehr an der Front gewesen.[749] In seinem Gutachten attestierte Gaupp eine »angeborene nervöse Veranlagung«, später auch eine »nervöse psychopathische Veranlagung« und plädierte in seinem Gutachten dafür, die Entlassung von Friedrich D. aus dem Offiziersberuf in Betracht zu ziehen:

»Nachdem er über 1 1/2 Jahr Zeit zur Erholung gehabt hat, musste er imstande sein, so weit seine Beschwerden zu beherrschen, dass er kriegsverwendungsfähig ist. Sollte ihm das nicht gelingen, so würde er damit zeigen, dass er sich auf Grund seiner ganzen nervösen Veranlagung zum Offizier nicht eignet. Seine Entlassung wäre daher anzuraten, wobei ausdrücklich betont werden muss, dass diese Ungeeignetheit auf angeborener Veranlagung beruht, die nur erst jetzt bei den schwierigen Verhältnissen des Krieges deutlich in Erscheinung trat.«[750]

Gaupps Gutachten zeigt keinerlei Bevorzugung des Offiziers gegenüber einem Mannschaftssoldaten. Ähnlich wie vielfach bei einfachen Soldaten,[751] suchte Gaupp auch bei Friedrich D. mögliche Rentenansprüche abzuwehren, indem er auf die Veranlagung verwies. Zudem verwehrte er ihm ein weiteres Verbleiben im Garnisonsdienst und damit ein Refugium vor der Front. Denn Gaupp erklärte Friedrich D. für »kriegsverwendungsfähig«, was zu seiner vorherigen Argumentation zur Anlage des Leutnants im Widerspruch steht. Sein Urteil ist auch dem Wunsch des Offiziers nach dauerhafter Beschäftigung fern der Front entgegengesetzt, über welchen Gaupp

---

[749] Vgl. zum Fall auch die Ausführungen in Kap. III.2.b. Psychiatrische Praxis: Diagnosen in den Krankenakten.
[750] UAT 669/27480 Gutachten Robert Gaupps vom 28.2.1916 über den Leutnant Friedrich D.
[751] Vgl. hierzu Bennette, Reassessing the Approach to War Hysterics during World War One in Germany, S. 162f.

zuvor in seinem Gutachten berichtet hatte.[752] Zudem entsprach sein Urteil nicht den militärischen Erfordernissen und kann nicht dahingehend interpretiert werden, dass Gaupp in vorauseilendem Gehorsam nach militärischen Effizienz-Gesichtspunkten urteilte. Schließlich war Gaupp der Offiziersmangel im deutschen Heer bekannt. Auch hatte der Leutnant seine Bereitschaft ausgedrückt, in der Etappe oder der Heimat Offiziersdienst zu leisten – und aus dem Gutachten geht hervor, dass Gaupp ihn für diese Aufgaben als befähigt einschätzte.

Dass Gaupp Friedrich D. ein weiteres Verbleiben im Garnisonsdienst verwehrte, kann daher nur so erklärt werden, dass moralische Überlegungen eine Hauptrolle spielten. Sein Gutachten macht sehr deutlich, dass Gaupp kein Verständnis für die Leiden des Leutnants hatte und er ihn für den Offiziersberuf nicht geeignet und vor allem wohl für unwürdig hielt, da es seiner Ethik nicht entsprach, dass sich ein Leutnant vor der Front drückte. Eine Rolle spielten hier sicherlich auch die im Gutachten wiedergegebenen Klagen des Offiziers darüber, dass er kein Blut und keine Verwundeten sehen könne, und Friedrich D. diese als Begründung für seinen Wunsch nach dauerhafter Beschäftigung fern der Front anführte.[753]

Die Wirkungsmacht moralischer Gesichtspunkte zeigt sich auch darin, dass Gaupp dem Leutnant allein die Möglichkeit gewährte, sich diesmal an der Front zu bewähren, um sich so doch noch als würdig für den Offiziersdienst zu erweisen. Andernfalls sollte er als Offizier entlassen werden. Als einzige Schonfrist gestattete Gaupp einige Wochen Etappendienst zur Erleichterung des Übergangs, da sich Friedrich D. »zweifellos in Folge seiner nervösen Beschwerden nach dem langen Dienst in der Heimat bei seiner unmittelbaren Versetzung in die Front recht schwer tun würde.«[754]

Die harte Haltung Gaupps gegenüber dem Leutnant erklärt sich aus seiner sozialdarwinistischen Anschauung der natürlichen Auslese, die sich im Krieg in genau entgegengesetzter Weise wie im Frieden vollziehen würde und der entgegenzusteuern sei.[755] Dieser Meinung verlieh er seit 1915 in mehreren Aufsätzen Ausdruck. So schrieb er 1915:

---

752 UAT 669/27480 Gutachten Robert Gaupps vom 28.2.1916 über den Leutnant Friedrich D.
753 Ebd. Siehe hierzu auch Kap. IV.2.b. Der Umgang mit der krankheitsbedingten Auszeit von der Front.
754 Ebd.
755 Dem im Ersten Weltkrieg verbreiteten sozialdarwinistischen Denken entsprechend, wurde der Krieg als Selektionsvorgang im Kampf zwischen Völkern und Rassen ums Dasein interpretiert. Dabei wurde dem Krieg unter dem Eindruck der massenvernichtenden

»Soll die traurige negative Auslese, die der massenmordende Krieg trifft, noch dadurch verstärkt werden, daß hysterische Symptome, die auf der Basis der Angst und Willensschwäche ruhen, den derart Schwachnervigen von der Pflicht der Vaterlandsverteidigung befreien?«[756]

Noch deutlicher wurde er nachfolgend, als er sich für den Einsatz »kriegshysterischer« Soldaten an der Front aussprach. Er forderte, dass es »die ›Nervenschwächlinge‹, die das Reich mit ihren Versorgungsansprüchen überschwemmten, [...] auszuschalten [gelte] und damit zugleich die hysterische Plage einzudämmen, wozu der Krieg die denkbar besten Möglichkeiten biete.«[757]

Gaupp behielt diese Sichtweise auch im Verlauf des Krieges in seinen Schriften bei und sah sich durch die Kriegsverluste bestätigt. 1918 führte er an:

»[...] wo wir uns im Kreise unseres Volkes umsehen, überall machen wir die wehmütige Entdeckung, daß seine besten Söhne dahingesunken sind, während das Schwächliche und Kränkliche übrigbleibt. Noch nie, seit die Welt steht, hat ein Krieg eine so furchtbare negative Auslese getroffen [...].«[758]

Gaupps scharfes Urteil über den Leutnant Friedrich D. hat allerdings Ausnahmecharakter. Bei seinen anderen »psychopathischen« oder »hysterischen« Offizierspatienten in Tübingen hielt er sich mit Urteilen zurück, ob der Patient würdig sei, als Offizier zu dienen. Hinzu kam auch Gaupps Offiziersbild, das ein erhöhtes Maß an Genesungswillen und Kampfbereitschaft als natürlich annahm, weshalb er Offizieren gegenüber im Regelfall eine wohlwollende Haltung einnahm. Das Beispiel macht deutlich, dass ein Offizier, der ihn mit einer gegengesetzten Haltung enttäuschte, allerdings in hohem Maße seinen Unmut auf sich ziehen konnte.

Insgesamt zeigt die Analyse der Lazarettaufenthaltsdauer und des Entlassungsstatus psychisch versehrter Offiziere, dass das Verhalten der Psychiater gegenüber Offizieren in keiner Weise mit dem Freudschen Ausdruck der »Maschinengewehre hinter der Front« bezeichnet werden kann.[759]

Materialschlachten keine »naturgesetzliche«, sondern eine »kontraselektorische« Wirkung zugeschrieben, da im modernen Krieg die »gesündesten und besten Kämpfer« getötet würden. Schmiedebach, Sozialdarwinismus, Biologismus, Pazifismus, S. 96. Siehe zur Verbreitung sozialdarwinistischer Ideen vor dem Krieg Kap. I.3.b. Die Moderne als Ursache psychischen Leidens: Neurasthenie und Degenerationsvorstellungen.
756 Gaupp, Hysterie und Kriegsdienst, S. 362.
757 Ebd., S. 362f.
758 Zitiert nach Schott/Tölle, Geschichte der Psychiatrie, S. 376.
759 Freud, Über Kriegsneurosen, S. 947. Siehe in Bezug auf die Wirksamkeit dieses Bildes in der älteren Forschung Riedesser/Verderber, »Maschinengewehre hinter der Front«.

Paradoxerweise hatte es dennoch den Effekt, dass in Bezug auf die Offiziere der Wunsch von Militär und Psychiatern, möglichst viele »Kriegsneurotiker« rasch wieder frontdienstfähig zu machen, am ehesten aufging. Gerade die zuvorkommende Behandlung und das Eingehen auf die persönlichen Wünsche der Offiziere, gekoppelt mit der ärztlichen Erwartungshaltung, dass der Wunsch zum Militärdienst jedem Offizier innewohnte, führten hier zum Erfolg.

6. Zusammenfassung

In der deutschen Armee erkrankten im Ersten Weltkrieg nicht nur Mannschaftssoldaten, sondern auch Offiziere häufig an psychischen Leiden. Eine Stichprobe anhand der im Berliner Krankenbuchlager erhaltenen Krankenbücher zeigt, dass die Zahl der Krankheitsfälle über Zehntausend liegt, bei etwa 280.000 aktiven Offizieren und Reserveoffizieren insgesamt. Die ärztlichen Diagnosen der Offiziere lauteten in erster Linie nervöse Erschöpfung, Nervosität, Nervenschwäche, Neurasthenie, Herz- und Magenneurose, einen kleineren Teil machten die Diagnosen Hysterie, Psychopathie, Psychose und Sucht aus.

Auch in Bezug auf die hier vorgenommene Gegenüberstellung von psychiatrischem Diskurs und psychiatrischer Praxis bei den Offiziersneurosen kann das mit Blick auf die gesamte Ärzteschaft von der Forschung herausgearbeitete Ergebnis bestätigt werden, dass sich zum einen Front- und Heimatärzte in der Kriegszeit eher selten austauschten, und es zum anderen den einzelnen Ärzten überlassen blieb, wie weit sie den Fachdiskurs verfolgten und die dortigen Erkenntnisse in ihrer ärztlichen Praxis anwandten.[760] Es gab keine homogene ›deutsche‹ Psychiatrie und keine zentralen Vorgaben für die Behandlung von psychischen Störungen während des Ersten Weltkrieges.[761] Dies galt auch für die Offiziersneurosen.

---

760 Lisner, Fachzeitschriften als Selbstvergewisserungsinstrumente der ärztlichen Profession, S.116; Michl, Im Dienste des »Volkskörpers«, S. 21; Prüll/Rauh, Militär und medikale Kultur in Deutschland, S. 25.
761 Vgl. auch die Warnungen von Hofer und Prüll, vorsichtig im Hinblick auf die Konstatierung einer nationalen Psychiatrie bei irgendeinem Land zu sein: Hofer/Prüll, Reassessing War, Trauma and Medicine in Germany and Central Europe, S. 13f.

Der Blick auf den psychiatrischen Fachdiskurs über die Behandlung psychisch versehrter Offiziere und die Auswertung der Krankenakten machen deutlich, dass es Bereiche gab, in denen die Kriegspsychiater Offizieren, die wegen eines psychischen Leidens in ärztliche Behandlung kamen, eine Sonderrolle zugestanden. Dies betraf vor allem Unterbringung, Verpflegung, Alltagsgestaltung und die Aufmerksamkeit, die Ärzte ihren Patienten widmeten, wie auch deren Bereitschaft, sich für die Realisierung der Wünsche der Offiziere in Bezug auf ihren Einsatzort nach der Entlassung aus dem Lazarett einzusetzen. Hier lassen sich klare Unterschiede zwischen Offizieren und Mannschaften feststellen bzw. wird deutlich, wie sehr der Umgang der Psychiater mit Offizieren von der militärischen Hierarchie und dem dahinterstehenden hierarchischen Menschenbild begeprägt war.

Die militärischen Vorschriften legten fest, dass Verpflegung und Unterbringung der Patienten an deren Rang gekoppelt waren und Offizieren in gemischten Lazaretten der doppelte tägliche Verpflegungssatz der Mannschaftssoldaten zustand. Hinzu kam die Separierung vieler Offizierspatienten in exklusiven Offizierslazaretten und -genesungsheimen. So gab es viele für Offiziere reservierte Lazarette und Genesungsheime, die im Regelfall sehr viel komfortabler als gemischte Lazarette waren.

Die Psychiater betonten, dass sie in gemischten Lazaretten vorhandene Einzelzimmer an Offiziere vergaben. Zudem kritisierten sie bei hysterischen Offizieren nie deren luxuriöse Unterbringung, wohingegen sie es bei hysterischen Mannschaftssoldaten als heilungsfördernd ansahen, wenn die Lazarettausstattung nur ein Minimum an Annehmlichkeiten bot. Eine weitere Besonderheit war, dass die Psychiater den geselligen Umgang unter den Kameraden, wie er in den Offizierslazaretten stattfand, als therapeutische Maßnahme ansahen. Das Standesbewusstsein und der Kampfeswille des einzelnen Offiziers sollten so gestärkt werden. Hingegen betonten sie in Bezug auf die Nervenstationen der Kriegslazarette oft die Gefahr der »psychischen Infektion« und der epidemischen Verbreitung der Kriegsneurose bei einer zu engen Zusammenlegung der Patienten.

Hinsichtlich der Atmosphäre in den Lazaretten und Genesungsheimen zeigt sich eine deutliche Zweiteilung. In den für Mannschaftssoldaten zuständigen Einrichtungen galten Kaserne und Irrenanstalt als Maßstab, in den für Offiziere reservierten Einrichtungen hingegen Kasino und Hotel. Hinzu kam, dass Offizieren mehr Freiheit im Hinblick auf Urlaub und Alltagsgestaltung eingeräumt wurde als Mannschaftssoldaten, obwohl dies von manchen fachpsychiatrischen Experten durchaus kritisch gesehen wurde, die strenge ärztliche Aufsicht als für den Genesungserfolg unverzichtbar und zu viel Müßiggang als schädlich ansahen.

Schaut man auf die Beziehung zwischen Arzt und Patient, ist eine wohlwollendere Haltung der Psychiater gegenüber Offizieren als gegenüber einfachen Soldaten die Regel – unabhängig von den Diagnosen. Allgemein bestand in der Ärzteschaft der Konsens, dass auf die Befindlichkeit und die Wünsche psychisch versehrter Offiziere, solange sie als zurechnungsfähig galten, stärker Rücksicht zu nehmen sei als bei Mannschaftsdienstgraden. Im Behandlungsalltag der Ärzte standen das Patientenwohl des Offiziers, die Linderung seines Leids und die Wiederherstellung seiner Gesundheit klar im Vordergrund.

Was aber die Diagnosen und Therapieformen anbelangt, hat die Untersuchung deutlich gemacht, dass hier die Unterschiede zwischen Offizieren und Mannschaften nur tendenziell ausfielen und im psychiatrischen Diskurs während des Weltkriegs oft keine einheitlichen Auffassungen bestanden. Ein weiteres Ergebnis der Auswertung der Krankenakten ist, dass sich kein eindeutiger Kausalzusammenhang zwischen den Symptomen und Diagnosen und den daraufhin verordneten Therapien zeigt. Das bestätigt auch für die Gruppe der Offiziere die Ergebnisse der Studien über Mannschaftssoldaten.

Eine deutliche Besonderheit ist allerdings, dass die Ärzte sehr viel häufiger bei Offizieren als bei Mannschaftssoldaten vorrangig auf die Selbstheilungskräfte vertrauten und vielfach die Beurlaubung gegenüber einer Behandlung im Lazarett und Genesungsheim als heilsamer ansahen. Dies schloss medizinische Koryphäen wie Robert Gaupp ein.

Bei der Diagnosevergabe spielten bei manchen Ärzten, denen es darum ging, ein Gesamtbild vom Patienten zu ermitteln, der militärische Rang und die soziale Stellung der Offiziere die hauptsächliche Rolle, sodass sie Diagnosen, die für die Betroffenen ein moralisches und geschlechterspezifisches Stigma bedeuteten, bei Offizieren generell nicht vergaben. Daneben gab es Ärzte, die sich sehr stark an den Krankheitssymptomen orientierten und bestimmte Diagnosen nicht aufgrund der Offizierszugehörigkeit vermieden. Auch Offiziere konnten die Hysterie- oder Psychopathie-Diagnose und Attribute wie »degenerativ« und »minderwertig« erhalten. Diese Einschätzungen mussten kein Untauglichkeitsurteil bedeuten, da die so bewerteten Offiziere oft durch Begriffe wie hohe Bildung und Intelligenz, hohes Pflichtgefühl und Verantwortungsbewusstsein wieder aufgewertet wurden.

Trotz dieser Heterogenität in der Ärzteschaft ist festzustellen, dass die Nervenärzte insbesondere zwei Differenzierungen vornahmen, wenn es um psychische Leiden von Offizieren und Mannschaftssoldaten im Ersten Weltkrieg ging. Zum einen wurden bei Offizieren deutlich häufiger neurasthenische Erschöpfungskrankheiten und sehr viel seltener Hysterie diagnostiziert als bei Mannschaftssoldaten. Im Unterschied zur Vorkriegszeit ist allerdings herauszustellen, dass nun all diese Diagnosen bei allen Militärangehörigen vergeben wurden. Zum anderen wurde konstatiert, dass bei an Hysterie erkrankten Offizieren »grobe motorische Symptome« äußerst selten gewesen seien.

Über das Verhältnis von psychisch versehrten Offizieren und Mannschaften insgesamt finden sich widersprüchliche Aussagen in den Fachzeitschriften. Übereinstimmend bemühten sich die Autoren, im Hinblick auf Gesamtaussagen möglichst keinen Schatten auf das Offizierskorps fallen zu lassen. Dass Offiziere de facto weniger als einfache Soldaten von psychischen Versehrungen betroffen waren, wie einige Psychiater behaupteten, ist aufgrund der Einträge in den Krankenbüchern zu bezweifeln.

Was die therapeutische Behandlung von Offizieren anging, zeigt die Analyse, dass bei Neurasthenie und nervöser Erschöpfung vorrangig die Diagnose die Behandlung bestimmte und lediglich bei der Hysterie ein Teil der Ärzteschaft den Offizieren eine Sonderstellung einräumte, indem er aktive Behandlungsmethoden hier als nicht geeignet ansah. Daneben existierten Fachvertreter, die von der Wirksamkeit der aktiven Behandlungsmethoden zur Behandlung der Hysterie dermaßen überzeugt waren, dass sie auch für deren Einsatz bei der Therapie von Offizieren plädierten. Allerdings wurde bei den Offizieren dabei nicht auf Drill und Strafe gesetzt, während das Zusammenspiel von Strafe und Belohnung sehr oft die Behandlung von hysterischen Mannschaftssoldaten charakterisierte.[762]

Insgesamt ist auffällig, dass der militärische Rang und die soziale Stellung der Patienten das Maß an struktureller Gewalt, welches die Militärpsychiatrie auf Kriegsteilnehmer ausübte, entscheidend beeinflussten. Dies betraf deren Entscheidung, inwieweit schmerzhafte Methoden bei der Behandlung angewandt wurden und inwieweit dem Patienten Einfluss auf die Behandlung eingeräumt wurde. So wurden bei Offizierspatienten Gewalt und schmerzhafte Therapien weitgehend vermieden und die Psychiater orientierten sich in hohem Maße an deren Wünschen. Offiziere hatten allgemein dank ihrer Stellung im Militär sehr viel größere Spielräume als Mannschaftssoldaten,

---

[762] Störring sprach von »Zuckerbrot und Peitsche«. Störring, Die Verschiedenheiten der psycho-pathologischen Erfahrungen, S. 27. Vgl. auch Linden/Jones, German Battle Casualties, S. 639.

sich dem Zugriff der Militärpsychiatrie zu entziehen. Mannschaftssoldaten mit psychischen Leiden fehlte es hingegen weitgehend an Macht und Ressourcen, um Gewalt der Psychiater zu beenden oder deren Entscheidungen zu beeinflussen. Bei dieser starren Zweiteilung ist allerdings zu beachten, dass neuere Forschungen zeigen, dass die Psychiater auch bei ihnen vielfach die individuellen Bedürfnisse der Patienten in den Vordergrund rückten und nicht das militärische Interesse.

Die Auswertung der Patientenakten der Offiziere ergab, dass gerade bei Offizieren mit der Diagnose Hysterie, für die vordringlich die aktiven Behandlungsmethoden entwickelt worden waren, diese nur in Einzelfällen angewandt wurden. Damit wurden sie sehr viel weniger als bei Mannschaftssoldaten eingesetzt, obwohl anhand der Krankenakten für Mannschaftssoldaten herausgearbeitet wurde, dass sie auch bei einfachen »hysterischen« Soldaten nur bei einer Minderheit praktiziert wurden. Deutlich wird daneben, dass sich Diagnosen und Behandlungsmethoden von Lazarett zu Lazarett, ja bisweilen sogar von Arzt zu Arzt unterschieden. Der individuelle Interpretationsspielraum war für den behandelnden Psychiater groß und es existierte eine Mannigfaltigkeit von Auffassungen. Damit bestätigt der Blick auf die Offiziersbehandlung den Befund, der bereits anhand der Krankenakten für Mannschaftssoldaten herausgearbeitet wurde.[763]

Neben den aktiven Behandlungsmethoden wurden als neue Therapiemethoden bei Offizieren in einer Minderzahl der Fälle auch Arbeitstherapie und Psychoanalyse angewandt. Doch ist zu betonen, dass die Arbeitstherapie, wenn überhaupt, gesondert von den Mannschaften und mit angepassten Tätigkeiten angewandt wurde, und die zeitintensiven Methoden der Psychoanalyse nur von einzelnen Psychiatern praktiziert wurden.

Was die Behandlungsdauer und den Entlassungsstatus betrifft, zeigt sich, dass die ärztlichen Empfehlungen im Hinblick auf Behandlungsdauer und zukünftige Einsatzbereitschaft des Offiziers zumeist vorrangig auf die individuelle Gesundheit des Offiziers und die Vermeidung von Rückfällen zielten. Für Offiziere und Militärärzte mit psychischen Leiden ist festzustellen, dass diese besonders von den Refugien der Kriegspsychiatrie profitierten, die die Patienten vor dem militärischen Zugriff schützten. Kaum jemand wurde gegen seinen Willen an die Front geschickt, vielmehr arbeiteten Ärzte und militärische Dienststellen Hand in Hand, um erkrankte Offiziere auf von ihnen gewünschte Posten zu entlassen. Diese Behandlung entsprach

---

763 Peckl, Krank durch die »seelischen Einwirkungen des Feldzuges«?, S. 88; Hermes, Krankheit: Krieg, S. 428–454.

ihrem privilegierten Status im militärischen Alltagsleben. [764] Nicht die militärischen Forderungen nach rascher Wiederherstellung der Offiziere erwiesen sich als wirkmächtig, sondern die individuellen Wünsche der Offiziere, die wieder rasch an die Front strebten. Hier gaben die Ärzte häufig nach. So ergibt sich der bemerkenswerte Befund, dass der Anteil der Offiziere, der nach der psychischen Versehrung direkt an die Front zurückkehrte, deutlich höher lag als bei den Mannschaftssoldaten.

Insgesamt zeigt die Kriegs- gegenüber der Vorkriegszeit, dass das erhöhte Selbstbewusstsein der Psychiater sich auf die Sagbarkeitsregeln im Umgang mit psychisch versehrten Offizieren auswirkte. Während vor 1914 Hysterie bei Offizieren als Diagnose vermieden wurde und in der militärärztlichen Fachliteratur aus Gründen der Etikette Fallgeschichten von Offizieren mit psychischen Leiden kaum veröffentlicht wurden, war beides im Weltkrieg kein Tabuthema mehr. Die Lockerung der medizinischen Sagbarkeitsregeln bei Offizieren schlug sich auch in den ärztlichen Urteilen in den Krankenakten nieder, während nach außen hin im Verkehr mit militärischen Dienststellen die Etiketteregeln gewahrt wurden.

Die massenhaften psychischen Zusammenbrüche an der Front, die rasche Schaffung eigener Kompetenzbereiche durch psychiatrische Abteilungen im Sanitätswesen und die Erfolge bei der Behandlung hatten Aufbruchsstimmung, Pioniergeist und ein erhöhtes Selbstbewusstsein unter den Psychiatern bewirkt. Viele Psychiater sahen sich in Bezug auf Offiziersneurosen nun als medizinische Experten, pochten auf Anwendung der im Weltkrieg gewonnenen medizinischen Erkenntnisse auch im Hinblick auf Offiziere und nahmen Offiziersneurosen als Diskursobjekt auf, um die Gefahren der Beibehaltung der Vorkriegslehrsätze aufzuzeigen.

Eigentlich handelte es sich nach Meinung der Nervenärzte bei den Offizieren um das beste Soldatenmaterial. Es gebe keine Simulanten, die ihre Leiden nur vortäuschen würden. Sie attestierten ihnen ausgeprägten Genesungswillen und den Wunsch, an die Front zurückzukehren oder an einem anderen verantwortungsvollen Posten in das Heer einzutreten. Sie hätten also von ihren Voraussetzungen her die besten Heilungschancen, doch seien diese immer wieder durch eine sogenannte »privilegierte Behandlung« reduziert worden.

Sich am Fachdiskurs beteiligende Psychiater führten hier drei Punkte an, mit denen viele ihrer Kollegen aus falscher »Gutmütigkeit« den Offizieren

---

764 Siehe den ähnlichen Befund für Österreich-Ungarn bei Hofer, Nervenschwäche und Krieg, S. 586.

geschadet hätten: Die erste Schädigung sei dadurch erfolgt, dass Ärzte ihnen häufiger als den Mannschaftssoldaten ein organisches statt eines psychogenen Leidens attestierten. Die Diagnose eines organischen Leidens diente ähnlich wie die Neurasthenie dazu, den Patienten »goldene Brücken« zu bauen. Sobald sich die Vorstellung eines organischen Leidens bei den Offizieren festgesetzt habe, seien die Heilungschancen deutlich vermindert worden. Als zweites Argument wurde angeführt, dass viele Ärzte hysterischen Offizieren aktive Behandlungsmethoden vorenthalten würden, obwohl diese die besten Heilungschancen versprechen würden – einerseits, indem man bei Offizieren die Diagnose Hysterie vermied, andererseits, weil man trotz der Diagnose vor aktiven Behandlungsmethoden zurückschreckte. Ein dritter Kritikpunkt war, dass Offizieren oft eine kontinuierliche psychiatrische Betreuung vorenthalten würde, und sie durch lang andauernde Badekuren und Urlaubsbewilligungen in ihrer Heilung gefährdet worden seien.

Ein weiterer Faktor, der zu einer Zäsur im Vergleich zur Friedenszeit vor 1914 führte,[765] war, dass sich manche Psychiater im Umgang mit psychisch versehrten Offizieren nicht nur als medizinische Experten, sondern auch als Führungspersönlichkeiten ansahen, welche zum Ziel hatten, die nationale Kampfkraft zu heben.[766] Entsprechend spielten bei ihnen militärische Effizienz-Gesichtspunkte beim Blick auf psychisch versehrte Offiziere eine gewichtige Rolle, während das Klassendenken in den Hintergrund trat.

Allgemein setzte sich im Weltkrieg unter den diskursprägenden Nervenärzten immer mehr eine Haltung durch, die 1914 Adolf Friedländer, damals Chefarzt des Reserve-Lazaretts Oberursel im Taunus, in seiner Schrift über Nerven- und Geisteskrankheiten im Krieg wie folgt ausdrückte:

»Auch wir Ärzte sollen Führer sein und zwar in hygienischer, wie psychologischer Bezeichnung. [...] Im Kriege kann vor dem Einzelwohl das Gesamtwohl, kann vor der Liebe für die Kranken die zum Vaterlande kommen.«[767]

Auch unter Militärärzten anderer Fachrichtungen zeigte sich diese Tendenz, dass der Militärarzt während des Krieges in einem komplexen Interessen- und Handlungsfeld agierte, das sein professionelles Selbstbewusstsein

---

765 Vgl. auch Stefanie Linden und Edgar Jones, welche den Ersten Weltkrieg als »a turning point in the history of psychiatric treatment in Germany« betrachten. Linden/Jones, German Battle Casualties, S. 658.
766 Vgl. zu dieser neuen Entwicklung, dass sich deutsche Psychiater als Hüter des Schicksals der Nation ansahen, Prüll, The Exhausted Nation, S. 30–48; Hofer/Prüll, Reassessing War, Trauma and Medicine in Germany and Central Europe, S. 14.
767 Zit. nach Peckl, Krank durch die »seelischen Einwirkungen des Feldzuges«?, S. 36.

beeinflusste, sodass er sich mitunter mehr als Militär und weniger als Arzt sah. Doch fand im Krieg diese Idee nur bei einer Minderheit der Ärzte Anklang und bestimmte nicht die Alltagsbehandlung in der Militärmedizin, wie auch im Speziellen die Kriegspsychiatrie sich nicht bedingungslos in den Dienst des Militärs stellte.[768]

---

768 Hofer, Nervenschwäche und Krieg, S. 385.

IV. Leidenserfahrungen und Selbstbild psychisch versehrter Offiziere im Ersten Weltkrieg

Eine Analyse der Betroffenenperspektive psychisch versehrter Offiziere ist mit besonderen methodischen Problemen verbunden, da Egodokumente im klassischen Sinn wie Tagebücher, Memoiren und Briefe kaum vorliegen.[1] Bei den hier untersuchten Egodokumenten handelt es sich vorrangig um Gesuche von Offizieren um Heilbehandlung, Versetzung oder Urlaub aufgrund ihres psychischen Leidens. Hinzu kommen Lebensläufe, die zur Begründung von Kriegsbeschädigungsansprüchen und Ordens- oder Beförderungsgesuchen niedergeschrieben wurden. Es ist zu berücksichtigen, dass sie einen bestimmten Zweck und Adressaten hatten und oft auch Antworten auf psychiatrische oder militärische Handlungen – eine psychiatrische Begutachtung, eine Diagnose, eine Versetzung oder eine Ablehnung eines Urlaubsgesuchs – waren und als solche gelesen werden müssen.[2]

Ergänzt werden die Egodokumente der Offiziere durch Einträge in Krankenakten und ärztliche Fallstudien. Auch wenn diese Quellen das individuelle Leiden durch den ärztlichen Blick gefiltert wiedergeben, können sie des Öfteren Einblick in die persönliche Erfahrung der Krankheitssituation durch die Patienten geben. Denn die Ärzte gaben in den Krankenakten und Fallstudien zu den Offizieren häufig direkte und indirekte Zitate wieder, um die Ursachen des Leidens zu ermitteln und die Befindlichkeit des Patienten zu beschreiben.[3]

---

1 Zur Aussagekraft von Egodokumenten und der Einbeziehung militärischer und gesellschaftlicher Interpretations- und Erwartungskontexte in persönliche Deutungsmuster vgl. Ulrich, Militärgeschichte von »unten«; ders., Die Augenzeugen, bes. S. 307ff.

2 Hingegen geht es nicht darum, die Selbstdiagnosen und Einschätzungen der Offiziere in diesen Texten auf Plausibilität zu prüfen. Vgl. hierzu die methodischen Überlegungen bei Brink, Grenzen der Anstalt, S. 168. Siehe zu den hier ausgewerteten Selbstzeugnissen auch den Abschnitt »Quellenlage und Samplebildung« in der Einleitung.

3 Vgl. hierzu die methodischen Bemerkungen bei Hofer, Nervöse Zitterer, S. 85–87. Siehe zur Offizierskrankenakte als Produkt eines Aushandlungsprozesses zwischen Arzt und Patienten auch die Ausführungen in Kap. III.3.b. Arzt-Patienten-Verhältnis.

Der Begriff Leidenserfahrung rückt sowohl die Kriegserfahrung als auch die durch die Leiden verursachte Krankheitserfahrung in den Blick. Untersucht wird die Art und Weise, wie die psychisch versehrten Offiziere ihre Kriegserfahrungen beschrieben und verarbeiteten, welche Ursache sie für ihr Leiden ausmachten und über welche Krankheitserfahrungen sie berichteten.[4] Zusammenhängend mit der Analyse der Kriegs- und Krankheitserfahrungen wird die Frage behandelt, ob sich durch die Kriegserfahrungen, die die Leiden ausgelöst hatten, die Einstellung der Offiziere gegenüber Militär und Krieg änderte. Eng verbunden hiermit ist die Frage, inwieweit sich die psychische Versehrung auf ihr Selbstbild als Offizier auswirkte.

1. Krankheit Krieg. Die Erfahrung des Krankwerdens und die Präsenz belastender Kriegserfahrungen in der Krankheit

a. Krankheitsauslöser

Blickt man auf die Krankheitsauslöser psychischer Leiden bei Offizieren im Ersten Weltkrieg, ist zuvorderst zu konstatieren, dass die Offiziere ihre psychische Erkrankung meist in einen ursächlichen Zusammenhang mit ihrem Kriegsdienst stellten.[5] Es war für sie offensichtlich, dass ihre Leiden von ihren Kriegserlebnissen herrührten, die schockartig nervliche Erschütterungen hervorgebracht oder zu nervlicher Erschöpfung geführt hätten. Dieses Ergebnis ist nicht selbstverständlich. Im Krieg gab es unter den Psychiatern schließlich eine einflussreiche Fraktion von Ärzten, die Konstitution und Veranlagung als ausschlaggebend für die Mehrzahl psychischer Leiden von Kriegsteilnehmern ansah.[6]

Die zur Verfügung stehenden Quellen dokumentieren eine Vielzahl von Ursachen, die bei Offizieren psychische Erkrankungen auslösten. Der Großteil der Ursachen findet sich auch bei Mannschaftssoldaten, die in psychiatrische Behandlung kamen. So entstanden psychische Leiden bei Offizieren

---

4 Die Medizingeschichte aus der Patientenperspektive wird seit den 1980er Jahren vermehrt untersucht. Vgl. hierzu Porter, The Patient's View, S. 175–198.
5 Eine Ausnahme waren mitunter Suchterkrankungen, wobei im Großteil der Fälle auch hier ein Zusammenhang mit dem Kriegsdienst konstatiert wurde. Siehe hierzu Kap. III.2.b. Psychiatrische Praxis: Diagnosen in den Krankenakten.
6 Siehe hierzu Kap. III.2.a. Der psychiatrische Diskurs über die Diagnosen und Ursachen von psychischen Leiden bei Offizieren.

zuvorderst durch die erzwungene Passivität und das Gefühl des Ausgeliefertseins im Stellungskrieg und während der Materialschlachten. Dauernder Lärm, die Unberechenbarkeit des Risikos unter anhaltendem Trommelfeuer und explodierenden Granaten zeigten ihre Wirkung.[7] Die vielfachen erschütternden Sinneseindrücke während der Kampfsituationen lösten Angst, Schreckhaftigkeit, innere Unruhe und gesteigerte Erregbarkeit aus. Hinzu kam die Angst, sich und die unterstellten Männer der Gefahr des Todes und der Verstümmelung auszusetzen. Der Kriegsleutnant Ernst Jünger beschrieb die Strapazen des passiven Ausgeliefertseins 1916 wie folgt: Es sei

»eine starke Nervenprobe, ich habe mich bemüht, diese Situation anschaulich zu schildern und dabei einen ganz passenden Vergleich gefunden. Es ist als ob man angebunden ist und ein Kerl will einen mit einem Hammer auf den Kopf schlagen, öfters holt er aus und bedroht einen bald mehr bald weniger.«[8]

Die Auswirkung der Belastungen des Stellungskrieges auf die Psyche und die Verstärkung des Leidens durch die hohen Ansprüche, die Offiziere in Bezug auf die Nervenstärke an sich stellten, zeigt die Krankenakte des Leutnants Kurt D., der wegen »nervöser Erschöpfung« 1915 in einem Vereinslazarett in München lag. Sie enthält viele indirekte Zitate zur subjektiven Gefühlslage des Offiziers.[9] Über die Zeit vor der Lazaretteinweisung notierte der Arzt auf der Grundlage seines Patientengesprächs, Kurt D. sei seit August 1914

»psychisch leicht gestört, war aufgeregt und erschrak leicht und heftig. Seit Anfang Okt. kam Patient in schweres Artilleriefeuer musste lang in der Stellung bleiben, es traten schon dann während der Ausbildung empfundene Gelenkschmerzen in höherem Grade auf, ausserdem Kopfschmerzen, starkes Herzklopfen profusse Schweisse und heftiges Zittern. Es traten Erregungszustände auf, der Pat. wurde unklar, brauchte zu den einfachsten Verrichtungen einen bedeutenden Aufwand von Willenskraft, war dann wieder erregt über seine körperl. und seelische Schwäche und war am 14.10. nach 50 stündiger Artilleriebeschiessung so erschöpft, dass er am

---

7 Dies entspricht Sebastian Schaars Analyse der Tagebücher sächsischer Offiziere Schaar, Wahrnehmungen des Weltkrieges S. 277. Vgl. z.B. auch die im ärztlichen Gutachten referierte eindrückliche Beschreibung des Oberleutnants Rudolf F. über seine grauenhaften Erlebnisse des Grabenkrieges und einer Granatenexplosion. UAT 669/26749 Oberleutnant Rudolf F. Auch in der Weimarer Republik gaben Offiziere dies als vorrangige Ursache ihrer fortwährenden psychischen Leiden an. Siehe hierzu Kap. V.2.f. Das Selbstbild psychisch versehrter Offiziere in der Weimarer Republik.
8 Kiesel, Ernst Jünger. Kriegstagebuch, S. 138.
9 BayHStA-KA OP 59135 Kurt D., Krankenblatt München, 1914.

nächsten Tage vom Batl. Arzt untersucht und unter Basedow-Verdacht dem Feldlaz. III überwiesen wurde. [...]«[10]

Hinzu kamen die physischen Anstrengungen und die Dauer des Krieges, die psychische Erschöpfungserscheinungen auslösten, was bei den Offizieren zum Gefühl führte, am Ende ihrer Kräfte zu sein. Die Folge waren Niedergeschlagenheit und Antriebslosigkeit wie auch der Wunsch, sich der Situation an der Front zu entziehen. Oft wurde von den Offizieren auch die Sorge, in der Stellung zu versagen, angeführt. Besonderen seelischen Druck erzeugten dabei die traditionellen Tugenden des Offiziers, die Mut, Entschlossenheit, Selbstbeherrschung, Willensstärke und Führungsfähigkeit umfassten,[11] sowie das in der zweiten Kriegshälfte von der Propaganda in Heer und Heimat verbreitete Bild des psychisch und körperlich unanfechtbaren Frontkämpfers.[12] Ferner traten seelische Leiden als Folge von Stürzen, körperlichen Erschütterungen oder körperlicher Verwundung an der Front auf.[13]

Doch entwickelten während des Weltkriegs auch Offiziere und Mannschaftssoldaten psychische Erkrankungen, die den grauenhaften Bedingungen an der Front nicht ausgesetzt waren. Manche psychischen Gesundheitsstörungen traten fern der Gefahrenzone auf und hatten mit der vor allem für die Westfront typischen Kriegserfahrung des Stellungskrieges nichts zu tun.[14]

Dem entspricht, dass auch die individuellen Kriegserfahrungen der Jahre 1914 bis 1918 differenziert betrachtet werden müssen und nicht pauschal als extreme Gewaltereignisse verallgemeinert werden können. Die existentiellen Erfahrungen des Stellungskrieges und insbesondere die Extremerfahrung der Materialschlachten, bei der die Kriegsteilnehmer in massiver Weise mit Tod, Verstümmelung und Leid konfrontiert waren, kann nicht als das typische Kriegserlebnis des Ersten Weltkriegs angesehen werden. Nur ein Teil der Offiziere und Soldaten war direkt an der Front eingesetzt und auch für

---

10 Ebd., Krankenblatt des Vereinslazaretts München, 1915.
11 Siehe hierzu Kap. II.2.a. Willensstärke, Kampfentschlossenheit und Todesbereitschaft als traditionelle Standespflichten der Offiziere.
12 Schaar, Wahrnehmungen des Weltkrieges, S. 277. Siehe hierzu Kap. II.2.c. Der Idealtyp des »Frontkämpfers«.
13 Vgl. zu Beispielen, in denen Mannschaftssoldaten deswegen ein psychisches Leiden entwickelten, Neuner, Politik und Psychiatrie, S. 54.
14 Das Gleiche gilt für Mannschaftssoldaten allgemein, vgl. Ebd., S. 54.

sie präsentierten Trommelfeuer und Sturmangriff keineswegs den Kriegsalltag.[15] Ein wichtiger auslösender Faktor für die Entwicklung psychischer Leiden bei Offizieren war jenseits der Gewalterfahrung an der Front ein Konflikt mit Vorgesetzten oder Kameraden. Dafür, dass ein solcher Konflikt nicht nur an den Nerven zehrte, sondern signifikant häufig zum psychischen Zusammenbruch führte, spielte sicher eine Rolle, dass die Tragweite eigener Entscheidungen im Krieg deutlich gestiegen war und so noch viel stärker als im Frieden die stützende Wirkung des Kameradenkreises notwendig war.[16] Hinzu kam, dass Offiziere bei Konflikten Gefahr liefen, als Konsequenz unter dem erstbesten Vorwand des Kommandos enthoben zu werden und so ihre Karriere zu gefährden. Schließlich wirkte sich aus, dass im Krieg auf allen Ebenen im Offizierskorps ernste Meinungsverschiedenheiten und selbst Intrigen verbreitet waren, auch wenn das Ideal eines einheitlichen Korpsgeistes und treuer Kameradschaft in der »Schützengrabengemeinschaft« in den militärischen Vorschriften betont wurde. Die bekanntesten Konflikte waren jene, die sich auf den höchsten Ebenen des deutschen Heeres und der Marine zutrugen.[17] Während Offiziere gravierenden Auseinandersetzungen mit Untergebenen oder Vorgesetzten durch ein Versetzungsgesuch entgehen konnten, bildeten solche Konflikte einen wichtigen Desertionsgrund bei einfachen Soldaten.[18]

Zu anhaltendem seelischen Druck führte daneben die Sorge um die Familien zu Hause wie auch um Freunde und Familienmitglieder, die im Feld standen. Hinzu kam die Trauer um gefallene Angehörige.[19] Auch Offiziere,

---

15 Ziemann, Das »Fronterlebnis« des Ersten Weltkriegs, S. 52f., 80; Bessel, The ›Front Generation‹ and the Politics of Weimar Germany, S. 124ff.
16 Siehe hierzu Kap. II.4.a. Kohäsionskräfte in den Kampfverbänden, Kameradschaft und »Korsettstangenprinzip«.
17 Vgl. Breit, Das Staats- und Gesellschaftsbild, S. 64f. Auslöser waren die hohe Reichweite der Entscheidungen der Offiziere, oft aber auch Befindlichkeiten, deren Ursprung teilweise in die Vorkriegszeit zurückreichte. Ernst Jünger ließ sich regelmäßig in Auseinandersetzungen mit Vorgesetzten ein. Vgl. Schwilk, Ernst Jünger, S. 100, 108f., 124, 146, 152f. Siehe hierzu auch Schaar, Wahrnehmungen des Weltkrieges, S. 107; Bröckling, Disziplin, S. 203.
18 Jahr, Gewöhnliche Soldaten, S. 109f.; Neuner, Politik und Psychiatrie, S. 53. Hier zeigt sich eine strukturelle Privilegierung der Offiziere gegenüber den Mannschaftssoldaten. Siehe hierzu auch Kap. II.8.c. Urlaubsbewilligungen und Versetzungen nach Wunsch.
19 Schaar, Wahrnehmungen des Weltkrieges, S. 277. Vgl. zum Beispiel die Schilderung des Psychoanalytikers Simmel über einen Offizier, der nach dem Tod seines gefallenen Bruders »geistesgestört und tobsüchtig« wurde, Simmel, Zweites Koreferat, S. 52f. Siehe hierzu auch den Abschnitt »Psychoanalyse« in Kap. III.4.a. Neue Behandlungsmethoden

die in Kriegsgefangenschaft gerieten, entwickelten des Öfteren psychische Leiden.[20] Ein weiterer Auslöser für psychische Leiden bei Offizieren auch ohne Fronterfahrungen und körperliche Erschütterungen waren die Dienstbedingungen der Marineoffiziere. Gerade bei diesen, die nur selten an Kampfhandlungen beteiligt waren, traten Neurasthenie bzw. Nervenschwäche häufig auf.[21] Die Seeoffiziere hielten das lange, gespannte Warten, den Zustand ständiger äußerer wie innerer Einsatzbereitschaft bei gleichzeitigem Verdammtsein zum Nichtstun irgendwann nicht mehr aus. Die psychische Anspannung der Seeoffiziere hing dabei eng mit ihrem Offiziersstatus und dem Wunsch, sich als militärischer Führer bewähren zu dürfen, zusammen. Sie nahm auch wegen der Leistungen der deutschen Armeen an anderen Fronten zu, deren Erfolge und Rückschläge sie genau verfolgten. Kapitänleutnant Reinhold Knobloch erklärte die Nervenzusammenbrüche bei der Marine mit der Untätigkeit und dem Gefühl, etwas zu verpassen. Am 9. Februar 1915 schrieb er in sein Tagebuch:

»Nachrichten von Nervenanspannung der Offiziere der Flotte werden immer häufiger. Zahlreiche Fälle von Weinkrämpfen, Größenwahnsinn. [...] Das verfluchte Warten nimmt uns mit.«[22]

Ein Großteil der Ursachen für psychische Leiden jenseits der Fronterfahrung hing zumindest teilweise mit der Offiziersstellung und den

---

und ihre Verbreitung bei Offizieren. Vgl. zur individuellen Trauerarbeit und zum nationalen Gefallenenkult in Europa im Ersten Weltkrieg Janz, Das symbolische Kapital der Trauer.
20 Vgl. z.B. den Fall des Leutnants Friedrich K., der den Kriegsdienst unbeschadet überstand und sehr gut ausfüllte, aber durch die Strapazen der Gefangenschaft psychisch versehrt wurde. UAHUB nerv - 015 Bitte um wohlwollendes Gutachten für den Leutnant a. D. durch den Sohn vom 29.9.1937. Siehe daneben UAHUB, Nervenklinik, nerv - 020 Psychiatrische Gutachten für das Reichsversorgungsgericht und andere versorgungsörtlichen Dienststellen, 1914–1943, Gutachten über den Oberstleutnant a. D. Graf von S.; BayHStA-KA OP 1706 Franz H. Dies war auch bei den Mannschaftssoldaten der Fall. Ein gängiger Begriff wurde die »Stacheldrahtpsychose«. Becker, Paradoxien der Kriegsgefangenen, S. 26f.; Oltmer, Einführung, S. 16f. Vgl. hierzu auch die Ausführungen in Kap. III.2.a. Der psychiatrische Diskurs über die Diagnosen und Ursachen von psychischen Leiden bei Offizieren.
21 Ein Ergebnis von Martin Wolz' Analyse der Selbstzeugnisse der Seeoffiziere ist, dass diese von vielen Offizieren berichteten, bei denen die nervliche Belastung pathologische Züge annahm. Wolz, Das lange Warten, S. 226f. Siehe hierzu auch Wolz, »Und wir verrosten im Hafen«.
22 Zitiert nach Wolz, Das lange Warten, S. 226.

Herausforderungen, die an ihre Führerrolle gestellt wurden, zusammen. So ließen sich Offiziere an der Front oft krankschreiben oder wurden zur Krankschreibung gedrängt, da sie selbst oder ihre Vorgesetzten das Gefühl hatten, dass sie mit ihren psychischen Symptomen nicht mehr als Vorgesetzte ihrer Untergebenen tragbar seien.[23] Weitere, zu dieser Kategorie zählende Faktoren waren der hohe Druck durch die Verantwortung für die Untergebenen[24] oder die hohe Arbeitslast wegen des ausgeprägten Berichtwesens und des Offiziersmangels, die zu Erschöpfungsgefühlen führten.[25]

Die Krankenakte des Oberleutnants Günther K. aus dem Reservelazarett der Tübinger Universitätsnervenklinik beschreibt einen Offizier, der sein seelisches Leiden, das ihn Ende 1914 zur Krankmeldung zwang, auf die Verantwortung zurückführte, die auf ihm als Kompanieführer an der Front ruhte.[26] Über die Vorgeschichte erzählte er dem Arzt, dass er den dienstlichen Anforderungen als Offizier vor dem Krieg gänzlich entsprochen habe. Im Krieg sei er als Kompanieführer im Westen eingesetzt gewesen und habe starke Anstrengungen erduldet, die aber bei ihm anfangs zu keinen Erschöpfungserscheinungen geführt hätten. Über sein Krankwerden führte er aus:

»Mitte Oktober bis Ende November entwickelte sich nun allmählich ohne bestimmten äußeren Anlass, der krankhafte Zustand, der zu seiner Abmeldung führte. Als Ursache bezeichnet Patient; die dauernde, mit grosser Verantwortung verbundene

---

23 Vgl. hierzu die detaillierten Ausführungen in Kap. IV.1.b. Kriegserlebnisse, psychische Symptome und Verhalten bei der Erkrankung und in Kap. II.7.b. Die Haltung der Vorgesetzten.
24 Vgl. hierzu Scholz, Das Seelenleben des Soldaten an der Front, S. 221f. Siehe auch z.B. SächsHStA, 11335 Ehrengerichte, Nr. 012 Leutnant A., wegen einer gegen sich selbst beantragten Untersuchung aufgrund seines Verhaltens an der Front und der Rückreise von der Front, 1915, S. 32f.
25 Im 1930 veröffentlichten, autobiografisch gefärbten Roman Heeresbericht von Edlef Köppen wird die Arbeitsüberlastung der Offiziere detailliert beschrieben. Die arbeitsintensive planerische und kalkulatorische Vorbereitung des »Unternehmens Anna« während der Großoffensive von Juli 1918 wird als eine psychisch und körperlich erschöpfende Erfahrung beschrieben, die die daran arbeitenden Offiziere Reisiger und Weller bis an die Grenzen ihrer Belastung brachte: »Über Berechnungen gehen die Nächte hin. Zuerst schlägt die Arbeit, Zahlen, Zahlen, Messungen, dieses Einkreisen des Feindes [...] – schlägt das alles immer wieder als Rausch in Reisiger hoch. Ist immer neuer Taumel [...]. Dann kommt lähmende Erschöpfung und ist so gross, daß an Schlaf nicht zu denken ist. Dann wälzen sich die beiden, auf eine Seite, auf die andere Seite. Vor den krampfhaft geschlossenen, brennenden Augen zittern die Bilder von Karten.« Köppen, Heeresbericht, S. 315f.
26 Vgl. zum Folgenden UAT 669/26967 Krankenblatt Tübingen, Oberleutnant Günther K.

seelische Anspannung; das Bewusstsein, dass von seiner ihm unterstellten Truppe Pflichterfüllung das ganze Gelingen der Verteidigung abhänge, dass ein kleines Versagen die schwersten Folgen haben könnte ließ ihn nicht mehr recht zur Ruhe kommen. Immer beschäftigte ihn der Gedanke, ob der Zug in der Schützenlinie vorne seine Pflicht tue, ob Alles in Ordnung sei etc. Anderseits wollte er nicht durch dauernde Kontrollgänge misstrauisch [...] erscheinen u. sich bei den Untergebenen missliebig machen. Es kam eine Zeit, wo ihn jeder Schuss aus der Verteidigungsstellung erschrecken ließ u. ihm Herzklopfen auslöste, weil er in Ungewissheit war, ob ein großer Durchbruchsversuch bevorstehe oder ob es sich nur um die alltägliche Schiesserei handle. Von persönlicher Angst wusste sich u weiss sich Pat ganz frei. Im Feuer selbst hat er sich nie ängstlich oder besonders aufgeregt gefühlt. Der Zustand steigerte sich zu dauernder innerer Aufregung, starker Pulsbeschleunigung mit quälenden Gefühlen in der Herzgegend (aber ohne eigentliche Beklemmung) gereizte Stimmung mit gelegentlichen ungerechten Ausfällen gegen seine Umgebung, Schreckhaftigkeit, unruhigen Schlaf mit lebhaften Träumen – aber ohne eigentl. Angstträume – Bei kleinen Unternehmungen als wenn er eine Patrouille ausschickte, kam er in hochgradige Erregung mit heftigem Herzklopfen, Zittern u. Oppression u. nachheriger völliger Kräfteabspannung u. physischem Zusammenklappen. Wenn er selbst mitmachen konnte, war es nicht so schlimm; es war mehr die gemütliche Spannung, die ihn mitnahm. Musste sich schließlich auf Wunsch seines direkten Vorgesetzten krank melden, da man ihm die krankhafte Verfassung ansah.«[27]

Günther K. unterschied deutlich zwischen dem Schrecken vor der Front und damit zusammenhängend der Angst, selbst verwundet oder getötet zu werden, auf der einen Seite und der Versagensangst aufgrund seiner Verantwortung als Kompanieführer und der Sorge um seine Untergebenen auf der anderen Seite. Während er Angst in Bezug auf seine eigene Person abstritt, formulierte er die letzteren Ängste mit klaren Worten. Hier spielte sicherlich auch eine Rolle, dass diese als besonders ausgeprägtes Pflicht- und Verantwortungsgefühl interpretiert werden konnten und damit mit dem Ehrbegriff eines Offiziers und dessen Selbstbild wohl vereinbar waren. Funktional waren diese Ängste aber nicht. Als man ihm seine Aufregung anmerkte und die Gefahr bestand, dass sie sich auf seine Untergebenen übertrug oder sie sich auf sein Handeln auswirkte, wurde er von seinem direkten Vorgesetzten angehalten, sich krank zu melden.

Dass die Arbeitsüberlastung an einem schwer umkämpften Abschnitt der Front die Nervenbelastung eines Offiziers potenzierte, zeigt eindringlich der Eintrag des sächsischen Leutnants Walter Wackwitz am 19. November 1916 in sein Tagebuch von der Somme-Front:

---

27 Ebd.

IV. Leidenserfahrungen und Selbstbild

»Ich bin gereizt, empfindlich, ja jähzornig. Ein Säckchen mit gemahl'nem Kaffee den ich – aus gutem Grunde – selbst behüte, liegt vor mir duftend auf einem primitiven Tisch – Baubuden-Tisch. Der Duft, so lieblich er ansonst empfunden wird, macht mich ›verrückt‹! Die kalte Luft, die mir nachts übers Gesicht streicht, schmerzt. Ich reg‹ mich über Kleinigkeiten auf, das Blut schiesst in den Kopf, das Herz fängt an zu pochen und schliesslich krieg ich noch das Zittern und bin erst 22 Jahre alt! Man kommt ja nicht zur Ruhe! Der Batl-Stab fordert die regelmässigen Meldungen 3 Uhr nachts, dann 7 Uhr früh, um 12 Uhr mittags und um 2 Uhr nachm. Gegen 9 Uhr abends kommt im Gänsemarsch der 4. Zug – die Träger -; dazu stets eine Ordonnanz von der Komp.-Schreibstube – Kompagnie-Geschäfte, die meiner Unterschrift bedürfen. Dabei muss man die Leute schubsen zu jeder Arbeit, jedem Dienst, bis sie in Gang kommen. und das verfluchte Angebimmle vom Batl.-Stab her; denn was die alles wissen wollen!«[28]

Auffällig ist, dass Wackwitz hier nicht die Kampferlebnisse als entscheidend für das »Verrücktwerden« herausstellte, sondern die Arbeitsüberlastung. Doch macht der elf Tage später abgeschickte Brief des Leutnants an seine Verlobte vom 30. November 1916 deutlich, dass auch die Kriegserlebnisse an der Somme-Front ihm psychisch stark zusetzten:

»[...] mit meiner Ruhe war's vorbei! Liess ich mir auch nichts merken, es kochte doch in mir, wenn mich was reizte. Das Herz fing an zu pochen, das Blut stieg in den Kopf. ich musste mich verdammt zusammenreissen, um nicht auch noch zu zittern. Mich ärgerte schon jeder Schuss, wenn er von drüben kam! Ich kam zwar aus dem 1. Somme-Einsatz heil heraus – soweit's die Haut betraf – doch nervlich war ich angeknaxt. Dazu: Die ganze Nacht stets draussen, am Tage schläft man nicht vor Kälte und vor Nässe, Unregelmässigkeit der Kost und immer kalt, vielleicht der Tabak und der Schnaps – was [...] wär'n wir ohne ihn; der Ärger an der Front, dazu der aus der Heimat mit Frau Schnabel, die unsre Heirat hintertreibt, obgleich sie sie erst angezettelt hat. Das ging mir langsam aber sicher ›auf die Nerven‹.«[29]

Über seine Strategie, mit den nervlichen Belastungen umzugehen, und seine Überzeugung, dass der Krieg bei allen Teilnehmern psychische Wunden hinterließ, schrieb er:

»Doch was hilfts: nichts merken lassen, stumm durchhalten oder, wie es bei Soldaten heisst: ›Weitermachen!‹ Aber mürrisch werden, verbittert, verbissener, still und stiller werden – das darf ich doch wenigstens, zumal es letztlich nichts anderes sein soll als

---

28 Sächsische Landesbibliothek – Staats- und Universitätsbibliothek Dresden (SLUB), NL Walter Wackwitz 2561c.4 Mein Lebensweg. Teil II. Kriegstagebuch 1914/18, Tagebucheintrag vom 19.11.1916, S. 228.
29 Ebd., Brief an seine Verlobte vom 30.11.1916, S. 247f.

Ökonomie der Kräfte. Kriegt man keins vor die ›Birne‹, geht man eben nach und nach ›vor die Hunde‹. Kommen muss es, so oder so.«[30]

Wackwitz kam ohne Lazaretteinweisung wegen psychischer Leiden durch den Krieg, wobei aus seinen Briefen deutlich wird, dass seine Verlobte und spätere Frau entscheidend dazu beitrug, dass er seinen Lebensmut nicht verlor.[31] Hinzu kam nach seiner Einschätzung, dass seine Seele im Krieg »exerziert« wurde und »Disziplin gelernt« habe, was aber dazu geführt habe, dass seine »Seele« »ausgeglüht« sei, wie er im Juli 1918 an seine Frau schrieb.[32]

b. Kriegserlebnisse, psychische Symptome und Verhalten bei der Erkrankung

Richtet man nun einen Blick darauf, wie Offiziere, die wegen psychischer Leiden ins Lazarett eingeliefert wurden, den Prozess des Krankwerdens erfuhren, ist zuvorderst zu konstatieren, dass in den Briefen der Offiziere an militärische Stellen und Versorgungsbehörden kaum detaillierte Informationen über die konkreten auslösenden Kriegserlebnisse und damit verbundenen Ängste und psychischen Störungen zu finden sind. Die Offiziere zeigten sich hier äußerst wortkarg und achteten meist sehr darauf, nichts nach ihrer Meinung Nachteiliges oder Ehrenrühriges mitzuteilen. Und hier lag die Messlatte sehr hoch, da das militärische Reglement von Offizieren erwartete, im Schützengraben Nervenstärke zu zeigen und Ängsten und psychischen Leiden keinen Ausdruck zu geben.[33] War ihnen dies de facto nicht gelungen, macht die Auswertung sehr deutlich, wie wenig die Offiziere mit ihrem psychischen Leiden zusammenhängende Erfahrungen kommunizierten. Oft führte dies zur völligen Ausblendung oder Vertuschung der Umstände des Krankwerdens oder zu sehr allgemeinen, formelhaften Erklärungen. Vielfach wurde lediglich von »Anstrengungen«, »Strapazen« oder »Aufregungen« geschrieben.

---

30 Ebd., S. 248.
31 Dies wird auch aus dem letzten Absatz des zitierten Briefes deutlich: »Ein Held bleibt mir: das bist Du; und einen einzigen Wunsch hab ich: das bist ebenfalls Du. So lange ich noch lebe, steh ich fest neben Dir [...]. Lass mich erst wieder bei Dir sein, so werd' ich zwischen Dich und Deine Mutter treten und geb den Platz nicht wieder frei!« Ebd.
32 Ebd., Brief an seine Frau vom 27.7.1918, S. 68.
33 Siehe hierzu Kap. II.2.b. Die gesteigerte Bedeutung von Willens- und Nervenstärke der Offiziere im Krieg.

IV. LEIDENSERFAHRUNGEN UND SELBSTBILD 513

Neben dem Faktor, dass die Offiziere psychische Versehrungen vielfach als diskreditierend ansahen, ist hier zu berücksichtigen, dass es im militärischen Schriftverkehr wie auch später noch in der Versorgungsverwaltung der Weimarer Republik generell üblich war, den Kontext der Entwicklung einer psychischen Störung nicht detailliert wiederzugeben, sondern standardisierte Formulierungen wie »Strapazen des Felddienstes« zu verwenden.[34] Ein weiterer Grund für die oft wortkargen Ausführungen der Offiziere über die Umstände des Krankwerdens ist, dass manche Offiziere sich an die Zeit vor der Krankmeldung nur ungenau erinnern konnten oder eine Amnesie hatten. Dies ist auch als Schutzmechanismus der Psyche zu verstehen, um diesen Verhaltensbruch nicht in das Selbstbild integrieren zu müssen.[35]

Dass es vorkam, dass Offiziere aufgrund ihrer psychischen Leiden ein Verhalten zeigten, mit dem sie ihrer militärischen Führerrolle nicht genügten, ist neben sporadisch erhaltenen Ehrengerichtsakten[36] vor allem durch in psychiatrischen Fachjournalen veröffentlichte, ärztliche Fallstudien dokumentiert. Die Mediziner beschrieben in ihren Fallanalysen psychisch auffallende Offiziere detailliert. Sie berichteten über ihre Symptome, ihren Habitus und ihre Verhaltensweisen und gaben oft auch Aussagen von Offizieren über ihre Gefühle und Gedanken wieder. Dabei ist allerdings zu beachten, dass, wenn Ärzte psychische Symptome von Offizieren an der Front analysierten, sie dies vorrangig aus wissenschaftlichem Interesse taten, um die

---

34 BayHStA-KA Mkr 11709, Erlass des Kriegsministeriums München, Pensions- und Versorgungsabteilung am 31. Oktober 1917, betreffs der Behandlung der Einsprüche von Versorgungsangelegenheiten. Dies entspricht Stephanie Neuners Befund, dass auch die Weimarer Versorgungsverwaltung vorrangig entsprechende standardisierte Ursachen für Versorgungsleiden psychisch versehrter Kriegsteilnehmer notierte. Neuner, Politik und Psychiatrie, S. 52. Siehe hierzu auch Kap. II.7.a. Spezifika des militärischen Schriftverkehrs über psychisch versehrte Offiziere.

35 Ein Beispiel für einen Offizier, der sich nicht mehr an seinen Nervenzusammenbruch erinnern konnte, findet sich in der Fallstudie der Nervenärzte Westphal und Hübner, die Ende 1914 den Fall eines früher stets gesunden Offiziers veröffentlichten, der 1914 von einer Granate verschüttet wurde und daraufhin unter Kopfschmerzen und vorübergehender Verwirrtheit litt. Kurz darauf habe er die Nachricht vom Tod seines Majors erhalten. Hierauf sei er in einen »schweren Erregungs- und Verwirrtheitszustand« geraten, der sich später zu einem »stuporösen Dämmerzustand mit vereinzelten Wahnideen« entwickelt habe. Nach einem langen Schlaf habe sich »sein Geist« plötzlich »aufgehellt«, ohne dass er sich an die früheren Zustände erinnern habe können. Es seien nur noch mannigfache nervöse Beschwerden zurückgeblieben. Vgl. Birnbaum, der die Ergebnisse der Nervenärzte Westphal und Hübner referierte: Birnbaum, Kriegsneurosen und -psychosen. Zweite Zusammenstellung von Mitte März bis Mitte August 1915, S. 66.

36 Vgl. hierzu die Ausführungen in Kap. II.8.a. Sanktionen.

verschiedenen Ausprägungen der Kriegsneurose zu untersuchen. Hier ging es vielfach um das Spektakuläre des Einzelfalls, weniger um dessen Repräsentativität.[37] Häufig führten sie gerade Fallstudien von Offizieren im Streit um die Ursache der Kriegsneurosen als einen Beleg dafür an, dass auch Kriegserlebnisse und eben nicht nur die »minderwertige« Konstitution Auslöser für die psychischen Störungen sein konnten. Ein wichtiges Ergebnis ist, dass Nervenärzte im Weltkrieg dabei auch Fallstudien von Offizieren veröffentlichten, die ein »unstandesgemäßes« Verhalten als Reaktion auf die Fronterlebnisse beschrieben.

So berichtete Karl Bonhoeffer 1916 von einem Offizier, der einige Stunden nach einer Granatenexplosion plötzlich weinte, vehement den Wunsch äußerte, nach Hause zu fahren, und in eine depressive Stimmung verfiel, die nach einigen Tagen wieder abgeklungen sei.[38] Max Rohde beschrieb 1915, wie ein Offizier, der bisher in keiner Weise als nervös aufgefallen war, von einer akut durch Schreck erworbenen Ängstlichkeit befallen wurde. Der Offizier habe sich »beim Stuhlgang« befunden, als in 30 Metern Entfernung eine Granate platzte. Hierauf sei er in seinen Unterstand in einem Keller geeilt und nun im Gegensatz zu seinem vorherigen Verhalten nicht mehr dazu zu bewegen gewesen herauszukommen.[39] Robert Wollenberg berichtete 1916 von einem nicht nervös veranlagten Offizier, der beim Reiten im Wald ohne tatsächliche Gefahr von Angstanfällen befallen wurde.[40] Und Robert Gaupp führte 1915 das Beispiel eines jungen Offiziers an, der, sobald man ihn auf die Wiederkehr seiner Dienstfähigkeit angesprochen habe, in lautes Weinen und Jammern ausgebrochen sei, und bei dem die Erinnerung

---

37 Dass die Fälle überhaupt veröffentlicht wurden, zeugt vom hohen Selbstbewusstsein der Ärzte im Krieg, das in der Vorkriegszeit noch undenkbar gewesen wäre. Hier wird mitunter auch ein patriotisches Interesse spürbar, die Gefahr psychischer Auffälligkeiten bei Offizieren an der Front zu beschreiben. Zudem ist im Blick zu behalten, dass diese ärztlichen Beschreibungen zumeist in eine ganze Krankengeschichte eingebettet waren, in der der Krankheitsverlauf als ganzer, die Therapien und die Genesungschancen dargelegt wurden. Siehe hierzu Kap. III.2.a. Der psychiatrische Diskurs über die Diagnosen und Ursachen von psychischen Leiden bei Offizieren.
38 Referiert bei Birnbaum, Kriegsneurosen und -psychosen. Vierte Zusammenstellung von Anfang Februar 1916 bis Ende Juli 1916, S. 495.
39 Rohde, Neurologische Betrachtungen eines Truppenarztes im Felde, S. 379–415; Birnbaum, Kriegsneurosen und -psychosen. Dritte Zusammenstellung von Mitte August 1915 bis Ende Januar 1916, S. 324.
40 Birnbaum referierte Wollenbergs Beitrag in: Birnbaum, Kriegsneurosen und -psychosen. Fünfte Zusammenstellung von Anfang August 1916 bis Ende März 1917, S. 223.

an den Anblick toter Soldaten genügt habe, ihn am ganzen Körper zittern zu lassen.⁴¹ Ferner beschrieben die ärztlichen Fallstudien auch Fälle, in denen die militärische Situation durch die psychischen Symptome des Offiziers – Wahnideen, Dämmerzustände oder Halluzinationen – gefährdet wurde. Bei Mannschaftssoldaten wurden ähnliche Symptome auch dokumentiert, doch konnten sie bei Offizieren aufgrund ihrer Befehlsgewalt schwerwiegendere Konsequenzen haben. Einen besonders gravierenden Fall in dieser Hinsicht schilderte der Nervenarzt Adolf Friedländer. 1916 sei ein Offizier nach schweren Feldzugsanstrengungen unter dem Einfluss plötzlich auftretender Verfolgungsideen wütend mit dem Säbel auf Untergebene losgegangen. Nach mehrtägiger Bettruhe sei er völlig klar und mit erhaltener Erinnerung aus tiefem Schlaf erwacht.⁴²

Der Nervenarzt Donath schrieb über einen Leutnant, bei dem eine Granatenexplosion in nächster Nähe zu einem Dämmerzustand geführt habe.⁴³ Die Explosion habe nicht zu Bewusstlosigkeit geführt, sondern ihm nur eine zunächst übersehene Hautverletzung zugefügt. Dennoch sei er unmittelbar im Anschluss an die Detonation in einen Dämmerzustand verfallen. In diesem Zustand habe er weiter sein Bataillon geführt und einen Wald besetzt. Erst nachträglich habe er von anderen die Einzelheiten seiner Handlungen erfahren, an die er sich selbst nicht erinnern konnte. Der Dämmerzustand habe sich noch zweimal nach zehn und 24 Stunden wiederholt. Zuletzt sei er bewusstlos hinter die Feuerlinie gebracht worden.⁴⁴

Auch Halluzinationen konnten die korrekte Ausübung der militärischen Führerrolle gefährden. Der Nervenarzt Wollenberg schilderte in einer Fallstudie von 1914, dass ihm ein Offizier berichtet habe, dass er nach sehr anstrengenden Kampftagen optische Halluzinationen gehabt habe, die ihn beinahe zu falschen Meldungen und unzweckmäßigen Anordnungen veranlasst

---

41 Gaupp, Hysterie und Kriegsdienst, i, S. 361ff. Seine Ergebnisse referierte Birnbaum, Kriegsneurosen und -psychosen. Zweite Zusammenstellung von Mitte März bis Mitte August 1915, S. 42f.
42 Referiert bei Birnbaum, Kriegsneurosen und-psychosen, Sechste Zusammenstellung von April bis Ende 1917, S. 70.
43 Vgl. Birnbaum, der die Ergebnisse Donaths referierte: Birnbaum, Kriegsneurosen und - psychosen. Zweite Zusammenstellung von Mitte März bis Mitte August 1915, S. 66.
44 Ebd. Auch der Nervenarzt Scholz schilderte einen Fall von »Schreckneurose« bei einem Leutnant nach einer Granatenexplosion: Scholz, Das Seelenleben des Soldaten an der Front, S. 226. Siehe hierzu die Ausführungen in Kap. III.2.b. Psychiatrische Praxis: Diagnosen in den Krankenakten.

hätten. Er glaubte zu sehen, dass sich in einer Mulde des vor ihm liegenden Geländes feindliche Kavallerie aufstellte und ein Luftschiff niederging, aus welchem eine blau-weiß-rote Fahne herabgeworfen worden sei.[45] Blickt man auf die Beschreibungen der Offiziere in den Fällen, in denen sie die Umstände des Krankwerdens etwas näher ausführten, lassen sich verschiedene Strategien feststellen, mit den psychischen Symptomen und der Belastung, die eine psychische Versehrung für das Selbstbild der Offiziere bedeutete, umzugehen. Auffällig ist, dass Offiziere bei ihren Beschwerden, die sie gegenüber Ärzten und vor allem militärischen und staatlichen Stellen äußerten, Ängste kaum benannten, sondern vielfach medizinische Vokabeln oder Metaphern verwendeten, was dem emotionalen Regime im Offizierskorps wohl eher entsprach.[46]

Viele Offiziere griffen auf Ausdrücke wie Nervenzerrüttung, Nervenzusammenbruch und Nervenschock zurück, um ihre Situation für sich selbst und andere einzuordnen und den Erlebnissen einen Sinn zu geben.[47] Die Nutzung dieser Begriffe schloss konstitutionell bedingte Leiden aus und verknüpfte sie direkt mit den Kriegserlebnissen.

Hinzu kam, dass über diese Begriffe eine Sprache verwendet werden konnte, die mit den Rollenbildern und -erwartungen korrespondierte und

---

45 Ein weiteres diesbezügliches Beispiel aus dem ersten Kriegsjahr, das sich noch dazu dadurch auszeichnet, dass eine Gruppe die gleiche optische Sinnestäuschung entwickelte, war nach der Mitteilung eines Arztes, der zunächst bei der Truppe war, dass sich im übermüdeten Zustand bei ihm und ebenso bei verschiedenen Offizieren seines Bataillons übereinstimmend die Vision weißer Häuserreihen am Straßenrand eingestellt habe. Birnbaum, der die 1914 von Robert Wollenberg angeführten Fälle beschrieb, zog eine Parallele zum Krieg von 1870/71. Damals sei berichtet worden, dass eine ganze Abteilung abgespannter französischer Soldaten in einer Kirche die Vision der ihnen Schutz versprechenden Madonna hatte und erklärte sie mit der angstbetonten Erregung und gespannten Erwartung im Krieg. Birnbaum, Kriegsneurosen und -psychosen. Erste Zusammenstellung vom Kriegsbeginn bis Mitte März 1915, S. 337f. Ein ähnlicher Fall von 1917 ist, dass ein Offizier erschöpft während eines Marsches eine Fata Morgana-ähnliche Vision hatte. Er sah eine große Stadt mit Lichtern. Vgl. die Referierung des von Robert Sommer geschilderten Falls bei Birnbaum, Kriegsneurosen und -psychosen. Fünfte Zusammenstellung von Anfang August 1916 bis Ende März 1917, S. 196f.
46 Das Konzept des emotionalen Regimes von William M. Reddy betont die gesellschaftliche Rahmung von Gefühlen: Reddy, The Navigation of Feeling, S. 129. Siehe hierzu auch Fehlemann, Die Nerven der »Daheimgebliebenen«, S. 230; vgl. daneben Aschmann, Heterogene Gefühle, S. 225–249; Michl/Plamper, Soldatische Angst im Ersten Weltkrieg.
47 Siehe hierzu auch den Abschnitt »Umgang der Offiziere mit ihren psychischen Leiden bei der Kommunikation außerhalb des Lazaretts« in Kap. IV.2.a. Die Haltung der Betroffenen zur Psychiatrie und zur Diagnose. Vgl. daneben Nübel, Durchhalten und Überleben an der Westfront, S. 363.

IV. LEIDENSERFAHRUNGEN UND SELBSTBILD

dazu diente, nicht von der als ehrenrührig angesehenen Angst sprechen zu müssen und die mit dem psychischen Leiden verbundenen Empfindungen und Verhaltensweisen, die ihnen negativ ausgelegt werden konnten, zu entschuldigen oder zumindest abzumildern. Ernst Jünger war einer der wenigen, die nicht solche Entschuldigungs- und Beschönigungsstrategien anwandten. Er beschrieb in seinem Buch »In Stahlgewittern« seinen ersten psychischen Zusammenbruch, der sich während der Schlacht von Les Esparges 1914 ereignete, in der er in heftigen Beschuss geriet und seine erste Verwundung erhielt, stattdessen als reine Angstreaktion:

»Ich will offen gestehen, daß mich meine Nerven restlos im Stiche ließen. Nur fort, weiter, weiter! Rücksichtslos rannte ich alles über den Haufen. Ich bin kein Freund des Euphemismus: Nervenzusammenbruch. Ich hatte ganz einfach Angst, blasse, sinnlose Angst. Ich habe später noch oft kopfschüttelnd an jene Momente zurückgedacht.«[48]

Für Jüngers schonungslose Sichtweise spielte sicherlich eine Rolle, dass seine psychischen Krisen temporäre Erscheinungen waren, die er letztendlich wieder unter Kontrolle brachte.[49]

Mit den Begriffen »Nervenzerrüttung« oder »Nervenerschöpfung« wurde aber auch beschrieben, dass die psychische Widerstandskraft durch die Belastungen des Krieges besonders strapaziert und irgendwann aufgebraucht war. Die »nervenzerreibende« Wirkung anhaltenden Trommelfeuers oder explodierender Granaten und des damit verbundenen Lärms, der Unberechenbarkeit und ständigen Lebensgefahr stellten einen festen Bestandteil der Selbstzeugnisse der Weltkriegsteilnehmer im Allgemeinen wie auch psychisch versehrter Offiziere im Speziellen dar.[50]

Eine Strategie der Offiziere, dem Versagensvorwurf zu begegnen und mit ihrem Leiden umzugehen, war eine stark funktionelle Sicht auf die Krankheit und die hohe Bedeutung von Professionalität und militärischer Effektivität für die Wahrnehmung des psychischen Leidens bei der Erkrankung. So ließen sich Offiziere an der Front krankschreiben, da sie das Urteil getroffen hatten, dass sie mit ihren psychischen Symptomen nicht mehr als Vorgesetzte ihrer Untergebenen tragbar seien. Auf diese Weise konnte Distanz gegenüber der Krankheit gewahrt und deren Kontrolle aufrechterhalten

---

48 Jünger, In Stahlgewittern, S. 36f.
49 Siehe hierzu die Ausführungen zur Wahrnehmung psychischer Leiden im Militär und zur Akzeptanz temporärer Krisen in Kap. II.7.c. Die Haltung der Offizierskameraden.
50 Siehe zum Topos »Nerven« auch die Ausführungen in Kap. III.6.c. Die Haltung der Offizierskameraden.

werden. Der Bataillonsarzt des 2. Bataillons des 1. bayerischen Infanterie-Regiments berichtete am 5. Juni 1916 über die Krankmeldung des Leutnants der Reserve Ferdinand B. vom 4. Juni 1916 während der Schlacht von Verdun Folgendes:

»Der Leutn. d. R. B. 8/1 IR meldete sich gestern krank. Er gibt an völlig geistig und körperlich erschöpft zu sein, schrecke in der Stellung derart zusammen, daß er als Vorgesetzter unmöglich sei.«[51]

Ferdinand B. meldete sich in erster Linie deshalb krank, da er glaubte, durch seine heftigen Schreckreaktionen seiner Funktion als »Vorgesetzter« nicht mehr nachkommen zu können.

Auch der Leutnant der Reserve Paul K. ist ein Beispiel für einen Offizier, der selbst die Krankmeldung einreichte, da er »nicht imstande« gewesen sei, »seine Leute zu führen.«, wie er bei einer Befragung durch den Arzt im Offiziers-Genesungsheim Joeuf angab. Paul K. war einer der vielen Offiziere, bei denen die Todesgefahr im Stellungskrieg an der Westfront die psychischen Symptome auslöste. Am 26. September 1915 meldete sich Paul K. beim Divisionsstab dienstunfähig. Seinen Verpflichtungen als Offizier entsprach es, in diesem Fall sein militärisches Kommando ordnungsgemäß abzugeben.[52]

Eine weitere Strategie der Offiziere, mit ihrem psychischen Leiden umzugehen, war, dass sie von sich aus versuchten auszuräumen, deswegen als militärischer Führer untauglich zu sein. Die Krankengeschichte des Oberleutnants Georg G., der mit der Diagnose »Psychopathie« und »nervöse Zerrüttung« im Reservelazarett der Universitätsnervenklinik Tübingen behandelt wurde, ist ein Beispiel dafür, dass Offiziere stark darauf bedacht waren, den Vorwurf des Versagens als militärische Führer abzuwehren. Der Oberleutnant teilte dem Arzt auf Befragen seine eigene Interpretation seiner psychischen Leiden Anfang Mai 1916 wie folgt mit – er war im März 1916 zum zweiten Mal aus psychischen Gründen ins Lazarett gekommen. Seine letzte

---

51 Weiter heißt es: »Objektiv ist bei dem in seiner Ernährung reduzierten u. blassen Mann Erhöhung der Reflexe und apathisches Wesen zu bemerken. Ich halte ihn nicht mehr z. Z. für felddienstfähig und beantrage nach D.V. 319 Anl. 1 C Zf. 15 seine Versetzung zum Ersatzbataillon.« BayHStA-KA OP 4696 Leutnant der Reserve Ferdinand B., Bericht des Bataillonsarzts des 2. Bataillons des 1. Infanterieregiments am 5.6.1916 über die Krankmeldung des Leutnants der Reserve Ferdinand B. vom 4.6.1916.

52 BA-MA Pers 9, 4.7.1892 KU-U, Krankenakte von Paul K., Offizier-Genesungsheim Joeuf, 1915. Siehe zur Krankengeschichte von Paul K. auch die Ausführungen in Kap. III.2.b. Psychiatrische Praxis: Diagnosen in den Krankenakten.

IV. LEIDENSERFAHRUNGEN UND SELBSTBILD

Krankmeldung erfolgte, nachdem er zuvor an der Ostfront als Adjutant und Kompanieführer gedient hatte:

»Früher mit Nerven? Kerngesund gefühlt [...] Kriegerische Dinge nicht so mitgenommen, aber die grosse Arbeit. Habe als Adjutant ganzen Ausbau der Stellung gelenkt [...]. Im Osten Komp.führer. In Stellung bei Feind nie versagt. Mit Witterungsunbilden sehr viel zu tun [...].«[53]

Hier zeigt sich die in militärischen Zeugnissen immer wieder aufscheinende Wahrnehmung, dass an der Ostfront die körperlichen Strapazen dominierten, während an der Westfront die nervlichen Belastungen vorrangig waren.[54]

Die Betonung von Georg G., dass nicht die Kriegserlebnisse, sondern Arbeitsüberlastung und physische Anstrengungen die nervlichen Beschwerden vorrangig verursacht hätten, ist auch so zu lesen, dass eine solche Ursache seinem Selbstbild als Offizier eher entsprach. Solange die im Idealbild geforderte Nervenstärke beim eigenen Verhalten an der Front gegeben war, hatte er sich nichts vorzuwerfen. Und der Ausdruck »In Stellung bei Feind nie versagt« macht deutlich, dass er nervliche Probleme, die einen Offizier beim Führen der Mannschaften an der Front beeinträchtigten, dagegen als Versagen interpretierte. Hier befand sich der Oberleutnant im Einklang mit der Sicht der militärischen Führung.[55]

Wurden Offiziere mit dem Vorwurf konfrontiert, dass sie die Führung ihrer Untergebenen nicht verantwortungsvoll ausübten, konnte dies der letzte Auslöser zum psychischen Zusammenbruch sein und gar zum Suizid führen. Dies galt vor allem für ihr Verhalten an der Front, betraf aber auch die Etappe. So beging 1915 ein Hauptmann der 11. bayerischen Infanterie-Division Selbstmord, nachdem ein Untergebener ihm vorgeworfen hatte, er sei nicht in der Lage, eine Kolonne zu führen. Im Untersuchungsbericht wurde angenommen, der Fall erkläre sich daraus, dass der Offizier durch die lange Kriegsdauer »verbraucht« und unter dem Gewicht des Vorwurfes zusammengebrochen sei.[56]

---

53 Die Auslassungszeichen finden sich in dieser Form in der Krankenakte. UAT 669/27701 Oberleutnant Georg G., Eintrag in der Krankenakte vom 2.5.1916.
54 Siehe zu den Unterschieden zwischen West- und Ostfront Kap. II.7.c. Die Haltung der Offizierskameraden.
55 Siehe hierzu Kap. II.7.b. Die Haltung der Vorgesetzten.
56 Zit. nach Stachelbeck, Militärische Effektivität im Ersten Weltkrieg, S. 299.

c. Die Präsenz belastender Kriegserfahrungen in der Krankheit

Für die Präsenz belastender Kriegserfahrungen in der Krankheit finden sich immer wieder Belege in den Krankenakten und ärztlichen Fallstudien, auch wenn sie meistens nur angedeutet oder in Nebensätzen wiedergegeben wurden und die konkreten Symptome im Mittelpunkt der Beschreibungen standen.

Typisch für den ärztlichen Blick und die Gewichtung zwischen Kriegserfahrungen und Symptomen ist die Fallstudie des Nervenarztes Zange von 1915. Aus ihr ist zu erfahren, dass der Offizier im Anschluss an Strapazen und Entbehrungen im Felde psychisch erkrankt war, ohne dass auf die Erfahrungen an der Front näher eingegangen wird. Dass seine Kriegserfahrungen ihn schwer verstört hatten, zeigt der Hinweis, dass er im Lazarett die Zwangsvorstellung hatte, er müsse sich auf die Füße schießen oder dem Feind aus dem Schützengraben entgegenspringen. Ausführlich werden dagegen die weiteren Symptome genannt: Weinkrämpfe, Schwindel, Angstzustände, Schlaflosigkeit, mitunter enorme Geräuschempfindlichkeit, mitunter beiderseits psychogene Schwerhörigkeit und das Gefühl, dass bestimmte Körperteile bei ihm abstürben.[57]

Der Leutnant der Landwehr und spätere Verleger Peter Suhrkamp ist ein Beispiel für einen Offizier, der im Lazarett verstärkt von seinen Kriegserlebnissen heimgesucht wurde, wie seine Krankenakte im Bremer St. Jürgen-Asyl deutlich macht. Er hatte bereits neun Monate in Lazaretten und Genesungsheimen verbracht, als er am 15. Oktober 1918 nach Bremen kam. Seine Aufnahmediagnose lautete hier Hysterie. Er wurde als geschwächt, zermürbt

---

57 Vgl. die Referierung von Zanges Ergebnissen bei Birnbaum, Kriegsneurosen und -psychosen. Zweite Zusammenstellung von Mitte März bis Mitte August 1915, S. 41. Affekthandlungen mit der Waffe aufgrund von Halluzinationen und Wahnvorstellungen, die mit den Kriegserlebnissen zusammenhingen, beschrieb auch der Nervenarzt Hoche 1915 bei einem Offizier, der im Feld eine Myasthenie, eine belastungsabhängige Schwächung seiner Muskeln, entwickelt hatte und aufgrund dieses Leidens in die Heimat gekommen war. Dort sei er von Angstträumen heimgesucht worden, in denen er von der Front träumte. Aus der Angst des Halbtraumzustandes heraus habe er nachts mit seinem Revolver auf die auf dem Nachttisch stehende Leuchtuhr geschossen, da sie für eine französische Laterne gehalten habe. Hoche untersuchte den Fall und interpretierte ihn als eine reizbare Schwäche, die er als chronische schädliche Wirkung der Kriegserlebnisse ansah. Er betonte die häufige depressive Stimmungslage bei Heimkehrenden, die neurasthenische Symptome ausgebildet hatten, die mit einer depressiven Auffassung der politischen und militärischen Lage einhergehen. Vgl. die Referierung von Hoches Ergebnissen bei Birnbaum, Kriegsneurosen und -psychosen. Erste Zusammenstellung vom Kriegsbeginn bis Mitte März 1915, S. 337.

und verhaltensauffällig beschrieben.[58] Ferner wurden eine »traurige Stimmung und morgendlicher Brechreiz« bemerkt.[59] Über die konkreten Symptome, Reaktionen und Ängste des jungen Patienten heißt es in einem Krankenbericht des Klinikdirektors Delbrück:

»Es besteht Zittern der Zunge, der Hände und Lidflattern. Der Gesichtsausdruck ist ernst und verträumt, die Stimmung meistens gedrückt, tageweise sogar stark deprimiert. Fast dauernd bestehen starke Kopfschmerzen. Der Schlaf ist sehr schlecht und dauert höchstens einige Stunden; meistens ist er durch ein inneres Bildersehen gestört.«[60]

Besagte Bilder bezögen sich ausnahmslos auf Kriegserlebnisse. Über die konkreten verstörenden Kriegserfahrungen wurde in der Krankenakte allerdings nicht ausführlich reflektiert.[61] Die Aversion Suhrkamps gegen Krieg und Militär wird daran deutlich, dass sein Arzt Delbrück bei weiteren Untersuchungen festhielt, dass Suhrkamp noch im Januar 1919 von Magen- und Leibschmerzen geplagt wurde, sobald er Militärmusik hörte.[62] Delbrück erklärte den Patienten im Januar 1919 für »dauerhaft militärdienstunfähig« und stellte hierfür die Entwicklung körperlicher Symptome bei der Konfrontation mit dem Militär heraus.[63]

Ein weiteres Beispiel für einen Offizier, der mit Würgegefühl und Ekel auf seine Kriegserlebnisse reagierte, ist der bayerische Leutnant der Reserve Ludwig S. Er kam wegen »Gehirnerschütterung und Nervenchock« am 9. Juni 1916 in das Etappen-Lazarett Montmedy und litt nach der Granatenexplosion in der Schlacht bei Verdun, bei der er auf eine halbverweste Leiche

---

58 Werner, Das Zittern des Peter Suhrkamp.
59 Als Ursache seines Leidens wurden nicht seine Kriegserlebnisse in den Mittelpunkt gerückt, sondern seine unglückliche Ehe. Holthaus, Maria Hermes-Wladarsch sprach über Peter Suhrkamps »Behandlung« im St.-Jürgen-Asyl.
60 Zitiert nach Ebd.
61 Ebd.
62 Während der Patient den Krieg als die Ursache seines Leidens ansah, sah der Arzt dessen Konstitution als entscheidend an. Im Laufe des dreimonatigen Aufenthalts im St. Jürgen-Asyl wurde die Diagnose von Hysterie in »Psychopathie mit epileptischen Stufungen« geändert, sodass nun das Leiden vorrangig als auf Veranlagung beruhend angesehen wurde. Entsprechend wurden nicht die Kriegserlebnisse ins Zentrum gestellt, wenngleich Delbrück auch nicht verarbeitete Kriegsgräuel für Suhrkamps Symptome mitverantwortlich machte, sondern neben der unglücklichen Ehe wurde die erbliche Belastung herausgestellt: »Der Vater war geizig, die Tante war anormal.« Ebd.
63 Gleichzeitig urteilte Delbrück, dass er »nicht unbedingt der Anstaltspflege« bedürfe und entließ ihn als beurlaubt. Im nachfolgenden Zivilleben erholte sich Suhrkamp dauerhaft und bedurfte keiner weiteren psychiatrischen Betreuung mehr. Ebd.

geschleudert wurde, an »Brechreiz, Kopfschmerz, Stechen im l. Ohr«. Im Lazarett gab er an, dass der Brechreiz nach einigen Tagen verschwunden sei, aber noch bei der Erinnerung an den Leichengeruch auftrete, und die Symptome beim Erlebnis von Granateinschlägen wieder präsent seien, was nach drei Wochen so schlimm geworden sei, dass er sich krankmelden musste.[64] Am 16. Juni wurde im Krankenblatt festgehalten, es ginge Ludwig S. »Im Ganzen erheblich besser«, doch habe er noch zeitweilig nach dem Essen ein »Würgegefühl, anscheinend psychischen Ursprungs, mit der Erinnerung an ein Gefühl des Ekels zusammenhängend.«[65]

Aufgrund ihrer ausführlichen Beschreibungen darüber, wie die verstörenden Kriegserlebnisse auch noch im Lazarett präsent blieben, hat die Krankenakte des Leutnants Julius M. Ausnahmecharakter. Julius M., der nach mehreren Lazarettaufenthalten am 30. April 1915 wegen »Geisteskrankheit (Hysterie? Dementia präcox?)« ins Reservelazarett der Universitätsnervenklinik Tübingen eingeliefert wurde, war dort 14 Tage stationiert und wurde als ungeheilt in die Heilanstalt Rottenmünster überführt. Obwohl insgesamt auch in seiner Krankenakte in Tübingen die konkreten Symptome im Mittelpunkt der ärztlichen Beschreibungen standen, wird aus den dort wiedergegebenen Zitaten deutlich, dass ihn drei Aspekte seiner Fronterlebnisse besonders einnahmen: die Todesgefahr an der Front, die Tatsache, dass er selbst getötet hatte und die Verantwortung für seine unterstellten Soldaten, die er auf Befehl höherer Offiziere den Gefahren an der Front ausgesetzt hatte, wobei der erste und der letzte Faktor besonders häufig reflektiert wurden.

So war im Wahrnehmungshorizont von Julius M. während seines Aufenthalts in der Universitätsnervenklinik Tübingen beständig die Todesgefahr an der Front präsent. Er ahmte häufig das Sausen der Geschosse nach und hatte im Lazarett Wahnvorstellungen von Feinden, die ihn im Zimmer angreifen wollten.[66] Der Leutnant erlebte dabei die Kriegsgeschehnisse nicht nur in seinem Kopf, sondern handelte mitunter, als bestünde eine reale Bedrohung. Am 4. Mai 1915 heißt es:

---

64 BayHStA-KA OP 14653 Ludwig S., Krankenblatt Montmedy.
65 Ebd.
66 Am 30.4. steht in der Akte: »[...] deliriert dauernd vor sich hin, spricht von Granatfeuer, ahmt das Sausen der Geschosse nach [...] Giebt Befehle, redet vom Schützengraben, von Stellunghalten usw.« Eintrag am 1.5.: »Bittet, man möge den Mann, der da am Fenster sitze, erst wegschicken; auf Befragen: es sei ein schwarzer Mann, der vom Fenster nicht weg wolle. [...] da unten (zeigt unter das Sofa) liegt einer [...] da am Fenster steht ein französischer Offizier [...].« UAT 669/27109 Krankenakte des Leutnants Julius M.

»Meint auf einer Anhöhe, die er vom Fenster sehen kann, stünden Franzosen mit Maschinengewehren. Kriecht in geduckter Haltung zum Fenster hin, sieht vorsichtig über die Brüstung, kriecht dann wieder zurück zum Bett und versteckt sich unter der Bettdecke.«[67]

Die innere Qual des Leutnants aufgrund der ihn verfolgenden Bilder von der Front wird aus einem weiteren Eintrag ersichtlich, in dem es heißt: »Verlangt seinen Degen um sich gegen ev. Angreifer wehren zu können; versteckt öfters sein Tischmesser. Aeussert einige Male auch Suicid-Ideen.«[68]

Neben den Bedrohungen an der Front suchte Julius M. zweitens auch heim, dass er selbst getötet hatte. So ist am 4. Mai 1915 in der Krankenakte zu lesen: »Erzählt dann von einem toten Franzosen, den er erschossen habe und der unter dem Sofa liege; er müsse ihn jetzt füttern, damit er nicht verhungere.«[69]

Schließlich litt er drittens an der Verantwortung für die ihm unterstellten Soldaten und unter dem Konflikt, Befehle ausführen zu müssen, die seine Untergebenen in den sicheren Tod führten. Besonders eindrücklich ist hier ein Zitat, das am Tag seiner Aufnahme notiert wurde und die Sorge um seine Untergebenen mit der Reflexion der Todesgefahr verband:

»Befindet sich in einem deliranten Zustand. Meint, er sei im Feld: ›Herr Oberst, wenn ich Ihnen sage, ich halte die Stellung, dann wissen Sie, dass ich sie halte, bis ich zu Brei bin.‹ ›Wenn ich aber sage, Herr Oberst, ich kann es nicht verantworten, meine Leute so zu verschwenden, dann [...] dann wissen Sie, dass ich nach meinem besten Wissen handle.‹«[70]

Auch später kommt in den in der Krankenakte notierten Reflexionen des Leutnants im Lazarett die Scharnierstellung zum Ausdruck, in der er sich an der Front befand. Demgemäß hatte er die Verantwortung für seine Untergebenen, aber erhielt Befehle von höheren Offizieren und musste sich diesen gegenüber im Hinblick auf seine Kompanie rechtfertigen. So sagte er unvermittelt während eines Gesprächs mit dem Arzt am 1. Mai 1915 in einer Abschweifung: »Ich habe zum Major gesagt, meine Kompagnie macht das schon richtig.«[71]

Am 4. Mai 1915 ist in der Krankenakte zu lesen, dass der Leutnant die Erklärung abgab, dass er General geworden sei und den Adel verliehen

---

67 Ebd.
68 Ebd.
69 Ebd.
70 Ebd.
71 Ebd.

bekommen habe. Auch machte er einen Zettel an seine Zimmertür, auf dem er sich als Generalleutnant bezeichnete: »Hier ruht in süssem Schlummer S. E. Herr Generalltn. v. M. [anonymisiert, G.G.] u. s. Kammhrr Sanitätsfeldwebel F. [anonymisiert, G.G.]«. Es wird nicht klar, ob es sich hier um eine Wahnidee handelte oder diese Erklärung wie auch der Zettel als Protest gegen die Militärführung und die vielfach adeligen Generale, die mörderische Befehle ausgaben, einzuschätzen sind. Für erstere Interpretation sprechen seine Halluzinationen an diesem Tag, in denen er auf wahrgenommene voranstürmende Feinde und Kanonendonner mit Angstattacken reagierte und von Schuldgefühlen über getötete Feinde heimgesucht wurde, doch lässt sich dies nicht eindeutig entscheiden. Zumindest zeigt sein Verhalten, dass ihn die Fronterlebnisse und das Militärsystem fortwährend beschäftigten und verstörten.

Der Fall von Julius M. macht in besonders ausgeprägter Form deutlich, unter welcher psychischen Belastung die niederen Offiziere der Infanterie standen. In seinen Reflexionen spiegelt sich die Lebensgefahr, der diese Leutnants, die vorne in den Gräben bei ihren Männern lebten, ausgesetzt waren. Auch wenn die Leutnants ein bequemeres Leben durch einige Privilegien wie einen komfortableren Unterstand, bessere Verpflegung und einen Offiziersburschen hatten, waren sie Teil des blutigen Handwerks an der Front, das aus Sturmangriff, Abwehr und Gegenstößen bestand. In ihrer Rolle als Truppenführer waren sie dabei stets in einer exponierten Position, bei der es nicht möglich war, sich selbst zu schonen. Vielmehr mussten sie ihre Männer bei Angriffen aus den Gräben und nach vorne in den Nahkampf reißen. Es wurde erwartet, dass sie dabei »zehn Schritte vor ihrer Mannschaft« stürmten.[72] Hinzu kam, dass Leutnants neben dem Grabenkampf auch verpflichtet waren, gefahrvolle Spezialaufträge durchzuführen. So wurden sie von ihren Vorgesetzten aus der Deckung geschickt, um feindliche Stellungen auszukundschaften oder nächtliche Überfälle anzuführen.[73]

Zudem zeigt der Fall von Julius M., welch psychische Belastung es für die Truppenführer bedeutete, die Befehle der Militärführung im Maschinen-

---

72 Wetzel, »Leutnantdienst tun heißt: seinen Leuten vorsterben«, o. S. Siehe hierzu auch Kap. II.1.a. Willensstärke, Kampfentschlossenheit und Todesbereitschaft als traditionelle Standespflichten der Offiziere.

73 Der Schriftsteller Edlef Köppen, der selbst Leutnant im Ersten Weltkrieg war, beschrieb dies in seinem Roman »Heeresbericht«: »Dem Hauptmann wird die Warterei zu dumm: ›Herr Leutnant Reisiger, bitte nehmen Sie sich einen Unteroffizier, gehen Sie nach vorn. Versuchen Sie aufzuklären [...] Ich wünsche zu wissen, wo ungefähr die erste Linie unserer Infanterie liegt.«‹ Köppen, Heeresbericht, Kap. 14.

krieg umsetzen zu müssen, in dem Frontoffiziere und Soldaten zu bloßen Beigaben einer gigantischen Vernichtungsapparatur wurden.[74] Offiziere, die in den Materialschlachten ein psychisches Leiden entwickelten, das sie in Lazarettbehandlung zwang, waren zwar eine kleine Minderheit, doch als psychische Belastung sahen wohl alle Offiziere ihren Einsatz an. Der Grund lag darin, dass niedere Offiziere sich dabei nicht wie Mannschaftssoldaten in eine Opferrolle finden konnten, die durch die Abgabe der Verantwortung auch eine gewisse Erleichterung brachte.[75] Sie befanden sich vielmehr in einer Scharnierstellung, mussten die Verantwortung für Befehle mittragen, die sie nicht entschieden hatten, und dabei noch ihren Untergebenen in die Augen blicken.[76]

Denn nicht nur die ausgefeilte Tötungsmaschinerie, sondern auch die Mentalität eines Großteils der Generalität war für die horrenden Verluste verantwortlich. Deren ausgesprochen funktionalistische Sichtweise auf die Soldaten zeigt sich deutlich im verbreiteten Ausdruck »Menschenmaterial« und führte dazu, dass für sie vorrangig militärtaktische Erwägungen bei der Beurteilung von Verlusten eine Rolle spielten. Die Inkaufnahme des Todes ihrer Untergebenen erklärt sich aus der Betonung der Offensive und dem Willen, den Krieg bis zur Erschöpfung fortzusetzen. Beide Aspekte verliehen den Generalen und Stabsoffizieren eine bemerkenswerte Gleichgültigkeit gegenüber den Leiden an der Front.[77] Der Einzelne zählte für die

---

74 Bröckling, Disziplin, S. 206.
75 Bei den Mannschaftssoldaten verbreitete sich das Gefühl, von den Befehlshabern verheizt und zu Material reduziert zu werden. Dass Mannschaftssoldaten aus Gründen militärischer Geheimhaltung keine Informationen über strategische und taktische Ziele ihrer Einsätze erhielten, potenzierte deren Ohnmachtserfahrung. Entsprechend sahen sie sich als austauschbare, beliebig verschiebbare Masse, die nach undurchschaubaren Regeln von unsichtbaren Befehlsgebern, die fern von der Front das Kriegsgeschehen per Telefon und Telegraf dirigierten, bald hier-, bald dorthin kommandiert wurden. Vgl. Wette, Die unheroischen Kriegserinnerungen des Elsässer Bauern Dominik Richert aus den Jahren 1914–1918, S. 132f.; Bröckling, Disziplin, S. 205. Wie sich militärische Disziplin und Disziplinierung mit der Durchsetzung telegrafischer und telefonischer Kommunikationstechnologien veränderten, analysiert Kaufmann, Kommunikationstechnik und Kriegführung.
76 Hinzu kam, dass Offiziere sich in der Schlacht im Spannungsfeld von Zerstörung und Ordnung bewegten und damit nach widersprüchlichen Rationalitäten handelten. Sie verstanden sich im Krieg sowohl als Akteure zerstörerischer Gewalt als auch als Ordnungsstifter und Repräsentanten bestimmter Normen, die sie notfalls mit Gewalt durchsetzten. Meteling, Ehre, Einheit, Ordnung, S. 27.
77 Zwar rechnete keiner der Generale vor 1914 mit dem massenhaften Sterben, wie es im Weltkrieg stattfand. Dennoch waren die militärischen Führungen aller Großmächte bereit, zum Erreichen des Sieges auch hohe Verluste in Kauf zu nehmen. Einen Gefechtszweck

Generalität, so wie Waffen und Munition, primär nach Maßgabe seiner Ersetzbarkeit.[78] Besonders deutlich wird die Geringschätzung von Menschenleben auch in den Abnutzungs- und Materialschlachten, in denen der Gegner durch quantitative und qualitative Überlegenheit an Truppen, Kriegsgerät und Munition besiegt werden sollte. Diese Art der Kriegsführung zeigte sich vor allem an der Westfront (›Knochenmühle von Verdun‹, Schlacht an der Somme), aber auch am Isonzo oder in den Karpatenschlachten im Osten. Nach damaliger Einschätzung war ein Schlachtensieg nur unter hohen menschlichen Verlusten erreichbar.[79]

Viele der in den Materialschlachten eingesetzten Offiziere hatten ein schlechtes Gewissen, ihre Untergebenen zu opfern und verloren den Glauben an den Sinn des Einsatzes. So schrieb Robert von Grießenbeck von der 11. bayerischen Infanterie-Division am 23. April 1916 in sein Tagebuch: »Das ist ein schreckliches Gefühl, an einem Unternehmen mittun zu müssen, an dessen Gelingen man nicht mehr glaubt. Und dazu die Verpflichtung, auf meine Untergebenen stets ermutigend u. anspornend einzuwirken.«[80]

Die Gewissenskonflikte der Offiziere als Befehlsgeber führten in wenigen Fällen dazu, dass Offiziere zu Kriegsgegnern und Pazifisten wurden. Ein prominentes Beispiel war Berthold von Deimling, Kommandierender

---

mit möglichst geringen Verlusten zu erreichen, war kein vorrangiges Ziel. Stattdessen sah man lange Verlustlisten als Ausdruck der nationalen Entschlossenheit an, sich als Großmacht zu behaupten. Howard, Men against Fire, S. 522. Dabei spielte die Verbreitung sozialdarwinistischen Denkens eine große Rolle, das seit dem späten 19. Jahrhundert vor allem bei Militärs aller europäischen Großmächte Anklang fand. Ein harter Kampf war danach unvermeidlich, da das Leben an sich als Kampf ums Dasein begriffen wurde, den nur die Starken überlebten. Zudem wurde der Kampf bejaht, da er eine positive Wirkung auf den gesellschaftlichen Organismus habe und schädliche Einflüsse des Zivilisationsprozesses korrigiere. In der Lehre vom Leben als Kampf ums Dasein und dem Glauben an die züchtende Wirkung eines harten Kampfes besaß der Wille, sich wie ein Starker zu verhalten, also anzugreifen und bis zum Äußersten zu kämpfen, eine weltanschauliche Begründung. Storz, Die Schlacht der Zukunft, S. 272–274; zus. Janz, 14 – Der große Krieg, S. 23.

78 Auch konnte der Umstand, dass dem einzelnen Soldatenleben von der Militärführung nur ein geringer Wert zugebilligt wurde, dazu führen, dass Offensiven, deren strategisches Scheitern längst absehbar war, bloß aus Prestigegründen weitergeführt wurden. Ein Beispiel hierfür ist der von Holger Afflerbach anschaulich nachgezeichnete Entscheidungsprozess während der Marneschlacht im September 1914. Afflerbach, Falkenhayn, S. 196f.; vgl. auch Lipp, Meinungslenkung im Krieg, S. 93f.

79 Bröckling, Disziplin, S. 205.

80 Zitiert nach Stachelbeck, Militärische Effektivität im Ersten Weltkrieg, S. 273.

General des XV. Korps von Februar bis Oktober 1916 an der Maas. Er schrieb 1930, dass die Schlacht von Verdun ihn zum Umdenken geführt habe:

»Jeder ›ruhige‹ Tag brachte einen Verlust von 50–100 Toten, Verwundeten und Gaskranken. Alles in mir lehnte sich innerlich auf gegen das wahnwitzige, unsagbar grausame und noch dazu falsche Rechenexempel unserer Heeresleitung [...] Manche Nacht bin ich bis zum Hellwerden in meinem Zimmer auf und ab gerannt. Wenn ich als kommandierender General, statt zu führen, statt durch taktische Überlegenheit und durch die Erfahrungen eines langen Soldatenlebens meinen Truppen zum Sieg unter kleinsten Opfern zu verhelfen, nur das ausführende Organ einer schematisierten Knochenmühle war, wie konnte ich das Opfern meiner Leute vor meinem Gewissen verantworten! Damals in dem kleinen schmutzigen Fabrikhaus in Amermont gab ich mir selbst das Versprechen, wenn ich lebend aus dem Krieg kommen sollte, weiterzukämpfen bis zu[r] letzten Kraft – gegen den Krieg. Ich habe mein Versprechen bisher gehalten, und ich werde es weiter halten.«[81]

Von Deimling trat in der Weimarer Republik als einer von wenigen ehemaligen Weltkriegsoffizieren öffentlich für den Pazifismus ein. Sein Engagement hatte zur Folge, dass seine ehemaligen Offizierskameraden zumeist den Kontakt mit ihm abbrachen.[82]

Neben ihrer problematischen Scharnierstellung führten auch Entscheidungen und Handlungen an der Front, die die Offiziere als Fehler einschätzten, öfter als bei Mannschaftssoldaten zur Ausbildung psychischer Leiden und ließen sie im Lazarett nicht los. Hier spielte der große Entscheidungsspielraum des einzelnen Offiziers in der deutschen Armee eine Rolle.[83] Der Nervenarzt Max Isserlin berichtete von Offizieren, die ihre vermeintlichen Fehlhandlungen in anfallartigen Visionen mit ängstlicher Erregung sahen. In vereinzelten Fällen seien solche Zustände allmählich so ausgeprägt gewesen, dass die depressiven Züge verschwanden und sich hysterische Zustandsbilder und Angstanfälle entwickelten.[84] Ernst Jendrassik führte den Fall eines höheren Offiziers an, der eine schwere Neurose entwickelte, da er Ge-

---

81 Deimling, Aus der alten in die neue Zeit, S. 10.
82 Münch, Verdun, S. 365. Vgl. hierzu allgemein Wette (Hrsg.), Pazifistische Offiziere.
83 Siehe zur Auftragstaktik auch Kap. II.7.b. Die Haltung der Vorgesetzten.
84 Vgl. Birnbaum, der die Ergebnisse von Isselin referierte: Birnbaum, Kriegsneurosen und -psychosen, Sechste Zusammenstellung von April bis Ende 1917, S. 51.

wissensbisse hatte, ob die von ihm gefällten Kriegsgerichtsurteile gerecht gewesen seien.[85]

Dass auch Offiziere, bei denen es nicht zu einer Lazarettbehandlung wegen psychischer Leiden kam, in schwere Krisen geraten konnten, wenn sie den gestellten Anforderungen hinsichtlich der Verantwortung für die ihnen anvertrauten Männer nicht nachkamen, zeigt der Fall des Leutnants Paul Diekmann. In einer Schlacht wurden alle Männer der von ihm befehligten Kompanie getötet oder gefangen genommen. Er hingegen hatte sich »nach hinten durchgeschlagen, um Verstärkungen zu holen«, wie er in einem Feldpostbrief schrieb. Nach den Kämpfen haderte er damit, dass sein Verhalten als ein Beleg für Feigheit und mangelnden Einsatzwillen gesehen werden konnte. Vielleicht hätte er doch bei seinen Untergebenen bleiben sollen, »um mit ihnen zu sterben oder mich gefangen nehmen zu lassen.«[86] Nach mehreren schlaflosen Nächten erlitt er einen psychischen Zusammenbruch:

»meine Nerven versagten vollkommen [...]. Und nur ein Gedanke hält mich aufrecht: der, daß ich meinem Vaterlande hier noch nützen kann durch treue Arbeit an den neuen Leuten, die nächstens meine Kompagnie bilden werden.«[87]

---

85 Vgl. Birnbaum, der die Ergebnisse von Jendrassik referierte: Birnbaum, Kriegsneurosen und -psychosen. Vierte Zusammenstellung von Anfang Februar 1916 bis Ende Juli 1916, S. 481.
86 Doch auch in Gefangenschaft geratene Soldaten haderten mit dem »stigma of surrender«. Häufig wurde die Gefangenschaft als persönliches Versagen gedeutet, als ein Beleg für die Feigheit und den mangelnden Einsatzwillen des Gefangenen. Feltman, The Stigma of Surrender, S. 6.
87 Diekmann, Feldpostbriefe aus dem Ersten Weltkrieg – Teil IV (15., 17., 21.11.1916). Vgl. zu diesem Fall und einem weiteren Beispiel für die »Nervenanspannung« eines Offiziers infolge der »Verantwortung über einen großen Abschnitt« Nübel, Ambivalenz der Zermürbung, S. 113f.

2. Die Haltung der Betroffenen zur Psychiatrie, zur Diagnose und zur krankheitsbedingten Auszeit von der Front

a. Die Haltung der Betroffenen zur Psychiatrie und zur Diagnose

Umgang der Offiziere mit ihren psychischen Leiden im Lazarett

Für viele Offiziere, die wegen psychischer Leiden in ein Lazarett eingewiesen worden waren, standen zumindest in der ersten Zeit das psychische Leiden, die ärztliche Versorgung und die Hoffnung auf Besserung des Gesundheitszustands klar im Vordergrund. Der gleiche Zustand trat ein, zog sich die Therapie in die Länge. Die Krankheit nahm die Offiziere dann komplett ein, machte sie vorrangig zu Patienten und drängte andere Rollenbilder in den Hintergrund.

Dies zeigt sich nicht nur bei schweren Psychosen, sondern auch bei vielen Offizieren, die im Krieg mit der Diagnose Neurasthenie ins Lazarett kamen. In ihrem Bewusstsein dominierte zu Beginn oft ihr psychisches Leiden. Sie litten unter Erschöpfung, Depression und Ängstlichkeit. Hinzu kam die Sorge um die oft darniederliegende sexuelle Potenz. Deshalb hatten viele Offiziere, die psychische Symptome an sich feststellten, Angst, sich eine Geschlechtskrankheit zugezogen zu haben, die zu Tabes oder progressiver Paralyse führte. Gaupp schrieb hierzu:

»Die Sorge wegen der Abnahme der sexuellen Bedürfnisse und Fähigkeiten wich meist von selbst mit der körperlichen Kräftigung; genaue körperliche Untersuchung und beruhigende Versicherung, daß ›nichts Organisches vorliege‹, half über die Tabes- und Paralyseängste hinweg.«[88]

Die Akzeptanz ihres Patientenstatus führte bei den meisten Offizieren im Lazarett zu großem Vertrauen in die Expertenmeinung der Ärzte. Deren Diagnosen und Therapien kanalisierten mit ihren Analysen und Begriffen in hohem Maß ihr Leidensverständnis.[89] Hier wirkte sich aus, dass der Prozess der Medikalisierung mit dem Ausbau des Staates bereits im Kaiserreich stark fortgeschritten war, was individuelle Krankheitserfahrungen in hohem Maße prägte und transformierte.[90] Gerade in Bezug auf psychische Leiden waren

---

[88] Gaupp, Schreckneurosen und Neurasthenie, S. 98.
[89] Allgemeine Überlegungen zur Bedeutung, die der medizinische Diskurs für die Selbstdeutung von Patienten haben kann, finden sich bei Brink, Grenzen der Anstalt, S. 174.
[90] Siehe zum Prozess der Medikalisierung die einführenden Ausführungen in Kap. I.2. Psychische Voraussetzungen für die Offizierslaufbahn.

Offiziere bereits seit der Jahrhundertwende sensibilisiert, da Nervenprobleme seit dem 19. Jahrhundert vom ärztlichen Fachbegriff zum Modethema geworden waren. Die Krankheitskonzepte der Hysterie und Neurasthenie waren ihnen geläufig, genauso wie die Inanspruchnahme von ärztlichen Therapien und Kuren.[91] Dass ihre psychischen Symptome ärztlicherseits einer bestimmten Krankheitsbezeichnung zugeordnet wurden, lieferte zumeist Orientierung, und es wirkte auf die Offiziere beruhigend, dass ihnen nun eine wirkmächtige Therapie und angemessene Pflege zukam. Allerdings kam für Offiziere ein reiner Rückzug auf die Wissenschaftssprache der Medizin meist nicht in Frage. Denn diese konnte zwar ihren Fall beschreiben, nicht aber die mit dem psychischen Leiden verbundene Erschütterung ihres Sinngefüges.[92] Um mit der bedrohlichen Erfahrung sprachlich umgehen zu können, versuchten die militärischen Führer in Selbstzeugnissen ihre Krankheit metaphorisch in Bilder zu fassen.[93] So schrieb der sächsische Leutnant Walter Wackwitz, der 1916 an der Front zunehmend glaubte, »verrückt« zu werden: »Ich glaube fast, der Krieg hat mich gebissen; ich komme nicht mehr recht ins Gleichgewicht.«[94]

Für die vertrauensvolle Beziehung zwischen Arzt und Offizierspatienten spielte eine große Rolle, dass die Offiziere sehr viel weniger als einfache Mannschaftssoldaten die zweischneidige Rolle des Militärarztes, der einerseits als Helfer auftrat, andererseits aber auch die Macht hatte, mit seinen Diagnosen und Prognosen das Schicksal des Kriegsteilnehmers in Bezug auf die Rückkehr an die Front oder den Anspruch auf Kriegsdienstbeschädigung zu bestimmen, spürten. Offiziere konnten den Arzt vorrangig als ihren Dienstleister ansehen und gingen im Regelfall nicht davon aus, dass dieser entgegen ihren Wünschen agieren würde. Zudem bemühten sich die Psychiater, Misstrauen der Offiziere gegen sich zu beseitigen, und konfrontierten

---

91 Siehe hierzu Kap. I.3.b. Die Moderne als Ursache psychischer Leiden: Neurasthenie und Degenerationsvorstellungen.

92 Denn die Frage des Sinns von Krankheit und Gesundheit stellt sich aus der Perspektive der Medizin nicht, ist aber zentral für die Perspektive des Kranken. Käser, Methodenansätze zur Erforschung des interdiskursiven Verhältnisses von Literatur und Medizin, S. 20.

93 Vgl. zu Metaphern als produktivem Mittel von Patienten, ihre Krankheit zu beschreiben, Ebd., S. 18; vgl. zum Themenkomplex der Krankheit als Metapher den einflussreichen, metaphernkritischen Ansatz von Sontag, Illness as Metaphor and AIDS and Its Metaphors; siehe daneben Frank, The Wounded Storyteller.

94 SLUB, NL Walter Wackwitz 2561c.4 Mein Lebensweg. Teil II. Kriegstagebuch 1914/18, Tagebucheintrag vom 19.11.1916, S. 228.

sie nur selten mit stigmatisierenden Diagnosen und unangenehmen Behandlungsmethoden. Bedeutsam war auch, dass Offiziere auf der sozialen und militärischen Rangstufe zumindest gleich, vielfach auch höher standen und der gemeinsame Offiziersstatus von Offizier und Sanitätsoffizier zur Wirksamkeit des Korpsgeistes führte, der für Standesgenossen eine Schutzfunktion hatte.[95] Die meisten vertrauten auf die ärztliche Schweigepflicht, stellten soziale Bedenken, wie ihre Aussagen ankommen könnten, hintan und sahen die Arzt-Patienten-Beziehung als Schutzraum an, in dem sie sich öffnen konnten.

Ein Beispiel hierfür ist die Krankengeschichte vom 18. März 1917, die Leutnant Christian Z. in der Universitätsnervenklinik Tübingen für Professor Gaupp mit dem Vermerk »in ergebener Dankbarkeit gewidmet« verfasste und mit einem Hinweis versah, dass sie nur für seine Augen bestimmt sei und nicht in der Krankenakte abgelegt werden sollte.[96] Hierin beschrieb er seine Haltung, niemanden außer den Fachexperten ins Vertrauen über seinen psychischen Zustand zu ziehen, auch nicht seine Offizierskameraden. Er sah dies als unvereinbar mit »männlichem« Verhalten an:

»Und da es mit meiner Gottlob! männlichen Auffassung unvereinbar war, auch nur einen Menschen außer einem Spezialisten ins Vertrauen zu ziehen, [...], so war ich äußerst unglücklich. Meiner augenblicklichen Lage suchte ich mir möglichst klar zu werden. Das Resultat war die Alternative: entweder freiwilliger Tod oder Aufnahme in eine Nervenklinik.«[97]

Dass das Vertrauen der Offiziere mit psychischen Leiden gegenüber dem Arzt so weit gehen konnte, dass sie ihren Widerwillen gegen den Frontdienst und den Wunsch nach dauerhafter Beschäftigung fern der Front klar äußerten, zeigt die Krankenakte des bayerischen Leutnants Hermann B., die 1916 im Kriegslazarett der lothringischen Gemeinde Stenay ausgefüllt wurde und in seiner Personalakte überliefert ist. Die Diagnose im Krankenblatt lautete »Konstitutionelle Neurasthenie bzw. Psychasthenie«, in dem bei der Befundaufnahme notiert wurde, dass der Patient sich etwas beruhigt habe, aber er habe noch Beschwerden:

»Klagen, über die er sich dem Arzt unter 4 Augen ausführlich äussert: Er könne mit der stärksten psychischen Anstrengung, Aufgebot neben[!] Willens, die Tätigkeit in

---

95 Siehe hierzu Kap. III.3.b. Arzt-Patienten-Verhältnis.
96 Vgl. zum Folgenden UAT 669/31467 Leutnant Christian Z., selbstverfasste Krankengeschichte des Patienten (18.3.1917).
97 Ebd.

der Feuerzone nicht durchführen. Es sei keine Ängstlichkeit, sondern ein bald einsetzendes, unüberwindliches Unterliegen der Willensimpulse.«[98]
Im Krankenblatt von Joeuf, wohin Hermann B. am 14. April 1916 überwiesen wurde, verwies man hinsichtlich der Vorgeschichte des Patienten auf das Krankenblatt des Lazaretts Stenay, machte aber noch die folgenden Ergänzungen:

»Von Anfang des Krieges in Felde. Konnte zuerst seinen Dienst ganz gut machen, war sehr oft erregt, war oft deprimiert, nicht zum Verkehr aufgelegt, konnte sich nicht unterhalten, Dienstbefohlen; nachher bis Dez. 15 in Russland. Dann nach Frankreich. Cor [Herz. G.G.] *erregbar* [im Original unterstrichen] bei Erregung, fürchterlich Herzklopfen. Depression störbar und häufiger. Meinte es habe s. Z. daran gelegen, daß die Truppe unter Feuer lag. Habe aber früher dies *aushalten* [im Original unterstrichen] können. Habe schließlich nicht mehr geschlafen. Er habe so lange ausgehalten, wie es irgend ging.«[99]

Hermann B. beschrieb seinen Zustand im Krieg bis zur Krankmeldung als fortlaufende psychische Verschlechterung aufgrund der Belastungen des Frontdienstes, was dazu führte, dass er zuletzt außerstande gewesen sei, den Frontdienst fortzuführen. Seine Depression wie auch seine Erregungszustände hätten sich zunehmend gesteigert. Vom Begriff der »Ängstlichkeit« grenzte er sich bewusst ab, er charakterisierte dem Arzt im vertraulichen Gespräch seinen psychischen Zustand als ein inneres Widerstreben gegen den Frontdienst, das er unter Aufwendung seiner ganzen Willenskraft nicht habe unterbinden können. Im Lazarett Stenay äußerte er den Wunsch, »von dort aus evt. dem Ers.-Truppenteil überwiesen zu werden.«[100]

Bei Hermann B. standen eindeutig sein Leiden und seine psychischen Symptome im Mittelpunkt, während er sich um die Wirkung, die die psychischen Symptome auf seine Offiziersrolle hatten, im Lazarett keine Gedanken machte. Vielmehr betrachtete er den Arzt als Vertrauensperson, und seine Eingeständnisse führten nicht dazu, dass sich die respektvolle Haltung des Arztes ihm gegenüber, wie sie aus der Krankenakte ablesbar ist, veränderte.[101]

---

98 BayHStA-KA OP 24270 Hermann B., Krankenblatt Stenay, 1916.
99 Ebd., Krankenblatt Joeuf, 1916.
100 Ebd., Krankenblatt Stenay, 1916.
101 So empfahl der Arzt in Stenay nur, es solle durch einen Aufenthalt im Offiziersgenesungsheim Joeuf »der Versuch gemacht werden, Pat. zum Frontdienst Stimmung zu machen, da doch die ganze Zukunft desselben (aktiver Offizier) von der Durchführung dieser Möglichkeit abhängen dürfte.« Ebd., Krankenblatt Stenay, 1916. Auch ging der Wunsch

IV. LEIDENSERFAHRUNGEN UND SELBSTBILD

Viele Offiziere im Lazarett zeigten eine starke Anspruchshaltung hinsichtlich ihrer Wünsche und Bedürfnisse. Trotz privilegierter Unterbringung und meist zuvorkommender Haltung von Ärzten und Pflegern, finden sich in den Krankenakten oft ärztliche Notizen, dass die Offiziere stetig Sonderwünsche äußerten. So wurde zum Beispiel über einen Offizierspatienten im Bremer St. Jürgen-Asyl vermerkt, er ließe »wegen mancherlei Wünschen den Assistenzarzt antelephonieren – alle paar Stunden.«[102]

Dies belegt, in deutlichem Unterschied zu den Mannschaftssoldaten, die starke Identifizierung der militärischen Führer mit ihrem hohen militärischen Rang und ihrer gehobenen sozialen Stellung und ihr Bewusstsein, Teil der militärischen Elite zu sein. Für ihr Selbstbild im Lazarett und auf Genesungsurlaub war wichtig, dass das Lazarett oder der Heimaturlaub einen Übergangs- bzw. Durchgangsraum darstellten, einen ambivalenten Raum der Mobilisierung und Demobilisierung.[103] Hier zeigt sich zudem eine Analogie zum Aufenthalt in der Kriegsgefangenschaft. Alle drei Aufenthalte ermöglichten eine Pause vom Krieg, doch blieb man Teil des militärischen Systems: die Lazarette galten als Dienststellung und speziell die Offiziere behielten ihre besondere Stellung bei.[104]

Misstrauen bei Offizieren im Lazarett findet sich in dreierlei Hinsicht: gegen die Psychiatrie im Allgemeinen; Misstrauen, als hysterisch oder geisteskrank diagnostiziert zu werden; und schließlich die Sorge, dass Psychiater ein anlagebedingtes Leiden feststellten, wodurch ein Anspruch auf Kriegsdienstbeschädigung fraglich wurde.

Generelles Misstrauen gegenüber der Psychiatrie zeigte sich darin, dass viele Offiziere sich gegen die Einweisung auf eine psychiatrische Station wehrten. Stattdessen versuchten sie, in ein Lazarett oder Krankenhaus ohne entsprechenden Schwerpunkt verlegt zu werden, wie ein Offizier, der mit der Diagnose »Basedow'sche Krankheit« im Februar 1917 vom Vereinskrankenhaus Bremen ins dortige St. Jürgen-Asyl verlegt wurde, das auf psychische Krankheiten spezialisiert war. Beim Aufnahmegespräch verlangte er sehr empört eine »Verlegung in das allgemeine Krankenhaus zu Herrn Prof.

---

von Hermann B., nicht mehr im Frontdienst eingesetzt zu werden, in Erfüllung. Nach dem Aufenthalt in Joeuf leistete er bis Kriegsende Garnisonsdienst. Ebd., Personalbogen.
102 Zitiert nach Hermes, Psychiatrie im Krieg, S. 60.
103 Siehe hierzu Kap. III.3.b. Arzt-Patienten-Verhältnis.
104 Vgl. hierzu Ulrich/Ziemann (Hrsg.), Frontalltag im Ersten Weltkrieg, S. 150.

Dr. Stoevesandt, der ihn genau kenne.«[105] Am zweiten Tag seines Krankenhausaufenthaltes heißt es in seiner Krankenakte:

»Bringt wieder mit grossem [sic] Redeschwall und etwas stechendem Blick [...] Klagen über die Verlegung ins St. Jürgen-Asyl vor. Wird deshalb bis zum anderen Tag zu seinen Eltern beurlaubt mit dem Versprechen, dass seine dauernde Beurlaubung befördert werden soll, in der Weise, dass er sich nur zu Untersuchungen beim ordinierenden Arzt stellen soll.«[106]

Dafür, dass dem Wunsch nachgegeben wurde, spielte der Offiziersrang sicherlich eine große Rolle.[107] Nachfolgend monierte der diensthabende Arzt des Offiziers, der Chefarzt des Reservelazaretts I, beim St. Jürgen Asyl, dass die Beurlaubung medizinisch unzweckmäßig sei, da der Patient außerhalb des Lazaretts »namentlich in Alkohol exzediere«. Dennoch hatte dieser mit weiteren Klagen und Beschwerden Erfolg und wurde fünf Tage nach Einweisung ins St. Jürgen-Asyl wie gewünscht zurück ins Vereinskrankenhaus verlegt.[108]

Vorbehalte gegenüber Einweisungen auf eine psychiatrische Station zeigen auch die Beteuerungen von Offizieren, zu Unrecht hier eingeliefert worden zu sein, und hierfür das Herunterspielen ihrer psychischen Leiden. Zum Beispiel notierte der Arzt im Reservelazarett der Universitätsnervenklinik Tübingen über Leutnant Richard K., der 1915 hier für sechs Monate wegen der Diagnose »Konstitutionelle Neurotherapie und Verstimmung« behandelt wurde, bei der Erstuntersuchung:

»Gibt seine Beschwerden nur ungern heraus, fürchtet, als eingebildeter oder Scheinkranker angesehen zu werden, er sei zu Unrecht hier, müsse Schwerkranken Platz machen, hält aber offenbar mit den Krankheitsäusserungen zurück, er wolle nicht, dass seine Privatangelegenheiten zu den Akten kommen. [...].«[109]

Auch bei der Zweituntersuchung notierte der Arzt: »[...] Vermeidet gerne auf sein Leiden einzugehen. (Dissimuliert!)« Erst im Laufe der Behandlung fasste der Offizier so viel Vertrauen zu seinem behandelnden Arzt, dass er sich ihm gegenüber öffnete.[110]

---

105 Zitiert nach Hermes, Psychiatrie im Krieg, S. 61.
106 Zitiert Ebd.
107 Der genaue Offiziersrang geht aus der Akte nicht hervor. Es ist lediglich notiert, dass er vor seiner Krankmeldung »in der Etappe im Westen einen sehr verantwortungsvollen Posten mit anstrengender Tätigkeit versehen« habe. Zitiert Ebd.
108 Ebd.
109 Vgl. hierzu UAT 669/26991 Krankenakte von Leutnant Richard K.
110 Ebd.

Die Fälle zeigen, dass die Einweisung in eine psychiatrische Anstalt im Ersten Weltkrieg für betroffene Offiziere nicht nur in medizinischer Hinsicht von großer Bedeutung war. Sie kannten die Vorbehalte gegenüber Nervenstationen im Militär[111] und in der Gesellschaft und befürchteten vielfach, dass sie als verrückt oder geisteskrank angesehen werden würden.[112] Hier werden die gleichen Ängste wie bei mit einer Irrsinnserklärung oder Irrenhauseinweisung konfrontierten bürgerlichen Zivilpersonen sichtbar. Ein solches Label empfanden die Betroffenen als harte Exklusionsform und als »bürgerlichen Tod«.[113]

Das Sanitätswesen im Weltkrieg berücksichtigte die gesellschaftlichen Vorbehalte gegenüber der Psychiatrie und psychischen Krankheiten bei der Offiziersbehandlung, indem Offizierskrankenhäusern und -genesungsheimen vom Namen her nicht anzusehen war, dass sie einen psychiatrischen Schwerpunkt hatten. In die allgemeinen psychiatrischen Stationen kamen meist nur Offiziere mit schweren psychischen Störungen.[114]

Für die Ablehnung psychiatrischer Stationen als Behandlungsorte durch Offiziere spielte die öffentliche Kritik an den dortigen Elektroschockbehandlungen eine Rolle, die sich verstärkte, als man in der zweiten Kriegshälfte in Baden und anderen Landesteilen begann, Kriegshysteriker in gesonderten Abteilungen mit aktiven Behandlungsmethoden zu behandeln.[115]

Auch für England stellte Peter Leese heraus, dass manche psychisch versehrten Offiziere Ärzte insgesamt vermieden und sich stattdessen beur-

---

111 Siehe hierzu Kap. III.7.c. Urlaubsbewilligungen und Versetzungen nach Wunsch.
112 Richard K. äußerte zudem die Sorge, als Simulant angesehen zu werden.
113 Brink, Grenzen der Anstalt, S. 190. Siehe zu den Irrenhauseinweisungen im Kaiserreich auch die einführenden Bemerkungen in Kap. I.2. Psychische Voraussetzungen zur Offizierslaufbahn.
114 Siehe hierzu die einführenden Bemerkungen in Kap. III. Psychisch versehrte Offiziere in Lazarettbehandlung im Ersten Weltkrieg.
115 Willy Hellpach, der die »damals vielumstrittene ›Gewalt‹behandlung mit Starkstromchoks« für sehr effektiv hielt, schrieb ablehnend über die öffentliche Stimmung: »Damals [...] ging bald die Fama um, durch mittelalterliche Folterverfahren sollten widerspenstige, schwer mitgenommene Kranke ›k.v. gepreßt‹ werden; der Name ›Quällazarette‹ kam auf. [...] Das Sanitätsamt des stellvertretenden XIV. Armeekorps bekam es bald mit der Angst vor der überkochenden Volksseele und erwies mir das Vertrauen, die Behandlungsweisen in einem dieser ›Quällazarette‹ persönlich in Augenschein zu nehmen und darüber amtlich zu berichten.« Hellpach, Wirken in Wirren, S. 68f. Siehe zur militärischen Reaktion auf den Vorwurf auch Kap. II.1. Die Behandlung des Problems der »Kriegsneurotiker« in der deutschen Armee.

lauben ließen, sodass viele nichtregistrierte Fälle vorkamen.[116] Ein Beispiel für einen deutschen Offizier, der aufgrund seiner Nervenbelastung ohne Umweg über Krankmeldung und Lazarettaufenthalt gegen Kriegsende seinen Abschied einreichte und diesen auch bewilligt bekam, ist der Artillerie-Hauptmann der Reserve Wilhelm von Hillern-Flinsch.[117]

Dankesbriefe der Offiziere, die den Krankenakten in der Universitätsnervenklinik Tübingen beigegeben wurden, zeigen allerdings auch, dass viele froh über die spezialisierte Station und dankbar für ihre Gesundung waren.[118] Auch Nonne berichtet, dass ihm Offiziere nach der Genesung auf seiner Nervenstation Dankesbriefe für die gute Behandlung schrieben.[119]

Dass manche Offiziere das Vertrauen in die ärztliche Expertise verloren und die ärztliche Diagnose nicht in vollem Maße akzeptierten, konnte mehrere Gründe haben. Es geschah, wenn Ärzte sie mit einer Diagnose konfrontierten, die mit einem kulturell moralischen Stigma verbunden war oder sie ihre Wünsche nicht akzeptierten und ihre Aussagen und Verhaltensweisen nur in Verbindung mit der Krankheit sahen. Außerdem entwickelten psychisch versehrte Offiziere oft ein starkes Misstrauen gegen Ärzte, speziell Nervenärzte, wenn sie bei langer Behandlungsdauer subjektiv keine Besserung wahrnahmen.

Vor allem wehrten sie sich gegen die Diagnosen Geisteskrankheit, Hysterie und Psychopathie und deuteten diese oft selbständig um.[120] Mathilde von Kemnitz, Leiterin des Offiziersgenesungsheims in Schöneck-Garmisch, betonte 1917 in einem Beitrag zweimal, dass Offiziere die Diagnose Hysterie entschieden ablehnten und es daher schwierig sei, bei ihnen suggestive Hypnose anzuwenden, da sie über den Gebrauch dieser Methode bei Hysterie informiert seien.[121]

Bei als geisteskrank geltenden Offizieren belastete die Arzt-Patienten-Beziehung zudem, dass die Ärzte sich in diesen Fällen meist nicht mehr um

---

116 Leese, Shell Shock, S. 9. Zu den Schwierigkeiten der statistischen Erhebung von Kriegsneurosen allgemein und speziell bei Offizieren siehe die Ausführungen in Kap. III.1. Das prozentuale Verhältnis von psychisch versehrten Offizieren und Mannschaften.
117 Nübel, Durchhalten und Überleben an der Westfront, S. 351.
118 Siehe hierzu die Briefe im Aktenbestand UAT 669 Nervenklinik.
119 Achte Jahresversammlung, S. 98–100, Zitat S. 100.
120 Siehe hierzu auch Kap. II.7.a. Spezifika des militärischen Schriftverkehrs über psychisch versehrte Offiziere.
121 Kemnitz, Funktionelle Erkrankungen infolge von Kriegsbeschädigung bei Offizieren, S. 230f. Vgl. hierzu auch die ausführliche Analyse des Beitrags in Kap. III.2.a. Der psychiatrische Diskurs über die Diagnosen und Ursachen von psychischen Leiden bei Offizieren.

IV. LEIDENSERFAHRUNGEN UND SELBSTBILD   537

eine Kommunikation auf Augenhöhe bemühten, die Patienten als unmündig ansahen und nicht auf ihre Wünsche achteten.[122] Ein Offizier, bei dem dies zutraf und der mit starker Ablehnung auf die ärztliche Expertise reagierte, ist der bereits erwähnte Leutnant Julius M.[123] Über seine Ankunft in der geschlossenen Station der Tübinger Universitätsnervenklinik 1915 ist in der Krankenakte vermerkt:

»Patient ist nicht benommen, spricht sofort, als der Arzt ins Zimmer tritt und sich mit ihm beschäftigen will, von Aerzten, die überhaupt nichts verstünden, er sei selbst Dr., ruft energisch: ich will keinen Arzt, der Doktor soll fort. Macht kurze Abwehrbewegungen etwas theatralische Gesten.«[124]

Auch nach der ersten Übernachtung verweigerte er sich weiterhin der ärztlichen Kontaktaufnahme.[125] Zudem hatte er in Tübingen stetig Angst, vergiftet zu werden und aß nur von den Speisen, die ihm gereicht wurden, wenn ein Pfleger sie zuvor gekostet hatte.[126] Für diese misstrauische, ablehnende Haltung spielte sicher eine Rolle, dass Julius M. schon eine dreimonatige Lazarettbehandlung hinter sich hatte und sich sein psychischer Zustand zunehmend verschlechtert hatte. Das tiefe Misstrauen rührte aber wahrscheinlich auch daher, dass er sich wohl darüber im Klaren war, dass die Ärzte ihn als geisteskranken Patienten nicht für voll nahmen und ihm seinen freien Willen vorenthielten.[127] Obwohl er dauernd von Fronterlebnissen sprach und sich immer wieder an der Front wähnte, behielt er das Bemühen aufrecht, nach außen den Anschein zu erwecken, er sei nicht krank. Hierfür gab er sogar als Argument an, er sei nie im Granatfeuer gewesen, obwohl er kurz zuvor noch Granatfeuergeräusche

---

122 Siehe hierzu den Abschnitt »Der Zusammenhang zwischen dem Verhalten der Patienten und der Haltung des Arztes« in Kap. III.3.b. Arzt-Patienten-Verhältnis.
123 UAT 669/27109 Krankenakte des Leutnants Julius M.
124 Ebd.
125 Am 1.5. wurde vermerkt: »Giebt dem Arzt auf Fragen keine Antwort, blinzelt nur mit den Augen, berührt die dargebotene Hand in manirierter Weise nur mit dem weggestreckten kleinen Finger der linken Hand«. Ebd.
126 So stand am 30.4. direkt bei Aufnahme in der Akte: »Will, als ihm der Sanitätsfeldwebel eine Apfelsine gibt, nichts davon nehmen; meint, sie sei vergiftet. isst erst davon als der Feldwebel selbst ein Stück nimmt.- Macht dabei allerlei Fragen.- Sehr beschleunigter Puls (130)« Am 4.5. ist vermerkt: »Dauernd die Meinung, man wolle ihn vergiften, isst nur, wenn man in seiner Gegenwart die Speisen erst kostet.« Ebd.
127 Siehe zum Arzt-Patienten-Verhältnis in der geschlossenen Abteilung Kap. III.3.b. Arzt-Patienten-Verhältnis.

imitiert hatte und zunächst wegen einer Granatsplitterverletzung ins Lazarett gekommen war. In der Krankenakte heißt es:

»spricht dauernd vor sich hin, spricht von Granatfeuer, ahmt das Sausen der Geschosse nach, sagt plötzlich, er sei nie im Granatfeuer gewesen, ›nein, da bin ich nie drin gewesen‹; will nicht krank sein, es fehle ihm gar nichts, doch rein gar nichts. Giebt Befehle, redet vom Schützengraben, von Stellunghalten usw.«[128]

Dies spricht dafür, dass nach seiner Einschätzung jemand, der das Granatfeuer erlebt hatte, davon psychisch geschädigt würde und es entsprechend wichtig sei, diese Tatsache zu verneinen, um den Eindruck zu erwecken, dass er nicht krank sei.

Auch Offiziere mit psychischen Leiden, die bei langer Behandlungsdauer subjektiv keine Besserung wahrnahmen, waren vielfach von der ärztlichen Behandlung frustriert. So schilderte der Nervenarzt Krisch den Seelenzustand eines »hysterischen« Offiziers, dessen Behandlung sich bereits zwei Jahre ohne Erfolg hingezogen hatte, wie folgt:

»Am 9.V.1917 zu einem nochmaligen Heilungsversuch hier auf Station aufgenommen. Schwer leidender Gesamteindruck. Beschäftigungsunlust, saß den ganzen Tag beschäftigungslos im Zimmer. Verweigert ärgerlich jede Behandlung. Völlige Hoffnungslosigkeit auch von der Frau geteilt. Glaubte rückenmarksleidend zu sein.«[129]

Frustration gegenüber der ärztlichen Behandlung zeigt auch der Fall des Landwehrleutnants Gustav S. Dieser war nur 4 ½ Monate an der Front und leistete nach diversen Lazarettaufenthalten Garnisonsdienst.[130] Bis Juni 1915 wurde er dreimal durch eine ärztliche Kommission untersucht, nachfolgend suchte er im nächsten Jahr keinen Arzt auf.[131] Im Sommer 1916 erhielt der Leutnant den Befehl zum Frontdienst und reiste, ohne sich ärztlich untersuchen zu lassen, an die Front, wo er sich aber bald krankmelden musste,[132] worauf eine militärische Untersuchung des Falls erfolgte. Bei der

---

128 UAT 669/27109 Krankenakte des Leutnants Julius M.
129 Krisch, Die spezielle Behandlung der hysterischen Erscheinungen, S. 258.
130 Zum Werdegang von Gustav S. und zur militärärztlichen Sicht auf den Fall vgl. die Ausführungen in Kap. III.5.d. Unterschiede hinsichtlich Entlassungsstatus und Behandlungsdauer zwischen Offizieren und Mannschaftssoldaten.
131 UAT 669/28146 Krankenakte Leutnant Gustav S., Bericht der 1. stellv. 54. Infanterie-Brigade Ulm-Donau, gez. Osten.
132 Der Bataillonsarzt des II. Bataillons des Landwehr-Infanterie-Regiments Nr. 123, der Gustav S. an der Front untersuchte, hatte den vorgesetzten Stellen gemeldet, dass Gustav S. »fälschlicherweise, ohne vorher der Komm. vorgestellt zu werden, an die Front befohlen worden« sei. Ebd.

Befragung vor der militärischen Kommission, warum Gustav S. sich bei seinen psychischen Beschwerden nicht krankgemeldet oder eine wiederholte Vorstellung vor einer ärztlichen Kommission beantragt habe, gab er an, »er habe von vornherein zu der ärztlichen Kommission jegliches Vertrauen verloren, da er von der Kommission nur auf Herz behandelt worden sei. Seine Angaben über den Zustand seiner Nerven seien von der Komm. nicht beachtet worden. Vor seiner Abreise ins Feld habe er dem Ers. Batl. von seiner Krankheit deshalb keine Mitteilung gemacht, weil er mit dem festen Willen fortging den Dienst im Felde zu versuchen.«[133]

Der Leutnant hatte also das Gefühl, seine Nervenprobleme würden von den Ärzten nicht als Krankheit ernst genommen, sondern nur das körperliche Symptom der Herzbeschwerden. Auffällig ist, dass entgegen der Aussage des Leutnants nur bei der ersten Krankmeldung die Herzbeschwerden in der Diagnose standen, bei den folgenden zweimaligen Untersuchungen durch ärztliche Kommissionen beim Ersatztruppenteil hingegen nervöse Störungen. Dies zeigt, dass auch Offiziere mitunter nicht über die ärztliche Diagnose informiert wurden,[134] was hier allerdings dazu führte, dass der Leutnant seine psychischen Leiden nicht ernst genommen fühlte und das Vertrauen in die Ärzte verlor.

Beim zweiten Lazarettaufenthalt in Tübingen, als die Diagnose Neurasthenie und später Psychopathie lautete, geht aus dem Krankenblatt keinerlei Misstrauen des Patienten gegen die Ärzte hervor. Befördert wurde das Vertrauen sicherlich durch die sehr wohlmeinende Haltung des Arztes, der auf den Wunsch des Patienten nach Ruhe und Einsamkeit einging.[135]

Umgang der Offiziere mit ihren psychischen Leiden bei der Kommunikation außerhalb des Lazaretts

Sehr viel weniger offen als im Zwiegespräch mit dem behandelnden Arzt gingen Offiziere im Allgemeinen mit ihren psychischen Leiden um, wenn sie außerhalb des Lazaretts über diese kommunizierten. Es wird sehr deutlich, dass die Diagnose eines psychischen Leidens für den betroffenen Offizier nicht nur in gesundheitlicher Hinsicht eine große Bedeutung hatte. Hinzu

---

133 Ebd.
134 Siehe zur ärztlichen Ansicht, dass dies die Heilung befördere, den Abschnitt »Die Offizierskrankenakte als Produkt eines Aushandlungsprozesses zwischen Arzt und Patienten« in Kap. III.3.b. Arzt-Patienten-Verhältnis.
135 UAT 669/28146 Krankenakte Leutnant Gustav S., Krankenblatteinträge.

kam, dass sich mit dem psychischen Leiden im Militär und in der Gesellschaft bestimmte Bilder verbanden, mit denen sich die Betroffenen auseinandersetzen mussten. Wichtig war es den Offizieren hier, dass die Diagnose deutlich machte, dass sie nicht für ihr psychisches Leiden verantwortlich waren, sondern es auf einer äußeren Ursache beruhte. Daher gingen sie am ehesten mit den Diagnosen »Nervenschock«, »Nervenerschütterung« oder »Verschüttung« offen um. Nicht selten beschrieben die Offiziere sich mit diesen Bezeichnungen bei der ärztlichen Untersuchung oder im Schriftverkehr mit militärischen und staatlichen Stellen, auch wenn sie eine andere Diagnose erhalten hatten. Gaupp betonte, dass die Diagnose »Nervenschock« bei Offizieren nicht in allen Fällen gerechtfertigt gewesen sei:

»Vieles Hysterische, das erst hinter der Front, oft sogar erst im Lazarett entstanden war, aber symptomatologisch einer akuten Schreckwirkung gleichsah, kam als ›Verschüttung‹ oder ›Nervenschock‹ in die Heimat. [...] ich habe manchen Soldaten, auch manchen Offizier kennengelernt, der mir mit der selbstvorgebrachten Bezeichnung ›Verschüttung‹ oder ›Nervenschock‹ entgegentrat und kein Recht zu dieser Diagnose hatte.«[136]

Dass Offiziere auf die Diagnose Nervenschock beharrten, spricht dafür, dass sie eine weit akzeptablere für das Selbstbild des Offiziers war als andere Krankheitszuschreibungen, was auch mit ihrer gesellschaftlichen Wertschätzung im Einklang stand.[137] Ein weiterer Grund für das Bestehen vieler Offiziere auf dieser Diagnose, lag sicher darin, dass sie mit Erhalt dieser Diagnose die besten Aussichten hatten, eine Dienstbeschädigung anerkennen zu lassen.[138] Ein Beispiel für die Anwendung des Begriffs »Nervenerschütterung« durch Offiziere ist die Selbstbeschreibung seines Leidens durch den Leutnant der Reserve Ferdinand B., der Mitte Juni 1916 im Lazarett die Diagnose »Nervöse Erschöpfung« erhalten hatte und in einem Urlaubsgesuch vom 25. Juli

---

136 Gaupp, Schreckneurosen und Neurasthenie, S. 70.
137 Der Berliner Arzt und beratende Neurologe des Heeres Max Lewandowsky urteilte über die positiven sozialen Konsequenzen, die allgemein bei »Kriegsneurotikern« mit der Nervenschock-Diagnose einhergingen und die er ablehnte: »Eine Geringschätzung der Neurotiker muss populär werden, und nicht mit dem Nervenschock noch renommiert werden.« Lewandowksy, Was kann in der Behandlung und Beurteilung der Kriegsneurosen erreicht werden?, S. 1031.
138 Vgl. Hermes, Psychiatrie im Krieg, S. 105f. Siehe hierzu auch Kap. II.7.a. Spezifika des militärischen Schriftverkehrs über psychisch versehrte Offiziere

1916, in dem er um einen sechswöchigen Urlaub nach Schliersee zur Privatpflege bat, sein Leiden schilderte:

»Seit 3. August 14 im Felde habe ich mir in diesem Jahre zum Zweitenmale vor Verdun in schwerem Trommelfeuer eine Nervenerschütterung zugezogen, die mich am 11. Juni zur Krankmeldung zwang. Krankheitserscheinungen: Allgemeine nervöse Erregbarkeit, oft wiederkehrende Kopfschmerzen, Herzklopfen und Schlaflosigkeit.«[139]

Auffällig ist, dass Ferdinand B. von »Nervenerschütterung« sprach, die er in direkten Zusammenhang mit dem Trommelfeuer vor Verdun setzte. Er machte also konkrete äußere Umstände für sein Leiden verantwortlich, nicht seine Konstitution oder eine Überforderung seiner Kräfte. Hingegen ist in den Krankenpapieren von »nervöser Erschöpfung« zu lesen und auch die Ärzte, welche die Frage einer Kriegsdienstbeschädigung des Leutnants beurteilen sollten, beschrieben eben einen solchen Erschöpfungszustand.[140]

Gerade bei Offizieren, die ihr Leiden auf eine Granatenexplosion oder Verschüttung zurückführten, fällt auf, dass sie im Zusammenhang mit ihrer Erkrankung ihren Offiziersstatus und Beeinträchtigungen, die das Leiden für ihre Rolle als militärische Führer bedeutete, nie extra heraussstellten. Dass eine Verschüttung schwerwiegende psychische Leiden hervorrufen konnte, die einer Krankmeldung bedurften, war vielmehr allgemein anerkannt und benötigte keine zusätzliche Erläuterung. Der Erhalt dieser Diagnose galt im Ersten Weltkrieg und auch in der Weimarer Republik als die beste Möglichkeit, um eine Dienstbeschädigung anerkennen zu lassen.[141]

Beliebt war in der Selbstbeschreibung der Offiziere auch der Ausdruck »Nervenzerrüttung«, da dieser betonte, dass das Leiden durch äußere Umstände, durch Kriegserlebnisse, hervorgerufen wurde, die das Nervensystem geschädigt hatten. Anders als der Begriff »Nervenschock« oder »Nerven-

---

139 BayHStA-KA OP 4696 Leutnant der Reserve Ferdinand B.
140 So notierte der Arzt im 2. Bataillon des 1. Infanterie-Regiments am 28.9.1916: »Der Leutnant d. R. Ferdinand B. der 8. Kompagnie wurde am 12.6.16 wegen nervöser Erschöpfung dem Lazarett überwiesen. Dienstbeschädigung ist anzunehmen.« Und der Stabs- und Regimentsarzt ergänzte: »Der nervöse Zustand entstand im Anschluß einer Stellungsperiode vor Verdun. Es handelte sich um nervöse Erregung. Ursächlicher Zusammenhang mit der Stellungsperiode ist anzunehmen. Sofern Beschwerden noch vorhanden sind, erachte ich für diese Dienstbeschädigung als gegeben.« BayHStA-KA OP 4696 Leutnant der Reserve Ferdinand B., Ärztliches Urteil, 28.9.1916.
141 Siehe hierzu den Abschnitt »Nervenschock« in Kap. III.2.b. Psychiatrische Praxis: Diagnosen in den Diagnosen. Vgl. daneben Kap. V.2.f. Das Selbstbild psychisch versehrter Offiziere in der Weimarer Republik.

erschütterung« betonte das Wort »Nervenzerrüttung« nicht die plötzliche Einwirkung äußerer Gegebenheiten, sondern eine zerstörende Wirkung, die durch ein spezielles Ereignis, aber auch durch einen langsamen Niedergang und Verfall eintreten konnte. So notierte der im Lazarett liegende sächsische Leutnant der Reserve Dr. Viktor Schulz im Herbst 1918: »Nun sitze ich hier mit noch nicht ganz geschlossener Wunde und beinahe gänzlich zerütteten [!] Nerven und hoffe das Beste.«[142]

Waren die Diagnosen Nervenschock, Nervenerschütterung oder Nervenzerrüttung hingegen keine Option, ist auffällig, dass psychisch versehrte Offiziere in Selbstzeugnissen ihre psychischen Leiden oft vertuschten, wenn sie mit Personen außerhalb des Lazaretts kommunizierten. In diesem Fall deuteten sie meist selbst eine Diagnose wie »Neurasthenie«, die vor 1914 noch auf breite Akzeptanz stieß,[143] in ein körperliches Leiden oder einen Nervenschock um. Dies zeigt, dass sie auch diese Diagnose entsprechend dem Wertekanon des Offizierskorps im Krieg als diskreditierend ansahen, da Körperbeherrschung, Nervenstärke und ein energischer Wille als entscheidende Attribute angesehen wurden, um den Sieg zu erringen.[144]

Ferner spielte eine große Rolle, dass im Weltkrieg die Beschwörung von Nervenstärke in der Mobilisierungs- und Durchhaltepropaganda von großer gesellschaftlicher Durchschlagskraft in Deutschland war.[145] Dies führte dazu, dass im Krieg in der Gesellschaft psychische Versehrungen weniger als körperliche wertgeschätzt wurden und psychische Leiden bei Kriegsteilnehmern nur bedingt akzeptiert waren, wobei sich allerdings auch heterogene Sichtweisen und Veränderungen während des Krieges feststellen lassen.

Jedenfalls veränderte sich die gesellschaftliche Wahrnehmung zwischen 1914 und 1918 und man kann 1916 von einer Zäsur sprechen. So galten zu

---

142 Zitiert nach Schaar, Wahrnehmungen des Weltkrieges, S. 179.
143 Siehe hierzu Kap. I.2.b. Die Moderne als Ursache psychischer Leiden: Neurasthenie und Degenerationsvorstellungen.
144 Siehe hierzu Kap. II.2.b. Die gesteigerte Bedeutung von Willens- und Nervenstärke der Offiziere im Krieg und den Abschnitt »Variationen im Umgang mit psychiatrischen Diagnosen in den militärischen Akten« in Kap. II.7.a. Spezifika des militärischen Schriftverkehrs über psychisch versehrte Offiziere.
145 Ein Beispiel dafür ist, dass die politischen Kämpfe, die um 1916/17 zwischen Annexionsbefürwortern und Befürwortern eines Sieges ohne Annexionen ausbrachen, mit psychologischer Begrifflichkeit ausgefochten wurden. Erstere wurden als überreizte »Kriegstreiber« kritisiert, Letztere als willensschwache pazifistische »Flau- und Schlappmacher«. Hofmeister, Between Monarchy and Modernity, S. 69–77. Zus. Gahlen/Gnosa/Janz, Nerven und Krieg: Zur Einführung, S. 15.

IV. LEIDENSERFAHRUNGEN UND SELBSTBILD

Beginn des Krieges 1914/15 Versehrungen der Psyche wie jene des Körpers noch vielfach als sinnvolles, dem Vaterland gebrachtes Opfer.[146] Gleichzeitig erschreckte das Aufkommen der »Schüttler« und »Zitterer« in den Straßen die Öffentlichkeit, denn diese repräsentierten einen Zustand, der soldatischer Willensstärke und Selbstkontrolle widersprach, da in ihm die individuelle Disziplin zusammengebrochen und der Körper unbeherrschbar geworden war.[147] Auch wurde psychisch versehrten Soldaten in der Heimat oft unterstellt, sie litten alleine an »Frontangst«. Noch im Kriegsjahr 1916 bis zu den Materialschlachten vor Verdun und an der Somme wurden selbst Soldaten, die tagelangem Trommelfeuer ausgesetzt waren, wenn sie ihre Nerven verloren, oft als Feiglinge, mitunter auch als Simulanten angesehen.[148]

Die Materialschlachten bewirkten vielfach ein Umdenken. Der damalige sprunghafte Anstieg psychisch Kranker, der alle militärischen Dienstgrade betraf, führte zur neuen dominanten öffentlichen Meinung, dass psychisch Kranke nicht zwangsläufig Feiglinge oder Simulanten waren.[149] Bezeichnend ist, dass das propagandistische Bild des seelisch und körperlich unanfechtbaren Frontkämpfers vorrangig als Antwort auf die massenhaften Zusammenbrüche und kollektiven Gefühle von Angst, Erschöpfung und Überforderung unter den Heeresangehörigen entwickelt wurde.[150] Das Gefühlsregime der Willens- und Nervenstärke sollte die Belastungen der Materialschlachten einhegen und so die psychische Stabilität des Heeres erhalten. Die individuellen Erfahrungen und die mit ihnen verbundenen Emotionen wichen allerdings zunehmend stärker von den öffentlich erwünschten Emotionen ab und bewegten sich vielmehr im Spannungsfeld von Angst, Überforderung und Erschöpfung. Die Macht des Faktischen wog schwerer als die ideologische Vorgabe.

---

146 Kienitz, Beschädigte Helden, bes. S. 72–74.
147 So schrieb Hellpach über die öffentliche Wahrnehmung der Kriegsneurosen Ende 1914: »Die Kriegsneurosen nahmen einen erschreckenden Umfang an; die ›Schüttler‹ und ›Zitterer‹ wurden zu einem grausigen Straßenschauspiel, das die Bevölkerung fast mehr noch als die Amputierten, die Blinden und die im Antlitz Entstellten erregte; man suchte fieberhaft nach kundigen Nervenärzten, um dieser psychischen Seuche Herr zu werden.« Hellpach, Wirken in Wirren, S. 34f.
148 Siehe hierzu die Nachweise bei Münch, Verdun, S. 355.
149 Ulrich/Ziemann, Das soldatische Kriegserlebnis, S. 139. Vgl. auch Münch, Verdun, S. 355.
150 Siehe hierzu Kap. II.2.c. Der Idealtyp des »Frontkämpfers«.

Auffällig ist auch, dass die neue dominante öffentliche Meinung der medizinischen Sichtweise entgegenstand, die ab 1916 den psychiatrischen Diskurs beherrschte und die Bedeutung des Willens und der Veranlagung als Ursache für die Leiden der Kriegsteilnehmer betonte. Psychiatrische Experten entwickelten großen Eifer, in Vorträgen und Artikeln die Öffentlichkeit aufzuklären, dass die Leiden mithilfe gewaltsamer ›Willenstherapien‹ überwunden werden konnten. Allerdings konnten sie ihre Sichtweise bis zum Ende der Weimarer Zeit selbst in der Ärzteschaft nicht flächendeckend durchsetzen, wie die Krankenakten ähnlich wie die Rentenverfahren belegen.[151]

Eine Auswirkung der Mobilisierungspropaganda und des medizinischen Diskurses war sicher, dass sich bis 1917/18 die öffentliche Akzeptanz langer Lazarettaufenthalte veränderte. Nun wurde allgemein die Pflicht zur Gesundheit betont und eine psychische Versehrung, die zu ausgedehnten Lazarettaufenthalten führte, viel weniger gewürdigt. Auch verbreitete sich die Vorstellung der psychischen Infektion anderer Lazarettinsassen, die als Gefahr für die erneute Mobilisierung der Kranken erschien.[152] Dieser Trend, im Laufe des Krieges zunehmend härter auf langfristige psychische Versehrungen zu reagieren, zeigte sich nicht nur in Deutschland.[153]

Ein Beispiel dafür, dass Offiziere psychische Leiden rückblickend oft zu vertuschen suchten und stattdessen körperliche Versehrungen herausstellten, ist das Agieren des bayerischen Artillerieleutnants der Reserve Hermann A. Dieser verschwieg in einem Versetzungsgesuch psychische Leiden und führte nur körperliche Beschwerden an. Am 27. Mai 1918 bat er um Versetzung zum Ersatzbataillon, um vom Frontdienst fortzukommen, da er zu starke Gesundheitsprobleme habe, um dessen Strapazen zu genügen. Psychische Leiden führte er nicht an, betonte aber, dass er seit Mitte 1916 stets nur an »Großkampffronten im Felde« eingesetzt worden sei, 1915 »im Osten und Südosten«, seit der »Verdunoffensive des Frühjahrs 1916 im Westen.« Seine »Widerstandsfähigkeit« habe durch »dauernde Höchstanspannung« und zweimalige Leichtverwundung »stark gelitten«. Hinzu komme eine schwere Gasvergiftung, die er sich bei Verdun 1916 zugezogen habe, die zu zweimonatiger Lazarettbehandlung geführt habe, danach zu vierwöchiger

---

151 Siehe hierzu Kap. III.2.a. Der psychiatrische Diskurs über die Diagnosen und Ursachen von psychischen Leiden bei Offizieren.
152 Siehe zur diesbezüglichen ärztlichen Haltung Kap. III.3.a. Unterbringung und Verpflegung.
153 Vgl. Michl/Plamper, Soldatische Angst im Ersten Weltkrieg, S. 248.

Garnisonsdienstfähigkeit und zu aktuell noch nachwirkenden Symptomen wie »plötzlich auftretendem rechtsseitigem heftigen Seitenstechen, Kurzatmigkeit und Atembeschwerden« nach geringen körperlichen Anstrengungen und »starker Benommenheit«.[154] Der lange Ausfall 1916 wird allerdings im Personalbogen und in den Krankenunterlagen mit einer Lazarettbehandlung wegen »nervöser Erschöpfung« erklärt, während die Behandlung der Gasvergiftung nur einige Tage in Anspruch nahm.[155] Dass die »nervöse Erschöpfung« nicht in der Bitte von Hermann A. vorkam, spricht dafür, dass er sich ihrer schämte oder zumindest die Erfolgschancen bei der Interpretation, die Gasvergiftung sei verantwortlich für seinen Lazarettaufenthalt, für besser hielt, als wenn er von psychischen Leiden berichtet hätte.[156]

Oberleutnant Hermann B., der 1916 mit der Diagnose »konstitutionelle Neurasthenie, Psychasthenie« im Lazarett behandelt worden war und danach Garnisonsdienst leistete, bemühte sich 1920 um eine Charakterisierung zum Hauptmann und zum Tragen der Uniform, die im ersten Versuch abgelehnt wurde.[157] Als sich im Oktober 1920 die Bestimmungen änderten, reichte Hermann B. seinen Antrag erneut ein, in dem er seine zum Lazarettaufenthalt führende Erkrankung als Versehrung darstellte, die er sich in der Schlacht von Verdun zugezogen habe und bezog sich auf die Anerkennung der Kriegsdienstbeschädigung beim Feldheer:

»Ferner erlaube ich mir noch zu bemerken, daß ich vom August 1914 bis 26. April 1916 bei der Eisenbahntruppe im Felde war und infolge meiner Erkrankung am 3.

---

154 BayHStA-KA OP 23211 Hermann A., Bitte um Versetzung, 1918. Siehe daneben zur rückblickenden Umdeutung psychischer und körperlicher Leiden auch BayHStA-KA OP 16187 Alfred H., Charakter als Oberleutnant, 3.10.1922.
155 Nach den Krankenunterlagen von Hermann A. wurde er am 1.5.1916 wegen einer Gasverletzung für drei Tage ins Feldlazarett eingeliefert. Vom 5.5.1916–2.7.1916 war er wegen »nervöser Erschöpfung« im Offiziersgenesungsheim Joeuf. Danach machte er seit Ende Juli 1916 erneut Kämpfe an der Westfront mit. KBL 39441 Krankenbuch des Offiziersgenesungsheims Joeuf der 5. Armee, Hermann A.
156 Ferner führte er rheumatische Beschwerden an, die er sich in Serbien durch »dauernden Biwak« »bei schlechtester Witterung« 1915 zugezogen habe, die ihn seitdem bei Ritten und Märschen deutlich behinderten. Dazu kämen noch eine beiderseitige Schilddrüsenschwellung und ständige Halsschmerzen, die ihn körperlich schwächten. BayHStA-KA OP 23211 Hermann A., Bitte um Versetzung, 1918. Am 10.8.1918 wurde er zum Ersatz des 2. Fußartillerie-Regiments versetzt, einen Monat später wurde er dort Ordonnanzoffizier. Einen Rückzug von der Front trug ihm sein Gesuch nicht ein. Vielmehr war er vom 21.-26.3.1918 bei der »großen Schlacht in Frankreich« beteiligt, vom 12.6–15.10.1918 bei der Abwehrschlacht im St. Mihielbogen, vom 28.10–10.11.1918 bei den Rückzugskämpfen nördlich von Verdun. Ebd., Personalbogen.
157 BayHStA-KA OP 24270 Hermann B.

April 1916 vor Verdun zunächst ins Lazarett Stenay kam und dann zum Eisenbahn-Ersatz-Bataillon versetzt wurde. Kriegsdienstbeschädigung erlitten beim Feldheer wurde anerkannt.«[158]

Daneben betonte er, dass er sich im März 1917 wieder »zur Truppe bzw. ins Feld« gemeldet habe, aber von den Artillerie-Werkstätten als unabkömmlich erklärt wurde. Deshalb habe das Kriegsministerium in diesem Sinne entschieden. Mit keinem Wort erwähnte er, dass er im März 1917 bei der ärztlichen Untersuchung das Urteil »garnisonsverwendungsfähig Heimat« erhalten hatte. Er endete mit dem folgenden Ansatz:

»Unter Berücksichtigung meiner Erkrankung im Felde (Schlacht bei Verdun) und da es mir wegen der von meinen vorgesetzten Dienststellen erklärten Unabkömmlichkeit nicht mehr möglich war, wieder ins Feld zu kommen, bitte ich mir die Erlaubnis zum Tragen der Uniform und die Charakterisierung zum Hauptmann erwirken zu wollen.«[159]

Das Heeresabwicklungsamt Bayern bewilligte im November 1920 beide Anliegen, da es alle Voraussetzungen gegeben sah. Hermann B. konnte also überzeugend sein psychisches Leiden als Folge der Strapazen der Schlacht bei Verdun darstellen. Entscheidend für das Heeresabwicklungsamt war, dass eine Kriegsdienstbeschädigung anerkannt war. Dass die Anerkennung darauf gründete, dass sich ein nach Ansicht der Ärzte konstitutionelles psychisches Leiden im Krieg verschlimmert hatte, erwähnte er nicht, obwohl rechtlich auch die Verschlimmerung eines bereits vorhandenen psychischen Leidens ausreichte, um eine Kriegsdienstbeschädigung anzuerkennen. Dass vom Heeresabwicklungsamt keine Nachfragen kamen, hing sicher auch damit zusammen, dass in seinem Personalbogen, in dem die militärische Laufbahn, Einsatzorte, Dienstverhältnisse und auch Lazarettaufenthalte vermerkt wurden, nur die Lazarette, nicht aber der Grund für den Aufenthalt, und die Diagnose, eingetragen waren.

b. Der Umgang mit der krankheitsbedingten Auszeit von der Front

Für die Offiziere hatte eine Krankschreibung wegen psychischer Leiden durchaus auch positive Seiten. Nach dem Aufenthalt in Lazaretten und Genesungsheimen kehrten nur wenige Offiziere direkt an die Front zurück.

---

158 BayHStA-KA OP 24270 Hermann B., Bitte um Charakterisierung als Hauptmann, Okt. 1920.
159 Ebd.

IV. LEIDENSERFAHRUNGEN UND SELBSTBILD 547

Der Großteil erhielt zunächst Erholungsurlaub und wurde dann lediglich garnisonsdienstfähig geschrieben. Die krankheitsbedingte Auszeit schuf den betroffenen Offizieren die Möglichkeit, dem Frontalltag und damit Trommelfeuer, Maschinengewehr und Giftgas zumindest temporär zu entfliehen und Ruhe und Erholung zu finden. Hinzu kam, dass der Anstaltsalltag in Lazaretten und Genesungsheimen für Offiziere weit mehr Annehmlichkeiten bot als für Mannschaftssoldaten. Ein solcher Aufenthalt erlaubte zudem bereits viele Kontakte zum Zivilleben durch das Ausgehen in die Kaffeehäuser und die unmittelbare Umgebung. Zudem wurden die Offiziere oft in ein heimatnahes Reservelazarett verlegt und konnten wieder persönlichen Kontakt zur eigenen Familie und zu Freunden aufnehmen. Und schließlich gingen die behandelnden Ärzte und medizinischen Dienststellen in viel höherem Maße als bei Mannschaftssoldaten auf die Wünsche der Offiziere in Bezug auf Urlaub und Versetzungsgesuche für einen Posten fern der Front ein.[160]

Trotz der positiven Aspekte zeigt sich bei der Mehrheit der untersuchten Offiziere ein starker Wunsch, rasch gesund und dienstfähig zu werden. Hierbei spielte eine Rolle, dass Offiziere auch jenseits des Lazarettaufenthalts mehr Möglichkeiten als Mannschaftssoldaten hatten, sich dem Frontdienst zu entziehen.[161]

Auch strebten viele Offiziere zurück an die Front und drängten des Öfteren sogar aktiv auf eine Entlassung aus dem Lazarett. Zum Beispiel setzte der Oberleutnant Günther K., der an der Front unter ausgeprägten Angst- und Erregungszuständen gelitten hatte und von seinem Vorgesetzten Ende 1914 zur Krankmeldung angehalten wurde, im Lazarett nach kurzer Zeit seine Entlassung durch, um zurück an die Front zu kommen, wurde aber vom Regimentsarzt wieder ins Lazarett geschickt. Im Reservelazarett der Universitätsnervenklinik Tübingen erhielt er die Diagnose »Neurasthenie«. Er blieb dort vier Wochen und wurde am 29. Januar 1915 als felddienstfähig zum Ersatzbataillon entlassen. Auch hier spielte sein eigener Wunsch, rasch wieder ins Feld zu kommen, eine große Rolle. In der Krankenakte ist einen Tag vorher vermerkt: »Hat selbst den Wunsch zur Truppe zurückzukehren, um sich dort noch zu trainieren u dann wieder ins Feld zu gehen«.[162]

---

160 Siehe zu den Privilegien der Offiziere im Lazarett Kap. III.3.a. Unterbringung und Verpflegung. Vgl. zur ambivalenten Bedeutung eines Lazarettaufenthalts für die Soldaten allgemein Peckl, Krank durch die »seelischen Einwirkungen des Feldzuges«?, S. 65f.
161 Siehe hierzu auch Kap. II.8.d. Die militärische Karriere nach der psychischen Versehrung.
162 UAT 669/26967 Krankenblatt Tübingen, Oberleutnant Günther K.

Insgesamt lag der Anteil der Offiziere, der nach der psychischen Versehrung direkt an die Front zurückkehrte, deutlich höher als bei den Mannschaftssoldaten.[163] Zumeist fügten sich die Offiziere allerdings dem Arzt, wenn sich dieser – wie im Großteil der Fälle – gegen ihren Wunsch, vorzeitig an die Front zurückzukehren, aussprach, um die Gesundung nicht zu gefährden.[164] Oft zeigen sich bei den Offizieren im Lazarett neben dem Bestreben, zurück an die Front zu kommen, gleichzeitig Bedenken, ob sie hierzu schon in der Lage seien und ihre Nerven für diese Belastung bereits stabil genug seien.

Die Krankenakte des Leutnants Kurt D. im Münchener Vereinslazarett, in dem er wegen »Nervöser Erschöpfung« behandelt wurde, zeigt eine entsprechende Haltung. Bei der Erstuntersuchung in München, als der Leutnant bereits eine zweiwöchige Lazarettbehandlung hinter sich hatte, referierte der Arzt auf seine Frage, wie es ihm psychisch gehe, folgende Antwort:

»das Gefühl von mangelnder Willenskraft und Konzentrationsfähigkeit, von Zerstreutheit und Gedächtnisschwäche. Ausserdem leidet der Pat. unter dem Bewusstsein, jetzt nicht an der Front zu sein, obwohl er das sichere Gefühl hat, dass die Störungen wieder in erhöhten Masse auftreten würden, wenn er jetzt ohne vorhergehende Schonung zur Front zurückkehren würde.«[165]

In der Krankenakte des Hauptmanns Oskar S., im Offiziers-Genesungsheim Joeuf wegen »nervöser Erschöpfung« 1916 behandelt, wurde nach fünftägigem Aufenthalt notiert:

»Gibt an noch sich recht matt zu fühlen, hat auch keine innere Ruhe. Pat. macht stets einen etwas übererreglichen, zerstreuten Eindruck, ist [...] etwas unschlüssig, möchte zur Truppe und gibt gleichzeitig zu, daß er noch nicht genügend erholt sei.«[166]

---

163 Siehe hierzu Kap. III.5.d. Die Unterschiede hinsichtlich Entlassungsstatus und Behandlungsdauer zwischen Offizieren und Mannschaftssoldaten.
164 Siehe Ebd.
165 BayHStA-KA OP 59135 Kurt D., Krankenblatt München. Während der aus Beruhigungsmitteln und Ruhe bestehenden Lazarettbehandlung gab er an, sein Gefühl innerer Unruhe lasse nach und die »Zerfahrenheit« gehe zurück. Beim Entlassungsbefund wurde die verbesserte Konzentration betont. Er wurde als garnisonsdienstfähig entlassen. Ebd.
166 BayHStA-KA OP 21802 Oskar S., Krankenblatt von Joeuf, Eintrag vom 31.7.1916. Er blieb noch weitere zwei Wochen in Joeuf, bekam dann einen dreiwöchigen Erholungsurlaub und kehrte nachfolgend an die Front zurück, wo er bis Kriegsende ohne Rückfall weiterdiente.

IV. LEIDENSERFAHRUNGEN UND SELBSTBILD

Was waren die Gründe für das Streben nach Rückkehr an die Front? Das Gefühl, durch den Lazarettaufenthalt der Chance beraubt zu werden, neue Kriegserfahrungen zu machen, findet sich kaum. Ein Beispiel für eine solche Haltung ist die bereits erwähnte Krankengeschichte, die Leutnant Christian Z. 1917 für den Tübinger Klinikdirektor Gaupp mit der Bitte um eine vertrauliche Handhabung verfasste.[167] Hierin hob dieser seine Begeisterung für seine Kriegstätigkeit hervor und interpretierte die erzwungene Auszeit von der Front aufgrund einer Verwundung als Ursache für sein psychisches Leiden. Christian C. wurde am 30. Juni 1916 verwundet und damit, wie er schrieb, »aus einer Tätigkeit herausgerissen, die ich mir als Mann während des Krieges nicht schöner hätte denken können.« Nach acht Wochen Lazarettaufenthalt kam er mit zerschmetterter Kniescheibe als »Krüppel« zum Ersatzbataillon und litt in der Folge stark darunter, nicht mehr für die Front tauglich zu sein:

»Während des Aufenthalts beim Ersatzbataillon war meine Grundstimmung immer ein Heimweh nach der Front, meinem alten Regiment, meinen Kameraden. Dazu trat geradezu Ekel vor geistiger Arbeit. Mir galt nur der Dienst in der Front als des eines jungen Mannes würdiger Dienst in der großen Zeit. Das beweisen auch meine vielen Versuche von Beginn des Krieges an, mich von der Medizin loszueisen und zu einer Fronttruppe zu kommen, was mir erst im April 1915 gelang. Typisch für meine damalige Zeit nach der Entlassung aus dem Lazarett ist meine Empfindung des Bedauerns für alles, was gezwungen in Deutschland festgehalten wurde, während draußen der Kampf tobte. Und nun gehörte ich auch auf einmal zu den Unglücklichen, denen der Weg bzw. die Rückkehr in die Front abgeschnitten war. (B. Der wohlbekannte Typ des Drückebergers geniert mich nicht. Er existierte für mich gar nicht.) Von Beginn des Krieges an war mein Wahlspruch: ›Und setzet ihr nicht das Leben ein, nie wird euch das Leben gewonnen sein.‹«[168]

Mit einer ähnlichen Intention schrieb Ernst Jünger am 4. September 1916 im Lazarett, in dem er nicht wegen einer psychischen, sondern einer Schussverletzung lag, in sein Tagebuch:

»Ich habe nun schon viel erlebt in diesem größten Kriege, doch das Ziel meiner Kriegserlebnisse, den Ansturm und den Zusammenprall der Infanterie ist mir bis jetzt noch nicht vergönnt gewesen. Den Feind aufs Korn nehmen, ihm gegenüberstehen Mann gegen Mann, das ist etwas anderes als dieser ewige Artilleriekrieg.

---

167 Siehe hierzu den Abschnitt »Umgang der Offiziere mit ihren psychischen Leiden im Lazarett« in diesem Kapitel. Vgl. zum Folgenden UAT 669/31467 Leutnant Christian Z., selbstverfasste Krankengeschichte des Patienten (18.3.1917).
168 Ebd.

Darum die Wunden heilen lassen und dann wieder hinaus, noch haben meine Nerven nicht genug!«[169]

Den meisten psychisch versehrten Offizieren ging es anders. Deren Nerven hatten bei der Lazaretteinweisung genug und auch bei einsetzender Genesung spielte beim Wunsch, an die Front zurückzukehren, weniger Kampfeslust als vorrangig Pflicht-, Verantwortungs- und Ehrgefühl eine Rolle. Hinzu trat ein schlechtes Gewissen. Viele litten während der Lazarettbehandlung und der Zeit im Garnisonsdienst unter Gewissensbissen, nicht an der Front zu sein. Die krankheitsbedingte Auszeit von der Front führte zu einem Verlust an Selbstbewusstsein und zu der Vorstellung, ihrer Rolle als militärische Führer nicht zu genügen.

Große Bedeutung hatte dabei die Treue zur eigenen Einheit, der sich die Offiziere stärker als abstrakten Größen wie Kaiser und Vaterland verbunden fühlten. Das Deutungsmuster, die eigene oder beobachtete Erfahrung eines Lazaretaufenthalts wegen psychischer Leiden durchgängig in den Zusammenhang von Verrat an der Kameradschaft des Schützengrabens zu stellen, durchzieht autobiografisch gestützte Literatur und autobiografische Berichte über die Erlebnisse an der Front, bei Offizieren wie bei Mannschaftssoldaten. Dies gilt unabhängig davon, ob die Autoren eine kriegsbejahende oder pazifistische Einstellung hatten.[170] In den Texten wurde zwar meist stark die brüchige Grenze zum jederzeit drohenden psychischen Zusammenbruch in den Vordergrund gestellt, aber dieser wurde nur als temporäre nervliche Krise akzeptiert, die letztlich wieder unter Kontrolle gebracht werden musste, um den soldatischen Anforderungen und Logiken des Krieges wieder genügen zu können. Sich den Kämpfen an der Front durch einen langen Lazarettaufenthalt wegen psychischer Leiden zu entziehen, wurde aber meist so gedeutet, dass man feige die Kameraden im Stich ließ.[171]

Auch in England wurden Offiziere häufig auf eigenen Wunsch vorzeitig aus der ersten Behandlung entlassen, um auf ihre Posten zurückzukehren.

---

169 Jünger, Kriegstagebuch, S. 185. Vgl. die ähnliche Ausdrucksweise beim Offizier Karl Pietz: Hergemüller (Hrsg.), Karl Pietz (1886–1986). Kriegsnotizbuch, S. XI. Siehe daneben auch Schaar, Wahrnehmungen des Weltkrieges, S. 184.
170 Prümm, Tendenzen des deutschen Kriegsromans nach 1918, S. 215–217. Vgl. Jüngers Beschreibung seines temporären Zusammenbruchs Jünger, In Stahlgewittern, S. 253. Vgl. Remarques Beschreibung eines sog. »Angstkollers« eines Unteroffiziers beim Vorstoß aus dem Schützengraben und die Reaktion seiner Hauptfigur. Remarque, Im Westen nichts Neues, S. 120f.
171 Siehe hierzu Kap. III.6.c. Die Haltung der Offizierskameraden. Siehe auch Kaufmann, »Widerstandsfähige Gehirne«, S. 221.

Nach Peter Leese geschah dies aufgrund ihrer stärkeren Prägung durch traditionelle militärische Prinzipien und ihre militärische Verantwortung. Dies habe auch dazu geführt, dass sie bei psychischen Problemen meist länger als Mannschaftsdienstgrade an der Front ausharrten. Beides habe bewirkt, dass sie bei einer weiteren Einweisung wegen der dann stärker ausgebildeten chronischen oder akuten Symptome entsprechend länger in Behandlung blieben.[172]

Doch gibt es auch weniger ideelle Gründe, die Offiziere motivierten, rasch an die Front zurückkehren zu wollen, da sie unter besonderem Leistungsdruck standen. Insgesamt galt es gerade bei den Offizieren als ehrenrührig und stigmatisierend, psychisch zu erkranken – auch an Neurasthenie. Ein psychisches Leiden gefährdete ihre militärische und soziale Stellung,[173] und lange Frontdiensttauglichkeit galt als karriereschädigend. Gerade aktive Offiziere standen bei längerer Krankheit unter großem Genesungsdruck, da die Ausübung ihres Lebensberufs auf dem Spiel stand. Zumindest im Frieden wurde von einem Offizier erwartet, dass er seinen Abschied nahm, wenn er keine Felddienstfähigkeit mehr erreichte.[174]

Dass Offiziere vielfach schneller als Mannschaftssoldaten auf eine Entlassung aus dem Lazarett drängten, erklärt sich mitunter auch aus dem Pensions- und dem über das Ancienitätsprinzip geregelten Beförderungssystem, da ein Dienstjahr nur als Kriegsjahr zählte und damit doppelt gerechnet wurde, wenn der Offizier im Reichsheer aktiv am Krieg teilnahm. Für alle Offiziere hatten lange Lazarettzeiten daher Auswirkungen auf ihre Beförderungszeiten, für aktive Offiziere auch auf ihre Pensionsansprüche.[175] Gerade für aktive Offiziere spielten dienstpraktische Gegebenheiten eine große Rolle. So machte sich etwa der aktive Oberleutnant Georg G., der sich während des Aufenthalts im Reservelazarett der Universitätsnervenklinik Tübingen, wo er mit der Diagnose »Psychopathie« beobachtet wurde, Sorgen um die Daten seiner Lazarettaufenthalte, wie der Arzt am 2. Mai 1916 notierte:

---

172 Leese, Shell Shock, S. 109, 114.
173 Darauf macht auch Curschmann aufmerksam. Curschmann, Zur Kriegsneurose bei Offizieren, S. 292f.
174 Rabenau, Die deutsche Land- und Seemacht und die Berufspflichten des Offiziers, S. 288, Nr. 316; Stumpf, Die Wehrmacht-Elite, S. 52f. Siehe hierzu Kap. III.7.b. Verabschiedungen.
175 Siehe hierzu auch Kap. II.8.d. Die militärische Karriere nach der psychischen Versehrung und in Kap. V.2.b. Die Stellung psychisch versehrter Offiziere im Versorgungssystem und die Pensions- und Rentenverfahren in der Weimarer Republik.

»Bis Anfang März 1916 im Feld, wegen Nervosität ins Lazarett überwiesen. Handelte sich für ihn sehr um den Tag der Ueberweisung, weil es sonst für ihn nicht als Kriegsjahr gelte; sei nach seiner Erinnerung erst der 28.2. gewesen.«[176]

Der Fall verdeutlicht daneben, dass für Offiziere beim Wunsch, sich rasch zurück an die Front zu melden, auch das Wissen eine Rolle spielte, dass dies dienstlich einen guten Eindruck machte. Am 2. Mai 1916 notierte der Arzt in die Krankenakte über die Wünsche des Oberleutnants:

»[...] fühle sich noch nicht so, dass er schon Dienst machen könne. [...] möchte sich direkt felddienstfähig melden, weil das besseren Eindruck mache. [...] Wenn so Garnisondienst Gefahr und die Ansicht, dass er Felddienstfähigkeit hinausschiebe [...].«[177]

Die Ausführungen belegen die Zwänge, unter denen ein aktiver Offizier stand. Längeres Dienen im Garnisonsdienst warf auf ihn ein schlechtes Licht und Georg G. hatte Sorge, dass sein geschwächter Gesundheitszustand genau dazu führen würde. Den besten Eindruck würde es seiner Meinung nach machen, wenn er sich direkt aus dem Lazarett wieder felddienstfähig meldete. Daher hoffte er darauf, solang im Lazarett bleiben zu können, bis er vollständig gesund war, um dann direkt an die Front zu gehen. Diese Bitte wurde aber nicht bewilligt, er wurde stattdessen mit Urlaub als garnisonsdienstfähig entlassen.[178]

Für das schlechte Gewissen der Offiziere im Lazarett und den Wunsch nach baldiger Rückkehr an die Front spielte schließlich noch eine wichtige Rolle, dass die Offiziere unter besonderem moralischen Druck standen, der von den Ärzten wie auch der militärischen Umgebung auf sie ausgeübt wurde. Beide wirkten bei Offizierspatienten im Regelfall mit stärkerem Engagement als bei Mannschaftssoldaten daran mit, dass Offiziere wieder die Felddienstfähigkeit erreichten. Sie gingen auf ihre Wünsche ein und machten gerade aktive Offiziere, die nicht mehr an die Front zurückzukehren wünschten, auf Karrierenachteile aufmerksam, die dem Offizier drohten, wenn er sich vom Frontdienst zurückzog.[179] Von Offizieren wurde der

---

176 UAT 669/27701 Oberleutnant Georg G., Eintrag in der Krankenakte vom 2.5.1916.
177 Ebd.
178 Ebd.
179 BayHStA-KA OP 24270 Hermann B., Krankenblatt Kriegslazarett Stenay, April 1916; UAT 669/27701 Oberleutnant Georg G., Eintrag in der Krankenakte vom 23.5.1916. Siehe hierzu auch Kap. III.5.d. Die Unterschiede hinsichtlich Entlassungsstatus und Behandlungsdauer zwischen Offizieren und Mannschaftssoldaten.

starke Wunsch nach Rückkehr an die Front erwartet und die große Mehrheit benahm sich adäquat.

Das von Hans-Georg Hofer für Österreich-Ungarn herausgearbeitete Bild, dass die Medizin für Offiziere komfortable und sozial akzeptierte »Refugien des Krieges« bereithielt,[180] bestätigt sich für das Deutsche Reich im Hinblick auf die soziale Akzeptanz nicht. Die ärztliche Sicht führte allerdings bei Verstößen seitens der Offiziere meist nur zu versteckter Kritik, da sich die Ärzte bei Offizieren allgemein mit kritischen Äußerungen zurückhielten.[181] Kaum jemand wurde gegen seinen Willen an die Front zurückgeschickt. Stattdessen arbeiteten Ärzte und militärische Dienststellen Hand in Hand, um den erkrankten Offizier auf den von ihm gewünschten Posten zu entlassen.

Lediglich eine Minderheit der Offiziere akzeptierte, wegen psychischer Störungen langfristig nicht mehr zum militärischen Führer geeignet zu sein. Für diese war es entscheidend, einen Modus Vivendi angesichts ihrer psychischen Leiden zu finden. Die Frage, wie sie vor sich und ihrer Umwelt dastanden, spielte dagegen nur eine nebensächliche Rolle. Als Legitimationsstrategie diente vielen dieser Offiziere eine funktionelle Sicht auf die Krankheit. Sie stellten in den Mittelpunkt, inwieweit ihr psychisches Leiden ihre Dienstfähigkeit als Offizier beeinträchtigte. Dabei überlegten sie sich, welche Anforderungen ihre Dienststellung an ihre Nerven stellte und inwieweit sie diesen noch genügen konnten.[182]

Doch ging auch bei diesen oft eine Phase voraus, in der sie mit dem Befund haderten oder noch einen Versuch machten, sich als Truppenführer zu bewähren. Der Fall des Leutnants Gustav S. macht dies sehr deutlich. Trotz psychischer Beschwerden und der Tatsache, dass er im Garnisonsdienst im Rekrutendepot ohne größere Ausfälle als Offizier Dienst leisten konnte, nahm er nach einem Jahr die Herausforderung an, erneut an die Front zu gehen.[183]

Sein Fall zeigt aber auch eindeutig, dass sich dieser nach den 4 1/2 Monaten an der Front, auf die ein Lazarettaufenthalt und dann ein einjähriger Dienst im Garnisonsdienst folgte, wegen seiner weiter bestehenden

---

180 Hofer, Nervenschwäche und Krieg, S. 222. Siehe hierzu auch Kap. III.4.c. Urlaub, Badekuren und Privatpflege.
181 Siehe hierzu auch Kap. III.3.b. Arzt-Patienten-Verhältnis.
182 Vgl. z.B. die Begründung für die Krankmeldung bei BayHStA-KA OP 16742 Hauptmann der Reserve Karl H., Krankmeldung, 20.9.1918.
183 UAT 669/28146 Krankenakte Leutnant Gustav S., Bericht der 1. stellv. 54. Infanterie-Brigade Ulm-Donau, gez. Osten.

psychischen Symptome nicht mehr zum militärischen Führer an der Front eignete. Seine Selbstaussagen und die Aussagen seiner Vorgesetzten über diese Zeit in der Krankenakte zeigen, dass er nervös, menschenscheu und schwermütig war. Über die Beschwerden, die er seit seiner Zeit im Feld hatte, führte Gustav S. bei seinem Lazarettaufenthalt in Tübingen aus: »der geringste Anlass bringt mich in Schwermut; dann gerate ich in Grübeln und das ist das Schlimmste. Als ich vom Felde wegkam, war jeder Muskel, jeder Nerv in Erregung.«[184] Damals hätte er unter Angstzuständen gelitten.[185]

Als er erneut durchgesetzt hatte, wieder an die Front zu kommen, musste er feststellen, dass dies wegen seines nervösen Zustands bei Kameraden und Ärzten auf Unverständnis und Ablehnung stieß.[186] Auch hielt er die Anforderungen an der Front nicht aus und musste aufgrund seines psychischen Zustands bald die Krankmeldung einreichen.

Bei der zweiten Lazarettbehandlung in Tübingen wird aus den Aussagen von Gustav S. in der Krankenakte deutlich, dass er sich zumindest mittelfristig keinen erneuten Dienst als militärischer Führer an der Front vorstellen konnte und nun versuchte, seinen zukünftigen Dienst an seiner geschwächten Konstitution auszurichten. So notierte der Arzt zur Anfangsuntersuchung Ende September 1916:

»Patient gibt an, dass bei ruhiger geregelter Beschäftigung die subjektiven Beschwerden gering seien, jedoch bei ›unvorhergesehener‹ und rasch wechselnder Tätigkeit Ermüdung bald auftrete.«[187]

Seine Heilungschancen sah Gustav S. am 10. Oktober 1916 so: »Ich kann gesunden, wenn ich eine selbständige Beschäftigung habe, in der ich viel allein bin.«[188] Dass er nach wie vor Scham in Bezug auf sein Leiden und seine jetzige Situation verspürte, zeigen folgende ärztliche Notizen vom 15. Oktober 1916. Der Arzt schrieb, dass keine »Angstzustände« feststellbar seien, Gustav S. ihm aber berichtet habe, früher Angstzustände gehabt zu haben. Nun habe er noch »Menschenangst. Wenn ich Bekannte sehe, weiche ich aus, um den Fragen zu entgehen.«[189] Er wurde als garnisonsdienstfähig entlassen. Leichter Dienst wurde empfohlen.

---

184 Ebd., Eintrag vom 10.10.1916.
185 Ebd., Eintrag vom 15.10.1916.
186 Ebd., Bataillons-Arzt des II. Batl. L.I.R. 123.
187 Ebd., Eintrag vom 25.9.1916.
188 Ebd., Eintrag vom 10.10.1916.
189 Ebd., Eintrag vom 15.10.1916.

Auch Oberleutnant Otto H. ist ein Beispiel für einen Offizier, der versuchte, trotz psychischer Leiden erneut an die Front zu kommen, aber nach deren Verschlimmerung akzeptierte, nicht für den Frontdienst geeignet zu sein. Dieser aktive Offizier erlitt Mitte September 1914 einen Nervenschock und wurde nach langer Lazarettbehandlung als dauernd garnisonsverwendungsfähig erklärt. Er blieb bis Februar 1917 in der Heimat und wurde beim Traindepot verwendet, dann meldete er sich freiwillig zum Ersatztruppenteil, um wieder ins Feld zu kommen, was ihm nach mehreren Anläufen und ärztlichen Untersuchungen gelang.[190] Nach zwei Monaten an der Westfront durchlief er mit der Diagnose »Nervenschwäche stärkeren Grades« mehrere Lazarette. Im Reservelazarett der Universitätsnervenklinik Tübingen, wo er im November 1917 die Diagnose »Hysterische Erregungszustände bei Psychopathie« erhielt, gab er gegenüber dem Arzt an: »Es sei ein Fehler gewesen, dass er sich wieder an die Front begeben habe, nachdem er schon einmal eine starke Nervenzerrüttung gehabt habe.« Nun wünschte er, bald in die Heimat verlegt zu werden, erwirkte bei Gaupp ein Empfehlungsschreiben für eine zivile Anstellung[191] und wurde im März 1918 als »bürodienstfähig« entlassen.[192]

Ein Beispiel für einen Offizier, der eingestand, dass ihn der Offiziersdienst als militärischer Führer an der Front überforderte und seine psychischen Beschwerden verstärkte und der daher nach Alternativen suchte, ist der Leutnant Fritz F. Nach eigener Aussage sei er »bei seiner Tätigkeit aus

---

190 UAT 669/30303 Krankenakte Oberleutnant Otto H., Krankenblatt Etappenlazarett 317 Abteilung IV Nervenstation (27.10.1917–19.11.1917)
191 Im Referenzschreiben Gaupps für die Zigarren-Fabrik Stuttgart von Februar 1918 in Bezug auf eine Stelle (Repräsentantenposten), für die sich der Offizier bewarb, welches er auf Nachfrage der Fabrik und mit Einwilligung des Oberleutnants ausstellte, heißt es: »[...] Oberleutnant H. ist ein junger von Haus aus nervöser seelisch-zarter und gemütsweicher Offizier, der den Schrecken und Gefahren des Krieges nicht gewachsen war und überhaupt weniger zum Offizier als zu einem friedlichen Beruf qualifiziert ist. [...] Ich glaube nicht, dass diese Nervosität, die sich sehr bessern wird, sobald der junge Mann ins Zivil übergetreten ist, die regelmässige Ausübung einer zivilen Berufstätigkeit beeinträchtigen würde. [...]« Ebd., Referenzschreiben Gaupps. Die Empfehlung zeigt den gesellschaftlichen Umgang mit Nervenleiden. Gaupp ging davon aus, dass das nervliche Leiden eines Offiziers in Bezug auf den angestrebten Repräsentationsposten akzeptiert wurde, solange es nicht so stark nach außen trat, dass die Möglichkeit zu repräsentieren beeinträchtigt wurde. Dass er überhaupt als Kandidat in Erwägung gezogen wurde, bezeugt, dass ein Aufenthalt auf einer psychiatrischen Station und »Nervosität« keine Ausschlusskriterien waren.
192 Ebd., Krankenblatt Universitätsklinik Tübingen (7.12.1917–13.3.1918).

der Aufregung nicht herausgekommen, sei ein Posten für einen Hauptmann gewesen, weil der eine grosse Verantwortung auf sich trug [...].« Hinzu kam: »Beim Dienst vor der Front leide er unter Angstgefühlen, die ihm die Tätigkeit sehr erschweren. Auch beim Essen im Kasino wenn er mit andern Offizieren zusammen sei habe er manchmal die Angstzustände.«[193]

Seit Dezember 1917 war er dann »wegen der alten Erscheinung« erneut krankgeschrieben. Bei seinem Lazarettaufenthalt in Tübingen im Mai 1915 schätzte er sich selbst für den zukünftigen Offiziersdienst nur als bedingt tauglich ein:

»Er glaube wieder Dienst machen zu können. Doch nur in einer Tätigkeit wo er keine körperl. Anstrengung habe und auch in gewissem Sinn selbständig sei, da der Verkehr mit Vorgesetzten ihn aufrege.«[194]

Die Ärzte beurteilten ihn als garnisonsverwendungsfähig für die Etappe und empfahlen zukünftig für den Leutnant lediglich Bürodienst.[195]

Leutnant Friedrich D. ist ein Beispiel für Offiziere, die auch bei einer ärztlichen Begutachtung, die militärischen Dienststellen Bericht erstatten sollte, sehr offen ihrem Wunsch Ausdruck gaben, dauerhaft fern der Front beschäftigt zu werden und mit ihrer Nervenschwäche argumentierten, obwohl dieses Verlangen in deutlichem Gegensatz zum Tugendkatalog eines Offiziers stand. Robert Gaupps Gutachten über den Leutnant, der wegen »nervöser Beschwerden« vom 16. bis 29. Februar 1916 im Reservelazarett der Universitätsnervenklinik Tübingen zur Beurteilung seiner Dienstfähigkeit beobachtet wurde, gibt die sehr offene diesbezügliche Ausdrucksweise wieder:

»Er könne kein Blut und keine Verwundeten sehen und werde schon nervös beim Anblick eines Lazarettzuges. Das habe sich noch verschlimmert, seit er die Unvorsichtigkeit begangen habe, bei der Entbindung seiner Frau anwesend zu sein. Nach seiner eigenen Anschauung ist er zurzeit dienstfähig für jeglichen Dienst in Garnison und Etappe. In der Front sei er wegen seiner Nervosität nicht zu brauchen, da ihm im entscheidenden Augenblick die nötige Ruhe fehle. Er denke als Adjutant in der

---

193 UAT 669/30185 Krankenunterlagen des Leutnants Fritz F.
194 Ebd.
195 Vgl. zur ärztlichen Sicht auf Fritz F. die Ausführungen in Kap. III.2.b. Psychiatrische Praxis: Diagnosen in den Krankenakten.

Etappe oder bei einer Bahnhofskommandantur Verwendung zu finden oder hoffe, eine technische Stellung zu erhalten, in der er dauernd bleiben könne.«[196]

3. Die Auswirkung der psychischen Versehrung auf das Verhältnis zum Krieg und das Selbstbild als Offizier

Offiziere, die während des Krieges psychische Verwundungen erlitten hatten, standen vor der Herausforderung, das Erlebte zu bewältigen und in ihr Selbstbild zu integrieren. Im Folgenden werden dabei zwei Aspekte genauer analysiert: Wie beeinflusste die Versehrung ihre Haltung zum Krieg? Welche Auswirkung hatte die psychische Versehrung auf ihr professionelles Selbstbild als Offizier?

Als wichtigstes Ergebnis zeigt sich, dass im Deutungsrahmen und Kommunikationsreservoir der großen Mehrheit der psychisch versehrten Offiziere kaum Raum für eine Anprangerung des Krieges und seiner traumatisierenden Effekte war. Stattdessen stand in ihrer Bewertung ihre individuelle Fähigkeit, auf diese Auswirkungen zu reagieren, im Zentrum.

So blieb lediglich für eine Minderheit an Offizieren eine negative Sicht auf den Krieg dominant. Vor allem fehlt eine radikale kriegs- und militärkritische Haltung, die auch Offizierstugenden wie Treue für die eigene Einheit und Mut abgelehnt hätte, wie sie sich etwa im autobiografisch gefärbten Roman »Heeresbericht« (1930 veröffentlicht) von Edlef Köppen findet. Von Köppen ist bekannt, dass er selbst im September 1918 als Leutnant zur offenen Gehorsamsverweigerung übergegangen war, weil er den Konflikt zwischen Pflichterfüllung und Einsicht in die Unmoral des Krieges nicht mehr aushielt, worauf er wenige Wochen vor Kriegsende in eine psychiatrische Anstalt eingewiesen wurde.[197] Er skizzierte seinen eigenen Werdegang im Krieg im Klappentext seines Romans 1930 wie folgt:

»Ich bin am 01. März 1893 geboren. Infolgedessen war ich imstande, mich im August 1914 kriegsfreiwillig zu den Waffen zu begeben, die ich von Oktober 14 bis Oktober 18 in Allerhöchstem Auftrag als Kanonier, Gefreiter, Unteroffizier,

---

[196] UAT 669/27480 Gutachten Robert Gaupps vom 28.2.1916 über den Leutnant Friedrich D. Vgl. zur ärztlichen Sicht auf Friedrich D. die Ausführungen in Kap. III.2.b. Psychiatrische Praxis: Diagnosen in den Krankenakten.
[197] Fischer, Nachwort, S. 391.

Vizewachtmeister, Offizierstellvertreter, Leutnant der Reserve in West und Ost weidlich führte. Ich tat das mit Begeisterung, mit Pflichtgefühl, mit zusammengebissenen Zähnen, mit Verzweiflung, bis man mir das EK I verlieh und mich ins Irrenhaus steckte [...].«[198]

An seinem Roman arbeitete er bereits an der Front. In Feldpostbriefen an seine Eltern berichtete er hierüber und davon, dass er »Obacht geben« müsse, damit er »als Offizier nicht in Schwierigkeiten« gerate,[199] was den Konformitätsdruck zeigt, unter dem Offiziere standen.

Die Hauptfigur im Roman, Leutnant Reisiger, die wie Köppen kurz vor Kriegsende auf einer psychiatrischen Station landet, bezeichnet den Krieg als Verbrechen und die Kriegsverweigerung als einzig legitimes Verhalten. Dafür nimmt Reisiger willig den Feigheitsvorwurf in Kauf. Im Roman werden die zunehmende psychische Erschöpfung und Instabilität des Leutnants wegen der fortwährend erlebten Erschütterungen für den Leser nachvollziehbar beschrieben. Sein letztes Gefecht, in dem er bei einem Angriff mit Tanks knapp am Leben bleibt, führt zum Nervenzusammenbruch.[200] Als Reisiger nach dem Kampf gefunden und zum Generalkommando gebracht wird, erklärt er, dass er den Krieg für das größte aller Verbrechen hält. Daraufhin wird er verhaftet und ins Irrenhaus eingewiesen. Es folgt ein innerer Monolog, in dem Reisiger betont, bei guter Gesundheit zu sein. Er verweigere in vollem Bewusstsein, dass sein Verhalten als Feigheit ausgelegt werden könne, den Kriegsdienst. Zugleich versinnbildlicht der repetitive Charakter des inneren Monologs seinen instabilen psychischen Zustand:

»Herr General, habe ich nur gesagt, erschießen Sie mich bitte, hier, bedienen Sie sich, aber ich gehe nicht einen Schritt mehr nach vorn. Das größte aller Verbrechen mache ich nicht länger mit [...] Wo sind denn auch Sie so lange gewesen? Und warum halten Sie denn die Tanks nicht auf, was? – Und, Herr, mäßigen Sie sich, hat er gesagt. Und gebrüllt habe ich, daß der Husar mit den Lackstiefeln blaß geworden ist; ich denke nicht dran, mich zu mäßigen, habe ich gesagt. Ich mäßige mich seit viel zu langer Zeit, und wenn ich mich schon früher nicht gemäßigt hätte, dann lebten sie alle noch, die gefallen sind. [...] meine Herren, ich schwöre Ihnen, ich bin nicht verrückt. Ich spiele auch nicht verrückt. – Ich erkläre es Ihnen bei meinem Leben:

---

198 Heeresbericht, Auszug aus dem Waschzettel des Horen-Verlages von 1930. Vgl. hierzu auch Vinzent, Edlef Köppen, S. 92f.; Lantukhova, Beglaubigte Zeitzeugnisse, S. 173; Schafnitzel, Die vergessene Collage des Ersten Weltkrieges, S. 319–341.
199 Die Feldpostbriefe befinden sich im Nachlass Köppens, der im Potsdam-Museum aufbewahrt wird. Zitiert nach Oelschläger, Edlef Köppen widerstand Goebbels, o. S.
200 Bereits vor dem Gefecht »reißt etwas an Reisigers Nerven«, wie es heißt. Köppen, Heeresbericht, S. 374.

IV. LEIDENSERFAHRUNGEN UND SELBSTBILD 559

ich weiß, was ich tue und sage: es geht um nichts anderes, als darum, zu sagen: ich, ich, ich mache den Krieg nicht mehr mit. Ich mache den Krieg nicht mehr mit. Ich weiß, ich lasse meine Kameraden im Stich, und das ist vielleicht feige. Aber ja: ich bin feige. Ich will feige sein.«[201]

Reisiger verteidigt sein Verhalten, die Kameraden im Stich zu lassen und »feige zu sein«, und sich damit nonkonform zu verhalten. Da seiner Ansicht nach Durchhalten um jeden Preis zur Norm erklärt wurde und die Generale sich ihrer Verantwortung entzogen hätten, betrachtet er dieses Verhalten als gerechtfertigt. Nur so sieht er ein Entkommen aus einer weiteren Verstrickung in das Verbrechen des Krieges und nimmt hierfür auch die Todesstrafe in Kauf.[202]

Solch radikale Haltungen konnten bei den hier untersuchten Offizieren nicht gefunden werden. Auch kam es nur selten vor, dass psychisch versehrte Offiziere die Kriegszeit nur negativ interpretierten. Der Leutnant der Landwehr Peter Suhrkamp ist ein Beispiel hierfür. Dessen Aversion gegen den Krieg zeigt sich sowohl in den Symptomen, zu denen Brechreiz gehörte, als auch in seiner rückblickenden Sicht auf den Krieg: »Ich hatte den Krieg an schwersten Stellen und in exponierten Lagen mitgemacht, war 1918 völlig an ihm zerbrochen gewesen. Kurz gesagt: er hatte mich ins Irrenhaus gebracht.«[203] Suhrkamp stellte die Kriegsgewalt in den Mittelpunkt, während er auf seinen Offiziersstatus nicht besonders einging.

Ansonsten war es zwar häufig, dass psychisch versehrte Offiziere bei der Einlieferung ins Lazarett eine »starke Unlust bei jeder Erinnerung an den Krieg und die eigenen Kriegserlebnisse« verspürten.[204] Doch überwog im

---

201 Ebd., S. 388f.
202 Siehe zur beschriebenen Reaktion der Ärzte, die Reisigers Aussage nicht ernst nehmen, Kap. III.3.b. Arzt-Patienten-Verhältnis.
203 Zit. nach Flyer zur Ausstellung »Peter Suhrkamp (1891–1959) Lebenswege. Wanderausstellung zum 125. Geburtstag, 20. November 2016 – 5. Februar 2017«, veranstaltet von KulturAmbulanz, Züricher Str. 40, 28325 Bremen.
204 Vgl. hierzu die Beobachtung Gaupps für neurasthenische Offiziere: Gaupp, Schreckneurosen und Neurasthenie, S. 98. Ein Beispiel für eine entsprechende ablehnende Haltung gegenüber dem Krieg in den Tagen der Krankmeldung sind die Tagebucheinträge des Artillerie-Hauptmanns der Reserve Wilhelm von Hillern-Flinsch. Er reichte wegen Nervenüberlastung ohne den Umweg über Krankmeldung und einen Lazarettaufenthalt im letzten Kriegsjahr seinen Abschied ein und bekam ihn auch bewilligt. In seinem Tagebuch notierte er im Juli 1918 vor seinem Abschiedsgesuch vor allem eigene Sinneseindrücke vom Kampfgeschehen und die zunehmende Gehetztheit, Erschöpfung, Abstumpfung und die erlittenen Entbehrungen. Seine Verzweiflung am Krieg insgesamt wird aus seinem Eintrag vom 30. Juli 1918 überdeutlich: »Krieg ist doch das fürchterlichste was es gibt

Regelfall mit zunehmender Genesung wieder der moralische Druck und der Wunsch, den Anforderungen zu genügen und an die Front zurückzukehren. Die Masse der psychisch versehrten Offiziere stellte den Krieg nicht in Frage, sondern sah ihn als entscheidende Bewährungsprobe an. Wenn die psychischen Störungen der Offiziere von ihren Kriegserlebnissen herrührten, litten sie daran, den Anforderungen des industrialisierten Krieges nicht entsprochen zu haben. Julius Wagner-Jauregg, der sich in Wien eingehend mit der Heilung von Kriegsneurosen beschäftigte, drückte die Haltung vieler Offiziere aus, dass einem plötzlich klar wurde, »dass man eben nicht das Zeug zum Helden in sich habe.«[205]

Eine große Rolle für die bejahende Haltung psychisch versehrter Offiziere zum Krieg spielte, dass sie zu denen gehört hatten, die 1914 von Kriegsbegeisterung erfasst worden waren.[206] Sie verbanden dabei den Kriegsanfang mit nationaler Begeisterung[207] und mit drei persönlichen Hoffnungen: der Aussicht auf kriegerische Tätigkeit als Bewährungsprobe

---

denn es schließt jedes harmlose Genießen, Erfassen irgend welcher Schönheit vollkommen aus, das Auge sieht nur, wie in einem Spiegel erscheint das Bild, aber dahinter bleibt's tot, keine Regung, – jeder Gedankengang ist abgeschnitten.« Auffällig ist, dass er kein schlechtes Gewissen beschrieb, seine Männer im Stich zu lassen. Vielmehr fühlte er sich mit zunehmendem Abstand von der Front befreit und voller Hoffnung, genesen zu können. Am 1. August 1918 notierte er: »Tal der Maas durchfahren – ein Märchenland – süß, deftig unbeschreiblich schön - hier könnte ich gesunden. Tiefster Friede [...].« Zitiert nach Nübel, Durchhalten und Überleben an der Westfront, S. 351.

205 Er bezog sich hier allgemein auf an Neurasthenie erkrankte Soldaten. Wagner-Jauregg, Erfahrungen über Kriegsneurosen, S. 14. Siehe auch Rauchensteiner, Kriegermentalitäten, S. 62.

206 Rückblickend schrieb z.b. der psychisch versehrte Leutnant Konrad D., der sich in der Weimarer Republik um seinen Pensionsanspruch beraubt fühlte, über seine Haltung im Krieg: »Und warum bemerke ich diese furchtbaren Rechtsbrüche erst jetzt? Weil ich ein Kriegsoffizier bin! Ein Soldat also, der als begeisterter Freiwilliger, als Idealist in den Krieg ging, der für Vaterland und Volk zu sterben bereit war, der gläubig war, für den Kaiser, Reich, Staat, Offizier, Vorgesetzte, Behörden, Beamte identisch waren mit Rechtlichkeit und Wahrheit! [...].« BArch, R 3901/Nr. 10260, Bl. 371–373, Versorgung des Leutnants a. D. Konrad D., Bd. 1, Juli 1927–Nov. 1935 (ohne fol.).

207 Der Großteil der Offiziere war zudem von einer allgemeinen Kriegsbegeisterung und einem nationalen Aufbruch im August 1914 überzeugt, auch wenn empirische Forschungen zur Stimmung bei Kriegsausbruch das deutsche »Augusterlebnis« und den »Geist von 1914« als Mythos enttarnt haben. Lindner-Wirsching, Militärangehörige: Erster Weltkrieg, S. 125; Meteling, Ehre, Einheit, Ordnung, S. 213; Bruendel, Die Geburt der »Volksgemeinschaft«, S. 5; siehe auch Verhey, Der »Geist von 1914«.

IV. Leidenserfahrungen und Selbstbild

und Abenteuer,[208] der Möglichkeit zum Erwerb von Ruhm und Ehre und der Hoffnung auf verbesserte Aufstiegsbedingungen in der Offizierslaufbahn. Schließlich war dem Deutsch-Französischen Krieg von 1870/71 eine lange Friedenszeit gefolgt, den die Militärs traditionell mit schlechten Beförderungsaussichten, einhergehend mit geringen Löhnen in den niederen Offiziersdienstgraden, mit Langeweile des Garnisonsdienstes und mit geringen Chancen auf Auszeichnung gleichsetzten. Vor allem nach der Jahrhundertwende hatten viele Offiziere die lange Friedenszeit in der prosperierenden Zivilgesellschaft als Belastung empfunden und davon geträumt, sich endlich im Krieg bewähren zu dürfen.[209]

Vor allem Berufsoffiziere bezogen ihr Selbstwertgefühl aus der Fähigkeit zur Kriegsführung. Schließlich weihten aktive Offiziere im Regelfall ihr ganzes Leben dem Soldatenberuf, und auch als ältere inaktive Offiziere fühlten sie sich immer noch diesem zugehörig. In ihrem Habitus fest verankert war der berufsbedingte Wunsch nach militärischer Praxiserfahrung im Krieg, da nur im Krieg die vollwertige Wertschätzung ihres Dienstes erreicht werden konnte. Entsprechend der Terminologie Pierre Bourdieus stellte die tatsächliche Kriegserfahrung das vorrangig anerkannte, kulturelle Kapital dar und auch symbolische Auszeichnungen und Beförderungen erlangten erst als Anerkennung von Kriegsleistung ihren vollen Wert.[210]

Dagegen hatten Reserveoffiziere trotz des Offiziersdienstes eine andere berufliche Lebensgestaltung.[211] Meist relativierte der Krieg die Unterschiede, da die Funktion als militärischer Führer an der Front für aktive und Reserveoffiziere gleich war und jeder damit rechnen musste, nicht aus dem

---

208 Vielen Offizieren galt zu Beginn des Kriegs die Front als willkommener Raum der Bewährung, wenngleich parallel häufig die Sorge geäußert wurde, ob die eigenen Nerven standhalten würden. Bei manchen war auch das Bild wirkungsmächtig, das in der populären Kriegspsychologie verbreitet wurde, dass an der Front, die vor allem vom Bewegungskrieg her gedacht wurde, die vom zivilen Leben abgestumpften Nerven und Sinne neu gestärkt werden konnten. Vgl. Nübel, Durchhalten und Überleben an der Westfront, S. 85–96; ders., Ambivalenz der Zermürbung, S. 107f. Siehe hierzu auch Kap. II.7.c. Die Haltung der Offizierskameraden.
209 Förster, Russische Pferde, S. 71; vgl. daneben ders., Im Reich des Absurden, S. 218–238; ders., Ein militarisiertes Land?, S. 157–174; Bald, Zum Kriegsbild der militärischen Führung, S. 146–160.
210 Zu den Anwendungsmöglichkeiten der Bourdieuschen Habitus- und Kapitalkonzepte für eine Kultur- und Gesellschaftsgeschichte militärischer Institutionen vgl. Funck, Militär, Krieg und Gesellschaft, S. 163–166; Vollmer, »Kampf um das wahre Kriegserlebnis«, S. 25–63.
211 Vgl. zu den Unterschieden auch Simoneit, Wehrpsychologie, S. 21.

Krieg zurückzukommen. Aber wenn Offiziere langfristige psychische Versehrungen davontrugen, waren die Unterschiede wieder stärker ausgeprägt, da Reserveoffiziere durch ihren Zivilberuf weit bessere Möglichkeiten hatten, im Zivilleben Fuß zu fassen.[212] Für fast alle Offiziere, die erste psychische Schwächesymptome an sich feststellten, bedeutete es eine zusätzliche Belastung, wenn sie merkten, dass sie dem Leitbild des nervenstarken Frontkämpfers nicht gerecht wurden und es ihnen zunehmend schwerer fiel, der Offiziersrolle zu genügen. Dabei wog auch der traditionelle Ehrbegriff im Offizierskorps schwer, dem die Mannschaftssoldaten nicht ausgesetzt waren. Unter Offizieren herrschte die Ehrvorstellung, dass man im Krieg vor der Todesgefahr nicht zurückschrecken und seinen Untergebenen ein Beispiel an Mut und Kaltblütigkeit geben solle.[213] Zudem spielte die verbreitete Einstellung eine große Rolle, dass Verfehlungen eines einzelnen Offiziers das Offizierskorps als Ganzes in Misskredit bringen konnten.[214] Entsprechend wirkte es sich auf das Selbstbewusstsein aus, wenn sich die Symptome und Verhaltensauffälligkeiten psychischer Leiden öffentlich an der Front gezeigt hatten.

Zwar nahmen bei vielen Offizieren mit der Erfahrung des industriellen Krieges und der Materialschlachten die Wirksamkeit des traditionellen Offiziers-Tugendkanons und die Kriegsbegeisterung ab. Auch tat sich in Bezug auf die Mentalität eine Kluft zwischen sogenannten Frontoffizieren und den militärischen Führern in den höheren Stäben, die ihre Ausbildung in der Vorkriegszeit erhalten hatten, auf. Erstere – ob aktive oder Reserveoffiziere – hatten vielfach erst im Krieg eine kurze Ausbildung erhalten und sahen die Erfordernisse des Frontdienstes und ihre Kriegserfahrung als entscheidend

---

212 Siehe hierzu auch Kap. V.2.e. Zivile Lebensläufe psychisch versehrter Offiziere a. D.
213 Siehe hierzu Kap. II.2.a. Willensstärke, Kampfentschlossenheit und Todesbereitschaft als traditionelle Standespflichten der Offiziere. Bei adeligen Offizieren kam hinzu, dass hier die Überzeugung von einer entsprechenden besonderen Berufung des Adels existierte. So prophezeite Löwenstein 1914, dass der Adel seine Vorliebe für die Kavallerie aufgeben werde und vermehrt in die ungeliebte Infanterie eintreten müsse:»Denn wo die größte Gefahr ist, gehört der Adel hin.« Zitiert nach Meteling, Adel und Aristokratismus, S. 230. Alle Leutnants an der Front hatten verinnerlicht, dass ihr Dienst mit einer besonders hohen Todesgefahr verbunden war. Walter Flex, der selbst Leutnant der Reserve war und 1917 fiel, schrieb in seiner Novelle »Der Wanderer zwischen beiden Welten« von 1916: »Leutnantdienst tun heißt: seinen Leuten vorsterben.« Flex, Wanderer zwischen beiden Welten, S. 9; vgl. hierzu auch Wagener, Wandervogel und Flammenengel, S. 23.
214 Siehe hierzu Kap. II.7.c. Die Haltung der Offizierskameraden.

für ihr Selbstbild an.[215] Trotz aller Unterschiede zwischen beiden Gruppen, die dazu führten, dass von einem einheitlichen Standesbewusstsein der Offiziere im Weltkrieg nicht gesprochen werden kann, waren sie sich in ihren Sorgen und Ängsten, die mit einer psychischen Versehrung zusammenhingen und dazu führten, dass sie psychische Leiden oft als persönliches Versagen und Scheitern ansahen, weitgehend einig. Denn die Wertemuster beider Gruppen räumten der Nervenstärke und Affektkontrolle hohe Bedeutung ein und glaubten dabei an die Kraft des eigenen Willens, ließen den Wunsch, aus der Frontsituation zu entfliehen, nicht zu und waren von der Vorstellung getragen, dass der, der an der Front nicht bestand, nichts zum Schutz der Heimat beisteuerte. Beide Gruppen sahen sich zudem aufgrund ihrer Verantwortung und Vorbildfunktion besonderem äußeren Druck ausgesetzt.[216]

Die Offiziere beschäftigten in Bezug auf psychische Leiden und damit zusammenhängendes Fühlen, Denken und Verhalten vor allem drei Vorwürfe. Erstens, im Gegensatz zum Leitbild des nervenstarken Frontkämpfers als Schwächling, Feigling oder Drückeberger dazustehen; zweitens, als militärisches Vorbild und Führer der Soldaten nicht genügen zu können; und drittens, die eigene Einheit oder den operativen Erfolg gefährdet zu haben.

---

215 Siehe Ebd. Der bröckelnde Monarchismus in Teilen des Offizierskorps zeigt sich auch in den Erinnerungen des Abteilungsarztes Willy Hellpach im Offizierslazarett Heidelberg, der in seinen Erinnerungen schrieb, dass gerade im letzten Kriegsjahr unter seinen Patienten Offiziere gewesen seien, die wegen des kameradschaftlichen Kontakts mit russischen revolutionären Verbänden an der Ostfront »mit bolschewistischen Ideen geimpft« gewesen seien: »Wir hatten schon seit Ende 1917 jüngere Offiziere in unserm Krankenbestande, im bürgerlichen Beruf Lehrer, Versicherungsagenten, Handlungsgehilfen, Verkehrsbeamte, die ihre ultrasozialistischen Gesinnungen nur recht notdürftig bemäntelten; wiederholt haben wir die ›Auskämmungs‹kommissionen und die höheren Instanzen der Militärbürokratie überhaupt vor der Wiederverschickung solcher Elemente an die Front in Kompanie- oder gar Bataillonsführerstellen eindringlich warnen müssen.« Hellpach, Wirken in Wirren, S. 61f. Seit Inkrafttreten des Hindenburgprogramms bezeichnete dies Kommissionen, deren Ziel es war, genesene Soldaten und nicht benötigte Arbeitskräfte im Reich »auszukämmen« und der Front zuzuführen. Nübel, Durchhalten und Überleben an der Westfront, S. 155. Hier wird deutlich, dass Hellpach sich nur auf Reserveoffiziere bezog. Auch wird klar, dass er nicht die psychische Versehrung, sondern den Kontakt mit russischen Truppen an der Ostfront für entscheidend hielt. Die Anzeige entsprechender Haltungen bei militärischen Stellen zeigt, wie stark die Lazarettärzte in den Militärapparat eingebunden waren und dass der Lazarettaufenthalt kein Refugium für Offiziere mit entsprechenden Einstellungen war.
216 Siehe hierzu Kap. II.2.f. Zusammenfassung.

Sahen sie sich von einem dieser Vorwürfe betroffen, konnte es zu schweren Scham- und Schuldgefühlen kommen.

Unabhängig von der Ursache des Leidens und der Diagnose litten die Offiziere oft an den körperlichen Symptomen selbst, auch wenn sie nicht direkt mit Schmerzen verbunden waren. Hier war für ihr Selbstbild wichtig, ob die Symptome sichtbar oder unsichtbar waren und ob sie ihren professionellen Habitus beeinflussten. Vielen machten besonders »Weinkrämpfe«,[217] »Dauerzittern« oder »Schütteln« zu schaffen. Sie neigten bei diesen nach außen hin sehr deutlichen Symptomen dazu, sich zu verstecken und standen dabei im Einklang mit der Sicht der militärischen Führung, die solche Symptome als mit dem Offiziersdienst nicht vereinbar ansah.[218] Gerade für den Offiziershabitus waren Körperkontrolle und stramme Haltung zentral. Wenn ihnen die Symptome dies unmöglich machten, konnte die Folge sein, dass psychisch versehrte Offiziere den eigenen Körper nicht nur als leidend und fremd empfanden, sondern ihr Selbstwertgefühl als Offizier schweren Schaden nahm.[219]

Bei vielen Offizieren ging die Scham wegen ihrer psychischen Versehrung gegenüber Kameraden und Untergebenen so weit, dass sie um ihre Versetzung baten. Diese Wünsche der Offiziere gingen häufig mit denen der militärischen Dienststellen konform, die auch den Neustart bei einer anderen Einheit favorisierten. Dies belegen die vielen Versetzungen psychisch versehrter Offiziere, die aus dem Lazarett als kriegsdienstfähig an die Front zurückkehrten.[220]

Ein Beispiel für ein Versetzungsgesuch und die verständnisvolle Haltung des militärischen Umfelds für diesen Wunsch ist Jakob S. Dieser war als sog. Tapferkeitsoffizier im März 1915 zum Leutnant der Reserve befördert

---

217 Vgl. zum häufigen Symptom des »Weinens« bei Offizieren die Ausführungen in Kap. III.2.a. Der psychiatrische Diskurs über die Diagnosen und Ursachen von psychischen Leiden bei Offizieren.
218 Siehe hierzu Kap. II.7.b. Die Haltung der Vorgesetzten.
219 Vgl. z.B. den Hauptmann der Reserve Heinrich L., der nicht damit leben konnte, sich mit der Lähmung des rechten Arms nach einer Kriegsverletzung als »Kriegskrüppel« zu fühlen, eine Morphiumsucht entwickelte und sich 1931 umbrachte. UAHUB, nerv - 030 Psychiatrische Gutachten für das Reichsversorgungsgericht und ordentliche Gerichte in Zivilsachen K-L, 1917–1944, Gutachten über den Hauptmann d. R. Heinrich L., 18.10.1933, Vgl. hierzu auch die Ausführungen von Kienitz, die ähnliche Probleme von Offizieren beschreibt, die auf eine Prothese angewiesen waren, die sie an einer strammen Körperhaltung hinderten. Kienitz, Beschädigte Helden, S. 191.
220 Siehe hierzu auch Kap. II.8.c. Urlaubsbewilligungen und Versetzungen nach Wunsch.

worden.²²¹ Zwei Monate nach der Beförderung erlitt er am 9. Mai 1915 an der Westfront beim Angriff auf Neuville einen Nervenzusammenbruch, wofür er sich so sehr schämte, dass er noch im Lazarett um Versetzung in ein anderes Regiment bat. Sein vorgesetzter Hauptmann im neuen Regiment, dem bayerischen Reserve-Infanterie-Regiment Nr. 2, und der dortige Regimentsarzt äußerten sich über das psychische Leiden und den momentanen Zustand von Jakob S. im August 1915. Sein Hauptmann schrieb über das Versetzungsgesuch:

»S. bat dort [im Offizierserholungsheim Eremitage, G.G.] um Versetzung, da er sich genierte, als ein in seinen Nerven zusammengebrochener [!], der vorher wegen hervorragender Leistungen vor dem Feinde zum Offizier befördert worden war, in seinem Regt. weiter zu dienen.«²²²

Und der Regimentsarzt bemerkte hierüber:

»Seine Versetzung erfolgte auf persönliche Bitte, da er infolge seines Nervenzusammenbruches am 9. Mai bei Neuville nicht mehr die notwendige Achtung bei Untergebenen und Kameraden beanspruchen zu können glaubte. Nach Urteil des Herrn Kdeurs. R.I.R. 12 ist S. ein Offizier von ausgesprochener Tüchtigkeit und Verwendbarkeit, dessen damalige Bitte einem tiefen Ehrgeiz entsprungen ist.«²²³

Die Wirkmächtigkeit der Vorgabe, den Offiziersdienst als Berufung zum Kriegsdienst und den Krieg als entscheidende Bewährungsprobe zu begreifen, zeigt sich besonders deutlich in der rückblickenden Sicht der Offiziere auf ihr eigenes Agieren im Krieg in Selbstzeugnissen. Für die große Mehrheit der psychisch versehrten Offiziere war typisch, dass sie rückwirkend ihre Rolle und eigene Leistung während des Kriegs nicht in Frage stellten.²²⁴ Hier

---

221 Siehe zur zurückhaltenden Beförderung aufgrund von Tapferkeit die Ausführungen in Kap. II.8.d. Die militärische Karriere nach der psychischen Versehrung.
222 BayHStA-KA OP 12221 Jakob S., Schreiben des Hauptmanns Weiß, 1.8.1915.
223 Ebd., Schreiben des Regimentsarztes Veith, 3.8.1915.
224 Hier zeigt sich ein allgemeines Phänomen. Angesichts der immensen Opfer des Krieges war ein starkes Bedürfnis vorhanden, die soldatischen Leistungen explizit zu würdigen. So war es für alle Kriegsteilnehmer typisch, dass sie, selbst wenn sie Militär und Krieg gegenüber eine kritische Haltung einnahmen und sich als Opfer ansahen, den Sinn ihrer eigenen Leistung und der ihrer Kameraden im Krieg nicht in Frage stellten. Die soldatischen Durchhalteleistungen blieben auch ihnen über alle Kritik erhaben, ihr Sinn wurde nicht angezweifelt. Auch Militärkritiker und Kriegsgegner beteiligten sich an der Verherrlichung und Stilisierung der »Frontkämpfer« des Ersten Weltkriegs. Berühmte Beispiele dieser Haltung sind die Historiker Martin Hobohm und der Schriftsteller Erich Maria Remarque. Beide betonten trotz aller Kritik die soldatischen Kriegsleistungen und bewerteten sie durchgehend positiv. Während Hobohm, der in der Weimarer Republik als linksliberaler

überwog trotz der psychischen Versehrung ein positives Urteil über ihren Offiziersdienst. Im Rückblick der Offiziere auf ihr psychisches Leiden wirkte sich die allgemeine Tendenz aus, die eigene Geschichte im Regelfall nicht im Hinblick auf ihr Scheitern, sondern ihren Erfolg zu schreiben. Ihre Selbstzeugnisse sind häufig erfüllt von der Spannung zwischen normativer Erfolgsgeschichte, in der der Offizier den an ihn gestellten Anforderungen voll genügt hatte, und Sorge, ihr psychisches Leiden und Krankheitsverhalten könnte als persönliches Versagen interpretiert werden.[225]

Führte die psychische Versehrung nur zu einem kurzfristigen Ausfall und wurde der Offizier rasch wieder kriegsverwendungsfähig, war es typisch, dass er den Kriegsdienst rückblickend durchgängig positiv beurteilte und sein im Krieg entwickeltes Leiden keine Rolle spielte. Bis zum Kriegsende behielt so der Hauptmann Oskar S., der 1916 wegen »nervöser Erschöpfung« fünf Wochen ausfiel, ein ungetrübtes Verhältnis zu seinem Offiziersdienst. In seiner Bitte um Charakterisierung als Oberstleutnant vom 7. April 1921 ging Oskar S., mittlerweile zum Major aufgestiegen, darauf ein, warum er nach dem Krieg seinen Abschied eingereicht hatte. Er habe dies damals nach der militärischen Aufforderung getan, dass Stabsoffiziere ihren weniger wirtschaftlich abgesicherten Kameraden die Stellen überlassen sollten. Am Schluss habe sich aber herausgestellt, dass die dienstliche Brauchbarkeit den

---

Sachverständiger für den Untersuchungsausschuss des Reichstages ein Gutachten zu den sozialen Heeresmissständen als Teilursache des deutschen Zusammenbruchs schrieb, die heeresinternen Verhältnisse, die Offizierprivilegien und Missbräuche von Offizieren und die soldatischen Lebensbedingungen im Krieg anprangerte, hob er gleichzeitig die Leistungen der Soldaten als besonders bewunderungswürdig hervor. Hobohm, Soziale Heeresmißstände als Mitursache des deutschen Zusammenbruchs. Auch Remarque stellte zwar in seinem Roman »Im Westen nichts Neues« (1929) die Sinnlosigkeit des Krieges dar und klagte die Verantwortlichen an, doch griff er selbst die Durchhalterhetorik der von ihm kritisierten Militärführung auf, wenn er die Leistungen der Soldaten würdigte: »Auf ein deutsches Flugzeug kommen mindestens fünf englische und amerikanische. Auf einen hungrigen, müden deutschen Soldaten im Graben kommen fünf kräftige, frische andere im gegnerischen. Auf ein deutsches Kommißbrot kommen fünfzig Büchsen Fleischkonserven drüben. Wir sind nicht geschlagen, denn wir sind als Soldaten besser und erfahrener; wir sind einfach von der vielfachen Übermacht zerdrückt und zurückgeschoben.« Remarque, Im Westen nichts Neues, S. 255. Vgl. auch Meteling, Adel und Aristokratismus, S. 233; Lipp, Meinungslenkung im Krieg, S. 171f. (mit weiteren Quellenhinweisen).

225 Deutsche Offiziere, die selbst den Krieg durchhielten, hatten das Problem, dass sie in einer Armee dienten, die letztlich den Krieg verlor, sodass auch hier normativer militärischer Erfolg und abweichender Kriegsverlauf eine Spannung erzeugten. Meteling, Ehre, Einheit, Ordnung, S. 205.

Ausschlag für eine Übernahme gegeben habe.[226] Daher bedauerte er seinen Entschluss, denn sonst wäre er, wie er schrieb, »vielleicht jetzt noch in meinem über Alles geliebten Berufe tätig.« Über seine Kriegszeit schrieb er: »Im Kriege war ich ununterbrochen an der Front« und dass er sich bei seinem Abschied jederzeit zur Wiederverwendung bereiterklärt habe.[227]

Eine weitere Möglichkeit, die eigene Leistung trotz psychischer Leiden zu würdigen, war die Trennung zwischen Nerven- und Willensstärke. Anders als im militärischen und psychiatrischen Diskurs, wo diese vielfach gleichgesetzt wurden, unterschieden Offiziere als Entlastungsstrategie oft deutlich zwischen nervlichen Symptomen, die sie als reale Krankheitssymptome, nicht als Charaktereigenschaft betrachteten, und dem eigenen Willen. Sie führten im Gespräch mit dem Arzt an, dass es ihnen durch starke Willensanstrengung gelungen sei, lange Zeit ihre psychischen Störungen zu unterdrücken, und bescheinigten sich also Willensstärke, mit der sie ihre Nervenschwäche bekämpft hätten. So konnten sie nach wie vor als willensstarke Offiziere bestehen. Gaupp notierte etwa am 12. Juli 1918 über den Leutnant Ernst B., den er im Reservelazarett der Universitätsnervenklinik Tübingen untersuchte, dieser habe über seinen bisherigen Kriegsdienst seit 1914 mitgeteilt: »Ganz seien die nervösen Störungen niemals weggewesen, habe aber seinen Willen immer dagegen eingesetzt.«[228]

Eine weitere Strategie psychisch versehrter Offiziere war es, ihr Leiden als Nervenschock oder Erschöpfungszustand zu beschreiben, der von den äußeren Kriegserlebnissen allein herrührte oder ihre Diagnose »Nervöse Erschöpfung« so zu interpretierten, dass sie so lange ausgeharrt hatten, bis es nicht mehr ging. Das psychische Leiden wurde hier meist als temporäre Krise beschrieben, die wieder unter Kontrolle gebracht wurde. Ferner kam es auch vor, dass Offiziere ihre Versehrung als Opfer interpretierten, das sie dem Vaterland aufgrund ihres Einsatzes im Kriegsdienst gebracht hatten.[229] Als Stütze erwies sich in beiden Fällen die verständnisvolle Haltung der

---

226 Siehe hierzu auch Kap. V.1.a. Der Umgang mit psychisch versehrten Offizieren des Ersten Weltkriegs bei der Übernahme in die Reichswehr.
227 BayHStA-KA OP 21802 Oskar S., Bitte um Charakterisierung als Oberstleutnant, 7.4.1921.
228 UAT 669/29938 Ernst B., Krankenakte.
229 Vgl. hierzu z.B. UAT 669/27701 Oberleutnant Georg G., Eintrag in der Krankenakte vom 13.5.1916. Siehe zu dieser Deutung ihrer psychischen Versehrung von Offizieren in der Weimarer Republik Kap. V.2.f. Das Selbstbild psychisch versehrter Offiziere in der Weimarer Republik.

Kameraden und Vorgesetzten, bei denen auch die Vorstellung verbreitet war, dass der Kriegseinsatz seinen nervlichen Preis fordere.[230] Dass viele psychisch versehrte Offiziere den Krieg als die entscheidende berufliche Bewährungsprobe ansahen, zeigen gerade die Fälle, deren Leiden nicht von den Kriegserlebnissen herrührten, sondern schon vor dem Krieg bestanden hatten. Dann führten sie die Kriegserfahrung oft als gemeisterte Bewährungsprobe an, die beweise, dass sie im Krieg etwas geleistet hatten.

Ein Beispiel ist der seit 1902 an chronischem Alkoholismus leidende Leutnant der Landwehr Karl F. Er war nur wenige Monate an der Front (April bis Juli 1915, Oktober 1915 bis Februar 1916), was beide Male durch Phasen exzessiven Trinkens beendet wurde, die Lazarettaufenthalte und danach Garnisonsdienst zur Folge hatten. Der Leutnant urteilte bei seinem Aufenthalt in der Universitätsnervenklinik Tübingen im April und Mai 1916 über seine Alkoholsucht:

»Wenn ich trinke, vergesse ich die Folgen der früheren Excesse; ich stelle mir immer vor, ich könnte es jetzt aushalten ›du warst im Krieg und hältst was aus‹. Es ist keine Angst, kein Trieb, der mich dazu bringt; es ist das erste Glas, das entscheidet. Es ist der ›Kampf ums erste Glas‹, was man so die Willensschwäche nennt. Ob ich viel aushalte, kann ich nicht genau angeben. Im Krieg habe ich mehr ausgehalten.«[231]

Viele Offiziere, die nach einem Lazarettaufenthalt wegen eines psychischen Leidens an die Front zurückkehrten, sahen den folgenden Dienst als Bewährungsprobe und zeigten den unbedingten Willen, diese Probe zu meistern.[232] Zahlreiche Offiziere, die im Lazarett auf rasche Rückkehr ins Feld gedrängt hatten, mussten jedoch feststellen, dass ihr psychischer Zustand, nachdem sie das Urteil »kriegsverwendungsfähig« erhalten hatten, sie noch nicht wieder zum Frontdienst befähigte, wenn sie den Dienst wiederaufnahmen. Für ihr Selbstbewusstsein bedeutete dies eine deutliche Schwächung.

Hierfür ist der Leutnant der Reserve Jakob S. ein Beispiel, der nach einem Nervenzusammenbruch und einem Lazarett- und Genesungsheimaufenthalt wieder als kriegsdienstfähig seinen Dienst an der Westfront aufnahm, nach eigenem Wunsch nun bei einem anderen Regiment. Im August

---

230 Siehe hierzu Kap. II.7.b. Die Haltung der Vorgesetzten und Kap. II.7.c. Die Haltung der Offizierskameraden.
231 UAT 669/27512 Krankenakte des Leutnants der Landwehr Karl F., Eintrag in der Krankenakte am 25.4.1916. Siehe zu dessen Trinkexzessen im Militärdienst und seiner vorzeitigen Entlassung wegen Dienstunbrauchbarkeit die Ausführungen in Kap. II.8.a. Sanktionen.
232 Siehe hierzu Kap. II.8.d. Die militärische Karriere nach der psychischen Versehrung.

IV. LEIDENSERFAHRUNGEN UND SELBSTBILD   569

1915 schrieb sein vorgesetzter Hauptmann über dessen aktuellen psychischen Zustand:

»S. ist seit dem 12.7. beim 2. R.I.R. Er kam hier nicht in die vordere Linie. Er ist von sehr wechselnder Gemüts-Stimmung, besitzt kein Selbstvertrauen, ist in stets gereizter Stimmung, die er zwar zu unterdrücken versucht, was ihn jedoch wiederum in seinem Nervensystem angreift. In seinem gegenwärtigen Zustand regt ihn das [in] Reaux bisweilen hörbare Art. Feuer ausserordentlich auf, sowie ihn beispielsweise vor einigen Tagen der Auftrag, an der Regts.Befehls-Stelle telef. Meldungen [...] entgegenzunehmen, derart erregte, dass er von dort plötzlich zum Regts.Arzt eilte und diesem unter Tränen mitteilte, dieser Sache nicht gewachsen zu sein. [...] In seinem augenblicklichen Zustande halte ich S. nicht für verwendungsmöglich in der Front, wohl aber glaube ich, dass er in kurzer Zeit soweit hergestellt sein dürfte, dass er mit Erfolg bei einem Ersatz-Truppenteil zur Ausbildung von Mannschaften verwendet werden könnte. S. ist von ausgesprochenem Ehrgeiz beseelt, und zweifle ich nicht, dass er selbst nichts unversucht lassen wird, in die Front zurückzukehren, sowie sein Zustand dies einigermassen gestattet.«[233]

Der Fall von Jakob S. zeigt, dass für einen ehrgeizigen Offizier die psychische Schwäche mit Scham und einem Verlust des Selbstwertgefühls einherging.[234] In ausgeprägter Form erscheint eine solche Selbstsicht auch in der detaillierten Fallstudie des Truppenarztes Joachim von Steinau-Steinrück über den Leutnant Schmidt, den er als »erregbaren Psychopathen« diagnostizierte.[235] Hier ging die Selbstsicht des Offiziers so weit, sich als Versager zu brandmarken. Da Steinau-Steinrück ihn über einen längeren Zeitraum an der Front beobachtete und in seiner Fallstudie immer wieder direkte und indirekte Zitate des Leutnants wiedergibt, gewähren die ärztlichen Ausführungen Einblick in dessen Emotionen und Gedankengänge über die gesamte Kriegszeit hin, wobei allerdings zu beachten ist, dass die Selbstsicht durch den ärztlichen Bericht gefiltert ist.

Steinau-Steinrück schilderte den Leutnant, der seit März 1916 an der Front diente, in den ersten fünf Monaten seines Frontdienstes als frischen und überall beliebten Offizier. Bis zu seiner Krankmeldung wurde er seinen

---
233 BayHStA-KA OP 12221 Jakob S., Militärisches Urteil, 1915.
234 Zugleich wird aber auch deutlich, dass der Vorgesetzte ein nüchternes Urteil ohne moralische Verurteilungen über ihn fällte und an die Besserung seines psychischen Zustands glaubte. Jakob S. wurde wegen dieses Urteils, das vom Regimentsarzt und Brigadekommandeur gestützt wurde, ein längerer Heimaturlaub und die Versetzung zum Ersatztruppenteil verordnet. Ebd.
235 Steinau-Steinrück, Zur Kenntnis der Psychosen des Schützengrabens, S. 335.

Aufgaben als Offizier komplett gerecht.²³⁶ Über die Krankengeschichte Schmidts teilte er mit:

»34jähriger Beamter, Mutter sehr nervös. Er selbst als Kind gesund. Stets weich, empfindsam, leidenschaftlich. Nach dem Abiturium erst Geschichte, dann Jura studiert, im ganzen 18 Semester. Begeisterter Verbindungsstudent. Stammtischleben. Konnte sich nie zu geregelter Arbeit aufraffen. Oft verzweifelt, daß er den Eltern durch sein endloses Studium Sorgen machte. Als er sich schließlich in forcierter Weise in die Examensarbeit stürzte, brach er nervös zusammen. Tief niedergeschlagen, gab er das Studium endgültig auf und begnügte sich mit einer bescheidenen Beamtenstellung. Bisher nie krank gewesen. Oktober bis Dezember 1914 ausgebildet. Seine Versuche, ins Feld zu kommen, scheiterten zuerst an Marschunfähigkeit wegen abnormer Fußbildung, dann an einer Wundrose mit Herzbeschwerden. Nach einem anstrengenden Offizierskurs erkrankte er an Darmkatarrh, Herzbeschwerden, Aufgeregtheit und Verstimmung. Wurde g. v. H. geschrieben, setzte aber nach vierwöchigem Erholungsurlaub durch, daß er im März 1916 ins Feld kam.«²³⁷

Trotz der geschilderten Nervosität und den körperlichen Beschwerden gelang es Schmidt, Leutnant an der Front zu werden. Dies lag einerseits an seiner gehobenen Bildung, andererseits vor allem an seinem starken Willen, als Offizier an der Front zu dienen, ein Vorhaben, von dem er trotz mehrerer Rückschläge, die sich 1¼ Jahr hinzogen, nicht abrückte. Gleichzeitig wird deutlich, dass es Offizieren auch mitunter gelang, trotz gegenteiliger ärztlicher Urteile an die Front zu kommen.²³⁸ Über seine Zeit im Feld schrieb der Arzt:

»Fühlte sich anfangs wohl. Im August 1916 in schwerer Stellung aufreibender Dienst mit wenig Ruhe. Wurde rasch sehr nervös. Schlaf- und Appetitmangel. Ständig von der Angst gequält, er könnte sich im Feuer vor den Leuten schlapp zeigen. Reizbar. Zusammenstöße mit Vorgesetzten. Angstträume, Zwangsvorstellungen: Nachts im Quartier ständig von dem Gedanken geplagt, die Tür könnte offen stehen. Stand in einer Nacht siebenmal auf, um nachzusehen. Versuchte, Angst und Schlaflosigkeit mit Alkohol zu bekämpfen. Stellte aber selbst Verschlimmerung durch Trinken fest.«²³⁹

Sehr deutlich wird, dass Steinau-Steinrück den Leutnant zwar von der Anlage her als ängstlich und nervös beschrieb, dieser aber durch gesteigertes Pflichtbewusstsein und Willenseinsatz versuchte, diese Schwäche zu

---

236 Ebd., S. 334.
237 Ebd., S. 334.
238 Siehe hierzu Kap. IV.2.b. Der Umgang mit der kriegsbedingten Auszeit von der Front.
239 Steinau-Steinrück, Zur Kenntnis der Psychosen des Schützengrabens, S. 334.

überwinden, seine Aufgaben zu erfüllen und seinen Untergebenen ein Vorbild zu sein. Dies gelang ihm mit der Zeit immer weniger, da ihn die Kraftanstrengung ständig stärker erschöpfte, sodass er auch im militärischen Apparat auffällig wurde. Hinzu kam, dass die hohen professionellen Erwartungen, die er an sich stellte, zu psychischen Anspannungen und gesteigerter Ängstlichkeit und Reizbarkeit führten. Doch ist zu betonen, dass sich nach der Schilderung des Arztes Leutnant Schmidt selbständig krankmeldete, sodass auch hier ein ausgeprägtes Pflichtbewusstsein und der Wunsch, die Kontrolle zu behalten, anzunehmen sind, was ihn veranlasste, seinen Offiziersposten zu räumen, als er sich nicht mehr in der Lage sah, seine Pflichten ordnungsgemäß zu erfüllen. Seine Vorgesetzten befahlen ihm nach der Schilderung nicht, sich krank zu melden.

Während Steinau-Steinrück nach der Krankmeldung das einzig Vernünftige schien, Schmidt in den Garnisonsdienst in der Heimat überwechseln zu lassen, schickte der Regimentsarzt ihn vier Wochen in ein Offizierserholungsheim. Hier stand nach dessen Schilderung der gesellige Kontakt unter Kameraden im Mittelpunkt, nicht die ärztliche Behandlung. Schmidts Moral und Motivation wurden dadurch gestärkt, die Auszeit vom Frontdienst führte zu körperlicher Erholung. Nach dem Aufenthalt kam er »frisch und guter Stimmung« zurück an die Front und äußerte dem Arzt gegenüber: »Er sei wieder ›Ein halber Athlet‹«,[240] war jedoch nach Einschätzung Steinau-Steinrücks noch »aufgeregter« als zuvor.

Über die Zeit nach der Rückkehr zur Truppe berichtete Steinau-Steinrück, dass Schmidt nach 14 Tagen an einem besonders heiß umkämpften Abschnitt der Schlacht an der Somme eingesetzt wurde. Hier habe er nach Aussagen von Augenzeugen den Anforderungen des Offiziersdienstes in glänzender Weise entsprochen, nie den Kopf verloren und seinen Untergebenen durch persönliche Tapferkeit ein Beispiel gegeben. Alkohol habe er kaum getrunken:

»Nach 14 Tagen kam er aus der Stellung in bester Verfassung zurück. War glücklich, diese Belastungsprobe gut bestanden zu haben, und überzeugt, von jetzt ab alles leisten zu können. Ein halbes Jahr etwa fühlte er sich völlig wohl. Dann aber traten in ruhigster Stellung in Rußland wieder nervöse Beschwerden auf.«[241]

Die für den Arzt kontinuierlich sichtbaren nervösen Beschwerden des Leutnants gaben keinen Ausschlag dafür, ihn nach der Rückkehr an die Front

---

240 Ebd., S. 334f.
241 Ebd., S. 355.

nicht mehr als Truppenführer im Gefecht einzusetzen. Seine Vorgesetzten hatten nach wie vor das Vertrauen, dass er diese Stellung verantwortungsvoll ausfüllen könnte, und sie wurden nicht enttäuscht. Er bewies starkes Pflichtgefühl, Führungsstärke, tat sich durch Tapferkeit hervor und war der Mannschaft ein Vorbild. Die vielen positiven militärischen Beurteilungen von psychisch versehrten Offizieren nach der Rückkehr aus dem Lazarett, die den besonderen Mut und die Führungsqualitäten an der Front hervorhoben, zeigen, dass dies durchaus kein Einzelfall war.[242] Schmidts erneute nervöse Beschwerden in Russland schilderte Steinau-Steinrück wie folgt:

»Er schlief nicht mehr, hielt nachts das Rauschen der Bäume für Maschinengewehrfeuer, beruhigte sich dann nicht eher, als bis er vor den Unterstand getreten war. Litt unter der Vorstellung, vor der Front[243] nicht sprechen zu können. Übte vor dem Löhnungsappell eine halbe Stunde die vorschriftsmäßigen Fragen an die Mannschaft, um dann doch in größter Verwirrung vor den Leuten zu stehen. Angst vor dem Reiten. Stundenlang vor einem Ausritt befand er sich in größter Erregung, obwohl er gut und sicher zu Pferde saß. Kurz vor dem Einsetzen dieser Beschwerden hatte er einen Vorgesetzten bekommen, mit dem er sich nicht stellen konnte. Das beschäftigte ihn außerordentlich.«[244]

Besonders deutlich zeigt sich im Bericht Schmidts Sorge, wegen erneuter nervöser Beschwerden im Dienst zu versagen. Nun war es der neue Vorgesetzte, von dem er sich nicht akzeptiert fühlte, der seine nervösen Beschwerden und Versagensängste verschlimmerte. Diesmal bekam Schmidt auch körperliche Symptome, juckende Quaddeln am ganzen Körper. Daneben berichtete Steinau-Steinrück:

»Durch einen Zusammenstoß mit dem Regimentskommandeur, bei dem er eine harmlose Ermahnung als Vorwurf der Drückebergerei auffaßte, verschlimmerte sich der Zustand erheblich. Trotzdem war er nicht zu bewegen, sich krank zu melden. Bei einem Vortrag beim Regimentsadjutanten begann er zu weinen. Seine Freunde klagten über seine außerordentliche Reizbarkeit. Für kurze Zeit erleichterte ihn Aussprache mit mir. Er gebrauchte dabei große Worte und zieh sich in übertriebener Weise der Willensschwäche. Einmal schloß er eine Darstellung seiner Schicksale mit den Worten: ›Da haben Sie das Tagebuch eines Waschlappens.‹ – Erst als dieser Zustand ½ Jahr bestand, gelang es, ihn zur Krankmeldung zu bewegen.«[245]

---

242 Siehe hierzu Kap. II.8.d. Die militärische Karriere nach der psychischen Versehrung.
243 Der Begriff Front bezeichnete nicht nur die Feuerzone, sondern auch die untergebenen Soldaten, die zum Appell antraten.
244 Steinau-Steinrück, Zur Kenntnis der Psychosen des Schützengrabens, S. 335.
245 Ebd., S. 335.

Entsprechend der Schilderung war Leutnant Schmidt nun zu einer Belastung für das Regiment geworden, er selbst litt unter starkem Minderwertigkeitsgefühl. Obwohl er seine Rolle als Offizier zumindest streckenweise immer wieder nur ungenügend ausfüllte und ihm dies auch bewusst war, weigerte er sich sechs Monate, sich krankzumelden.[246]

4. Zusammenfassung

Die Krankenakten und Egodokumente psychisch versehrter Offiziere zeugen von Leidenserfahrungen, die mit einer Vielzahl von Emotionen verbunden waren, die sich im Spannungsfeld von Angst, Überforderung, Erschöpfung und Scham bewegten. Viele Krankheitsauslöser und viele psychosomatische Symptome bei einem psychischen Zusammenbruch wie Weinkrämpfe oder Dauerzittern zeigen sich bei den Mannschaftssoldaten in gleicher Weise und können als nicht-sprachlicher Ausdruck des Unsagbaren gelesen werden, dass es nicht mehr ging.[247] Oft hingen die Leiden und der Entschluss zur Krankmeldung aber auch direkt mit dem Offiziersrang zusammen und rührten von der Sorge her, die Offiziersrolle nicht adäquat auszufüllen, Fehlentscheidungen zu treffen oder zu »versagen«, wie auch von der Verantwortung für die Untergebenen im Angesicht der hohen Verluste, die den Ersten Weltkrieg prägten.

Die Ausbildung psychischer Leiden hatte für Offiziere auf drei Ebenen zentrale Bedeutung. Ihnen ging es erstens um die Krankheit an sich, um das eigene Leid und die Beschwerden, Ängste und erschütternden Kriegserfahrungen, die mit der psychischen Versehrung verbunden waren. Für sie war es von existentieller Wichtigkeit, ob und wie ihre psychischen Versehrungen durch die Lazarettbehandlung und die Erholungszeit in der Etappe gelindert oder überwunden werden konnten.

Zweitens spielten professionelle Gesichtspunkte und Fragen nach der militärischen Effektivität des eigenen Dienstes eine entscheidende Rolle dabei, wie Offiziere sich im Angesicht ihrer psychischen Leiden wahrnahmen. Hier ging es um erfolgreiche militärische Führung, um Kampfleistungen wie auch um die Frage, inwieweit das psychische Leiden diese militärische

---

246 Ebd.
247 Vgl. zur Bedeutung dieses Aspekts für alle Kriegsteilnehmer, die psychische Symptome aufwiesen, Bröckling, Disziplin, S. 200.

Effektivität beeinträchtigte. Eng verbunden war damit das Verantwortungsgefühl für die Untergebenen, die von der professionellen Führung ihres Offiziers abhängig waren. Diese Gesichtspunkte spielten insbesondere in Bezug auf die Zeit bis zur Lazaretteinweisung und für die Frage, ob und welche Art von Dienstfähigkeit nach der Zeit im Lazarett bestand, eine Rolle.

Drittens ging es um die Ehre, Männlichkeit und soziale Stellung der Offiziere, die durch psychische Auffälligkeiten gefährdet werden konnten. So empfanden viele wegen ihres psychischen Leidens, das sich schwer mit dem Leitbild von Nerven- und Willensstärke in Einklang bringen ließ und dessen psychosomatische Symptome oft nicht dem geforderten militärischen wie männlichen Habitus entsprachen, Scham oder Gewissensbisse. Dabei bedeutete der Ehrbegriff der Offiziere eine besondere psychische Belastung, der die Mannschaftssoldaten nicht ausgesetzt waren. Unter Offizieren herrschte die Ehrvorstellung, dass man seinen Untergebenen ein Beispiel an Mut und Kaltblütigkeit sein sollte. Daher galt es als ehrenrührig und als Stigma, psychisch zu erkranken – auch an Neurasthenie. Ein psychisches Leiden gefährdete die soziale Stellung des Offiziers, wobei sich auch die Anschauung auswirkte, dass die Verfehlungen eines einzelnen Offiziers das Korps als Ganzes in Misskredit bringen konnten. Neben der Zeit bis zur Krankmeldung, wo sich das psychische Leiden in peinlichem Verhalten niederschlagen konnte, spielte hier auch die Zeit im Lazarett eine Rolle, da viele Offiziere es als ehrenrührig ansahen, untätig und sicher im Lazarett zu liegen. Zudem gefährdete lange Frontdienstuntauglichkeit die Karriere.

Blickt man auf die Strategien, wie psychisch versehrte Offiziere über ihr Leiden kommunizierten, ist auffällig, dass sie zwar meist dem behandelnden Arzt vertrauensvoll von ihren Beschwerden berichteten, in ihrer Kommunikation mit militärischen und staatlichen Stellen aber psychische Leiden oft vertuschten oder in eine körperliche Erkrankung umdeuteten. Hier zeigt sich, dass sich die meisten psychisch versehrten Offiziere entsprechend dem Wertekanon im Offizierskorps und dem emotionalen Regime des Krieges verhielten, die nervenstarke Krieger verlangten. Bei der Vertuschung ihrer psychischen Versehrung wurden sie durch den Korpsgeist gestützt, der auf dem Offizierskorps keinen nach außen sichtbaren Makel dulden wollte.

Eine weitere Strategie psychisch versehrter Offiziere war es, ihr Leiden als Nervenschock oder Erschöpfungszustand darzustellen, der ausschließlich von äußeren Kriegserlebnissen verursacht und wieder heilbar war. Offiziere mit langfristigen psychischen Beschwerden interpretierten hingegen oft die Versehrung als Opfer, das sie durch ihren hingebungsvollen

Kriegsdienst für das Vaterland gebracht hatten. In beiden Fällen wurden sie hierbei durch die verständnisvolle Haltung der Kameraden und Vorgesetzten gestützt.

Eine deutlich abweichende Haltung zeigte lediglich eine Minderheit der Offiziere mit psychischen Leiden, die ihre geringe Belastbarkeit akzeptiert hatte und als Teil ihres Selbstbildes ansah. Für sie stand das Leiden an sich im Vordergrund, während für sie ihr Image und der habituelle Kanon im Offizierskorps sekundär waren. Bei ihnen war der Wunsch, dem Fronteinsatz dauerhaft zu entgehen, so stark, dass sie hierfür mitunter als Argument ihre eigene Nervenschwäche anführten. Funktionell plädierten sie dafür, sie jenseits des Frontdienstes einzusetzen, da sie für die Kampfzone nicht zu gebrauchen seien. Ihnen kamen dabei die Ausdifferenzierung des Militärs und die verschiedenen Rollen des Offiziers zugute. So waren Offiziere nicht nur Krieger, sondern auch militärische Manager und Techniker und konnten hier Offizierstugenden einbringen, die nicht mit der Frontbewährung in Verbindung standen.

Eine komplette Ablehnung von Krieg und Militär findet sich nur in Einzelfällen. Im Gedankengebäude der großen Mehrheit der Offiziere war kaum Raum für eine Anprangerung der traumatisierenden Effekte des Krieges.[248] Stattdessen stand in ihrem Denken die individuelle Fähigkeit, auf diese Auswirkungen zu reagieren und ihrer Rolle als Offizier gerecht zu werden, im Zentrum. Insgesamt lässt sich feststellen, dass nur die wenigsten psychisch versehrten Offiziere gänzlich mit den Idealbildern der Vorkriegszeit brachen, wenngleich sie manches in Anpassung an ihre Kriegserfahrungen neu interpretierten.

---

[248] Verbreitet war jedoch ein schlechtes Gewissen, in den Materialschlachten Untergebene sinnlos zu opfern.

V. Psychisch versehrte Offiziere a. D. und der Umgang mit psychischen Leiden bei militärischen Führern in der Zwischenkriegszeit

Die ist die erste Studie, die sich speziell mit psychisch traumatisierten Offizieren nach 1918 auseinandersetzt,[1] jedoch liegen detaillierte Forschungen zum Umgang mit der Gruppe der »Kriegsneurotiker« in der Weimarer Republik allgemein vor. Hier ist in erster Linie auf die 2012 erschienene Studie von Stephanie Neuner zu verweisen, die die staatliche Versorgung der psychisch Kriegsbeschädigten in der Weimarer Republik untersucht hat.[2] Daneben sind die Studien von Jason Crouthamel und Nils Löffelbein wesentlich.[3]

Hinsichtlich der Quellen werden im Folgenden vor allem vier Quellengattungen untersucht. Zum einen sind dies rechtliche Quellen wie Gesetze, Vorschriften und die publizierten Urteile des Reichsversorgungsgerichts. Zum zweiten sind die individuellen Versorgungsakten der Offiziere zentral, die in den Akten des Reichsarbeitsministeriums im Bundesarchiv in Berlin-Lichterfelde gelagert sind. Hieraus lassen sich die Begutachtungs- und Berentungspraxis wie auch die Aushandlungsprozesse zwischen Psychiatrie, Verwaltung und Justiz darstellen. Auch macht die Auswertung die konkreten sozioökonomischen Implikationen der Entschädigungspolitiken für die Kriegsversehrten plastisch. Und nicht zuletzt tritt hier das Selbstbild der Offiziere zutage, da Pensions- und Rentenempfänger ihren Anträgen oft lange Briefe beifügten, in denen sie die eigene Sicht auf ihre psychischen Leiden und ihre Situation wiedergaben. Die Briefe der psychisch versehrten Offi-

---

1 Eine Zusammenfassung der Ergebnisse dieses Kapitels für die Weimarer Republik findet sich in Gahlen, Psychisch versehrte Offiziere in der Weimarer Republik, S. 261–291.
2 Neuner, Politik und Psychiatrie.
3 Crouthamel, The Great War and German Memory; Löffelbein, Ehrenbürger der Nation. Siehe daneben Kienitz, Beschädigte Helden; Pironti, Kriegsopfer und Staat; Whalen, Bitter Wounds; Crouthamel/Leese (Hrsg.), Psychological Trauma and the Legacies of the First World War.

ziere an die Gesundheitsbehörden enthalten subjektiv geprägte Bilder, Wahrnehmungen und Interpretationen, die sich die ehemaligen Offiziere von ihren Leiden und der Ursache ihrer Leiden, von ihrer sozialen Situation, von Ärzten, Verwaltung und Gerichten und deren Praktiken machten. Gleichzeitig waren die Selbstzeugnisse Antworten auf psychiatrische oder staatliche Handlungen – auf eine psychiatrische Begutachtung, eine Diagnose oder einen Rentenentzug.[4] Daneben werden auch noch Krankenakten von Offizieren untersucht, die nach 1918 als Privatpersonen weiterhin in nervenärztlicher Behandlung oder in Heilanstalten waren oder über die ärztlichen Gutachten bei Selbstmorden oder in der NS-Zeit in Bezug auf Sterilisationsverfahren erstellt wurden. Schließlich wurde eine Fülle von medizinischen, militärischen und publizistischen Quellen ausgewertet, die den Diskurs um die Gruppe der psychisch versehrten Offiziere widerspiegeln.

1. Der militärische Umgang mit psychischen Leiden bei Offizieren (1918–1945)

a. Der Umgang mit psychisch versehrten Offizieren des Ersten Weltkriegs bei der Übernahme in die Reichswehr

Für alle Offiziere, die im Weltkrieg in der deutschen Armee gedient hatten, nicht nur für diejenigen, die Versehrungen davongetragen hatten, waren die Chancen gering, in die Reichswehr übernommen zu werden, die am 23. März 1921 gemäß den Auflagen des Versailler Vertrags von 1919 gegründet wurde. Dessen Bestimmungen sahen die Reduzierung der Armee auf ein 100.000-Mann-Heer, eine kleine Marine mit 15.000 Mann und die Abschaffung der Wehrpflicht vor. Ein Generalstab und Luftstreitkräfte wurden komplett verboten. Das Gleiche galt für schwere Waffen, Artillerie und Panzer.[5]

---

4 Vgl. hierzu die einführenden methodischen Überlegungen zur Analyse von Selbstzeugnissen in Kap. IV. Leidenserfahrungen und Selbstbild psychisch versehrter Offiziere während des Ersten Weltkriegs. Siehe daneben Brink, Grenzen der Anstalt, S. 168.

5 In der neuen Berufsarmee mussten sich Offiziere auf mindestens 25 Jahre verpflichten, Mannschaftssoldaten auf zwölf Jahre. Siehe hierzu ausführlich Keller, ›Die Wehrmacht der Deutschen Republik ist die Reichswehr‹; Heinemann, Rechtsgeschichte der Reichswehr, bes. S. 28–112.

Das Offizierskorps wurde auf 4.000 Offiziere beschränkt, womit der Anteil der Offiziere im Verhältnis zu den Mannschaftsdienstgraden noch extrem hoch war (das Gleiche trifft für den Anteil der Unteroffiziere zu). Insgesamt wurde das Offizierskorps um mehr als 85 Prozent des Kriegsheeres reduziert, während die Streitkräfte im Ganzen um über 98 Prozent verkleinert wurden.[6] Die Reduzierung der Armee bewirkte trotz überproportionaler Vertretung der Offiziere in der Reichswehr und der Möglichkeit, daneben auch in die Polizeitruppe überwechseln zu können, die Entlassung von 20.000 bis 30.000 der aktiven Offiziere.[7]

Welche Kriterien galten für die Übernahme von Offizieren in die Reichswehr und inwieweit waren psychische Leiden ein Ausschlusskriterium? Wegen der geringen Zahl zu vergebender Offiziersstellen bei hoher Nachfrage ergab sich für die militärische Führung die Möglichkeit, die Kriterien zur Übernahme nach Belieben festzusetzen. So hätte man die Vorgabe machen können, die Frontbewährung als entscheidend zu bewerten und Frontoffiziere, die im Weltkrieg psychische Leiden entwickelt hatten, generell von der Übernahme auszuschließen. Hierfür hätte gesprochen, dass nach 1918 im Militär ausgiebig die Frage erörtert wurde, in welcher Weise in einem zukünftigen Krieg ein massenhaftes Auftreten von Kriegsneurosen, wie es sich im Weltkrieg gezeigt hatte, verhindert werden könne.[8]

Stattdessen zeigte sich im militärischen Umgang mit diesen Offizieren eine Kontinuität zur Personalpolitik im Ersten Weltkrieg. Offizieren, die komplett wieder gesund geworden waren und gute aktuelle militärische Dienstleistungszeugnisse vorweisen konnten, wurden keine schlechteren Chancen als anderen Offizieren eingeräumt. Dies lag vorrangig daran, dass beim Aufbau des Offizierskorps der Reichswehr persönlicher Mut und Nervenstärke an der Front weniger gewichtet wurden als militärische Fachkenntnisse und technische Fertigkeiten.

Die offiziellen Verlautbarungen hoben hervor, dass die Auswahl der Offiziere für die Reichswehr nur aufgrund von Charakter, Gesinnung und mili-

---

6 Hürten, Das Offizierkorps des Reichsheeres, S. 233. Vgl. auch Haller, Militärzeitschriften in der Weimarer Republik, S. 64.
7 Die Angaben über die Entlassungen variieren in der Literatur stark. So konstatiert z.B. Karl Demeter 20.000 Entlassungen (Demeter, Das deutsche Offizierkorps S. 53). Hans Mundt und Hans-Adolf Jacobsen gehen dagegen von 30.000 verabschiedeten Offizieren aus (Mundt, Das Offizierkorps des deutschen Heeres von 1918–1935, S. 124; Jacobsen, Militär, Staat und Gesellschaft in der Weimarer Republik, S. 355).
8 Siehe hierzu auch Kap. V.1.b. Die Einführung psychologischer Testverfahren 1927 und die Rekrutierung von Offiziersanwärtern in der Reichswehr.

tärischem Können erfolgen sollte. Zudem wurde betont, dass Beziehungen, soziale Herkunft, Bildung und wirtschaftliche Verhältnisse unwesentlich seien.[9] Dass die Betonung von Charakter und Gesinnung nicht vorrangig auf Nervenstärke im Krieg, sondern auf die politische Gesinnung zielte, zeigen die starken Vorbehalte der Reichswehrführung gegenüber Truppenoffizieren des Weltkriegs, die deutlich unterproportional übernommen wurden. Die Erinnerung an den Konflikt zwischen Frontoffizieren und höheren Stäben, der sich im Verlauf des Weltkrieges verschärft hatte, spielte neben der behelfsmäßigen Ausbildung hier eine große Rolle.[10]

Die meisten der wenigen vorhandenen Offiziersstellen in der neuen Reichswehr bekamen die mit erhöhten Kenntnissen und Fähigkeiten ausgestatteten Generalstabsoffiziere des Krieges, die seit dem Kaiserreich eine privilegierte Stellung innehatten und ihre wesentliche Prägung und militärische Ausbildung in der Vorkriegszeit erhalten hatten.[11] Das Generalstabskorps hatte den Krieg mit unter hundert Toten überstanden.[12] Die hohe Wertschätzung technischer Fertigkeiten zeigt sich auch in der bevorzugten Beförderung der Artillerieoffiziere.[13] Aus Sicht der militärischen Führung fungierte die Reichswehr in der Weimarer Republik als aus selektiertem Personal zusammengesetztes Elite- und Führerheer. Im Kriegsfall

---

9 So General Erich von Oldershausen im Juli 1919. Siehe hierzu Funck, Schock und Chance, S. 139–141, 155, 158. In die neue Reichswehr mit ihrem auf 4.000 Stellen beschränkten Offizierskorps wurden lediglich 863 Adelige (22%) übernommen, während 9.300 »außer Dienst« gestellt wurden. Bildung, eine gehobene soziale Herkunft und Beziehungen blieben dennoch gerade in Bezug auf die Offiziersrekrutierung der Folgejahre wichtig. Das Abitur war nun für alle neu ernannten Offiziere der Reichswehr Pflicht. Zudem wurde bei der Rekrutierung neuer Bewerber wie im Kaiserreich die soziale Herkunft berücksichtigt, sodass nach wie vor Angehörige aus alten Offiziersfamilien sowie aus adeligen und akademischen Kreisen bevorzugt wurden, während Angehörige unterer Schichten stark unterrepräsentiert blieben. So kamen 1928/30 noch fast 63% der Offiziere der Reichswehr aus sozial gehobenen Schichten, 36,7% entstammten dem mittleren Bürgertum und lediglich 0,4% den Unterschichten. Auffällig ist auch, dass die Selbstrekrutierungsquote des Offizierskorps zwischen 1925 und 1933 immer über 50% lag. Demeter, Das deutsche Offizierkorps, S. 58; Carsten, Reichswehr, S. 336. Vgl. auch Haller, Militärzeitschriften in der Weimarer Republik, S. 34–36; Bald, Der deutsche Offizier, S. 72; Neumann, »Arzttum ist immer Kämpfertum«, S. 47.
10 Vgl. Barth, Dolchstoßlegenden und politische Desintegration, S. 68f., 71; Kroener, »Der starke Mann im Heimatkriegsgebiet«, S. 95, 99; Kilian, »Wir wollen die geistige Führung der Armee übernehmen«, S. 167–183.
11 Demeter, Das deutsche Offizierkorps, S. 52; Messerschmidt, Militärgeschichtliche Aspekte der Entwicklung des deutschen Nationalstaates, S. 32.
12 Haller, Militärzeitschriften in der Weimarer Republik, S. 36.
13 Stachelbeck, Militärische Effektivität im Ersten Weltkrieg, S. 303f.

sollten die Reichswehrangehörigen den Kader bilden, der dann das rasch rekrutierte Massenheer nach dem »Korsettstangenprinzip«, das sich im Weltkrieg bewährt hatte, unterstützen sollte.[14] In der bevorzugten Übernahme der weitgehend monarchisch gesinnten Generalstabsoffiziere, die nun wieder Truppenoffiziere wurden, da der Generalstab verboten war, sah man zudem eine Garantie für die innere Geschlossenheit des Offizierskorps und einen starken Korpsgeist, um mit diesem festen Fundament die Militärpolitik mitgestalten zu können.[15] Ferner konnten so die Mannschaftssoldaten, denen man seit den Auflösungserscheinungen im letzten Kriegsjahr und den Revolutionsereignissen Misstrauen entgegenbrachte, intensiv kontrolliert werden.[16] So wurde in der Weimarer Republik zwar das Fronterlebnis mythisiert, doch in der Reichswehr machten nicht die jungen Frontoffiziere des Weltkriegs Karriere, sondern vorrangig die professionellen Kriegsmanager und Techniker.[17]

Dass Spezialkenntnisse angesichts der Fragmentierung einer modernen Armee häufig entscheidend für die Übernahme in die Reichswehr waren und hiervon auch psychisch versehrte Offiziere profitierten, zeigt das Beispiel des 1893 geborenen Artillerieoffiziers Hans G., der im Krieg erst bei der Artillerie und dann im Train eines Infanterieregiments eingesetzt war. 1915 kam er einige Monate mit der Diagnose »Nervöse Erschöpfung« ins Lazarett und erhielt nach der Entlassung eine »Schonungsstelle« beim Flakkommando[18] Speyer, das zur Artillerie gehörte. Nach der Rückkehr an die Front blieb er bei den Flakoffizieren, stieg zum Oberleutnant auf und diente hier bis zur Entscheidung über seine Übernahme in die Reichswehr 1920.[19] Obwohl im Juli 1919 die Beurteilung nicht hervorragend, sondern nur gut war (kritisiert wurde die etwas langsame Auffassungsgabe und die Milde im Um-

---

14 Ebd., S. 355. Siehe hierzu auch Kap. II.5.a. Kohäsionskräfte in den Kampfverbänden, Kameradschaft und »Korsettstangenprinzip«.
15 Guth, Der Loyalitätskonflikt des deutschen Offizierskorps, S. 99.
16 Vgl. Barth, Dolchstoßlegenden und politische Desintegration, S. 68f., 71; Kroener, »Der starke Mann im Heimatkriegsgebiet«, S. 95, 99; Kilian, »Wir wollen die geistige Führung der Armee übernehmen«, S. 167–183. Siehe zu den Revolutionsereignissen Kap. V.2.a. Das Ende des Ersten Weltkriegs als Zäsur für das Offizierskorps als soziale Gruppe.
17 Stachelbeck, Militärische Effektivität im Ersten Weltkrieg, S. 303f.; Watson, Junior Officership in the German Army, bes. S. 442–446; ders., Enduring the Great War, S. 130f. Siehe zur Mythologisierung des Fronterlebnisses in der Weimarer Republik insbesondere in den Freikorps und Wehr- und Schutzverbänden Kap. V.2.f. Das Selbstbild psychisch versehrter Offiziere in der Weimarer Republik.
18 Die Flak (Flugabwehrkanone) diente der Abwehr von Flugzeugen.
19 BayHStA-KA OP 61477 Hans G., Abwicklungsstelle, Beurteilung 29.7.1919.

gang mit der Mannschaft; auf die »nervöse Erschöpfung« von 1915 wurde lediglich in Bezug auf Ausfallzeiten durch Krankheiten eingegangen) und sein vorgesetzter Hauptmann sich für das Ausscheiden von Hans G. aus der Armee ausgesprochen hatte,[20] plädierte der Abteilungskommandeur der Bayerischen Schützenbrigade Nr. 21, Flakabteilung im August 1919 für eine Übernahme. In Feld »19. Verbleiben in der Armee sehr erwünscht« steht das Urteil: »Ja, in Anbetracht der außerordentlich geringen Zahl noch vorhandener aktiver Flakoffiziere für einen evtl. späteren Neuaufbau der Flakwaffe.«[21] Diesem Urteil widersprach allerdings der zuständige Generalleutnant und kommandierende General: »Der Bejahung von Ziff 19 kann ich unmöglich zustimmen. Lt. G wird zwecks Verbleiben in scharfe Konkurrenz treten müssen.«[22] Dennoch wurde Hans G. letztlich als Artillerieoffizier übernommen. 1925 wurde er zum Rittmeister, als Angehöriger der Wehrmacht 1936 zum Oberstleutnant und 1942 zum Oberst befördert.[23]

Der 1895 geborene Infanterieleutnant Kurt D., der 1915 mit der Diagnose »Nervöser Erschöpfungszustand« ins Lazarett kam, ist ein weiteres Beispiel dafür, dass bei der Übernahme in die Reichswehr primär das Prinzip von Angebot und Nachfrage und die Frage, wie viele Offiziere mit welchen Spezialkenntnissen zur Verfügung standen, Bedeutung hatten. Kurt D. wechselte nach dem Lazarettaufenthalt 1915 in eine technische Abteilung, die Funker-Ersatzabteilung, da er nach eigener Einschätzung den Dienst bei der Infanterie wegen seines »Nervenleidens« nicht weiter ausführen konnte und er hier von seinen Ärzten unterstützt wurde.[24] Doch blieb er im Krieg formal Angehöriger der Infanterie und füllte bis Kriegsende hier seinen Dienst als Funker zur vollsten Zufriedenheit aus, sodass er nach Kriegsende die Charakterisierung als Oberleutnant erhielt.[25] Am 14. Juni 1919 stellte er ein Gesuch an die Abwicklungsstelle des 1. Nachrichtenbataillons, darin er um eine Versetzung vom 1. Infanterie-Regiment zu den Offizieren der Nachrichtentruppe bat. Er begründete dies damit, dass er »infolge der bei der Infanterie erlittenen Nervenerschütterungen« nicht mehr infanterie-

---

20 Ebd., Beurteilung 29.7.1919.
21 Ein Oberst vom höheren Auflösungsstab teilte im gleichen Aktenvorgang mit, dass sich Oberleutnant Hans G. aufgrund der Einschätzung des Abteilungskommandeurs unter den zwölf bewerteten Offizieren an sechster Stelle hinsichtlich der »Beurteilung für ein Verbleiben in der Armee« befand. Ebd., Beurteilung 20.8.1919.
22 Ebd., Beurteilung 20.8.1919.
23 Er diente damals als Stadtkommandeur in Breslau. Ebd., Dienstzeitbescheinigung 1953.
24 BayHStA-KA OP 59135 Kurt D., Regimentsarzt an das k. Regiment 29.11.1916.
25 Ebd., Beurteilung 1920.

dienstfähig sei, bereits seit Jahren bei der Nachrichtentruppe Dienst leistete und auch zukünftig im aktiven Dienst bleiben wolle. Ein ärztliches Gutachten stimmte dem zu. Der Antrag wurde zwar abschlägig beschieden, wobei aber das psychische Leiden des Offiziers keine Rolle spielte, sondern entscheidend war, dass der Offiziersbedarf bei der Nachrichtentruppe noch nicht absehbar war.[26] Kurt D. wurde daraufhin nicht in die Reichswehr übernommen, erhielt aber eine Dienststelle bei der bayerischen Landespolizei, leistete von 1920 bis 1935 dort als aktiver Polizei-Offizier Dienst und stieg bis zum Polizei-Hauptmann auf. Am 15. Oktober 1936 wurde er als Hauptmann in der Wehrmacht reaktiviert, in der Nachrichtentruppe eingesetzt und 1937 zum Major befördert. Seit 3. November 1938 diente er bei den Ersatz-Offizieren.[27]

Dass den Weg über die Landespolizei oft auch psychisch versehrte Weltkriegsoffiziere nutzten, um bis in den Zweiten Weltkrieg hinein eine militärische Karriere zu machen, zeigt der Fall des bayerischen aktiven Offiziers Otto G., der Ende 1915 mit der Diagnose »Herzneurose« ins Lazarett kam. Noch in der Vorkriegszeit als Sohn eines Generalmajors eingetreten, wurde er 1915 zum Oberleutnant und 1918 zum Hauptmann befördert. Er war Freikorpskämpfer, trat danach in die Abwicklungsstelle der Reichswehr ein, um kurz darauf zur Landespolizei zu wechseln. Für seine Übernahme in die Reichswehr wurden seine Gesundheitsbeschwerden, die ihn im Ersten Weltkrieg kontinuierlich verfolgten und dazu führten, dass er längere Zeit Bürodienst leistete, nicht als Nachteil, sondern als Vorteil ausgelegt. So hieß es am 28. Februar 1919 in seiner Beurteilung: »Wegen nicht ganz gefestigter Gesundheit u. wegen seiner besonderen Veranlagung zum Bürodienst kann Hauptmann G. zum Verwaltungsdienst besonders empfohlen werden.«[28] Bis 1935 stieg er zum Oberstleutnant L. P. auf und war Kommandeur der Landespolizeigruppe Aschaffenburg. Im Zweiten Weltkrieg war er wieder in der Wehrmacht aktiv und starb 1963 als Generalleutnant a. D. Dass seine psychische Verfassung auch langfristig nicht die stabilste war, bezeugt der Vermerk zu seiner Krankmeldung 1935 nach einer Blinddarmoperation. Die Gesundung erschwere »eine gewisse ängstliche seelische Verfasstheit« des Oberstleutnants.[29]

---

26 Ebd., Gesuch um Versetzung zu den Offizieren der Nachrichtentruppe 14.6.1919.
27 Ebd., Personal-Nachweis, 1939.
28 BayHStA-KA OP 61712 Otto G., Abwicklungsstelle, Beurteilung, 28.2.1919.
29 BayHStA-KA OP 61712 Otto G.

Das Prinzip von Angebot und Nachfrage und der hohe Konkurrenzdruck wegen der geringen Zahl zu vergebender Stellen waren auch dafür verantwortlich, dass Offiziere, die sich im Krieg eine psychische Versehrung zugezogen hatten, deren Nervenkostüm nach Kriegsende immer noch mitgenommen war und die über keine Spezialkenntnisse verfügten, im Regelfall keine Chance auf eine Übernahme hatten. Die Militärführung konnte es sich leisten, die ihrer Meinung nach geeignetsten Kandidaten auszuwählen und jeden Offizier, bei dem irgendein Makel feststellbar war, auszusortieren.

Der Umgang mit dem psychisch versehrten Hauptmann Franz H., als sein Übertritt in die Reichswehr anstand, macht dies deutlich. Franz H. war aktiver Friedensoffizier, dessen Nerven bereits 1915 angegriffen waren, was sich in einer 27–monatigen Kriegsgefangenschaft verschlimmert hatte.[30] Im Juli 1919 bekam er mehrere Beurteilungen, die den Verbleib in der Armee und damit seine Übernahme in die Reichswehr nicht empfahlen und hierfür besonders seinen schlechten nervlichen Zustand durch die lange Kriegsgefangenschaft und den Hang zum Trinken anführten.[31] Sein vorgesetzter Oberst schrieb:

»Nachdem bei Verringerung der Armee immerhin noch eine verhältnismäßig große Anzahl sehr tüchtiger Offiziere zur Aufnahme in dieselbe zur Verfügung stehen wird, erachte ich in Würdigung der nur mäßigen Leistungen des Hpt. H. im Felde dessen Verbleib in der neuen Armee nicht für unbedingt erwünscht; keinesfalls im Frontdienst.«[32]

Daher wurde Franz H. nicht wie von ihm gewünscht in die Reichswehr oder den Polizeidienst übernommen. Allerdings wurde seine Entlassung dadurch abgefedert, dass er bis Ende 1920 im Heer bei der Abwicklungsstelle zivil beschäftigt wurde und er schließlich noch die Charakterisierung zum Major erhielt.[33]

---

30 Vgl. zur Bedeutung von Kriegsgefangenschaft für das Auftreten psychischer Leiden Kap. IV.1.a. Krankheitsauslöser.
31 Am 13. Juli 1919 schrieb sein vorgesetzter Major: »Durch seine mehrjährige Gefangenschaft in seiner Nervenkraft ziemlich erschöpft. Sein schon früher bekannter Hang zum Trinken ist, wenn auch vorübergehend Besserung eingetreten war, wieder neuerdings gestärkt worden u. dürfte seine dienstliche Verwendungsfähigkeit erheblich einschränken.« In der Beurteilung vom 14. Juli 1919 heißt es unter Punkt 7 »Geistige Frische: Genügend begabt; Geistige Sammlung infolge starkem Alkoholgenuß mitunter ungünstig beeinflußt.« BayHStA-KA OP 1706 Franz H., Beurteilungen 1919.
32 Ebd.
33 Im Dienstleistungszeugnis vom 27. September 1919 wurde Franz H. als befähigt beurteilt, wenngleich wieder auf den Zustand seiner Nerven abgehoben wurde, die durch die lange

b. Die Einführung psychologischer Testverfahren 1927 und die Rekrutierung von Offiziersanwärtern in der Reichswehr

In Bezug auf den militärischen Umgang mit Offizieren mit psychischen Leiden stellte wie beschrieben der Aufbau der Reichswehr keinen Bruch, sondern lediglich eine Verschärfung der im Weltkrieg geltenden Eignungskriterien dar. Erst die Einführung psychologischer Prüfstellen 1927 bedeutete eine deutliche Zäsur. Nun wurde erstmals die Messlatte für die psychischen Voraussetzungen von medizinischer Seite bei Offizieren allgemein höher als bei Mannschaftssoldaten angelegt.

Die Einführung der Prüfstellen war eine Konsequenz des intensiven militärischen Diskurses nach 1918, auf welche Weise in einem zukünftigen Krieg das massenhafte Auftreten von Kriegsneurosen, das sich im Weltkrieg gezeigt hatte, verhindert werden könne. Vor allem vier militärische Lehren wurden aus dem Nervenproblem im Maschinenkrieg gezogen.

Erstens sollte in einem zukünftigen Krieg konsequenter die frontnahe Behandlung von »Kriegsneurotikern« durchgesetzt werden, bei der die Betroffenen nach kurzer Zeit zu ihrer Einheit zurückgeschickt werden sollten, was im Zweiten Weltkrieg auch umgesetzt wurde.[34] Zweitens sollten physische und psychische Eignungskriterien der Soldaten bei der Rekrutierung verschärft werden. Die Aufweichung der Rekrutierungskriterien im Krieg wurde seitens des Militärs und der Militärpsychiatrie als Fehler eingeschätzt.[35]

Nach 1918 traten daher erneut die Vorkriegskriterien in Kraft. Hinzu kam der Ausbau der bereits im Krieg eingeführten psychomotorischen Prüfungen für Spezialisten – es gab damals von Psychologen und Medizinern

---

Dauer der Gefangenschaft stark gelitten hätten, doch mache die Heeresverminderung seinen Abschied zwingend. Einen Monat später erachtete ihn ein Dienstlaufbahn-Zeugnis vom 28. Oktober 1919 wegen einer Charakterisierung zum Major als würdig. Diese Charakterisierung wurde ihm 1920 mit seinem Abschied zuteil. BayHStA-KA OP 1706 Franz H. Vgl. daneben z. B. die Dokumentierung der Entlassung des psychisch angeschlagenen Offiziers Richard D. BayHStA-KA OP 945 Oberleutnant Richard D., Personalbogen.

34 Vgl. Harrison, Krieg und Medizin im Zeitalter der Moderne, S. 24. Siehe zu den nicht sehr erfolgreichen Versuchen, die frontnahe Behandlung 1918 in der deutschen Armee zu etablieren, Kap. II.1. Die Behandlung des Problems der »Kriegsneurotiker« in der deutschen Armee. Siehe zur Auswirkung der frontnahen Behandlung für psychisch versehrte Offiziere im Zweiten Weltkrieg Kap. V.1.d. Reaktivierung psychisch versehrter Offiziere in der Wehrmacht und der Umgang mit Offizieren mit psychischen Leiden im Zweiten Weltkrieg.

35 Siehe hierzu Kap. II.3.a. Psychische Rekrutierungsbedingungen der Militärangehörigen im Ersten Weltkrieg allgemein.

entwickelte Ausleseverfahren für Kraftfahrer, Flugzeugführer, Funker und Entfernungsmesser. Anders als die Verfahren der Militärpsychiater, die bei Offizieren wie Mannschaftssoldaten lediglich bestimmten, ob sie felddiensttauglich, garnisonsdiensttauglich, arbeitsfähig oder dienstuntauglich waren, zielten die psychologischen Eignungsprüfungen erstmals auf funktionale Differenzierungsmöglichkeiten und Spezialistenauslese.[36]

Bereits 1920 erteilte das Reichswehrministerium den Auftrag zur Gründung eines psychologischen Forschungszentrums an der Universität Berlin. Dies resultierte daraus, dass die psychotechnischen Ansätze im Weltkrieg auch im Rückblick nach Kriegsende als sehr gelungen eingeschätzt wurden, was dazu führte, dass der nach dem Kapp-Putsch neu ernannte Reichswehrminister Otto Geßler[37] bereits zu Beginn seiner Amtszeit am 9. September 1920 dem Berliner Dozenten für Logik und Erkenntnistheorie Johann B. Rieffert (1883–1956) den Auftrag zur »einheitliche[n] Bearbeitung der Fragen der angewandten Psychologie im Heere« erteilte.[38] Geßler versprach sich vom Einsatz psychologischer Methoden bei der Auswahl und Schulung von Spezialisten einen konkreten Nutzen für das Heer, der sich in Bewährungsproben unzweifelhaft zeigen würde.[39] Das psychologische Forschungszentrum an der Universität Berlin konzentrierte sich auf psychotechnische Eignungsprüfungen, die vorrangig sensorische und motorische Fähigkeiten testeten, bei denen Rieffert aber auch bereits eine ›Willensprüfung‹ einbaute, die es im Ersten Weltkrieg noch nicht gegeben hatte.[40]

Drittens sollte als Lehre aus dem Krieg die technische Kompetenz der Soldaten durch vermehrte Ausbildung verbessert werden, um die Soldaten zum kompetenten Fronteinsatz zu befähigen und auch nervlicher Überlastung vorzubeugen. Bereits die Vorschriften der zweiten Kriegshälfte hatten als Konsequenz aus dem Maschinenkrieg auf Auftrag, mediale Verbindung, psychisch-physische Eignung und technische Kompetenz gesetzt, da die alte Trias von Befehl, visueller Kontrolle und inkorporiertem Funktionieren

---

36 Vgl. zu den psychotechnischen Tests im Ersten Weltkrieg die Ausführungen Ebd.
37 Dr. Otto Geßler (1875–1955) war bis 1919 zunächst Reichswiederaufbauminister, 1920–1928 Reichswehrminister und Mitbegründer der linksliberalen Deutschen Demokratischen Partei (DDP).
38 Vgl. zur Ära Rieffert (1920–1931) Renthe-Fink, Von der Heerespsychotechnik zur Wehrmachtspsychologie, S. 21–75.
39 Hofstätter, Einführung, S. IX.
40 Ebd.

nicht mehr genügt hatte, ohne aber Überlastungen der Soldaten in der Stellung und beim Angriff zu verhindern.[41] So lautete viertens die wichtigste Lehre aus dem Krieg als allgemeine Präventionsstrategie von Kriegsneurosen, im Krieg der Zukunft die Kohäsion der Truppenkörper zu steigern, um den Soldaten noch mehr Halt und Orientierung zu gewähren. Als geeignete Mittel hierfür erschienen die stärkere Förderung der Kameradschaft in den Einheiten und eine straff und klar organisierte Befehlshierarchie mit geeigneten Führungspersönlichkeiten.[42] In den Nachkriegsjahren war man mit der Förderung der Kameradschaft noch zurückhaltend, da man den Mannschaftssoldaten seit den Auflösungserscheinungen im Heer im letzten Kriegsjahr und den Revolutionsereignissen mit Misstrauen begegnete und auf starke Überwachung durch die Offiziere setzte.[43] Somit kam deren Führungspersönlichkeit entscheidende Bedeutung zu.

In der Zwischenkriegszeit wurde daher in der Armee das Konzept einer Führerfigur entwickelt, die mit »eisernem Willen« eine »seelische Geschlossenheit« innerhalb des Militärs erreichen und so die Nervenstärke der Truppe sichern sollte. Das Ideal dieser Führerfigur wurde dabei nach dem Krieg aufgrund der Kriegserfahrungen und unter Einfluss der massenpsychologischen Diskurse gestaltet.[44] Lang vor dem Aufstieg der nationalsozialistischen Ideologie in und außerhalb der Wehrmacht griff in militärischen Kreisen die Vorstellung eines Feldherrn »Psychologos« um sich. Eine große Rolle spielte dabei die negative Erfahrung des Kaisers im Weltkrieg, der in

---

41 Kaufmann, Kriegführung im Zeitalter technischer Systeme, S. 365. Siehe hierzu auch Kap. II.2.b. Die gesteigerte Bedeutung von Willens- und Nervenstärke der Offiziere im Krieg.
42 Im Zweiten Weltkrieg wurde auf diese Maßnahmen sehr geachtet. Blaßneck, Militärpsychiatrie im Nationalsozialismus, S. 18, 25. Die Wirksamkeit dieser Maßnahmen wird auch aus heutiger Sicht betont. Schneider, Streßbedingter Zusammenbruch in der Wehrmacht, S. 57–59. Siehe hierzu Crefeld, Kampfkraft, S. 55 und zur Menschenführung im Ersten Weltkrieg und den damaligen Instrumenten zur Aufrechterhaltung der Kampfmotivation Stachelbeck, Militärische Effektivität im Ersten Weltkrieg, 2010, bes. S. 294–350.
43 Vgl. Barth, Dolchstoßlegenden und politische Desintegration, S. 68f., 71; Kroener, »Der starke Mann im Heimatkriegsgebiet«, S. 95, 99; Kilian, »Wir wollen die geistige Führung der Armee übernehmen«, S. 167–183.
44 Siehe zum Aufschwung der Massenpsychologie im Ersten Weltkrieg Kap. II.1. Die Behandlung des Problems der »Kriegsneurotiker« in der deutschen Armee. und Kap. II.3.b. Die Prüfung der psychischen Belastbarkeit der Offiziersanwärter.

der Rolle als Oberster Kriegsherr als entscheidungsschwach, »abgeschottet« und von der Truppe entfremdet erlebt worden war.[45] Die Bedeutung, die nervenstarken Offizieren nun eingeräumt wurde, zeigt sich aber vor allem in der Gründung eines Psychologischen Laboratoriums 1927, das die psychisch-physische Eignung der Offiziersanwärter nun durch psychologische Testverfahren prüfte. Diese untersuchten neben motorischen, intellektuellen und technischen Fähigkeiten auch, ob militärische Führer über Kampfgeist, Willensstärke und Charakterfestigkeit verfügten.[46] Bewerber mit psychischen Störungen wurden nun in weit höherem Maße aussortiert als im kaiserlichen Heer der Vorkriegszeit und im Ersten Weltkrieg. Bei den psychologischen Testverfahren ist jedoch zu bedenken, dass sie nur eine beratende Funktion hatten. Die traditionellen militärischen Auswahlmechanismen im Offizierskorps – Offiziersbewerbung, Entscheidung des Regimentskommandeurs, Offizierswahl – blieben in Kraft.[47] Die letztendliche Entscheidung über die Beförderung zum Offizier wurde militärintern getroffen, der Primat des Militärs nicht aufgehoben.

Das Psychologische Laboratorium beim Reichswehr- und Reichskriegsministerium stand in der Nachfolge des 1920 gegründeten Psychologischen Forschungszentrums an der Universität Berlin. Hauptaufgabe war die Verbesserung der Auswahlmethoden für Offiziersanwärter der Reichswehr. Es zielte darauf, die bei der Spezialistenauslese bereits bewährte Psychotechnik nun auch bei dieser Personengruppe einzusetzen. So erhoffte man sich eine neutrale, objektiv kontrollierbare Instanz.[48]

Neben dieser Hoffnung spielte bei der Einführung psychologischer Testverfahren für Offiziersbewerber in der Reichswehr auch eine Rolle, dass das Militär den in der Gesellschaft kursierenden Sorgen vor Abschließungstendenzen im Offizierskorps und verfassungswidriger Separierung der Reichswehr entgegentreten wollte, als Mitte der 1920er Jahre die Reichswehr

---

45 Hesse, Der Feldherr Psychologos. Vgl. auch Kaufmann, Kriegführung im Zeitalter technischer Systeme, S. 364f.
46 Vgl. zu den psychologischen Prüfstellen Simoneit, Deutsche Wehrmachtspsychologie von 1927–1942, S. 71–110; Psychologisches Laboratorium (Hrsg.), Abhandlungen zur Wehrpsychologie; Simoneit, Wehrpsychologie; ders., Leitgedanken über die psychologische Untersuchung des Offizier-Nachwuchses; ders., Der Wehrmachtpsychologe; Flik, Zur Geschichte der Wehrmachtspsychologie; Hofstätter (Hrsg.), Deutsche Wehrmachtspsychologie 1914–1945; Riedesser/Verderber, Aufrüstung der Seelen, S. 63ff.
47 Siehe zum Auswahlverfahren von Offizieren Kap. I.2.b. Militärische Maßstäbe in Bezug auf die psychische Konstitution eines Offiziers.
48 Hofstätter, Einführung, S. IX.

an Bedeutung gewann. Schließlich gab es in der Weimarer Republik Indizien dafür, dass sich die Reichswehr zu einem Staat im Staate entwickeln und aus der demokratischen Struktur herauslösen könnte. Der Chef der Heeresleitung, Generaloberst Hans von Seeckt (1866–1936), machte entsprechende Andeutungen, wobei besonders der auf ihn zurückgeführte Ausspruch angesichts des Kapp-Putsches 1920, dass Reichswehr nicht auf Reichswehr schieße, Wellen schlug. Das Bild vom Offizierskorps als einer von der zivilen Gesellschaft abgeschotteten Kaste gründete besonders auf dem im Korps weitgehend verwirklichten Prinzip der autonomen Kooptation bei der Aufnahme neuer Mitglieder.[49]

Anders als bei psychotechnischen Eignungsprüfungen, die primär sensorische und motorische Fähigkeiten testeten, war es das Ziel der Zulassungsprüfungen für Offiziersbewerber Führungspersönlichkeiten zu erkennen. Man wollte Verfahren entwickeln, mit denen sich feststellen ließ, ob die »noch nicht ausgereifte Persönlichkeit« eines jungen Offiziersanwärters »bereits die Anlage zu soldatischem Führertum erkennen ließ.«[50] Rieffert verfolgte hier einen »organischen« bzw. »charakterologischen« Ansatz. Er hielt es für notwendig, den Menschen als Ganzheit zu betrachten, die mehr als die Summe ihrer einzelnen Teile war. Bezeichnend für das Auswahlverfahren war, dass alle Offiziersanwärter diese charakterologische Untersuchung bestehen mussten und Sonderregelungen für Kandidaten mit Spezialkenntnissen nicht vorgesehen waren, was es psychisch auffälligen Anwärtern, auch wenn sie über Spezialkenntnisse verfügten, sehr erschwerte, diese Hürde zu überwinden.

Zwischen Rieffarts Vorstellungen und dem militärischen Diskurs, der auch Charakter und Gesamtpersönlichkeit des Offiziers als Grundvoraussetzung für die Eignung betonte, zeigen sich deutliche Gemeinsamkeiten – und dies, obwohl die Reichswehr ein hoher Funktionalisierungs- und Fragmentierungsgrad kennzeichnete, der große Fachkenntnisse und technische Fertigkeiten erforderte, die sich bei der Übernahme in die Reichswehr als entscheidend herausgestellt hatten.[51] Dennoch ließ sich der von der universitären Psychologie geprägte Rieffert nicht vorrangig von militärischen Vorstellungen, sondern von zivilen Entwicklungen der Psychologie leiten und

---

49 Ebd.
50 Zitat von Rieffert nach Renthe-Fink, Von der Heerespsychotechnik zur Wehrmachtspsychologie, S. 60, S. 178. Siehe auch Gerlach, Der Wert der Arbeitskraft, S. 97.
51 Siehe hierzu Kap. I.1.a. Der Umgang mit psychisch versehrten Offizieren des Ersten Weltkriegs bei der Übernahme in die Reichswehr.

nutzte hierfür seinen großen, ihm von der Reichswehrführung eingeräumten Gestaltungsradius.⁵²

Für seine Abwendung von klassischen psychotechnischen Verfahren spielte vorrangig eine Rolle, dass seit der Mitte der 1920er Jahre in der Psychologie und ganz besonders in Deutschland das Interesse an Fragen des Charakters oder der Persönlichkeit allgemein erstarkte. Ganzheitlich-intuitive Methoden wurden in der Psychologie gegenüber dem älteren, stärker naturwissenschaftlich-analytisch ausgerichteten Vorgehen favorisiert.⁵³ Rieffert prägten hier Überzeugungen der Ganzheits- und Gestaltpsychologie, vor allem Kurt Lewins.⁵⁴

Rieffert und seine Mitarbeiter sahen die Beobachtung von Ausdruckserscheinungen (Mimik, Pantomimik, Schrift und Stimmführung) zusammen mit physiognomischen Gegebenheiten als einen sicheren Zugang an, um den Charakter eines Menschen zu erkennen. Für das Offiziersauswahlverfahren entwickelten sie Vorläufermethoden von heutigen Assessment-Centern. Einen Baustein des Verfahrens bildete das »Rundgespräch« ohne Hierarchien, in dem die Prüflinge eine kontroverse Diskussion bestreiten mussten. Diese Technik wird bis heute weltweit unter dem Begriff »Gruppendiskussion« zur Beobachtung des Verhaltens der Einzelperson in einer »vertrauten« Gemeinschaft genutzt. Bereits 1927 wurde die Teilnahme am »Rundgespräch« zwingend für alle Offiziersanwärter vorgeschrieben.⁵⁵

Bis 1930 hatten die Psychologen weitgehend freie Hand, ihre Ansätze zur Auslese von Offiziersbewerbern mit Hilfe wissenschaftlicher Methoden weiterzuentwickeln. Auch Geßlers Amtsnachfolger, General Wilhelm

---

52 Insgesamt weisen Rieffert Haltung und die unabhängige Stellung, die ihm die Reichswehrführung gewährte, deutliche Parallelen zum englischen Fall im Ersten Weltkrieg auf, wo auch einem Psychologen der Aufbau der Militärpsychologie übertragen wurde. Vgl. hierzu Hohenthal, Psychologen in der Kriegspsychiatrie; dies., Wissenschaft im Krieg? sowie den Abschnitt »Psychoanalyse« in Kap. III.4.a. Neue Behandlungsmethoden und ihre Verbreitung bei Offizieren.
53 Gerlach, Der Wert der Arbeitskraft, S. 97.
54 Sein Nachfolger im Amt, Max Simoneit, fasste Rieffts Haltung 1933 folgendermaßen zusammen: »Eine isolierte Messung und Bewertung einzelner, durch Berufsanalyse bestimmter seelischer Fähigkeiten ist zwecklos; erst die Lagerung der isoliert gedachten seelischen Fähigkeiten innerhalb der seelischen Gesamtveranlagung lässt Schlüsse auf zukünftige Verhaltensweisen zu; – Daher ist die Ablösung des psychotechnischen durch das charakterologische Arbeitsprinzip notwendig, – dabei Psychotechnik als Leistungsmaßmethode, Charakterologie als Lehre von der gesamten seelisch-körperlichen Veranlagung einschließlich der Werteinstellungen verstanden.« Simoneit, Wehrpsychologie, S. 44.
55 Hofstätter, Einführung, S. X.

Groener (1928–1932), unterstützte die Wehrpsychologie.[56] Die Psychologen hatten dabei großes Selbstbewusstsein, dass mit ihrem methodischen Instrumentarium die charakterologische Eignungsprüfung sehr präzise Ergebnisse erziele. Dies galt vor allem für die Messung der Willensstärke eines Anwärters.[57] Doch regte sich im Reichswehrministerium und beim Chef des Truppenamtes gegenüber dem Offiziersauswahlverfahren der Psychologen zunehmend Widerstand. Die von Experten betreute Auslese wurde als bürokratisch, technokratisch und »seelenlos« kritisiert. Hinzu kam Kritik an der Person Riefferts, der einen wissenschaftlichen Habitus pflegte und nach Ansicht des Militärs den nötigen Respekt gegenüber seiner militärischen Umwelt vermissen ließ,[58] und dessen politischer Haltung. Rieffert war SPD-Mitglied, was er in seinem Personalbogen verschwiegen hatte, stand der traditionellen Offiziersrolle kritisch gegenüber und zielte mit einem objektivierbaren und überprüfbaren Ausleseverfahren auch auf eine Ausschaltung von Adelsprivilegien.[59] Insgesamt entstand im Militär die Sorge, dass das psychologische Offiziersauswahlverfahren das Prinzip der Kooptation gefährden und damit die Besonderheiten der Offiziersstellung aufheben könnte.

Um diese Bedrohung einzudämmen, wurden das psychologische Laboratorium und das übrige Personal des Eignungsprüfwesens Ende 1930 per Dienstanweisung militärischer Leitung unterstellt. Hierfür wählte man Oberstleutnant a. D. von der Lochau aus. Auch wurde der Fortbestand des traditionellen Offiziersauswahlverfahrens nach dem Prinzip der Kooptation

---

56 Ebd., S. IX.
57 So entwickelte der Heerespsychologe Philipp Lersch, der von 1927 bis 1933 maßgeblich an der Gestaltung der Eignungsprüfungen für Offiziersanwärter beteiligt war, ein Begriffsinstrumentarium für die charakterologische Bestimmung von »Willensartungen«. Mit dessen Hilfe war es seiner Ansicht nach möglich, »Entschlußfähigkeit«, »Selbständigkeit der Zielsetzung«, »Willenskraft«, »Stil des Wollens«, »innere Willenshaltung« »Anstrengungsbereitschaft« und »Technik des Wollens« eines Menschen gezielt zu begutachten. Lersch, Der Aufbau des Charakters, S. 193–211; Kozljanič, Philipp Lersch.
58 Rieffert brüskierte die Offiziere öfters. Nach Simoneit hatte sein Amtsvorgänger etwas geradezu Genialisches an sich, habe aber zugleich all jene Eigenschaften besessen, die ein preußischer Offizier nie habe tolerieren können. Zur Illustration führte er eine Episode an, als ein Film über die Offiziersauslese vor dem gesamten Generalstab vorgeführt werden sollte. Rieffert habe sich um eine halbe Stunde verspätet und sich anschließend in den Vorführraum zurückgezogen, ohne sich um die Gäste zu kümmern, da er einen Einfall niederschreiben wollte, was die Generalstabsoffiziere sehr verärgert habe. Bönner, Das Leben des Dr. phil. habil. Max Simoneit, S. 9.
59 Hofstätter, Einführung, S. X.

betont. So wurde die autonome Entscheidungsgewalt der Regimentskommandeure, die den Offiziersbewerber auswählen sollten, und der Offizierskorps, die die anschließende Offizierswahl vornehmen sollten, hervorgehoben. Wegen der Beschneidung seiner Autonomie und der gegen ihn erhobenen Vorwürfe schied Rieffert am 1. Oktober 1931 aus dem Psychologischen Laboratorium beim Reichswehr- und Reichskriegsministerium aus.[60]

Sein Nachfolger wurde Dr. Max Simoneit (1896–1962),[61] der seit 1927 als Heerespsychologe in der Reichswehr tätig war. Er bekam neben der Leitung des Psychologischen Laboratoriums beim Reichswehr- und Reichskriegsministerium die wissenschaftliche Leitung der gesamten Wehrpsychologie übertragen. Die militärische Leitung hatte Generalleutnant Hans von Voß inne.[62] Diese Funktionen behielten beide bis 1942, als die Wehrmachtpsychologie aufgelöst wurde.

Simoneit galt als Kandidat, mit dem die Reichswehr gut leben konnte, da er den Primat des Militärs uneingeschränkt anerkannte.[63] Er selbst führte seinen Aufstieg darauf zurück, dass er als Repräsentant preußischer Tugenden gelten könne.[64] Die Psychologen dienten in Simoneits Ära als wissenschaftliche Sachverständige, die bei Offiziersanwärter-Prüfungen Vorlagen mit Eignungsurteilen erstellten, die zunächst von den jeweiligen Auswahlgremien für ihren Eignungsvorschlag, dann von den Kommandeuren für ihre Entscheidung genutzt wurden.[65]

In seiner Ära gab es nur wenige wissenschaftliche Neuerungen. Das ganzheitliche, auf den Charakter abzielende Verfahren blieb erhalten.[66]

---

60 Ebd.
61 Bönner, Das Leben des Dr. phil. habil. Max Simoneit, S. 5–30.
62 Siehe zu Voß Ringshausen, Hans-Alexander von Voss. Vgl. zur Ära von Voß und Simoneit (1931–1942) Renthe-Fink, Von der Heerespsychotechnik zur Wehrmachtspsychologie, S. 76–120.
63 Dass die Wehrpsychologen den Primat des Militärischen wahren und lediglich den Fall vorbereiten sollten, aber die Entscheidung, wer schließlich ins Offizierskorps aufgenommen wurde, der Regimentskommandeur mit seinen Offizieren treffen sollte, formulierte Simoneit in seinem Abriss zur Wehrpsychologie aus dem Jahr 1933 in seinem sechsten Grundsatz für das Auswahlverfahren der Offiziere sehr deutlich: »die berufliche Bewertung des psychologisch untersuchten und beschriebenen Falles ist kein wissenschaftlicher Akt, sondern eine lebens-praktische Handlung, die allein dem Soldaten zusteht.« Simoneit, Wehrpsychologie, S. 45.
64 Bönner, Das Leben des Dr. phil. habil. Max Simoneit, S. 9.
65 Hofstätter, Einführung, S. Xf.
66 Simoneit, Wehrpsychologie, Punkt 11, S. 46.

Organisatorisch wurde die Wehrmachtpsychologie gewaltig ausgebaut und psychologische Prüfstellen für Offiziersbewerber wurden an mehreren Standorten eingerichtet. Das Auswahlverfahren für Offiziere differenzierte sich bis 1933 immer stärker aus, sodass neben charakterologischen Untersuchungen auch ausgefeilte Spezialistenprüfungen vorgenommen wurden.[67]

c. Wehrmachtpsychologie und die Rekrutierung von Offiziersanwärtern in der NS-Zeit

Das Verfahren zur Auswahl von Offiziersbewerbern dauerte seit 1933 drei Tage, in denen die Kandidaten Tag und Nacht unter Beobachtung standen. In dieser Zeit wurden je vier Kandidaten zu zwei Prüfungsgruppen zusammengefasst, die vom Auswahlgremium beobachtet wurden, das aus ständigen Mitgliedern der Prüfstelle bestand. Den Vorsitz hatte der Prüfstellen-Kommandeur. Daneben setzte sich das Auswahlgremium aus mehreren Psychologen, zwei aus der Truppe dazu kommandierten Offizieren und einem psychiatrisch ausgebildeten Sanitätsoffizier zusammen. Die Truppenoffiziere betreuten und beobachteten die Teilnehmer außerhalb der Prüfungen.[68]

Sechs Auswahlverfahren kamen zum Einsatz. Dies war erstens die Lebenslaufanalyse, bei der besonders auf biografische Daten geachtet wurde, »die auf die seelische und geistige Entwicklung Einfluss gehabt haben könnten.« Hinzu kam zweitens die Ausdrucksanalyse, bei der Mimik, Pantomimik, Sprech- und Sprachformen und Schrift des Probanden untersucht wurden. Hier zielte man auf Formen einer »seelischen Äußerung ohne bewusste Zielordnung und ohne Anteilnahme des Bewusstseins.« Das dritte Verfahren war die sogenannte »Geistesanalyse«, bei der unter anderem Rechenaufgaben gestellt und Tests zum technischen Verständnis durchgeführt wurden. Viertens wurden bei der Handlungsanalyse die Reaktion an Apparaten geprüft, Sportaufgaben gestellt und die Methode der sogenannten »Befehlsreihe« angewendet. Hier hatte der Prüfling zwar Befehle auszuführen, doch blieb »die Gestaltung der Ausführung in weit gehendem Maße seine Sache.« Das fünfte Verfahren war die sogenannte »Führerprobe«, bei der eine Aufgabe mit fremden unterstellten Soldaten gelöst werden musste, wobei die Prüfenden eine Ausdrucks-, Geistes- und Handlungsanalyse vornahmen.

---

67 Hofstätter, Einführung, S. Xf.
68 Geuter, Die Professionalisierung der deutschen Psychologie, S. 193f.

Das sechste und letzte Verfahren war das »Rundgespräch«, das nun »Schlusskolloquium« hieß.[69] Den Kandidaten wurde später das Ergebnis durch das Heerespersonalamt mitgeteilt, ohne ihnen Näheres zu nennen. Während der Prüfungsphase wurde eine respektvolle Haltung der Prüfenden gegenüber den Probanden auf Augenhöhe angemahnt, was nahelegt, dass sehr darauf geachtet wurde, den Bewerbern möglichst keine unnötige Belastung in den Tests zuzumuten, um ihre Zustimmung und die Akzeptanz des Militärs allgemein zu sichern.[70]

Als Neuerung in der NS-Zeit kam Mitte der 1930er Jahre hinzu, dass bei den psychologischen Prüfungen der Offiziersanwärter auch »Sippenmerkmale« berücksichtigt wurden, um Nicht-Arier und »Psychopathen oder andere Erbkranke« von vornherein vom Aufstieg zum Offizier auszuschließen.[71] Hier zeigt sich die Auswirkung der NS-Ideologie auf die Elitenrekrutierung der Armee bereits zu einem frühen Zeitpunkt. Die Neuerung stand in Zusammenhang mit der Anwendung des Arierparagraphen, des § 3 des »Gesetzes zur Wiederherstellung des Berufsbeamtentums«, der seit dem 28. Februar 1934 auch für die Reichswehr galt, als Reichswehrminister Werner von Blomberg einen Erlass herausgab, dass Reichswehrangehörige, die unter diesen Paragrafen fielen, zu entlassen seien. Im Heer erhielten hierauf sieben Offiziere, acht Offiziersanwärter, 13 Unteroffiziere und 28 Mannschaften ihre Entlassungsurkunde, in der Marine drei Offiziere, vier Offiziersanwärter, drei Unteroffiziere und vier Mannschaften.[72]

Der Einbezug von »Sippenmerkmalen« wurde von den Psychiatern und Psychologen der Psychologischen Prüfstellen, die rassehygienischem und erbbiologischem Denken aufgeschlossen gegenüberstanden, ohne Protest aufgenommen. Dagegen verweigerte sich Simoneit erfolgreich der NS-

---

69 Simoneit, Wehrpsychologie, S. 46–57.
70 Simoneit formulierte dies 1933 im zehnten Grundsatz für das Auswahlverfahren der Offiziere sehr deutlich: »das Interesse des Staates dominiert in kritischen Fällen über dem Interesse des Individuums; immer aber bleibt während der Untersuchung der Prüfling der dem Prüfer gleichwertige Gemeinschaftspartner, dem wärmstes Wohlwollen gilt, das die Zerstreuung der üblichen Prüfungsstimmung und die Meinung des Prüflings, daß ihm die Untersuchung nützt, zu Zielen hat.« Ebd., S. 45f.
71 Bohnsen, Erbbiologische Gesichtspunkte bei der psychologischen Prüfung der Offiziersanwärter, S. 159–173. Vgl. auch Neumann, »Arztum ist immer Kämpfertum«, S. 172.
72 Die Reaktion des Offizierskorps auf die Anwendung des »Arierparagraphen« beschreibt ausführlich Demeter, Offizierkorps, S. 82ff. Vgl. daneben zur Geschichte der deutschen jüdischen Soldaten die Beiträge in Militärgeschichtliches Forschungsamt (Hrsg.), Deutsche jüdische Soldaten; Rigg, Hitlers jüdische Soldaten. Siehe auch Neumann, »Arztum ist immer Kämpfertum«, S. 45.

Forderung, bei der Auswahl der Offiziersanwärter deren Einstellung zum Nationalsozialismus zu prüfen, womit er sich Kritik und Misstrauen zuzog.[73] Gleichwohl wurde in der NS-Zeit die Wehrmachtpsychologie weiter ausgebaut, was mit der gewaltigen Vermehrung der Offiziersstellen zusammenhing. Während das 100.000-Mann-Heer bis 1935 kontinuierlich seine Größe behielt, erfolgte mit Wiedereinführung der allgemeinen Wehrpflicht eine enorme Vergrößerung der Armee und eine grundsätzliche Wende in der Wehrpolitik.[74] Begleitet wurde die Einführung der Wehrpflicht von einem enormen Aufrüstungs- und Modernisierungsprogramm begleitet, in dessen Verlauf die Kapazitäten von Heer und Marine stark erweitert wurden. Außerdem konnte nun die Entwicklung der Luftwaffe offen vorangetrieben werden. Bis zum Spätsommer 1939, als der Überfall auf Polen stattfand, erreichte das Heer eine Kriegsstärke von 2,8 bis 3 Millionen Mann. Damit waren innerhalb von vier Jahren aus den sieben Divisionen des 100.000-Mann-Heeres 102 Divisionen geworden. Dies waren 600.000 Mann mehr als im kaiserlichen Heer von 1914.[75]

Die Vergrößerung des Heeres ging in den viereinhalb Jahren bis zum Kriegsbeginn mit einer außerordentlichen Ausweitung der Offiziersstellen einher. Bis dahin war die Zahl der Offiziere durch die Aufrüstung auf etwa 90.000 angestiegen, so dass die innere Struktur des Offizierskorps kaum noch etwas mit der der Reichswehr gemein hatte. Allein in der neu geschaffenen Teilstreitkraft Luftwaffe erhöhte sich 1935–1939 die Zahl der Offiziere um das Dreizehnfache.[76]

---

73 Renthe-Fink, Von der Heerespsychotechnik zur Wehrmachtspsychologie, S. 100ff.; Ash, Psychologie, S. 256.

74 Zugleich ist zu betonen, dass der Übergang von der Reichswehr zur Wehrmacht recht fließend vonstattenging und nahezu vollständig auf Konzepten aufbaute, die schon Jahre zuvor entwickelt worden waren, aber aufgrund fehlender innen- und außenpolitischer Rückendeckung nicht umgesetzt werden konnten. Nun ergab sich erneut die Möglichkeit, die gesamte (männliche) Nation zu mobilisieren. Haller, Militärzeitschriften in der Weimarer Republik, S. 498.

75 Die enorme Vergrößerung der Armee innerhalb weniger Jahre wurde auch dadurch ermöglicht, dass der Anteil der Offiziere und Unteroffiziere in der Reichswehr im Verhältnis zu den Mannschaftsdienstgraden bereits extrem hoch war und dass schon zu diesem Zeitpunkt Aufrüstungspläne erstellt und die Aufrüstung auch im Geheimen durchgeführt wurde. So hatte General Hans von Seeckt 1925 unter dem Eindruck der Besetzung des Ruhrgebiets durch das französische Militär zwei Jahre zuvor einen geheimen detaillierten Aufrüstungsplan in Auftrag gegeben, in dem das 1939 erreichte Ziel, ein Heer mit einer Kriegsstärke von bis zu drei Millionen Mann aufzubauen, bereits formuliert worden war. Janßen, Politische und militärische Zielvorstellungen der Wehrmachtführung, S. 76f.

76 Rogg, Der Soldatenberuf in historischer Perspektive, S. 406.

Für die Wehrmachtpsychologie bedeutete die Erweiterung der Offiziersstellen 1936 die Begutachtung von etwa 40.000 Kandidaten in 15 Zentren der Heerespsychologie. Seit 1937 waren die Psychologen als Wehrmachtsbeamte angestellt und ihr Aufgabenbereich in der Wehrmacht wurde deutlich erweitert. So war in den 1940er Jahren die Wehrmacht für Psychologen bei weitem der größte Arbeitgeber im Deutschen Reich: 1942 waren bei der Wehrmacht 450 Psychologen im Dienst, hinzu kamen 150 weitere bei der Luftwaffe.[77]

Der Primat des Militärs wurde in der NS-Zeit weiterhin betont. Die militärische Führung äußerte den Wunsch, dass als Psychologen nur Teilnehmer des Ersten Weltkriegs oder, in den jüngeren Altersklassen, ausschließlich Reserveoffiziere eingestellt werden sollten. Doch war dies bei der Offiziersvermehrung seit 1935 und dann erneut seit Kriegsbeginn bei dem parallel rapide anwachsenden Bedarf an Gutachtern nicht möglich.[78]

Die Zusammenarbeit zwischen Psychologen und den die eigentliche Verantwortung tragenden Regimentskommandeuren gestaltete sich oft nicht konfliktfrei. Einerseits sahen Psychologen sich in manchen Fällen als Anwälte von Kandidaten an, die ihnen besonders geeignet erschienen. Andererseits empfanden Truppenoffiziere die psychologischen Gutachten als Belastung, wenn sie selbst eine abweichende Entscheidung trafen und diese in besonderem Maße verantworten mussten.[79] Die Vorbehalte der Militärs gegenüber den Psychologen werden daraus ersichtlich, dass etwa die höhere Luftwaffenführung für diese mitunter verächtliche Ausdrücke wie »Psycho-Leute«, »Psychopathen« und »Psycho-Komiker« gebrauchte.[80]

Bereits vor dem Krieg machten die Regimentskommandeure in etwa 25 Prozent der Fälle von ihrem Recht Gebrauch, Bewerber anzunehmen, die die Psychologen als nicht geeignet beurteilt hatten, wie aus einem Bericht von 1943 hervorgeht,[81] was die nach wie vor gegebene Gültigkeit des Kooptationsprinzips zeigt. Bis 1942 bewahrte sich das deutsche Offizierskorps

---

77 Hofstätter, Einführung, S. Xf.; Bönner, Das Leben des Dr. phil. habil. Max Simoneit, S. 5–30; Ash, Psychologie, S. 253.
78 Hofstätter, Einführung, S. XI.
79 Ebd.
80 So erhielt der Kommandeur der Heeresprüfstelle III/West etwa vom Generalkommando die Aufforderung, die Zahl der dienstzutuenden Offiziere, Unteroffiziere, Mannschaften und »Psychopathen« zu melden. Ebd., S. XIf.
81 R. von Tschudi, Überblick über die Geschichte des Personalprüfwesens des Heeres, 1943 (unveröffentlichtes Manuskript). Ausgewertet in: Hofstätter u. a. (Hrsg.)., Deutsche Wehrmachtspsychologie 1914–1945, S. 65-137.

durch die Aufrechterhaltung der traditionellen preußischen Formen bei Offiziersrekrutierung und -beförderung mit Offiziersbewerbung, Offizierswahl und Anciennitätsprinzip althergebrachte Kohäsionskräfte.[82] Dies wird auch daran deutlich, dass im Zweiten Weltkrieg psychologische Erhebungen unterblieben, inwieweit sich von den Psychologen als ungeeignet eingeschätzte Offiziere an der Front bewährten.[83]

Dennoch erfolgte ab 1935 eine Korrosion der Homogenität des Offizierskorps und seiner einheitlichen, traditionellen politischen und moralischen Vorstellungen, denn in Bezug auf die militärischen Kriterien bei der Offiziersrekrutierung zeigt sich der Trend, dass neben Leistungs- nun auch weltanschauliche Kriterien wichtig wurden.[84] Um die Offiziersstellen besetzen zu können, begann 1935 zudem die soziale Öffnung des Offizierskorps, obwohl das NS-Regime vor Kriegsbeginn keine grundsätzliche Öffnung für alle Gesellschaftsschichten durchzusetzen versuchte.[85] Die Folge war, dass mit dem raschen Ausbau der Wehrmacht die Zahl der jungen Offiziere mit nationalsozialistischem Gedankengut vor allem in den unteren Dienstgraden rapide anstieg.[86] Leistungsbereite, politisch angepasste Offiziere und Unteroffiziere hatten ungeahnte Beförderungsmöglichkeiten. Die Zeit der militärischen »Karrieren« begann. Zwar blieben die Begriffe Offizierskorps, Offi-

---

82 Siehe hierzu Kap. I.2.b. Militärische Maßstäbe in Bezug auf die psychische Konstitution eines Offiziers.

83 Hofstätter, Einführung, S. XI; Ash, Psychologie, S. 257.

84 Dabei zielten die Machthaber in erster Linie auf die Stabilisierung ihrer Herrschaft und auf die Verankerung ihrer ideologischen Richtlinien. Kroener, Auf dem Weg zu einer »nationalsozialistischen Volksarmee«; Bald, Der deutsche Offizier, S. 29; Mundt, Das Offizierkorps des deutschen Heeres von 1918–1935, S. 119; Neumann, »Arzttum ist immer Kämpfertum«, S. 47.

85 Durch die soziale Öffnung nahm die bürgerlich-adelige Homogenität deutlich ab. So lag die Selbstrekrutierungsquote des Offizierskorps 1933–1944 nur noch bei ungefähr 30%, während sie zuvor in der Reichswehr immer bei über 50% gelegen hatte. Die damit verbundene Einbuße an innerer Geschlossenheit war im Hinblick auf die Schaffung eines Volksheeres gewollt. Das Abitur blieb allerdings Eingangsvoraussetzung. Bei der Beförderung war das Prinzip der bedingten oder militärischen Anciennität weiterhin vorherrschend, bei der die erforderlichen dienstlichen Leistungen und eine positive allgemeine Beurteilung, die auch eine Bewertung der außerdienstlichen Eignung enthielt, Voraussetzung für die weitere Beförderung waren. Dieser personalpolitische Ordnungsfaktor blieb weiterhin in Kraft, obwohl Hitler in seinen Erlassen den rassischen Persönlichkeitswert und besondere soldatische Leistungen bei Offizieren betonte. Kroener, Auf dem Weg zu einer »nationalsozialistischen Volksarmee«, S. 156–158; Petter, Militärische Massengesellschaft und Entprofessionalisierung des Offiziers, S. 359–371.

86 Bald, Der deutsche Offizier, S. 72.

zierswahl, Offizierehre, Offizierspflicht und Korpsgeist gebräuchlich, doch entsprachen sie nicht mehr der Heterogenität der militärischen Funktionselite. Die Interpretation, was unter den traditionellen Begriffen zu verstehen war, war nicht mehr einheitlich.[87] 1942 wurde die deutsche Wehrmachtpsychologie schließlich aufgelöst.[88] Die Ursachen wurden nie offiziell bekannt gegeben. Vermutlich wirkten vier Faktoren zusammen:[89] Da Max Simoneit sich weigerte, bei der Auswahl der Offiziersanwärter auch deren Einstellung zum Nationalsozialismus zu prüfen, waren die Deutsche Wehrmachtpsychologie und die Inhalte der Prüfungen dem Amt Rosenberg, der Dienststelle zur Überwachung der geistigen und weltanschaulichen Erziehung der NSDAP, von jeher ideologisch verdächtig. Ferner wurde den Prüfungen von nationalsozialistischer Seite der Vorwurf gemacht, zu akademisch-empirisch und zu wenig praxisorientiert zu sein. Ein dritter Faktor war sicher, dass manche Söhne führender NS- und Wehrmachtsgrößen durch die Begutachtungsstellen der Deutschen Wehrmachtpsychologie als für die Offizierslaufbahn untauglich befunden wurden, darunter der Neffe des Oberbefehlshabers der Luftwaffe, Hermann Göring, und der Sohn des Generalfeldmarschalls Wilhelm Keitel, die 1942 dieses Urteil erhielten.[90] Schließlich erlaubten viertens die hohen militärischen Verluste keine entsprechenden Auswahlen mehr.

Der zuletzt genannte Faktor, dass das Ausleseverfahren wegen der hohen Verluste des Russlandfeldzugs unbrauchbar wurde, da es kein hinreichend großes Auswahlreservoir mehr gab, war für die Auflösung der Heeres- und Luftwaffen-Psychologie 1942 sicher der wichtigste Punkt und entscheidender als vorhandene Spannungen. Generaloberst Franz Halder schrieb in seinem Tagebuch, dass die psychologischen Prüfstellen »dem im

---

87 Kroener, Auf dem Weg zu einer »nationalsozialistischen Volksarmee«, S. 153–156.
88 Vgl. zur Auflösung der Heerespsychologie im Frühjahr 1942 Renthe-Fink, Von der Heerespsychotechnik zur Wehrmachtpsychologie, S. 121–175. Vgl. allgemein zur psychologischen Offiziersauswahl im Zweiten Weltkrieg Fritscher, Die Psychologische Auswahl des Offiziernachwuchses während des Zweiten Weltkriegs, S. 423–469.
89 Vgl. zum Folgenden ausführlich Geuter, Die Professionalisierung der deutschen Psychologie, S. 290ff.
90 Dr. Gotthilf Flik, der die Gutachten im Auftrag von Dr. Simoneit und Generalleutnant von Voß in einem Obergutachten bestätigte, schrieb: »Wenige Wochen nach diesen Beurteilungen des Neffen des obersten Führers der Luftwaffe sowie des Sohnes des obersten Führers des Heeres wurden Luftwaffen- und Heerespsychologie aufgelöst.« Flik, Zur Geschichte der Wehrmachtpsychologie, S. 90. Vgl. auch Sponsel, Kritisches zur Deutschen Wehrmachtpsychologie.

Kriege einsetzenden Massenanfall an zu prüfenden Persönlichkeiten [...] nicht gewachsen« gewesen seien.[91] Auch für den Umgang des Militärs mit Nervenstärke und Nervenschwäche bei Offizieren im Krieg markiert das Jahr 1942 eine deutliche Zäsur. Frontbewährung erhielt nun erstmalig bei der Offiziersrekrutierung und -beförderung Priorität. Die extremen Personalverluste des Feldheeres im Osten erzwangen die soziale Öffnung des Offizierskorps. Doch gelang es dem NS-Regime, die Zwangslage im Hinblick auf die Schaffung eines Volksheeres auszunutzen und die Offizierspersonalpolitik völlig neu auszurichten. Die im Nationalsozialismus vorherrschende Auffassung vom Offizier als kämpferischer Einzelpersönlichkeit und gerade nicht als Angehöriger eines Personenverbandes prägte seitdem das Annahme- und Beförderungsverfahren. So sollte der Offizier nicht wegen seiner Herkunft, sondern wegen seiner Persönlichkeit und seiner Bewährung vor dem Feind ausgelesen werden. Langfristiges Ziel war ein einheitliches Wehrmachtsführerkorps, in dem sich Offiziere und Unteroffiziere nur durch funktionale, nicht durch Statusunterschiede voneinander abgrenzen sollten.[92]

Ab Oktober 1942[93] wurden folgende Einzelmaßnahmen sukzessive erlassen: die soziale Öffnung der Offizierslaufbahn,[94] Wegfall des Abiturs als

---

91 Zit nach Hofstätter, Einführung, S. XII.
92 Bis 1942 wurden geeignete Unteroffiziere nur in Ausnahmefällen zu Offizieren befördert. Diese Schranke wurde erst unter dem Eindruck kaum zu ergänzender Personalverluste 1942 aufgehoben. Kroener, Auf dem Weg zu einer »nationalsozialistischen Volksarmee«, S. 177–186; zus. Rogg, Der Soldatenberuf in historischer Perspektive, S. 406.
93 Sobald Hitler den Oberbefehl über das Heer übernommen hatte, griff er seine alte Vorstellung auf, dass die Gesellschaft statt durch traditionsgeprägte Elemente durch die persönliche Leistung des Einzelnen gegliedert werden solle und suchte sie auch im Offizierskorps, die erste Generalskrise ausnutzend, zu verwirklichen. In der Verfügung vom 17.2.1942 heißt es, »der Führer« habe »erneut befohlen, daß [...] erhöhtes Gewicht auf die Führerauslese gelegt wird.« »Die einzigartigen Gelegenheiten der Bewährung«, die sich jetzt für Offiziere an der Front und in den Stäben böten, müssten genutzt werden, um diejenigen Offiziere zu fördern, die nach »Anlagen, Nerven und Charakterstärke [...] die Geeignetheit für höhere Führerstellen besitzen. Dementsprechend wünscht der Führer, daß die Inhaber von Führerstellen baldigst nach ihrer Ernennung zu dem Dienstgrad befördert werden, der ihrer Dienststellung entspricht.« Zitiert nach Stumpf, Die Wehrmacht-Elite, S. 324.
94 Bereits Ende 1942 hatte sich die Sozialverteilung radikal gegenüber dem Ende der 1920er Jahre verändert. Nun kamen 51% aller Offiziersanwärter aus den mittleren und 28% aus den unteren Gesellschaftsschichten. Kroener, Auf dem Weg zu einer »nationalsozialistischen Volksarmee«, S. 178 f; Stumpf, Die Wehrmacht-Elite; zus. Kunz, Wehrmacht und Niederlage, S. 122.

Bildungsvoraussetzung und die Vereinfachung der Bewerbung. Persönliche Vorstellung beim Regimentskommandeur, psychologische Eignungsuntersuchungen und Offizierswahl fielen weg.[95] Nur Charakter, Nervenstärke und Leistung sollten nun Weg und Wert des Offiziersnachwuchses bestimmen. Neue Offiziere sollten wegen ihrer hervorragenden, vor dem Feind bewiesenen soldatischen Führereigenschaften rekrutiert werden. An die Stelle des traditionellen Elitebildes des Generalstabsoffiziers trat das neue Leitbild eines Offiziers mit angeborenen Führerqualitäten, der sich an der Front bewährt hatte und die nationalsozialistische Weltanschauung vertrat.

Die Folgen waren eine enorme Verbreiterung der sozialen Rekrutierungsbasis und die uneingeschränkte Leistungsbeförderung für alle Angehörigen des Truppenoffizierskorps.[96] Beförderungen erfolgten nun ohne Rücksicht auf das Dienstalter, abhängig von der Kriegsbewährung, Leistungsfähigkeit und Verwendungsmöglichkeit des Offiziers. Der Dienstgrad wurde an die Dienststellung gekoppelt und die »Bewährung in der Dienststellung« wurde zentrales Beförderungskriterium, während Dienstaltersprinzip, Friedensbeurteilung und außerdienstliche Eignung keine Rolle mehr spielten.[97]

Die entscheidende Bedeutung, die Hitler nervenstarken militärischen Führern im Krieg einräumte, wird aus seinem Grundsatzbefehl vom 19. Januar 1943 deutlich, in dem er zum Problem der »Führerauslese« Stellung nahm. Er erklärte, dass »richtige Führerauslese eine der wichtigsten Voraussetzungen zur Erringung des Sieges« sei. »Kampfgruppen jeder Stärke und Zusammensetzung« könnten auch »in schwierigster Lage« erfolgreich agieren, wenn sie von einem energischen und harten Führer geleitet würden. Neben der »Führerauslese durch den Kampf« müsse in Zukunft auch bei der »planmäßigen Auswahl« militärischer Führer das Ziel sein, »daß nur willensstarke, einsatzbereite und krisenfeste Männer«, die »in entscheidender Stunde hart und unbeirrbar [...] führen«, zum Offizier befördert wurden.

---

95 Ende 1942 beantragte das Feldheer selbst die Aufhebung der Offizierswahl bei der Offiziersrekrutierung für die Dauer des Krieges, da der moderne Bewegungskrieg, der die Regimenter auseinanderriss, ein Wahlverfahren unmöglich machte. Demeter, Das deutsche Offizierkorps, S. 150; Kroener, Auf dem Weg zu einer »nationalsozialistischen Volksarmee«, S. 182.

96 Kroener, Auf dem Weg zu einer »nationalsozialistischen Volksarmee«, S. 180.

97 Am 4.11.1942 setzte ein Erlass Hitlers bei der Offizierspersonalpolitik das herkömmliche Dienstaltersprinzip außer Kraft und etablierte an dessen Stelle die »Führerauslese im Kampf« mit Initiativ- und Vorschlagsrecht der Truppen. Der Erlass ist ediert in: Meier-Welcker (Hrsg.), Untersuchungen zur Geschichte des Offizierkorps, S. 286–295.

»Alle anderen Umstände, wie Lebensalter, Rangdienstalter, Herkunft, Schulbildung und ähnliches, sind ohne jeden Einfluß und müssen in dieser Stunde des Krieges zurücktreten [...] Der ›ganze Mann‹ gehört als Führer an die Front [...] Jeder Einsatz einer Führerpersönlichkeit an einer Stelle unter seiner Eignung ist ein Verbrechen am Siegel«[98]

Es wird deutlich, wie sehr Hitlers Offiziersbild davon geprägt war, dass sich der Krieg für die deutsche Armee damals zu einer Dauerkrise entwickelt hatte: der Offizier hatte in erster Linie die Aufgabe, Krisen unbeirrbar zu überwinden. Ein militärischer Führer, der an der Front einen psychischen Zusammenbruch erlitt, hatte hingegen im Offizierskorps nichts zu suchen. Diese alleinige Fokussierung Hitlers auf den Offizier als energischer, kämpferischer Einzelpersönlichkeit barg auch große Gefahren in sich. Nicht nur im Frieden, sondern auch im Krieg gab es viele Situationen und Tätigkeitsfelder, die von Offizieren ganz andere Qualitäten forderten.[99]

d. Reaktivierung psychisch versehrter Offiziere in der Wehrmacht und der Umgang mit Offizieren mit psychischen Leiden im Zweiten Weltkrieg

Die Ausweitung der Offiziersstellen in der Wehrmacht seit 1935 bot für den Offiziersberuf exzellente Karrierechancen und auch verabschiedete Weltkriegsoffiziere hatten nun zunehmend gute Chancen, reaktiviert zu werden, zumal die nationalsozialistische Verherrlichung des »Frontkämpfergeistes« des Ersten Weltkriegs und die Stilisierung des Frontkämpfers als Verkörperung nationalsozialistischer Ideen auch die Personalpolitik der Wehrmacht beeinflussten.[100] So wurden bevorzugt die Führungsgruppen der Freikorps ins Heeresoffizierskorps der Wehrmacht übernommen, die sich auf das Leitbild des Frontkämpfertums im Weltkrieg beriefen[101] – sei es als reaktivierte

---

98 Zitiert nach Stumpf, Die Wehrmacht-Elite, S. 333.
99 Diesen Punkt hebt Reinhard Stumpf hervor. Ebd., S. 333f.
100 Neumann, »Arzttum ist immer Kämpfertum«, S. 47. Während sich bis in die Weimarer Republik der Kriegsfreiwillige und der gutmütige Landwehrmann neben dem »Frontkämpfer« als Leitfiguren behaupten konnten, überlagerte und verdrängte nach den politischen Veränderungen ab 1933 der Frontkämpfer-Mythos den älteren, traditionell den Opfergang überhöhenden Langemarck-Mythos rasch. Die Leitfigur des Frontkämpfers wurde nun omnipräsent. Pöhlmann, Kriegsgeschichte und Geschichtspolitik, S. 213f. Siehe hierzu auch Kap. II.2.c. Der Idealtyp des »Frontkämpfers«.
101 Sie mieden Kontakte zu den sozial erwünschten und damit offiziersfähigen Kreisen der kaiserlichen Armee und lehnten später auch den von Seeckt geprägten Elitecharakter des Reichswehroffizierskorps ab. Kroener, Auf dem Weg zu einer »nationalsozialistischen

Offiziere oder als Reserveoffiziere. Damit kam der aus dem Krieg bekannte Mentalitätsgegensatz zwischen den Offizieren an der Front und jenen, die in den Stäben und im Hinterland eingesetzt waren, erneut zum Vorschein.[102] Wie gestaltete sich nun die Reaktivierung psychisch versehrter Offiziere des Weltkriegs? Hier ist zu konstatieren, dass vor Ausbruch des Zweiten Weltkriegs Offiziere, die gravierende psychische Leiden aus dem Ersten Weltkrieg davongetragen hatten, nicht reaktiviert wurden, da nach damaliger ärztlicher Auffassung langfristige psychische Leiden in keinem Zusammenhang mit den Kriegsereignissen standen, sondern auf psychopathischer Konstitution oder Erbkrankheit beruhten.[103] Allgemein waren Militärärzte der Wehrmacht ab Mitte der 1930er Jahre angehalten, bei Musterungen vor allem darauf zu achten, Kandidaten mit angeborenen Nerven- und Geisteskrankheiten als wehruntauglich auszumustern, wobei im Krankheitsverzeichnis der deutschen Wehrmacht »Nerven- und Geisteskrankheiten« bis 1945 in einer Rubrik vereinigt wurden.[104] Unter angeborene Nerven- und Geisteskrankheiten fielen hier vor allem »Schwachsinn«, »Epilepsie«, »Schizophrenie« und »Manisch-Depressives Irresein«, aber auch »Psychopathie«.[105] Begründet wurde dies damit, dass Rekruten mit entsprechenden Leiden nicht den Vorstellungen des nationalsozialistischen Staates von seinen Soldaten entsprächen, den Anforderungen eines Krieges wegen ihrer Krankheit nicht gewachsen seien und den Sanitätsdienst belasten würden.[106]

Auch von den Offizieren, die im Krieg wegen psychischer Leiden nur kurze Lazarettaufenthalte hatten und wieder frontdienstfähig geworden waren, waren nur wenige von der Reaktivierung in den Vorkriegsjahren betroffen. Dies ist allerdings weniger mit ihrem durchgestandenen psychischen

---

Volksarmee«, S. 179. Siehe zum Selbstverständnis in den Freikorps auch Kap. V.2.f. Das Selbstbild psychisch versehrter Offiziere in der Weimarer Republik.
102 Ebd. Siehe zu diesem Gegensatz im Ersten Weltkrieg Kap. II.7.c. Die Haltung der Offizierskameraden.
103 Siehe hierzu Kap. V.3.c. Die Versorgungsgesetzgebung von 1934.
104 Bundesminister für Arbeit (Hrsg), Die Krankheitsnummern der ehemaligen Wehrmacht für die Zeit von 1896–1945. Allerdings wurde die Verordnung je nach Wehrmachtspsychiater unterschiedlich gehandhabt, vor allem im Hinblick auf die »Erbkranken«. Die Schwierigkeit, eine »Erbkrankheit« genau zu diagnostizieren, war hierbei der wichtigste Faktor. Die Militärärzte hatten zudem einen großen Handlungsspielraum, den sie je nach Situation und persönlicher Einschätzung nutzten. Deussen, Einige sozialpsychiatrische Probleme bei der Beurteilung der Wehrkraft und der Auswertung der Militärsanitätsstatistik, S. 42; Neumann, »Arzttum ist immer Kämpfertum«, S. 176f.
105 Neumann, »Arzttum ist immer Kämpfertum«, S. 174f.
106 Ebd., S. 176.

Leiden zu erklären, sondern daraus, dass das Reservoir an Weltkriegsoffizieren, die für eine Wiederverwendung in Frage kamen, mittlerweile deutlich geschrumpft war. Neben Alters- und Gesundheitsgründen lag dies vor allem daran, dass sich ehemalige Offiziere in der Weimarer Republik anderweitig orientiert hatten. Dies traf vorrangig für Reserveoffiziere zu, aber auch für viele ehemalige aktive Offiziere.[107] Am naheliegendsten war es für Polizeioffiziere, wieder in die Wehrmacht zu wechseln – ein Weg, den auch psychisch versehrte Offiziere einschlugen.[108] Das Heerespersonalamt stellte in einem ersten Schritt insgesamt 800 Weltkriegsoffiziere zur Probe ein, wobei es sich um aktive und Reserveoffiziere handelte.[109] Später wurde die Zahl auf 1.800 Offiziere erweitert.[110]

Erst im Zweiten Weltkrieg wurden erneut Offiziere a. D. des Ersten Weltkriegs massenhaft eingezogen, darunter auch eine Reihe von Veteranen, die im Krieg psychisch krank, alkohol- oder drogenabhängig geworden waren und hieraus langfristig psychische Leiden entwickelt hatten. Die Ursache war der enorme Offiziersbedarf wegen der hohen Verluste. Dies führte dazu, dass die Musterungsärzte, ähnlich wie im Ersten Weltkrieg, die Messlatte, welche psychischen Leiden noch akzeptabel waren, deutlich senkten. Zu einer offiziellen Absenkung der Rekrutierungskriterien kam es allerdings nicht. Gleichwohl erhielten die Militärärzte die Vorgabe, möglichst viele ausgebildete Offiziere a. D. zum Heeresdienst heranzuziehen.[111] So entschieden sie oft doch auf eingeschränkte Dienstfähigkeit, wobei allerdings auffällig ist, dass psychische Leiden im Regelfall nicht in den Akten vermerkt sind und die Ärzte stattdessen die Frontdienstunfähigkeit mit dem Alter und körperlichen Leiden erklärten.[112] Die so in den Jahren 1940 bis 1943 eingezogenen Offiziere wurden bei Heimatstellen in den Landesschützeneinheiten verwendet, um jüngere Offiziere für die Front zu gewinnen.[113]

---

107 Richard, Auswahl und Ausbildung junger Offiziere 1930–1945, S. 49.
108 Vgl. z.B. BayHStA-KA OP 59135 Kurt D.; OP 61712 Otto G.
109 Thun-Hohenstein, Wehrmacht und Widerstand, S. 79.
110 Demeter, das deutsche Offizierkorps, S. 62; Richard, Auswahl und Ausbildung junger Offiziere 1930–1945, S. 49f.
111 Neumann, »Arzttum ist immer Kämpfertum«, S. 176f.
112 Peter Steinkamp, »Zweimal eingezogen«, S. 426f.
113 Es handelte sich um die Landwehr-I-Reserve der Wehrmacht. Hierin wurden etwa 1,45 Millionen militärisch voll ausgebildete Mannschaftssoldaten und Reserveoffiziere gefasst. Die Akten sind aus dem Wehrkreis 7 in München und aus dem Wehrkreis 17 in Wien erhalten. Ebd., S. 426f.

Innerhalb der Gruppe der im Ersten Weltkrieg psychisch krank, alkohol- oder drogenabhängig gewordenen Offiziere, die im Zweiten Weltkrieg aufgrund devianten Verhaltens aktenkundig wurden, fällt auf, dass auch hier psychiatrische Diagnosen meist vermieden wurden. Stattdessen hob man in den Akten auf organische Diagnosen ab. Nur bei alkoholabhängigen Offizieren kam es vor, dass deren Alkoholsucht offen benannt wurde und Offiziere niederer Dienstgrade im Verlauf des Krieges deshalb aus der Wehrmacht entlassen wurden.[114] Eine Parteimitgliedschaft oder ein hoher militärischer Rang schützten aber häufig den Offizier. Hier sah man vielfach über Alkoholexzesse und auffälliges Verhalten hinweg.[115]

Für Offiziere an der Front gilt, dass allgemein im Zweiten Weltkrieg in der Wehrmacht nur kurzfristige Ausfälle wegen psychischer Störungen akzeptiert wurden, vor allem solche, die mit Erschöpfungszuständen zusammenhingen. Hierfür setzte sich ähnlich wie in den USA, Großbritannien und Frankreich als eine der »Lehren des Ersten Weltkriegs« die frontnahe Behandlung durch, die vorrangig aus gutem Essen, Schlaf und Gesprächen mit dem Arzt bestand und bei der die Betroffenen nach kurzer Erholungsphase zu ihrer Einheit zurückgeschickt wurden.[116]

Wenn nervöse oder erschöpfte Offiziere durch die gewährte Erholungszeit nicht wieder fit wurden, zeigen die verwendete Sprache und die Urteile von Sanitätsoffizieren, die ihre Tauglichkeit untersuchten, dass anders als im

---

114 Ebd., S. 429f.
115 Ein Beispiel für die wohlwollende Behandlung alkoholkranker Offiziere ist der Fall des Leutnants H., der sich von der Truppe entfernte. Es wurde Haftbefehl erlassen und ein fachärztliches Gutachten erstellt, das ihn als Trinker charakterisierte und ein Bild des sozialen Abstiegs zeichnete. Nach § 51 Abs. 1 Strafgesetzbuch wurde ihm Unzurechnungsfähigkeit bescheinigt. Der Haftbefehl wurde daraufhin aufgehoben, eine Unterbringung in einer Heil- und Pflegeanstalt komme nicht in Betracht. Stattdessen wurde die Entlassung aus der Wehrmacht beantragt. Der Fall zeigt, dass im Umgang mit suchtabhängigen Offizieren auf entlastende Urteile und sanfte Behandlung gesetzt wurde. Es hätte auch die Möglichkeit bestanden, Sicherungsverwahrung anzuordnen, wofür aber kein Anlass gesehen wurde. Steinkamp, Zur Devianz-Problematik in der Wehrmacht, S. 8–60, 388.
116 Siehe allgemein zu den »Lehren des Ersten Weltkriegs«, die die deutsche Armee zog, Kap. V.1.b. Die Einführung psychologischer Testverfahren 1927 und die Rekrutierung von Offiziersanwärtern in der Reichswehr. Vgl. zur frontnahmen Behandlung im Zweiten Weltkrieg insbesondere Blaßneck, Militärpsychiatrie im Nationalsozialismus, S. 55–64; Tümmers, Fern der Berliner Zentrale, S. 104–128; Steinkamp, Patientenschicksale und ärztliches Handeln im Zweiten Weltkrieg, S. 154–234; Wagenblast, Die Tübinger Militärpsychiatrie im Zweiten Weltkrieg. Siehe zu den Versuchen, eine frontnahe Behandlung im Ersten Weltkrieg zu etablieren, Kap. II.1. Die Behandlung des Problems der »Kriegsneurotiker« in der deutschen Armee.

Ersten Weltkrieg trotz der gemeinsamen Offizierszugehörigkeit bei den Ärzten Standesgesichtspunkte, Kameradschaft und Loyalität gegenüber der eigenen sozialen Gruppe keine Rolle mehr spielten. Vielmehr standen nun militärische Leistungs- und Effizienzkriterien eindeutig im Vordergrund der medizinischen Beurteilungen. So erklärten es Ärzte zu ihrem Ziel, »die nicht genügend tatkräftigen und führungsgeeigneten Elemente auszuschalten.«[117] Zeigte sich bei Offizieren ein »zunehmender Mangel an Initiative und das Nachlassen der Schwungkraft«, plädierten viele Sanitätsoffiziere für die Entlassung aus dem Dienst. In einem kriegsärztlichen Erfahrungsbericht von 1943 ist zu lesen:

»Es ist zweifellos besser, mit wenigen ausgezeichneten Offizieren mit ausgesprochenen Führerqualitäten in den Kampf zu gehen, als mit einer größeren Zahl von Offizieren, unter denen sich solche befinden, die auf Grund der erhobenen Befunde Störungen aufweisen, die mit einer tatkräftigen und harten Führung unvereinbar sind.«[118]

Bei Mannschaftssoldaten, die wegen psychischer Störungen längerer Lazarettbehandlung bedurften, verfuhren Sanitätsführung und beratende Fachärzte zweigleisig. Zum einen ordneten sie drakonische Therapiemaßnahmen[119] und »Auskämmaktionen« an, um so viele Soldaten wie möglich an die Front zurückschicken zu können. Je länger der Krieg dauerte und die deutschen Verluste und die Zahl der ›hysterischen Reaktionen‹ zunahmen,[120]

---

117 Zitiert nach Neumann, »Arzttum ist immer Kämpfertum«, S. 55.
118 Ebd.
119 Besonders qualvolle Verfahren zur Behandlung der »Kriegsneurotiker« waren Kreislauf- und Elektroschocks, aber auch eine Weiterentwicklung der »Kaufmann-Kur«, das sog. »Pansen« mit hochdosiertem galvanischem Strom, welches nach dem beratenden Psychiater des Heeres und T4–Gutachters Friedrich Panse benannt wurde. Seit Ende 1942 entfiel hierfür die bis dahin erforderliche Einverständniserklärung des Patienten. Zum »Pansen« siehe Hilpert, Rekonstruktion der Geschichte eines speziellen Elektrosuggestivverfahrens (»Pansen«); Berger, Die beratenden Psychiater des deutschen Heeres, S. 116f.; Rauh/Prüll, Krank durch den Krieg?
120 Insbesondere 1942 mit dem Feldzug gegen Russland und der dadurch bedingten drastischen Verschärfung der Kriegslage kamen im Heer wieder die im Ersten Weltkrieg beobachteten offenen ›hysterischen Reaktionen‹, die klassische Kriegsneurose, zum Vorschein, während in den ersten Kriegsjahren des Zweiten Weltkriegs diese Symptome so gut wie gar nicht aufgetreten waren, stattdessen hatten sich sog. Organneurosen gezeigt. Diese äußerten sich in Magengeschwüren, Herz- und Kreislaufstörungen, Kopfschmerzen und anderen psychosomatischen Beschwerden, die vorrangig durch Internisten behandelt wurden. Kupplich, Funktion und Leistungen der Beratenden Internisten; vgl. auch Blaßneck, Militärpsychiatrie im Nationalsozialismus, S. 33f.; Shephard, A War of Nerves, S. 308; Quinkert/Rauh/Winkler, Einleitung, S. 21.

desto mehr passte die Sanitätsführung die Tauglichkeitskriterien an, um auch noch letzte Reserven zu mobilisieren.[121] Die Neuropsychiater begegneten der Zunahme durch eine weitere Verschärfung ihrer Therapiemaßnahmen, und auch die Psychotherapeuten gaben 1944 ihre Präferenz für zeitintensive Behandlungen auf.[122] Zum anderen wurde für Mannschaftssoldaten, denen die Therapien keine Besserung brachten, das Ziel ausgesprochen, sie sehr viel schneller als im Ersten Weltkrieg dienstunfähig zu beurteilen, damit sie aus der Verantwortung des militärischen Sanitätsdienstes fielen.[123] So entließ die Wehrmacht bis 1940/41 fast 6.500 Männer wegen Dienstunfähigkeit aufgrund von Geistes- und Nervenkrankheiten. Die Zahl nahm in den beiden Folgejahren noch zu. Im Jahr 1941/42 waren über 9.700, im Jahr 1942/43 fast 11.300 Soldaten betroffen.[124] Viele dieser »geisteskranken« Soldaten wurden nach der Entlassung aus der Wehrmacht, wenn sie in eine zivile Heilanstalt eingewiesen wurden, Opfer der dezentralen Phase des Krankenmords.[125]

---

121 Neumann, »Arzttum ist immer Kämpfertum«, S. 381.
122 Riedesser/Verderber, »Maschinengewehre hinter der Front«, S. 140, 160, 168f. Eine Analyse der Patientenakten des Reservelazaretts der Universitätsnervenklinik Tübingen zeigt allerdings, dass die medizinischen Ermessensräume beim Einsatz von Therapien auch im Zweiten Weltkrieg trotz der zunehmend radikaleren therapeutischen Maßnahmen, welche die Heeressanitätsinspektion parallel zur immer auswegloseren militärischen Lage befahl, beträchtlich waren. Neben brutalen Schockbehandlungen finden sich auch im späteren Kriegsverlauf Arbeitstherapie, Schlafmittel, Bettruhe und psychotherapeutische Maßnahmen. Bei den hier behandelten Offizieren unterblieben Schockbehandlungen. Stattdessen verordneten die Ärzte mehrwöchige Genesungsurlaube, Gymnastik oder Mittagsruhe. Tümmers, Fern der Berliner Zentrale, S. 122f. Hingegen konstatierte z.B. Roland Müller anhand der Patientenakten in Marburg eine sich radikalisierende Methodik der angewendeten Behandlungsmaßnahmen, die mit sanftem Zureden begann, dann zu Drohungen überging und in Schockbehandlungen endete. Müller, Wege zum Ruhm, S. 337f.
123 Nach dem Runderlass des Reichsinnenministeriums vom 4.12.1941 sollten »geisteskranke« Soldaten, die aus der Wehrmacht entlassen werden sollten, so schnell wie möglich aus den Lazaretten in eine Heil- und Pflegeanstalt verlegt werden. Ziel der Maßnahme war es, die Belegung von Krankenbetten in den Lazaretten zu verhindern und die Fürsorgeverbände für die Kosten der Versorgung aufkommen zu lassen. Neumann, »Arzttum ist immer Kämpfertum«, S. 175.
124 Zwischen 1939 und 1943 waren Nerven- und Geisteskrankheiten so unter den Hauptgründen für die Entlassung aus der Wehrmacht wegen Dienstunfähigkeit. Bei 85% der wegen psychischer Störungen entlassenen Personen wurde keine Wehrdienstbeschädigung anerkannt, sodass sie keinen Anspruch auf eine Rente hatten. Neumann, »Arzttum ist immer Kämpfertum«, S. 175; Rauh/Prüll, Krank durch den Krieg?
125 Dagegen waren Wehrmachtsoldaten des Zweiten Weltkriegs von der Aktion T 4 ausgenommen. Diese wurden offenbar bewusst nicht begutachtet, da die Organisatoren befürchteten, dass dies die »Euthanasie« in der öffentlichen Meinung noch mehr diskreditiert

Führten psychische Zusammenbrüche und Kurzschlussreaktionen dazu, dass sich Wehrmachtangehörige dem Vorwurf von Desertion, Feigheit und Befehlsverweigerung aussetzten, wurden sie mit disziplinarischen Mitteln drakonisch verfolgt.[126] Offiziere mit psychischen Leiden hatten dabei im Zweiten Weltkrieg mit noch höheren Strafen als Mannschaftsangehörige zu rechnen. Dies gilt für die rechtlichen Normen wie für die Rechtspraxis, denn Hitlers Richtlinien zur Strafzumessung bei Fahnenflucht hatten maßgeblichen Einfluss auf die Beurteilung der Person durch die Wehrmachtsgerichte. Dort waren Offiziere mit psychischen Leiden in doppelter Hinsicht einem verschärften Strafmaß ausgesetzt, denn sowohl das Motiv der Furcht vor persönlicher Gefahr als auch die Zugehörigkeit zur Rangklasse der Offiziere oder Unteroffiziere sollten sich strafverschärfend auswirken, da hier die Aufrechterhaltung der Manneszucht als besonders bedroht galt.[127] Bei allen Urteilen gegen Offiziere wegen Fahnenflucht, die Kristina Brümmer-Pauly auswertete, wurde das Todesurteil vollstreckt. Bezeichnend ist die Begründung des Todesurteils für einen Leutnant durch das Gericht der 359. Infanterie-Division:

»Selbst wenn man annehmen könnte, der Angeklagte wäre nicht zum Feinde oder zu den Partisanen übergelaufen, sondern irrte planlos im Lande umher, würde auf Todesstrafe erkannt werden müssen, denn da der Angeklagte Offizier war, muß er auch mit den Maßen eines Offiziers gemessen werden.«[128]

Ein noch stärkerer Bruch als in Deutschland zeigte sich in Bezug auf die Militärpsychiatrie in Russland. Unter Stalin wurden die Militärpsychiater aus der russischen Armee ausgegrenzt und die Militärpsychiatrie in den 1930er Jahren liquidiert. Jetzt herrschte die Maxime, dass Angst durch Angst bekämpft werden sollte, sodass im Zweiten Weltkrieg Militärpsychiatrie und Medikalisierung keine Rolle mehr spielten. Hinter der Front wurden in

---

hätte. Vgl. Beil-Felsinger, Die Soldaten der Wehrmacht als Opfer der nationalsozialistischen »Euthanasie«, S. 12–15; Rauh, Von Verdun nach Grafeneck, S. 65f. Vgl. zum Krankenmord auch Kap. V.3.f. Psychisch versehrte Offiziere als Opfer der nationalsozialistischen Zwangssterilisationen und des Krankenmords.

126 Das Gleiche galt auch für viele psychisch versehrte Kriegsteilnehmer, bei denen die drakonischen Therapien im Lazarett keine Besserung ihres Zustands bewirkten. Ihnen drohte neben der Einweisung in eine Heil- und Pflegeanstalt auch die Verlegung in ein Konzentrationslager. Steinkamp, Patientenschicksale und ärztliches Handeln im Zweiten Weltkrieg, S. 200. Vgl. hierzu auch Abel, Die Bekämpfung von »Drückebergern« und anderen »Psychopathen«, S. 293–313.

127 Brümmer-Pauly, Desertion im Recht des Nationalsozialismus, S. 46.

128 Zitiert nach Ebd., S. 171.

2. Psychisch versehrte Offiziere a. D. in der Weimarer Republik

Der Abschluss des Waffenstillstands am 11. November 1918 war zwar das offizielle Ende der militärischen Kampfhandlungen des Weltkriegs, doch dauerten viele Probleme der Kriegszeit in allen beteiligten Staaten fort.[130] Hierzu gehörten zum einen ökonomische, soziale und politische Spannungen, die Versorgungsnot und Verteilungskämpfe in der Heimat, Inflation, eine angespannte Situation auf dem Wohn- und Arbeitsmarkt und hohe Kriminalität umfassten. Zum anderen kamen schwere menschliche Verlusterfahrungen hinzu: das Leid und die Trauer um die Gefallenen und die Konfrontation mit einem Heer an Kriegsinvaliden.[131]

Im geschlagenen Deutschen Reich und den anderen Verliererstaaten und untergegangenen Großreichen potenzierte sich die Wirkung dieser Faktoren.[132] Die Gründe in Deutschland waren die militärische Niederlage, der Zusammenbruch des Kaiserreiches und die Revolutions-, Bürgerkriegs- und Grenzkämpfe, in denen nicht mehr Staaten miteinander im Konflikt standen, sondern der Gegner nun nach ethnischen und ideologischen Kriterien definiert wurde und es vielfach zu einer Entgrenzung der Gewalt kam.[133]

---

129 Jan Plamper (London), Soldaten und Emotion im Russland des frühen 20. Jahrhundert. Vortrag im Kolloquium am Arbeitsbereich Neuere Geschichte an der Freien Universität vom 27.4.2015. Nach Stalin wurde in Russland die amerikanische Militärpsychiatrie der 1940er Jahre importiert, die stark psychoanalytisch geprägt war.

130 Entsprechend gehen neuere Weltkriegsstudien über die Zäsur des Novembers 1918 hinaus. Edele/Gerwarth, The Limits of Demobilization, S. 3–14; Gerwarth/Horne (Hrsg.), Krieg im Frieden; Gerwarth, Die Besiegten. Vgl. auch die Bände der Schriftenreihe ›The Greater War‹ bei Oxford University Press, die es sich zur Aufgabe gemacht hat, dessen bisherige Wahrnehmung räumlich und zeitlich zu erweitern.

131 Meteling, Ehre, Einheit, Ordnung, S. 375f.

132 Vgl. hierzu auch Wolfgang Schivelbuschs Konzept einer »Kultur der Niederlage«, welches Robert Gerwarth zur Interpretation in allen Verliererstaaten anwendet. Schivelbusch, Die Kultur der Niederlage; Gerwarth, Die Besiegten, S. 27f.

133 Dies zeigt sich vor allem im brutalen Vorgehen deutscher Freikorps im Baltikum (Gerwarth, Die Besiegten, S. 98–103) wie auch im Deutschen Reich selbst (Ebd., S. 158–160). Dabei war die Novemberrevolution 1918, in der die Republik ausgerufen wurde und der

Zudem dauerte die alliierte Blockade bis zur Unterzeichnung des Versailler Vertrags im Juni 1919 an.[134] Noch bis 1923/24 blieb die Lage der Weimarer Republik wegen der politischen und wirtschaftlichen Unsicherheiten und Krisen – genannt seien der Erzberger- und Rathenau-Mord, die Ruhrbesetzung, Hitlers Putschversuch und die Hyperinflation – ungefestigt und schwierig.[135] Zugleich vollzog sich ein grundlegender gesellschaftlicher Wandel, der bereits während der sich abzeichnenden militärischen Niederlage eingesetzt hatte, die mit einem rapiden Legitimationsverlust der alten Eliten einherging.[136]

Bereits diese Skizzierung der Rahmenbedingungen zeigt die Belastungen, mit denen die aus dem Krieg heimkehrenden Soldaten umgehen mussten. Umso schwieriger war es für bereits wegen der psychischen Belastungen des Krieges erkrankte Soldaten, die über die Kriegszeit hinaus unter psychischen Problemen litten. Sie mussten sich nicht nur in der Nachkriegsgesellschaft zurechtfinden, sondern standen auch vor der Herausforderung, das Erlebte zu bewältigen und mit den gesundheitlichen und sozioökonomischen Auswirkungen ihrer psychischen Versehrung umzugehen. Für die psychisch traumatisierten Offiziere kam hinzu, dass sie den krisenhaften gesellschaftlichen Systemwechsel in Deutschland nach Kriegsende besonders stark spürten.

Kaiser am 9.11.1918 abdankte, dadurch gekennzeichnet, dass sie eher Züge eines militärischen Zusammenbruchs als einer politischen Umwälzung trug. Bessel, Germany after the First World War, S. 225; Haller, Militärzeitschriften in der Weimarer Republik, S. 64. Mit dem Spartakusaufstand in Berlin im Januar 1919 und den Geschehnissen um die Münchner Räterepublik im April 1919, dem »Kapp-Putsch« und dem »Ruhraufstand« im März 1920 eskalierte die Situation erneut.

134 Der Vertrag trat erst Anfang 1920 in Kraft. Meteling, Ehre, Einheit, Ordnung, S. 376.
135 Siehe ausführlich Krumeich, Die unbewältigte Niederlage.
136 Das »nationale Lager«, bestehend aus evangelischem Bürgertum und der Aristokratie, verlor seine »kulturelle Hegemonie«, die es im Kaiserreich innegehabt hatte. Bereits während des Ersten Weltkriegs hatten sich die Gegensätze zwischen den politischen Milieus deutlich verschärft, und nach 1918 gelang es konkurrierenden Gruppen wie dem aufkommenden Unternehmertum und der selbstbewussten Arbeiterbewegung, ihre Machtposition auszubauen. Der Unterschied zwischen Sozialdemokratie und Katholizismus wurde dadurch verschärft, dass die Arbeiterklasse auf das Kriegsende mit einer tiefgreifenden Entkirchlichung reagierte. Wirsching, Die Weimarer Republik, S. 84–92; Ziemann, Das »Fronterlebnis« des Ersten Weltkriegs, S. 43–82, hier S. 58f.; Haller, Militärzeitschriften in der Weimarer Republik, S. 32f. Schumann, Einheitssehnsucht und Gewaltakzeptanz, S. 87; Neumann, »Arzttum ist immer Kämpfertum«, S. 41.

a. Das Ende des Ersten Weltkriegs als Zäsur für das Offizierskorps als soziale Gruppe

Die Geschichte psychisch versehrter Offiziere a. D. ist nicht zu verstehen, ohne im Vorfeld den Blick darauf zu richten, was das Kriegsende für das Offizierskorps als soziale Gruppe bedeutete. Mit der Niederlage, dem Zusammenbruch des Kaiserreiches, den revolutionären Umwälzungen[137] und dem Versailler Vertrag wurden die tragenden gesellschaftlichen Kontexte der Offiziere und damit zusammenhängend auch alle wesentlichen Fixpunkte in ihrem Wertesystem erschüttert. Der sichere Boden, auf dem sie standen oder zu stehen glaubten, war ihnen plötzlich weggezogen worden.[138] Die ersten Nachkriegsjahre wurden als Umbruchsphase wahrgenommen, die die gesamte Existenz der Offiziere in Frage stellte.[139]

Die Offiziere, für die bei Kriegsausbruch der Gedanke an eine mögliche Kriegsniederlage zumeist nicht Bestandteil ihres Erwartungshorizontes war, empfanden die militärische Niederlage vielfach nicht nur als »nationales Trauma«, sondern auch als persönliche Schmach. Vielen war der Gedanke, umsonst gekämpft und sich aufgeopfert zu haben, unerträglich.[140] Zudem verlor das Offizierskorps durch die Niederlage seine gesellschaftliche Ausstrahlungskraft und die Faszination des Heroischen an Wirkungskraft.[141]

Als Bewältigungsstrategie eigneten sich viele Offiziere Deutungen an, die die Ursachen und Gründe der Kriegsniederlage externalisierten.[142] Zum einen wurde die Niederlage mit der Übermacht der Gegner an Menschen und Material und der Schwäche der Verbündeten begründet. Zum anderen

---

137 Der Begriff der Revolution steht für die Umwälzung gesellschaftlicher Verhältnisse. Diese kann zum einen durch einen abrupten, radikalen Systemwechsel, zum anderen aber auch durch einen längerfristigen, krisenhaften Übergang mit einem grundlegenden gesellschaftlichen Wandel gekennzeichnet sein. Beddies, Sendung und Bewusstsein, S. 273.
138 Krumeich, Die unbewältigte Niederlage S. 222–227. Vgl. auch Haller, Militärzeitschriften in der Weimarer Republik, S. 65.
139 Haller, Militärzeitschriften in der Weimarer Republik, S. 250.
140 Während des Krieges war immer wieder darauf verwiesen worden, dass der Krieg zwar besondere Anstrengungen erfordere, die sich aber lohnen würden, da es sich um den letzten Krieg handle, der dann zum ewigen Frieden führte. Umso größer war dann die Enttäuschung nach 1918. Löffelbein, Ehrenbürger der Nation, S. 105f.; Meteling, Ehre, Einheit, Ordnung, S. 208.
141 Frevert, Ehrenmänner, S. 242, 254.
142 Hiller von Gaertingen, »Dolchstoß«-Diskussion und »Dolchstoß«-Legende im Wandel, S. 133. Vgl. auch Meteling, Ehre, Einheit, Ordnung, S. 208f.

konstruierte man den Mythos von der »im Felde unbesiegten Armee«[143] und die Dolchstoßlegende, die unter Offizieren weithin Glauben fanden.[144] Demokratische Politiker und die »Heimat« hätten der Armee 1918 einen »Dolchstoß« in den Rücken versetzt, während sie noch im Feindesland kämpfte und das Reichsgebiet nicht von Ententetruppen besetzt war.[145] In der Sichtweise des Großteils der Offiziere hing so der militärische Zusammenbruch 1918 direkt mit den Revolutionsereignissen zusammen,[146] denn ihre erste prägende Revolutionserfahrung war der Zerfall der hierarchischen Strukturen im Heer und das Auseinanderfallen vieler Truppenteile im Herbst 1918. Sie schrieben die Verantwortung hierfür in erster Linie den Aktivitäten linksradikaler Gruppierungen im Reich zu.[147] Hinzu kam die Begegnung mit den Soldatenräten,[148] die die Autorität der Offiziere nicht aner-

---

143 Der Glaube beschränkte sich dabei keineswegs auf das rechte Lager, sondern reichte bis in die Sozialdemokratie hinein, da er auch jenseits der Dolchstoßlegende funktionierte. Meteling, Ehre, Einheit, Ordnung, S. 209.

144 Beispielhaft für die weit verbreitete Haltung im Offizierskorps steht die Aussage des bayerischen Majors Gürtler, der über die Verantwortung der Offiziere an der Niederlage von 1918 im Jahre 1921 schrieb: »Wenn wir den Krieg [...] verloren haben, ist es nicht ihre Schuld. Nicht das unbesiegte deutsche Heer, sondern das deutsche Volk, durch Hunger gebrochen in seiner Willenskraft, vergiftet und betört durch die Lügen innerer und äußerer Feinde, hat den Krieg verloren. Das deutsche Schwert wurde durch deutsche Hände zerbrochen.« Gürtler, Zur Geschichte des bayerischen Offizierkorps, S. 21.

145 Diese Schuldzuweisung hat ihre Anfänge bereits im Krieg, als man Mitte 1917 von militärischer Seite begann, streikende Arbeiter der »Heimat« sowie mangelndes Durchgreifen ziviler Behörden und Gerichte für den Fall einer Niederlage verantwortlich zu machen. Die Dolchstoßlegende entfaltete Wirkungsmächtigkeit, obwohl die militärische Führung unter Hindenburg und Ludendorff zu Waffenstillstandsverhandlungen geraten hatte, da sie längst überzeugt war, dass der Krieg verloren war. Zur Rolle der Dolchstoßlegende vgl. Weinberg, Rollen- und Selbstverständnis des Offizierskorps der Wehrmacht im NS-Staat, S. 66f.; Barth, Dolchstoßlegenden und politische Desintegration; Sammet, »Dolchstoß«; Krumeich, Die Dolchstoß-Legende, S. 585–599. Siehe daneben zus. Neumann, »Arzttum ist immer Kämpfertum«, S. 39f.; Meteling, Ehre, Einheit, Ordnung, S. 209.

146 Eine wichtige Rolle spielte dabei, dass die Offiziere, denen sich die Jubelszenen vom August 1914 eingeprägt hatten, besonders empfänglich für die Ideologie der Volksgemeinschaft gewesen waren. Siehe hierzu auch Kap. IV.3. Die Auswirkung der psychischen Versehrung auf das Verhältnis zum Krieg und das Selbstbild als Offizier. Deshalb reagierten sie mit besonderem Unverständnis und Verbitterung, als sich die nationale Vergemeinschaftung als Trugbild erwies und sich die sozialen und politischen Konflikte während des Krieges und insbesondere danach zuspitzten. Meteling, Ehre, Einheit, Ordnung, S. 214.

147 Bald, Der deutsche Offizier, S. 20.

148 Soldatenräte wurden zunächst in der Heimatarmee gebildet, in Feldformationen erst nach der Abdankung des Kaisers und der Ausrufung der Republik. Sie verstanden sich

kannten und ihnen mit blankem Hass entgegentraten.¹⁴⁹ Den Offizieren erschien 1918 die Einrichtung von Soldatenräten, mit denen sich die Oberste Heeresleitung zwischenzeitlich abfand,¹⁵⁰ als Ungeheuerlichkeit und Demütigung.¹⁵¹ Eine dritte eindrückliche Revolutionserfahrung war die Wahrneh-

---

mehrheitlich als eine temporäre Institution, die die junge Republik stützen, gegen Bedrohungen von rechts und links schützen und bis zur Konsolidierung des neuen Staates bestehen bleiben sollte. Die Soldatenräte des Feldheeres sahen daneben ihre Aufgabe darin, entsprechend dem Wunsch des Großteils der Soldaten für eine schnelle und geordnete Heimkehr der Armee zu sorgen. Hier standen sie im Einklang mit den Vorstellungen der Volksbeauftragten und der Obersten Heeresleitung. Kluge, Soldatenräte und Revolution, S. 94, 102, 104, 203; zus. Lipp, Meinungslenkung im Krieg, S. 168.

149 Vgl. zum »Offiziershass« unter den einfachen Soldaten, der nach 1918 sogar Gegenstand einer Untersuchung des Untersuchungsausschusses des Reichstags wurde, die Ausführungen in Kap. II.7.d. Die Haltung der Untergebenen.

150 Diese versuchte sie als Ordnungsfaktor zu nutzen und in den Dienst der Offiziere zu stellen. Am 16.11.1918 hieß es in einem Erlass, dass die Soldatenräte die Offiziere in »ihrer Tätigkeit zur Aufrechterhaltung von Zucht und Ordnung rückhaltlos [...] unterstützen« sollten. In einem anderen Schreiben vom gleichen Tag wurde angeordnet, sie sollten den Offizieren »durch Beeinflussung des Mannes« die volle Befehlsgewalt zurückgewinnen. Widerspruch vorwegnehmend, schrieb die Oberste Heeresleitung: »Mit Tatsachen dieser Art muß man sich abfinden.« Hierbei ist zu betonen, dass, sobald es die Lage erlaubte, auch die Heeresleitung wieder auf Entfernung der Soldatenräte zielte. Zitiert nach Lipp, Meinungslenkung im Krieg, S. 170. Siehe auch Kluge, Soldatenräte und Revolution, S. 206ff.

151 So berichteten Offiziere fast immer in ihren Selbstzeugnissen vom symbolträchtigen Vorgang, dass 1918 bei ihrer Heimkehr in Orten, in denen die Revolution ausgebrochen war und die Arbeiter- und Soldatenräte für Ruhe und Ordnung sorgten, militärischen Führern als Zeichen ihrer Entmachtung die Epauletten und Orden abgerissen worden seien. Zum Abreißen der Ehrenzeichen siehe ausführlich Winkle, Der Dank des Vaterlandes, S. 201–240. Vgl. auch zus. Krumeich, Die unbewältigte Niederlage, S. 232. Die starke Anspannung zwischen zurückkehrenden Fronttruppen und Zivilbevölkerung in den ersten beiden Wochen der Weimarer Republik verarbeitet Alfred Döblin in Band 1 seines historischen Romans »November 1918«, den er zwar erst in den Jahren 1937–1943 fertigstellte, in dem er aber eigene Erlebnisse dichterisch verarbeitete und eine Vielzahl zeitgenössischer Quellen einflocht. Döblin, November 1918, Bd. 1. Vgl. daneben zur Methode Döblins: Kiesel, Geschichte der deutschsprachigen Literatur 1918–1933, S. 1.180ff. Dementsprechend enthalten die Erinnerungsschriften der Offiziere häufig den Vorwurf, dass sie von der Heimat schlecht und unwürdig empfangen worden seien, obwohl die Mehrheit der Dörfer und Städte ihre heimkehrenden Truppen geschmückt und zugewandt empfing. Angesichts von Hunger, Verzweiflung und Trauer fehlte es dem Empfang natürlich an jeglicher Begeisterung. Bis April 1919 blieb die Lebensmittelblockade auf Drängen Frankreichs fast vollständig aufrechterhalten, um ein Druckmittel für die deutsche Zustimmung zum Friedensvertrag zu haben. Dies führte zu etwa 100.000 zusätzlichen Hungertoten unter der deutschen Zivilbevölkerung. Vincent, The Politics of Hunger; Bessel, Die Heim-

mung von Anarchie und bedrohlichem Chaos, wobei sich die Offiziere nicht mehr in der Lage sahen, ordnend durchzugreifen. All diese Erfahrungen führten dazu, dass viele Offiziere nach 1918 die Offizierskameraden, die ihnen durch ihren Dienst vertraut waren, als einzigen verbliebenen Halt betrachteten.[152] Die Erfahrung der Revolution nahmen die Offiziere auch wegen der Abschaffung der Monarchie als Katastrophe wahr, denn erstens war ihre monarchische Gesinnung wesentlicher Bestandteil ihres Selbstverständnisses, obwohl bereits im Krieg der Imageverlust des Kaisertums auch bei den Offizieren Wirkung gezeigt hatte.[153] Zweitens trug der Sturz der Monarchie in hohem Maße dazu bei, dass die im Dienst verbleibenden Offiziere ihre soziale Sonderstellung verloren.[154] Und drittens wurden aus der Sicht der Offiziere mit dem Wandel hin zu einer liberal-demokratischen Ordnung die hergebrachten Wertvorstellungen und die Grundlagen bürgerlicher Moral und Kultur unterminiert.

Für diese Negativwahrnehmung der Republik spielte eine große Rolle, dass die Regierung der frühen Weimarer Republik aus SPD, DDP und Zentrum ihrerseits dem Offizierskorps ablehnend gegenübertrat, sodass es sich in einer Defensivposition sah. Zur Verhärtung der Fronten trug vor allem die Kriegsschulddiskussion bei, die mit dem Waffenstillstand vom November 1918 und dessen überaus harten Bedingungen einsetzte. Während unter den rechten Parteien der Dolchstoßvorwurf bereits schwelte, prangerten vor

---

kehr der Soldaten, bes. S. 268f.; Stephenson, The Final Battle, S. 172ff.; Krumeich, Die unbewältigte Niederlage, S. 142f., 232, 236.

152 Besonders stark war hierbei das Gefühl des auf die eigene Gruppe Zurückgeworfenseins bei den Generalstabsoffizieren ausgeprägt, da gerade die Generalstäbe auf Armee- und Heeresgruppenebene von den Zerfallserscheinungen im Herbst 1918 überrascht waren. Dies äußerte sich in der frühen Personalpolitik der Reichswehr durch eine besondere Bevorzugung der Generalstabsoffiziere. Kilian,»Wir wollen die geistige Führung der Armee übernehmen«, S. 167–183.

153 Siehe zum Imageverlust Wilhelms II. im Krieg auch Kap. II.2.d. Nervenkraft und Wille als kriegsentscheidende Mittel.

154 Die ›Nähe zum Thron‹ und die direkte kaiserliche Protektion und Legitimation fielen weg. Die im Dienst verbliebenen Offiziere konnten sich nicht mehr als Stellvertreter königlich-kaiserlicher Ehre ansehen. Vorbei waren die Zeiten, als sie ihren Treueid auf den Kaiser leisteten und des ›Königs Rock‹ trugen. Siehe hierzu auch Kap. I.1. 1. Soziale Stellung der Offiziere in der Wilhelminischen Ära- Stattdessen befanden sie sich nun unter dem Oberbefehl eines vom Volk gewählten Reichspräsidenten, der in den ersten sechs Jahren der Republik Handwerker, Zivilist und Sozialdemokrat war. Sie trugen Uniformen, welche die parlamentarische Demokratie repräsentierten, und legten ihren Treueid auf die Verfassung der Republik ab. Frevert, Ehrenmänner, S. 242.

allem die linken Gruppierungen der Regierung die Kriegsschuld des Kaisers, der verantwortlichen Politiker und Militärs sowie des »imperialistischen Systems« überhaupt an, die schuldig erklärt wurden, Deutschland 1914 ins Unglück gestürzt zu haben.[155] Das Offizierskorps nahm in diesem Feindbild eine zentrale Stellung ein, da es mit dem »Militarismus« gleichgesetzt wurde und als negativ besetztes Symbol des alten Reiches und Stellvertreter des Kaisers galt.[156]

Außerdem dominierten nach Ansicht der Offiziere auch im öffentlichen Leben der jungen Republik Gruppierungen, die ihnen feindlich gesinnt waren und die frühere Gemeinschaft und Sicherheit, Autorität und Kultur zerstört hatten.[157] Die verhärteten Fronten im öffentlichen Leben zeigten sich etwa 1920 in Berlin, als Reichswehroffiziere die äußerst kriegskritisch eingestellten Dada-Künstler, die das Offizierskorps in ihren Werken attackierten und verunglimpften,[158] wegen Beleidigung der Reichswehr verklagten.[159]

All dies führte dazu, dass sich die Offiziere nur widerwillig in die neuen politischen Verhältnisse fügten. Zumeist begegneten sie den demokra-

---

155 Diese Anklage diente nicht zuletzt den linken Parteien und vor allem sozialdemokratischen Arbeitern als Legitimierung, das Kaiserreich gestürzt und die Republik ausgerufen zu haben. Krumeich, Die unbewältigte Niederlage, S. 154.
156 Stöber, Die erfolgverführte Nation, S. 314; Haller, Militärzeitschriften in der Weimarer Republik, S. 32, 159.
157 Peukert, Die Weimarer Republik, S. 89. Siehe zur ähnlichen Gemütslage der Nervenärzte auch Beddies, Profilierung und Positionierung deutscher Psychiater, S. 42f.
158 Dada wurde 1917 in Zürich von Exilanten gegründet, bei denen es sich um rumänische, deutsche, elsässische/französische und österreichische Deserteure und Wehrdienstverweigerer handelte. Viele hatten geistige Störungen simuliert, um nicht kriegsverwendungsfähig zu sein. Im Februar 1918 wurde Dada nach Berlin getragen. Der Name war Programm und von der Vorstellung getragen, dass die kriegführende Welt so irrsinnig geworden war, dass es dafür keine klaren Worte und Begriffe gab, sondern nur Gestammel. Durch eine schockierende Performance versuchten sie das Publikum gegen den allgemeinen Wahnsinn zu therapieren und immunisieren. Dietze, »Simulanten des Irrsinns auf dem Vortragspult«, S. 333.
159 1920 fand die erste große Dada-Messe in Berlin nur wenige hundert Meter vom Reichswehrministerium entfernt statt. Die Offiziere fühlten sich vor allem durch eine Gemeinschaftsarbeit von Georg Grosz und Rudolf Schlichter mit dem Titel »Preussischer Erzengel« angegriffen. Sie zeigte eine Puppe in Offiziersuniform und Eisernem Kreuz mit aufmontiertem Schweinekopf, die waagerecht von der Decke hing. Zur Figur gehörte ein Schild, auf dem stand: »Um dieses Kunstwerk vollkommen zu begreifen, exerziere man täglich zwölf Stunden mit vollgepacktem Affen und feldmarschmäßig ausgerüstet auf dem Tempelhofer Feld.« Im Prozess gelang es der Verteidigung, beschwichtigend die »Spaßpuppen als Bierulk« darzustellen. Tucholsky, Dada-Prozeß [1921], S. 129; Dietze, »Simulanten des Irrsinns auf dem Vortragspult«, S. 343.

tischen Weimarer Politikern ablehnend. Und einigen schien es nun unausweichlich, ihrerseits im gegenrevolutionären Sinne zu mobilisieren.

Allerdings wäre es zu pauschal, das Weimarer Offizierskorps generell als staatsfeindliche Gruppe mit anti- und außerparlamentarischen Debattierzirkeln und paramilitärischen, nationalistischen Verbänden anzusehen. Der deutliche Großteil der aktiven Offiziere stellte sich in den Krisenjahren 1920 und 1923/24 hinter die Regierung und stabilisierte die Republik, und der zweite Präsident der Weimarer Republik sowie die drei Kanzler der Präsidialkabinette kamen aus dem Offizierskorps.[160]

Gleichwohl verstand sich die Reichswehr als über der Verfassung und über den Institutionen der Republik stehend und somit als das eigentlich staatstragende Element. Hinzu kam, dass in den Offiziersvereinigungen, in denen sich vor allem die verabschiedeten Offiziere sammelten, die auf die Verfassung vereinigte Reichswehr mit Vorbehalten betrachtet wurde.[161] Der Großteil der Offiziere hoffte, dass das neue System nur temporären Charakter besaß und ein Zwischenstadium darstellte, bis die Monarchie restauriert würde. Damit ging die Hoffnung einher, dass so die eigene frühere privilegierte Stellung wiederkehren würde.[162]

Die stärkste Zäsur bedeutete der Versailler Vertrag, der das Heer auf 100.000 Mann beschränkte.[163] Hierdurch verlor ein Großteil der Berufsoffiziere seine Existenzgrundlage, die Armee wurde nur noch als wenig wehrhaft angesehen.[164] Durch die Abschaffung der allgemeinen Wehrpflicht und der Institution des Reserveoffiziers wurden zudem die intensiven Querverbindungen zwischen Bürgertum und aktivem Offizierskorps, die bisher den

---

160 Braun, Die Reichskanzler der Weimarer Republik, S. 82–105. Vgl. auch Haller, Militärzeitschriften in der Weimarer Republik, S. 37.
161 Siehe zur Mentalität in den Offiziersvereinigungen Kap. V.2.f. Das Selbstbild psychisch versehrter Offiziere in der Weimarer Republik.
162 Hansen, Reichswehr und Industrie, S. 41; Haller, Militärzeitschriften in der Weimarer Republik, S. 37.
163 Siehe hierzu Kap. V.1. Der militärische Umgang mit psychischen Leiden bei Offizieren (1918–1945).
164 Die durch den Versailler Vertrag erzwungene Verkleinerung der Armee zementierte die innere Distanz der Offiziere zur Weimarer Republik. Diese wurde von den Offizieren als schwach und zerrissen erlebt, was sich seit Ende der 1920er Jahre verstärkte, als der Staat in eine existenzielle Krise geriet. Dass die verkleinerte Armee faktisch nicht mehr in der Lage war, die Landesverteidigung zu gewährleisten, zeigte sich bereits bei der Ruhrbesetzung 1923. Funck, Schock und Chance, S. 160; Haller, Militärzeitschriften in der Weimarer Republik, S. 36.

haltbarsten Transmissionsriemen dargestellt hatten, gekappt.¹⁶⁵ Dies alles führte dazu, dass das Offizierskorps endgültig gesellschaftlich entmachtet wurde und insgesamt eine Entmilitarisierung der Weimarer Gesellschaft erfolgte.¹⁶⁶ Die soziale Gruppe der Offiziere nahm sich daher in doppelter Hinsicht als degradierter Berufsstand wahr und reagierte mit kollektiver Verbitterung und vielfach Rachegelüsten.¹⁶⁷ So schrieb der bayerische Major Gürtler 1921 über die Stimmung im Offizierskorps in Bezug auf die Verkleinerung des Heeres:

»Der Schandvertrag von Versailles¹⁶⁸ hat die allgemeine Wehrpflicht verboten und damit die Axt an die Wurzeln unserer Kraft gelegt. Nur einem kleinen Teil der Offiziere ist es ermöglicht, den liebgewonnenen Beruf in dem kleinen Reichsheer, das die Feinde uns gnädigst bewilligt haben, weiter auszuüben. Die Mehrzahl muß sich ein anderes Unterkommen suchen. Möge es ihnen vergönnt sein, daß sie den Tag noch erleben dürfen, an dem das deutsche Volk seine Ketten zerbricht und Vergeltung übt an seinen grausamen Feinden. Das deutsche Volk wird dann in seinen vordersten Reihen seine Offiziere wiederfinden.«¹⁶⁹

Und Generalleutnant Constantin von Altrock beschwor 1921 die nach wie vor bestehende Einigkeit des Geistes im Offizierskorps und des dort vorherrschenden Wehrwillens trotz der Zerschlagung des äußeren Zusammenhalts:

»Die deutschen Offiziere, die Führer im Weltkriege, sind auseinandergesprengt, aus Amt und Beruf vertrieben. Brotlos geworden, bemühen sie sich in bürgerlichen Berufen friedlich am Wiederaufbau unseres Vaterlandes mitzuwirken. Von außen und im Inneren vielfach beunruhigt, gilt für sie das Wort: Viel Feind viel Ehr! Ihre geistige Gemeinschaft aber ist nicht zu sprengen. Der Geist einer über zweihundert-

---

165 Siehe zur Bedeutung der Institution des Reserveoffiziers im Kaiserreich kap. I.1. Soziale Stellung der Offiziere in der Wilhelminischen Ära.
166 Frevert, Ehrenmänner, S. 242, 254.
167 Vgl. zum Konzept der kollektiven Verbitterung Krumeich, Die unbewältigte Niederlage, S. 222–227. Vgl. auch Haller, Militärzeitschriften in der Weimarer Republik, S. 65.
168 Die Offiziere lehnten wie der Großteil der Deutschen den Versailler Vertrag, der Deutschland und seinen Verbündeten die Verantwortung am Kriegsausbruch zuschrieb, als »Schanddiktat« und »Schmachfrieden« ab. Mommsen, Aufstieg und Untergang der Republik von Weimar 1918–1933, S. 119ff.
169 Gürtler, Zur Geschichte des bayerischen Offizierkorps, S. 21.

jährigen heroischen Überlieferung läßt sich nicht auslöschen, nicht verbieten. Blut und Eisen binden fest.«[170]

Als Schadensersatz für das zwangsweise Ausscheiden dienstfähiger Offiziere aus dem aktiven Dienst infolge der im Versailler Vertrag beschlossenen Verkleinerung der Armee wurde am 13. September 1919 das Offizierentschädigungsgesetz erlassen,[171] durch das die Nachteile abgemildert werden sollten, die den Offizieren durch den Verlust ihres Berufs entstanden.[172] Es galt allerdings nur für aktive Offiziere mit anrechnungsfähiger Dienstzeit von mindestens zehn Jahren, wobei Kriegsjahre wie zwei Dienstjahre gezählt wurden, nicht für Reserveoffiziere oder aktive Offiziere mit kürzerer Dienstzeit.[173] Als Form und Umfang der Entschädigung erhielten die berechtigten Offiziere die Pension, die ihnen beim Vorliegen der Dienstunfähigkeit gewährt worden wäre. Daneben sah das Gesetz eine Übergangszulage vor, die die damalige Teuerung ausgleichen sollte. Hingegen war die im Offizierspensionsgesetz enthaltene Möglichkeit einer Gewährung der Kriegszulage ebenso wenig vorhanden wie Tropenzulage, Verstümmelungszulage oder die Möglichkeit einer Pensionserhöhung.[174]

---

170 Altrock, Vom Sterben des Deutschen Offizierkorps, S. 52. Vgl. allerdings zum faktischen Verlust der Verbindlichkeit des Korpsgeistes in der Weimarer Republik den Abschnitt »Staatliche Hilfen, Unterstützungsangebote der Vereine für Offiziere und die Wirksamkeit des Korpsgeistes und persönlicher Netzwerke« in Kap. V.2.d. Die Eingliederung ins zivile Leben.

171 Deutsches Reichsgesetzblatt, S. 1654. In der Begründung zum Entwurf des Offiziersentschädigungsgesetz heißt es: »Sie (die Offiziere, die wegen Heeresverminderung ausscheiden müssen) befinden sich in ähnlicher Lage wie die Beamten, die wegen Umbildung ihrer Behörde ihre Stelle verlieren und deshalb in den einstweiligen Ruhestand versetzt werden (§ 24 Reichsbeamtengesetz). Eine Versetzung in den einstweiligen Ruhestand konnte bei Offizieren in Rücksicht auf die Bestimmungen des Friedensvertrages nicht vorgesehen werden. Der Entwurf will aber für eine angemessene Übergangszeit die ausscheidenden Offiziere wirtschaftlich den Wartegeldempfängern gleichstellen.« Zitiert nach Entscheidungen des Reichsversorgungsgerichts, Bd. 3, 1924, Nr. 94, S. 282f.

172 Entscheidungen des Reichsversorgungsgerichts, Bd. 2, 1922, Nr. 104, S. 278; Bd. 3, 1924, Nr. 35, S. 112.

173 § 1, Abs. 1 des Offiziersentschädigungsgesetzes lautete: »Die Offiziere des Friedensstandes, die bis zu dem in dem Friedensvertrage mit den Alliierten und assoziierten Mächten vorgesehenen Abschluß der Verminderung der Wehrmacht mit Rücksicht auf diese Verminderung aus dem aktiven Dienste ausscheiden müssen, werden nach den Vorschriften dieses Gesetzes entschädigt.« Zitiert nach Entscheidungen des Reichsversorgungsgerichts, Bd. 2, 1922, Nr. 104, S. 279.

174 Entscheidungen des Reichsversorgungsgerichts, Bd. 2, 1922, Nr. 104, S. 278; Bd. 3, 1924, Nr. 35, S. 112, 114f.

In Verbindung mit dem Offizierentschädigungsgesetz stand die Verordnung des Reichspräsidenten vom 12. März 1920 zum Ausscheiden aktiver Offiziere und Fähnriche aus dem aktiven Dienst infolge der Verminderung des Heeres. Hierin führte der Reichspräsident verschiedene staatliche Stellen an, in denen einige dieser Offiziere nun Verwendung finden konnten. Zugleich ordnete er an, dass die übrigen Offiziere, die keine der aufgeführten Stellen erhielten, mit dem 31. März 1920 vorbehaltlich der Regelung ihrer Versorgungsansprüche verabschiedet wurden.[175]

Daher spielten nicht nur für die versehrten, sondern für alle entlassenen Offiziere nach 1918 Versorgungsfragen und Hilfeleistungen zur Rückkehr ins Berufsleben eine große Rolle.[176] Dies galt vor allem für die Nachkriegsjahre bis 1923/24, als die Verhältnisse in der Weimarer Republik noch ungefestigt waren und sich die Klassengesellschaft des Kaiserreiches aufgrund von Revolution und Inflation in einem rasanten Umbau befand, wodurch für die Angehörigen der ehemaligen Oberschicht viel von ihrer früheren

---

175 Verordnung des Reichspräsidenten vom 12.3.20, in: Heeres-Verordnungsblatt, 1920, S. 367. Der Reichswehrminister erließ am 9.4.1920 Ausführungsbestimmungen zu dieser Verordnung. Es wurde festgesetzt, dass von der Verordnung betroffene Offiziere zunächst nach dem Offizierentschädigungsgesetz vom 13.9.1919 abgefunden werden sollten, dass aber die Umpensionierung nach dem Offizierpensionsgesetz ihnen auf Antrag freigestellt bleiben sollte. Ausführungsbestimmungen des Reichswehrministers vom 9.4.20, in: Heeres-Verordnungsblatt, 1920, S. 368. Vgl. auch Entscheidungen des Reichsversorgungsgerichts, Bd. 2, 1922, Nr. 104, S. 279. Viele Verabschiedungen konnten nicht fristgerecht durchgeführt werden. So heißt es in einem Erlass des Reichspräsidenten – Artikel 46 der Reichsverfassung vom 11.8.1919 besagte, dass der Reichspräsident, der den Oberbefehl über die gesamte Wehrmacht besaß, die Befugnis hatte, die Offiziere zu ernennen und zu entlassen – vom 5.11.1920 über das Verabschiedungsprocedere, dass alle Offiziere, Sanitätsoffiziere, Veterinäroffiziere und Fähnriche, deren Anstellung im Reichsheer (100.000 Mann-Stärke) bis zum 31.12.1920 nicht endgültig verfügt war, mit dem genannten Tag vorbehaltlich der Regelung ihrer Versorgungsansprüche verabschiedet würden. Heeres-Verordnungsblatt 1920, S. 948. Vgl. hierzu auch Entscheidungen des Reichsversorgungsgerichts, Bd. 4, 1925, S. 86, wo die Gesetzesbestimmungen für die Verabschiedung von Offizieren referiert wurden. Noch im April 1920 dienten in der Reichswehr 9.000 aktive Offiziere. Gordon, Die Reichswehr und die Weimarer Republik 1919–1926, S. 85.

176 Dies sieht man daran, dass viele dieser Themen in Militärzeitschriften viel Platz einnahmen. Hilfsangebote, Pensions- und Wohlfahrtsfragen wie auch die Versorgung der Kriegsversehrten und Hinterbliebenen wurden hier sehr häufig behandelt. Haller wertete für diesen Befund die Militärzeitschriften auch quantitativ aus. Haller, Militärzeitschriften in der Weimarer Republik, bes. S. 249.

sozialen Sicherheit wegfiel.[177] Viele Offiziere a. D. taten sich außerordentlich schwer, im Zivilleben Fuß zu fassen und eine äquivalente Tätigkeit zum Offiziersdienst zu finden. Dies galt besonders für ehemalige militärische Führer, die eine Kriegsversehrung davongetragen hatten.

b. Die Stellung psychisch versehrter Offiziere im Versorgungssystem und die Pensions- und Rentenverfahren in der Weimarer Republik

Die Anzahl der Offiziere, die über die Kriegszeit hinaus unter schwerwiegenden psychischen Problemen litten, ist sehr schwer zu schätzen. Fassbar werden in erster Linie die Versorgungsempfänger unter ihnen, doch fehlen auch hier statistische Angaben für Offiziere.

Der deutsche Heeressanitätsbericht, der die Truppen- und Lazarettberichte in nüchterner Sprache exakt auswertete, macht keinerlei Aussagen zu den Offizieren.[178] In ihm ist vermerkt, dass bei den Soldaten insgesamt 700.000 unabhängig von der Art des Leidens als dienstunbrauchbar offiziell entlassen wurden und dass bei rund 500.000 von ihnen eine Kriegsdienstbeschädigung anerkannt wurde.[179] Doch ist zu bedenken, dass die Gesetzeslage in der Weimarer Republik es ermöglichte, auch rückwirkend die Anerkennung einer Kriegsdienstbeschädigung zu erhalten. Eine ärztliche Dokumentierung der Leiden während der Kriegszeit oder ein Lazarettaufenthalt waren hierfür nicht zwingend vorgeschrieben. Die Forschung geht davon aus, dass nur 25% der Rentenempfänger nach 1918 bereits im Krieg eine Rente bewilligt bekommen hatten,[180] und es existieren keine Zählungen der Versorgungsverwaltung, die gesicherte Zahlen liefern würden, wie viele

---

177 Im Militär-Wochenblatt machten 1918–1923 »Wohlfahrt und Pension« über ein Drittel der Beiträge aus. Haller, Militärzeitschriften in der Weimarer Republik, S. 251.
178 Siehe zum Heeressanitätsbericht auch Kap. III.1. Das prozentuale Verhältnis von psychisch versehrten Offizieren und Mannschaften.
179 Sanitätsbericht über das Deutsche Heer im Weltkriege, Bd. 3, S. 66. Vgl. auch Hartmann, Sanitätsdienst im Stellungskrieg, S. 337.
180 Vgl. die Aufstellung der Rentenbewilligungen nach dem Anerkennungsjahr im Sanitätsbericht über das Deutsche Heer im Weltkriege, Kap. II.1.1., S. 29. Hochrechnungen gehen von bis zu 2,7 Millionen dauernd kriegsbeschädigten Soldaten aus, was etwa 11% der insgesamt 24,3 Millionen verletzten und schwerverletzten Soldaten entspricht. Deren Versorgung neben den rund 533.000 versorgungspflichtigen Kriegswitwen und etwa 1,2 Millionen Kriegswaisen sollte die soziale Landschaft der Weimarer Republik wie auch die Anfangsjahre des NS-Regimes prägen. Eckart, »Krüppeltum« und »Eiserner Wille«, S. 257.

Veteranen nach 1918 eine Rente aufgrund einer Kriegsdienstbeschädigung erhielten. Zudem werden psychisch versehrte Kriegsteilnehmer in den zeitgenössischen Statistiken unterschiedlich bezeichnet.[181] Vieles spricht dafür, dass nach dem Krieg der Anteil der Offiziere an den psychisch Versehrten gegenüber der Kriegszeit zurückging und die ehemaligen Offiziere unter den Versorgungsempfängern unterproportional vertreten waren. Zum einen wurde in militärischen Quellen immer wieder betont, dass unterdurchschnittlich viele Offiziere unter den ›Kriegsneurotikern‹ bereits während der Kriegszeit als dienstunfähig aus dem Heer entlassen wurden.[182] Zum anderen verzichteten viele psychisch versehrte Offiziere darauf, beim Ausscheiden aus der Armee nach Kriegsende Versorgungsansprüche anzumelden, wenn ihre wirtschaftliche Situation dies erlaubte.[183] Eine Pension wurde nicht automatisch, sondern nur auf Antrag bezahlt – es sei denn, ein Offizier schied wegen Dienstunfähigkeit für den Feld- und Garnisonsdienst aus. Dies betraf allerdings nur einen Bruchteil der Offiziere, da der Großteil zumindest wieder die Garnisonsdienstfähigkeit erreichte.[184]

---

181 So wird die Gruppe der »Geisteskranken«, die im deutschen Heeressanitätsbericht als »dienstunbrauchbar« mit Versorgung aus dem Heer zwischen 1914 und 1918 ausschieden und die nicht näher spezifiziert wurde, auf einen Anteil von 4,4% der als »verstümmelt anerkannten Heeresangehörigen« beziffert. Unter der Gesamtzahl der »Dienstunbrauchbaren« mit Versorgung waren 89.760, die als »Verstümmelte« mit Ansprüchen auf eine »Verstümmelungszulage« anerkannt waren. Eckart, »Krüppeltum« und »Eiserner Wille«, S. 257. Und eine reichsweite Zählung des Zentralverbandes deutscher Kriegsbeschädigter und -hinterbliebener aus dem Jahr 1927 ergab eine Gesamtzahl von 94.418 Kriegsbeschädigten. Von diesen wurden 804 als »Geisteskranke« bezeichnet, was einen Anteil von unter 1% ausmacht. Neuner, Politik und Psychiatrie, S. 29. Die geringen Prozentpunkte in beiden Angaben lassen sich nur so deuten, dass hier »Nervenkranke« nicht unter die »Geisteskranken« fielen. Der Arzt Philipp Jolly schätzte 1929 die Zahl der »Hysteriker«, die im Zuge einer anerkannten Kriegsdienstbeschädigung Renten bezogen, auf insgesamt 23.800. Jolly, Über den weiteren Verlauf hysterischer Reaktionen, S. 640. Und das Kreiswohlfahrtsamt Herford-Land in Westfalen zählte im Jahre 1920 insgesamt 2.108 Kriegsbeschädigte, unter denen 675 »Nerven«- oder »Geisteskranke« waren, was einem Anteil von 32% entspricht. Vgl. hierzu Neuner, Politik und Psychiatrie, S. 29f.
182 Die allgemein unterdurchschnittliche Zahl an Offizieren unter den während der Kriegszeit als dienstunfähig Entlassenen lässt sich zahlenmäßig belegen. Siehe hierzu die Ausführungen in Kap. II.8.b. Verabschiedungen.
183 Siehe hierzu Kap. V.2.f. Das Selbstbild psychisch versehrter Offiziere in der Weimarer Republik.
184 Siehe hierzu Kap. II.8.b. Verabschiedungen.

Die rechtlichen Regelungen für Renten und Pensionen der Offiziere

Ein umfassendes Versorgungssystem für physisch und psychisch beschädigte Invaliden wurde erst nach Kriegsende zwischen 1919 und 1920 aufgebaut und war eine Antwort der demokratischen Koalition im Parlament auf die Demonstrationen von Kriegsbeschädigten, Sozialdemokraten und Kommunisten im Dezember 1918.[185] Der Grund der Proteste war, dass es für wehrpflichtige Mannschaftssoldaten bis dahin keinen klar geregelten Rechtsanspruch auf eine Versorgung gab, sondern nur eine verwirrende Vielzahl privater und kommunaler Hilfsangebote, deren Effektivität und Seriosität oft umstritten war.[186] Hingegen hatten aktive Offiziere, aber auch Reserveoffiziere, deren Dienstbeschädigung eine Dienstunfähigkeit nach sich zog, bereits seit 1906 ebenso wie die aktiven Unteroffiziere und Berufssoldaten einen klaren gesetzlich festgelegten Versorgungsanspruch.[187]

Die Kriegsbeschädigtenfürsorge der Weimarer Republik garantierte erstmals allen Kriegsinvaliden geordnete staatliche Fürsorge und berufliche Wiedereingliederung.[188] Bereits im Oktober 1919 wurde die komplette Versorgungsbürokratie für Invaliden vom Militär auf das Arbeitsministerium übertragen. Das Versorgungssystem der Weimarer Republik wurde europaweit als fortschrittlich gepriesen und war materiell verhältnismäßig gut ausgestattet, sodass die Kriegsversehrten in Deutschland eine bessere finanzielle und medizinische Versorgung als in den Siegernationen erhielten. Auch nach den Finanzkrisen und der Hyperinflation, denen die Rentenempfänger besonders stark ausgeliefert waren, wurde der materiellen Kriegsopferversorgung 1924 bis 1929 Priorität eingeräumt.[189] Finanziell gesehen gab die Republik den Kriegsopfern alles, was möglich war.

Was beinhalteten nun die gesetzlichen Regelungen genau? Das Reichsversorgungsgesetz von 1920, nach dem auch der Großteil der psychisch versehrten Offiziere, die in der Weimarer Republik eine Versorgung erhielten,

---

185 Siehe zur Kriegsrentendiskussion am Ende des Ersten Weltkriegs und in der Weimarer Republik Lerner, Hysterical men, S. 223–248; Crouthamel, The Great War and German Memory, S. 92f.; Whalen, Bitter Wounds, S. 125; Eckart, »Krüppeltum« und »Eiserner Wille«, S. 261; Pironti, Kriegsopfer und Staat, S. 275–388.
186 Das Gleiche galt für die Kriegshinterbliebenenversorgung. Eckart, »Krüppeltum« und »Eiserner Wille«, S. 261.
187 Ebd.
188 Auch garantierten die Gesetze, dass gegen behördliche Urteile Einspruch erhoben werden konnte. Ebd.
189 Bessel, Die Krise der Weimarer Republik als Erblast des verlorenen Krieges, S. 102; Whalen, Bitter Wounds, S. 156f.; Pironti, Kriegsopfer und Staat, S. 386f.

bemessen wurde, war der Kern der Kriegsbeschädigten- und Kriegshinterbliebenenfürsorge.[190] Es trat als Gesetz über die Versorgung der Militärpersonen und ihrer Hinterbliebenen bei Dienstbeschädigung mit Wirkung vom 1. April 1920 in Kraft.[191] Im Reichsversorgungsgesetz waren psychisch Kriegsbeschädigte den körperlich Beschädigten gleichgestellt.[192] Das Gesetz erkannte den Krieg als Ursache für die psychischen Schäden bei Invaliden an, die mit dem Verlust der individuellen Produktivität und Arbeitsmotivation einhergingen, sofern eine Kausalität zum Kriegsdienst glaubhaft gemacht werden konnte.[193] Als Kriegsdienstbeschädigung galten alle Dienstbeschädigungen, die auf die besonderen Verhältnisse im Krieg zurückzuführen waren.[194]

Eine weitere Besonderheit des Reichsversorgungsgesetzes von 1920 war, dass es die Versorgung auf eine zivile Grundlage stellte. Bereits die Weimarer Verfassung von 1919 hatte in Artikel 109 festgesetzt, dass »alle Deutschen vor dem Gesetz gleich« waren. Im Reichsversorgungsgesetz wurden daran anschließend »Kriegsversehrte« und »Zivilversehrte«, die einen Unfall erlitten hatten, verwaltungs- und versicherungsrechtlich weitgehend gleichgestellt.[195]

Diese Gleichstellung war von der Regierungskoalition aus SPD, DDP und Zentrum gewollt und lässt sich mit deren »Niederlagen-Mentalität« in den unmittelbaren Nachkriegsjahren erklären, als die Nationalversammlung mit der Weimarer Verfassung die Grundlagen des neuen Staates legte. Da dem »Militarismus« die Schuld am verlorenen Krieg gegeben wurde, war

---

190 Das Reichsversorgungsgesetz (RVG); vom 12. Mai 1920, mit Ausführungsverordnungen und Ausführungsbestimmungen, hierzu: Renten-Tafeln als Sonderband, hrsg. v. Reichs-Arbeitsministerium, Berlin 1920. Siehe auch Eckart, »Krüppeltum« und »Eiserner Wille«, S. 261.
191 Geyer, Ein Vorbote des Wohlfahrtsstaates, S. 234f.
192 Vgl. zusammenfassend Neuner, Politik und Psychiatrie, S. 16.
193 Vgl. Crouthamel, The Great War and German Memory, S. 98.
194 Dabei hatte die Art der Verletzung keine Bedeutung, es gab keine festen Entschädigungssätze für klar definierte Gesundheitsstörungen. Für den Anspruch des Versorgungsberechtigten war nur die durch die Dienstbeschädigung verursachte Minderung der Erwerbsfähigkeit maßgebend. Vgl. hierzu die kompakte Darstellung in Entscheidungen des Reichsversorgungsgerichts, Bd. 2, 1922, Nr. 34, S. 115f.
195 Vgl. hierzu den konzisen Überblick bei Löffelbein, Ehrenbürger der Nation, S. 35–64. Siehe daneben Cohen, The War Come Home, S. 87–93; Kienitz, Beschädigte Helden.

folgerichtig das Ziel, die Verfassung der neuen Republik zu »entmilitarisieren«.[196] Das Reichsversorgungsgesetz von 1920 bewirkte so einen klaren Bruch mit der Gesetzgebung im Kaiserreich und der damaligen Privilegierung des Militärs gegenüber Zivilpersonen, aber auch mit der Privilegierung der Offiziere gegenüber Mannschaftssoldaten. Nun spielte der militärische Dienstgrad im Krieg anders als in den Gesetzen aus der Zeit des Kaiserreichs keine Rolle mehr, die vorgesehenen Renten orientierten sich nur an der Schwere der Beschädigung und am zivilen Beruf. Entsprechend der »Minderung der Erwerbsfähigkeit«, die man meinte in genauen Prozentangaben erheben zu können, wurde ein Ausgleich für die Beschädigung der Arbeitsfähigkeit geleistet.[197] Allerdings bedeutete die Regelung auch, dass bei Berufsoffizieren nach wie vor das an den militärischen Dienstgrad gekoppelte Einkommen zählte.[198] Für Reserveoffiziere war aber der zivile Beruf entscheidend.

Für ehemalige Offiziere blieb in der Weimarer Republik neben dem Reichsversorgungsgesetz von 1920 jedoch auch das Offizierspensionsgesetz von 1906 relevant.[199] Das Gesetz bestimmte die Pensionen je nach dem

---

196 Vgl. zur Argumentation der »Niederlagen-Mentalität« Krumeich, Die unbewältigte Niederlage, S. 245–247. Siehe zu den Konsequenzen dieser Haltung für das Verhältnis von Regierung und Offizierskorps Kap. V.2 a. Das Ende des Ersten Weltkriegs als Zäsur für das Offizierskorps als soziale Gruppe.

197 So wurde z.B. in einer Urteilsbegründung des Bayerischen Landesversorgungsgerichts vom 29.11.1923 über das Pensionsgesuch eines Hauptmanns a. D. wegen eines »nervösen Magenleidens« zur Berücksichtigung gemahnt, »daß das Reichsversorgungsgesetz nicht nur die Tendenz der möglichsten Gleichbehandlung der Offiziere mit den Soldaten zeigt, sondern auch möglichst mit den älteren Pensionsrechten aufzuräumen bestrebt ist.« Entscheidungen des Reichsversorgungsgerichts, Bd. 5, 1926, S. 63–67, hier S. 66f. Vgl. daneben Neuner, Politik und Psychiatrie, S. 71.

198 In seinen »Anhaltspunkten für die Beurteilung der Minderung der Erwerbsfähigkeit nach dem Reichsversorgungsgesetz«, die das Reichsarbeitsministerium am 12.5.1920 herausgab, gab das Ministerium Hinweise, wie die Erwerbsfähigkeit von aktiven Offizieren a. D. einzuschätzen sei und welche Tätigkeiten ihnen zuzumuten seien. Hierfür seien »die erworbenen Kenntnisse und Fähigkeiten sowie die gesamten Lebensverhältnisse in Betracht zu ziehen, um zu dem Urteil zu gelangen, inwieweit der Beschädigte fähig ist, sich auf dem allgemeinen Arbeitsmarkt Erwerb durch eine Arbeit zu verschaffen, die ihm in Ansehung der genannten persönlichen und sozialen Verhältnisse billigerweise zugemutet werden kann (Berücksichtigung des Berufes im Sinne des R.V.G.).« Anhaltspunkte für die Beurteilung der Minderung der Erwerbsfähigkeit (E.M.) nach dem Reichsversorgungsgesetz, S. 277.

199 Dieses bildete einen Teil der Kodifikation des Militärversorgungsrechts im Kaiserreich. Hierzu gehörten neben dem Offizierpensionsgesetz das Mannschaftsversorgungs- und das Militärhinterbliebenengesetz. Die Versorgung basierte auf dem Grundsatz, dass das

militärischen Rang, der Kriegsverletzung, der Länge des Militärdienstes und dem militärischen Sold. Ein Wesenszug des Offizierspensionsgesetzes war es, dass Offiziere gegenüber Berufssoldaten deutlich höhere Pensionen erhielten und ähnlich wie beim Gehalt die Sprünge zwischen den Dienstgraden erheblich waren.[200]

Alle Pensions- und Versorgungsansprüche der Offiziere waren bereits seit Inkrafttreten des Gesetzes 1906 vor Gerichten einklagbar, wobei die Offiziere keine Gebühren zu begleichen hatten, auch wenn sie mit ihren Klagen scheiterten. Allerdings war die Entscheidung, ob eine Dienstbeschädigung als Kriegsdienstbeschädigung anzusehen war, während des Krieges den Gerichten entzogen und wurde innerhalb des Militärs ohne äußere Einmischung geregelt. Die Entscheidung traf ein Kollegium, das aus drei Offizieren oder Beamten des Kriegsministeriums des Kontingents gebildet wurde, in dem der betroffene Offizier diente.[201]

Als pensionsfähiges Diensteinkommen galten das jährliche Gehalt[202] und der monatliche Kriegszuschuss. Daneben existierten verschiedene Gehaltszulagen wie Dienstalterszulage, Seefahrtszulage oder Tropenzulage[203], die dem pensionsfähigen Diensteinkommen zugrunde gelegt wurden.[204]

Hatte ein Offizier seine Dienstbeschädigung durch den Kriegsdienst erlitten und war er weder feld- noch garnisonsdienstfähig, so erhielt er als

---

Deutsche Reich sich verpflichtet hatte, für seine altgedienten oder dienstbeschädigten Militärangehörigen zu sorgen. Unter das Offizierpensionsgesetz fielen auch die im Weltkrieg neu geschaffenen Feldwebelleutnants, die kein Offizierspatent besaßen. Allerhöchste Kabinettorder vom 31.5.1918, in: Armee-Verordnungsblatt, 1918, S. 339. Vgl. auch Entscheidungen des Reichsversorgungsgerichts, Bd. 3, 1924, Nr. 23, S. 64–67.

200 Vgl. hierzu die detaillierten Ausführungen in Entscheidungen des Reichsversorgungsgerichts, Bd. 2, 1922, Nr. 39, S. 104; Bd. 3, 1924, Nr. 23, S. 72. Siehe zu den Offiziersgehältern im Kaiserreich Kap. I.1. Soziale Stellung der Offiziere in der Wilhelminischen Ära.

201 Versorgung der Offiziere, Sanitäts- und Veterinäroffiziere beim Ausscheiden.

202 Waren Offiziere im Laufe ihrer Dienstzeit mindestens ein Jahr in einer Stellung mit einem höheren Einkommen als in derjenigen, in der sie pensioniert wurden, galt das Einkommen in dieser Stellung als Grundlage für das pensionsfähige Diensteinkommen. § 6 Abs. 3 des OPG. Die einjährige Frist wurde aufgehoben, wenn der Offizier wegen einer Kriegsdienstbeschädigung pensioniert wurde. § 10 Abs. 1 OPG. Vgl. auch Entscheidungen des Reichsversorgungsgerichts, Bd. 3, 1924, Nr. 59, S. 182f.

203 Die Tropenzulage wurde bei Verwendung des Offiziers in den Kolonien gezahlt. Nach mehr als dreijähriger ununterbrochener Dienstzeit wurde nach § 67 des Offizierpensionsgesetzes von 1906 eine erhöhte Tropenzulage bewilligt. Vgl. Entscheidungen des Reichsversorgungsgerichts, Bd. 2, 1922, Nr. 92, S. 242.

204 Siehe hierzu die Ausführungen in Entscheidungen des Reichsversorgungsgerichts, Bd. 1, 1921, Nr. 62, S. 128–130.

Entschädigung ergänzend zur Pension eine Kriegszulage.[205] Diese betrug im Ersten Weltkrieg 1.200 Mark im Jahr für Leutnants und Hauptleute, 720 Mark für Stabsoffiziere und Generale. Der Gedanke, welcher der Abstufung zugrunde lag, war, dass Offiziere mit höherer Pension einen niedrigeren Satz und umgekehrt Offiziere mit niedrigerem Pensionsanspruch einen höheren Satz der Kriegszulage erhalten sollten.[206] Neben der Kriegszulage sollten mit Ausnahme der Verstümmelungszulage, die aus dem allgemeinen Rahmen herausgehoben wurde und bei mehrfachen Verletzungen auch mehrfach vergeben werden konnte, keine weiteren Zulagen gewährt werden.[207]

Das Offizierspensionsgesetz behandelte den Pensionsanspruch der Offiziere auf zwei unterschiedlichen Grundlagen. So bestanden separate Regelungen für aktive Offiziere, die mindestens zehn Jahre gedient hatten,[208] auf der einen Seite und für aktive Offiziere mit einer Dienstzeit unter zehn Jahren und für Reserveoffiziere auf der anderen Seite.[209] Langgediente aktive Offiziere waren in Bezug auf ihre Versorgungsansprüche deutlich privilegiert. Die Voraussetzung für ihren Pensionsanspruch war lediglich dauernde Felddienstunfähigkeit. Dabei unterschied das Gesetz nicht, ob die Felddienstunfähigkeit auf Dienstbeschädigung beruhte oder nicht, [210] und die Pension wurde auf Lebenszeit gewährt.[211]

---

205 Voraussetzung für den Bezug der Kriegszulage war, dass ein Anrecht auf Pension bestand. Erlosch oder ruhte der Pensionsanspruch, so entfiel auch der Anspruch auf Kriegszulage. Eine Ausnahme stellte der Fall dar, dass die Pension infolge einer Anstellung im Zivildienst ruhte. Vgl. hierzu die detaillierten Ausführungen in Entscheidungen des Reichsversorgungsgerichts, Bd. 2, 1922, Nr. 39, S. 104.
206 Entscheidungen des Reichsversorgungsgerichts, Bd. 3, 1924, Nr. 68, S. 205. Auch wenn der Offizier an mehreren Feldzügen teilgenommen und mehrere Kriegsdienstbeschädigungen erlitten hatte, war festgesetzt, dass nur eine Kriegszulage bewilligt werden konnte. Entscheidungen des Reichsversorgungsgerichts, Bd. 2, 1922, Nr. 39, S. 103f.
207 Entscheidungen des Reichsversorgungsgerichts, Bd. 2, 1922, Nr. 39, S. 104.
208 Dabei wurden Kriegsjahre wie zwei Dienstjahre gezählt. Gemäß § 16 des Offizierspensionsgesetzes wurde für jeden Krieg, an dem ein Offizier im Reichsheer teilnahm, zu der wirklichen Dauer der Dienstzeit ein Jahr (Kriegsjahr) hinzugerechnet. OPG § 16. Vgl. auch Entscheidungen des Reichsversorgungsgerichts, Bd. 1, 1921, S. 91.
209 Im ersten Fall richtete sich die Versorgung nach § 1, im zweiten nach § 28 des Offizierpensionsgesetzes.
210 Siehe hierzu auch die Ausführungen in Entscheidungen des Reichsversorgungsgerichts, Bd. 4, 1925, Nr. 26, S. 70f.
211 Mahnkopf, Handbuch zum Gesetz über die Pensionierung der Offiziere, Bem. 1, 8, 9 zu § 1. Vgl. auch Entscheidungen des Reichsversorgungsgerichts, Bd. 3, 1924, Nr. 23, S. 69. Auch die Hinterbliebenen von Offizieren des Friedensstandes waren deutlich privilegiert. Sie hatten einen Rechtsanspruch auf Witwen- und Waisengeld, wenn der Tod infolge irgendeiner Dienstbeschädigung erfolgte, egal ob dies im Kriegsdienst oder im

Die Pensionsansprüche waren bei kürzer dienenden aktiven Offizieren und Reserveoffizieren hingegen deutlich eingeschränkt. § 28 verlangte hier Feld- und Garnisonsdienstunfähigkeit, um einen Versorgungsanspruch geltend machen zu können.[212] Alle dienstbeschädigten Offiziere dieser Kategorie, die zwar als felddienstunfähig, aber noch als garnisonsdienstfähig erachtet wurden, hatten bei ihrer Verabschiedung nach dem Krieg also gemäß Offizierspensionsgesetz keinen Anspruch auf Versorgung.[213] Eine weitere Schlechterstellung war, dass man ihnen die Pension bei Wiedererlangung der Felddienstfähigkeit wieder entziehen konnte.[214] Die Regelung bedeutete aber auch, dass es bei Offizieren, die erst einmal den Status als Kriegspensionäre erhalten hatten, sehr viel schwerer war, ihnen die Pension zu entziehen, als Offizieren, die einen Pensionsanspruch geltend zu machen suchten, einen abschlägigen Bescheid zu erteilen.[215]

In Bezug auf die Anrechnung von Dienstzeiten im Zivildienst für die Pensionsberechnung unterschied das Offizierspensionsgesetz deutlich zwi-

---

Friedensdienst geschehen war. Hingegen hatten Hinterbliebene von Offizieren des Beurlaubtenstandes nur bei einer tödlichen Kriegsdienstbeschädigung einen Rechtsanspruch auf Versorgung. Vgl. hierzu Ebd.

212 Vgl. hierzu ausführlich Ebd.
213 Vgl. hierzu das Urteil des Reichsversorgungsgerichts vom 18.5.1920, in dem detailliert auf die hiermit zusammenhängenden Besonderheiten eingegangen wird. Entscheidungen des Reichsversorgungsgerichts, Bd. 1, 1921, S. 107–109. Allerdings wurde zugunsten der Offiziere ein hoher Maßstab für die Garnisonsdienstfähigkeit angelegt. So wurde 1919 in einer Entscheidung des Reichsversorgungsgerichts festgestellt, dass der Offizier nur dann garnisonsdienstfähig war, wenn er alle wesentlichen Aufgaben des Offiziers im Garnisonsdienst erfüllen konnte. Hierunter fielen besonders Ausbildungsdienst der Truppe und Wachdienst. Entscheidungen des Reichsversorgungsgerichts, Bd. 1, 1921, Nr. 4, S. 6 u. Nr. 75, S. 157. Es sei nicht notwendig, dass dem Offizier die Möglichkeit genommen sein müsse, sich irgendwie im militärischen Dienst zu betätigen, da es als ungerechtfertigte Härte anzusehen sei, »jemanden, der in Erfüllung der Wehrpflicht die Stellung als Offizier erworben und seine Gesundheit geopfert hat, für seine weitere Betätigung als Offizier auf irgendeine abliegende und einseitige Tätigkeit zu verweisen.« Entscheidungen des Reichsversorgungsgerichts, Bd. 1, 1921, S. 5.
214 Vgl. hierzu ausführlich Entscheidungen des Reichsversorgungsgerichts, Bd. 3, 1924, S. 23, S. 69.
215 Nach § 28 Satz 2 des Offizierspensionsgesetzes wurde die Pension nur gewährt, solange die Dienstfähigkeit infolge Dienstbeschädigung aufgehoben wurde. Auch wenn hier die Dienstfähigkeit nicht näher erläutert wurde, wurde in der Interpretation des Reichsversorgungsgerichts auf die Pensionierungsvorschrift für das Preußische Heer vom 16.3.1912 (I. Teil 2 A 2 und 3.) und die Dienstanweisung zur Beurteilung der Militärdienstfähigkeit vom 9.2.1909 (Ziffer 76, 77, 78, 79, 213, 224) verwiesen, die deutlich machten, dass hierunter Felddienstfähigkeit zu verstehen war. Entscheidungen des Reichsversorgungsgerichts, Bd. 1, 1921, Nr. 100, S. 218–221.

schen aktiven und Reserveoffizieren. Während bei Letzteren die Dienstzeit im Zivildienst nicht für die Militärpension angerechnet wurde und eine Militärpension bei einer Berechtigung zur Zivilpension nur bei Dienstbeschädigung vorlag, konnten bei aktiven Offizieren einige Jahre im Zivildienst durchaus für die Berechnung der Militärpension angerechnet werden, zumal ein Anspruch auf Zivilpension erst nach zehnjähriger Dienstzeit bestand.[216] Offizierpensions- und Reichsversorgungsgesetz verwendeten die gleiche Definition einer Kriegsdienstbeschädigung.[217] Beide Gesetze sprachen in Bezug auf psychische Versehrungen von »inneren Erkrankungen«, die neben Verwundungen und Unfällen unter Kriegsdienstbeschädigungen fielen:

»Als solche kommen jedenfalls aber alle Schädigungen in Betracht, die auf die Eigenart der Verpflegung, Bekleidung und Unterkunft, auf die durch den Kriegsdienst bedingten körperlichen Anstrengungen und seelischen Erregungen, auf Witterungseinflüsse und auf seelische Ansteckungen zurückzuführen sind.«[218]

»Seelische Erregungen« und »seelische Ansteckungen« wurden hier also explizit als Ursache von Kriegsdienstbeschädigungen genannt.

Drei Eigenschaften der verwendeten Definition einer Kriegsdienstbeschädigung kamen Kriegsteilnehmern mit psychischen Leiden besonders zugute. Erstens musste die Beschädigung nicht vom direkten Fronteinsatz herrühren – die Wahrscheinlichkeit eines ursächlichen Zusammenhangs mit dem Krieg genügte gesetzlich zur Anerkennung einer Dienstbeschädigung.[219] Zweitens mussten psychische Leiden nicht unbedingt während des Krieges sichtbar geworden sein, sondern nur durch den Krieg entstanden

---

[216] Hierzu heißt es in einem Urteil des Reichsversorgungsgerichts 1920: »Dem Offizier des Beurlaubtenstandes, soweit er Beamter ist, wird regelmäßig die ihm auf Grund der im Zivildienst verbrachten Dienstzeit zustehende Zivilpension zur Verfügung stehen. Eine Militärpension kommt für ihn nur im Fall einer Dienstbeschädigung auf Grund des § 28 des OPG. in Frage. Dabei spielt die Dienstzeit dann nur für die Höhe der Pension eine Rolle. [...] eine längere Dienstzeit wird im allgemeinen ein Offizier des Beurlaubtenstandes – von den außergewöhnlichen Fällen des Weltkriegs abgesehen – nicht haben [...].« Anders lägen die Verhältnisse bei aktiven Offizieren: »Der Offizier des Friedensstandes, der sich die Offizierslaufbahn als Lebensberuf gewählt hat, wird im allgemeinen mit dieser seine Tätigkeit abschließen und dann auf die dadurch erdiente Pension angewiesen sein. Eine im Zivildienst verbrachte anrechnungsfähige Dienstzeit wird zu den Seltenheiten gehören.« Entscheidungen des Reichsversorgungsgerichts, Bd. 1, 1921, S. 106f.
[217] Vgl. zu den Gemeinsamkeiten auch Neuner, Politik und Psychiatrie, S. 70–72.
[218] Zitiert nach Versorgung der Offiziere, Sanitäts- und Veterinäroffiziere beim Ausscheiden.
[219] Vgl. Crouthamel, The Great War and German Memory, S. 95; Neuner, Politik und Psychiatrie, S. 72.

sein und konnten auch noch nach Kriegsende angezeigt werden.[220] Drittens war es für Heeresangehörige nicht nötig, dass das Leiden im Krieg neu aufgetreten war, um einen Anspruch auf Kriegsdienstbeschädigung geltend zu machen. Dass eine »erhebliche und voraussichtlich dauernde Verschlimmerung des betr. Dienstunfähigkeitsleidens« vorlag, reichte aus.[221] So hatten auch Kriegsteilnehmer mit angeborenen psychischen Leiden, die sich im Krieg verschlechtert hatten, einen gesetzlichen Anspruch auf eine Rente.

Ferner ähnelten sich Reichsversorgungs- und Offizierspensionsgesetz darin, dass für den Fall, dass die Dienstunfähigkeit Folge einer Dienstbeschädigung war, der Anspruch auch nach dem Ausscheiden erhoben werden konnte. Die Fristen für die Inanspruchnahme der Versorgung aufgrund einer Kriegsdienstbeschädigung waren im Offizierspensionsgesetz sehr großzügig bemessen. Bis zum Ablauf von zehn Jahren nach Friedensschluss konnte eine Kriegsdienstbeschädigung, die keine Verwundung darstellte, geltend gemacht werden. Von der Fristbeschränkung konnte zudem abgesehen werden, wenn die Dienstbeschädigung erst nach Ausscheiden bemerkt oder der Offizier von nicht in seinem Einflussbereich liegenden Umständen abgehalten wurde, den Anspruch in der vorgesehenen Frist geltend zu machen.[222]

Abgesehen davon waren die Voraussetzungen der Versorgungsleistungen nach dem Offizierspensionsgesetz allerdings komplett andere als die nach dem Reichsversorgungsgesetz. Während die Pension des Offizierspensionsgesetzes die Unfähigkeit des Beschädigten zu jedem Militärdienst

---

220 Versorgung der Offiziere, Sanitäts- und Veterinäroffiziere beim Ausscheiden.
221 Eine Kriegsdienstbeschädigung konnte Angehörige mobiler Formationen unabhängig vom Aufenthaltsort treffen, Angehörige immobiler Formationen dagegen nur während ihres Aufenthalts im Kriegsgebiet und auf dem Hin- und Rückweg. Schädigungen in der Heimat außerhalb des Kriegsgebiets, die während des Ausbildungs-, Wach- oder Garnisonsdienstes erfolgten, konnten »in der Regel« nicht als Kriegsdienstbeschädigung, die verschiedene Zulagen bei der Rente erlaubte, sondern nur als Dienstbeschädigung angesehen werden. Versorgung der Offiziere, Sanitäts- und Veterinäroffiziere beim Ausscheiden.
222 Entscheidungen des Reichsversorgungsgerichts, Bd. 2, 1922, Nr. 55, S. 145f. In der Begründung des Gesetzentwurfs des Offizierpensionsgesetzes heißt es hierzu auf S. 28: »Wiederholt ist es vorgekommen, daß bei Offizieren, die nicht wegen Dienstunfähigkeit ausgeschieden sind, späterhin infolge einer im Dienste erlittenen Schädigung Gesundheitsstörungen hervortraten, welche die Ausübung eines bürgerlichen Berufs beeinträchtigten oder unmöglich machten.« Zitiert nach Entscheidungen des Reichsversorgungsgerichts, Bd. 4, 1925, S. 72. Die Pension wurde dann aber frühestens zum Zeitpunkt der Anspruchserhebung bewilligt. Vgl. hierzu Entscheidungen des Reichsversorgungsgerichts, Bd. 1, 1921, Nr. 98, S. 211–215.

voraussetzte, war die Rentengewährung nach dem Reichsversorgungsgesetz vom Grad der Erwerbsfähigkeitsminderung in Bezug auf den zivilen Beruf abhängig. War also ein Anspruch nach dem Offizierspensionsgesetz unbegründet, konnte er nach dem Reichsversorgungsgesetz gerechtfertigt sein und umgekehrt.[223]

Alle Offiziere, für die Versorgungsleistungen erst ab dem 1. April 1920 in Betracht kamen, waren allein nach dem Reichsversorgungsgesetz zu beurteilen. Langgedienten aktiven Offizieren erlaubte § 99 die Wahl zwischen der Versorgung nach dem Reichsversorgungsgesetz oder nach den bisher für sie geltenden Gesetzesvorschriften, wobei man sich bis zum 31. März 1924 entscheiden musste.[224] Die Wahlmöglichkeit lag daran, dass ehemals aktive altgediente Offiziere durch Art. 129 Abs. 4 der Reichsverfassung geschützt waren, der Offizieren und Berufssoldaten die Unverletzlichkeit ihrer »wohlerworbenen Rechte« zusicherte, sodass neue Gesetze diese Bestimmungen nicht aufheben konnten.[225]

Von einer Wahl zugunsten des Reichsversorgungsgesetzes machten Offiziere vorrangig dann Gebrauch, wenn der Betreffende in eine Beamtenstellung eintrat, weil es so möglich war, neben dem Gehalt auch die Rente nach dem Reichsversorgungsgesetz zu beziehen, während die Pension nach dem Offizierspensionsgesetz angerechnet wurde und womöglich wegfiel.[226] In den Akten der Versorgungsämter finden sich zudem immer wieder Bittschreiben von Offizieren, die bedauerten, eine falsche Entscheidung

---

223 Entscheidungen des Reichsversorgungsgerichts, Bd. 3, 1924, Nr. 93, S. 279.
224 Anfangs war die Frist bis zum 1. April 1922 angesetzt, wurde dann aber nochmal verlängert. Vgl. auch Entscheidungen des Reichsversorgungsgerichts, Bd. 3, 1924, Nr. 62, S. 192. Vgl. zur Fristverlängerung: Das Reichsversorgungsgesetz (RVG) vom 12. Mai 1920, § 109, Abs. 4.
225 Entscheidungen des Reichsversorgungsgerichts, Bd. 2, 1922, Nr. 99, S. 267. In einer Urteilsbegründung von 1925 heißt es hierzu erklärend, dass »ein wohlerworbenes Recht im Sinne des Artikels 129 der Reichsverfassung [...] nur im Wege eines verfassungsändernden Reichsgesetzes beseitigt oder gemindert werden« könne. Entscheidungen des Reichsversorgungsgerichts, Bd. 4, 1925, S. 168. In einer Urteilsbegründung des Bayerischen Landesversorgungsgerichts von 1923 wurde die Frage diskutiert, ob die »wohlerworbenen Rechte« der Offiziere, welche die Reichsverfassung garantierte, allen Offizieren zuständen. Dies wurde verneint, da »nur die wohlerworbenen Rechte der Berufssoldaten erhöhten verfassungsrechtlichen Schutz« genießen würden, und es für diesen Status bei Offizieren notwendig sei, dass Pensionsrechte erworben wurden. Entscheidungen des Reichsversorgungsgerichts, Bd. 5, 1926, S. 63–67, hier S. 67.
226 Strehl, Handbuch der Blindenwohlfahrtpflege, S. 206. Vgl. die Eigenart der verschiedenen Ruhensvorschriften: § 24 O.P.G., Das Reichsversorgungsgesetz (RVG) vom 12. Mai 1920, § 62.

hinsichtlich des als Grundlage genommenen Versorgungsgesetzes getroffen zu haben.[227] Für Reserveoffiziere und aktive Offiziere, die weniger als zehn Dienstjahre anrechnen konnten und ihre Pension wegen einer Dienstbeschädigung erhielten, endete 1923 die Pensionsgewährung nach dem Offizierspensionsgesetz. Mit Inkrafttreten von Artikel 21 Nr. IV der Personal-Abbau-Verordnung vom 27. Oktober 1923[228] wurde festgelegt, dass alle danach fälligen Zahlungen sich nach dem Reichsversorgungsgesetz von 1920 richten sollten.[229]

Doch existierte für diese Personengruppe eine Übergangsvorschrift in § 96, welche die zeitweilige Gewährung höherer Versorgungsleistungen und die Zahlung einer Abfindungssumme vorsah, den sogenannten Offizierszuschuss. Hierfür mussten drei Voraussetzungen erfüllt sein: Erstens musste sich der Versorgungsanspruch auf eine nach dem 31. Juli 1914 und vor dem 1. April 1920 beendete Dienstleistung gründen. Zweitens musste in dieser Zeit der Pensionsanspruch angemeldet sein. Drittens mussten den Anspruchsberechtigten nach den zuvor geltenden Vorschriften höhere Versorgungsleistungen als nach dem Reichsversorgungsgesetz zustehen.[230] Der Offizierszuschuss konnte so hoch ausfallen, dass damit der ehemalige Offizier in der Regel 80%, »im Falle der Bedürftigkeit« auch 100% der Versorgung enthielt, die ihm nach dem Offizierspensionsgesetz zugestanden hätte.[231]

Neben der gesetzlichen Pension standen den Offizieren weitere Vergünstigungen zu, die den Übergang ins Zivilleben erleichtern sollten. Ein typisches Abschiedsgesuch eines kriegsbeschädigten aktiven Offiziers nach Kriegsende war etwa jenes des Klägers beim Reichsversorgungsgericht, der am 11. November 1919 schrieb, dass er mit Rücksicht auf seinen Gesundheitszustand seine Verabschiedung aus dem Heeresdienst unter Gewährung

---

227 Vgl. z.B. BArch, R 3901/Nr. 10252 Schreiben des Oberleutnants a. D. Friedrich B. an das Versorgungsamt Stuttgart vom 24.4.1926, Betr. Beihilfe.
228 Art. 21 Nr. IV Personal-Abbau-Verordnung vom 27.10.23, Reichsgesetzblatt, Teil 1, S. 999. Vgl. auch Entscheidungen des Reichsversorgungsgerichts, Bd. 3, 1924, Nr. 93, S. 278.
229 Vgl. hierzu Entscheidungen des Reichsversorgungsgerichts, Bd. 3, 1924, Nr. 93, S. 279. Das Gleiche galt für das Mannschaftsversorgungsgesetz, das auch nach dem 27. Oktober 1923 nicht mehr angewendet werden durfte. Auch hier galt nur noch das Reichsversorgungsgesetz. Entscheidungen des Reichsversorgungsgerichts, Bd. 4, 1925, Nr. 6, S. 21f.
230 Ebd.
231 Strehl, Handbuch der Blindenwohlfahrtpflege, S. 206.

der gesetzlichen Pension, der Kriegszulage, der Aussicht auf Anstellung im Zivildienst und der Erlaubnis zum Tragen der bisherigen Offiziersuniform ersuchte. Zugleich bat er, ihm im Hinblick auf seine wirtschaftliche Notlage die für ihn günstigste Abfindung zu gewähren.[232] Für Offiziere bedeutete das Versorgungssystem der Weimarer Republik eine umfassendere und differenziertere Regelung ihrer Versorgungsansprüche als in der Kaiserzeit, was für sie mehr Rechtssicherheit und in finanzieller Hinsicht oft deutliche Vorteile bedeutete, wenn sie die für sie günstigste Regelung wählten – dieses Privileg hatten Mannschaftssoldaten nicht. Die Kehrseite war, dass der Spielraum für Ausnahmeregelungen deutlich enger wurde und die Zuständigkeit des Arbeitsministeriums für die Versorgungsansprüche der Offiziere dazu führte, dass der innermilitärische Einfluss stark abnahm und die Möglichkeit monarchischer Gnadenakte wegfiel. Anders als noch im Ersten Weltkrieg konnte das Militär weder über die Feststellung der Art der Dienstbeschädigung noch über die Höhe der Pension autonom bestimmen. Einschätzungen militärischer Vorgesetzter und militärischer Dienststellen waren nur noch ein Baustein im Verfahren. Die letzte Entscheidung trafen Versorgungsbehörden, die bürokratisch, distanziert und sachlich die Ansprüche jedes einzelnen Offiziers prüften.

Welche Privilegierung die Offiziere hier gegenüber der Kaiserzeit verloren, zeigt die Einschätzung des Reichsversorgungsgerichts von 1925 über das Offizierspensionsgesetz von 1906 in einer Urteilsbegründung, in der die Richter den damaligen Willen des Gesetzgebers zur Bevorzugung der Offiziere betonten. Die Materialien zum Offizierspensionsgesetz ließen erkennen, »daß man bei der Schaffung des Gesetzes mit großem Wohlwollen vorgegangen ist.«[233] Als Beleg verwiesen sie auf den Allgemeinen Teil der Begründung zum Offizierspensionsgesetz[234] und den Bericht der Reichstags-Kommission der Legislaturperiode 1905/06, bei dem es zu § 6 geheißen habe:

»Unser Offizierkorps hat uns bisher keine Armee nachgemacht und wir alle – Abgeordnete und Regierung – haben den heiligen Willen, dieses Offizierkorps auf seiner Höhe zu erhalten. Ist es das nicht mehr, so können wir alle vergeblich nach Mitteln suchen, es wieder zu bessern. Lassen Sie es nicht soweit kommen und geben Sie auch den im höheren Dienstalter abgehenden, in die höheren und wichtigsten Stellen der Armee gelangten Offizieren die verbesserten Existenzbedingungen, die

---

232 Entscheidungen des Reichsversorgungsgerichts, Bd. 2, 1922, Nr. 104, S. 277.
233 Entscheidungen des Reichsversorgungsgerichts, Bd. 4, 1925, S. 173.
234 Drucksachen des Reichstags, 11. Legislaturperiode, II. Session 1905/1906 Nr. 13, S. 25.

sie sich in verantwortungsreichen Stellen verdient haben, um ihrer Stellung entsprechend auch nach der Verabschiedung standesgemäß zu leben und ihre Söhne dem Offizierberuf erhalten zu können.«[235]

Die Pensions- und Rentenverfahren psychisch versehrter Offiziere

Für die Frage, inwieweit psychisch versehrten Offizieren a. D. in Pensions- und Rentenverfahren eine Sonderstellung eingeräumt wurde und wie sie selbst die Versorgungsverfahren wahrnahmen, ist zunächst zu konstatieren, dass die Verfahren sich an die gesetzlichen Regelungen für Offiziere hielten. Dies führte dazu, dass Offizieren häufiger eine Versorgung gewährt wurde als Mannschaftssoldaten, da das Offizierspensions- und das Reichsversorgungsgesetz mehr Optionen boten, einen Versorgungsanspruch durchzusetzen.

Zugleich ist festzustellen, dass die Verfahren bei psychisch versehrten Offizieren keinem stringenten Muster folgten, was daran lag, dass die gesetzlichen Regelungen den beurteilenden Ärzten, die als Gutachter mit weitreichenden Kompetenzen in den Berentungsprozess und in die Renten-Umanerkennungsverfahren integriert waren,[236] und den daneben beteiligten Verwaltungsbeamten und Juristen einen großen Entscheidungsspielraum gewährten. Und diese drei Berufsgruppen nutzten diesen Spielraum nicht konsequent, um die Offiziere aufgrund von Standesgesichtspunkten oder Ähnlichem zu privilegieren, obwohl es im Einzelfall durchaus vorkommen konnte, dass beteiligte Ärzte, Juristen und Verwaltungsbeamten bei Offizieren einen besonders wohlwollenden Blick anwandten.

Insgesamt waren die psychiatrische Diagnostik und die Feststellung der Versorgungsansprüche bei psychisch versehrten Offizieren äußerst unterschiedlich.[237] Zudem wurden in den Akten Diagnosen oft geändert, die Versorgung mehrmals an- und aberkannt oder die Höhe der Versorgung geändert.

---

235 Drucksachen des Reichstages, 11. Legislaturperiode, II. Session 1905/1906 Nr. 433, S. 35. Zitiert nach Entscheidungen des Reichsversorgungsgerichts, Bd. 4, 1925, S. 173.
236 Die Ärzte, die oft ehemalige Sanitätsoffiziere waren, hatten einen erheblichen Spielraum bei der Anerkennung einer Dienstbeschädigung und entschieden damit in hohem Maße über den Ausgang eines RentenantrageS. Neuner, Politik und Psychiatrie, S. 82; Crouthamel, The Great War and German Memory, S. 95.
237 Neuner, Politik und Psychiatrie, bes. S. 58f., 122f. Vgl. zudem Crouthamel, Hysterische Männer?, S. 29–53; ders., War Neurosis versus Savings Psychosis, S. 163–182.

Ein Beispiel für eine dauernde Änderung der Diagnose und des Status der Dienstbeschädigung in der Kriegs- und Nachkriegszeit ist der Fall des Leutnants der Landwehr a. D. Max G. Mal wurde sein Leiden als »Schreckneurose«, mal als »Neurasthenie«, mal als »Psychopathie« mit »hysterischen« Zügen und mal als »Nervenabspannung« angesehen. Max G. war vom 14. Oktober 1914 bis zum 10. Oktober 1915 mit zweieinhalbmonatiger Unterbrechung an der Front. Am 10. Oktober 1915 erlitt er einen »Nervenschock nach Granateinschlag«. Danach war er nicht wieder an der Front. Erstmals wurde eine Dienstbeschädigung für eine »schwere allgemeine Nervenstörung« am 20. Mai 1917 anerkannt. Nach Kriegsende wurde am 12. Dezember 1918 Kriegsdienstbeschädigung aufgrund der Diagnose »schwere Neurasthenie und hysterische Schreibstörung« festgestellt. Am 2. Oktober 1919 wurde die Kriegsdienstbeschädigung bestätigt, aber die Diagnose »Schreckneurose« gestellt. Sechs Monate später änderte sich die Diagnose erneut und eine Kriegsdienstbeschädigung für »schwere neurasthenische Erschöpfung, hysterische Schreibstörung und Psychopathie« wurde am 5. Juni 1920 anerkannt. 1921 lautete die Diagnose »schwere allgemeine Nervosität«, damit einher ging eine Anerkennung von Dienstbeschädigung und Berentung aufgrund 50–prozentiger Erwerbsminderung. Dass statt einer Kriegsdienstbeschädigung lediglich Dienstbeschädigung anerkannt wurde, bedeutete für den Leutnant erhebliche finanzielle Nachteile durch Wegfall der Kriegszulage. Alle späteren Bescheide erkannten eine »allgemeine Nervenabspannung« als Dienstbeschädigung an. Seit 1924, neun Jahre nach dem Nervenschock, wurde eine »erhebliche Blutdrucksteigerung« als weiteres Leiden anerkannt, das als Dienstbeschädigung bewertet wurde. Bis 1937 bezog der ehemalige Offizier dann aufgrund »allgemeiner Nervenabspannung und erheblicher Blutdrucksteigerung« eine Rente in Höhe einer Minderung der Erwerbsfähigkeit um 40%, bis die Rente gemäß der neuen NS-Gesetzgebung ersatzlos gestrichen wurde.[238]

Eine mehrfache Änderung der Rentenberechtigung erfuhr auch der Leutnant der Landwehr a. D. Gustav W. 1918 entschied eine Kommission des Kriegsministeriums, dass dessen »Nervenschwäche« weder als Kriegsdienst-, noch als einfache Dienstbeschädigung anzusehen sei und auch eine Verschlimmerung durch schädigende dienstliche Einflüsse nicht erwiesen

---

238 BArch, R 3901/Nr. 10339, Nachprüfung gemäß Artikel 2 des Fünften Gesetzes über das Verfahren in Versorgungssachen vom 3.7.1934, Offiziere einschl. Hinterbliebene, Einzelfälle, Juni 1936 - Juni 1937, Max G. Vgl. zur NS-Gesetzgebung Kap. V.3.c. Die Versorgungsgesetzgebung von 1934.

sei. Gustav W. wurde am 30. April 1919 ohne Pension aus dem Heeresdienst entlassen. Am 3. Mai 1921 beantragte er eine Rente nach dem Reichsversorgungsgesetz, die ihm am 20. Dezember 1921 vom Versorgungsamt Neuhaldensleben wegen einer »Veränderung am oberen Rand der Hüftgelenkpfanne links, jetzt Beschwerden in der linken Hüfte nach Quetschung, Neurasthenie D. B. entstanden durch Sturz mit dem Pferde« zuerkannt wurde, jedoch nur in Höhe einer Minderung seiner Erwerbsfähigkeit um 15%. Die kriegsministerielle Entscheidung von 1918 wurde nicht berücksichtigt. Am 18. Juli 1923 erhielt er eine Abfindung und schied aus dem Rentensystem aus. Sein vier Jahre später gestellter Antrag beim Versorgungsamt Gera auf Rentenwiedergewährung vom 19. Februar 1927 wurde im ersten Anlauf abgelehnt, im zweiten Anlauf aber anerkannt und eine Rente von 30% ab dem 1. Oktober 1927 bewilligt. Einen Monat später wurde die Rente auf 50% erhöht. Fünf Jahre später setzte das Versorgungsamt Braunschweig sie am 22. Februar 1932 auf 40% herab. Nach der am 12. November 1936 vorgenommenen amtsärztlichen Nachuntersuchung wurde die Rente gestrichen, da es sich um »neurasthenische Erscheinungen auf dem Boden einer schweren Neuro- bzw. Psychopathie« handle.[239]

Dass in der Weimarer Republik keinerlei Einigkeit unter ärztlichen Gutachtern bestand, wenn eine psychische Störung bei Offizieren vorlag, zeigt der Umgang mit Offizieren mit den Diagnosen »Progressive Paralyse« und »Schizophrenie«. Obwohl in den psychiatrischen Lehrbüchern der Weimarer Republik die Meinung vertreten wurde, diese Leiden kämen unabhängig von Kriegsgeschehnissen zum Ausbruch, wurde im Einzelfall selbst von Universitätsexperten ein Anspruch auf Kriegsdienstbeschädigung nicht kategorisch abgelehnt, sondern unter Betrachtung des Einzelfalls um ein Urteil ge-

---

239 BArch, R 3901/Nr. 10239, Nachprüfung gemäß Artikel 2 des Fünften Gesetzes über das Verfahren in Versorgungssachen vom 3.7.1934, Offiziere einschl. Hinterbliebene, Einzelfälle, Juni 1936 - Juni 1937, Gustav W.

rungen.[240] Auch für diese Leiden wurde oft eine Kriegsdienstbeschädigung anerkannt, da der Kriegsdienst das Leiden verschlimmert habe.[241] Für das Fehlen eines stringenten Rasters in den Pensions- und Rentenverfahren bei psychisch versehrten Offizieren in der Weimarer Republik war allerdings deren Offiziersstatus nicht von entscheidender Bedeutung. So kam Stephanie Neuner, die in ihrer Dissertation psychiatrische Gutachten über Mannschaftssoldaten in den Versorgungsämtern der Weimarer Republik auswertete, zu einem ähnlichen Ergebnis. Die psychiatrische Diagnostik und die Feststellung der Rentenansprüche waren äußerst unterschiedlich.[242]

Wichtiger als das Kriterium des militärischen Dienstgrades war zum einen, dass trotz der vorherrschenden Deutung der Kriegsneurosen als psychogenen Leiden in psychiatrischen Fachzeitschriften seit 1916[243] noch Uneinigkeit in der Ärzteschaft bestand, inwieweit psychische Leiden als Kriegsdienstbeschädigung anzuerkennen seien. Damit setzte sich eine bereits im Krieg feststellbare Tendenz fort, denn obwohl die führenden Vertreter der Militärpsychiatrie im Krieg und in der Weimarer Republik meist

---

240 Z.B. führte im Gutachten über den Feldwebelleutnant Wilhelm D. vom 20.10.1920 Karl Bonhoeffer zur Bekräftigung seines Arguments, dass Progressive Paralyse und Kriegserlebnisse in keinem ursächlichen Zusammenhang stünden, aus: »Die Erfahrungen des Krieges haben gelehrt. dass eine Zunahme der Paralyse während des Krieges nicht stattgefunden hat [...]«. UA HUB, Nervenklinik, nerv - 029 Psychiatrische Gutachten für das Reichsversorgungsgericht und sonstige Behörden C-F, 1914–1944, Gutachten über Feldwebelleutnant Wilhelm D., 20.10.1920. 1931 führte ein anderer Psychiater der Charité aus: »Der im Kriege nicht nur bei der Paralyse, sondern auch bei anderen Krankheiten vielfach beobachtete schnellere Krankheitsverlauf ist eine Folgeerscheinung der damals ungünstigen Ernährungsverhältnisse und des empfindlichen Mangels an Mitteln zur Krankenpflege gewesen. Er ist somit nicht durch die den Militärdienst eigentümlichen Verhältnisse, sondern durch die allgemeinen Kriegsverhältnisse verursacht gewesen.« UAHUB, nerv - 030 Psychiatrische Gutachten für das Reichsversorgungsgericht und ordentliche Gerichte in Zivilsachen K-L, 1917–1944, Gutachten über den Major Julius K., 10.8.1931. Siehe daneben die Meinungsvielfalt in den psychiatrischen Gutachten zum Zusammenhang von Progressiver Paralyse bei Offizieren und den Kriegsereignissen UAHUB, nerv - 018 Psychiatrische Gutachten für das Reichsversorgungsgericht und andere Gerichte in Zivilsachen A-B, 1914–1943, Gutachten über den Flugmeister Willy B.; Gutachten für den Leutnant der Reserve a. D. Hermann S., 7.4.1922.
241 Vgl. die Rentengeschichten im Bestand BArch, R 3901/Nr. 10239, Nachprüfung gemäß Artikel 2 des Fünften Gesetzes über das Verfahren in Versorgungssachen vom 3.7.1934, Offiziere einschl. Hinterbliebene, Einzelfälle, Juni 1936 - Juni 1937.
242 Neuner, Politik und Psychiatrie, bes. S. 58f., 122f. Vgl. zudem Crouthamel, Hysterische Männer?, S. 29–53; ders., War Neurosis versus Savings Psychosis, S. 163–182.
243 Siehe hierzu Kap. III.2.a. Der psychiatrische Diskurs über die Diagnosen und Ursachen von psychischen Leiden bei Offizieren.

eine ablehnende Haltung gegenüber der Bedeutung der Kriegseinwirkungen für die Ausbildung psychischer Leiden hatten, wurden in der Gewährung von Renten kontinuierlich Kriegseinwirkungen für psychische Beschwerden anerkannt. Auch damit zusammenhängende militärpsychiatrische Gutachten gestanden nach wie vor äußeren Kriegseinflüssen oft eine ätiologische Wirkung zu.[244]

Ferner kam hinzu, dass die Richtlinien für ärztliche Begutachtungen den psychiatrischen Meinungspluralismus berücksichtigten. Sie waren, dem Reichsversorgungsgesetz entsprechend, sehr wohlwollend für den Patienten gefasst, was seinen Anspruch auf einen Kriegsbeschädigtenstatus betraf. Dies zeigen die Anfang der 1920er Jahre nach Beratungen des Wissenschaftlichen Senats der Kaiser-Wilhelm-Akademie zusammengestellten »Anhaltspunkte für die militärärztliche Beurteilung der Frage der Dienstbeschädigung oder Kriegsdienstbeschädigung bei den häufigsten psychischen und nervösen Erkrankungen der Heeresangehörigen«.[245] Hier wurde explizit darauf hingewiesen, dass es bei der Begutachtung gleichgültig sei, wie man wissenschaftlich zur Frage der Entstehung »sog. Kriegsneurosen« stehe – »ob man ihre körperliche oder seelische Herkunft« vertrete, »ob man sie als individuelle Reaktionen von Psychopathen« ansehe, »ob man sie als thymogene oder idiogene Krankheitserscheinungen« bewerte oder »ihre episodische Natur« betone. Für die Feststellung einer Dienst- oder Kriegsdienstbeschädigung und Erhebung von Versorgungsansprüchen sei allein wichtig, dass die exogenen Einflüsse, die mit dem Militärdienst oder den besonderen Verhältnissen des Krieges zusammenhingen, als »wesentlich mitwirkende Ursache« der »neurotischen Krankheitserscheinungen« angesehen würden.[246]

Der Abschnitt »IX. Psychopathische Konstitution. Debilität. Functionelle Neurosen«[247] begann zwar mit der im psychiatrischen Fachdiskurs

---

244 Vgl. zur Kriegsrentendiskussion am Kriegsende und in der Weimarer Republik Neuner, Politik und Psychiatrie, S. 66; Lerner, Hysterical men, S. 223–248; Crouthamel, The Great War and German Memory, 2009.

245 Sie wurden 1922 in den amtlichen Veröffentlichungen der Entscheidungen des Reichsversorgungsgerichts abgedruckt, was damit begründet wurde, dass auf diese Anhaltspunkte in ärztlichen Gutachten und Urteilen des Reichsversorgungsgerichts häufiger verwiesen werde. Anhaltspunkte für die militärärztliche Beurteilung der Frage der Dienstbeschädigung oder Kriegsdienstbeschädigung, S. 289.

246 Ebd., S. 296.

247 Zuvor behandelten sie die Diagnosen Jugendirresein, Manisch-depressive Erkrankungen, Epilepsie, Progressive Paralyse, Tabes dorsalis, Lues cerebrospinalis, hirntraumatisch bedingte psychische Störungen und sonstige organische Erkrankungen des Gehirns und

vorherrschenden Argumentation, dass es nicht nur bei Debilität[248] und psychopathischer Konstitution offensichtlich sei, dass der krankhafte Zustand schon bei der Einstellung zum Militärdienst bestanden habe, sondern dass auch »die anscheinend durch den Krieg verursachten neurotischen und psychopathischen Störungen nach übereinstimmenden Erfahrungen in der großen Mehrzahl der Fälle auf dem Boden einer vorher bestehenden psychopathischen Konstitution erwachsen« würden.[249] Die Handreichung sprach aber damit psychisch versehrten Kriegsteilnehmern nicht generell einen Anspruch auf Versorgung wegen Kriegsdienstbeschädigung ab, sondern argumentierte, dass vor allem die Verschlimmerung eines bestehenden Leidens geprüft werden müsse, da die psychopathische Konstitution durch äußere Einflüsse stark beeinflussbar sei.[250] Die Anerkennung einer Dienst- oder Kriegsdienstbeschädigung komme nur dann nicht in Betracht, wenn zum einen die exogenen Einflüsse nachweislich unerheblich seien[251] und so eindeutig eine krankhafte Anlage als Ursache der Krankheitserscheinungen festgestellt werden könne, zum anderen, wenn die neurotischen Störungen noch vor Ausscheiden aus dem Heeresdienst abklangen, sodass der Zustand erreicht wurde, der vor der Einstellung bestand. Sollten in den abgeklungenen oder geheilten Fällen nach dem Ausscheiden aus dem Heeresdienst erneut neurotische Störungen mit oder ohne Anlass auftreten, sollte in jedem einzelnen Fall geprüft werden, ob dafür eine dienstliche Schädigung ursächlich war.

Im letzten Abschnitt wurden noch zwei Punkte aufgeführt, die das Recht des Patienten auf den Kriegsdienstbeschädigtenstatus und dessen Versorgungsansprüche stärkten. Hier heißt es:

Rückenmarks. Siehe hierzu auch Kap. III.2.b. Psychiatrische Praxis: Diagnosen in den Krankenakten.
248 Unter Debilität wurden »angeborene Schwachsinnsformen« verstanden.
249 Anhaltspunkte für die militärärztliche Beurteilung der Frage der Dienstbeschädigung oder Kriegsdienstbeschädigung, S. 295f.
250 Ebd., S. 296.
251 Dies gelte erstens, wenn die »Schädigungen des täglichen Lebens«, die auf den Neurotiker einwirkten, sich im Kriegsdienst nicht gegenüber der Vorkriegszeit erhöht hätten, oder wenn zweitens »die neurotischen Erscheinungen in gleicher oder gleichwertiger Form schon vor dem Diensteintritt bei dem betreffenden Neurotiker beobachtet« worden seien. Drittens spräche für die ausschlaggebende Bedeutung des endogenen Faktors der »klinische Charakter der vorliegenden Störungen«, worunter »Verstimmungen und Bewußtseinsstörungen« wie depressive Anwandlungen oder funktionelle Klagen über Magen- oder Herzstörungen ohne besonderen Anlass fielen. Ebd., S. 296.

»Die Tatsache, daß es sich nur um eine ihrer Natur nach vorübergehende Reaktionsform eines an sich unveränderten Zustandes handelt, darf nicht dazu führen, die D.B. oder Kriegs.-D.B.-Frage zu verneinen, wenn die Erscheinungen dieser Reaktion noch z. Zt. des Ausscheidens bestehen. Ebensowenig darf die Erwägung, daß durch Anerkennung von D.B. bei einem Psychopathen eine u. U. die Heilung verhindernde Krankheitssuggestion erzeugt wird, ausschlaggebend für die Beurteilung der D. B. oder Krieg-D. B.-Frage sein.«

Weder die Temporalität der nervösen Störungen noch die Gefahr einer »Rentenneurose« sollten bei der ärztlichen Begutachtung eine Rolle spielen.[252] Explizit sollten die Ärzte davon abgehalten werden, ihre Entscheidung über die Versorgungsberechtigung von der Frage abhängig zu machen, ob diese die Heilung der Patienten fördere. Man wollte also verhindern, dass ein rein medizinischer Maßstab aufgrund der neuen medizinischen Erkenntnisse, die im Krieg über die Kriegsneurose im Fachdiskurs gesammelt und diskutiert wurden, bei der Begutachtung der Patienten zu deren Nachteil angewendet wurde.

Insgesamt ergibt die Auswertung der Versorgungsakten der Offiziere, dass in der Weimarer Republik die begutachtenden Ärzte auch bei den Offizieren a. D. meist rein medizinische Kriterien anwandten, die sie mit der Gesetzeslage abglichen, und keine Gefälligkeitsgutachten ausstellten. Im Verhältnis zwischen Nervenärzten und Offizieren markiert das Kriegsende eine deutliche Zäsur im Vergleich zum Weltkrieg[253] und vor allem zur Vorkriegszeit, als Standesgesichtspunkte die ärztliche Diagnostik und Behandlung der Offiziere sehr viel stärker beeinflussten und eine deutliche Privilegierung gegenüber Mannschaftssoldaten bedeuteten.[254]

Dies zeigt der Fall des Leutnants Ulrich H.[255] Dieser litt 1917 an einer »psychogenen Lähmung« des linken Beines, nachdem er Anfang April 1917 durch einen Granatvolltreffer weggeschleudert worden und kurze Zeit bewusstlos gewesen war. Er wurde nach mehreren Lazarettaufenthalten im Reservelazarett der Universitätsnervenklinik Tübingen behandelt. Nach dem Krieg arbeitete er als Reisender für zahnärztliche Instrumente – er hatte eine Ausbildung zum praktischen Zahnarzt – und war bei Verwandten angestellt.

---

252 Ebd., S. 297.
253 Siehe hierzu auch Kap. V.2.c. Die medizinische Versorgung psychisch versehrter Offiziere in der Weimarer Republik. Vgl. zur Kriegszeit Kap. III.3.b. Arzt-Patienten-Verhältnis.
254 Siehe hierzu Kap. I.2.b. Die Moderne als Ursache psychischer Leiden: Neurasthenie und Degenerationsvorstellungen.
255 UAT 669/30404 Krankenakte von Leutnant Ulrich H.

Seit dem 1. Dezember 1919 erhielt er eine Pension entsprechend dem Offizierspensionsgesetz, da er als zu jedem Militärdienst unfähig angesehen wurde. 1922 wurde erneut ein fachärztliches Gutachten angefordert, welches der Tübinger Klinikdirektor Robert Gaupp am 31. Oktober 1922 erstellte. Er begutachtete den Leutnant a. D. als garnisonsdienstfähig, wohl wissend, dass dieser damit seine Pension verlor:

»Psychisch fand sich keinerlei Störung. [...] Den Eindruck besonderer nervöser Empfindlichkeit hatte man in keiner Weise, was er auch selbst als richtig zugab. [...] Es ist nicht einzusehen, warum nicht der objektiv völlig gesunde Mensch Wachdienst, Patrouillen und Waffengebrauch in der für einen Offizier geforderten Weise betätigen kann, bloss weil er bei Hitze gelegentl. Beschwerden hat oder beim Bücken oder längerem Stehen einige Missempfindungen verspürt. [...] Er darf als seit Dezember 1919 dauernd als garnisonsdienstfähig betrachtet werden. Die von dem Offizierpensionsgesetz geforderte Unfähigkeit zu jedem Militärdienst liegt demnach nicht vor.«[256]

Auch die aus der Zeit der Weimarer Republik erhaltenen psychiatrischen Gutachten der Charité belegen, dass selbst Stabsoffiziere oder Adelige nicht mit besonderem Wohlwollen behandelt wurden, sondern es auch über ihre Fälle medizinische Fachdiskussionen gab, in denen ihre soziale Stellung keine Rolle spielte. In den Gutachten Bonhoeffers und seiner untergebenen Psychiater über psychisch versehrte Weltkriegsoffiziere, in denen vorrangig die Frage geklärt wurde, inwieweit das Leiden mit dem Kriegsdienst zusammenhing, sind meist neben dem Gutachten auch die vorherigen ärztlichen Einschätzungen wiedergegeben. Sie zeigen den Meinungspluralismus, der zwischen den einzelnen Ärzten, aber auch zwischen Ärzten und Juristen herrschte und die geringe Bedeutung sozialer Gesichtspunkte.[257]

So spielten im Fall des Oberstleutnants a. D. Graf von S. sein hoher militärischer Rang und Grafentitel in den sehr nüchtern gehaltenen medizinischen Gutachten keine Rolle. Bei seinem Tod wurde 1931 geprüft, ob dieser auf eine Dienstbeschädigung wegen der psychischen und körperlichen Strapazen einer 40–monatigen Kriegsgefangenschaft zurückzuführen sei. Die Ärzte traten als Experten auf, die allein den medizinischen Befund im Blick hatten, den sie unterschiedlich beurteilten. Auch der begutachtende Psychia-

---

256 Ebd., Gutachten Gaupps von 1922.
257 Vgl. z.B. UAHUB, nerv - 017 Psychiatrische Gutachten für Gerichte und Versicherungsgesellschaften, 1914–1938, Gutachten für Major a. D. Graf zu E., 4.5.1922.

ter an der Charité hielt es für nicht endgültig feststellbar, ob der Tod auf den Kriegsdienst zurückzuführen sei.²⁵⁸ Eine klare Neuerung gegenüber der Kriegszeit war auch, dass die Ärzte nicht mehr davor zurückschreckten, auch bei Offizieren den Verdacht auf Simulation zu prüfen. Dass nach 1918, anders als im Krieg, die Frage von Lüge und Simulation ausführlich behandelt wurde und den Offizieren nicht per se Glaubwürdigkeit bescheinigt wurde,²⁵⁹ macht das Gutachten in der Verhandlung des Reichs-Militärversorgungsgerichts über die Rentenansprüche eines Leutnants der Reserve mit nervösen Störungen 1920 sehr deutlich.²⁶⁰ Als Argumente für die Echtheit seiner subjektiven Beschwerden – darunter »nachts auftretendes Angstgefühl mit Luftmangel, Kurzatmigkeit und Luftmangel bei schwerer Arbeit, schnelle allgemeine Ermüdung, Rückenschmerzen beim Bücken und Wiederaufrichten sowie endlich Kopfschmerzen in der rechten Schädelseite«²⁶¹ – führte der Sanitätsarzt die in der Untersuchung festgestellten »objektiv nachweisbaren Störungen« auf sowie das Argument, dass der Offizier seine »Verwundung« im Feld erlitten habe. Auch betonte er, dass bei dieser Sachlage kein Anlass bestehe, die Aussage des Klägers anzuzweifeln, dass er »nach seiner Entlassung aus dem Militärdienst infolge stark auftretender Kopfschmerzen, Schlaflosigkeit mit Angstgefühlen, Versagen des Gedächtnisses und der Willenskraft« sein Studium aufgeben musste.²⁶² Als weitere Argumente für seine Glaubwürdigkeit und gegen eine übertriebene Darstellung seiner subjektiven Leiden wurden die längeren Lazarettaufenthalte im Krieg und ein Zeugnis seines Truppenarztes von 1915 aufgeführt, in dem es hieß, dass der Offizier »im übertriebenen Diensteifer dazu neigt, seine Beschwerden zu übergehen.«²⁶³

Dass die politische Zäsur 1918 auch im Verhältnis zwischen Nervenärzten und Offizieren eine Veränderung bewirkte, die dazu führte, dass die

---

258 UAHUB, nerv - 020 Psychiatrische Gutachten für das Reichsversorgungsgericht und andere versorgungsörtlichen Dienststellen, 1914–1943, Gutachten über den Oberstleutnant a. D. Graf von S., fol. 6.
259 Siehe zur Kriegszeit den Abschnitt »Simulationsverdacht bei Offizieren« in Kap. III.3.b. Arzt-Patienten-Verhältnis.
260 Vgl. hierzu Entscheidungen des Reichsversorgungsgerichts, Bd. 1, 1921, Nr. 52, S. 107–109.
261 Ebd., S. 108.
262 Ebd., S. 108. Hier zeigt sich die verbreitete Vorstellung, dass die Willenskraft ähnlich wie die Nervenstärke geschädigt werden konnte, die häufig auch synonym gebraucht wurden.
263 Ebd., S. 108. Vgl. auch Kap. V.2.f. Das Selbstbild psychisch versehrter Offiziere in der Weimarer Republik, wie die Prüfung des Simulationsverdachts auf die betroffenen Offiziere wirkte.

Nervenärzte deutlich weniger bereit waren, den Offizieren a. D. eine privilegierte Stellung einzuräumen und deren Wünsche in ihre medizinischen Urteile einfließen zu lassen, hatte vor allem vier Ursachen. Erstens spielte eine große Rolle, dass die Psychiater ihre Autorität und Deutungsmacht gegenüber den Offizieren ausweiten konnten, dass das militärische Hierarchieverhältnis, das zwischen Offizieren und Sanitätsoffizieren im Krieg bestanden hatte, weggefallen war und die Psychiater nun anders als im Krieg zivile Stellungen innehatten. Hinzu kam zweitens, dass das Sozialprestige der Psychiatrie durch den Krieg zwar gelitten hatte, aber der Niedergang des Ansehens deutlich geringer als beim Offizierskorps war.

Drittens hatten die Nervenärzte in der Weimarer Republik, genauso wie im Krieg, nicht nur das Leid des individuellen Patienten, sondern auch das Wohl des Staates im Blick. Während sie im Krieg vielfach Überlegungen zu den militärischen Auswirkungen psychischer Leiden angestellt hatten, machten sie sich nun Gedanken über den Fiskus und die Volksgesundheit, die sie seit der Niederlage und der Revolution zur politischen Zukunft Deutschlands in Beziehung setzten.[264] Dabei waren die meist nationalkonservativen Nervenärzte in ihren Zeitdiagnosen nach 1918 verglichen mit der Kriegszeit deutlich weniger zurückhaltend und nahmen klare Schuld- und Krankheitszuweisungen vor. So schreckten sie nicht davor zurück, selbst den ehemaligen Kaiser Wilhelm II. zum medizinisch-forensischen Untersuchungsobjekt zu machen und als »Psychopathen« zu diagnostizieren, dem sie eine Vielzahl krankhafter Merkmale zuschrieben, die als Symptome der Moderne gedeutet wurden.[265] In ihren Schriften riefen sie zum »seelischen Wiederaufbau des

---

[264] Eine Fraktion der Nervenärzte erklärte die militärisch-politische Niederlage mit einem kollektiven »nervösen Zusammenbruch«, den die umfassende Erschütterung der »Volksseele« durch den Krieg verursacht habe. Eine andere Fraktion ging von einer psychischen Epidemie aus, die zu revolutionären Massen geführt habe. Bonhoeffer, Inwieweit sind politische, soziale und kulturelle Zustände einer psychopathologischen Betrachtung zugänglich?, S. 598–601; Freimark, Die Revolution als psychische Massenerscheinung; Stelzner, Psychopathologisches in der Revolution, S. 393–408. Vgl. hierzu auch Freis, Psyche, Trauma und Kollektiv, S. 70–74; Beddies, Profilierung und Positionierung deutscher Psychiater, S. 40f.

[265] Freis, Diagnosing the Kaiser, S. 273–294. Auch führende politische Revolutionäre wurden entsprechend analysiert. Kahn, Psychopathen als revolutionäre Führer, S. 90–106. Kahn führte zur Definition von »Psychopathen« aus: »Als Psychopathen werden in der Psychiatrie nicht ganz intakte Persönlichkeiten bezeichnet, die bei im allgemeinen ausreichender, nicht selten sogar guter Verstandesbegabung Mängel auf dem Gebiete des Fühlens und Wollens aufweisen; Mängel, die diese Persönlichkeiten zwar keineswegs als geisteskrank erscheinen, die sie aber oft genug im Leben falsche Wege gehen und auch scheitern lassen.« Ders., Psychopathie und Revolution, S. 968.

deutschen Volkes« auf und forderten für sich selbst zentralen staatspolitischen Einfluss zur Behebung der Missstände, womit sie die Grenzen zwischen Medizin und Politik ein Stück weit aufhoben.[266]
Viertens etablierte sich nach 1918 neben der nationalkonservativen Mehrheit als Minderheitenposition eine neue Richtung in der Psychiatrie, deren Vertreter zumeist dem sozialistischen Lager zugerechnet werden können und die den Offizieren auch deswegen keine Privilegierung einräumten. Diese Ärzte begrüßten die veränderten politischen Verhältnisse, verbanden mit ihnen die Hoffnung, dass nun als überfällig empfundene gesellschaftspolitische Veränderungen und sozialreformerische Konzepte der Fürsorge umgesetzt werden konnten und engagierten sich auch aktiv politisch dafür. Sie erstrebten eine größere Wertschätzung des psychisch Kranken und eine umfassende psychische Heilkunde, die psychiatrisches Handeln mit psychologischem Denken und psychotherapeutischer Behandlung vereinte. Ihr Ansatz stellte die Bedürfnisse des Individuums in den Mittelpunkt, an denen sich die Therapien auszurichten hatten. Dabei gingen sie von deformierenden sozialen und Umwelteinflüssen auf die Psyche aus und zielten darauf, psychische Leiden nicht als pathologisch anzusehen, sondern zu »normalisieren«, wodurch sie die traditionelle Psychiatrie als medizinische Disziplin in Frage stellten.[267]

Einschränkend zum Ergebnis, dass ein nüchterner, medizinischer Maßstab bei der Begutachtung psychisch versehrter Offiziere a. D. vorherrschte, ist zu bemerken, dass im Einzelfall noch immer eine Privilegierung wegen des Offiziersranges erfolgen konnte, indem Versorgungsärzte ihren Entscheidungsspielraum entsprechend nutzten. Hier spielte eine Rolle, dass nationalkonservative Psychiater und Offiziere in ihren Haltungen und Erfahrungen nach wie vor in hohem Maße übereinstimmten, was Solidarität er-

---

266 Gaupp, Der Arzt als Erzieher seines Volkes, S. 77–80; Gaupp, Die zukünftige Stellung des Arztes im Volke; Stransky, Der seelische Wiederaufbau des deutschen Volkes und die Aufgaben der Psychiatrie, S. 271–280. Die Nervenärzte profitierten davon, dass sich in politischen Umbruchsphasen die Wechselwirkungen zwischen Politik und Wissenschaft stets verstärken. Ash, Wissenschaft und Politik, S. 18; Jensen/Morat, Die Verwissenschaftlichung des Emotionalen in der langen Jahrhundertwende, S. 26; ausführlicher siehe Freis, Die »Psychopathen« und die »Volksseele«, S. 48–68; Roelcke, Krankheit und Kulturkritik; Beddies, Sendung und Bewusstsein, S. 273f.
267 Seidel, Weltkrieg und Moderne, S. 32–35; Neuner, Die Rückkehr in den Alltag, S. 399–401. Ein Vertreter war Arthur Kronfeld, der expressionistisch-revolutionärem Denken nahestand und in der Kulturkritik des Expressionismus beheimatet war. Zu Biografie und Werk vgl. Kittel, Arthur Kronfeld (1886–1941), S. 397–402 sowie ders., Arthur Kronfeld 1886–1941.

zeugte. Beide Gruppen einte ihr elitäres Bewusstsein und vielfach auch das Kriegserlebnis im Offiziersrang. Hinzu kamen die traumatisierende Erfahrung des gesellschaftlichen Niedergangs beider Gruppen nach Kriegsende und der Hass auf Kommunisten und Sozialdemokraten, die für die Revolution verantwortlich gemacht wurden.[268] Und schließlich hatten beide nach wie vor die Hoffnung, dass ihr politischer und gesellschaftlicher Einfluss wieder zunehme.[269]

Die Wirksamkeit sozialer Kriterien galt vor allem dann, wenn es dem psychisch versehrten Offizier gelang, seine Beziehungen spielen zu lassen – sei es, dass er selbst den begutachtenden Arzt kannte oder Personen, die in Beziehung zum Arzt standen, dazu bringen konnte, sich für ihn einzusetzen. Hinzu kam, dass Offiziere mit Generalsrang als Angehörige der Oberschicht weiterhin oft bevorzugt behandelt wurden. So beschwerte sich ein Leutnant der Landwehr a. D. 1924 in einem Brief über die Privilegierung der Generalität gegenüber Leutnants, Unteroffizieren und Mannschaften durch die Versorgungsärzte:

»Weshalb werden bei einem General, wie ich es schon häufig beobachtet habe, Bücklinge bis auf die Erde gemacht und jede von den Herren beantragte Kur für selbstverständlich gehalten und bewilligt, aber ohne die Herren vorher erst noch durch eine Anzahl von Fachärzten der Versorgungsämter zu untersuchen bezw. zu beobachten? [...] Mir sagte noch vor einiger Zeit eine hochstehende bedeutende Persönlichkeit mit dem ich die Ehre hatte zusammen zu sein, ›es ist schändlich, wie man heutzutage bei den Versorgungsbehörden mit den Kriegsbeschädigten der untern Dienstgrade verfährt, während man nach oben vor Liebedienerei und Schmarotzerei nicht weiß was man anfangen soll.‹«[270]

Das Entgegnungsschreiben des zuständigen Arztes im Hauptversorgungsamt Kassel zeigt aber auch, dass der Arzt den Vorwurf, dass ehemalige

---

268 Auch die Psychiater engagierten sich nach 1918 für die Restauration, die Revision des Versailler Vertrags und die Wiedererstarkung Deutschlands und richteten ihr Denken an kriegerischen Prinzipien aus. Die Nervenärzte diffamierten die Demokratie als »Proletendiktatur«. Dass die Stimme eines Psychiaters nun bei der Wahl so viel Gewicht haben sollte wie die eines »minderwertigen« Psychopathen, konnten sie schwer akzeptieren. Vgl. z.B. Fischer, Wahlrecht, Wahlfähigkeit und Wählbarkeit der Geisteskranken, S. 315. Siehe hierzu Beddies, Profilierung und Positionierung deutscher Psychiater, S. 34f., 42f.
269 Besondere Hoffnung setzten sie hier in den letzten Jahren der Weimarer Republik in den politischen Aufstieg der Nationalsozialisten. Neumann, »Arzttum ist immer Kämpfertum«, S. 50.
270 BArch, R 3901/Nr. 8721, Beschwerden Beschädigter über Begutachtung und Gutachter, Bd. 2, März 1922 - Febr. 1925, Landesinspektor Karl W., Leutnant der Landwehr a. D. Vgl. zu seinem Fall auch BArch, R 3901/Nr. 8722, fol. 253.

Generale bevorzugt behandelt würden, zurückwies und seinerseits als Beleidigung ansah.[271] Auch bei den Versorgungsbehörden, die die letzte Entscheidung über den Rentenantrag unter Berücksichtigung der ärztlichen Gutachten fällten, erfuhren Offiziere a. D. im Regelfall keine privilegierte Behandlung. Eine Ausnahme stellten auch hier wieder diejenigen Fälle dar, wenn psychisch versehrte Offiziere persönliche Beziehungen zu Verwaltungsbeamten hatten. Meist beschäftigte sich die Versorgungsbürokratie aber nüchtern mit ihren Fällen.

Dass in der Bürokratie der Weimarer Republik Klassengesichtspunkte gegenüber dem Kaiserreich stark an Bedeutung verloren hatten, zeigt die Korrespondenz mit dem Oberstleutnant z. D. und damaligen ehrenamtlichen Bezirksobmann des Bayerischen Kriegsbundes von Traunstein R. sowie der interne Behördenbriefwechsel über den Fall Mitte der 1920er Jahre.[272] Die Verwaltungsbehörden waren nicht gewillt, R. wegen seines hohen militärischen Ranges oder seiner Stellung als Bezirksobmann eine Vorzugbehandlung zu gewähren, wobei die Fronten verhärtete, dass R. aufgrund seiner Position jegliche Kritik ablehnte und selbst Beleidigungen austeilte. So schrieb er am 10. Januar 1927 in seiner ehrenamtlichen Funktion als Bezirksobmann eine Dienstaufsichtsbeschwerde ans Reichskriegsministerium, in der er sich über die Nichtbeachtung seiner Briefe durch das Versorgungsamt München beklagte,[273] aber auch eine Fundamentalklage erhob:

---

271 Er verzichte auf strafrechtliche Verfolgung nur, da er das Nervenleiden als Erklärung ansehe, doch warne er den Beschwerdeführer, dass er zukünftig entsprechende Schritte einleiten würde, da von einem Mann seines Bildungsgrades die Einhaltung der »im Verkehr mit Behörden üblichen Schreibweise in erhöhtem Maße gefordert werden kann.« Am 11.04.1925 wurde die Beschwerde über das Verhalten des Regierungs-Medizinalrats Dr. Moll abgelehnt. BArch, R 3901/Nr. 8722, Beschwerden Beschädigter über Begutachtung und Gutachter, Bd. 3, März 1925 - Okt. 1926, Landesinspektor Karl W., Leutnant der Landwehr a. D. o. fol.
272 BArch R 3901/Nr. 8723 Schreiben des Oberstleutnants Bezirksobmann R. an das Reichsarbeitsministerium 10.1.1927. Der »Bayerische Kriegerbund« hatte die Besonderheit, dass er anders als die Kriegervereine im übrigen Reich nach dem Krieg keine bloße Vereinigung der Angehörigen des ehemaligen Heeres war, sondern eng mit den Hilfsorganisationen verbunden war. 1918 hatten sich der »Bayerische Veteranen- und Kriegerbund« und der Bund der Kriegsteilnehmer und Kriegsbeschädigten zum »Bayerischen Kriegerbund« vereinigt. Mitglieder des Kriegerbundes übernahmen seitdem auch Betreuungsaufgaben und unterstützten Rentensucher bei ihren Anträgen beim Versorgungsamt. Frank, Handbuch für die Vertreter und Vereine des Bayerischen Kriegerbundes.
273 Das Versorgungsamt München hatte wegen des Verhaltens von R. (Masse an Briefen, beleidigender, unsachlicher Ton) beschlossen, dass ihm nicht mehr geantwortet werden

»Die Versorgungsämter in München spielen [sich, G.G.] überhaupt gegen den Kriegsbeschädigten und besonders auch gegen deren ehrenamtlichen Vertretern in einer Weise als vorgesetzte Be[hörden, G.G.] im unangenehmen Sinne auf, die bei den im Versorgungswesen herrschenden katastrophalen Zuständen untragbar ist.«[274]

Im folgenden Schreiben des Versorgungsamtes München an das Reichsarbeitsministerium wies dieses die Vorwürfe zurück und beklagte stattdessen den »unsachlichsten« Ton von R., »ein Ton, wegen dessen sich R. übrigens schon in der alten bayerischen Armee – R. wurde 1917 pensioniert – eines weitreichenden Rufes erfreute.«[275] Handschriftlich wurde vom Arbeitsministerium notiert, dass die Angelegenheit als erledigt anzusehen sei.

Auch wenn sich psychisch versehrte Offiziere, deren ärztliche Gutachten nicht ihre Wunschergebnisse zeitigten, bei Versorgungsbehörden beschwerten, dass Gutachter sich nicht ausreichend Zeit für ihren Fall genommen oder ihr Leiden falsch interpretiert hätten, wurden die Klagen meist abgewiesen. Die erhaltenen Antworten auf Beschwerden psychisch versehrter Offiziere erweisen zusammen mit den zugehörigen Schriftwechseln innerhalb der Versorgungsbürokratie, dass die Versorgungsärzte und -beamten Offizieren keine Sonderstellung unter den Kriegsbeschädigten einräumten, sondern sie als Teil dieser Gruppe betrachteten. Militärische Titel werden auffallend selten erwähnt. Meist bildeten Versorgungsbeamte und -ärzte eine defensive einheitliche Front, die sich auch daraus erklärt, dass sie sich von der Gruppe der Kriegsbeschädigten insgesamt angegriffen fühlten, da diese

---

sollte, dass aber die Fälle, die er vertrat, weiterhin sachlich geprüft werden sollten. Das Versorgungsamt München-Land begründete am 30. September 1926 seine Bitte um den Kommunikationsstopp mit folgenden Argumenten: Der Antragsteller schriebe ihnen dauernd Vorwürfe und Beleidigungen hinsichtlich ihrer Arbeit. Selbst klage er sie aber andauernd an, dass er sich den beleidigenden Ton verbitte. Auch zitiere er häufig andere Personen, die er vertrat, in unrichtiger Weise, um skandalöse Zustände beim Versorgungsamt »nachzuweisen«. Und schließlich führe die Fülle an Briefen, die er schrieb, zu einer enormen Belastung der Sachbearbeiter. BArch R 3901/Nr. 8723 Schreiben des Leiters des Versorgungsamtes München-Land an den Direktor des Hauptversorgungsamtes München vom 30.12.1926. Dass der letztere Vorwurf nicht unbegründet war, zeigt zum Beispiel der Brief von R. vom 21. Dezember 1926, den er mit »Schreiben Nr. 542 des Obmanns des Kriegerbundes Traunstein Obstltn. a. D. R.« betitelte. Ebd., Schreiben Nr. 542 des Obmanns des Kriegerbundes Traunstein Obstltn. a. D. R. v. 21.12.1926.

274 Ebd., Schreiben des Oberstleutnants z.B. Bezirksobmann R. an das Reichsarbeitsministerium 10.1.1927.
275 Ebd., Schreiben des Haupt-Versorgungsamtes München an das Reichsarbeitsministerium 16.3.1927.

oft mit ihren Anklagen an die Presse gingen oder die Ärzte auch körperlich bedrohten.[276] Auch die Gruppe der Juristen, die in die Versorgungsverfahren eingebunden waren, da psychisch versehrte Offiziere zur Durchsetzung ihrer Versorgungsansprüche vielfach vor dem Reichsversorgungsgericht klagten, räumten Offizieren, obwohl diese eine ähnliche soziale Stellung wie sie selbst innehatten, keine Privilegien ein. Vielmehr prüften die Richter bei Verfahren von Offizieren Schritt für Schritt die rechtlichen Regelungen und kamen dabei in nicht wenigen Fällen zu abweichenden Einschätzungen von den ärztlichen Gutachten, die vor Gericht offiziell nur als ein Beweismittel zur »Aufklärung des Sachverhalts« galten und nicht die richterliche Entscheidung vorwegnahmen.[277] In einer Urteilsbegründung ging ein Richter des Reichsversorgungsgesetzes auf das Selbstverständnis seiner Berufsgruppe ein: »Aufgabe des Richters ist es, hier den mutmaßlichen Willen des Gesetzgebers zu erforschen und demgemäß eine Entscheidung zu treffen, die der Billigkeit entspricht.«[278]

---

[276] Dies machen die Schriftwechsel über die Beschwerden sehr deutlich. Vgl. hierzu BArch R3901/ Nrn. 7824, 7850, 7876, 7887, 7914, 7974, 7989, 8000, 8591, 8719, 8720, 8721, 8722, 8723, 8724, 8725 Beschwerden Beschädigter über Begutachtung und Gutachter. In seiner Biografie »Jahresringe« schreibt der Freiburger Ordinarius Alfred Hoche zum Arzt-Patienten-Verhältnis zu Beginn der Weimarer Republik im Rahmen der Versorgungsverfahren im Jahre 1934: »Nach dem Kriege hielten manche Nervenärzte, denen gegenüber abgewiesene und verhetzte Kriegsrentenbewerber schwer bedrohlich wurden, ihre Sprechstunden mit einem Revolver auf dem Schreibtische ab. Ich selbst habe immer als harmlos aussehende Waffe einen schweren stählernen Kantel zur Hand gehabt, mit dem man nötigenfalls schon etwas ausrichten konnte.« Hoche, Jahresringe, S. 216f. Vgl. hierzu auch Rauh, Von Verdun nach Grafeneck, S. 59.
[277] Neuner, Politik und Psychiatrie, S. 82.
[278] Entscheidungen des Reichsversorgungsgerichts, Bd. 5, 1926, S. 213f. Der Richter tat diese Äußerung im Zusammenhang mit einer Klage, in der er sich gegen eine Pensionserhöhung des klagenden Offiziers aussprach: »Es würde nicht zu verstehen sein, warum der Offizier, der während des Krieges vorübergehend mit einer höheren Dienststelle beliehen war, nur deshalb, weil er kurze Zeit nach dem 1. April 1920 in den Ruhestand versetzt worden ist, eine höhere Pension beziehen soll als der, der unter ganz gleichen Verhältnissen vor dem genannten Tage seinen Abschied erhalten hat. Ist es nicht zu billigen, daß etwa aus finanzpolitischen Interessen über wohlerworbene Rechte von Volksgenossen hinweggegangen werden darf, so ist es auch andererseits nicht zulässig, daß lediglich aus formal-juristischen Gründen eine unterschiedliche Behandlung derselben Volksgenossen stattfindet, obwohl die sachlichen Grundlagen des Anspruchs die gleichen sind.« Ebd., S. 213. Hier wird sehr deutlich, dass er Offiziere wie alle Bürger als »Volksgenossen« betrachtete, denen keine privilegierte Behandlung zukam.

Die psychisch versehrten Offiziere ihrerseits nahmen die zivile Versorgungsbürokratie oft als »kalt«, überbürokratisiert und respektlos, die Verfahren als demütigend, kompliziert und langwierig und die bewilligten Zuwendungen als zu niedrig wahr.[279] Dies ergibt sich aus den erhaltenen Beschwerdebriefen von Offizieren, da die Rentenbewilligungsverfahren ansonsten den psychisch Versehrten nur wenig Raum erlaubten, um ihre subjektive Sicht darzustellen. Dabei ist zu bedenken, dass es sich bei den Briefschreibern um eine Protestgruppe handelt, die mit den Versorgungsbehörden und dem Entscheidungsprozess unzufrieden war. Es ist zu bedenken, dass Offiziere, die sich nicht beschwerten, wahrscheinlich besser mit diesem System zurechtkamen. Die deutliche Kritik ist dennoch bezeichnend, da sich die Briefschreiber im eigenen Interesse darum bemühten, ihre Argumentation anschlussfähig an die diskursiven Denkmuster von Ärzten und Behörden zu gestalten.

Für die Negativwahrnehmung der Versorgungsbürokratie durch die Offiziere spielte eine wichtige Rolle, dass bereits die Inanspruchnahme von Versorgungsleistungen wegen einer psychischen Versehrung für die Offiziere nach 1918 nur schwer mit ihrem Selbstwertgefühl vereinbar war.[280] Auch die Kompliziertheit der Versorgungsverfahren und die Notwendigkeit, dass Offiziere aktiv ihren Versorgungsanspruch geltend machten, trugen dazu bei, dass manche psychisch versehrten Offiziere es unterließen, einen Antrag zu stellen, da ihre Erkrankung sie daran hinderte, sich zu Kriegsende umfassend über ihre Rechte zu informieren, Anträge einzureichen und die rechtlichen Schritte zur Geltendmachung ihrer Versorgungsansprüche einzuleiten. In einem Beschwerdebrief an den Reichspräsidenten vom 9. Oktober 1930 führte etwa der Leutnant a. D. Konrad D. hierzu näher aus, dass er »dienstunfähig nach tadelloser Dienstzeit, nach Verwundungen, Abstürzen als Flieger, Krankheiten, bei 10 ½ jähriger Dienstzeit aus der Reichswehr herausgejagt und um meine Rechte betrogen wurde [...].«[281] Dies habe er mit sich machen lassen, da er damals unter

---

279 Crouthamel, Mobilizing Psychopaths into Pacifists, S. 206.
280 Siehe hierzu Kap. V.2.f. Das Selbstbild psychisch versehrter Offiziere in der Weimarer Republik.
281 BArch, R 3901/Nr. 10260, Bl. 371–373, Versorgung des Leutnants a. D. Konrad D., Bd. 1, Juli 1927 - Nov. 1935 (ohne fol.).

»nachweislich aus dem Kriege stammende[r] Nervosität oder Neurasthenie oder Nervenschwäche« gelitten habe.[282] Ein weiterer wichtiger Faktor in Bezug auf die Wahrnehmung der Versorgungsbürokratie war, dass die Offiziere es als Zurücksetzung empfanden, dass ihre Versorgungsansprüche nun von den Versorgungsbehörden des Arbeitsministeriums und nicht mehr innermilitärisch geregelt wurden. So stellte der Leutnant der Landwehr a. D. Karl W. 1924 in einem Beschwerdebrief die These auf, dass erst im staatlichen System nach dem Krieg mit Willkür und Ablehnung mit den Kriegsbeschädigten umgegangen würde. Dies sei, solange das Militär noch zuständig gewesen sei, nicht geduldet worden:

»Es ist nun einmal eine Tatsache und an Dutzenden von Beispielen bewiesen, dass man keinerlei Verständnis für die Kriegsbeschädigten im neuen Deutschland der schönen Reden und roten Luftschlösser hat, und man gänzlich der Willkür der Versorgungsärzte ausgeliefert ist [...]. So etwas wäre bei den früheren deutschen Generalkommandos nicht möglich gewesen, solche Aerzte hätte man zum Teufel gejagt.«[283]

Auch die lange Dauer der Verfahren stellte eine starke Belastung für die Offiziere dar und spielte eine große Rolle für ihre Unzufriedenheit mit dem Versorgungssystem der Weimarer Republik.[284] Sie resultierte daraus, dass durch die Einführung des Reichsversorgungsgesetzes 1920 in einem großen Umanerkennungsverfahren alle bis dato vorgenommenen Berentungen erneut beurteilt werden mussten. Dies führte zur Überlastung der Bürokratie und zur Verzögerung der Bearbeitungszeiten in den kommenden Jahren.[285]

Besonders haderten die Offiziere damit, dass sie kaum eine aktive Rolle in den Versorgungsverfahren einnehmen konnten. Ihre subjektive Sicht wurde ihrer Meinung nach ungenügend berücksichtigt und sie wurden nicht

---

282 Die synonyme Setzung der Begriffe spricht dafür, dass er einerseits die verschiedenen Diagnosen in seinen einzelnen Krankenblättern gelesen hatte, andererseits keine großen Unterschiede zwischen den Krankheitsbezeichnungen machte.
283 BArch, R 3901/Nr. 8721, Beschwerden Beschädigter über Begutachtung und Gutachter, Bd. 2, März 1922 - Febr. 1925, Landesinspektor Karl W., Leutnant der Landwehr a. D. Vgl. zu seinem Fall auch BArch, R 3901/Nr. 8722 fol. 253f.
284 In einem Brief von Januar 1930 machte etwa Leutnant a. D. Konrad D. seine prekäre Lage wegen der langwierigen Verfahren deutlich, indem er schrieb: »Das Pensionsverfahren schwebt – schwebt – schwebt! Und Arbeitslosenhilfe ist langsamer Hungertod, [...].« BArch, R 3901/Nr. 10260, Bl. 371–373, Versorgung des Leutnants a. D. Konrad D., Bd. 1, Juli 1927 - Nov. 1935 (ohne fol.).
285 Neuner, Politik und Psychiatrie, S. 79f.

über die einzelnen Begutachtungsresultate und Verfahrensabläufe informiert. So polemisierte der Leutnant a. D. Konrad D. in einem Brief an den Reichsarbeitsminister vom 2. Dezember 1931 dagegen, dass seine eigene Einschätzung seiner Leiden bei Ärzten, Gerichten und Behörden in der Kriegsbeschädigungsfrage kein Gewicht habe:

»[...] Mir als geistig kriegsbeschädigten Manne muß es selbstverständlich unmöglich sein und gewesen sein, meine Leiden, an die ich mich im Kriege und in den schweren Nachkriegsjahren gewöhnte eher zu erkennen als mehrere Dutzend Privat- und Amtsärzte, Gerichte und Behörden, die dazu über mich, den Beurteilten, jegliche Auskunft verweigerten [...].«[286]

Dies zeigt die Frustration von Konrad D. über die Verfahrensabläufe und sein Bedürfnis, Autonomie über seine mentale Gesundheit zu behaupten. Er gewichtete die eigene Erfahrung höher als das Urteil der Ärzte und legitimierte dies damit, dass für Ärzte, die keinen Frontdienst geleistet hatten, seine Erlebnisse und die daraus resultierenden Leiden unverständlich seien. Diese Deutung findet sich bei psychisch versehrten Offizieren wie Mannschaftssoldaten oft. Die eigene Erfahrung wurde als »legitimer Ort des Einspruchs gegen ein Expertenvotum« behauptet.[287]

Und der Leutnant a. D. Karl. W. klagte über das Gutachten des Untersuchungsarztes zu seinem Kurgesuch, dass bei seiner Diagnose »Herzneurose und Herzmuskelschwäche geringen Grades« eine »Kur bei geringem Befund überflüssig« sei, »es kommt nur Landaufenthalt in Frage.« Karl W. fasste den Befund als beleidigend auf. Besonders ärgerte ihn an der ärztlichen Befundbeschreibung, dass von Gefühlen die Rede sei, während er »wirkliche Schmerzen« habe. Er sah hierin eine Methode des Versorgungsarztes und verallgemeinerte, dass Versorgungsärzte ärztlichen Zeugnissen des Kriegsbeschädigten keine Beachtung schenken und meist zu gegenteiligen Einschätzungen kommen würden.[288]

Viele psychisch versehrte Offiziere gaben, wenn sie mit ihren Versorgungsverfahren unzufrieden waren, der Regierung die Schuld, die sie bis Ende der 1920er Jahre als offiziersfeindlich einschätzten. Neue Hoffnung

---

286 BArch, R 3901/Nr. 10260, Bl. 371–373, Versorgung des Leutnants a. D. Konrad D., Bd. 1, Juli 1927 - Nov. 1935 (ohne fol.).
287 Vgl. zur Wendung Brink, Grenzen der Anstalt, S. 174. Siehe daneben auch Neuner, Politik und Psychiatrie, S. 46.
288 BArch, R 3901/Nr. 8721, Beschwerden Beschädigter über Begutachtung und Gutachter, Bd. 2, März 1922 – Febr. 1925, Landesinspektor Karl W., Leutnant der Landwehr a. D. Vgl. zu seinem Fall auch BArch, R 3901/Nr. 8722, fol. 251.

schöpften sie ab der Regierung unter Reichskanzler Papen, von dem sie Verständnis aufgrund der gemeinsamen Vergangenheit als Offizier erwarteten. Die Regierung Papen fiel in die Ära der Präsidialkabinette (1930–1933), in der die Reichskanzler Heinrich Brüning (März 1930 - Mai 1932), Franz von Papen (Juni-Dezember 1932) und Kurt von Schleicher (Dez. 1932 - Januar 1933) regierten.[289] Papen wie auch Schleicher[290] waren im Weltkrieg aktive Offiziere gewesen, Brüning Reserveoffizier.

So beklagte sich Major der Reserve a. D. Werner von C. bei Papen bitterlich über die Regierung in den ersten zwölf Jahren der Weimarer Republik. Sein Fall sei damals als unwichtig eingeschätzt worden, da er Offizier gewesen sei. Am 5. November 1932 schrieb er:

»Zu einer wirklichen Revision meines Falles aber ist es bis heute nicht gekommen, und ich glaube auch, dass die damalige Regierung nicht das geringste Interesse daran hatte, handelte es sich doch nur um Leben und Schicksal eines Offiziers und nicht eines ›Arbeiters‹.«[291]

Bei Papen spielte der Reservemajor a. D. auf den gemeinsamen Offiziersstatus an[292] und beendete seinen Brief mit den Worten:

»Ich weiss ja, sehr verehrter Herr Reichskanzler, dass Sie eben mit anderen grösseren Dingen zum Wohle unseres Vaterlandes den Kopf voll haben, aber vielleicht

---

[289] Damals befand sich die Weimarer Demokratie in einer existenziellen Krise. Der Reichspräsident übte die Befugnisse der Regierungsbildung und Gesetzgebung aus und übernahm damit Kernkompetenzen des ReichstagS. Diese politischen Durchgriffsrechte des Reichspräsidenten (Notverordnungen, Einsetzung des Reichskanzlers, Auflösung des Reichstags) waren zwar verfassungskonform, sollten abe ein Notbehelf zur Krisenbewältigung sein. Dauerhaft wirksam hebelten sie mehr und mehr die Demokratie aus. Kolb/Schumann, Die Weimarer Republik, S. 130–154.
[290] Kurt Ferdinand Friedrich Hermann von Schleicher war ein deutscher Offizier, zuletzt General der Infanterie, und Politiker.
[291] BArch, R 3901/Nr. 10257 Versorgung des Majors der Reserve a. D. Werner von C., Nov. 1931 – Apr. 1943 (ohne fol.), Brief von Werner von C. an Reichskanzler Papen, 5.11.1932.
[292] Dass Werner von C. sich an den hochkonservativen Reichskanzler Franz von Papen wandte, dessen »Kabinett der nationalen Konzentration« sich betont vom Parteienparlamentarismus absetzte, da es aus lauter parteilosen Ministern bestand, die genauso wie Papen aus dem Zentrum oder der Deutschnationalen Volkspartei ausgetreten waren, mag neben seiner politischen Ausrichtung und seinem Offizierstitel auch an dessen Umgang mit dem Adel gelegen haben. In Papens Kabinett waren zahlreiche Adelige vertreten, sodass es auch »Kabinett der Barone« genannt wurde. Möckelmann, Franz von Papen. Allerdings strich Werner von C. in seinem Gesuch seinen eigenen Adel nicht heraus.

nehmen Sie sich doch in einer ruhigen Minute der wirklichen grossen Not eines alten Kameraden an [...].«[293]

Diese Argumentation, dass die offiziersfeindliche Stimmung in den Anfangsjahren der Republik auch das Versorgungswesen geprägt habe, hoben Offiziere besonders in der NS-Zeit hervor. Typisch ist hier die Argumentation des ehemaligen Hauptmanns Paul L., der damals behauptete, der Arzt, der ihn 1923 untersucht habe, sei »marxistisch und offiziersfeindlich eingestellt« gewesen, was die Untersuchung und das Urteil in Bezug auf seinen Versorgungsanspruch negativ beeinflusst habe.[294]

Auffällig ist, dass viele Offiziere, die in Beschwerdebriefen ihre Ablehnung der Versorgungspolitik der Weimarer Republik bekundeten, dennoch deren Rechtsmittel zu nutzen versuchten. So berief sich der Leutnant der Landwehr Karl W. in einer Beschwerdeschrift über das Verhalten des begutachtenden Arztes 1924 auf Artikel 118 der Reichsverfassung, um dagegen vorzugehen. Er bat um Untersuchung seines Falles im Hauptversorgungsamt und schrieb, er wende sich gleichzeitig an »den Herrn Minister, den Deutschen Hilfsbund für kriegsverletzte Offiziere und an einen Reichstagsabgeordneten«.[295]

c. Die medizinische Versorgung psychisch versehrter Offiziere in der Weimarer Republik

Mit der Schließung der Lazarette spätestens in den ersten Nachkriegsjahren und der Verabschiedung des Großteils der Offiziere wurde die therapeutische Versorgung psychisch versehrter Offiziere a. D. auf eine zivile

---

293 Die Hoffnungen von Werner von C. gingen in gewisser Hinsicht auf. Er erhielt vom Staatssekretär der Reichskanzlei Rückantwort, dass der Reichskanzler den Reichsarbeitsminister um wohlwollende Prüfung seines Falles wegen der Gewährung einer einmaligen Beihilfe gebeten habe, die dann auch bewilligt wurde. BArch, R 3901/Nr. 10257 Versorgung des Majors der Reserve a. D. Werner von C., Nov. 1931 – Apr. 1943 (ohne fol.).

294 Diese Sichtweise wird im Brief von der »Nat.Soz.-Kriegsopferversorgung, Bezirk 55 – Köln« wiedergegeben, die ein Unterstützungsgesuch für den Hauptmann a. D. stellte. BArch, R 3901/Nr. 10129 Eingaben, Beschwerden usw. von Offizieren des ehem. aktiven Dienststandes der früheren Wehrmacht in Pensionsangelegenheiten, Buchstabe L, Bd. 2, Juli 1929 – Febr. 1944, Brief von der »Nat.Soz.-Kriegsopferversorgung, Bezirk 55 – Köln«, 7.5.1936.

295 BArch, R 3901/Nr. 8721, Beschwerden Beschädigter über Begutachtung und Gutachter, Bd. 2, März 1922 - Febr. 1925, Landesinspektor Karl W., Leutnant der Landwehr a. D., fol. 255.

Grundlage gestellt. In der Folge nahmen Offiziere sehr viel weniger als im Krieg umfassende therapeutische Hilfe von Psychiatern in Anspruch, und manche betroffenen Offiziere sahen nach ihrem Ausscheiden aus der Armee Nervenärzte vorrangig bei der Begutachtung im Versorgungsverfahren. Dies hatte mehrere Ursachen:

Nach der Verabschiedung hatte anders als im Krieg nur noch ein Teil der kriegsbeschädigten Offiziere gesetzlichen Anspruch auf kostenlose Heilbehandlung. Dies galt vor allem für die Offiziere, die wegen einer psychischen Versehrung eine Rente aufgrund des Reichsversorgungsgesetzes von 1920 erhielten. Dieses Gesetz garantierte Invaliden neben Rentenansprüchen auch ein Anrecht auf kostenfreie medizinische Versorgung[296] und die Paragraphen 4 bis 20 des Reichsversorgungsgesetzes ließen Interpretationen zu, dass hierunter auch die Behandlung psychischer Leiden fiel.[297] Allerdings bedeutete die kostenfrei gewährte Heilbehandlung vorrangig eine Betreuung durch die Hausärzte, da Angebote von Fachärzten zur Gruppen- und Einzeltherapie kaum existierten.[298]

Dagegen fehlte im Offizierspensionsgesetz von 1906, nach dem ein Teil der kriegsbeschädigten Offiziere versorgt wurden, ein solcher Anspruch auf kostenfreie medizinische Versorgung. 1923 wurde zwar als Reaktion auf den gesetzlichen Anspruch im Reichsversorgungsgesetz die Möglichkeit geschaffen, ehemaligen Offizieren die Kosten zu ersetzen, doch handelte es sich hierbei um eine Kann-Regelung. Offiziere klagten diesbezüglich, dass meist nur ein Bruchteil bezahlt werde und dass das Missverhältnis zu kriegsbeschädigten Soldaten, denen die gesamte Heilbehandlung erstattet werde, eine »empörende Ungerechtigkeit« sei. So beschwerte sich Oberleutnant a. D. Friedrich B. 1923,

»dass die ohnehin schon mit reicheren Bezügen ausgestatteten Mannschaften und Reserveoffiziere freie Heilbehandlung, freie Badekuren, freie Versorgung mit

---

[296] Grundlage war die Verordnung über soziale Kriegsbeschädigtenfürsorge vom 8.2.1920, denn die garantierten gesetzlichen Gesundheitsleistungen sollten vor allem die Arbeitskraft der Kriegsopfer verbessern, um sie ökonomisch in die Zivilgesellschaft zu integrieren und zu verhindern, dass sie an den Rand der Gesellschaft gedrängt wurden. Hinzu kam, dass man die Wiederherstellung von möglichst viel Arbeitskraft bei den Kriegsversehrten auch aus volkswirtschaftlichen Gründen als entscheidend ansah. Crouthamel, The Great War and German Memory, S. 90, 99; Geyer, Ein Vorbote des Wohlfahrtsstaates, S. 236.
[297] Neuner, Politik und Psychiatrie, S. 76.
[298] Ebd., S. 121, 307; Neuner, Die Rückkehr in den Alltag, S. 398.

orthopädischen Apparaten, Reparaturen geniessen, während der frühere aktive Offizier nur einen Prozentsatz dieser Mehrausgaben auf Bitten ersetzt erhalten kann.«[299] Zudem wirkte sich auf die therapeutische Versorgung psychisch versehrter Offiziere a. D. negativ aus, dass Offiziere, die die Kosten einer ärztlichen Behandlung oder einer Kur ersetzt bekommen wollten, einen Antrag bei den Versorgungsbehörden stellen mussten und ein positives ärztliches Votum benötigten, das oft verweigert wurde. Gerade die den Fachdiskurs bestimmenden, oft als begutachtende Ärzte tätigen Universitätspsychiater nahmen ein automatisches Abklingen der Symptome an, da die Ausgleichsfähigkeit des Organismus nach psychischen Belastungen praktisch unbegrenzt sei.[300] Da die Schrecken der Front nicht mehr bestanden, sei eine ›Flucht in die Krankheit‹ nicht mehr nötig. Allgemein wurde als Grundsatz verlautet, dass in der Mehrzahl der Krankheitsfälle ohne ärztliches Zutun mit einer Besserung gerechnet und daher auf Therapien verzichtet werden könne.[301]

Für die therapeutische Zurückhaltung vieler Psychiater nach 1918 spielte eine große Rolle, wie die militärpsychiatrische Elite, die den Diskurs über die Ätiologie der Kriegsneurose im Krieg bestimmt und primär aktive Therapiemethoden als geeignete Behandlungsmethode für »Kriegsneurotiker« angesehen hatte,[302] diese rückblickend bewertete. Die Einschätzung lautete mehrheitlich, dass die Psychiatrie im Krieg den richtigen Weg aufgezeigt habe, aber auf halbem Weg ausgebremst worden sei. Insgesamt sei die fehlende Härte im Kampf gegen die »Kriegsneurose« der Grund gewesen, warum dieses Phänomen im Krieg letztlich nicht unter Kontrolle gebracht worden und auch in der Nachkriegszeit virulent geblieben sei.[303]

Trotz ihres großen Selbstbewusstseins in ihren Berichten und Stellungnahmen, ist gleichzeitig feststellbar, dass die Psychiater in Bezug auf ihre

---

299 BArch, R 3901/Nr. 10252 Schreiben des Oberleutnants a. D. Friedrich B. an das Versorgungsamt Stuttgart vom 24.4.1926, Betr. Beihilfe.
300 Pross, Wiedergutmachung, S. 152.
301 Auch sei deswegen eine stufenweise Herabsetzung der Rente gerechtfertigt. Eine unvermittelte Entziehung solle sich auf Ausnahmefälle beschränken, grundsätzlich solle eine Nachprüfung des Rentenanspruchs nicht vor Ablauf von zwei Jahren stattfinden. Anhaltspunkte für die Beurteilung der Minderung der Erwerbsfähigkeit (E.M.) nach dem Reichsversorgungsgesetz vom 12. Mai 1920, S. 278f.
302 Siehe hierzu den Abschnitt »Anwendung aktiver Behandlungsmethoden bei Offizieren« in Kap. III.4.a. Neue Behandlungsmethoden und ihre Verbreitung bei Offizieren.
303 Siehe die belege bei Prüll, Die Bedeutung des Ersten Weltkriegs für die Medizin im Nationalsozialismus, S. 378.

aktiven Behandlungsmethoden bereits seit dem letzten Kriegsjahr von militärischen Stellen und vor allem der Öffentlichkeit deutliche Kritik erfahren hatten.[304] Hinzu kam die immer offensichtlicher werdende hohe Rückfallquote der behandelten »Kriegsneurotiker«. Auch in der Ärzteschaft gab es rückblickend ablehnende Stimmen zu den angewandten schmerzhaften aktiven Behandlungsmethoden.[305] In der unmittelbaren Nachkriegszeit gestattete ein Erlass die Anwendung aktiver Methoden nur noch mit Einverständnis der »Kriegsneurotiker«, worauf diese weitgehend bedeutungslos wurden.[306]

Auch die Psychiater selbst propagierten nun nicht mehr wie im Krieg aktive Behandlungsmethoden, sondern Zurückhaltung bei der Rentenvergabe als wichtigste therapeutische Maßnahme und begründeten dies damit, dass sich mit dem Friedensschluss das Phänomen sehr gewandelt habe. Im badischen Sanitätsbericht für den Zeitraum vom 1. April bis 31. Juli 1919 wird die vorherrschende Argumentation der psychiatrischen Elite deutlich:

»Die Neurotikerlazarette hatten zweifellos Erfolge. Diese sind aber zum grössten Teile nicht von Dauer gewesen. Jetzt häufen sich bei den Bezirkskommandos die Rentengesuche der Nervösen, Neurastheniker und Nervenschwacher mit Begehrungsvorstellungen. Der Behandlung fehlt jetzt der tragfähige Boden, der noch im Kriege vorhanden war. Die Krankheitsbilder sind nicht mehr von der Furcht vor dem Kampfe, sondern von dem Begehr nach Rente wie bei Unfallpsychosen des Friedens beherrscht.«[307]

Und in den vom Wissenschaftlichen Senat der Kaiser-Wilhelm-Akademie herausgegebenen »Anhaltspunkten für die Beurteilung der Minderung der Erwerbsfähigkeit nach dem Reichsversorgungsgesetz« heißt es gemäß der »herrschenden Lehre« zu den funktionellen Neurosen, unter die

---

304 Siehe hierzu Kap. II.1. Die Behandlung des Problems der »Kriegsneurotiker« in der deutschen Armee.
305 So kritisierte Gustav Specht 1919 die »robusten psychotherapeutischen Behandlungsmethoden« und eine von den »üblichen Grundsätzen bedenklich abweichende[n] Behandlungsethik.« Ihn erinnerten die praktizierten Methoden an das Behandlungsniveau Anfang des 19. Jahrhunderts. Specht, Einige historische und ästhetische Nebengedanken über die Erfahrungen mit den psychogenen Kriegsstörungen, S. 1406f. Vgl. hierzu auch Ude-Koeller, Zum Konzept von »Krieg und Geistesstörung« bei Gustav Specht, S. 95.
306 BayHStA-KA, Stv GenKdo. I. AK., SanA 176 Krankenbehandlung, Kriegsneurotikerbehandlung, 17.1.1919.
307 GLA 456 F 113/98, Sanitätsberichte, darin: Sanitätsbericht im XIV. A.K., 1. April bis 31. Juli 1919, Karlsruhe, 31. Juli 1919.

»Neurasthenie, Hysterie mit ihren mannigfaltigen Erscheinungsformen, die sog. Kriegsneurose, Zitterer, Schütteler usw.« gefasst wurden:
»Die noch immer in weiten Kreisen hoch bewerteten Reflexsteigerungen, Gefühlsstörungen, Gesichtsfeldeinschränkungen […] usw. haben nach neueren Forschungsergebnissen keinerlei Bedeutung. ›Zittern‹ tritt häufig nur während einer ärztlichen Untersuchung oder doch bei dieser in stärkerem Maße in Erscheinung als im täglichen Leben. Durch die funktionellen Neurosen wird die Erwerbs- und Arbeitsmöglichkeit im allgemeinen nicht ähnlich hoch beeinträchtigt, wie Nichtärzte in den meisten Fällen und auch Nicht-Fachärzte hin und wieder auf die Klagen und den bloßen Eindruck hin, den die sinnfälligen Erscheinungen der Neurotiker machen, anzunehmen geneigt sind. In der Mehrzahl der leichteren Fälle liegt eine Minderung der Erwerbsfähigkeit nicht vor. Um mehr als 15–30 v. H. mindert jedenfalls eine solche Neurose die Erwerbsfähigkeit nur im allerseltensten Falle, der dann vom Facharzt ganz besonders zu begründen ist.«[308]

Hier wurde Kritik an Ärzten geäußert, die die neue Lehrmeinung der Psychiatrie nicht mittrugen, dass die Symptome zu vernachlässigen seien.

Die entscheidende »Kriegsneurotiker«-Therapie sahen Psychiater in ihrer Eingliederung in die Masse der arbeitenden Bevölkerung, da ihr Dasein als Rentenempfänger sie degradieren und die Symptome chronifizieren würde. Sie waren hier im Einklang mit der übrigen Ärzteschaft und deren Blick auf Kriegsversehrte wie auch mit der Sozialpolitik der Weimarer Republik. Ziel war allgemein eine schnelle Reintegration in die Arbeitswelt. Neben finanziellen Gesichtspunkten, da sonst der Fiskus belastet werde, spielte hier die Vorstellung eine Rolle, dass die Kriegsversehrten sich über die Arbeit und die Eingliederung in die schaffende Bevölkerung wieder erheben würden, was ihre dauerhafte Gesundung ermögliche.[309]

Um dieses Ziel zu erreichen, warnten Psychiater in der Weimarer Republik vor der ›Verhätschelung‹ der Kriegsversehrten und forderten eine harte Haltung. Kriegsversehrte wurden zur Leistungssteigerung, Familienangehörige zur Geringschätzung oder Nichtbeachtung der Kriegsversehrung animiert. Zudem wurde zur Wachsamkeit angehalten, um Rentenbetrüger zu entlarven.[310] Aus den gleichen Gründen hielten viele Ärzte es für kontra-

---

308 Anhaltspunkte für die Beurteilung der Minderung der Erwerbsfähigkeit (E.M.) nach dem Reichsversorgungsgesetz vom 12. Mai 1920, S. 289f.
309 Vgl. Raphael, Die Verwissenschaftlichung des Sozialen, S. 167ff. Siehe daneben Michl/Plamper, Soldatische Angst im Ersten Weltkrieg, S. 221; Quinkert/Rauh/Winkler, Einleitung, S. 11f.; Lerner, An Economy of Memory, S. 175f.; Eckart, »Krüppeltum« und »Eiserner Wille«, S. 257f.
310 Eckart, »Krüppeltum« und »Eiserner Wille«, S. 257f.

produktiv, aufwändige Heilbehandlungen oder Kuren zu bewilligen. Dies galt auch für psychisch versehrte Offiziere.

Der abfällige Umgang hing auch damit zusammen, dass das bereits im Krieg nachweisbare sozialdarwinistische Denkmuster, der Krieg habe die Tüchtigen vernichtet und die Schwachen geschont,[311] unter Psychiatern nach 1918 angesichts der Niederlage stark an Popularität gewann.[312] Die Bewertung, dass die zahlreich auftretenden Kriegs- und Nachkriegsneurosen vor allem »weniger gefestigte, gemütlich erregbare, nervöse und haltlose Persönlichkeiten« heimgesucht hätten, wurde im psychiatrischen Diskurs dominant, obwohl sie nicht unwidersprochen blieb und vor allem nicht die gesamte ärztliche Praxis bestimmte.[313] Hauptursache sei gewesen, dass man zunehmend »Unfähige, Schwachsinnige, Haltlose« rekrutiert habe.[314] Für die verschärfte psychiatrische Ablehnung der »Kriegsneurotiker« wirkte sich auch aus, dass man sie für die Ereignisse in der Revolution und den unruhigen ersten Jahren der Republik mitverantwortlich machte und sie zu den »Kriegsmüden« und »Minderwertigen« zählte, die damals angeblich gefährlich, störend und hemmend agiert hätten.[315]

Ein dritter Grund für den Rückgang der psychiatrischen Therapien psychisch versehrter Offiziere war, dass die Agitation renommierter Psychiater gegen die »Kriegsneurotiker« und das Auftreten der Psychiater in den Begutachtungssituationen in hohem Maße das Verhältnis zwischen diesen und psychisch versehrten Offizieren belastete und bei vielen Offizieren zu Skepsis gegenüber psychiatrischen Behandlungsansätzen führte, sodass sie ihrerseits oft auf eine entsprechende Behandlung verzichteten. Dabei wirkte sich auch die durch die Psychiater beeinflusste öffentliche Meinung zur »Kriegsneurose« aus, obwohl auch hier galt, dass in der Ärzteschaft wie in der Gesellschaft während der Weimarer Republik ein Meinungspluralismus erhalten blieb. Anders als vor dem Krieg wurde in der Öffentlichkeit nun

---

311 Siehe z.B. zur entsprechenden Haltung Robert Gaupps im Krieg die Ausführungen in Kap. III.5.d. Unterschiede hinsichtlich Entlassungsstatus und Behandlungsdauer zwischen Offizieren und Mannschaftssoldaten.
312 Der Hamburger Neurologe Max Nonne äußerte sich 1922 wie folgt: »Die besten werden geopfert, die körperlich und geistig Minderwertigen, Nutzlosen und Schädlinge werden sorgfältig konserviert, anstatt daß bei dieser günstigen Gelegenheit eine gründliche Katharsis stattgefunden hätte, die zudem durch den Glorienschein des Heldentodes die an der Volkskraft zehrenden Parasiten verklärt hätte.« Nonne, Therapeutische Erfahrungen an den Kriegsneurosen, S. 112.
313 Rauh, Die militärpsychiatrischen Therapiemethoden im Ersten Weltkrieg, S. 45f.
314 Fränkel, Über die psychopathische Konstitution bei Kriegsneurosen, S. 287–309.
315 Siehe hierzu die belege bei Beddies, Sendung und Bewusstsein, S. 278.

»Nervosität« und »Neurasthenie« vielfach nicht mehr als Leiden der Moderne, sondern mehr als degeneratives Dispositionsleiden aufgefasst, wodurch dessen öffentliche Akzeptanz stark abnahm. Hinzu kam die öffentliche Psychiatriekritik nach 1918, die sich mit den schmerzhaften aktiven Behandlungsmethoden der Soldaten im Krieg wie auch mit der Situation der Anstaltspatienten befasste und vor allem fachärztliche Willkür und die Rechtlosigkeit der Patienten kritisierte.[316] Die Zahl der für die Sanatorien und Nervenheilanstalten als Klientel verfügbaren Patienten ging in der Folge zurück, wodurch sich seit Mitte der 1920er Jahre ein Konkurrenzkampf um Patienten unter den Nervenheilstätten entwickelte.[317]

Teils wurde die Entwicklung seit 1918, dass die psychiatrische Behandlung psychisch versehrter Offiziere gegenüber der Kriegszeit sehr viel seltener wurde, kompensiert, da sich neben Psychiatern auch Psychologen und psychologisch interessierte Ärzte aller Fachrichtungen um psychisch versehrte Kriegsteilnehmer in ihren fach- und hausärztlichen Privat- oder Kassenpraxen kümmerten und mit psychotherapeutischen Angeboten die Leerstelle ein Stück weit ausfüllten. Die therapeutische Arbeit der im Krieg tätigen Psychologen hatte die Entwicklung der Psychologie als Wissenschaft stark befördert. So kam nach 1918 die ganzheitlich-psychosomatisch ausgerichtete Psychotherapie verstärkt bei der Behandlung psychisch Kriegsbeschädigter zum Einsatz und fand bei Ärzten allseitig Interesse.[318] »Fürsorgestellen für Nervöse« und »psychoanalytische Ambulatorien« wurden vor allem in Großstädten eingerichtet, doch blieben insgesamt die Angebote sehr begrenzt.[319]

d. Die Eingliederung ins zivile Leben

Die Niederlage und die Revolutionsjahre schmälerten die Chancen kriegsbeschädigter Offiziere, sich im zivilen Berufsleben einzugliedern, im

---

316 Brink, Grenzen der Anstalt, S. 162–164.
317 Fangerau, Zwischen Kur und »Irrenanstalt«, S. 41.
318 Es entwickelten sich verschiedene Schulen und Einzelinitiativen. 1927 wurde in Deutschland die Allgemeine Ärztliche Gesellschaft für Psychotherapie gegründet, um die verschiedenen Richtungen zu bündeln und zu organisieren. Mitglieder der ärztlichen Gesellschaft waren deutsche Mediziner verschiedener Fachrichtungen und zahlreiche Kollegen aus anderen europäischen Ländern, die Psychotherapie anwandten. Will, Die Geburt der Psychosomatik, S. 85.
319 Neuner, Die Rückkehr in den Alltag, S. 399f.

Vergleich zum Kaiserreich deutlich. Der fundamentale Einschnitt wird daraus ersichtlich, mit welcher Selbstverständlichkeit Offiziere, aber auch Außenstehende noch im Krieg davon ausgingen, dass Offizieren als Angehörigen der Oberschicht zivile Stellen offenstehen würden, die ihren sozialen Status sichern würden. So hielt der Reichstagsabgeordnete D. Friedrich Neumann im März 1916 den Vortrag »Der kriegsbeschädigte Offizier im Neubau unseres Staats- und Wirtschaftsleben nach dem Kriege« im Rahmen eines neuntägigen, amtlich geförderten Kurses zur Berufsberatung für kriegsbeschädigte Offiziere an der Handelshochschule Berlin. Er ging darin auf die verschiedenen Berufschancen für Offiziere im Staatsdienst und in der Privatwirtschaft ein und sah die besten Chancen für Offiziere in staatlichen Stellen. Er begründete dies mit der dortigen sozialen Stellung des Offiziers:

»Im ganzen öffentlichen Betrieb ist der Begriff Offizier, und wenn es auch der Offizier a. D. ist, ein feststehender, anerkannter Begriff, der mit einer gewissen fertigen Autorität umkleidet ist. So steht es in dem Privatbetriebe nicht. Der Privatbetrieb besitzt jene Abgrenzung nicht, auf der gerade die Existenz des deutschen Offizierkorps beruht, jene scharfe Abgrenzung, die zwischen dem Feldwebel und dem Leutnant ist, die Existenz einer Oberschicht, einer Mittelschicht, einer Unterschicht. Ich habe es hier nicht mit soziologischen Untersuchungen und soziologischer Kritik zu tun, sondern mit der Darstellung der Tatsache, daß die Schärfe dieser Trennungslinie eine der Vorbedingungen für den besonderen Charakter gerade des deutschen Offiziers ist. Die Existenz dieser Grenzlinie wird ja im Kriege einigermaßen lockerer werden wie alle Grenzen. Aber hier zweifeln wir nicht, daß nach dem Kriege die früheren Formen in der Hauptsache bleiben und neu gestärkt dastehen werden.«[320]

Die Prognose erwies sich als grobe Fehleinschätzung: ein Großteil der Offizierspriviliegien wie erleichterter Hochschulzugang[321] und Bevorzugung bei

---

[320] Neumann, Der kriegsbeschädigte Offizier im Neubau unseres Staats- und Wirtschaftsleben nach dem Kriege.
[321] Hohe Bildungsstellen zeigten im Krieg eine große Bereitschaft, kriegsbeschädigten Offizieren privilegierten Zugang zu gewähren. So teilte die »Höhere Maschinenbauschule« der vereinigten Maschinenbauschulen in Dortmund 1916 dem Deutschen Hilfsbund für kriegsverletzte Offiziere mit, dass »kriegsverletzten Offizieren Gelegenheit zur Aneignung des Unterrichtsstoffes der höheren Maschinenbauschulen gegeben werden soll, falls die technische Beratungsstelle des Deutschen Hilfsbundes für kriegsverletzte Offiziere den betreffenden Herren den Besuch zufolge persönlicher Eignung anrät. Die Studiendauer wird je nach Befähigung 4 bis 5 Semester betragen«. SächsHStA 11348 St. GK XII. AK, Nr. 1991, Sächsische Offiziere, Hilfsbund 1917–1919, Anlage 1: »Höhere Maschinenbauschule« der vereinigten Maschinenbauschulen in Dortmund, 1916. Hier zeigt sich ein klarer Unterschied zu Mannschaftssoldaten, denen Fortbildungen mit theoretischem Wissen

staatlichen Stellen wurde nach 1918 abgeschafft oder aufgeweicht, da nun auch andere Kriegsteilnehmer hiervon profitierten. Als Sinnbild sozialen Abstiegs galt die Gruppe der Offiziere a. D., die in den Anfangsjahren der Republik ihren Lebensunterhalt als Eintänzer bzw. »Gigolo« in den Tanzlokalen der Großstädte verdienten. Die Tätigkeit bestand darin, auf Tanzveranstaltungen wohlhabende Damen aufzufordern, auf deren Unterhaltung und Wohlbefinden die Direktion Wert legte. In den allermeisten Fällen brachten ehemalige Offiziere die dafür notwendigen Voraussetzungen mit, die darin bestanden, dass man in allen Stilen hervorragend tanzen konnte, eine perfekte Garderobe, ein gepflegtes äußeres Erscheinungsbild, erstklassige Umgangsformen, Bildung und ein charmantes Auftreten hatte. Entsprechend waren die Offiziere bei den Geschäftsführern der Tanzlokale wie bei den Damen überaus beliebt. Dass sie selber diese Tätigkeit, gemessen an ihrer früheren, als zweite Wahl betrachteten, wurde in dem 1924 komponierten Schlager »Schöner Gigolo« treffend ausgedrückt, der große Bekanntheit erlangte.[322]

Was es für Offiziere allgemein bedeutete, Einkommen und Status zu verlieren, beschrieb auch der österreichische Schriftsteller Joseph Roth, der 1920 nach Berlin gezogen war, in seinem 1923 publizierten Roman »Das Spinnennetz« sehr plastisch. Der Protagonist Theodor Lohse ist der Sohn eines Berliner Bahnzollrevisors und gewesenen Wachtmeisters und machte den Weltkrieg unverwundet als Reserveleutnant mit. Über dessen Status in der unmittelbaren Nachkriegszeit und dessen eigene Selbstsicht schrieb Joseph Roth:

---

nur sehr beschränkt angeboten werden sollten. Am 15.01.1916 erließ das Kriegsministerium in Berlin eine Bestimmung, die dem Trend entgegensteuern sollte, dass invalide Soldaten nach einem bequemen Schreibposten strebten. Als Gegenmaßnahme wurde festgelegt, dass Weiterbildung und Unterricht in theoretischen Fächern während des Lazarettaufenthalts nicht fokussiert werden sollten. Stattdessen sollten die Soldaten in Werkstätten beschäftigt werden. Landflucht sollte bei invaliden Soldaten durch weitgehende Trennung der Stadt- und Landbewohner auch im Lazarett verhindert werden. Ebd., Nr. 3312 Beschäftigung von Verwundeten 1915–1917; Kriegsministerium Medizinal-Abteilung 8526/12.15. MA. Abschrift, 15.1.1916. Vgl. auch die Ausführungen zur Arbeitstherapie in Kap. III.4.a. Neue Behandlungsmethoden und ihre Verbreitung bei Offizieren.

322 Der Text handelt von einem Husarenoffizier, der sich seit dem Zusammenbruch der k. u. k. Monarchie nicht mehr in seiner prächtigen goldverschnürten Uniform bewegte, dem – »Uniform passé, Liebchen sagt adieu« – »nichts geblieben« war und der nun als Gigolo bzw. Eintänzer tätig sein musste. Melodie: Leonelli Casucci, Text: Julius Brammer. Genton, Lieder, die um die Welt gingen, S. 198f.

»Ein Jahr später war Theodor nicht mehr Leutnant, sondern Hörer der Rechte und Hauslehrer beim Juwelier Efrussi. Im Hause des Juweliers bekam er jeden Tag weißen Kaffee mit Haut und eine Schinkensemmel und jeden Monat ein Honorar. Es waren die Grundlagen seiner materiellen Existenz. Denn bei der Technischen Nothilfe, zu deren Mitgliedern er zählte, gab es selten Arbeit, und die seltene war hart und mäßig bezahlt. Vom wirtschaftlichen Verband der Reserveoffiziere bezog Theodor einmal wöchentlich Hülsenfrüchte. Diese teilte er mit Mutter und Schwestern, in deren Hause er lebte, geduldet, nicht wohlgelitten, wenig beachtet und, wenn es dennoch geschah, mit Geringschätzung bedacht. [...] Ein toter Sohn wäre immer der Stolz der Familie geblieben. Ein abgerüsteter Leutnant und ein Opfer der Revolution war den Frauen lästig. [...] Er hätte den Schwestern sagen können, daß er sein Unglück nicht selbst verschuldete; daß er die Revolution verfluchte [...]. Von außen her winkte keine Erlösung, und Flucht war unmöglich.«[323]

Dass Roth die geschilderte Erfahrung als generationstypisch bewertet, zeigen die verwendeten Stilmittel Entpersonalisierung und Generalisierung des Erlebten an.[324] Die Charakterisierung macht deutlich, mit welchen wirtschaftlichen Schwierigkeiten und negativen Wahrnehmungen ehemalige Offiziere in den unmittelbaren Nachkriegsjahren zu kämpfen hatten, selbst wenn sie keine psychischen Leiden davongetragen hatten. Psychisch versehrte Offiziere hatten es im Regelfall noch deutlich schwerer.

Häufig war die prekäre finanzielle Situation von Offizieren, die wegen der Verkleinerung der Armee aus dem Militärdienst entlassen wurden, der Grund dafür, dass diese erstmals psychische Versehrungen bekannten, um Versorgungsansprüche geltend zu machen. Besonders deutlich zeigt sich dieser Zusammenhang bei einem Offizier, der gegen seine Verabschiedung wie auch für einen Versorgungsanspruch vor dem Reichsversorgungsgericht klagte. Er war zuletzt Hauptmann bei der Reichswehr und wurde am 3. August 1921 infolge des Ultimatums vom 5. Mai 1921 verabschiedet. Mit Bescheid des Reichswehrministeriums vom 10. November 1923 wurde ihm ein lebenslängliches Ruhegehalt nach mehr als zehnjähriger Dienstzeit bewilligt. Er ging gegen seine Verabschiedung in Berufung und verlangte daneben die Anerkennung von Kriegsdienstbeschädigung und die Gewährung einer Rente für ein im Feld entstandenes Nervenleiden. Als ihm daraufhin eine Rente für eine Minderung seiner Erwerbsfähigkeit um 30% entsprechend dem Reichsversorgungsgesetz bewilligt wurde, stellte er erneut einen Antrag, in dem er forderte, dass die Minderung der Erwerbsfähigkeit auf 50% erhöht werde oder er wieder in den aktiven Dienst einzustellen sei. Beim Reichs-

---

323 Roth, Das Spinnennetz, Kap. 1.
324 Weymann, Epische Objektivität, S. 261.

versorgungsgericht wurde 1926 sein Antrag komplett ablehnend beurteilt, da die ärztlichen Gutachten nur eine Minderung der Erwerbsfähigkeit um 20–30% feststellten.[325] Dieser Fall ist ein plastisches Beispiel dafür, dass selbst für einen Hauptmann das lebenslange Ruhegehalt sehr knapp bemessen war. Trotz des Nervenleidens, das er nach eigener Einschätzung als so gravierend ansah, dass eine Erwerbsminderung von mindestens 50% gerechtfertigt sei, wollte er lieber weiterhin aktiven Militärdienst in der Reichswehr leisten.

Wirtschaftskrise, Inflation und Geldentwertung ließen auch viele Offiziere aus vermögenden Familien, die aufgrund einer psychischen Versehrung nur noch eingeschränkt erwerbsfähig waren, verarmen. Besonders für die Pensions- und Rentenempfänger unter ihnen bedeutete die Inflation eine hohe finanzielle Belastung. Der Staat versuchte zwar die Pensionen durch Zuschläge auszugleichen, doch hinkten diese Maßnahmen stets hinterher. Erst bei der späteren Umstellung auf Goldmark trat hier eine Entspannung ein.[326]

Ein Brief des kriegsbeschädigten ehemaligen Hauptmanns Georg L. beschreibt die Situation kriegsbeschädigter Offiziere als radikalen wirtschaftlichen und sozialen Einschnitt, der sich bis 1938 nicht gebessert habe, sondern betroffenen Offizieren einen kontinuierlichen sozialen und wirtschaftlichen Abstieg gebracht habe. Im Brief, den er persönlich an einen im Reichsarbeitsministerium arbeitenden Arzt richtete und in dem er um Unterstützung für sein Anliegen bat, charakterisierte er die kriegsbeschädigten Offiziere wie folgt:

»Es handelt sich dabei um diejenigen Offiziere, die infolge ihrer Verwundung früh ausscheiden mußten und eben wegen ihrer Kriegsverletzung nicht in der Lage sind, zu der völlig unzureichenden Pension hinzuzuverdienen und für Frau und Kind ausreichend zu sorgen, ganz abgesehen, daß sie dadurch in kultureller und wirt-

---

325 Entscheidungen des Reichsversorgungsgerichts, Bd. 5, 1926, S. 63–67, hier S. 83–86.
326 Über die Bedeutung der Inflation für die Renten- und Pensionsempfänger heißt es in einer Urteilsbegründung des Reichsversorgungsgerichts 1926, dass bei vielen die zuerst bewilligte Pension in Goldmark durch den Währungsverfall völlig entwertet sei: »Die Entwertung begann bereits im Jahre 1919. Das Reich suchte ihr durch Erhöhung der Bezüge oder Zuschläge, zuerst bei der Neuregelung der Gehälter und Pensionen in der Besoldungsgesetzgebung von 1920, zu begegnen. Bei der späteren Umstellung der der fortschreitenden Entwertung entsprechend erhöhten Bezüge auf Goldmark hat es sich nicht um eine Rückkehr zur alten Währung, sondern um eine Umrechnung in Renten- oder Reichsmark gehandelt. Das frühere Diensteinkommen kann also als Vergleichsmaßstab nicht mehr dienen.« Entscheidungen des Reichsversorgungsgerichts, Bd. 5, 1926, S. 112.

schaftlicher Hinsicht immer mehr sinken! [...] Gerade die schwerkriegsbeschädigten Offiziere haben doch wahrhaftig am meisten verloren [...] Gesundheit, Arbeitskraft, Beruf (Existenz) und dazu noch in den mei[sten Fällen, G.G.] wie auch bei mir und meiner Frau das Vermögen, incl. der treu gez[eichneten] Kriegsanleihen (Angstverkauf, Inflation), so daß z.B. ich meine durch die Inflation gänzlich verarmte Mutter mit unterhalten muß! Und wie mir [geht es, G.G.] vielen andren kriegsbeschädigten Offizieren.«[327]

Staatliche Hilfen, Unterstützungsangebote der Vereine für Offiziere und die Wirksamkeit des Korpsgeistes und persönlicher Netzwerke

Dennoch ist festzustellen, dass Offizieren in der Nachkriegszeit nach wie vor gewisse Privilegien erhalten blieben, was vor allem an bestehenden persönlichen Netzwerken und Beziehungen lag. Hinzu kamen das für Offiziere besser ausgebaute Netz staatlicher Beratungs- und Vermittlungsstellen beim Übertritt ins Zivilleben und die vielen Offiziersverbände und -vereine, die dazu beitrugen, dass Offiziere a. D. im Regelfall auf mehr Hilfen zur Schaffung einer zivilen Existenz zurückgreifen konnten als Mannschaftssoldaten.

Bereits im Krieg existierten für kriegsbeschädigte Offiziere militärische Auskunftsstellen für die Offizierszivilversorgung. So waren in Preußen seit Anfang 1917 entsprechende Auskunftsstellen beim Preußischen Kriegsministerium und bei jedem preußischen stellvertretenden Generalkommando (Versorgungsamt) eingerichtet worden.[328] Ihren Zweck beschrieb das Preußische Kriegsministerium dem Sächsischen Kriegsministerium wie folgt:

»Diese Auskunftsstellen sollen den in ihren Korpsbezirken sich aufhaltenden Offizieren und oberen Militärbeamten, die infolge einer Gesundheitsschädigung, insbesondere einer Kriegsdienstbeschädigung zum Berufswechsel gezwungen sind, den Uebergang in einen neuen Beruf durch Berufsberatung, Nachweis geeigneter Ausbildungsmöglichkeiten, Erschließung und Nachweis geeigneter Stellen im Reichs-, Staats- und Kommunaldienst sowie in privaten Betrieben erleichtern. Vor allem soll durch diese Einrichtung eine engere persönliche Fühlung zwischen der beratenden Stelle, dem Ratsuchenden und den für seine Anstellung in Frage kommenden Behörden und privaten Betrieben hergestellt werden. Die Auskunftsstellen werden bei

---

327 BArch, R 3901/Nr. 10129 Eingaben, Beschwerden usw. von Offizieren des ehem. aktiven Dienststandes der früheren Wehrmacht in Pensionsangelegenheiten, Buchstabe L, Bd. 2, Juli 1929 - Febr. 1944, Brief des Hauptmanns a. D. Georg L., 15.10.1938. Die Zeilenenden sind auf dem Mikrofilm teilweise abgeschnitten.
328 SächsHStA 11348 St. GK XII. AK, Nr. 1991 Sächsische Offiziere, Hilfsbund 1917-1919, Kriegsministerium Nr. 290/8.18 C 3 F, 31.8.1918.

ihrer Tätigkeit auf die Mitwirkung der offiziellen Organisationen der Kriegsbeschädigtenfürsorge rechnen können.«[329]

Neben offiziellen militärischen Einrichtungen leisteten auch Unterstützungsverbände und -vereine für kriegsbeschädigte Offiziere einen wichtigen Beitrag, um den Übergang ins Zivilleben zu erleichtern. Ihr Ziel war es, auf das Individuum zugeschnitten zu helfen, aber auch Druck auf die Politik auszuüben, Offizieren und ihren Hinterbliebenen höhere Pensionszahlungen und Sozialleistungen zu gewähren.[330]

Der wichtigste Unterstützungsverband bei der Berufsfürsorge für kriegsbeschädigte Offiziere war der »Deutsche Hilfsbund für kriegsverletzte Offiziere«, 1915 in Berlin gegründet und 1920 in »Reichsarbeitsnachweis für Offiziere e. V.« (Rano) umbenannt.[331] Der Hilfsbund war eine staatlich geförderte Hilfsorganisation für invalide Offiziere, die aus dem Heeresdienst entlassen worden waren, und hatte die Aufgabe, allen »kriegsverletzten deutschen Offizieren und Beamten des Heeres und der Flotte, des aktiven Dienststandes, wie der früheren Inaktivität und des Beurlaubtenstandes, die für die Fortsetzung des aktiven Dienstes oder ihres früheren bürgerlichen Berufes infolge Verwundung oder Krankheit nicht mehr fähig sind«, kostenlos beim Finden eines neuen Berufes mit Rat und Tat zur Seite zu stehen. Konkret hatte er sich folgende drei Aufgaben gestellt:

»1. Erschließung und Ausbau aller in Betracht kommenden Berufsmöglichkeiten. 2. Einrichtung der zur Vorbildung für diese Berufe erforderlichen Ausbildungsgelegenheiten (Abiturientenkurse, kaufmännische, technische, landwirtschaftliche Lehrgänge, Beamtenschulung). 3. Ermittlung und Vermittlung geeigneter und entwicklungsfähiger Stellungen in diesen Berufen.«[332]

Die Umbenennung des Deutschen Hilfsbundes für kriegsverletzte Offiziere 1920 in den »Rano« brachte eine enorme Erweiterung der Zielgruppe mit sich. Neben kriegsversehrten Offizieren standen seine Dienste jetzt allen

---

329 Ebd., Kriegsministerium Nr. 895.2.17. C3F., 20.2.1917. Und in Sachsen existierte seit 1913 eine Auskunftsstelle für die Offizier-Zivilversorgung. Während des Krieges übernahm der Sächsische Offiziers-Hilfsbund e. V. die Aufgabe. Ebd., Antwortschreiben des sächsischen Kriegsministeriums vom 16.3.1917 sowie Antwortschreiben des Generalkommandos XII vom 19.3.1917.
330 Haller, Militärzeitschriften in der Weimarer Republik, S. 251.
331 Daneben konnten sich kriegsbeschädigte Offiziere auch an die Militärhilfsvereine wenden. SächsHStA 11348 St. GK XII. AK, Nr. 1991 Sächsische Offiziere, Hilfsbund 1917–1919, Kriegsministerium Nr. 290/8.18 C 3 F, 31.8.1918.
332 Ebd., Flugblatt: Deutscher Hilfsbund für kriegsverletzte Offiziere e. V.

Offizieren offen, die sich wegen der Verkleinerung der Armee nun im Zivilleben bewähren mussten. Er hatte in jeder Stadt des Deutschen Reichs und in manchen Städten des Auslands Zweigstellen, in denen Offiziere sich über den Arbeitsmarkt informieren und Stellenangebote erhalten konnten. Dabei arbeitete der »Rano« eng mit Reichs- und Staatsbehörden und mit der freien Wirtschaft zusammen. Zudem bot er ähnlich wie der Hilfsbund weiterhin ein breites Spektrum an Fortbildungen an.[333]

Bedeutung hatte daneben für den Übergang psychisch versehrter Offiziere ins Zivilleben in der Weimarer Republik der »Deutsche Offizierbund«, der als eingetragener Verein am 28. November 1918 in Berlin gegründet wurde und bis 1933 bestand, als er mit anderen Vereinigungen gleichgeschaltet wurde.[334] Er verstand sich als Interessenvertreter der aus dem Krieg heimkehrenden Offiziere in Standes- und Wirtschaftsfragen und hatte in nahezu jedem größeren Ort eine Ortsgruppe. Major a. D. Otto Romberg beschrieb 1921 die Motive zu seiner Gründung wie folgt:

»Die Hauptstärke des Offizierkorps lag in der Geschlossenheit, in der Kameradschaft, im Zusammengehörigkeitsgefühl. Diese Bande sind zerrissen. Die Verbände der Regimenter und Bataillone sind zersprengt bis auf einen von vielen Gegnerschaften umdrängten Rest. Um diese Geschlossenheit trotzdem soweit als möglich zu erhalten mit ihren stolzen Begriffen von Ehre und Kameradschaft, mit ihrem Eintreten des einen für alle und aller für einen, fanden sich gleich nach dem Zusammen-

---

333 Romberg, Zum Sterben des Deutschen Offizierstandes, S. 49. Für Sachsen war der Deutsche Hilfsbund für Kriegsversehrte Offiziere und der spätere Rano nicht zuständig. Hier existierte der »Sächsische Offiziers-Hilfsbund e.V.«, der diese Aufgabe wahrnahm und im Juni 1916 in Dresden gegründet worden war. Sein Ziel war es, »die reichsgesetzliche Versorgung der kriegsbeschädigten Offiziere und der Hinterbliebenen von Offizieren [...] durch soziale Fürsorge zu ergänzen.« SächsHStA 11348 St. GK XII. AK, Nr. 1991 Sächsische Offiziere, Hilfsbund 1917–1919, Sächsischer Offiziers-Hilfsbund e.V., Dresden. Aufruf 17.6.1916. Die Satzung wurde am 17. Juni 1916 errichtet und am 28. Juli 1917 ergänzt. Ebd., Satzung des Sächsischen Offiziers-Hilfsbundes e.V. Finanziert wurde er durch staatliche Förderung und Mitgliedsbeiträge. Das Ministerium des Innern hatte die Gründung eines Sächsischen Offizierbundes empfohlen, da es nicht die Genehmigung erteilen wollte, dass der »Deutsche Hilfsbund für kriegsverletzte Offiziere« in Berlin auch für Sachsen zuständig sein würde. Als Hauptargument wurde angeführt, dass die Zentrale dann einen übermäßig stark aufgeblähten bürokratischen Apparat entwickeln würde. Ebd., Durchschlag. 627 St.H. zu 1318 III A., 3.4.1916.

334 Der Deutsche Offiziersbund und rechtsgerichtete Kriegsopferorganisationen wie der Kyffhäuser-Verband und der Bund erblindeter Krieger ließen sich Anfang April 1933 in den Nationalsozialistischen Reichsverband deutscher Kriegsopfer eingliedern und wurden im Juli 1933 in die Nationalsozialistische Kriegsopferversorgung (NSKOV) überführt. 1943 wurde der Bund schließlich aufgelöst. Whalen, Bitter Wounds, S. 175f.

bruch tatkräftige Offiziere im Deutschen Offizierbund zusammen. Heute umfaßt die Organisation des D.O.B. die Masse der Offiziere und oberen Militärbeamten, ihrer Angehörigen und Hinterbliebenen in zahlreichen Landesverbänden und Ortsgruppen.«[335]

Für kriegsbeschädigte und notleidende Offiziere schuf der »Deutsche Offizierbund« in Berlin die Abteilung »Nothilfe des Deutschen Offizier-Bundes e. V.«, die 1919–1927 Geld- und Sachspenden zur Unterstützung dieser Gruppen mittels Aufrufen in Preußen und an die deutsche Bevölkerung im Ausland sammelten und für sie eine Lotterie durchführten. Aus den gesammelten Geldern wurde etwa ein neues Offizierskurheim in Bad Oeynhausen errichtet.[336] Die Ortsgruppe Bad Oeynhausen bat am 7. Dezember 1920 die Organisation der Ludendorff-Spende[337] um finanzielle Unterstützung, damit der Kurbetrieb im Frühjahr 1921 an den »Heilquellen Bad Oeynhausens« beginnen könne und begründete ihr Gesuch wie folgt:

»Der Schmachfrieden von Versailles hat große Not über sehr viele Offiziersfamilien gebracht. Tausende von Offizieren sind gezwungen, sich einem neuen Beruf, selbst im hohen Lebensalter, zu suchen. Viele wurden aber daran durch Kriegsleiden gehindert, die durch Badekuren und dergl. noch nicht behoben werden konnten. Der Staat gewährt nämlich kostenfreie Badekuren nur den Mannschaften, den Offizieren dagegen nicht. Von den geringen Pensionsgebührnissen können die kranken Offiziere die Bäder- und Pensionspreise nicht bestreiten [...].«[338]

Man habe schon viele Unterstützer und Spender gefunden, auch Auslandsdeutsche und Industrielle, »zum Wohle eines außerordentlich unterstützungsbedürftigen Standes«, um »einem Stande zu helfen, der es wahrlich um

---

335 Romberg, Zum Sterben des Deutschen Offizierstandes, S. 48.
336 Das Projekt wurde durch die Ortsgruppe Bad Oeynhausen initiiert, die hierzu seit 1918 Planungen betrieb. Ziel war es, hier alljährlich 400 Kranke in Ein- und Zweibettzimmern aufnehmen zu können.
337 Die Ludendorff-Spende für Kriegsbeschädigte wurde im Mai 1918 von Emma Theuschner zur Unterstützung dauerhaft geschädigter Soldaten gegründet, die der Staat nicht ausreichend unterstützen konnte. Hierzu wurde eine »Opferwoche« eingeführt, in der vom 1.-7. Juni reichsweit Geld gesammelt wurde und die unter großem Werbeaufgebot an Plakaten und öffentlichen Aufrufen mit hohem Sammelerfolg durchgeführt wurde. Sie überdauerte das Kriegsende und erhielt in der Revolution den Namen »Volksspende«. Ludendorff, Meine Kriegserinnerungen, Bd. 1, S. 370; Kronenberg, Kampf der Schule an der »Heimatfront im Ersten Weltkrieg, S. 54.
338 BArch, R 3901/Nr. 9118 Offizierskurheim Oeynhausen, An die Ludendorff-Spende, Berlin Nr. 9, 23.11.1920.

die deutsche Sache verdient habe, daß die Deutschen aller Orten für ihn eintreten.«[339]

Neben dem »Rano« und dem »Deutschen Offizierbund« mit seinen Ortsgruppen gründete sich nach der Niederlage als dritter überregionaler Verband der »Nationalverband deutscher Offiziere«, der auch Ortsgruppen hatte. Daneben existierten fast tausend größere und kleinere Offiziersvereinigungen, die Kameradschaft und Traditionen ihrer Truppenteile pflegten, aber auch als Beziehungs- und Unterstützungsnetzwerk fungierten, um in der republikanischen Zivilgesellschaft zu bestehen. So stand in der Satzung des Vereins der Offiziere des ehemaligen sächsischen Leib-Grenadier-Regiments, sein Zweck sei neben der »Pflege der Kameradschaft im Sinne der alten Überlieferungen des Leib-Grenadier-Regiments« die »Unterstützung in Notlage befindlicher, besonders kriegsbeschädigter Mitglieder«.[340]

Die Unterstützungsverbände für Offiziere waren unter den Hilfsorganisationen die vorrangige Adresse, an die sich psychisch versehrte Offiziere wandten. Dies lag erstens an ihrem Korpsgeist, zweitens aber auch daran, dass im Krieg und in der Weimarer Republik keine institutionalisierten Interessenverbände für psychisch versehrte Kriegsteilnehmer existierten, analog zu den Kriegsblinden, die bereits 1916 als ersten Zusammenschluss von Kriegsinvaliden den Bund erblindeter Krieger gegründet hatten, oder zu den Hirnverletzten.[341] Diese spezialisierten Kriegsopferverbände leisteten programmatische Verbandsarbeit für die Besserstellung ihrer Mitglieder in der Versorgungspolitik.[342] Obwohl die Gesetzgebung psychisch Kriegsversehrte mit physisch Verletzten gleichstellte, waren sie dahingehend in der Versorgungspolitik schlechter gestellt. Psychisch versehrte Mannschaftssoldaten waren auf die übergreifenden Kriegsbeschädigtenverbände angewiesen, die unabhängig von der politischen Ausrichtung deren Anliegen und

---

339 Ebd.
340 Finanziert wurde die Unterstützung über Mitgliedsbeiträge und Regimentsstiftungen, die meist noch aus der Vorkriegszeit stammten und über die Offiziersvereine der Regimenter weitergeführt wurden. SächsHStA 11348 St. GK XII. AK, Nr. 1991 Sächsische Offiziere, Hilfsbund 1917–1919, Satzungen des Vereins der Offiziere des ehemaligen Leib-Grenadier-Regiments, 3.3.1919.
341 Vgl. zum 1927 gegründeten »Bund hirnverletzter Krieger«, in dem auch eine Reihe von psychisch kranken Mannschaftssoldaten organisiert waren, Löffelbein, Ehrenbürger der Nation, S. 331f.
342 Lerner, Hysterical Men, S. 230; Fuchs, Von der »Selbsthilfe« zur Selbstaufgabe, S. 434–444. Nach 1933 wurden die über hundert Kriegsopferverbände zu einem Massenverband, der »Nationalsozialistischen Kriegsopferversorgung« gleichgeschaltet. Vgl. hierzu Löffelbein, Ehrenbürger der Nation, S. 173–242.

Rentenanträge wie die aller Mitglieder unterstützten. Hier fand im Einzelfall zwar keine Benachteiligung statt, doch traten diese Verbände in den politischen Auseinandersetzungen über die »Neurosenfrage« nicht als entschiedene Fürsprecher für die psychisch Versehrten als Gruppe auf.[343] Dass psychisch versehrte Offiziere lieber bei den Interessenverbänden der Offiziere als bei denen für Kriegsbeschädigte Rat und Hilfe suchten, lag drittens auch daran, dass die wichtigste Vereinigung, der »Reichsbund der Kriegsbeschädigten, Kriegsteilnehmer und Kriegshinterbliebenen«, zwar offiziell überparteilich, doch was Ideologie, Funktionäre und Alltagsarbeit betraf, eng mit dem Reichsbanner und der Sozialdemokratie verbunden war, was mit der Sozialisation der meisten Offiziere nicht vereinbar war.[344] Zwar bot der Verband eine Entlastungs- und Identifikationsmöglichkeit, da hier die Vorstellung verbreitet war, dass die »Kriegsneurotiker« für die Anklage gegen den Krieg standen und eine Sensibilität besaßen, die der Mehrheitsgesellschaft fehlte.[345] Doch war die inklusive und egalitäre Form der Interpretation psychisch Versehrter als Teil der Gruppe der Kriegsopfer nur für eine verschwindende Minderheit der ehemaligen Offiziere eine reale Option. Problematisch für die Offiziere war, dass im Reichsbund die Situation in der

---

343 Neuner, Politik und Psychiatrie, S. 29.
344 Der Verband wurde im Frühjahr 1917 von Sozialdemokraten gegründet und hieß zunächst »Bund der Kriegsteilnehmer und Kriegsbeschädigten«. 1919 wurde er in »Reichsbund der Kriegsbeschädigten, Kriegsteilnehmer und Hinterbliebenen« umbenannt. Er war der Vorläufer des heutigen Sozialbundes der Kriegs- und Wehrdienstopfer, Behinderten, Rentner und Hinterbliebenen e.V. Die Initiative zur Gründung des Verbands ging vom Juristen und Journalisten Erich Kuttner aus, der am 2. April 1916 vor Verdun schwer verwundet wurde und seit 1916 als Redakteur des sozialdemokratischen Vorwärts tätig war. Kuttners seit Sommer 1916 verfolgtes politisches Ziel war es, die Masse der Kriegsbeschädigten dem monarchistisch-nationalistischen Einfluss des 1917 gegründeten, nationalkonservativ ausgerichteten Essener Verbands zu entziehen und ihnen im Reichsbund eine Alternative zu bieten, die auf Erfahrungen der Arbeiterbewegung fußte. Vorrangiges Ziel des Reichsbundes war es, für die Kriegsbeschädigten eine Neuberechtung im Staat durchzusetzen und sie aus ihrer Position als Almosenempfänger und politisch Benachteiligte herauszuholen. Subordination sollte durch Partizipation ersetzt werden. Im Einzelnen erstreckten sich die Forderungen insbesondere auf reichsgesetzliche Regelungen zur ökonomischen Absicherung der Kriegsbeschädigten und deren ärztlicher Versorgung. Eckart, »Krüppeltum« und »Eiserner Wille«, S. 259f.; Ziemann, Front und Heimat, S. 21. Der »Reichsbund der Kriegsbeschädigten, Kriegsteilnehmer und Kriegshinterbliebenen« wie auch der »Internationale Bund für die Opfer des Krieges und der Arbeit« wurden im April 1933 verboten. Whalen, Bitter Wounds, S. 175f.
345 Vgl. hierzu Neumann, »Arzttum ist immer Kämpfertum«, S. 41. Siehe hierzu auch den Abschnitt »Verortung in der Gruppe der Kriegsopfer« in Kap. V.2.f. Das Selbstbild psychisch versehrter Offiziere in der Weimarer Republik.

Kriegsarmee wesentlich als Klassenkonfrontation zwischen Offizierskorps und einfachen Soldaten aus der Arbeiterklasse beschrieben wurde.[346] Oft wurde der Offiziersstand als Ganzes angegriffen und seine soziale Stellung, sein Ansehen und sein Lebensstil in Frage gestellt.[347] Eine Übernahme dieser Narrative bedeutete eine Abkehr vom Korpsgeist, die den Offizier sozial und politisch heimatlos machte.[348]

Seit 1919 entstanden auf der Rechten, auf der Linken und auch auf regionaler Ebene konkurrierende Organisationen, die aber im Vergleich zum Reichsbund weder größere Bedeutung noch politische Langlebigkeit erreichten. 1921 vertrat dieser 830.000 Mitglieder und damit mehr Veteranen als die drei nächstgrößten Verbände zusammen.[349]

Neben staatlichen Hilfen und Unterstützungsangeboten der Vereine profitierten psychisch versehrte Offiziere vielfach von persönlichen Bindungen und Netzwerken, die in der Zwischenkriegszeit zwischen aktiven und inaktiven Offizieren oft bestehen blieben. Dies spiegeln deren Versorgungsakten wider, in denen sich Offiziere in ihren Bittschriften gezielt an begutachtende Ärzte oder Beamte wandten, die sie aus dem Krieg als Offizierskameraden kannten. Auch spannten sie oft Offizierskameraden ein, die mitt-

---

346 Benjamin Ziemann betont den Klassencharakter in den Diskursen des republikanischen Kriegsgedenkens und die Aufnahme rhetorischer Versatzstücke, die die sozialistische Arbeiterbewegung schon vor dem Krieg geprägt hatten. Immer wieder wurde auf das beispielhafte moralische Handeln der sozialistischen Arbeiter abgehoben, die sich als einfache Soldaten gegenüber dem korrupten Offizierskorps im Krieg bewährt hatten. Dies habe die Identifikation anderer Personengruppen mit dieser Form des kollektiven Gedächtnisses über die Anhängerschaft von Reichsbanner und Sozialdemokratie hinaus verhindert. Ziemann, Veteranen der Republik, S. 109.
347 Ziemann, Front und Heimat, S. 311.
348 So trat nur eine winzige Minderheit der Weltkriegsoffiziere dem Reichsbanner bei. Doch erlangten diese pazifistischen Offiziere im Reichsbanner eine politische Bedeutung, die ihre numerische Stärke weit übertraf, indem sie leitende Positionen einnahmen und aufgrund ihres Status des Militärexperten als Redner auftraten. Sie waren von hohem symbolischem Wert für das republikanische Lager, da sie mit dem Korpsgeist der kaiserlichen Armee gebrochen hatten und eindringlich zeigten, dass auch die Eliten der untergegangenen Monarchie das republikanische System unterstützen konnten. Sie wurden von der rechten Presse und vaterländischen Vereinigungen attackiert. Ebd., S. 231, 252.
349 Zum Beispiel gründeten radikale Linke, die den Reichsbund verließen, den kommunistischen Internationalen Bund. Allerdings waren die nach dem Reichsbund größten Verbände allesamt eher gemäßigt konservativ ausgerichtet. Ebd., S. 44; Ziemann, Veteranen der Republik, S. 8.

lerweile einflussreiche Stellen bekleideten, die in Versorgungsverfahren als ihre Fürsprecher fungierten.[350] Viele Offiziere sahen nach 1918 die Offizierskameraden als einzigen noch verbliebenen Halt an. Ihr Großteil schloss sich in den Offiziers- und Regimentsvereinigungen zusammen. Daneben übernahmen die traditionellen Militär- und Offizierszeitschriften in der Weimarer Republik eine Integrationsfunktion und erfuhren große Resonanz auch unter ehemaligen Offizieren.[351] Dennoch wirkte sich schwerwiegender aus, dass zehntausende verabschiedete Offiziere nun mit einer zivilen Karriere vorliebnehmen mussten, sich in bürgerlichen Stellungen ohne korporativen Rückhalt situierten. Die Offiziersverbände konnten hier keinen Ersatz schaffen. Faktisch verlor der Korpsgeist mit dem Zusammenbruch des Kaiserreichs an Verbindlichkeit.[352] Nüchtern urteilte der Major a. D. Otto Romberg und Leiter des »Rano« über die Tragweite dieser Offiziersvereinigungen: »Aber trotz alledem ist der Zusammenschluß in den Offizierbünden und Regimentsvereinen nur ein loser und gelegentlicher im Vergleich zu der früheren täglichen Arbeits- und Lebensgemeinschaft.«[353]

e. Zivile Lebensläufe psychisch versehrter Offiziere a. D.

Blickt man auf die Lebensläufe psychisch versehrter Offiziere des Ersten Weltkriegs in der Zwischenkriegszeit, ergeben sich deutliche Parallelen zum englischen Fall. So stellte Peter Leese fest, dass sich psychisch versehrte Offiziere a. D. wie die vormaligen Mannschaften durch sehr verschiedenartige Schicksale auszeichneten. Nun wurden die Schwere des psychischen Leidens und der soziale und ökonomische Hintergrund der Veteranen wichtiger für ihren weiteren Lebensweg als ihr vorheriger militärischer Rang.[354]

---

350 Siehe z.B. BArch, R 3901/Nr. 10129 Eingaben, Beschwerden usw. von Offizieren des ehem. aktiven Dienststandes der früheren Wehrmacht in Pensionsangelegenheiten, Buchstabe L, Bd. 2, Juli 1929 - Febr. 1944, Hauptmann a. D. Georg L.; BArch, R 3901/Nr. 10257 Versorgung des Majors der Reserve a. D. Werner von C.
351 Haller, Militärzeitschriften in der Weimarer Republik, S. 64.
352 Dies zeigt sich besonders gut beim Umgang der Offiziere a. D. mit der traditionellen Pflicht, ihre Ehre im Duell zu verteidigen. Zwar bezogen sich die Offiziersverbände ausdrücklich auf die ›Ehrenschutzverordnung‹ von 1874, doch ohne den früheren kaiserlichen Schutz sahen die meisten Offiziere ihre Ehre ohnehin als gedemütigt an und hatten keinen Antrieb mehr, sich wegen ihr zu duellieren. Frevert, Ehrenmänner, S. 254.
353 Romberg, Zum Sterben des Deutschen Offizierstandes, S. 49.
354 Leese, Shell Shock, S. 120.

Dass die psychische Versehrung auch bei Offizieren, die keine Pension oder Rente erhielten, mitunter einen Bruch in der Berufsbiografie verursachen konnte, zeigt der Fall des Leutnants Heinrich S., der bereits im Krieg von Juni 1916 bis Januar 1917 mit der Diagnose »Nervenschock nach Granatexplosion auf dem Boden leichter psychopathischer Minderwertigkeit« zuletzt im Reservelazarett der Universitätsnervenklinik Tübingen behandelt wurde. Sein Leiden führte dazu, dass er nach dem Krieg seine Berufspläne umwarf.³⁵⁵

Bei Kriegsende wurde Heinrich S. aus dem Militärdienst ohne Versorgung entlassen und setzte sein vor dem Krieg begonnenes Theologiestudium fort. Er ließ sich 1919 und 1921 an der Tübinger Universitätsnervenklinik als Privatpatient behandeln. 1921 bat er das katholische Kirchenamt Stuttgart brieflich, seine Ausbildung zum katholischen Priesteramt aufgeben zu dürfen, da er sich zum Berufswechsel gezwungen sah. Er habe eine »gewisse psychopathische Veranlagung«, was im Krieg herausgekommen sei und sich verstärkt habe, als er wegen einer Granatenexplosion behandelt worden sei.³⁵⁶ Er leide seitdem unter einer »schwere[n] moralische[n] Unsicherheit«. Als Beleg führte er seine Krankenpapiere an. Er habe Sorge, dass er bei konsequenter Durchführung des priesterlichen Lebens erneute Rückfälle erleide. Sein Leiden sah er als direkte Folge seiner Kriegserlebnisse: »Ich betrachte den Entschluß, meinen Beruf zu wechseln, [...] als die unmittelbare Folge einer Kriegsbeschädigung, die für mich um so verhängnisvoller wirkt, als sie nicht zu Renten berechtigt.«³⁵⁷

Die Spannbreite der Lebenswege psychisch versehrter Offiziere des Ersten Weltkriegs zeigt ein Bestand des Reichsarbeitsministeriums, der 75 Versorgungsakten psychisch versehrter Offiziere umfasst, deren Pension oder Rente 1936/37 neu überprüft wurde.³⁵⁸ Manche waren in geschlossenen Heil- und Pflegeanstalten untergebracht, manche waren erwerbslos, manche hatten gescheiterte Ehen, viele hatten wirtschaftliche Schwierigkeiten oder

---

355 UAT 669/29599 Krankenakte von Leutnant Heinrich S.
356 »Diese hatte sich mir vor dem Kriege keineswegs bemerkbar noch bewußt gemacht, wurde aber infolge der Kriegsdienste im Felde, zumal in der Folge einer durch Verschüttung (4.6.16 vor Ypern) veranlaßten Nerven- und Gemütskrankheit (mit psychogener Gehstörung) zur Entwicklung und Auswirkung gebracht.« Ebd., Brief von 1921.
357 Ebd.
358 BArch, R 3901/Nr. 10239, Nachprüfung gemäß Artikel 2 des Fünften Gesetzes über das Verfahren in Versorgungssachen vom 3.7.1934, Offiziere einschl. Hinterbliebene, Einzelfälle, Juni 1936 - Juni 1937.

waren frühpensioniert. Gleichzeitig finden sich einige Offiziere, die sehr erfolgreich Karriere gemacht hatten.

Bei der Auswertung ist zu bedenken, dass die Erhebung nicht vollständig ist[359] und es sich bei diesen Offizieren a. D. nur um Personen handelte, deren psychische Leiden bis 1936 so schwerwiegend waren, dass sie eine Pension oder Rente erhielten. Nicht aktenkundig wurden Offiziere a. D., die wieder voll arbeitsfähig waren, auch wenn sie weiterhin psychisch beeinträchtigt waren oder verstörende Erinnerungen aus der Kriegszeit sie noch einholten.[360]

Der Befund, dass sich fünf der 75 Offiziere in staatlichen Heil- und Pflegeanstalten befanden, ist bemerkenswert, da ehemalige Offiziere im Regelfall nicht in öffentliche Heil- und Pflegeanstalten kamen, und Stephanie Neuner festgestellt hat, dass unter psychisch versehrten Mannschaftssoldaten lediglich rund 5% nach dem Krieg dauerhaft in Heil- und Pflegeanstalten untergebracht wurden.[361] Wenn die Familien der Offiziere begütert waren, war Privatpflege eine Alternative. Vielfach wurden sie auch von den eigenen Familien gepflegt.

Ein Beispiel für einen Offizier, der sich entmündigt in Privatpflege bei einem Ortsbauernführer auf Rügen befand, ist der charakterisierte Oberleutnant Eckart H. Er erhielt in der Weimarer Republik mit der Diagnose »schwere Psychopathie (Nervenschwäche)« als ehemaliger aktiver Offizier ein Ruhegehalt, einen Zuschuss und die Frontzulage. Zu seiner wirtschaftlichen Lage heißt es: »Für Unterkunft und Verpflegung des H. werden vom Vormund an den Ortsbauernführer monatlich 103 RM gezahlt. Die Nebenkosten für Wäsche Bekleidung usw. betragen z. Zt. monatlich etwa 50 RM, zusammen also bis 160 RM monatlich.«[362]

Leutnant der Reserve a. D. Ernst V., der 1937 überprüft wurde, war ein entsprechender Fall, in dem die Familie die Betreuung übernahm. Er erhielt

---

359 Siehe hierzu auch die Ausführungen zur Samplebildung in der Einleitung und in Kap. V.3.d. Die Überprüfung der Versorgung von psychisch versehrten Offizieren a. D. aufgrund des Gesetzes von 1934.
360 Dass verstörende Erinnerungen auch die »gesunden« Kriegsteilnehmer in der Nachkriegszeit einholten, wird eindrucksvoll in der Autobiografie Carl Zuckmayers beschrieben. Zuckmayer, Als wär's ein Stück von mir, S. 251f. Siehe hierzu auch die Ausführungen in Kap. II.7.c. Die Haltung der Offizierskameraden.
361 Neuner, Politik und Psychiatrie, S. 308; dies., Die Rückkehr in den Alltag, S. 398f.
362 BArch, R 3901/Nr. 10239, Nachprüfung gemäß Artikel 2 des Fünften Gesetzes über das Verfahren in Versorgungssachen vom 3.7.1934, Offiziere einschl. Hinterbliebene, Einzelfälle, Juni 1936 - Juni 1937, Eckart H.

bis dahin eine Rente wegen hundertprozentiger Minderung der Erwerbsfähigkeit aufgrund von »Jugendirresein (hebephrene Form) D. B. verschlimmert durch Kriegseinflüsse«. Ernst V. war ledig und lebte nach dem Krieg auf einem von seinem Bruder bewirtschafteten, etwa 100 Morgen großen Bauernhof im Haushalt der verwitweten Mutter bei Hildesheim. Sein Unterhalt wurde von seiner Rente bestritten, die sich bis 1935 auf 190,80 Reichsmark monatlich belief.[363]

Gerade bei Kriegsveteranen existierte die allgemeine Erwartung, dass die Frauen ihre Männer zu Hause pflegen sollten. Vor allem Offiziersfrauen und Offiziersfamilien standen hier unter hohem moralischem Druck. Auch für Frankreich[364] ist bekannt, dass im Fall von Offizieren bei einer Einweisung in eine Heil- und Pflegeanstalt lange Rechtfertigungen der Familie üblich waren, warum es nicht mehr möglich sei, dass der Offizier zu Hause bleibe. Vorrangig wurden sie eingewiesen, wenn sie als Bedrohung eingeschätzt wurden,[365] was der allgemein gültigen Richtlinie entsprach, dass ein psychisch Kranker bei Gefahr für sich oder für andere in eine Heil- und Pflegeanstalt überwiesen werden sollte. Mitunter wurde aber auch das Verhalten des Offiziers in der Öffentlichkeit angeführt, welches unstandesgemäß und für die Familie peinlich sei.[366]

Die Einweisung in eine geschlossene Heil- und Pflegeanstalt hatte in der Zwischenkriegszeit häufig eine dauerhafte Unterbringung zur Folge. Erst die in der Mitte des 20. Jahrhunderts eingeführten Psychopharmaka und Neuroleptika revolutionierten die Behandlung schwerer psychischer Störungen, wodurch die Dauer des krankhaften Zustands und damit die nötige Aufenthaltsdauer in den psychiatrischen Kliniken deutlich reduziert werden konnten. Vor ihrer Einführung standen hingegen keine symptomatischen Behandlungsmethoden zur Verfügung.[367] Entsprechend häufiger als heute

---

363 Ebd., Ernst V.
364 1937 befanden sich noch 3.500 französische Veteranen in psychiatrischen Anstalten. Derrien, Entranched from Life, S. 204–208. Siehe zur Situation in Frankreich auch dies., »La tête en capilotade«; Thomas, Treating the Trauma of the Great War.
365 Derrien, Entranched from Life, S. 204f.
366 Eine Alternative zur Einweisung in die Heilanstalt war, dass vor allem bei weniger gravierenden psychischen Störungen die Familie verhaltensauffällige Offiziere zur Auswanderung drängte. Vgl. das Beispiel eines ehemaligen Offiziers, der aufgrund seines Verhaltens von seiner Familie zur Auswanderung nach Amerika angehalten wurde. UAHUB nerv - 013 Protokoll zur Begutachtung von Hans von E. zur Frage, ob V. an manisch-depressivem Irresein leidet und unfruchtbar zu machen ist 1.11.1937.
367 Siehe hierzu den Abschnitt »Beruhigungsmittel« in Kap. III.4.b. Vorkriegsmethoden bei Offizieren.

mussten Erkrankte daher bei schweren psychischen Störungen dauerhaft in psychiatrischen Kliniken verwahrt werden. Sie wurden so lange dort behalten, bis die Symptome mit der Zeit abklangen, was oft nicht eintrat. Die Behandlungsmöglichkeiten waren auf Schutzmaßnahmen wie Freiheitsentzug oder medikamentöse Sedierung beschränkt, um die Patienten daran zu hindern, sich selbst oder Dritte zu schädigen.[368]

Ehemalige Offiziere, die wegen einer psychischen Störung in der Weimarer Republik in einer Anstalt untergebracht waren, erhielten, wenn sie über kein privates Vermögen verfügten, standardmäßig eine staatliche Versorgung, die ihnen im dreistufigen Unterbringungssystem die zweite Verpflegungs- und Unterbringungsklasse sicherte.[369] Wenn es sich die Familie leisten konnte, wurde der Offizier in der höchsten Verpflegungsklasse untergebracht.[370]

In den bereits erwähnten Versorgungsakten des Bundesarchivs Berlin-Lichterfelde galten neun der 75 Offiziere als arbeitsunfähig, sieben weitere waren erwerbslos. Der Bestand zeigt, dass das allgemeine Ziel, Invaliden mit physischen oder psychischen Versehrungen als wertvolle Arbeitskraft in die Gesellschaft zu integrieren, auch bei Offizieren oft nicht erreicht wurde. Viele wurden arbeitslos oder mussten eine Tätigkeit annehmen, die einen

---

368 Rotzoll, Verwahren, verpflegen, vernichten, S. 24–35; Theisen/Remschmidt, Schizophrenie, S. 150. Vgl. auch Bangen, Geschichte der medikamentösen Therapie der Schizophrenie.
369 Ein Gegenbeispiel war der Leutnant Karl Rueff, dem nach einem Disziplinarvorfall nur die niedrigste Pflegeklasse bewilligt wurde und für den die Familie die Mehrkosten für die zweite Pflegeklasse bezahlte. Tritsch, Karl Rueff. Die niedrigste Versorgungsklasse bedeutete große Schlafsäle und eine qualitativ und quantitativ mangelhafte Ernährung. Erinnert sei an das Hungersterben in den Anstalten im Ersten Weltkrieg (rund 70.000 Opfer), welches sich im Zweiten Weltkrieg wiederholte (rund 80.000 Opfer). Faulstich, Hungersterben in der Psychiatrie. Siehe zur Verpflegungssituation in den psychiatrischen Anstalten im Ersten Weltkrieg auch Kap. III.3.a. Unterbringung und Verpflegung. In Frankreich wurde kurz vor dem Zweiten Weltkrieg ein Gesetz erlassen, um bessere und würdigere Lebensbedingungen in den psychiatrischen Anstalten zu ermöglichen. Doch verhinderte der Zweite Weltkrieg die Anwendung. Ungefähr 73% der Kriegsveteranen starben damals in Saint-Égrève. Derrien, »La tête en capilotade«, S. 450–454.
370 Z.B. befand sich Richard von O., Oberleutnant a. D., 1937 in der Heilanstalt Haina in Hessen aufgrund der Diagnose Dementia praecox (Jugendirresein). Er erhielt neben der geringen Leutnantspension auch eine Verstümmelungszulage. Seine Mutter, welche als Vormund eingesetzt war, hatte den Oberleutnant in der Heilanstalt in der besten Versorgungsklasse untergebracht. BArch, R 3901/Nr. 10239, Nachprüfung gemäß Artikel 2 des Fünften Gesetzes über das Verfahren in Versorgungssachen vom 3.7.1934, Offiziere einschl. Hinterbliebene, Einzelfälle, o. S., Richard von O.

sozialen Abstieg bedeutete. So setzte der psychisch versehrte Leutnant a. D. Konrad D. in einem Beschwerdebrief an die Versorgungsbehörden unter seine Unterschrift den Zusatz: »Leutnant a. D., abgebauter Bankbeamter, erfolgloser Reisevertreter, ehemaliger Taxischoffeur, arbeitslos.«[371]
Gerade vermögenslose Offiziere, die wegen ihrer psychischen Leiden nicht mehr in der Lage waren, eine Beschäftigung aufzunehmen, gerieten oft ins soziale Abseits. Dies führte dazu, dass sie in diesen Fällen nicht nur unter ihren Versehrungen, sondern auch unter den sozialen Zurücksetzungen litten.[372] So erhielt der Oberleutnant der Reserve Fritz F. seit 1920 eine Rente wegen »Hystero-Neurasthenie verbunden mit epileptischen Anfällen D.B. Eigentümlichkeiten des Kriegsdienstes«, die bei Überprüfung der Rente 1937 aus 48,55 Reichsmark Rente und 75 Reichsmark Offizierszuschuss bestand und damit zusammen 123,55 Reichsmark monatlich ausmachte. Er war früher Zahnarzt, konnte aber wegen seiner Nervenanfälle weder seinen Beruf noch eine andere geeignete Beschäftigung ausüben. Zu seinem wirtschaftlichen Lebensstil heißt es:

»Er ist ledig ohne Besitz und ohne Vermögen, hat ausser der Rente und dem Offizier-Zuschuss kein Einkommen. Er wohnt bei seinem 84 Jahre alten Vater (pens. Hauptlehrer), dessen Haushalt die 51 Jahre alte unversorgte Tochter führt.«[373]

Die ehemaligen Offiziere, die 1936/37 überprüft wurden, hatten alle das 35. Lebensjahr überschritten, viele waren deutlich älter. Von den 75 Aufgeführten waren 44 verheiratet, immerhin sieben geschieden. Drei litten unter »allgemeiner Nervenschwäche« bzw. »Neurasthenie«, die anderen an »Dementia paranoides«, Epilepsie, Depressionen und einer Psychose.[374] Bei zwei Offi-

---

371 BArch, R 3901/Nr. 10260, Bl. 371–373, Versorgung des Leutnants a. D. Konrad D., Bd. 1, Juli 1927 – Nov. 1935 (ohne fol.).
372 Ein Beispiel für diese Sichtweise ist Joseph Roths Roman »Die Rebellion« (1924). Dort hat der Protagonist im Krieg ein Bein verloren und zwar eine Auszeichnung, aber keine Prothese oder Rente erhalten. Für die Lizenz zum Drehorgelspiel simuliert er vor einer Kommission einen Kriegszitterer und humpelt seitdem mit seinem Leierkasten von Hinterhof zu Hinterhof. Er hofft auf eine »Normalisierung« der Kriegsbeschädigten, verliert aber seine Frau an einen Gesunden und bekommt nur Beschäftigungen als Arbeiter 2. Klasse. Der Roman wurde vom 27.7. - 29. 8.1924 im Vorwärts vorabgedruckt. Roth, Die Rebellion.
373 BArch, R 3901/Nr. 10239, Nachprüfung gemäß Artikel 2 des Fünften Gesetzes über das Verfahren in Versorgungssachen vom 3.7.1934, Offiziere einschl. Hinterbliebene, Einzelfälle, Juni 1936 - Juni 1937, Fritz F.
374 Ebd., Alfred B., Manfred H., Arthur H., Helmut F., Gustav W., Karl H.

zieren war extra vermerkt, sie seien »schuldig geschieden«.[375] Für die hohe Scheidungsrate spielte wohl der psychische Zustand der Männer eine große Rolle.

Allgemein stieg die Scheidungsrate in Deutschland nach Kriegsende stark an, obwohl sie im Vergleich zum heutigen Stand niedrig war. Die Zahl der Scheidungen, die zwischen 1909 und 1913 durchschnittlich 15.633 pro Jahr betrug, erreichte 1921 einen Höchststand von 39.216. Als Gründe hierfür gelten die Entfremdung der Ehegatten durch die lange Trennung und die Wandlungen der Geschlechterrollen im Krieg,[376] die bedrückenden Kriegserlebnisse der Männer und die Zunahme familiärer Gewalt. Die Heimkehrer taten sich schwer damit, sich wieder in den Alltag und die Nachkriegsgesellschaft einzufügen.[377]

Eine hohe finanzielle Belastung bedeutete es, wenn der Offizier seiner geschiedenen Frau Unterhalt zahlen musste, was sich potenzierte, wenn er erneut eine Ehe einging.[378] Aber auch in den nicht seltenen Fällen, da Offiziere Frauen aus einer begüterten Familie geheiratet hatten, waren die finanziellen Konsequenzen einer Scheidung für psychisch versehrte Offiziere gewaltig. So ist zu Gustav W. vermerkt, dass er seit 1923 »schuldig geschieden« war, dass er möbliert wohnte und monatlich 25 Reichsmark Miete (ohne Frühstück) zahlte. Sein Einkommen einschließlich Rente betrug 1936 monatlich 115,90 Reichsmark. Weiteres Einkommen sowie Vermögen war nicht vorhanden. Die frühere Ehefrau hingegen lebte 1936 mit der 16 Jahre alten Tochter auf der eigenen Besitzung in Colbitz bei Magdeburg.[379]

---

375 Ebd., Helmut F., Gustav W.
376 So hatte sich das Frauenbild während des Krieges wegen der Eigenständigkeit der Frauen gewandelt. Viele Heimkehrer konnten dies nicht akzeptieren und viele Frauen hatten Schwierigkeiten, zur traditionellen Rollenverteilung aus der Vorkriegszeit zurückzukehren. Bessel, Germany after the First World War, S. 228–230.
377 Ebd., S. 231. Frankreich sah einen ähnlichen Trend von 15.450 Scheidungen im Jahr 1913 auf 29.156 im Jahr 1920 und 32.557 im Jahr 1921. Zeldin, France 1848–1945, Bd. 1, S. 358.
378 Vgl. hierzu z.B. BArch, R 3901/Nr. 10239, Nachprüfung gemäß Artikel 2 des Fünften Gesetzes über das Verfahren in Versorgungssachen vom 3.7.1934, Offiziere einschl. Hinterbliebene, Einzelfälle, Juni 1936 - Juni 1937, Karl H. Siehe daneben in Bezug auf die wirtschaftlichen Auswirkungen einer dreifachen Ehe des Majors der Reserve a. D. Werner von C: BArch, R 3901/Nr. 10257 Versorgung des Majors der Reserve a. D. Werner von C., Nov. 1931 - Apr. 1943 (ohne fol.).
379 Gustav W. zahlte keine Unterhaltsrente, da das Kind versorgt war. BArch, R 3901/Nr. 10239, Nachprüfung gemäß Artikel 2 des Fünften Gesetzes über das Verfahren in Versorgungssachen vom 3.7.1934, Offiziere einschl. Hinterbliebene, Einzelfälle, Juni 1936 - Juni 1937, Gustav W.

Doch ist auch zu bemerken, dass mindestens 17 der 75 psychisch versehrten Offiziere gehobene Staatsstellungen innehatten. So finden sich ein Abteilungsvorstand bei der Augsburger Lokalbahn A.G., ein Direktor des Katasteramts, ein Ingenieur, ein Justizinspektor, ein Kreisbaumeister, ein Landgerichtsrat, ein Oberamtsrichter a. D., ein Oberbaurat bei der Stadtverwaltung Breslau, ein Oberlehrer, ein Oberpostinspektor a. D., ein Polizeihauptmann a. D., ein preußischer Regierungsrat, ein Rechtsanwalt, ein Regierungsbaumeister a. D., ein Regierungsrat der Kreiskasse von Oberbayern, ein Studiendirektor und ein Zollinspektor. Auch wird aus dem Aktenbestand sehr deutlich, dass einige Offiziere über hohes Kapitalvermögen verfügten.

Dass ehemalige Offiziere trotz diskreditierender Diagnosen wie Hysterie oder Psychopathie im Zivilleben nach 1918 verantwortungsvolle, gut bezahlte Tätigkeiten ausüben konnten, zeigen die folgenden beiden Fälle. Rudolf R., geboren 1896, erhielt seit 1920 eine Pension wegen »Hysterie« in Höhe von 138,30 Reichsmark, die ihm 1937 mit der Begründung »anlagemäßig bedingte hysterische Störungen« wieder entzogen wurde. Über seine damalige Situation heißt es:

»R. ist seit 24.4.1920 verheiratet und hat 2 ehel. Töchter im Alter von 16 und 12 Jahren. Er ist bei der Augsburger Lokalbahn, A.G. in Augsburg als Abteilungsvorstand beschäftigt. Das zuletzt ermittelte Anrechnungseinkommen betrug jährlich 8531 RM.«[380]

Der bereits vor dem Krieg als sehr nervös beschriebene Heinrich P., bei dem im Krieg »Psychopathie« diagnostiziert wurde, bezog seit 1921 eine Rente von 9,25 Reichsmark im Monat wegen »Nervenleiden D.B. verschlimmert durch schädigende Kriegseinflüsse« und stieg bis zum Zollinspektor mit monatlichem Einkommen von 422,39 Reichsmark auf.[381]

---

380 BArch, R 3901/Nr. 10239, Nachprüfung gemäß Artikel 2 des Fünften Gesetzes über das Verfahren in Versorgungssachen vom 3.7.1934, Offiziere einschl. Hinterbliebene, Einzelfälle, Juni 1936 - Juni 1937, Rudolf R.
381 Ebd., Heinrich P.

f. Das Selbstbild psychisch versehrter Offiziere in der Weimarer Republik

Die Wirksamkeit des Offiziersstatus

Für psychisch versehrte Offiziere a. D. spielte ihr Offiziersstatus nach wie vor eine bedeutende Rolle. Sie betrachteten ihren militärischen Dienstgrad in der Weimarer Republik meist als Teil ihres Namens und gaben ihn auch, wenn es nicht um Militärisches oder die Regelung ihrer Versorgungsansprüche ging, bei Bewerbungen, ärztlichen Untersuchungen oder bei einer Betätigung als Autor an. Eine große Rolle dafür, dass sie ihre Offiziersidentität nicht ablegten, spielte, dass viele von ihnen Schwierigkeiten hatten, sich im Zivilleben zu etablieren.[382] Doch selbst wenn sie ein ziviles Amt innehatten, führten sie in ihrer Korrespondenz weiterhin neben dem zivilen Titel auch den militärischen Dienstgrad.

Und obwohl die Versorgungsbürokratie jenseits der rechtlichen Regelungen meist nicht bereit war, den Offizieren eine Vorzugsbehandlung einzuräumen, spielte der Offiziersstatus in den Schreiben der ehemaligen militärischen Führer an die Versorgungsämter doch in viererlei Hinsicht eine wichtige Rolle. Zum einen haderten einige Offiziere damit, Versorgungsansprüche stellen zu müssen, da sie dies nicht als »standesgemäß« ansahen. Obwohl seit 1906 ein Rechtsanspruch auf Versorgung bestand, und sie diesen gerichtlich einklagen konnten, verzichteten Offiziere oft darauf, Versorgungsansprüche zu stellen, wenn es die Vermögensverhältnisse zuließen. Dies galt vor allem für adelige Offiziere. So bereute der Major der Reserve a. D. Werner von C., der in der Nachkriegszeit verarmte, 1933, dass er »als wohlhabender Mann aus ideellen Gründen keine Pension beansprucht hatte.«[383] Ähnlich liegt der Fall eines hochadeligen Offiziers, der unter Verzicht auf Pensionsansprüche aus dem Militär ausgeschieden war. 1921 versuchte er wegen wirtschaftlicher Schwierigkeiten vor dem Reichsversorgungsgericht im Nachhinein seinen Pensionsanspruch mit dem Argument einzuklagen, dass ihn nur der »unter den Mitgliedern Deutscher Fürstenhäuser üblich[n] Brauch, bei ihrem Ausscheiden keine Pensionsansprüche zu erheben«, nach dem Krieg abgehalten habe, rechtzeitig die Pension zu beantragen. Das Gericht ließ dieses Argument nicht gelten und lehnte das

---

382 Vgl. hierzu auch Löffelbein, Ehrenbürger der Nation, S. 103–105.
383 BArch, R 3901/Nr. 10257 Versorgung des Majors der Reserve a. D. Werner von C., Nov. 1931 - Apr. 1943 (ohne fol.).

Gesuch ab, da die Frist für den Pensionsanspruch verstrichen sei.[384] Ein Beispiel für einen bürgerlichen Offizier, der, als es seine finanzielle Situation erlaubte, auf Versorgungsleistungen verzichtete, ist Johannes V. Bei ihm wurde seit 1915 eine Dienstbeschädigung aufgrund von »geistigen Verwirrtheitszuständen« anerkannt, da sie durch die Kriegseinflüsse verschlimmert worden seien. Er verzichtete 1928 wegen seines Einkommens als Landgerichtsrat auf die Zahlung.[385]

Allerdings änderte sich im Verlauf der Zwischenkriegszeit oft die Einstellung der ehemaligen Offiziere. Sie nahmen die Offiziersversorgung zunehmend als reinen Verwaltungsakt wahr. Auch Offiziere, die wegen ihres Vermögens oder eines auskömmlichen Zivilberufs nicht auf die Pension angewiesen waren, reichten bei einem Pensionsentzug in den 1930er Jahren nun mitunter Klage ein, wie etwa der Oberleutnant a. D. Karl H., der eine Pension wegen »Nervenleiden (Neurasthenie) und Schwäche der l. Schulter durch Verwundungsfolgen entstanden« bezog. 1936 wurde ihm die Pension mit dem Argument entzogen, es handle sich um eine »angeborene reizbare Nervenschwäche (Neurasthenie)« und die Verwundungsfolgen seien so geringfügig, dass sie die Felddienstfähigkeit nicht aufheben würden. Hoffmann legte Berufung gegen die Entziehung ein, obwohl er durch seinen Beruf als Bauunternehmer ein hohes jährliches Einkommen erzielte. Sein Einspruch hatte keinen Erfolg.[386]

Zum zweiten betonten ehemalige militärische Führer ihren Offiziersstatus, wenn sie sich dagegen wehrten, dass begutachtende Ärzte auch bei ihnen anders als im Krieg[387] nun den Simulationsvorwurf prüften. Im Bundes-

---

384 Entscheidungen des Reichsversorgungsgerichts, Bd. 2, 1922, Nr. 55, S. 144–146.
385 BArch, R 3901/Nr. 10239, Nachprüfung gemäß Artikel 2 des Fünften Gesetzes über das Verfahren in Versorgungssachen vom 3.7.1934, Offiziere einschl. Hinterbliebene, Einzelfälle, Juni 1936 - Juni 1937, Johannes V.
386 Ebd., Karl H. Auch der Fall des Offiziers Josef R. zeigt, dass Offiziere ihre Versorgung in der Weimarer Republik zunehmend als reinen Verwaltungsakt betrachteten. Josef R. war zuletzt 1923 überprüft worden und hatte dann im Zivilleben Karriere gemacht und eine hohe Beamtenstellung erhalten. Bei Überprüfung seiner Rentenbezüge am 8. Januar 1937 war er Studiendirektor am Gymnasium Hadamar. Trotz dieser hohen Dienststellung erhielt er wegen der Diagnose »Allgemeine Nervosität«, an der er seit einer »Granatexplosion im Felde« litt, seit 1920 eine Rente nach dem Reichsversorgungsgesetz, die vom Versorgungsamt Wiesbaden erlassen und 1923 vom Versorgungsamt Höchst a. M. bestätigt wurde. Die Verminderung seiner Erwerbsfähigkeit war auf 30% angesetzt. Damit erhielt er einen Grundbetrag von 11,6 Reichsmark für eine dreißigprozentige Erwerbsminderung und zwei Kinderzulagen von 23,15 Reichsmark. Ebd., Josef R.
387 Siehe zur Kriegszeit den Abschnitt »Simulationsverdacht bei Offizieren« in Kap. III.3.b. Arzt-Patienten-Verhältnis.

archiv sind Beschwerdebriefe ehemaliger Offiziere gesammelt, die sich über den ihnen gegenüber geäußerten Simulationsvorwurf empörten und ihn nicht nur als respektlos, sondern auch als ehrenrührig empfanden. Die Offiziere dachten mitunter sogar darüber nach, zusätzlich zum eingereichten Brief vom betreffenden Gutachter Satisfaktion zu fordern oder ein Gerichtsverfahren wegen Beleidigung anzustreben.[388] Ein Beispiel ist die Beschwerdeschrift des Landesinspektors Karl W., Leutnant der Landwehr a. D., vom 1. November 1924,[389] der sich gegen den Vorwurf der Simulation aufgrund seines Ehrgefühls als ehemaliger Offizier auf das Schärfste verwahrte. Seit dem Krieg litt er an »Herzmuskelschwäche und Nervenleiden« und ließ sich 1924 von Versorgungsarzt und Regierungs-Medizinalrat Dr. Moll wegen der Bewilligung einer Badekur untersuchen.[390] In der Beschwerde, die er ans Hauptversorgungsamt richtete, gab er den ärztlichen Befund dieser Untersuchung als Zitat wieder, da er Einsicht in die Rentenakten genommen hatte. Er sah vor allem die Formulierungen »Schwindel« und »Romberg[391] simuliert« im Gutachten als Beleidigung an. Er habe es nicht nötig, seinen »Zustand zu erheucheln (simulieren)«. Sein Leiden sei durch bedeutende Fachärzte erwiesen, auch das Doppeltsehen sei nach ärztlicher Bescheinigung auf seine Neurasthenie zurückzuführen. Er verwies auf seine Kriegserfahrung (»Simulation und Schwindel kommen

---

388 Vgl. den Fall des Oberleutnants der Landwehr Max K., der sich 1928 beleidigt und ungerecht behandelt fühlte, da der Arzt ihm nicht glaubte, dass sein Stock als Hilfsmittel von ihm benutzt wurde, der nach Angabe des Arztes viel zu kurz und ohne Gebrauchsspuren war. Es empörte ihn, dass seine eidesstattliche Erklärung zum Vorfall »nichts mehr wert« sei. Allerdings stellte sich das Amt hinter den Arzt, als dieser seine Sicht des Falles erklärt hatte und der Arzt zog Beamtenbeleidigung in Erwägung. BArch R 3901/Nr. 8724, Beschwerden Beschädigter über Begutachtung und Gutachter, Bd. 5, Juni 1927 - Mai 1928, Beschwerde des Oberleutnants d. L. Max K., 1928.
389 BArch, R 3901/Nr. 8721, Beschwerden Beschädigter über Begutachtung und Gutachter, Bd. 2, März 1922 – Febr. 1925, Landesinspektor Karl W., Leutnant der Landwehr a. D. Vgl. zu seinem Fall auch BArch, R 3901/Nr. 8722.
390 Er empörte sich in seiner Beschwerde, dass schon zu Beginn der Untersuchung der Arzt die Anspielung gemacht habe, dass jegliches Leiden von ihm auf den Krieg zurückgeführt würde. W. fühlte sich hierdurch beleidigt und bedauerte, die Untersuchung trotzdem durchgeführt zu haben, da er Voreingenommenheit befürchtet habe. Ebd.
391 Der Romberg-Test ist ein heute noch gebräuchliches neurologisches Verfahren zur Untersuchung von Störungen des GleichgewichtssinnS. Kern des Tests ist, dass die Person aufgefordert wird, mit zusammenstehenden Füßen aufrecht zu stehen und dann auf einen zweiten Befehl hin die Augen zu schließen.

einem nach solchen Erlebnissen nicht in den Sinn«[392]), sein starkes Ehrgefühl und seine Satisfaktionsfähigkeit als Offizier und Beamter, weswegen er die ärztlichen Formulierungen nicht akzeptieren konnte:

»Gegen solche infamen Verdächtigungen werde ich mich aber wehren bis zu meinem letzten Blutstropfen. Ich war nahezu 20 Jahre Soldat, bin Offizier geworden, aber nicht durch Schwindel und Heuchelei (Simulation) und jetzt öffentlicher Beamter, der seinen Diensteid geleistet hat, es mit seinen Pflichten sehr genau nimmt und ein starkes Ehrgefühl besitzt, aber Schwindel und Heuchelei ist mir noch nicht unterschoben worden. Hätte mir Herr Dr. Moll bei der Untersuchung diese Gemeinheiten ins Gesicht gesagt, ich würde ihn in der nächsten Sekunde mit gleicher Münze ausgezahlt haben. [...]«[393]

Er schickte eine Beleidigungsklage auch ans Reichsarbeitsministerium und erklärte:

»Aus den vorstehenden Ausführungen dürfte zu ersehen sein, wie man als Kriegsbeschädigter von einem Regierungs-Medizinalrat, dem man auf seine spitzfindigen Redensarten die gebührende Antwort erteilt hat, mit Schmutz beworfen wird. Dass ich mir als deutscher Offizier, wenn auch a. D., solche Schändlichkeiten nicht bieten lasse, ist ganz selbstverständlich.«[394]

Auffällig ist, dass sich Karl W. hier nicht auf seine Beamtenehre bezog, sondern seinen Offiziersrang in den Vordergrund stellte, mit dessen Ehrvorstellungen der Vorgang nicht in Übereinstimmung zu bringen war. Der Zusatz »wenn auch a. D.«, zeigt, dass er das »a. D.« als geringfügigen Makel ansah; der Ehrenkodex galt für ihn aber weiterhin.

Die dritte Situation, in der der Offiziersstatus in den Vordergrund gerückt wurde, waren Beschwerden von Offizieren, die bewilligte Versorgung sei zu niedrig, wofür sie den »standesgemäßen« Lebensstil anführten, der so nicht gesichert werden könne, was sie ihrer Würde berauben würde. So schrieb der Major der Reserve a. D. Werner von C., der sich über 15 Jahre

---

392 BArch, R 3901/Nr. 8721, Beschwerden Beschädigter über Begutachtung und Gutachter, Bd. 2, März 1922 - Febr. 1925, Landesinspektor Karl W., Leutnant der Landwehr a. D. Vgl. zu seinem Fall auch BArch, R 3901/Nr. 8722, fol. 251.
393 W. führte noch einen Bekannten von ihm an, der vom gleichen Arzt der Simulation verdächtigt worden sei. Ebd.
394 BArch, R 3901/Nr. 8722, fol. 257f. Das Reichsarbeitsministerium verwies auf das zuständige Hauptversorgungsamt Kassel, das den Fall auch schon bearbeite. Im Entgegnungsschreiben des dort zuständigen Arztes heißt es, es handele sich bei den Simulationsvorwürfen um ein auf der medizinischen Unkenntnis des Offiziers beruhendes Missverständnis. Ebd., fol. 258.

mit den Versorgungsbehörden um seinen Pensionsanspruch stritt,[395] am 12. Januar 1932:»Das habe ich mir auch nie träumen lassen, dass ich als alter 55 jähriger Major einmal zum Ortsarmen und Almosenempfänger herabsinken würde!« Am 2. März 1933 beklagte er, dass seine abgetragene Garderobe nicht mehr »standesgemäß« für einen Major sei und bat deshalb um eine Zulage.[396] Am 17. Juni 1933 schrieb er an Reichskanzler Papen:

»Neulich war die ARMENPFLEGERIN im Auftrage des Versorgungsamts bei mir! – Ist das wirklich eines Staates würdig, dass ein alter aktiver Offizier mit 24 Dienstjahren als Ortsarmer angesehen und behandelt wird? [...] Können Sie, verehrter Herr v. Papen, sich das bittere Gefühl vorstellen, unverschuldet zu den ›Deklassierten‹ zu gehören, in einem möblierten Zimmerchen im Hinterhaus zu wohnen ohne Licht und Sonne, kaum die Mittel zur notwendigsten Ernährung zu haben, wenn die Kleider allmälig so schäbig werden, dass man sich nicht mehr unter seinen alten Kameraden sehen lassen kann?«[397]

Das gesamte Schreiben zeigt, dass er sich seiner sozialen Lage am liebsten durch Selbstmord entziehen würde und davor nur wegen seiner familiären Verpflichtungen zurückschreckte. Er schrieb am 12. Januar 1932 an einen Ministerialrat im Reichsarbeitsministerium:

»Sie können sich versichert halten, dass ich diesem unwürdigen Zustande schon längst ein Ende bereitet hätte, wenn der Gedanke an meine Frau nicht wäre, die ja, wenn mein Tod nicht in Folge meiner Kriegsbeschädigung eintritt, ihrer kleinen Witwenpension verlustig gehen würde.«[398]

Auch Leutnants pochten auf eine »standesgemäße Lebensführung« und kritisierten, dass selbst die volle Pension nur ein karges Überleben sicherte.[399]

---

395 Allgemein blieben bei psychisch Versehrten die meisten Einsprüche gegen Rentenbescheide erfolglos. Bei Ablehnung kamen auch Suizide und Suizidversuche vor. Neuner, Die Rückkehr in den Alltag, S. 394.
396 »Die Garderobe ist auch jetzt in einem wahrhaft heillosen Zustande und auf alle Fälle für einen alten Major der ehemaligen Armee nicht mehr als ›standesgemäss‹ zu bezeichnen. So besitze ich z.b. nur noch ein Paar ganze Schuhe! Mein Sommermantel ist so abgetragen und schäbig, dass ich nur noch bei Dunkelheit mich auf die Strasse wagen könnte. Auch wenn es wärmer wird, muss ich aber bei meinem Rheumatismus ein Ausgehen ohne Mantel vermeiden.« BArch, R 3901/Nr. 10257 Versorgung des Majors der Reserve a. D. Werner von C., Nov. 1931 - Apr. 1943 (ohne fol.).
397 Ebd.
398 Ebd.
399 Vgl. z.B. Leutnant Konrad D., der 1934 auf eine »standesgemäße« Lebensführung bestand und es als Ungerechtigkeit bezeichnete, dass ein Arbeiter mehr verdiene als ein kriegsbeschädigter Offizier. In einem Schreiben an den Reichsarbeitsminister von Januar 1930 äußerte er, als er die Antwort erhielt, sein Verfahren sei noch nicht entschieden, seinen

Und zum vierten stellten Antragsteller ihren Offiziersstatus heraus, wenn sie der Regierung der Anfangsjahre der Weimarer Republik Offiziersfeindlichkeit vorwarfen und als Argument dafür anführten, dass bisher nicht die gewünschte Versorgung bewilligt worden sei.[400]

Keine Verortung in der Gruppe der »Kriegsneurotiker«

In Bezug auf das Selbstbild psychisch versehrter Offiziere a. D. ist auffällig, dass diese sich in der Regel in Selbstzeugnissen nicht in der Gruppe der »Kriegsneurotiker« oder psychisch Kriegsversehrten verorteten. Vielmehr blieb auch in der Nachkriegszeit die bereits im Krieg feststellbare Tendenz erhalten, dass psychisch versehrte Offiziere psychische Leiden gern vertuschten und stattdessen körperliche Leiden betonten, da eine körperliche Kriegsverletzung sich mit Heldenhaftigkeit und Aufopferungsbereitschaft für das Vaterland in Verbindung bringen ließ und so eine Brücke zu den Wertvorstellungen im Offizierskorps schlug.[401]

Eine große Rolle spielte dabei, dass die Stimmung gegenüber der »Kriegsneurose« im Offizierskorps nach 1918 härter wurde, was vor allem zwei Gründe hatte. Zum einen führte die Defensivposition des Offizierskorps aufgrund der Niederlage und des Hasses, der ihnen entgegenschlug, dazu, dass das Offizierskorps selbst das Bestreben entwickelte, sich von allem zu befreien, was ihm negativ ausgelegt werden könnte. So nahm dort in den unmittelbaren Nachkriegsjahren die Toleranz gegenüber psychisch versehrten Offizieren, die sich den Vorwurf der »Feigheit« oder »Drückebergerei« zugezogen hatten, im Vergleich zur Kriegszeit ab. Es zeigte sich eine Stimmung wie in Preußen nach der Niederlage von 1806, als der Wunsch nach einer Säuberungsaktion des Offizierskorps laut wurde, um es von unehrenhaften Elementen zu befreien und ihm wieder einen ehrenvollen Platz in der Gesellschaft zu verschaffen.[402] Auch die noch dienenden Offiziere nach 1918 waren sehr bestrebt, Offiziere auszuschließen, die sich im Krieg nicht konform zu ihrem Ehrbegriff verhalten hatten. Als besonderer Makel

---

Unmut: »Man betrügt mich, alten, verdienten Frontsoldaten, um die poplige, mir nach Recht und Moral zustehende Leutnantspension.« BArch, R 3901/Nr. 10260, Bl. 371–373, Versorgung des Leutnants a. D. Konrad D., Bd. 1, Juli 1927 -Nov. 1935 (ohne fol.).
400 Siehe hierzu den Abschnitt »Die Pensions- und Rentenverfahren psychisch versehrter Offiziere« in Kap. V.2.b. Die Stellung psychisch versehrter Offiziere im Versorgungssystem und die Pensions- und Rentenverfahren in der Weimarer Republik.
401 Vgl. Kienitz, Körper - Beschädigungen, S. 189; Neuner, Politik und Psychiatrie, S. 57.
402 Walter, Was blieb von den preußischen Militärreformen 1807–1814?, S. 114f.

für die Ehre des Offizierskorps galten dabei Mitglieder, die sich den Vorwurf des »Feiglings« oder »Drückebergers« gefallen lassen mussten. Dies zeigt besonders deutlich der starke Protest aus den Reihen der Offiziere, als nach Kriegsende am 7. Januar 1919 Ehrengerichtsurteile für unwirksam erklärt wurden, womit eine Amnestie für nicht ehrenvoll verabschiedete Offiziere geschaffen wurde. Das preußische Ministerium für militärische Angelegenheiten berichtete Mitte Februar 1919 an das Generalkommando des I. und II. Armeekorps, es sei der Antrag gestellt worden, den Erlass vom 7. Januar 1919 aufzuheben und die Ehrengerichtsverordnung für Offiziere und Sanitäts-Offiziere wieder in Kraft zu setzen. Die Begründung lautete folgendermaßen:

»Die Amnestie für nicht ehrenvoll verabschiedete Offiziere hat in den Offizierskreisen die schwersten Bedenken und schärfsten Widersprüche erfahren, da man sich davon nur die übelsten Folgen verspricht.«[403]

Auffällig ist, dass im Antrag bei den Ausführungen, was unter ehrlosem Verhalten zu verstehen war, »Feigheit« und »Drückebergerei« stets an erster Stelle genannt wurden und mit Plünderei, Diebstahl, Unterschlagung, Wucher und Falschspiel gleichgesetzt wurden. Offiziere mit entsprechenden Vergehen wurden als »Verbrecher« und »Ehrlose« charakterisiert, die keine ebenbürtigen Kameraden sein könnten und denen die »Offiziersfähigkeit« aberkannt bleiben müsse.[404]

Der zweite Grund für die härtere Stimmung gegenüber der »Kriegsneurose« im Offizierskorps nach 1918 war, dass dort nach der Kriegsniederlage die Akzeptanz aggressiver Männlichkeitsideale zunahm. Unter Offizieren wurden wegen der erzwungenen Abrüstung durch den Versailler Vertrag entsprechende Ideale für notwendig erachtet, um die Wehrhaftmachung Deutschlands voranzutreiben. Zudem stärkten die praktischen Erfahrungen der Frontoffiziere und eine Umformung des Konservatismus, die im Weltkrieg und in der frühen Nachkriegszeit einen entscheidenden Schub erhalten

---

[403] Offen wurde der Wunsch nach einer Reinigung des Offizierskorps ausgesprochen. »Nach unserer Ansicht muß es auch die Aufgabe jedes Ministers für militärische Angelegenheiten sein u. bleiben, unsere Bestrebungen auf Reinigung des Offizierskorps mit allem Nachdruck zu unterstützen, sowohl der Sache an sich wegen, als auch um der Presse, Volksvertretung und der Soldatenräte wegen der Öffentlichkeit den Boden für berechtigte Anklagen zu entziehen.« BayHStA-KA Abt. IV: KA Stv GenKdo. II. AK., SanA 64: Krankheiten: Kriegsneurotiker, 1917–1919, Nr. 25607 P. Ministerium für militärische Angelegenheiten, An das Generalkommando I. u. II. A.K., Ehr. V. für Offiziere u. San. Offz., 12.2.1919.
[404] Ebd.

hatte,[405] das bereits in der Vorkriegszeit aufkommende Idealbild des männlich-martialischen Offiziers, der emotional kontrolliert und diszipliniert mit stählernen Nerven kämpfte.[406] Nachdem im Krieg der »Krieger« den »Ritter« als Ideal zunehmend verdrängt hatte, erhob die aggressive Frontkämpfer- und Führerideologie der 1920er Jahre den »Führer« zum Offiziersideal.[407] Deutschvölkische Begriffe wie »Volk«, »Volkskörper«, »Führer«, »Stärke« und »Männlichkeit« wurden immer gebräuchlicher. Konservativmonarchische und radikalnationalistische Sichtweisen mischten sich.[408] Auch das Offizierskorps orientierte sich stärker an Nation und Volk als Brücke zwischen Vergangenheit, Gegenwart und Zukunft.[409] Ziel war nun die Restauration des autoritären Systems in Gestalt der »Volksgemeinschaft«.[410]

Das Idealbild des hoch aggressiven, mythisch verklärten Helden-Mannes richtete sich gegen alles Revolutionäre und »Antisoziale«, »kulturell« und »rassisch Minderwertige«. Als Gegenbild dazu galt im militärischen Diskurs die Figur des willensschwachen Kriegs- und Rentenneurotikers und des verweichlichten und träumerischen Pazifisten.[411]

---

405 Meteling, Ehre, Einheit, Ordnung, S. 210. Zum Formwandel des Konservatismus Schildt, Konservatismus in Deutschland; ders., Radikale Antworten von rechts auf die Kulturkrise der Jahrhundertwende, S. 63–87; Eley, Konservative und radikale Nationalisten in Deutschland, S. 209–247.
406 Siehe hierzu Kap. I.2.b. Militärische Maßstäbe in Bezug auf die psychische Konstitution eines Offiziers.
407 Meteling, Adel und Aristokratismus, S. 237f.
408 Dies., Ehre, Einheit, Ordnung, S. 210.
409 Hier spielte eine große Rolle, dass selbst traditionell konservativ eingestellte Offiziere sich kaum der allgemeinen Kritik am letzten Monarchen entziehen konnten. Funck, Schock und Chance, S. 146; Haller, Militärzeitschriften in der Weimarer Republik, S. 37f.
410 Das Denken spiegelte sich in der Debatte um den »kranken Volkskörper« der Weimarer Republik, in der die Niederlage als psychisches Versagen des Militärs und der Heimatfront interpretiert wurde. Ein »willensstarker« politischer Führer sollte die vielstimmige »Hysterie« der Demokratie durch eine kollektive »Volksgemeinschaftsutopie« beseitigen. Die »Volksgemeinschaft« war daneben auch ein Gegenentwurf zur Klassengesellschaft des Kaiserreichs wie auch zum revolutionären »Volksstaat«, welchen die Arbeiterschaft anstrebte. Während des Krieges und danach wandelte sich das Konzept der »Volksgemeinschaft«. War es anfangs ein inklusives Ordnungsmodell mit sozialdemokratischer und liberaler Variante, so entwickelte es sich nun zu einem Ordnungsmodell der politischen Rechten, das völkisch und autoritär ausgerichtet war. Föllmer, Der »kranke Volkskörper«, S. 41–67; Wildt, Die Ungleichheit des Volkes, S. 24–40; Verhey, Der »Geist von 1914«; Bruendel, Volksgemeinschaft oder Volksstaat?; Meteling, Ehre, Einheit, Ordnung, S. 210.
411 Kienitz, Körper – Beschädigungen, S. 196; Crouthamel, Contested Memories of Traumatic Neurosis, S. 255.

Die insgesamt feststellbare erhöhte Akzeptanz aggressiver Männlichkeitsideale unter Offizieren machte es psychisch versehrten Offizieren schwer, sich fest in der Sozialgruppe zu verorten. Allerdings kam ihnen entgegen, dass trotz eindeutiger Trends die Männlichkeitsvorstellung fragil blieb,[412] dass man im Offizierskorps nach 1918 heterogene Anschauungen vertrat und das einheitliche Standesbewusstsein zerfiel.[413] So existierten abweichende Mentalitäten unter Offizieren, die in Wehrverbänden aktiv waren, jenen der Reichswehr und jenen, die in den Offiziersvereinen den Ton angaben.

Besonders in den Freikorps[414] und Wehr- und Schutzverbänden,[415] in denen Offiziere a. D. unterer und mittlerer Dienstgrade überproportional vertreten waren, wurde dem aggressiven, deutschvölkisch gefärbten Führer-Gefolgschaftsmodell gehuldigt und die vermeintlich stählende Wirkung des Kriegs auf »Nerven«, »Willen« und Männlichkeit der Soldaten propagiert. Sie waren vom Leitbild des Frontkämpfertums und vom Gegensatz zwischen Front- und Stabs- oder Etappenoffizier geprägt.[416] In der Weimarer Republik betrug die Zahl der hier organisierten, aktivistischen Soldaten ca. 400.000 Mann, womit sie nur einen Bruchteil der sechs Millionen Heimkehrenden (davon rund zweieinhalb Millionen »Frontkämpfer«) ausmachten, die in der großen Mehrheit froh waren, den Krieg hinter sich zu lassen und ein

---

412 Kundrus, Gender Wars – The First World War and the Construction of Gender Relations in the Weimar Republic, S. 160; Szczepaniak, Militärische Männlichkeiten in Deutschland und Österreich im Umfeld des Großen Krieges, S. 10; Crouthamel, Contested Memories of Traumatic Neurosis, S. 255. Siehe hierzu ausführlich Crouthamel, An Intimate History of the Front.
413 Hürten, Das Offizierkorps des Reichsheeres, S. 233. Vgl. auch Haller, Militärzeitschriften in der Weimarer Republik, S. 64.
414 Vgl. zur Ideologie und dem Selbstverständnis der Freikorps: Wirsching, Vom Weltkrieg zum Bürgerkrieg?, S. 131f. Siehe daneben die nach wie vor grundlegende Studie von Sontheimer, Antidemokratisches Denken in der Weimarer Republik.
415 So wurden Freiwilligenformationen für den »Grenzschutz Ost« aufgestellt. Groener, Lebenserinnerungen, S. 516. Die Angehörigen der Freikorps traten später oft in die Wehrverbände über. Vgl. hierzu allgemein Sauer, Schwarze Reichswehr und Fememorde, S. 23ff. Siehe auch Nusser, Konservative Wehrverbände in Bayern, Preußen und Österreich 1918–1933. Geheime paramilitärische Verbände wurden in ganz Europa nach dem Ersten Weltkrieg aufgestellt. Gerwarth/Horne (Hrsg.), Krieg im Frieden; dies., The Great War and Paramilitarism in Europe, S. 267–273; Gerwarth, The Central European counterrevolution, S. 175–209; Sauer, Vom »Mythos eines ewigen Soldatentums«, S. 869–902.
416 Vgl. Funck, Schock und Chance, S. 147–151, 171; Meteling, Ehre, Einheit, Ordnung, S. 403f.; dies., Adel und Aristokratismus, S. 238; Mayershofer, Bevölkerung und Militär in Bamberg 1860–1923, S. 482–494.

normales Alltagsleben zu beginnen.⁴¹⁷ Die Aktivisten dagegen waren von militanter Aggressivität und nicht bereit, sich in die Friedensgesellschaft zu integrieren.⁴¹⁸ Hinzu kam, dass sich in den Freikorps aus der Niederlage heraus eine Ideologie des »soldatischen Nationalismus« entwickelte, der das radikale Ziel verfolgte, den gesamten Staat auf die Soldaten auszurichten und von diesen führen zu lassen.⁴¹⁹ Beides führte dazu, dass Freikorps und Wehrverbände Gewalt anwenden und den Krieg in die zivile Gesellschaft importieren wollten und hierfür vielerorts Waffenlager anlegten.⁴²⁰ Sie zeigten starke Präsenz im Straßenbild, wollten einschüchtern und erzeugten auch viel Furcht, fanden aber auch Bewunderung und Zulauf vor allem in

---

417 Die These einer allgemein um sich greifenden brutalisierenden Wirkung des Krieges wurde mittlerweile deutlich differenziert. Vgl. zur Brutalisierungsthese die besonders einflussreiche Studie von Mosse, Fallen Soldiers, bes. S. 159–189. Zur Entstehung der Brutalisierungsthese im Einzelnen und zur Kritik, dass bei Kriegsende das deutsche Millionenheer keineswegs verroht und gewaltbereit in die Heimat zurückkehrte: Ziemann, Front und Heimat, S. 9–18; Edele/Gerwarth, The Limits of Demobilization, bes. S. 4–7; Gerwarth, Die Besiegten, S. 24f.; Neitzel, Der historische Ort des Ersten Weltkrieges, S. 17–23; Schumann, Europa, der Erste Weltkrieg und die Nachkriegszeit, S. 24–43; ders., Gewalterfahrungen und ihre nicht zwangsläufigen Folgen; Bessel, The Great War in German Memory, S. 20–34.

418 Unter ihnen herrschte eine Kultur des Hasses und Rachegefühle gegenüber den Revolutionären, die sie für das sieglose und unrühmliche Ende des Krieges und den als würdelos empfundenen Empfang der heimkehrenden Truppen verantwortlich machten. Ulrich/Ziemann, Krieg im Frieden, S. 10–12; Bessel, Germany after the First World War; ders., Mobilization and Demobilization in Germany 1916–1919, S. 212–222; Schumann, Politische Gewalt in der Weimarer Republik. Siehe zum Empfang in der Heimat auch Kap. V.2.a. Das Ende des Ersten Weltkriegs als Zäsur für das Offizierskorps als soziale Gruppe

419 Vgl. zur Literatur des »soldatischen Nationalismus«, von deren Vertretern Franz Schauwecker, Ernst Jünger und Werner Beumelburg einen besonders hohen Bekanntheitsgrad erreichten: Prümm, Die Literatur des deutschen Nationalismus der 20er Jahre; Kiesel, Geschichte der deutschsprachigen Literatur 1918–1933, S. 505ff. Vgl. auch zus. Krumeich, Die unbewältigte Niederlage, S. 230f.

420 Die Wehrverbände boomten in der Weimarer Republik, da die Reichswehr und der militärische Geheimdienst versuchten, die militärischen Beschränkungen des Versailler Vertrages zu umgehen. Sie zielten darauf, die Wehrfähigkeit des Deutschen Reiches zu erhöhen, indem sie Sport und paramilitärisches Training sowie illegale Rüstungsbestrebungen förderten. Jacobsen, Militär, Staat und Gesellschaft in der Weimarer Republik, S. 358ff. Zus. Neumann, »Arzttum ist immer Kämpfertum«, S. 41. Zu denken ist hier in erster Linie an die Schwarze Reichswehr, in der verabschiedete Generalstabsoffiziere als lokale Koordinationsorgane und Grundstock eingesetzt wurden. Sauer, Schwarze Reichswehr und Fememorde, S. 23ff.

der Generation der Kriegskinder und -jugendlichen, die als Keimzelle des Erfolgs des Nationalsozialismus angesehen werden kann.[421] Das Offizierskorps der Reichswehr hingegen war sachlich-professionell nach dem Vorbild des Generalstabs geprägt, und die Führungs- und Entscheidungspositionen hatten progressive Kriegsmanager inne.[422] Eine privilegierte soziale Position der Offiziere basierte in der Reichswehr auf Leistungskriterien. In Bezug auf die Vergangenheit betonte man Leistungen und Opfer der Offiziere im Krieg; in Bezug auf die Gegenwart gerierte man sich als entscheidungskräftige, hochprofessionelle Expertengruppe, die auf die Wiederherstellung des Großmachtstatus des Deutschen Reiches hinarbeitete.[423] Seeckt zielte auf ein Offizierskorps, das trotz gewandelter politischer wie militärischer Rahmenbedingungen als militärische Funktions- und gesellschaftliche Werteelite fungierte, sodass der traditionelle Doppelanspruch erhalten blieb.[424] Mit dem ständischen Traditionalismus der aristokratisch-wilhelminischen Militärkultur[425] wie auch mit dem Frontkämpferideal[426] bestanden kaum Gemeinsamkeiten.[427]

Schließlich wurde in den Offiziersverbänden und -vereinen, die sich aus aktiven, vor allem aber entlassenen Offizieren des kaiserlichen Heeres

---

[421] Zu den Generationsfolgen Hebert, Generation der Sachlichkeit, S. 115–144. Vgl. hierzu ausführlich Weinrich, Der Weltkrieg als Erzieher. Vgl. auch Krumeich, Die unbewältigte Niederlage, S. 232, 236.
[422] Vgl. Funck, Schock und Chance, S. 147–151, 171; Meteling, Ehre, Einheit, Ordnung, S. 403f.; dies., Adel und Aristokratismus, S. 238; Mayershofer, Bevölkerung und Militär in Bamberg 1860–1923, S. 482–494; Haller, Militärzeitschriften in der Weimarer Republik, S. 36. Siehe hierzu auch Kap. V.1.a. Der Umgang mit psychisch versehrten Offizieren bei der Übernahme in die Reichswehr.
[423] Haller, Militärzeitschriften in der Weimarer Republik, S. 497.
[424] Müller, Generaloberst Ludwig Beck, S. 61; Haller, Militärzeitschriften in der Weimarer Republik, S. 35f.
[425] Nur in der Traditionspflege von Kompanien und Regimentern der Reichswehr überlebte das Kriegerethos der aristokratischen Offizierstradition, obwohl Nation und Volk zunehmend den Monarchen als Bezugspunkt ersetzten. Funck, Schock und Chance, S. 165. Vgl. auch Haller, Militärzeitschriften in der Weimarer Republik, S. 38. Dabei spielte auch eine Rolle, dass das Standesbewusstsein der in die Reichswehr übernommenen Offiziere durch die Aussicht auf eine lange Dienstzeit in niedriger Stellung ohne Beförderungsperspektive verringert wurde. Zu den Offiziersbeförderungen 1921–1932 vgl. Matuschka, Die Beförderungen in der Praxis, S. 173. Vgl. auch Haller, Militärzeitschriften in der Weimarer Republik, S. 64.
[426] Die Führungsgruppen der Freikorps und Wehrverbände lehnten den von Seeckt geprägten Elitecharakter des Reichswehroffizierskorps ab. Kroener, Auf dem Weg zu einer »nationalsozialistischen Volksarmee«, S. 179.
[427] Rogg, Der Soldatenberuf in historischer Perspektive, S. 406.

zusammensetzten, versucht, das traditionelle Leitbild einer homogenen, aristokratisch veredelten Militärelite zu bewahren, weshalb sie innermilitärische wie gesamtgesellschaftliche Akzeptanz anstrebten.[428] Das althergebrachte preußisch-aristokratische Offiziersideal hatte sich zwar im Korps wie auch in der Zivilgesellschaft im industrialisierten Weltkrieg als unzeitgemäß herausgestellt,[429] gleichwohl beschworen die Offiziersvereinigungen die »Ritterlichkeit« im Krieg und betrachteten die Reichswehr als »Söldnerheer« mit Skepsis.[430]

Trotz dieser Heterogenität war die dominierende Haltung im Offizierskorps nach 1918, dass Schwäche im Angesicht des Krieges nicht offen gezeigt werden durfte.[431] Als 1930 der Antikriegsfilm »Westfront 1918« in die deutschen Kinos gelangte und einen Leutnant und nicht etwa einen Gefreiten zeigte,[432] der einen schweren psychischen Zusammenbruch erlitt, wurde der Film scharf verurteilt.[433] Entsprechend war es bei psychisch versehrten Offizieren üblich, auch nach 1918 für die psychische Versehrung Scham zu empfinden, nicht offen über Schwäche und Verzweiflung zu sprechen und Rechtfertigungsstrategien zu entwickeln, die primär dem Feigheitsvorwurf galten. Gerade wenn physische und psychische Versehrungen vorlagen, findet sich die Tendenz, psychische Leiden zu unterschlagen. So erwähnte der Major der Reserve a. D. Werner von C. in Briefen an Versorgungsbehörden und hohe Politiker selbst nie sein Nerven-, sondern sprach stets von seinem Herzleiden, seiner geringen körperlichen Belastbarkeit und seinem Rheumatismus.[434]

---

428 Funck, Schock und Chance, S. 130. Vgl. auch Haller, Militärzeitschriften in der Weimarer Republik, S. 38.
429 Meteling, Adel und Aristokratismus, S. 237f. Siehe hierzu den Abschnitt »Die Wirksamkeit des Korpsgeistes und Erosionserscheinungen« in Kap. I.2.b. Die Haltung der Offizierskameraden.
430 Mitunter ging die Distanz so weit, dass aktive Offiziere gesellschaftlich von inaktiven gemieden oder als Abtrünnige oder Eidbrecher diffamiert wurden. Funck, Schock und Chance, S. 161. Vgl. auch Haller, Militärzeitschriften in der Weimarer Republik, S. 38, 64.
431 Ziemann, Veteranen der Republik, S. 105.
432 Vgl. hierzu das Titelbild dieses BandeS. Ausschnitt aus dem Film »Westfront 1918. Vier von der Infanterie«, Atlas Film 1930.
433 Prüll, Die Kriegsversehrten, S. 38.
434 BArch, R 3901/Nr. 10257 Versorgung des Majors der Reserve a. D. Werner von C., Nov. 1931 - Apr. 1943 (ohne fol.).

Diese Haltung zeigt sich vor allem auch in Fällen, in denen psychisch versehrte Offiziere Orden oder Ehrenzeichen beantragten.[435] Bei vielen Offizieren bestand ein großer Wunsch nach Auszeichnungen, die Leistung und Opfer, die sie im Krieg gebracht hatten, würdigten, womit sie ihren inneren Frieden in und mit der Republik finden konnten. Hier stellten sie, soweit möglich, physische Gebrechen stärker als psychische Schäden heraus. Insgesamt neigten sie zum Verschweigen psychischer Leiden, da sie befürchteten, dass diese ihre militärische Leistung schmälern könnten. Ein Beispiel ist das Gesuch um Verleihung des Eisernen Kreuzes 1. Klasse des Hauptmanns der Reserve Wilhelm S. vom 6. Juni 1919. Wilhelm S., nach dem Krieg als Gymnasiallehrer im schwäbischen Oettingen tätig, war im Krieg wegen eines Nervenschocks 1914, wegen einer Gasvergiftung 1918 und wegen nervöser Beschwerden 1918 insgesamt ein Jahr lang im Lazarett und hatte weitere zwei Jahre deshalb nur Garnisonsdienst geleistet, sodass sein Frontdienst sich auf nur ein Jahr bezog.[436] In seinem Gesuch stellte sich Wilhelm S. dennoch als Frontkämpfer dar, der »1914 und 1916, 1917, 1918« Frontdienst geleistet und sich hervorragend bewährt habe. Er erwähnte mit keinem Wort seine psychischen Leiden und langen Ausfallzeiten und schrieb lediglich, dass er zweimal verwundet worden sei: »schwere Gehirnerschütterung durch Granate und schwere Gasvergiftung.«[437]

Verortung in der Gruppe der Kriegsopfer

Eine solche Strategie, sich auf physische Leiden zu fokussieren, war allerdings für Offiziere, die Versorgungsansprüche durchsetzen wollten, nicht

---

435 In der Weimarer Republik gab es die Option, dass die Republik Orden und Ehrenzeichen »für die Verdienste in den Kriegsjahren 1914–1919« nachträglich verlieh, was 250.000 Mal geschah. Verhandlungen der verfassunggebenden Deutschen Nationalversammlung, Bd. 328, S. 1831 (Reichstag, 63. Sitzung: 22.7.1919). Die Möglichkeit der nachträglichen Bewilligung wurde jedoch sehr bürokratisch gehandhabt. Es musste dafür ein Antrag gestellt und der Nachweis erbracht werden, dass der Antragsteller im Krieg »Frontkämpfer« gewesen war und die Ehrung verdient hatte. Bei erfolgreichem Antrag wurden die Orden per Post zugestellt. In den Bewilligungsverfahren und den Stellungnahmen von Politikern aus dem linken Spektrum und vom Zentrum zeigt sich eine Abwehrhaltung gegenüber den Antragstellern und eine Ablehnung der Ordensverleihungen, die als »militaristischer Firlefanz« angesehen wurden. Winkle, Der Dank des Vaterlandes, S. 247ff. Vgl. auch Krumeich, Die unbewältigte Niederlage, S. 246f.
436 Siehe Tabelle 3: Dienst- und Krankenzeiten des Offiziers Wilhelm S.
437 BayHStA-KA OP 14105 Wilhelm S., Gesuch um Verleihung des Eisernen Kreuzes I. Klasse, 6.6.1919.

möglich, wenn der Anspruch allein auf psychischen Leiden beruhte. In diesem Fall schilderten viele psychisch versehrte ehemalige Offiziere den staatlichen Versorgungsbehörden ihre traumatischen Kriegserfahrungen, um deutlich zu machen, dass ihre psychischen Gesundheitsstörungen durch die Belastungen des Krieges verursacht oder verschlimmert wurden.[438]

Aus ihrer Sicht wie auch aus der ihrer Angehörigen war ihr psychisches Leiden keine »unnormale« Reaktionsweise. Vielmehr war für sie offensichtlich, dass der industrialisierte Krieg die Ursache ihrer seelischen Leiden war. Hierin waren sie sich einig mit den Kriegsbeschädigten im Mannschaftsdienstgrad. Sie empfanden, dass das Trommelfeuer ihre Nerven »zerrüttet« hatte, Granatenexplosionen und Verschüttungen zu »Nervenschocks« geführt hatten.[439] Viele gaben an, dass die traumatisierenden Gewalterlebnisse an der Front sie in ihren Träumen und Erinnerungen nach wie vor verfolgten und die Gräuel des Kriegs in ihrer Erinnerung und Vorstellung auch fern von der Front präsent blieben. Etwa beschrieb der Leutnant a. D. Konrad D. 1929 sein psychisches Leiden und dessen Ursache wie folgt:

»Die Nervosität oder richtiger gesagt die Erschütterung des Nervensystems, die der Krieg mit seinen furchtbaren Strapazen, Entbehrungen und den entsetzlich nervenanspannenden Erschütterungen, den Nahkämpfen, Trommelfeuer, [...] mit dem Anblick des Todes, die jeder ein Nervenchoc bedeuten, und den Verwundungen und Verletzungen, den Krankheiten und Zusammenbrüchen einzig und allein verursacht hat, hält heute noch an und kann nach Ansicht der Ärzte mein Leben lang anhalten und mir weiter dauernd und dauernden Schaden zufügen! Was der Fall war und ist!«[440]

Er klagte die Sicht der Amtsärzte an, die bezweifelten, dass die Kriegsgewalt entscheidend für die Ausbildung seiner psychischen Leiden sei. Vehement bekämpfte er deren Sichtweise, er sei felddienstfähig gewesen und nur seine Konstitution habe mitunter die Felddienstfähigkeit aufgehoben. Stattdessen führte er seine psychischen Leiden eindeutig auf den Krieg zurück:

»[...] Diese Aerzte erklären mich für felddienstfähig, sagen dann aber weiter ›wenn auch die Felddienstfähigkeit durch meine grosse seelische Erregbarkeit zeitweise aufgehoben wird‹. Wenn also die Granaten krachen, die Maschinengewehre knattern

---

438 Neuner, Politik und Psychiatrie, S. 45.
439 Ebd., S. 46.
440 BArch, R 3901/Nr. 10260, Bl. 371–373, Versorgung des Leutnants a. D. Konrad D., Bd. 1, Juli 1927 - Nov. 1935 (ohne fol.).

und die Bajonette drohen, dann setzt naturgemäss meine übergrosse seelische Erregbarkeit ein und hebt meine Felddienstfähigkeit auf! Herrliche Gutachten [...].«[441]

Dennoch ist auffällig, dass sich die Offiziere in Briefen an die Versorgungsämter trotz entsprechender Argumentationen nicht in der Gruppe der psychisch Versehrten verorteten, sondern in der allgemeinen Gruppe der Kriegsbeschädigten und Kriegsopfer. Die Selbstsicht als »Kriegsbeschädigter« ging oft mit der Argumentation einher, dass sich psychisch versehrte Offiziere im Krieg für das Vaterland aufgeopfert hätten und dass sie ein Anrecht auf den »Dank des Vaterlandes« und finanzielle Entschädigung hätten. Auch dies zeigt die Korrespondenz des Leutnants a. D. Konrad D. mit den Versorgungsstellen. Obwohl Konrad D. in einem Gesuch auf Anerkennung einer Pension an den Reichsarbeitsminister schrieb, er sei 1920 »wegen hochgradiger Nervosität aus der Reichswehr entlassen« worden, interpretierte er nachfolgend sein Leiden stets als »Kriegsbeschädigung« und »Schwäche«.[442] Im Brief vom 19. August 1931 beschrieb er sich im Krieg wie folgt:

»[...] weil ich als Schwerkriegsbeschädigter ein Opfer meiner Aufopferung im Kriege bin – ich meldete mich mehr als 6 Male freiwillig in die Front, bis ich völlig erschöpft zusammenbrach, ich verteidigte mit der Waffe in der Hand, wieder freiwillig und trotz aller Schwäche, die eben geborene Republik, um nach der Niederwerfung der spartakistischen Unruhen herausgeworfen zu werden [...].«[443]

Über seinen Versorgungsanspruch fügte er in einem Brief von 1929 an: »Hier zu helfen, hat der Staat, für den ich mich aufopferte, die höhere Pflicht.«[444]

Dass psychisch versehrte Offiziere so vehement den Dank des Vaterlandes einforderten, lag auch daran, dass die Republik die im Krieg beschworene besondere »Dankespflicht des Vaterlandes« nicht bediente. Die rechtliche weitgehende Gleichstellung von »Zivilversehrten« und »Kriegs-

---

[441] Ebd.
[442] Ebd. Und der Leutnant der Landwehr a. D. Karl. W. 1924 schrieb in einem Beschwerdebrief über einen Versorgungsarzt: »Das Reichsarbeitsministerium bitte ich daher dafür sorgen zu wollen, dass solche Persönlichkeiten von den Versorgungsbehörden verschwinden und an deren Stelle selbst Kriegsbeschädigte kommen, welche die Leiden am eigenen Körper verspüren und in der richtigen Weise zu würdigen wisse [!]. [...]« BArch, R 3901/Nr. 8722, Beschwerden Beschädigter über Begutachtung und Gutachter, Bd. 3, März 1925 - Okt. 1926, Landesinspektor Karl W., Leutnant der Landwehr a. D o. fol.
[443] BArch, R 3901/Nr. 10260, Bl. 371–373, Versorgung des Leutnants a. D. Konrad D., Bd. 1, Juli 1927 - Nov. 1935 (ohne fol.).
[444] Ebd.

versehrten« ließ bereits vom System her in der Versorgungsbürokratie keinen Platz für eine besondere Ehre versehrter Soldaten und ihrer militärischen Führer. Aber auch die Politiker unterließen jede Bekundung öffentlicher Ehrung und emotionaler Symbolik. Es gab keine Feierlichkeit, keine Dankesreden und keine neuen Ehrenzeichen für die Kriegsversehrten. Sachlichkeit, Nüchternheit und Distanz prägten den Umgang der Versorgungsgerichtsbarkeit mit kriegsversehrten Offizieren wie auch Mannschaftssoldaten.[445]

Hingegen wurde in den Siegerstaaten Frankreich, England oder den USA viel Wert daraufgelegt, die Opfer des Krieges öffentlich zu ehren und als Helden zu feiern.[446] Besonders symbolträchtig war in Frankreich, dass die »Gueules Cassées«, Kriegsbeschädigte mit extremen Gesichtsverletzungen wie fehlenden Nasen oder zerschossenen Kiefern, bei allen Siegesparaden und Gedenkzügen vorneweg liefen und eine Gruppe von ihnen auch bei der Unterzeichnung des Friedensvertrages durch den deutschen Außenminister Hermann Müller im Spiegelsaal von Versailles am 28. Juni 1919 anwesend war. Das Schicksal der Betroffenen erregte hohes öffentliches Interesse und ihre heute noch existierende Vereinigung initiierte die wichtigste französische Lotterie.[447]

---

445 Insgesamt kam die Weimarer Republik dem Wunsch nach symbolischer Auszeichnung nur sehr verhalten nach. Sie setzte stattdessen auf eine nüchterne Staatskultur und Symbolik und grenzte sich damit bewusst von der pompösen Symbolik des Kaiserreichs ab. Im Gegensatz zu Frankreich und Großbritannien verzichtete sie auf ein öffentliches Gedenken nach dem Krieg. Dies zeigt sich besonders deutlich am unterschiedlichen Gedenken an die gefallenen Soldaten. Der 1925 eingeführte Volkstrauertag am letzten Sonntag des Kirchenjahres im November wurde als Gedenken an die gefallenen deutschen Soldaten des Weltkriegs begründet, war allerdings kein gesetzlicher Feiertag, anders als in Frankreich und Großbritannien, wo der 11. November, der Tag des Waffenstillstands, als Gedenktag für die Gefallenen ausersehen war. In der Weimarer Republik fehlte dem Volkstrauertag jeglicher nationale Pomp, während in Großbritannien und Frankreich neben dem Gefallenengedenken auch der Stolz auf die eigenen Soldaten und der glorreiche Sieg über Deutschland zelebriert wurden. Erst die Nationalsozialisten gestalteten den Volkstrauertag 1934 zum Heldengedenktag um. Kaiser, Von Helden und Opfern. Gerd Krumeich interpretiert diese Verweigerung als »symbolische Fehlstelle« und »klaffende Wunde« der Republik, die zu ihrem Untergang beigetragen habe. Krumeich, Die unbewältigte Niederlage, S. 247. Fokussiert man seinen Blick darauf, welche Akzeptanz die Republik in der Gruppe der Kriegsversehrten besaß, gilt dies allemal. Die Kriegsversehrten blieben während der Weimarer Republik eine Protestgruppe. Vgl. hierzu Löffelbein, Ehrenbürger der Nation, S. 35–64; Cohen, The War Come Home, S. 87–93.
446 Vgl. für Großbritannien Ebd., bes. S. 90f.
447 Vgl. hierzu ausführlich Delaporte, Gueules cassées de la Grande Guerre.

Indem Offiziere sich in der Gruppe der Kriegsopfer verorteten, ebneten sie selbst die Unterschiede zu den Mannschaftsoldaten ein. Dies galt vor allem für Leutnants, bei denen es oft vorkam, dass sie sich mal als »Leutnants«, mal als »Soldaten« bezeichneten.[448] Das lag zum einen an ihrem Selbstbild, das sich im Weltkrieg herausgebildet hatte.[449] Zum zweiten spielte eine große Rolle, dass die Versorgungsbürokratie meist dem Offiziersrang per se keine besondere Bedeutung beimaß, allerdings Generale oft mit besonderer Zuvorkommenheit behandelte, während sich die Leutnants a. D. eher mit den gemeinen Mannschaftssoldaten gleichgestellt sahen. Ein dritter Grund war, dass die bewilligten Renten und Pensionen in den unteren Offiziersdienstgraden nur das Überleben sicherten.[450] All dies führte den Offizieren ihren wirtschaftlichen und sozialen Niedergang deutlich vor Augen.

Aus den Briefen vieler psychisch versehrter Offiziere der 1920er und Anfang der 1930er Jahre wird deutlich, dass sie ihr Leiden nicht nur auf die Kriegsstrapazen und die sie quälende Erinnerung an die Kriegserlebnisse zurückführten, sondern auch auf ihre aktuelle prekäre soziale und wirtschaftliche Lage und die emotionalen Auswirkungen ihres »Rentenkampfes«. Denn die persönlichen Schilderungen sind jenseits des vorrangigen Zwecks, ihren Rentenanspruch plausibel zu machen, auch voller Bitterkeit, Enttäuschung und finanzieller Sorgen.[451]

---

448 Ein Beispiel hierfür ist die Korrespondenz des psychisch versehrten Leutnants a. D. Konrad D. mit den Versorgungsstellen. BArch, R 3901/Nr. 10260, Bl. 371–373, Versorgung des Leutnants a. D. Konrad D., Bd. 1, Juli 1927 - Nov. 1935 (ohne fol.).
449 Vgl. den Abschnitt »Die Wirksamkeit des Korpsgeistes und Erosionserscheinungen« in Kap. II.7.c. Die Haltung der Offizierskameraden.
450 Siehe Kap. V.2.b. Die Stellung psychisch versehrter Offiziere im Versorgungssystem und die Pensions- und Rentenverfahren in der Weimarer Republik.
451 Z.B. schrieb Leutnant Konrad D. am 19. Mai 1931 über den Effekt seines 17–jährigen Rentenkampfes, seine eigenen Leiden hätten sich »zu der nunmehr heraufdämmernden Gefahr des Wahnsinns« verschlimmert. Auch am 9. August 1931 schrieb er an den Reichsarbeitsminister: »Schatten des Wahnsinns beginnen meinen geistigen Horizont zu verdüstern. Meine Widerstandskraft ist zerbrochen, meine Nerven sind zerrüttet. [...]« In einer Privatärztlichen Bescheinigung von 1931, die Konrad D. wegen seines Antrags auf Ruhegeld für die Reichsversorgungsgericht begutachtete, heißt es zu dessen Leiden: »Psychopathische Konstitution mit psychogen-nervösen Reaktionen, insbesondere mit Reizbarkeit, Querulantentum und Depressionszuständen.« Das Leiden bestünde »seit 1916, sich steigernd in den Nachkriegsjahren« und verringere um mehr als 50% dauerhaft seine Arbeitsfähigkeit. Er galt bei den Behörden mittlerweile deswegen als nur beschränkt zurechnungsfähig, weshalb seine dauernden Briefe, die deutliche Anklagen und auch Beleidigungen enthielten, auch nicht strafrechtlich verfolgt wurden. BArch, R 3901/Nr. 10260, Bl.

Der Leutnant a. D. Konrad D. sandte am 19. Mai 1931 ein Gedicht an das Hauptversorgungsamt Brandenburg-Pommern zu Berlin-Schöneberg ein, das seine Leiden, sein Selbstbild und seinen sozialen Abstieg zum Ausdruck brachte:

»Welch' ein armes Luder bin
Ich als Kriegsbeschädigter;
In der Front stets mitten drin
Bin ich ein Erledigter!

Klein sind die Gebührnisse
Hunger hab' ich immer –
Schlechte Darmverhältnisse!
Bess'rung Keinen Schimmer!

Schlapp wie'n Hund und trostlos grau
Ist mein Leben lebenslang,
Bis zum frühen Tode – schau –
währt des Vaterlandes Dank!
Leutnant erst, dann Bankoknecht,

Reiseaugust, Taxschofför,
Arbeitsloser schlecht und recht,
Aufgewärmt als Pensjonär!«[452]

Obwohl psychisch versehrte Offiziere sich sowohl in der Gruppe der Offiziere als auch in der der Kriegsopfer verorteten, fällt auf, dass ihre Deutungen der psychischen Versehrung viel subjektiver und individueller als die öffentlichen Deutungsangebote beider Gruppen waren. Hier wirkte sich aus, dass in der Weimarer Republik ein starker Riss durch die Gesellschaft ging, was das kollektive Gedächtnis an den Ersten Weltkrieg anging,[453] und dass Kriegsbeschädigte und ehemalige Offiziere im Regelfall in entgegengesetzten Lagern standen. Die politische Kultur und Gesellschaft der Weimarer Zeit prägte die kollektive Erfahrung des Verlustes von sozialer Sicherheit und gesellschaftlicher Normalität durch den Krieg und die Frage, wie Krieg und militärische Niederlage einschließlich ihrer katastrophalen menschlichen, wirtschaftlichen, soziokulturellen und politischen Auswirkungen zu interpretieren und zu bewältigen und welche Lehren für die Zukunft zu

---

371–373, Versorgung des Leutnants a. D. Konrad D., Bd. 1, Juli 1927 – Nov. 1935 (ohne fol.).
452 Ebd.
453 Zum Themenkomplex des »kollektiven« und »kulturellen« Gedächtnisses siehe ausführlich Assmann, Erinnerungsräume.

ziehen seien.[454] Dabei nahmen die politischen Debatten der Zwischenkriegszeit auch das Thema der psychischen Traumata des Krieges und der »Kriegsneurotiker« auf und diskutierten die Frage, wie Männer mit psychischen Versehrungen definiert und wie sie in der Gesellschaft zu behandeln seien.[455]

Nach Ansicht der Kriegsopferverbände galten die an Geist und Körper geschädigten Veteranen als sichtbares Zeugnis für den brutalen Frontalltag. Auch die persönlichen Leidensgeschichten von »Kriegsneurotikern« wurden in diesem Kontext mitunter öffentlich und ein Teil politischer Debatten. Psychisch versehrte Mannschaftssoldaten machten sich vielfach dieses Selbstbild zu eigen, um von der Brutalität der Front Zeugnis geben zu können. Sie nutzten teilweise auch die Presse und die politischen Debatten, um ein Druckmittel zur Beförderung ihrer Versorgungsverfahren zu haben.[456] Die Gruppe der aktiven und inaktiven Offiziere hingegen fühlte sich von den pazifistischen Gruppierungen existentiell angegriffen. Sie setzte sich ihrerseits für eine erneute geistige Kriegsmobilisierung als Reaktion auf die Niederlage und die erzwungene radikale militärische Abrüstung ein und wünschte, dass ein militärischer Habitus wieder öffentlich zelebriert wurde.[457]

Die diametralen Narrative, die zum einen die Brutalität, zum anderen das Heroische des Krieges betonten, zeugen von zutiefst divergierenden Wertsystemen und Erinnerungskulturen an den Weltkrieg, auf denen individuelle und kollektive Identitätskonzepte basierten. Sie boten psychisch versehrten Offizieren nur bedingt Identifikationspotential. So entwickelten sie eigene

---

454 Horne, Kulturelle Demobilmachung 1919–1939, S. 147.
455 Zur Symbolik der Kriegsversehrten nach 1918 siehe Kienitz, Beschädigte Helden, S. 23–27; Ziemann, Die Konstruktion des Kriegsveteranen. Vgl. auch zus. Neuner, Politik und Psychiatrie, S. 11; Crouthamel, Mobilizing Psychopaths into Pacifists, S. 205.
456 Andererseits konnte es geschehen, dass Ärzte, Beamten oder Juristen, die in die Versorgungsverfahren involviert waren, die Geschichte von »Kriegsneurotikern« als interessanten oder typischen »Fall« in ihre Fachdiskurse, aber auch in den öffentlichen Erinnerungsdiskurs trugen. Neuner, Politik und Psychiatrie, S. 11f.
457 Als Ursachen der Niederlage 1918 sahen die Offiziere fehlende innere Geschlossenheit und mangelnden Wehrwillen der Heimat an. Daher wurde eine geistig-moralische Aufrüstung des gesamten Volkes als notwendig erachtet, um ein Wiedererstarken Deutschlands auf europäischer Ebene zu erreichen und die Bevölkerung für einen (weiteren) modernen Volkskrieg fit zu machen, der diesmal siegreich ausfallen sollte. Seit 1923 wurden in der Reichswehr erneut in Geheimstudien Kriegsplanungen angefertigt. Bergien, Die bellizistische Republik, S. 75. Auch im öffentlichen Diskurs, in Kunst, Kultur und Politik war der Krieg nach 1918 andauernd präsent. In der Forschung wurde dieser Prozess als »Bellifizierung« charakterisiert. Vgl. hierzu auch Reichherzer, »Alles ist Front!«.

Narrative, die sich nicht hundertprozentig einfügten, wenngleich sie vom kulturellen Deutungsspektrum der Nachkriegszeit geprägt waren.[458] Psychisch versehrte Offiziere konzentrierten sich auf eigene Männlichkeitsvorstellungen, in denen sie ihr heroisches Opfer betonten und Würde, Respekt und Kompensation über Pensionen einforderten.[459] Hinzu kam speziell bei Offizieren oft das Pochen auf ihr Ehrenwort, dem Glauben zu schenken sei, und auf eine »standesgemäße« Versorgung, die der Würde und Ehre eines Offiziers entsprach.

Dass psychisch versehrte Offiziere eine eigene Sichtweise entwickelten, hing auch damit zusammen, dass eindeutige Konfigurationen von Normalverhalten, die das Offizierskorps wie die wilhelminische Gesellschaft insgesamt trotz aller Wandlungserscheinungen geprägt hatten,[460] durch Weltkrieg, Niederlage und Revolution fundamental ins Wanken geraten waren. Die soziale Wirklichkeit befand sich im Umbruch, das Wertgefüge war brüchig geworden.

3. Psychisch versehrte Offiziere a. D. im Nationalsozialismus

a. Die Sicht psychisch versehrter Offiziere a. D. auf die Machtübernahme der Nationalsozialisten

Viele psychisch versehrte Offiziere begrüßten zu Beginn der NS-Herrschaft den Machtwechsel. Hierfür spielte sowohl ihre Offizierszugehörigkeit als auch ihr Status als Kriegsbeschädigte eine Rolle.

Insgesamt stand der Großteil des Offizierskorps der Reichswehr dem aufkommenden Nationalsozialismus positiv gegenüber.[461] Am wichtigsten hierfür war, dass im Offizierskorps die Meinung vorherrschte, die Nationalsozialisten würden Deutschland wieder zu einem starken und wehrhaften Staat machen, in dem das Militär aufgerüstet werde und die militärische Elite

---

458 Zur »umkämpften Erinnerung« an den Krieg vgl. Ulrich, Krieg im Frieden. Siehe auch Neuner, Politik und Psychiatrie, S. 46.
459 Diese Tendenz findet sich auch bei Mannschaftssoldaten, vgl. Crouthamel, Contested Memories of Traumatic Neurosis, S. 258–265.
460 Vgl. zu den sozialen Wandlungen in der Wilhelminischen Ära in Bezug auf Normalitätsnormen Brink, Grenzen der Anstalt, S. 166.
461 Müller, Heer und Hitler, 34. Vgl. auch Neumann, »Arzttum ist immer Kämpfertum«, S. 43.

erneut eine staatstragende, gesellschaftlich herausgehobene Stellung übertragen werde.[462] Nicht zu unterschätzen für die Zustimmung vieler Offiziere zur Politik des NS-Regimes in dessen Anfangsjahren ist, dass seit dem Aufbau der Wehrmacht 1935 viele neue Offiziersstellen geschaffen wurden und damit exzellente Karrierechancen entstanden.[463] Die Machtergreifung begeisterte vor allem jüngere Offiziere, die darin einen »nationalen Aufbruch« verwirklicht sahen. Eine zwiespältige Haltung nahmen dagegen die im Kaiserreich sozialisierten Offiziere ein, wobei die Zustimmung bei der Marine größer als im Heer ausfiel.[464] Die älteren Offiziere des Heeres, bei denen die preußisch-aristokratische Tradition noch wirkungsmächtig war, störten Stil und Habitus der Partei.[465] Beim politischen Programm herrschte wiederum im gesamten Offizierskorps starke Zustimmung, da Zielsetzungen und politische Anschauungen mit jenen der Offiziere großteils übereinstimmten. Das betraf Antisemitismus, Antibolschewismus, Verachtung des Parlamentarismus, Militarismus, den Wunsch nach aggressiver Außenpolitik und die Revision des Versailler Vertrages. Diese Identifizierung nahm im Lauf der Jahre noch deutlich zu.[466]

Eine große Rolle für das Vertrauen, das aktive und Offiziere a. D. Hitler entgegenbrachten, spielte, dass viele seine Wehrpolitik als Rückkehr zu den konstitutiven Grundlagen der deutschen militärischen Tradition ansahen und damit lang gehegte Wünsche in Erfüllung gingen.[467] Hinzu kam, dass Hitler bereits am 1. August 1934 Oberbefehlshaber der Streitkräfte wurde, als er nur einen Tag nach dem Tod des greisen Reichspräsidenten Paul von Hindenburg die Ämter des Reichspräsidenten und des Reichskanzlers auf sich vereinigte, was das Verhältnis von Militär und NS-Staat entscheidend bestimmte. Die Reichswehrführung ordnete noch am selben Tag entgegen

---

462 Zu den politischen und militärischen Vorstellungen der Reichswehrführung Janßen, Politische und militärische Zielvorstellungen der Wehrmachtführung, S. 75–84; zus. Neumann, »Arzttum ist immer Kämpfertum«, S. 44.
463 Rogg, Der Soldatenberuf in historischer Perspektive, S. 406. Siehe hierzu die Ausführungen in Kap. V.1.d. Reaktivierung psychisch versehrter Offiziere in der Wehrmacht und der Umgang mit Offizieren mit psychischen Leiden im Zweiten Weltkrieg.
464 Demeter, Offizierskorps, 203; Neumann, »Arzttum ist immer Kämpfertum«, S. 43.
465 Müller, Heer und Hitler, 40, der Demeter Offizierskorps, S. 63, widerspricht, der einen »scharfen Gegensatz« ausmacht.
466 Bald, Der deutsche Offizier, S. 53, der der Argumentation von Messerschmidt und Müller folgt. Messerschmidt, Die Wehrmacht im NS-Staat; Müller, Heer und Hitler. Vgl. auch Neumann, »Arzttum ist immer Kämpfertum«, S. 44.
467 Demeter, Offizierskorps, 194. Vgl. auch Neumann, »Arzttum ist immer Kämpfertum«, S. 47.

dem geltenden Verteidigungsgesetz an, Offiziere und Soldaten sofort auf den »Führer Adolf Hitler« zu vereidigen, obwohl diese bisher nicht auf den Reichspräsidenten, sondern auf die Verfassung vereidigt worden waren. So entstand auch bei vielen verabschiedeten Offizieren der Eindruck einer von Hitler geführten Quasi-Monarchie, in der der Person des Führers absoluter Gehorsam geschworen wurde wie früher dem Monarchen.[468]

Neben den Gründen, die für alle Offiziere zutrafen, kam bei vielen psychisch versehrten Offizieren hinzu, dass die Nationalsozialisten das Versprechen abgaben, den Veteranen im Allgemeinen und den Kriegsbeschädigten im Besonderen den »Dank des Vaterlandes« zukommen zu lassen. Die Nationalsozialisten traten mit einer Umdeutung der Gruppe der Kriegsinvaliden an. Die Kriegsinvaliden sollten nicht mehr wie in der Weimarer Republik als Kriegsopfer entschädigt, sondern als »Opferhelden« gewürdigt werden.[469] Sie erkannten die symbolische Leerstelle, die die Weimarer Republik mit ihrer nüchternen Staatskultur und Symbolik sowie dem Verzicht auf ein öffentliches Gedenken und Feierlichkeiten für die Veteranen nach dem Krieg geschaffen hatte und die wesentlich dazu beigetragen hatte, dass die Kriegsopfer in der Weimarer Republik eine Protestgruppe blieben und vehement den »Dank des Vaterlandes« einforderten.[470] Die Nationalsozialisten reagierten mit einer pompösen Symbolpolitik und organisierten Massenveranstaltungen, in denen die Kriegsinvaliden als Kriegshelden und »Ehrenbürger der Nation« öffentlich geehrt wurden und Orden vom Führer verliehen bekamen. Diese Veranstaltungen wurden von den Betroffenen sehr gut aufgenommen, sodass die Kalkulation der Veranstalter hinsichtlich der Besucherzahlen stets deutlich übertroffen wurde.[471]

Viele psychisch versehrte Offiziere erwarteten von der nationalsozialistischen Herrschaft auch für sie günstigere Versorgungsverfahren. So erhoffte sich der Major der Reserve a. D. Werner von C., der seit Beginn der Weimarer Republik um eine Versorgung stritt, von der nationalsozialistischen Herrschaft, dass ihm nun zu seinem Recht verholfen werde. Am 17. Juni 1933 schrieb er an Franz von Papen, an den er bereits mehrere Briefe adressiert hatte und der nun das Amt des Vizekanzlers innehatte:

---

468 Müller, Heer und Hitler, 134. Vgl. auch Neumann, »Arzttum ist immer Kämpfertum«, S. 45f.
469 Löffelbein, Ehrenbürger der Nation, S. 417; Crouthamel, Mobilizing Psychopaths into Pacifists, S. 206. Siehe daneben Cohen, The War Come Home, S. 23–34.
470 Siehe hierzu den Abschnitt »Verortung in der Gruppe der Kriegsopfer« in Kap. V.2.f. Das Selbstbild psychisch versehrter Offiziere in der Weimarer Republik.
471 Löffelbein, Ehrenbürger der Nation, S. 280–295.

»Der neue Staat will doch das Unrecht der 14 Jahre wieder wettmachen, und ich bin fest überzeugt, dass es nur eines Einwandes bedarf, um die jedem civilisierten Staate hohnsprechende Behandlung, wie sie mir zu Teil geworden ist, in eine dem Recht entsprechende umzuändern.«[472]

Die Argumentation, in den Anfangsjahren der Weimarer Republik habe die offiziersfeindliche Stimmung der Regierung das Versorgungswesen geprägt, die sich bei Offizieren seit dem Ende der 1920er Jahre oft findet, hoben Offiziere in der NS-Zeit besonders stark hervor.[473]

Nur eine Minderheit der Offiziere befürchtete durch den Machtwechsel eine Verschlechterung ihrer Lage. Etwa sorgte sich Major a. D. Erich N., der sich 1933 als Privatpatient in der Universitätsnervenklinik Tübingen befand, dass durch den Aufstieg der NSDAP die Stabilität seiner Pension gefährdet sei. Sein Arzt schrieb hierzu in seiner Krankenakte:

»In der letzten Zeit habe er sich bemüht, in der politischen Bewegung mitzumachen. Es sei ihm aber nicht recht gelungen, hineinzukommen. Von jeher sei er immer rechtsstehend gewesen. Habe aber keiner Partei angehört. Er habe sich mehrmals für den freiwilligen Arbeitsdienst zur Verfügung gestellt, sei aber dann nicht genommen worden. Das habe ihn sehr bedrückt. Er befürchte, dass man ihm jetzt Vorwürfe machen könne, dass er sich an der neuen Richtung nicht betätigt habe. [...] Pat. meint dann, der politische Umschwung bringe es mit sich, dass seine Prozesse[474] wieder aufgerollt werden könnten, am Ende verliere er dann noch seine ganze Pension. Dann sei er wirtschaftlich vollständig ruiniert. Seine Familie werde zugrunde gehen. Aus diesen Gründen möchte er so schnell wie möglich nach Hause kommen und seine Arbeit wieder aufnehmen. [...].«[475]

Es wird sehr deutlich, dass der Major a. D. bei aller Sympathie für die NSDAP sich vom Machtwechsel in seiner Stellung als Pensionsempfänger bedroht fühlte und sich um Mitarbeit bemühte, da er das Gefühl hatte, dass dies von ihm erwartet wurde.

Auch den Leutnant der Reserve a. D. Konrad D. erfüllte die Machtübernahme der Nationalsozialisten mit Sorge vor einer weiteren Verschlech-

---

472 BArch, R 3901/Nr. 10257 Versorgung des Majors der Reserve a. D. Werner von C., Nov. 1931 – Apr. 1943 (ohne fol.).
473 Siehe hierzu den Abschnitt »Die Pensions- und Rentenverfahren psychisch versehrter Offiziere« in Kap. V.2.b. Die Stellung psychisch versehrter Offiziere im Versorgungssystem und die Pensions- und Rentenverfahren in der Weimarer Republik.
474 Bereits in den letzten zwei Jahren hatte er einen Prozess mit dem Versorgungsamt wegen einer Zulage zu seiner Pension geführt und verloren. UAT 669/39968 Krankenakte von Major a. D. Erich N., 1933.
475 Ebd.

terung seiner Lage. Prophetisch schrieb er in seinem Gedicht an das Versorgungsamt Gotha vom 9. Februar 1933:

»Der Dank des Vaterlandes ist uns gewiß,
Und der der Republik war auch Beschiß;
Zum Schluß macht dann das »Dritte Reich«
Die Rechnung mit 'nem Hanfstrick gleich!
Hurra, Hurra, Hurra!
Auf, mit Holzbein und Leierkasten
wie nach anno 70/71!
[unterschrieben:] D. [anonymisiert, G.G.]
Leutnant a. D.
Schwerbeschädigter
Pensionär und Querulant«[476]

b. Die Haltung der Nationalsozialisten zur Gruppe der psychisch Versehrten

Verhängnisvoll für die psychisch Kriegsversehrten wurde, dass die nationalsozialistische Kriegsopferpolitik mit ideologischen Bildern und Zielsetzungen verknüpft war, die nicht mit der Art ihres Leidens kompatibel waren. Die NSDAP sah sich als »alleiniger Erbe der Front«. Sie verlautbarte, die »Ehre des Frontsoldaten« wiederherstellen zu wollen, wobei sie unter anderem dem Gefallenenkult einen zentralen Stellenwert einräumte.[477] Durch die Inszenierung der Kriegsinvaliden als Kriegshelden vermittelte sie das Bild, dass diese ihr Opfer freiwillig geleistet hätten. Ehrung und Achtung dieser Opferleistung wurden so als Mittel zur psychischen Kriegsmobilisierung der Nation eingesetzt.[478]

---

476 Bei den Behörden galt Konrad D. damals in der Tat als Querulant, dem nicht mehr auf seine Zuschriften geantwortet werden solle. Ihm sei eine Leutnantspension letztlich bewilligt worden, obwohl es starke Zweifel an seiner Kriegsdienstbeschädigung gebe, wie es im Schreiben von Ministerialrat Stieler an den Staatssekretär in der Reichskanzlei Herrn Dr. Lammers vom 5. April 1933 heißt. Er bombardiere die Ämter mit Eingaben und verlange darin Zuwendungen, die ihm nicht zustünden. BArch, R 3901/Nr. 10260, Bl. 371–373, Versorgung des Leutnants a. D. Konrad D., Bd. 1, Juli 1927 – Nov. 1935 (ohne fol.).
477 Am berühmtesten waren die Feiern zur Verlegung des Grabes des im August 1934 verstorbenen Reichspräsidenten Hindenburg in das »Tannenberg-Reichsehrenmahl« im Oktober 1934. Krumeich, Die unbewältigte Niederlage, S. 268.
478 Löffelbein, Ehrenbürger der Nation, S. 283–285; Crouthamel, Mobilizing Psychopaths into Pacifists, S. 206.

Die NSDAP vereinnahmte den Frontkämpfermythos, wie er bereits in den letzten Kriegsjahren ausgebildet und in den Freikorps und Wehrverbänden in der Weimarer Republik radikalisiert worden war.[479] Der NS-Diskurs stilisierte die Figur des stahlharten Frontkämpfers mit Nerven wie Drahtseilen zum Träger der Ideen des Nationalsozialismus. Zudem lässt sich ein Trend zum aktiven, offensiven Heldentum feststellen. Charakteristisch für den Wandel ist, dass in der nationalsozialistischen Ideologie der Verdun-Mythos zentrale Bedeutung erlangte, während die Verteidigungsschlachten, darunter die an der Somme, in den Hintergrund rückten.[480] Der Verdun-Mythos, der den heroischen Kampf um jede Anhöhe und jeden Graben, den soldatischen Aktivismus und die Rücksichtslosigkeit gegenüber der eigenen Person beschrieb, entsprach der nationalsozialistischen Auffassung vom Krieg und dem revolutionären Charakter der nationalsozialistischen Ideologie mit ihrem Willen zur gewaltsamen Machtübernahme deutlich besser als die Somme-Erzählung, die den nüchternen, ruhigen und standhaften Soldatentypus im Blick hatte.[481] Verdun verkörperte das Ideal des elitären, willensstarken Sturmsoldaten, der trotz der materiellen Überlegenheit des Gegners angriff.[482]

Das Ideal des heroisch sieghaften Frontkämpfers war schwer mit dem realen Bild der Masse der Kriegsbeschädigten vereinbar und vor allem Kriegsbeschädigte, die unter Traumatisierungen litten, standen im krassen Widerspruch zur mythischen Überhöhung des »Fronterlebnisses« im Krieg. Die Nationalsozialisten lösten diese Diskrepanz auf, indem sie die Realität am Mythos auszurichten versuchten und bestimmte Kriegsopfergruppen ausgrenzten, was bei der Gruppe der psychisch Versehrten gelang, indem

---

479 Siehe hierzu Kap. II.2.c. Der Idealtyp des »Frontkämpfers« und Abschnitt »Keine Verortung in der Gruppe der ›Kriegsneurotiker‹« in Kap. V.2.f. das Selbstbild psychisch versehrter Offiziere in der Weimarer Republik.
480 Vgl. Hirschfeld, Der Führer spricht vom Krieg, S. 45f.; Krumeich, Die deutsche Erinnerung an die Somme, S. 322.
481 Hüppauf, Schlachtenmythen und die Konstruktion des »Neuen Menschen«, S. 44f.; Krumeich, Zwischen soldatischem Nationalismus und NS-Ideologie, S. 296; Krumeich/Prost, Verdun 1916, S. 195f.; Werberg, Die Nerven der Stahlhelmmänner, S. 311–313. Vgl. zur Bedeutung der Somme-Schlacht für die Ausbildung des Frontkämpferideals im Ersten Weltkrieg auch die Ausführungen in Kap. II.2.c. Der Idealtyp des »Frontkämpfers«.
482 Werberg, Die Nerven der Stahlhelmmänner, S. 313, 323. Siehe zu den Strumtruppen Kap. II.2.d. Nervenkraft und Wille als kriegsentscheidende Mittel.

die Nationalsozialisten kategorisch die Existenz kriegsbedingter Traumatisierungen bestritten und tabuisierten.[483]

c. Die Versorgungsgesetzgebung von 1934

Einen entscheidenden Richtungswechsel in der Kriegsopferpolitik bedeutete die Verabschiedung des »Fünften Gesetzes zur Änderung des Gesetzes über das Verfahren in Versorgungssachen« im Juli 1934.[484] Obwohl die Kriegsbeschädigten, von denen zu Beginn des Nationalsozialismus noch 2,7 Millionen anerkannt waren, vom NS-Regime eine großzügigere materielle Anerkennung ihrer Leistungen erwartet hatten, führte die neue Versorgungsgesetzgebung für keine Gruppe der Rentenempfänger zu nennenswerten finanziellen Besserstellungen, da Rentenzahlungen aus ideologischen Gründen als negativ angesehen wurden.[485] Man kritisierte, das Versorgungssystem der Weimarer Republik habe Rentenneurosen erzeugt und die deutschen Frontsoldaten bewusst zu unsoldatischen und unmännlichen Kostgängern degradiert, obwohl schon in der Weimarer Republik die Reintegration in den Arbeitsmarkt im Mittelpunkt des Versorgungssystems

---

483 Löffelbein, Ehrenbürger der Nation, S. 328, 331.
484 Fünftes Gesetz zur Änderung des Gesetzes über das Verfahren in Versorgungssachen vom 3. Juli 1934; Verordnung zur Durchführung des Fünften Gesetzes zur Änderung des Gesetzes über das Verfahren in Versorgungssachen vom 3. Juli 1934. Das Reichsarbeitsministerium erstellte die Gesetzesvorlage, der das Kabinett Hitler am 3.7.1934 zustimmte. Vgl. hierzu Reichsgesetzblatt (RGBl.) 1934, Teil I, S. 544–547. Zur Durchführung des Gesetzes siehe die Verordnungen im RGBl. 1934, Teil I, S. 547f., S. 774 und S. 1113–1136. Vgl. dazu Neuner, Politik und Psychiatrie, S. 230–234; Rauh/Prüll, Krank durch den Krieg?; Blaßneck, Militärpsychiatrie im Nationalsozialismus, S. 35, 38f.
485 Die Enttäuschung in dieser Hinsicht zeigt der Brief des kriegsbeschädigten Hauptmanns a. D. Georg L. vom Oktober 1938, den er persönlich an einen im Reichsarbeitsministerium tätigen Arzt richtete und in dem er Unterstützung für sein Anliegen erbat, die Situation kriegsbeschädigter Offiziere zu verbessern: »Warum werden gerade die kriegsbeschädigten Offiziere der alten Armee auch von der heutigen Regierung so schlecht behandelt? – Alle Verfügungen, Erlasse, etc. der letzten Jahre bis heute bringen allen Volksgenossen Vorteile, […] Berücksichtigungen der Verhältnisse oder der Rechtsansprüche, auch die Berufsoffiziere der alten Armee sind davon betroffen, aber gerade der Teil, der es am nötigsten hat, ist in dieser Hinsicht nicht bedacht worden!« BArch, R 3901/Nr. 10129 Eingaben, Beschwerden usw. von Offizieren des ehem. aktiven Dienststandes der früheren Wehrmacht in Pensionsangelegenheiten, Buchstabe L, Bd. 2, Juli 1929 – Febr. 1944, Brief des Hauptmanns a. D. Georg L., 15.10.1938. (Zeilenenden teilweise auf dem Mikrofilm abgeschnitten.)

stand.⁴⁸⁶ Statt auf Rentenzahlungen setzte das Regime auf Arbeitsbeschaffungsmaßnahmen, was auch aus wirtschaftlichen Gründen erstrebenswert erschien. Das ideologische Ziel lautete, aus unsoldatischen und unmännlichen Rentenempfängern erneut »leistungsfähige Glieder der Volksgemeinschaft« zu machen.⁴⁸⁷

Der Versorgungsanspruch, der im Reichsversorgungsgesetz von 1920 auf ziviler Grundlage geregelt worden war, wurde nun wieder an militärischen Gesichtspunkten ausgerichtet. Nur Soldaten, die an der Front gekämpft hatten, sollte der Kriegsbeschädigtenstatus gewährt werden, während im Krieg und in der Weimarer Republik alle Dienstbeschädigungen als Kriegsdienstbeschädigung gegolten hatten, die auf die besonderen Kriegsverhältnisse zurückzuführen waren, ohne dass die Person an der Front eingesetzt gewesen sein musste.⁴⁸⁸ Die Beweislast, den Frontkämpferstatus nachzuweisen, lag nun bei den Kriegsbeschädigten selbst. Für die Höhe der Rente spielte der militärische Rang erneut eine Rolle.⁴⁸⁹

Hinzu kam das Prinzip der In- und Exklusion, das sich durch die Gesetzgebung zog.⁴⁹⁰ Es wirkte sich besonders verheerend für die psychisch versehrten Rentenempfänger aus. Die Gesetzesänderung enthielt die Anordnung, alle entsprechenden laufenden Kriegsrentenbescheide einer grundlegenden Überprüfung zu unterziehen. Gemäß Artikel 2 konnten die Versorgungsbehörden rechtskräftige Entscheidungen der Verwaltungs- und Spruchbehörden nachprüfen und ändern, wenn diese der »Rechts- und Sachlage nicht entsprachen.« In den Ausführungsbestimmungen wurde klargestellt, dass hier vor allem der aktuelle medizinische Forschungsstand gemeint war.⁴⁹¹

Mit dem Ziel, die »Kriegsneurotiker« aus dem Fürsorgewesen zu entfernen, die gemäß der NS-Ideologie als »Geisteskranke«, »Simulanten« und »Rentenjäger« galten, implementierte die NS-Regierung die bereits auf der

---

486 Siehe hierzu Kap. V.1.d. Die Eingliederung ins zivile Leben.
487 Thomann, »Aus Krüppeln werden leistungsfähige Glieder der Volksgemeinschaft«, S. 297–310; Löffelbein, Ehrenbürger der Nation, S. 264–273, 329f.
488 Siehe hierzu Kap. V.2.b. Die Stellung psychisch versehrter Offiziere im Versorgungssystem und die Pensions- und Rentenverfahren in der Weimarer Republik.
489 Löffelbein, Ehrenbürger der Nation, S. 257–259.
490 Vgl. hierzu Ebd., S. 326f.
491 Fünftes Gesetz zur Änderung des Gesetzes über das Verfahren in Versorgungssachen vom 3. Juli 1934, S. 544–547; Verordnung zur Durchführung des Fünften Gesetzes zur Änderung des Gesetzes, S. 547f. Vgl. zum Gesetz auch Neuner, Politik und Psychiatrie, S. 230–234; Blaßneck, Militärpsychiatrie im Nationalsozialismus, S. 35, 38f.

Kriegstagung 1916 vertretene psychiatrische Lehrmeinung über die Ätiologie der Kriegsneurosen in das neue Versorgungsgesetz.[492] Diese diente ihr als perfekte Legitimationsgrundlage und wurde nur leicht modifiziert durch eine verstärkte erbpsychiatrische Fokussierung in die Gesetzgebung aufgenommen. Nun galt als ausschließlich akzeptierte und vor allem die Praxis bestimmende Lehre, dass der Krieg keine dauerhaften psychischen Schäden hervorbringe und dass Erbkrankheiten durch Rentenneurosen verstärkt würden. Bis weit in die bundesrepublikanischen Jahre hinein blieb diese Lehre weitgehend unwidersprochen.[493] Für Psychiater wie Karl Bonhoeffer oder Max Nonne, die seit 1916 versucht hatten, ihre Lehrmeinung durchzusetzen, bedeutete dies einen Erfolg, den bisher das Weimarer Versorgungswesen verhindert hatte.[494]

Die Aufnahme der universitären Kriegsneurosen-Lehre in die Gesetzestexte stand in engem Zusammenhang mit dem Aufstieg der Rassenhygiene zu einer staatlich sanktionierten Leitwissenschaft im Nationalsozialismus. Rassenhygienisches Denken spielte in der Medizin bereits seit dem Ersten Weltkrieg eine bedeutende Rolle, doch setzte es sich nun erstmals so weit durch, dass es die offizielle Gesundheits- und Sozialpolitik im NS-Staat bestimmte.[495]

Allgemein endete im »Dritten Reich« der Wissenschaftspluralismus innerhalb der Psychiatrie. An seine Stelle trat in der psychiatrischen Theorie-

---

492 Siehe hierzu Kap. III.2.a. Der psychiatrische Diskurs über die Diagnosen und Ursachen von psychischen Leiden bei Offizieren.
493 Rauh, Die militärpsychiatrischen Therapiemethoden im Ersten Weltkrieg, S. 46. Erste Zweifel kamen den Psychiatern, als in der Nachkriegszeit in wachsender Zahl heimkehrende Soldaten deutlich psychisch verändert erschienen und große Probleme bei der Integration in das Familien- und Arbeitsleben hatten. Doch erst Ende der 1950er Jahre geriet auf internationalen Druck hin in Bezug auf die Entschädigungsansprüche von NS-Verfolgten diese apodiktisch angewandte Lehrmeinung ins Wanken, wovon letztlich auch seelisch versehrte Kriegsteilnehmer mit Beginn der 1960er Jahre zumindest partiell durch die Bewilligung von Rentenzahlungen profitierten. Vgl. hierzu ausführlich Goltermann, Die Gesellschaft der Überlebenden.
494 Neuner, Politik und Psychiatrie, S. 221f.; Rauh/Prüll, Krank durch den Krieg? Siehe zur bis zum Ende der Weimarer Republik bestehenden Heterogenität der Lehrmeinungen in der psychiatrischen Praxis auch Kap. V.2.b. Die Stellung psychisch versehrter Offiziere im Versorgungssystem und die Pensions- und Rentenverfahren in der Weimarer Republik und Kap. V.2. c. Die medizinische Versorgung psychisch versehrter Offiziere in der Weimarer Republik.
495 Roelcke, Deutscher Sonderweg?, S. 53; Rauh/Prüll, Krank durch den Krieg?. Zur NS-Rassenhygiene siehe Schmuhl, Rassenhygiene, Nationalsozialismus, Euthanasie; Rickmann, »Rassenpflege im völkischen Staat«.

bildung eine zunehmende Fokussierung auf Erbforschung und Rassenhygiene und die Zielvorstellung eines leistungsfähigen und homogenen Volkskörpers, womit sie mit der NS-Politik im Einklang stand. Zur Leitfigur des Fachs wurde Ernst Rüdin (1874–1952), dessen Forschungsanstalt für Psychiatrie in München von Anfang an von der NS-Wissenschaftspolitik großzügig finanziell unterstützt und mit beachtlicher Machtfülle ausgestattet wurde. Die Psychiater um Rüdin, die fortan den Wissenschaftstrend in der Psychiatrie bestimmten, hielten die Erblichkeit psychischer Störungen für wissenschaftlich erwiesen, obwohl damals der Forschungsstand zur Heredität einzelner Erkrankungen vielfach noch wenig abgesichert war.[496]

Dies hatte Auswirkungen auf die psychiatrische Sicht auf »Kriegsneurosen«. War bisher in der im psychiatrischen Diskurs vorherrschenden Lehrmeinung eine rassenhygienisch konnotierte Erbhypothese ein integraler Bestandteil gewesen, trat nun die Heredität noch stärker in den Vordergrund und galt als der entscheidende ätiologische Faktor. Ursache und Ausbruch psychischer Erkrankungen wurden nunmehr allein mit dem vermeintlich degenerativen Erbgut des Soldaten begründet und ein Zusammenhang zwischen Ausbruch der Erkrankung und Wehrdienst kategorisch ausgeschlossen.[497]

Träger angeblich minderwertigen Erbgutes galten nun als »Volksschädlinge« oder »Ballastexistenzen«, denen jeder Anspruch auf staatliche Fürsorge abgesprochen wurde. Hierunter wurden auch psychisch versehrte Kriegsteilnehmer gefasst, deren Leiden auf ihr degeneratives Erbgut und ihren fehlenden Arbeitswillen zurückgeführt wurde. Nur psychische Leiden, die eindeutig mit einer organischen Verletzung verbunden wurden, behielten in der NS-Zeit weiterhin Anerkennung. Die Übrigen seien »asoziale Feiglinge« und unerwünschte »Volksgenossen«, die der »Volksgemeinschaft« nicht länger finanziell zur Last fallen sollten und denen umgehend die Versorgung zu entziehen sei. Ideologische Zielvorstellungen waren hier mit sozial- und finanzpolitischen Interessen verflochten.[498]

---

496 Siehe hierzu Roelcke, Psychiatrische Wissenschaft im Kontext nationalsozialistischer Politik, S. 112–150; Cocks, Psychotherapy in the Third Reich, S. 11f. Vgl. auch Rauh/Prüll, Krank durch den Krieg?
497 Neuner, Politik und Psychiatrie, S. 217–219.
498 Siehe Neuner, Politik und Psychiatrie, S. 197–208; Riedesser/Verderber, »Maschinengewehre hinter der Front«, S. 106. Vgl. auch Rauh/Prüll, Krank durch den Krieg?

d. Die Überprüfung der Versorgung von psychisch versehrten Offizieren a. D. aufgrund des Gesetzes von 1934

Wie der Reichsarbeitsminister 1936 zu den Durchführungsbestimmungen von Artikel 2 des Fünften Gesetzes über das Verfahren in Versorgungssachen vom 3. Juli 1934 ausführte, galten als besonders dringliche Fälle für den Rentenentzug neben erblichen Geisteskrankheiten, die unter das »Gesetz zur Verhütung erbkranken Nachwuchses« fielen,[499] auch »sämtliche Psychopathien inklusive der hysterischen Zustände«.[500] Dadurch wurde rund 16.000 psychisch versehrten Kriegsteilnehmern ihre während der Weimarer Republik gewährte Rente in den nächsten Jahren entzogen.[501] Dies galt auch für ehemalige Offiziere.

Dass dennoch Spielräume bestanden, die im Einzelfall Offiziere vor einer Überprüfung schützen konnten, wird aus dem Fall des Leutnants a. D. Konrad D. deutlich. Seine Akte endet mit einem Schreiben des Arbeitsministers vom 26. November 1935 an das Hauptversorgungsamt Brandenburg-Pommern, worin es heißt: »[...] Von einer etwaigen Untersuchung auf Grund des Art. 2 des fünften Gesetzes zur Änderung des Gesetzes über die Verfahren in Versorgungssachen vom 3.7.1934 ersuche ich im vorliegenden Falle abzusehen.«[502]

Wie eng aber insgesamt diese Spielräume waren, zeigt die Antwort eines Ministerialrats des Arbeitsministeriums auf eine Bitte des Hauptmanns und Adjutanten des Reichskriegsopferführers von der nationalsozialistischen Kriegsopfervereinigung,[503] der sich 1937 für eine Aussetzung von Artikel 2 in Bezug auf den Oberleutnant a. D. Richard von P. mit der Diagnose »Dementia Praecox« einsetzte: Aufgrund des ärztlichen Gutachtens

---

499 Siehe hierzu Kap. V.3.f. Psychisch versehrte Offiziere als Opfer der nationalsozialistischen Zwangssterilisationen und des Krankenmords.
500 BArch R 3901/10164 Reichsarbeitsminister betreffs Durchführung des Art. 2 des Fünften Gesetzes zur Änderung des Gesetzes über das Verfahren in Bersorgungssachen vom 3. Juli 1934 am 19. September 1936.
501 Vgl. Crouthamel, Hysterische Männer?, S. 34. Vgl. auch Rauh/Prüll, Krank durch den Krieg?
502 BArch, R 3901/Nr. 10260, Bl. 371–373, Versorgung des Leutnants a. D. Konrad D., Bd. 1, Juli 1927 – Nov. 1935 (ohne fol.).
503 Vgl. zur Einführung einer Offiziers-Abteilung in die nationalsozialistische Kriegsopfervereinigung und zur Auflösung und Eingliederung der Offiziers- und Kriegsopfervereinigungen Löffelbein, Ehrenbürger der Nation, S. 236–240. Eine Bestimmung des Versorgungsgesetzes von 1934 lautete, dass seitdem vor den Versorgungsgerichten als Bevollmächtigte und Beistände nur noch Mitglieder der Nationalsozialistischen Kriegsopfervereinigung zugelassen waren. Ebd., S. 193.

»lässt sich die Anwendung des Art. 2 leider nicht vermeiden, denn Dementia praecox bleibt nun einmal der typische Fall für Art. 2. es ist hernach absolut unmöglich, eine Ausnahme zu machen [...]. Die einzige Zeitgrenze, die wir machen konnten, war das 60. Lebensjahr und die greift hier nicht Platz.«[504]

Die Anwendung des Artikels 2 des Fünften Gesetzes zur Änderung des Gesetzes über das Verfahren in Versorgungssachen vom 3. Juli 1934 hatte für ehemalige Offiziere, die nach dem Offizierspensionsgesetz von 1906 versorgt wurden und eine Dienstzeit für eine reguläre Pension erreicht hatten, im Regelfall deutlich geringere Auswirkungen als bei denjenigen, die eine Rente nach dem Reichsversorgungsgesetz von 1920 erhielten.[505] Erstere schützte, dass die Überprüfung keine Aberkennung des Pensionsanspruchs zur Folge haben konnte, da die Anerkennung einer Dienstbeschädigung ohne Einfluss auf die Höhe des Ruhegehalts war. Viele dieser Offiziere a. D. bezogen aber auch eine Verstümmelungszulage gem. § 11 Absatz 3 des Offizierspensionsgesetzes von 1906 und einen Pensionszuschuss[506] als Kannbezüge, die nun häufig nach der Überprüfung entzogen wurden. Da es sich um Kannbezüge handelte, war gegen die Entziehung keine Berufungsmöglichkeit gegeben.[507]

Im Bundesarchiv Berlin-Lichterfelde findet sich für den Zeitraum Juni 1936 bis Juli 1937 ein Bestand zu Offizieren, die versorgungsberechtigt waren und deren Fälle gemäß Artikel 2 des Fünften Gesetzes über das Verfahren in Versorgungssachen vom 3. Juli 1934 nachgeprüft wurden.[508] Für die übrigen Jahre wurden Offiziersakten unsortiert zwischen jenen der Mannschaftssoldaten abgelegt. Dass der Offiziersbestand im Bundesarchiv aller-

---

504 BArch, R 3901/Nr. 10239, Nachprüfung gemäß Artikel 2 des Fünften Gesetzes über das Verfahren in Versorgungssachen vom 3.7.1934, Offiziere einschl. Hinterbliebene, Einzelfälle, o.S. [eigene Nummerierung: Bl. 199f.]
505 Siehe zu den unterschiedlichen Gesetzesgrundlagen den Abschnitt »Die rechtlichen Regelungen für Renten und Pensionen der Offiziere« in Kap. V.2. b. Die Stellung psychisch versehrter Offiziere im Versorgungssystem und die Pensions- und Rentenverfahren in der Weimarer Republik.
506 Handbuch der Reichsversorgung (HdR), S. 592–596.
507 Mitunter wurde der Pensionszuschuss bei Bedürftigkeit unter individuell ausgehandelten Konditionen weiter gewährt, die Verstümmelungszulage aber stets eingespart. Vgl. genau diesen Fall beim Marineoffizier Ernst K., BArch, R 3901/Nr. 10239, Nachprüfung gemäß Artikel 2 des Fünften Gesetzes über das Verfahren in Versorgungssachen vom 3.7.1934, Offiziere einschl. Hinterbliebene, Einzelfälle, Juni 1936 - Juni 1937, Ernst K.
508 BArch, R 3901/Nr. 10239, Nachprüfung gemäß Artikel 2 des Fünften Gesetzes über das Verfahren in Versorgungssachen vom 3.7.1934, Offiziere einschl. Hinterbliebene, Einzelfälle, Juni 1936 - Juni 1937.

dings auch für den angegebenen Zeitraum Juli 1936 bis Juni 1937 nicht vollständig ist, zeigen zum Beispiel die Akten über Friedrich K. im Archiv der Humboldt-Universität,[509] da dessen Aberkennung der Versorgung im März 1937 erfolgte, aber er dennoch nicht in der Sammlung enthalten ist.[510] Der gesammelte Offiziersbestand, der 75 Versorgungsberechtigte mit psychischen Störungen enthält, wird im Folgenden näher ausgewertet, da er Entscheidungsmechanismen und Argumentationen, die bei Offizieren angewendet wurden, deutlich macht. Wenn anhand der Analyse Trends aufgezeigt werden, ist die geringe Größe der Stichprobe stets im Blick zu behalten.

Der bürokratische Charakter der Rentenaberkennung, der keine Unterschiede nach sozialen Gruppen machte, wird bereits daraus ersichtlich, dass alle ehemaligen Offiziere, egal welchen Dienstgrades, einen Standardbrief erhielten, in dem als Begründung der medizinische Erkenntnisstand genannt wurde. Dieser enthielt auch Hinweise, wie Berufung gegen die Entscheidung einzulegen sei.[511] Der Bestand zeigt aber klar, dass Einsprüche gegen den Entzug der Versorgung, wenn gegen die medizinische Begründung argumentiert wurde, keinen Erfolg hatten.[512]

Die psychiatrischen Kriterien

Ein Vergleich der Diagnosen vor und nach der Überprüfung offenbart, dass diese vielfach dazu führte, dass die Psychiater die Diagnosen der Offiziere änderten.

---

509 UAHUB nerv - 015 Bitte um wohlwollendes Gutachten für den Leutnant a. D. durch den Sohn vom 29.9.1937.
510 BArch, R 3901/Nr. 10239, Nachprüfung gemäß Artikel 2 des Fünften Gesetzes über das Verfahren in Versorgungssachen vom 3.7.1934, Offiziere einschl. Hinterbliebene, Einzelfälle, Juni 1936 - Juni 1937.
511 Der Brief ist z.B. in der Akte von Dr. Oskar M. beigegeben.
512 Vgl. z.B. BArch, R 3901/Nr. 10239, Nachprüfung gemäß Artikel 2 des Fünften Gesetzes über das Verfahren in Versorgungssachen vom 3.7.1934, Offiziere einschl. Hinterbliebene, Einzelfälle, Juni 1936 - Juni 1937, Arthur H., Gerhard S.

Tabelle 9: Alte und neue Diagnosen bei Offizieren bei der Nachprüfung gemäß Artikel 2 des Fünften Gesetzes über das Verfahren in Versorgungssachen vom 3.7.1934

	bisher anerkanntes Leiden	in %	bei der Überprüfung bescheinigtes Leiden	in %
Neurasthenie (Nervenschwäche)	25	33,3	14	18,7
Nervöse Erschöpfung	3	4,0	3	4,0
Nervosität (nervöse Beschwerden)	10	13,3	10	13,3
Nervöse/funktionelle Störungen innerer Organe	2	2,7	0	0,0
Neurose (Schreckneurose)	2	2,7	0	0,0
Hysterie	4	5,3	3	4,0
Psychopathie	3	4,0	14	18,7
Neuropathie	0	0,0	1	1,3
Depression (Verstimmung)	4	5,3	0	0,0
Geisteskrankheit (Manie, Irresein, Schizophrenie, Dementia praecox)	11	14,7	20	26,7
Körperlich bedingte psychische Krankheiten	5	6,7	5	6,7
Neuralgie	1	1,3	0	0,0
Epilepsie	5	6,7	5	6,7
Gesamt	75	100,0	75	100,0

Die Ursprungsdiagnosen gewähren einen Einblick, welche Diagnosen bis in die NS-Zeit einen Rentenbezug bei Offizieren erlaubten. Die Auswertung zeigt, dass die Diagnosen, aufgrund derer die Offiziere ihre Versorgung bis zur Überprüfung bezogen und die überwiegend Anfang der 1920er Jahre festgestellt wurden, Ähnlichkeiten, aber auch deutliche Unterschiede mit der Verteilung im Krieg aufwiesen.[513] So kam die Diagnose »Nervöse Erschöpfung«, im Krieg bei Offizieren die meistverbreitete Diagnose, kaum vor. Hingegen waren nach wie vor Nervenschwäche bzw. Neurasthenie und Nervosität sehr häufig, sodass die drei Diagnosen insgesamt noch 50% aller Fälle ausmachten. Nur zwei ehemalige Offiziere der Stichprobe erhielten ihre Versorgung wegen einer Herzneurose, sodass hier der Anteil deutlich niedriger als im Krieg lag. Hysterie und Psychopathie machten wie im Krieg nur wenige Fälle (5 bzw. 4%) aus. Ein weiterer Unterschied zum Krieg ist der hohe Anteil von 15% als »Geisteskrankheit« etikettierter Störungen,

---

513 Siehe zur Verteilung im Krieg Kap. III.2.b. Psychiatrische Praxis: Diagnosen in den Krankenakten.

wobei die Diagnose »Dementia praecox« (»Jugendirresein«) überwog. Auch Epilepsie und körperlich bedingte psychische Krankheiten machten jeweils 7% aus. Letzteres waren vor allem auf Syphilis folgende psychische Störungen.

Grafik 12: Alte und neue Diagnosen bei Offizieren bei der Nachprüfung gemäß Artikel 2 des Fünften Gesetzes über das Verfahren in Versorgungssachen vom 3.7.1934 in %

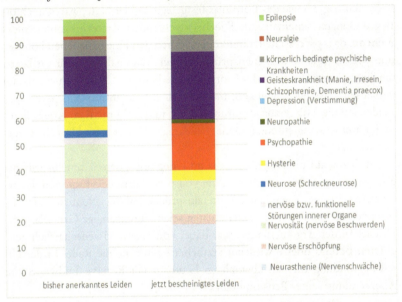

Nach der Überprüfung der Diagnosen 1936/37 änderte sich die Verteilung deutlich. »Geisteskrankheiten« hatten sich mit 27% fast verdoppelt. Vor allem der Anteil der »Schizophrenie« hatte sich sehr erhöht. Ein weiteres wichtiges Ergebnis ist die starke Zunahme der Diagnose »Psychopathie« um 15% auf 19%. Die Erhöhung erklärt sich damit, dass vor allem Offiziere mit der Diagnose »Depression« oder »Neurasthenie« nach der Überprüfung oft das Label »Psychopathie« erhielten. Depression kam gar nicht mehr vor, der Anteil ehemaliger Offiziere mit »Neurasthenie« oder »Nervenschwäche« sank um 14%.

Den Befund bestärkt noch, dass bei den Werten in Bezug auf die Diagnosen, die nach der Überprüfung gegeben wurden, bei »Nervenschwäche« bzw. »Neurasthenie«, »Nervöse Erschöpfung«, »Nervosität« und »Hysterie« nun stets der Zusatz »angeboren« oder »konstitutionell bedingt« angegeben war. Nur wenn direkt das Wort »psychopathisch« oder »abartig« angegeben wurde, wurde der Wert unter »Psychopathie« gefasst.

Neben der vielfachen Veränderung der Diagnose zeigt der Aktenbestand, dass psychische Leiden bei Offizieren als Rentengrund standardisiert abgelehnt wurden. Bei der medizinischen Einschätzung spielten militärischer Rang und Dienststellung im Krieg keine Rolle. Einziges Kriterium war der medizinische Befund, der automatisch eine bestimmte Entscheidung nach sich zog. So wie das Formular festgelegte Felder hatte, waren auch die Begründungen schematisiert. Die begutachtenden Ärzte erkannten nicht mehr an, dass psychische Erkrankungen durch den Krieg entstehen konnten und wiesen jegliche Rentenansprüche zurück. Dies galt auch für Offiziere, die ihren Dienst direkt an der Front geleistet hatten.[514] Immer wurde darauf verwiesen, dass nach heutigem medizinischen Erkenntnisstand psychische Leiden auf die Anlage zurückzuführen seien und nicht mit dem Kriegsdienst in Zusammenhang stünden. Daher sei damals die Rente zu Unrecht vergeben worden.

In Bezug auf die Diagnosen, die im Krieg unter den Sammelbegriff der Kriegsneurose fielen, wurde nun die von psychiatrischen Experten vertretene Ansicht, hier lägen keine Rentenansprüche vor, da »Neurose«, »Hysterie« und »Neurasthenie« Erbkrankheiten seien, durchgängige Grundlage der Urteile. In der Argumentation war dabei von einem wissenschaftlich gesicherten Befund oder erwiesener ärztlicher Erfahrung die Rede. In der Urteilsbegründung für den ehemaligen Leutnant der Reserve Ludwig S. zur Aberkennung seiner Pension heißt es:

»Neurasthenie, Hysterie, Psychopathie sind Zustandsbegriffe eines gemeinsamen psychoneurotischen Symptomkomplexes, bei welchem es sich nicht um ein organisches Leiden des zentralen oder peripheren Nervensystems sondern lediglich um eine funktionell-nervöse Unterwertigkeit des Organismus handelt. Die Psychoneurose beruht stets und ausschliesslich auf einer angeborenen Veranlagung. Äussere Einflüsse vermögen vorübergehende Reaktionen auszulösen, die aber stets nach Behebung der auslösenden Ursache wieder abklingen.«[515]

Gerade die Argumentationen beim Rentenentzug wegen Nervenschwäche bzw. Neurasthenie zeigen die einheitliche neue Lesart: Noch bestehende

---

514 Der gleiche Befund wurde für Mannschaftssoldaten festgestellt. Crouthamel, Hysterische Männer?, S. 38.
515 BArch, R 3901/Nr. 10239, Nachprüfung gemäß Artikel 2 des Fünften Gesetzes über das Verfahren in Versorgungssachen vom 3.7.1934, Offiziere einschl. Hinterbliebene, Einzelfälle, Juni 1936 - Juni 1937, Ludwig S.

Leiden wurden stets als »angeboren« betrachtet, sodass die Rente zu Unrecht bewilligt worden sei, da kein Zusammenhang mit dem Kriegsdienst vorliege. Häufig wurde stattdessen die Konstitution des Betroffenen als »abartig« oder »psychopathisch« bezeichnet.[516] Bei einem Offizier des Beurlaubtenstandes heißt es in der Begründung der Anwendung des Artikels 2:

»Die Aufrechterhaltung von DB für Nervenschwäche entspricht nicht der heutigen Sach- und Rechtslage. Nach wissenschaftlicher Auffassung handelt es sich bei Nervenschwäche (Neurasthenie) um nervöse Reaktionen bei angeborener Unterveranlagung, die bei ungünstigen Umwelteinflüssen; wie Ärger, Schreck oder Aufregungen; jeweils zu neuen neurasthenischen Reaktionen führen, die je nach der Schwere der ungünstigen Einwirkung nach längerer oder kürzerer Zeit wieder abklingen; längstens jedoch nach 1 1/2 Jahren. Darüber hinaus sind neurasthenische Reaktionen meistens auf wunsch- bzw. rentenneurotische Einflüsse zurückzuführen, umso mehr als schon geringfügige Anlässe, wie z.b. auch die Aufforderung zu einer Untersuchung, genügen können, um solche Reaktionen auszulösen.« [517]

Aus der Beschreibung wird sehr deutlich, dass die Neurasthenie nicht mehr als Leiden angesehen wurde, das aufgrund von Aufopferung und Erschöpfung auftrat.[518] Hier enthielt vielmehr die Krankheitsbeschreibung alle stigmatisierenden Aspekte, die im Krieg der Hysterie gegeben wurden. Es handle sich um ein angeborenes Defizit (angeborene »Unterveranlagung«), das bei äußeren Reizen zu neurasthenischen Reaktionen führen würde, die bis zu eineinhalb Jahre andauern könnten. Alle Krankheitserscheinungen, die länger aufträten, seien »meistens auf wunsch- bzw. rentenneurotische Einflüsse zurückzuführen«. Hier wurden Neurasthenikern ähnlich wie im Krieg den Hysterikern Begehrungsvorstellungen unterstellt, die für die Krankheitssymptome verantwortlich seien.[519]

---

516 Vgl. daneben ebd. auch die Akten zu Dr. B., Hermann D., Max G., Richard H., Johann H., Manfred H., Arthur H., Karl H., Richard K., Heinrich L., Josef M., Paul M., Ludwig M., Otto R., Friedrich R., Karl R., Max S., Gerhard S., Karl S., Walter T., Adolf W., Gustav W.
517 BArch, R 3901/Nr. 10289, Nachprüfung gemäß Artikel 2 des Fünften Gesetzes über das Verfahren in Versorgungssachen vom 3.7.1934, Offiziere einschl. Hinterbliebene, Einzelfälle, o. S.
518 Siehe hierzu Kap. III.2.a. Der psychiatrische Diskurs über die Diagnosen und Ursachen von psychischen Leiden bei Offizieren.
519 Vgl. die ähnliche Argumentation bei BArch, R 3901/Nr. 10289, Nachprüfung gemäß Artikel 2 des Fünften Gesetzes über das Verfahren in Versorgungssachen vom 3.7.1934, Offiziere einschl. Hinterbliebene, Einzelfälle, Max B., Johann G., Erich L., Karl P. Vgl.

Der Fall des Luftwaffenoffiziers Paul M. zeigt die geringe Bedeutung auf, die einer »Schreckneurose« in der NS-Zeit zugestanden wurde. Paul M. erhielt eine Rente wegen einer Erwerbsverminderung von 30% wegen »Neurasthenie erheblichen Grades entstanden durch Flugzeugabsturz im Krieg«, die nun gestrichen wurde, da es sich um »Neurasthenie als endogene Veranlagung« handle. In der Begründung heißt es:

»M. leidet lediglich an Neurasthenie. Ein organisch krankhafter Befund des Gehirns und der Nerven konnte nicht festgestellt werden. Es ist auch sehr unwahrscheinlich, daß bei dem Flugzeugabsturz eine Verletzung des Gehirns stattgefunden hat; denn M. ist anschließend nur 5 Tage wegen einer Handverstauchung in Lazarettbehandlung gewesen: der Sturz hat lediglich eine Schreckneurose ausgelöst. Diese und die sonstigen durch Kriegseinflüsse hervorgerufenen neurotischen Beschwerden waren spätestens zur Zeit der Umanerkennung abgeklungen. Die seitdem aufgetretenen neurasthenischen Erscheinungen sind Ausfluß einer endogenen Veranlagung. Dienstbeschädigung ist damit zu Unrecht anerkannt.«[520]

Sehr deutlich zeigt sich, dass die ärztlichen Gutachter den rechtlichen Regelungen analog argumentierten, dass nur ein organisch krankhafter Befund zu einer Rente berechtigt hätte. Die abschätzigen Formulierungen »lediglich an Neurasthenie« und »lediglich eine Schreckneurose« machen klar, dass für solche Leiden ein Rentenanspruch generell ausgeschlossen wurde.

Der Fall Heinrich P. zeigt den Umgang mit der Diagnose »Psychopathie« unter der NS-Regierung und den damaligen Absolutheitsanspruch in Bezug auf die gefällten Urteile. Heinrich P. bezog seit 1921 eine Rente aufgrund eines »Nervenleiden[s] D.B. verschlimmert durch schädigende Kriegseinflüsse«. Als Begründung für deren Entzug hieß es 1937:

»P. stammt aus einer nervös schwer belasteten Familie. Er war bereits vor dem Kriege nervös. Am 19.11.1914 wurde er zum Heeresdienst eingezogen. Ohne erkennbare Ursache kam es bei P., nachdem er nur insgesamt 5 Tage an der Front Dienst getan hat, zu einer nervösen Reaktion, die zunächst unter dem Bilde einer Geisteskrankheit verlief. Eine geistige Störung lag jedoch nicht vor. Es handelte sich vielmehr um eine schwere nervöse Reaktion, für die der militärische Dienst nicht verantwortlich gemacht werden kann, zumal auch bei P. eine auf Veranlagung

---

daneben zur standardmäßigen Ablehnung der Diagnose »Herzneurose« als Kriegsbeschädigung die Unterlagen von Paul H., Josef M.
520 Ebd., Paul M.

beruhende Psychopathie festgestellt worden war. Die erstmalige Anerkennung entsprach nicht der Sach- und Rechtslage, sie kann nur als Fehlurteil angesehen werden.«[521]

Obwohl nach den rechtlichen Regelungen im Ersten Weltkrieg und in der Weimarer Republik auch eine Verschlimmerung bestehender Leiden zu einer Versorgung berechtigte, wurde nun von einem »Fehlurteil« gesprochen.

Oft erhielten Offiziere nun die Diagnose »Schizophrenie«, während sie im Krieg und in der Weimarer Republik noch mit Diagnosen wie »Neurasthenie«, »Nervenleiden« oder »Nervenzerrüttung« versehen worden waren.[522] Auch bekamen zwei Offiziere die Diagnose »manisch-depressives Irresein (Erbleiden)«, während ihnen zuvor ein »Nervenleiden mit Depressionszuständen« attestiert worden war, das als Dienstbeschädigung gezählt hatte.[523]

Bei »Geisteskrankheiten« wie Dementia Praecox oder Schizophrenie[524] sahen die Ärzte keinen Interpretationsspielraum, sondern erklärten einen Zusammenhang mit dem Kriegsdienst für ausgeschlossen. Die gleiche konsequente Aberkennung der Rente erfolgte bei den Diagnosen Progressive Paralyse, Tabes Dorsalis[525] und Lues,[526] welche Spätfolgen einer Syphiliserkrankung waren. Dass bei Alfred B. die Diagnose »Dementia paranoides durch DB. Kriegseinwirkungen« aufgestellt worden war, wurde etwa wie folgt widerrufen: »Dementia praecox (Jugendirresein) heute im Gesetz zur Verhütung erbkranken Nachwuchses an erster Stelle, hat mit Krieg nichts

---

521 Ebd., Heinrich P. Vgl. daneben ebd. zur Aberkennung von Renten wegen der Diagnose Psychopathie die Unterlagen von Otto B., Karl H., Karl K., Hans S. Vgl. daneben zur Aberkennung von Renten wegen der Diagnose manisch-depressiv die Unterlagen von Wilhelm S.
522 Vgl. z.B. Ebd., Fritz B., Max H., Eckart H., Otto S.
523 Ebd., Eberhard R., Otto R.
524 Vgl. z.B. Ebd., Arthur C., Alfred H., Ernst K., Emil K., Johannes V.
525 Die Begründung der Rentenstreichung bei Tabes dorsalis beim Marine-Stabsingenieur der Reserve Paul Z. war die typische Argumentation: »Es handelt sich um ein organisches Nervenleiden (Tabes dorsalis), das ursächlich bedingt ist durch eine Infektion im Jahre 1897. Die ersten Erscheinungen dieses stets sehr schleichend verlaufenden Leidens traten zwar während des Kriegsdienstes auf, doch hat wiederholte und eingehende Prüfung des Befundes und Verlaufes ergeben, daß es sich hier um eine schicksalsmäßige Entstehung und Entwicklung des Leidens gehandelt hat, so daß nach heute geltender ärztlich-wissenschaftlicher Erkenntnis weder von einer Auslösung noch von einer richtunggebenden Verschlimmerung durch Dienstbeschädigung gesprochen werden kann. Die Anerkennung von Dienstbeschädigung ist also zu Unrecht erfolgt.« Ebd., Paul Z. Vgl. daneben z.B. Hermann K., Paul Z.
526 Vgl. z.B. Ebd., Gustav P.

zu tun.« Konkret auf den Einzelfall bezogen hieß es: »Bei B. bestand schizophrener Wesenszug schon lange vor dem Kriege. Seine Mutter litt an einer paranoiden Defektpsychose. Von dieser erhielt er den kranken Keim.«[527] Auch bei der als »Geisteskrankheit« eingeschätzten Diagnose »Epilepsie« wurde nun standardmäßig ein Zusammenhang mit den Kriegsereignissen abgelehnt. So erhielt der Reserveleutnant a. D. Fritz S. eine Rente wegen Epilepsie, die 1918 auftrat und damit erklärt worden war, dass eine Verschüttung sie 1916 ausgelöst habe, die damals zu hysterischen Krämpfen geführt habe. Die Begründung für die Aberkennung der Rente lautete:

»Nach den Erfahrungen der ärztl. Wissenschaft (R.V.Ger. Bd. 5, S. 290 u. 301) stellen Kriegsstrapazen kein ausreichendes Moment dar, das imstande sein könnte, die epilept. Veränderung der Großhirnrinde herbeizuführen.«[528]

Der Bestand macht sehr deutlich, dass es mit dem ärztlichen Meinungspluralismus, der in der Weimarer Republik dazu führte, dass die Entscheidungen keinem stringenten Muster folgten, seit der Gesetzesnovelle vorbei war. Dass ärztliche Gegenstimmen zur »herrschenden Lehre« bei Begutachtungen im Zuge der neuen Versorgungsgesetzgebung im Einzelfall aber vorkommen konnten, zeigt der Fall des Leutnants a. D. Friedrich K., der wegen einer Geisteskrankheit entmündigt und in einer Heilanstalt untergebracht war, dem 1937 seine hundertprozentige Rente aufgrund der Diagnose »Schizophrenie« entzogen wurde. Wie der Sohn in einem Bittschreiben an Karl Bonhoeffer schrieb, schlugen drei Gutachter vor, wegen der vierjährigen Kriegsgefangenschaft[529] eine Dienstbeschädigung von 50% anzuerkennen,

---

527 Ebd., Alfred B. Vgl. daneben ebd. zur Aberkennung von Renten wegen der Diagnose Dementia Praecox (Jugendirresein) die Unterlagen von Wilhelm E., Georg H., Adolf von K., Richard von O., Oskar S., Ernst V., Rudolf W.
528 Ebd., Fritz S. Vgl. daneben zur Aberkennung von Renten wegen der Diagnose Epilepsie die Unterlagen von Fritz F. (die Anfangsdiagnose lautete »Hystero-Neurasthenie verbunden mit epileptischen Anfällen«), Helmut F., Kurt M.
529 Der aktive Leutnant Friedrich K. geriet im September 1915 in französische Gefangenschaft. Seine militärischen Beurteilungen waren zuvor nach Angaben des Sohnes »sehr gut«. Er erhielt viele Auszeichnungen: das Eiserne Kreuz 1. und 2. Klasse, die goldene Dienstauszeichnung 1., 2. und 3. Klasse und die silberne Friedrich August-Medaille für Kriegsdienste. In französischer Gefangenschaft durchlief er 25 Gefangenenlager, musste – wie der Sohn schrieb – »unerhörte« Misshandlungen erdulden und unternahm sieben Fluchtversuche, die alle misslangen. In der »berüchtigten« Strafkolonie Tunis-Algier erkrankte er an Malaria, die bis zu seiner Nervenkrankung nicht ausheilte. Der Sohn beteuerte, die Gefangenschaftserlebnisse mit Briefwechseln und noch lebenden Zeugen belegen zu können. Die Nervenkrankheit trat nach seiner siebten Flucht im Juli 1919 ein. Eine genauere Bezeichnung der Erkrankung unterbleibt im Brief. Friedrich K. kam in die

aber ein vierter Gutachter habe einen Einfluss der Gefangenschaft auf das psychische Leiden für möglich, aber unwahrscheinlich gehalten, was zum Rentenentzug gereicht habe.[530] Auch im Fall des ehemaligen Leutnants der Reserve Michael R., der sich am 12. August 1932 erschoss und bei dem mehrere Ärzte bis 1938 Gutachten erstellten, ob der Selbstmord mit den Einflüssen des Militärdienstes in ursächlichem Zusammenhang stand, gab es eine befürwortende Stimme, die sich jedoch wiederum nicht durchsetzen konnte.[531] Die Witwe stellte nach dem Selbstmord einen Rentenantrag, da sie betonte, Michael R. sei nach der Rückkehr aus dem Feld nicht mehr der Alte gewesen, sondern sehr nervös, niedergeschlagen und zurückgezogen, während er zuvor fröhlich und lebensbejahend gewesen sei. Sie führte die Veränderungen auf zwei Kopfverletzungen, die er sich im Krieg durch Stürze vom Pferd zugezogen hatte, zurück.[532] Damalige ärztliche Gutachten stellten die Diagnose »manisch-melancholisches Irresein«. Ein Arzt plädierte dafür, dass das Schädeltrauma ohne psychische Folgeerscheinungen geblieben sei, während ein anderer die Möglichkeit erwog, dass erste melancholische Schübe durch eine trau-

---

Anstalt Amiens, wurde 1920 ins Vereinslazarett Hannover und Ende 1920 in das Vereinslazarett Arnsdorf überführt. Im Juli 1921 hatte sich sein Zustand so weit gebessert, dass er entlassen werden konnte. Er versuchte im städtischen Dienst von Dresden zu arbeiten, galt aber als nicht »wettbewerbsfähig« wegen seines Gesundheitszustands. Ostern 1925 verschlimmerte sich seine Krankheit, als er unter Aufregungen wegen der widerrechtlichen Verzögerung seiner Anstellung gelitten hatte. Er kam daraufhin in eine Heilanstalt, in der er bis zum Zeitpunkt des Briefes verblieb. UAHUB, nerv - 015 Bitte um wohlwollendes Gutachten für den Leutnant a. D. durch den Sohn vom 29.9.1937. Vgl. zu psychiatrischen Zweifeln bei Leutnant Alfred R. hinsichtlich der Diagnose »Epilepsie« zum Rentenentzug, die aber ohne Auswirkungen blieben UAHUB, nerv - 056 Gutachten für Erbgesundheitsgerichte wegen Epilepsie, 1939–1941, Gutachten über Alfred R., 31.1.1941, S. 3.

530 Daraufhin ging die Ehefrau als Vormund in Berufung beim Reichsversorgungsgericht, das nach § 104 des Verfahrensgesetzes beantragte, einen weiteren Gutachter zu hören. Deshalb schrieb der Sohn an Bonhoeffer, ob dieser ein günstigeres Gutachten ausstellen könne. Über den weiteren Verlauf ist nichts überliefert. Vermutlich übernahm Bonhoeffer den Fall nicht, sodass der Brief einfach zu den Akten gelegt wurde, wobei sicher von Bedeutung war, dass die Schizophrenie-Diagnose standardmäßig den Entzug der Kriegsrente bedeutete. UAHUB nerv - 015 Bitte um wohlwollendes Gutachten für den Leutnant a. D. durch den Sohn vom 29.9.1937.

531 Vgl. zum Folgenden UAHUB, nerv - 019 Psychiatrische Gutachten für das Reichsversorgungsgericht und andere Gerichte in Zivilsachen, 1916–1944, Gutachten für Michael R.

532 Den konkreten Anlass für den Suizid sahen die Witwe und andere befragte Verwandte in Verbindung mit dem Verlust seiner Selbständigkeit – Michael R. war Kaufmann - und dem Zwang umzuziehen und nun als Angestellter sein Geld zu verdienen.

matische Hirnschädigung ausgelöst werden konnten. 1932 wurde deshalb der Antrag genehmigt und der Suizid als »DB-Schäden (krankhafte Störung der Gemütsverfassung) hervorgerufen durch die alte Kriegsverletzung« angesehen.

1938 wurde der Fall neu verhandelt. In der Akte ist der Diskurs unter den Nervenärzten nachvollziehbar, die sich alle außer dem Freiburger Ordinarius und Geheimrat Alfred Erich Hoche einig waren, dass das psychische Leiden von Michael R. nicht mit dem Selbstmord zusammenhing. Hoche griff die dogmatische Sicht der anderen Ärzte an: »Unser Wissen um die Entstehung der Seelenstörungen sei nicht sicher genug, um in allen Fällen dogmatische Thesen aufzustellen.«[533] Nach Hoches Diagnose habe Michael R. an

»dauernden, seelischen Veränderungen gelitten, die in wechselnder Stärke sein Leben begleiteten und schließlich die Art seines Endes bestimmten. Diese Veränderungen, deren Charakter sich im einzelnen jetzt nicht mehr bestimmen lasse, seien zunächst auf die Einwirkungen auf den Schädel, aber auch auf die gesamten Schädlichkeiten des Krieges zu beziehen, auf die ein einmal geschwächtes Gehirn anders reagiere als ein gesundes. [...] Medizinische Nomenklaturen und ärztliche Deutungen wechselten. Menschenschicksale dürften aber davon nicht abhängig gemacht werden.«[534]

Die Aussage ist frappierend, da es sich bei Alfred Erich Hoche um den Mitverfasser der 1920 veröffentlichten Schrift »Die Freigabe der Vernichtung lebensunwerten Lebens« handelt, durch die er als ein geistiger Wegbereiter des organisierten Krankenmords in der Zeit des Nationalsozialismus gilt.[535] Auch hatte sich Hoche seit 1916 vehement für eine Verschärfung der Militärpensionsgesetze bei psychisch erkrankten Kriegsteilnehmern eingesetzt.[536]

---

533 Ebd., S. 12.
534 Ebd., S. 13f.
535 In der Schrift plädierte er gemeinsam mit Karl Binding für eine »Tötungsfreigabe« unheilbar Kranker, wenn sich diese zum Sterben bereit erklärten oder wenn sie ihren Willen nicht mehr äußern konnten. Dabei argumentierten sie vor allem volkswirtschaftlich, dass die »geistig Toten« wirtschaftlich und moralisch die Gesellschaft unzumutbar belasteten. Binding/Hoche, Die Freigabe der Vernichtung lebensunwerten Lebens.
536 Die Entschädigungsansprüche sah der deutschnationale Psychiater damals als Trick der Sozialdemokratie an, um Soldaten zur Verkürzung des Krieges im Hintergrund zu binden. Hoche, Über Wesen und Tragweite der »Dienstbeschädigung« bei nervös und psychisch kranken Feldzugsteilnehmern, S. 347–367. Vgl. auch Rauh, Von Verdun nach Grafeneck, S. 59.

Hoche konnte sich mit seinem Plädoyer für ein wohlwollendes Gutachten im Sinne der Witwe nicht durchsetzen. Im Gesamturteil Bonhoeffers lautete die Diagnose »periodische Depressionen, die dem Formenkreis der manisch-depressiven Erkrankung zuzurechnen sind.«[537] Darin waren sich alle Gutachter außer Hoche einig. Es handle sich um ein endogenes Leiden aufgrund einer Anlage.[538] Ein Zusammenhang mit dem Kriegsdienst sei nicht »anzunehmen«, wobei handschriftlich noch das Wort »wahrscheinlich« vermerkt ist.[539]

Das Gutachten zeigt auch, dass der Offiziersrang zwar benannt wurde, aber keine Relevanz für das ärztliche Urteil hatte, sondern stattdessen die begutachtenden Psychiater ihre Expertise in den Mittelpunkt stellten. So heißt es in der zusammenfassenden Beurteilung im Gutachten Bonhoeffers über den Zustand von Michael R. vor der Verwundung: »Michael R. wird für die Zeit vor dem Kriege als lebensbejahend, energisch und gesellig geschildert. Während des Krieges wurde er rasch befördert und bewährte sich als Offizier an der Front [...].«[540] Dies ist das einzige Mal im Gutachten, dass der Offiziersrang explizit eine Rolle spielte.[541]

Die Kriterien der Versorgungsbeamten

Anders als in den Versorgungsverfahren der Weimarer Republik, arbeiteten die Wohlfahrtsbehörden und Psychiater in der NS-Zeit bei der Rentenüberprüfung im Auftrag des Arbeitsministeriums reibungslos zusammen.[542] Es gab keinen Dissens zwischen begutachtenden Ärzten und Versorgungsbeamten, inwieweit für psychische Leiden eine Kriegsdienstbeschädigung

---

537 UAHUB, nerv - 019 Psychiatrische Gutachten für das Reichsversorgungsgericht und andere Gerichte in Zivilsachen, 1916–1944, Gutachten für Michael R., S. 17.
538 Ebd., S. 19.
539 Ebd., S. 21.
540 Ebd., S. 15.
541 Zu seiner Leistungsfähigkeit als Militärangehöriger nach den Kopfverletzungen ist noch vermerkt: »Ob er in der Zwischenzeit in psychischer Beziehung völlig gesund war, ist aus den Krankenblättern nicht zu erfahren, aber doch wohl anzunehmen, denn in einem depressiven Zustand, wenigstens stärkeren Grades, wäre R. den Anstrengungen des Frontdienstes im Sommer 1918 kaum gewachsen gewesen [...].« Ebd., S. 16.
542 Vgl. Crouthamel, Hysterische Männer?, S. 34; Rauh/Prüll, Krank durch den Krieg? Siehe zu den Versorgungsverfahren in der Weimarer Republik den Abschnitt »Die Pensions- und Rentenverfahren psychisch versehrter Offiziere« in Kap. V.2. b. Die Stellung psychisch versehrter Offiziere im Versorgungssystem und die Pensions- und Rentenverfahren in der Weimarer Republik.

anzuerkennen sei. Die Versorgungsbeamten überließen dies komplett den Ärzten und beschränkten sich auf die Klärung der finanziellen Lage des Betroffenen, um festzustellen, ob ein Härteausgleich zu gewähren war, und auf die Errechnung der Einsparung für den Fiskus.

Die hohe Bedeutung wirtschaftlicher Aspekte für die Entscheidung des Rentenentzugs zeigt die Akte des Offiziers a. D. Hermann H., die offen den Sparfaktor für den Fiskus anspricht. Helmut H. erhielt eine Rente wegen »Neigung zu (zyklothymen) Stimmungsschwankungen verschlimmert durch Gehirnerschütterung, in erheblichem Umfang Einwirkung des Frontdienstes ausgesetzt: Granatsplitterverletzung, Gehirnerschütterung«. Bei der Überprüfung gingen die Ärzte stattdessen von einer »angeborene[n] abnorme[n] Veranlagung« aus. Der zuständige Verwaltungsbeamte folgerte, die Rente für eine Minderung der Erwerbsfähigkeit um 30% sei zu Unrecht anerkannt worden und fügte folgende Überlegung bei:

»Da durch die mögliche Verschlimmerung des Leidens erhebliche Kosten auf den Fiskus zukommen, scheint es besonders geboten, den Offizier aus der Versorgung zu streichen, obwohl anerkannt wird, dass er in erheblichem Umfang Einwirkung des Frontdienstes ausgesetzt war: Granatsplitterverletzung, Gehirnerschütterung.«[543]

Bei den Entscheidungen im Zugehörigkeitsbereich der Verwaltungsbürokratie spielten der militärische Dienstrang und Offiziersstatus kaum eine Rolle – es sei denn, der Offizier wurde nach dem Offizierspensionsgesetz versorgt. Bereits in der Sprache zeigt sich eine Zäsur, die die Unterschiede zwischen Offizieren und Mannschaftssoldaten weiter einebnete. Bei vielen Offizieren, die nach dem Reichsversorgungsgesetz berentet wurden, war bisher der »Offizierszuschuss« bewilligt worden.[544] Nach der Prüfung gab es dieses Wort nicht mehr, sondern lediglich eine Zuwendung aufgrund eines Härteausgleichs.[545]

---

543 BArch, R 3901/Nr. 10239, Nachprüfung gemäß Artikel 2 des Fünften Gesetzes über das Verfahren in Versorgungssachen vom 3.7.1934, Offiziere einschl. Hinterbliebene, Einzelfälle, Juni 1936 - Juni 1937, Hermann H.
544 Siehe hierzu V.2.b. Die Stellung psychisch versehrter Offiziere im Versorgungssystem und die Pensions- und Rentenverfahren in der Weimarer Republik.
545 So erhielt der ehemalige Offizier Otto B. vor der Überprüfung aufgrund der Diagnose »Nervenleiden« eine Rente, die die Minderung seiner Erwerbsfähigkeit um 40% ausgleichen sollte, wie auch den Offizierszuschuss. Insgesamt bezog er hierdurch 40 Reichsmark, hinzu kamen zwei Kinderzulagen von 34,40 Reichsmark. Die Rente wurde ihm mit der Begründung aberkannt, er sei ein »Psychopath, der endogen bedingte Stimmungsschwankungen aufweist und in depressiver Stimmungslage früher zu Alkoholmissbrauch neigte.«

Dass in den Einzelakten im Bestand »Offiziere einschl. Hinterbliebene«[546] nicht immer der Offiziersrang beim Namen angegeben wurde, zeigt deutlich, dass dieser als unwichtig galt. Hierfür spricht auch, dass bei der in jedem Formular enthaltenen Rechnung, wie sich nun die Rente veränderte, der militärische Rang meist nicht noch einmal angegeben wurde.

Gerade die Handhabung des Härteausgleichs zeigt in Bezug auf die Bedeutung des Offiziersstatus die Zäsur gegenüber der Weimarer Republik. Offiziersprivilegien oder ein standesgemäßer Lebensstil spielten keine Rolle mehr. Aus den Offiziersakten[547] geht hervor, dass beim Härteausgleich überprüft wurde, welche monatlichen Einnahmen den Renten- und Pensionsbeziehern zur Verfügung standen. Gezählt wurden hier Erwerbsgehalt, Renten aus anderer Quelle, Mieteinnahmen und anderes. Zudem wurde geprüft, für wieviel Personen die Rente oder das Offizierspensionsgehalt reichen musste. Aufgeführt wurden der Familienstand und die Zahl der Kinder. Daraus wurde anschließend errechnet, ob dem Rentenbezieher als Härteausgleich der einbezogenen Rente ein monatlicher Zuschuss gewährt werden könnte, um seinen Lebensunterhalt zu sichern. Dabei ging es nicht um einen standesgemäßen Lebensunterhalt abhängig vom militärischen Dienstrang, sondern nur um ein Überleben.

Dies zeigt auch, dass die NS-Regierung für ehemalige Offiziere, die sich wegen psychischer Störungen in Anstalten befanden, als Standard für die staatliche Versorgung keine Sonderbehandlung mehr vorsah, sondern nur eine Unterbringung in der niedrigsten Verpflegungsklasse. So wurde dem charakterisierten Oberleutnant a. D. Max H., der sich bei der Überprüfung seiner Rente in einer Anstalt befand, wegen der Diagnose »Schizophrenie« die Rente entzogen, die er wegen einer Minderung seiner Erwerbsfähigkeit um 100% erhielt. Zukünftig bekam er eine Bedürftigkeitsrente für Offiziere nach dem Offizierspensionsgesetz von 1906.[548] Daneben wurde ihm eine

---

Als Härteausgleich, um den Unterhalt der fünfköpfigen Familie zu sichern, da Otto B. als Buchhalter ein Monatseinkommen von lediglich 186,50 Reichsmark brutto bezog, wurden ihm für sechs Monate 40 Reichsmark monatlich weitergezahlt. Der Offiziersstatus spielte bei der Begründung keine Rolle. BArch, R 3901/Nr. 10239, Nachprüfung gemäß Artikel 2 des Fünften Gesetzes über das Verfahren in Versorgungssachen vom 3.7.1934, Offiziere einschl. Hinterbliebene, Einzelfälle, Juni 1936 - Juni 1937, Otto B., S. 134–138.
546 BArch, R 3901/Nr. 10239, Nachprüfung gemäß Artikel 2 des Fünften Gesetzes über das Verfahren in Versorgungssachen vom 3.7.1934, Offiziere einschl. Hinterbliebene, Einzelfälle, Juni 1936 - Juni 1937.
547 Ebd.
548 Das Offizierpensionsgesetz war für den Offizier bisher nicht in Frage gekommen, da bei der Entlassung nur Felddienst-, aber keine Garnisonsdienstunfähigkeit festgestellt worden

monatliche Zuwendung bewilligt, um die Anstaltskosten der niedrigsten Verpflegungsklasse zu bestreiten.[549] Selbst ein lang gedienter Marineoffizier mit einer aktiven Dienstzeit von über 21 Jahren konnte in der NS-Zeit lediglich eine Versorgung erwarten, von der nur die Anstaltspflege mit dem niedrigsten Pflegegeld bezahlt werden konnte. Ernst K., der nach dem Offizierspensionsgesetz versorgt wurde und sich seit 1917 in Anstaltspflege befand, erlaubte die Pension bis zur Überprüfung eine Unterbringung mit einem gehobenen Pflegesatz. In der NS-Zeit verlor er dieses Privileg. Das Reichsversorgungsgerichts hatte 1922 das psychische Leiden von Ernst K. als »dementia praecox« eingeschätzt und eine Kriegsdienstbeschädigung im Sinne einer Verschlimmerung anerkannt. Bei der Überprüfung wurde hingegen das Leiden als »Schizophrenie« und als »Anlage- und Erbleiden« bezeichnet. Neben der Pension nach dem Offizierspensionsgesetz von 1906 bezog Ernst K. die Verstümmelungszulage und einen Pensionszuschuss, weil er bis 1916 auf Kriegsschiffen gedient hatte. Diese Zulagen wurden ihm nun entzogen. Da er seinen Lebensunterhalt allein aus den Versorgungsleistungen bestritt, wurde als Härteausgleich der Pensionszuschuss weiter bewilligt, um das Pflegegeld in der Heilanstalt bezahlen zu können. Dabei wurde aber der Mindestbetrag von 3 Reichsmark täglich als Grundlage genommen, während er bisher nach einem Pflegesatz von 4,50 Reichsmark täglich untergebracht war.[550]

Auch bei Offizieren, die sich in Privatpflege befanden, gewährten die Verwaltungsbehörden nur einen Zuschuss, der das Überleben sicherte. Dies zeigt der Fall des Leutnants der Reserve a. D. Ernst V., der 1937 aufgrund seiner Diagnose »Jugendirresein (hebephrene Form) D.B. verschlimmert durch Kriegseinflüsse« überprüft wurde und bei dem die Familie die Betreuung übernahm.[551] Bei der Überprüfung der wirtschaftlichen Verhältnisse wurde besonderes darauf geachtet, inwieweit die Rente ausschließlich für die

---

war. Das Hauptversorgungsamt Südwestdeutschland bemerkte hierzu: »Zweifellos hat es sich bei den ›geringen neurasthenischen Beschwerden‹, die bei der Entlassung zur Feststellung von Felddienstunfähigkeit geführt haben, um die ersten Erscheinungen der Schizophrenie gehandelt. Wenn dieses Leiden damals offen erkannt worden wäre, hätte es zur Feststellung von ›Garnisondienstunfähigkeit‹ geführt [...].« BArch, R 3901/Nr. 10239, Nachprüfung gemäß Artikel 2 des Fünften Gesetzes über das Verfahren in Versorgungssachen vom 3.7.1934, Offiziere einschl. Hinterbliebene, Einzelfälle, Juni 1936 - Juni 1937, Max H.
549 Ebd., Max H.
550 Ebd., Ernst K.
551 Ebd., Ernst V.

Unterhaltskosten eingesetzt wurde oder ob sich die Familienangehörigen über diese bereichert hatten. So heißt es:

»Nach den Ausführungen des Außenfürsorgearztes der Landesheil- und Pflegeanstalt Hildesheim [...] anzunehmen, daß die Angehörigen den Geisteskranken bisher in [...] der Weise betreut haben, wie es mit dem Renteneinkommen von monatlich 165,80 RM (vor dem 1.4.1935 monatlich 190,80 RM) möglich und notwendig gewesen wäre. Ob die Angehörigen aus den gezahlten Rentenbezügen finanzielle Vorteile gezogen haben, ist nicht festzustellen. Es erscheint aber angebracht, nach der Beseitigung des Versorgungsanspruchs den Unterhalt des Geisteskranken nunmehr in [...] Umfange der gesetzlichen und sittlichen Verpflichtung der Angehörigen, die zweifellos in guten Verhältnissen leben, zu überprüfen. Die Gewährung eines Härteausgleichs von höchstens monatlich 50,00 Reichsmark, der die Selbstkosten des Unterhalts auf dem Bauernhofe decken würde, wird für ausreichend gehalten.«[552]

Die bisherige Rente entsprach ungefähr den Kosten, die für den Oberleutnant Eckart H. in Privatpflege bezahlt wurden.[553] Dass die Behörden davon ausgingen, dass die Unterhaltskosten auf ein Drittel des Betrages gesenkt werden konnten, zeigt deutlich, dass es hier nicht um das standesgemäße Leben eines Offiziers, sondern um ein Überleben ging.

Die Option des Härteausgleichs im NS-Regime stellte kein abgesichertes Recht der Begutachteten dar, obwohl das zentrale Kriterium die Bedürftigkeit war. Statt einer rechtlich einklagbaren Rente oder Pension erhielten sie nun Zuwendungen, damit sie nicht an den Bettelstab gerieten. Hierdurch wurden die betroffenen Offiziere zu Almosenempfängern degradiert, wobei es noch eine besondere Belastung darstellte, dass die NS-Regierung eine Kultur der Härte gegen »nutzlose Esser« zelebrierte. Zudem war die Gewährung eines Härteausgleichs an drei Anforderungen gebunden, die alle darauf zielten, dass sich der Betroffene hierfür als würdig erweisen musste.

Zum einen durfte der Versorgungsempfänger keine kriminelle Vergangenheit haben, wie der Fall des Leutnants der Landwehr a. D. Max S. zeigt. Dieser hatte bis zur Überprüfung seiner Versorgung 1936 eine Rente von 30% wegen »Neurasthenie mittleren Grades« erhalten, die ihm nun mit der üblichen Begründung, das Leiden sei konstitutionell bedingt, aberkannt wurde. Da er 1936 erwerbslos war, wurde die Frage des Härteausgleichs diskutiert und ihre Ablehnung damit begründet, dass der ehemalige Offizier, der bis 1932 eine Stelle bei der Kreiskasse der Pfalz hatte, wegen

---

552 Die Auslassungen im Zitat resultieren aus abgeschnittenen Rändern im Mikrofilm. Vgl. Ebd., Ernst V.
553 Ebd., Eckart H.

Amtsunterschlagung zu eineinhalb Jahren Zuchthaus verurteilt worden war. Hierzu heißt es: »Würdigkeit für eine lfd. Zuwendung verneint.«[554] Zweitens mussten die noch erwerbsfähigen Versorgungsempfänger nachweisen, dass sie sich aktiv um die Aufnahme einer Tätigkeit bemühten, falls sie erwerbslos waren. Dem bayerischen Leutnant a. D. Alfred P., dem bereits vor der Rentenüberprüfung seine Rente aberkannt worden war, der aber dafür eine finanzielle Zulage als Härteausgleich erhalten hatte, wurde diese im Juni 1937 gestrichen, da er keinen Willen zur Arbeitsvermittlung zeige. Auch seine NS-Parteimitgliedschaft konnte dieses Urteil nicht abwenden. Das Versorgungsamt München-Stadt bemerkte zur Bedeutung, die der Leutnant a. D. seiner Parteimitgliedschaft in seinen Briefen einräumte, kritisch, Alfred P. glaube, »wie aus seiner Zuschrift vom 16.11.36 [...] zu entnehmen ist, ihm müsse auf Grund seiner niedrigen Parteinummer ohne sein Zutun eine Stellung verschafft werden [...].« Die Aberkennung des Härteausgleichs befürworteten das Hauptversorgungsamt Bayern und der Reichs- und Preußische Arbeitsminister.[555]

Das Anliegen der NS-Regierung, aus Rentenempfängern wieder Erwerbstätige zu machen, zeigt sich oft in den Versorgungsakten. So erhielt der Major der Reserve a. D. Werner von C., als ihm im Jahre 1938 seine Versorgung nach der Überprüfung entzogen wurde, ein Angebot für eine Arbeitsstelle bei einer Zeitschrift beim Oberkommando des Heeres.[556]

Im Mai 1936 wurde dem Leutnant der Reserve Theodor M., der seit 1926 eine Rente wegen »periodischen Verstimmungen eines seelisch-krankhaften Veranlagten (Cyklothyme Stimmungsschwankungen von wechselnder Stärke)« erhielt, nach deren Aberkennung vorgeschlagen, statt eines Härteausgleichs zunächst eine Arbeitsvermittlung über das Arbeitsamt zu versuchen, da er erst 44 Jahre alt sei. Allerdings legte seine Ehefrau, die auch seine Pflegerin war, da Theodor M. nicht geschäftsfähig war, Berufung ein. Ein ärztliches Gutachten erbrachte, dass Theodor M. zurzeit arbeitsunfähig war und ärztlicher Betreuung, aber keines Klinikaufenthalts bedurfte. Nun wurde doch die Härtefallregelung angewandt.[557]

---

554 Ebd., Max S.
555 Ebd., Alfred P.
556 Als er diesen Dienst aus gesundheitlichen Gründen nicht mehr ausführen konnte, wurde ihm als Härteausgleich eine Zuwendung gewährt, die ihm allerdings lediglich ein Überleben in Armut sicherte. Ebd., Alfred P.
557 Begründet wurde der Härtefall damit, dass Theodor M. außer der Rente von 63,15 Reichsmark und dem Offizierszuschuss von 125 Reichsmark kein Einkommen hatte, verheiratet war und ein Kind von zwölf Jahren zu versorgen hatte. April 1937 entschied man, ihm

Das Ziel, Rentenempfänger in Arbeit zu bringen, zeigt auch die Akte des Offiziers a. D. Dr. B., dem seine Rente von 15,45 Reichsmark wegen Neurasthenie 1937 gestrichen wurde. Dieser war von Beruf Schriftsteller und Volksbuchwart, aber zurzeit arbeitslos. Er war ledig und hatte außer der Rente und einem Sparguthaben von 90 Reichsmark kein Einkommen. Für den laufenden Unterhalt kamen seine Eltern auf, wobei vermerkt ist, dass der Vater Ministerialamtmann im Ruhestand war. In Bezug auf eine Härtefallregelung heißt es zuvorderst, dass ein Härteausgleich nicht angezeigt erscheine, da Dr. B. sich um eine Tätigkeit bemühen müsse. Doch wurde ihm letztlich ein Zuschuss mit folgender Begründung gewährt:

»B. muss sich bemühen, eine Tätigkeit aufzunehmen. Nach dem Zeugnis [...] ist anzunehmen, daß B. seinen Unterhalt verdienen kann. Da er längere Zeit Frontkämpfer und verwundet war und sich im Kriege ausgezeichnet hat, 10 Mt. [Monate, G.G.] Zuwendung Übergang. Diese Übergangszeit erscheint bei der Art des Berufs zur Erlangung einer geeigneten Tätigkeit erforderlich.«[558]

Obwohl die Rente auch bisher in keiner Weise zum Lebensunterhalt gereicht hatte, wurde im Urteil dennoch betont, dass die Weitergewährung einer Teilsumme als temporärer Zuschuss dazu diene, den Übergang in ein Beschäftigungsverhältnis zu erleichtern. Als Begründung für den Zuschuss wurden daneben der Frontkämpferstatus, die physische Verwundung und die Orden von Dr. B. angegeben.

Ein drittes Kriterium für die Würdigkeit eines Härteausgleichs stellte der Frontkämpferstatus dar, wobei als ein besonderer Pluspunkt zählte, wenn der Versorgungsempfänger Orden und Auszeichnungen vorweisen konnte, die ihn als »verdienten Frontkämpfer« des Weltkriegs auswiesen. Frontkämpfer und ihre militärische Leistung im Krieg zu ehren, entsprach der NS-Ideologie.[559] Vor allem in diesem Zusammenhang wurde auch oft der Offiziersrang erwähnt, aber nicht immer in der Argumentation thematisiert.[560]

---

die Zuwendung von 63,15 Reichsmark zu belassen und einen Zuschuss von 98 Reichsmark für die Dauer der Bedürftigkeit zu gewähren, was für den Fiskus eine Ersparnis von 27 Reichsmark bedeute. Ebd., Theodor M.
558 Ebd., Dr. B.
559 Siehe zur Verherrlichung des »Frontkämpfers« im NS-Regime auch Kap. V.1.d. Reaktivierung psychisch versehrter Offiziere in der Wehrmacht und der Umgang mit Offizieren mit psychischen Leiden im Zweiten Weltkrieg und Kap. V.3.b. Die Haltung der Nationalsozialisten zur Gruppe der psychisch Versehrten.
560 So wurde der Leutnant der Reserve a. D. Ernst V. als »verdienter Frontsoldat« bezeichnet und in der Akte vermerkt, dass er Kriegsfreiwilliger war und mehrere Orden erhalten hatte. Hingegen spielte sein Offiziersrang keine Rolle. Ebd., Ernst V.

Gegenüber dem Frontkämpferstatus spielte der Offiziersrang stets eine deutlich nachgeordnete Rolle.

Typisch ist die Argumentation in der Akte des pensionierten Leutnants der Reserve Ludwig S., der eine Pension mit der Diagnose »funktionelle Nervenschwäche und Herzneurose« erhalten hatte, die ihm bei der Überprüfung mit dem Argument entzogen wurde, es handle sich um eine »Psychoneurose (angeborene Veranlagung)«. Die Gewährung eines kontinuierlichen Zuschusses als Härteausgleich wurde wie folgt begründet:

»S. ist 48 Jahre alt, von Beruf Kaufmann und kinderlos verheiratet. Er war Reserveoffizier und Frontkämpfer. Mit Rücksicht auf sein geringes Einkommen erscheint es angebracht, den bisher gewährten Zuschuss von 90 RM monatlich als Härteausgleich weiterzugewähren. Das Monatsdurchschnittseinkommen beträgt rund 100 RM.«[561]

In der beigefügten Stellungnahme des Hauptversorgungsamtes Niedersachsen-Nordmark wurde betont:

»1908–1909 Einjährig Freiwilliger, 1914 Vizefeldwebel, 31.7.1919 mit Pension als Leutnant der Reserve entlassen; Frontkämpfer, 2mal leicht verwundet, besitzt E.K. II. Kl., O.E. II. Kl., Verwundetenabzeichen; Befürwortung des Härteausgleichs, da verdienter Frontsoldat, der den Krieg von Anfang bis Ende mitgemacht hat und geringes Einkommen.«[562]

Der Aktenbestand zeigt auch die hohe Wertigkeit, die den Stoßtruppführern des Weltkriegs beigemessen wurde.[563] Dies galt selbst in Fällen, da ein Offizier konstitutionell nicht dem Leitbild des stahlharten Frontkämpfers entsprach. So wurde 1937 der ehemalige Offizier Albert L. überprüft, der als Stoßtruppführer im Krieg 1917/18 eingesetzt wurde. Er erhielt eine Kriegsrente wegen der Diagnose »Nervöser Schwächezustand mit depressiver Verstimmung«. Das Leiden sei nach den Akten aus der Zeit der Weimarer Republik durch die »Folgen einer im Felde durchgemachten Ruhrerkrankung« entstanden. Bei der Rentenaberkennung hieß es dazu 1937:

»Bei der Musterung 1915 wurde allgemeine Körperschwäche festgestellt. Vor dem Kriegsdienst litt L. bereits an Asthmaanfällen. Die funktionelle Neurose, an der L. nach dem Befund leidet und die bei den verschiedenen Erkrankungen des L. in der Jugend, während des Krieges und zunehmend im Laufe der Nachkriegszeit

---

561 Ebd., Ludwig S.
562 Ebd., Ludwig S.
563 Siehe zur Stoßtrupptaktik und zu den Sturmtruppen Kap. II.2.d. Nervenkraft und Wille als kriegsentscheidende Mittel.

wesentlich mitbestimmend gewesen ist, ist massgebend konstitutioneller Natur. [...]
Die Ursache der Neurose bei L. liegt in den Missverhältnissen einer körperlich-psychisch-unterwertigen Konstitution und den Anforderungen des Lebens. - Das Versorgungsleiden des L. ist daher nicht auf Dienstbeschädigung zurückzuführen. Dienstbeschädigung ist zu Unrecht anerkannt.«[564]

Die Rente wegen Minderung der Erwerbsfähigkeit um 50% wurde gestrichen, aber ihm wurde die gleiche Zuwendung als Härteausgleich zuerkannt. Als Begründung für diese sehr günstige Regelung für den ehemaligen Offizier wurde zum einen wirtschaftlich argumentiert, dass bei Wegfall der Rente der Lebensunterhalt der Familie nicht mehr gesichert wäre. Albert L. sei Lehrer im Ruhestand und noch als Vertreter mit einem Monatseinkommen von etwa 30 Reichsmark tätig, sodass sein Gesamteinkommen – ohne Versorgungsleistungen – monatlich 177,19 Reichsmark betrage. Im Haushalt lebten zwei Kinder im Alter von neun und zwölf Jahren. Zudem habe er 11.900 Reichsmark Schulden aus einer Geschäftsbeteiligung. Zum anderen wurde hervorgehoben, dass Albert L. 1917/18 an den Kämpfen seines Truppenteils als Stoßtruppführer teilgenommen habe.

Häufig wurde ein Härteausgleich selbst »verdienten Frontkämpfern« trotz Bedürftigkeit nur für wenige Monate bewilligt. So wurde beim Reserveoffizier Dr. Max B., der in der Weimarer Republik eine Rente wegen der Diagnose »allgemeine Nervenschwäche, geringe Schwerhörigkeit nach Mittelohrkatarrh und Herzneurose« erhalten hatte, bei der Überprüfung nur noch »geringe Schwerhörigkeit rechts nach Mittelohrkatarrh« als Rentengrund anerkannt. Die bisherige Rente wegen Minderung der Erwerbsfähigkeit von 50 Prozent wurde auf 10% gekürzt. Ein Härteausgleich von drei Monatsbezügen wurde wegen seines geringen Einkommens als Bibliothekar bewilligt, wobei vermerkt wurde, dass es sich um einen Frontkämpfer mit Auszeichnung handle.[565]

Dass der Frontkämpferstatus auch in der NS-Zeit keine positiven Auswirkungen auf die finanzielle Entscheidung haben musste, dass vielmehr die Bedürftigkeit des Offiziers im Mittelpunkt stand, zeigt der Fall des Marine-Stabsingenieurs der Reserve Paul Z., dem 1936 die Zulagen zur Offizierspension, die er bis dahin wegen anerkannter Kriegsdienstbeschädigung mit der Diagnose »Tabes dorsalis« erhielt, gestrichen wurden. Der Versuch des Versorgungsamts Niedersachsen-Nordmark, für ihn einen Härteausgleich wegen seines Alters von 60 Jahren und seiner Verdienste als Frontkämpfer

---

564 Ludwig S., Albert L.
565 Ebd., Max B.

ohne Berücksichtigung seines Einkommens zu erreichen, scheiterte. Ein Beamter argumentierte dabei wie folgt:

»Da die ersten Erscheinungen des Leidens im Anschluss an den schweren und aufreibenden Dienst an Bord des Schlachtkreuzers ›Seydlitz‹[566] auftraten, nehme ich entgegen der ärztlichen Stellungnahme Bl. 22 zeitlichen Zusammenhang an. Im Hinblick darauf, dass es sich um einen verdienten Frontkämpfer handelt und wegen des fortgeschrittenen Alters des Z., befürworte ich ohne Rücksicht auf das regelmäßige Einkommen als Härteausgleich nach HdR. Anlage 11 eine Zuwendung in Höhe der bisherigen Versorgungsgebührnisse.«[567]

Für die letztendliche Entscheidung des Reichsarbeitsministeriums spielten diese Punkte keine Rolle. Da keine Bedürftigkeit vorlag, weil Paul Z. als Ingenieur ein Netto-Monatseinkommen von 300 Reichsmark hatte und mit seiner Frau allein in einem Haushalt lebte, wurden die Zulagen gestrichen.

Weiche Kriterien in den NS-Versorgungsverfahren

Trotz der gegenüber der Weimarer Republik noch sehr viel starreren Versorgungsbürokratie existierten nach wie vor auch Faktoren jenseits der gesetzlichen Regelungen, die die Entscheidung, ob und in welcher Höhe ein Härteausgleich gewährt wurde, positiv beeinflussen konnten. Dies betraf eine NS-Gesinnung der betroffenen Offiziere a. D., eine Parteimitgliedschaft und insbesondere persönliche Kontakte und Beziehungen.

Viele psychisch versehrte Offiziere a. D. hoben ihre NS-Gesinnung hervor und verknüpften mit ihr die Erwartung, dass die Regierung sich in ihre Lage versetzen könne. So beendete der Oberleutnant a. D. Ulrich S. seinen Brief an den Reichsarbeitsminister 1934 in der Hoffnung, die nationalsozialistische Regierung habe mehr Verständnis für die Offiziere als »unter der damaligen marx[istischen] Regierung, die gegen uns, Offiziere, besonders radikal eingest[ellt war].«[568] Am 7. Dezember 1933 hatte er einen Antrag auf Versorgung gestellt, da er an einer im Krieg zugezogenen »Nervenzerrüttung infolge Verschüttung durch Artillerieeinschlag« leide. Er arbeitete nach dem Krieg als Apotheker, konnte aber diese Arbeit wegen seiner Nerven-

---

566 Paul Z. nahm auf ihm 1915 an der Skaggerak-Schlacht teil.
567 BArch, R 3901/Nr. 10239, Nachprüfung gemäß Artikel 2 des Fünften Gesetzes über das Verfahren in Versorgungssachen vom 3.7.1934, Offiziere einschl. Hinterbliebene, Einzelfälle, Juni 1936 - Juni 1937, Paul Z.
568 Im Mikrofilm sind die letzten Buchstaben der Zeilen nicht wiedergegeben, da die Seite abgeknickt ist.

schwäche nur zeitweise machen, sodass er finanzielle Not litt. 1927 hatte er einen ersten Antrag auf Versorgung gestellt, aber wegen der »Aussichtslosigkeit des Verfahrens« nicht verfolgt, wie das Hauptversorgungsamt Mecklenburg-Pommern seine Argumentation wiedergab. Der Antrag auf Versorgung vom 7. Dezember 1933 wurde abgelehnt, aber es wurde anerkannt, dass er sich in einer unverschuldeten Notlage befand, sodass ihm eine einmalige Unterstützung von 150 Reichsmark bewilligt wurde.[569]

Nicht nur bei der Überprüfung ihrer Versorgung, sondern auch bei Offizieren, die sich in der NS-Zeit um eine Rente bemühten, war die Parteimitgliedschaft auf jeden Fall ein Pluspunkt. Eine Garantie für eine Rente war sie nicht, selbst wenn Verbindungen zur NSDAP genutzt wurden, um die Ärzte und die Versorgungsbehörden von dem Rentenanspruch zu überzeugen.

Dies zeigt der von Jason Crouthamel wiedergegebene Fall eines ehemaligen Artillerieoffiziers, seit 1920 Anhänger der nationalsozialistischen Bewegung, der nach 1933 einen Rentenanspruch unter Berufung auf ein kriegsbedingtes seelisches Trauma geltend machen wollte. In seinem Antrag erklärte dieser 1934, der Krieg und die »langen Monate der seelischen Belastung« hätten bei ihm einen »Nervenzusammenbruch« und »Nervenschock« ausgelöst, weshalb er in Feldlazaretten und Sanatorien behandelt worden sei.[570] Dass er bisher keine Rente erhalten habe, begründete er damit, dass »jüdische Richter« ihm 1920 seine Versorgung verweigert hätten.[571] Dem

---

[569] BArch, R 3901/Nr. 10130 Hauptversorgungsamt-Mecklenburg-Pommern, Antrag des Oberleutnants a. D. Ulrich S. auf Gewährung von Pension 7.12.1933. 1934 wurde der Fall erneut geprüft. Die versorgungsärztliche Untersuchung 1934 ergab, dass das »Leiden – Nervenschwäche – keine Dienstbeschädigungsfolge« sei, wie das Versorgungsamt Magdeburg mitteilte. Daher sei er auch »nicht versorgungsberechtigt«. Die ärztliche Argumentation lautete der »herrschenden Lehre« entsprechend, Ulrich S. hätte zwar wegen seiner Veranlagung mit nervösen Erscheinungen auf die Belastungen des Krieges reagiert, doch seien diese längst abgeklungen. Die jetzigen nervösen Erscheinungen seien aus der prekären wirtschaftlichen Lage des Patienten erklärlich. Dienstbeschädigung oder Kriegsdienstbeschädigung lägen nicht vor. Auch sei der Patient in der Lage, Kriegsdienst zu leisten. Er sei »nicht zu jedem Milit.-Dienst unfähig«. BArch, R 3901/Nr. 10130 Versorgungsamt Magdeburg, Versorgungsantrag des Oberleutnants a. D. Ulrich S. in Köthen, 2.7.1934.

[570] Zitiert nach Crouthamel, Veteranen, S. 39. Der Fall findet sich im Bestand BArch, R 3901/Nr. 37017.

[571] Dabei knüpfte er an die NS-Propaganda an, dass die traumatischste Periode nicht der Krieg, sondern die Niederlage war. Als traumatisch galt der ›Dolchstoß‹ durch die Heimat, der von den ›Novemberverbrechern‹, die sich aus Juden, Sozialisten und anderen ›Feinden der Nation‹ zusammensetzten, initiiert wurde. Diese hätten den Veteranen nicht den

Antrag gab er einen Brief lokaler Parteivertreter der NSDAP bei, die seine Forderungen unterstützten und seine langjährige Parteimitgliedschaft und Teilnahme an den »Kämpfen« der Nachkriegszeit hervorhoben. Auf Kriegserfahrungen des Artillerieoffiziers gingen sie hingegen nicht ein.[572] Die begutachtenden Psychiater des Versorgungsamtes Brandenburg-Pommern zweifelten am Anspruch des ehemaligen Artillerieoffiziers. Bei ihm sei nie eine Kriegsneurose diagnostiziert worden. Vielmehr zeigten die Kranken- und Rentenunterlagen, dass es sich um einen »Kriminellen«, »Alkoholiker« und »bekannten Psychopathen« handle, der nur eine Rente wolle. Sie belegten betrügerische Handlungen wie das Fälschen von Stempeln und Unterschriften auf Dokumenten von Fürsorgeämtern.[573]

Der Artillerieoffizier a. D. wehrte sich gegen die Vorwürfe und nutzte in seinem Kampf um eine Rente weiter seine Parteibeziehungen. So organisierte er nun Unterstützungsbriefe der Nationalsozialistischen Kriegsopferversorgung wie auch des Befehlshabers der »Leibstandarte SS Adolf Hitler«, SS-Obergruppenführer Josef Dietrich. Auch bei diesen Briefen ist auffällig, dass sie nicht auf die Frage eingingen, inwieweit die Kriegserlebnisse de facto die psychischen Leiden verursacht hatten und stattdessen auf die Gesinnung und Verdienste des ehemaligen Offiziers für die NS-Bewegung abhoben. Auch stellten sie seine Offizierszugehörigkeit nicht heraus. Das Ministerium bestätigte zwar den Eingang der Unterstützungsbriefe, blieb aber bei seiner Entscheidung, dass ein Zusammenhang zwischen Kriegserfahrung und seelischem Leiden medizinisch nicht dokumentiert sei und er somit keine Ansprüche auf eine Kriegsrente habe.[574]

Nicht nur die Offiziere selbst, auch ihre Fürsprecher betonten in den Schreiben, wo immer möglich, ihr Engagement für den Nationalsozialismus. Dies zeigt das Berufungsschreiben des Bruders des ehemaligen Leutnants der Reserve Arthur H., der eine Rente erhielt, da seine psychischen Störungen in der Weimarer Republik auf seine Kriegsgefangenschaft in Sibirien und deren körperliche und seelische Strapazen zurückgeführt wurden. Bei der Überprüfung war Arthur H. zu 100% erwerbsunfähig in einer Heil- und Pflegeanstalt mit der Diagnose »Schizophrenie« untergebracht. Aufgrund der Diagnose wurde ihm 1937 die Rente entzogen.

Status und Respekt gewährt, der ihnen zugestanden habe. Diehl, The Thanks of the Fatherland, S. 27–29; Crouthamel, Mobilizing Psychopaths into Pacifists, S. 218.
572 Crouthamel, Hysterische Männer?, S. 39.
573 Zitiert nach Ebd., S. 39.
574 Ebd., S. 39f.

Sein Bruder legte als Pfleger Berufung gegen den Entscheid beim Reichsversorgungsgericht ein. Seiner Ansicht nach bestand zwar eine krankhafte Erbanlage, die eigentliche Erkrankung sei aber durch seelische Überbelastung und körperliche Aushöhlung der fast sechsjährigen Gefangenschaft in sibirischen Lagern und verschiedener Fluchtversuche ausgelöst worden:

»Es ist mir ganz unmöglich zu denken, daß es im Sinne der nationalsozialistischen Regierung liegen kann, einen Soldaten, der so Schweres erduldet hat, und der dieses Schicksal, wie wohl anzunehmen ist, mit zahllosen Kameraden in Irrenhäusern teilen muss, nun auf dem Wege erbbiologischer Forschungsergebnisse um seine wahrlich verdiente Rente zu bringen.«[575]

Er schrieb, dass er sich in der Angelegenheit nicht nur für seinen Bruder, sondern für alle sich in ähnlicher Lage befindenden Kameraden einsetzen wolle und führte noch als Pluspunkt an, er sei selbst Kriegsteilnehmer gewesen und seit 1932 Ortsgruppenleiter. Auffällig ist, dass er im Schreiben dem Offiziersrang seines Bruders keinerlei Bedeutung beimaß, obwohl er zu Beginn kurz dessen militärische Karriere schilderte. In der Akte ist vermerkt, dass der Offizier als Härteausgleich 10 Reichsmark erhielt, aber das Urteil bestehen bleibe.

Der Fall des Oberleutnants a. D. Werner H. (geb. 1878) zeigt, dass die Netzwerke zwischen den ehemaligen Offizieren in der Zwischenkriegszeit oft noch stark ausgeprägt waren und Beziehungen zu hochrangigen Politikern psychisch versehrten Offizieren von hohem Nutzen sein konnten, wenn es um die Überprüfung der Renten in der NS-Zeit ging.[576] Oberleutnant Werner H. war aktiver Pionieroffizier, wurde aber schon 1909 wegen »Nervenschwäche« für den aktiven Dienst dauerhaft untauglich erklärt, ohne dass es zu einem Klinikaufenthalt kam. Er wurde mit Pension zur Reserve entlassen, ging nach Guatemala und wurde Leiter einer Kaffeeplantage. Im Ersten Weltkrieg erhielt er vom Deutschen Konsul in Guatemala die Aufforderung, sich in den Dienst der Armee zu stellen. Er ging daraufhin nach Washington zu Militärattaché Franz von Papen,[577] der ihm den Befehl und die Sprengmittel gab, um in einer Geheimmission die Vanceboro-Brücke

---

575 BArch, R 3901/Nr. 10239, Nachprüfung gemäß Artikel 2 des Fünften Gesetzes über das Verfahren in Versorgungssachen vom 3.7.1934, Offiziere einschl. Hinterbliebene, Einzelfälle, Juni 1936 - Juni 1937, Arthur H., fol. 66.
576 UAHUB, nerv - 021, Schriftwechsel mit staatlichen Institutionen (Gerichten u.a.) wegen Erstattung von Gutachten über Privatpersonen (F-J), 1932–1940, Bitte um Gutachten für Oberleutnant a. D. Werner H., 7.8.1938.
577 Franz von Papen war 1913–1915 Militärattaché in Washington.

zwischen Kanada und Nordamerika zu sprengen, um die Verschiffung kanadischer Truppen nach Europa zu verzögern.[578] Sein Bruder schrieb hierzu: »Ohne weiteres übernahm er diesen Befehl, nachdem ihm zugesichert wurde, dass er dienstlich als deutscher Offizier handele.«[579] Wegen der guten Bewachung der Brücke gelang es Werner H. nicht, die Sprengung durchzuführen, er wurde auf amerikanischem Boden wegen des Transports von Sprengmitteln verhaftet und zu zweieinhalb Jahren Gefängnis verurteilt. Wie sein Bruder, der Sanitätsrat war, zur Erklärung des Falls an Bonhoeffer 1938 schrieb, habe sich die dortige Behandlung mit der Zeit sehr verschlechtert:

»Seine Tat wurde als die eines vaterländischen Mannes gewertet u. seine Persönlichkeit als die des Typs eines deutschen Offiziers in den Zeitungsberichten über die Verhandlung eingeschätzt. Die Behandlung war dementsprechend zu Anfang eine sehr gute. Als aber nach dem Lusitaniazwischenfall[580] die Stimmung umschlug, wurde sie sehr schlecht [...].«[581]

Er sei mit »Negermördern« zusammengesperrt worden. Nach Verbüßung der Strafe kam er in das Lager Fort Oglethorpe in Georgia für deutsche Kriegsgefangene und Zivilinternierte. Bereits da habe sich die psychische Störung entwickelt:

»[...] es wurde mir aus Briefen, die ich in das Feld nachgeschickt bekam, klar, dass er seelisch gestört war. Nach meiner Rückkehr 19 erhielt ich durch das Schweizer Rote Kr. Nachricht von der San.behörde des Lagers, dass er in der Tat seelisch krank, aber harmlos wäre. Nach dem Waffenstillstand wurde er nicht, wie ich erwartet hatte als Geisteskranker ausgeliefert, sondern an Kanada ausgeliefert u. dort, ohne, dass man ihm einen Verteidiger gestellt hätte zu 12 J. Zuchthaus verurteilt [...].«[582]

Werner H. saß zwei Jahre seiner Strafe ab und wurde dann nach Deutschland ausgeliefert. Hier brachte ihn sein Bruder, Sanitätsrat Dr. H., aufgrund

---

578 Vgl. zur Agententätigkeit von Werner H. und zur Sprengung der Brücke auch Reiling, Deutschland: Safe for democracy?, S. 33, 224.
579 UAHUB, nerv - 021, Schriftwechsel mit staatlichen Institutionen (Gerichten u.a.) wegen Erstattung von Gutachten über Privatpersonen (F-J), 1932–1940, Bitte um Gutachten für Oberleutnant a. D. Werner H., 7.8.1938, S. 2.
580 Vgl. zur Versenkung des US-amerikanischen Passagierschiffes RMS Lusitania durch ein deutsches U-Boot am 7. Mai 1915 mit 1.198 Opfern und den Protesten in den USA wegen des Todes von 128 US-Amerikanern Jasper, Lusitania.
581 UAHUB, nerv - 021, Schriftwechsel mit staatlichen Institutionen (Gerichten u.a.) wegen Erstattung von Gutachten über Privatpersonen (F-J), 1932–1940, Bitte um Gutachten für Oberleutnant a. D. Werner H., 7.8.1938, S. 2.
582 Ebd., S. 2.

seines psychischen Zustands zuerst in eine Heilanstalt in Greifswald, 1922 dann in die Provinzial-Heilanstalt Stralsund, »wo er sich noch, schwer wahnhaft gestört« befinde. In Deutschland erhielt er wegen seines psychischen Zustands den Status als Kriegsbeschädigter und eine Rente mit entsprechenden Zulagen als Schwerkriegsbeschädigter, obwohl er wahrscheinlich im Krieg gar nicht offiziell in den Akten als Offizier des deutschen Heeres geführt wurde.

Als ihm im Zuge der Rentenüberprüfung in den 1930er Jahren die Rente entzogen wurde, bat Sanitätsrat Dr. H. den Direktor der Berliner Charité Prof. Dr. Karl Bonhoeffer um ein Gutachten für seinen Bruder, ob die Aberkennung des Kriegsdienstbeschädigtenstatus, da es sich um eine »anlagebedingte Schizophrenie« handle, gerechtfertigt sei und die psychische Störung nicht als Folge der schweren Haft in der Kriegszeit angesehen werden könne[583] und gab noch den Hinweis:

»Exc. v. Papen [...] würde gewiss [...] bei der grossen Anteilnahme, die er an dem schweren Schicksal meines Bruders stets genommen hat, bereitwilligst alle Auskunft geben. Es entzieht sich meiner Kenntnis, ob er bereits vernommen worden ist, ich weiss nur, dass er sich die Akten zur Einsicht angefordert hat.«[584]

Er zog am 18. August 1938 seine Bitte zurück, da er die Aufforderung, seinen Bruder zur Untersuchung von Stralsund an die Charité zu überführen, dem »sehr erregbaren Mann« nicht zumuten wollte. Er begründete seine ursprüngliche Bitte damit, dass er »nichts unversucht lassen wollte, was dem Vaterlande ermöglichen könnte, diesem Manne, der bis in die völlige Umnachtung hinein seine Pflicht erfüllt hat, auch weiterhin seinen Dank zu erweisen, wie es 15 Jahre lang geschehen war.«[585]

---

583 Am 1. Juli 1937 wurde Horn der Status der Kriegsdienstbeschädigung wie auch die Rente aberkannt. Beides bestünde zu Unrecht, da Schizophrenie auf Veranlagung beruhe. Der Bruder legte Berufung beim Reichsversorgungsgericht ein und bat um Bonhoeffer als Obergutachter zur Beantwortung der Frage, ob die Schizophrenie seines Bruders zu den seltenen Fällen gehörte, »die als Folge von Haft unter erschwerenden Umständen angesehen werden können; ob nicht zum Mindesten aus Billigkeitsgründen bei einem so schweren Schicksal, angenommen werden kann, dass die Möglichkeit eines Abklingens einer solchen Störung bis zu einer gewissen Gesundung u. Leistungsfähigkeit durch noch darauf gesetzte 2 Jahre Zuchthaus derartig verschlechtert worden ist, dass der Dauerzustand dafür verantwortlich gemacht werden kann.« Ebd., S. 3.
584 Ebd., S. 4.
585 UAHUB, nerv - 021, Schriftwechsel mit staatlichen Institutionen (Gerichten u. a.) wegen Erstattung von Gutachten über Privatpersonen (F-J), 1932–940, Brief vom 18.8.1938, o. S.

Er schrieb, dass er jetzt als nächsten Schritt selbst mit dem Versorgungsgericht in Kontakt treten wolle und dass er Bonhoeffer über den Ausgang des Verfahrens berichten wollte:

»Im Uebrigen hat mir Exc. v. Papen die Zusicherung gegeben, dass er wenn das schwebende Verfahren ungünstig auslaufen sollte, von sich aus Schritte zu unternehmen gedenke; den Gnadenweg würde ich nach meiner jetzigen Einstellung ablehnen. Ich habe gehört, dass man in ähnlich liegenden Fällen den Weg des Härteausgleichs genommen hat [...].«[586]

Der Ausgang des Verfahrens ist in der Akte nicht überliefert, doch belegt sie, dass Sanitätsrat H. auch in engem Kontakt zu Papen stand und dieser seinen Einfluss für seinen ehemaligen Agenten nutzen wollte. Bemerkenswert ist, dass der Sanitätsrat, obwohl er die Gesetzeslage kannte, zu Beginn hoffte, dass im Fall seines Bruders »Schizophrenie« doch noch als Folge seiner Kriegserlebnisse bewertet werden könnte. Als Bonhoeffer eine ärztliche Untersuchung gemäß den normalen Abläufen vorschlug, gab der Sanitätsrat diese Hoffnung auf. Da er nun das medizinische Urteil als unbeeinflussbar ansah, dachte er über Alternativen nach, ob etwa ein Härteausgleich möglich wäre oder der Fall auf dem Gnadenweg behandelt werden könne.

e. Die Haltung der Offiziere zum nationalsozialistischen Regime nach dem Entzug ihrer Versorgung

Nach dem Entzug ihrer Versorgung reagierten sehr viele der betroffenen Offiziere enttäuscht und verständnislos, wenn sie nicht gleichzeitig von den Arbeitsbeschaffungsmaßnahmen profitieren konnten. Durch den Ausschluss aus dem Versorgungssystem und die Aberkennung des Kriegsbeschädigtenstatus litt vielfach ihr Selbstwertgefühl. Hatten sie sich in der Weimarer Republik zwar als krank, aber auch als legitime Versehrte betrachten können, wurden sie nach 1933 durch den Rentenentzug vielfach zur »unwerten« Randexistenz.[587]

Der Vorgang rief bei nicht Wenigen auch Widerspruch hervor. Sie beharrten nach wie vor auf ihrer Sichtweise, der Krieg habe ihre psychischen Leiden ausgelöst. Mit Stolz stellten sie ihren patriotischen Kriegseinsatz und ihr Kriegsopfer heraus, was gewürdigt werden sollte. Auch reagierten sie mit völligem Unverständnis auf die psychiatrischen Gutachten. Dennoch ist auf-

---

586 Ebd., o. S.
587 Neuner, Die Rückkehr in den Alltag, S. 394–396.

fällig, dass sie sich meist nicht enttäuscht vom Militär und der NS-Regierung abwandten, sondern in ihrer Argumentation ihre militärische Identität und geistige Nähe zur nationalsozialistischen Ideologie betonten. Hierbei ist allerdings zu bedenken, dass die Beschwerdebriefe an die Versorgungsämter zweckgebunden waren und sich die Schreiber auf ihre Adressaten einzustellen versuchten.

So verfasste der Leutnant der Reserve Konrad D. am 19. April 1934, nachdem das Gesetz zur Überprüfung der Renten erlassen worden war, eine Denkschrift an den Reichsarbeitsminister mit dem Titel »Die nationalsozialistische Kriegsopfer-Versorgung und ihre Finanzierung«, in der er seine enttäuschte Hoffnung thematisierte, die er in Bezug auf die Versorgung der Kriegsbeschädigten in die Nationalsozialisten gesetzt habe und mit vielen Kriegsbeschädigten teile,[588] da die NS-Führung versprochen hatte, das Kriegsrentensystem in deren Interesse zu reformieren:

»Nennt sich die anordnende Gemeinschaft ›Drittes Reich‹, weiss man nicht mehr, was man sagen soll! Wir Kriegsfreiwilligen und Kriegsleutnants durften im Kriege und bei der Bekämpfung der Spartakisten stets die vordersten sein, warum nicht auch in der ›Versorgung?‹«[589]

Unter dem Stichwort »N.S.D.A.P.« schrieb er:

»Wohl haben wir in gerader Fortsetzung unseres Kriegsfreiwilligen- und Soldatentums die Spartakisten bekämpft, wo wir sie fanden, wohl waren wir zu einem grossen Teil, geführt von dem Kompass im Herzen schon 1922 beim Führer und wir stritten in jedem möglichen Gewande für die ewig-alte Frontkämpfer-Idee: ein Staat, ein Reich, ein Volk, [...].«[590]

Die Argumentation ist ein Beispiel dafür, wie genau sich Offiziere in ihren Beschwerdebriefen auf deren Adressaten einzustellen versuchten. Konrad D. führte die Ideale und Feindbilder der NSDAP auf. Seine Befürchtungen, die er mit der NS-Herrschaft bei deren Machtübernahme verband,[591] nannte er hingegen nun geflissentlich nicht.

---

588 Zu der Wahrnehmung der Gesetzesänderung über das Verfahren in Versorgungssachen siehe Crouthamel, Hysterische Männer?, S. 33–35.
589 BArch, R 3901/Nr. 10260, Bl. 371–373, Versorgung des Leutnants a. D. Konrad D., Bd. 1, Juli 1927 – Nov. 1935 (ohne fol.).
590 Ebd.
591 Siehe hierzu Kap. V.3.a. Die Sicht psychisch versehrter Offiziere a. D. auf die Machtübernahme der Nationalsozialisten.

f. Psychisch versehrte Offiziere als Opfer der nationalsozialistischen Zwangssterilisationen und des Krankenmords

Das »Gesetz zur Verhütung erbkranken Nachwuchses« vom 14. Juli 1933, das am 1. Januar 1934 in Kraft trat, erlaubte rassenhygienisch begründete Zwangssterilisation.[592] Es war der erste Schritt zur Ausmerzung sogenannter »Schädlinge« der Volksgesundheit, die bis zu den Morden an psychisch Kranken führte.[593] Als »erbkrank« galt, wer an »angeborenem Schwachsinn, Schizophrenie, zirkulärem (manisch-depressivem) Irresein, erblicher Fallsucht, erblichem Veitstanz (Huntingtonsche Cholera), erblicher Blindheit, erblicher Taubheit, schwerer erblicher körperlicher Missbildung« sowie an »Schwerem Alkoholismus« litt.[594] Bis 1938 wurden ungefähr 360.000 Zwangssterilisationen durchgeführt.

Der Paradigmenwechsel in der psychiatrischen Begutachtungspraxis der NS-Zeit im Zuge der Gesetzgebung von 1934 bewirkte, dass auch psychisch versehrte Veteranen unter das »Gesetz zur Verhütung erbkranken Nachwuchses« fielen, da sie ihren Kriegsopferstatus verloren. Von den Zwangssterilisationen waren vor allem die Insassen der psychiatrischen Heilanstalten betroffen. Etwa ein Viertel von ihnen wurde in den 1930er Jahren unfruchtbar gemacht, darunter auch die sich in Anstaltsbehandlung befindenden Kriegsveteranen. Bevorzugt wurden Anträge zur Zwangssterilisation bei Patienten gestellt, bei denen eine Besserung und damit eine Entlassung nicht ausgeschlossen wurden, sodass sie als »fortpflanzungsgefährdet« galten. Philipp Rauh kam zu dem Ergebnis, dass von den Kriegsteilnehmern des Ersten Weltkriegs, die später in der Aktion T4 ermordet wurden, 17% vorher zwangssterilisiert worden waren, was annähernd mit dem Wert bei den Zwangssterilisationen der Gesamtgruppe der T4-Opfer übereinstimmt.[595]

Für viele psychisch kranke Kriegsteilnehmer endete der Schrecken nicht mit der finanziellen Ausgrenzung und Zwangssterilisation. Die in Anstalten Untergebrachten waren den in der NS-Zeit zunehmend schlechter wer-

---

592 Zur Zwangssterilisation im Nationalsozialismus vgl. Ley, Zwangssterilisation und Ärzteschaft; Bock, Zwangssterilisation im Nationalsozialismus; Schmuhl, Rassenhygiene, Nationalismus, Euthanasie.
593 Friedlander, Der Weg zum NS-Genozid, S. 61ff.; Jäckle, »Pflicht zur Gesundheit« und »Ausmerze«, S. 59–77; Baader, Psychiatrie im Nationalsozialismus, S. 184–218; ders., Heilen und Vernichten, S. 275–294; Neumann, »Arzttum ist immer Kämpfertum«, S. 37.
594 Gesetz zur Verhinderung erbkranken Nachwuchses, S. 529: § 1 Abs. 2–3.
595 Rauh, Von Verdun nach Grafeneck, S. 62.

denden Bedingungen der überbelegten Heil- und Pflegeanstalten ausgesetzt, was ihre Lebensgrundlage bereits am Vorabend des Zweiten Weltkriegs gefährdete.[596] Mit Beginn des Krieges wurde ihnen dann ihr Lebensrecht abgesprochen. Während verschiedener, unter der euphemistischen Bezeichnung »Euthanasie« (»Gnadentod«) durchgeführter Mordaktionen, unter denen die Aktion T 4 die bekannteste ist,[597] tötete das NS-Regime seit 1940 rund 300.000 Insassen von Heil- und Pflegeanstalten.[598]

Unter den Opfern dieser Ermordungsaktion befanden sich auch viele psychisch kranke Veteranen des Ersten Weltkriegs. Philipp Rauh kommt anhand der Hochrechnung einer repräsentativen Stichprobe zum Ergebnis, dass insgesamt zwischen 4.000 und 5.000 Soldaten allein im Rahmen der Aktion T 4 getötet wurden.[599] Von den Tötungsaktionen waren vor allem Schizophreniepatienten in Heilanstalten betroffen. Bei einigen wurde die Schizophrenie im Ersten Weltkrieg zuerst als Hysterie diagnostiziert.[600] Allerdings wurden auch viele Hirnverletzte des Ersten Weltkriegs Opfer der Euthanasie, da die Sprache des Gesetzes vage und die Diagnosen unter den Medizinern umstritten waren.[601]

---

596 Die Überbelegung resultierte daraus, dass in der NS-Zeit die Einweisungsbestimmungen für einen Anstaltsaufenthalt herabgesetzt und die Entlassungsbedingungen verschärft wurden. Bis 1939 erhöhte sich die Patientenzahl in den Heil- und Pflegeanstalten auf ein bisher ungekanntes Niveau von fast 350.000, ohne dass die Bettenzahl merklich zunahm. Zur Überbelegung kamen Personalknappheit und Mangelernährung in den Anstalten, da die NS-Führung den Pflegesatz für jeden einzelnen Patienten unter das Existenzminimum senkte. Rauh, Von Verdun nach Grafeneck, S. 61–63; Schmuhl, »Euthanasie« im Nationalsozialismus, S. 5; Siemen/Cranach, Psychiatrie im Nationalsozialismus, S. 26f. Vgl. hierzu auch Kersting/Schmuhl (Hrsg.), Quellen zur Geschichte der Anstaltspsychiatrie in Westfalen, Bd. 2; Siemen, Menschen blieben auf der Strecke.
597 Im Rahmen dieser Aktion wurden bis August 1941 über 70.000 geistig behinderte und psychisch kranke Menschen umgebracht. Zur Aktion T4: Rotzoll u. a. (Hrsg.), Die nationalsozialistische »Euthanasie«-Aktion T4; Schmuhl, Rassenhygiene, Nationalsozialismus, Euthanasie; Aly, Die Aktion T4 1939–1945.
598 Einen konzisen Überblick bietet Faulstich, Die Zahl der »Euthanasie«-Opfer, S. 219–234. Siehe daneben u. a. ders., Hungersterben in der Psychiatrie; Friedlander, Der Weg zum NS-Genozid; Schmuhl, Die Patientenmorde, S. 295–328; Burleigh, Tod und Erlösung. Vgl. auch Rauh, Von Verdun nach Grafeneck, S. 63; Neumann, »Arzttum ist immer Kämpfertum«, S. 38.
599 Rauh, Von Verdun nach Grafeneck, S. 73. Vgl. zur Repräsentativität der Stichprobe auch Richter, Statistik und historische Forschung, S. 232–241.
600 Neuner, Die Rückkehr in den Alltag, S. 401f.
601 Dies geschah, obwohl Hirnverletzten der Kriegsopferstatus auch im NS-Staat zuerkannt wurde und in der NS-Zeit sogar ein Verband für Hirnverletzte existierte. Löffelbein, Ehrenbürger der Nation, S. 331–341.

Dass Veteranen des Ersten Weltkriegs diesem Massenverbrechen zum Opfer fielen, ist auf den ersten Blick erklärungsbedürftig. Schließlich war die nationalsozialistische Führung mit dem Anspruch angetreten, die 1914– 1918 Gefallenen und Verwundeten in ehrendem Gedächtnis zu behalten. Das Regime zögerte jedoch nicht, psychisch kranke Veteranen in den Tötungsanstalten der Aktion T 4 umzubringen, wie es sie insgesamt aus dem ehrenden Gedenken ausschloss. Neuere Forschungen strafen die Nachkriegsaussagen der Täter Lügen, die behaupteten, Weltkriegsteilnehmer seien ausgenommen worden, da man sich von Anfang an über die verheerende öffentliche Wirkung ihrer Einbeziehung in die Aktion T 4 im Klaren gewesen sei.[602]

Sowohl für die Zwangssterilisation als auch für den Krankenmord fehlen Zahlen, wie viele ehemalige Offiziere betroffen waren. Die im Folgenden vorgestellten Fallstudien, die keinen Anspruch auf Repräsentativität erheben, können vor allem zweierlei zeigen: Zum einen machen sie deutlich, dass ein Offiziersrang weder vor einem Sterilisationsverfahren, noch vor einer Ermordung im Rahmen der »Euthanasie« schützte.[603] Zum anderen ermöglichen sie Hinweise darauf, inwieweit Offiziersrang und psychische Kriegsversehrung für die in den Verfahren wirksamen Deutungs- und Handlungsmuster eine Rolle spielten und inwieweit die Offiziere selbst bei diesen Untersuchungen ihren Offiziersstatus, ihre Verdienste im Krieg und gegebenenfalls ihre psychischen Versehrungen herausstellten.

---

602 Rauh, Von Verdun nach Grafeneck, S. 55, 66, 69. Siehe zu den Täteraussagen Dörner/ Ebbinghaus/Linne (Hrsg.), Der Nürnberger Ärzteprozeß 1946/47. Anfang der 1990er Jahre wurden fast 30.000 der insgesamt ca. 70.000 Krankenakten der Opfer der Aktion T4, die lange als verschollen galten, in den Aktenbeständen des Ministeriums für Staatssicherheit der DDR gefunden. Der Aktenbestand ist mittlerweile im Bundesarchiv Berlin-Lichterfelde unter der Signatur R 179 untergebracht. Roelcke/Hohendorf, Akten der »Euthanasie«-Aktion T 4 gefunden, S. 479–481; Sandner, Schlüsseldokumente zur Überlieferungsgeschichte der NS-»Euthanasie«-Akten gefunden, S. 285–290. Im DFG-Projekt »Zur wissenschaftlichen Erschließung und Auswertung des Krankenaktenbestandes der nationalsozialistischen ›Euthanasie‹-Aktion T 4« wurde eine repräsentative Stichprobe von 1.000 Akten untersucht. Vgl. hierzu Rotzoll u. a. (Hrsg.), Die nationalsozialistische »Euthanasie«-Aktion T4; Fuchs (Hrsg.), «Das Vergessen der Vernichtung ist Teil der Vernichtung selbst«.
603 Vgl. zur These, dass der militärische Rang der Veteranen nicht ausschlaggebend war, ob sie zu T4–Opfern wurden oder nicht, auch Rauh, Von Verdun nach Grafeneck, S. 55.

Ehemalige Offiziere in Unfruchtbarkeitsverfahren

Dass auch Offiziere die Sorge vor der Sterilisation nach dem Erlass der neuen Gesetze umtrieb, zeigt das Gedicht »Wir Opfer«, das Leutnant a. D. Konrad D. im Sommer 1934 einschickte. Das Gedicht sprach allgemein von den Kriegsbeschädigten als Kriegsopfern, die Armut und Elend preisgegeben seien und deren Armut sich auf die nächste Generation vererbe. Hierin finden sich die Zeilen: »und schließt in letzter Genration/ Ab mit der Sterelisation [...]«.[604]

Die Akten der Berliner Charité belegen, dass auch Offiziersanwärter, Offiziersstellvertreter und Offiziere, die im Ersten Weltkrieg gedient hatten, von Unfruchtbarkeitsverfahren betroffen waren. Der Fall des Hans von E., der im Krieg Fahnenjunker und damit Offiziersanwärter war, macht deutlich, dass auch für adelige Offiziersanwärter die Unfruchtbarkeitsgesetzgebung wirksam wurde. Es kommt hinzu, dass Hans von E. der Sohn eines Generals war.[605] Er wurde am 20. März 1937 in der Charité begutachtet, um zu klären, ob das Urteil des Erbgesundheitsgerichts Berlin, dass er an »Schizophrenie« leide und damit nach der NS-Gesetzgebung unfruchtbar zu machen sei, rechtmäßig sei. Die Begutachtung erfolgte auf Einspruch des ehemaligen Fahnenjunkers, in dem er argumentierte, dass er »wegen eines nervösen Herzleidens anerkannt kriegsbeschädigt« sei, und seine Kriegsleistungen betonte, für die er seine Orden als Beleg anführte.[606] Daraufhin wurde der Fall neu aufgerollt, schließlich die Diagnose »Psychopathie« ausgestellt und der Antrag auf Unfruchtbarmachung zurückgewiesen.[607]

Dass die Psychopathie-Diagnose nicht zur Sterilisierung führte, belegt auch der Fall des Offiziers a. D. Wilhelm B., der sich 1935 mit einem Antrag des Erbgesundheitsgerichts auf Unfruchtbarmachung wegen »schwerem Alkoholismus auf starker psychopathischer Grundlage« auseinandersetzen musste.[608] Bei ihm handelte es sich um keinen typischen psychisch versehrten Offizier des Ersten Weltkriegs. Vielmehr ist er ein Beispiel für einen Offizier, der den Alkoholismus bereits in der Vorkriegszeit ausgebildet hatte,

---

604 BArch, R 3901/Nr. 10260, Bl. 371–373, Versorgung des Leutnants a. D. Konrad D., Bd. 1, Juli 1927 –Nov. 1935 (ohne fol.).
605 UAHUB nerv - 013 Protokoll zur Begutachtung von Hans von E. zur Frage, ob V. an manisch-depressivem Irresein leidet und unfruchtbar zu machen ist 1.11.1937, S. 7.
606 Ebd., S. 9.
607 Ebd., S. 9.
608 UAHUB nerv - 015 Wilhelm B., Antrag auf Unfruchtbarmachung wegen Alkoholismus, 1935, S. 2.

im Krieg sehr gut zurechtkam, eine positive Einstellung zu seiner Militär- und Kriegszeit behielt und sie ins Zentrum seines Selbstbildes stellte.[609] Der Antrag auf Unfruchtbarmachung wegen Alkoholismus wurde schließlich fallengelassen, da bei Wilhelm B. weder Alkoholismus, noch eine Erbkrankheit nachweisbar sei, sondern er »Psychopath« sei, wie es im ärztlichen Gutachten heißt.

Interessant ist der Fall, da Wilhelm B. in seiner Eingabe an das Erbgesundheitsgericht, in der er sich gegen die Anordnung zur Unfruchtbarmachung wehrte, seine Militärzeit als besonderen Aktivposten herausstellte. Er sei 1914 als Kriegsfreiwilliger eingerückt und habe vier Jahre lang als Infanterist stets an der Westfront gedient, sei Offizier geworden, habe lange Jahre als Kompanieführer, dann Regimentsadjutant gedient und besitze sechs Kriegsorden. Weiterhin führte er als Pluspunkt an, dass er seit drei Jahren nahezu komplett abstinent sei und sich seit zehn Jahren nicht mehr betrunken habe. Er habe wie andere auch in der Studentenzeit und als Offizier getrunken, aber ohne Exzesse. Es sei ihm unklar, wie ihm schwerer Alkoholismus vorgeworfen werden könne. Die Straftaten, die er begangen habe, hätten nichts mit Alkoholismus zu tun gehabt und könnten im Sterilisierungsverfahren nicht gezählt werden.[610]

Hier argumentierte er, dass ein gewisses Maß an Alkohol unter den Offizieren nicht bedenklich sei. Dass Wilhelm B. trotz seiner vorherigen Alkoholprobleme zum Offizier befördert wurde und sich im Krieg auszeichnete, spricht auch dafür, dass Alkohol im Militär toleriert wurde, solange er die Leistungsfähigkeit nicht schmälerte.

In einer weiteren, direkt an Hitler adressierten Eingabe schrieb er erneut, dass er nicht an Alkoholismus leide und keine Erbkrankheiten habe. Hier betonte er, dass er journalistisch tätig sei, die Kriegserlebnisse seiner Einheit

---

609 Ein ähnlicher Fall war der Offiziersstellvertreter Werner V., der im Krieg und auch in der Nachkriegszeit nie in psychiatrischer Behandlung war, sondern wegen seiner vielen Haftstrafen am 9. Dezember 1935 in die Charité kam, um die Frage zu klären, ob er an manisch-depressivem Irresein leide und deswegen unfruchtbar zu machen sei, zur Begutachtung auf Untersuchung wegen manisch-depressivem Irresein. Im Gutachten wurde auch auf die Kriegszeit eingegangen, die ihn nach seinen eigenen Angaben nicht psychisch belastete, sondern die er als die schönste Zeit seines Lebens betrachtete. UAHUB nerv - 013 Gutachten über Werner V. zur Frage, ob V. an manisch-depressivem Irresein leidet und unfruchtbar zu machen ist, 9.12.1935.
610 UAHUB nerv - 015 Wilhelm B., Antrag auf Unfruchtbarmachung wegen Alkoholismus, 1935, S. 2.

publiziere und hierbei von seinem alten Befehlshaber, dem Kronprinzen, unterstützt werde. Er führte aus:

»[...] Es müsse die Frage grundsätzlich geklärt werden, ob ein Mann, der sich 1914 freiwillig gemeldet habe, Offizier wurde, mehr als 4 Jahre in der vordersten Linie gestanden habe, stets bei der Infanterie war mit 6 Kriegsorden ausgezeichnet sei, sein Blut für Deutschland vergoss (Verwundetenabzeichen) der sein Leben für Deutschland tausendmal einsetzte, durch ein Gericht diffamiert werden kann, zumal wo dieser Mann seit Jahren in zahllosen Zeitungen für deutsche Soldatenehre und deutsche Wehrhaftigkeit eingetreten ist (nicht erst seit 2 Jahren!).«[611]

Wilhelm B. führte also sein Engagement als Kriegsfreiwilliger, seinen Offiziersstatus, seinen Einsatz bei der Infanterie, einer Waffengattung, die für den Frontkämpfermythos besonders wichtig war, seine Orden, seine Kriegsversehrung und sein Engagement für das Militär nach Kriegende als Pluspunkte an. Er legte seiner Eingabe Zeitungsausschnitte über die von ihm geschriebenen Artikel bei, mit den Titeln »Wir stürmen Langemarck« (19.10.1933), »Die Andern« (23.12.1933) und »Tanks greifen an« (17.1.1934). Gegen die bevorstehende Unfruchtbarmachung wehrte er sich energisch:

»Denn bei diesem Verfahren handele es sich um ein Verfahren, dass dem auf Mord vergleichbar sei. Die zwangsweise Ausschaltung aus der Volksgemeinschaft sei eine Strafe und zwar die schwerste, die es ausser der Todesstrafe gibt.«[612]

Am 7. November 1935 fand eine Sitzung des Erbgesundheitsobergerichts Berlin statt, in der der Neurologe der Charité Professor Hans-Gerhard Creutzfeldt[613] sein Gutachten zu Wilhelm B. vorstellte. Es handle sich bei ihm um eine »psychopathische Persönlichkeit«. Wilhelm B. sei in der Jugend »ausgesprochen haltlos« gewesen und dadurch auf den »Weg des Verbrechens« geraten.[614] Auch habe sich ein besonders schlechter Einfluss seiner Ehefrau ausgewirkt. Nach der Trennung von ihr habe er sich allmählich aufgerafft und führe jetzt ein geordnetes Leben. Die Begutachtung habe keinen

---

611 Ebd., S. 3.
612 Ebd., S. 3.
613 Hans-Gerhard Creutzfeldt war ein deutscher Neurologe, der 1920 die nach ihm benannte Creutzfeldt-Jakob-Krankheit beschrieb. Von 1924 bis 1938 war er an der Berliner Charité.
614 Der 1888 geborene Wilhelm B. entwickelte sich schon vor dem Krieg zum Alkoholiker. Er studierte Medizin und fing im zweiten Semester an zu trinken, um sein Selbstbewusstsein zu stärken. Er musste das Studium aufgeben, da er das Physikum nicht schaffte. Danach »sank [er] von Stufe zu Stufe«, wurde wiederholt bestraft und auch wiederholt gerichtsärztlich auf seinen Geisteszustand untersucht, war allerdings nie in Anstalten untergebracht. UAHUB nerv - 015 Wilhelm B., Antrag Unfruchtbarmachung wegen Alkoholismus, 1935, S. 2.

Hinweis auf Trunksucht ergeben, allerdings querulatorische Züge. Da Psychopathie und kein Alkoholismus vorliege, sei keine weitere Beobachtung notwendig.[615]

Dass als Kriterium einer Sterilisation bei Alkoholismus eine »degenerative Grundlage« vorliegen musste und Trinken ohne Veranlagung hier nicht zählte, zeigt der Fall von Walter Sommer. Hier handelt es sich um einen ehemaligen Fliegeroffizier, dessen psychische Versehrung als Kriegsdienstbeschädigung anerkannt war. Er erhielt wegen einer Schädelverletzung nach einem Flugzeugabsturz 1917 und folgendem schweren Alkoholismus in der Weimarer Republik eine Versorgung in Höhe von 100%.[616] Auch er selbst führte seine Neigung zum Alkoholismus auf den Flugzeugabsturz zurück. Er befand sich, als der Antrag des Kreisarztes des Bezirks Berlin Kreuzberg auf Unfruchtbarmachung wegen »chronischem schweren Alkoholismus« 1935 eingereicht wurde, in der St. Josephs Heilanstalt Berlin.

Zuerst machte sein Vater, der die Vormundschaft innehatte, hiergegen eine Eingabe, danach auch Walter Sommer. Der Vater gab an, wie es im Protokoll hieß:

»Sein Sohn sei durch das Schwere, was er im Kriege durchgemacht habe, so mit den Nerven herunter gewesen. In seinen Stellungen vor dem Kriege habe er nur das größte Lob seiner Vorgesetzten erhalten. Von einer Erbkrankheit in beiderseitigen Familien ist bis weit zurück keine Spur gewesen.«[617]

Walter S. selbst teilte mit, dass er sich in der Angelegenheit schon an den Ministerpräsidenten gewandt habe, den er persönlich als Flieger kenne und schob den Nachsatz hinterher: »Erwähnen möchte ich, dass ich früher ein bekannter Flieger war.«[618] Er berief sich hier also nicht auf seinen Offiziersstatus, sondern auf seine elitäre Stellung im Krieg als Flieger und die unter diesen bestehenden Netzwerke.

Im Oktober 1935 wurde die Unfruchtbarmachung durch das Erbgesundheitsgericht Berlin angeordnet. Dagegen legte der Vater erneut Beschwerde ein, weshalb eine Untersuchung von Walter S. durch Dr. Zutt in der Charité angeordnet wurde.

Über den Anfangszeitpunkt seines Alkoholismus und die Gründe hierfür sagte Walter S. nun aus, dass er ungefähr Mitte 1917 begonnen habe zu

---

615 UAHUB nerv - 015 Prof. Creutzfeldt, Gutachten vom 31.8.1935.
616 UAHUB nerv - 015 Walter S., Antrag Unfruchtbarmachung wegen schweren chronischen Alkoholismus, 1935, S. 3.
617 Ebd., S. 2.
618 Ebd., S. 2.

trinken, es aber besonders ausgiebig in den Jahren 1918–1920 praktiziert habe: »Früher habe ich doch gar keinen Genuss dabei gehabt [...] Jetzt habe ich nur getrunken, um die Nerven abzutöten.«[619]
Seine schlechten Nerven gab er auch als Grund dafür an, dass er danach nur noch Gelegenheitsarbeiten für kurze Zeit angenommen habe, aber nicht mehr in der Landwirtschaft, für die er ausgebildet war: »Ich konnte auch einen solchen Posten gar nicht mehr versehen, weil ich mit den Nerven so weit herunter war. Sonst hätte ich es schon getan.«[620] In den kommenden Jahren arbeitete er viel bei seinem Vater und gab sich Trinkexzessen hin. Dazwischen war er immer wieder in Heilanstalten. 1926 wurde er von seinem Vater entmündigt, der seitdem als sein Vormund fungierte.

Im ärztlichen Urteil von Dr. Zutt an das Erbgesundheitsobergericht wurde er als chronischer Alkoholiker eingeschätzt, der sein Leiden erst seit dem Krieg hatte, während er zuvor »ein tüchtiger und offenbar zuverlässiger landwirtschaftlicher Lehrling und dann Beamter gewesen« sei.[621] In der Sitzung des Gerichts wurde beschlossen: »Kein schwerer Alkoholismus im Sinne des Gesetzes. (K.D.B.)«[622] Hier wurde also wie in der Weimarer Republik anerkannt, dass der Alkoholismus mit den Kriegserlebnissen zusammenhing.

Das Gutachten über den Leutnant a. D. und jetzigen Oberzollinspektor Alfred R. für die Erbgesundheitsgerichte, in dem geklärt werden sollte, ob Alfred R. an erblicher Fallsucht litt und daher unfruchtbar gemacht werden sollte, zeigt deutlich die Totalität des Systems, das kaum Schlupflöcher

---

619 Ebd., S. 5. Ein weiterer Offizier, der im Krieg bzw. in seiner Zeit als Baltikum-Kämpfer 1919 zum Alkoholiker wurde und damit schließlich über die Jahre arbeitsunfähig wurde, ist der Leutnant a. D. Erich W. Auch seine Beschwerden gegen den Antrag auf Unfruchtbarmachung hatten Erfolg. HUUB nerv – 015 Erich W., Antrag Unfruchtbarmachung wegen Alkoholismus chronicus, 1935 (o. S.).
620 Ebd., S. 5.
621 »Nichts spricht [...] dafür, dass damals schon eine psychopathologisch zu wertende Neigung zum Alkoholgenuss vorlag. Erst im Kriege entwickelte sich eine starke Neigung zum Trinken. Nach dem Kriege entwickelte sich die eigentliche Trunksucht. Bei einem Absturz mit dem Flugzeug soll er kurze Zeit bewusstlos gewesen sein. Anzeichen von Schädelverletzungen sind heute nicht mehr nachweisbar. Es ist Kriegsdienstbeschädigung durch Trunksucht anerkannt. [...] Auf Grund der guten Persönlichkeitsentwicklung bis zum 25. Lebensjahr, der Familienanamnese und der Tatsache, dass sich die Trunksucht zeitlich nach einem Schädeltrauma eingestellt und in den Jahren nach dem Kriege entwickelt hat, ist es wahrscheinlich, dass es sich um einen im wesentlichen milieubedingten chronischen Alkoholismus handelt.« Ebd., S. 8f.
622 Ebd., S. 9.

bot.[623] Selbst gegen einen Offizier a. D., der in verantwortungsvoller gehobener Position als Oberzollinspektor seine Arbeit gut ausfüllte, wurde dieses Verfahren begonnen.

In der Weimarer Republik galten die Störungen von Alfred R. als Kriegsversehrung. Der Leutnant war im Juli 1917 bei einem Rohrkrepierer[624] dabei, der ihm das linke Trommelfell zerriss.[625] Er war zwar nicht in Lazarettbehandlung, aber litt seitdem an Nervosität, Schlafschwierigkeiten und rascher Aufgeregtheit, während ihm zuvor nervöse Störungen nach seiner Aussage fremd gewesen seien. Anfang November 1918 erlitt er im Heimaturlaub den ersten epileptischen Anfall, machte aber den gesamten Krieg weiter mit und war 1919 in der Ukraine.

1919 wurden die epileptischen Anfälle und die Nervosität als Kriegsbeschädigung wegen den »Anstrengungen des Kriegsdienstes« anerkannt. Erst wurde sein Leiden als 20–prozentige, dann seit 1928 als 40–prozentige Erwerbsminderung eingeschätzt, da seine geistige Leistungsfähigkeit durch jahrelangen Bromgebrauch seit dem Unfall 1915 herabgesetzt sei. Allerdings finden sich seit 1921 in ärztlichen Begutachtungen teilweise Zweifel, ob es sich um eine Kriegsdienstbeschädigung im Sinne einer »posttraumatischen Spätepilepsie« handle.[626] Nach dem Krieg arbeitete er beim Zoll, avancierte bis zum Oberzollinspektor und schaffte nach eigenen Angaben bis 1941 seine Arbeit gut.

1937 wurde ihm die Rente aberkannt und die Diagnose »genuine Epilepsie« gestellt, wogegen er Berufung einlegte, was zu zwei neuen ärztlichen Gutachten führte, die die Diagnose »genuine Epilepsie« anzweifelten. Dabei spielte eine Rolle, dass Alfred R. vier gesunde Kinder hatte und in seiner Familie (Vater, Mutter, Schwester) alle gesund und ohne Krampfleiden waren. Doch blieb es letztlich bei dem Urteil und Rentenentzug.

1941 wurde im Zug des Sterilisationsverfahrens ein ärztliches Gutachten in Auftrag gegeben, ob Alfred R. an erblicher Fallsucht leide, das dies verneinte, wodurch das Verfahren eingestellt wurde. Das Gutachten erkannte auf »symptomatische Epilepsie«, die aber nicht auf den Krieg zurückgehe,

---

623 Vgl. zum Folgenden UAHUB, nerv - 056 Gutachten für Erbgesundheitsgerichte wegen Epilepsie, 1939–1941, Gutachten über Alfred R., 31.1.1941.
624 Dies bedeutet, dass ein Geschoss schon im Lauf einer Schusswaffe explodierte.
625 Die Akte zeigt nur indirekt, dass es sich um einen Leutnant handelt: »dass R. bei einem Rohrkrepierer zugegen war (Juli 1915), bei dem auch ein anderer Leutnant eine kurze Betäubung davon getragen hat [...]« UAHUB, nerv - 056 Gutachten für Erbgesundheitsgerichte wegen Epilepsie, 1939–1941, Gutachten über Alfred R., 31.1.1941, S. 3.
626 Ebd., S. 4.

sondern wahrscheinlich als »Folgezustand nach frühkindlich durchgemachter Encephalitis«[627] anzusehen sei.[628] Insgesamt ergibt der Blick auf die Gutachten der Charité über ehemalige Offiziere den Befund, dass weder ein Offiziersstatus noch ein Adelstitel davor schützten, dass Sterilisationsverfahren angestrengt wurden. Auffällig ist, dass alle ehemaligen Offiziere, die an der Charité begutachtet wurden, da sie Einspruch gegen ihr Sterilisationsurteil eingereicht hatten, mit ihrer Beschwerde Recht bekamen und das Urteil daraufhin zurückgenommen wurde. Zugleich spielte in den ärztlichen Gutachten Rücksichtnahme auf den Offiziersrang keine Rolle. Bei aller Vorsicht wegen der geringen Fallzahlen sei die These gewagt, dass der gehobene Bildungshintergrund der angeklagten Offiziere oder ihrer Familienangehörigen, die als Fürsprecher agierten, hier von großer Bedeutung war. Er erlaubte ein Wissen um Abläufe und Einspruchsmöglichkeiten und eine selbstbewusste Darlegung des Falles, die Angehörigen bildungsfernerer Schichten vorenthalten waren.[629] Beim nachfolgenden Krankenmord war dieses Kriterium ehemaligen Offizieren nicht mehr von Nutzen, da es kein Gerichtsverfahren und kein offenes Agieren der Anstalten und Behörden gab.

Offiziere als Opfer des Krankenmords

Eine systematische Untersuchung über vom Krankenmord betroffene ehemalige Offiziere, liegt bisher nicht vor. Die hier vorgestellten drei Einzelschicksale sind die von Offizieren, die im Ersten Weltkrieg gedient hatten und in der Heilanstalt Grafeneck auf der Schwäbischen Alb, die die Nationalsozialisten in eine Tötungsanstalt umfunktioniert hatten,[630] umgebracht wurden. Sie geben einen ersten Einblick und zeigen die Totalität des Vernichtungssystems auf. Weder Offiziersrang, Offiziersbeförderung wegen Tapferkeit, Orden, eine begüterte Familie und Nervenärzte im Familienkreis

---

627 Gehirnhautentzündung.
628 Ebd., S. 16.
629 Auf Verbandsunterstützung konnten vor allem Veteranen hoffen, bei denen es Belege dafür gab, dass eine organisch nachweisbare Kriegsversehrung für ihr psychisches Leiden verantwortlich war. Dann setzte sich für sie häufig der Verband »National-Sozialistische Kriegsopferversorgung« als Vertreter vor den Erbgesundheitsgerichten ein. Auch hier gelang oft eine Revision der gerichtlichen Entscheide nach neuen, ausführlicheren Fachgutachten. Döring, Zur Frage der Unfruchtbarmachung, S. 4f.; Löffelbein, Ehrenbürger der Nation, S. 342–344.
630 Stöckle, Grafeneck 1940.

konnten Patienten vor dem Krankenmord retten. Entscheidend waren die Diagnose und die Erklärung der Arbeitsunfähigkeit.[631]

Das erste Beispiel ist der jüdische ehemalige Leutnant der Reserve Alfred Neu, der am 2. Juni 1940 in Grafeneck vergast wurde.[632] Alfred Neu kam am 6. November 1895 als jüngstes von vier Kindern eines Weinhändlers zur Welt. Nach dem frühen Tod des Vaters zog die Mutter ins württembergische Cannstatt.

1914 zog Alfred Neu als Freiwilliger in den Krieg, in dem er Angehöriger einer Infanterieeinheit an der Westfront war. Er wurde wegen Tapferkeit vor dem Feind zum Leutnant der Reserve befördert und erhielt das Eiserne Kreuz erster und zweiter Klasse, Verdienstorden, den Friedrichsorden mit Schwertern und das Goldene Verwundetenabzeichen. 1916 kämpfte er in Verdun, wo er verschüttet wurde. Seine Mutter, die 1922 erste Anzeichen einer geistigen Erkrankung bei ihm feststellte, ging davon aus, dass diese Verschüttung die Erkrankung ausgelöst habe, wie sie in einem Antrag auf Hinterbliebenenrente und Kapitalentschädigung aus dem Jahr 1956 berichtete.[633]

Vom 8. August bis 7. Dezember 1922 wurde Neu im Stuttgarter Bürgerhospital behandelt. Nach kurzer Unterbrechung kam er dann vom 23. Januar 1923 bis 15. Juli 1924 in die Tübinger Universitätsnervenklinik. Von dort erfolgte die Verlegung in die Heilanstalt Winnenthal, wo er bis zu seinem Tod blieb. Die Besuche seiner Mutter hörten auf, als sie 1939 nach New York zu ihrem Sohn Max übersiedelte, der seit 1929 in den Vereinigten Staaten lebte.

Zum Verhängnis wurde es Neu, dass die Heilanstalt Winnenthal im Herbst 1939 im Zuge der Aktion T4 den Reichsminister des Inneren über ihre Patienten informierte und die Stichpunkte »Jude, Schizophrenie, arbeitsunfähig« in seinem Meldebogen eintrug. Hintergrund war, dass die Leiter

---

631 Vgl. zur Bedeutung der Arbeitsunfähigkeit auch Reeg, »Deine Ehre ist die Leistung«, S. 191–200.
632 Vgl. zum Folgenden Redies, Cannstatter Stolperstein-Initiative, Alfred Neu.
633 In ihrem Antrag auf Kapitalentschädigung und Rente machte sie geltend, dass ihr Sohn als Vertreter verschiedener Chemischer Fabriken gut verdient und den gemeinsamen Haushalt finanziell getragen habe. Als er sie krankheitsbedingt nicht mehr unterstützen konnte, habe sie ihre Wohnung aufgeben und ihren Lebensunterhalt selbst verdienen müssen, indem sie Verwandten den Haushalt führte. Der Antrag wurde mit der Begründung abgelehnt, dass ihr Sohn seine Mutter zum Zeitpunkt seines Todes nicht mehr unterhalten hatte, da er bereits seit 1923 erwerbsunfähig und ohne eigenes Einkommen war. Ebd.

der Heil- und Pflegeanstalten seit Oktober 1939 schriftlich aufgefordert wurden, unter Verwendung der beigefügten Meldebögen bestimmte Anstaltspatienten der T4–Zentrale zu melden. Die Fragen in den Meldebögen, die das zentrale Dokument der Selektion von Patienten für den Krankenmord darstellten, bezogen sich auf die Heilbarkeit des Patienten, sein Verhalten, die »Erblichkeit« seiner Erkrankung, seinen Familienstatus und vor allem seine Arbeitsfähigkeit. Die ausgefüllten Meldebogen wurden von sogenannten T4–Gutachtern geprüft, bei denen es sich zumeist um angesehene Universitäts- bzw. Anstaltspsychiater handelte, die dann allein auf der Grundlage der dortigen Angaben über Leben oder Tod der Menschen entschieden.[634] Neus Meldebogen besiegelte seine Ermordung: arbeitsunfähige Patienten mit der Diagnose Schizophrenie waren besonders gefährdet. Die Mehrheit der bei der Aktion T4 Getöteten litt an Schizophrenie, da die Heilungschancen für schizophrene Erkrankungen bereits in der Weimarer Republik sehr begrenzt waren und es trotz aller therapeutischen Bemühungen der Psychiater auch im Nationalsozialismus blieben.[635] Und die Arbeitsleistung des Anstaltsinsassen war insgesamt das wichtigste Kriterium für die Überlebenschancen.[636] Hinzu kam, dass psychisch kranke Juden ohne jede weitere ärztliche Prüfung getötet werden durften. So wurde Neu am 2. Juni 1940 mit 77 weiteren Patienten aus der Heilanstalt Winnenthal in die Tötungsanstalt Grafeneck abtransportiert und höchstwahrscheinlich noch an diesem Tag vergast und verbrannt.[637]

---

634 Vgl. hierzu Rauh, Medizinische Selektionskriterien, S. 297–309; ders., Von Verdun nach Grafeneck, S. 64.
635 Dies galt auch für die betroffenen Weltkriegsveteranen. Unter diesen war anders als in der Gesamtgruppe die zweithäufigste Diagnose »Progressive Paralyse«, was mit der hohen Zahl an Geschlechtskrankheiten im Krieg zusammenhängt. Rauh, Von Verdun nach Grafeneck, S. 71f. Zum Problem der Geschlechtskrankheiten im Ersten Weltkrieg vgl. die Ausführungen in Kap. III.2.b. Psychiatrische Praxis: Diagnosen in den Krankenakten.
636 Zu den einzelnen Selektionskriterien Rauh, Medizinische Selektionskriterien, S. 297–309; ders., Von Verdun nach Grafeneck, S. 64; Hohendorf, Die Selektion der Opfer, S. 310–324.
637 Zu diesem Zeitpunkt waren bereits insgesamt 227 Patienten aus Winnenthal nach Grafeneck deportiert worden und dort am Tage ihrer Ankunft im Kohlenmonoxyd erstickt wurden.

Abbildung 6: Cannstadt, Wörishofener Straße 33, Stolperstein verlegt am 30. April 2010[638]

Leutnant Karl Rueff war ein weiterer Weltkriegsoffizier, der der »Euthanasie« zum Opfer fiel. 1940 wurde er in der Tötungsanstalt Grafeneck im Zuge der Aktion T4 ermordet.[639]

Rueff hatte seit seiner Kriegsverwundung 1918 22 Jahre seines Lebens in Lazaretten, Nervenkliniken und Heilanstalten verbracht. Weder sein Offiziersrang noch seine gehobene soziale Herkunft und seine finanziellen Mittel konnten ihn retten. Sein Vater war ein angesehener königlich serbischer Konsul und Unternehmer in Ulm, seine Mutter stammte aus einem wohlhabenden Elternhaus aus der Region, sodass die Familie zur bürgerlichen Oberschicht Ulms gehörte. Hinzu kam, dass seine Schwester Nervenärztin und Leiterin einer Nervenklinik war.

---

638 URL:‹https://www.stolpersteine-cannstatt.de/biografien/alfred-neu-zwei-toedliche-privilegien›.
639 Vgl. zum Folgenden Tritsch, Karl Rueff; Kübler, Karl Rueff.

Der 1892 geborene Karl Rueff hatte 1910 an einem Realgymnasium in Ulm sein Abitur gemacht und ging dann ins Ausland, um seine Fremdsprachenkenntnisse auszubauen. Es war geplant, dass er den väterlichen Betrieb übernehmen sollte, als der Krieg ausbrach. Gleich am 2. August 1914 meldete er sich freiwillig.[640] Rueff kam als Gefreiter ins 9. württembergische Infanterie-Regiment und drei Wochen später an die Westfront, wo er bis 1918 kämpfte und zum Leutnant der Reserve befördert wurde. In Verdun erhielt der »tapfere Leutnant d. R. Rueff«, wie die Regimentsgeschichte schrieb, am 1. Juni 1918 einen Lungen-Bauchsteckschuss. Von dieser schweren Verwundung erholte er sich im Laufe von sechs Wochen wieder, doch wurden im Lazarett psychische Auffälligkeiten festgestellt. In seiner Krankenakte gab er an, dass er bis zu seiner Verletzung seine Nerven nie gespürt habe. Zu einer Anklage kam es, als er am 8. August 1918 dem Generaloberarzt der Garnison Ulm ins Gesicht und mehrmals mit einem Stock auf den Kopf schlug, als der ihm bei seiner Entlassung nicht den gewünschten Heimaturlaub gewährt, sondern ihn als »arbeitsfähig« zum Ersatztruppenteil entlassen hatte.

Statt einer Militärgerichtsverhandlung, Gefängnisstrafe und unehrenhaften Entlassung kam er daraufhin in die Universitätsnervenklinik Tübingen, um ihn auf seinen Geisteszustand zu untersuchen. Hier erhielt er die Diagnose »reaktive Psychose«.[641] Zur Zeit der Tat sei er in einem »Zustand krankhafter Störung der Geistestätigkeit« gewesen. Im Gutachten von Robert Gaupp vom 26. August 1918 heißt es:

»[...] Es handelt sich um eine sog. reaktive Psychose, wie sie bei Soldaten, die sehr lange an der Front waren, insbesondere aber im Anschluss an schwere Verwundung ziemlich häufig beobachtet werden.«[642]

Rueff nannte als Grund für sein Handeln die Verachtung aller Offiziere, die nicht an der Front gekämpft hatten: »er habe aus Ueberreizung gehandelt, weil alle Offiziere, die nicht in der Front stünden, insbesondere die Sanitätsoffiziere, als Feiglinge zu züchtigen seien usw. [...].«[643] Der Patient wurde als depressiv, hochgradig suizidgefährdet und gewalttätig eingeschätzt. Gaupp

---

640 Dies hing sicher auch damit zusammen, dass dies von seiner Familie von ihm erwartet wurde. Auch waren in seiner Verwandtschaft hohe Offiziere, sodass persönliche Beziehungen zum Militär bestanden. Ebd.
641 UAT 669/34065 Karl Rueff.
642 UAT 669/34065 Gutachten Gaupps, 26.8.1918.
643 Ebd.

führte lange Gespräche mit ihm und empfahl nach dem Aufenthalt in Tübingen weitere Anstaltspflege. Rueff wurde aufgrund dieses Gutachtens als Kriegsbeschädigter anerkannt und erhielt eine Rente, mit der die unterste Pflegeklasse gedeckt werden konnte. Die Familie bezahlte die Mehrkosten für die zweite Pflegeklasse in den Heilanstalten. Nach Tübingen kam er in die Heilanstalt Rottenmünster, wo weniger therapeutische Gespräche stattfanden und dafür akribisch das Verhalten Rueffs dokumentiert wurde. Hier verschlechterte sich sein Zustand und der Patient schottete sich zunehmend von der Außenwelt ab. Am 10. März 1921 wurde er »ungebessert nach Hause beurteilt«. Seine Eltern holten ihn zurück ins elterliche Haus nach Ulm, besorgten für ihn einen persönlichen Pfleger und bauten für ihn eine Etage um, wo er sechs Monate lang gute und schlechte Phasen erlebte.

Als Rueff seinen Vater bedrohte, wurde er wieder in die Universitätnervenklinik Tübingen eingewiesen. Hier lautete die Diagnose »ausgebildete Schizophrenie«.[644] Rueff ließ im Gespräch niemanden mehr an sich heran. Es folgten eine ungeheilte Entlassung und ein weiterer Aufenthalt in Ulm, der diesmal 18 Monate dauerte und phasenweise Verbesserungen brachte. Doch da er gegenüber seinen Eltern, als sein Pfleger zum ersten Mal im Urlaub war, gewalttätig wurde, wurde er dann in die Heilanstalt Schussenried verlegt. Hier blieb er die nächsten 16 Jahre. Auch während der Anstaltszeit hielt der Vater zu seinem Sohn Kontakt, besuchte ihn mehrmals im Jahr und unternahm mit ihm und seinem Pfleger Ausflüge.

Seine jüngste Schwester Marie ließ sich zur Nervenärztin ausbilden und richtete Anfang der 1930er Jahre in Ulm eine psychiatrische Klinik ein. Wegen dieser Gründung hatte die Familie große Schulden, sodass Ende der 1930er Jahre die Familie seine Pflegeklasse änderte. Hatte er bisher die 2. Pflegeklasse erhalten, kam er nun in die 3. und damit unterste Pflegeklasse.

Am 7. Juni 1940 erfolgte aus der Heilanstalt Schussenried der erste T4-Transport nach Grafeneck mit 74 Patienten. Fünf Tage später schrieb Rueffs Vater einen Brief an die Anstaltsleitung, beantragte, Karl Rueff erneut in die 2. Pflegeklasse hochzustufen, und verwies auf die militärischen Verdienste seines Sohnes. Es ist unverkennbar, dass der Brief seinen Sohn schützen sollte. Möglicherweise hatte die Familie über die Kontakte der

---

644 UAT 669/34065, Karl Rueff, 1940.

Schwester erfahren, dass der Sohn in der Heilanstalt in Gefahr war.[645] Beides nutzte nichts. Karl Rueff wurde schon fünf Tage in der 2. Verpflegungsklasse geführt, als die todbringende Diagnose vom 17. Juni 1940 ausgestellt wurde. Das Todesurteil für den 48-jährigen Rueff schrieb ein Arzt der Heilanstalt Schussenried am 17. Juni 1940. Die Diagnose lautete: »Leer, dement [...] zeigt kein Interesse. Endzustand.«[646] Beim zweiten Transport nach Grafeneck einen Tag später war Karl Rueff dabei.

Die Familie erhielt geraume Zeit später eine Todesnachricht mit gefälschtem Todesdatum und -ort. Während die Korrespondenz zwischen Familie und Anstaltsleitung vor dem Tod erhalten ist, fehlt jegliche weitere Korrespondenz nach der Todesnachricht, obwohl davon auszugehen ist, dass die Familienmitglieder und – vor allem die Schwester als Nervenärztin – Nachforschungen anstellten. Vieles spricht dafür, dass diese Korrespondenz vernichtet wurde.

Der Fall zeigt deutlich die Totalität des Systems. Weder die gehobene soziale Herkunft, der militärische Rang, die beruflichen Kontakte der Schwester als Nervenärztin, noch der Kontakt der Familie zur Heilanstalt und ein Brief kurz vor dem Todesurteil konnten Karl Rueff retten und die tödlichen Verwaltungsabläufe stoppen. Der Brief wurde ohne Konsequenzen in der Akte abgelegt. Aus anderen Fällen ist bekannt, dass Rettungsaktionen für geisteskranke Anstaltsinsassen durch Familienmitglieder dann am erfolgversprechendsten waren, wenn Angehörige bei der Anstalt vorbeifuhren und ihr Familienmitglied mitnahmen oder wenn Pfleger die Insassen dazu aufforderten, wegzulaufen und sich zu verstecken. Nur physische Abwesenheit der Insassen und die Konfrontation der Ärzte und Pfleger mit physisch anwesenden Familienmitgliedern boten entsprechend eine Chance, den tödlichen Ablauf zu stoppen.[647]

Nach dem Tod Rueffs wurde seine Geschichte in der Familie lange Zeit tabuisiert. Erst durch die Ulmer Stolperstein-Initiative wurde der Fall neu recherchiert und ein Stolperstein in der Stadt verlegt, der nun an sein Schicksal erinnert. Ein für die Zeit typisches Charakteristikum an der Fallgeschichte Rueffs ist zudem, dass vor den Recherchen Mark Tritschs

---

645 Bei der Aktion T4 versagte die Geheimhaltungs- und Verschleierungsstrategie sehr bald. Gruchmann, Euthanasie und Justiz im Dritten Reich, S. 244; Kaiser, Widerspruch und Widerstand gegen die Krankenmorde, S. 175.
646 Zitiert nach Tritsch, Karl Rueff.
647 Siehe z.B. die Rettungsaktionen in Brass, Zwangssterilisation und »Euthanasie« im Saarland, S. 304–314.

Fehlinformationen über den Fall kursierten. Die Schwester und Nervenärztin Marie Rueff hatte über ihren Bruder angegeben, dass er im Ersten Weltkrieg nach einem Kopfschuss an epileptischen Anfällen litt. Hier zeigt sich, dass in der zeitgenössischen ärztlichen Vorstellung nur ein organisches Leiden (in diesem Fall ein Kopfschuss) als Garantie dafür galt, dass allgemein geglaubt wurde, das Leiden sei vom Krieg verursacht, während die Diagnose einer kriegsbedingten reaktiven Psychose nicht anerkannt wurde. Schließlich war ein Dogma zur Zeit des Nationalsozialismus und der frühen Bundesrepublik, dass der Krieg keine langfristigen psychischen Leiden verursache.[648]

Als letzter Fall sei die Geschichte des ehemaligen Leutnants und Kriegsbeschädigten Theodor Hinsberg angeführt, der auch im Rahmen der sogenannten Aktion T4 in der Tötungsanstalt Grafeneck umgebracht wurde. Er wurde am 8. Juli 1940 dorthin deportiert und vergast.[649]

Am 2. August 1914 war Hinsberg mit 18 Jahren als kriegsfreiwilliger Fahnenjunker ins Heer eingetreten und wurde 1915 Leutnant. 1916 wurde er bei Verdun verschüttet, als in nächster Nähe eine Granate einschlug, und war 16 Stunden ohne Bewusstsein. Nach der Verschüttung, die noch keinen Lazarettaufenthalt zur Folge hatte, galt er bei seinen Kameraden als ungewohnt schwermütig und ängstlich. Bei späteren Lazarettaufenthalten bewerteten die behandelnden Ärzte diese Verschüttung als Beginn einer psychischen Störung Hinsbergs.

Die erste Lazarettbehandlung erfolgte erst im Oktober 1916 in Galizien, wohin Hinsbergs Einheit im Juli 1916 an einen schwer umkämpften Frontabschnitt verlegt worden war. Er zeigte nun zunehmend auffälliges Verhalten, litt unter Zwangsvorstellungen und Verfolgungswahn. So hatte er das Gefühl, dass seine Umgebung ihn ständig verspottete und hörte Stimmen, die ihn verhöhnten. Der Truppenarzt diagnostizierte ein »Nervenleiden«, was den Lazarettaufenthalt im Oktober 1916 zur Folge hatte.

Nach zwei Monaten wurde er aus dem Lazarett zurück an die Front entlassen und nahm Anfang Januar 1917 an den Kämpfen an der

---

648 Vortrag von Dr. Mark F. Tritsch (Ulm) »Von der Westfront bis Grafeneck. Das Schicksal des Ulmers Karl Rueff« auf der 4. Ulmer Tagung: Nachkrieg und Medizin in Deutschland im 20. Jahrhundert, 17.11.2016. Siehe zur Weiterwirkung der sog. »herrschenden Lehre« bis in die 1960er Jahre Kap. V.3.c. Die Versorgungsgesetzgebung von 1934.

649 BArch, R 179/7175 Kranken- und Lazarettakten von Theodor Hinsberg; vgl. auch die Fallstudie bei Rauh, Von Verdun nach Grafeneck, S. 54f. Siehe zu Theodor Hinsberg auch die Darstellung seiner Biografie in der Landesausstellung »Fastnacht der Hölle – Der erste Weltkrieg und die Sinne«, die vom 4. April 2014 bis zum 1. März 2015 im Haus der Geschichte Baden-Württemberg gezeigt wurde.

Rumänienfront teil. Allerdings meldete er sich bereits im Februar 1917 beim Truppenarzt wegen Müdigkeit und Abgespanntheit krank, der ihn wieder ins Lazarett einwies. Bei diesem zweiten Lazarettaufenthalt stellten die Ärzte zuerst die Diagnose »Neurasthenie«, die nicht zwingend negativ konnotiert war, da man einem Leutnant durchaus eine Phase nervlicher Erschöpfung zugestand.[650] Bis Mai 1917 verschlechterte sich aber sein Zustand im Lazarett weiterhin deutlich. Die Ärzte dokumentierten Beeinträchtigungsideen und katatone Symptome, d.h. starke Verkrampfungen des Körpers, und veranlassten eine Überweisung ins Reservelazarett der psychiatrischen Klinik in Freiburg. Hier erhielt er bei seiner Aufnahme am 27. Mai 1917 die Diagnose »Schizophrenie«. Der Gutachter Alfred Hoche sah keine Verbindung zwischen dem Kriegsdienst und dem Ausbruch der Erkrankung. Nach zwei Monaten wurde Hinsberg in die Heil- und Pflegeanstalt Konstanz verlegt.[651] Sie bildete die erste von mehreren psychiatrischen Heilanstalten, in denen er in den nächsten 23 Jahren ohne Unterbrechung bis zu seiner Ermordung in Grafeneck im Juli 1940 untergebracht war.[652]

4. Zusammenfassung

Der militärische Umgang mit psychischen Leiden bei Offizieren in der Zwischenkriegszeit war davon geprägt, welche Lehren aus dem Ersten Weltkrieg gezogen wurden, als massenhaft Kriegsneurosen aufgetreten waren. Dies führte allerdings erst 1927 zu einer wirklichen Zäsur, als psychologische Testverfahren zur Rekrutierung von Offiziersanwärtern eingeführt wurden. Im Zweiten Weltkrieg zeigen sich dann deutliche Unterschiede im Umgang mit psychischen Leiden bei Offizieren gegenüber dem Ersten Weltkrieg, wobei sich Anfang der 1940er Jahre wegen der hohen Verluste des Russlandfeldzugs dann erneut eine deutliche Zäsur zeigte, als sich das Offizierskorps

---

650 Rauh, Von Verdun nach Grafeneck, S. 55. Siehe daneben die Ausführungen zur Neurasthenie in Kap. III.2.a. Der psychiatrische Diskurs über die Diagnosen und Ursachen von psychischen Leiden bei Offizieren.
651 Landesarchiv Baden-Württemberg, Abt. Staatsarchiv Freiburg, B 822/1 Heil- und Pflegeanstalt Konstanz, Nr. 1723.
652 Rauh, Von Verdun nach Grafeneck, S. 55.

endgültig vom elitären Personenverband zum Führerkorps wandelte, bei dem die Frontbewährung das entscheidende Kriterium darstellte. Offiziere a. D., die während des Kriegs psychische Versehrungen erlitten, mussten auch nach Kriegsende mit den psychischen, gesundheitlichen und sozioökonomischen Folgen leben. Für sie wirkte sich zudem aus, dass für das Offizierskorps in Deutschland die Kriegsniederlage eine besonders deutliche militärische, politische und gesellschaftliche Zäsur darstellte. Auch psychisch versehrte Offiziere standen nach 1918 unter dem Schock der Niederlage, der Revolution und des Versailler Vertrags und dem damit verbundenen Verlust ihrer beruflichen Stellung und ihrer sozialen Privilegien.

Obwohl die rechtlichen Regelungen zu Pensionen und Renten in der Weimarer Republik Offiziere insgesamt gegenüber Mannschaftssoldaten bevorzugten, fielen gegenüber dem Kaiserreich viele Privilegien weg, was vor allem damit zusammenhing, dass die Offiziere nun nicht mehr dem Militär, sondern einer zivilen Versorgungsbürokratie unterstanden. Weder die beteiligten Ärzte noch die Verwaltungsbeamten und Juristen waren im Regelfall bereit, die psychisch versehrten Offiziere a. D. mit besonderem Wohlwollen zu behandeln. Kontinuierliche ärztliche Hilfe erfuhr nur eine Minderheit der psychisch versehrten Offiziere in der Weimarer Republik, was einerseits mit der Benachteiligung zusammenhing, dass das Offizierspensionsgesetz anders als das Reichsversorgungsgesetz keine kostenfreie Heilbehandlung garantierte, andererseits mit der vorherrschenden psychiatrischen Haltung, dass sich die psychischen Symptome der Weltkriegsteilnehmer von alleine geben würden.

Die Eingliederung ins zivile Leben gestaltete sich nicht nur für psychisch versehrte Offiziere, sondern für die gesamte Berufsgruppe schwierig, da das Offizierskorps deutlich an Sozialprestige eingebüßt hatte und viele Offiziersfamilien im Zuge der Inflation ihr Vermögen verloren. Gleichwohl konnten Offiziere auf staatliche Hilfen und Unterstützungsangebote der Vereine in höherem Maß als Mannschaftssoldaten zurückgreifen. Hinzu kam die Wirksamkeit persönlicher Netzwerke unter ehemaligen Offizierskameraden, die den Übertritt ins zivile Leben erleichterten. Insgesamt waren die Lebensläufe psychisch versehrter Offiziere aber durch deutliche Heterogenität geprägt. Während selbst einem Teil der Versorgungsempfänger hohe Karrieren möglich waren, geriet ein anderer Teil ins soziale und wirtschaftliche Abseits.

Obwohl im Offizierskorps nach 1918 die Haltung gegenüber den »Kriegsneurotikern« an Verständnis gegenüber der Kriegszeit einbüßte, blieb für psychisch versehrte Offiziere ihr militärischer Rang Teil ihrer Identität. Dies zeigt sich sowohl im Alltagsleben als auch in der Kommunikation mit Versorgungsbehörden. Dagegen fällt auf, dass sie sich nicht der Gruppe der psychisch Versehrten eingliederten, sondern die Gesamtgruppe der Kriegsbeschädigten bzw. der Kriegsopfer als Bezugspunkt wählten. Obwohl Offiziere und Kriegsopferverbände in den öffentlichen Debatten zur Sicht auf die »Kriegsneurotiker« gegensätzliche Ansichten vertraten, entwickelten psychisch versehrte Offiziere eine integrierende Sicht.

In Bezug auf die Bedeutung des Offiziersstatus bei psychisch versehrten Veteranen erweist sich das Jahr 1933 ähnlich wie 1918 als gravierende Zäsur. Mit der Machtergreifung der Nationalsozialisten setzte sich die seit der Kriegstagung von 1916 den psychiatrischen Fachdiskurs dominierende Lehrmeinung zur Kriegsneurose durch und der Frontkämpferstatus wurde betont. Beides bewirkte, dass die Bedeutung des Offiziersstatus zurückging.

Psychisch versehrte Offiziere, die bei der Machtergreifung der Nationalsozialisten meist große Hoffnungen auf diese gesetzt hatten, dass ihnen nun der Dank des Vaterlandes zukommen werde, wurden bitter enttäuscht. Mit der Änderung des Veränderungsgesetzes von 1934 wurde das Endogenitätsprinzip konsequent bei den psychiatrischen Begutachtungen angewandt und die Renten wurden gestrichen. Kriegstraumatisierte Veteranen wurden nun als »Geisteskranke« pathologisiert oder als »Simulanten« verunglimpft.

Für psychisch versehrte Offiziere a. D. wirkte sich neben der Betonung des Leitbilds des nervenstarken Frontkämpfers auch aus, dass damit die Vorstellung vom Offizierskorps als ständisch-elitärem Personenverband ebenbürtiger Mitglieder nicht in Einklang zu bringen war. Zwar konnten nun alternativ eine stramm nationalsozialistische Gesinnung und persönliche Beziehungen zu NS-Größen bei ihren Anliegen positiv zu Buche schlagen, doch waren die Auswirkungen auf die Verfahrensurteile im Regelfall wegen der Standardisierung der Verfahren und der immer gleichen medizinischen Argumentationen begrenzt.

Im Dritten Reich wurde psychisch Versehrten zuerst ihre Kriegsrente gestrichen, dann wurden sie systematisch aus der Gesellschaft ausgegrenzt, teilweise zwangssterilisiert und später zu Tausenden ermordet. Die Totalität des NS-Systems zeigt sich darin, dass weder eine gehobene soziale Herkunft, ein hoher militärischer Rang noch Beziehungen Offiziere hiervor retten konnten.

VI. Resümee

Die vorliegende Studie über den Umgang mit psychisch erkrankten Offizieren in Deutschland von 1890 bis 1939 betritt Neuland. Obwohl Untersuchungen zum Ersten Weltkrieg aus den Bereichen der historischen Traumaforschung, der sozial- und kulturgeschichtlich ausgerichteten neuen Militärgeschichte sowie der Psychiatriegeschichte seit rund 25 Jahren Konjunktur haben, ist dies die erste Monografie, welche die Erfahrungen und die Behandlung der militärischen Führer, die im ersten industriellen Massenkrieg psychische Versehrungen davontrugen, untersucht.[1]

Dabei macht die Analyse das hohe Erkenntnispotential einer Studie über psychisch versehrte militärische Führer deutlich. Aufgrund der umfangreichen Quellenlage ist es bei Offizieren möglich, neben der medizinischen und staatlichen Behandlung, die bisher im Fokus der Forschung stehen, auch ihre Erfahrungen, ihre Selbst- und Fremdbilder zu erfassen sowie den militärischen Umgang und ihre Karrieren nachzuzeichnen. Hinzu kommt, dass sich eine Untersuchung psychisch versehrter militärischer Führer besonders gut dafür eignet, eine Opfer- und Täterperspektive zu verschränken, wodurch der Gefahr einer reinen Opfergeschichte entgangen wird. Bei Offizieren tritt ihre janusköpfige Position, im Krieg sowohl Täter als auch Opfer zu sein, bereits strukturell sehr viel deutlicher als bei einfachen Soldaten hervor. Wie Letztere übten Offiziere als Kämpfer aktiv Gewalt aus, repräsentierten darüber hinaus aber auch Herrschaft und agierten als »Führer« und Ausbilder, als Kriegsmanager und Technokraten der Mobilisierung. Gleichzeitig sind die Erfahrungen psychisch versehrter Offiziere ein eindrücklicher Beleg für die Verletzlichkeit der menschlichen Psyche im Ersten Weltkrieg und für die anhaltenden Leiden, nachdem die Waffen schon lange schwiegen.

---

1 Auch für den Zweiten Weltkrieg gilt, dass es an Studien über psychisch versehrte Offiziere fehlt. Vgl. zum Forschungsstand die Ausführungen in der Einleitung sowie zum Zweiten Weltkrieg insbesondere: Crouthamel/Leese (Hrsg.), Traumatic Memories of the Second World War and After (mit ausführlicher Bibliografie).

VI. RESÜMEE

Die Analyse des deutschen Falls leistet darüber hinaus einen wichtigen Forschungsbeitrag für die deutsche Geschichte insgesamt. Denn für das deutsche Offizierskorps kommt hinzu, dass es in der Wilhelminischen Ära den »ersten Stand« im Staat und in der Gesellschaft repräsentierte und über den funktionalen Rahmen hinaus als gesamtgesellschaftliche Herrschafts- und Werteelite beschrieben werden kann. Damit besaß es im europäischen Vergleich eine Ausnahmestellung, da in keiner anderen Großmacht die Militarisierungserscheinungen so klar auf das Offizierskorps zugeschnitten waren wie im Deutschen Reich. Für psychisch erkrankte Offiziere der deutschen Armee bewirkte ein Spannungsverhältnis, dass ihre Elitenstellung gerade mit ihrer Tötungs- und Todesbereitschaft, die sie von Beruf aus aufbringen mussten, begründet wurde. Der mutige, nervenstarke Offizier repräsentierte kriegerische Gesinnung und prägte am Vorabend des Krieges das männliche Idealbild. Offiziere, die von Nervenproblemen und psychischen Leiden betroffen waren, standen hierzu in deutlichem Gegensatz.

Die Untersuchung der Frage, welche Auffassungen und Praktiken in Militär, Medizin, Staat und Gesellschaft im Umgang mit psychisch leidenden militärischen Führern in Deutschland von 1890 bis 1939 wirksam waren, zeigt, wie und warum sich die Toleranzspanne in Bezug auf Anspruch und Wirklichkeit in Deutschland veränderte und welche Auswirkungen dies auf die betroffenen Offiziere hatte. Deutungs- und Handlungsmuster formierten sich in Abhängigkeit von der innermilitärischen Entwicklung und der sich wandelnden Stellung der bewaffneten Macht in Staat und Gesellschaft, der zunehmenden Deutungsmacht der Psychiatrie über Gesundheit und Krankheit im Zuge der gesellschaftlichen und militärischen Medikalisierung, der Ausdifferenzierung des Sozialstaats, der politischen Entwicklung, des Wandels der Männlichkeitsvorstellungen sowie der sich verändernden soziokulturellen Bedeutung des Offiziers im Kaiserreich, in der Weimarer Republik und in der NS-Zeit. Dabei waren Militär, Medizin, Politik und Gesellschaft eng miteinander verflochten und wirkten wechselseitig aufeinander ein. Insgesamt ist im Umgang mit psychisch erkrankten Offizieren eine mehrfach austarierte Toleranzspanne mit folgenden Wandlungsphasen und Zäsuren erkennbar, die dazu führte, dass sich die Interpretation der Bedeutung psychischer Leiden für die »Offiziersfähigkeit« zwischen Erstem und Zweitem Weltkrieg grundlegend veränderte, wobei zu betonen ist, dass die Zeit des Zweiten Weltkrieges in dieser Studie nur kursorisch in einem Ausblick behandelt wird und eine eingehende Untersuchung ein dringendes Forschungsdesiderat darstellt:

Während im Kaiserreich der Umgang mit psychisch leidenden Offizieren vorrangig durch die elitäre Stellung und das hohe Maß an Autonomie des Offizierskorps bestimmt war, erwiesen sich die Jahre des Ersten Weltkriegs als Umbruchszeit, die allerdings gerade in Bezug auf den Umgang mit psychisch versehrten Offizieren dadurch gekennzeichnet war, dass trotz aller Neuerungen traditionelle Umgangsweisen weiterwirkten. Dies gilt auch für die Münchener Kriegstagung der Gesellschaft Deutscher Nervenärzte und des Deutschen Vereins für Psychiatrie von 1916, die zwar für den psychiatrischen Diskurs eine deutliche Zäsur bedeutete, aber die Praxis nur begrenzt beeinflusste. Deutliche Einschnitte bewirkten nachfolgend die unmittelbaren Nachkriegsjahre mit Niederlage, Revolution und Versailler Vertrag, das Jahr 1927 mit der Einführung von psychologischen Prüfstellen und die nationalsozialistische Machtergreifung 1933. Eine letzte Zäsur stellte schließlich weniger der Beginn des Zweiten Weltkriegs 1939 als die innermilitärische Entwicklung nach dem verlorenen Russlandfeldzug seit 1942 dar.

In der Wilhelminischen Ära war der Umgang mit psychisch erkrankten Offizieren dadurch geprägt, dass der Diskurs über Nervenstärke eine mentale Mobilisierung von Militär und Bevölkerung beförderte, aber gleichzeitig die durch den Neurastheniediskurs ausgelöste Sensibilisierung für psychische Leiden sehr hoch war. Hier wirkte sich aus, dass die Psychiatrie, die sich als Teil des Professionalisierungsprozesses der Medizin in der zweiten Hälfte des 19. Jahrhunderts als eigenständige Disziplin herausbildete, um 1900 zunehmend den Anspruch vertrat, Leitwissenschaft zu sein. Damals war der Prozess der Medikalisierung bereits stark fortgeschritten, was medizinische Diagnosen genauso wie bürgerliche Normen bezüglich der Einstellung zu Gesundheit und Krankheit in der Gesellschaft verankerte und individuelle Krankheitserfahrungen in hohem Maße prägte und transformierte. Und gerade Nervenprobleme waren durch die »Entdeckung« der Neurasthenie vom ärztlichen Fachbegriff zum breit diskutierten Modethema geworden und führten zu einer hohen Nachfrage nach ärztlichen Therapien und Kuren.

Auch militärische Problemstellungen wurden in ähnlicher Weise, wie dies im sozialen, politischen und kulturellen Sektor geschah, zunehmend psychologisch interpretiert und Dysfunktionalität pathologisiert. Diesen Prozess beförderte, dass die Psychiatrie sich bereitwillig in den Dienst militärischer Interessen stellte, da sich die junge Disziplin durch die Arbeit für den militärischen Sektor einen Imagegewinn versprach. Die wissenschaftlichen Befunde über Nerven vermochten dem militärischen Nervendiskurs

VI. RESÜMEE

eine besondere Glaubwürdigkeit zu verleihen, wie umgekehrt die Interpretationen und Anforderungen aus diesem Bereich die Wissenschaft beeinflussten.

Bereits vor dem Ersten Weltkrieg kam es zu vielfachen Maßnahmen zur Entwicklung und Förderung der Militärpsychiatrie und zu einer systematischen Medikalisierung des Rekrutierungssystems. Hingegen existierten kaum Möglichkeiten zur medizinischen Behandlung psychischer Leiden im Militär. So wählten psychisch erkrankte Offiziere im Regelfall den Weg über die Beurlaubung und die private Behandlung in Kuranstalten – nur ganz vereinzelt gab es damals Offiziersgenesungsheime, in denen Offiziere ihre psychischen Leiden kurieren konnten.

Die Interpretation psychischer Leiden bei Offizieren in der Friedenszeit wurde von der Elitenstellung und der hohen Eigenständigkeit des Offizierskorps sowie dem weit verbreiteten sozialen Klassendenken bestimmt. Obwohl das Idealbild des mutigen, nervenstarken Offiziers im Ehrenkodex fest verankert war und sich spätestens seit 1890 auch in der Gesamtgesellschaft zum Männerideal entwickelt hatte, waren Offiziere vorrangig Teil eines elitären sozialen Personenverbands, der die Mitglieder nach innen und außen schützte. Der geschlossene Korpsgeist, das Anciennitätsprinzip und die hohe gesellschaftliche Stellung wirkten sich dahingehend aus, dass psychische Leiden bei Offizieren kaum dienstliche Konsequenzen hatten und viel Aufwand getrieben wurde, sie vor der Öffentlichkeit zu verbergen. Hinzu kam, dass das Offizierskorps, welches sich souverän durch Kooptation rekrutierte, die Auswahlkriterien in Bezug auf die psychischen Voraussetzungen für den Offiziersdienst sehr vage ließ, während zum Beispiel eine gehobene soziale Herkunft Pflicht war. Vielfach wurde als selbstverständlich vorausgesetzt, dass der Offiziersanwärter mit einer gehobenen Erziehung über Selbstbeherrschung und einen energischen Willen verfügte. Und schließlich bestimmten auch bei den Militärärzten soziale Gesichtspunkte in hohem Maße ihre medizinischen Urteile, sodass sie die Diagnose Neurasthenie vorrangig an Offiziere vergaben, während sie Mannschaftssoldaten bei ähnlichen Symptomen mit der »ehrlosen« Hysteriediagnose belegten. Da die Neurasthenie aufgrund ihrer starken Konnotation mit den Belastungen der Moderne kaum stigmatisiert war und als exogen verursachtes Leiden galt, das durch Kuren geheilt werden konnte, hatten betroffene Offiziere keine Karrierenachteile zu befürchten und behielten ihre geachtete Stellung im Offizierskorps und in der Gesellschaft bei.

Der Erste Weltkrieg bewirkte für den Aufbau der Militärpsychiatrie einen deutlichen Entwicklungssprung. Nun wurden die Therapiemöglichkeiten für psychische Krankheiten enorm ausgebaut. Die Ursache lag in den massenhaft auftretenden psychischen Zusammenbrüchen, die dazu führten, dass die Kriegsneurose bald zu einem Sinnbild des Krieges wurde und als ernsthafte Gefährdung für den militärischen Erfolg galt. Die Militärpsychiatrie erhielt die Zuständigkeit und die Mittel, psychisch bedingte Leiden der Kriegsteilnehmer ursächlich zu klären und Wege zu finden, das Problem der Kriegsneurosen in den Griff zu bekommen. Die große Mehrheit der Psychiater nahm diese Aufgabe an und stellte sich bereitwillig in den Kriegsdienst.

Auch für die deutsche Armee insgesamt markierte der Weltkrieg mit seinem außerordentlichen Modernisierungsschub, gerade im Bereich der Taktik und Waffentechnik, den entscheidenden Wechsel vom 19. ins 20. Jahrhundert. Auf Diskursebene stiegen die Anforderungen an die verlangte Nervenstärke der Offiziere parallel zu den psychischen Belastungen im Krieg stark an. Gleichzeitig fällt auf, dass das Militär psychische Erkrankungen bei Offizieren vertuschte, um durch eine Tabuisierung keinen Makel auf das Offizierskorps zu werfen, keinen demoralisierenden Effekt bei der Mannschaft auszulösen und nicht zuletzt, um das Ansehen und die Karriere des einzelnen Offiziers zu schützen. Insgesamt herrschte großes Verständnis für die Ausbildung psychischer Leiden angesichts der Realität des Krieges bei Vorgesetzten und Kameraden vor, wohingegen Untergebene deutlich kritischer waren. Innerhalb des Offizierskorps blieb im Regelfall die Stellung psychisch versehrter Offiziere unangetastet, die »Offiziersfähigkeit« wurde nicht in Frage gestellt. Nur Offiziere im Frontdienst, deren psychische Leiden ihre Leistung beeinflussten, wurden an der Front nicht geduldet, wobei Effektivitätserwägungen im Vordergrund standen, während die Frage von Feigheit oder Ehrenrührigkeit zwar intern kursierte und für das Selbstbild der Offiziere eine große Rolle spielte, aber kaum dienstliche Konsequenzen nach sich zog. Wurden Offiziere erneut frontdienstfähig, beeinträchtigten auch mehrfache Lazarettaufenthalte wegen psychischer Leiden ihre Karriere aufgrund des strikten Festhaltens am Ancienniätsprinzip im Regelfall nicht. Auch nutzte man alle Optionen, um nicht mehr frontdienstfähige militärische Führer noch fern der Front Dienst leisten zu lassen. Hier wirkte sich der Offiziersmangel aus, der zu einem sehr pragmatischen Umgang mit betroffenen Offizieren im Militär führte. Dass der Anteil der Offiziere, die aus dem Militär wegen Kriegsneurosen entlassen wurden, deutlich niedriger als bei den Mannschaftssoldaten lag, ist vorrangig damit zu erklären.

VI. RESÜMEE

Auch wenn psychische Leiden bei militärischen Führern in den militärischen Quellen und im psychiatrischen Diskurs aufgrund der engen Verflechtung von Kriegspsychiatrie und Militär, der Elitenstellung der Offiziere und ihrem habituellen Kanon weitgehend tabuisiert waren, zeigt die Auswertung der Krankenunterlagen, dass Offiziere in Deutschland nicht weniger als Mannschaftssoldaten von psychischen Leiden betroffen waren, was den Forschungsergebnissen für Großbritannien, die USA, Italien und Belgien entspricht. Ihre psychischen Leiden wurden von Militär und Psychiatrie als reale Krankheiten angesehen und die deutsche Armee löste ihre Fürsorgepflicht ein, indem sie ihnen lange Behandlungen und Erholungszeiten zugestand. Auffällig ist daneben, dass militärische Dienststellen auch mit psychisch erkrankten Offizieren im Lazarett in engem Austausch standen und die militärische Führung der Militärpsychiatrie anders als bei Mannschaftssoldaten keinen Primat zugestand. Auch wenn Nervenärzte bei einem Offizier von einem konstitutionell bedingten Leiden ausgingen, interpretierten militärische Dienststellen dessen seelische Leiden zumeist weiterhin als Folge der extremen Gewalterlebnisse. Besonders deutlich zeigt sich der militärische Primat in Bezug auf die Frage einer Kriegsdienstbeschädigung bei Offizieren. Die letzte Entscheidung wurde hier innerhalb des Korps und nicht von ärztlichen oder gerichtlichen Instanzen getroffen.

Offiziere entwickelten psychische Leiden vorrangig aufgrund der unmittelbaren Gewalterfahrung an der Front, wobei sich die Position subalterner Truppenführer als besonders »nervenzerreibend« herausstellte. Dies lag an der hohen Todes- und Verletzungsgefahr im maschinellen Stellungskrieg und in den Materialschlachten,[2] aber auch an der Verantwortung für ihre Untergebenen und ihrer Scharnierstellung in der militärischen Hierarchie, die sie zwang, hochriskante Befehle anderer durchzusetzen und vorbildhaft voranzugehen. Daneben waren Konflikte mit Vorgesetzten, die Arbeitsbelastung oder – gerade bei der Marine – der Zwang zur Untätigkeit wichtige Auslöser psychischer Leiden. Es fällt auf, dass Neurasthenie anders als in der Vorkriegszeit weder im Fremd- noch im Selbstbild allgemein akzeptiert wurde, da die Erkrankung zwar in direktem Zusammenhang mit den Belastungen des Krieges gesehen wurde, aber der Krieg als die entscheidende Bewährungsprobe für Offiziere galt.

---

[2] Auch für England ist belegt, dass vorrangig Subalternoffiziere im Ersten Weltkrieg von Kriegsneurosen aufgrund ihres Einsatzes an vorderster Front betroffen waren, während Stabsoffiziere sehr viel weniger psychisch krank wurden. Leese, Shell Shock, S. 109.

Militärische Führer litten meist aufgrund ihrer Sozialisation, der Pflicht zur Nerven- und Willensstärke und der starken Überwachung ihres Verhaltens untereinander in hohem Maße, wenn sie die Belastungen der Front nicht aushielten und ein psychisches Leiden sie zwang, eine Auszeit von der Front in Lazarettbehandlung zu nehmen. Offiziere standen hier unter höherem Leistungsdruck als Mannschaftssoldaten, viele schämten sich ihrer psychischen Leiden und verloren an Selbstbewusstsein. Oft versuchten sie statt der psychischen Versehrung körperliche Leiden in den Mittelpunkt zu rücken oder sich nach der Rückkehr aus dem Lazarett in eine andere Einheit versetzen zu lassen. Im Lazarett haderten viele damit, dass sie nicht an der Front sein und ihre »Pflicht« erfüllen konnten. Der Großteil sah dennoch ein, dass dies im Moment nicht machbar war, andere drängten an die Front zurück. Eine kritische Einstellung gegenüber Militär und Krieg aufgrund der Kriegserfahrungen, die die Leiden ausgelöst hatten, findet sich hingegen kaum. Im Regelfall blieben die Offiziere dem Wertekanon im Korps und dem emotionalen Regime des Krieges verhaftet.

Lediglich für eine kleine Minderheit der Offiziere, die psychische Leiden ausbildeten, gilt, dass sie ihre Privilegien gegenüber den Mannschaftssoldaten ausnutzten, um langfristig der Kampfzone zu entgehen, um Urlaub, eine Kurbewilligung oder eine Versetzung nach Wunsch zu erreichen. Auch profitierten nicht wenige unter ihnen von der Spezialisierung im Offizierskorps und der zunehmenden Wertschätzung des Technischen. Dies führte zu vielen Karrieremöglichkeiten fern der Front, aber bei einigen militärischen Führern auch zu einem professionell-technokratischen Selbstverständnis, das Kenntnisse und Fähigkeiten höher als Nervenstärke gewichtete.

Im Sanitätswesen wurden Offiziere durch eine privilegierte Unterbringung und Verpflegung im Lazarett deutlich bevorzugt. Während in Mannschaftslazaretten die Kaserne das Vorbild darstellte, war dies in für Offiziere vorgesehenen Einrichtungen das Kasino. Hinzu kam eine intensivere truppenärztliche Betreuung wie auch ein stärkeres Eingehen von Nervenärzten und Pflegern auf ihre Wünsche und Bedürfnisse. Hier spielte eine große Rolle, dass auch die Kriegspsychiater zumeist den Sanitätsoffiziersrang innehatten und ihnen viel daran lag, als gleichrangig von den Offizieren anerkannt zu werden.

Hingegen fielen in Bezug auf die vergebenen Diagnosen und Therapien die Unterschiede zwischen Offizieren und Mannschaftssoldaten nur graduell aus. Auch bei militärischen Führern wurden Diagnosen und Behandlungsformen nicht mehr vorrangig aus Gründen des »Taktes« und der gesellschaftlichen Etikette gewählt. Zwar diagnostizierten Psychiater bei Offizieren deutlich mehr neurasthenische Erschöpfungskrankheiten und sehr viel weniger Hysterie als bei Mannschaftssoldaten, doch vergaben sie nun anders als vor 1914 auch bei militärischen Führern eine ganze Bandbreite an Diagnosen einschließlich stigmatisierender Diagnosen wie Hysterie und Psychopathie. Parallel lockerten sich im psychiatrischen Fachdiskurs die Sagbarkeitsregeln in Bezug auf Offiziere mit psychischen Erkrankungen im Vergleich zur Vorkriegszeit deutlich.

Bei den Therapien bestimmte vorrangig die Diagnose die Behandlung, wenngleich sich ähnlich wie bei der Behandlung der Mannschaftssoldaten nicht durchgängig ein eindeutiger Kausalzusammenhang zwischen den Symptomen und Diagnosen und den daraufhin verordneten Therapien zeigt. Allerdings wurden bei Offizieren mit der Diagnose Hysterie die neuen, aktiven Behandlungsmethoden, die im Diskurs für die Hysterie-Behandlung empfohlen wurden, sehr viel weniger als bei Mannschaftssoldaten eingesetzt. Ein gänzliches Tabu waren sie aber nicht. Zudem ist zu betonen, dass diese Therapien auch bei einfachen Soldaten mit der Diagnose Hysterie nur in einer Minderheit der Fälle angewandt wurden. Eine weitere Besonderheit ist, dass Ärzte bei Offizieren häufiger als bei Mannschaftssoldaten auf eine Behandlung gänzlich verzichteten und auf deren Selbstheilungskräfte vertrauten.

Dass Psychiater im Ersten Weltkrieg insgesamt nun deutlich häufiger auch Offiziere vorrangig nach medizinischen und weniger nach sozialen Kriterien diagnostizierten und behandelten, stand im Zusammenhang mit dem Aufschwung der Psychiatrie als medizinischer Disziplin und einem erhöhten Selbstbewusstsein der Ärzte, das in der Vorkriegszeit noch undenkbar gewesen wäre. Auch spielten bei manchen Ärzten in ihrer Beurteilung psychisch erkrankter Offiziere militärische Effizienzkriterien eine wichtige Rolle. Gleichwohl ist für die deutsche Kriegspsychiatrie insgesamt zu konstatieren, dass sie sich nicht bedingungslos in den Dienst des Militärs stellte und der militärische Einfluss auf die medizinischen Urteile gering blieb.

Für den einzelnen Offizier in psychiatrischer Behandlung kam zum Tragen, dass der alltägliche Umgang der Psychiater mit Offizieren, solange Zurechnungsfähigkeit bestand, sehr stark von der militärischen Hierarchie bestimmt war. Die Ärzte begegneten den Offizieren mit Respekt und stellten deren Individualwohl in den Mittelpunkt. Gewalt und schmerzhafte Therapien wurden weitgehend vermieden, und Offiziere hatten sehr viel mehr Möglichkeiten als Mannschaftssoldaten, je nach Wunsch sich dem psychiatrischen Zugriff zu entziehen oder die Refugien der Kriegspsychiatrie, die vor militärischem Zugriff schützten, zu nutzen. Gleichwohl erwies sich gerade die Strategie von Ärzten und militärischen Dienststellen, kaum einen Offizier gegen seinen Willen an die Front zu schicken und ihn vielmehr in seinen persönlichen Wünschen zu unterstützen, gekoppelt mit der Erwartungshaltung, dass der Wunsch zum Militärdienst jedem Offizier innewohne, als erfolgreich. Der Anteil der Offiziere, der nach einem Lazarettaufenthalt wegen einer psychischen Versehrung direkt an die Front zurückging, lag deutlich höher als bei den Mannschaftssoldaten.

In der Kontroverse, ob der Kriegsdienst die psychischen Leiden der Kombattanten verursachte oder nicht, setzte sich im Krieg eine Lehrmeinung durch, die den psychiatrischen Fachdiskurs über mehrere Jahrzehnte hinweg bis in die 1960er Jahre prägte. Auf der Münchener Kriegstagung 1916 einigten sich die führenden Vertreter des Fachgebiets nach einer kontroversen Debatte darauf, einen Zusammenhang zwischen den Kriegserlebnissen und länger anhaltenden psychischen Störungen bei Soldaten auszuschließen und stattdessen den Erkrankten konstitutionelle Defizite und einen mangelnden »Willen zur Gesundheit« zu attestieren. Diese psychiatrische Lehre beinhaltete die folgenschwere Einschätzung, dass eine Kriegsrente dem Heilungsprozess abträglich sei. Dennoch blieben Veteranen des Ersten Weltkriegs, die an psychischen Störungen litten, bis zum Ende der Weimarer Republik trotz der Kritik führender Psychiater in das staatliche Fürsorgesystem integriert. Oft wurde selbst bei der Diagnose Hysterie ein Kausalzusammenhang zwischen Kriegsgeschehnissen und psychischer Krankheit angenommen – bei Offizieren wie bei einfachen Soldaten. Die entwickelte wissenschaftliche Theorie fand nicht umgehend in die psychiatrische Behandlungs- und Begutachtungspraxis Eingang, da sie unter den Nervenärzten, die sich nur langsam von etablierten Praktiken, Theorien und Konzepten abwandten, keine allgemeine Verbreitung und Akzeptanz fand.

Insgesamt zeigt die Analyse der im Ersten Weltkrieg in der deutschen Armee und Psychiatrie wirksamen Auffassungen und Praktiken im Umgang mit psychisch leidenden militärischen Führern die breite Toleranzspanne von Militär und Ärzteschaft in Bezug auf Anspruch und Wirklichkeit, sodass der einzelne betroffene Offizier in hohem Maße nach innen und außen in seinem sozialen Ansehen und in Bezug auf seine Karriere geschützt wurde. Erst mit der Niederlage büßten die Offiziere in weiten Teilen ihre Sonderstellung ein, obwohl sich das Offiziers-Idealbild bereits im Ersten Weltkrieg in mancher Hinsicht abgenutzt hatte, was vorrangig an den horrenden

Verlusten, den als ungerecht empfundenen Offiziersprivilegien und an Spannungen zwischen Offizieren und Mannschaften lag.

Mit der Niederlage und der Heeresverkleinerung verlor das Offizierskorps zudem in weiten Teilen die Existenzgrundlage – auch der Großteil der Offiziere ohne Kriegsdienstbeschädigungen musste sich nun eine bürgerliche Existenz aufbauen. Besonders betroffen waren davon Offiziere, deren psychische Leiden nicht vollständig geheilt waren, da sie kaum Chancen hatten, in die Reichswehr übernommen zu werden. Anders sah es bei genesenen Offizieren aus, die wieder die Felddienstfähigkeit erreicht hatten. Hier wirkte ein Lazarettaufenthalt wegen eines psychischen Leidens nicht als Übernahmehindernis, wobei eine große Rolle spielte, dass trotz der Mythologisierung des Fronterlebnisses in der Weimarer Republik das Offizierskorps der Reichswehr sachlich-professionell und vom Vorbild des Generalstabs geprägt war und das vorrangige Augenmerk bei der Offiziersauswahl auf technische Fertigkeiten und Spezialkenntnisse und nicht auf die Frontbewährung gerichtet wurde.

Hinzu kam, dass abgedankte Offiziere, die sich nun im Zivilleben zurechtfinden mussten, nicht mehr von den sozialen Privilegien im Kaiserreich profitieren konnten, obwohl sich noch einige Nischen und Relikte aus der Monarchie erhalten hatten. Für die Mentalität der psychisch versehrten Offiziere wirkte sich aus, dass die Degradierung der Offiziere den homogenen Korpsgeist, der aktive und inaktive Offiziere einschloss und bereits im Weltkrieg brüchig geworden war, endgültig sprengte. Damit verloren psychisch versehrte Offiziere a. D. ihre Verankerung in einer festen Gemeinschaft, wenngleich die gemeinsame Verlusterfahrung auch als sozialer Kitt wirken konnte, der einer Vereinzelung entgegenwirkte, neue Gruppenstrukturen und Identitäten schuf und oft zum Fortbestand persönlicher Beziehungen und Netzwerke aus der Kriegszeit führte.

Für die zivilen Lebensläufe und die wirtschaftliche Lage psychisch versehrter Offiziere a. D. in der Weimarer Republik gilt, dass ihr Wohlergehen im Regelfall stärker vom Schweregrad ihrer psychischen Störungen, ihrer zivilen Ausbildung und dem familiären und finanziellen Hintergrund abhing als von ihrem Offiziersstatus. Gleichwohl standen kriegsbeschädigten Offizieren in deutlich höherem Maße Vergünstigungen zu als Mannschaftssoldaten, die ihnen den Übergang ins Zivilleben erleichtern sollten. So wurden kriegsbeschädigte Offiziere bevorzugt im höheren Staatsdienst angestellt und erhielten erleichterte Abitur- und Hochschulzugänge. Hinzu kam, dass für sie in höherem Maße ein ausgebautes System der Berufsberatung und -vermittlung existierte. Die Lebensläufe psychisch versehrter Offiziere a. D. zeichnen sich durch eine große Heterogenität aus – manche Offiziere blieben für Jahrzehnte in psychiatrischen Heilanstalten, manche schlugen sich mit Hilfstätigkeiten durch, andere machten trotz chronischer psychischer Symptome bedeutsame zivile Karrieren. Insgesamt gilt, dass zwar eine psychische Versehrung in ähnlicher Weise wie eine körperliche Blessur zu einer Versorgung berechtigte, aber die Pensionen und Renten aufgrund einer Kriegsdienstbeschädigung im Durchschnitt sehr knapp ausfielen und den Vorstellungen der Offiziere von einer »standesgemäßen« Versorgung nicht entsprachen. Nur aktive Offiziere der Friedenszeit in höheren Diensträngen erhielten eine auskömmliche Pension. Für aktive, länger dienende Offiziere galt das Offizierspensionsgesetz von 1906, das von der Elitenstellung des Offizierskorps im Kaiserreich beeinflusst war und entsprechend den Gehältern sehr hohe Pensionssprünge mit steigendem Dienstgrad festlegte. Kriegs- und Reserveoffiziere, deren Kriegsdienstbeschädigung anerkannt wurde, bekamen hingegen eine Rente nach dem Reichsversorgungsgesetz von 1920, in dem die meisten Offiziersprivilegien abgeschafft waren und nur das Kriterium der zivilen Erwerbseinschränkung zählte.

Eine große Belastung für psychisch versehrte Offiziere bedeutete die Langwierigkeit und Kompliziertheit der Versorgungsverfahren, in denen Offiziere deutlich weniger als noch im Weltkrieg eine privilegierte Behandlung erfuhren. Hier wirkte sich zuvorderst der Verlust des militärischen Einflusses auf die Verfahren aus, da ihre Versorgungsansprüche nun von den Versorgungsbehörden des Arbeitsministeriums und nicht mehr innermilitärisch geregelt wurden. Hinzu kamen die starke Verrechtlichung der Versorgungsverfahren und der Wandel im Verhältnis von Psychiatern und Offizieren. Letzteres wurde in der Weimarer Republik dadurch bestimmt, dass das militärische Hierarchieverhältnis, das zwischen Offizieren und Kriegspsychiatern bestanden hatte, weggefallen war, und dass zwar auch das Sozialprestige der Psychiater durch den Krieg und die Republik gelitten hatte, doch der soziale Fall der Offiziere weitaus tiefer war. Beide Aspekte führten dazu, dass ein nüchtern-medizinischer Maßstab bei der Begutachtung psychisch versehrter Offiziere vorherrschte, der allerdings aufgrund des Meinungspluralismus in der Psychiatrie keinem stringenten Muster folgte. Nur Offiziere in höheren Dienstgraden wurden in den Verfahren aufgrund des nach wie vor bestehenden hohen Sozialprestiges und ihrer ausgeprägten persönlichen

Netzwerke privilegiert behandelt. Den übrigen Offizieren begegneten die begutachtenden Psychiater, die nicht nur das Leid der Patienten, sondern auch das fiskalische Wohl des Staates im Blick hatten, mit professioneller Distanz und auch des Öfteren mit Misstrauen, wodurch bei vielen psychisch versehrten Offizieren das Vertrauensverhältnis zwischen Arzt und Patienten, das bis in die Zeit des Ersten Weltkriegs zumeist intakt geblieben war, langfristig beschädigt wurde.

Für die militärische Haltung in der Weimarer Republik zu psychischen Leiden bei Offizieren und das Verhältnis von Offizieren und Nervenärzten im Militär stellte das Jahr 1927 eine deutliche Zäsur dar. Damals wurden in der Reichswehr psychologische Prüfstellen für Offiziersanwärter eingeführt, die in der NS-Zeit unter dem Begriff der Wehrmachtpsychologie ausgebaut wurden und bis Juli 1942 bestehen blieben. Das Offizierskorps, welches bis dahin auf seine Autonomie bei der Auswahl neuer Mitglieder bestanden und lediglich die allgemeine ärztliche Tauglichkeitsprüfung für Militärangehörige als Hürde akzeptiert hatte, öffnete sich nun sehr viel umfassenderen medizinischen Prüfkriterien bei der Auswahl der Offiziersanwärter, wenngleich die letztendliche Entscheidung, wer als Offizier aufgenommen wurde, nach wie vor innermilitärisch getroffen wurde. Die Erfahrungen des Ersten Weltkriegs, die Ausweitung der Militärpsychiatrie, der Aufschwung der Psychologie, das Leitbild vom professionellen Führertum in der Reichswehr wie auch der Versuch, Sorgen entgegenzutreten, dass sich die Reichswehr zu einem »Staat im Staate« entwickelte, hatten zu dieser Öffnung geführt. Ziel der psychologischen Untersuchungen war die Prüfung des ganzheitlichen Charakters, des Kampfgeistes und der Willensstärke des Offiziersanwärters durch eine neutrale, objektiv kontrollierbare Instanz. Die Medikalisierung und Verwissenschaftlichung des Offiziersauswahlverfahrens wurde nun so konsequent vorangetrieben, dass trotz Vorbehalten im Offizierskorps und immer wieder auftauchenden Konflikten zwischen Psychologen und Regimentskommandeuren bis weit in die NS-Zeit die Zahl der im Militär angestellten Nervenärzte stetig stieg und nun der Großteil im Bereich der Offiziersauslese beschäftigt war. Erst die hohen Verluste des Russlandfeldzugs führten dazu, dass es kein hinreichend großes Reservoir für die Offiziersauswahl mehr gab, was schließlich die Auflösung der Heeres- und Luftwaffen-Psychologie 1942 bedingte.

Eine abrupte Veränderung im versorgungsrechtlichen Umgang und in der psychiatrischen Begutachtungspraxis trat mit einem vom Kabinett Hitler im Juli 1934 verabschiedeten Gesetz ein, das kriegsbedingte seelische

Langzeitschäden bestritt und noch bestehende psychische Symptome der Weltkriegsveteranen als charakterliche und angeborene Minderwertigkeit deutete und ihre Rentenansprüche abschaffte. Dass die psychiatrische Lehrmeinung, die seit der Münchener Kriegstagung von 1916 in psychiatrischen Fachjournalen propagiert worden war, nun ohne nennenswerten Widerstand flächendeckend in die Praxis umgesetzt wurde, erklärt sich aus ihrer hohen Übereinstimmung mit nationalsozialistischem Gedankengut wie auch damit, dass sich die Nervenärzte im Nationalsozialismus und im Zweiten Weltkrieg in der großen Mehrheit rasch und vorbehaltlos in den Dienst des Staates stellten. Hinzu kam, dass sich mittlerweile die Gültigkeit dieser Lehrmeinung unter den Psychiatern durchgesetzt hatte und auch nach 1945 bis in die 1960er Jahre nicht mehr in Frage gestellt wurde.[3]

1933/34 bedeutete auch für die psychisch versehrten Offiziere a. D. eine radikale Zäsur. Sie verloren ihre Renten wie auch die verbliebenen Reste ihrer sozialen Sonderstellung, da trotz starken Militarisierungstendenzen sich vorrangig auswirkte, dass in der NS-Ideologie der »stahlharte« Frontkämpfer und nicht der Offizier als Angehöriger eines privilegierten Gesellschaftsstandes verherrlicht wurde und das Männlichkeitsideal bestimmte. In der Gesetzgebung und auch in der staatlichen und psychiatrischen Praxis wurden psychisch versehrte Offiziere nun nahezu vollständig den Mannschaftssoldaten gleichgestellt. So gerieten auch militärische Führer des Ersten Weltkriegs in die Sterilisierungs- und Tötungsmaschinerie der sogenannten »Euthanasie«.

Für die Mentalität psychisch versehrter Offiziere a. D. gilt, dass viele zuerst große Hoffnungen in Hitler und das neue Regime setzten, da sie auf eine gesteigerte Machtstellung des Militärs und ein erhöhtes Sozialprestige für das Offizierskorps hofften. Viele erwarteten nach dem sachlich-distanzierten Umgang der Weimarer Republik mit den Kriegsversehrten eine neue Wertschätzung ihrer psychischen Leiden und die Einlösung des Versprechens der Nationalsozialisten, den Kriegsbeschädigten den »Dank des Vaterlandes« zukommen zu lassen – in sozialer, aber auch in wirtschaftlicher Hinsicht. Als dieser ausblieb, psychisch Versehrte diffamiert und ihre Ver-

---

3 Erst danach wurden neue Stress- und Traumakonzepte dominant, die im Gegensatz zur früheren Vorstellung die Meinung verfechten, dass eine psychische Erkrankung im Kriegseinsatz eine normale Reaktion auf ein unnatürliches Ereignis sei. Zweifel der psychiatrischen Gutachter, ob die Leiden der Veteranen wirklich durch den Krieg verursacht wurden, prägen allerdings nach wie vor häufig die Entschädigungsverfahren in der Bundeswehr. Vgl. zus. Goltermann, Die Gesellschaft der Überlebenden, S. 430f.; Rauh/Prüll, Krank durch den Krieg?

sorgung gekürzt oder gänzlich gestrichen wurde, reagierten viele mit bitterer Enttäuschung. Gleichzeitig profitierten wieder genesene Offiziere, die im Ersten Weltkrieg psychische Leiden erlitten hatten, vom enormen Aufbau der Wehrmacht, der auch für verabschiedete Offiziere gute Chancen zur Wiedereinstellung mit sich brachte.

Im Umgang des Militärs mit psychisch leidenden Offizieren bedeutete die Machtergreifung durch die Nationalsozialisten ebenfalls eine deutliche Zäsur. Willensstärke, die nun mit emotionaler Härte gleichgesetzt wurde, Frontbewährung und die Übereinstimmung mit den NS-Prinzipien spielten in der Wehrmacht eine zunehmende Rolle, wenngleich die traditionellen Kriterien bei der Offiziersrekrutierung und -beförderung noch bis zum verlustreichen Russlandfeldzug 1941/42 wirksam blieben und soziale Kriterien, Bildung und technisches Können betont wurden. Erst zu diesem Zeitpunkt rückte man hiervon ab und öffnete die Offiziersstellen endgültig für das Unteroffizierskorps. Der Kriegsverlauf selbst hatte die soziale Öffnung des Offizierskorps erzwungen. Mit der Ablösung von Offiziersbewerbung, Offizierswahl und Anciennitätsprinzip vollzog sich die endgültige Abkehr von dem traditionellen, schon seit langem brüchig gewordenen ständisch-elitären Selbstverständnis des deutschen Offizierskorps. Als langfristiges Ziel galt nun ein einheitliches »Wehrmachtführerkorps«, in dem sich Offiziere und Unteroffiziere nur durch funktionale Merkmale unterschieden.[4] Frontbewährung wurde seitdem das wichtigste Kriterium für die Beförderung zum Offizier.

Im Zweiten Weltkrieg zeigte sich in der Handhabung psychischer Leiden bei Kriegsteilnehmern allgemein eine deutliche Radikalisierung gegenüber dem vorangegangenen Krieg. Kurzfristige psychische Zusammenbrüche wurden in der Wehrmacht zwar akzeptiert und den Betroffenen begrenzte Erholungszeiten eingeräumt, da in diesen Fällen genauso wie in der US-amerikanischen, britischen und französischen Armee die frontnahe Behandlung praktiziert wurde, die sich als »Lehre des Ersten Weltkriegs« durchgesetzt hatte und bei der die Betroffenen nach kurzer Erholungsphase zu ihrer Einheit zurückgeschickt wurden. Langfristige Leiden galten in Deutschland

---

4 Bernhard Kroener betont, dass in den letzten Kriegsjahren der Wehrmachtsoffizier ohne soziale Exklusivität und sein traditionelles Normengefüge zum »Volksgenossen« in Uniform wurde, was entscheidend dazu beigetragen habe, dass die von gänzlich anderen ideologischen Voraussetzungen getragene soziale Öffnung des Offizierskorps in der Bundeswehr nach 1956 und die Umsetzung des Konzeptes des »Staatsbürgers in Uniform« ohne größere Schwierigkeiten gelungen sei. Kroener, Auf dem Weg zu einer »nationalsozialistischen Volksarmee«, S. 153–188.

jedoch als der Konstitution und der Willensschwäche geschuldet, auf die Militär und Militärpsychiatrie mit strengen Disziplinierungsmaßnahmen und drakonischen Therapien reagierten. Diese Praxis einer konsequent harten Haltung gegenüber »Kriegsneurotikern« setzte sich flächendeckend durch, da sie erstens der nationalsozialistischen Ideologie entsprach, zweitens gesetzlich verankert war und drittens als wissenschaftlicher psychiatrischer Standard galt. Anders als im Ersten Weltkrieg wurden nun psychische Leiden bei Offizieren noch weniger als bei Mannschaftssoldaten toleriert, da bei Offizieren die Messlatte in Bezug auf die geforderte Nervenstärke deutlich höher angelegt wurde. Die soziale Egalisierung des Offizierskorps und die Neuinterpretation der »Offiziersfähigkeit«, in der Frontbewährung als das entscheidende Kriterium angesehen wurde, führten dazu, dass sich ein Umgang mit psychisch erkrankten Offizieren herausbildete, der in diametralem Gegensatz zum Procedere im Ersten Weltkrieg stand.

Quellen und Literatur

Archivalische Quellen

Bayerisches Hauptstaatsarchiv Abt. IV: Kriegsarchiv (BayHStA-KA)

MilGer. 3. Div., Fallakten der Militärgerichte der 3. Division.
Mkr 12681   Kriegsministerium (OB Neuere Akten).
OP   Offizierspersonalakten der bayerischen Armee.
Stv. GenKdo. I. A.K., SanA Sanitätsamt des 1. Armeekorps.
Stv. GenKdo. II. AK., SanA Sanitätsamt des 2. Armeekorps.

Bundesarchiv Berlin-Lichterfelde (BArch)

R 3901   Reichsarbeitsministerium (RAM), Versorgungsangelegenheiten:
            - Nrn. 7824–8725 Beschwerden Beschädigter über Begutachtung und Gutachter.
            - Nr. 9118 Offizierskurheim Oeynhausen.
            - Nrn. 10129–10260 Eingaben, Beschwerden usw. von Offizieren des ehem. aktiven Dienststandes der früheren Wehrmacht in Pensionsangelegenheiten, Buchstabe L, Bd. 2, Juli 1929 - Febr. 1944.
            - Nr. 10239 Nachprüfung gemäß Artikel 2 des Fünften Gesetzes über das Verfahren in Versorgungssachen vom 3.7.1934, Offiziere einschl. Hinterbliebene, Einzelfälle, Juni 1936 - Juni 1937.
RH 69/1831 Personalangelegenheiten.

Bundesarchiv Militärarchiv (BA-MA)

Pers 9   Aktenbestand des ehemaligen Krankenbuchlagers in Berlin (Krankenblätter aus verschiedenen Lazaretten und Lazarettypen – Heimat-, Feldlazarette – des Königlich Preußischen Heeres zwischen 1914 und 1918)

Generallandesarchiv Karlsruhe (GLA)

456 F 2	Offiziersangelegenheiten.
456 F 41/143	Ranglistenauszüge (Infanterie-Regiment 142); enthält auch: u.a. Krankenblätter.
456 F 113	Sanitätsamt (Krieg) / 1914–1920
456 F 118	Versorgungs-, Reserve-, Offiziers- und Kriegsgefangenenlazarette

Hauptstaatsarchiv Stuttgart (HStAS)

E 151/51	Aufnahme von geisteskranken Kriegsteilnehmern in den Staatsirrenanstalten 1914–1919.
M 77/1	Allgemeine Verfügungen.
M 430	Offizierspersonalakten des Württembergischen Armeekorps.

Hessisches Hauptstaatsarchiv Wiesbaden (HHStAW)

1158/31	Sammlung von Fotos des Offizierheims Taunus (später Obertaunusheim) in Falkstein 1901–1950.

Krankenbuchlager Berlin (KBL) (seit 2019 wieder zugänglich bei: Deutsche Dienststelle (WASt), Unterlagen aus dem ehemaligen Krankenbuchlager)

1039, 1040	Krankenbücher des Offiziers-Lazaretts Baden-Baden, Res.-Laz. Abt. Darmstädter Hof, Johanniter.
13885–13886	Krankenbücher des Heimatlazaretts Breslau, Abt. Nervenklinik.
18040–18048	Krankenbücher des Offiziersheim Taunus in Falkenstein.
19958–19965	Krankenbücher des Reserve-Lazaretts II, Abt. für Geisteskranke u. Abt. für Nervenkranke, Görden/Brandenburg.
21515	Krankenbuch des Offizierslazaretts Heidelberg.
34821	Krankenbuch des Kriegslazaretts Abt. 53, Offiziersgenesungsheim Beirvelde.
35578–35578	Krankenbücher des Kriegslazaretts 128 G. »Nervenstation Antonia« einschl. »Barmherzige Schwestern« Bukarest.
39441	Krankenbuch des Offiziersgenesungsheims Joeuf der 5. Armee.
46580–46582	Krankenbücher des Kriegslazaretts Abtlg. I/18 Sedan Offizier-Lazarett Crussy.

Landesarchiv Baden-Württemberg, Abt. Staatsarchiv Freiburg

B 822/1   Heil- und Pflegeanstalt Konstanz

Sächsisches Hauptstaatsarchiv (SächsHStA)

11248   Sächsisches Kriegsministerium
11335   Ehrengerichtsakten (EGA) der Sächsischen Armee.
11348   St. GK XIX. AK, Stellvertretendes Generalkommando des XII. Armeekorps.

Sächsische Landesbibliothek – Staats- und Universitätsbibliothek Dresden (SLUB)

NL Walter Wackwitz 2561c.4 Mein Lebensweg. Teil II. Kriegstagebuch 1914/18

Universitätsarchiv Heidelberg (UAH)

Psychiatrische Klinik, Krankenblattakten (1875–1952).

Universitätsarchiv der Humboldt-Universität zu Berlin (UAHUB)

nerv - 013–056 Charité Nervenklinik Bestand: Akten betr. Gutachtertätigkeit (1900–1960).

Universitätsarchiv Tübingen (UAT)

308/89   Kriegsneurosen 1914–18.
669   Nervenklinik, Krankengeschichten (II) (1893–1909) 1910–1959 (1960)

Gedruckte Quellen und zeitgenössische Literatur

Achte Jahresversammlung (Kriegstagung der Gesellschaft deutscher Nervenärzte, München 22. und 23.9.1916), in: Deutsche Medizinische Wochenschrift, 16./23.11.1916, S. 1434–1436; S. 1466–1467.

Adler, Alfred, Die neuen Gesichtspunkte in der Frage der Kriegsneurose (1918), in: Ders., Praxis und Theorie der Individualpsychologie: Vorträge zur Einführung in die Psychotherapie für Ärzte, Psychologen und Lehrer, München u. a.1920. URL: ‹http://www.textlog.de/adler-psychologie-kriegsneurose-praxis.html›.

Afflerbach, Holger (Bearb.), Kaiser Wilhelm II. als Oberster Kriegsherr im Ersten Weltkrieg. Quellen aus der militärischen Umgebung des Kaisers 1914–1918, München 2005.

Altrichter, Friedrich, Die seelischen Kräfte des Deutschen Heeres im Frieden und im Weltkriege, Berlin 1933.

Altrock, Constantin v., Vom Sterben des Deutschen Offizierkorps. Mit einer Statistik der Kriegsverluste an Toten nach amtlicher Bearbeitung (Militär-Wochenblatt/Beiheft), Berlin 1921.

Alzheimer, Alois, Der Krieg und die Nerven, Breslau 1915.

Anhaltspunkte für die Beurteilung der Minderung der Erwerbsfähigkeit (E.M.) nach dem Reichsversorgungsgesetz vom 12. Mai 1920, hrsg. vom Reichsarbeitsministerium, in: Entscheidungen des Reichsversorgungsgerichts (Reichs-Militärversorgungsgericht). Amtliche Veröffentlichung, hrsg. von Mitgliedern des Reichsversorgungsgerichts, Bd. 4, Berlin 1925, S. 277–303.

Anhaltspunkte für die militärärztliche Beurteilung der Frage der Dienstbeschädigung oder Kriegsdienstbeschädigung bei den häufigsten psychischen und nervösen Erkrankungen der Heeresangehörigen, in: Entscheidungen des Reichsversorgungsgerichts (Reichs-Militärversorgungsgericht). Amtliche Veröffentlichung, hrsg. von Mitgliedern des Reichsversorgungsgerichts, Bd. 2, Berlin 1922, Anhang, S. 289–297.

Anleitung für Kompagnieführer, Berlin 1916.

Armee-Verordnungsblatt, hrsg. vom Kriegsministerium, Berlin 1914–1919.

Aschaffenburg, Gustav, Die konstitutionellen Psychopathen, in: Karl Bonhoeffer/Otto von Schjerning (Hrsg.), Handbuch der ärztlichen Erfahrungen im Weltkriege 1914/1918, Bd. 4: Geistes- und Nervenkrankheiten, Leipzig 1922, S. 122–153.

Awtokratow, Piotr, Die Geisteskranken im russischen Heere während des Japanischen Krieges, in: Allgemeine Zeitschrift für Psychiatrie 64 (1907), S. 286–319.

Baller, Karl, Krieg und krankhafte Geisteszustände im Heere, in: Allgemeine Zeitschrift für Psychiatrie und Psychisch-Gerichtliche Medizin 73 (1917), S. 1–32.

Bernhardi, Friedrich von, Deutschland und der nächste Krieg: mit 1 Kartenskizze, Stuttgart u. a. 1912.

Binswanger, Otto/Ernst Siemerling, Lehrbuch der Psychiatrie, Jena 1907.

Bernheim, Hippolyte, Die Suggestion und ihre Heilwirkung, übers. von Sigmund Freud, Leipzig u. Wien 1888.

Beumelburg, Werner, Douaumont. Unter Benutzung der amtlichen Quellen des Reichsarchivs, Oldenburg i. O. u. a. 1924.

Beumelburg, Werner, Gruppe Bosemüller. Der Roman des Frontsoldaten, Berlin 1930.

Binding, Karl/Alfred Hoche, Die Freigabe der Vernichtung lebensunwerten Lebens. Ihr Maß und ihre Form, 2. Auflage, Leipzig 1922.

Binswanger, Otto, Die seelischen Wirkungen des Krieges, Stuttgart u. Berlin 1914.

Birnbaum, Karl, Kriegsneurosen und -psychosen: auf Grund der gegenwärtigen Kriegsbeobachtungen. Sonderabdruck aus Zeitschrift für die gesamte Neurologie und Psychiatrie, Referate, XI-XVI,

- Erste Zusammenstellung vom Kriegsbeginn bis Mitte März 1915, Berlin 1915, S. 322–370.
- Zweite Zusammenstellung von Mitte März bis Mitte August 1915, Berlin 1915, S. 1–90.
- Dritte Zusammenstellung von Mitte August 1915 bis Ende Januar 1916, Berlin 1915, S. 317–389.
- Vierte Zusammenstellung von Anfang Februar 1916 bis Ende Juli 1916, Berlin 1916, S. 457–534.
- Fünfte Zusammenstellung von Anfang August 1916 bis Ende März 1917, Berlin 1917, S. 193–259, 314–352.
- Sechste Zusammenstellung von April bis Ende 1917, Berlin 1917, S. 1–78.

Ders., Über psychopathische Persönlichkeiten. Eine psychopathologische Studie, Wiesbaden 1909

Bleuler, Eugen, Das Autistisch-Undisziplinierte Denken in der Medizin und seine Überwindung, 2. Aufl., Berlin 1921.

Boguslawski, Albert v., Betrachtungen über Heerwesen und Kriegführung, Berlin 1897.

Bohnsen, H., Erbbiologische Gesichtspunkte bei der psychologischen Prüfung der Offiziersanwärter, in: Veröffentlichungen aus dem Gebiete des Heeres-Sanitätswesen 108 (1939), S. 159–173.

Bonhoeffer, Karl, Psychiatrie und Krieg, in: Deutsche Medizinische Wochenschrift 40 (1914), S. 1777–1779.

Ders./Otto von Schjerning (Hrsg.), Handbuch der ärztlichen Erfahrungen im Weltkriege 1914/1918, Bd. 4: Geistes- und Nervenkrankheiten, Leipzig 1922.

Ders., Über die Bedeutung der Kriegserfahrungen für die allgemeine Psychopathologie und Ätiologie der Geisteskrankheiten, in: Ders./Otto von Schjerning (Hrsg.), Handbuch der ärztlichen Erfahrungen im Weltkriege 1914/1918, Bd. 4: Geistes- und Nervenkrankheiten, Leipzig 1922, S. 3–44.

Ders., Inwieweit sind politische, soziale und kulturelle Zustände einer psychopathologischen Betrachtung zugänglich? in: Klinische Wochenschrift 2 (1923), S. 598–601.

Böttiger, Kurt, Diskussion zum Vortrag Nonne: Zur therapeutischen Verwendung der Hypnose bei Fällen der Kriegshysterie, in: Neurologisches Zentralblatt 35 (1916), S. 261 f.

Bresler, Johannes, Seelenkundliches. [Fortsetzung] Hysterie ohne Ende, in: Psychiatrisch-Neurologische Wochenschrift 20 (1919) 41/42, S. 262–267.

Ders., Ergebnisse der Kriegspsychiatrie und Kriegsneurologie 1914–1918 nebst Verzeichnis der wichtigeren Veröffentlichungen auf diesem Gebiet, in: Schmidts Jahrbücher der in- und ausländischen gesamten Medizin 330 (1919), S. 165–183 (Teil 1) und 331 (1920), S. 1–19 (Schluß).

Brückner, Psychiatrische Kriegserfahrungen, in: Münchner Medizinische Wochenschrift, 6. Juni 1916, Nr. 23, S. 837.

Bumke, Oswald, Die Pupillenstörungen bei Geistes- und Nervenkranken, Jena 1904.

Ders., Kriegsneurosen. Allgemeine Ergebnisse, in: Ders./Otto Foerster (Hrsg.), Handbuch der Neurologie. Ergänzungsband, Teil 1, Berlin 1924, S. 54–71.

Ders., Lehrbuch der Geisteskrankheiten, 3. Aufl., München 1929.Bundesminister für Arbeit (Hrsg), Die Krankheitsnummern der ehemaligen Wehrmacht für die Zeit von 1896–1945, Bonn 1953.

Bunnemann, Der Begriff des Mittels in der Hysterielehre, in: Archiv für Psychiatrie und Nervenkrankheiten 59 (1918) Heft 1, S. 205–252.

Curschmann, Hans, Zur Kriegsneurose bei Offizieren, in: Deutsche Medizinische Wochenschrift 43 (1917), S. 291–293.

Ders., Nervenkrankheiten, in: Ders./Arthur Jores, Lehrbuch der speziellen Therapie innerer Krankheiten, Berlin 1947, S. 176–207.

Curtius, Friedrich, Konstitution, in: G. v. Bergmann/R. Staehelin (Hrsg.), Handbuch der Inneren Medizin, Bd. 6, Teil 2: Konstitution Idiosynkrasien Stoffwechsel und Ernährung, 3. Aufl., Berlin 1944, S. 1–342.

Dannehl, Neurasthenie und Hysterie in der Armee, in: Deutsche Militärärztliche Zeitschrift 38 (1909), S. 969–991.

Deich, Friedrich, Windarzt und Apfelsinenpfarrer. Aufzeichnungen eines Psychiaters, Freiburg i. Brsg. 1956.

Deimling, Berthold von, Von der alten in die neue Zeit, Berlin 1930.

Dessoir, Max, Kriegspsychologische Betrachtungen, Leipzig 1916.

Deutsches Reichsgesetzblatt, 1919, URL: ‹https://commons.wikimedia.org/wiki/File:Deutsches_Reichsgesetzblatt_1919_181_1654.jpg›.

Diekmann, Paul, Feldpostbriefe aus dem Ersten Weltkrieg – Teil IV (Oktober bis Dezember 1916), DHM-Lemo, URL: ‹https://www.dhm.de/lemo/zeitzeugen/paul-diekmann-feldpostbriefe-aus-dem-ersten-weltkrieg-teil-iv-oktober-bis-dezember-1916.html›.

Dienstanweisung zur Beurtheilung der Militär-Dienstfähigkeit und zur Ausstellung von Attesten. Vom 8. April 1877, Berlin 1877.

Dienstanweisung zur Beurtheilung der Dienstfähigkeit für die Marine, Berlin 1912.

Döblin, Alfred, November 1918. Eine deutsche Revolution, Bd. 1, Frankfurt a.M. 2008 [Erstveröffentlichung 1948].

Döring, Edmund-Dieter, Zur Frage der Unfruchtbarmachung Kopfverletzter unter besonderer Berücksichtigung der Kriegsbeschädigten, Diss. Bonn 1936.

Dreidoppel, Heinrich/Max Herresthal/Gerd Krumeich (Hrsg.), Mars. Kriegsnachrichten aus der Familie 1914–1918. Max Trimborns Rundbrief für seine rheinische Großfamilie, Essen, 2013.

Düms, Fr.[iedrich] A.[ugust], Handbuch der Militärkrankheiten, Bd. 3: Die Krankheiten der Sinnesorgane und des Nervensystems einschließlich der Militärpsychosen, Leipzig 1900.

Düwell, Wilhelm, Vom inneren Gesicht des Krieges. Beiträge zur Psychologie und Soziologie des Krieges, Jena 1917.

Edel, P./A. Hoppe, Zur Psychologie und Therapie der Kriegsneurosen, in: Münchener Medizinische Wochenschrift, 30. Juli 1918, Nr. 31, S. 836–840.

Entscheidungen des Reichsversorgungsgerichts (Reichs-Militärversorgungsgericht). Amtliche Veröffentlichung, hrsg. von Mitgliedern des Reichsversorgungsgerichts, Berlin 1921–1940 (damit Ersch. eingest.).

Erb, Wilhelm, Handbuch der Elektrotherapie, Leipzig 1882.

Erichsen, John Eric, On railway and other injuries of the nervous system, London 1866

Everth, Erich, Von der Seele des Soldaten im Felde. Bemerkungen eines Kriegsteilnehmers, Jena 1915.

Felddienstordnung 1908, Berlin 1908.

Finckh, J., Die Nerven, ihre Gefährdung und Pflege in Krieg und Frieden. Gemeinverständliche Darstellung, hrsg. v. K. Gerster, 5. Aufl., München 1918.

Fischer, Max, Wahlrecht, Wahlfähigkeit und Wählbarkeit der Geisteskranken, in: Psychiatrisch-Neurologische Wochenschrift 20 (1918/19), S. 313–316.

Flex, Walter, Wanderer zwischen beiden Welten. Ein Kriegserlebnis, München 1918. [1. Aufl. 1917]

Frank, Engelbert, Handbuch für die Vertreter und Vereine des Bayerischen Kriegerbundes, München 1926.

Fränkel, Fritz, Über die psychopathische Konstitution bei Kriegsneurosen, in: Monatsschrift für Psychiatrie und Neurologie 47 (1920), S. 287–309.

Freimark, Hans, Die Revolution als psychische Massenerscheinung, München 1920.

Freud, Sigmund/Josef Breuer, Studien über Hysterie, Leipzig u. Wien 1895 (Neudruck: 6. Aufl., Frankfurt a.M. 1991).

Ders./S. Ferenczi/Karl Abraham/Ernst Simmel/Ernest Jones, Zur Psychoanalyse der Kriegsneurosen. Diskussion gehalten auf dem V. Internationalen Psychoanalytischen Kongreß in Budapest, 28. und 29. September 1918, Leipzig/Wien 1919.

Ders., Über Kriegsneurosen. Elektrotherapie und Psychoanalyse, in: Psyche 26 (1972), S. 939–951 [Original 1920].

Ders., Massenpsychologie und Ich-Analyse, in: Ders., Studienausgabe, Bd. IX, Frankfurt a.M. 1974, S. 61–134.

Freund, Wilhelm Alexander, Wie steht es um die Nervosität unserer Zeitalters?, Leipzig 1894.

Freytag-Loringhoven, Hugo Feiherr von, Der Infanterie-Angriff in den neuesten Kriegen. Ein Beitrag zur Klärung der Angriffsfrage, Berlin 1905.

Ders., Das Exerzier-Reglement für die Infanterie vom 29. Mai 1906. Kriegsgeschichtlich erläutert, Berlin 1907.

Ders., Die Grundbedingungen kriegerischen Erfolges. Beiträge zur Psychologie des Krieges im 19. und 20. Jahrhundert, Berlin 1914.

Friedländer, Adolf Albrecht, Nerven- und Geisteskrankheiten im Felde und im Lazarett. Wiesbaden 1914.

Ders., Achte Jahresversammlung der Gesellschaft Deutscher Nervenärzte in München am 22. und 23. September 1916, in: Deutsche Zeitschrift für Nervenheilkunde 56 (1917), S. 1–214.

Ders., Kriegsmedizinische und -psychologische Bemerkungen, in: Monatsschrift für Psychiatrie 41 (1917), H. 5, S. 257–290.

Fröhlich, Carl, Einige Bemerkungen über die geisteskranken Invaliden des Krieges 1870/71, in: Archiv für Psychiatrie und Nervenkrankheiten, 1881 (12), S. 269–272, S. 503–504

Frölich, Hermann, Militärmedicin. Kurze Darstellung des gesamten Militär-Sanitätswesens, Braunschweig 1887.

Fünftes Gesetz zur Änderung des Gesetzes über das Verfahren in Versorgungssachen vom 3. Juli 1934, in: Deutsches Reichsgesetzblatt 1934, Teil 1, S. 544–547.

Gaupp, Robert, Diskussionsbeitrag zu Jacobi, in: Medicinisches Correspondenz-Blatt des Württembergischen ärztlichen Landesvereins, 3. April 1915, Nr. 14, S. 141.

Ders., Hysterie und Kriegsdienst, in: Münchener Medizinische Wochenschrift 16.3.1915, Jg. 62 (1915), Heft 11, S. 361–363.

Ders., Kriegsneurosen. Erweitertes Referat, gehalten auf der gemeinsamen Kriegstagung der Gesellschaft Deutscher Nervenärzte und des Deutschen Vereins für Psychiatrie in München am 22. September 1916, in: Zeitschrift für die gesamte Neurologie und Psychiatrie 34 (1916), S. 357–390.

Ders., Wahn und Irrtum im Leben der Völker, Tübingen 1916.

Ders., Die Nervenkranken des Krieges, Ihre Beurteilung und Behandlung. Ein Wort zur Aufklärung und Mahnung unseres Volkes, Stuttgart 1917.

Ders., Über die Neurosen und Psychosen des Kriegs. Vortrag gehalten am 21. November 1917, in: Münchener Medizinische Wochenschrift, 30.4.1918, S. 493 f.

Ders., Der Arzt als Erzieher seines Volkes, in: Blätter für Volksgesundheitspflege 19 (1919), S. 77–80.

Ders., Die zukünftige Stellung des Arztes im Volke. Ansprache an die Studierenden der Medizin der Universität Tübingen (23.X.1919), Tübingen 1919.

Ders., Schreckneurosen und Neurasthenie, in: Handbuch der ärztlichen Erfahrungen im Weltkriege 1914/1918: Bd. 4: Geistes- und Nervenkrankheiten, hrsg. v. Karl Bonhoeffer, Leipzig 1922, S. 68–101.

Ders., Die psychischen und nervösen Erkrankungen des Heeres im Weltkrieg, in: Der Deutsche Militärarzt 5(1940), S. 358–368.

Gerling, Reinhold, Die Gymnastik des Willens. Praktische Anleitung zur Erhöhung der Energie und Selbstbeherrschung, Oranienburg 1914.

Gesetz zur Verhütung erbkranken Nachwuchses vom 14. Juli 1933, in: Reichsgesetzblatt, Teil I, Nr. 86, Berlin, 25. Juli 1933, S. 529.

Göhre, Paul, Front und Heimat. Religiöses, Politisches, Sexuelles aus dem Schützengraben, Jena 1917.

Goltz, Colmar v. d., Das Volk in Waffen. Ein Buch über Heerwesen und Kriegführung unserer Zeit, Berlin 1883.

Goßler, Konrad Ernst von, Erinnerungen an den Großen Krieg. Dem VI. Reservekorps gewidmet, Breslau 1919.

Groener, Wilhelm, Lebenserinnerungen. Jugend, Generalstab, Weltkrieg, hrsg. v. Friedrich Freiherr Hiller von Gaertringen, Göttingen 1957.

Gudden, Hans, Über Massensuggestion und psychische Massenepidemien. Vortrag, gehalten im Kaufmännischen Verein zu München, München 1908–

Gürtler, Major, Zur Geschichte des bayerischen Offizierkorps, in: Constantin v. Altrock, Vom Sterben des Deutschen Offizierkorps. Mit einer Statistik der Kriegsverluste an Toten nach amtlicher Bearbeitung (Militär-Wochenblatt/Beiheft), Berlin 1921, S. 18–21.

Handbuch der Reichsversorgung (HdR), hrsg. vom Reichsarbeitsministerium, Berlin 1932 ff. (Losebl.-Werk in 2 Ordnern, letzte Lieferung März 1943).

Haug, Elisabeth (Hrsg.), Der Erste Weltkrieg. Kriegstagebuch des Generals Nikolaus Ritter von Endres, Norderstedt 2013.

Heeres-Verordnungsblatt, hrsg. vom Reichswehrministerium (Heeresverwaltung), 2. Jahrgang, Berlin 1920.

Heinze, Robert, Über die Behandlung und Beurteilung der Kriegsneurosen: Inaugural-Dissertation zur Erlangung der Doktorwürde in der Medizin, Chirurgie der Hohen Medizinischen Fakultät der Schlesischen Friedrich-Wilhelms-Universität zu Breslau, Berlin 1917.

Hellpach, Willy, Die geistigen Epidemien, Frankfurt a.M. 1906.

Ders., Kriegsneurasthenie, in: Zeitschrift für die gesamte Neurologie und Psychiatrie 45 (1919), S. 177–229.

Ders., Nervenleben und Weltanschauung. Ihre Wechselbeziehungen im deutschen Leben von heute, Wiesbaden 1906.

Ders., Lazarettdisziplin als Heilfaktor, in: Medizinische Klinik 11 (1915), S. 1209.

Ders., Therapeutische Differenzierung der Kriegsnervenkranken, in: Medizinische Klinik 15 (1917), S. 1261.

Ders., Über die einfache Kriegsneurasthenie. Vortrag im naturwissenschaftlichen medizinischen Verein Heidelberg, in: Münchner Medizinische Wochenschrift, 1917, Nr. 52, S. 1624.

Ders., Wirken in Wirren. Lebenserinnerungen; eine Rechenschaft über Wert und Glück, Schuld und Sturz meiner Generation, Bd. 2: 1914–1925, Hamburg 1949.

Hergemüller, Bernd-Ulrich (Hrsg.), Karl Pietz (1886–1986). Kriegsnotizbuch 5. Mai 1915 bis 21. November 1918. Aufzeichnungen aus dem ersten Weltkrieg (Lebenserinnerungen), Hamburg 1999.

Hesse, Kurt, Der Feldherr Psychologos. Ein Suchen nach dem Führer der deutschen Zukunft, Berlin 1922.

Hindenburg, Paul von, Aus meinem Leben, Leipzig 1920.

Hobohm, Martin, Untersuchungsausschuß und Dolchstoßlegende. Eine Flucht in die Öffentlichkeit, Charlottenburg 1926.

Ders., Soziale Heeresmißstände als Mitursache des deutschen Zusammenbruchs von 1918 (= Das Werk des Untersuchungsausschusses der Verfassungsgebenden Deutschen Nationalversammlung und des Deutschen Reichstages 1919–1928, Bd. 11/1), Berlin 1929.

Hoche, Alfred, Über Wesen und Tragweite der »Dienstbeschädigung« bei nervös und psychisch kranken Feldzugsteilnehmern, in: Monatsschrift für Psychiatrie und Neurologie 39 (1916), S. 347–367.

Ders., Jahresringe. Innenansichten eines Menschenlebens, München 1934.

Höffner, Johannes, Die stärkeren Nerven, in: Daheim 60. Kriegsnummer, 51 Jg., Nr. 52, 25. September 1915, ‹http://digi.ub.uni-heidelberg.de/diglit/feldztgdaheim1914bis1915/2766›

Hofmann, Hermann, Die deutsche Nervenkraft im Stellungskriege, in: Friedrich Seeßelberg, Der Stellungskrieg 1914–1918. Auf Grund amtlicher Quellen und unter Mitw. namhafter Fachmänner technisch, taktisch und staatswissenschaftlich dargest., Berlin 1926.

Hoenig, Fritz August, Die Mannszucht in ihrer Bedeutung für Staat, Volk und Heer, Berlin 1882.

Ders., Untersuchungen über die Taktik der Zukunft, entwickelt aus der neueren Kriegsgeschichte, 2., vollst. umgearb. und verm. Aufl. der »Zwei Brigaden«, Berlin 1890.

Immanuel, Friedrich, Der Wille zum Sieg, Leipzig 1914.

Instruction für Militärärzte zur Untersuchung und Beurtheilung der Dienstbrauchbarkeit oder Unbrauchbarkeit Militärpflichtiger, Rekruten resp. Soldaten, vom 9. December 1858, Berlin 1859.

Jacobi, C., Erschöpfung und Ermüdung. Vortrag im medizinisch-naturwissenschaftlichen Verein Tübingen am 27. Februar 1915, in: Münchener Medizinische Wochenschrift, 6. April 1915, Nr. 14, S. 481–485.

Janssen, Franz, Psychologie und Militär, in: Zeitschrift für pädagogische Psychologie und Jugendkunde 18 (1917) 2, S. 97–109.

Jeràssik, Ernst, Einige Bemerkungen zur Kriegsneurose, in: Neurologisches Centralblatt 35 (1916), S. 498.

Jolly, Friedrich, Klinische Mitteilungen über einige in Folge des Feldzugs von 1870/71 entstandenen Psychosen, in: Archiv für Psychiatrie und Nervenkrankheiten (1872), S. 442–466.

Jolly, Ph[ilipp], Erfahrungen auf der Nervenstation eines Reserve-Lazaretts, in: Schmidts Jahrbücher der in- und ausländischen Medizin 82 (1915), S. 141–147.

Ders., Über Kriegsneurosen, in: Archiv für Psychiatrie und Nervenkrankheiten 56 (1916), S. 385–444.

Jolowicz, Ernst, Statistik über 5455 organische und funktionelle Nervenerkrankungen im Kriege, in: Zeitschrift für die gesamte Neurologie und Psychiatrie 52 (1919), S. 145–162.

Jones, Ernst, Die Kriegsneurosen und die Freudsche Theorie (übersetzt von Anna Freud), in: S. Ferenczi/Karl Abraham/Ernst Simmel, Zur Psychoanalyse der Kriegsneurosen, Leipzig u. Wien 1919, S. 61–82.

Jungblut, F., Die Tätigkeit der deutschen Ärzte im Weltkriege, in: Deutsches Ärzteblatt 65 (1935), S. 368–372.

Jünger, Ernst, Der Kampf als inneres Erlebnis, Berlin 1922.

Ders., Annäherungen. Drogen und Rausch, Stuttgart 1978.

Ders., In Stahlgewittern, hrsg. von Helmuth Kiesel, Stuttgart 2013.

Ders., Kriegstagebuch 1914–1918, hrsg. v. Helmuth Kiesel, 4. Aufl., Stuttgart 2014.

Jüttner, Die Beobachtungsergebnisse an Grenzzuständen aus Armee und Marine, in: Deutsche Militärärztliche Zeitschrift 40 (1911), S. 705–738.

Kahn, Eugen, Psychopathen als revolutionäre Führer, in: Zeitschrift für die gesamte Neurologie und Psychiatrie 52 (1919), S. 90–106.

Ders., Psychopathie und Revolution, in: Münchener Medizinische Wochenschrift 66 (1919) 34, S. 968 f.

Ders., Die psychopathischen Persönlichkeiten, in: Oswald Bumke (Hrsg.), Handbuch der Geisteskrankheiten, Bd. 5, Spezieller Teil 1: Die psychopathischen Anlagen, Reaktionen und Entwicklungen, Berlin 1928, S. 227–486.

Kantorowicz, Hermann, Der Offiziershaß im deutschen Heer, Freiburg i. Br. 1919.

Kaufmann, Fritz, Die planmässige Heilung komplizierter psychogener Bewegungsstörungen bei Soldaten in einer Sitzung, in: Münchener Medizinische Wochenschrift, Feldärztliche Beilage. 30. Mai 1916, Nr. 22, S. 802–804.

Kemnitz, Mathilde von, Funktionelle Erkrankungen infolge von Kriegsbeschädigung bei Offizieren, in: Neurologisches Centralblatt, 6, 15. März 1917, S. 230–233.

Dies., Der Seele Ursprung und Wesen, Bd. 2: Des Menschen Seele, Pasing 1926.

Kersting, Franz-Werner/Hans-Walter Schmuhl (Hrsg.), Quellen zur Geschichte der Anstaltspsychiatrie in Westfalen, Bd. 2: 1914–1955, Paderborn u. a. 2004.

Klemperer, Victor, Curriculum Vitae. Erinnerungen 1881–1918, Berlin 1996.

Kluge, Andreas, Psychologische Unfallneigung im Kriege, in: Archiv für Psychiatrie und Nervenkrankheiten 84 (1928), S. 739–758.

Koch, Julius Ludwig August, Die psychopathischen Minderwertigkeiten, Ravensburg 1891–1893.

Köppen, Edlef, Heeresbericht, Berlin 1930 ‹http://gutenberg.spiegel.de/buch/heeresbericht-6321›.

Kraepelin, Emil, Psychiatrie. Ein Lehrbuch für Studierende und Aerzte, Bd. 3: Klinische Psychiatrie. 5. Aufl., Leipzig 1896.

Krafft-Ebing, Richard von, Lehrbuch der Psychiatrie. Auf klinischer Grundlage für praktische Ärzte und Studierende, 3 Bde., Saarbrücken 1897.

Ders., Nervosität und neurasthenische Zustände, 6. Aufl., Wien 1907 (Erstauflage 1895).

Kretschmer, Ernst, Entwurf zu einem einheitlichen Begutachtungsplan für die Kriegs- und Unfallneurotiker, in: Münchener Medizinische Wochenschrift 66 (1919), S. 804–808.

Kriegs-Kurbestimmungen für Offiziere, in: Wohlfahrtsrundschau. Organ des Deutschen Hilfsbundes für kriegsverletzte Offiziere e.V., 1916, Nr. 10: 5. März 1916, o. S.

Kriegssanitätsbericht über die Deutsche Marine 1914–1918, hrsg. v. der Medizinalabteilung der Marineleitung im Reichswehrministerium, Bd. 2: Statistik über die Erkrankungen, Verwundungen durch Kriegswaffen, Unfälle und ihre Ausgänge im Kriege 1914–1918, Berlin 1934.

Krisch, Hans, Die spezielle Behandlung der hysterischen Erscheinungen, in: Deutsche Zeitschrift für Nervenheilkunde 60 (1918), S. 240–259.

Kronfeld, Arthur, Psychotherapie: Charakterlehre, Psychoanalyse Hypnose, Psychagogik, 2. Aufl., Berlin 1925.

Ders., Psychotherapie, in: Karl Birnbaum (Hrsg.), Handwörterbuch der Medizinischen Psychologie, Leipzig 1930, S. 454–458.

Laehr, Hans, Psychopathia gallica, in: Allgemeine Zeitschrift für Psychiatrie und psychisch-gerichtliche Medizin 72 (1916), S. 250–275.

Lange, Fritz, Die Behandlung der Kriegsneurosen, in: Oswald Bumke/Otto Foerster (Hrsg.), Handbuch der Neurologie. Ergänzungsband, Erster Teil, Berlin 1924, S. 259–406.

Laudenheimer, Rudolf, Die Anamnese der sogenannten Kriegspsychoneurosen. Vortrag gehalten auf der Versammlung südwestdeutscher Neurologen und Psychiater, Baden Baden, 29. Mai 1915, in: Münchner Medizinische Wochenschrift 89, 21. September 1915, Nr. 38, S. 1302–1304.

Le Bon, Gustave, Psychologie der Massen [Psychologie des foules, 1895], Leipzig 1908.

Ders., Enseignements Psychologiques de la Guerre Européenne, Paris 1916.

Leitenstorfer, Anton, Das militärische Training auf physiologischer u. praktischer Grundlage. Ein Leitfaden für Offiziere und Militärärzte, Stuttgart 1897.

Leitfaden für den Unterricht über Heerwesen auf den königlichen Kriegsschulen, 11. Aufl, Berlin 1907.

Lersch, Philipp, Der Aufbau des Charakters, Leipzig 1938.

Lewandowsky, Max, Was kann in der Behandlung und Beurteilung der Kriegsneurose erreicht werden? in: Feldärztliche Beilage der Münchner Medizinische Wochenschrift, 30 (24. Juli 1917), S. 989–991 u. 1028–1031.

Lewin, James, Das Hysterie-Problem, in: Monatsschrift für Psychiatrie und Neurologie 48 (1920), S. 204–226.

Lewin, Kurt, Kriegslandschaft, in: Zeitschrift für angewandte Psychologie 12 (1917), S. 440–447.

Liepmann, H., Psychiatrisches aus dem russisch-japanischen Feldzuge, in: Deutsche Medizinische Wochenschrift, 1. Oktober 1914, Nr. 40, S. 1823.

Loßberg, Fritz von, Meine Tätigkeit im Weltkriege 1914–1918, Berlin 1939.

Löwenfeld, Leopold, Lehrbuch der gesammten Psychotherapie. Mit einer einleitenden Darstellung der Hauptthatsachen der medicinischen Psychologie, Wiesbaden 1897.

Ders., Über den National-Charakter der Franzosen und dessen krankhafte Auswüchse (die Psychopathia gallica) in ihren Beziehungen zum Weltkrieg, Wiesbaden 1914.

Ludendorff, Erich von, Meine Kriegserinnerungen, Bd. 1, Berlin 1919.

Ders. (Hrsg.), Urkunden der Obersten Heeresleitung über ihre Tätigkeit, 1916–18, Berlin 1920.

Ders., Mein militärischer Werdegang. Blätter der Erinnerung an unser stolzes Heer, München 1933.

Ludendorff, Mathilde, Durch Forschen und Schicksal zum Sinn des Lebens, München 1936.

Mahnkopf, Rudolf, Handbuch zum Gesetz über die Pensionierung der Offiziere einschließl. der Sanitätsoffiziere des Reichsheeres, Berlin 1919.

Maßnahmen zum Schutz geisteskranker Soldaten, in: Deutsche Militärärztliche Zeitschrift 21 (1892), S. 85.

Medizinal-Abteilung des Königlich Preussischen Kriegsministeriums (Hrsg.), Ueber die Feststellung regelwidriger Geisteszustände bei Heerespflichtigen und Heeresangehörigen, Berlin 1905.

Mendel, Kurt, Psychiatrisches und Neurologisches aus dem Felde, in: Neurologisches Centralblatt 34 (1915), S. 2–7.

Messer, August, Zur Psychologie des Krieges, Berlin 1915.

Meyer, E., Nervenstörungen bei Kriegsteilnehmern nebst Bemerkungen zur traumatischen Neurose, in: Deutsche Medizinische Wochenschrift, 51, 16. Dezember 1915, S. 1509–1511.

Möbius, Paul Julius, Über Entartung, Wiesbaden 1900.

Ders., Die Nervosität, 3. Aufl., Leipzig 1906.

Mönkemöller, Otto, Zur forensischen Beurteilung Marineangehöriger, in: Archiv für Psychiatrie und Nervenkrankheiten 46 (1910), S. 223–274, 546–597.

Ders., Die erworbenen Geistesstörungen des Soldatenstandes, in: Archiv für Psychiatrie und Nervenkrankheiten 50 (1913), S. 130–244.

Mörchen, Friedrich, Hysteriebegriff bei den Kriegsneurosen. Auf Grund neuerer Gefangenenbeobachtungen, in: Berliner klinische Wochenschrift, 17. Dezember 1917, Nr. 51, S. 1214 f.

Moser, Otto von, Als General im Ersten Weltkrieg. Feldzugsaufzeichnungen aus den Jahren 1914–1918, Belser 2014 [Originalausgabe von 1928].

Mott, Frederick W., Mental hygiene and Shell Shock during and after the War, in: British Medical Journal 2 (1917), S. 39–42.

Muck, Otto, Heilung von schwerer funktioneller Aphonie, in: Münchener Medizinische Wochenschrift (1916) Heft 63, S. 441.

Ders., Beobachtungen und praktische Erfahrungen auf dem Gebiet der Kriegsneurosen der Stimme, der Sprache und des Gehörs, Wiesbaden 1918.

Müller, Franz Carl (Hrsg.), Handbuch der Neurasthenie, Leipzig 1893.

Nissl, F., Hysterielehre mit besonderer Berücksichtigung der Kriegshysterie, Naturhistorisch-medizinischer Verein Heidelberg, 18.1.1916, in: Deutsche Medizinische Wochenschrift, 18. Mai 1916, S. 566.

Nonne, Max, Über erfolgreiche Suggestivbehandlung der hysterieformigen Störungen bei Kriegsneurosen, in: Zeitschrift für die gesamte Neurologie und Psychiatrie 37 (1917), S. 191–218.

Ders., Therapeutische Erfahrungen an den Kriegsneurosen in den Jahren 1914 bis 1918, in: Karl Bonhoeffer/Otto von Schjerning (Hrsg.), Handbuch der ärztlichen Erfahrungen im Weltkriege 1914/1918, Bd. 4: Geistes- und Nervenkrankheiten, Leipzig 1922, S. 102–121.

Ders., Anfang und Ziel meines Lebens. Erinnerungen, Hamburg 1971.

Neter, Eugen, Einige Bemerkungen über die gesundheitlichen Verhältnisse an der Front, in: Münchener Medizinische Wochenschrift 73 (1926), S. 1366–1368.

Neumann, D. Friedrich, Der kriegsbeschädigte Offizier im Neubau unseres Staats- und Wirtschaftsleben nach dem Kriege, in: Wohlfahrtsrundschau. Organ des Deutschen Hilfsbundes für kriegsverletzte Offiziere e.V., 5. März 1916, o. S.

Nordau, Max, Entartung, Bd. 1, Berlin 1892.

Oppenheim, Hermann, Der Fall N. Ein weiterer Beitrag zur Lehre von den traumatischen Neurosen nebst einer Vorlesung und einigen Betrachtungen über dasselbe Kapitel, Berlin 1896.

Ders., Die traumatischen Neurosen nach den in der Nervenklinik der Charité in den 5 Jahren 1883–1889 gesammelten Beobachtungen, Berlin 1889.

Ders., Der Krieg und die traumatischen Neurosen, Berlin 1915.

Paasche, Hans, Meine Mitschuld am Weltkriege, Berlin 1919.

Plaut, Paul, Psychographie des Kriegers, in: William Stern/Otto Lipmann (Hrsg.), Beihefte zur Zeitschrift für angewandte Psychologie, Nr. 21, Leipzig 1920, S. 1–123.

Pönitz, Karl, Die Zweckreaktion. Ein Beitrag zur Psychologie der Hysterie und Simulation unter besonderer Berücksichtigung der Kriegserfahrungen, in: Archiv für Psychiatrie und Nervenkrankheiten 59 (1918), S. 804–828.

Psychologisches Laboratorium (Hrsg.), Abhandlungen zur Wehrpsychologie: Vorträge aus einem Fortbildungskurs beim Psychologischen Laboratorium des Reichskriegsministeriums, Berlin, 2 Bde., Leipzig 1936, 1937.

Rabenau, Friedrich von, Die deutsche Land- und Seemacht und die Berufspflichten des Offiziers, Berlin 1906.

Das Reichsversorgungsgesetz (RVG) vom 12. Mai 1920 unter Berücksichtigung aller Änderungen bis 1. Oktober 1942, Berlin [1942].

Reisner von Lichtenstern, Karl, Taktische Probleme. Studie, Berlin 1903.

Ders., Schiesstaktik der Infanterie, Berlin 1904.

Ders., Vorwort zu M. Campeano, Versuch einer Militärpsychologie, Bukarest 1904.

Remarque, Erich Maria, Im Westen nichts Neues, Köln 1984 [1. Aufl. 1929].

Renn, Ludwig, Über die Voraussetzungen zu meinem Buch »Krieg«, in: Die Linkskurve 1 (1929), S. 11–14.

Ders., Anstöße in meinem Leben, Berlin 1982.

Richert, Dominik, Beste Gelegenheit zum Sterben. Meine Erlebnisse im Kriege 1914–1918, hrsg. v. Angelika Tramitz, München 1989.

Rilke, Rainer Maria, Die Aufzeichnungen des Malte Laurids Brigge. Kommentierte Ausgabe, Frankfurt 2000.

Rohde, Max, Neurologische Betrachtungen eines Truppenarztes im Felde, in: Zeitschrift für die gesamte Neurologie und Psychiatrie 29 (1915), S. 379–415.

Romberg, Otto, Zum Sterben des Deutschen Offizierstandes, in: Constantin v. Altrock, Vom Sterben des Deutschen Offizierkorps. Mit einer Statistik der Kriegsverluste an Toten nach amtlicher Bearbeitung (Militär-Wochenblatt/Beiheft), Berlin 1921, S. 48–51.

Röper, Funktionelle Neurosen bei Kriegsteilnehmern. Vortrag im Marinelazarett Hamburg, in: Deutsche Militärärztliche Zeitschrift 44 (1915), Nr. 9/10, S. 164–171.

Roth, Joseph, Die Rebellion, Berlin 1924.

Ders., Das Spinnennetz, Berlin u. Weimar 1984 [1. Aufl. 1923], URL: ‹http://gutenberg.spiegel.de/buch/das-spinnennetz-4266/1›.

Salmon, Thomas W., The Care and Treatment of Mental Diseases and War Neuroses (»Shell Shock«) in the British Army, New York 1917.

Sanitäts-Bericht über die deutschen Heere im Kriege gegen Frankreich 1870/71, Bd. 7: Traumatische, ideopathische und nach Infektionskrankheiten beobachtete Erkrankungen des Nervensystems bei den Deutschen Heeren im Kriege gegen Frankreich 1870–71, Berlin 1885.

Sanitätsbericht über das Deutsche Heer im Weltkriege, 1914–1918, bearb. in der Heeres-Sanitätsinspektion des Reichswehrministeriums, Bd. 3: Die Krankenbewegung bei dem Deutschen Feld- und Besatzungsheer im Weltkriege 1914/1918, Berlin 1934.

Schaible, Camill, Standes- und Berufspflichten des deutschen Offiziers. Für angehende und jüngere Offiziere des stehenden Heeres und des Beurlaubtenstandes, 6. verbesserte Aufl., Berlin 1908 [1891],

Scheer, Reinhard, Deutschlands Hochseeflotte im Weltkrieg, Berlin 1919.

Scheibert, Justus, Offizier-Brevier. Ein Festgeschenk für den jungen Kameraden von einem alten Offizier, Berlin 1879.

Schjerning, Otto von, Die Tätigkeit und die Erfolge der deutschen Feldärzte im Weltkriege, Leipzig 1920.

Schleich, Karl Ludwig, Vom Schaltwerk der Gedanken. Neue Einsichten und Betrachtungen über die Seele, Berlin 1916.

Schmidt, Wilhelm, Forensisch-psychiatrische Erfahrungen im Kriege, Berlin 1918.

Schneider, Thomas F., Erich Maria Remarques Roman ›Im Westen nichts Neues‹. Text, Edition, Entstehung, Distribution und Rezeption (1928–1930), Tübingen 2004.

Schneider, Wilhelm, Infantrist Perhobstler. Mit bayerischen Divisionen im Weltkrieg, hrsg. v. Dieter Storz, Wien 2014.

Scholz, Ludwig, Das Seelenleben des Soldaten an der Front. Hinterlassene Aufzeichnungen des im Kriege gefallenen Nervenarztes, Tübingen 1920–

Schwalbe, J., Leitsätze für die militärärztliche Tätigkeit bei der Kriegsmusterung, in: Deutsche Medizinische Wochenschrift, 7. Oktober 1915, Nr. 41, S. 1225 f.

Sighele, Scipio, Psychologie des Auflaufs und der Massenverbrechen, Dresden/Leipzig 1897.

Simmel, Ernst, Kriegs-Neurosen und »Psychisches Trauma«, München u. Leipzig 1918.

Ders., Zweites Koreferat, in: Sigmund Freud/S. Ferenczi/Karl Abraham/Ernst Simmel/Ernest Jones, Zur Psychoanalyse der Kriegsneurosen. Diskussion, Leipzig 1919, S. 42–60.

Ders./Ernest Jones (Hrsg.), Zur Psychoanalyse der Kriegsneurosen, Leipzig 1919.

Simoneit, Max, Wehrpsychologie. Ein Abriß ihrer Probleme und praktischen Folgerungen. Berlin 1933.

Ders., Leitgedanken über die psychologische Untersuchung des Offizier-Nachwuchses in der Wehrmacht, Berlin 1938.

Ders., Der Wehrmachtpsychologe. Amt für Berufserziehung und Betriebsführung in der Deutschen Arbeitsfront, Berlin 1939.

Ders., Deutsche Wehrmachtspsychologie von 1927–1942, in: Wehrpsychologische Mitteilungen 6 (1972), S. 71–110.

Sommer, Robert, Krieg und Seelenleben. Akademische Festrede zur Feier des Jahresfestes der Großherzoglich Hessischen Ludwigs-Universität am 1. Juli 1915, Gießen 1915.

Ders., Psychiatrie und Nervenkrankheiten, in: Bastian Schmid (Hrsg.), Deutsche Naturwissenschaft Technik und Erfindung im Weltkriege, München u. Leipzig 1919, S. 816.

Specht, Gustav, Krieg und Geistesstörung. Rede beim Antritt des Prorektorates der Königlich Bayerischen Friedrich-Alexanders-Universität Erlangen am 4. November 1913 gehalten […], Erlangen 1913, S. 1–17.

Ders., Einige historische und ästhetische Nebengedanken über die Erfahrungen mit den psychogenen Kriegsstörungen, in: Münchener Medizinische Wochenschrift 49 (1919), S. 1406–1407.

Stein, Ph., Der Soldat im Stellungskampf. Psychologisch-militärische Betrachtungen in Anlehnung an Erich Everths »Die Seele des Soldaten im Felde«, Berlin 1917.

Steinau-Steinrück, Joachim von, Zur Kenntnis der Psychosen des Schützengrabens, in: Zeitschrift für die gesamte Neurologie und Psychiatrie, 52 (1919), S. 327–370

Steiner, Neurologie und Psychiatrie im Kriegslazarett, in: Zeitschrift für die gesamte Neurologie und Psychiatrie 30 (1915), S. 305–318.

Stekel, Wilhelm, Unser Seelenleben im Kriege. Psychologische Beratungen eines Nervenarztes, Hamburg 1916.

Stelzner, Helenefriederike, Psychopathologisches in der Revolution, in: Zeitschrift für die gesamte Neurologie und Psychiatrie 49 (1919), S. 393–408.

Stengel, Franz, Das K. B. 3. Infanterie-Regiment Prinz Karl von Bayern, München 1924.

Stier, Ewald, Ueber Verhütung und Behandlung von Geisteskrankheiten in der Armee, Hamburg 1902.

Ders., Wie kann der Entstehung von Kriegsneurosen bei der Feldarmee vorgebeugt werden?, in: Deutsche militärärztliche Zeitung 47 (1918), S. 60–72.

Ders., Psychiatrie und Heer. Ein Rückblick, in: Der deutsche Militärarzt 1 (1936) H. 1, S. 15–20.

Störring, Gustav, Die Verschiedenheiten der psycho-pathologischen Erfahrungen im Weltkriege und im jetzigen Krieg und ihre Ursachen, in: Münchner Medizinische Wochenschrift 89 (1942), S. 25–30.

Stransky, Erwin, Der seelische Wiederaufbau des deutschen Volkes und die Aufgaben der Psychiatrie. Erweiterter Vortrag, gehalten auf der Deutschen Psychiaterversammlung in Hamburg am 27./28. Mai 1920, in: Zeitschrift für die gesamte Neurologie und Psychiatrie 60 (1920), S. 271–280.

Strehl, Carl, Handbuch der Blindenwohlfahrtpflege, Ein Nachschlagewerk für Behörden, Fürsorger, Ärzte, Erzieher, Blinde und deren Angehörige, Berlin 1927.

Strümpell, Adolf, Über die traumatischen Neurosen, Berlin 1888.

Ders., Die Schädigungen der Nerven und des geistigen Lebens durch den Krieg, Leipzig 1917.

Suckau, Wilhelm, Psychosen bei Frauen im Zusammenhang mit dem Kriege, in: Allgemeine Zeitschrift für Psychiatrie und psychisch-gerichtliche Medizin 72 (1916), S. 328–355.

Tarde, Gabriel, Les crimes des foules, in: Actes du troisième congrès d'anthropologie criminelle (Etudes pénales et sociales), Lyon 1892, S. 73–90.

Ders., Foules et sectes au point de vue criminel, in: Revue des deux mondes, les Transformations du droit: Étude sociologique, 2. Aufl., Paris 1894, S. 349–387.

Tucholsky, Kurt, Zur Erinnerung an den ersten August 1914, in: Ders., Gesammelte Werke in zehn Bänden. Bd. 2, Reinbek bei Hamburg 1975, S. 28–38.

Ders., Dada-Prozeß [1921], in: Karl Riha (Hrsg.), Dada Berlin, Stuttgart 1977, S. 127–129.

Turmlitz, Otto, Psychologisches-Pädagogisches aus dem Schützengraben, o. O. 1915.

Van den Bergh, Ernst, Die seelischen Werte im Frieden und im Kriege, Berlin 1906,
Verhandlungen des Kongresses für Innere Medizin, Bd. 24, Wiesbaden 1907.

Verhandlungen der verfassunggebenden Deutschen Nationalversammlung, Bd. 328:
Stenopgraphische Berichte von der 53. Sitzung am 10. Juli 1919 bis zur 70. Sitzung am 30. Juli 1919, Berlin 1920. URL: ‹https://www.reichstagsprotokolle.de/Blatt2_wv_bsb00000012_00347.htmb.

Veröffentlichungen aus dem Gebiete des Militär-Sanitätswesens, Berlin 1892–1921.

Verordnung zur Durchführung des Fünften Gesetzes zur Änderung des Gesetzes über das Verfahren in Versorgungssachen vom 3. Juli 1934; in: Deutsches Reichsgesetzblatt 1934, Teil 1, S. 547 f.

Versorgung der Offiziere, Sanitäts- und Veterinäroffiziere beim Ausscheiden, in: Wohlfahrtsrundschau Organ des Deutschen Hilfsbundes für kriegsverletzte Offiziere e.V. 1916, Nr. 10: 5. März 1916, o. S.

Volkmann, Erich Otto, Soziale Heeresmißstände als Mitursache des deutschen Zusammenbruchs von 1918 (= Das Werk des Untersuchungsausschusses der Verfassunggebenden Deutschen Nationalversammlung und des Deutschen Reichstages 1919–1928, Bd. 11/2.), Berlin 1929.

Voss, Georg, Nervenärztliche Erfahrungen an 100 Schädelverletzten, in: Münchner Medizinische Wochenschrift, 3. Juli 1917, Nr. 27, S. 881–885.

Wagner, Albert, Die Rückfälle der Hysteriker, in: Münchener Medizinische Wochenschrift 40 (1918), Nr. 40, S. 1106 f.

Wagner-Jauregg, Julius, Erfahrungen über Kriegsneurosen. Separatdruck aus der Wiener medizinischen Wochenschrift, 1916–1917, Wien 1917.

Ders., Erfahrungen über Kriegsneurosen III, in: Wiener Medizinische Wochenschrift 67 (1917), Sp. 189–193.

Weber, Ludwig, Zur Behandlung der Kriegsneurosen, in: Münchener Medizinische Wochenschrift 64 (1917), S. 1234.

Weichbrodt, Raphael, Einige Bemerkungen zur Behandlung von Kriegsneurotikern, in: Monatsschrift für Psychiatrie und Neurologie 43 (1918), S. 265–269.

Weyert, Bemerkungen zur Erkennung des angeborenen Schwachsinns, in: Deutsche Militärärztliche Zeitschrift 40 (1911), S. 785–803.

Weygandt, Wilhelm, Beitrag zur Lehre von den psychischen Epidemien, Halle a. d. S. 1905.

Ders., Nervöse Erkrankungen im Kriege. Ärztlicher Verein Hamburg, 9.3.1915, in: Deutsche Medizinische Wochenschrift, 30. Juli 1915, S. 902.

Wietfeldt, Heinrich »Kriegsneurosen« als psychisch-soziale Mangelkrankheit, Leipzig 1936.

Windelband, Wilhelm, Über Norm und Normalität. Vortrag in der Heidelberger forensisch-psychologischen Vereinigung am 19. Januar 1906, Heidelberg 1906.

Wintermann, E., Kriegspsychiatrische Erfahrungen aus der Front, in: Münchner Medizinische Wochenschrift, 34, 24. August 1915, S. 1165.

Wohlfahrtsrundschau. Organ des Deutschen Hilfsbundes für kriegsverletzte Offiziere e.V., 1916.

Wollenberg, Robert, Erinnerungen eines alten Psychiaters, Stuttgart 1931.
Wörterbuch des Völkerrechts und der Diplomatie, Bd. 3: Vasallenstaaten - Zwangsverschickung, Weltkrieg und Völkerrecht: 4. Das Kriegsgefangenenrecht, Berlin u. Leipzig 1929.
Wundt, Wilhelm, Die Nationen und ihre Philosophie. Ein Kapitel zum Weltkrieg, Leipzig 1915.
Yealland, Lewis, Hysterical disorders of warfare, London 1918.
Zentgraf, Rudolf, Der Soldat. Ein Versuch zur Militärpsychologie, Leipzig 1915.
Zuckmayer, Carl, Als wär's ein Stück von mir. Horen der Freundschaft, Frankfurt a.M. 1966.
Zuhöne, Theodor, Tagebuch, 4.-8.6.1915, URL: ‹Stadtmuseum Damme/WLB, ‹http://www.wlb-stuttgart.de/sammlungen/bibliothek-fuer-zeitgeschichte/themenportal-erster-weltkrieg/tagebuecher/tagebuch-theodor-zuhoene›.
Zweig, Arnold, Erziehung vor Verdun, Berlin u. Weimar 1981.

Forschungsliteratur

Abel, Esther, Die Bekämpfung von »Drückebergern« und anderen »Psychopathen«. Zu Pathologisierung, Kriminalisierung und Ermordung psychisch erkrankter Wehrmachts- und SS-Angehöriger im Zweiten Weltkrieg, in: Nikolas Funke/Gundula Gahlen/Ulrike Ludwig (Hrsg.), Krank vom Krieg. Umgangsweisen und kulturelle Deutungsmuster von der Antike bis zur Moderne, Frankfurt a.M. 2022, S. 293–313.
Adams, Andrea, Psychopathologie und »Rasse«. Verhandlungen über »rassische« Differenz in der Erforschung psychischer Leiden (1890–1933), Bielefeld 2013.
Alexander, Jeffrey C., Trauma. A Social Theory, Cambridge u. Malden 2012.
Aly, Götz, Die Aktion T4 1939–1945. Die Euthanasiezentrale in der Tiergartenstraße 4, Berlin 1987.
Ankele, Monika/Eva Brinkschulte (Hrsg.), Arbeitsrhythmus und Anstaltsalltag. Arbeit in der Psychiatrie vom frühen 19. Jahrhundert bis in die NS-Zeit, Stuttgart 2015.
Dies., Arbeitsrhythmus und Anstaltsalltag – eine Einführung in den Sammelband, in: Dies./Eva Brinkschulte (Hrsg.), Arbeitsrhythmus und Anstaltsalltag. Arbeit in der Psychiatrie vom frühen 19. Jahrhundert bis in die NS-Zeit, Stuttgart 2015, S. 9–20.
Aschmann, Birgit, Heterogene Gefühle. Beiträge zur Geschichte der Emotionen, in: Neue Politische Literatur 61 (2016) H. 2, S. 225–249.
Ash, Mitchell G., Psychologie, in: Frank-Rutger Hausmann (Hrsg.), Die Rolle der Geisteswissenschaften im Dritten Reich 1933–1945, München 2002, S. 229–264.
Ders., Wissenschaft und Politik. Eine Beziehungsgeschichte im 20. Jahrhundert, in: Archiv für Sozialgeschichte 50 (2010), S. 11–46.

Assmann, Aleida, Erinnerungsräume. Formen und Wandlungen des kulturellen Gedächtnisses, 3. Aufl., München 2006.

Baader, Gerhard, Heilen und Vernichten: Die Mentalität der NS-Ärzte, in: Angelika Ebbinghaus/Klaus Dörner (Hrsg.), Vernichten und Heilen. der Nürnberger Ärzteprozeß und seine Folgen, Berlin 2001, S. 275–294.

Ders., Psychiatrie im Nationalsozialismus zwischen ökonomischer Rationalität und Patientenmord, in: Ders./Jürgen Peter (Hrsg.), Public Health, Eugenik und Rassenhygiene in der Weimarer Republik und im Nationalsozialismus, Frankfurt a.M. 2018, S. 184–218.

Bacapoulos-Viau, Alexandra/Aude Fauvel, The Patient's Turn. Roy Porter and Psychiatry's Tales, Thirty Years on, in: Medical History 60 (2016), S. 1–18.

Bald, Detlef, Der deutsche Offizier. Sozial- und Bildungsgeschichte des deutschen Offizierskorps im 20. Jahrhundert, München 1982.

Ders., Zum Kriegsbild der militärischen Führung im Kaiserreich, in: Jost Dülffer/Karl Holl (Hrsg.), Bereit zum Krieg. Kriegsmentalität im wilhelminischen Deutschland 1890–1914, Bonn 1986, S. 146–160.

Bandke, Dave, Zwischen Finden und Erfinden. Eine Analyse der Kriegsneurosen an der Nervenheilanstalt am Rosenhügel in Wien, in: Thomas Becker u. a. (Hrsg.), Psychiatrie im Ersten Weltkrieg, Konstanz 2018, S. 309–329.

Bangen, Hans, Geschichte der medikamentösen Therapie der Schizophrenie, Berlin 1992.

Barham, Peter, Forgotten lunatics of the Great War, New Haven 2004.

Barth, Boris, Dolchstoßlegenden und politische Desintegration. Das Trauma der deutschen Niederlage im ersten Weltkrieg 1914–1933, Düsseldorf 2003.

Bartz-Hisgen, Christoph, Die kriegswirtschaftliche Bedeutung soldatischer Psychiatriepatienten im Ersten Weltkrieg. Die militärärztliche Begutachtung am Beobachtungslazarett an der Universitätsklinik Heidelberg, in: Thomas Becker u. a. (Hrsg.), Psychiatrie im Ersten Weltkrieg, Konstanz 2018, S. 146–162.

Becker, Annette, Paradoxien in der Situation der Kriegsgefangenen 1914–1918, in: Jochen Oltmer (Hrsg.), Kriegsgefangene im Europa des Ersten Weltkrieges, Paderborn u.a. 2006, S. 24–31.

Becker, Frank, Strammstehen vor der Obrigkeit? Bürgerliche Wahrnehmung der Einigungskriege und Militarismus im Deutschen Kaiserreich, in: Historische Zeitschrift 277 (2003), S. 87–113.

Ders., Synthetischer Militarismus. Die Einigungskriege und der Stellenwert des Militärischen in der deutschen Gesellschaft, in: Michael Epkenhans/Gerhard P. Groß (Hrsg.), Das Militär und der Aufbruch in die Moderne 1860–1890. Armee, Marinen und der Wandel von Politik, Gesellschaft und Wirtschaft in Europa, den USA, sowie Japan, München 2003, S. 125–141.

Becker, Thomas u. a. (Hrsg.), Psychiatrie im Ersten Weltkrieg, Konstanz 2018.

Beddies, Thomas, Krankengeschichten als Quelle quantitativer Auswertungen, in: Wolfgang U. Eckart u. a. (Hrsg.), Die nationalsozialistische »Aktion T4« und ihre

Opfer. Geschichte und ethische Konsequenzen für die Gegenwart, Paderborn 2010, S. 223–231.

Ders., »In den Symptomen des Niedergangs, über die sich so viele entrüstet haben, habe ich nichts erblicken können als Krankheitserscheinungen«. Profilierung und Positionierung deutscher Psychiater, in: Heinz-Peter Schmiedebach (Hrsg.), Entgrenzungen des Wahnsinns. Psychopathie und Psychologisierungen um 1900, Berlin 2016, S. 29–44.

Ders., Sendung und Bewusstsein. Deutsche Psychiater nach dem Ersten Weltkrieg, in: Gundula Gahlen/Ralf Gnosa/Oliver Janz (Hrsg.), Nerven und Krieg. Psychische Mobilisierungs- und Leidenserfahrungen 1900–1933, Frankfurt a.M. 2020, S. 273–291.

Ders., Was vom Krieg als Krankheit übrigblieb, in: Nikolas Funke/Gundula Gahlen/Ulrike Ludwig (Hrsg.), Krank vom Krieg. Umgangsweisen und kulturelle Deutungsmuster von der Antike bis zur Moderne, Frankfurt a.M. 2022, S. 315–324.

Beig, Ralf Christoph, Private Krankenanstalten in Berlin 1869–1914. Zur Geschichte einer medizinischen Institution im Spannungsfeld zwischen privater Initiative und staatlicher Kontrolle, Diss. med. FU Berlin 2003.

Beil-Felsinger, Christine, Die Soldaten der Wehrmacht als Opfer der nationalsozialistischen »Euthanasie«, in: Peter Sandner (Hrsg.), Protokoll der Herbsttagung 19.-21.11.1999 in Gießen, hrsg. vom Arbeitskreis zur Erforschung der nationalsozialistischen »Euthansaie« und Zwangssterilisation, Kassel 2000, S. 12–15.

Bennette, Rebecca Ayato, Diagnosing Dissent. Hysterics, Deserters, and Conscientious Objectors in Germany during World War One, Ithaka u. London 2020.

Dies., Reassessing the Approach to War Hysterics during World War One in Germany: Rhetoric, Reality, and Revelations, in: Gundula Gahlen/Ralf Gnosa/Oliver Janz (Hrsg.), Nerven und Krieg. Psychische Mobilisierungs- und Leidenserfahrungen 1900–1933, Frankfurt a.M. 2020, S. 141–169.

Bergen, Leo van, Before My Helpless Sight. Suffering, Dying and Military Medicine on the Western Front, 1914–1918, Farnham u. Burlington 2009.

Berger, Georg, Die beratenden Psychiater des deutschen Heeres 1939 bis 1945, Frankfurt a.M. 1998.

Berger, Peter L./Thomas Luckmann, Die gesellschaftliche Konstruktion der Wirklichkeit. Eine Theorie der Wissenssoziologie, Frankfurt a.M. 1969.

Bergien, Rüdiger, Die bellizistische Republik. Wehrkonsens und »Wehrhaftmachung« in Deutschland 1918–1933, München 2012.

Bessel, Richard, The Great War in German Memory: The Soldiers of the First World War, Demobilization and Weimar Political Culture, in: German History 6 (1988), S. 20–34.

Ders., Die Krise der Weimarer Republik als Erblast des verlorenen Krieges, in: Frank Bajohr/Werner Johe/Uwe Lohalm (Hrsg.), Zivilisation und Barbarei - die widersprüchlichen Potentiale der Moderne. Detlev Peukert zum Gedenken, Hamburg 1991, S.98–114.

Ders., Germany after the First World War, Oxford 1993.
Ders., The ›Front Generation‹ and the Politics of Weimar Germany, in: Mark Roseman (Hrsg.), Generations in conflict. Youth Revolt and Generation Formation in Germany 1770–1968, Cambridge 1995, S. 121–136.
Ders., Die Heimkehr der Soldaten, in: Gerhard Hirschfeld u. a. (Hrsg.), Keiner fühlt sich hier mehr als Mensch …Erlebnis und Wirkung des Ersten Weltkriegs, Frankfurt a.M. 1996, S. 221–242.
Ders., Mobilization and Demobilization in Germany 1916–1919, in: John Horne (Hrsg.), State, Society and Mobilization in Europe during the First World War, Cambridge 1997, S. 212–222.
Bewermeyer, Heiko (Hrsg.), Hermann Oppenheim. Ein Begründer der Neurologie, Stuttgart 2016.
Bezzel, Oskar, Geschichte des Königlich Bayerischen Heeres von 1825 bis 1866, München 1931.
Bianchi, Bruna, Psychiatrists, Soldiers and Officers in Italy during the Great War, in: Paul Lerner /Mark S. Micale (Hrsg.), Traumatic Pasts. History, Psychiatry, and Trauma in the Modern Age, 1870–1930, Cambridge u. a. 2001, S. 222–252.
Binneveld, Hans, From Shell Shock to Combat Stress: A Comparative History of Military, Amsterdam 1997.
Birbaumer, Niels/ Dieter Langewiesche, Neuropsychologie und Historie: Versuch einer empirischen Annäherung. Posttraumatische Belastungsstörung (PTSD) und Soziopathie in Österreich nach 1945 (Neuropsychology and History: An Empirical Approximation. Posttraumatic Stress Disorder (PTSD) and Sociopathy in Post-War-Austria, in: Geschichte und Gesellschaft 32 (2006), S. 153–175.
Black, Hans, Die Grundzüge der Beförderungsordnungen, in: Militärgeschichtliches Forschungsamt (Hrsg.), Untersuchungen zur Geschichte des Offizierkorps. Anciennität und Beförderung nach Leistung, Stuttgart 1962, S. 65–152.
Blaßneck, Klaus, Militärpsychiatrie im Nationalsozialismus. Kriegsneurotiker im Zweiten Weltkrieg, Würzburg 2000.
Bock, Gisela, Zwangssterilisation im Nationalsozialismus. Studien zur Rassenpolitik und Frauenpolitik, Opladen 1986.
Bönner, Karl Heinz, Das Leben des Dr. phil. habil. Max Simoneit, März 1986, in: Geschichte der Psychologie 9 (1986), S. 5–30. URL: ‹http://journals.zpid.de/index.php/GdP/article/ download/395/430›.
Borgstedt, Angela, Der Fall Brüsewitz. Zum Verhältnis von Militär und Zivilgesellschaft im Wilhelminischen Kaiserreich, in: Zeitschrift für Geschichtswissenschaft 55 (2007), S. 605–623.
Bösch, Frank, Grenzen des »Obrigkeitsstaates«. Medien, Politik und Skandale im Kaiserreich, in: Sven Oliver Müller/Cornelius Torp (Hrsg.), Das Deutsche Kaiserreich in der Kontroverse, Göttingen 2009, S. 136–153.

Boetsch, Thomas, »Psychopathie« und antisoziale Persönlichkeitsstörung. Die ideengeschichtliche Entwicklung von »Psychopathie«-Konzepten in der deutschen und angloamerikanischen Psychiatrie und ihr Bezug zu operationalisierten Klassifikationssystemen, Diss. med. München 2003.

Böttcher, Kurt u. a., Geflügelte Worte. Zitate, Sentenzen und Begriffe in ihrem geschichtlichen Zusammenhang, Leipzig 1981.

Bourke, Joanna, Fear and Anxiety. Writing about Emotion in Modern History, in: History Workshop Journal 55 (2003) H. 1, S. 111–133.

Bracher, Klaus Dieter (Hrsg.), Deutscher Sonderweg – Mythos oder Realität? Kolloquium des Instituts für Zeitgeschichte, München 1982.

Brass, Christoph, Zwangssterilisation und »Euthanasie« im Saarland 1935–1945, Paderborn 2004.

Braun, Bernd, Die Reichskanzler der Weimarer Republik. Zwölf Lebensläufe in Bildern, Heidelberg 2003.

Braun, Salina, Heilung mit Defekt. Psychiatrische Praxis an den Anstalten Hofheim und Siegburg 1820–1878. Göttingen 2009.

Breymayer, Ursula/Bernd Ulrich/Karin Wieland, Vorwort, in: Dies. (Hrsg.), Willensmenschen: Über deutsche Offiziere, Frankfurt a.M. 1999, S. 9–10.

Dies. (Hrsg.), Willensmenschen: Über deutsche Offiziere, Frankfurt a.M. 1999.

Brink, Cornelia, Grenzen der Anstalt. Psychiatrie und Gesellschaft in Deutschland 1860–1980, Göttingen 2010.

Bröckling, Ulrich, Disziplin. Soziologie und Geschichte militärischer Gehorsamsproduktion, München 1997.

Ders., Psychopathische Minderwertigkeit? Moralischer Schwachsinn? Krankhafter Wandertrieb? Zur Pathologisierung von Deserteuren im Deutschen Kaiserreich vor 1914, in: Ders./Michael Sikora (Hrsg.), Armeen und ihre Deserteure. Vernachlässigte Kapitel einer Militärgeschichte der Neuzeit, Göttingen 1998, S. 161–186.

Bronfen, Elisabeth, Das verknotete Subjekt. Hysterie in der Moderne, Berlin 1998.

Brown, Edward M., An American Treatment for the American Nervousness: George Miller Beard and General Electrification. Presented to the American Association of the History of Medicine, Boston 1980.

Brümmer-Pauly, Kristina, Desertion im Recht des Nationalsozialismus, Berlin 2006.

Bruendel, Steffen, Volksgemeinschaft oder Volksstaat? Die »Ideen von 1914« und die Neuordnung Deutschlands im Ersten Weltkrieg, Berlin 2003

Brunner, José, Psychiatry, Psychoanalysis and the Politics of the First World War, in: Journal of Behavioural Sciences 27 (1991), S. 352–365.

Brunner, Max, Die Hofgesellschaft. Die führende Gesellschaftsschicht Bayerns während der Regierungszeit Max II., München 1987.

Burleigh, Michael, Tod und Erlösung. Euthanasie in Deutschland 1900–1945, Zürich u. München 2002.

Buschmann, Nikolaus/Horst Carl (Hrsg.), Die Erfahrung des Krieges. Erfahrungsgeschichtliche Perspektiven von der Französischen Revolution bis zum Zweiten Weltkrieg, Paderborn u. a. 2001.

Ders./Horst Carl, Zugänge zur Erfahrungsgeschichte des Krieges. Forschung, Theorie, Fragestellung, in: Dies. (Hrsg.), Die Erfahrung des Krieges. Erfahrungsgeschichtliche Perspektiven von der Französischen Revolution bis zum Zweiten Weltkrieg, Paderborn u. a. 2001, S. 11–26.

Ders./Karl Borromäus Murr (Hrsg.), Treue. Politische Loyalitäten und militärische Gefolgschaft in der Moderne, Göttingen 2008.

Carsten, Francis L., Reichswehr und Politik 1918– 1933, Köln 1964.

Caruth, Cathy, Unclaimed Experience. Trauma, Narrative, and History, Baltimore 1996.

Clark, Christopher M., Preußenbilder im Wandel, in: Historische Zeitschrift 293 (2011), S. 307–321.

Clarke, Ignatius F., Voices Propheseying War, 1763–1984, London 1966.

Clemente, Steven E., For King and Kaiser! The Making of the Prussian Army Officer, 1860–1914, New York 1992.

Cocks, Geoffrey, Psychotherapy in the Third Reich. The Göring Institute, New York u. Oxford 1985.

Cohen, Deborah, The War Come Home. Disabled Veterans in Britain and Germany, 1914–1939, Berkeley u. a. 2008.

Conze, Eckart, Vom »vornehmsten Stand« zum »Volksoffizierkorps«. Militärische Eliten in Preußen-Deutschland 1850–1950, in: Franz Bosbach u. a. (Hrsg.), Geburt oder Leistung? Elitenbildung im deutsch-britischen Vergleich, München 2003, S. 101–117.

Cowan, Michael J., Cult of the will. Nervousness and German modernity, University Park, Pa 2008.

Cox, Caroline, Invisible Wounds. The American Legion, Shell-Shocked Veterans, and American Society, 1919–1924, in: Paul Lerner/Mark S. Micale (Hrsg.), Traumatic Pasts. History, Psychiatry, and Trauma in the Modern Age, 1870–1930, Cambridge u. a. 2001, S. 280–306.

Creveld, Martin van, Kampfkraft, Militärische Organisation und Leistung der deutschen und der amerikanischen Armeen 1939 bis 1945, Freiburg i. Br. 1989.

Crouthamel, Jason, War Neurosis versus Savings Psychosis. Working-Class Politics and Psychological Trauma in Weimar Germany, in: Journal of Contemporary History 2 (2002), S. 163–182.

Ders., The Great War and German Memory. Society, politics and psychological trauma, 1914–1945. Exeter 2009.

Ders., Hysterische Männer? Traumatisierte Veteranen des Ersten Weltkrieges und ihr Kampf um Anerkennung im »Dritten Reich«, in: Babette Quinkert/Philipp Rauh/Ulrike Winkler (Hrsg.), Krieg und Psychiatrie 1914–1950, Göttingen 2010, S. 29–53.

Ders., The Nation's Leading Whiner. Visions of the National Community from the Perspective of Mentally Traumatized Veterans, in: Hans-Georg Hofer/Cay-Rüdiger Prüll/Wolfgang Eckart (Hrsg.), War, Trauma and Medicine in Germany and Central Europe (1914–1939), Freiburg 2011.

Ders., An Intimate History of the Front. Masculinity, Sexuality, and German Soldiers in the First World War, Basingstoke 2014.

Ders./Peter Leese, Introduction, in: dies. (Hrsg.), Psychological Trauma and the Legacies of the First World War, Basingstoke u. New York 2016, S. 1–21.

Ders./Peter Leese (Hrsg.), Psychological Trauma and the Legacies of the First World War, Basingstoke u. New York 2016.

Ders./Peter Leese (Hrsg.), Traumatic Memories of the Second World War and After, Basingstoke u. New York 2016.

Ders., Contested Memories of Traumatic Neurosis in Weimar and Nazi Germany, in: Gundula Gahlen/Ralf Gnosa/Oliver Janz (Hrsg.), Nerven und Krieg. Psychische Mobilisierungs- und Leidenserfahrungen 1900–1933, Frankfurt a.M. 2020, S. 253–271.

Dale, Robert, Coming Home. Demobilization, Trauma and Postwar Readjustment in Late Stalinist Leningrad, in: Special issue Psychische Versehrungen im Zeitalter der Weltkriege, hrsg. v. Gundula Gahlen/Wencke Meteling/Christoph Nübel, 18 May 2015, URL: ‹http://portal-militaergeschichte.de/dale_demobilization›.

Deist, Wilhelm (Bearb.), Militär und Innenpolitik im Weltkrieg 1914–1918. Zweiter Teil, Düsseldorf 1970.

Ders., Militär, Staat und Gesellschaft. Studien zur preußisch-deutschen Militärgeschichte, München 1991.

Ders., Zur Geschichte des preußischen Offizierkorps 1888–1918 (1980), in: ders.: Militär, Staat und Gesellschaft. Studien zur preußisch-deutschen Militärgeschichte, München 1991, S. 43–56

Delaporte, Sophie, Gueules cassées de la Grande Guerre, Paris 2004.

Demeter, Karl, Das deutsche Offizierkorps in Gesellschaft und Staat 1650–1945, Frankfurt a.M. 1965.

Derrien, Marie, »La tête en capilotade«. Les soldats de la Grande Guerre internés dans les hôpitaux psychiatriques français (1914–1980). Thèse pour l'obtention du doctorat d'histoire, Lyon 2015, URL: ‹https://tel.archives-ouvertes.fr/tel-01715662/document›.

Dies., Entrenched from Life: The Impossible Reintegration of Traumatized French Veterans of the Great War, in: Jason Crouthamel/Peter Leese (Hrsg.), Psychological Trauma and the Legacies of the First World War, Basingstoke u. New York 2016, S. 193–214.

Deussen, Julius, Einige sozialpsychiatrische Probleme bei der Beurteilung der Wehrkraft und der Auswertung der Militärsanitätsstatistik, in: Karl Gustav Müller u. a. (Hrsg.), Studium Sociale: Ergebnisse sozialwissenschaftlicher. Forschung der Gegenwart. Karl Valentin Müller dargebracht, Wiesbaden 1963, S. 35–52.

Diehl, James M., The Thanks of the Fatherland: German Veterans after the Second World War, Chapel Hill 1993.

Dieners, Peter, Das Duell und die Sonderrolle des Militärs. Zur preußisch-deutschen Entwicklung von Militär- und Zivilgewalt im 19. Jahrhundert, Berlin 1992.

Dietze, Gabriele, »Simulanten des Irrsinns auf dem Vortragspult«. Dada, Krieg und Psychiatrie, eine ›Aktive Traumadynamik‹, in: Berichte zur Wissenschaftsgeschichte 37 (2014), S. 332–350.

Dinges, Martin, Männer – Macht – Körper. Hegemoniale Männlichkeiten vom Mittelalter bis heute, Frankfurt/Main 2005.

Ders., Männergesundheit im Wandel: Ein Prozess nachholender Medikalisierung?, in: Bundesgesundheitsblatt - Gesundheitsforschung - Gesundheitsschutz 59 (2016) 8, S. 925–931.

Domeier, Norman, Der Eulenburg-Skandal. Eine politische Kulturgeschichte des Kaiserreichs, Frankfurt a.M. 2010.

Donat, Helmut, Georg Wilhelm Meyer — Ein Bremer Offizier und Kriegsdienstverweigerer, in: Ders./Andreas Röpcke, »Nieder die Waffen — Die Hände gereicht.« Friedensbewegung in Bremen 1898–1958, Bremen 1989, S. 41–45.

Dörner, Klaus/Angelika Ebbinghaus /Karsten Linne (Hrsg.), Der Nürnberger Ärzteprozeß 1946/47. Wortprotokolle, Anklage- und Verteidigungsmaterial, Quellen zum Umfeld. Erschließungsband zur Mikrofiche-Edition, München 1999.

Dörries, Andrea, Der Würzburger Schlüssel von 1933 Diskussionen um die Entwicklung einer Klassifikation psychischer Störungen, in: Thomas Beddies/Andrea Dörries (Hrsg.), Die Patienten der Wittenauer Heilstätten in Berlin: 1919–1960, Husum 1999, S. 188–205.

Dreidoppel, Heinrich/Max Herresthal/Gerd Krumeich (Hrsg.), Mars. Kriegsnachrichten aus der Familie 1914–1918. Max Trimborns Rundbrief für seine rheinische Großfamilie, Essen 2013.

Duchhardt, Heinz, Historische Elitenforschung. Eine Trendwende in der Geschichtswissenschaft?, Münster 2004.

Düding, Dieter, Die Kriegervereine im wilhelminischen Reich und ihr Beitrag zur Militarisierung der deutschen Gesellschaft, in: Jost Dülffer/Karl Holl (Hrsg.), Bereit zum Krieg. Kriegsmentalität im wilhelminischen Deutschland 1890–1914, Göttingen 1986, S. 99–121.

Dülffer, Jost/Karl Holl (Hrsg.), Bereit zum Krieg. Kriegsmentalität im wilhelminischen Deutschland 1890–1914, Göttingen 1986.

Ders., Kriegserwartung und Kriegsbild in Deutschland vor 1914, in: Wolfgang Michalka (Hrsg.), Der Erste Weltkrieg, München 1994, S. 778–798.

Echevarria, Antulio Joseph, After Clausewitz: German military thinkers before the Great War, Lawrence, Kan 2000.

Eckart, Wolfgang U., »Die wachsende Nervosität unserer Zeit«. Medizin und Kultur um 1900 am Beispiel einer Modekrankheit, in: Rüdiger Vom Bruch/Friedrich Wilhelm Graf/Gangolf Hübinger (Hrsg.), Kultur und Kulturwissenschaften um 1900, Bd. 2: Idealismus und Positivismus, Stuttgart 1997, S. 207–226.

Ders./Günter H. Seidler (Hrsg.), Verletzte Seelen. Möglichkeiten und Perspektiven einer historischen Traumaforschung, Gießen 2005.

Ders./Max Plassmann, Verwaltete Sexualität. Geschlechtskrankheiten und Krieg, in: Deutsches Hygiene-Museum und Wellcome Collection (Hrsg.), Krieg und Medizin, Göttingen 2009, S. 101–112.

Ders. u. a. (Hrsg.), Die nationalsozialistische »Aktion T4« und ihre Opfer. Geschichte und ethische Konsequenzen für die Gegenwart, Paderborn 2010, S. 297–309.

Ders., »Krüppeltum« und »Eiserner Wille« – Invalidität und Politik im Großen Krieg, 1914–18, in: Wehrmedizinische Monatsschrift 58 (2014) H. 7, S. 256–261.

Ders., Medizin und Krieg. Deutschland 1914–1924. Paderborn 2014.

Edele, Mark/Robert Gerwarth, The Limits of Demobilization: Global Perspectives on the Aftermath of the Great War, in: Journal Of Contemporary History 50 (2014), S. 3–14.

Eghigian, Die Bürokratie und das Entstehen von Krankheit, 1991

Eissler, Kurt Robert, Freud und Wagner-Jauregg. Vor der Kommission zur Erhebung militärischer Pflichtverletzungen, Wien 1979

Ekins, Ashley/Elizabeth Stewart (Hrsg.), War Wounds: Medicine and the Trauma of Conflict, Wollombi, NSW 2011.

Eley, Geoff, Konservative und radikale Nationalisten in Deutschland. Die Schaffung faschistischer Potentiale 1912–1928, in: Ders., Wilhelminismus, Nationalismus, Faschismus. Zur historischen Kontinuität in Deutschland, Münster 1991, S. 209–247.

Encke, Julia, Augenblicke der Gefahr. Der Krieg und die Sinne 1914–1934, Paderborn 2006.

Engelbracht, Gerda/Achim Tischer, Das St. Jürgen-Asyl in Bremen. Leben und Arbeiten in einer Irrenanstalt 1904–1934, Bremen 1990.

Engstrom, Eric J., Die Kapillarität des Normbegriffes, in: Volker Hess (Hrsg.), Normierung von Gesundheit. Messende Verfahren der Medizin als kulturelle Praktik um 1900, Husum 1997, S. 57–63.

Ders., Clinical psychiatry in imperial Germany. A history of psychiatric practice, Ithaca 2003.

Epkenhans, Michael, »Die Politik der militärischen Führung 1918: »Kontinuität der Illusionen und das Dilemma der Wahrheit«, in: Duppler, Jörg /Gerhard Groß (Hrsg.), Kriegsende 1918. Ereignis, Wirkung, Nachwirkung, München 1999, S.217–233.

Erhart, Walter, Die Wissenschaft vom Geschlecht und die Literatur der décadence, in: Lutz Danneberg/Friedrich Vollhardt (Hrsg.), Wissen in Literatur im 19. Jahrhundert, Tübingen 2002, S. 256–284.

Ernst, Petra u. a. (Hrsg.), Aggression und Katharsis. Der Erste Weltkrieg im Diskurs der Moderne, Wien 2004.

Everbroeck, Christine Van, Did Belgian psychiatry evolve thanks to the First World War? Schwerpunkt Psychische Versehrungen im Zeitalter der Weltkriege, hrsg.

v. Gundula Gahlen/Wencke Meteling/Christoph Nübel, in: Portal Militärgeschichte, 2. Februar 2015, URL: ‹http://portal-militaergeschichte.de/everbroeck_psychiatry›.

Fangerau, Heiner, Ein Sanatorium im Kriegszustand. Die »Rasenmühle« bei Göttingen zwischen zivilen und soldatischen Nervenleiden 1914–1918, in: Archiwum Historii i Folozofii Medycyny 68 (2005), S. 147–161.

Ders., Zwischen Kur und »Irrenanstalt«. Die »Volksnervenheilstättenbewegung« und die Legitimation eines staatlichen Sanatoriumsbetriebs am Beispiel der »Rasemühle« bei Göttingen, in: Christine Wolters/Christof Beyer/Brigitte Lohff (Hrsg.), Abweichung und Normalität. Psychiatrie in Deutschland vom Kaiserreich bis zur Deutschen Einheit, Bielefeld 2013, S. 25–42.

Fasora, Lukás u.a. (Hrsg.), Elitenforschung in der Geschichte des 19. und 20. Jahrhunderts. Erfahrungen und methodisch-theoretische Inspirationen, Berlin 2020.

Faulstich, Heinz, Hungersterben in der Psychiatrie 1914–1949. Mit einer Topographie der NS-Psychiatrie, Freiburg i. Brsg. 1998.

Ders., Die Zahl der »Euthanasie«-Opfer, in: Andreas Frewer/Clemens Eickhoff (Hrsg.), »Euthanasie« und die aktuelle Sterbehilfe-Debatte, Frankfurt a.M./New York 2000, S. 219–234.

Fehlemann, Silke, Die Nerven der »Daheimgebliebenen«. Die Familienangehörigen der Soldaten in emotionshistorischer Perspektive, in: Gundula Gahlen/Ralf Gnosa/Oliver Janz (Hrsg.), Nerven und Krieg. Psychische Mobilisierungs- und Leideserfahrungen 1900–1933, S. 227–249.

Feltman, Brian K., The Stigma of Surrender. German Prisoners, British Captors, and Manhood in the Great War and Beyond. Chapel Hill 2015.

Fenton, Norman, Shell Shock and Its Aftermath, St. Louis 1926.

Fischer, Jens Malte, Nachwort, in: Edlef Köppen, Heeresbericht, 4. Aufl., Berlin 2009, S. 391–400.

Fischer-Homberger, Esther, Railway Spine und traumatische Neurose – Seele und Rückenmark, in: Gesnerus 27 (1970), S. 96–111.

Dies., Die traumatische Neurose. Vom somatischen zum sozialen Leiden, Bern 1975.

Dies., Der Erste Weltkrieg und die Krise der ärztlichen Ethik, in: Johanna Bleker/Heinz-Peter Schmiedebach/Christine Eckelmann (Hrsg.), Medizin und Krieg: vom Dilemma der Heilberufe 1865 bis 1985, Frankfurt a.M. 1987, S. 122–134.

Dies., Zur Medizingeschichte des Traumas, in: Gesnerus 56 (1999), H. 3/4, S. 260–294.

Dies., Haut und Trauma. Zur Geschichte der Verletzung, in: Wolfgang U. Eckart/Günter H. Seidler (Hrsg.), Verletzte Seelen. Möglichkeiten und Perspektiven einer historischen Traumaforschung, Gießen 2005, S. 57–83.

Flemming, Thomas, »Willenspotenziale«. Offizierstugenden als Gegenstand der Wehrmachtspsychologie, in: Ursula Breymayer/Bernd Ulrich/Karin Wieland

(Hrsg.), Willensmenschen: Über deutsche Offiziere, Frankfurt a.M. 1999, S. 111–122.

Flik, Gotthilf, Zur Geschichte der Wehrmachtspsychologie 1934–1943, Aufbau der Bundeswehrpsychologie 1951–1966, Bonn 1988.

Föllmer, Moritz, Der »kranke Volkskörper«. Industrielle, hohe Beamte und der Diskurs der nationalen Regeneration in der Weimarer Republik, in: Geschichte und Gesellschaft 27 (2001), S. 41–67.

Förster, Alice/Birgit Beck, Post-Traumatic Stress Disorder and World War II: Can a Psychiatric Concept Help Us Understand Postwar Society? in: Richard Bessel/Dirk Schumann (Hrsg.), Life after Death. Approaches to a Cultural and Social History of Europe During the 1940s and 1950s, New York 2003, S. 15–38.

Förster, Stig, Der doppelte Militarismus. Die deutsche Heeresrüstungspolitik zwischen Status-Quo-Sicherung und Aggression 1890–1914. Stuttgart 1985.

Ders., Im Reich des Absurden. Die Ursachen des Ersten Weltkrieges, in: Bernd Wegner (Hrsg.), Wie Kriege entstehen. Zum historischen Hintergrund von Staatenkonflikten, Paderborn u. a. 2000, S. 211–252.

Ders., Ein militarisiertes Land? Zur gesellschaftlichen Stellung des Militärs im Deutschen Kaiserreich, in: Bernd Heidenreich/Sönke Neitzel (Hrsg.), Das Deutsche Kaiserreich 1890–1914, Paderborn u. a. 2011, S. 157–174.

Ders., Russische Pferde. Die deutsche Armeeführung und die Julikrise 1914, in: Christian Th Müller/Matthias Rogg (Hrsg.), Das ist Militärgeschichte! Probleme – Projekte – Perspektiven, Paderborn u. a. 2013, S. 63–82.

Ders. (Hrsg.), Vor dem Sprung ins Dunkle. Die militärische Debatte über den Krieg der Zukunft 1880–1914, Paderborn 2016.

Foerster, Wolfgang, Der Feldherr Ludendorff im Unglück. Eine Studie über seine seelische Haltung in der Endphase des Ersten Weltkrieges, Wiesbaden 1952.

Foucault, Michel, Überwachen und Strafen. Die Geburt des Gefängnisses, 3. Aufl., Frankfurt a.M. 1979.

Frank, Arthur W., The Wounded Storyteller. Body, Illness, and Ethics, Chicago und London 1995.

Freis, David, Die »Psychopathen« und die »Volksseele«. Psychiatrische Diagnosen des Politischen und die Novemberrevolution 1918/1919, in: Hans-Walter Schmuhl/Volker Roelcke (Hrsg.), »Heroische Therapien«. Die deutsche Psychiatrie im internationalen Vergleich, 1918–1945, Göttingen 2013, S. 48–68.

Ders., Diagnosing the Kaiser. Psychiatry, Wilhelm II and the Question of German War Guilt, in: Medical History 62 (2018), S. 273–294.

Ders., Psyche, Trauma und Kollektiv: Der psychiatrische Diskurs über die erschütterten Nerven der Nation, in: Gundula Gahlen/Ralf Gnosa/Oliver Janz (Hrsg.), Nerven und Krieg. Psychische Mobilisierungs- und Leidenserfahrungen 1900–1933, Frankfurt a.M. 2020, S. 53–75.

Frevert, Ute, Ehrenmänner. Das Duell in der bürgerlichen Gesellschaft, München 1991.

Dies., Das Militär als »Schule der Männlichkeit«. Erwartungen, Angebote, Erfahrungen im 19. Jahrhundert, in: Dies. (Hrsg.), Militär und Gesellschaft im 19. und 20. Jahrhundert, Stuttgart 1997, S. 145–173.

Dies., Die kasernierte Nation. Militärdienst und Zivilgesellschaft in Deutschland, München 2001.

Dies., Emotions and History. Lost and Found, Budapest 2011.

Friedlander, Henry, Der Weg zum NS-Genozid. Von der Euthanasie zur Endlösung, Berlin 1997.

Fritscher, Werner, Die Psychologische Auswahl des Offiziernachwuchses während des Zweiten Weltkriegs in der Deutschen Wehrmacht, in: Deutsche Wehrmachtpsychologie 1914–1945, München 1985.

Fuchs, Petra, Von der »Selbsthilfe« zur Selbstaufgabe. Zur Emanzipationsgeschichte behinderter Menschen (1919–1945), in: Petra Lutz/Heike Zirden (Hrsg.), Der (im-)perfekte Mensch. Metamorphosen von Normalität und Abweichung, Wien u. Köln 2003, S. 434–444.

Dies. u. a. (Hrsg.), «Das Vergessen der Vernichtung ist Teil der Vernichtung selbst«. Lebensgeschichten von Opfern der nationalsozialistischen «Euthanasie«, Göttingen 2007.

Funck, Marcus, In den Tod gehen. Bilder des Sterbens im 19. und 20. Jahrhundert, in: Ursula Breymayer/Bernd Ulrich/Karin Wieland (Hrsg.), Willensmenschen. Über deutsche Offiziere, Frankfurt a.M. 1999, S. 227–236.

Ders./Stephan Malinowski, »Charakter ist alles!« Erziehungsideale und Erziehungspraktiken in deutschen Adelsfamilien des 19. und 20. Jahrhunderts, in: Jahrbuch für Historische Bildungsforschung 6 (2000), S. 71–92.

Ders., Militär, Krieg und Gesellschaft. Soldaten und militärische Eliten in der Sozialgeschichte, in: Thomas Kühne/Benjamin Ziemann (Hrsg.), Was ist Militärgeschichte? Paderborn u. a. 2000, S. 157–173.

Ders., Schock und Chance. Der preußische Militäradel in der Weimarer Republik zwischen Stand und Profession, in: Heinz Reif (Hrsg.), Adel und Bürgertum in Deutschland. Entwicklungslinien und Wendepunkte im 20. Jahrhundert, Berlin 2001, S. 127–172.

Ders., Bereit zum Krieg? Entwurf und Praxis militärischer Männlichkeit im preußisch-deutschen Offizierskorps vor dem Ersten Weltkrieg, in: Karen Hagemann/Stefanie Schüler-Springorum (Hrsg.), Heimat-Front. Militär und Geschlechterverhältnisse im Zeitalter der Weltkriege, Frankfurt a.M./New York 2002, S. 69–90.

Funke, Nikolas/Gundula Gahlen/Ulrike Ludwig, Krank vom Krieg: Zur Einführung, in: Dies. (Hrsg.), Krank vom Krieg. Umgangsweisen und kulturelle Deutungsmuster von der Antike bis zur Moderne, Frankfurt a.M. 2022, S. 11–26.

Gahlen, Gundula, Rolle und Bedeutung des Adels im bayerischen Offizierskorps 1815-1866, in: dies. u. Carmen Winkel (Hrsg.), Themenheft: Militärische Eliten in der Frühen Neuzeit (= Militär und Gesellschaft in der Frühen Neuzeit 14 (2010) Heft 1), S. 127-163.

Dies., Das bayerische Offizierskorps 1815–1866, Paderborn u. a. 2011.

Dies., Die wirtschaftliche Situation des Offizierskorps in Bayern, in: Das ist Militärgeschichte! Probleme – Projekte – Perspektiven, hrsg. von Christian Th. Müller u. Matthias Rogg, Paderborn u. a. 2013, S. 445–463.

Dies./Wencke Meteling/Christoph Nübel (Hrsg.), Schwerpunkt Psychische Versehrungen im Zeitalter der Weltkriege, in: Portal Militärgeschichte, 2015, URL: ‹http://portal-militaergeschichte.de/psychische_versehrungen›.

Dies./Wencke Meteling/Christoph Nübel, Psychische Versehrungen im Zeitalter der Weltkriege: Zur Einführung. Schwerpunkt Psychische Versehrungen im Zeitalter der Weltkriege, hrsg. v. dens., in: Portal Militärgeschichte, 5. Januar 2015, URL: ‹http://portal-militaergeschichte.de/psychische_versehrungen›.

Dies., »Always Had a Pronouncedly Psychopathic Predisposition«: The Significance of Class and Rank in First World War German Psychiatric Discourse, in: Jason Crouthamel/Peter Leese (Hrsg.), Psychological Trauma and the Legacies of the First World War, Basingstoke u. New York 2016, S. 81–113.

Dies., Zwei-Klassen-Medizin? Die ärztliche Sicht auf psychisch versehrte Offiziere in Deutschland im Ersten Weltkrieg, in: Thomas Becker u. a. (Hrsg.), Psychiatrie im Ersten Weltkrieg, Konstanz 2018, S. 107–126.

Dies./Ralf Gnosa/Oliver Janz (Hrsg.), Nerven und Krieg. Psychische Mobilisierungs- und Leidenserfahrungen 1900–1933, Frankfurt a.M. 2020.

Dies., Psychisch versehrte Offiziere in der Weimarer Republik, in: Nikolas Funke/Gundula Gahlen/Ulrike Ludwig (Hrsg.), Krank vom Krieg. Umgangsweisen und kulturelle Deutungsmuster von der Antike bis in die Moderne, Frankfurt a.M. 2022, S. 261–291.

Dies./Henriette Voelker (Hrsg.), Doing Psychiatry. Practices in European Psychiatric Institutions and Beyond, 1945–1990 (in Vorbereitung).

Garson, John, Army Alpha, Army Brass and the Search for Army Intelligence, in: Isis 84 (1993), S. 278–309.

Gausemeier, Bernd, Natürliche Ordnungen und politische Allianzen. Biologische und biochemische Forschung an Kaiser-Wilhelm-Instituten 1933–1945, Göttingen 2005.

Genton, François, Lieder, die um die Welt gingen. Deutsche Schlager und Kulturtransfers im 20. Jahrhundert, in: Olivier Agard/Christian Helmreich/Hélène Vinckel-Roisin (Hrsg.), Das Populäre. Untersuchungen zu Interaktionen und Differenzierungsstrategien in Literatur, Kultur und Sprache, Göttingen 2011, S. 189–204.

Gerlach, Philipp, Der Wert der Arbeitskraft: Bewertungsinstrumente und Auswahlpraktiken im Arbeitsmarkt für Ingenieure, Wiesbaden 2014.

Gerwarth, Robert, The Central European counter-revolution. Paramilitary violence in Germany, Austria and Hungary after the Great War, in: Past and present 200 (2008), S. 175–209.

Ders./John Horne, The Great War and Paramilitarism in Europe, 1917–23. In: Contemporary European History 19 (2010), S. 267–273.

Ders./John Horne (Hrsg.), Krieg im Frieden. Paramilitärische Gewalt nach dem Ersten Weltkrieg, Göttingen 2013.

Ders., Die Besiegten. Das blutige Erbe des Ersten Weltkriegs, München 2017.

Geuter, Ulfried, Die Professionalisierung der deutschen Psychologie im Nationalsozialismus, Frankfurt a.M. 1984.

Ders., Polemos panton pater – Militär und Psychologie im Deutschen Reich 1914–1945, in: Ders./Mitchell G. Ash, Geschichte der deutschen Psychologie im 20. Jahrhundert. Ein Überblick, Opladen 1985, S. 146–171.

Geyer, Michael, Professionals and Junkers. Germans Rearmament and Politics in the Weimar Republic, in: Richard Bessel/E. J. Feuchtwanger (Hrsg.), Social Change and Political Development in Weimar Germany, London 1981, S. 77–133.

Ders., Ein Vorbote des Wohlfahrtsstaates. Die Kriegsopferversorgung in Frankreich, Deutschland und Großbritannien nach dem Ersten Weltkrieg, in: Geschichte und Gesellschaft 9 (1983), S. 230–277.

Ders., Deutsche Rüstungspolitik 1860–1980, Frankfurt a.M. 1984.

Ders., German Strategy in the Age of Machine Warfare, 191–1945, in: Peter Paret (Hrsg.), Makers of Modern Strategy From Macchiavelli tot he Nuclear Age, Princeton 1986, S. 527–597.

Ders., The Past as Future. The German Officer Corps as Profession, in: Geoffrey Cocks/Konrad Jarausch (Hrsg.), German Professions 1800–1950, Oxford 1990, S. 183–212.

Ders., Gewalt und Gewalterfahrung im 20. Jahrhundert. der Erste Weltkrieg, in: Rolf Spilker/Bernd Ulrich (Hrsg.), Der Tod als Maschinist. Der industrialisierte Krieg 1914–1918, Bramsche 1998, S. 241–257.

Ders., Vom massenhaften Tötungshandeln, oder: Wie die Deutschen das Krieg-Machen lernten, in: Peter Gleichmann/Thomas Kühne (Hrsg.), Massenhaftes Töten. Kriege und Genozide im 20. Jahrhundert, Essen 2004, S. 105–142.

Goltermann, Svenja, Körper der Nation. Habitusformierung und die Politik des Turnens 1860–1890, Göttingen 1998.

Dies., Die Gesellschaft der Überlebenden. Deutsche Kriegsheimkehrer und ihre Gewalterfahrungen im Zweiten Weltkrieg, München 2009.

Goodspeed, Donald James, Ludendorff. Soldat, Diktator, Revolutionär, Gütersloh 1968.

Gordon, Harold J., Die Reichswehr und die Weimarer Republik 1919–1926, Frankfurt a.M. 1959.

Grebing, Helga, Der »deutsche Sonderweg« in Europa 1806–1945. Eine Kritik, Stuttgart 1986.

Grob, Gerald N., Der Zweite Weltkrieg und die US-amerikanische Psychiatrie, in: Babette Quinkert/Philipp Rauh/Ulrike Winkler (Hrsg.), Krieg und Psychiatrie 1914–1950, Göttingen 2010, S. 153–164.

Grogan, Suzie, Shell shocked Britain. The First World War's legacy for Britain's mental health. Barnsley 2014.

Groß, Hermann, Vor 100 Jahren in Falkenstein: Die Einweihung des »Offiziersheim Taunus« – eine Heilanstalt für kaiserliche Offiziere, in: Burgverein Königstein e.V. (Hrsg.), Vom Vorwerk zum Alten Rathaus, Königstein im Taunus 2009, S. 61–67.

Große Kracht, Klaus/Vera Ziegeldorf (Hrsg.), Wirkungen und Wahrnehmungen des Ersten Weltkrieges, Berlin 2004.

Gruchmann, Lothar, Euthanasie und Justiz im Dritten Reich, in: Vierteljahrshefte für Zeitgeschichte 20 (1972), S. 235–279.

Gruss, Helmut, Die deutschen Sturmbataillone im Weltkrieg, Berlin 1939.

Gundlach, Horst, Faktor Mensch im Krieg. Der Eintritt der Psychologie und Psychotechnik in den Krieg, in: Berichte zur Wissenschaftsgeschichte 19 (1996) Heft 2–3, S. 131–143.

Guth, Ekkehart, Der Loyalitätskonflikt des deutschen Offizierskorps in der Revolution 1918–20. Frankfurt a.M. u. a. 1983.

Hahn, Susanne, Militärische Einflüsse auf die Entwicklung der Schulhygiene im Kaiserlichen Deutschland, 1871–1918, in: Rolf Winau/Heinz Müller-Dietz (Hrsg.), Medizin für den Staat, Medizin für den Krieg. Aspekte zwischen 1914 und 1945. Gesammelte Aufsätze, Husum 1994, S. 18–34.

Haller, Christian, Militärzeitschriften in der Weimarer Republik und ihr soziokultureller Hintergrund. Kriegsverarbeitung und Milieubildung im Offizierskorps der Reichswehr in publizistischer Dimension, Trier 2012.

Hämmerle, Christa /Oswald Überegger/Birgitta Bader-Zaar (Hrsg.), Gender and the First World War, Basingstoke 2014.

Hansen, Ernst Willi, Reichswehr und Industrie. Rüstungswirtschaftliche Zusammenarbeit und wirtschaftliche Mobilmachungsvorbereitungen 1923–1932, Boppard a. Rh. 1978.

Harrington, Ralph, The Railway Accident. Trains, Trauma, and Technological Crises in Nineteenth-Century Britain, in: Mark S. Micale/Paul Lerner (Hrsg.), Traumatic Pasts. History, Psychiatry and Trauma in the Modern Age, 1870–1930, Cambridge u. a. 2001, S. 31–56.

Harrison, Mark, Krieg und Medizin im Zeitalter der Moderne, in: Melissa Larner/James Peto/Colleen M. Schmitz (Hrsg.), Krieg und Medizin im Zeitalter der Moderne, Göttingen 2009, S. 11–29.

Ders., The Medical War. British Military Medicine in the First World War, Oxford 2011.

Hartmann, Christian (Hrsg.), Von Feldherren und Gefreiten, Zur biographischen Dimension des Zweiten Weltkriegs, München 2008.

Hartmann, Volker, Sanitätsdienst im Stellungskrieg. Besondere Herausforderung an Hygiene, Gesundheitsvorsorge und Verwundetenversorgung, in: Wehrmedizinische Monatsschrift 58 (2014) Heft 7, S. 231–238.

Hebbelmann, Georg, Das preußische »Offizierkorps« im 18. Jahrhundert. Analyse der Sozialstruktur einer Funktionselite, Münster 1999.

Hebert, Ulrich, Generation der Sachlichkeit. Die völkische Studentenbewegung der frühen zwanziger Jahre in Deutschland, in: Frank Bajohr u. a. (Hrsg.), Zivilisation und Barbarei. Detlev Peukert zum Gedächtnis, Hamburg 1991, S. 115–144.

Heinemann, Patrick Oliver, Rechtsgeschichte der Reichswehr 1918–1933, Paderborn 2018.

Hermes, Maria, Krankheit: Krieg. Psychiatrische Deutungen des Ersten Weltkrieges, Essen 2012.

Dies., Psychiatrie im Krieg. Das Bremer St. Jürgen-Asyl im Ersten Weltkrieg, Köln 2013.

Herwig, Holger H., The German Naval Officer Corps. A Social and Political History, Oxford 1973.

Heuvel, Jörg van den, Mythos Militarismus? Militär und Politik in Deutschland und Frankreich am Vorabend des Ersten Weltkriegs, Frankfurt a.M. (Diss.) 2015.

Hiller von Gaertingen, Friedrich Frh., »Dolchstoß«-Diskussion und »Dolchstoß«-Legende im Wandel von vier Jahrzehnten, in: Waldemar Besson/Ders. (Hrsg.), Geschichte und Gegenwartsbewußtsein, Festschrift für Hans Rothfels, Göttingen 1963, S. 122–160.

Hilpert, Ronald, Rekonstruktion der Geschichte eines speziellen Elektrosuggestivverfahrens (»Pansen«) aus Archivmaterialien des Heeressanitätswesens der Wehrmacht und dessen Einordnung in das Kriegsneurosenproblem des Zweiten Weltkriegs, Diss. med., Leipzig 1995.

Hirschfeld, Gerhard u. a. (Hrsg.), »Keiner fühlt sich hier mehr als Mensch...« – Erlebnis und Wirkung des Ersten Weltkriegs, Essen 1993.

Ders. u. a. (Hrsg.), Kriegserfahrungen. Studien zur Sozial- und Mentalitätsgeschichte des Ersten Weltkriegs, Essen 1997.

Ders., Der Führer spricht vom Krieg. Der Erste Weltkrieg in den Reden Adolf Hitlers, in: Gerd Krumeich (Hrsg.), Nationalsozialismus und Erster Weltkrieg, Essen 2010, S. 35–51.

Hirschmüller, Albrecht, Physiologie und Psychoanalyse im Leben und Werk Joseph Breuers, Bern 1978.

Hofer, Hans-Georg, Nervöse Zitterer. Psychiatrie und Krieg, in: Helmut Konrad (Hrsg.), Krieg, Medizin und Politik. Der Erste Weltkrieg und die österreichische Moderne, Wien 2000, S. 15–134.

Ders., Nervenschwäche und Krieg. Modernitätskritik und Krisenbewältigung in der österreichischen Psychiatrie (1880–1920), Köln/Weimar/Wien 2004.

Ders., Was waren ›Kriegsneurosen‹? Zur Kulturgeschichte psychischer Erkrankungen im Ersten Weltkrieg, in: Hermann J. Kuprian/Oswald Überegger (Hrsg.), Der Erste Weltkrieg im Alpenraum. Erfahrung, Deutung, Erinnerung, Innsbruck 2006, S. 309–321.

Ders./Cay-Rüdiger Prüll, Reassessing War, Trauma and Medicine in Germany and Central Europe (1914–1939), in: Hans-Georg Hofer/Cay-Rüdiger Prüll/Wolfgang Eckart (Hrsg.), War, Trauma and Medicine in Germany and Central Europe (1914–1939), Freiburg 2011, S. 7–29.

Ders./Cay-Rüdiger Prüll/Wolfgang Eckart (Hrsg.), War, Trauma and Medicine in Germany and Central Europe (1914–1939), Freiburg 2011.

Hoffmann, Detlef, Der Mann mit dem Stahlhelm vor Verdun. Fritz Erlers Plakat zur sechsten Kriegsanleihe 1917, in: Berthold Hinz u. a. (Hrsg.), Die Dekoration der Gewalt. Kunst und Medien im Faschismus, Gießen 1979, S. 101–114.

Ders., Das Volk in Waffen. Die Kreation des deutschen Soldaten im Ersten Weltkrieg, in: Annette Graczyk (Hrsg.), Das Volk. Abbild, Konstruktion, Phantasma, Berlin 1996, S. 83–100.

Hoffmann-Richter, Ulrike, Das Verschwinden der Biographie in der Krankengeschichte. Eine biographische Skizze, in: Bios 2 (1995), S. 204–221.

Hofmeister, Björn, Between Monarchy and Modernity. Radical Nationalism and Social Mobilization of the Pan-German League, 1914–1939, PhD Georgetown University 2012.

Hofstätter, Peter R. u. a. (Hrsg.), Deutsche Wehrmachtspsychologie 1914–1945, München 1985.

Ders., Einführung, in: Ders. (Hrsg.), Deutsche Wehrmachtspsychologie 1914–1945, München 1985, S. VIII-XII.

Hoegen, Jesko von, Der Held von Tannenberg: Genese und Funktion des Hindenburg-Mythos, Köln u. a. 2007.

Hohendorf, Gerrit, Die Selektion der Opfer zwischen rassenhygienischer »Ausmerze«, ökonomischer Brauchbarkeit und medizinischem Erlösungsideal, in: Maike Rotzoll u. a. (Hrsg.), Die nationalsozialistische »Euthanasie«-Aktion T4. Geschichte und ethische Konsequenzen in der Gegenwart, Paderborn u. a. 2010, S. 310–324.

Hohenthal, Andrea Gräfin von, Wissenschaft im Krieg?, in: Journal für Psychologie 25 (2017), URL: ‹https://www.journal-fuer-psychologie.de/index.php/jfp/article/view/426/469›.

Dies., Psychologen in der Kriegspsychiatrie und die Aussagekraft von Krankenakten, in: Thomas Becker u. a. (Hrsg.), Psychiatrie im Ersten Weltkrieg, Konstanz 2018, S. 267–286.

Dies., Die Nerven der Anderen. Britische und deutsche Psychologen im Ersten Weltkrieg: Ein Vergleich, in: Gundula Gahlen/Ralf Gnosa/Oliver Janz (Hrsg.), Nerven und Krieg. Psychische Mobilisierungs- und Leidenserfahrungen 1900–1933, Frankfurt a.M. 2020, S. 199–225.

Höhn, Reinhard, Die Armee als Erziehungsschule der Nation. Das Ende einer Idee, Bad Harzburg 1963.

Holdorff, Bernd, Der Kampf um die »traumatische Neurose« 1889–1916. Hermann Oppenheim und seine Kritiker in Berlin, in: Hanfried Helmchen (Hrsg.), Psychiater und Zeitgeist. Zur Geschichte der Psychiatrie in Berlin, Berlin u.a. 2008, S. 213–238.

Holl, Karl, Militarismuskritik in der bürgerlichen Demokratie des wilhelminischen Reiches. Das Beispiel Ludwig Quidde, in: Wolfram Wette (Hrsg.), Schule der Gewalt. Militarismus in Deutschland 1871–1945, Berlin 2005, S. 76–90.

Holthaus, Matthias, Maria Hermes-Wladarsch sprach über Peter Suhrkamps »Behandlung« im St.-Jürgen-Asyl. Die Psychiatrie, ein Irrenhaus, in: Weserkurier, 08.12.2016, URL: ‹http://www.weser-kurier.de/bremen_artikel,-Die-Psychiatrie-ein-Irrenhaus_arid,1508819.html›.

Hoeres, Peter, Krieg der Philosophen. Die deutsche und britische Philosophie im Ersten Weltkrieg, Paderborn 2004.

Horne, John, Kulturelle Demobilmachung 1919–1939. Ein sinnvoller historischer Begriff? in: Wolfgang Hardtwig (Hrsg.), Politische Kulturgeschichte der Zwischenkriegszeit 1918–1939, Göttingen 2005, S. 129–150.

Howard, Michael, Men against Fire. The Doctrine of the Offensive in 1914, in: Paret, Peter/Craig, Gordon Alexander/Gilbert, Felix (Hrsg.), Makers of Modern Strategy. From Machiavelli to Nuclear Age, Princeton, NJ 1986, S. 510–526.

Huerkamp, Claudia, Der Aufstieg der Ärzte im 19. Jahrhundert, Göttingen 1985.

Hüppauf, Bernd, Über den Kampfgeist. Ein Kapitel aus der Vor- und Nachbereitung des Ersten Weltkriegs, in: Anton-Andreas Guha/Sven Papcke (Hrsg.), Der Feind, den wir brauchen oder: Muß Krieg sein?, Königstein 1985, S. 71–98.

Ders., Schlachtenmythen und die Konstruktion des »Neuen Menschen«, in: Gerhard Hirschfeld/Gerd Krumeich/Irina Renz (Hrsg.), »Keiner fühlt sich hier mehr als Mensch«. Erlebnis und Wirkung des Ersten Weltkriegs, Essen 1993, S. 43–84.

Hürten, Heinz, Das Offizierkorps des Reichsheeres, in: Hanns Hubert Hofmann (Hrsg.), Das deutsche Offizierkorps, Boppard a. Rh. 1980, S. 231–245.

Ingenkamp, Konstantin, Depression und Gesellschaft. Zur Erfindung einer Volkskrankheit, Bielefeld 2012.

Ingenlath, Markus, Mentale Aufrüstung. Militarisierungstendenzen in Frankreich und Deutschland vor dem Ersten Weltkrieg, Frankfurt a.M. 1998.

Jäckle, Renate, »Pflicht zur Gesundheit« und »Ausmerze«. Medizin im Dienst des Regimes, in: Medizin im NS-Staat, Dachauer Hefte 4, München 1988, S. 59–77.

Jahr, Christoph, Gewöhnliche Soldaten. Desertion und Deserteure im deutschen und britischen Heer 1914–1918. Göttingen 1998.

Ders., British Prussianism. Überlegungen zu einem europäischen Militarismus im 19. und im frühen 20. Jahrhundert, in: Wolfram Wette (Hrsg.), Militarismus in Deutschland 1871–1945. Zeitgenössische Analysen und Kritik, Hamburg 1999, S. 293–311.

Jacobsen, Hans-Adolf, Militär, Staat und Gesellschaft in der Weimarer Republik, in: Karl Dietrich Bracher/Manfred Funke/Hans-Adolf Jacobsen (Hrsg.), Die Weimarer Republik 1918–1933. Politik, Wirtschaft, Gesellschaft, Düsseldorf 1987, S. 358–361.

Jansen, Christian (Hrsg.), Der Bürger als Soldat. Die Militarisierung europäischer Gesellschaften im langen 19. Jahrhundert: ein internationaler Vergleich, Essen 2004.

Janßen, Karl-Heinz, Politische und militärische Zielvorstellungen der Wehrmachtführung, in: Rolf-Dieter Müller/Hans-Erich Volkmann (Hrsg.), Die Wehrmacht: Mythos und Realität, München 1999, S. 75–84.

Janz, Oliver, Das symbolische Kapital der Trauer. Nation, Religion und Familie im italienischen Gefallenenkult des Ersten Weltkriegs, Tübingen 2009.

Ders., 14 – Der große Krieg, Frankfurt a.M. 2013.

Jasper, Willi, Lusitania. Kulturgeschichte einer Katastrophe, Berlin 2015.

Jauffret, Jean-Charles, L'Officier français (1871–1919), in: Claude Croubois (Hrsg.), L'Officier français. Des origines à nos jours, Saint-Jean-d'Angély 1987, S. 253–331,

Ders., L'Officier français en 1914–1918. La guerre vécue, in: Gérard Canini (Hrsg.), Mémoire de la Grande Guerre. Témoins et témoignage, Nancy 1989, S. 229–247

Jensen, Uffa/Daniel Morat, Die Verwissenschaftlichung des Emotionalen in der langen Jahrhundertwende (1880–1930), in: Dies. (Hrsg.), Rationalisierungen des Gefühls. Zum Verhältnis von Wissenschaft und Emotionen 1880–1930, München 2008, S. 11–34.

Jeschal, Godwin, Politik und Wissenschaft deutscher Ärzte im Ersten Weltkrieg, Pattensen 1977.

Jessen, Olaf, Die Moltkes. Biographie einer Familie, München 2010.

John, Hartmut, Das Reserveoffizierskorps im Deutschen Kaiserreich 1890–1940. Ein sozialgeschichtlicher Beitrag zur Untersuchung der gesellschaftlichen Militarisierung im Wilhelminischen Deutschland, Frankfurt a.M. 1981.

Jones, Edgar/Simon Wessely, Psychiatric battle casualties: An intra- and interwar comparison, in: British Journal of Psychiatry, 178 (2001), S. 242–247.

Dies., Shell Shock to PTSD. Military Psychiatry from 1900 to the Gulf War, Hove, East Sussex, New York 2005.

Dies., War Syndromes: The Impact of Culture on Medically Unexplained Symptoms, in: Medical History 49 (2005), S. 55–78.

Dies., Battle for the mind: World War 1 and the birth of military psychiatry, in: The Lancet 385 (2014), S. 1708–1714.

Kaiser, Alexandra, Von Helden und Opfern – Eine Geschichte des Volkstrauertags, Frankfurt a.M. 2010.

Kaiser, Jochen-Christoph, Widerspruch und Widerstand gegen die Krankenmorde, in: Klaus-Dietmar Henke (Hrsg.), Tödliche Medizin im Nationalsozialismus. Von der Rassenhygiene zum Massenmord, Köln u. a. 2008, S. 171–184.

Kalz, Wolf, Die Ideologie des »deutschen Sonderwegs«. Exkurse zur Zeithistorie, Künzell 2004.

Kanis-Seyfried, Uta, Vom »Kriegshelden« zum »Kriegszitterer«. Traumatisierte Soldaten des Ersten Weltkriegs in den ehemaligen Heil- und Pflegeanstalten Ravensburg-Weissenau (Württemberg) und Reichenau (Baden), in: Thomas Becker u. a. (Hrsg.), Psychiatrie im Ersten Weltkrieg, Konstanz 2018, S. 331–351.

Kansteiner, Wulf, Menschheitstrauma, Holocausttrauma, kulturelles Trauma: Eine kritische Genealogie der philosophischen, psychologischen und kulturwissenschaftlichen Traumaforschung seit 1945, in: Friedrich Jaeger (Hrsg.), Handbuch der Kulturwissenschaften, Bd. 3, Stuttgart 2004, S. 109–138.

Käser, Rudolf, Methodenansätze zur Erforschung des interdiskursiven Verhältnisses von Literatur und Medizin, in: Ders./Beate Schappach (Hrsg.), Krank geschrieben: Gesundheit und Krankheit im Diskursfeld von Literatur, Bielefeld 2014, S. 15–39.

Kätzel, Ute, Militarismuskritik sozialdemokratischer Politikerinnen in der Zeit des wilhelminischen Kaiserreiches, in: Wolfram Wette (Hrsg.), Schule der Gewalt. Militarismus in Deutschland 1871–1945, Berlin 2005, S. 135–152.

Kaufmann, Doris, Science as cultural practice. Psychiatry in the First World War and Weimar Germany, Berlin 1998.

Dies., »Widerstandsfähige Gehirne« und »kampfunlustige Seelen«. Zur Mentalitäts- und Wissenschaftsgeschichte des 1. Weltkriegs, in: Michael Hagner (Hrsg.), Ecce Cortex. Beiträge zur Geschichte des Gehirns, Göttingen 1999, S. 206–223.

Dies., Neurasthenia in Wilhelmine Germany Culture: Sexuality, and the Demands of Nature, in: Marijke Gijswijt-Hofstra/Roy Porter (Hrsg.), Cultures of Neurasthenia from Beard to the First World War, Amsterdam u. New York 2001, S. 161–176.

Dies., »Primitivismus«. Zur Geschichte eines semantischen Feldes 1900.1930, in: Wolfgang Hardtwig (Hrsg.), Ordnungen in der Krise. Zur politischen Kulturgeschichte Deutschlands 1900–1933, München 2007, S. 425–448.

Dies., Zur Genese der modernen Kulturwissenschaft. »Primitivismus« im transdisziplinären Diskurs des frühen 20. Jahrhunderts, in: Jürgen Reulecke/Volker Roelcke (Hrsg.), Wissenschaften im 20. Jahrhundert. Universitäten in der modernen Wissenschaftsgesellschaft, Stuttgart 2008, S. 41–53.

Kaufmann, Stefan, Kommunikationstechnik und Kriegführung 1815–1945. Stufen telemedialer Rüstung, München 1996.

Ders., Kriegführung im Zeitalter technischer Systeme – Zur Maschinisierung militärischer Operationen im Ersten Weltkrieg, in: Militärgeschichtliche Zeitschrift 61 (2002), S. 337–367.

Kaupen-Haas, Heidrun (Hrsg.), Der Griff nach der Bevölkerung. Aktualität und Kontinuität nazistischer Bevölkerungspolitik,Nördlingen 1986.

Keegan, John, Das Antlitz des Krieges. Die Schlachten von Azincourt, Waterloo 1815 und an der Somme 1916, Frankfurt a.M. u. a. 1991.

Kehr, Ekkehardt, Zur Genesis des königlich-preußischen Reserveoffiziers, in: Ders., Das Primat der Innenpolitik. Gesammelte Aufsätze zur preußisch-deutschen Sozialgeschichte im 19. und 20. Jahrhundert, hrsg. v. Hans-Ulrich Wehler, Frankfurt u. a. 1976, S. 55–63.

Keller, Peter, ›Die Wehrmacht der Deutschen Republik ist die Reichswehr‹. Die deutsche Armee 1918–1921, Paderborn 2014.

Kellert, Anthony, Combat Motivation. The Behavior of Soldiers in Battle, Boston 1982.

Kienitz, Sabine, Körper - Beschädigungen. Kriegsinvalidität und Männlichkeitskonstruktionen in der Weimarer Republik, in: Karen Hagemann (Hrsg.), Heimat-

Front. Militär und Geschlechterverhältnisse im Zeitalter der Weltkriege, Frankfurt a.M. 2002, S. 188–207.

Dies., Beschädigte Helden. Kriegsinvalidität und Körperbilder 1914–1923, Paderborn 2008.

Kiesel, Helmuth, Geschichte der deutschsprachigen Literatur 1918–1933, Paderborn 2008.

Kilian, Jürgen, »Wir wollen die geistige Führung der Armee übernehmen« – Die informelle Gruppe von Generalstabsoffizieren um Joachim von Stülpnagel, Friedrich Wilhelm von Willisen und Kurt von Schleicher, in: Gundula Gahlen/Daniel Marc Segesser/Carmen Winkel (Hrsg.), Geheime Netzwerke im Militär 1700–1945, Paderborn 2016, S. 167–183.

Kirmayer, Laurence J./Joseph P. Gone/Joshua Moses, Rethinking Historical Trauma, in: Transcultural Psychiatry 51 (2014), S. 299–319.

Kübler, Rudi, Karl Rueff: Ein Mensch mit einer Geschichte, in: Südwest Presse Online, URL: ‹http://www.swp.de/ulm/lokales/ulm_neu_ulm/karl-rueff_-ein-mensch-mit-einer-geschichte-13011591.html›.

Kurilo, Olga (Hrsg.), Seebäder an der Ostsee im 19. und 20. Jahrhundert, Frankfurt a.M. 2009.

Kitchen, Martin, The German Officer Corps 1890–1914, Oxford 1968.

Kittel, Ingo-Wolf, Arthur Kronfeld 1886–1941. Ein Pionier der Psychologie, Sexualwissenschaft und Psychotherapie. Ausstellung vom 6. Juni bis 28. Juni 1988 in Mannheim, Konstanz 1988.

Ders., Arthur Kronfeld (1886–1941), in: Volkmar Sigusch/Günter Grau (Hrsg.), Personenlexikon der Sexualforschung, Frankfurt u. New York 2009, S. 397–402.

Klautke, Egbert, The Mind of the Nation: Völkerpsychologie in Germany, 1851–1955, Oxford 2013.

Ders., Perfidious Albion: Wilhelm Wundt, Völkerpsychologie and anti-English Propaganda in Germany during the First World War, in: Felicity Rash/Geraldine Horan/Daniel Wildenmann (Hrsg.), German and British Nationalism and Anti-Semitism, 1871–1945, Oxford 2013, S. 235–255.

Kloocke, Ruth/Heinz-Peter Schmiedebach/Stefan Priebe, Psychological injury in the two World Wars: changing concepts and terms in German psychiatry, in: History of Psychiatry 16 (2005), S. 43–60.

Kluge, Ulrich, Soldatenräte und Revolution. Studien zur Militärpolitik in Deutschland 1918/19, Göttingen 1975.

Knorring, Marc von, Militär und Gesellschaft in Anstands- und Benimmliteratur der Wilhelminischen Zeit. Überlegungen zum Nutzen einer vernachlässigten Quellengattung, in: Forschungen zur Brandenburgischen und Preußischen Geschichte N.F. 19 (2009) S. 217–242.

Köglmeier, Georg, Münchner Soldatenrat, 1918/19, publiziert am 22.11.2012; in: Historisches Lexikon Bayerns, ‹http://www.historisches-lexikon-bayerns.de/Lexikon/Münchner Soldatenrat, 1918/19›.

Köhne, Julia B., Kriegshysteriker. Strategische Bilder und mediale Techniken militärpsychiatrischen Wissens, 1914–1920, Husum 2009.

Dies., Papierne Psychen. Zur Psychographie des Frontsoldaten nach Paul Plaut, in: Dies./Ulrike Heikaus, Krieg! Juden zwischen den Fronten, 1914–1918, hrsg. v. Jüdisches Museum München, Berlin 2014, S. 67–104.

Dies., Militärpsychiatrie und Kriegspsychologie im Ersten Weltkrieg und das Problem der Masse. Schwerpunkt Psychische Versehrungen im Zeitalter der Weltkriege, hrsg. v. Gundula Gahlen/Wencke Meteling/Christoph Nübel, in: Portal Militärgeschichte, 16. Januar 2015, ‹http://portal-militaergeschichte.de/koehne_militaerpsychiatrie›

Dies./Peter Leese/Jason Crouthamel (Hrsg.), Languages of Trauma: History, Media, and Memory, Toronto u.a. 2021.

Dies., Filmische Bühnen der Militärneuropsychiatrie: Soldatische Kriegshysterie in der europäischen medizinischen Kinematographie, 1916-1918, in: Nikolas Funke/Gundula Gahlen/Ulrike Ludwig (Hrsg.), Krank vom Krieg. Umgangsweisen und kulturelle Deutungsmuster von der Antike bis zur Moderne, Frankfurt a.M. 2022, S. 217–259.

Kolb, Eberhard/Dirk Schumann, Die Weimarer Republik, 8. Aufl., München 2013.

Komo, Günther, »Für Volk und Vaterland«. Die Militärpsychiatrie in den Weltkriegen, Hamburg u. Münster 1992,

Koselleck, Reinhart, Vergangene Zukunft. Zur Semantik geschichtlicher Zeiten, Frankfurt a.M. 1976.

Ders., Der Einfluß der beiden Weltkriege auf das soziale Bewußtsein, in: Wolfram Wette (Hrsg.), Der Krieg des kleinen Mannes, München 1992, S. 324–343.

Köster, Daniel, Auswirkungen der preußischen Heeresreform auf die soziale Zusammensetzung des Offizierskorps (1806–1848), München 1991.

Kozljanič, Robert Josef, Philipp Lersch – Psychologe des ›Herrenmenschen‹ oder Philosoph der Innerlichkeit?, in: E-Journal Philosophie der Psychologie 15 (2011). URL: ‹www.phps.at/texte/KozljanicR1.pdf›.

Kramer, Alan, Dynamic of Destruction. Culture and Mass Killing in The First World War, Oxford 20007.

Krauss, Marita, Herrschaftspraxis in Bayern und Preußen im 19. Jahrhundert. Ein historischer Vergleich, Frankfurt a.M. 1997.

Krethlow, Carl Alexander; Generalfeldmarschall Colmar Freiherr von der Goltz Pascha. Eine Biographie, Paderborn u. a. 2012.

Kretzschmar, Robert, Patientenakten der Psychiatrie in den Staatsarchiven, in: Ders. (Hrsg.), Historische Überlieferung aus Verwaltungsunterlagen, Stuttgart 1997, S. 341–352.

Kreuter, Alma, Deutschsprachige Neurologen und Psychiater. Ein biographischbibliographisches Lexikon von den Vorläufern bis zur Mitte des 20. Jahrhunderts, München 1996.

Kroener, Bernhard R., Auf dem Weg zu einer »nationalsozialistischen Volksarmee«. Die soziale Öffnung des Heeresoffizierkorps im Zweiten Weltkrieg, in: Rainer

Hudemann/Georges-Henri Soutou (Hrsg.), Eliten in Deutschland und Frankreich im 19. und 20. Jahrhundert – Strukturen und Beziehungen, Bd. 1, München 1994, S. 153–188.

Ders., Generationserfahrungen und Elitenwandel. Strukturveränderungen im deutschen Offizierskorps 1933–1945, in: Rainer Hudemann/Georges-Henri Soutou (Hrsg.), Eliten in Deutschland und Frankreich im 19. und 20. Jahrhundert – Strukturen und Beziehungen, Bd. 1, München 1994, S. 219–233.

Ders., »Der starke Mann im Heimatkriegsgebiet«. Generaloberst Friedrich Fromm. Eine Biographie, Paderborn u. a. 2005.

Ders., Integrationsmilitarismus – Zur Rolle des Militärs als Instrument bürgerlicher Partizipationsbemühungen im Deutschen Reich und in Preußen im 19. Jahrhundert bis zum Ausbruch des Ersten Weltkrieges, in: Ders., Kriegerische Gewalt und militärische Präsenz in der Neuzeit. Ausgewählte Schriften, hrsg. von Ralf Pröve und Bruno Thoß, Paderborn u. a. 2008, S. 83–107.

Ders., »Des Königs Rock«. Das Offizierkorps in Frankreich, Österreich und Preußen im 18. Jahrhundert – Werkzeug sozialer Militarisierung oder Symbol gesellschaftlicher Integration?, in: Peter Baumgart/Bernhard Kroener/Heinz Stübig (Hrsg.), Die preußische Armee. Zwischen Ancien Régime und Reichsgründung, Paderborn u. a. 2008, S. 72–95.

Kronenberg, Martin, Kampf der Schule an der »Heimatfront im Ersten Weltkrieg. Nagelungen, Hilfsdienste, Sammlungen und Feiern im Deutschen Reich, Hamburg 2014.

Kronenbitter, Günther, »Krieg im Frieden«. Die Führung der k. u. k. Armee und die Großmachtpolitik Österreich-Ungarns 1906–1914, München 2003.

Krumeich, Gerd, Aufrüstung und Innenpolitik in Frankreich vor dem Ersten Weltkrieg, Wiesbaden 1980.

Ders., Die Dolchstoß-Legende, in: Etienne François/Hagen Schulze (Hrsg.), Deutsche Erinnerungsorte, Bd. 1, München 2001, S. 585–599.

Ders., Zwischen soldatischem Nationalismus und NS-Ideologie. Werner Beumelburg und die Erzählung des Ersten Weltkriegs, in: Wolfram Pyta/Carsten Kretschmann (Hrsg.), Burgfrieden und Union sacrée, Literarische Deutungen und politische Ordnungsvorstellungen in Deutschland und Frankreich 1914–1933, München 2011, S. 295–312.

Ders., Juli 1914. Eine Bilanz, Paderborn 2013.

Ders./Antoine Prost, Verdun 1916. Die Schlacht und ihr Mythos aus deutsch-französischer Sicht, 2. Auflage, Essen 2016.

Ders., Die deutsche Erinnerung an die Somme, in: Gerd Krumeich/Gerhard Hirschfeld (Hrsg.), Die Deutschen an der Somme. Krieg, Besatzung, Verbrannte Erde, 4. Aufl., Essen 2016, S. 311–323.

Ders., Die unbewältigte Niederlage. Das Trauma des Ersten Weltkriegs und die Weimarer Republik, Freiburg 2018.

Kruse, Wolfgang, Krieg und Klassenheer. Zur Revolutionierung der deutschen Armee im Ersten Weltkrieg, in: Geschichte und Gesellschaft 22 (1996), S. 530–561.

Kühne, Thomas, Der Soldat, in: Ute Frevert/Heinz-Gerhart Haupt (Hrsg.), Der Mensch des 20. Jahrhunderts, Frankfurt a.M. 1999, S. 344–372.

Ders./Benjamin Ziemann, Militärgeschichte in der Erweiterung. Konjunkturen, Interpretationen, Konzepte, in: Dies. (Hrsg.), Was ist Militärgeschichte? Paderborn u. a. 2000, S. 9–47.

Ders., Kameradschaft. Die Soldaten des nationalsozialistischen Krieges und das 20. Jahrhundert, Göttingen 2006.

Kundrus, Birthe, Gender Wars – The First World War and the Construction of Gender Relations in the Weimar Republic, in: Karen Hagemann/Stefanie Schüler-Springorum (Hrsg.), Home/Front: The Military, War and Gender in Twentieth-Century Germany, Oxford 2002, S. 159–179.

Kupplich, Yvonne, Funktion und Leistungen der Beratenden Internisten im Heeressanitätsdienst der deutschen Wehrmacht 1939–1945, Diss. med. Leipzig 1996.

Küster, Bernd, Heinrich Vogeler im Ersten Weltkrieg, Bremen 2004.

LaCapra, Dominick, Trauma, History, Memory, Identity: What Remains?, in: History and Theory 55 (2016), S. 375–400.

Ders., Writing History, Writing Trauma, Baltimore u. London 2001.

Lamott, Franziska, Das Trauma als symbolisches Kapital: Zu Risiken und Nebenwirkungen des Trauma-Diskurses, in: Psychosozial (2003), S. 53–62.

Lange, P. Werner, Hans Paasches Forschungsreise ins innerste Deutschland. Eine Biographie, Bremen 1995.

Langewiesche, Dieter, Gefühlsraum Nation. Eine Emotionsgeschichte der Nation, die Grenzen zwischen öffentlichem und privatem Gefühlsraum nicht einebnet, in: Zeitschrift für Erziehungswissenschaft 15 (2012), S. 195–215.

Lantukhova, Olga, Beglaubigte Zeitzeugnisse. Das Authentische in der literarischen Erinnerungsarbeit am Ersten Weltkrieg, Baden-Baden 2020.

Dies., Normalität Kampfbereitschaft, Nervenschwäche Pazifismus: Auffassungen des Krieges als Nervenprobe in literarischen Diskursen des Ersten Weltkriegs, in: Gundula Gahlen/Ralf Gnosa/Oliver Janz (Hrsg.), Nerven und Krieg. Psychische Mobilisierungs- und Leidenserfahrungen 1900–1933, Frankfurt a.M. 2020, S. 327–344.

Ledebur, Ferdinand von, Die Geschichte des deutschen Unteroffiziers, Berlin 1939.

Leed, Eric J., No man's land. Combat and identity in World War I, Cambridge 1981.

Leese, Peter, »Why Are They Not Cured?« British Shell Shock Treatment during the Great War, in: Paul Lerner/Mark S. Micale (Hrsg.), Traumatic Pasts. History, Psychiatry, and Trauma in the Modern Age, 1870–1930, Cambridge u. a. 2001, S. 205–221.

Ders., Shell Shock, Traumatic Neurosis and the British Soldiers of the First World War, New York 2002.

Lehmacher, Katrin, Trauma-Konzepte im historischen Wandel. Ein Beitrag zur Rezeptionsgeschichte der Posttraumatic-Stress Disorder in Deutschland (1980–

1991), Bonn, Univ., Diss. 2013, URL: ‹http://hss.ulb.uni-bonn.de/2013/3103/3103.htm›.

Leins, Claudia, Robert Eugen Gaupp. Leben und Werk, Tübingen 1991.

Lemmens, Franz, Zur Entwicklung der Militärpsychiatrie in Deutschland zwischen 1870 und 1918, in: Rolf Winau/Heinz Müller-Dietz (Hrsg.), Medizin für den Staat, Medizin für den Krieg. Aspekte zwischen 1914 und 1945. Gesammelte Aufsätze, Husum 1994, S. 35–44.

Lengwiler, Martin, Zwischen Klinik und Kaserne. Die Geschichte der Militärpsychiatrie in Deutschland und der Schweiz 1870–1914, Zürich 2000.

Leonhard, Jörn, Die Büchse der Pandora: Geschichte des Ersten Weltkriegs, München 2014.

Lerner, Paul, »Nieder mit der traumatischen Neurose, hoch der Hysterie«. Zum Niedergang und Fall des Hermann Oppenheim (1889–1919), in: Psychotherapie 2 (1997), H. 1, S. 16–22.

Ders., Rationalizing the Therapeutic Arsenal. German Neuropsychiatry in Wolrd War I, in: Manfred Berg/Geoffrey Cocks (Hrsg.), Medicine and modernity. Public health and medical care in nineteenth- and twentieth-century Germany, Washington, D.C/Cambridge/New York 1997, S. 121–148.

Ders., An Economy of Memory. Psychiatrists, Veterans and Narratives of Trauma in Weimar Germany, in: Inka Mülder-Bach (Hrsg.), Modernität und Trauma. Beiträge zum Zeitenbruch des Ersten Weltkrieges, Wien 2000, S. 79–103.

Ders., From Traumatic Neurosis to Male Hysteria. The Decline and Fall of Hermann Oppenheim, 1889–1919, in: ders./Mark S. Micale (Hrsg.), Traumatic Pasts. History, Psychiatry, and Trauma in the Modern Age, 1870–1930, Cambridge u. a. 2001, S. 140–171.

Ders./Mark S. Micale (Hrsg.), Traumatic Pasts. History, Psychiatry, and Trauma in the Modern Age, 1870–1930, Cambridge u. a. 2001, S. 1–28.

Ders./Mark S. Micale, Trauma, Psychiatry, and History: A Conceptual and Historiographical Introduction, in: Dies. (Hrsg.), Traumatic Pasts. History, Psychiatry, and Trauma in the Modern Age, 1870–1930, Cambridge u. a. 2001, S. 1–28.

Ders., Hysterical men. War, psychiatry, and the politics of trauma in Germany, 1890–1930, Ithaca 2003.

Ders., »Ein Sieg deutschen Willens«. Wille und Gemeinschaft in der deutschen Kriegspsychiatrie, in: Wolfgang U. Eckart/Christoph Gradmann (Hrsg.), Die Medizin und der Erste Weltkrieg, Herbolzheim 2003, S. 85–108.

Leven, Karl-Heinz, Krankheiten – historische Deutung vs. retrospektive Diagnose, in: Norbert Paul/Theodor Schlich (Hrsg.), Medizingeschichte. Aufgaben – Probleme ¬ Perspektive, Frankfurt a.M. u. New York 1998, S. 153–185.

Ley, Astrid, Zwangssterilisation und Ärzteschaft. Hintergründe und Ziele ärztlichen Handelns 1934–1945, Frankfurt a.M. 2004.

Leys, Ruth, Trauma: A Genealogy, Chicago u. London 2000.

Dies., From Guilt to Shame: Auschwitz and After, Princeton 2009.

Linden, Stefanie Caroline/Volker Hess/Edgar Jones, The neurological manifestations of trauma: lessons from World War I., in: European archives of psychiatry and clinical neuroscience 262 (2012), S. 253–264.

Dies./Edgar Jones, German Battle Casualties: The Treatment of Functional Somatic Disorders during World War I., in: Journal of the History of Medicine and Allied Sciences 68 (2012), S. 627–658.

Dies./Edgar Jones/Andrew Lees, Shell Shock at Queens Square: Lewis Yealland 100 years on, in: Brain 136 (2013), S. 1976–1988.

Dies., They called it shell shock. Combat stress in the First World War, Solihull 2016.

Lindner-Wirsching, Almut, Militärangehörige: Erster Weltkrieg, in: Ewa Anklam u. a., Frankreich und Deutschland im Krieg Frankreich und Deutschland im Krieg (18.-20. Jahrhundert): Zur Kulturgeschichte der europäischen ›Erbfeindschaft‹ (Darstellung nach Kommunikatorengruppen), URL: ‹https://publikationsserver.tu-braunschweig.de/Servlets/MCRFileNodeServlet/dbbs_derivate_00001699/Darstellung_nach_Kommunikatorengruppen.pdf›.

Lipp, Anne, Diskurs und Praxis. Militärgeschichte als Kulturgeschichte, in: Thomas Kühne/Benjamin Ziemann (Hrsg.), Was ist Militärgeschichte?, Paderborn 2000, S. 212–227.

Dies., Meinungslenkung im Krieg. Kriegserfahrungen deutscher Soldaten und ihre Deutung 1914–1918, Göttingen 2003.

Lisner, Wiebke, Fachzeitschriften als Selbstvergewisserungsinstrumente der ärztlichen Profession? Zu Funktionen und Profilen der medizinischen Wochenschriften Münchener Medizinische Wochenschrift, Deutsche Medizinische Wochenschrift, British Medical Journal und The Lancet 1919–1932, in: Sigrid Stöckel/Wiebke Lisner/Gerlind Rüve (Hrsg.), Das Medium Wissenschaftszeitschrift seit dem 19. Jahrhundert. Verwissenschaftlichung der Gesellschaft – Vergesellschaftung von Wissenschaft, Stuttgart 2009, S. 111–138.

Löffelbein, Nils, Ehrenbürger der Nation. Die Kriegsbeschädigten des Ersten Weltkriegs in Politik und Propaganda des Nationalsozialismus, Essen 2013.

Ders., »Die Humanität der japanischen Gewehrkugel«– Kriegsbild und Verlusterwartungen deutscher Militärärzte vor 1914, in: Ders./Silke Fehlemann/Christoph Cornelißen (Hrsg.), Europa 1914. Wege ins Unbekannte, Paderborn 2016, S. 27–51.

Loughran, Tracey, Shell Shock, Trauma, and the First World War. The Making of a Diagnosis and Its Histories, in: Journal of the History of Medicine and Allied Sciences 67 (2012), S. 94–119.

Dies., Shell Shock and Medical Culture in First World War Britain, Cambridge 2017.

Ludwig, Ulrike/Barbara Krug-Richter/Gerd Schwerhoff (Hrsg.), Ehrenkämpfe vom Mittelalter bis zur Moderne, Konstanz 2012.

Dies./John Zimmermann, Ehre und Pflichterfüllung als Codes militärischer Tugenden, Einführende Bemerkungen, in: Ulrike Ludwig/Markus Pöhlmann/John Zimmermann (Hrsg.), Ehre und Pflichterfüllung als Codes militärischer Tugenden, Paderborn 2014, S. 11–27.

Lupfer, Timothy T., The Dynamics of Doctrine. The Changes in German Tactical Doctrine During the First World War, Fort Leavenworth, KS 1981.

Lutz, Karl-Heinz, Das badische Offizierskorps 1840–1870/71, Stuttgart 1997.

Malek, Corinna, Die Heil- und Pflegeanstalt Kaufbeuren-Irsee und die Frage des Hungersterbens im Ersten Weltkrieg, in: Thomas Becker u. a. (Hrsg.), Psychiatrie im Ersten Weltkrieg, Konstanz 2018, S. 365–386.

Malinowski, Stephan, Ihr liebster Feind. Die deutsche Sozialgeschichte und der preußische Adel, in: Cornelius Torp/Sven Oliver Müller (Hrsg.), Das deutsche Kaiserreich in der Kontroverse. Festschrift für Hans-Ulrich Wehler zum 75. Geburtstag. Göttingen 2009, S. 203–218.

Malleier, Elisabeth, Formen männlicher Hysterie. Die Kriegsneurose im Ersten Weltkrieg, in: Elisabeth Mixa u.a. (Hrsg.), Körper - Geschlecht - Geschichte. Historische und aktuelle Debatten in der Medizin, Innsbruck/Wien 1996, S. 147–167.

Mann, Gunter, Rassenhygiene – Sozialdarwinismus, in: Ders. (Hrsg.), Biologismus im 19. Jahrhundert, Stuttgart 1973, S. 73–93.

Markus, Georg, Sigmund Freud und das Geheimnis der Seele: Die Biographie, München 1989.

Marlen, Heinz-Georg, Sozialbiologismus, Frankfurt a.M., New York 1983.

Martin, Günther, Die bürgerlichen Exzellenzen. Zur Sozialgeschichte der preußischen Generalität 1812–1918, Düsseldorf 1979.

Matuschka, Edgar Graf von, Die Beförderungen in der Praxis, in: Militärgeschichtliches Forschungsamt (Hrsg.), Untersuchungen zur Geschichte des Offizierkorps. Anciennität und Beförderung nach Leistung. Stuttgart 1962, S. 103–176.

Maurin, Jules, Les combattants face à l'épreuve de 1914 à 1918, in: Guy Pedroncini (Hrsg.), Historie militaire de la France, Bd. 3, Paris 1992, S. 237–293.

Mayershofer, Ingrid, Bevölkerung und Militär in Bamberg 1860–1923. Eine bayerische Stadt und der preußisch-deutsche Militarismus. Paderborn u. a. 2010.

Mayntz, Renate, Soziologie der öffentlichen Verwaltung, Heidelberg/Karlsruhe 1978.

McNally, Richard J., Remembering trauma, Cambridge 2003.

Meier, Marietta, Zwang zur Ordnung. Psychiatrie im Kanton Zürich, 1870–1970, Zürich 2007.

Meier-Welcker, Hans (Hrsg.), Untersuchungen zur Geschichte des Offizierkorps. Anciennität und Beförderung nach Leistung, Stuttgart 1962.

Meinecke, Friedrich, Die deutsche Katastrophe. Betrachtungen und Erinnerungen, Wiesbaden 1946.

Mertens, Lothar, Das Privileg des Einjährig-Freiwilligen im Kaiserreich und seine gesellschaftliche Bedeutung, in: Militärgeschichtliche Mitteilungen, 39 (1986), S. 59–66.

Messerschmidt, Manfred (Hrsg.), Offiziere im Bild von drei Jahrhunderten, Stuttgart 1964.

Ders., Werden und Prägung des preußischen Offizierkorps - ein Überblick, in: Ders. u. Ursula von Gersdorff (Hrsg.), Offiziere im Bild von Dokumenten aus drei Jahrhunderten, Stuttgart 1964, S. 11–104.

Ders., Militär und Schule in wilhelminischer Zeit, in: Militärgeschichtliche Mitteilungen 1 (1978), S. 51–76.

Ders., Die preußische Armee, in: Militärgeschichtliches Forschungsamt (Hrsg.), Handbuch zur deutschen Militärgeschichte 1648–1939, Bd. 2, Abschnitt IV: Militärgeschichte im 19. Jahrhundert 1814–1890, Frankfurt a.M. 1979, S. 3–225.

Ders., Das preußisch-deutsche Offizierkorps 1850–1890, in: Hanns-Hubert Hofmann (Hrsg.), Das deutsche Offizierkorps 1860–1960. Büdinger Vorträge 1977, Boppard a. Rhein 1980, S. 21–38.

Ders., Militärgeschichtliche Aspekte der Entwicklung des deutschen Nationalstaates, Düsseldorf 1988.

Ders., Militär, Politik, Gesellschaft, in: Ders., Militärgeschichtliche Aspekte der Entwicklung des deutschen Nationalstaates, Düsseldorf 1988, S. 64–101.

Ders., Die Wehrmacht im NS-Staat, in: Karl Dietrich Bracher/Manfred Funke/Hans-Adolf Jacobsen (Hrsg.), Deutschland 1933–1945. Neue Studien zur nationalsozialistischen Herrschaft, Bonn 1992, S. 377–403.

Meteling, Wencke, Der deutsche Zusammenbruch 1918 in den Selbstzeugnissen adeliger preußischer Offiziere, in: Eckart Conze/ Monika Wienfort (Hrsg.), Adel und Moderne. Deutschland im europäischen Vergleich im 19. und 20. Jahrhundert, Köln 2004, S. 289–321.

Dies., Ehre, Einheit, Ordnung. Preußische und französische Städte und ihre Regimenter im Krieg, 1870/71 und 1914–1919, Baden-Baden 2010.

Dies., Adel und Aristokratismus im preußisch-deutschen Weltkriegsoffizierkorps, 1914–1918, in: Eckart Conze u. a. (Hrsg.), Aristokratismus und Moderne. Adel als politisches und kulturelles Konzept, 1890–1945, Köln 2013, S. 215–238.

Metzger, Nadine, Amida 560 n. Chr. – eine Stadt wird wahnsinnig: Zur retrospektiven Diagnose von psychischem Trauma in der Antike, in: Nikolas Funke/Gundula Gahlen/Ulrike Ludwig, Krank vom Krieg (Hrsg.), Krank vom Krieg. Umgangsweisen und kulturelle Deutungs-muster von der Antike bis zur Moderne, Frankfurt a.M. 2022, S. 167–188.

Micale, Mark S., Approaching Hysteria. Disease and Interpretation, Princeton 1995.

Ders., Jean-Martin Charcot and les névroses traumatiques. From Medicine to Culture in French Trauma Theory of the Late Nineteenth Century, in: Ders./Paul Lerner (Hrsg.), Traumatic Pasts. History, Psychiatry and Trauma in the Modern Age, 1870–1930, Cambridge u. a. 2001, S. 115–139.

Ders., Toward a Global History of Trauma, in: Jason Crouthamel/Peter Leese (Hrsg.), Psychological Trauma and the Legacies of the First World War, Basingstoke u. New York 2016, S. 289–310.

Michl, Susanne, Im Dienste des »Volkskörpers«. Deutsche und französische Ärzte im Ersten Weltkrieg, Göttingen 2007.

Dies./Jan Plamper, Soldatische Angst im Ersten Weltkrieg. Die Karriere eines Gefühls in der Kriegspsychiatrie Deutschlands, Frankreichs und Russlands, in: Geschichte der Gefühle 35 (2009), S. 209–248.

Dies., »Invaliden der Tapferkeit«. Kriegsangst in den Debatten deutscher französischer Mediziner im Ersten Weltkrieg, in: Ute Caumanns/Anita Magowska/Fritz Dross (Hrsg.), Medizin und Krieg in historischer Perspektive. Düsseldorf 18.-20. September 2009 = Medycyna i wojna w perspektywie historycznej, Frankfurt a.M. u. a. 2012, S. 312–320.

Militärgeschichtliches Forschungsamt (Hrsg.), Deutsche jüdische Soldaten. Von der Epoche der Emanzipation bis zum Zeitalter der Weltkriege, Potsdam 1996.

Möckelmann, Reiner, Franz von Papen. Hitlers ewiger Vasall, Darmstadt 2016.

Mombauer, Annika, Helmuth von Moltke and the origins of the First World War, Cambridge 2001.

Mommsen, Hans, Aufstieg und Untergang der Republik von Weimar 1918–1933, Berlin 1998.

Mommsen, Wolfgang J., Der Topos vom unvermeidlichen Krieg, in: Jost Dülffer/Karl Holl (Hrsg.), Bereit zum Krieg. Kriegsmentalität im Wilhelminischen Deutschland 1890–1914, Göttingen 1986, S. 194–224.

Ders., Kriegsalltag und Kriegserlebnis, in: Militärgeschichtliche Zeitschrift 59 (2000), S. 125–138.

Moravia, Sergio, From homme machine to homme sensible. Changing eighteenth-century models of man's image, in: Journal of the History of Ideas 39 (1978), S. 45–60.

Mosse, George L., Fallen Soldiers: Reshaping the Memory of the World Wars, New York 1991.

Ders., The Image of Man. The Creation of Modern Masculinity, Oxford 1998.

Ders., Shell Shock as a Social Disease, in: Journal of Contemporary History 35 (2000) H. 1, S. 101–108.

Müller, Christian, Die Bettbehandlung Geisteskranker und ihre Folgen, in: Ders. (Hrsg.): Abschied vom Irrenhaus. Aufsätze zur Psychiatriegeschichte, Bern u. a. 2005, S. 37–46.

Ders., Der Erste Weltkrieg im Bewegungskrieg, Paderborn 2018.

Müller, Klaus-Jürgen, Das Heer und Hitler. Armee und nationalsozialistisches Regime 1933–1940, Stuttgart 1969.

Ders., Generaloberst Ludwig Beck. Eine Biographie, Paderborn u. a. 2008.

Müller, Roland, Wege zum Ruhm. Militärpsychiatrie im Zweiten Weltkrieg. Das Beispiel Marburg, Köln 2001.

Müller, Ulrich, Metamorphosen – Krankenakten als Quellen für Lebensgeschichten, in: Petra Fuchs u. a. (Hrsg.), «Das Vergessen der Vernichtung ist Teil der Vernichtung selbst«. Lebensgeschichten von Opfern der nationalsozialistischen «Euthanasie«, Göttingen 2007, S. 80–98.

Müller-Hillebrand, Burkhart, Das Heer 1933–1945. Entwicklung des organisatorischen Aufbaues, Bd. 1: Das Heer bis zum Kriegsbeginn, Darmstadt 1954.

Münch, Matti, Verdun. Mythos und Alltag einer Schlacht, München 2006.
Mundt, Hans, Das Offizierkorps des deutschen Heeres von 1918–1935, in: Ranke-Gesellschaft (Hrsg.), Führungsschicht und Eliteproblem, Frankfurt a.M. u. a. 1957, S. 115–126.
Neff, Bernhard, »Wir wollen keine Paradetruppe, wir wollen eine Kriegstruppe...«. Die reformorientierte Militärkritik der SPD unter Wilhelm II. 1890–1913, Köln 2004.
Ders., »Dekorationsmilitarismus«. Die sozialdemokratische Kritik eines vermeintlich nicht kriegsgemäßen Militärwesens (1890–1911), in: Wolfram Wette (Hrsg.), Schule der Gewalt. Militarismus in Deutschland 1871–1945, Berlin 2005, S. 91–110.
Neidhart, Stefanie, Konstruktion von Männlichkeit nach Bourdieu und Connell: Männliche Herrschaft und hegemoniale Männlichkeit. Ein Vergleich, München 2011.
Neumann, Alexander, »Arzttum ist immer Kämpfertum«. Die Heeressanitätsinspektion und das Amt »Chef des Wehrmachtsanitätswesens« im Zweiten Weltkrieg (1939–1945), Düsseldorf 2005.
Neumärker, Klaus-Jürgen, Karl Bonhoeffer: Biografie, Berlin 2017.
Neuner, Stephanie, Politik und Psychiatrie. Die staatliche Versorgung psychisch Kriegsbeschädigter in Deutschland 1920–1939, Göttingen 2011.
Dies., Die Rückkehr in den Alltag. Zur sozioökonomischen und gesundheitlichen Situation psychisch Kriegsbeschädigter in der Zwischenkriegszeit, in: Thomas Becker u. a. (Hrsg.), Psychiatrie im Ersten Weltkrieg, Konstanz 2018, S. 387–408.
Nolte, Karen, Gelebte Hysterie. Erfahrung, Eigensinn und psychiatrische Diskurse im Anstaltsalltag um 1900, Frankfurt a.M. 2003.
Dies., Die Erfahrung »zwischen den Zeilen«. Eine patientenzentrierte Perspektive als eine andere Geschichte?, in: Marguérite Bos/Bettina Vincenz/Tanja Wirz (Hrsg.), Erfahrung: Alles nur Diskurs? Zur Verwendung des Erfahrungsbegriffs in der Geschlechtergeschichte, Zürich 2004, S. 273–281.
Nübel, Christoph, Durchhalten und Überleben an der Westfront. Raum und Körper im Ersten Weltkrieg, Paderborn 2014.
Ders., Neuvermessungen der Gewaltgeschichte. Über den »langen Ersten Weltkrieg«, in: Mittelweg 36 (2015), S. 225–248.
Ders., Ambivalenz der Zermürbung, in: Gundula Gahlen/Ralf Gnosa/Oliver Janz (Hrsg.), Nerven und Krieg. Psychische Mobilisierungs- und Leidenserfahrungen 1900–1933, Frankfurt a.M. 2020, S. 101–119.
Nusser, Horst, Konservative Wehrverbände in Bayern, Preußen und Österreich 1918–1933, 2 Bde., 2. Aufl., München 1990.
Nye, Robert A., The Origins of Crowd Psychology. Gustave Le Bon and the Crisis of mass Democracy in the Third Republic, London 1975.

Oelschläger, Volker, Edlef Köppen widerstand Goebbels, in: Märkische Allgemeine 22.08.2016, URL: ‹https://www.maz-online.de/Lokales/Potsdam/Edlef-Koeppen-widerstand-Goebbels›.

Oișteanu, Andrei, Rauschgift in der rumänischen Kultur: Geschichte, Religion und Literatur, Berlin 2013.

Oltmer, Jochen, Einführung. Funktionen und Erfahrungen von Kriegsgefangenschaft im Europa des Ersten Weltkriegs, in: Ders. (Hrsg.), Kriegsgefangene im Europa des Ersten Weltkrieges, Paderborn u.a. 2006, S. 11–23.

Ostertag, Heiger, Bildung, Ausbildung und Erziehung des Offizierkorps im Deutschen Kaiserreich 1871–1918. Eliteideal, Anspruch und Wirklichkeit, Frankfurt a.M. 1990.

Ders., Der soziale Alltag eines Offiziers im Kaiserreich 1913 – ein militärsoziologisches Zeitbild, in: Zeitschrift für Geschichtswissenschaft 38 (1990), S. 1069–1080.

Paletschek, Sylvia, Die permanente Erfindung einer Tradition. Die Universität Tübingen im Kaiserreich und in der Weimarer Republik, Stuttgart 2001.

Papke, Gerhard, Offizierkorps und Anciennität, in: Militärgeschichtliches Forschungsamt (Hrsg.), Untersuchungen zur Geschichte des Offizierkorps. Anciennität und Beförderung nach Leistung. Stuttgart 1962, S. 177–206.

Pech, Anja, Hermann Oppenheim (1858–1919). Leben und Werk eines jüdischen Arztes, Herzogenrath 2007.

Peckl, Petra, What the Patent Records Reveal: Reassessing the Treatment of »War Neurotics« in Germany (1914–1918), in: Hans-Georg Hofer/Cay-Rüdiger Prüll/Wolfgang Eckart (Hrsg.), War, Trauma and Medicine in Germany and Central Europe (1914–1939), Freiburg 2011, S. 139–159.

Dies., Krank durch die »seelischen Einwirkungen des Feldzuges«? Psychische Erkrankungen der Soldaten im Ersten Weltkrieg und ihre Bedeutung, in: Livia Prüll /Philipp Rauh (Hrsg.), Krieg und medikale Kultur: Patientenschicksale und ärztliches Handeln in der Zeit der Weltkriege 1914–1945, Göttingen 2014, S. 30–89.

Petter, Wolfgang, Militärische Massengesellschaft und Entprofessionalisierung des Offiziers, in: Rolf-Dieter Müller/Hans-Erich Volkmann (Hrsg.), Die Wehrmacht. Mythos und Realität, München 1999, S. 359–371.

Peukert, Detlev J. K., Die Weimarer Republik. Krisenjahre der Klassischen Moderne, Frankfurt a.M. 1987.

Pironti, Pierluigi, Kriegsopfer und Staat. Sozialpolitik für Invaliden, Witwen und Waisen des Ersten Weltkriegs in Deutschland und Italien (1914–1924), Köln u.a. 2015.

Pöhlmann, Markus, Kriegsgeschichte und Geschichtspolitik. Der Erste Weltkrieg. Die amtliche deutsche Militärgeschichtsschreibung 1914–1956, Paderborn 2002.

Ders., Warfare 1914–1918 (Germany), in: 1914–1918–online. International Encyclopedia of the First World War, hrsg. v. Ute Daniel (Hrsg.), Freie Universität Berlin, Berlin 2014-10-08, DOI: ‹10.15463/ie1418.10005›.

Ders., Der Panzer und die Mechanisierung des Krieges. Eine deutsche Geschichte 1890–1945, Paderborn u. a. 2016.

Porter, Dorothy, Health, Civilization and the State. A History of Public Health from Ancient to Modern Times, London 1999.

Porter, Roy, The Patient's View. Doing Medical History from below, in: Theory and Society 14 (1985), S. 175–198.

Priebatsch, Friedrich, Geschichte des preußischen Offizierkorps, Breslau 1919.

Pross, Christian, Wiedergutmachung. Der Kleinkrieg gegen die Opfer, Frankfurt a.M. 1988.

Pröve, Ralf, Militär, Staat und Gesellschaft im 19. Jahrhundert, München 2006.

Prüll, Cay-Rüdiger, Die Sektion als letzter Dienst am Vaterland. Die deutsche »Kriegspathologie« im Ersten Weltkrieg, in: Wolfgang U. Eckart/Christoph Gradmann (Hrsg.), Die Medizin und der Erste Weltkrieg, Pfaffenweiler 1996, S. 155–182.

Ders., Die Bedeutung des Ersten Weltkriegs für die Medizin im Nationalsozialismus, in: Gerd Krumeich (Hrsg.), Nationalsozialismus und Erster Weltkrieg, Essen 2010, S. 363–378.

Ders., The Exhausted Nation – Psychiatry and Medicine on the Home Front (1914–1918), in: Hans-Georg Hofer/Cay-Rüdiger Prüll/Wolfgang Eckart (Hrsg.), War, Trauma and Medicine in Germany and Central Europe (1914–1939), Freiburg 2011, S. 30–48.

Prüll, Livia, Die Kriegsversehrten. Körperliche und seelische Leiden und die Medizin im Ersten Weltkrieg, in: Zeitenwende. 100 Jahre Erster Weltkrieg, Mainz 2014, S. 27–46.

Dies./Philipp Rauh (Hrsg.), Krieg und medikale Kultur: Patientenschicksale und ärztliches Handeln in der Zeit der Weltkriege 1914–1945, Göttingen 2014.

Dies./Philipp Rauh, Militär und medikale Kultur in Deutschland 1914–1945, in: Dies. (Htsg.), Krieg und medikale Kultur. Patientenschicksale und ärztliches Handeln in der Zeit der Weltkriege 1914 -1945, Göttingen 2014, S. 7–29.

Dies., Die Fortsetzung des Krieges nach dem Krieg oder: die Medizin im Ersten Weltkrieg und ihre Folgen für die Zwischenkriegszeit in Deutschland 1918 bis 1939, in: Livia Prüll/Philipp Rauh (Hrsg.), Krieg und medikale Kultur: Patientenschicksale und ärztliches Handeln in der Zeit der Weltkriege 1914–1945, Göttingen 2014, S. 126–152.

Prümm, Karl, Die Literatur des deutschen Nationalismus der 20er Jahre (1918–1933), Kronberg 1974.

Ders., Tendenzen des deutschen Kriegsromans nach 1918, in: Klaus Vondung (Hrsg.) Kriegserlebnis Der Erste Weltkrieg in der literarischen Gestaltung und symbolischen Deutung der Nationen, Göttingen 1980, S. 215–217.

Ders., Pionier einer neuen Zeit. Die Mythologie des Frontkämpfers in der Weimarer Republik und die Anschlüsse im nationalsozialistischen Kriegsfilm, in: Rainer Rother/Karin Herbst-Meßlinger (Hrsg.), Der Erste Weltkrieg im Film, München 2009, S. 180–200.

Prussing, Erica, Historical Trauma. Politics of a Conceptual Framework, in: Transcultural Psychiatry 51 (2014), S. 436–458.

Pyta, Wolfram, Hindenburg – Herrschaft zwischen Hohenzollern und Hitler, München 2007.

Quinkert, Babette/Philipp Rauh/Ulrike Winkler, Einleitung, in: Dies. (Hrsg.), Krieg und Psychiatrie 1914–1950, Göttingen 2010, S. 9–28.

Dies. (Hrsg.), Krieg und Psychiatrie 1914–1950, Göttingen 2010.

Rabinbach, Anson, Human Motor. Energy, Fatigue, and the Origins of Modernity, Berkeley/London 1992.

Radkau, Joachim, Die wilhelminische Ära als nervöses Zeitalter, oder: Die Nerven als Netz zwischen Tempo- und Körpergeschichte, in: Geschichte und Gesellschaft 20 (1994), S. 211–241.

Ders., Nationalismus und Nervosität, in: Wolfgang Hardtwig/Hans-Ulrich Wehler (Hrsg.), Kulturgeschichte Heute, Göttingen 1996, S. 285–315.

Ders., Das Zeitalter der Nervosität. Deutschland zwischen Bismarck und Hitler, München 1998.

Ders., Das Stahlbad als Nervenkur? Nervöse Ursprünge des Ersten Weltkrieges, in: Arbeitskreis Militärgeschichte e.V. Newsletter Nr. 10 Oktober 1999, S. 5–7.

Ralser, Michaela, Tagungsbericht Psychiatrische Krankenakten als Material der Wissenschaftsgeschichte. Methodisches Vorgehen am Einzelfall. 17.05.2007–19.05.2007, Berlin, in: H-Soz-u-Kult, 10.06.2007. URL: ‹http://hsozkult.geschichte.hu-berlin.de/tagungsberichte/id=1602›.

Raphael, Lutz, Die Verwissenschaftlichung des Sozialen als methodische und konzeptionelle Herausforderung für eine Sozialgeschichte des 20. Jahrhunderts, in: Geschichte und Gesellschaft 22 (1996), S. 165–193.

Raths, Ralf, Vom Massensturm zur Stoßtrupptaktik. Die deutsche Landkriegstaktik im Spiegel von Dienstvorschriften und Publizistik 1906 bis 1918, Freiburg i. Brsg. u. a. 2009.

Rauchensteiner, Manfried, Kriegermentalitäten. Miszellen aus Österreich-Ungarns letztem Krieg, in: Wolfram Dornik/Julia Walleczek-Fritz/Stefan Wedrac (Hrsg.), Frontwechsel. Österreich-Ungarns »Großer Krieg« im Vergleich. Unter Mitarbeit von Markus Wurzer, Wien 2013, S. 49–68.

Rauh, Philipp, Von Verdun nach Grafeneck. Die psychisch kranken Veteranen des Ersten Weltkrieges als Opfer der nationalsozialistischen Krankenmordaktion T4, in: Babette Quinkert/Philipp Rauh/Ulrike Winkler (Hrsg.), Krieg und Psychiatrie 1914–1950, Göttingen 2010, S. 54–74.

Ders., Medizinische Selektionskriterien versus ökonomisch-utilitaristische Verwaltungsinteressen - Ergebnisse der Meldebogenauswertung, in: Wolfgang U. Eckart u. a. (Hrsg.), Die nationalsozialistische »Aktion T4« und ihre Opfer. Geschichte und ethische Konsequenzen für die Gegenwart, Paderborn 2010, S. 297–309.

Ders., Victory for the »Most Enduring« Hearts: The Treatment of Physically Exhausted Soldiers in the German Army (1914–1918), in: Hans-Georg Hofer/Cay-

Rüdiger Prüll/Wolfgang Eckart (Hrsg.), War, Trauma and Medicine in Germany and Central Europe (1914–1939), Freiburg 2011, S. 160–182.

Ders., Die militärpsychiatrischen Therapiemethoden im Ersten Weltkrieg und deren Nachkriegsrezeption, in: Hans-Walter Schmuhl /Volker Roelcke (Hrsg.), »Heroische Therapien«: Die deutsche Psychiatrie im internationalen Vergleich, 1918–1945, Göttingen 2013, S. 31–49.

Ders., »Der Sieg für die stärksten Herzen«. Die Warschauer Internistentagung im Mai 1916 und die Diskussionen um den Umgang mit erschöpften und herzkranken Soldaten im Ersten Weltkrieg, in: Ute Caumanns/Anita Magowska/Fritz Dross (Hrsg.), Medizin und Krieg in historischer Perspektive. Düsseldorf 18.-20. September 2009 = Medycyna i wojna w perspektywie historycznej, Frankfurt a.M. u. a. 2012, S. 388–397.

Ders., Zwischen fachärztlichem Diskurs und therapeutischem Alltag - Die Militärpsychiatrie im Ersten Weltkrieg, in: Wehrmedizinische Monatsschrift 58 (2014) Heft 7, S. 250–255.

Ders./Livia Prüll, Krank durch den Krieg? Der Umgang mit psychisch kranken Veteranen in Deutschland in der Zeit der Weltkriege. Schwerpunkt Psychische Versehrungen im Zeitalter der Weltkriege, hrsg. v. Gundula Gahlen/Wencke Meteling/Christoph Nübel, in: Portal Militärgeschichte, 24. Juni 2015, URL: ‹http://portal-militaergeschichte.de/rauh_pruell_krank›.

Reddy, William M.,The Navigation of Feeling. A Framework for the History of Emotions, Cambridge u. a. 2001.

Redies, Rainer, Cannstatter Stolperstein-Initiative, Alfred Neu: Zwei tödliche Privilegien, 2018; URL: ‹https://www.stolpersteine-cannstatt.de/biografien/alfred-neu-zwei-toedliche-privilegien›.

Reeg, Peter, »Deine Ehre ist die Leistung« – Auslese und Ausmerze durch Arbeits- und Leistungsmedizin im Nationalsozialismus, in: Johanna Bleker/Norbert Jachertz (Hrsg.), Medizin im »Dritten Reich«, 2. Aufl., Köln 1993, S. 191–200.

Reichherzer, Frank, »Alles ist Front!«. Wehrwissenschaften in Deutschland und die Bellifizierung der Gesellschaft vom Ersten Weltkrieg bis in den Kalten Krieg, Paderborn 2012.

Reid, Fiona, Broken Men: Shell Shock, Treatment and Recovery in Britain 1914–30, London 2010.

Dies., War Psychiatry, in: 1914–1918–online. International Encyclopedia of the First World War, hrsg. v. Ute Daniel (Hrsg.), Freie Universität Berlin, Berlin 2014–10–08, DOI: ‹10.15463/ie1418.10288›.

Reif, Heinz, Einleitung, in: Ders. (Hrsg.), Adel und Bürgertum in Deutschland. Entwicklungslinien und Wendepunkte im 20. Jahrhundert, Berlin 2001, S. 7–24.

Reiling, Johannes, Deutschland: Safe for democracy? Deutsch-amerikanische Beziehungen aus dem Tätigkeitsbereich Heinrich F. Alberts, kaiserlicher Geheimrat in Amerika, erster Staatssekretär der Reichskanzlei der Weimarer Republik, Reichsminister, Betreuer der Ford-Gesellschaften im Herrschaftsgebiet des Dritten Reiches. 1914 bis 1945, Stuttgart 1997.

Renthe-Fink, Leonhard von, Von der Heerespsychotechnik zur Wehrmachtspsychologie, in: Peter R. Hofstätter (Hrsg.), Deutsche Wehrmachtspsychologie 1914–1945, München 1985, S. 3–181.

Richard, Dirk, Auswahl und Ausbildung junger Offiziere 1930–1945. Zur sozialen Genese des deutschen Offizierkorps, Marburg, Univ., Diss., 2003. URN: ‹urn:nbn:de:hebis:04–z2005–01003›.

Richter, Paul, Statistik und historische Forschung am Beispiel des DFG-Projektes zur wissenschaftlichen Erschließung des Krankenaktenbestandes der »Aktion T4«, in: Maike Rotzoll u. a. (Hrsg.), Die nationalsozialistische »Euthanasie«-Aktion T4. Geschichte und ethische Konsequenzen in der Gegenwart, Paderborn u. a. 2010, S. 232–241.

Rickmann, Anahid S., »Rassenpflege im völkischen Staat«. Vom Verhältnis der Rassenhygiene zur nationalsozialistischen Politik, Diss., Universität Bonn, 2002. URL: ‹http://hss.ulb.uni-bonn.de/2002/0091/0091.htm›.

Riedesser, Peter/Axel Verderber, Aufrüstung der Seelen. Militärpsychiatrie und Militärpsychologie in Deutschland und Amerika, Freiburg i. Brsg. 1985.

Dies., »Maschinengewehre hinter der Front«. Zur Geschichte der deutschen Militärpsychiatrie, Frankfurt a.M. 1996.

Riesenberger, Dieter, Katholische Militarismuskritik im Kaiserreich, in: Wolfram Wette (Hrsg.), Schule der Gewalt. Militarismus in Deutschland 1871–1945, Berlin 2005, S. 55–75

Rigg, Bryan M., Hitlers jüdische Soldaten. Paderborn/München 2003.

Ring, Friedrich, Zur Geschichte der Militärmedizin in Deutschland, Berlin 1962.

Ringshausen, Gerhard, Hans-Alexander von Voss: Generalstabsoffizier im Widerstand, 1907–1944, Berlin 2008.

Roberts-Pedersen, Elizabeth, A Weak Spot in the Personality? Conceptualising «War Neurosis« in British Medical Literature of the Second World War, in: Australian Journal of Politics & History 58 (2012), S. 408–420.

Rogg, Matthias, Der Soldatenberuf in historischer Perspektive, in: Sven Bernhard Gareis/Paul Klein (Hrsg.), Handbuch Militär und Sozialwissenschaft, Wiesbaden 2004, S. 396–408.

Rogge-Balke, Katharina, Befehl und Ungehorsam. Kaiserliches Militär und wilhelminische Gesellschaft im satirischen Blick des Simplicissimus, Marburg 2014

Rohkrämer, Thomas, Der Militarismus der »kleinen Leute«. Die Kriegervereine im Deutschen Kaiserreich 1871–1914, München 1990.

Ders., Der Gesinnungsmilitarismus der »kleinen Leute« im Deutschen Kaiserreich, in: Wolfram Wette (Hrsg.), Der Krieg des kleinen Mannes, München 1992, S. 95–109.

Röhl, John C. G., Wilhelm II.: Der Weg in den Abgrund 1900–1941, 3. Aufl., München 2018.

Roelcke, Volker/Gerrit Hohendorf, Akten der »Euthanasie«-Aktion T 4 gefunden, in: Vierteljahrsschrift für Zeitgeschichte 41 (1993) H. 3, S. 479–481.

Ders., Krankheit und Kulturkritik. Psychiatrische Gesellschaftsdeutungen im bürgerlichen Zeitalter (1790–1914), Frankfurt a.M. 1999.

Ders., Deutscher Sonderweg? Die eugenische Bewegung in europäischer Perspektive bis in die 1930er Jahre, in: Maike Rotzoll u. a. (Hrsg.), Die nationalsozialistische »Euthanasie«-Aktion T4. Geschichte und ethische Konsequenzen in der Gegenwart, Paderborn u. a. 2010, S. 45–55.

Ders., Psychiatrische Wissenschaft im Kontext nationalsozialistischer Politik und »Euthanasie«. Zur Rolle Ernst Rüdins und der Deutschen Forschungsgesellschaft für Psychiatrie/Kaiser-Wilhelm-Institut für Psychiatrie, in: Doris Kaufmann (Hrsg.), Geschichte der Kaiser-Wilhelm-Gesellschaft im Nationalsozialismus. Bestandsaufnahme und Perspektiven der Forschung, Göttingen 2000, S. 112–150.

Ders./Eric J. Engstrom (Hrsg.), Psychiatrie im 19. Jahrhundert. Forschungen zur Geschichte von psychiatrischen Institutionen. Debatten und Praktiken im deutschen Sprachraum, Mainz 2003.

Rohnert-Koch, Friedgard, Hydrotherapie in der Psychiatrie des 19. Jahrhunderts, Gießen (Diss. med.) 2009. Url: ‹https://d-nb.info/1000181057/34›.

Rotzoll, Maike, Verwahren, verpflegen, vernichten. Die Entwicklung der Anstaltspsychiatrie in Deutschland und die NS-›Euthanasie‹, in: Petra Fuchs u. a. (Hrsg.), «Das Vergessen der Vernichtung ist Teil der Vernichtung selbst«. Lebensgeschichten von Opfern der nationalsozialistischen «Euthanasie«, Göttingen 2007, S. 24–35.

Dies. u. a. (Hrsg.), Die nationalsozialistische »Euthanasie«-Aktion T4. Geschichte und ethische Konsequenzen für die Gegenwart, Paderborn u. a. 2010.

Dies., Neue Taktik an der therapeutischen Front? Zur Bedeutung des Ersten Weltkriegs für Behandlungskonzepte in der zivilen Psychiatrie, in: Thomas Becker u.a. (Hrsg.), Psychiatrie im Ersten Weltkrieg, Konstanz 2018, S. 409–424

Roudebush, Mark, A Battle of Nerves. Hysteria and its Treatments in France during World War I, in: Paul Lerner /Mark S. Micale (Hrsg.), Traumatic Pasts. History, Psychiatry, and Trauma in the Modern Age, 1870–1930, Cambridge u. a. 2001, S. 253–279.

Rumschöttel, Hermann, Bildung und Herkunft der bayerischen Offiziere 1866 bis 1914. Zur Geschichte von Mentalität und Ideologie des bayerischen Offizierkorps, in: Militärgeschichtliche Mitteilungen 2 (1970), S. 81–131.

Ders., Das bayerische Offizierkorps 1866–1914, Berlin 1973.

Ders., Das bayerische Offizierkorps 1866–1918, in: Hanns-Hubert Hofmann (Hrsg.), Das deutsche Offizierkorps 1860–1960. Büdinger Vorträge 1977, Boppard a. Rhein 1980 (= Deutsche Führungsschichten in der Neuzeit 11), S. 75–98.

Salewski, Michael, Preußischer Militarismus – Realität oder Mythos? Gedanken zu einem Phantom, in: Zeitschrift für Religions- und Geistesgeschichte 53 (2001), S. 19–34.

Sammet, Rainer, »Dolchstoß«. Deutschland und die Auseinandersetzung mit der Niederlage im Ersten Weltkrieg, Berlin 2003.

Samuels, Martin, Doctrine and Dogma. German and British Infantry Tactics in the First World War, New York 1992.

Sandner, Peter, Schlüsseldokumente zur Überlieferungsgeschichte der NS-»Euthanasie«-Akten gefunden, in: Vierteljahrshefte für Zeitgeschichte 51 (203), S. 285–290.

Sauer, Bernhard, Vom »Mythos eines ewigen Soldatentums«. Der Feldzug deutscher Freikorps im Baltikum im Jahre 1919, in: Zeitschrift für Geschichtswissenschaft 43 (1995), S. 869–902.

Ders., Schwarze Reichswehr und Fememorde. Eine Milieustudie zum Rechtsradikalismus in der Weimarer Republik, Berlin 2004.

Schaar, Sebastian, Wahrnehmungen des Weltkrieges. Selbstzeugnisse Königlich Sächsischer Offiziere 1914 bis 1918, Paderborn 2014.

Schaffellner, Barbara, Unvernunft und Kriegsmoral. Am Beispiel der Kriegsneurose im Ersten Weltkrieg, Münster 2005.

Schafnitzel, Roman, Die vergessene Collage des Ersten Weltkrieges. Edlef Köppen: Heeresbericht (1930), in: Thomas F. Schneider (Hrsg.), Von Richthofen bis Remarque. Deutschsprachige Prosa zum 1. Weltkrieg, Amsterdam 2003, S. 319–341.

Schildt, Axel, Konservatismus in Deutschland. Von den Anfängen im 18. Jahrhundert bis zur Gegenwart, München 1998.

Ders., Radikale Antworten von rechts auf die Kulturkrise der Jahrhundertwende. Zur Herausbildung einer »Neuen Rechten« in der Wilhelminischen Gesellschaft des Kaiserreiches, in: Jahrbuch für Antisemitismusforschung 4 (1995), S. 63–87.

Schivelbusch, Wolfgang, Die Kultur der Niederlage. Der amerikanische Süden 1865, Frankreich 1871, Deutschland 1918, Berlin 2001.

Schmidt, Ernst-Heinrich, Heimatheer und Revolution 1918. Die militärischen Gewalten im Heimatgebiet zwischen Oktoberreform und Novemberrevolution, Stuttgart 1981.

Schmidt, Wolfgang, Die Juden in der Bayerischen Armee, in: Frank Nägler (Hrsg.), Deutsche jüdische Soldaten. Von der Epoche der Emanzipation bis zum Zeitalter der Weltkriege, Potsdam 1996, S. 62–85.

Schmiedebach, Heinz-Peter Sozialdarwinismus, Biologismus, Pazifismus – Ärztestimmen zum Ersten Weltkrieg, in: Johanna Bleker/Heinz-Peter Schmiedebach/Christine Eckelmann (Hrsg.), Medizin und Krieg: vom Dilemma der Heilberufe 1865 bis 1985, Frankfurt a.M. 1987, S. 93–121.

Ders. (Hrsg.), Entgrenzungen des Wahnsinns. Psychopathie und Psychopathologisierungen um 1900, München 2016.

Schmuhl, Hans-Walter, Rassenhygiene, Nationalsozialismus, Euthanasie. Von der Verhütung zur Vernichtung »lebensunwerten Lebens« (1890–1945), Göttingen 1992.

Ders., Die Patientenmorde, in: Angelika Ebbinghaus/Klaus Dörner (Hrsg.), Vernichten und Heilen. der Nürnberger Ärzteprozeß und seine Folgen, Berlin 2001, S. 295–328.

Ders., »Euthanasie« im Nationalsozialismus – ein Überblick, in: Jahrbuch der Juristischen Zeitgeschichte 7 (2006), S. 3–15.

Ders./Volker Roelcke (Hrsg.), »Heroische Therapien«. Die deutsche Psychiatrie im internationalen Vergleich, 1918–1945, Göttingen 2013.

Schneider, Robert J., Stressbedingter Zusammenbruch in der Wehrmacht: Konsequenzen für die heutigen Streitkräfte, in: Wehrpsychologische Untersuchungen 19 (1944), S. 53–83.

Schoenbaum, David, Zabern 1913. Consensus politics in Imperial Germany. London 1982.

Schott, Heinz, Das psychische Trauma in medizinhistorischer Perspektive, in: Wolfgang U. Eckart/Günter H. Seidler (Hrsg.), Verletzte Seelen. Möglichkeiten und Perspektiven einer historischen Traumaforschung, Gießen 2005, S. 41–56.

Ders./Rainer Tölle, Geschichte der Psychiatrie. Krankheitslehren, Irrwege, Behandlungsformen, München 2006.

Schumann, Dirk, Einheitssehnsucht und Gewaltakzeptanz. Politische Grundpositionen des deutschen Bürgertums nach 1918, in: Hans Mommsen (Hrsg.), Der Erste Weltkrieg und die europäische Nachkriegsordnung. Sozialer Wandel und Formveränderungen der Politik, Köln 2000, S. 83–105.

Ders., Politische Gewalt in der Weimarer Republik 1918–1933. Kampf um die Straße und Furcht vor dem Bürgerkrieg, Essen 2001.

Ders., Europa, der Erste Weltkrieg und die Nachkriegszeit: eine Kontinuität der Gewalt?, in: Journal of Modern European History 1 (2003), S. 24–43.

Ders., Gewalterfahrungen und ihre nicht zwangsläufigen Folgen. Der Erste Weltkrieg in der Gewaltgeschichte des 20. Jahrhunderts, in: Zeitgeschichte-online Mai 2004, URL: ‹http://www.zeitgeschichte-online.de/thema/gewalterfahrungen-und-ihre-nicht-zwangslaeufigen-folgen›.

Schütz, Alfred/Thomas Luckmann, Strukturen der Lebenswelt, 2 Bde., Frankfurt a.M. 1979 u. 1984.

Schweig, Nicole, Suizid und Männlichkeit. Selbsttötungen von Männern auf See, in der Wehrmacht und im zivilen Bereich, 1893–ca. 1986, Stuttgart 2015.

Schwencke, Alexander, Die Tragödie von Verdun 1916, Teil 2: Das Ringen um Fort Vaux, Oldenburg i.O. u. Berlin 1928

Schwilk, Heimo, Ernst Jünger – ein Jahrhundertleben: die Biographie, Regensburg 2014.

Seidel, Ralf, Weltkrieg und Moderne. Die nervenärztliche Praxis und der Anspruch der Psychiatrie, in: Thomas Becker u. a. (Hrsg.), Psychiatrie im Ersten Weltkrieg, Konstanz 2018, S. 21–42,

Seidler, Eduard, Der politische Standort des Arztes im Zweiten Kaiserreich, in: Gunter Mann/Rolf Winau (Hrsg.), Medizin, Naturwissenschaft, Technik und das Zweite Kaiserreich, Göttingen 1977, S. 87–102–

Serman, William, Les officiers français dans la nation (1848–1914), Paris 1982.

Sheffield, G. D., Leadership in the Trenches: Officer-Man Relations, Morale and Discipline in the British Army in the Era of the First World War, Palgrave 2000.

Shephard, Ben, ›Pitiless psychology‹. The role of prevention in British military psychiatry in the Second World War, in: History of Psychiatry 10 (1999), S. 491–524.

Ders., A War of Nerves. Soldiers and psychiatrists 1914–1994, London 2002.

Ders., Die Psychiatrie des Krieges ist zu wichtig, um sie den Psychiatern zu überlassen, in: Melissa Larner/James Peto/Colleen M. Schmitz (Hrsg.), Krieg und Medizin im Zeitalter der Moderne, Göttingen 2009, S. 175–187.

Shorter, Edward, Geschichte der Psychiatrie, Hamburg 2003.

Showalter, Dennis E., Niedergang und Zusammenbruch der deutschen Armee 1914–1918, in: Dietrich Papenfuß/Wolfgang Schieder (Hrsg.), Deutsche Umbrüche im 20. Jahrhundert, Köln/Weimar/Wien 2000, S. 39–61.

Showalter, Elaine, Rivers and Sassoon: The Inscription of Male Gender Anxieties, in: Margaret Randolph Higonnet u. a. (Hrsg.), Behind the Lines. Gender and the Two World Wars, New Haven 1987, S. 61–69.

Siemen, Hans-Ludwig, Menschen blieben auf der Strecke, Psychiatrie zwischen Reform und Nationalsozialismus, Gütersloh 1987.

Ders./Michael von Cranach, Psychiatrie im Nationalsozialismus. Die Bayerischen Heil- und Pflegeanstalten zwischen 1933 und 1945, München 1999.

Sigg, Marco, Der Unterführer als Feldherr im Taschenformat. Theorie und Praxis der Auftragstaktik im deutschen Heer 1869 bis 1945, Paderborn 2014.

Snyder, Jack, The Ideology of the Offensive. Military Decision Making and the Disasters of 1914, London 1984.

Söhner, Felicitas, Arbeit in der Psychiatrie im Ersten Weltkrieg zwischen Therapie und Ökonomie, in: Thomas Becker u. a. (Hrsg.), Psychiatrie im Ersten Weltkrieg, Konstanz 2018, S. 163–184.

Sontag, Susan, Illness as Metaphor and AIDS and Its Metaphors, New York 1990.

Sontheimer, Kurt, Antidemokratisches Denken in der Weimarer Republik, München 1962.

Spilker, Annika, Geschlecht, Religion und völkischer Nationalismus. Die Ärztin und Antisemitin Mathilde von Kemnitz-Ludendorff (1877–1966), Frankfurt a.M. 2013.

Sponsel, Rudolf, Kritisches zur Deutschen Wehrmachtspsychologie. Inspektion des Personalprüfwesens des Heeres, Internet Publikation für Allgemeine und Integrative Psychotherapie 2000. URL: ‹http://www.sgipt.org/politpsy/wehrpsy0.htm›.

Sprecher, Thomas, Literatur und Krankheit im Fin de siècle (1890–1914). Thomas Mann im europäischen Kontext, Frankfurt a.M. 2002.

Spree, Reinhard, Soziale Ungleichheit vor Krankheit und Tod. Zur Sozialgeschichte des Gesundheitsbereichs im Deutschen Kaiserreich, Göttingen 1981, S. 138–156.

Stachelbeck, Christian, Einleitung, in: Ders. (Hrsg.), Materialschlachten 1916. Ereignis, Bedeutung, Erinnerung, Paderborn 2017, S. 1–16.

Ders., Militärische Effektivität im Ersten Weltkrieg. Die 11. Bayerische Infanteriedivision 1915 bis 1918, Paderborn 2010.

Stamm-Kuhlmann, Thomas, Militärstaat Preußen – zum Stand der Debatte über den »preußischen Militarismus« im 18. und 19. Jahrhundert, in: Christiane Liermann/Gustavo Corni/Frank-Lothar Kroll (Hrsg), Italien und Preußen. Dialog der Historiographien, Tübingen 2005, S. 109–121.

Stargardt, Nicholas, The German idea of militarism. Radical and socialist critics, 1866–1914, Cambridge 1994.

Stein, Oliver, Die deutsche Heeresrüstungspolitik 1890–1914. Das Militär und der Primat der Politik, Paderborn 2007.

Steiner, Andreas, »Das nervöse Zeitalter«. Der Begriff der Nervosität bei Laien und Ärzten in Deutschland und Österreich um 1900, Zürich 1964.

Steinkamp, Peter, Zur Devianz-Problematik in der Wehrmacht: Alkohol- und Rauschmittelmissbrauch bei der Truppe, Diss. (Freiburg) 2008, URL: ‹https://freidok.uni-freiburg.de/data/5681›.

Ders., Patientenschicksale und ärztliches Handeln im Zweiten Weltkrieg, in: Livia Prüll /Philipp Rauh (Hrsg.), Krieg und medikale Kultur: Patientenschicksale und ärztliches Handeln in der Zeit der Weltkriege 1914–1945, Göttingen 2014, S. 154–234.

Ders., »Zweimal eingezogen«. Zum Schicksal psychisch kranker Teilnehmer des Ersten Weltkriegs bei der Wehrmacht im Zweiten Weltkrieg, in: Thomas Becker u. a. (Hrsg.), Psychiatrie im Ersten Weltkrieg, Konstanz 2018, S. 425–444.

Stephenson, Scott, The Final Battle: Soldiers of the Western Front and the German Revolution of 1918, Cambridge 2009.

Stevenson, David, Armaments and the Coming of War, Europe 1904 to 1914, Oxford 1996.

Stöber, Rudolf, Die erfolgverführte Nation. Deutschlands öffentliche Stimmungen 1866 bis 1945, Stuttgart 1998.

Stöckle, Thomas, Grafeneck 1940: Die Euthanasie-Verbrechen in Südwestdeutschland, Tübingen 2005.

Stölzle, Astrid, Kriegskrankenpflege im Ersten Weltkrieg. Das Pflegepersonal der freiwilligen Krankenpflege in den Etappen des Deutschen Kaiserreichs, Stuttgart 2013.

Dies., Gesundheitsrisiken des zivilen Etappenpflegepersonals in den Kriegslazaretten des Ersten Weltkriegs, in: Wehrmedizinische Monatsschrift 58 (2014) Heft 7, S. 262–265

Stolberg, Michael, »Mein äskulapisches Orakel!« Patientenbriefe als Quelle einer Kulturgeschichte der Krankheitserfahrung im 18. Jahrhundert, in: Österreichische Zeitschrift für Geschichtswissenschaften 7 (1996), S. 385–404.

Stone, Martin, Shellshock and the Psychologists, in: William F. Bynum/ Roy Porter/Michael Shepher (Hrsg.), The Anatomy of Madness: Essays in the History of psychiatry, Bd. 2, London 1985.

Stoneman, Mark R., Bürgerliche und adlige Krieger: Zum Verhältnis zwischen sozialer Herkunft und Berufskultur im wilhelminischen Armee-Offizierkorps, in: Heinz Reif (Hrsg.), Adel und Bürgertum in Deutschland. Entwicklungslinien und Wendepunkte im 20. Jahrhundert, Berlin 2001, S. 25–64.

Storz, Dieter, Kriegsbild und Rüstung vor 1914. Europäische Landstreitkräfte vor dem Ersten Weltkrieg, Herford u. a.1992.

Ders., Die Schlacht der Zukunft. Die Vorbereitungen der Armeen Deutschlands und Frankreichs auf den Landkrieg des 20. Jahrhunderts, in: Wolfgang Michalka (Hrsg.), Der Erste Weltkrieg: Wirkung, Wahrnehmung, Analyse, München 1994, S. 252–278.

Ders., »Aber was hätte anders geschehen sollen?« Die deutschen Offensiven an der Westfront 1918, in: Jörg Duppler/Gerhard Groß (Hrsg.), Kriegsende 1918. Ereignis, Wirkung, Nachwirkung, München 1999, S. 51–96.

Stübig, Heinz, Der Einfluß des Militärs auf Schule und Lehrerschaft im wilhelminischen Deutschland, in: Ders., Bildung, Militär und Gesellschaft in Deutschland. Studien zur Entwicklung im 19. Jahrhundert, Köln u. a. 1994, S. 139–154.

Stumpf, Reinhard, Die Wehrmacht-Elite. Rang und Herkunftsstruktur der deutschen Generale und Admirale, Boppard am Rhein 1982.

Szcepaniak, Monika, Militärische Männlichkeiten in Deutschland und Österreich im Umfeld des Großen Krieges, Würzburg 2011.

Tamm, Ingo, »Ein Stand im Dienste der nationalen Sache« – Positionen und Aufgaben ärztlicher Standesorganisationen im Ersten Weltkrieg, in: Wolfgang U. Eckart/Christoph Gradmann (Hrsg.), Die Medizin und der Erste Weltkrieg, 2. Aufl., Pfaffenweiler 2003, S. 11–22.

Theisen, Frank/Helmut Remschmidt, Schizophrenie – Manuale psychischer Störungen bei Kindern und Jugendlichen, Berlin 2011.

Thiele, Wilhelm, Zum Verhältnis von Ärzteschaft und Krankenkassen, in: Entwicklung und Struktur des Gesundheitswesens. Argumente für eine soziale Medizin, Berlin 1974.

Thomann, Klaus-Dieter, »Aus Krüppeln werden leistungsfähige Glieder der Volksgemeinschaft« – die nationalsozialistische Politik gegenüber Körperbehinderten, in: Hans-Georg Meyer/Hans Berkessel (Hrsg.), Die Zeit des National-Sozialismus in Rheinland-Pfalz, Bd. 1, Mainz 2000, S. 297–310.

Thomas, Gregory M., Treating the Trauma of the Great War: Soldiers, Civilians and Psychiatry in France, 1914–1940, Baton Rouge 2009.

Thoß, Bruno/Hans E. Volkmann (Hrsg.), Erster Weltkrieg – Zweiter Weltkrieg. Ein Vergleich. Krieg, Kriegserlebnis, Kriegserfahrung in Deutschland, Paderborn 2002.

Thun-Hohenstein, Romedio Galeazzo Graf, Wehrmacht und Widerstand, in: Hans Poeppel/Wilhelm-Karl Prinz von Preußen/Karl-Günther von Hase (Hrsg.), Die Soldaten der Wehrmacht, München 1998, S. 62–123.

Travers, Timothy, The killing ground. The British Army, the Western front and the emergence of modern warfare, 1900–1918, London u.a. 1987.

Tritsch, Mark, Karl Rueff, Url: ‹http://stolpersteine-fuer-ulm.de/familie/karl-rueff›.

Tümmers, Henning, Fern der Berliner Zentrale. Tübinger Ärzte und ihre Handlungsspielräume im Umgang mit »Psychopathen«, in: Babette Quinkert/Philipp Rauh/Ulrike Winkler (Hrsg.), Krieg und Psychiatrie 1914–1950, Göttingen 2010, S. 104–128.

Ude-Koeller, Susanne, »Bis zur Unlöslichkeit verwickelt« – Zum Konzept von »Krieg und Geistesstörung« bei Gustav Specht, in: Gundula Gahlen/Ralf Gnosa/Oliver Janz (Hrsg.), Nerven und Krieg. Psychische Mobilisierungs- und Leidenserfahrungen 1900–1933, Frankfurt a.M. 2020, S. 77–98.

Ulrich, Bernd, Krieg als Nervensache. Skizzierung einer verhängnisvollen Beziehung, in: ZEIT Nr. 48/1991, URL: ‹http://www.zeit.de/1991/48/krieg-als-nervensache/komplettansicht?print›.

Ders., Nerven und Krieg. Skizzierung einer Beziehung, in: Bedrich Loewensrein (Hrsg.), Geschichte und Psychologie. Annäherungsversuche, Pfaffenweiler 1992, S. 163–192.

Ders./Benjamin Ziemann (Hrsg.), Frontalltag im Ersten Weltkrieg. Wahn und Wirklichkeit. Quellen und Dokumente, Frankfurt a.M. 1994.

Ders., Militärgeschichte von »unten«. Anmerkungen zu ihren Ursprüngen, Quellen und Perspektiven im 20. Jahrhundert, in: Geschichte und Gesellschaft 22 (1996), S. 473–503.

Ders., Die Augenzeugen. Deutsche Feldpostbriefe in Kriegs- und Nachkriegszeit 1914–1933, Essen 1997.

Ders./Benjamin Ziemann (Hrsg.), Krieg im Frieden. Die umkämpfte Erinnerung an den Ersten Weltkrieg, Frankfurt a.M. 1997.

Ders./Benjamin Ziemann, Das soldatische Kriegserlebnis, in: Wolfgang Kruse (Hrsg.), Eine Welt von Feinden. Der Große Krieg 1914–1918, Frankfurt a.M. 1997, S. 127–158, 237–240.

Ders./Jakob Vogel/Benjamin Ziemann (Hrsg.), Untertan in Uniform. Militär und Militarismus im Kaiserreich 1871–1914, Frankfurt a.M. 2001.

Ders., Krieg der Nerven – Krieg des Willens, in: Niels Werber/Stefan Kaufmann/Lars Koch (Hrsg.): Erster Weltkrieg. Kulturwissenschaftliches Handbuch, Stuttgart 2014, S. 232–258.

Ders., Nerven behalten! Das Trauma Erster Weltkrieg, in: Deutschlandfunk, 1.1.2014, ‹http://www.deutschlandfunk.de/essay-diskurs-01-01-2014-nerven-behalten-das-trauma-erster.media.0e0a1118c0f40ca028e8dad295fd1a5b.txt›.

Valsiner, Jaan/René van der Veer, The Social Mind. Construction of the Idea, Cambridge u. a. 2000.

Veblen, Thorsten, Theorie der feinen Leute. Eine ökonomische Untersuchung der Institutionen, München 1971.

Verhey, Jeffrey, Der »Geist von 1914« und die Erfindung der Volksgemeinschaft, Hamburg 2000.

Verstraete, Pieter/Christine Van Everbroeck, Le silence mutilé. Les soldats invalides belges de la Grande Guerre/Verminkte stilte. De Belgische invalide soldaten van de Groote Oorlog, Namur 2014.

Vincent, C. Paul, The Politics of Hunger. The Allied Blockade of Germany, 1915–1919, Athen 1985.

Vinzent, Jutta, Edlef Köppen – Schriftsteller zwischen den Fronten. Ein literaturhistorischer Beitrag zu Expressionismus, Neuer Sachlichkeit und Innerer Emigration, München 1997.

Vogel, Detlef, Der Stellenwert des Militärischen in Bayern (1849–1875). Eine Analyse des zivil-militärischen Verhältnisses am Beispiel des Militäretats, der Heeresstärke und des Militärjustizwesens, Boppard a. Rhein 1981.

Vogel, Jakob, Nationen im Gleichschritt. Der Kult der »Nation in Waffen« in Deutschland und Frankreich 1871–1914. Göttingen 1997.

Ders., Der »Folkloremilitarismus« und seine zeitgenössische Kritik. Deutschland und Frankreich 1871–1914, in: Wolfram Wette (Hrsg.), Schule der Gewalt. Militarismus in Deutschland 1871–1945, Berlin 2005, S. 231–245.

Voelkel, Ulrich, Robert Eugen Gaupp. Psychiatrie zwischen Einfühlung und Ausmerze, in: Wolfgang Jantzen (Hrsg.), Euthanasie – Krieg – Gemeinsinn, Münster 1995, S. 311–315.

Vollmer, Jörg, »Kampf um das wahre Kriegserlebnis. Kriegsliteratur in der Weimarer Republik zwischen Autobiografie und Fiktion«, in: Katja Bär (Hrsg.), Text und Wahrheit, Frankfurt a.M. u. a. 2004, S. 65–76.

Vollmuth, Ralf/Stefan Zielinksi, Die kriegsbedingte Entwicklung neuer medizinischer Spezialdisziplinen - das Beispiel Mund-, Kiefer- und Gesichtschirurgie, in: Wehrmedizinische Monatsschrift 58 (2014) Heft 7, S. 245–250.

Wagenblast, Jörg, Die Tübinger Militärpsychiatrie im Zweiten Weltkrieg, Stuttgart 2016.

Wagener, Hans, Wandervogel und Flammenengel. Walter Flex: Der Wanderer zwischen beiden Welten. Ein Kriegserlebnis (1916), in: Thomas F. Schneider/Hans Wagener (Hrsg.), Von Richthofen bis Remarque. Deutschsprachige Prosa zum 1. Weltkrieg, Amsterdam, New York 2003, S. 17–30.

Walter, Dierk, Was blieb von den preußischen Militärreformen 1807–1814?, in: Jürgen Kloosterhuis/Sönke Neitzel (Hrsg.), Krise, Reformen - und Militär. Preußen vor und nach der Katastrophe 1806, 2009, S. 107–127.

Wanke, Paul, Russian/Soviet military psychiatry, 1904–1945, London 2005.

Watson, Alexander, Junior Officership in the German Army, 1914–1918, in: War in History 14 (2007) Nr. 4, S. 429–453.

Ders., Enduring the Great War. Combat, Morale and Collapse in the German and British Armies, 1914–1918, Cambridge/New York 2008.

Ders., Kriegserlebnisse und Motivationen von deutschen und britischen Soldaten 1916, in: Christian Stachelbeck (Hrsg.), Materialschlachten 1916. Ereignis, Bedeutung, Erinnerung, Paderborn 2017, S. 341–359.

Weber, Matthias M., Erschütterte Nerven. Hermann Oppenheims Konzept der traumatischen Neurose, in: Psychotherapie 15 (2010), H. 2, S. 205–213.

Wedemeyer-Kolwe, Bernd, »Der neue Mensch«: Körperkultur im Kaiserreich und in der Weimarer Republik, Würzburg 2004.

Wehler, Hans-Ulrich, Das deutsche Kaiserreich. 1871–1918, 7. Aufl., Göttingen 1984.

Ders., Deutsche Gesellschaftsgeschichte. Bd. 3: Von der »Deutschen Doppelrevolution« bis zum Beginn des Ersten Weltkrieges 1849–1914, München 1995.

Weinberg, Gerhard L., Rollen- und Selbstverständnis des Offizierskorps der Wehrmacht im NS-Staat, in: Rolf-Dieter Müller/Hans-Erich Volkmann (Hrsg.), Die Wehrmacht. Mythos. und Realität, München 1999, S. 66–74.

Weinrich, Arndt, Der Weltkrieg als Erzieher. Jugend zwischen Weimarer Republik und Nationalsozialismus, Essen 2013.

Werner, Hendrik, Das Zittern des Peter Suhrkamp, in: Weserkurier, 28.11.2016, ⟨https://www.weser-kurier.de/bremen/kultur/das-zittern-des-peter-suhrkamp-doc7e3tkaht4hj1kwq7a8xz⟩.

Werth, German, Verdun. Die Schlacht und der Mythos, Bergisch Gladbach 1982.

Wette, Wolfram, Die unheroischen Kriegserinnerungen des Elsässer Bauern Dominik Richert aus den Jahren 1914–1918, in: Ders. (Hrsg.): Der Krieg der kleinen Leute. München 1992, S. 127–135.

Ders. (Hrsg.), Pazifistische Offiziere in Deutschland 1871–1933, Bremen 1999.

Wetzel, Hubert, »Leutnantdienst tun heißt: seinen Leuten vorsterben«, in: Süddeutsche Zeitung, 4. Juli 2017, ⟨http://www.sueddeutsche.de/politik/erster-weltkrieg-leutnantdienst-tun-heisst-seinen-leuten-vorsterben-1.3513920⟩ (zuerst erschienen in der gedruckten SZ-Beilage zum Zentenarium des Ersten Weltkriegs 2014).

Weymann, Ulrike, Epische Objektivität. Zur Romanästhetik Josephs Roth in den 1920er Jahren, in: Wiebke Amthor/Richard Brittnacher (Hrsg.), Joseph Roth – zur Modernität des melancholischen Blicks, Berlin 2012, S. 257–272.

Wiedner, Hartmut, Soldatenmißhandlungen im Wilhelminischen Kaiserreich (1890–1914), in: Archiv für Sozialgeschichte 22 (1982), S. 159–199.

Wieland, Lothar, Vom kaiserlichen Offizier zum deutschen Revolutionär – Stationen der Wandlung des Kapitänleutnants Hans Paasche (1881–1920), in: Wolfram Wette/Helmut Donat (Hrsg.), Pazifistische Offiziere in Deutschland, 1871–1933, Bremen 1999, S. 169–179.

Wildt, Michael, Die Ungleichheit des Volkes. »Volksgemeinschaft« in der politischen Kommunikation der Weimarer Republik, in: Frank Bajohr/Ders. (Hrsg.): Volksgemeinschaft. Neue Forschungen zur Gesellschaft des Nationalsozialismus, Frankfurt a.M. 2009, S. 24–40.

Will, Herbert, Die Geburt der Psychosomatik. Georg Groddeck, der Mensch und Wissenschaftler, München/Wien/Baltimore 1984.

Winkle, Ralph, Der Dank des Vaterlandes. Eine Symbolgeschichte des Eisernen Kreuzes 1914 bis 1936, Essen 2007.

Winzen, Peter, Das Ende der Kaiserherrlichkeit. Die Skandalprozesse um die homosexuellen Berater Wilhelms II. 1907–1909, Köln 2010.

Wirsching, Andreas, Vom Weltkrieg zum Bürgerkrieg? Politischer Extremismus in Deutschland und Frankreich 1918–1933/39. Berlin und Paris im Vergleich, München 1999.

Ders., Die Weimarer Republik. Politik und Gesellschaft, München 2000.

Whalen, Robert Weldon, Bitter Wounds. German Victims of the Great War, 1914–1918, Ithaca 1984.

Whitrow, Magda, Julius Wagner-Jauregg (1857–1940), Wien 2001.

Winter, Jay, Shell Shock and the Cultural History of the Great War, in: The Journal of Contemporary History, 35 (2000) Heft 1, S. 7–11..

Ders/Antoine Prost, Penser la Grande Guerre. Un essai d'historiographie, Paris 2004, S. 109–136.

Withuis, Jolande/Annet Mooij (Hrsg.), The politics of war trauma. The aftermath of World War II in eleven European countries, Amsterdam 2010.

Wohlfeil, Rainer, Die Beförderungsgrundsätze, in: Militärgeschichtliches Forschungsamt (Hrsg.), Untersuchungen zur Geschichte des Offizierkorps – Anciennität und Beförderung nach Leistung, Stuttgart 1962, S. 15–63

Wolz, Nicolas, Das lange Warten. Kriegserfahrungen deutscher und britischer Seeoffiziere 1914 bis 1918, Paderborn 2008.

Ders., »Und wir verrosten im Hafen« Deutschland, Großbritannien und der Krieg zur See 1914–1918, München 2013.

Young, Allan, The Harmony of Illusions: Inventing Post-Traumatic Stress Disorder, 2. Aufl., Princeton NJ 1997.

Zeldin, Theodore, France 1848–1945, Bd. 1: Ambition, Love and Politics, Oxford 1973.

Ziemann, Benjamin, Fahnenflucht im deutschen Heer 1914–1918, in: Militärgeschichtliche Mitteilungen 55 (1996), S. 93–130.

Ders., Front und Heimat. Ländliche Kriegserfahrungen im südlichen Bayern 1914–1923, Essen 1997.

Ders., Der »Hauptmann von Köpenick« – Symbol für den Sozialmilitarismus im wilhelminischen Deutschland?, in: Vilém Prečan (Hrsg.), Grenzüberschreitungen oder der Vermittler Bedřich Loewenstein. Festschrift zum 70. Geburtstag eines europäischen Historikers. Překračování hranic aneb zprostředkovatel Bedřich Loewenstein. Jubilejní spis k 70. narozeninám evropského historika, Brno 1999, S. 252–264.

Ders., Das »Fronterlebnis« des Ersten Weltkriegs – eine sozialhistorische Zäsur?, in: Hans Mommsen (Hrsg.), Der Erste Weltkrieg und die Beziehungen zwischen Tschechen, Slowaken und Deutschen, Essen 2000, S. 43–82.

Ders., Die Konstruktion des Kriegsveteranen und die Symbolik einer Erinnerung 1913–1933, in: Jost Dülffer/Gerd Krumeich (Hrsg.), Der verlorene Frieden. Politik und Kriegskultur nach 1918, Essen 2002, S. 110–118.

Ders., Sozialmilitarismus und militärische Sozialisation im deutschen Kaiserreich 1870–1914. Desiderate und Perspektiven in der Revision eines Geschichtsbildes, in: Geschichte in Wissenschaft und Unterricht 53 (2002), S. 148–164.

Ders., Veteranen der Republik. Kriegserinnerung und demokratische Politik 1918–1933, Bonn 2014.

Zilles, Sebastian, Die Schulen der Männlichkeit. Männerbünde in Wissenschaft und Literatur um 1900, Köln u.a. 2017.

Zimmermann, Peter u. a., Psychogene Störungen bei deutschen Soldaten des Ersten und Zweiten Weltkrieges, in: Fortschritte der Neurologie, Psychiatrie 72 (2005), S. 91–101.

Grafiken

Grafik 1: Verteilung der Diagnosen bei psychisch versehrten Offizieren während des Ersten Weltkriegs in den Lazaretten der Untersuchungsauswahl in % 347

Grafik 2: Diagnosen unter den psychisch versehrten Offizieren im Offiziersheim Taunus nach Dienstgrad 1914–1918..............................360

Grafik 3: Die Zahl der belegten und unbelegten Offiziersbetten im Offizierslazarett Heidelberg...377

Grafik 4: Durchschnittlich zu behandelnde Patientenzahl pro Arzt im Offizierslazarett Heidelberg von September 1915 bis April 1917 .378

Grafik 5: Personal des Offizierslazaretts Heidelberg von September 1915 bis März 1917...379

Grafik 6: Das Verhältnis zwischen der Anzahl des Gesamtpersonals, der realen Belegung und der Planstellen im Offizierslazarett Heidelberg von September 1915 bis April 1917 380

Grafik 7: Aufenthaltsdauer im Offiziersgenesungsheim Joeuf.............468

Grafik 8: Aufenthaltsdauer und Entlassungsstatus im Offiziersgenesungsheim Joeuf 1914–1918...469

Grafik 9: Der Zusammenhang von der Diagnose und der
Aufenthaltsdauer im Offiziersgenesungsheim Joeuf............................470

Grafik 10: Entlassungsstatus der psychisch versehrten Offiziere,
die 1914–1918 im Offiziersgenesungsheim Joeuf behandelt
wurden, nach Diagnosen in % 471

Grafik 11: Behandlungsdauer von psychisch versehrten Offizieren
im Offiziersgenesungsheim Taunus 1914–1918 in Wochen 473

Grafik 12: Alte und neue Diagnosen bei Offizieren bei der
Nachprüfung gemäß Artikel 2 des Fünften Gesetzes über das
Verfahren in Versorgungssachen vom 3.7.1934 in % 709

Tabellen

Tabelle 1: Todesfälle unter den Offizieren beim Feldheer
1914–1918 161

Tabelle 2: Dienstunbrauchbar aus dem Heer entlassen vom
2. August 1914 bis 31. Juli 1918 249

Tabelle 3: Dienst- und Krankenzeiten des Offiziers Wilhelm S. 271

Tabelle 4: Zahl der aktiven Offiziere und Reserveoffiziere (ohne
Feldwebelleutnants), die wegen psychischer Leiden in den
ausgewählten Lazaretteinrichtungen behandelt wurden 286

Tabelle 5: Entlassungsstatus der psychisch versehrten Offiziere, die
1914–1918 im Offiziersgenesungsheim Joeuf behandelt wurden 466

Tabelle 6: Durchschnittliche Aufenthaltsdauer der Patienten mit
psychischen Erkrankungen im Offiziersheim Taunus hinsichtlich
der Diagnosen (1914–1918) 473

Tabelle 7: Durchschnittliche Aufenthaltsdauer der Patienten mit
psychischen Erkrankungen im Offiziersheim Taunus hinsichtlich
des Zeitpunkts der Kur (1914–1918) 475

Tabelle 8: Ergebnis der Generalmusterung aller im Etappen- und
Wirtschaftsdienst beschäftigten Militärs im Februar 1917 477

Tabelle 9: Alte und neue Diagnosen bei Offizieren bei der
Nachprüfung gemäß Artikel 2 des Fünften Gesetzes über das
Verfahren in Versorgungssachen vom 3.7.1934.................708

Abbildungen

Abbildung 1: Offiziersheim Taunus: Außenansicht (HHStAW
1158/31 Sammlung von Fotos des Offizierheims Taunus in
Falkstein 1901–1950)....................372

Abbildung 2: Offiziersheim Taunus: Empfangszimmer (HHStAW
1158/31 Sammlung von Fotos des Offizierheims Taunus in
Falkstein 1901–1950)....................373

Abbildung 3: Offiziersheim Taunus: Patientenzimmer(HHStAW
1158/31 Sammlung von Fotos des Offizierheims Taunus in
Falkstein 1901–1950)....................373

Abbildung 4: Reserve-Lazarett Badischer Hof (Offiziersabteilung):
Außenansicht (GLA 456 F 113/275 Kriegssanitätsbericht des
Reservelazaretts I »Badischer Hof« in Baden-Baden. 7.9.1914-
10.1.1920) 375

Abbildung 5: Reserve-Lazarett Badischer Hof (Offiziersabteilung):
Vestibül (GLA 456 F 113/275 Kriegssanitätsbericht des
Reservelazaretts I »Badischer Hof« in Baden-Baden. 7.9.1914-
10.1.1920) 375

Abbildung 6: Cannstadt, Wörishofener Straße 33, Stolperstein
verlegt am 30. April 2010 (URL: ‹https://www.stolpersteine-
cannstatt.de/biografien/alfred-neu-zwei-toedliche-privilegien›)..........746

Personenregister

Adler, Alfred 298, 450

Beard, George M. 87f., 425
Bernheim, Hippolyte 411
Bonhoeffer, Karl 67f., 146, 149, 303, 305f., 330, 451, 514, 634, 638, 640, 703, 714f., 717, 730–732
Breuer, Joseph 87
Brüning, Heinrich 649
Buchrucker, Bruno Ernst 274

Charcot, Jean-Martin 86f., 89
Curschmann, Hans 291, 292f., 298, 309, 316f., 322f., 420f., 446, 457, 484, 551

Darwin, Charles 58
Dreyfus, Alfred 44, 136
Düms, Friedrich August 64

Endres, Nikolaus von 217, 252

Flex, Walter 167, 562
Freud, Sigmund 64, 87, 107, 311, 388, 419, 423, 440, 494
Freytag-Loringhoven, Hugo Freiherr von 73, 97, 126, 136, 138, 140, 211

Gaupp, Robert 25, 111, 156, 186, 208, 243, 288, 290, 295–299, 301, 305, 307, 309f., 312, 314, 316f., 319, 321, 326f., 331, 334, 352f., 361–364, 387, 398f., 427, 433, 447, 454f., 463f., 476, 479, 482, 486, 492–494, 497, 514f., 529, 531, 540, 549, 555, 559, 567, 638, 641, 747
Griesinger, Wilhelm 59, 110, 301, 447

Gudden, Hans 107

Hellpach, Willy 39, 107, 183, 208, 290, 295f., 297, 303, 313, 316, 318–321, 328, 332, 371, 376, 383–386, 392, 402, 446, 452, 463f., 535, 543, 563, 777
Hindenburg, Paul von 118f., 132f., 176, 179, 211, 218, 228, 246, 275, 610, 696, 699
Hinsberg, Theodor 750f.
Hitler, Adolf 17, 593, 596, 598–600, 606, 608, 695–697, 701, 728, 738, 765f.
Hoche, Alfred Erich 301, 520, 645, 716f., 751
Holmes, Gordon 443

Jolly, Philipp 298, 319, 619
Jung, Carl Gustav 440
Jungblut, F. 27
Jünger, Ernst 167, 171f., 183f., 214f., 229, 448, 505, 507, 517, 549f., 685

Kaufmann, Fritz 19, 29, 59, 77, 87–89, 114, 134, 138, 179, 266f., 275, 307, 309, 312f., 315f., 323, 326, 388, 397, 412, 416, 419, 420f., 424–429, 431, 525, 550, 586f., 604, 715
Kehrer, Ferdinand 411, 429f.
Kemnitz, Mathilde von 324–326, 334, 390f., 394, 402, 423f., 481f., 536
Koch, Julius Ludwig August 59, 328
Köppen, Edlef 165, 239, 388, 404f., 509, 524, 557f.
Kraepelin, Emil 59, 80, 295, 301, 340f.

Krisch, Hans 334, 414, 428, 482, 538

Le Bon, Gustave 107
Lewin, James 90
Lewin, Kurt 589
Löwenfeld, Leopold 103, 143, 300
Ludendorff, Erich 118, 142, 149, 179, 231, 261, 267, 275, 280, 391, 424, 610, 664

Mann, Heinrich 43
Meinecke, Friedrich 49
Moltke, Helmut von 192
Moser, Otto von 133, 212, 213, 216, 252, 253
Myers, Charles 443

Neu, Alfred 744, 745
Nonne, Max 39, 304f., 309, 333, 368, 394, 411–414, 417, 419–423, 536, 655, 703

Oppenheim, Hermann 84–86, 291, 306–311, 317, 343

Paasche, Hans 235
Papen, Franz von 649, 680, 697, 729, 731f.
Poppelreuter, Walter 426

Remarque, Erich Maria 228, 550, 565f.
Rieffert, Johann B. 150, 585, 588–591
Romberg, Otto 223, 663f., 668, 678

Rüdin, Ernst 704
Rueff, Karl 672, 746–750

Schjerning, Otto von 26, 303
Schleicher, Kurt von 649
Scholz, Ludwig 172, 184, 210, 308, 311, 315, 328, 335–337, 353, 397, 400f., 509, 515
Seeckt, Hans von 588, 594, 600, 686
Sighele, Scipio 107
Simmel, Ernst 311, 441–443, 507
Simoneit, Max 116, 561, 587, 589–591, 593, 595, 597
Steinau-Steinrück, Joachim von 153, 295, 296, 304, 323f., 326, 329f., 387, 569–572
Strümpell, Adolf von 89, 307
Suhrkamp, Johann Heinrich »Peter« 450, 472, 520f., 559

Tarde, Gabriel 107
Tausk, Victor 299

Voigt, Wilhelm 55f.

Weichbrodt, Raphael 450
Weygandt, Wilhelm 107, 304
Wilhelm I. 28, 45, 137
Wilhelm II. 43, 50, 77, 91, 100, 113, 132, 188, 235, 275, 287f., 612, 640
Wollenberg, Robert 429, 479, 514–516

Zuckmayer, Carl 167, 222f., 670

Ortsregister

Amerika (USA) 22, 27, 56, 83f., 87, 91, 102, 119, 151, 173, 294, 566, 603, 607, 671, 691, 730, 759, 767

Baden 37, 69, 110, 113, 303, 312, 315, 369, 374, 414f., 535, 653
Baden-Baden 286, 287, 348, 352f., 358, 374, 376, 390, 414, 421, 437, 479
Badenweiler 374, 389, 390, 415, 434, 438, 440, 461
Bayern 17, 36, 37, 44–46, 49, 51f., 69–72, 74, 77–79, 110, 113, 154, 168, 177, 185, 188, 190f., 194, 196, 198–200, 202–207, 215, 217, 219–221, 229f., 233, 251–253, 255, 257–259, 262f., 265, 267f., 270, 300, 312, 349, 353f., 356, 364, 368, 382, 392, 414f., 422, 445, 448, 478, 487, 518f., 521, 526, 531, 544, 546, 565, 582, 610, 615, 644, 684, 722
Belgien 267, 270f., 285, 294, 365, 759
Berlin 16, 34, 37–40, 56, 60, 64, 66f., 80, 83f., 99, 102, 111, 112, 150, 235, 285, 287, 293, 304–306, 369, 372, 420, 422, 432, 434, 451, 495, 540, 576, 585, 587, 603, 605, 608, 613, 621, 657f., 662–664, 672, 693, 706, 731, 736f., 739f.
Braunlage im Harz 460
Breslau 34, 286, 289, 349, 358, 366, 421, 581, 675
Budapest 56, 273, 441
Bukarest 286, 289, 349, 357f., 366

Cannstatt 744
Champagne 15, 203
Charité (Berlin) 39, 67, 83f., 451, 634, 638f., 731, 737–740, 743

Dresden 21, 56, 236, 241, 423, 429, 436, 511, 663, 715

Elsass-Lothringen 34, 54f., 116, 233, 287, 299, 341, 466, 479, 531, 613
England (UK) 17f., 22, 27, 31, 86, 114, 128, 131, 173, 217, 231, 234, 252, 290, 294, 296, 301, 341, 343, 417f., 443, 446, 535, 550, 566, 589, 603, 668, 691, 759, 767

Frankreich 17, 26, 44, 46, 53, 56, 59, 71, 83, 86, 107, 128, 131, 136f., 158, 162, 183, 217, 231, 234f., 238, 256, 267, 287, 296, 300, 306, 310f., 337, 376, 403, 411, 418, 443, 446, 452, 472, 516, 520, 522, 532, 545, 594, 603, 611, 613, 671f., 674, 691, 714, 767
Freiburg i. Brsg. 16, 37, 259, 374, 381, 389, 415, 434, 438, 440, 461, 462, 645, 716, 751
Freudenstadt 343, 479

Galizien 159, 750
Grafeneck 82, 367, 606, 645, 716, 734–736, 743–746, 748–751
Greifswald 310, 428, 731

Halle 327, 460
Hamburg 157, 305, 413, 422f., 655
Heidelberg 16, 34, 38, 285, 319f., 370f., 374, 376, 377, 378, 379–386, 389, 411, 415, 429f., 434, 437–440, 445, 457, 461, 563
Hornberg 415, 423, 426, 429, 439

Italien 294, 418, 759

Joeuf 193f., 204, 247, 270, 272, 286f., 337f., 341, 349, 351f., 357–

359, 383, 394, 406, 448f., 466–
472, 483, 518, 532f., 545, 548

Kanada 56, 730
Köln 426, 458, 650
Köpenick 47, 55f.

Langemarck 129, 600, 739
Ludwigshafen 112, 114, 316, 368,
383, 426

München 37, 110f., 113, 229, 256f.,
259, 268, 272, 291, 300, 305, 308,
313, 322, 324, 365, 382, 410, 412,
414, 421f., 437f., 478, 505f., 513,
548, 602, 608, 643f., 704, 722,
756, 762, 766

Norddeutschland 299

Oldenburg 450
Österreich-Ungarn 26, 87, 90, 94,
190, 194, 234, 285, 299f., 343,
361, 388, 418f., 431, 457, 500,
553, 613, 658
Ostfront 172, 184, 210, 213, 216,
233, 289, 335, 349, 353, 397, 479,
519, 563

Péruwelz 365, 452, 478
Polen 159, 299, 594
Preußen 17, 20f., 26, 34, 37, 43–46,
48, 50f., 54f., 62, 69–71, 74f., 78,
111, 118f., 136, 139f., 144, 154,
161f., 188, 265, 267, 272, 312,
392, 455, 590f., 596, 661, 664,
675, 681f., 684

Rastatt 461
Rheinland 299
Rostock 291, 457, 484
Rügen 670
Russland 29, 68, 86, 108, 151, 159,
172, 184, 185, 210, 267, 306, 418,
532, 563, 571f., 597, 604, 606f.,
751, 756, 765, 767

Sachsen 37, 45, 70, 119, 121–123,
156f., 183, 188, 224, 237, 244,
253, 259, 436, 458, 460, 505, 510,
530, 542, 662f., 665
Sedan 177, 196, 203, 254
Somme 15, 128, 162, 181, 207, 219,
304, 510f., 526, 543, 571, 700
Straßburg 291, 390, 479
Süddeutschland 299

Tübingen 16, 25, 31, 38f., 110,
156f., 186, 242, 273, 286, 288,
305, 339, 343, 349, 357, 361–363,
366, 387, 395f., 398f., 403f., 427,
454, 476, 479f., 482, 486, 491f.,
494, 509, 518, 522, 531, 534,
536f., 539, 547, 549, 551, 554–
568, 603, 605, 637f., 669, 698,
744, 747f.
Tuttlingen 427

Ulm 110, 243, 488, 538, 553, 746–
750

Verdun 15, 82, 128, 144, 162, 169f.,
180, 210, 218–221, 246, 262f.,
269, 349, 351, 356, 367, 401, 518,
521, 526f., 541, 543–546, 606,
645, 666, 700, 716, 734–736,
744f., 747, 750f.
Vilnius 479

Weißenburg 479
Wien 56, 343, 358, 418, 457, 560,
602
Winnenthal 744, 745
Württemberg 37, 45, 70, 110, 188,
227, 242, 744, 747, 750, 751

Zabern 54, 55
Zinneberg 478

Sachregister

Abstieg, sozialer 603, 658, 660, 673, 693
Adel 47, 50, 53f., 70–76, 78, 117f., 122f., 146, 155, 161f., 167, 224–227, 231, 236, 258, 435, 523f., 562, 566, 579, 590, 596, 638, 649, 676, 683, 684, 686, 687, 696, 737, 743
Aktive Behandlung 283, 410, 414–418, 420, 425f., 428–430, 446, 498, 501, 652f.
Anciennitätsprinzip 17, 44, 69, 72, 79, 245f., 264–266, 269, 277, 551, 596, 757f., 767
Angst 18, 95, 119f., 130, 134, 138, 171f., 177, 181–183, 196, 220, 223, 269, 275, 278, 303, 307f., 326–330, 338f., 350, 353, 397, 400, 404, 406, 410, 418, 428f., 431, 447, 459, 482, 485, 494, 505, 510, 512, 514, 516f., 520f., 524, 527, 529, 532, 535, 537, 543f., 547, 554, 556, 563, 568, 570–573, 582, 606, 639, 653f., 685, 750
Arbeiter 50, 226, 235, 298, 301, 388, 436, 610f., 613, 649, 667, 673, 680
Arbeitsministerium 287, 576, 620–622, 630, 643f., 647, 660, 669, 679f., 690, 701, 705, 717, 726, 764
Arbeitstherapie 99, 112, 156, 410f., 414, 429, 431–437, 439, 499, 605, 658
Arbeitsüberlastung 509–511, 519, 759
Artillerie 53, 108, 122f., 129, 162, 205, 212f., 215f., 219–221, 242f., 262f., 268, 392, 487f., 505, 536, 544, 546, 549, 559, 577, 579–581, 727f.
Auftragstaktik 126, 130, 206, 527

Augusterlebnis 560
Ausbildung 22, 45, 53, 64, 67, 69, 82, 108, 116–118, 126, 135–139, 141f., 149, 151f., 166f., 211f., 225f., 232, 266, 295, 297f., 313, 316, 325, 382, 400, 434, 443, 505, 527, 547, 562, 569, 573, 579, 585, 602, 625, 627, 635, 637, 661f., 669, 689, 700, 758, 763

Bauer 116, 297–299, 450, 525
Beförderung 29, 51, 154–156, 158, 163–165, 168, 187f., 190, 196, 199, 245, 250f., 264–266, 269–273, 277, 295, 357, 551, 561, 565, 579, 587, 596, 598f., 686, 694, 743, 767
Befreiungskriege 51, 265
»Begehrungsvorstellung« 89, 93, 307f., 326, 401, 653, 711
Behandlungsdauer 19, 34, 282, 338, 363, 365, 376, 391, 394, 427, 446, 465f., 468–470, 472–475, 478, 480f., 485, 494, 499, 536, 538, 548, 552, 655, 671
Berufsoffizier 21, 30, 35, 50, 153, 155, 160–162, 164, 224, 259f., 280, 287, 293, 361, 394, 400, 483, 495, 532, 551f., 561, 582, 602, 614, 616f., 620, 622, 624–626, 628f., 649, 670, 680, 687, 701, 764
Beurteilung, militärische 187, 190, 197–205, 207, 251, 268, 271, 273, 319, 357, 572, 714
Bewährungsprobe 20, 30, 133, 155, 262, 264f., 277, 363, 434, 493, 508, 553, 560f., 565, 568, 575, 578, 585, 598f., 663, 751, 759, 763, 767f.
Bewegungskrieg 15, 106, 162, 171, 182, 217, 257, 262, 561, 599, 815

Bildung 30, 49, 53, 64, 73, 78, 93, 117, 169, 175, 273, 298, 320, 331, 333, 420, 435, 438f., 497, 570, 579, 658, 767

Bürgertum 17, 20, 43, 46–54, 56, 58, 61, 71, 74f., 88, 117, 148, 226, 231, 246, 296f., 340, 386, 403, 435, 482, 535, 563, 579, 596, 608, 612, 614f., 627, 645, 662, 668, 677, 746, 756, 763

Dada 613

»Dank des Vaterlandes« 611, 688, 690, 691, 697, 699, 753, 766

Dauerbad 432, 449–451

Degenerationsvorstellung 59, 61, 65, 82, 87, 89, 96, 106, 150, 211, 292, 299, 301, 304, 307f., 313–316, 322, 328f., 331, 341, 494, 497, 530, 542, 637, 656, 704, 740

Dementia praecox 95, 159, 339, 340, 344, 522, 635, 671f., 705f., 708f., 713f., 720

Depression 64, 88, 91, 100–102, 163, 193, 204, 217, 274, 275, 296, 299, 317f., 330f., 344, 346, 361, 364f., 426, 446, 455, 460, 473f., 486–488, 514, 520, 527, 529, 532, 601, 635, 636, 671, 673, 692, 708f., 713, 717, 718, 724, 734, 737f., 747

Desertion 232–234, 236, 239, 507, 606

Dienst(un)fähigkeit 32, 63, 67, 98f., 108, 112, 147–149, 152, 156f., 164, 196–198, 209, 237, 242f., 246, 248f., 251, 253, 256, 263, 272, 279f., 288, 294, 312, 326, 329, 337, 355f., 362f., 388, 390, 398f., 413, 416, 419, 421, 428, 433, 451, 458f., 461f., 465–468, 472, 476–484, 487, 489–492, 514, 518, 535, 547, 553, 556, 564, 566, 568, 574, 602, 605, 613, 616, 618–620, 625, 627, 646

Disziplin 16, 25, 27, 48, 50, 57, 59, 61–63, 65, 71f., 81, 92, 106, 109, 116f., 123, 125, 130, 137, 139, 141f., 163, 169f., 173–175, 180, 182, 222, 227, 230, 234, 250, 278, 297, 324, 332, 384, 409, 412, 442, 444, 449, 507, 512, 525f., 543, 573, 606, 641, 683, 756, 761, 768

Dolchstoßlegende 231, 609, 610, 612

Draufgängertum 48, 54, 122f., 163, 167, 201f., 213f., 229

Drill 19, 47, 73, 103, 108, 136–138, 140–142, 144, 166, 177, 211, 275, 429, 498

Drogen 184f., 247, 366, 448, 450, 564, 602f.

»Drückeberger« 210, 221, 258, 279, 326, 399f., 549, 563, 572, 681f.

Duell 54, 72, 77, 117, 668

Effizienz 16, 30, 116, 118, 120, 124–127, 137, 139, 142, 149, 164f., 168–174, 177, 190, 206f., 215, 219–221, 224, 230, 233, 246, 258, 266, 331, 493, 501, 517, 519, 526, 573f., 579f., 586, 604, 620, 758, 761

Ehe 49, 60, 134, 210, 245, 511, 521, 669, 673–675, 722, 724

Ehefrau 49, 180, 392, 512, 556, 618, 624, 671, 673f., 680, 715, 717, 722, 726, 739

Ehre 16–18, 20, 24, 29, 47f., 53, 54, 71f., 74, 77, 94, 117–124, 127, 137, 139, 154f., 160–163, 166–168, 173–176, 195, 210, 218, 221, 223–225, 227, 229, 232, 234, 236–240, 242, 244, 246, 259, 278, 307, 326, 330, 400f., 509, 512, 517, 525, 550f., 560–562, 566, 574, 597, 607–610, 612f., 642–

644, 663, 668, 678f., 681–684, 686, 691f., 695, 699, 739, 744, 747, 757f.
Ekel 158, 338, 356, 448, 450, 521f., 549, 559
Elektroschock 19, 102, 325, 388, 411f., 415, 417f., 421, 425, 427–429, 535, 604
Elite 17, 20, 24, 28, 42, 44, 71, 75, 246, 283, 533, 551, 579, 598, 600, 608, 652f., 667, 695
Emotionales Regime 516, 543, 574
»Entartung« 59, 61, 96, 312
Epilepsie 63, 65, 67, 95, 295, 321, 333, 344, 346, 357, 364, 367, 521, 601, 635, 673, 708f., 714f., 742, 749
Erblichkeit 60, 61, 65, 88f., 94, 297, 307f., 314, 348, 357, 391, 521, 593, 601, 703–705, 710, 713, 734, 738, 740–742, 745
Erfahrungshorizont 210f., 222, 401
Erinnerungskultur 667, 691, 694, 697, 736
Erschöpfung, nervöse 18, 23, 101, 191, 193–197, 200–203, 216, 247, 254, 263, 314, 320f., 325, 341, 345, 347–350, 357f., 365, 367, 384, 395, 406, 437, 451, 453, 458, 462, 471, 478, 480, 495, 498, 505, 541, 545, 548, 566, 581, 761
Erwerbsfähigkeit 23, 112, 432, 434, 482, 585, 621f., 628, 632f., 652–654, 659f., 670f., 677, 692, 718f., 722, 725, 728, 744f., 747
Erziehung 49, 53, 72f., 78, 104, 117, 138, 141, 144, 168f., 175, 209, 228, 261, 280, 322, 324, 368, 382, 411, 420, 597, 757
Etappendienst 19, 86, 109, 111, 148, 173, 174, 196, 200, 204, 224–226, 242, 244, 250, 255, 258–261, 271, 279, 282, 287, 290, 315, 328, 353, 356, 362, 366, 401, 412, 417, 420, 452, 454, 466, 469, 476f., 482, 493, 494, 519, 521, 534, 540, 556f., 573, 601, 605, 684, 704
Etikette 41, 202, 223, 325, 500, 761
Eugenik 61
»Euthanasie« 163, 604–606, 703, 705, 716, 734, 735f., 743–746, 748–750, 766

Familie 36, 49f., 52f., 157, 169f., 214, 248, 327, 385, 484, 507, 547, 579, 654, 659f., 664, 670–672, 674, 699, 703, 712, 719–721, 725, 740–743, 745–749, 752
Feigheit 32, 119–121, 123f., 176, 194, 209, 221, 223, 225, 232, 234, 236f., 239, 279, 315, 348, 361, 528, 550, 558f., 606, 681, 682, 687, 758
Feldlazarett 19, 37, 284, 293, 303, 315, 334f., 351, 416, 443, 464, 478, 545, 727
Feldwebelleutnant 35, 159, 164, 286–288, 430, 623, 634
Feuertaufe 212
»Flucht in die Krankheit« 308, 326, 363, 397f., 441, 652
Freikorps 76, 274, 580, 582, 600f., 607, 684–686, 700
Friedensoffizier 164, 225, 229, 231, 583
Frontdienstfähigkeit 112, 147f., 200, 203, 207, 246f., 256, 259, 262–264, 270, 280f., 338, 350f., 355f., 363, 408, 423, 428, 458f., 467–470, 476, 479, 484, 492, 495, 518, 547, 551f., 552, 601f., 624f., 677, 689f., 720, 758, 763
Fronterlebnis 30, 507, 514, 522, 524, 537, 580, 608, 700, 763
Frontkämpferideal 76, 127–129, 135, 210, 215, 225f., 280, 506, 543, 562f., 565, 600, 683f., 686,

688, 700, 702, 723–726, 733, 739, 753, 766
Frontoffizier 30, 123, 169, 173, 216, 224–228, 296, 316, 485, 525, 562, 578–580, 682

Garnisonsdienst 110, 112, 147f., 148, 199, 242, 254, 256, 258, 267, 271f., 437, 445, 454, 459, 465, 467, 472, 476, 478–481, 487–493, 533, 538, 545, 547f., 550, 552–554, 561, 568, 571, 619, 623, 625, 627, 638, 688, 719
Gefangenschaft 120, 229, 235, 264, 309f., 368, 508, 528, 533, 583f., 638, 714f., 728–730
Generalität 46, 135, 179, 288, 360, 524f., 559, 624, 642f., 692
Generalstab 45, 53, 75, 140, 165, 168, 175f., 225, 228, 261, 265, 267, 274f., 280, 577, 579f., 590, 599, 612, 685f., 763
Genesungsheim 34f., 41, 100, 109f., 193f., 197, 204, 247, 250–252, 270, 272, 285, 286–288, 293, 324f., 337f., 341, 343, 348–352, 357–360, 365, 371–373, 376, 381, 383, 387, 390f., 393–396, 406f., 423f., 432, 435, 437f., 445f., 448f., 451–453, 455f., 464, 465–475, 477f., 480f., 483, 496f., 518, 520, 532, 536, 545–548, 757
»Genesungswillen« 111, 114, 307f., 368, 418, 433, 451, 464, 484, 494, 500, 762
Geschlechtskrankheit 68, 367, 529, 745
Geselligkeit 54, 174, 176, 333, 372, 383, 385–387, 445, 496, 571, 717
»Gesundheitsgewissen« 322f., 484, 491
Gewissen 119, 202, 325, 328, 336, 526–528, 550, 552f., 560, 574f., 647, 676, 760

Habitus 48, 71, 74, 225, 231, 321, 394, 513, 561, 564, 574, 590, 694, 696
Härteausgleich 718–726, 729, 732
Heimatdienst 148, 159, 250, 259, 363, 366, 445, 476, 485, 493, 571
Heimatlazarett 16, 19, 34, 109, 286, 289, 293, 335, 356, 359, 391, 415f., 426, 446, 453, 457, 470, 472, 484f.
Heldentum 117, 122f., 125, 132, 145, 174, 210, 217f., 308, 330, 368, 401, 410, 420, 488, 512, 543, 560, 564, 576, 616, 621, 655, 681, 683, 691, 694, 697, 699, 700
Herkunft, soziale 49f., 53, 57, 71, 73, 75, 104, 231, 299, 302, 317f., 320, 335, 359, 391, 435, 462, 579, 598, 600, 635, 746, 749, 753, 757
Hotel 285, 370, 374, 382, 387, 496
Hypnose 87, 102, 153, 283, 309, 333, 368, 411–414, 420–425, 428, 442f., 446, 457, 464, 536
Hysterie 14, 18, 23, 26, 35, 85, 87, 89f., 92–94, 96, 102, 106, 111f., 144, 194f., 247, 282f., 291f., 296, 298–300, 305, 307–311, 313f., 317–327, 330f., 334f., 337, 339–347, 352f., 357–360, 364, 367f., 391, 396–399, 411, 414f., 417, 420f., 423f., 426–429, 433, 435, 438–440, 442, 446, 450, 453, 462–464, 471, 473f., 481f., 484f., 494–501, 515, 520–522, 527, 530, 533, 535f., 538, 604, 619, 632, 654, 675, 683, 705, 708–711, 714, 735, 761f.

Infanterie 37, 108, 126, 135, 138–140, 160, 164f., 168, 171, 174, 177, 196, 201f., 204, 206, 211f., 214f., 217, 219f., 221, 229f., 233, 237, 240, 251–258, 261, 270, 272, 287, 340, 349, 354, 458f., 482f.,

488f., 518f., 524, 526, 538, 541, 549, 553, 562, 565, 581, 606, 649, 687, 738f., 747
Inflation 607f., 617, 620, 660f., 752

Juden 44, 50f., 299f., 593, 727, 744

Kameradschaft 120, 168f., 172, 174–176, 223, 225, 241, 303, 507, 550, 563, 580, 586, 604, 663, 665
Kampfgeist/Angriffsgeist 25, 29, 32, 50, 70, 73, 75–77, 97f., 106, 116f., 123, 130f., 134, 136, 140, 155, 162f., 169f., 175f., 220, 306, 316, 332, 501, 560, 586f., 598, 600, 642, 683, 755, 765
Karriere 16, 22, 30f., 36f., 40, 48, 96, 157, 164, 198f., 251, 255, 263f., 268f., 272, 305, 356f., 425, 480, 491, 507, 547, 551, 565, 568, 572, 574, 580, 582, 596, 600, 668, 670, 677, 696, 729, 752, 754, 758, 760, 762, 764
Karrierenachteil 100, 104, 177, 193, 260, 263f., 267, 270, 277, 446, 483, 551, 552, 757
Kasino 52, 72, 174–176, 303, 333, 371, 382–385, 387, 496, 556, 760
Kaufmann-Kur 19, 388, 412, 416, 419–421, 424–426, 428f., 431, 604
Kolonien 296, 623
Kompanieführer 158f., 164, 167, 169, 202f., 228, 230, 240f., 256, 270, 272, 337, 479, 509f., 519, 738
Konstitution 19, 53, 59, 62, 67f., 76, 79f., 86, 89, 91, 93, 104, 132, 135, 148f., 151, 153f., 187, 192, 196, 203, 209, 234, 247, 255, 262, 266, 273, 277, 291, 296, 304, 307, 309, 322, 326–331, 336f., 339, 344–346, 362–365, 398, 402, 449f., 454, 492, 504, 514, 516,
521, 533, 541, 544, 554, 582, 587, 589, 596, 601, 635, 655, 669, 683, 689, 692, 709–712, 718, 721, 724f., 727, 731, 740, 759, 768
Korpsgeist 29, 72–74, 78, 103, 118, 168, 175f., 210, 223f., 244, 261, 278, 507, 531, 574, 580, 597, 616, 661, 665, 667f., 687, 692, 757, 763
Korsettstangenprinzip 120, 169f., 225, 507, 580
Krankheitskonzept 60, 87f., 94f., 352, 409, 530
Krankschreibung 178, 223, 262, 408, 467, 486, 509, 517, 546, 556
Krieg von 1870/71 51, 83, 86, 97, 104, 139, 300, 306, 516, 561
Kriegsdienstbeschädigung 42, 159, 186, 198, 248, 256, 259f., 262, 268f., 272, 303, 312, 324, 325, 334, 339, 344f., 367, 402, 424, 482, 530, 533, 536, 540, 541, 545f., 618–621, 623–627, 629–636, 638, 648, 651, 656f., 659–665, 669, 677, 680, 690f., 699, 701f., 706, 712–714, 716f., 720, 725, 727, 731, 737, 740–742, 759, 763, 764
Kriegsfreiwilliger 48, 51, 96, 129, 154, 167, 222, 235, 297, 314, 401, 454, 462, 488, 557, 600, 723, 738, 739, 750
Kriegsherr, oberster 44f., 119, 187, 189, 227f., 587, 597, 696
Kriegslazarett 110, 177, 193f., 196–198, 203, 247, 254, 286, 289, 291, 340, 356, 384, 390, 396, 464, 466, 472, 479f., 483, 496, 531, 552
Kriegsneurose 14, 16, 18, 23, 25f., 29, 63, 106f., 110f., 113f., 144, 153, 174f., 180, 183, 222, 281, 286, 290–301, 304–307, 309–311, 313f., 317–324, 326f., 329, 331–333, 337, 342–345, 352f., 360,

363, 387, 397, 407, 411–413, 417f., 420f., 423, 426, 431, 439, 446, 450, 457, 464, 482, 484, 494, 496, 513–516, 520, 527f., 536, 540, 543, 551, 560, 578, 584, 586, 604, 634f., 637, 652, 654f., 681f., 703f., 710, 728, 751, 753, 758f.
»Kriegsneurotiker« 16, 25, 27, 33, 40, 63, 106–115, 147, 153, 278, 285f., 307–309, 311f., 316, 345, 369, 382, 403, 413–415, 418, 422f., 426, 429, 431, 434, 441f., 450, 465, 468, 474f., 481, 495, 535, 540, 576, 584, 586, 603f., 619, 652–655, 666, 681f., 694, 700, 702, 752, 768
Kriegstagung 110f., 113, 291, 305, 308f., 311, 313, 316, 335, 410, 412, 414, 421f., 703, 753, 756, 762, 766
Kuraufenthalt 8, 19, 94, 100f., 103f., 109, 193f., 197, 211, 249f., 285, 351, 354, 384, 387f., 412, 416f., 419–421, 424–426, 428f., 431f., 445, 451, 455–458, 460, 464, 472–475, 478–480, 501, 530, 553, 604, 642, 648, 651f., 655f., 664, 678, 756f., 760

Landsturm 147, 159, 228, 297
Landwehr 153, 156, 158, 164f., 177, 181, 242f., 262f., 288, 297, 450, 456, 472, 488f., 520, 538, 559, 568, 602, 632, 642f., 647f., 650, 678f., 690, 721
Lebenslauf 16, 22, 31, 33, 36, 42, 196, 447, 503, 562, 668, 752, 763, 764
Luftwaffe 226, 259, 269, 482, 566, 580, 594f., 597, 646, 740f.
Luxus 52, 224, 288, 368, 371, 376, 382, 472, 496

Manie 64, 83, 95, 153, 159f., 163, 185, 296, 301, 304, 310, 324, 326f., 330, 346, 364, 366, 387, 392, 403, 442, 473f., 495, 513, 515, 520, 524, 529, 569f., 572, 601, 613, 671, 673, 708, 713, 715, 717, 734, 737f., 747, 750
Männlichkeit 14, 25, 47, 70, 75–89, 91, 93f., 120, 126, 128f., 132f., 139, 169, 173, 308, 380, 402, 423, 485, 488, 531, 574, 594, 682, 684, 695, 755, 766
Marine 21, 34, 67, 71, 92, 100f., 157, 160, 188, 208, 226, 228, 235, 321f., 507f., 577, 593f., 696, 706, 713, 720, 725, 759
Maschinenkrieg 125, 126, 134, 169, 219, 224, 525, 584, 585
Massenpsychologie 63, 107, 140f., 147, 152f., 331, 586, 775
Materialschlacht 111, 128, 135, 144f., 162, 164, 212, 218f., 224, 279f., 494, 505f., 525f., 543, 562, 575, 759
Medikament 19, 356, 407, 425, 447–450, 605, 671
»Menschenmaterial« 68, 129, 300, 525
Metapher 14, 25, 134, 516, 530
Militarismus 15, 43f., 47f., 52, 56, 74f., 120, 136, 139, 141, 173, 613, 621, 688, 696
Militärkultur 46, 118, 686
Militärzeitschrift 50, 72, 118, 578, 579, 594, 608, 609, 613–615, 617f., 662, 668, 683f., 686f.
»Minderwertigkeit« 19, 59f., 63, 65f., 68, 89, 192, 234, 297, 307, 312, 328, 331, 334, 360f., 497, 514, 573, 642, 669, 704, 766
Misstrauen 48, 226, 339, 353, 397, 402, 406f., 409, 510, 530, 533, 536f., 539, 580, 586, 594, 765

Monarch 17, 26, 28, 44–47, 50, 64, 66, 71, 76, 80, 83, 91, 99, 112, 119, 132, 188, 235, 259, 275, 344, 550, 560, 586, 608, 610, 612f., 635, 640, 653, 683, 686, 691, 697, 748

Monarchismus 73, 118, 563, 580, 612, 630, 683

Moral 25, 106, 140, 174, 220, 261, 312, 331, 571, 612, 681

Müdigkeit 97, 216, 295, 318, 354, 408, 432, 447, 566, 750

Müßiggang 387, 438f., 446, 497, 593

Musterung 62f., 65f., 68, 98, 104, 135, 146–149, 166, 300, 477, 601, 724

Mut 20, 77, 121–125, 142, 163, 201, 206, 237, 294, 315, 506, 557, 562, 572, 574, 578, 755, 757

Nationalsozialismus 21, 28, 30, 39–41, 61, 68, 70, 116, 128f., 155, 163, 166, 172, 264, 290, 305, 311, 577, 586, 592–601, 603f., 606, 610, 618, 632, 642, 650, 652, 686, 691, 695–705, 708, 712, 716f., 719–723, 725–729, 732–737, 743, 745, 750, 753, 755f., 765–768

Nervenschock 17, 23, 26, 43, 45, 47, 75, 134, 184, 195–198, 208, 215, 290, 295f., 314, 316, 319, 321, 331, 334, 338, 341, 345f., 352–354, 356, 387, 402, 418, 433, 447, 464, 470f., 474, 484, 515f., 529, 540–542, 555, 559, 567, 574, 579, 581, 614, 632, 669, 683f., 686–689, 708, 712, 727, 752

Nervenschwäche 23, 27, 57, 76–78, 82, 88f., 91–96, 103, 127, 132, 143, 145, 194, 204, 209, 214f., 224, 234, 236, 256, 271, 282, 285, 300f., 308, 313, 315, 317, 341f., 345–347, 349, 352, 361, 402, 405, 409, 418f., 425, 439, 441, 453, 457, 459, 463, 466, 471, 474, 480, 495, 500, 502, 508, 553, 555f., 567, 575, 598, 632, 647, 670, 673, 677, 708–711, 724f., 727, 729

Nervenstärke 20, 57, 70, 73, 75f., 78, 93, 104, 115, 117, 124f., 127f., 130–132, 144f., 194, 206, 213, 218, 228, 230, 276, 505, 512, 519, 542f., 562f., 574, 578f., 586f., 598f., 639, 753, 755–758, 760, 768

Nervenzerrüttung 215, 485, 516–518, 541f., 555, 689, 692, 713, 726

Nervenzusammenbruch 29, 132, 145, 192, 208, 211, 216, 220, 239f., 251, 275, 316, 366, 398, 472, 507f., 513, 516f., 519, 528, 550, 558, 565, 568, 573, 600, 606, 687, 727, 767

Nervosität 18, 23, 61, 76–80, 87–92, 94–98, 100–103, 113, 127, 129, 132, 134, 143, 146, 151, 156, 157, 178f., 191, 193–197, 200–209, 211, 213, 216f., 220, 232, 241f., 244, 254, 256, 263, 268, 270f., 273, 275, 291, 295, 297, 299, 307, 310, 313–315, 317f., 320–322, 325, 329, 332, 335, 341, 343–351, 354, 357f., 361–378, 382, 384, 393, 395, 398–400, 402, 406, 420, 428, 435–437, 448, 452–455, 458–460, 470f., 474, 478–480, 484, 489–493, 495, 498, 505, 513f., 518, 539, 541, 545, 548, 552, 554–556, 566f., 570–572, 581, 603, 622, 632, 635, 637–640, 647, 655f., 675, 677, 688–690, 692, 708–712, 715f., 727, 737, 742

Neuralgie 346, 364, 366f., 427, 708

Neurasthenie 18, 23, 26, 59, 82f., 87–96, 98, 100–104, 157, 167,

177, 183, 194–197, 208f., 211, 247, 254, 262, 267, 272–274, 278, 282f., 285, 290–292, 295f., 299, 301, 304, 307f., 313–322, 325, 328, 330–332, 334, 337, 340–353, 356–359, 367, 384, 386f., 396, 402, 411, 416, 425, 433, 442, 447, 451–453, 457, 459, 462–464, 470f., 474, 482f., 490f., 494f., 498, 501, 508, 520, 529–531, 539f., 542, 545, 547, 551, 559f., 574, 632f., 637, 647, 653f., 656, 673, 677f., 708–714, 720f., 723, 750f., 756f., 759, 761
Neuropathie 247, 346, 364f., 449, 470f., 708
Neurose, traumatische 14, 83–86, 89, 305f., 308, 310, 317, 319, 343, 352, 357, 409, 441
Neurotiker-Lazarett 110, 112–114, 285f., 293, 311, 368, 382, 414, 426, 429f., 434, 439, 653
Niederlage 28, 144f., 231, 332, 336, 598, 607– 611, 613, 615, 621f., 640, 655f., 665, 681–683, 685f., 688, 691, 693–695, 699, 727, 751, 756, 762f.
Nische 249, 273, 279, 453, 491, 763
NS-Ideologie 172, 586, 593, 599, 700, 702, 723, 726, 733, 753, 766, 768

Oberste Heeresleitung 118f., 129, 134, 144f., 149, 177, 261, 611
Offiziersanwärter 21, 50, 53, 57, 69f., 73, 103, 122, 146, 151, 153–157, 166–168, 176, 246, 332, 364, 430, 578, 584, 586–594, 597f., 603, 737, 751, 757, 765
Offiziersbewerbung 70, 78, 587, 596, 767
Offiziersbursche 296, 353, 381, 384, 445, 524

Offiziersfähigkeit 21, 50f., 53, 56, 103, 263, 272, 276, 302, 364, 600, 682, 755, 758, 768
Offiziershass 173, 231, 250, 258, 611, 648, 650, 681, 698
Offiziersideal 70f., 73–76, 78, 123, 231, 683, 687
Offizierslazarett 34f., 38, 115, 191, 251, 285–288, 293, 319f., 347f., 352, 357, 370f., 374, 376–386, 389f., 429f., 436–440, 443, 445f., 457, 461, 469, 496, 535, 563
Offiziersmangel 50f., 122, 146, 155, 160, 176, 190, 239, 246, 248f., 253, 255, 261f., 265f., 276, 279, 302, 455, 461, 475, 493, 509, 582, 602, 758
Offizierspensionsgesetz 21, 616, 622, 624f., 627–630, 638, 651, 706, 718–720, 752, 764
Offiziersprivilegien 46, 48, 95, 192, 223, 236, 250, 276, 278, 370, 437, 491, 500, 533, 566, 579, 614, 624, 640, 643, 645, 657, 686, 719, 760, 763f., 766
Offiziersvereinigung 21, 72, 614, 650, 657, 661–665, 668
Offiziersverluste 28, 50f., 146, 160–163, 190, 225, 239, 246, 248, 249, 253, 261f., 266, 276, 279f., 401, 461, 475, 493, 509, 758
Offizierswahl 69, 78, 154, 587, 591, 596f., 599, 767
Opferbereitschaft 18, 28, 118, 138f., 163, 218, 277, 354, 405, 526, 543, 565, 567, 574–576, 605f., 609, 620, 651, 659, 663, 666, 672, 681, 686, 688, 690–693, 695, 697, 699, 705, 732–737, 743, 745f., 752, 754
Ordensverleihung 113, 163, 204, 208, 265, 272, 277, 308, 503, 611, 688, 691, 697, 714, 723, 724, 737–739, 743, 744

Panik 278, 416
Paternalismus 335, 747
Patriotismus 18, 106, 108, 117, 136, 138f., 277, 514, 732
Pazifismus 56, 58–60, 85, 97, 107, 214, 233–235, 299, 302f., 405, 494, 526f., 542, 550, 575, 613, 667, 683, 694
Pension 159, 485, 616, 618–620, 622, 624–630, 632, 638, 645, 660, 662, 669f., 675–677, 680, 690, 692, 695, 698, 706, 710, 720f., 724f., 727, 729, 752, 764
Pflegepersonal 185, 369, 376f., 379–382, 401f., 405, 443, 445, 449, 533, 537, 729, 748f., 760
Pflichtgefühl 128, 139, 175, 324f., 330f., 484, 497, 558, 572
Polizeioffizier 582, 602
Posttraumatisches Belastungssyndrom (PTSD) 13–15, 23, 343, 418, 443
Pragmatismus 280, 335, 361f., 416, 758
Privatpflege 250, 351, 384, 387, 432, 445, 451, 461f., 464, 470, 541, 553, 670, 720f.
Professionalität 36, 46, 57, 70, 74f., 78, 104, 118, 224, 255, 332, 501, 517, 557, 564, 571, 573, 580, 592, 597, 686, 760, 763, 765
Protektion 258, 612
Prüfstellen, psychologische 150, 584, 587, 592f., 597, 756, 765
Psychiatrische Anstalt 64, 83, 100–103, 109, 156, 158f., 192, 246, 287, 303, 340, 368–370, 383, 434, 445, 447, 456, 496, 522, 558f., 577, 603, 605f., 656, 669–672, 714f., 720f., 728, 731, 734f., 740f., 743f., 746, 748f., 751, 764
Psychiatrische Station 35, 110, 112, 250, 286, 289, 319, 347, 357, 366, 368, 384, 387f., 404f., 423, 426, 434f., 451, 466, 469, 496, 535f., 555
Psychoanalyse 87, 102, 283, 311, 410, 413f., 423, 440–443, 499, 507, 589, 607, 656
Psychologie 73, 97, 102, 107, 136f., 139f., 150–153, 166, 179f., 283, 341, 426f., 443, 584, 585, 588–597, 656, 765
Psychopathie 59f., 62, 67, 86, 100, 149f., 157, 163, 179, 186, 190f., 194f., 199, 234, 247f., 272f., 304, 317, 321, 325, 327–331, 341, 343–347, 357f., 360–366, 387, 393, 395, 398f., 427, 450, 454, 470f., 474, 478, 482, 486, 492, 494f., 497, 518, 521, 536, 539, 551, 555, 569, 593, 595, 601, 606, 632f., 635–637, 640–642, 655, 669f., 675, 705, 708–713, 718, 728, 737, 739, 761
Psychotherapie 102f., 143, 411, 413–415, 420, 605, 641, 653, 656

Railway Spine 84f., 87
»Rassenhygiene« 58, 60, 703f., 734f.
Ratgeber 54, 72, 125, 132, 142f.
Rechtfertigung 46, 77, 121, 124, 144, 151, 154, 207, 222, 236, 279, 301, 382, 397, 523, 608, 612, 648, 671
Refugium 41, 457, 466, 472, 476, 481, 492, 499, 553, 563, 762
Regimentskommandeur 49, 55, 69, 72, 154, 216, 258f., 572, 587, 591, 595, 599, 765
Reichsbanner 666f.
Reichsbund der Kriegsbeschädigten 666f.
Reichsversorgungsgericht 100, 158, 167, 344, 508, 564, 629, 634, 639, 645, 659, 676, 692, 715, 717, 729, 731

Reichsversorgungsgesetz 620–622, 626–629, 631, 633, 635, 645, 647, 651–654, 659, 677, 702, 706, 718, 752, 764
Reichswehr 22, 26, 30, 37, 42, 153, 193, 268, 274, 567, 577–584, 587f., 591, 593f., 596, 603, 612–614, 617, 646, 659, 684, 685–687, 690, 694f., 763, 765
Reichswehr, schwarze 274
Rekrutierung 29, 50, 57, 70, 78, 108, 147, 151, 153–155, 157, 160, 163, 165f., 264f., 276, 331, 578f., 584, 592, 595, 598f., 603, 751, 767
Rente 85f., 89, 307, 311, 312, 334f., 409, 576, 605, 618–622, 627f., 631f., 635, 651–654, 659f., 669–671, 673–675, 677, 692, 701–703, 705f., 710–715, 718–725, 727–729, 731, 733, 742, 744, 748, 752f., 762, 764, 766
»Rentenneurose« 312, 637, 701, 703, 711
Reserveoffizier 21, 25, 35, 48, 50f., 71, 160f., 164f., 226, 261, 270, 286f., 293, 353f., 385, 400, 495, 561–563, 595, 601f., 614–616, 620, 622, 624–626, 629, 649, 651, 659, 724f., 764
Respekt 216, 389, 395, 401, 404, 430, 532, 590, 593, 646, 678, 695, 728, 761
Revolution 164, 229, 563, 607, 609, 611f., 617, 640–642, 655, 659, 664, 683, 695, 700, 752, 756
Ritterlichkeit 73–75, 217f., 252, 683, 687
Rücksichtslosigkeit 138, 246, 700
Ruhe 19, 132, 152, 184, 208, 328, 350, 355f., 376, 406, 411, 416, 435, 444–446, 448f., 464, 480, 510f., 515, 539, 547f., 556, 570, 605, 611

Russisch-Japanischer Krieg 86, 306, 418

Sagbarkeitsregeln 33, 39, 144, 276, 284, 500, 761
Sanitätsoffizier 20, 35, 95, 100, 161, 199, 287, 290, 302f., 348, 378, 382, 384, 386, 390, 392, 420, 460, 467, 476, 531, 592, 603, 617, 631, 640, 747
Scham 315, 327, 400, 545, 554, 564f., 569, 573, 574, 687, 760
Schizophrenie 82, 156, 333, 341, 447, 601, 633, 672, 708, 709, 713–715, 719f., 728, 731f., 734f., 737, 744, 748, 751
»Schmarotzer« 87, 312, 655
Schonkommando 258, 263
Selbstbeherrschung 76, 78, 93, 104, 127f., 138, 145, 506, 563, 757
Selbstbild (siehe auch Selbstwertgefühl) 22, 33, 41f., 76, 120, 248, 273, 388, 404, 503–505, 510, 513, 516, 519, 533, 540f., 557, 563f., 567, 575– 577, 580, 601, 610, 614, 619, 639, 646, 666, 676, 681, 692–694, 697, 700, 738, 758, 759
Selbstheilungskräfte 101, 250, 384, 444, 446, 451f., 454f., 458, 464, 484, 497, 761
Selbstmord 38, 220, 452, 466, 467, 487f., 519, 577, 680, 715f., 747
Selbstwertgefühl (siehe auch Selbstbild) 48, 95, 220, 364, 399, 414, 422f., 439, 455, 500, 501, 514, 550, 561f., 564, 568f., 590, 608, 646, 652, 732, 739, 743, 760f.
Sensibilität 13, 87, 92, 210f., 247f., 414, 570, 666, 756
Shell Shock 14–16, 18, 25, 27, 31, 39, 252, 290, 294, 341, 343, 418, 443, 446, 536, 551, 668, 759

Simulation 85, 113, 179, 239, 277, 311, 326, 396–401, 419, 500, 535, 543, 613, 639, 673, 677–679, 702, 753
Sozialdarwinismus 58–60, 85, 97, 107, 299, 302f., 493, 526, 655
Sozialdemokratie 47, 74, 261, 301f., 590, 608, 610, 612f., 621, 666f., 683, 716
Sozialprestige 28f., 40, 47, 49–52, 56, 69, 71, 78, 95, 103, 136, 457, 640, 657, 752, 762, 764, 766
Spezialisierung 34, 62, 75, 104, 226, 250, 255, 279, 366, 390, 426, 438, 533, 536, 575, 665, 755, 760
Stabsoffizier 46, 82, 113, 164, 224–226, 259–261, 266, 336, 360, 458, 525, 562, 566, 579, 598, 601, 624, 638, 759
Standesbewusstsein 22, 29, 44, 49, 51f., 54, 58, 72, 78, 155, 175, 223, 264, 266, 278, 322, 383, 386, 496, 514, 563, 604, 615, 631, 637, 671, 676, 679, 680, 684, 686, 695, 719, 721, 753, 764, 767
Standespflichten 20, 48f., 72, 74, 78, 93, 115, 118f., 121, 163, 166f., 176, 224f., 231, 303, 506, 524, 542, 557, 562, 574f., 760
Status, sozialer 20, 40, 44, 54, 95, 103, 192, 223, 327, 338, 401, 420, 439, 457, 497f., 508, 531, 533, 541, 551, 559, 574, 634, 638, 645, 649, 657, 667, 676f., 679, 681, 718f., 736, 739f., 743, 753, 763
Stellungskrieg 15, 27, 106, 109, 123, 127, 145, 149, 152f., 159, 162, 171f., 178, 204, 212, 216, 218, 222, 225, 257, 263, 284, 296, 304, 324, 326, 330, 349, 387, 400, 483, 505f., 512, 518, 520, 522, 524, 538, 550, 569, 570, 572, 618, 759
Sterilisation 38, 163, 577, 606, 671, 705, 734, 736–743, 749, 766

Stigma 25, 66, 88f., 101, 192, 195, 234, 274, 308, 314, 327, 347, 357–361, 395, 497, 528, 531, 536, 551, 574, 711, 757, 761
Stoßtrupptaktik 120, 134f., 171, 173, 207, 210, 724
Strafe 29, 58, 156, 176, 223, 232, 234, 361, 431, 498, 513, 568, 606, 703, 730, 739
Sucht 63, 156, 184f., 247, 346, 407, 448, 473f., 495, 564, 568, 602f., 728, 739–741
Suggestion 102, 107f., 142, 147, 283, 386, 394, 411–413, 415, 419, 421–425, 427f., 440, 464, 536
Syphilis 68, 81f., 97, 159, 294, 344, 346, 364, 366, 410, 419, 529, 633–635, 709, 713, 725, 745

Tabu 19, 24, 41, 99, 115, 130, 136, 145f., 191, 276, 328, 358, 361, 430, 701, 749, 758f., 761
Tagebuch 39, 168, 181–183, 208, 212, 214, 215, 217, 219, 252, 278, 503, 505, 508, 510, 526, 549, 559, 572, 597
Tapferkeit 28, 120–123, 163, 201–203, 218, 251, 265, 277, 280, 307f., 327, 564f., 571f., 743f., 747
Tauglichkeitskriterien 62, 67, 99, 103, 133, 146–150, 155, 263, 383, 421, 436, 465, 476f., 480, 489, 492, 566, 568, 584f., 605, 613
Technische Spezialisten 30, 78, 104, 138, 250, 255, 267f., 270, 279, 283, 298, 332, 386, 410, 416, 439, 496, 500, 501, 544, 575, 578–580, 585, 588, 590, 638, 710, 760, 763, 767
Test, psychologischer 150, 153, 578, 584, 587, 590, 592f., 597, 599, 603, 751, 756, 765

Todesbereitschaft 47f., 77, 115–117, 121–123, 163, 166, 176, 224, 232, 506, 524, 562, 755
Todesgefahr 118, 121–123, 125, 171, 181f., 214, 216, 307, 366, 517f., 522–524, 562
Trauma 13–18, 23–25, 32, 83–87, 89, 111, 300, 301, 305f., 308f., 317, 319, 322, 337, 343, 352, 357, 365, 409, 411, 423, 441f., 482, 495, 501, 576, 608f., 640, 671, 689, 694, 716, 727
Traumatische Neurose 23, 85–87, 306, 343, 352, 360

Überforderung 92, 132, 158, 164, 167, 315, 541, 543, 555, 573, 585, 647
Unmännlichkeit (siehe auch Männlichkeit) 89, 129, 194f., 209, 300, 308, 484, 701
Unterbringung 35, 100, 135, 227, 235, 288, 348, 367–371, 374, 382f., 387f., 395, 410, 427, 429, 438, 444–447, 454, 472, 496, 533, 544, 547, 603, 669–672, 714, 719f., 728, 736, 739, 751, 760
Unteroffizier 28, 45, 52, 79, 94, 96, 122, 151f., 154f., 157f., 163, 165, 168–170, 175, 192, 216, 225, 228, 233, 235, 241, 261, 265, 280, 291, 294, 314, 323, 357, 378, 381, 426, 435f., 467, 524, 557, 578, 593–596, 598, 606, 620, 642, 767
Urlaub 19, 157, 186, 191, 194, 204f., 230, 249–255, 272, 276, 351, 356, 383, 386f., 402, 417, 428f., 432, 438, 445, 451–455, 458, 460, 464, 479, 482, 489, 496, 503, 533, 541, 547f., 552f., 569f., 742, 747f., 760

Verabschiedung 7, 113, 139, 164, 217, 235, 245–247, 260, 268, 279, 476, 480, 481, 536, 551, 559, 566, 578, 584, 600, 614, 617, 619, 625, 629, 631, 645, 650f., 659, 668, 682, 685, 697, 701, 765, 767
Verantwortungsgefühl 18, 29, 31, 140, 171, 202, 245, 278, 294, 335, 491, 500, 510, 519, 534, 551, 572, 574, 675, 742
Verarmung 333, 660f., 673, 676, 680, 721
Verfassung 44, 46, 295, 371, 510, 571, 582, 612, 614, 621, 697
Verpflegung 7, 135, 219, 227, 230, 250, 257, 288–371, 387, 410, 429, 434, 438, 444–447, 461, 472, 496, 524, 544, 547, 626, 670, 672, 719, 748, 760
Versailler Vertrag 65, 577, 608f., 611, 614–616, 642, 682, 685, 696, 752, 756
Verschüttung 195f., 219, 222, 352f., 416, 442f., 446, 484f., 513, 540f., 669, 714, 726, 744, 750
Versetzung 70, 79, 164, 178, 200, 223, 246, 249, 252, 255–259, 276, 400, 445, 464, 478, 482, 490f., 493, 503, 507, 518, 535, 544f., 564f., 569, 581f., 616, 760
Versorgungssystem 38, 42, 147, 202, 248, 264, 303, 311, 334, 339, 344, 397, 408, 409, 434, 485, 512, 551, 617–620, 623–625, 628–631, 633, 636, 642–648, 650–652, 659, 661, 668, 673, 676f., 680f., 687f., 690–692, 694, 697–699, 701–703, 706, 717f., 722, 725–727, 732f., 752, 764
Vertrauen 116, 125f., 170, 182, 186, 227–229, 250, 402, 404, 405, 408, 428, 435, 451f., 454, 463, 529–531, 534–536, 539, 572, 574, 696, 765

Vertretung 58, 63, 64, 170, 209, 239, 257, 294, 349, 357, 360, 366, 390, 473, 578, 619, 633, 649, 684
Vertuschung 191f., 194, 242f., 276, 512, 542, 544, 574, 681, 758
Verwundetenabzeichen 113, 724, 739, 744
»Volksgemeinschaft« 76, 139, 560, 610, 683, 702, 704, 739
»Volksgesundheit« 58, 332, 640, 734
»Volkskörper« 683
»Volksseele« 301, 535, 640, 641
Vorgesetzter 22, 49, 69, 79, 81, 99, 104, 116, 121, 127, 130, 136, 152, 170, 172, 174, 177, 179, 184, 187, 189, 197–200, 202, 204–209, 220–224, 229, 232, 235, 237, 239f., 242, 244f., 247, 254, 260, 262f., 268f., 272f., 276–279, 295, 319, 331, 391f., 405, 419, 421, 459, 487, 507, 509, 510, 517–519, 524, 527, 547, 554, 556, 560, 564, 568–572, 575, 630, 740, 758f.

»Wahnsinn« 25, 63, 110, 156, 405, 613, 692
Wehrdienst 21, 47f., 54, 57, 62f., 66, 80–82, 107f., 138, 149f., 156, 163, 235, 246f., 249, 256, 280, 295, 304, 306f., 331, 337, 366, 484, 486, 490f., 495, 568, 623, 627, 634–636, 638f., 659, 669, 704, 715, 762
Wehrmacht 22, 42, 69f., 155, 172, 186, 236, 245f., 264f., 551, 577, 581f., 584, 586, 594–596, 598, 600–603, 605–607, 610, 616f., 650, 661, 668, 696, 701, 723, 767
Wehrmachtpsychologie 166, 591f., 594f., 597, 765
Weimarer Republik 13, 21, 26, 28f., 38, 40f., 50, 75f., 129, 231, 248, 258, 264, 305, 311, 334, 339, 344,
397, 408f., 415, 505, 513, 527, 541, 544, 551, 560, 565, 567, 576, 578–580, 588, 594, 600–602, 607–609, 611–622, 630, 633–635, 637–640, 642f., 645–647, 649f., 654f., 662f., 665f., 668, 670, 672, 676f., 681, 683–688, 691–693, 697f., 700–703, 705f., 713f., 717–719, 724–726, 728, 732, 740–742, 745, 752, 755, 762–766
Weinen 100, 208f., 219, 318f., 326, 338, 402, 508, 514, 520, 564, 569, 573
Weiterbildung 64, 142, 250, 255, 279, 420, 658
Wille 20, 26f., 44, 48, 76, 78, 89, 93, 104, 106, 115f., 124f., 128–131, 133, 135f., 138–140, 142–145, 163, 166, 170f., 176, 182, 194, 206, 211, 220, 224, 230, 232, 238, 252, 280f., 295, 301, 307, 308, 315f., 324, 326, 353, 400, 414, 420, 422, 453, 486, 499, 506, 512, 524–526, 531, 537, 539, 542–544, 553, 562f., 567f., 570, 574, 586f., 590, 612, 618–621, 630, 645, 654, 666, 684, 700, 716, 722, 724, 757, 760, 762, 765, 767
Willensgymnastik 73, 103, 136, 142–144, 166, 177, 211, 275
Wohlwollen 94, 116, 163, 188–190, 203, 208, 325, 361f., 403, 405, 453, 483, 485, 494f., 497, 500, 508, 533, 593, 603, 630f., 635, 638, 650, 707, 715, 717, 752
Würde 209, 254, 392, 420, 422, 436, 493, 611, 679, 680, 685, 695

Zittern 23, 63, 211, 254, 319, 330, 332, 338, 345, 354f., 358, 368, 397, 407, 412, 448, 450, 459, 472, 503, 505, 510f., 521, 543, 564, 573, 654, 673
Zivilisationsleiden 87, 94, 97

Zusammengehörigkeitsgefühl 53, 223f., 226, 400, 586, 663
Zwang 35, 52, 116, 221, 404, 414, 616, 715, 739, 759
Zweiter Weltkrieg 14, 17f., 22, 24, 31, 40, 42, 68–70, 85, 155, 166, 172, 186, 236, 245, 264, 265, 277, 320, 417, 582, 584, 586, 596f., 600–606, 672, 696, 723, 735, 751, 754–756, 766f., 787, 790, 792, 798, 800–802, 808, 815f., 826f., 829, 832